NARUTO

MASSIV VOL.14

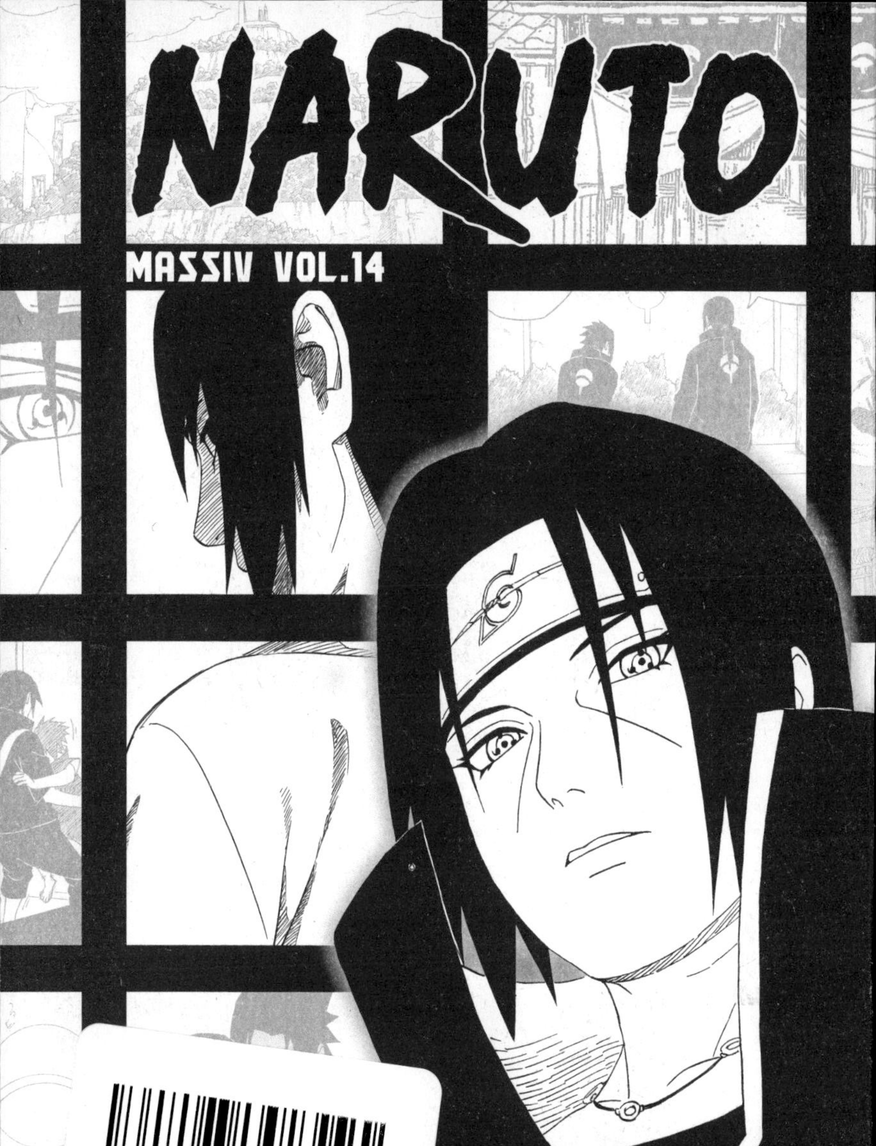

ITACHIS WAHRHEIT

MASASHI KISHIMOTO

CARLSEN MANGA

NARUTO CHARACTERS

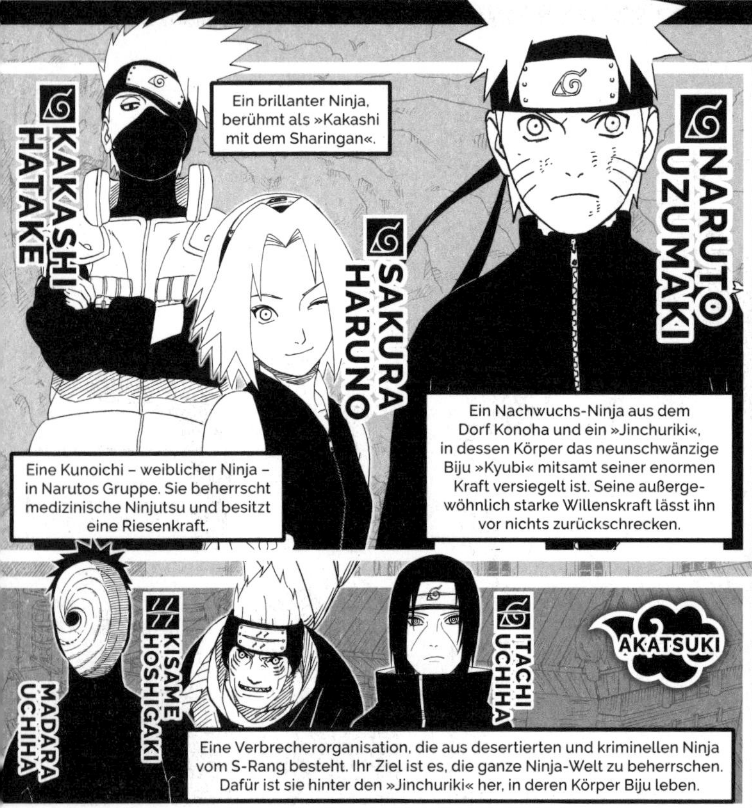

NARUTO UZUMAKI

Ein Nachwuchs-Ninja aus dem Dorf Konoha und ein »Jinchuriki«, in dessen Körper das neunschwänzige Biju »Kyubi« mitsamt seiner enormen Kraft versiegelt ist. Seine außergewöhnlich starke Willenskraft lässt ihn vor nichts zurückschrecken.

SAKURA HARUNO

Eine Kunoichi – weiblicher Ninja – in Narutos Gruppe. Sie beherrscht medizinische Ninjutsu und besitzt eine Riesenkraft.

KAKASHI HATAKE

Ein brillanter Ninja, berühmt als »Kakashi mit dem Sharingan«.

AKATSUKI

ITACHI UCHIHA

KISAME HOSHIGAKI

MADARA UCHIHA

Eine Verbrecherorganisation, die aus desertierten und kriminellen Ninja vom S-Rang besteht. Ihr Ziel ist es, die ganze Ninja-Welt zu beherrschen. Dafür ist sie hinter den »Jinchuriki« her, in deren Körper Biju leben.

STORY

1

Sasuke rebelliert!!

Orochimaru stirbt...!!

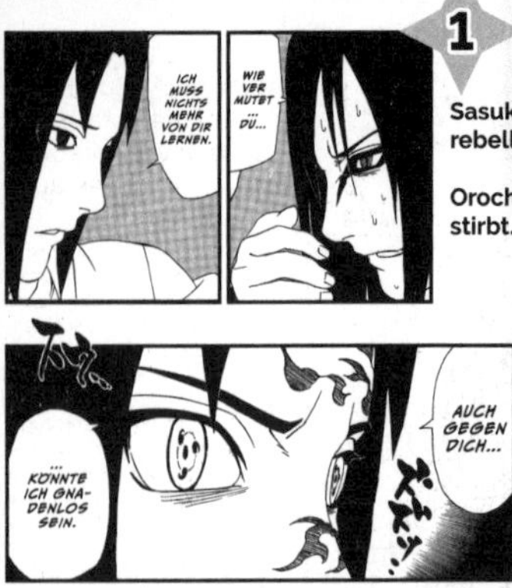

»Ein Hokage zu werden, der alle früheren Hokages übertrifft« – für diesen Traum gibt Naruto alles. Zusammen mit Sasuke und Sakura und weiteren Kameraden trainiert und kämpft er und so wird aus dem ehemaligen Tunichtgut ein richtiger Ninja. Dann geht Sasuke, besessen von der Rache an seinem großen Bruder, zu Orochimaru, um stark zu werden. Zweieinhalb Jahre später – Naruto nimmt als durchtrainierter Ninja volle Fahrt auf! Er kämpft gegen die Verbrecherorganisation Akatsuki, die die Ninja-Welt gefährdet. Und Sasuke, noch stärker geworden, folgt weiter seinem Weg der Rache...

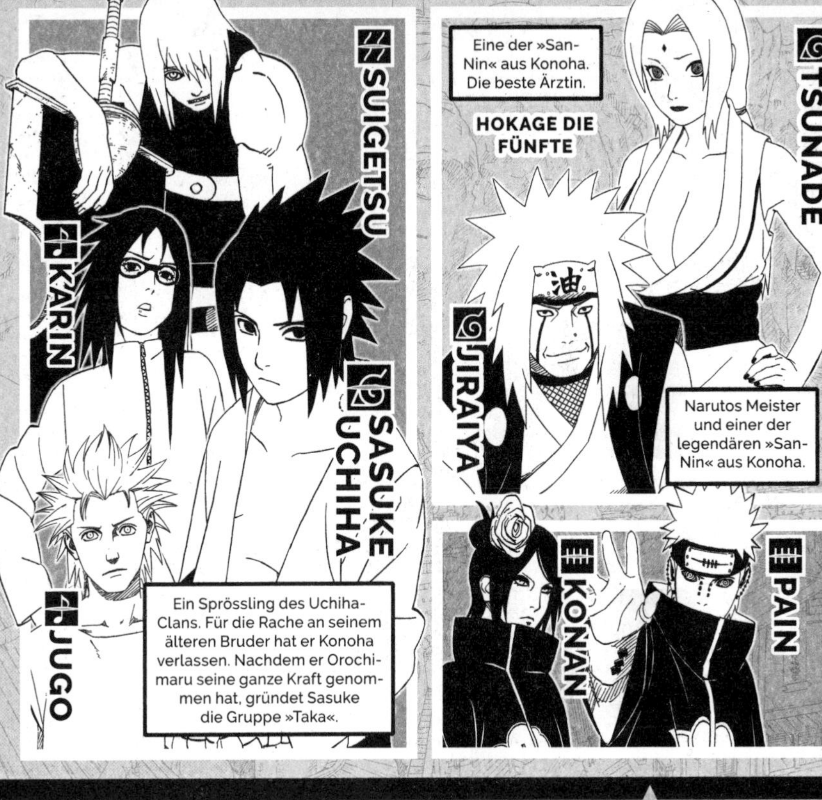

2

Es bleiben nur noch zwei Biju übrig!! Die Schlüsselfiguren von Akatsuki brechen auf!!

Während Naruto und seine Kameraden gegen Akatsuki kämpfen, fasst Sasuke den Entschluss, Orochimaru zu verlassen. Er entzieht Orochimaru alle Kraft, nimmt Suigetsu, Karin und Jugo als seine neuen Kameraden mit und gründet eine eigene kleine Gruppe namens »Taka«. Um seinen großen Bruder zu töten, setzt er alles in Bewegung!

Der Anführer von Akatsuki, Pain aus Amegakure, bricht auf. Da taucht auch der angeblich verstorbene Tobi auf – in Wirklichkeit »Madara Uchiha«, Drahtzieher der Organisation Akatsuki…!! Weshalb beobachtet dieser Mann mit Sharingan Sasuke?!

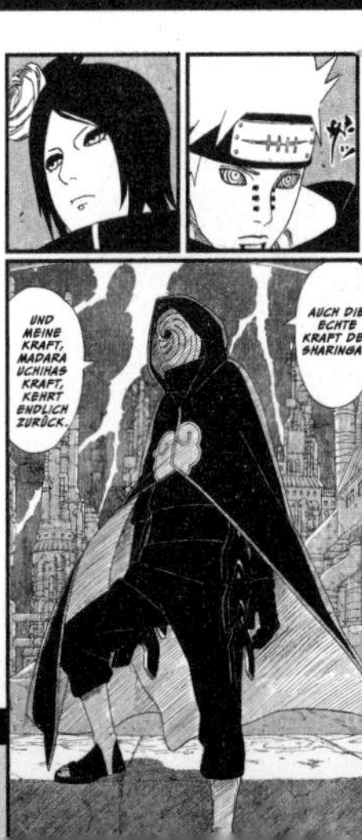

Um Pain zu finden, reist Jiraiya allein ins abgeschottete Amegakure!! Sasuke begegnet seinem Bruder Itachi… Die Zeit der Abrechnung ist gekommen…!!

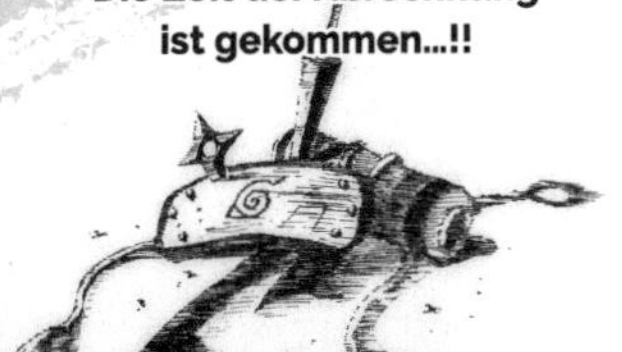

NARUTO

656 SEITEN MASSIV 100% NARUTO

INHALT

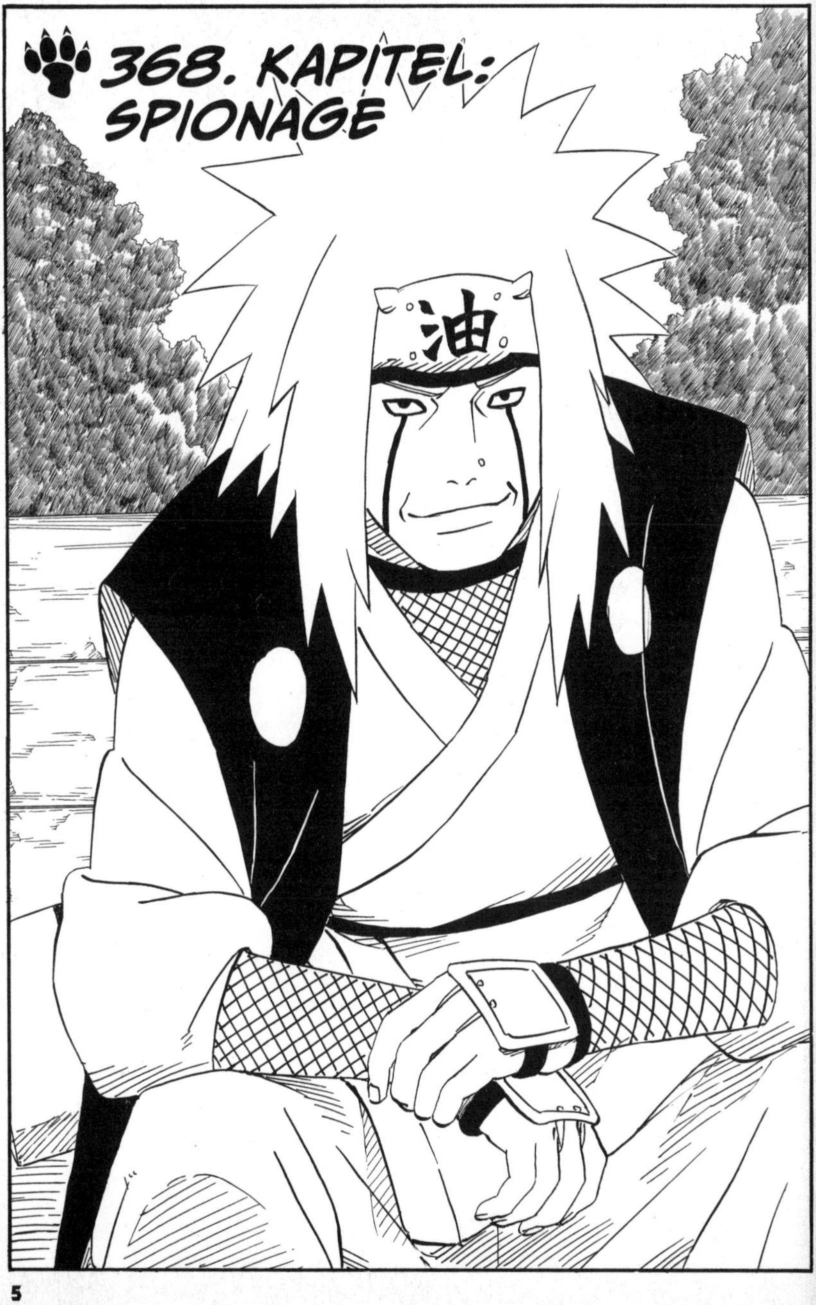
368. KAPITEL:
SPIONAGE
油

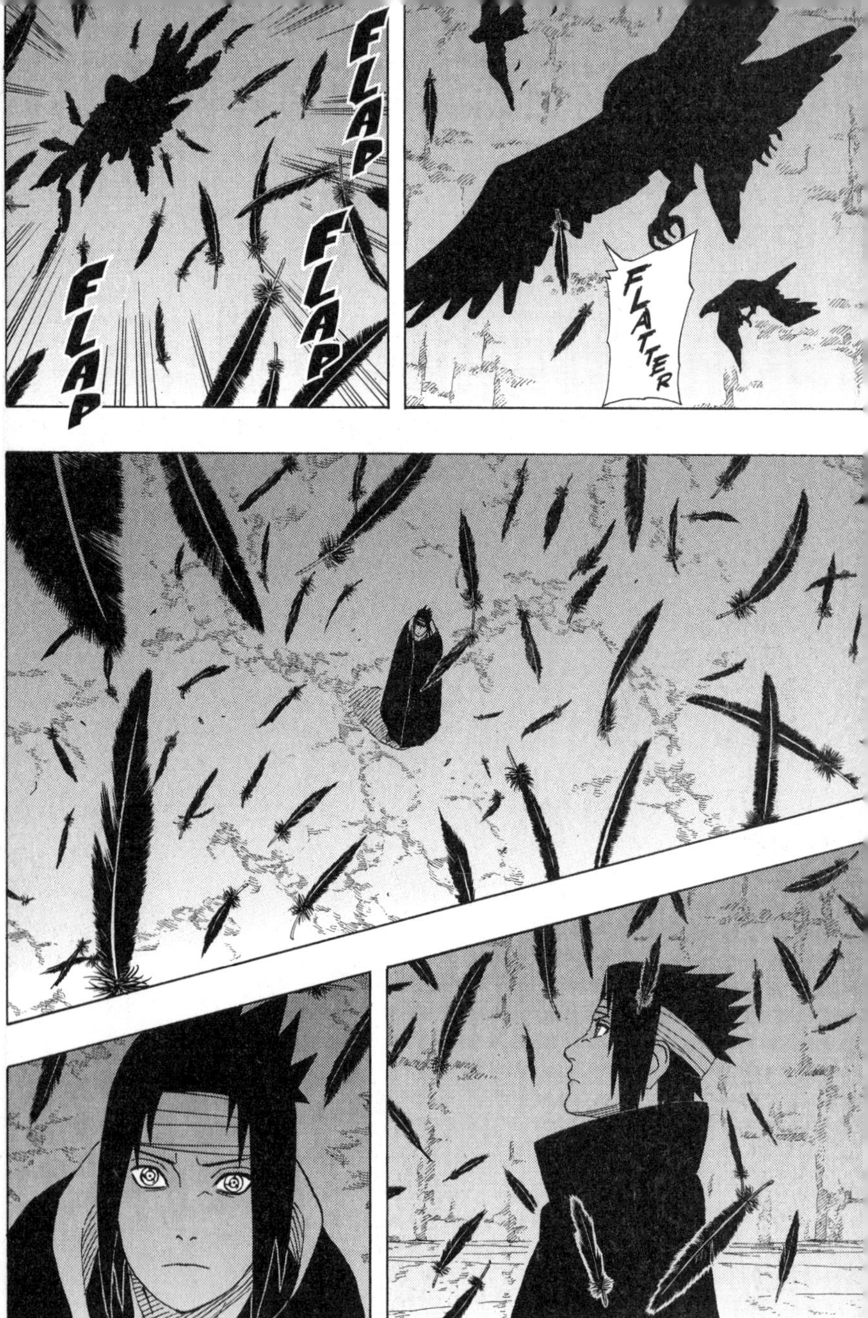
FLAP
FLAP
FLAP
FLAP
FLATTER

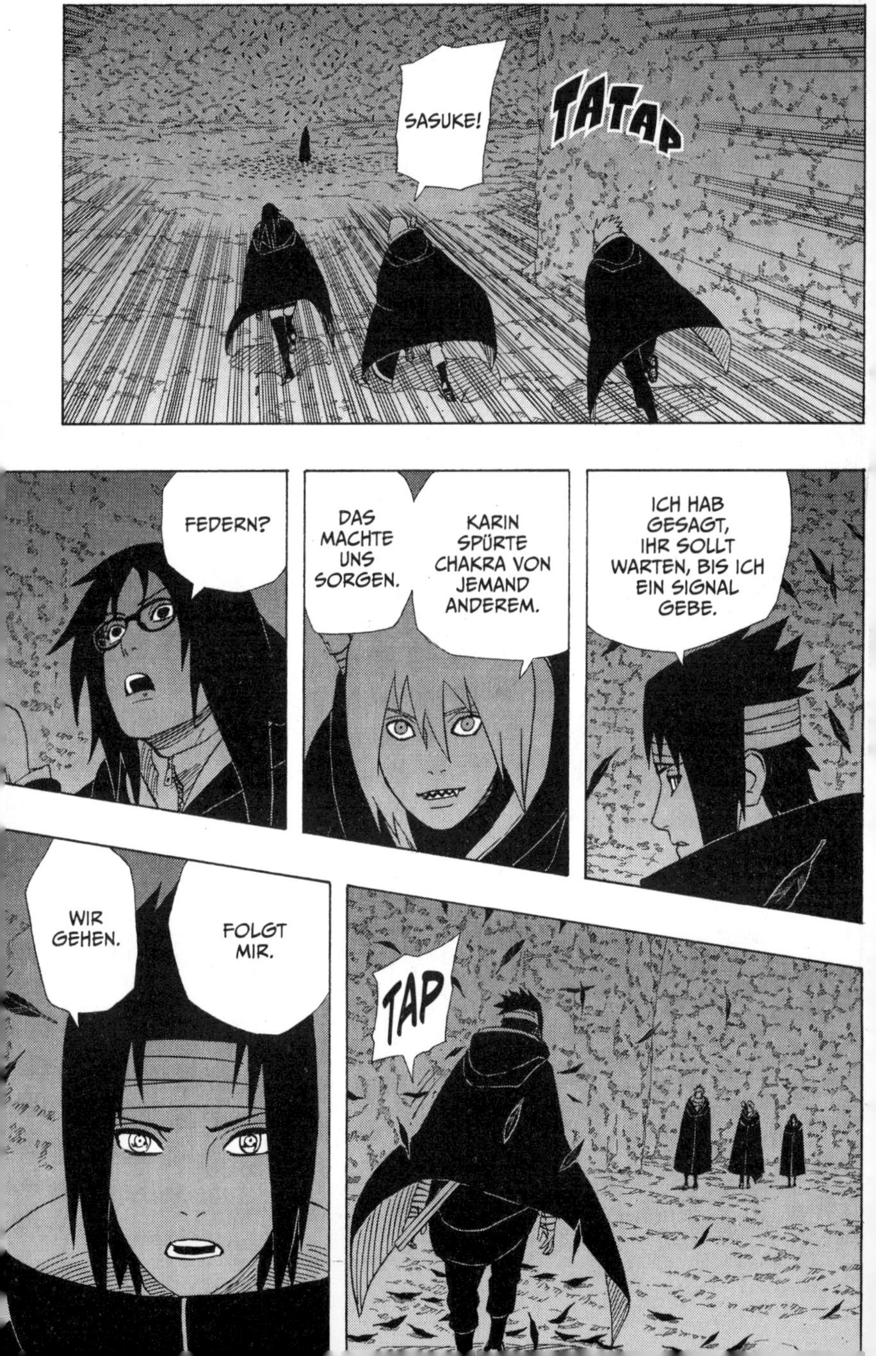

TATAP
SASUKE!
ICH HAB GESAGT, IHR SOLLT WARTEN, BIS ICH EIN SIGNAL GEBE.
KARIN SPÜRTE CHAKRA VON JEMAND ANDEREM.
DAS MACHTE UNS SORGEN.
FEDERN?
TAP
FOLGT MIR.
WIR GEHEN.

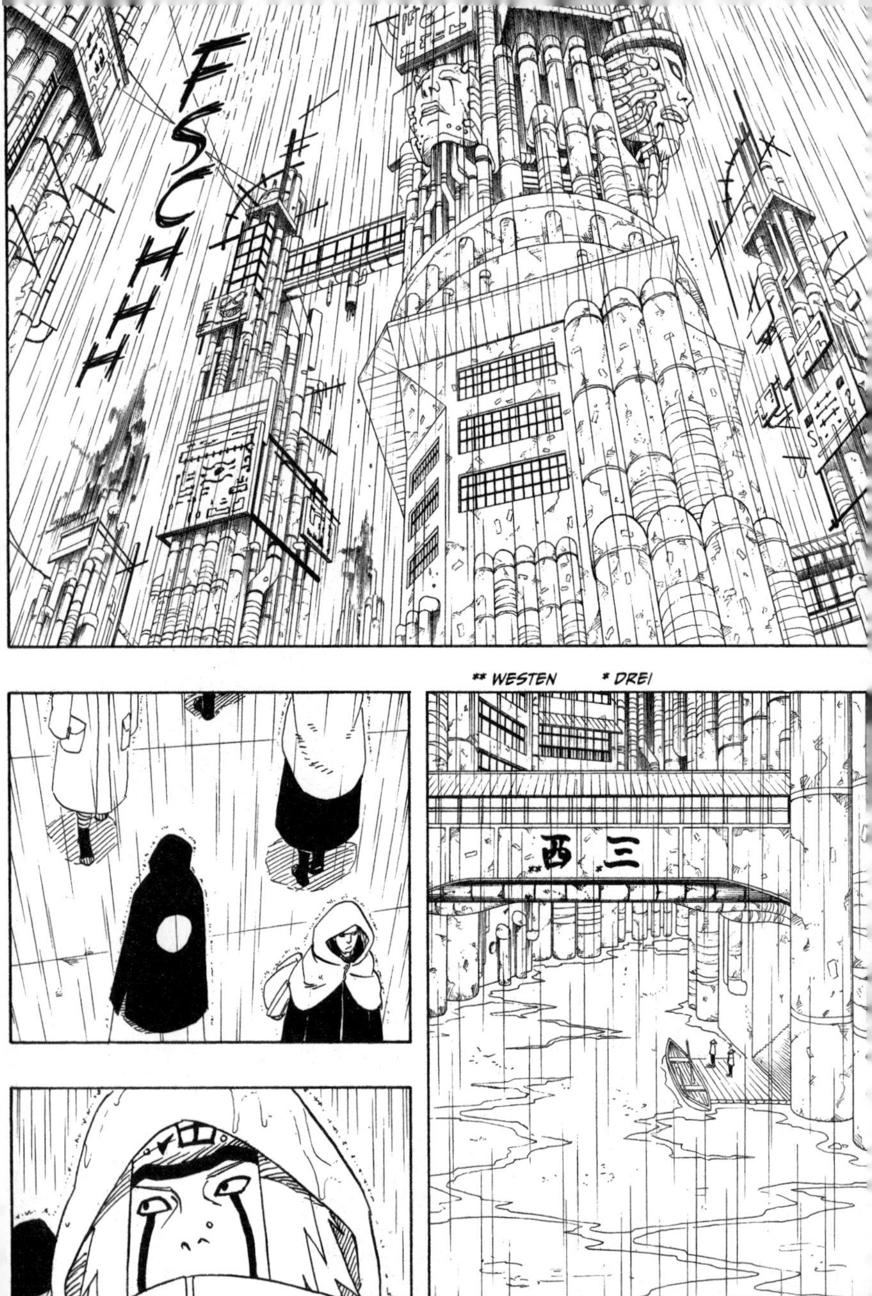
FSCHHHH
** WESTEN * DREI
西 三

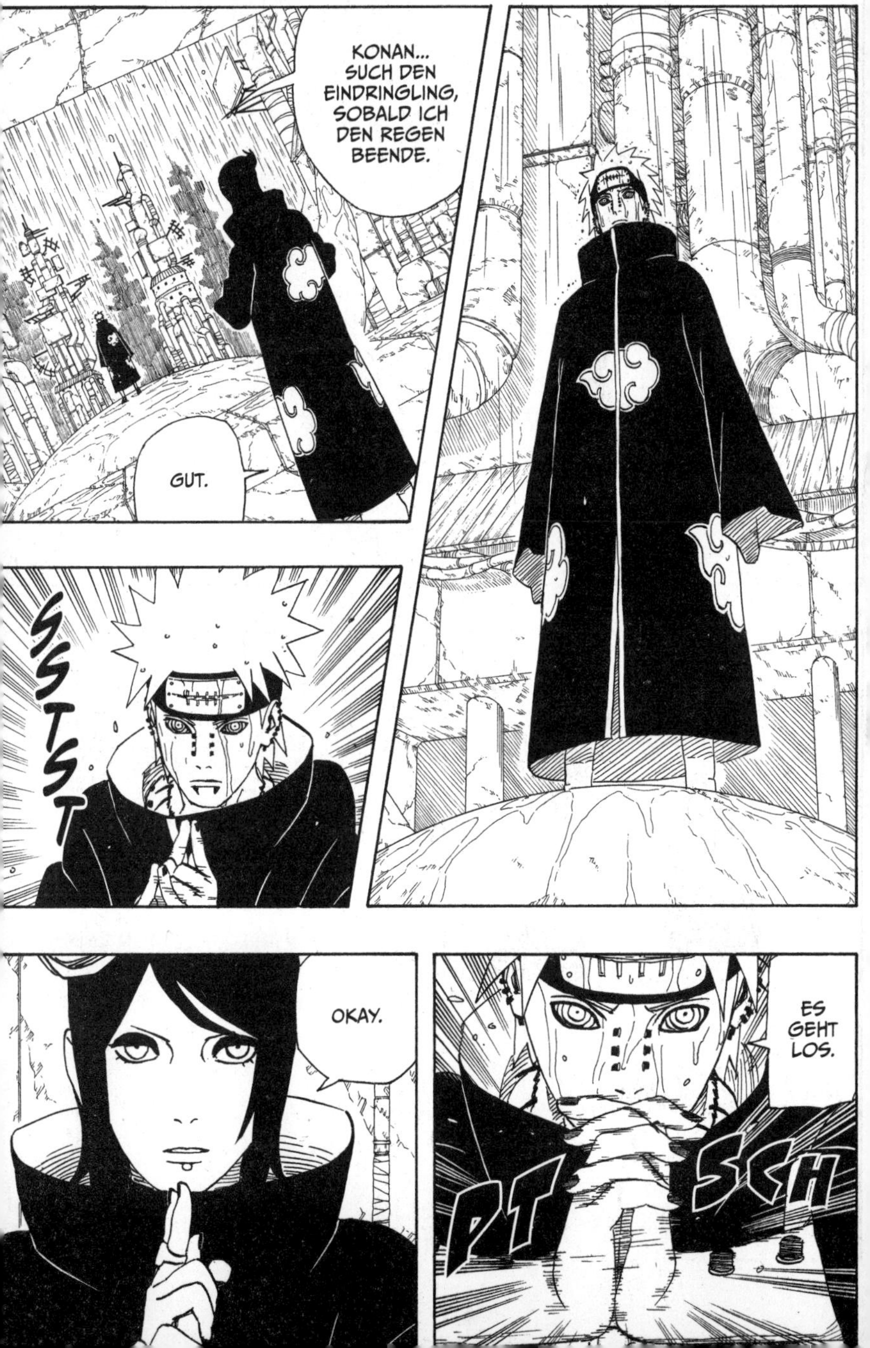
KONAN... SUCH DEN EINDRINGLING, SOBALD ICH DEN REGEN BEENDE.
GUT.
SSTST
ES GEHT LOS.
OKAY.
SCH
PT

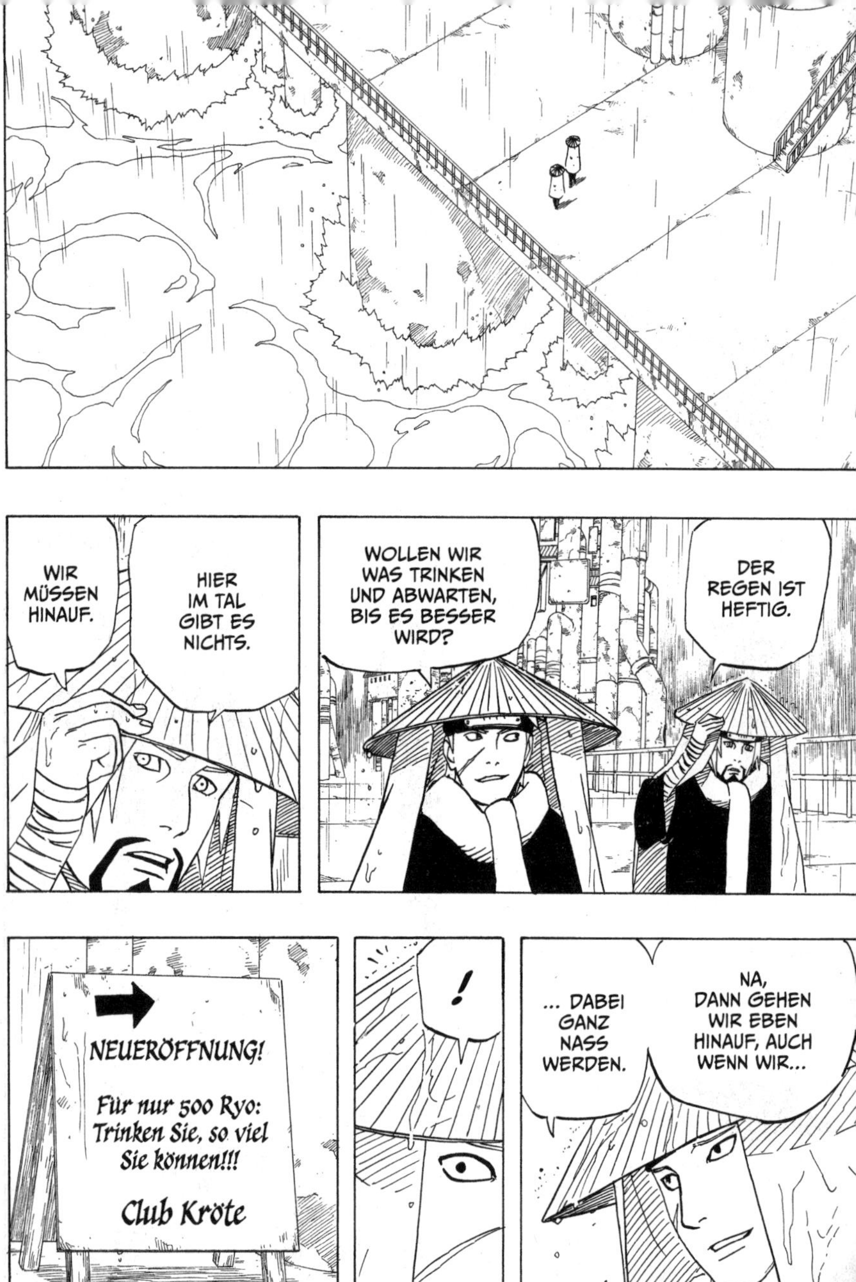
DER REGEN IST HEFTIG.
WOLLEN WIR WAS TRINKEN UND ABWARTEN, BIS ES BESSER WIRD?
HIER IM TAL GIBT ES NICHTS.
WIR MÜSSEN HINAUF.
NA, DANN GEHEN WIR EBEN HINAUF, AUCH WENN WIR...
... DABEI GANZ NASS WERDEN.
!
NEUERÖFFNUNG!
Für nur 500 Ryo: Trinken Sie, so viel Sie können!!!
Club Kröte

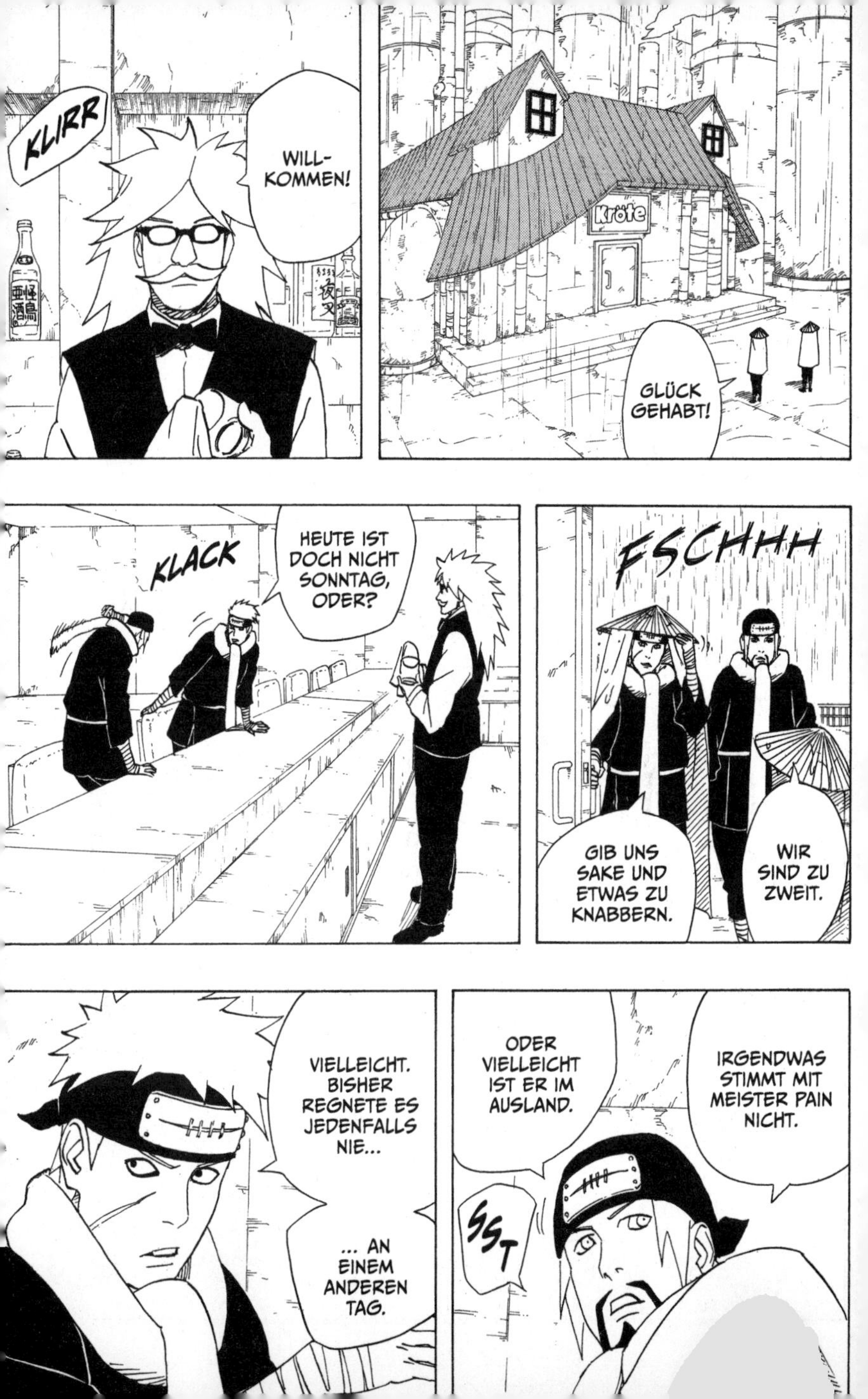
Kröte
GLÜCK GEHABT!
KLIRR
WILL-KOMMEN!
FSCHHH
WIR SIND ZU ZWEIT.
GIB UNS SAKE UND ETWAS ZU KNABBERN.
KLACK
HEUTE IST DOCH NICHT SONNTAG, ODER?
IRGENDWAS STIMMT MIT MEISTER PAIN NICHT.
ODER VIELLEICHT IST ER IM AUSLAND.
SST
VIELLEICHT. BISHER REGNETE ES JEDENFALLS NIE...
... AN EINEM ANDEREN TAG.

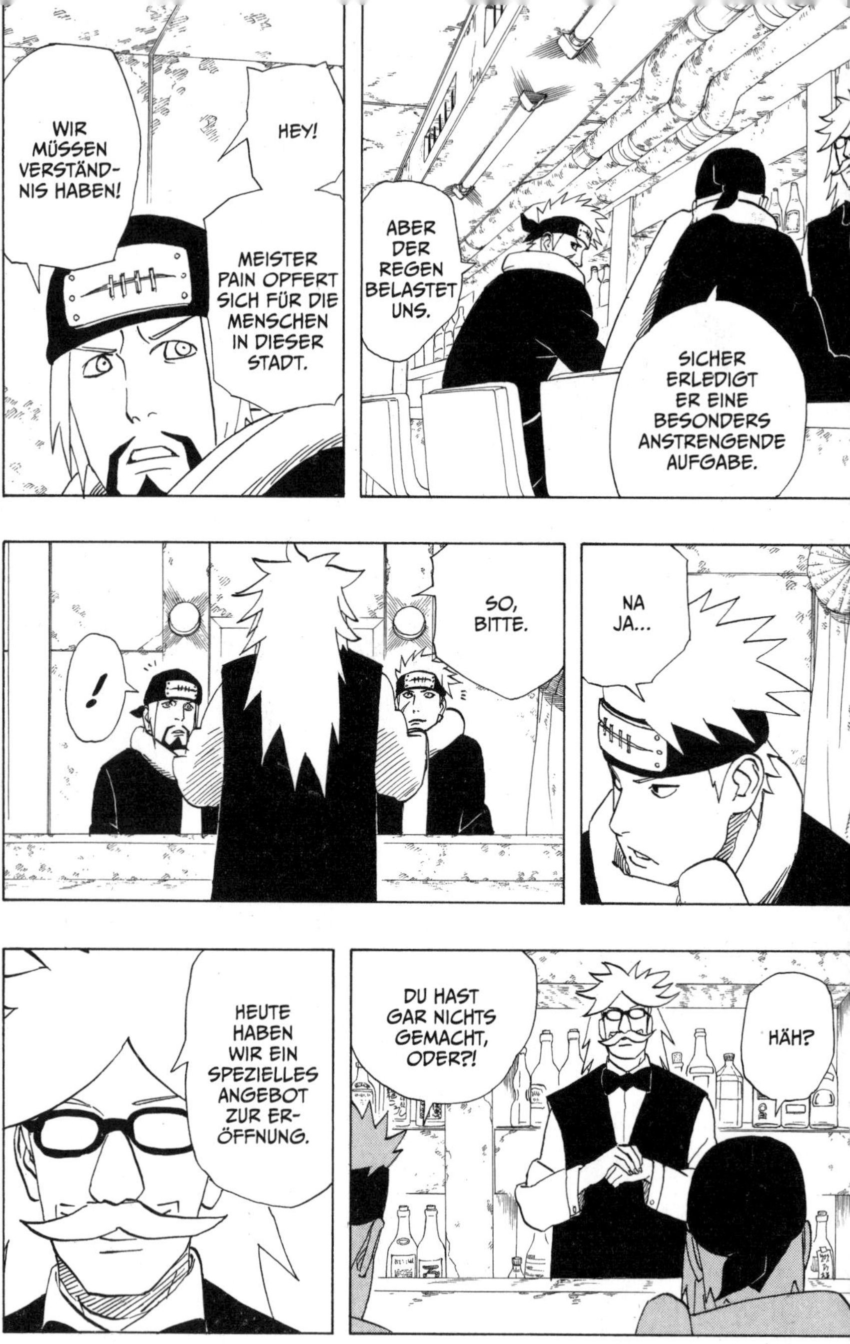
SICHER ERLEDIGT ER EINE BESONDERS ANSTRENGENDE AUFGABE.
ABER DER REGEN BELASTET UNS.
HEY!
MEISTER PAIN OPFERT SICH FÜR DIE MENSCHEN IN DIESER STADT.
WIR MÜSSEN VERSTÄNDNIS HABEN!
NA JA...
SO, BITTE.
!
HÄH?
DU HAST GAR NICHTS GEMACHT, ODER?!
HEUTE HABEN WIR EIN SPEZIELLES ANGEBOT ZUR ERÖFFNUNG.

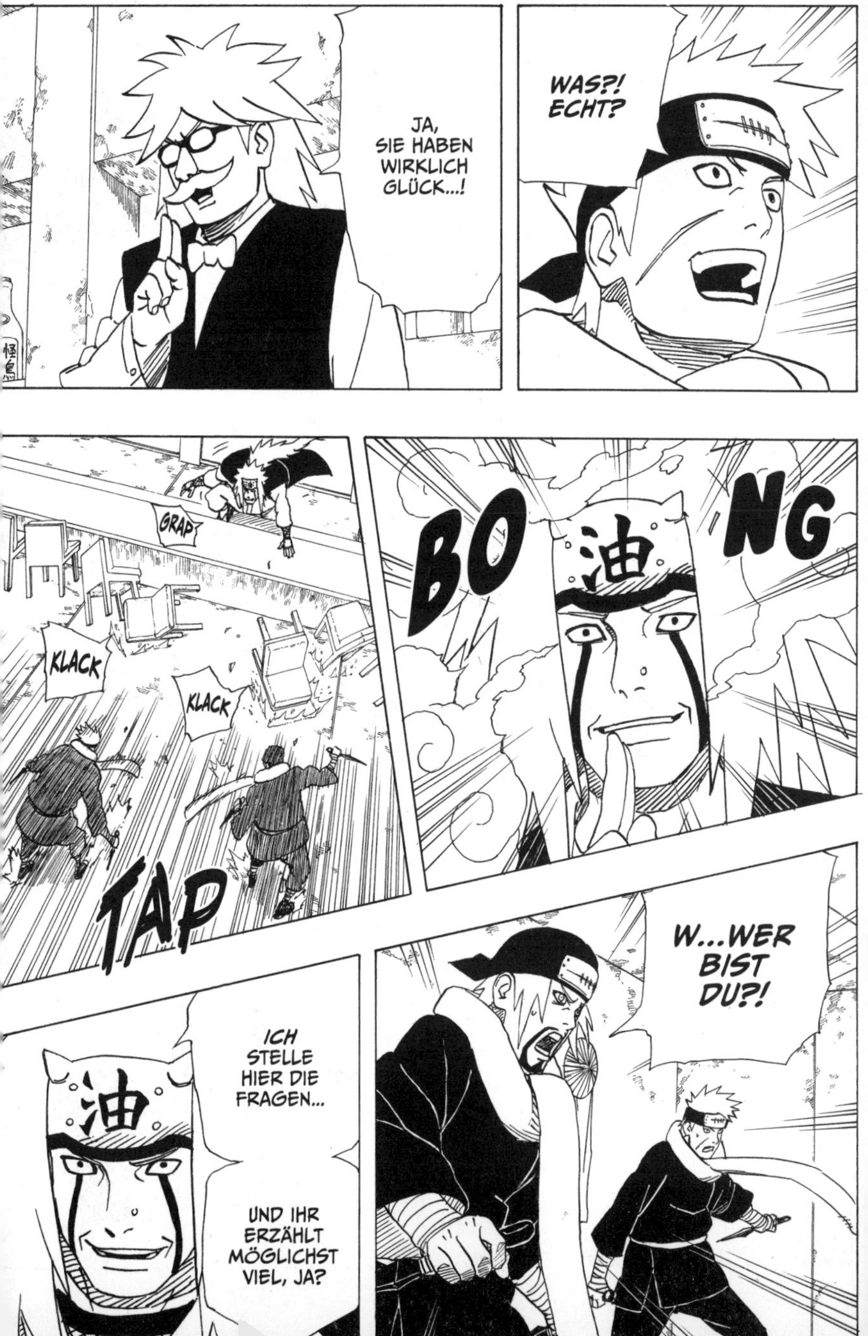
WAS?! ECHT?
JA, SIE HABEN WIRKLICH GLÜCK...!
BO
NG
GRAP
KLACK
KLACK
TAP
W...WER BIST DU?!
ICH STELLE HIER DIE FRAGEN...
UND IHR ERZÄHLT MÖGLICHST VIEL, JA?

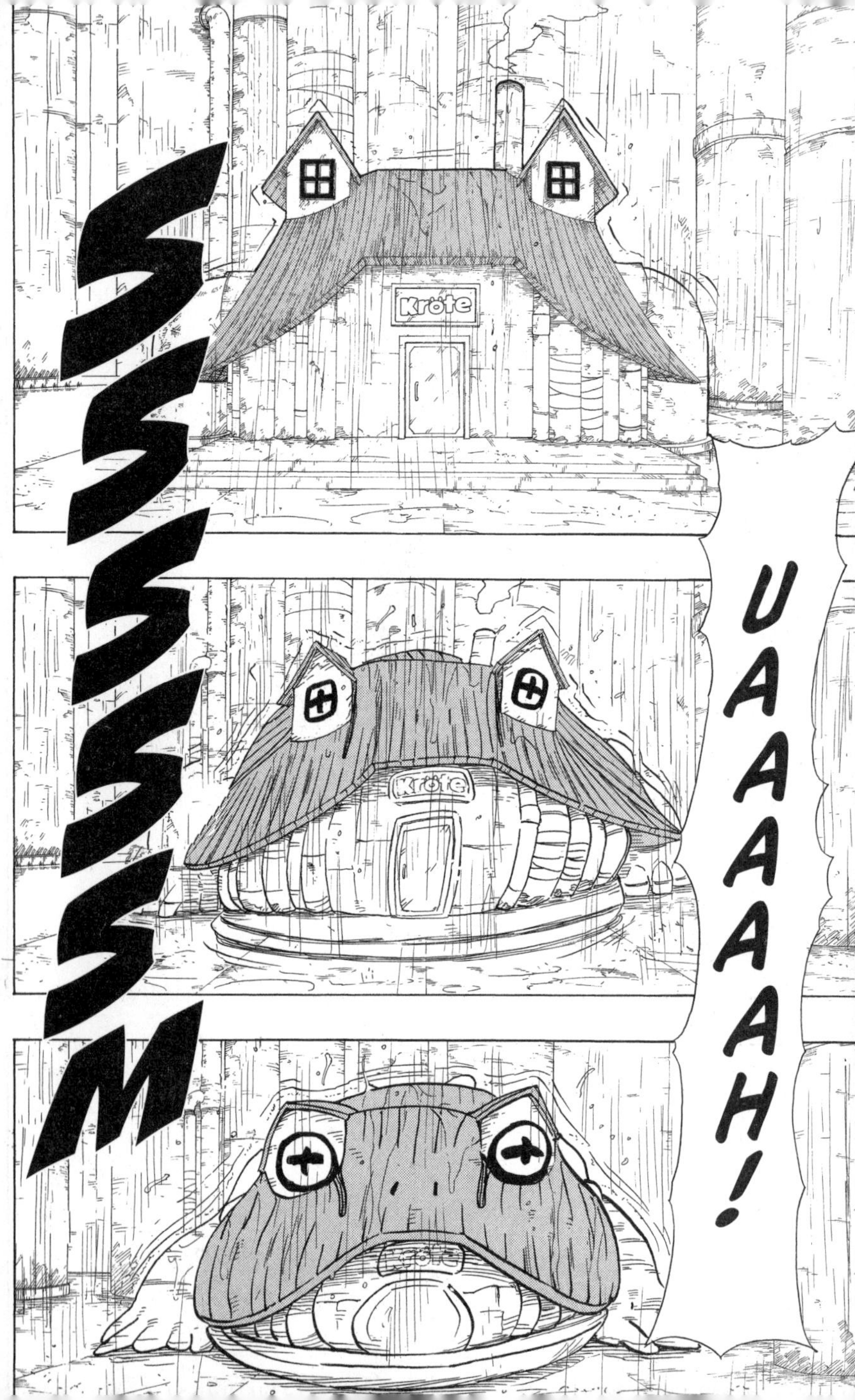
Kröte
UAAAAAH!
SSSSSSM

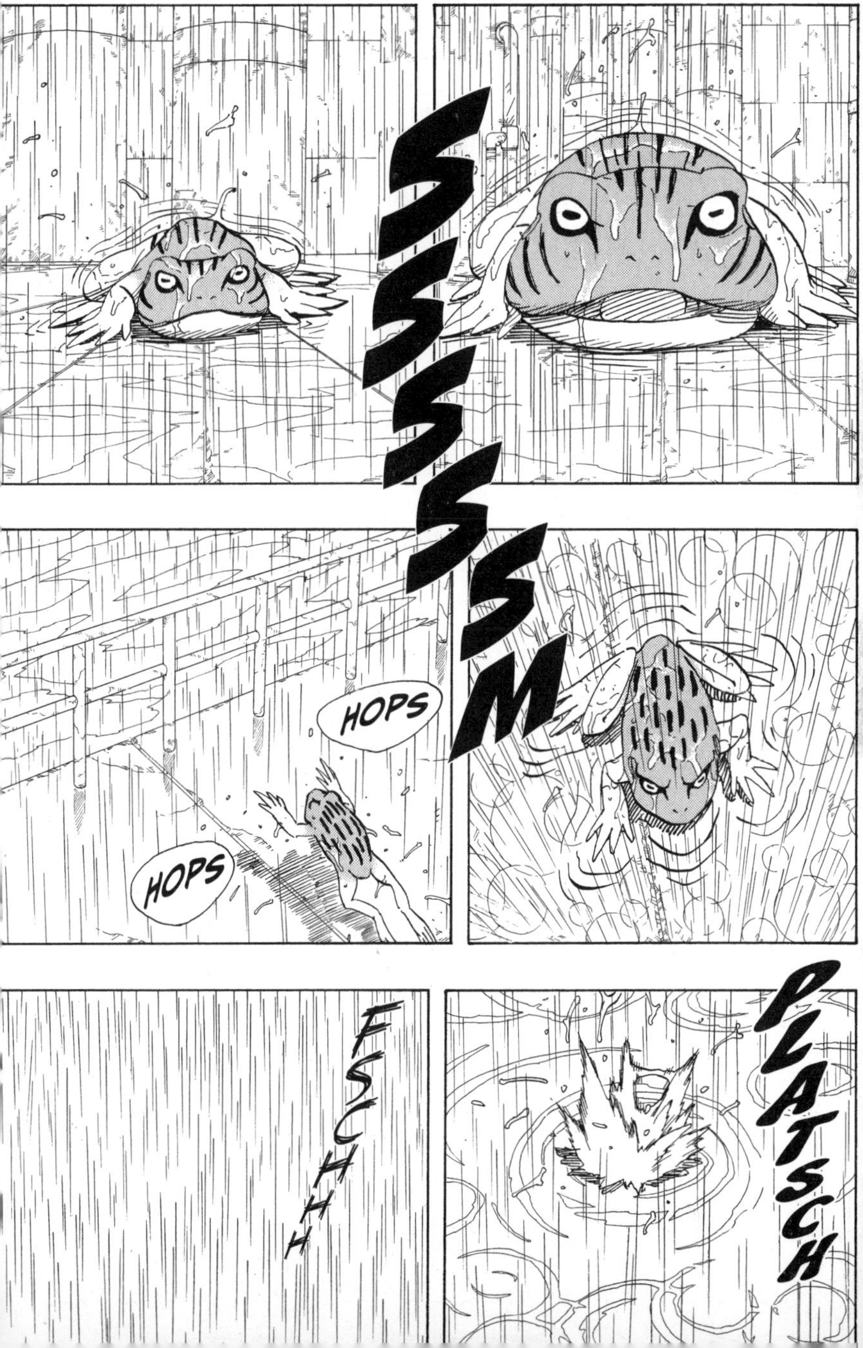

SSSSSSSM
HOPS
HOPS
FSCHHHH
PLATSCH

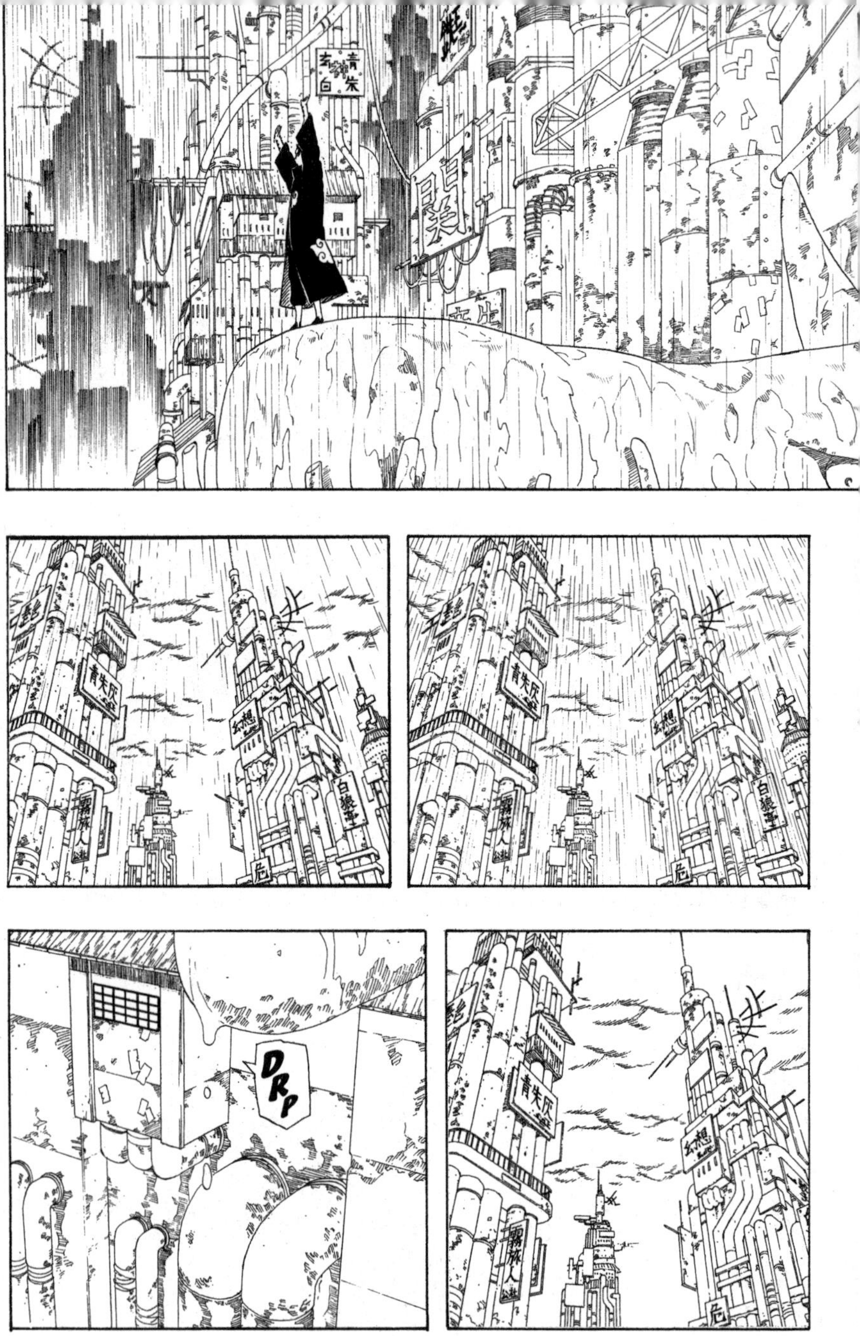
DRP

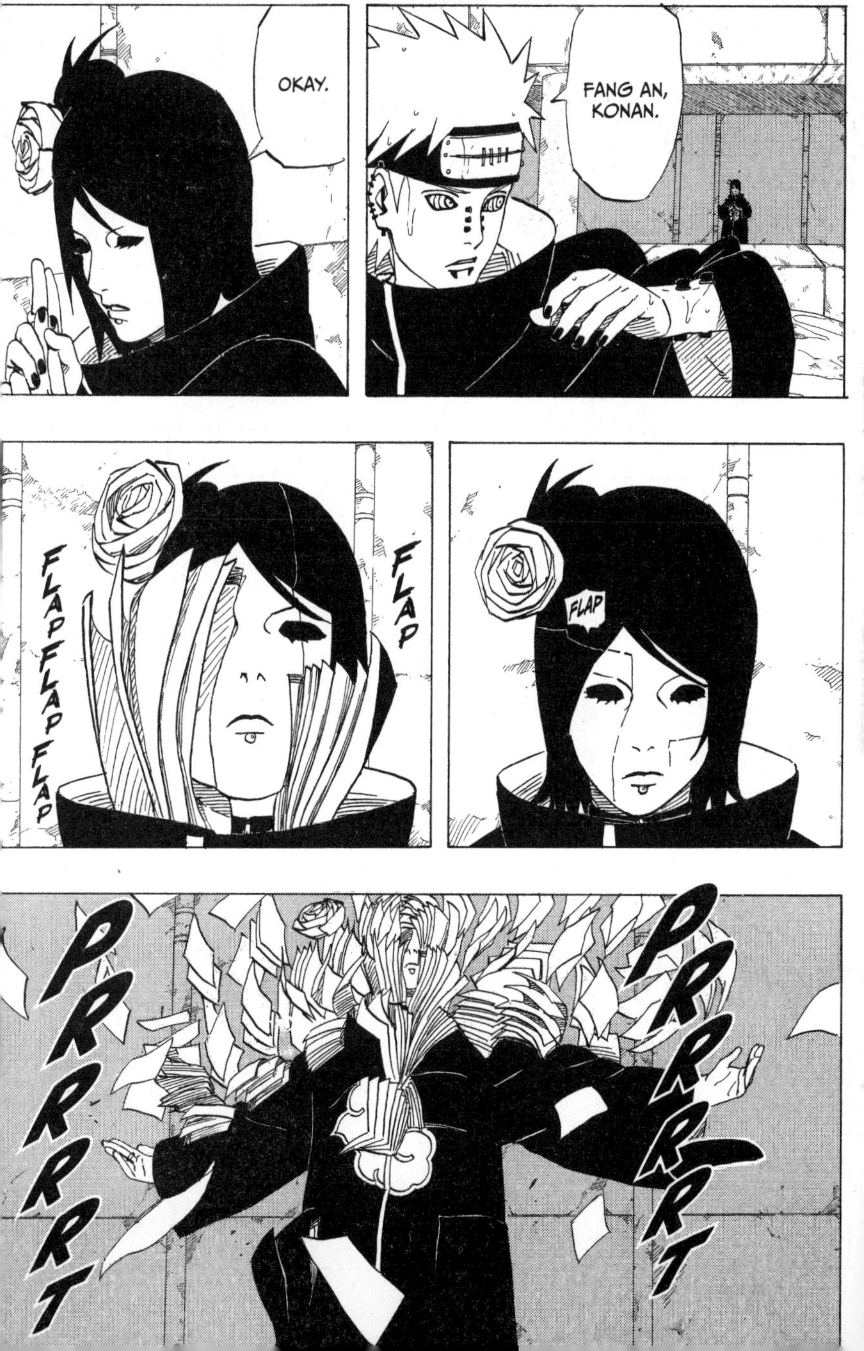
FANG AN,
KONAN.
OKAY.
FLAP
FLAP FLAP FLAP FLAP
FLAP
PRRRRRT
PRRRRRT

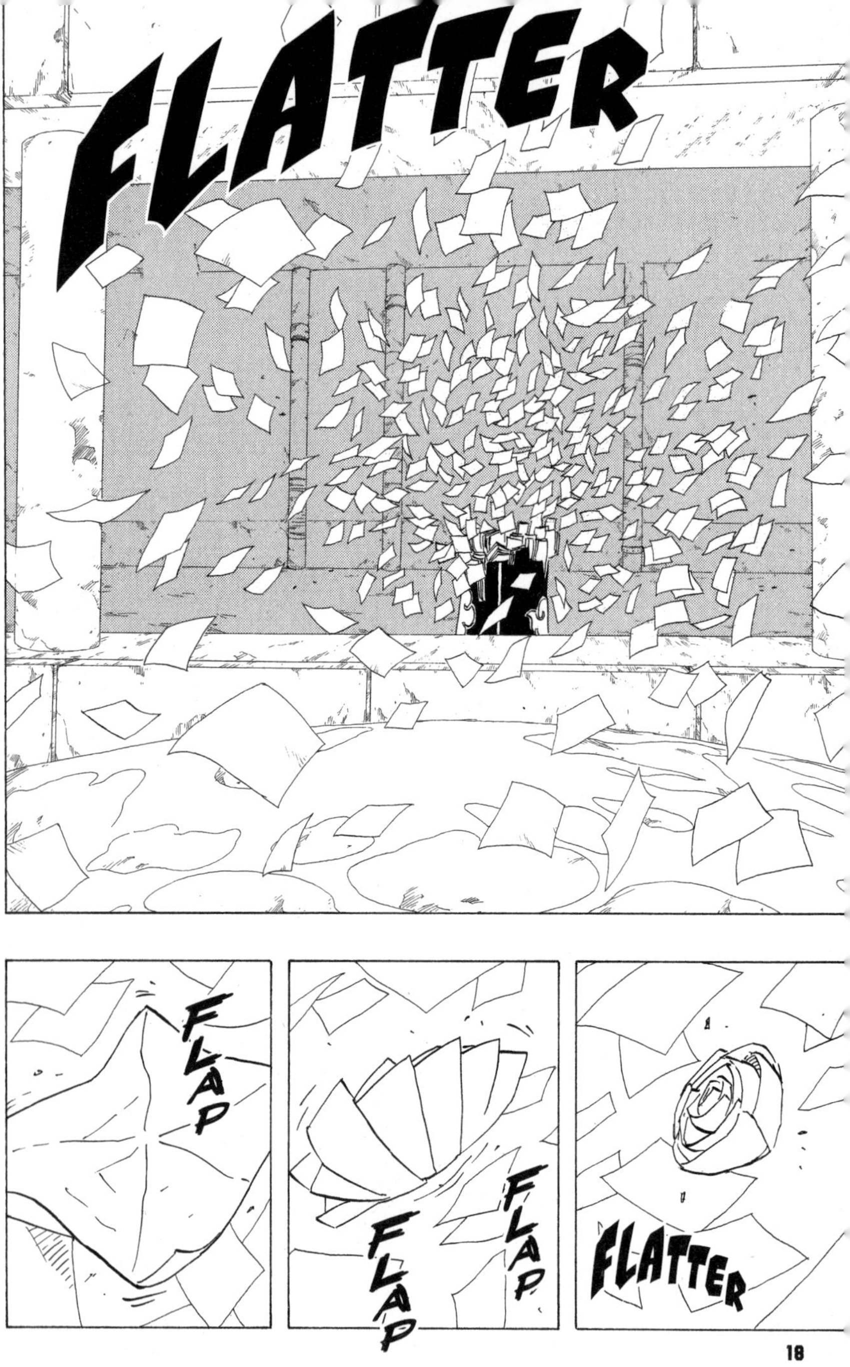
FLATTER
FLAP
FLAP
FLAP
FLATTER

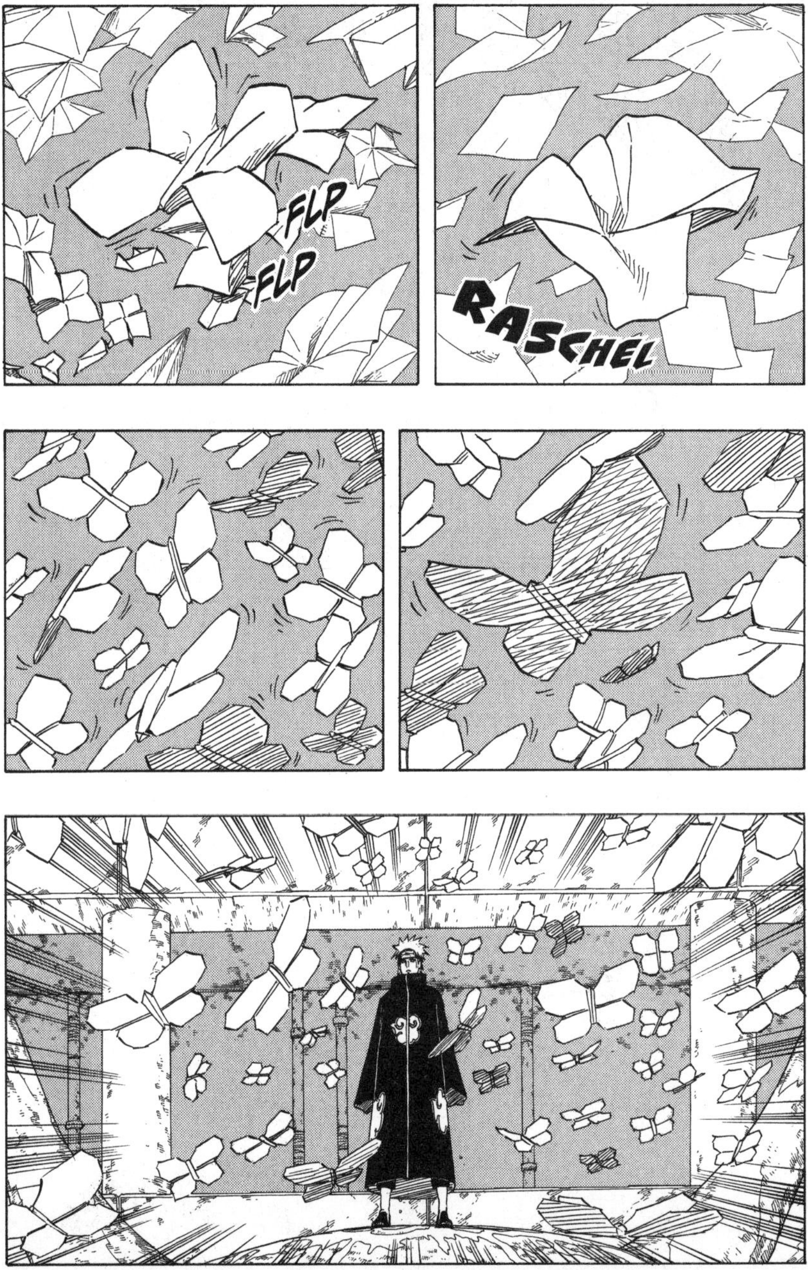
FLP
FLP
RASCHEL

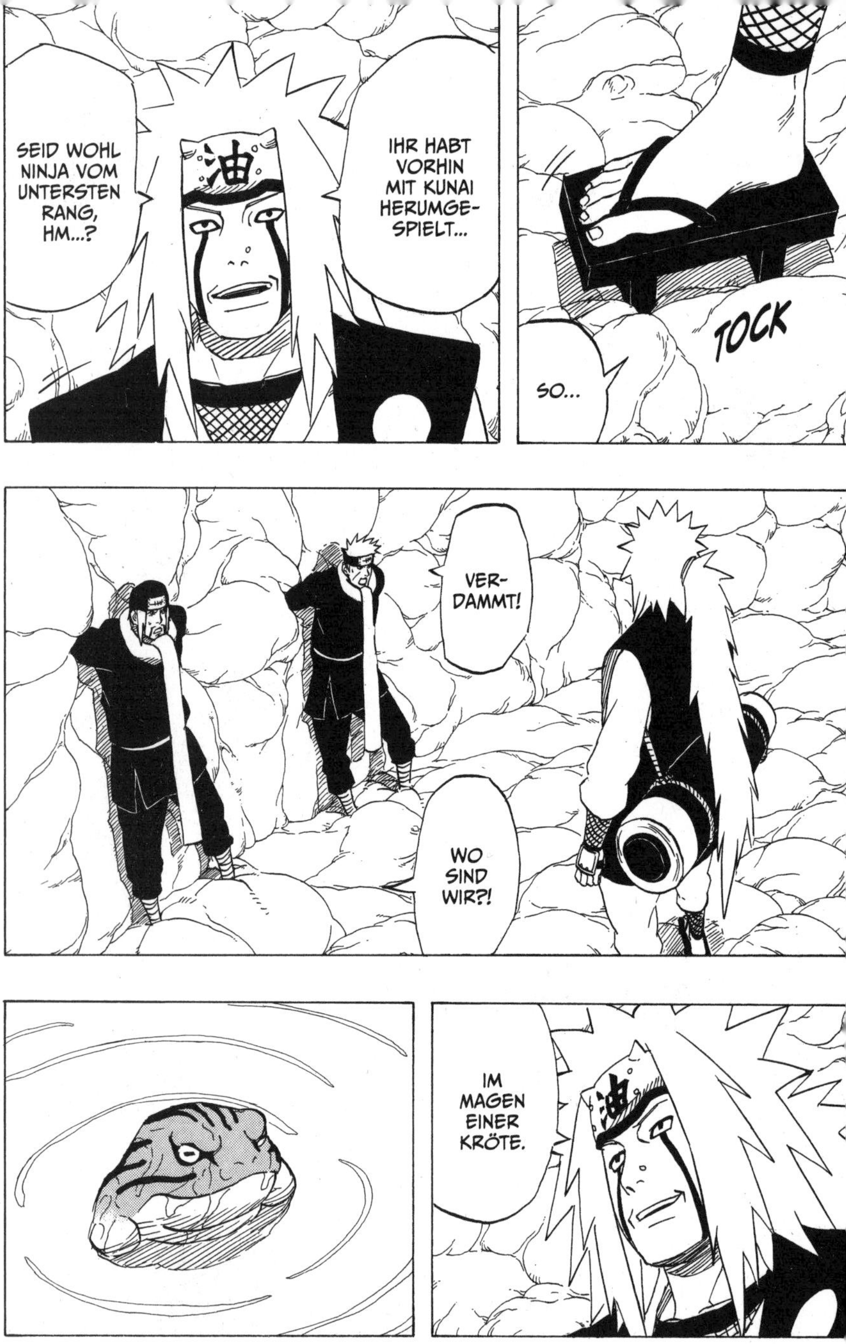
TOCK
SO...
IHR HABT VORHIN MIT KUNAI HERUMGESPIELT...
SEID WOHL NINJA VOM UNTERSTEN RANG, HM...?
VERDAMMT!
WO SIND WIR?!
IM MAGEN EINER KRÖTE.

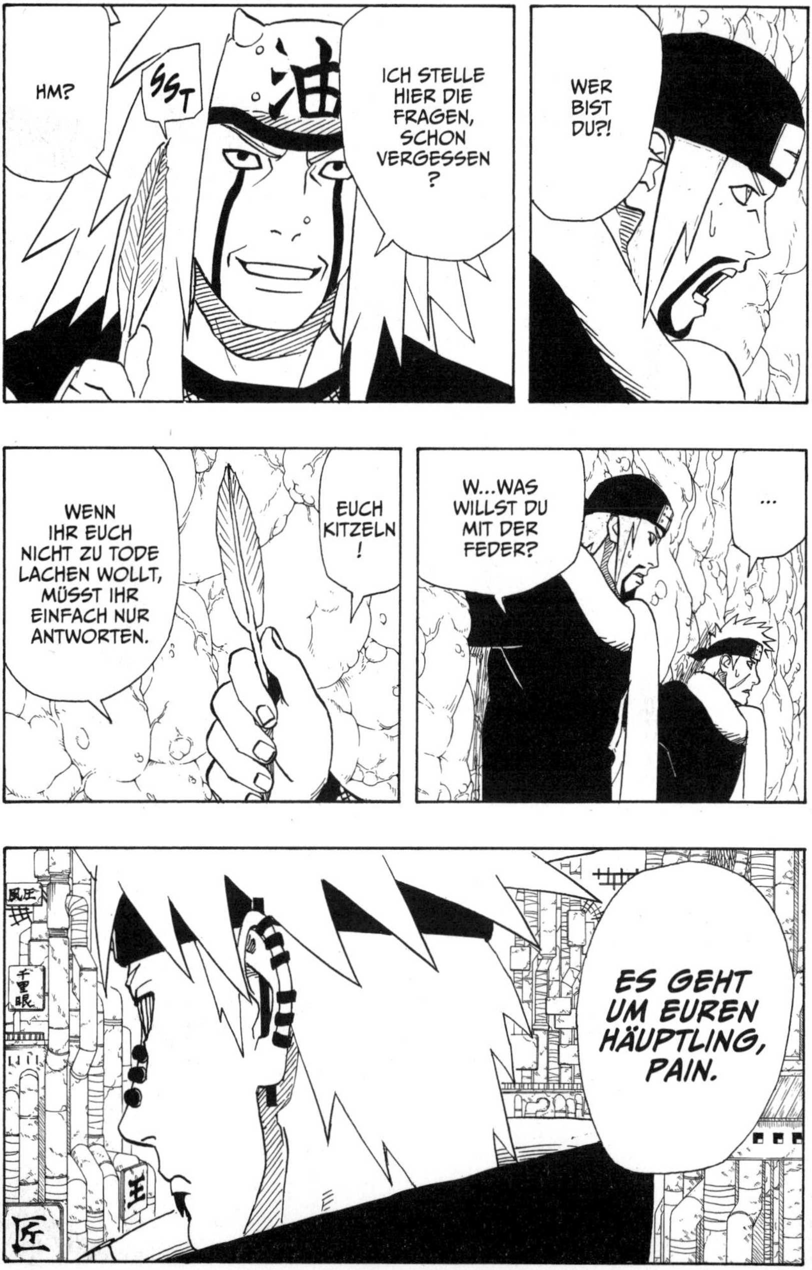
WER BIST DU?!
ICH STELLE HIER DIE FRAGEN, SCHON VERGESSEN?
SST
HM?
...
W...WAS WILLST DU MIT DER FEDER?
EUCH KITZELN!
WENN IHR EUCH NICHT ZU TODE LACHEN WOLLT, MÜSST IHR EINFACH NUR ANTWORTEN.
ES GEHT UM EUREN HÄUPTLING, PAIN.

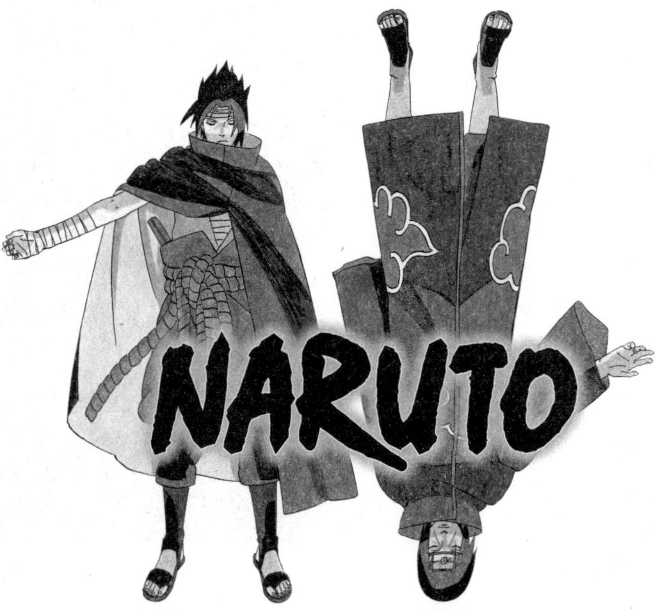
NARUTO

369. Kapitel: Pain

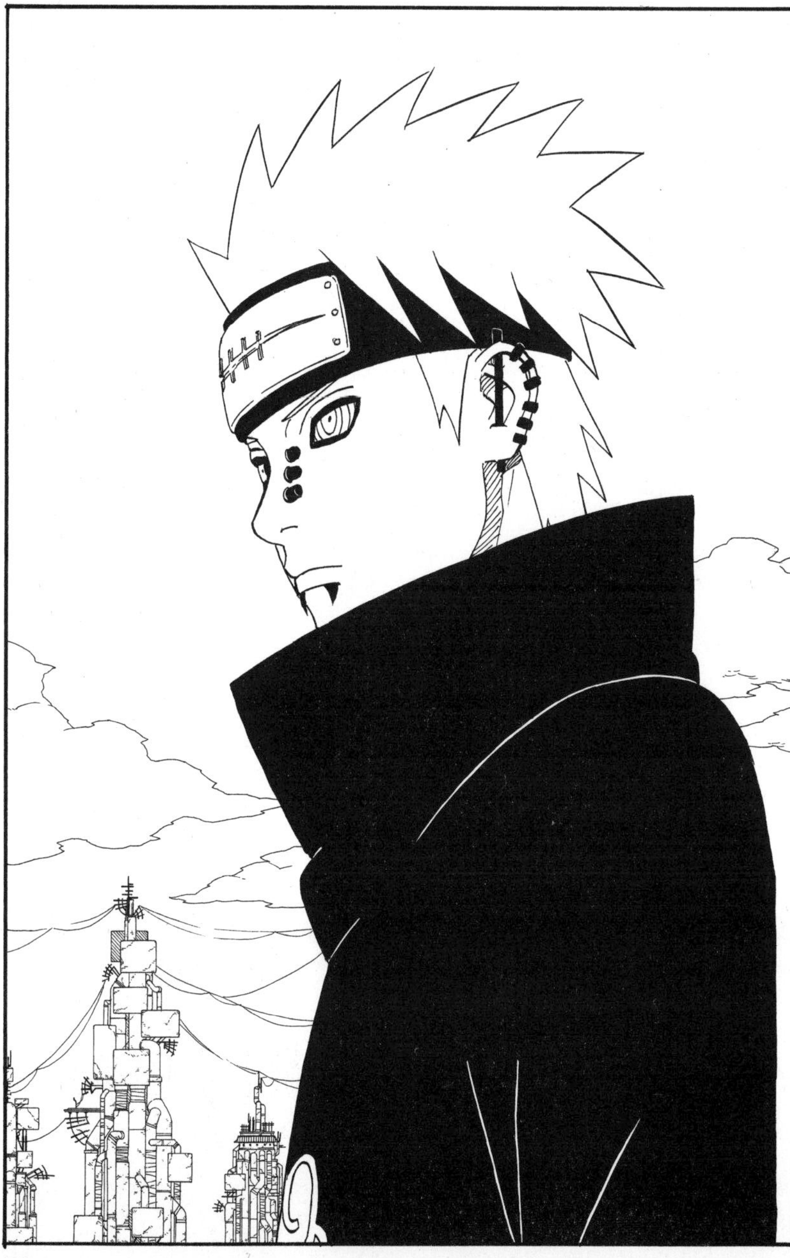

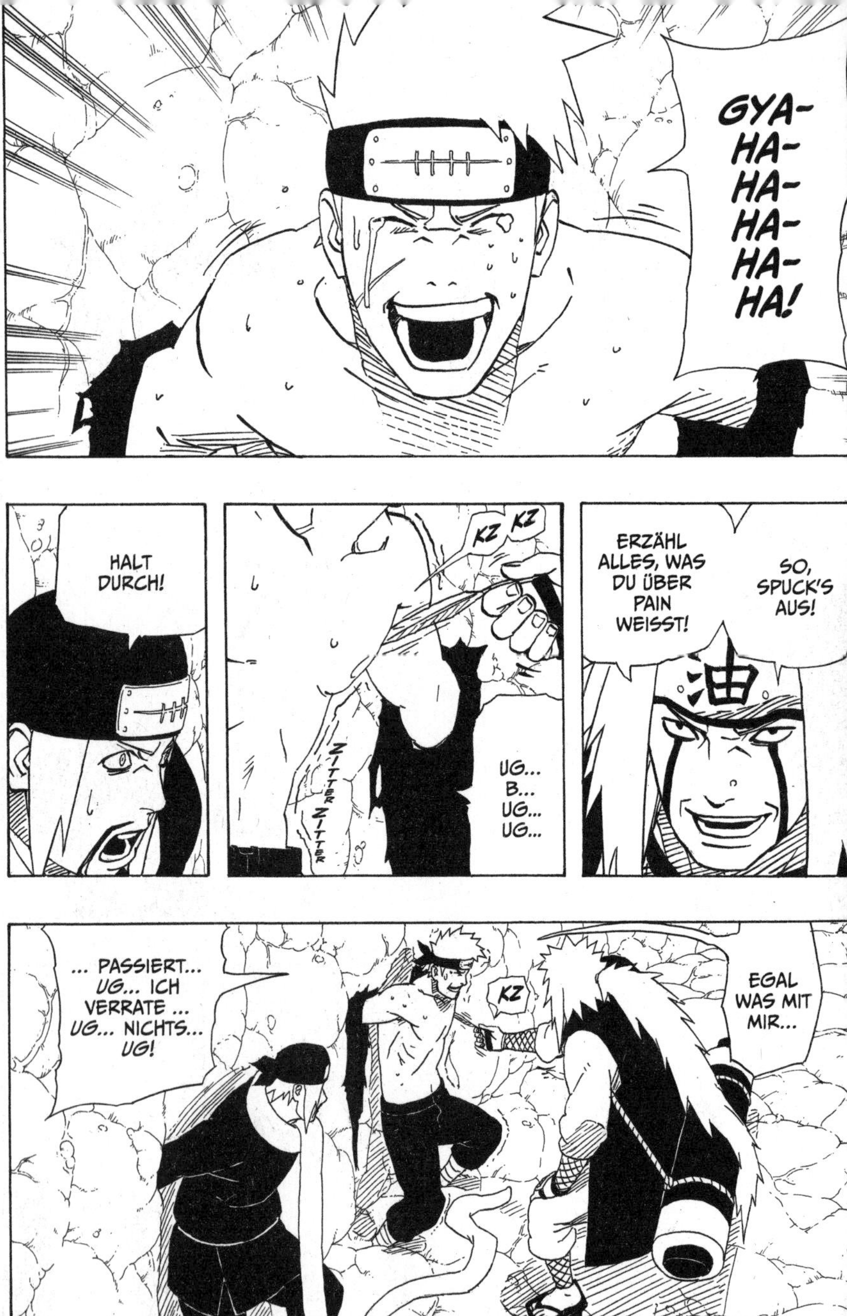
GYA-HA-HA-HA-HA-HA!
SO, SPUCK'S AUS!
ERZÄHL ALLES, WAS DU ÜBER PAIN WEISST!
KZ KZ
ZITTER ZITTER
UG... B... UG... UG...
HALT DURCH!
EGAL WAS MIT MIR...
KZ
... PASSIERT... UG... ICH VERRATE ... UG... NICHTS... UG!

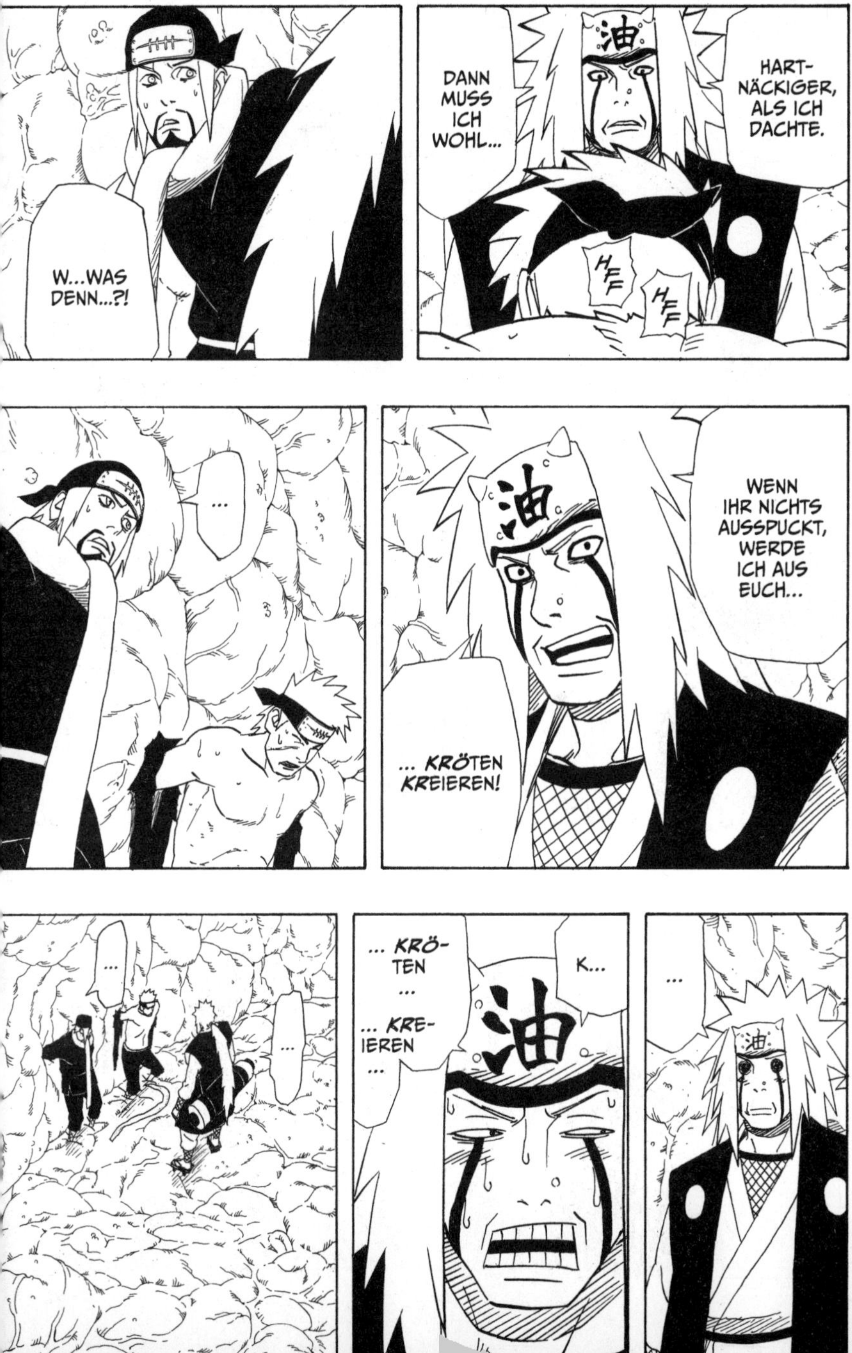
HART-NÄCKIGER, ALS ICH DACHTE.
DANN MUSS ICH WOHL...
HFF
HFF
W...WAS DENN...?!
WENN IHR NICHTS AUSSPUCKT, WERDE ICH AUS EUCH...
... KRÖTEN KREIEREN!
...
...
K...
... KRÖ-TEN ...
... KRE-IEREN ...
...
...

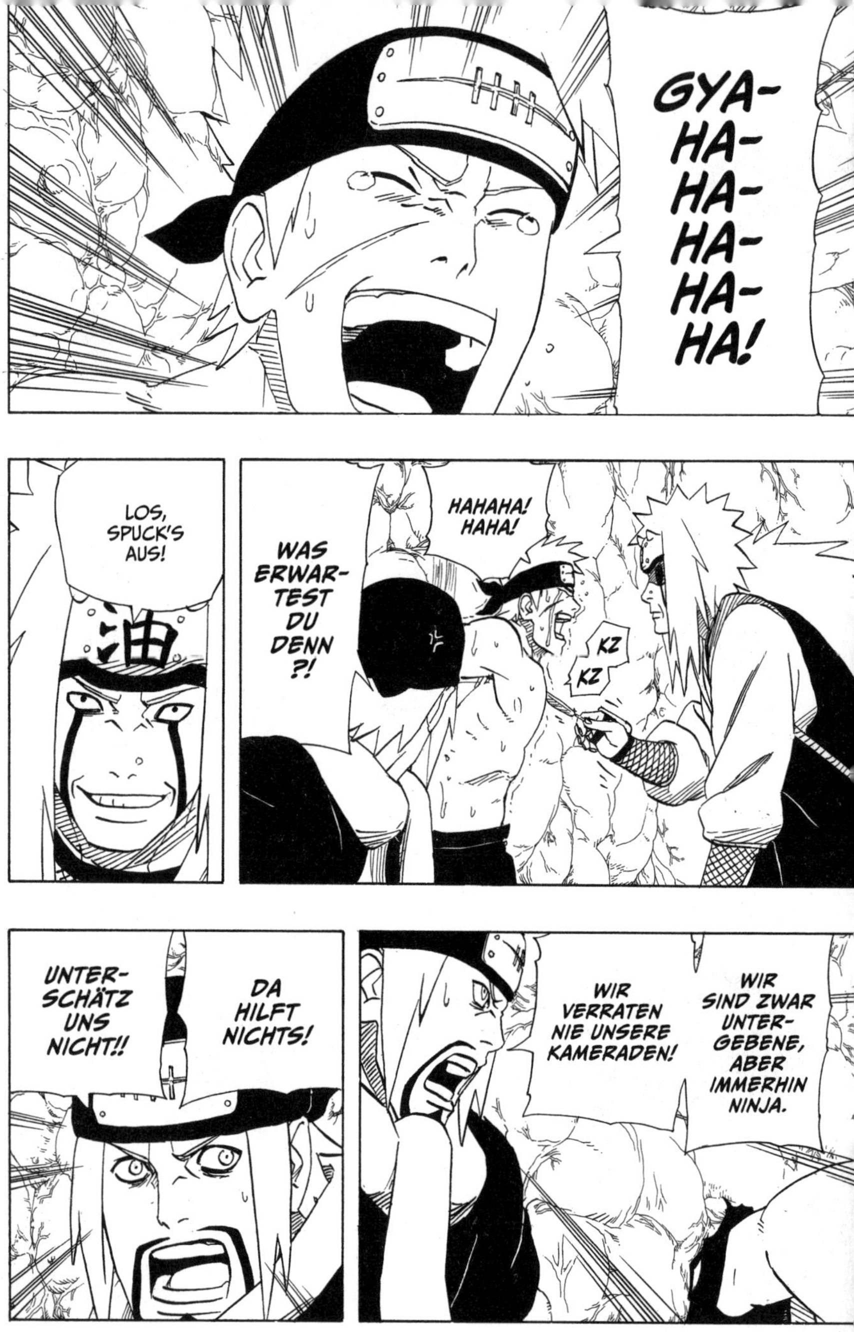
GYA-HA-HA-HA-HA-HA!
HAHAHA! HAHA!
WAS ERWAR-TEST DU DENN ?!
KZ
KZ
LOS, SPUCK'S AUS!
WIR SIND ZWAR UNTER-GEBENE, ABER IMMERHIN NINJA.
WIR VERRATEN NIE UNSERE KAMERADEN!
DA HILFT NICHTS!
UNTER-SCHÄTZ UNS NICHT!!

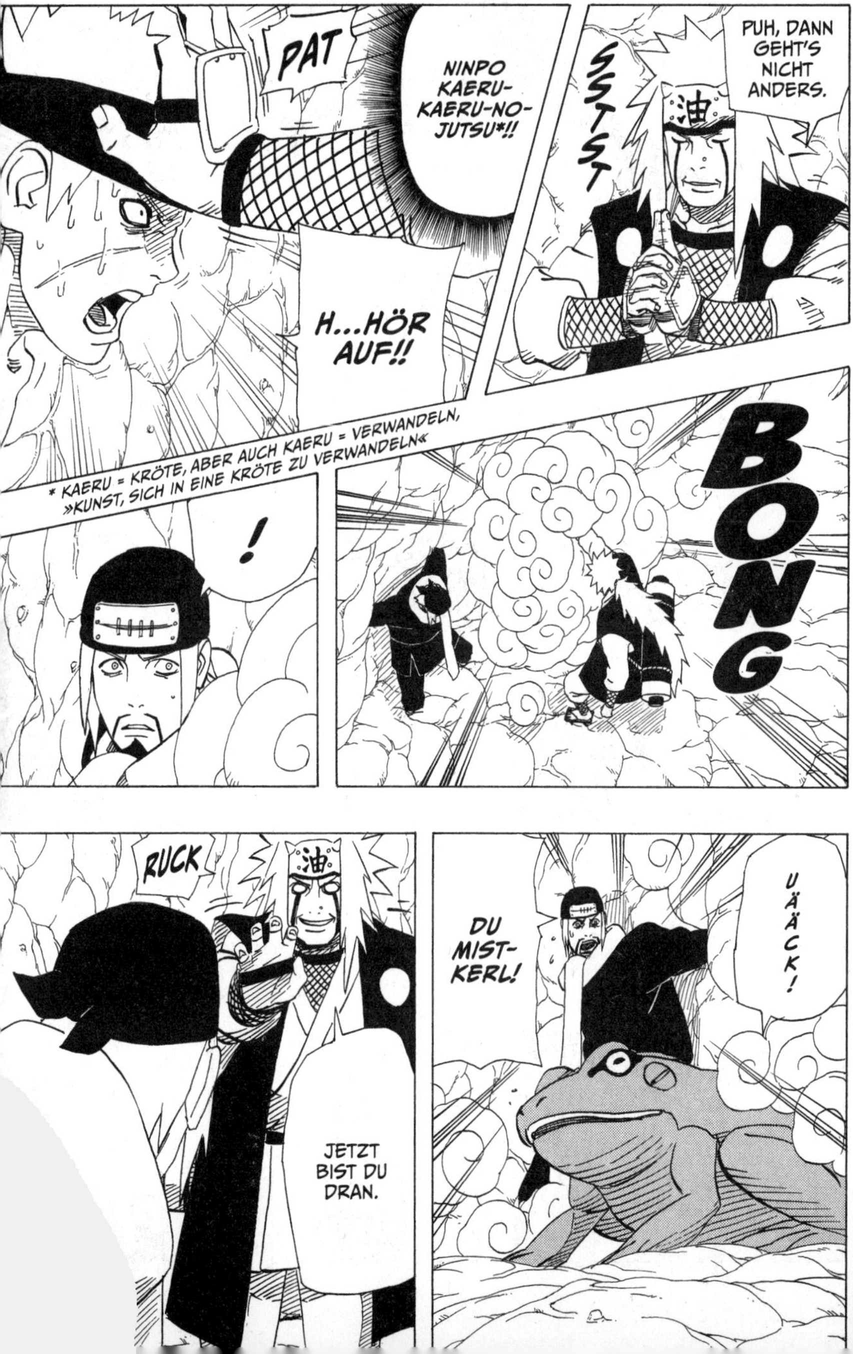
PUH, DANN GEHT'S NICHT ANDERS.
SSTST
NINPO KAERU-KAERU-NO-JUTSU*!!
PAT
H...HÖR AUF!!
* KAERU = KRÖTE, ABER AUCH KAERU = VERWANDELN,
»KUNST, SICH IN EINE KRÖTE ZU VERWANDELN«
BONG
!
RUCK
JETZT BIST DU DRAN.
UÄÄCK!
DU MIST-KERL!

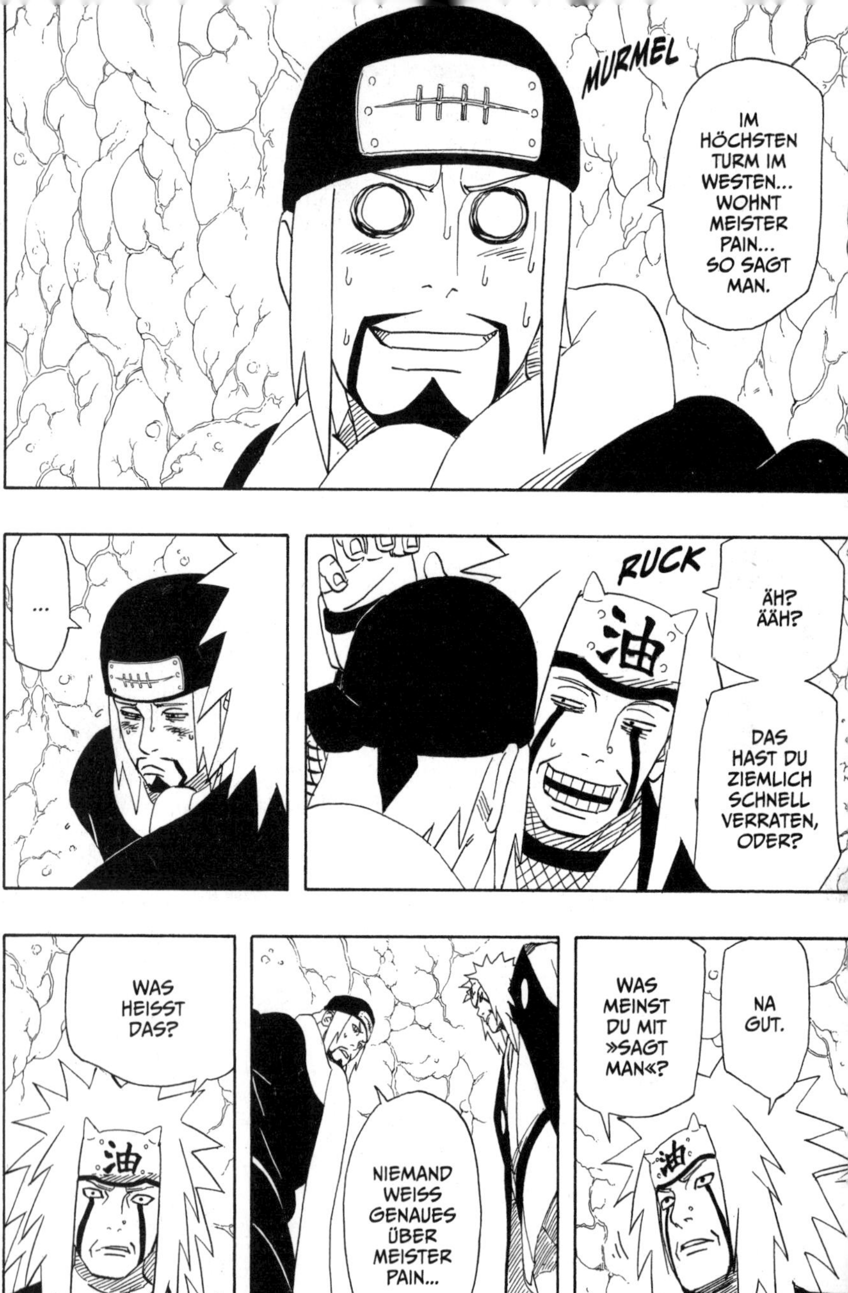
MURMEL
IM HÖCHSTEN TURM IM WESTEN... WOHNT MEISTER PAIN... SO SAGT MAN.
RUCK
ÄH? ÄÄH?
DAS HAST DU ZIEMLICH SCHNELL VERRATEN, ODER?
...
NA GUT.
WAS MEINST DU MIT »SAGT MAN«?
NIEMAND WEISS GENAUES ÜBER MEISTER PAIN...
WAS HEISST DAS?

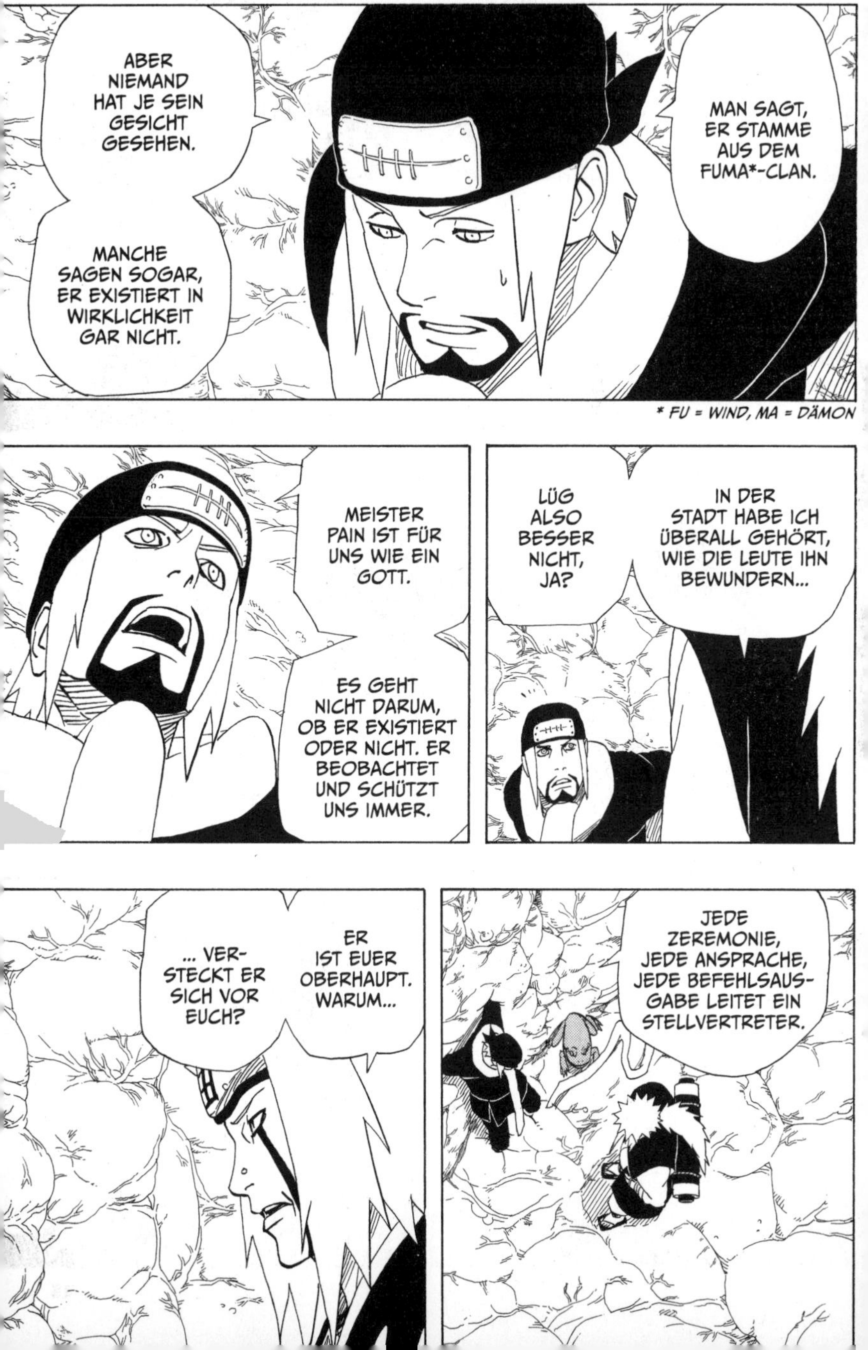

* FU = WIND, MA = DÄMON

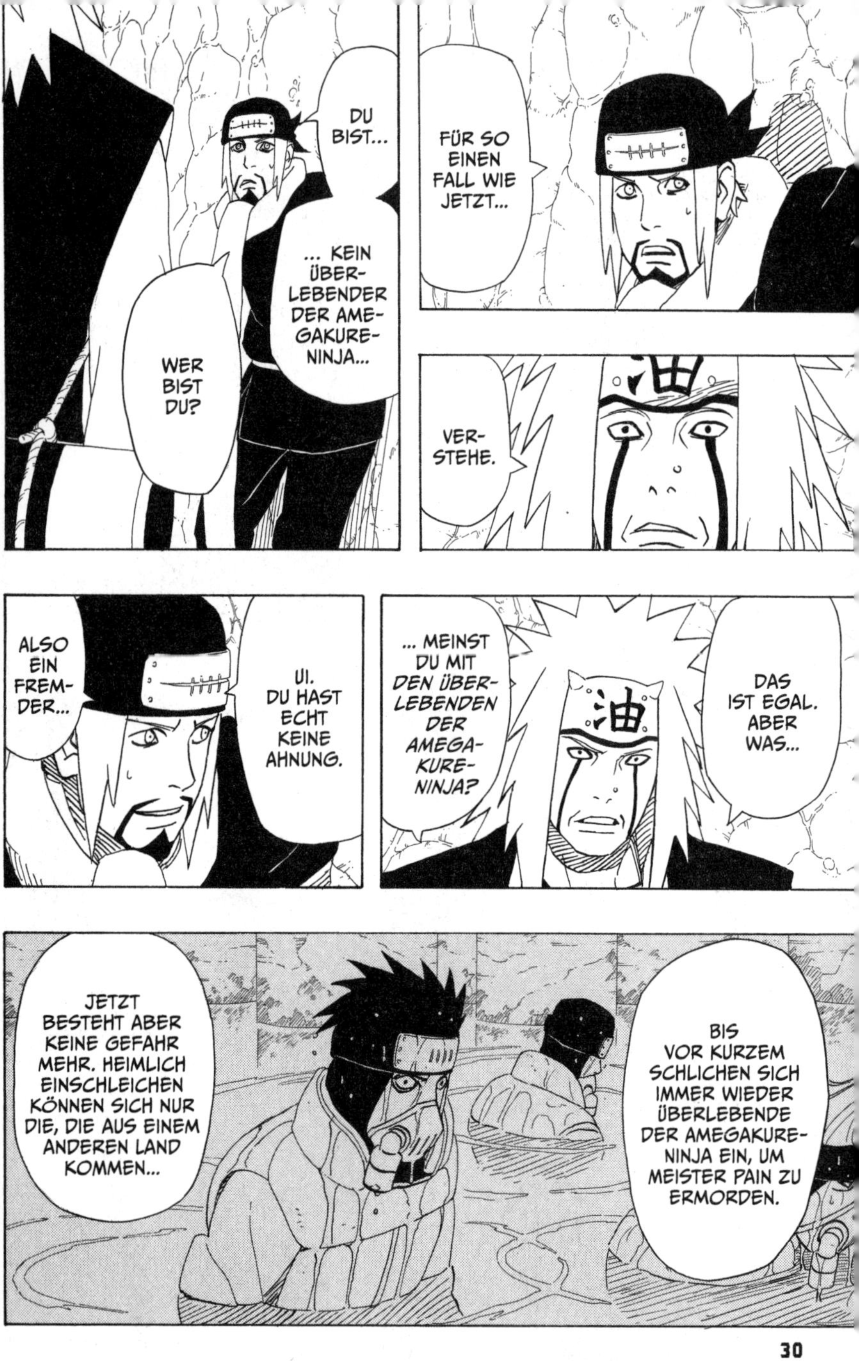
FÜR SO EINEN FALL WIE JETZT...
DU BIST...
... KEIN ÜBERLEBENDER DER AMEGAKURE-NINJA...
WER BIST DU?
VERSTEHE.
DAS IST EGAL. ABER WAS...
... MEINST DU MIT DEN ÜBERLEBENDEN DER AMEGAKURE-NINJA?
UI. DU HAST ECHT KEINE AHNUNG.
ALSO EIN FREMDER...
BIS VOR KURZEM SCHLICHEN SICH IMMER WIEDER ÜBERLEBENDE DER AMEGAKURE-NINJA EIN, UM MEISTER PAIN ZU ERMORDEN.
JETZT BESTEHT ABER KEINE GEFAHR MEHR. HEIMLICH EINSCHLEICHEN KÖNNEN SICH NUR DIE, DIE AUS EINEM ANDEREN LAND KOMMEN...

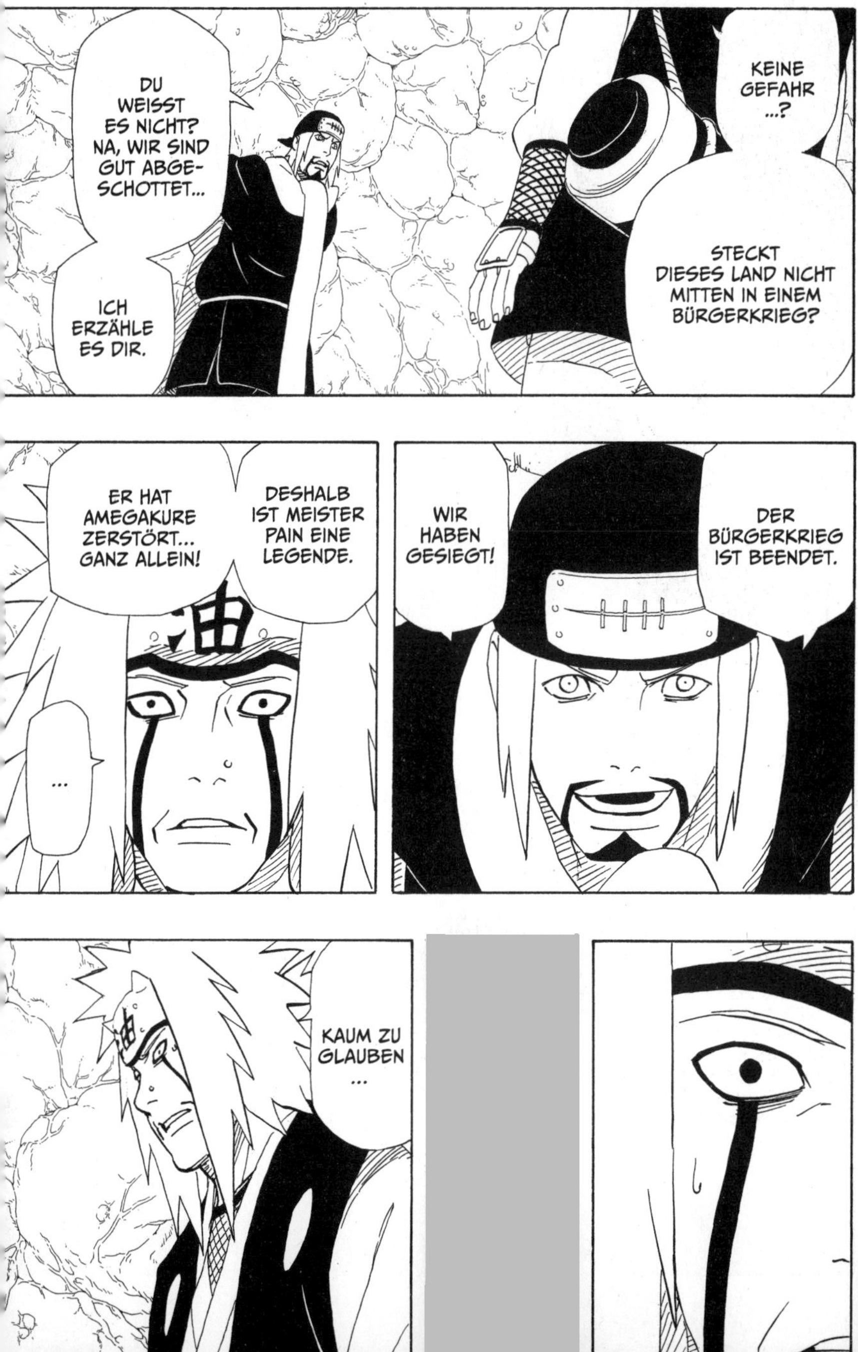
KEINE GEFAHR ...?
STECKT DIESES LAND NICHT MITTEN IN EINEM BÜRGERKRIEG?
DU WEISST ES NICHT? NA, WIR SIND GUT ABGE-SCHOTTET...
ICH ERZÄHLE ES DIR.
DER BÜRGERKRIEG IST BEENDET.
WIR HABEN GESIEGT!
DESHALB IST MEISTER PAIN EINE LEGENDE.
ER HAT AMEGAKURE ZERSTÖRT... GANZ ALLEIN!
...
KAUM ZU GLAUBEN ...

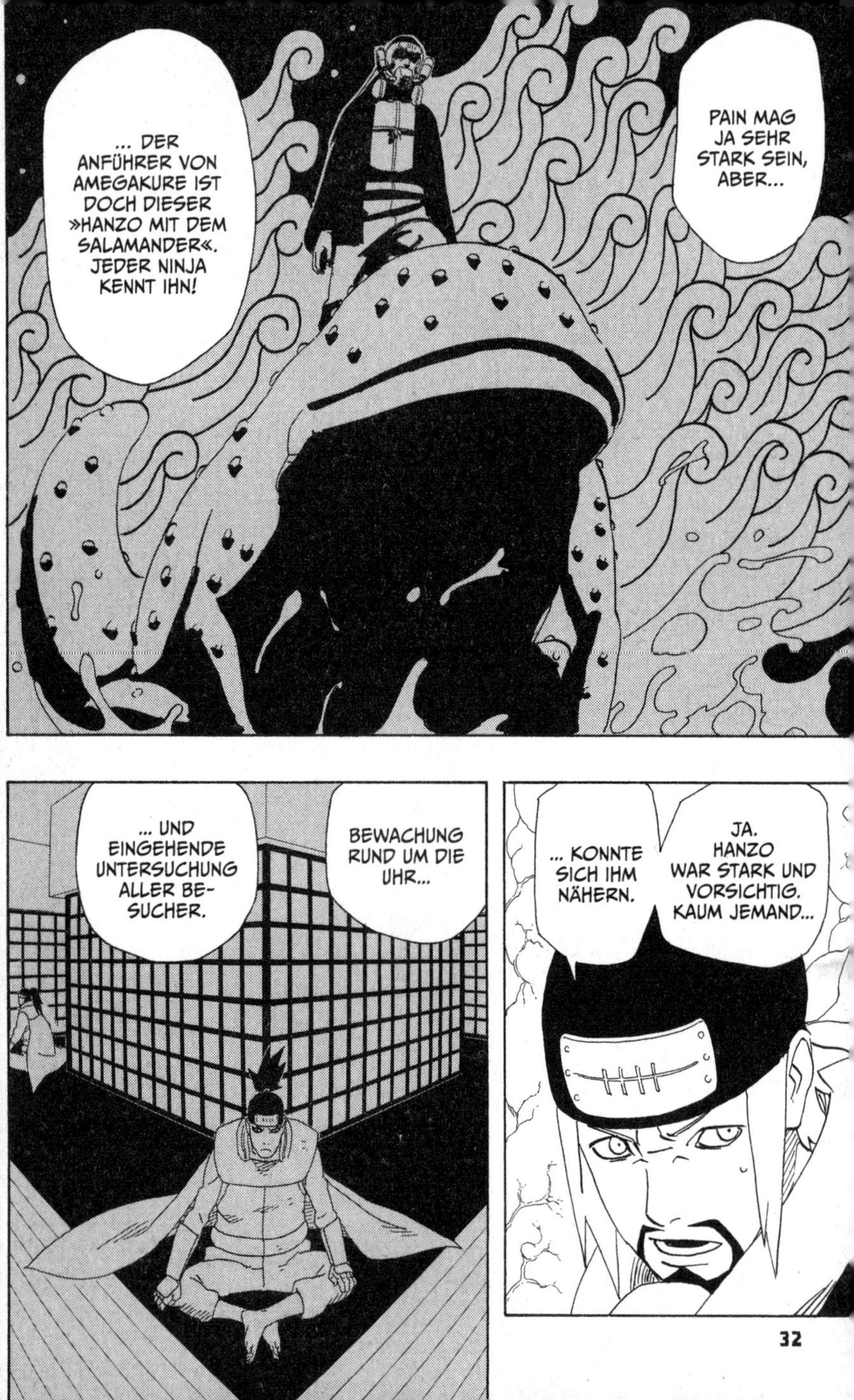
PAIN MAG JA SEHR STARK SEIN, ABER...
... DER ANFÜHRER VON AMEGAKURE IST DOCH DIESER »HANZO MIT DEM SALAMANDER«. JEDER NINJA KENNT IHN!
JA. HANZO WAR STARK UND VORSICHTIG. KAUM JEMAND...
... KONNTE SICH IHM NÄHERN.
BEWACHUNG RUND UM DIE UHR...
... UND EINGEHENDE UNTERSUCHUNG ALLER BE-SUCHER.

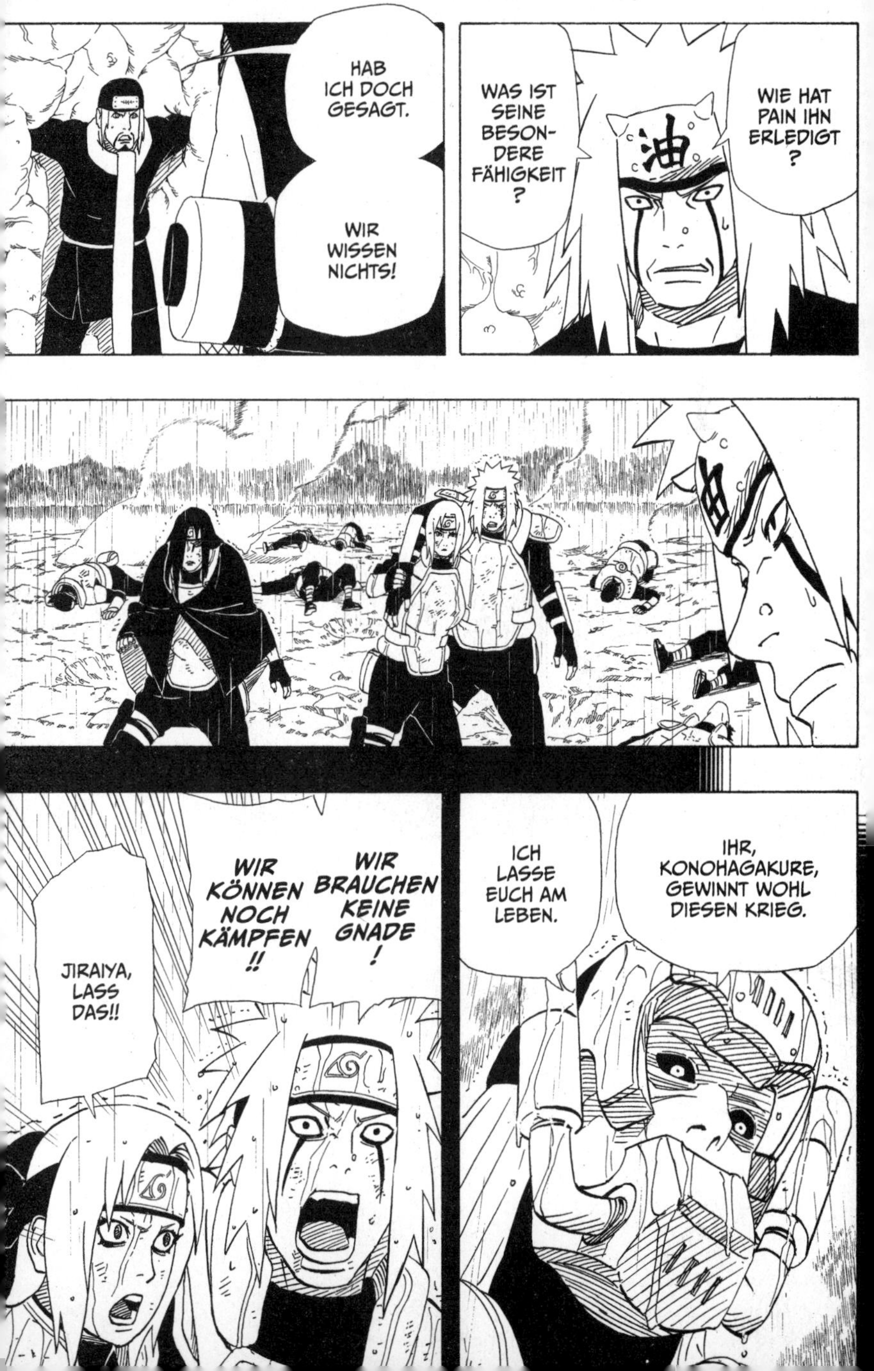
WIE HAT PAIN IHN ERLEDIGT?
WAS IST SEINE BESON-DERE FÄHIGKEIT?
HAB ICH DOCH GESAGT.
WIR WISSEN NICHTS!
IHR, KONOHAGAKURE, GEWINNT WOHL DIESEN KRIEG.
ICH LASSE EUCH AM LEBEN.
WIR BRAUCHEN KEINE GNADE!
WIR KÖNNEN NOCH KÄMPFEN!!
JIRAIYA, LASS DAS!!

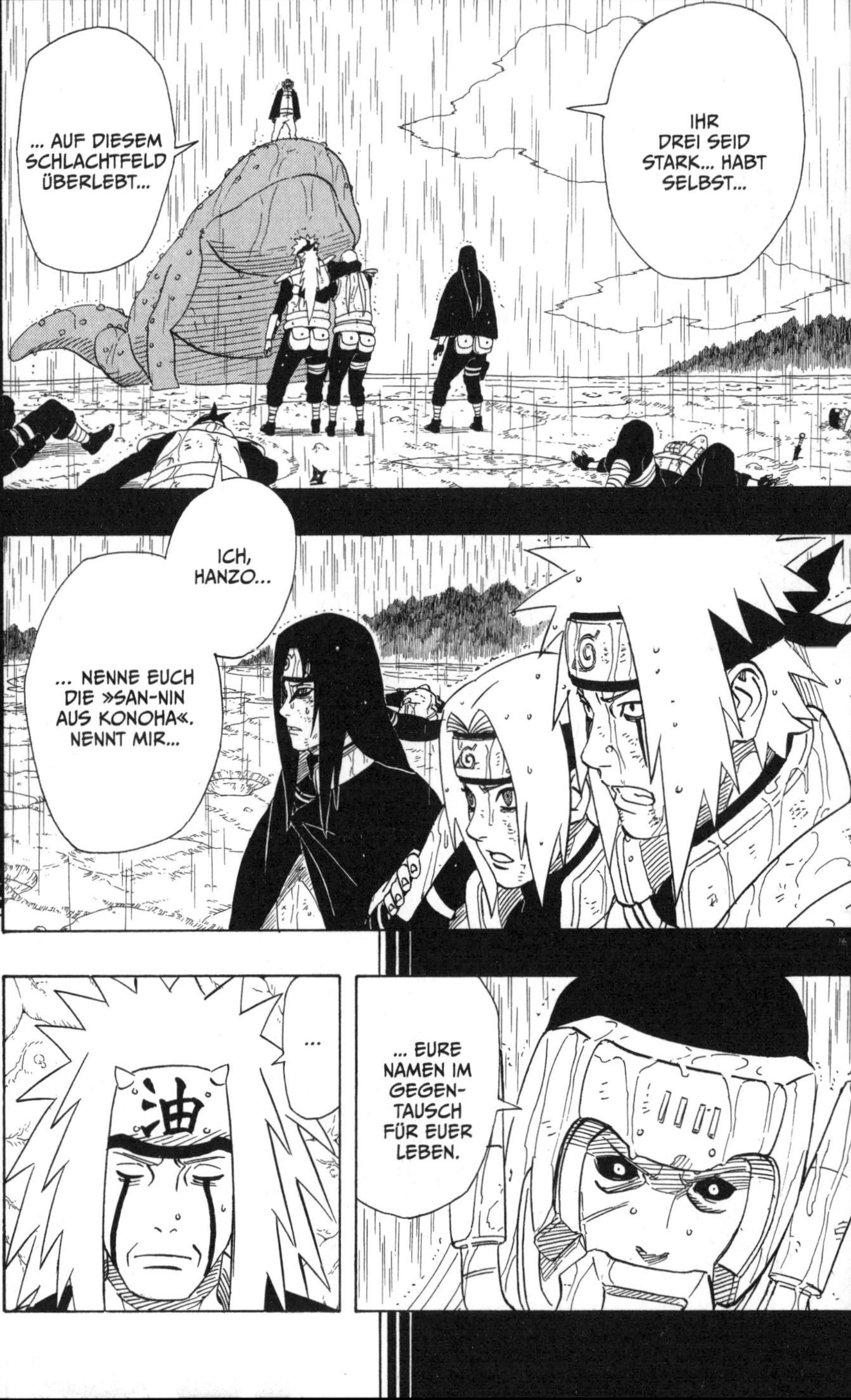
IHR DREI SEID STARK... HABT SELBST...
... AUF DIESEM SCHLACHTFELD ÜBERLEBT...
ICH, HANZO...
... NENNE EUCH DIE »SAN-NIN AUS KONOHA«. NENNT MIR...
... EURE NAMEN IM GEGEN-TAUSCH FÜR EUER LEBEN.
...
油

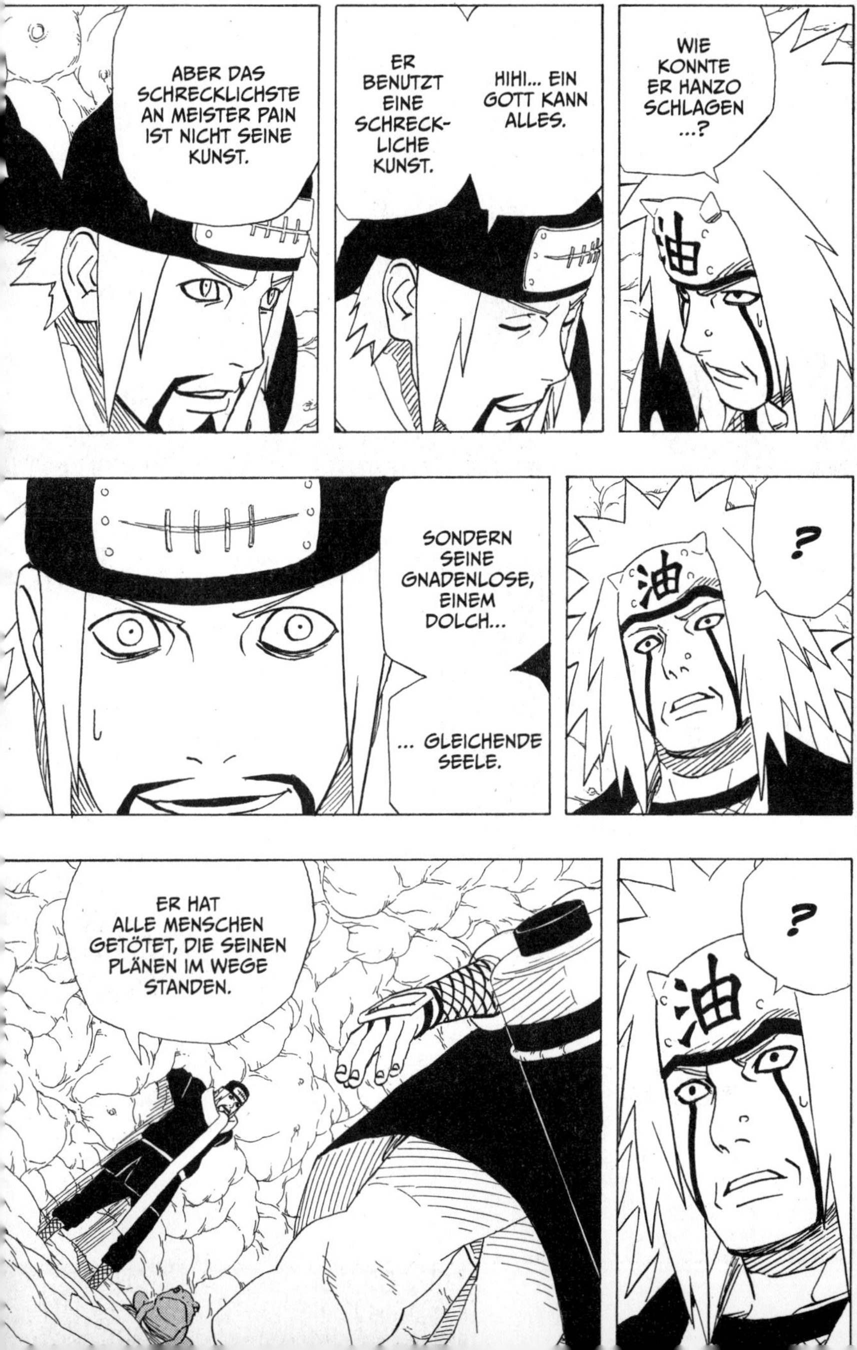
WIE KONNTE ER HANZO SCHLAGEN ...?
HIHI... EIN GOTT KANN ALLES.
ER BENUTZT EINE SCHRECK-LICHE KUNST.
ABER DAS SCHRECKLICHSTE AN MEISTER PAIN IST NICHT SEINE KUNST.
?
SONDERN SEINE GNADENLOSE, EINEM DOLCH...
... GLEICHENDE SEELE.
?
ER HAT ALLE MENSCHEN GETÖTET, DIE SEINEN PLÄNEN IM WEGE STANDEN.

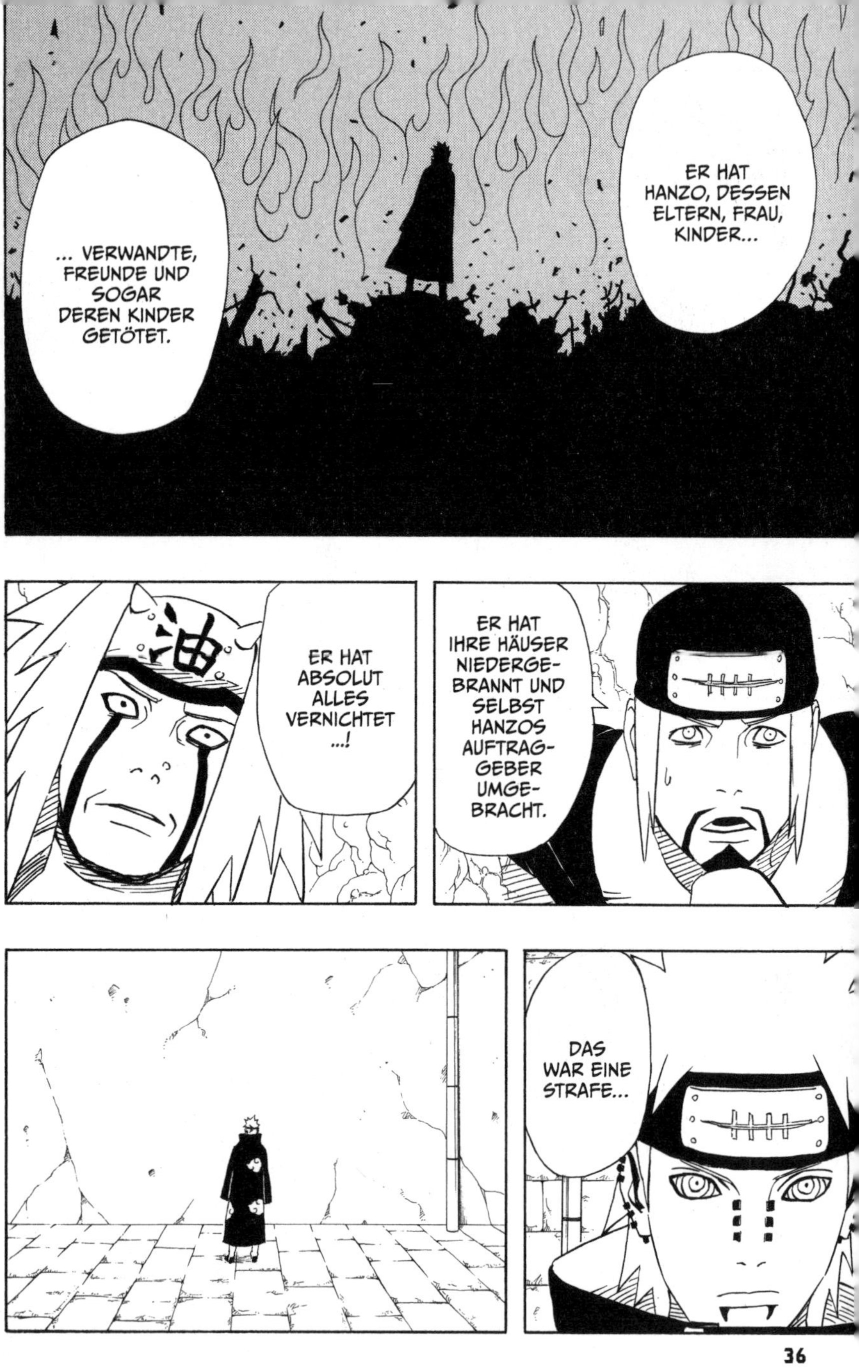
ER HAT HANZO, DESSEN ELTERN, FRAU, KINDER...
... VERWANDTE, FREUNDE UND SOGAR DEREN KINDER GETÖTET.
ER HAT IHRE HÄUSER NIEDERGE-BRANNT UND SELBST HANZOS AUFTRAG-GEBER UMGE-BRACHT.
ER HAT ABSOLUT ALLES VERNICHTET ...!
DAS WAR EINE STRAFE...

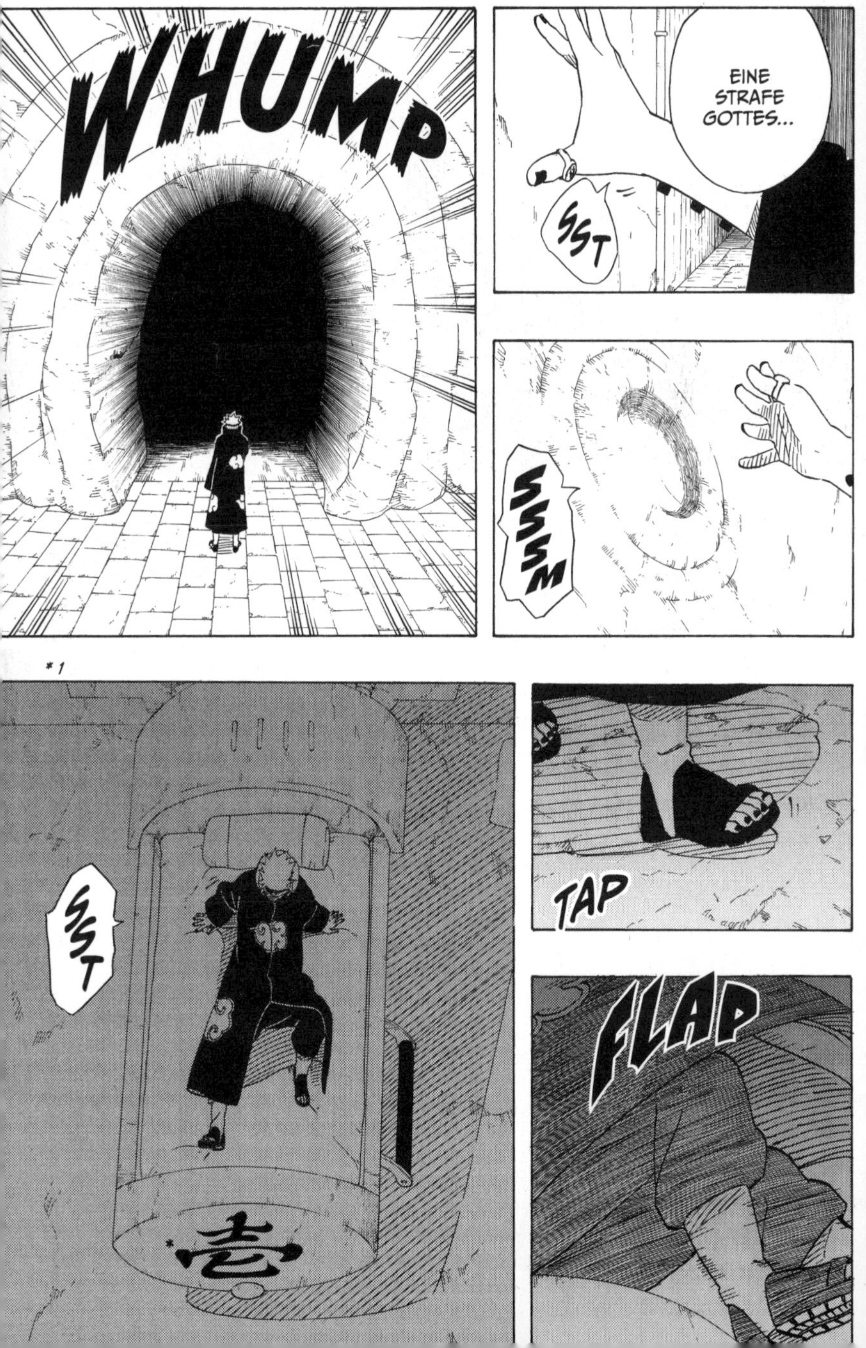
EINE STRAFE GOTTES...
SST
SSSM
WHUMP
*1
TAP
FLAP
SST
*壱

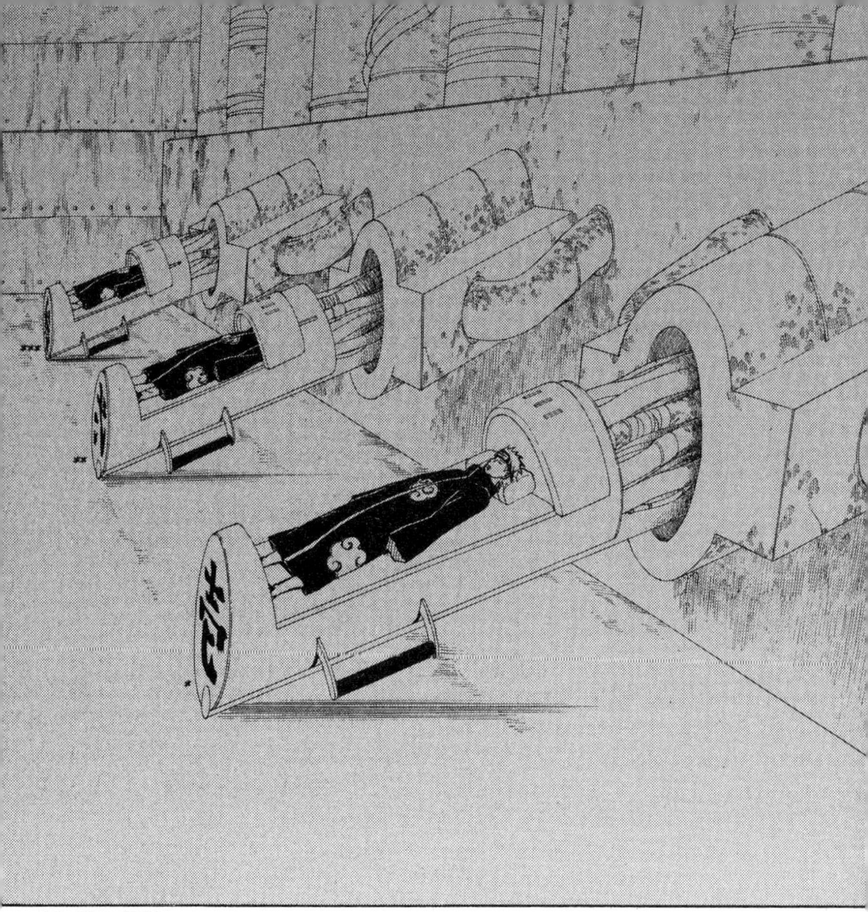

*1 **2 ***3

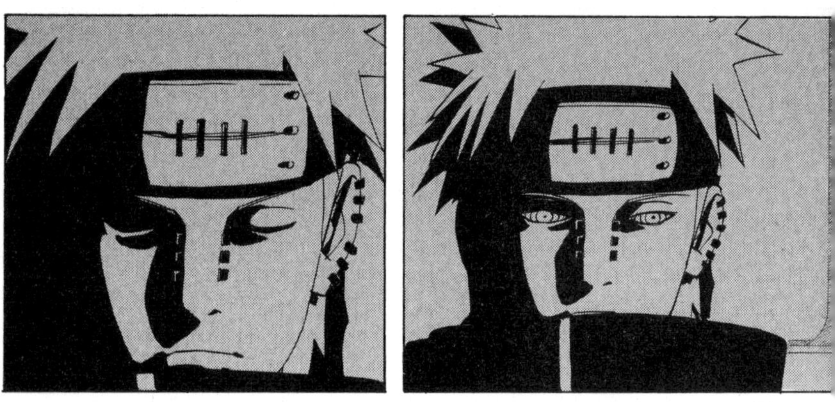

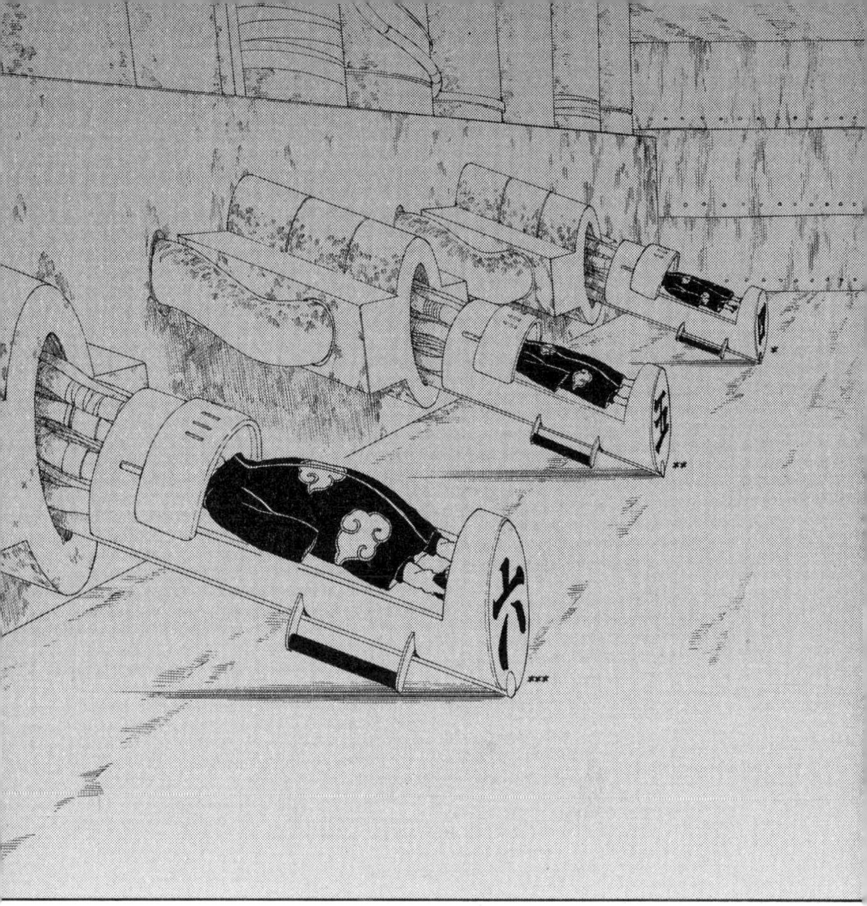

*4 **5 ***6

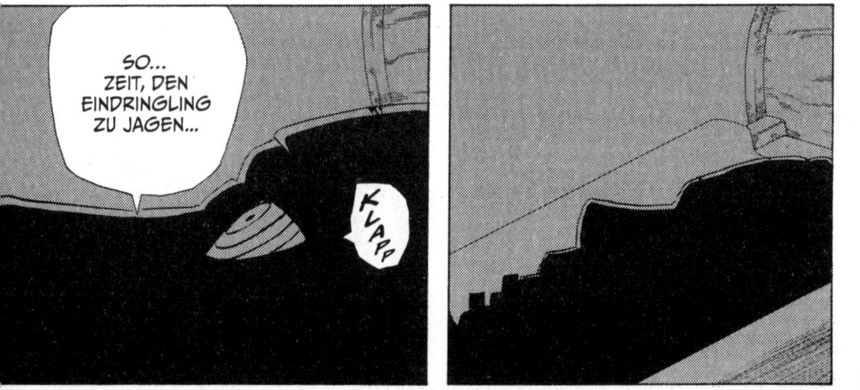

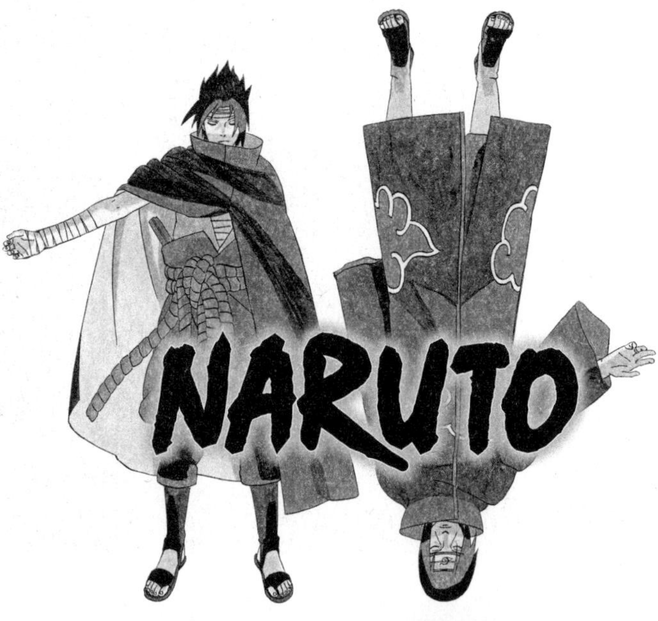
NARUTO

370. Kapitel:

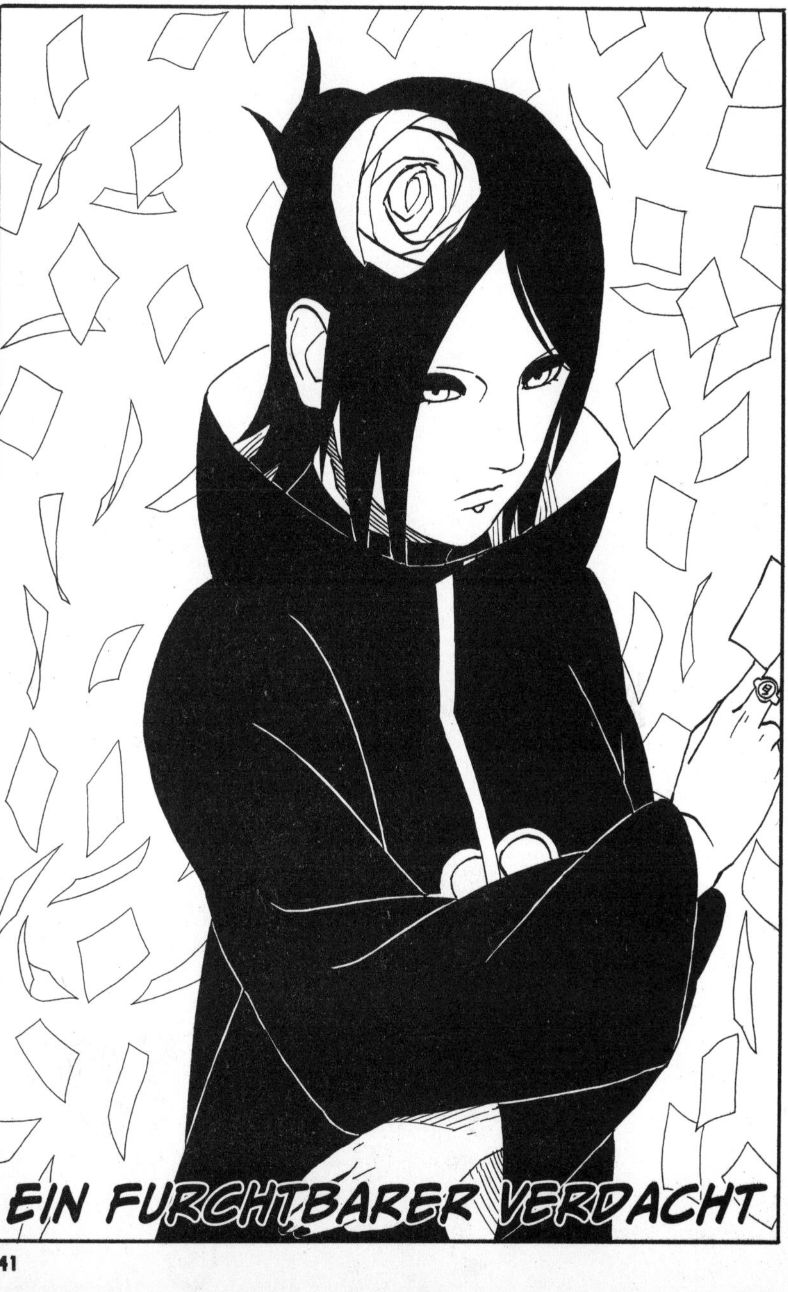

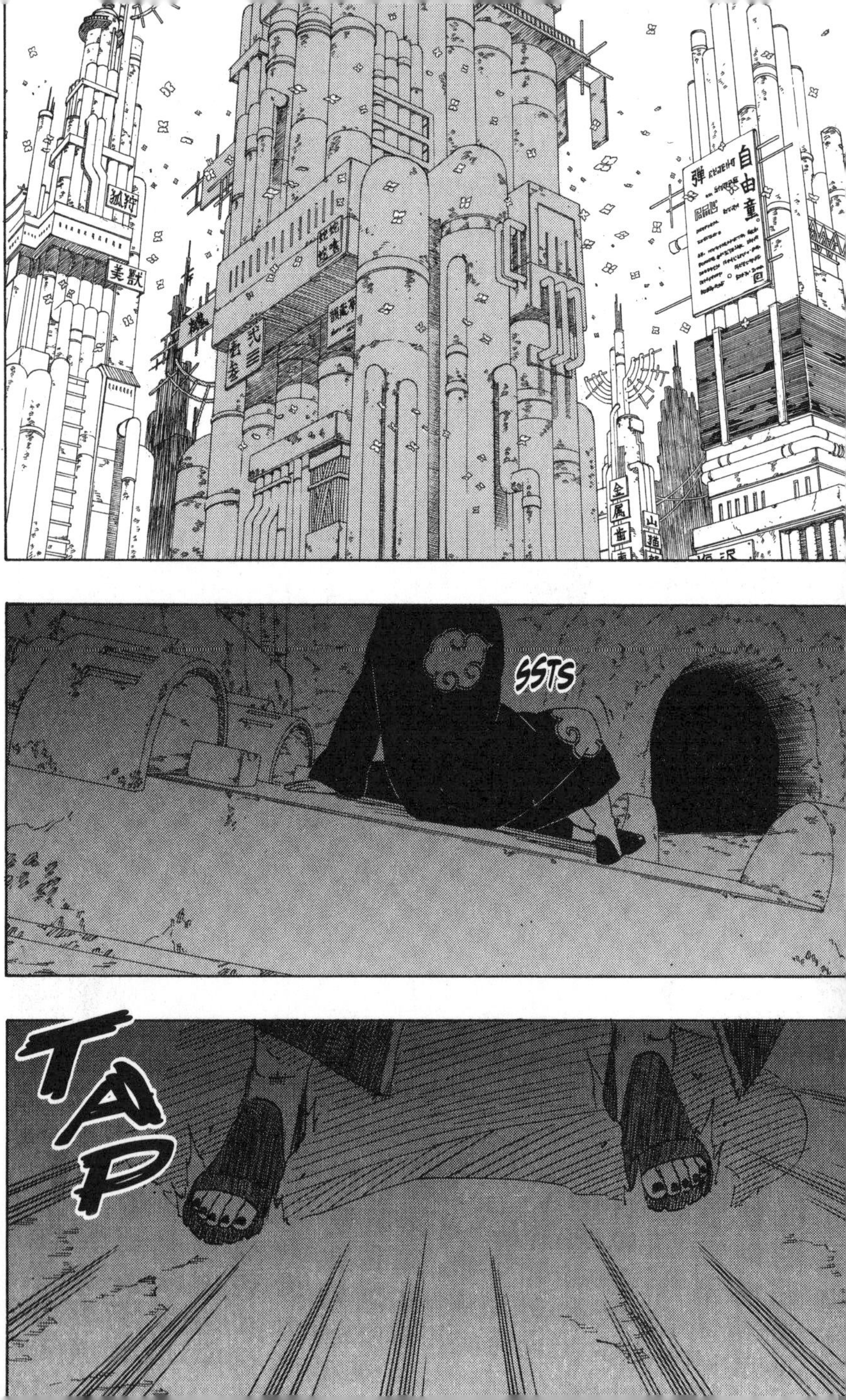
SSTS
TAP

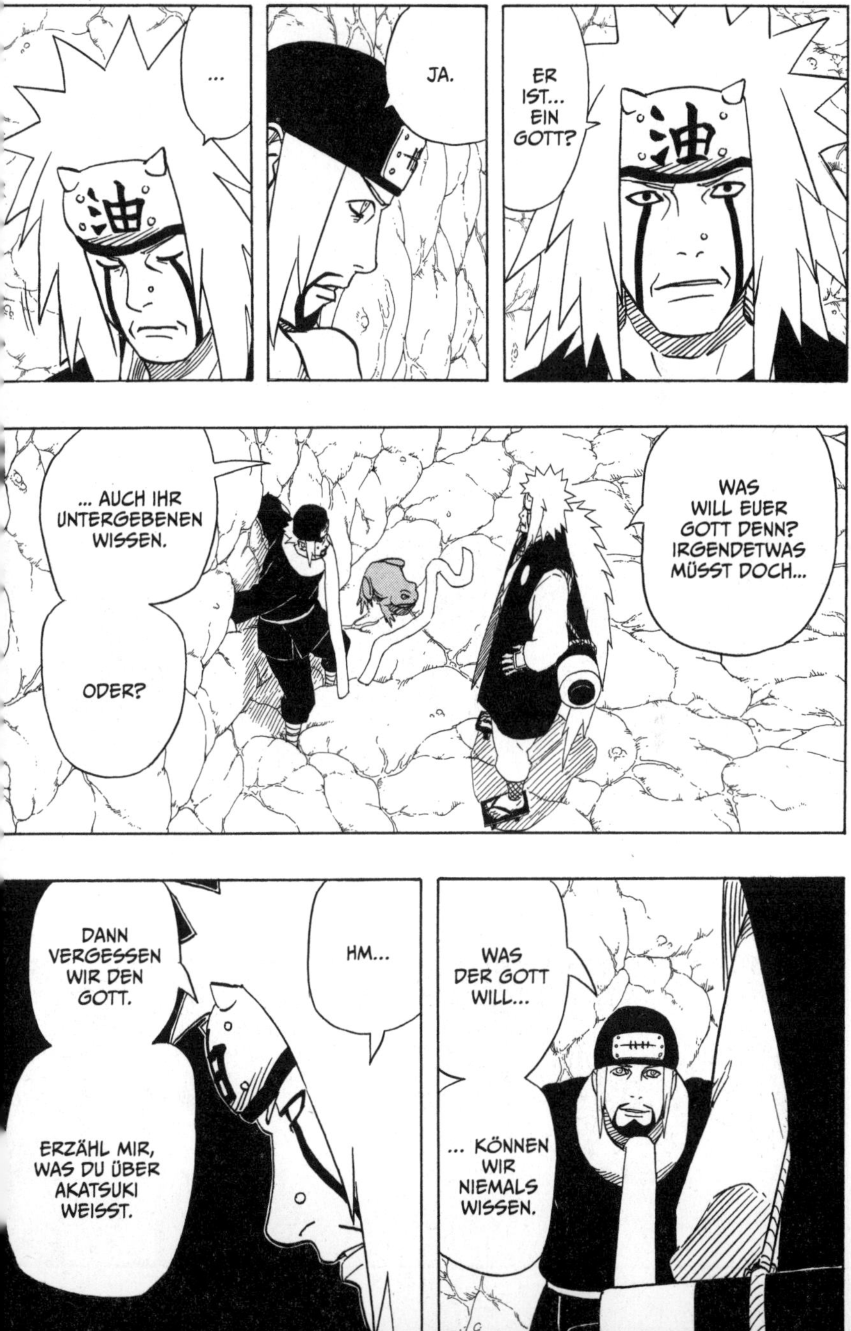
ER IST... EIN GOTT?
JA.
...
WAS WILL EUER GOTT DENN? IRGENDETWAS MÜSST DOCH...
... AUCH IHR UNTERGEBENEN WISSEN.
ODER?
WAS DER GOTT WILL...
... KÖNNEN WIR NIEMALS WISSEN.
HM...
DANN VERGESSEN WIR DEN GOTT.
ERZÄHL MIR, WAS DU ÜBER AKATSUKI WEISST.

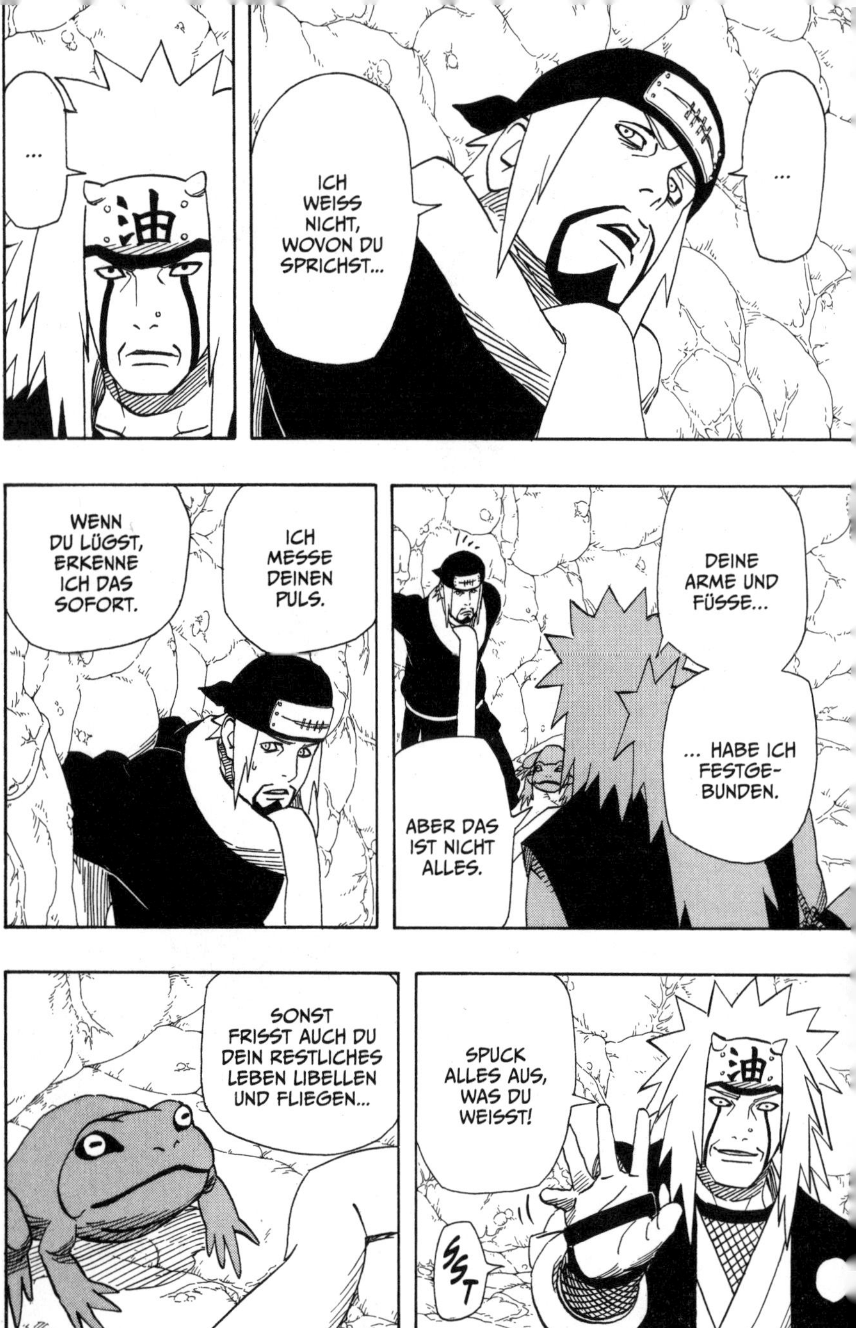
...
ICH WEISS NICHT, WOVON DU SPRICHST...
...
DEINE ARME UND FÜSSE...
... HABE ICH FESTGE-BUNDEN.
ABER DAS IST NICHT ALLES.
ICH MESSE DEINEN PULS.
WENN DU LÜGST, ERKENNE ICH DAS SOFORT.
SPUCK ALLES AUS, WAS DU WEISST!
SST
SONST FRISST AUCH DU DEIN RESTLICHES LEBEN LIBELLEN UND FLIEGEN...

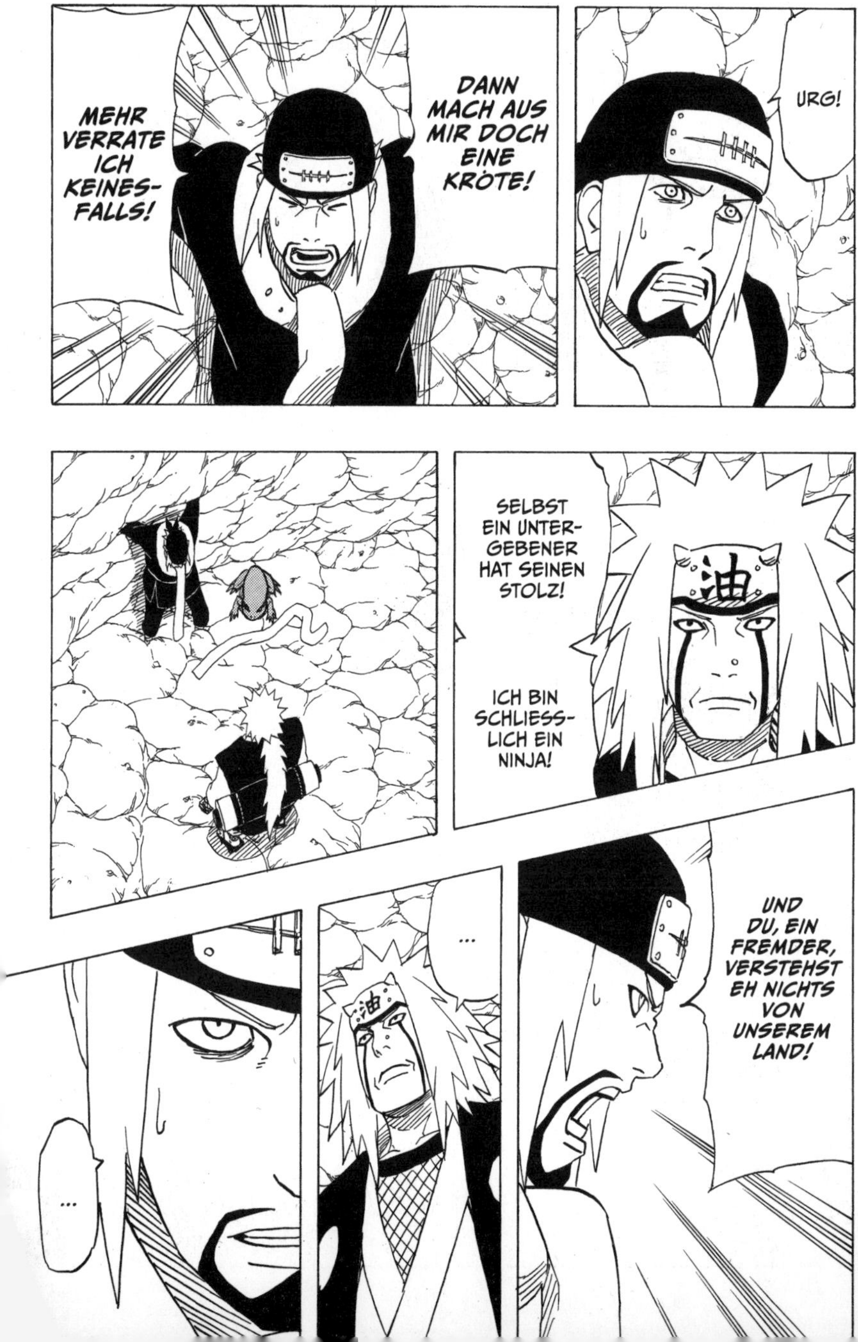
URG!
DANN MACH AUS MIR DOCH EINE KRÖTE!
MEHR VERRATE ICH KEINES-FALLS!
SELBST EIN UNTER-GEBENER HAT SEINEN STOLZ!
ICH BIN SCHLIESS-LICH EIN NINJA!
UND DU, EIN FREMDER, VERSTEHST EH NICHTS VON UNSEREM LAND!
...
...

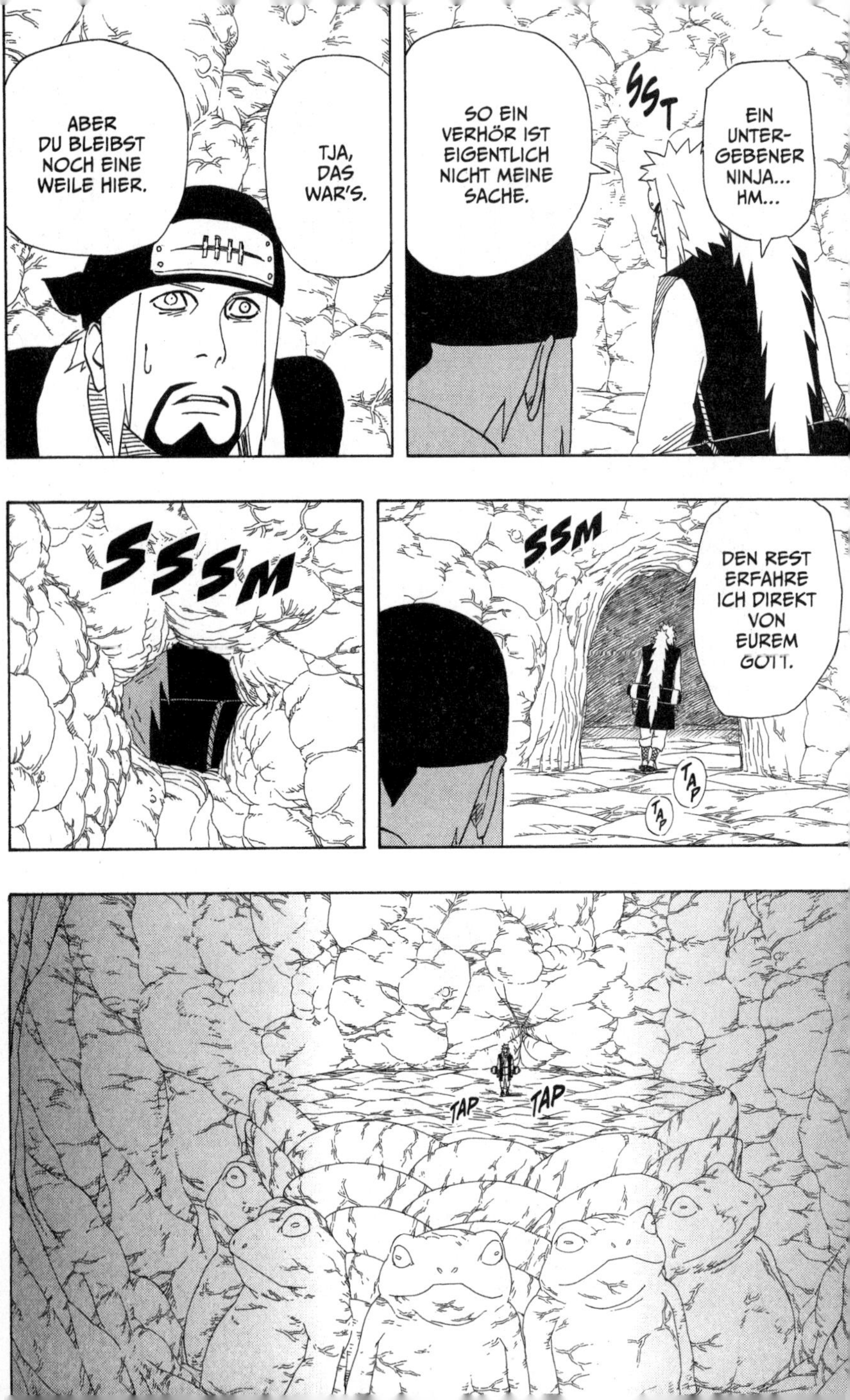
SST
EIN UNTER-GEBENER NINJA... HM...
SO EIN VERHÖR IST EIGENTLICH NICHT MEINE SACHE.
TJA, DAS WAR'S.
ABER DU BLEIBST NOCH EINE WEILE HIER.
SSM
DEN REST ERFAHRE ICH DIREKT VON EUREM GOTT.
TAP
TAP
SSSM
TAP
TAP

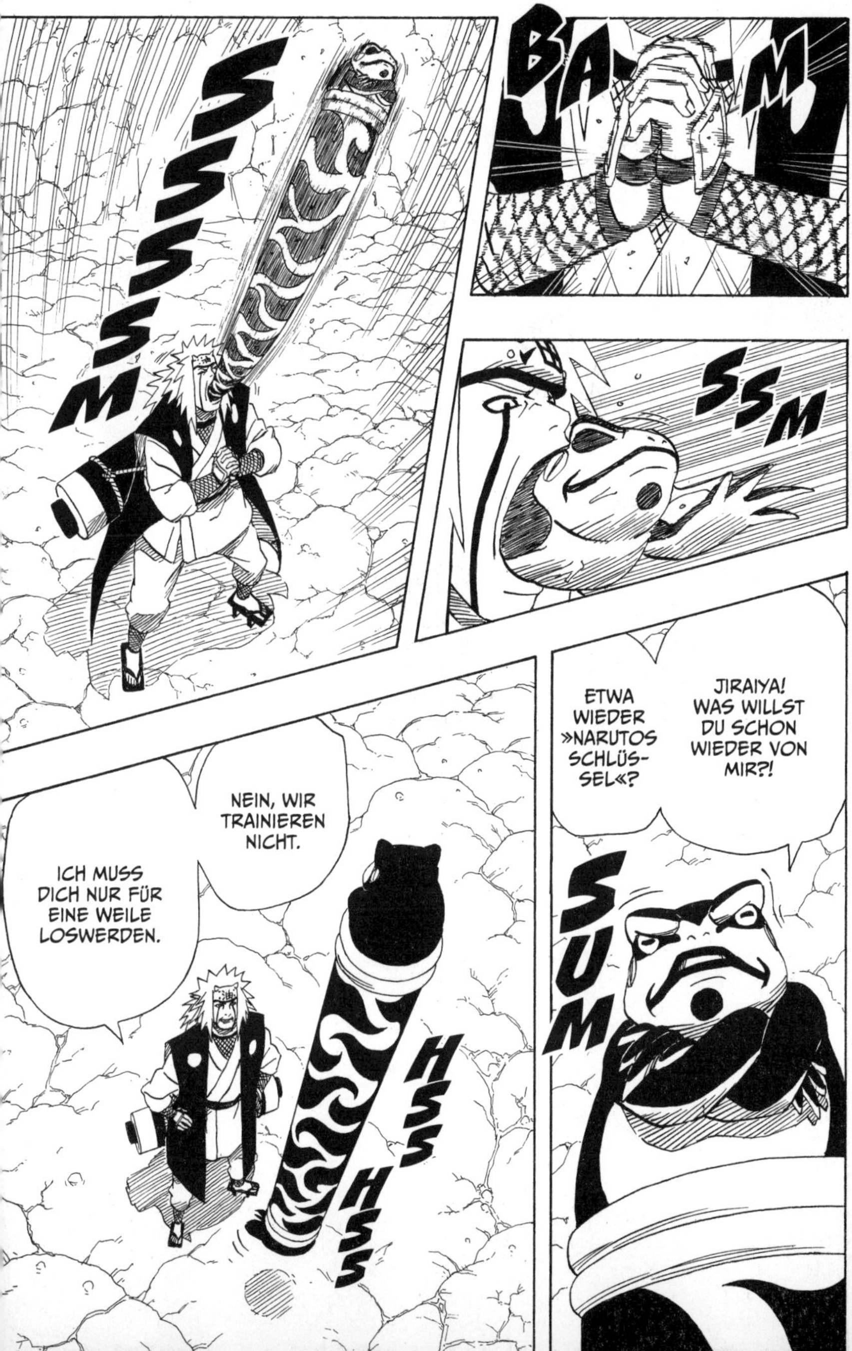
BA-M
SSSSSM
SSM
JIRAIYA! WAS WILLST DU SCHON WIEDER VON MIR?!
ETWA WIEDER »NARUTOS SCHLÜSSEL«?
SUM
NEIN, WIR TRAINIEREN NICHT.
ICH MUSS DICH NUR FÜR EINE WEILE LOSWERDEN.
HSS
HSS

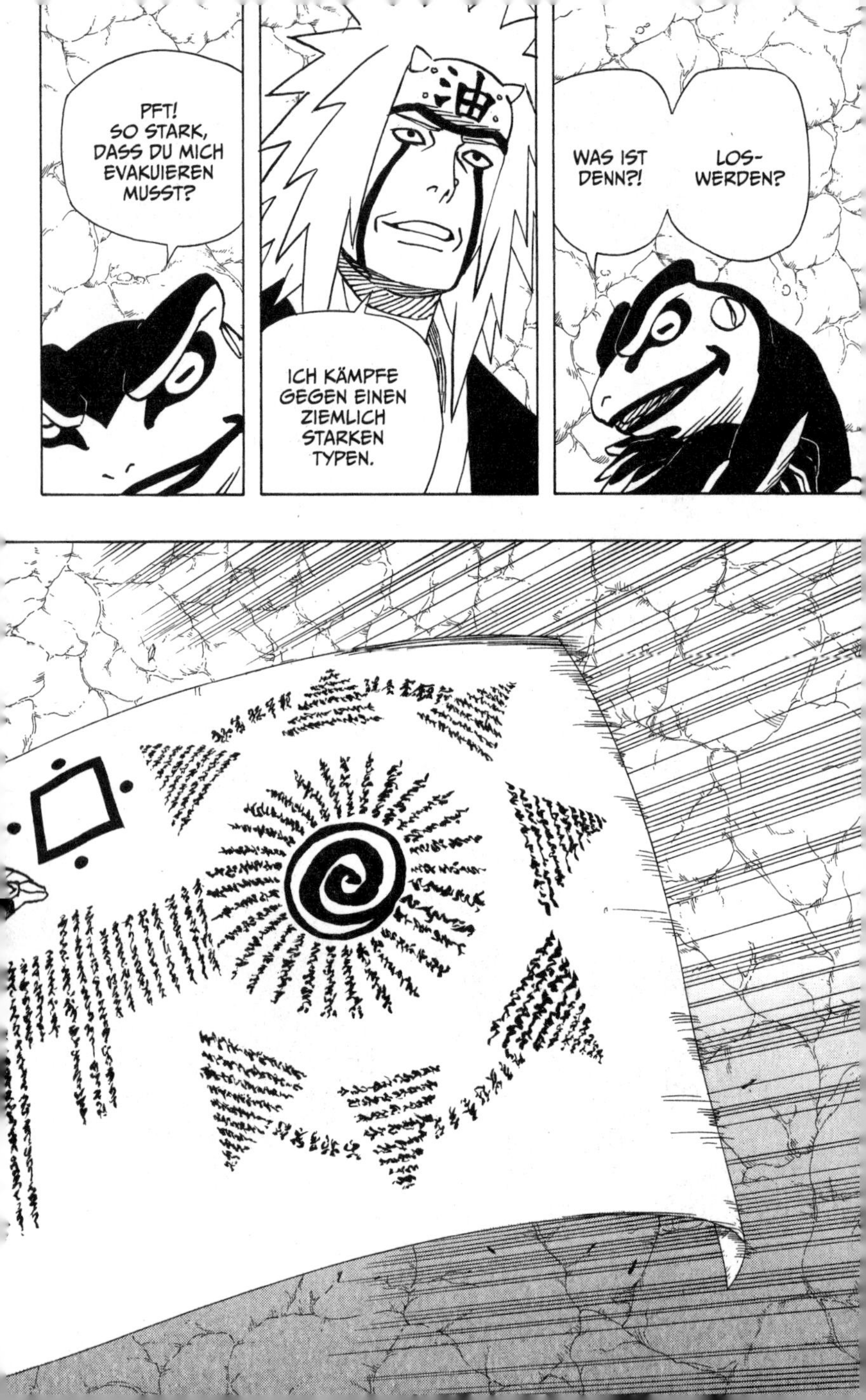
LOS-WERDEN?
WAS IST DENN?!
ICH KÄMPFE GEGEN EINEN ZIEMLICH STARKEN TYPEN.
PFT! SO STARK, DASS DU MICH EVAKUIEREN MUSST?

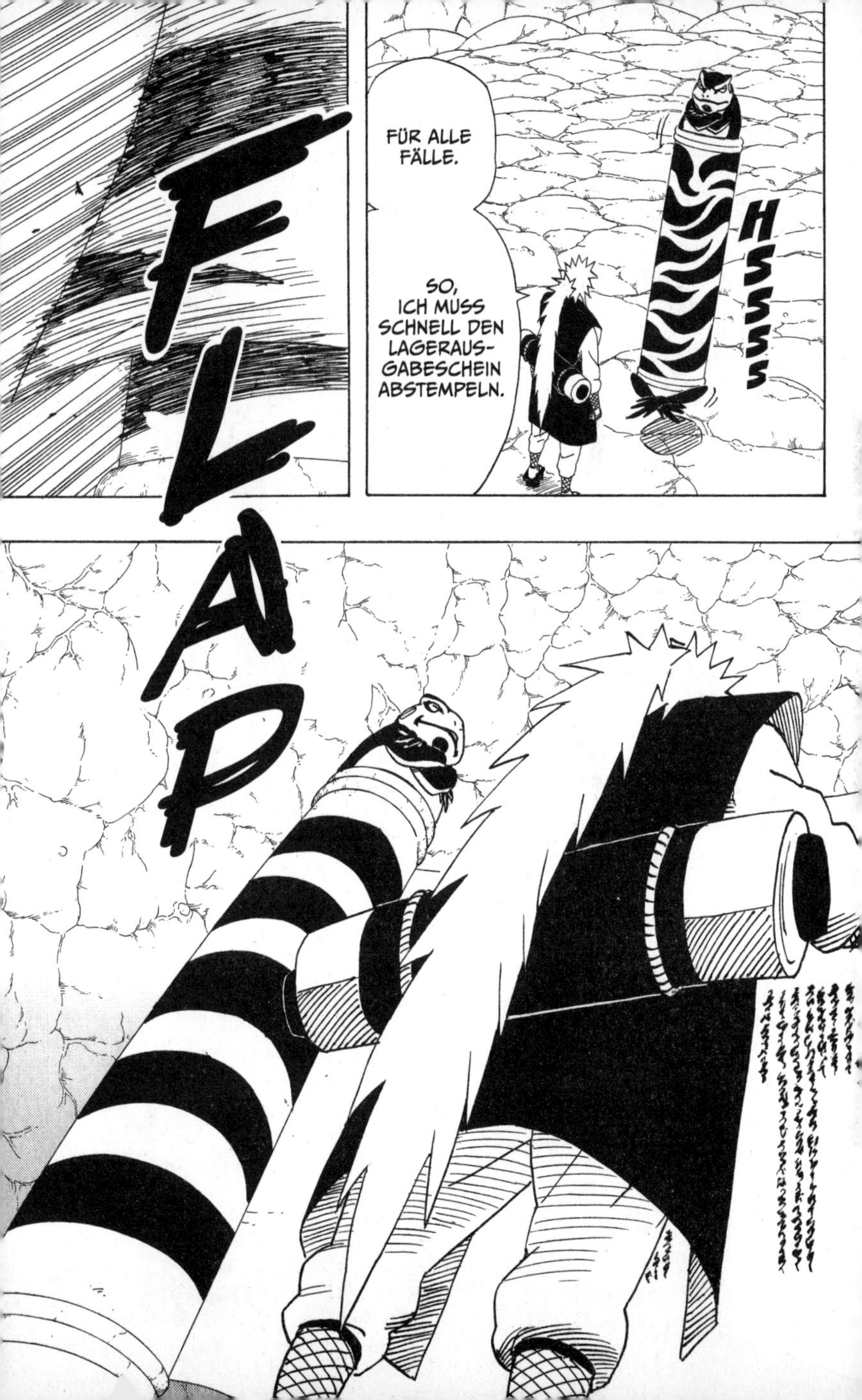
FÜR ALLE FÄLLE.
SO, ICH MUSS SCHNELL DEN LAGERAUS-GABESCHEIN ABSTEMPELN.
HSSSSS
FLAPP

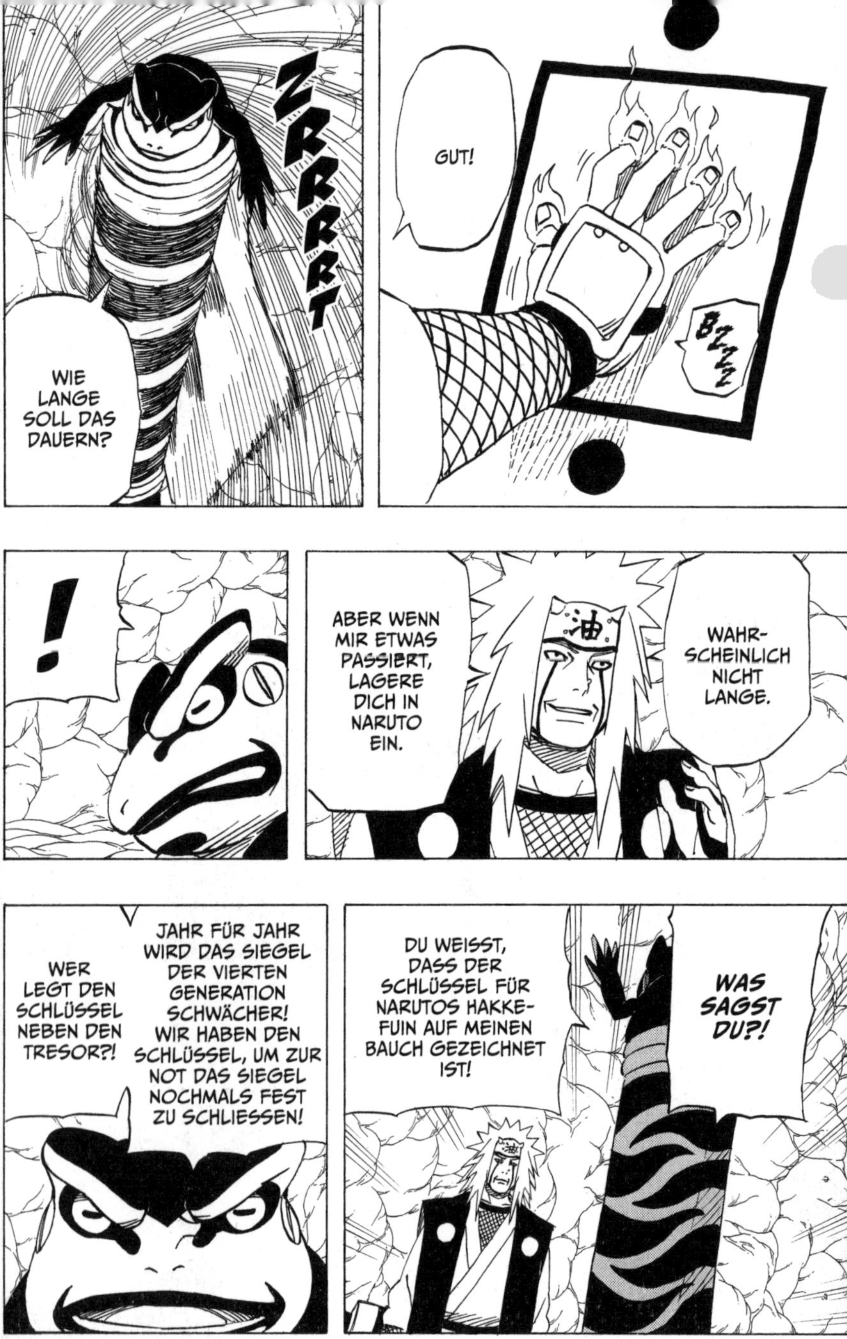
GUT!
BZZZ
ZRRRRT
WIE LANGE SOLL DAS DAUERN?
WAHR-SCHEINLICH NICHT LANGE.
ABER WENN MIR ETWAS PASSIERT, LAGERE DICH IN NARUTO EIN.
!
WAS SAGST DU?!
DU WEISST, DASS DER SCHLÜSSEL FÜR NARUTOS HAKKE-FUIN AUF MEINEN BAUCH GEZEICHNET IST!
JAHR FÜR JAHR WIRD DAS SIEGEL DER VIERTEN GENERATION SCHWÄCHER! WIR HABEN DEN SCHLÜSSEL, UM ZUR NOT DAS SIEGEL NOCHMALS FEST ZU SCHLIESSEN!
WER LEGT DEN SCHLÜSSEL NEBEN DEN TRESOR?!

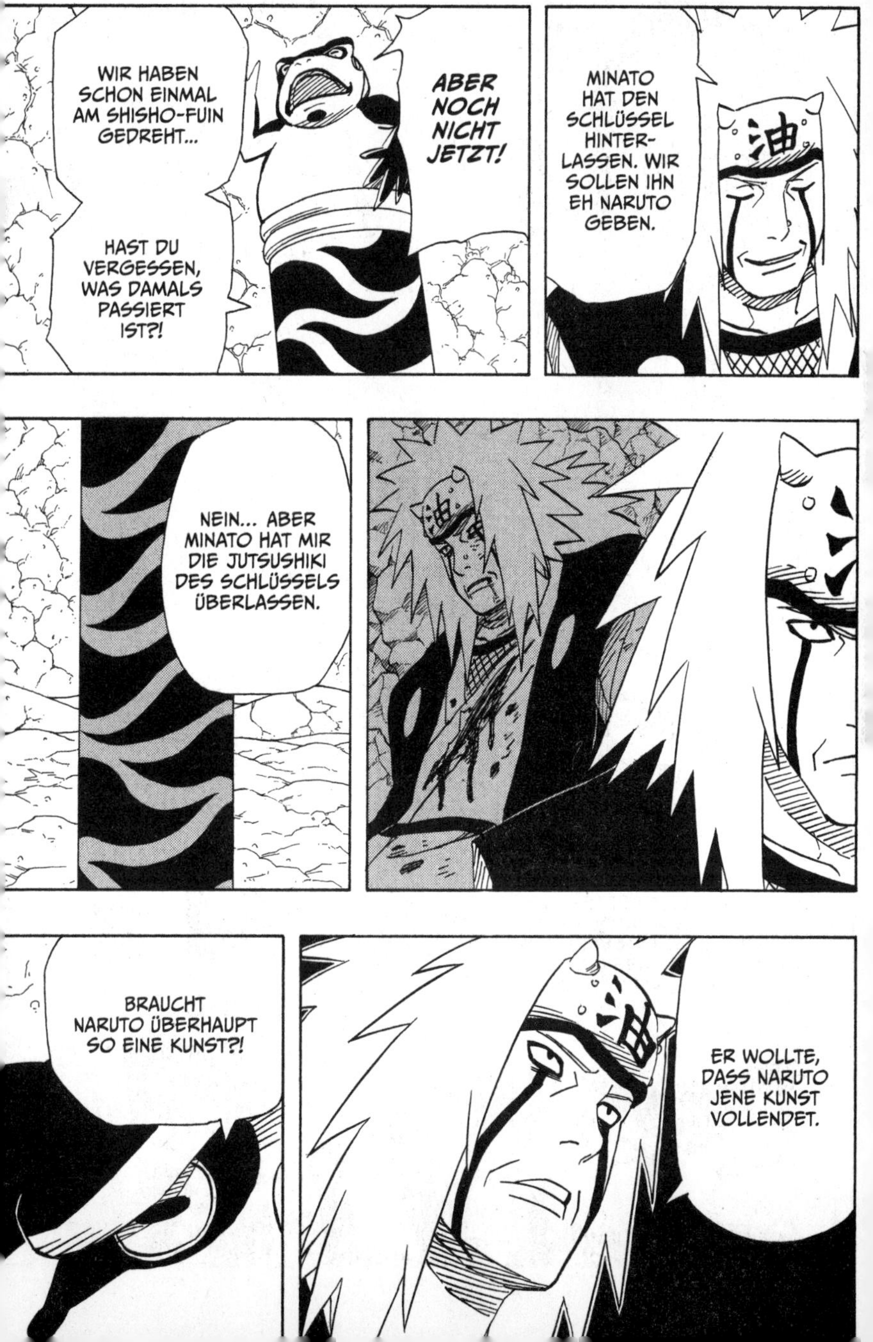
MINATO HAT DEN SCHLÜSSEL HINTER-LASSEN. WIR SOLLEN IHN EH NARUTO GEBEN.
ABER NOCH NICHT JETZT!
WIR HABEN SCHON EINMAL AM SHISHO-FUIN GEDREHT...
HAST DU VERGESSEN, WAS DAMALS PASSIERT IST?!
NEIN... ABER MINATO HAT MIR DIE JUTSUSHIKI DES SCHLÜSSELS ÜBERLASSEN.
BRAUCHT NARUTO ÜBERHAUPT SO EINE KUNST?!
ER WOLLTE, DASS NARUTO JENE KUNST VOLLENDET.

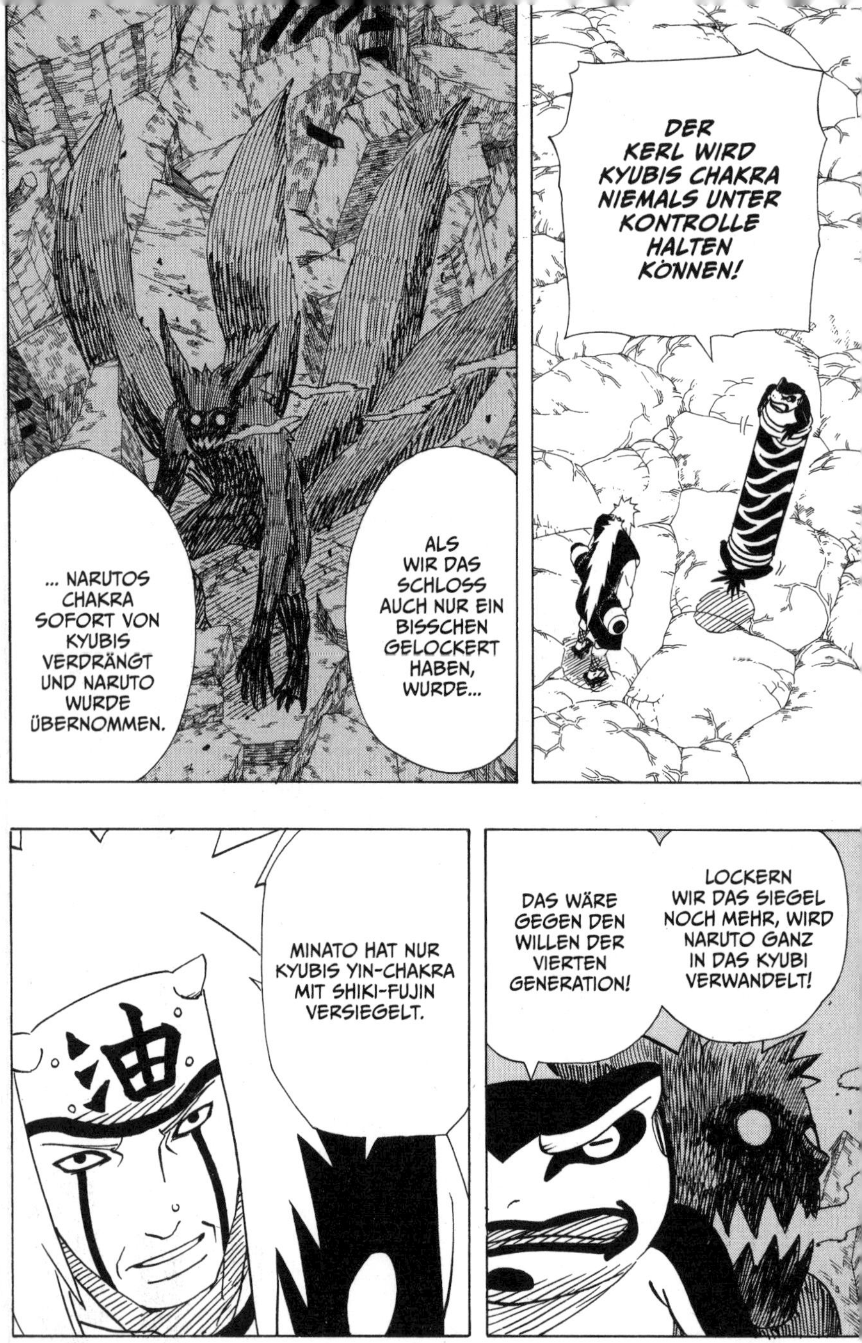
DER KERL WIRD KYUBIS CHAKRA NIEMALS UNTER KONTROLLE HALTEN KÖNNEN!
ALS WIR DAS SCHLOSS AUCH NUR EIN BISSCHEN GELOCKERT HABEN, WURDE...
... NARUTOS CHAKRA SOFORT VON KYUBIS VERDRÄNGT UND NARUTO WURDE ÜBERNOMMEN.
LOCKERN WIR DAS SIEGEL NOCH MEHR, WIRD NARUTO GANZ IN DAS KYUBI VERWANDELT!
DAS WÄRE GEGEN DEN WILLEN DER VIERTEN GENERATION!
MINATO HAT NUR KYUBIS YIN-CHAKRA MIT SHIKI-FUJIN VERSIEGELT.

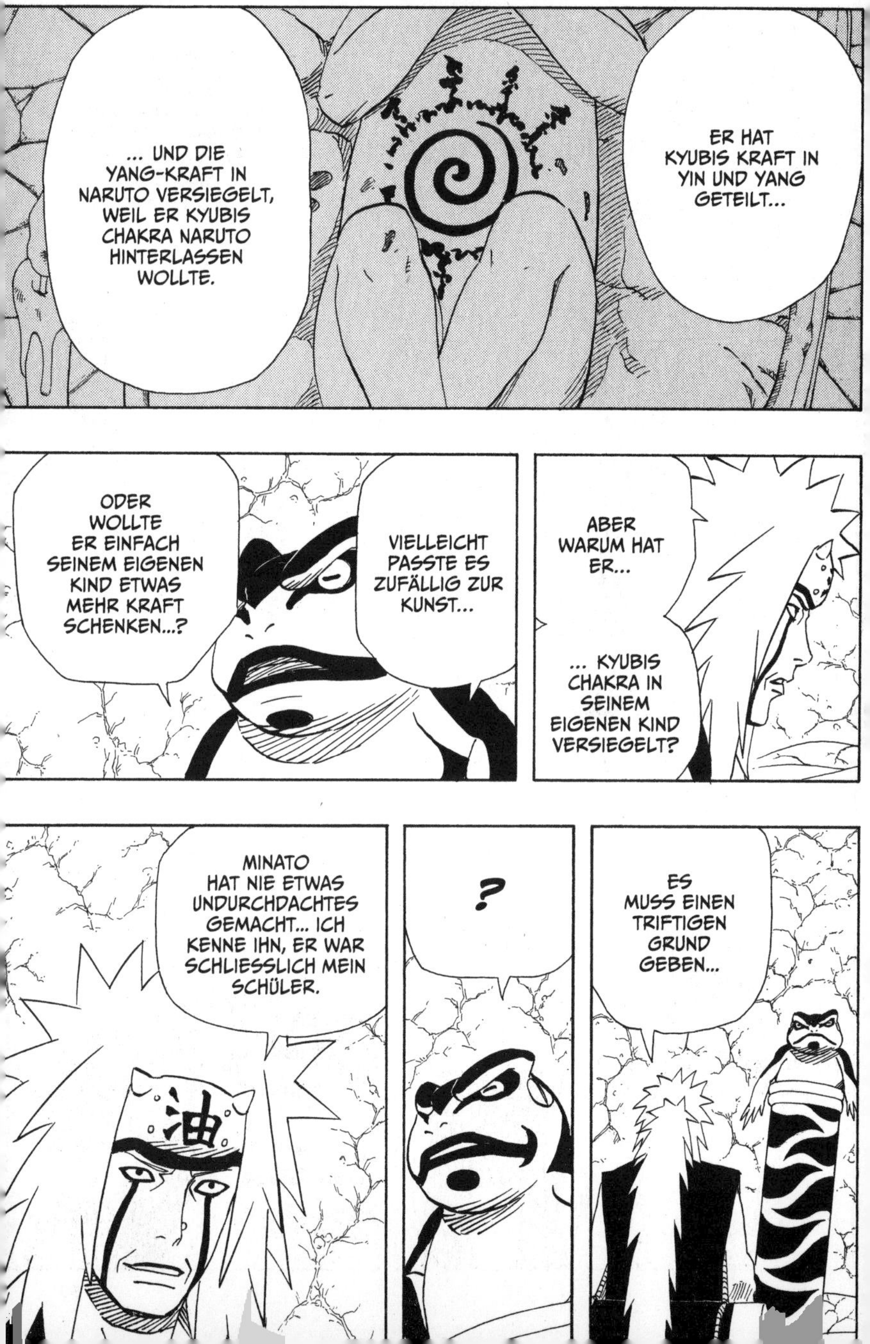
ER HAT KYUBIS KRAFT IN YIN UND YANG GETEILT...
... UND DIE YANG-KRAFT IN NARUTO VERSIEGELT, WEIL ER KYUBIS CHAKRA NARUTO HINTERLASSEN WOLLTE.
ABER WARUM HAT ER...
... KYUBIS CHAKRA IN SEINEM EIGENEN KIND VERSIEGELT?
VIELLEICHT PASSTE ES ZUFÄLLIG ZUR KUNST...
ODER WOLLTE ER EINFACH SEINEM EIGENEN KIND ETWAS MEHR KRAFT SCHENKEN...?
ES MUSS EINEN TRIFTIGEN GRUND GEBEN...
?
MINATO HAT NIE ETWAS UNDURCHDACHTES GEMACHT... ICH KENNE IHN, ER WAR SCHLIESSLICH MEIN SCHÜLER.

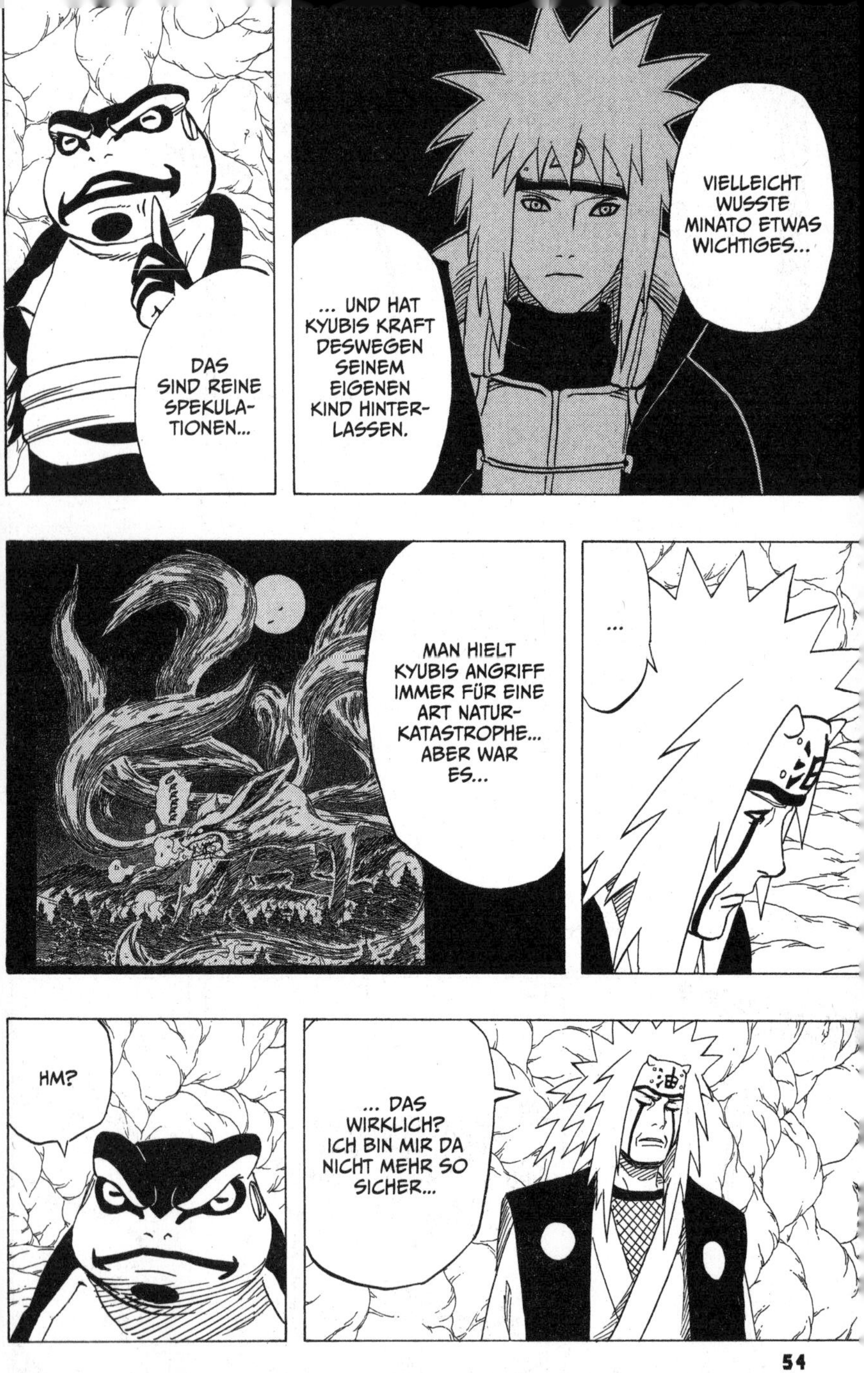
VIELLEICHT WUSSTE MINATO ETWAS WICHTIGES...
... UND HAT KYUBIS KRAFT DESWEGEN SEINEM EIGENEN KIND HINTER-LASSEN.
DAS SIND REINE SPEKULA-TIONEN...
...
MAN HIELT KYUBIS ANGRIFF IMMER FÜR EINE ART NATUR-KATASTROPHE... ABER WAR ES...
... DAS WIRKLICH? ICH BIN MIR DA NICHT MEHR SO SICHER...
HM?

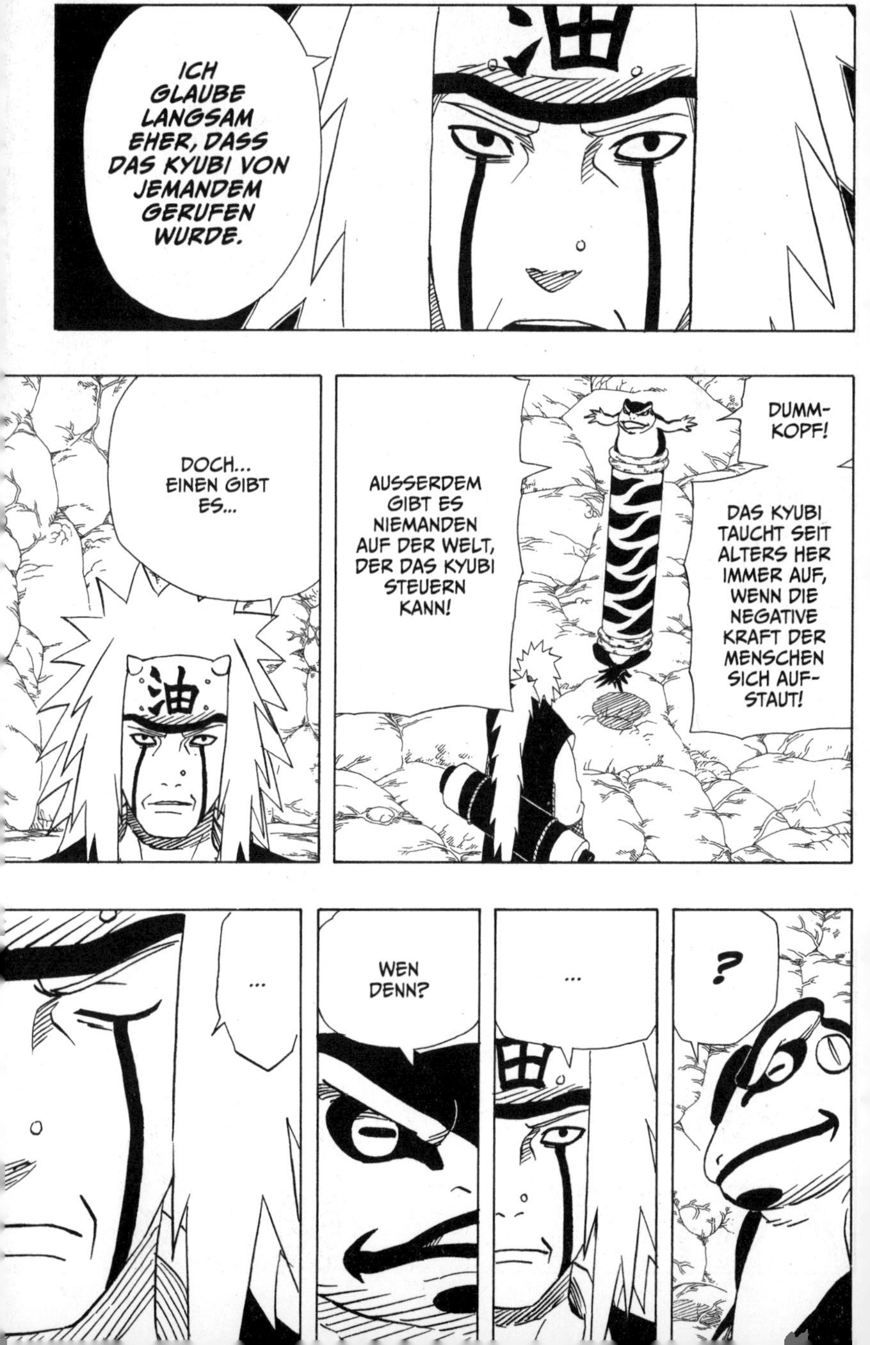
ICH GLAUBE LANGSAM EHER, DASS DAS KYUBI VON JEMANDEM GERUFEN WURDE.
DUMM-KOPF!
DAS KYUBI TAUCHT SEIT ALTERS HER IMMER AUF, WENN DIE NEGATIVE KRAFT DER MENSCHEN SICH AUF-STAUT!
AUSSERDEM GIBT ES NIEMANDEN AUF DER WELT, DER DAS KYUBI STEUERN KANN!
DOCH... EINEN GIBT ES...
?
...
WEN DENN?
...

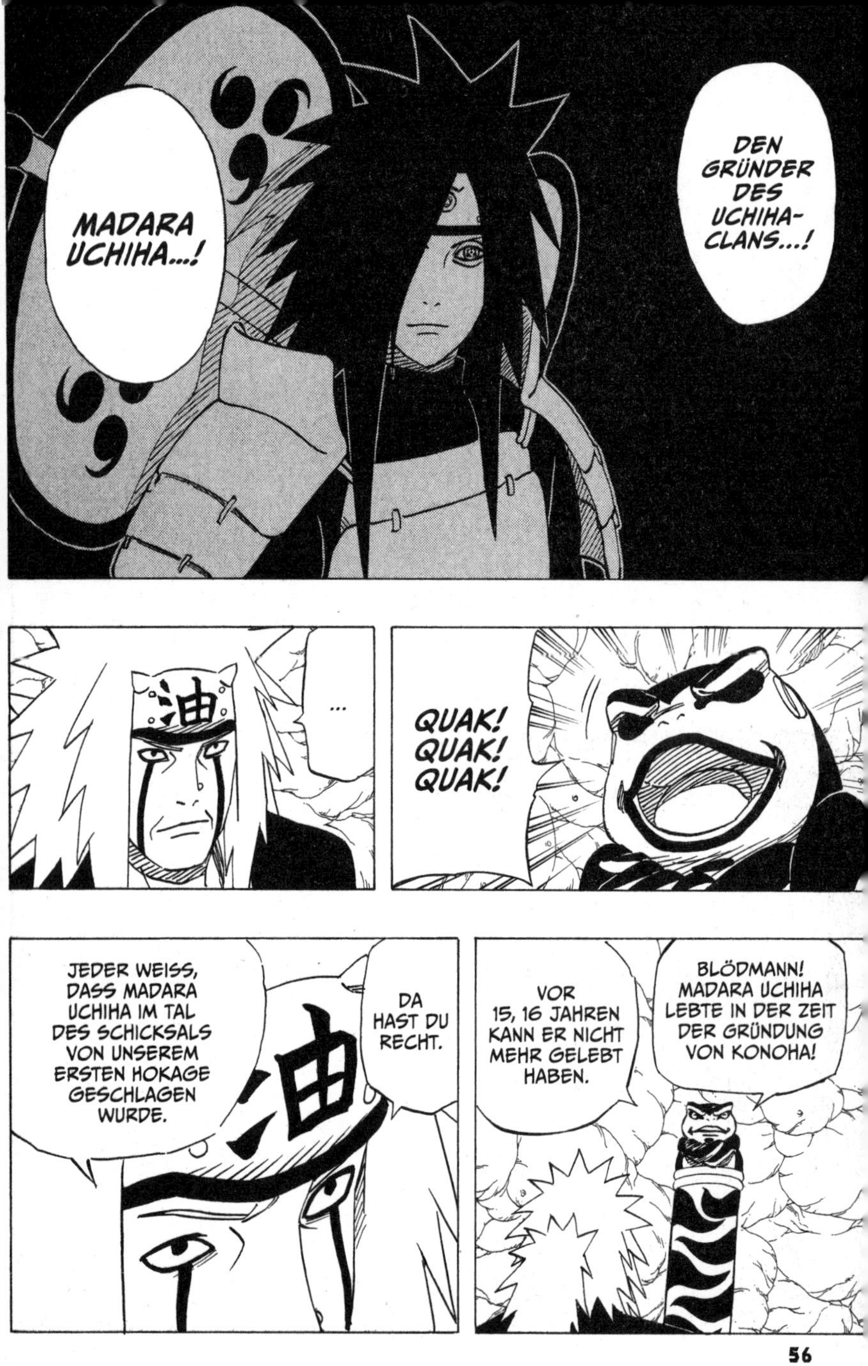
MADARA UCHIHA...!
DEN GRÜNDER DES UCHIHA-CLANS...!
QUAK! QUAK! QUAK!
...
BLÖDMANN! MADARA UCHIHA LEBTE IN DER ZEIT DER GRÜNDUNG VON KONOHA!
VOR 15, 16 JAHREN KANN ER NICHT MEHR GELEBT HABEN.
DA HAST DU RECHT.
JEDER WEISS, DASS MADARA UCHIHA IM TAL DES SCHICKSALS VON UNSEREM ERSTEN HOKAGE GESCHLAGEN WURDE.
油
油

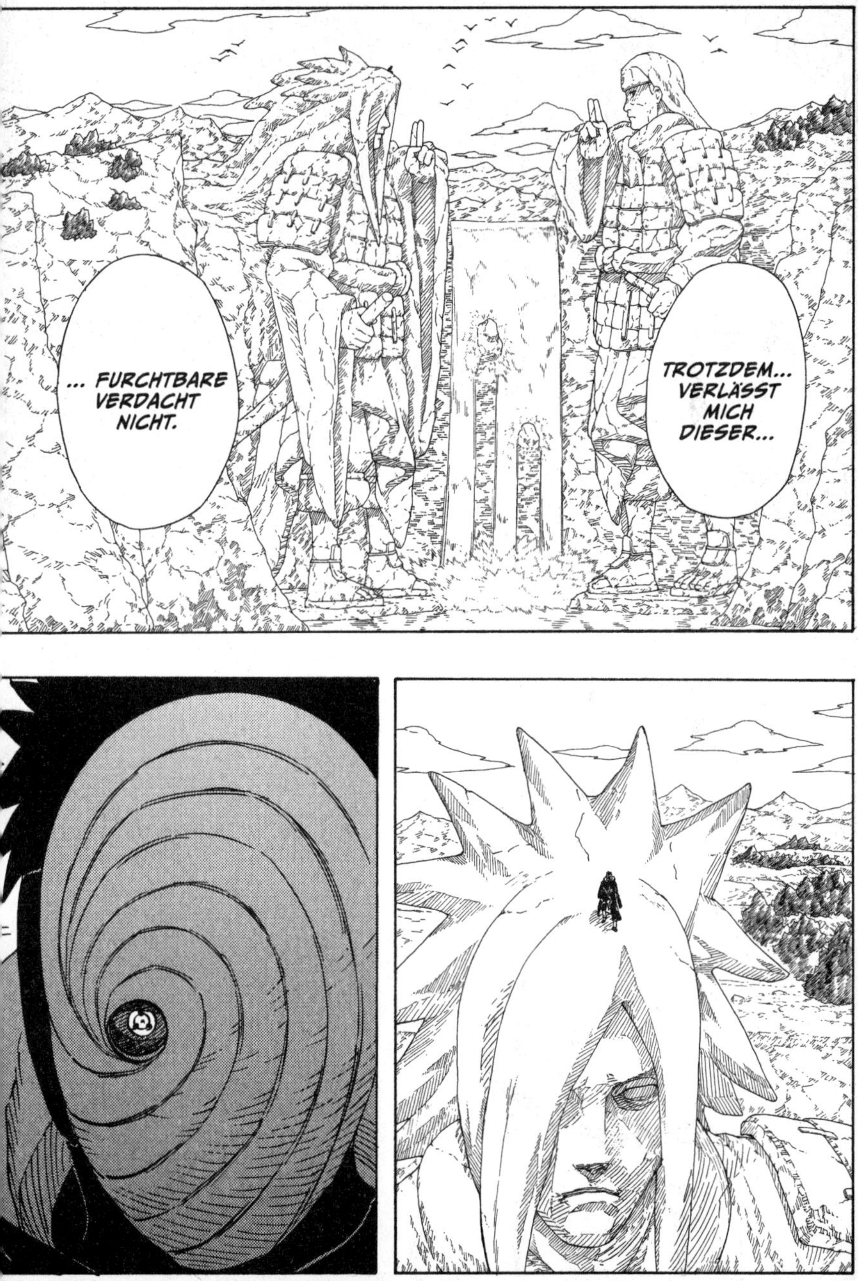
TROTZDEM... VERLÄSST MICH DIESER...
... FURCHTBARE VERDACHT NICHT.

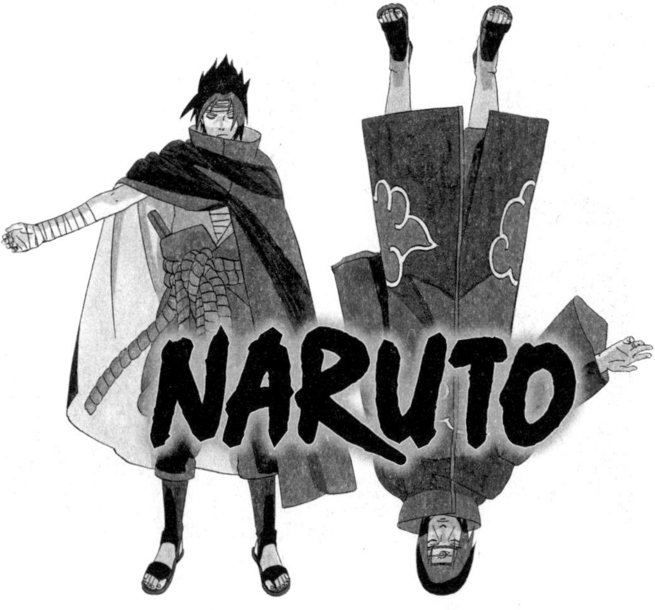
NARUTO

371. KAPITEL:

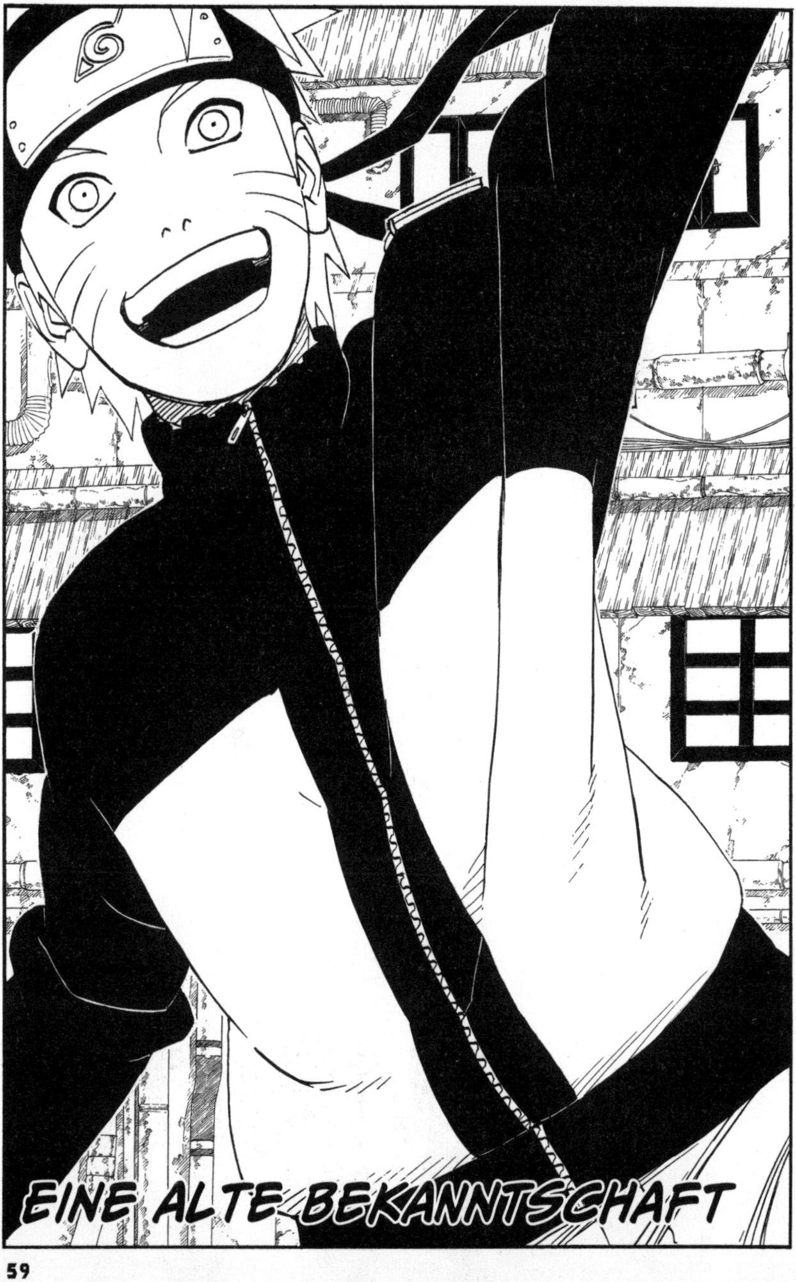

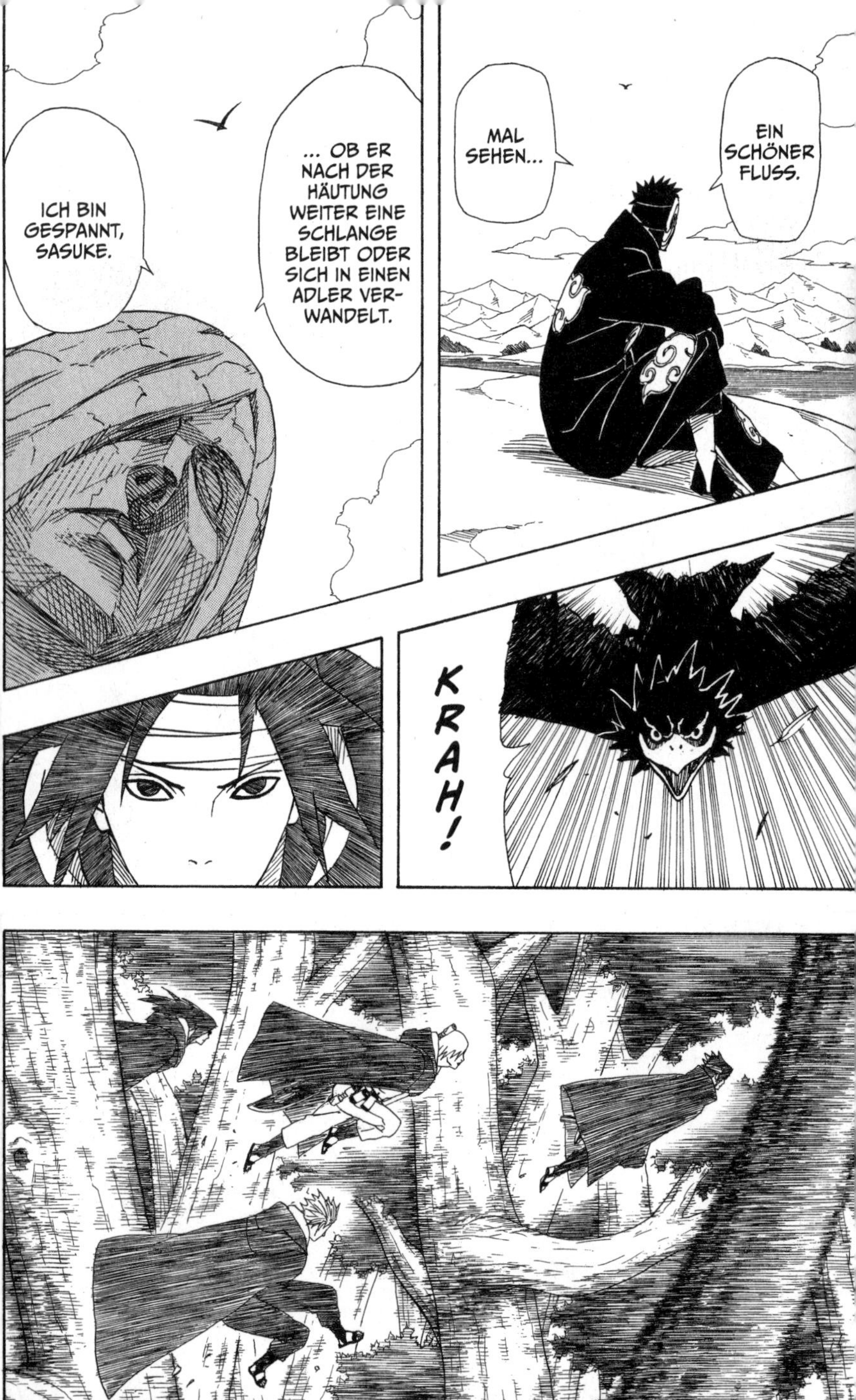
EIN SCHÖNER FLUSS.
MAL SEHEN...
... OB ER NACH DER HÄUTUNG WEITER EINE SCHLANGE BLEIBT ODER SICH IN EINEN ADLER VER-WANDELT.
ICH BIN GESPANNT, SASUKE.
KRAH!

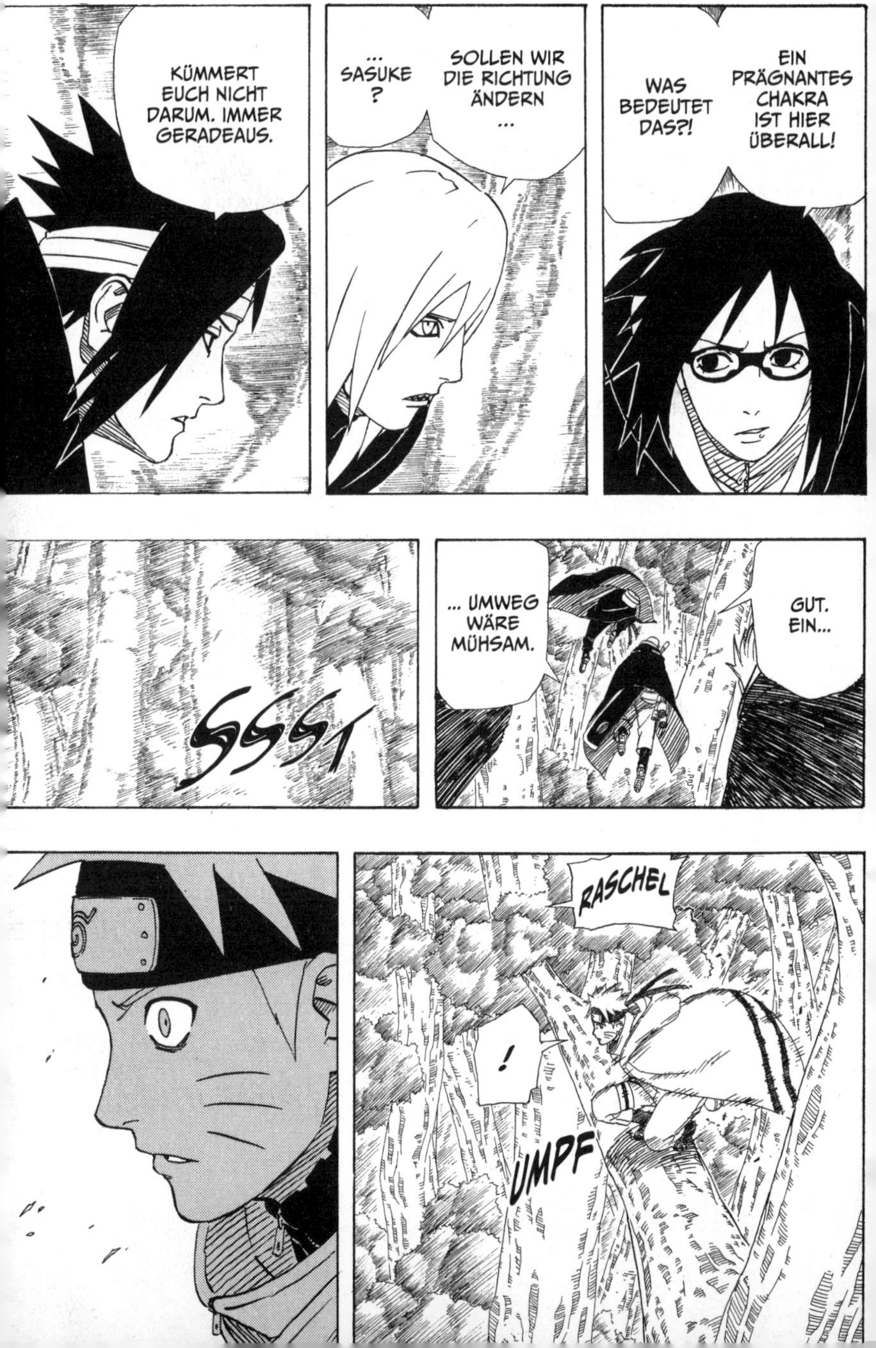
EIN PRÄGNANTES CHAKRA IST HIER ÜBERALL!
WAS BEDEUTET DAS?!
SOLLEN WIR DIE RICHTUNG ÄNDERN ...
... SASUKE ?
KÜMMERT EUCH NICHT DARUM. IMMER GERADEAUS.
GUT. EIN...
... UMWEG WÄRE MÜHSAM.
SSST
RASCHEL
!
UMPF

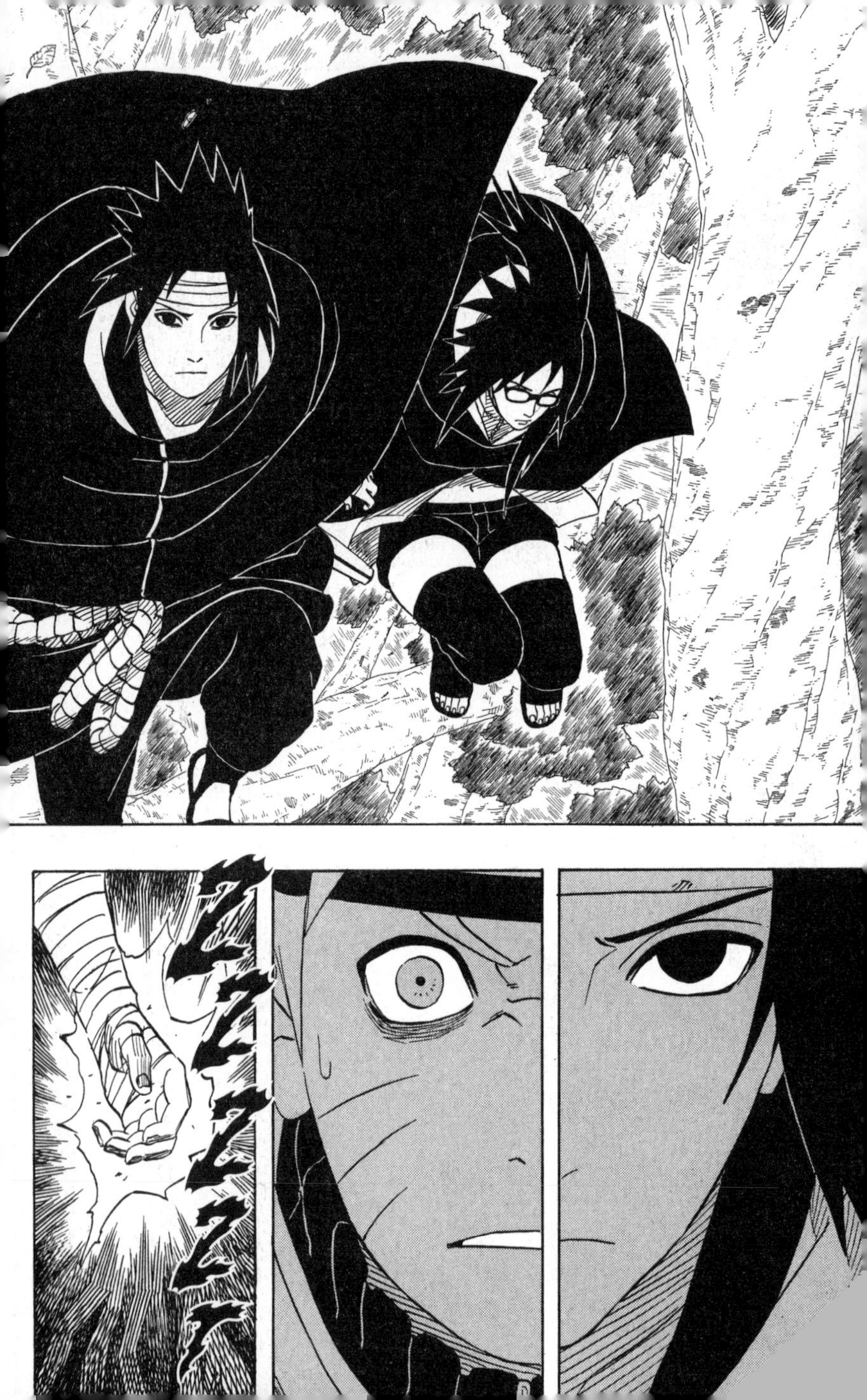

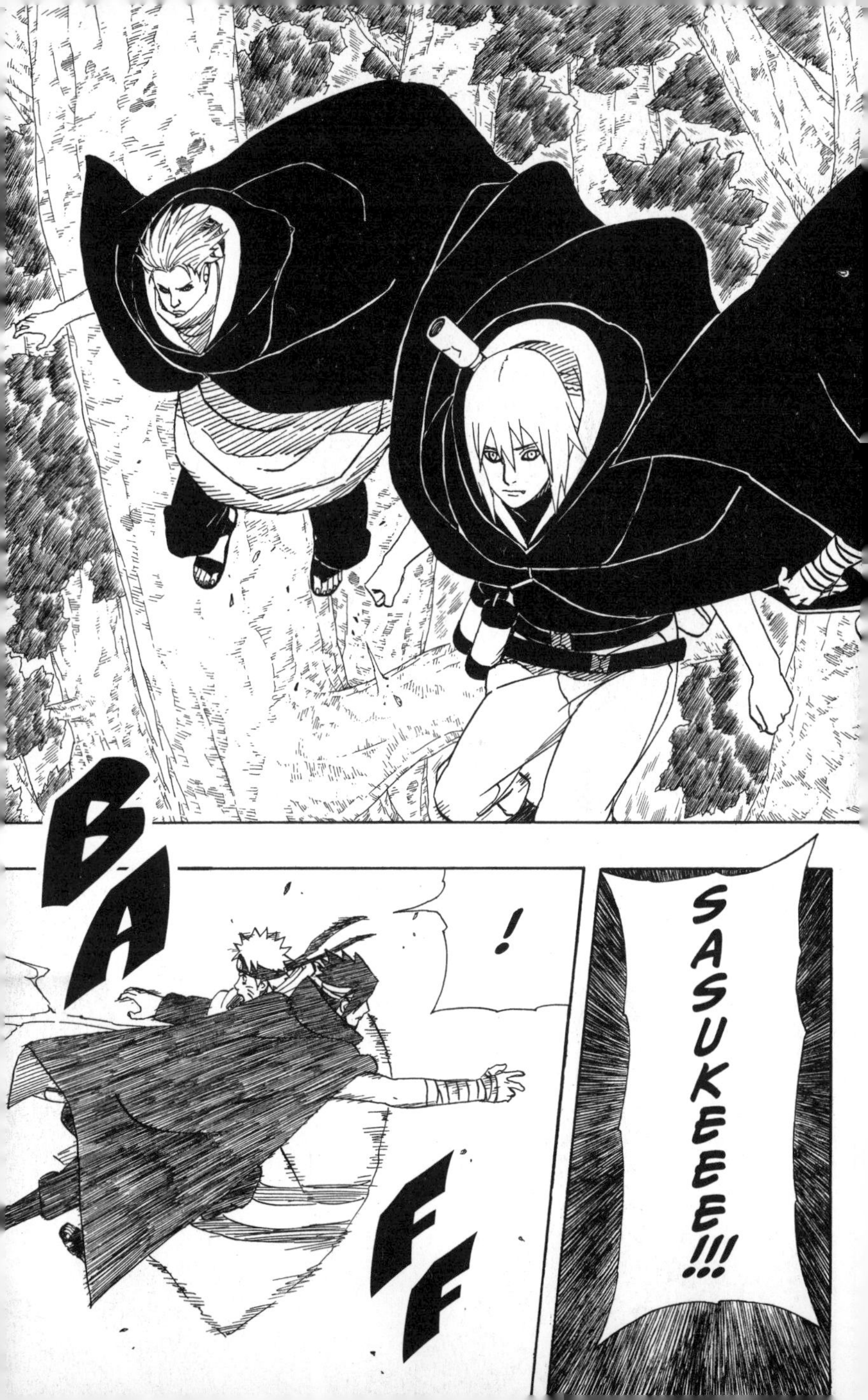
BA
!
SASUKEEE!!!
FF

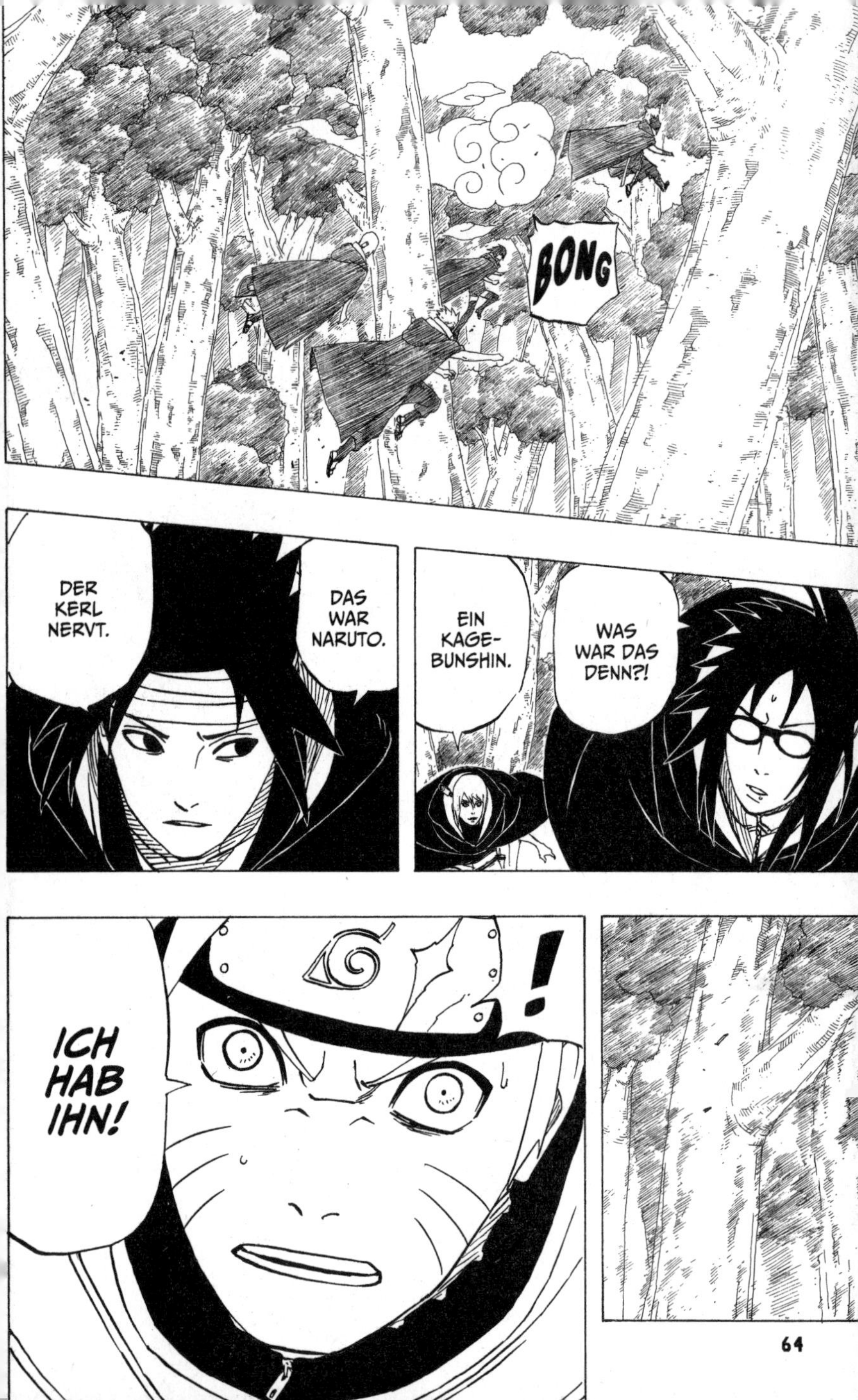
BONG
WAS WAR DAS DENN?!
EIN KAGE-BUNSHIN.
DAS WAR NARUTO.
DER KERL NERVT.
!
ICH HAB IHN!

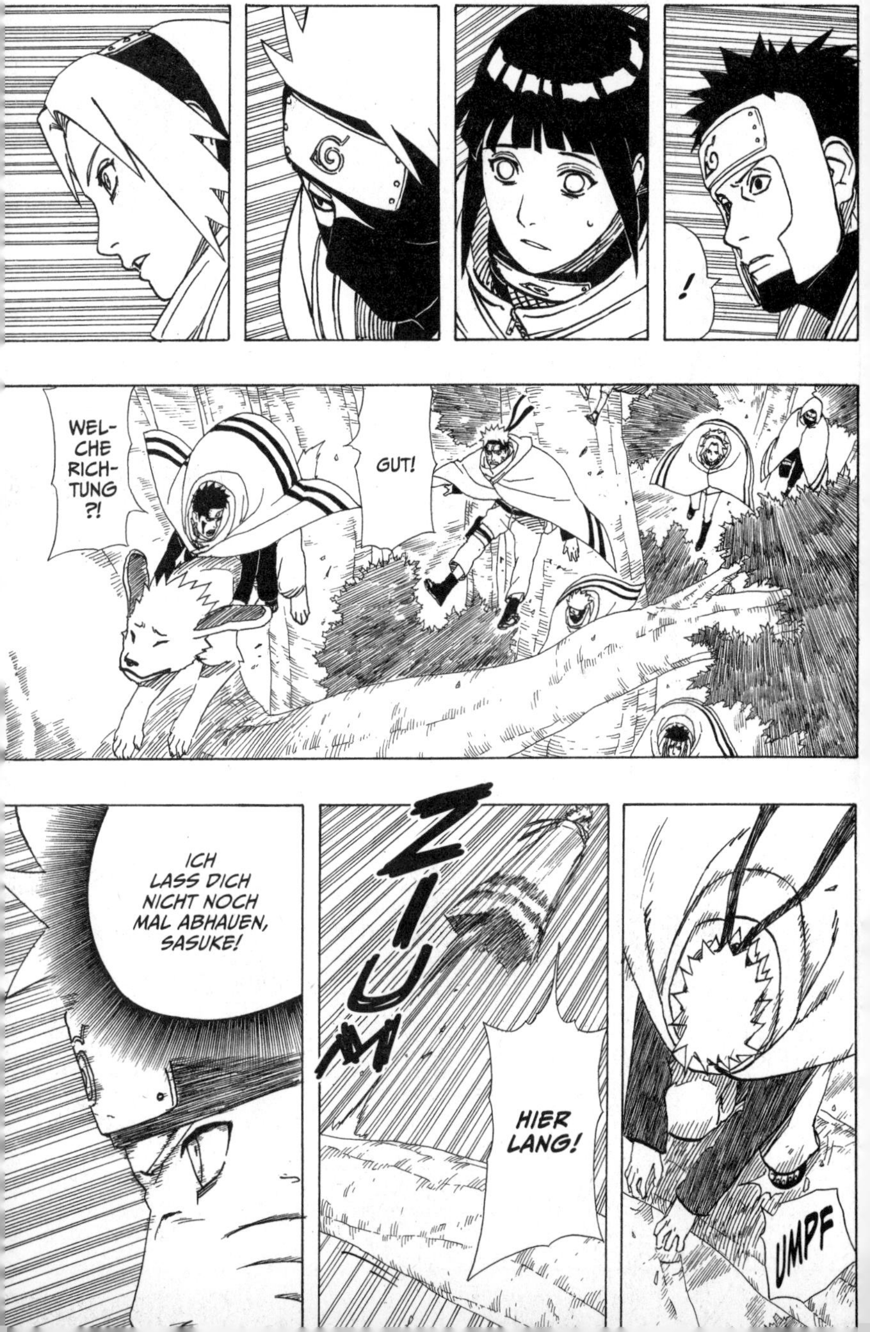
!
GUT!
WEL-CHE RICH-TUNG?!
UMPF
HIER LANG!
ZIUMM
ICH LASS DICH NICHT NOCH MAL ABHAUEN, SASUKE!

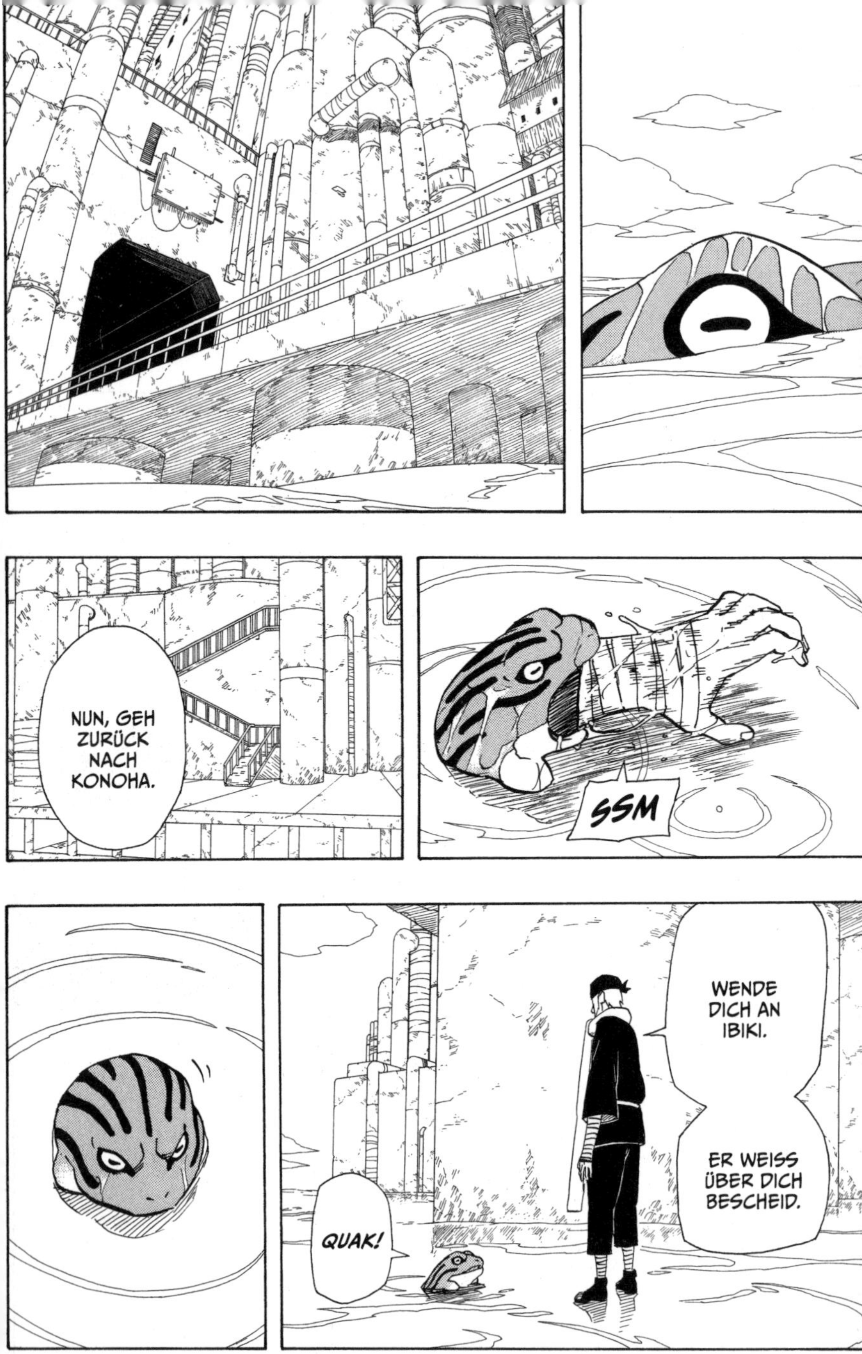
NUN, GEH ZURÜCK NACH KONOHA.
SSM
WENDE DICH AN IBIKI.
ER WEISS ÜBER DICH BESCHEID.
QUAK!

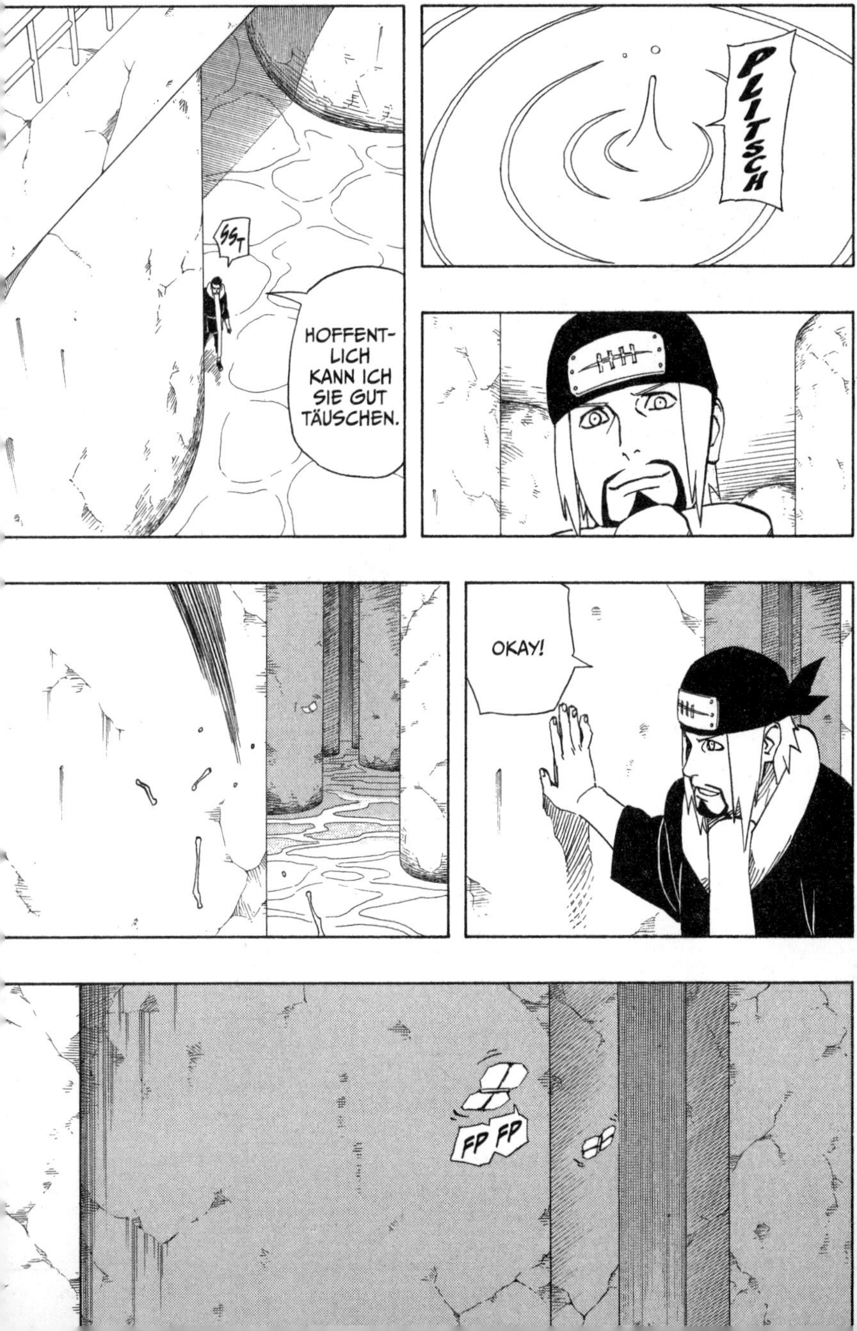
PLITSCH
SST
HOFFENT-LICH KANN ICH SIE GUT TÄUSCHEN.
OKAY!
FP FP

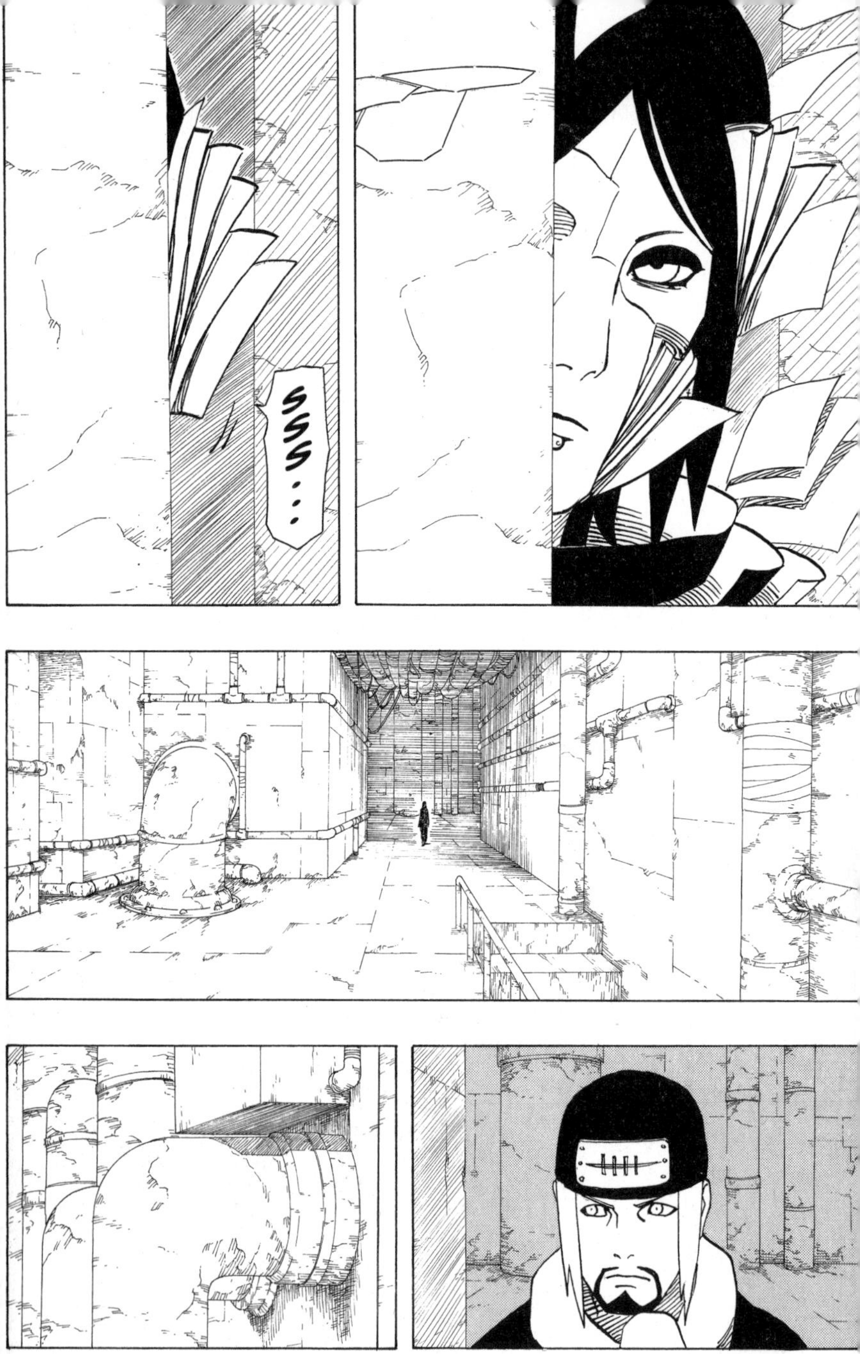
SSS...

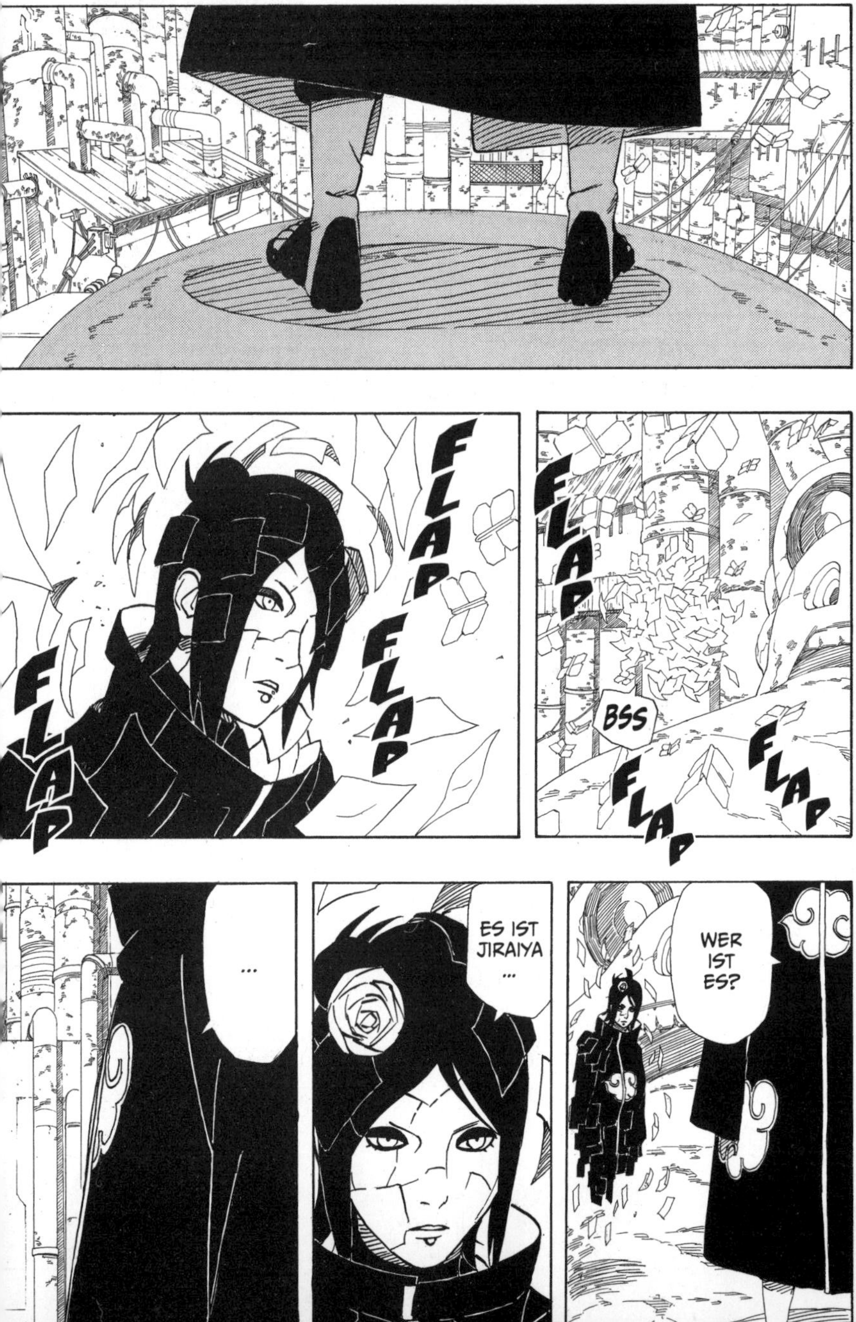
FLAP
BSS
FLAP
FLAP
FLAP
FLAP
FLAP
WER IST ES?
ES IST JIRAIYA ...
...

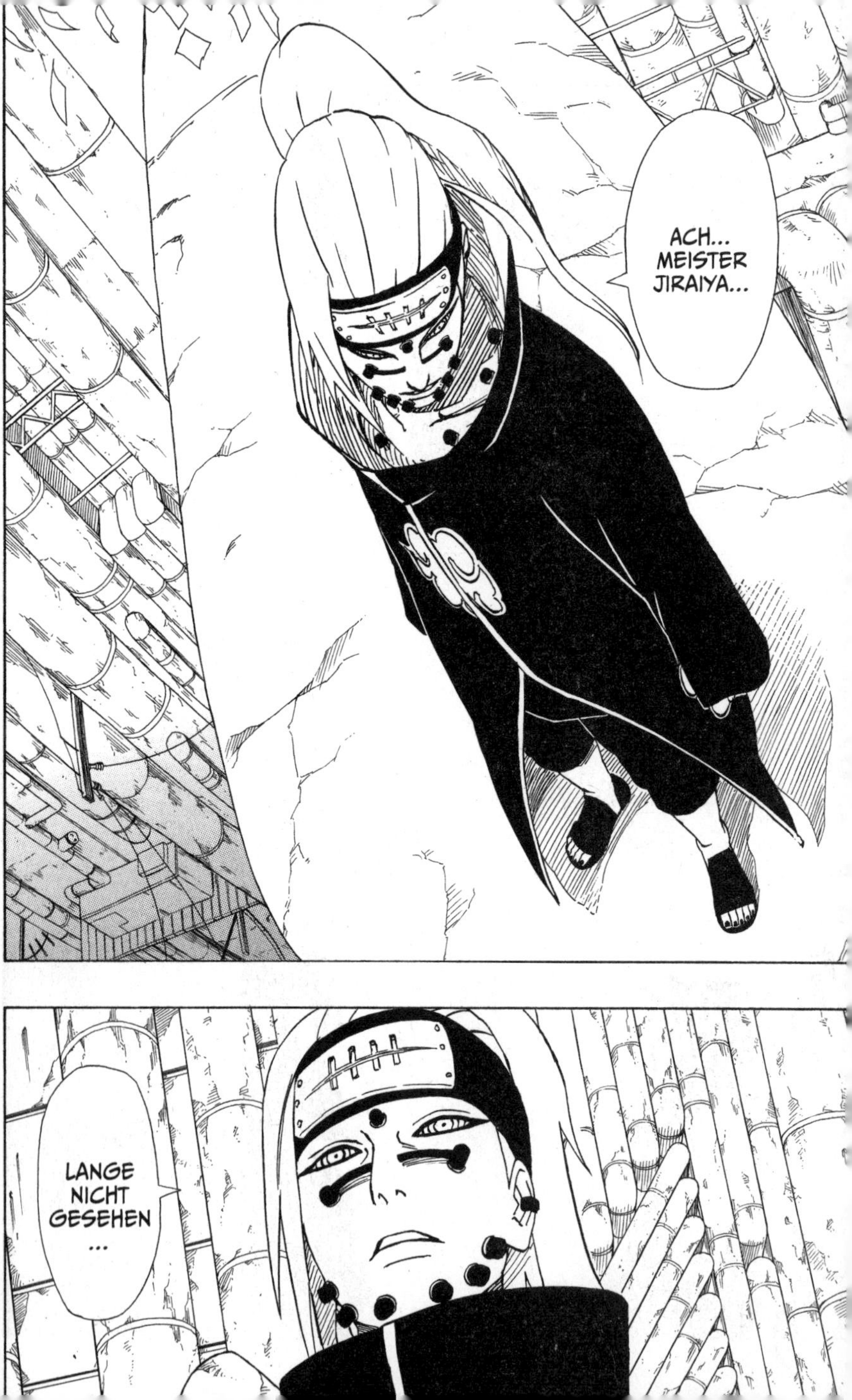
ACH... MEISTER JIRAIYA...
LANGE NICHT GESEHEN ...

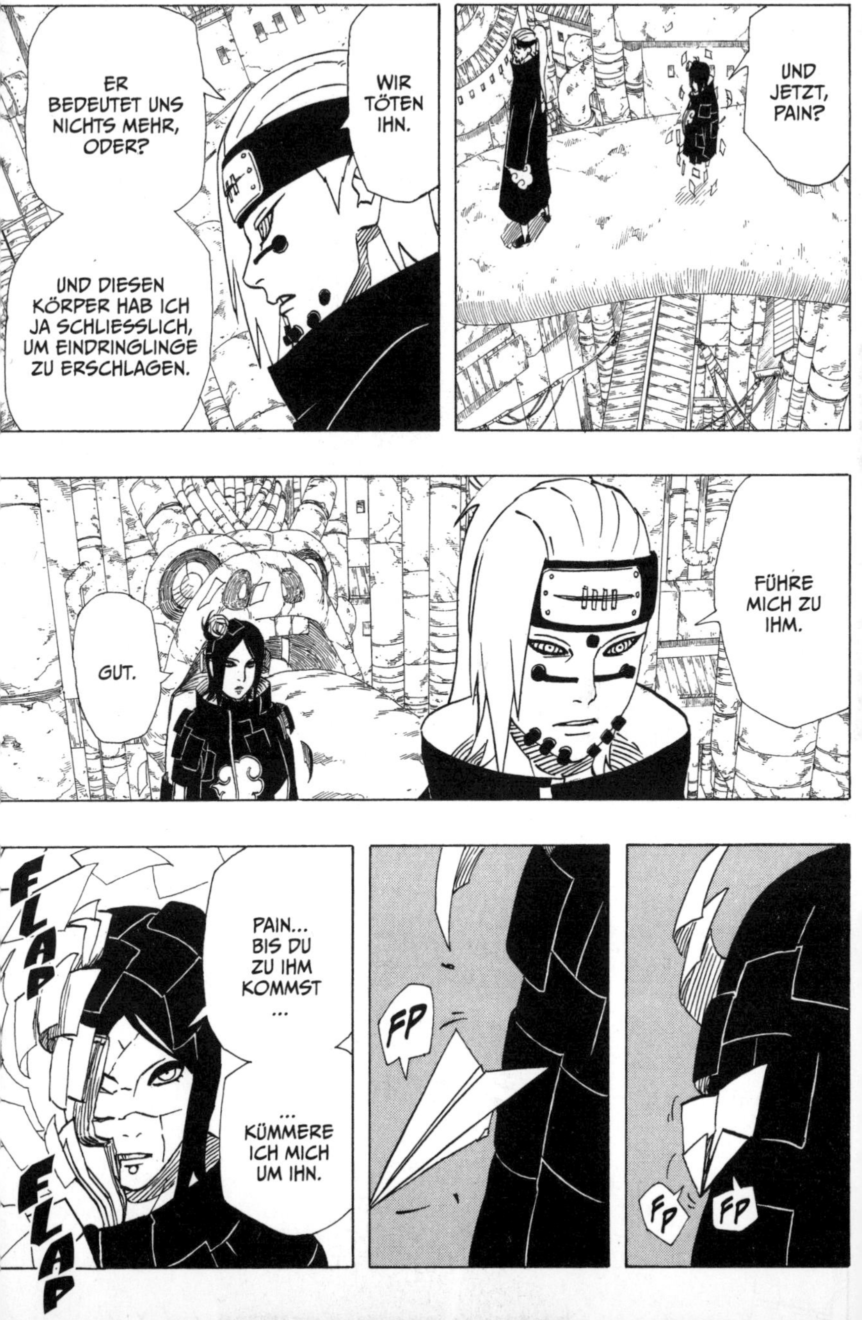
UND JETZT, PAIN?
WIR TÖTEN IHN.
ER BEDEUTET UNS NICHTS MEHR, ODER?
UND DIESEN KÖRPER HAB ICH JA SCHLIESSLICH, UM EINDRINGLINGE ZU ERSCHLAGEN.
FÜHRE MICH ZU IHM.
GUT.
FP
FP
FP
PAIN... BIS DU ZU IHM KOMMST ...
... KÜMMERE ICH MICH UM IHN.
FLAP
FLAP

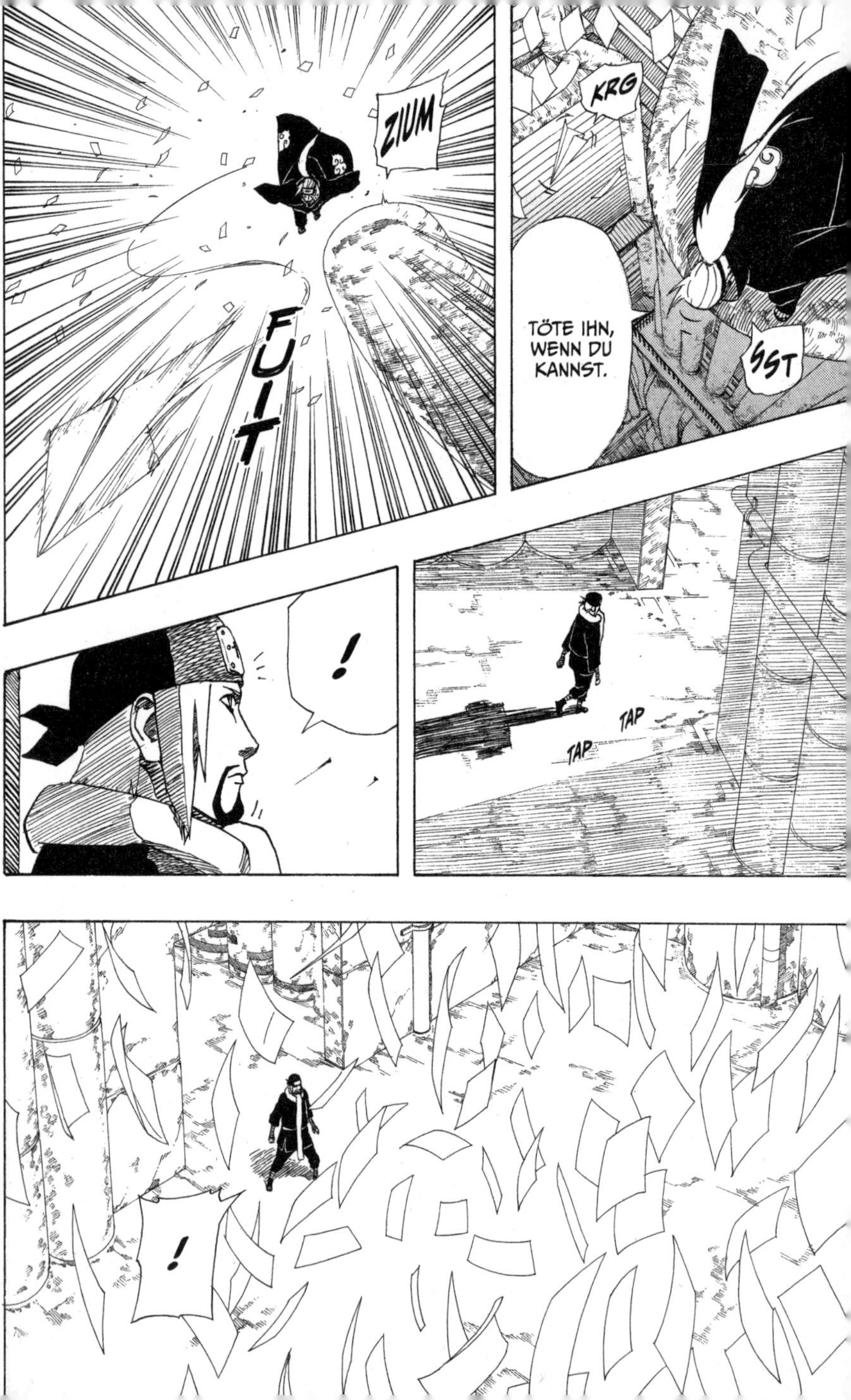
KRG
TÖTE IHN, WENN DU KANNST.
SST
ZIUM
FUIT
TAP
TAP
!
!

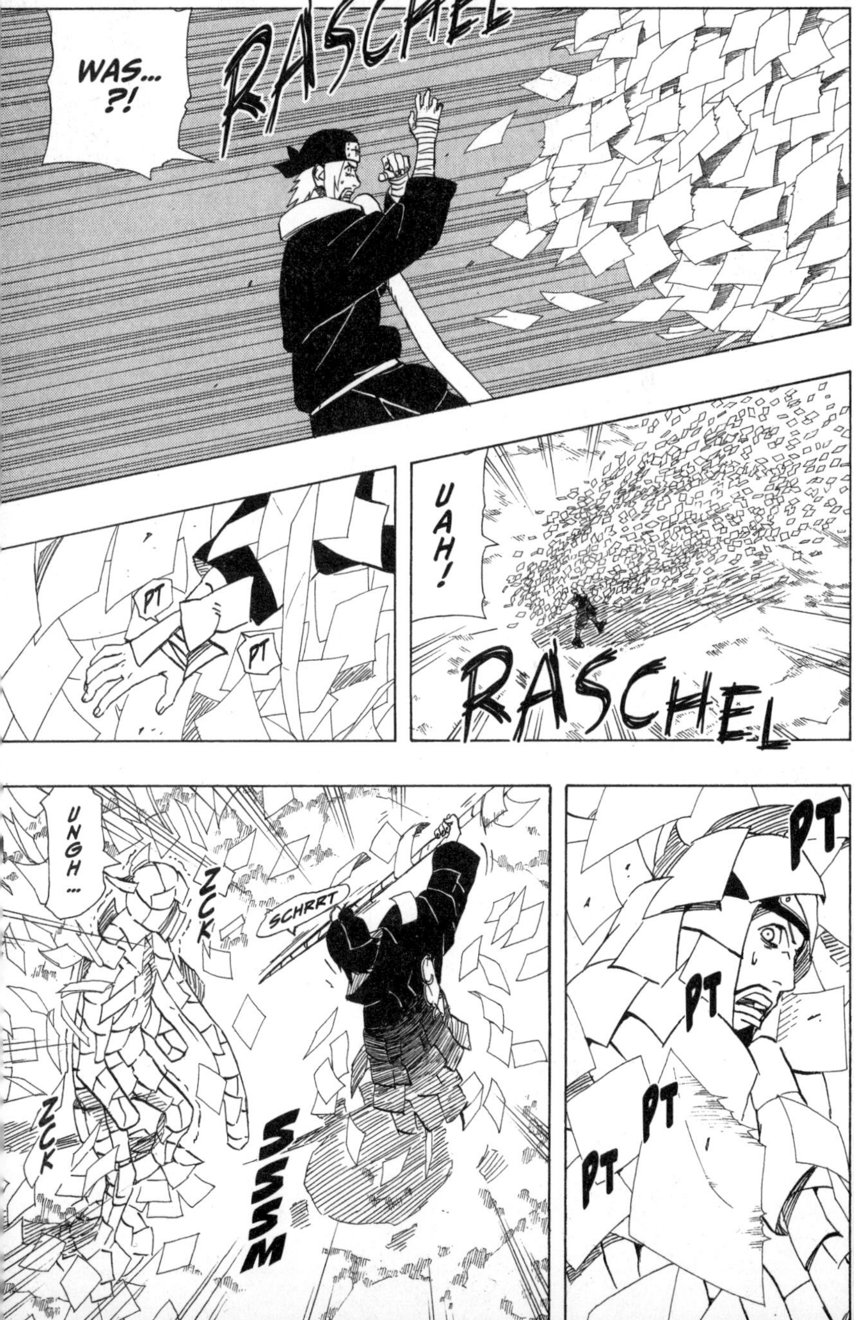
WAS... ?!
RASCHEL
UAH!
RASCHEL
PT
PT
PT
PT
PT
PT
SCHRRT
ZCK
UNGH ...
ZCK
SSSM

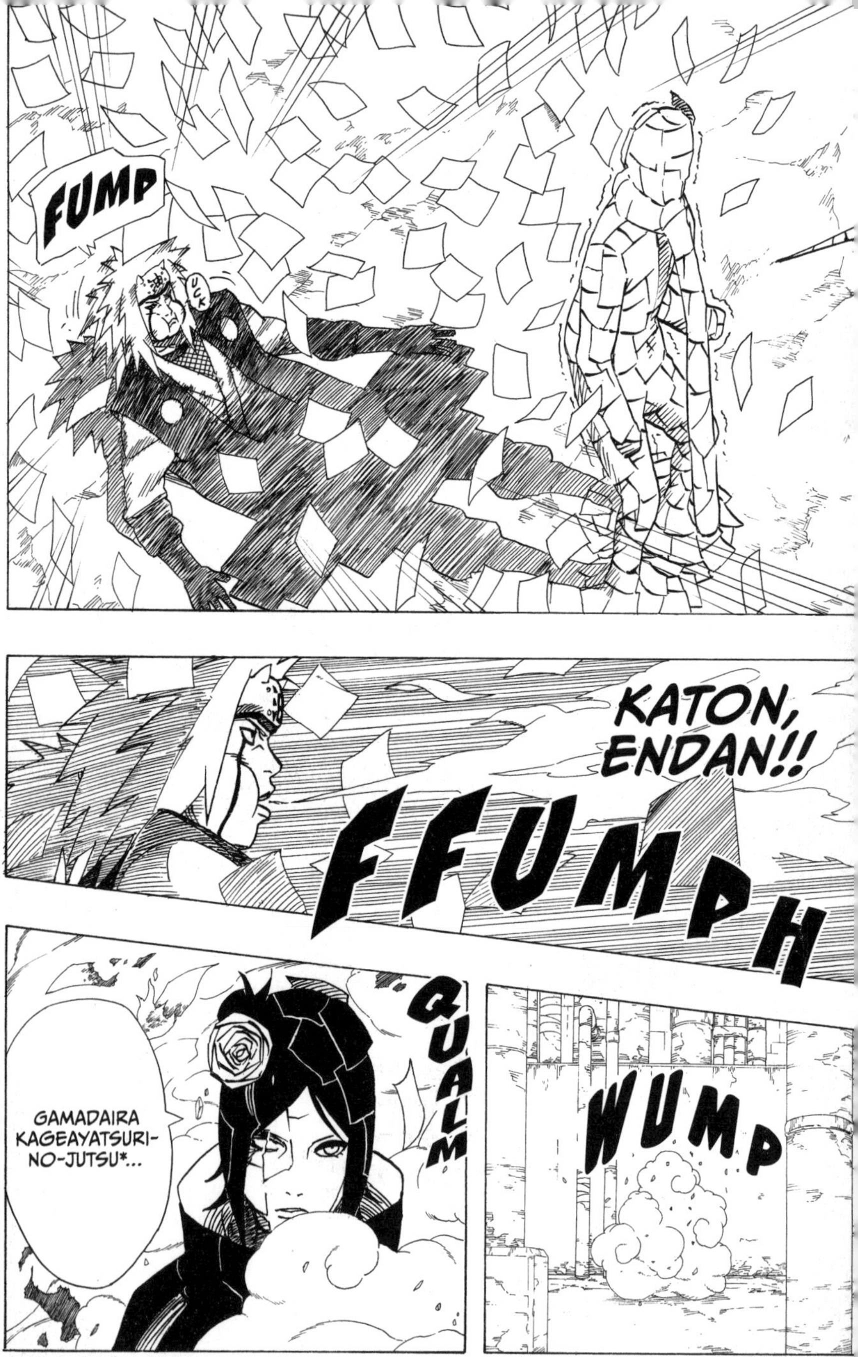

* GAMA = KRÖTE, DAIRA = FLACH, KAGE = SCHATTEN, AYATSURI = STEUERN

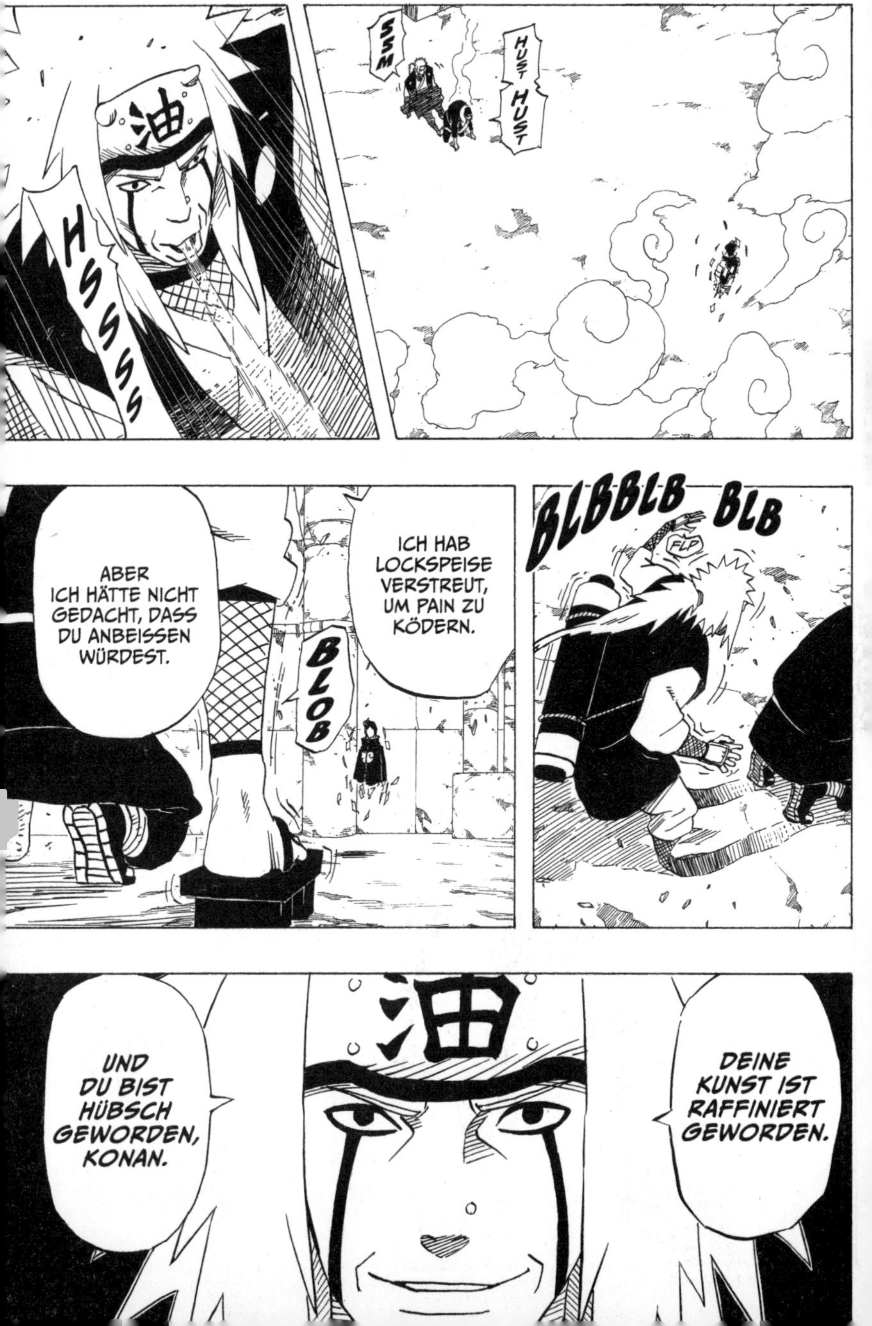
HUST HUST
SSM
HSSSSS
BLBBLB BLB
FLP
ICH HAB LOCKSPEISE VERSTREUT, UM PAIN ZU KÖDERN.
BLOB
ABER ICH HÄTTE NICHT GEDACHT, DASS DU ANBEISSEN WÜRDEST.
DEINE KUNST IST RAFFINIERT GEWORDEN.
UND DU BIST HÜBSCH GEWORDEN, KONAN.

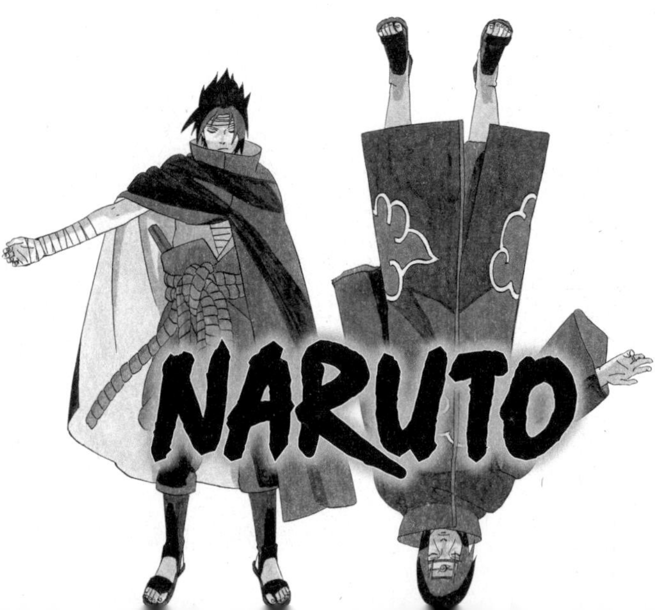
NARUTO

372. Kapitel:

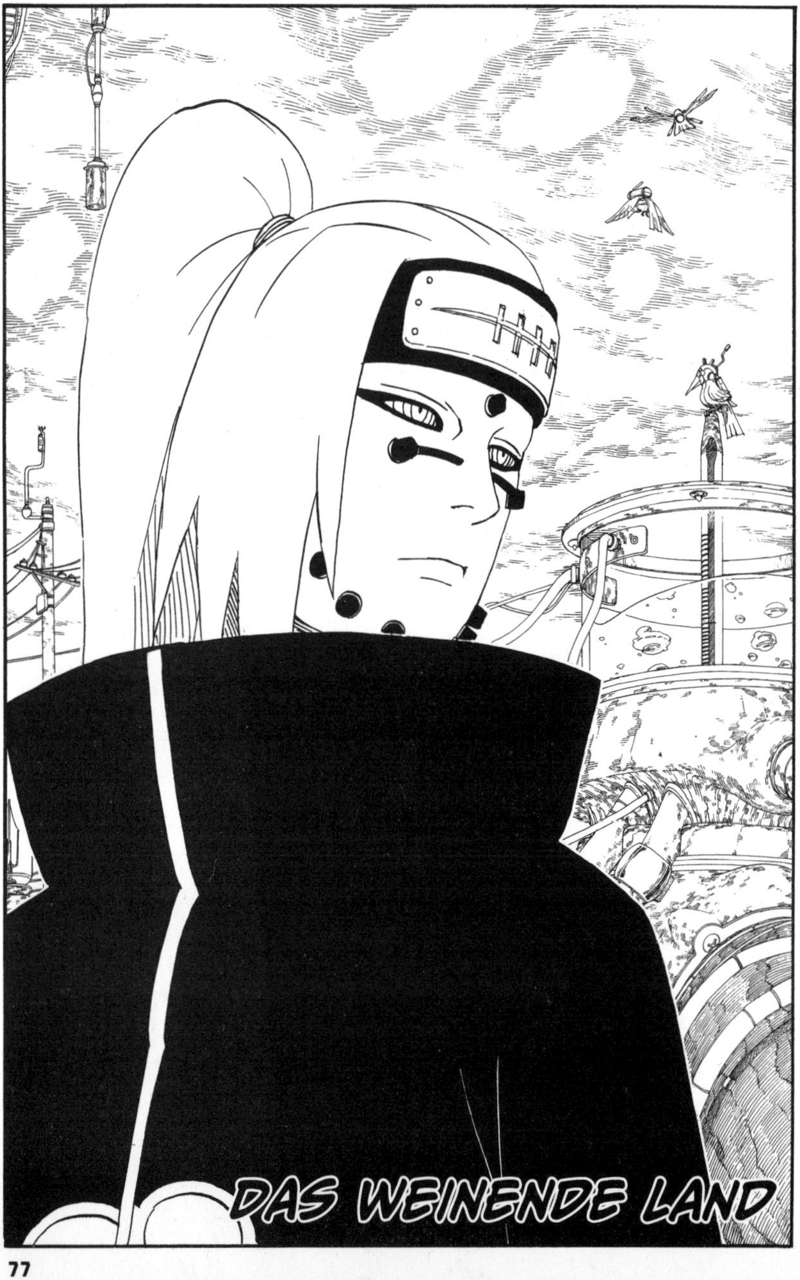

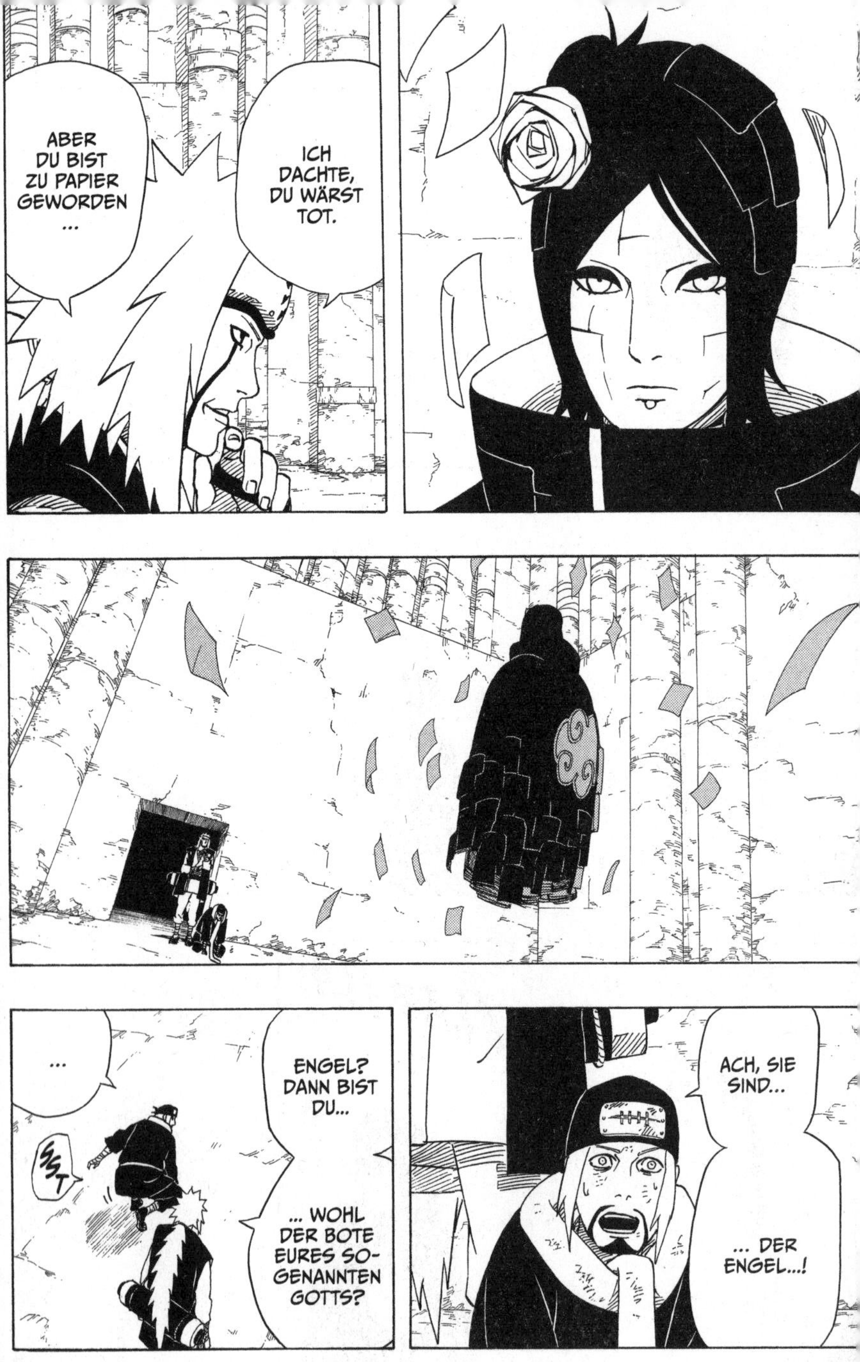
ICH DACHTE, DU WÄRST TOT.
ABER DU BIST ZU PAPIER GEWORDEN ...
ACH, SIE SIND...
... DER ENGEL...!
ENGEL? DANN BIST DU...
... WOHL DER BOTE EURES SO-GENANNTEN GOTTS?
...
SST

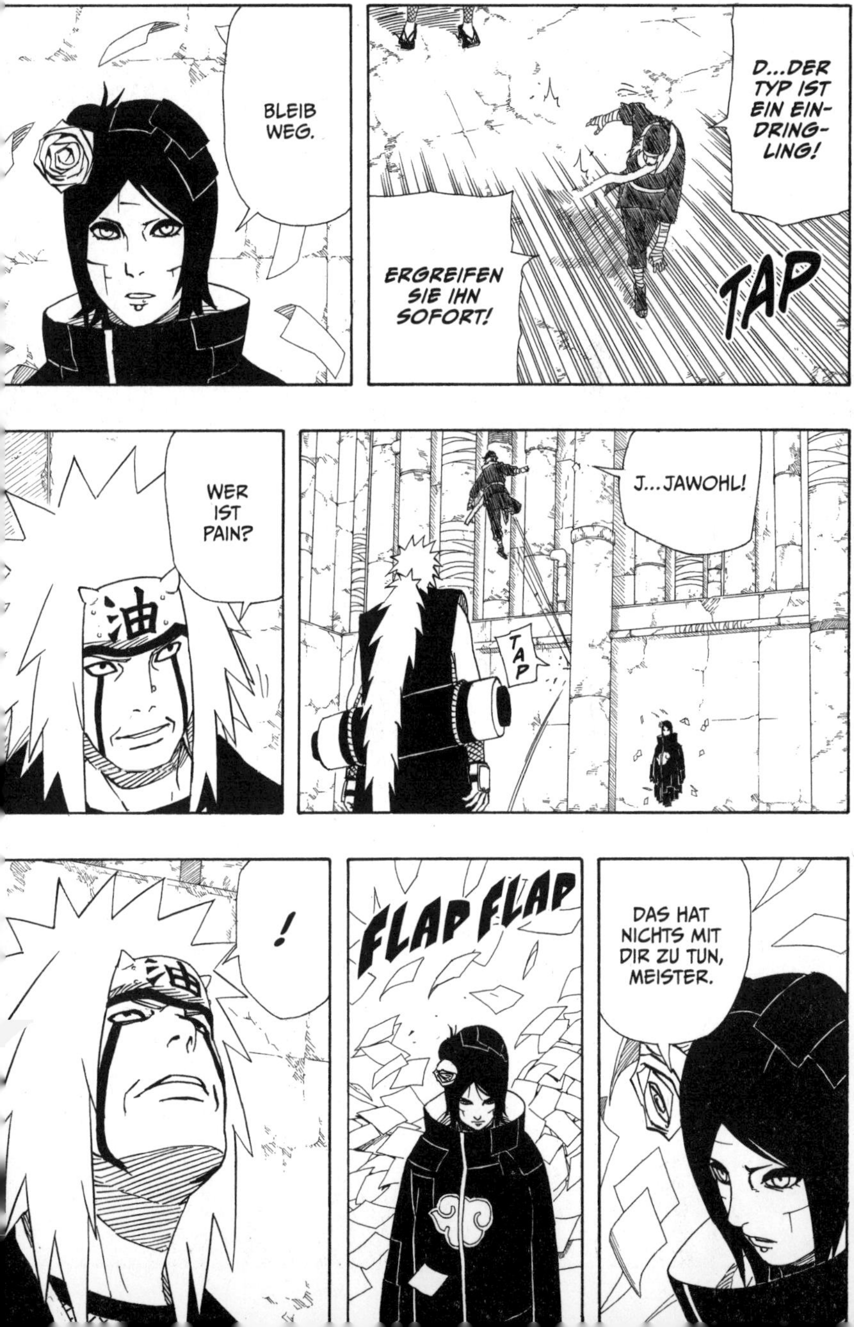

D...DER TYP IST EIN EINDRINGLING!
TAP
ERGREIFEN SIE IHN SOFORT!
BLEIB WEG.
J...JAWOHL!
TAP
WER IST PAIN?
DAS HAT NICHTS MIT DIR ZU TUN, MEISTER.
FLAP FLAP
!

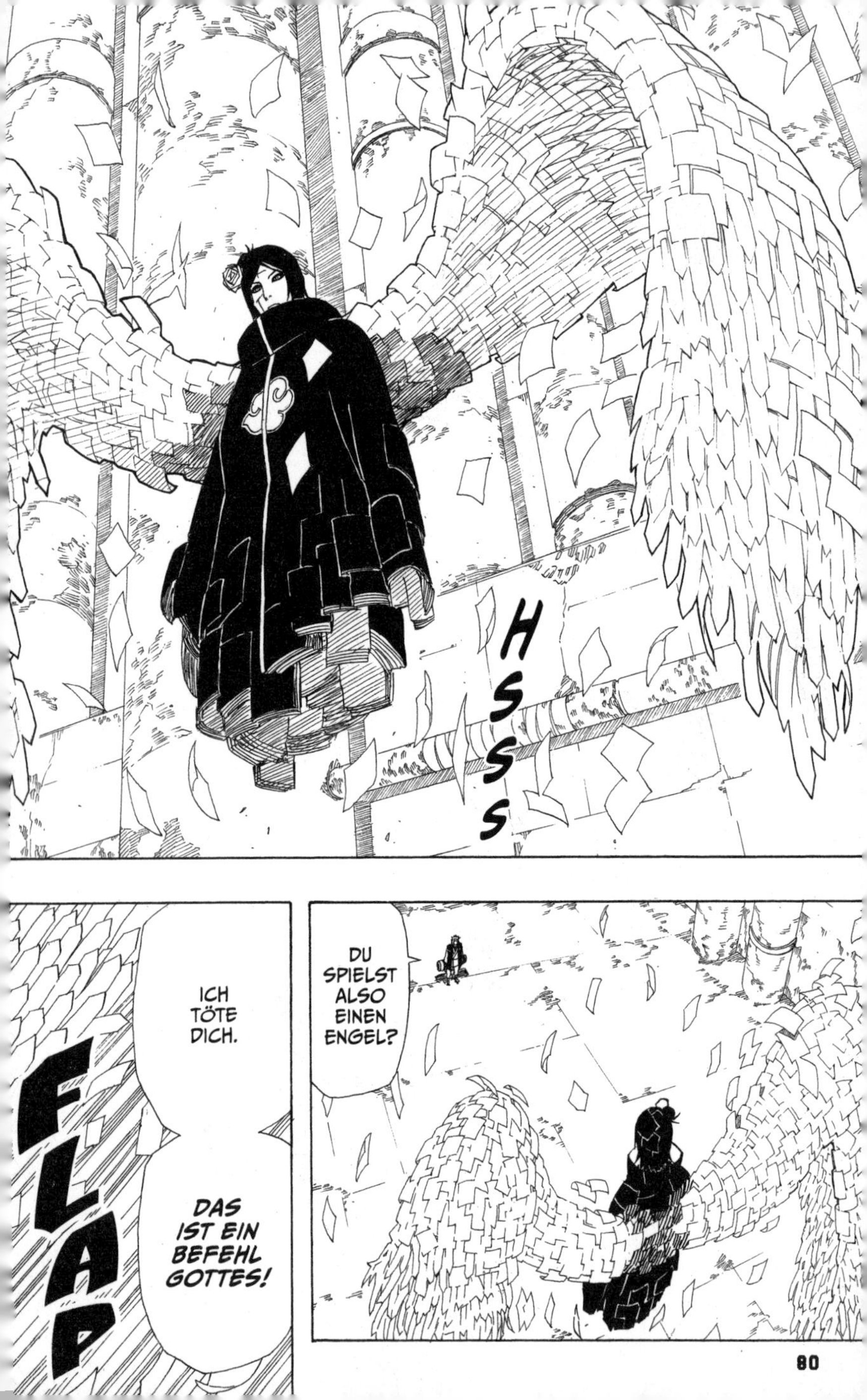
HSSS
DU SPIELST ALSO EINEN ENGEL?
ICH TÖTE DICH.
DAS IST EIN BEFEHL GOTTES!
FLAP

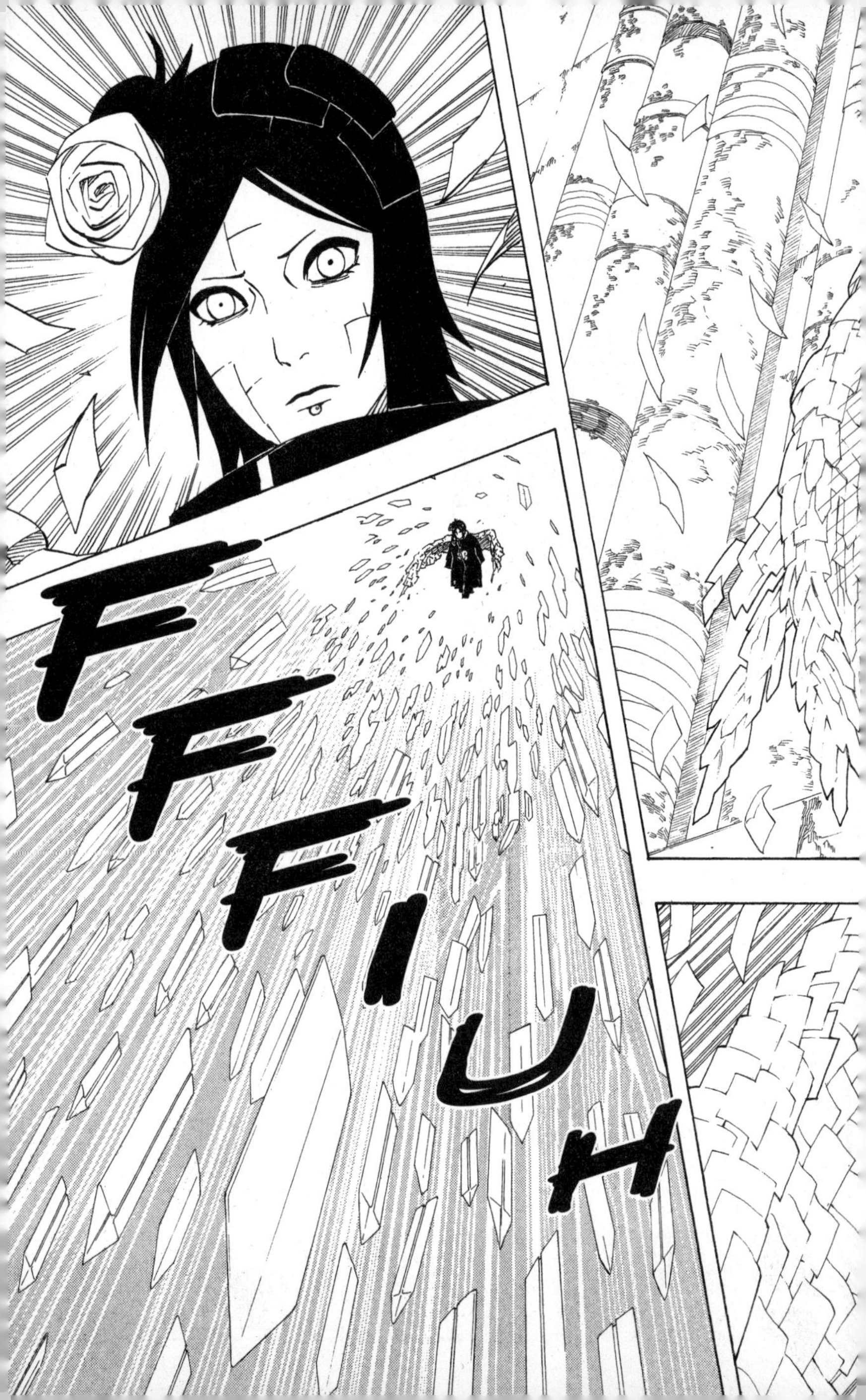
FFFIUH

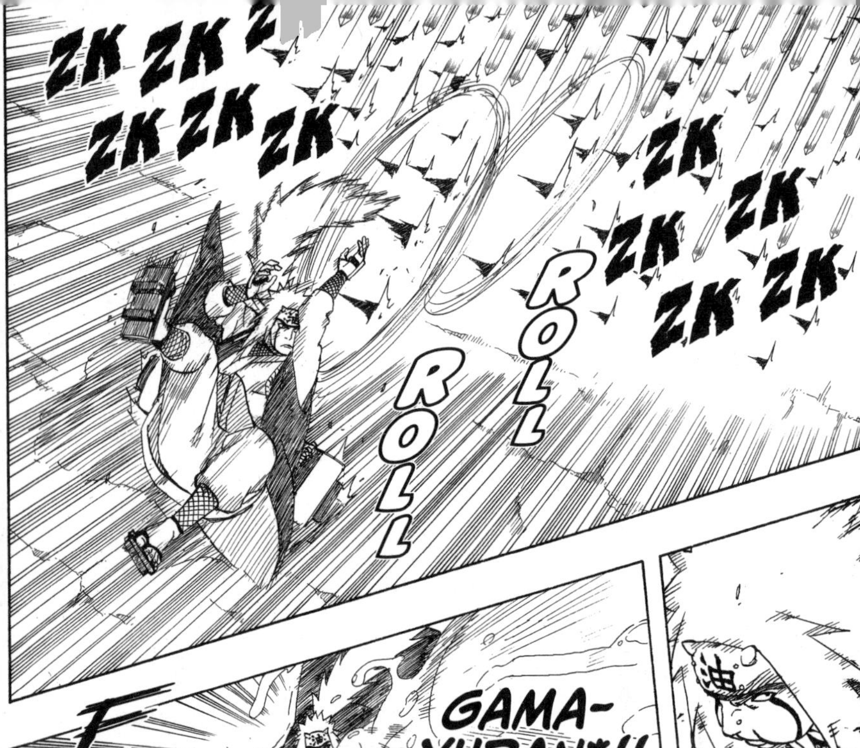

* YU = ÖL, DAN = KUGEL/GESCHOSS

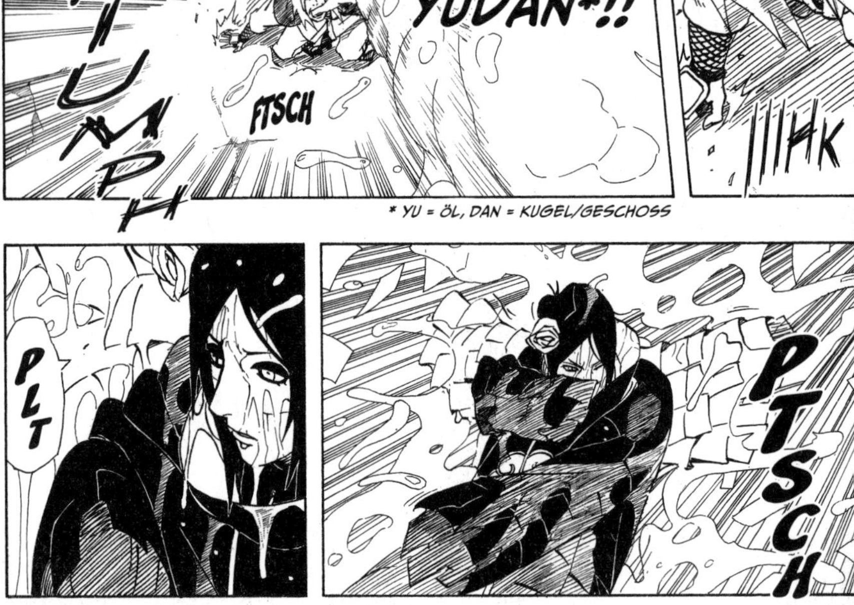

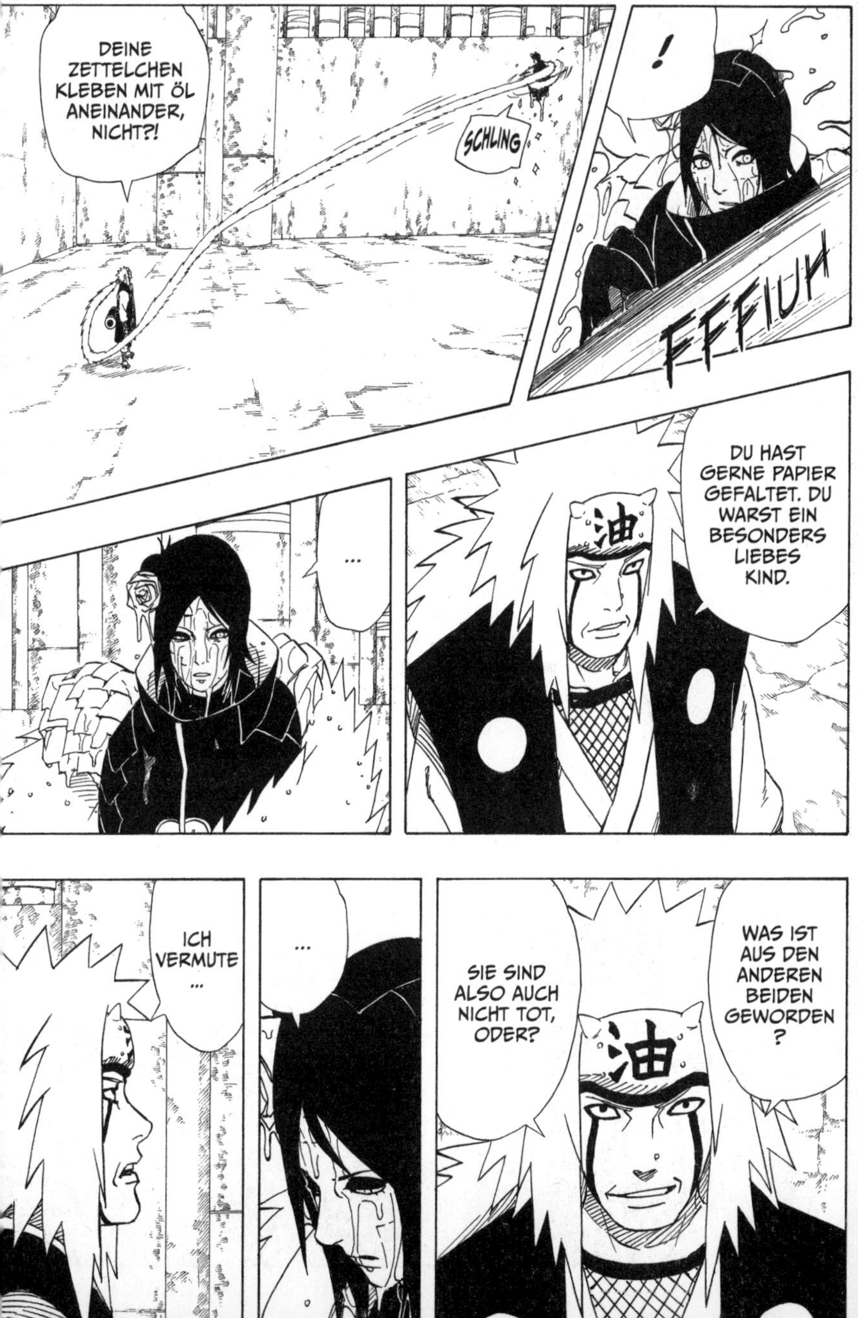
!
EFFIUH
SCHLING
DEINE ZETTELCHEN KLEBEN MIT ÖL ANEINANDER, NICHT?!
DU HAST GERNE PAPIER GEFALTET. DU WARST EIN BESONDERS LIEBES KIND.
...
WAS IST AUS DEN ANDEREN BEIDEN GEWORDEN?
SIE SIND ALSO AUCH NICHT TOT, ODER?
...
ICH VERMUTE ...

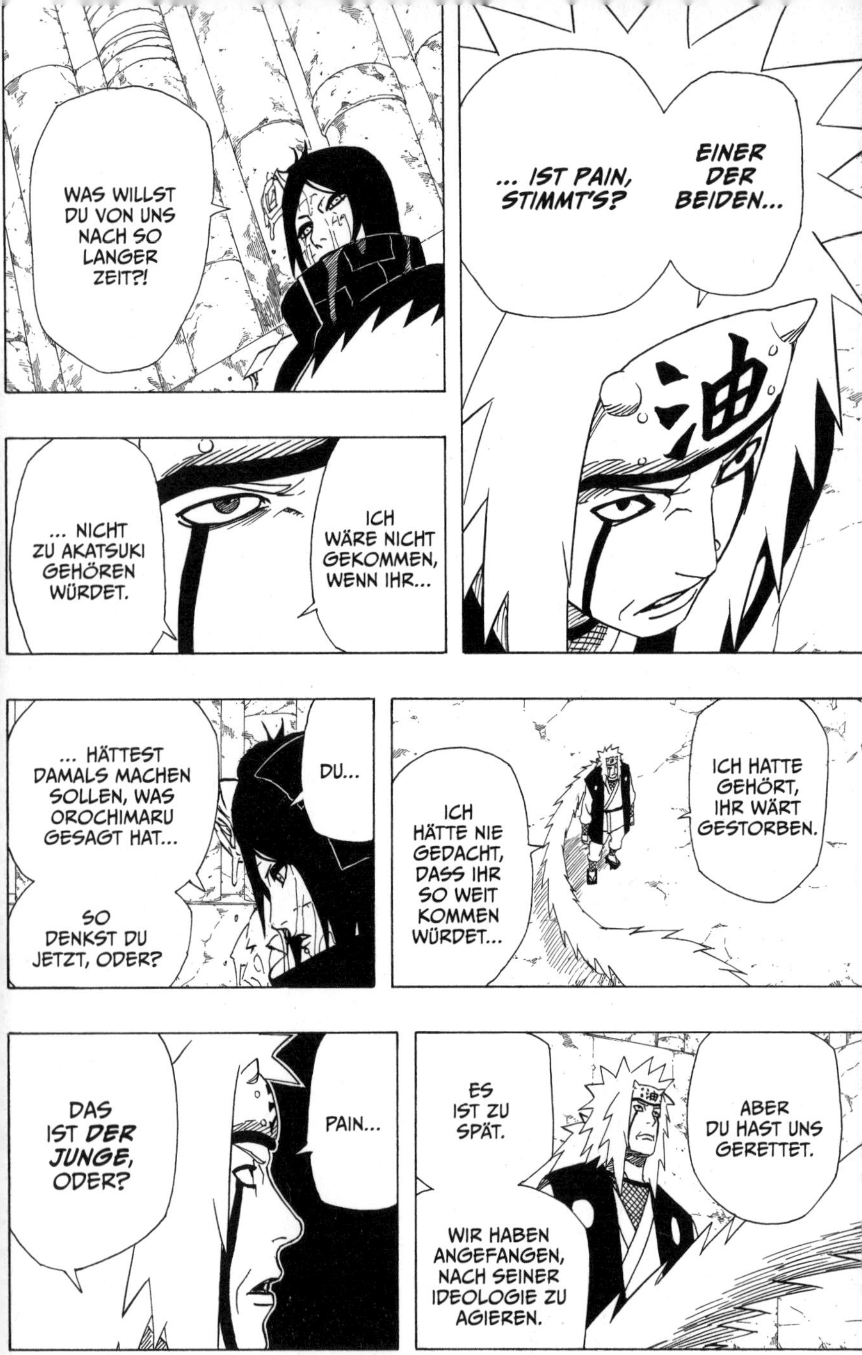
EINER DER BEIDEN...
... IST PAIN, STIMMT'S?
WAS WILLST DU VON UNS NACH SO LANGER ZEIT?!
ICH WÄRE NICHT GEKOMMEN, WENN IHR...
... NICHT ZU AKATSUKI GEHÖREN WÜRDET.
ICH HATTE GEHÖRT, IHR WÄRT GESTORBEN.
ICH HÄTTE NIE GEDACHT, DASS IHR SO WEIT KOMMEN WÜRDET...
DU...
... HÄTTEST DAMALS MACHEN SOLLEN, WAS OROCHIMARU GESAGT HAT...
SO DENKST DU JETZT, ODER?
ABER DU HAST UNS GERETTET.
ES IST ZU SPÄT.
WIR HABEN ANGEFANGEN, NACH SEINER IDEOLOGIE ZU AGIEREN.
PAIN...
DAS IST *DER JUNGE*, ODER?

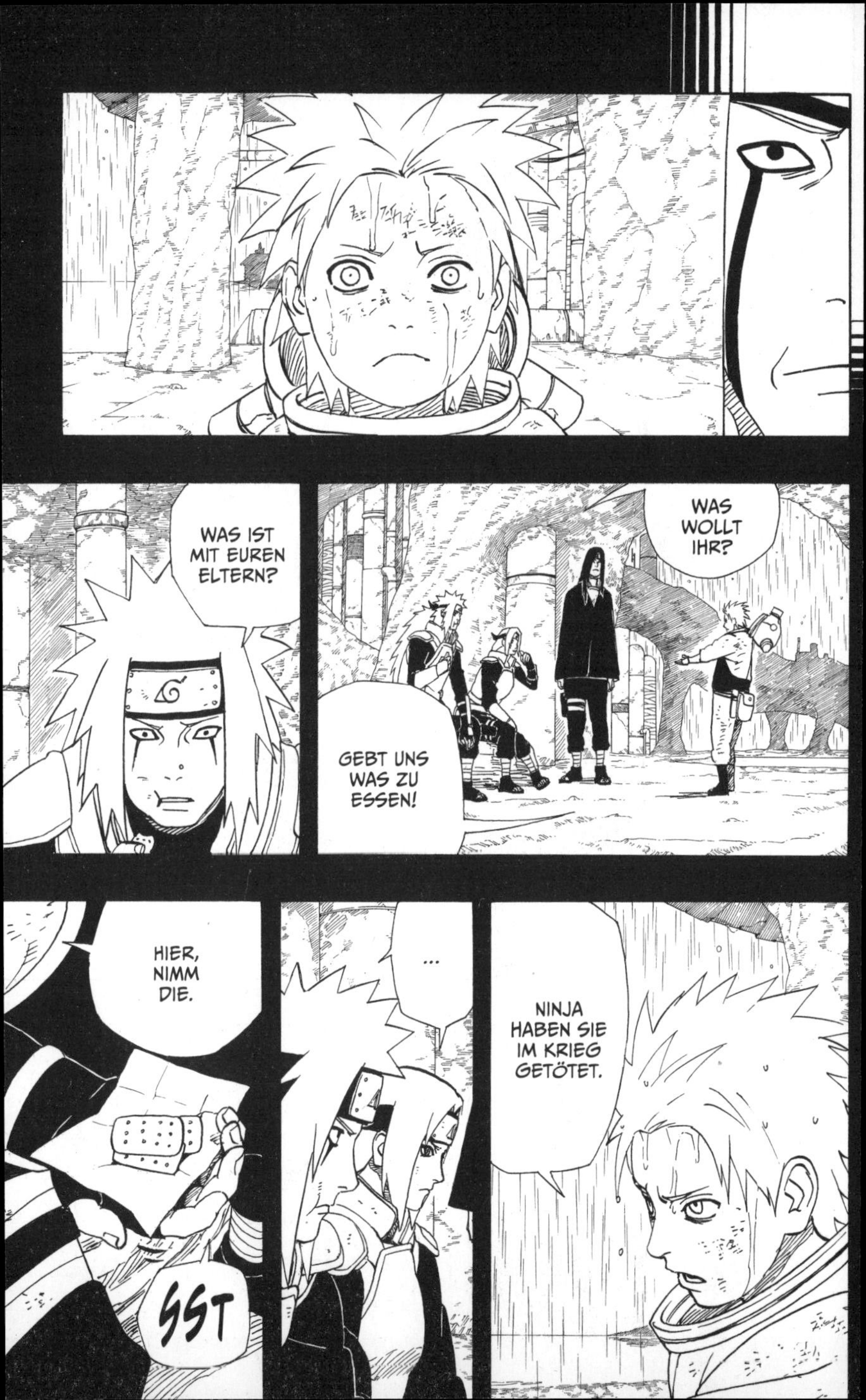
WAS IST MIT EUREN ELTERN?
WAS WOLLT IHR?
GEBT UNS WAS ZU ESSEN!
NINJA HABEN SIE IM KRIEG GETÖTET.
...
HIER, NIMM DIE.
SST

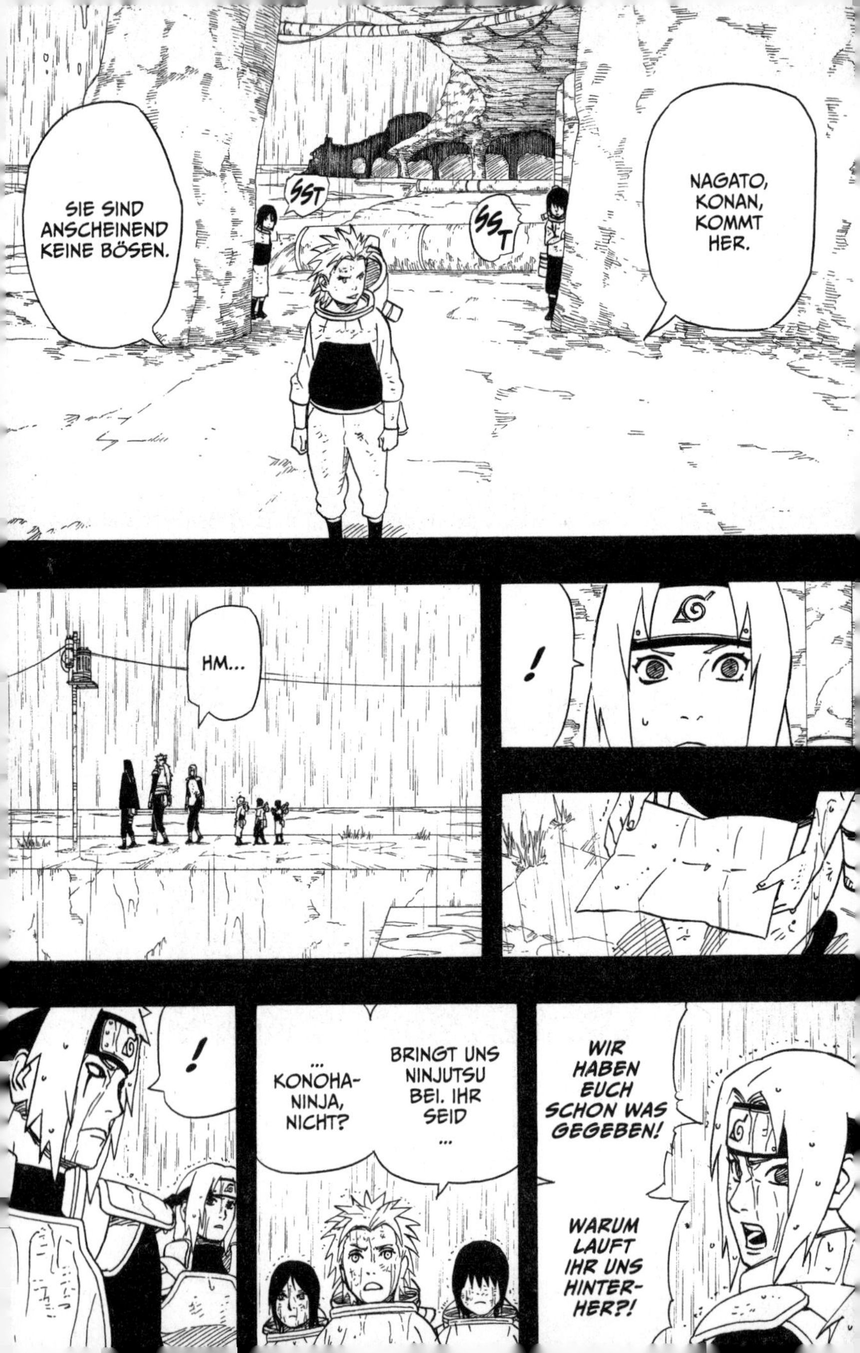
NAGATO, KONAN, KOMMT HER.
SST
SST
SIE SIND ANSCHEINEND KEINE BÖSEN.
!
HM...
WIR HABEN EUCH SCHON WAS GEGEBEN!
WARUM LAUFT IHR UNS HINTERHER?!
BRINGT UNS NINJUTSU BEI. IHR SEID ...
... KONOHA-NINJA, NICHT?
!

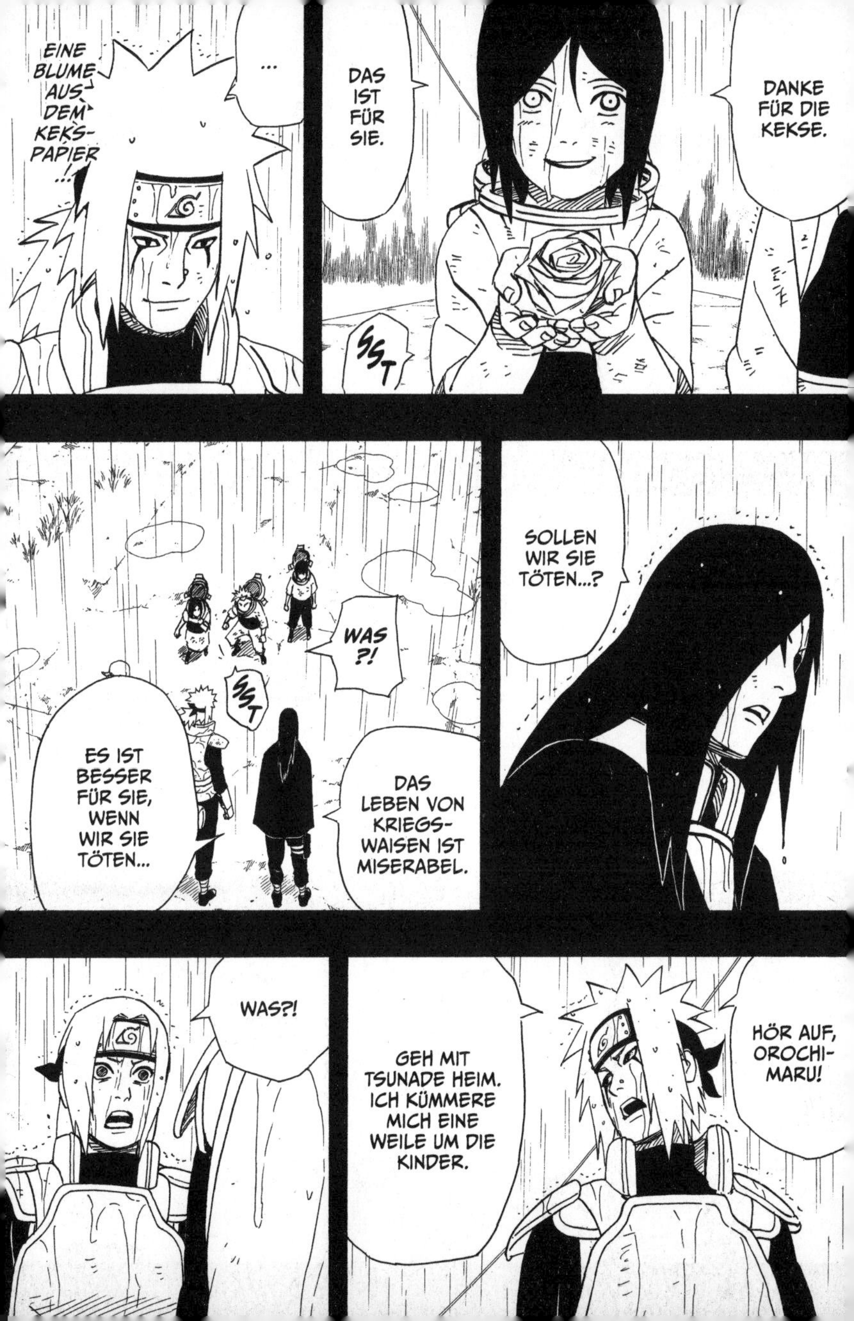
DANKE FÜR DIE KEKSE.
DAS IST FÜR SIE.
SST
...
EINE BLUME AUS DEM KEKS-PAPIER ...!
SOLLEN WIR SIE TÖTEN...?
WAS ?!
SST
DAS LEBEN VON KRIEGS-WAISEN IST MISERABEL.
ES IST BESSER FÜR SIE, WENN WIR SIE TÖTEN...
HÖR AUF, OROCHI-MARU!
GEH MIT TSUNADE HEIM. ICH KÜMMERE MICH EINE WEILE UM DIE KINDER.
WAS?!

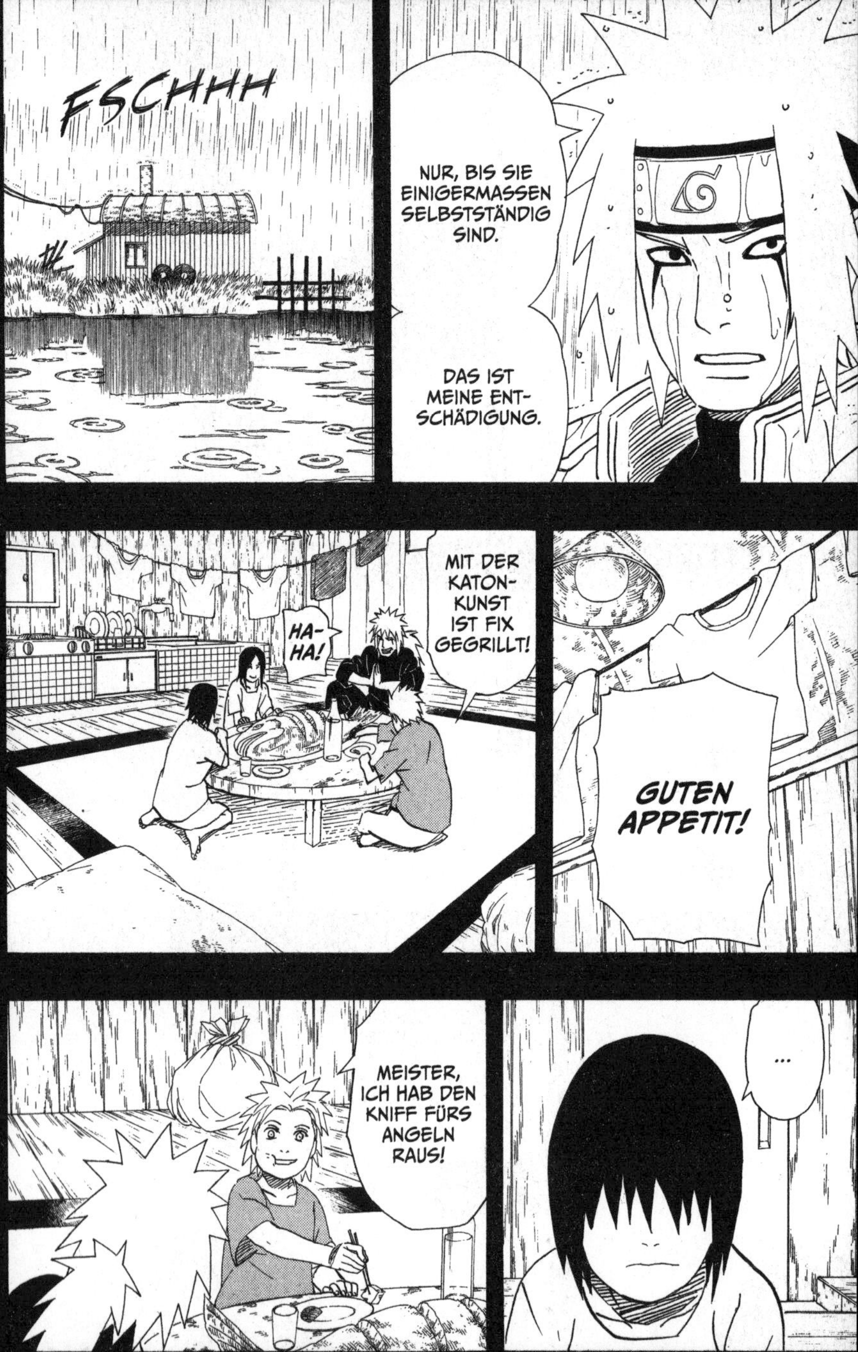
NUR, BIS SIE EINIGERMASSEN SELBSTSTÄNDIG SIND.
DAS IST MEINE ENT-SCHÄDIGUNG.
FSCHHH
GUTEN APPETIT!
MIT DER KATON-KUNST IST FIX GEGRILLT!
HA-HA!
...
MEISTER, ICH HAB DEN KNIFF FÜRS ANGELN RAUS!

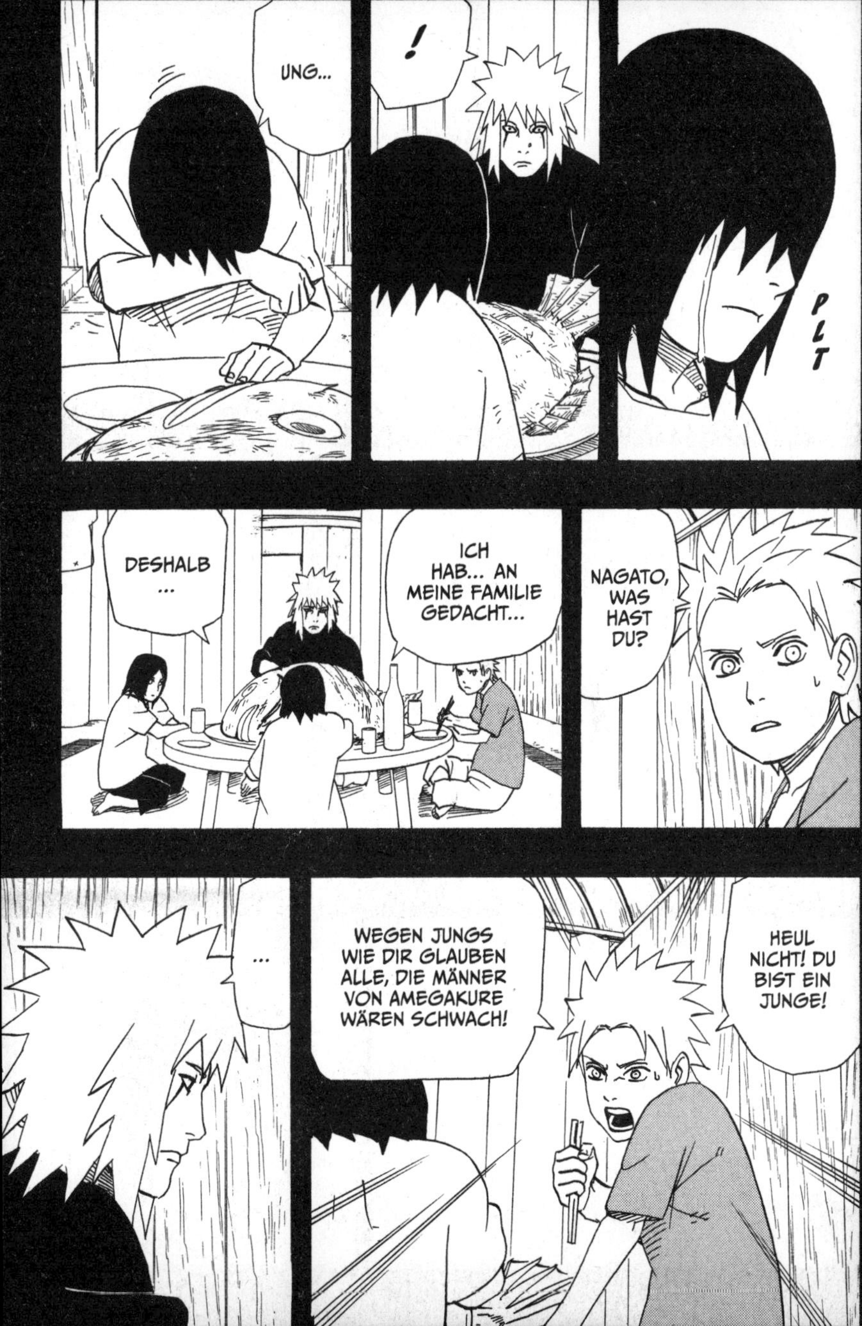
PLT
!
UNG...
NAGATO, WAS HAST DU?
ICH HAB... AN MEINE FAMILIE GEDACHT...
DESHALB ...
HEUL NICHT! DU BIST EIN JUNGE!
WEGEN JUNGS WIE DIR GLAUBEN ALLE, DIE MÄNNER VON AMEGAKURE WÄREN SCHWACH!
...

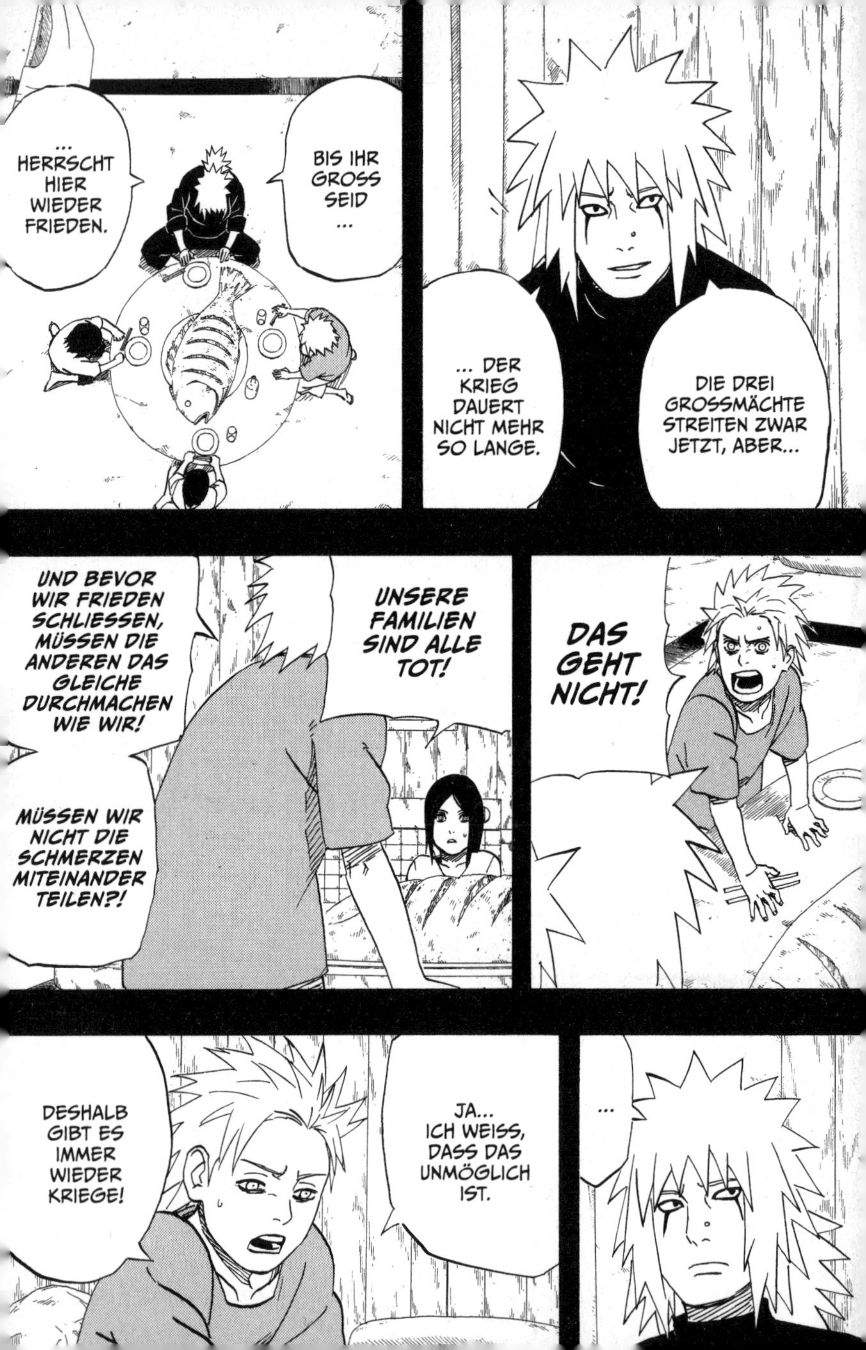
DIE DREI GROSSMÄCHTE STREITEN ZWAR JETZT, ABER...
... DER KRIEG DAUERT NICHT MEHR SO LANGE.
BIS IHR GROSS SEID ...
... HERRSCHT HIER WIEDER FRIEDEN.
DAS GEHT NICHT!
UNSERE FAMILIEN SIND ALLE TOT!
UND BEVOR WIR FRIEDEN SCHLIESSEN, MÜSSEN DIE ANDEREN DAS GLEICHE DURCHMACHEN WIE WIR!
MÜSSEN WIR NICHT DIE SCHMERZEN MITEINANDER TEILEN?!
...
JA... ICH WEISS, DASS DAS UNMÖGLICH IST.
DESHALB GIBT ES IMMER WIEDER KRIEGE!

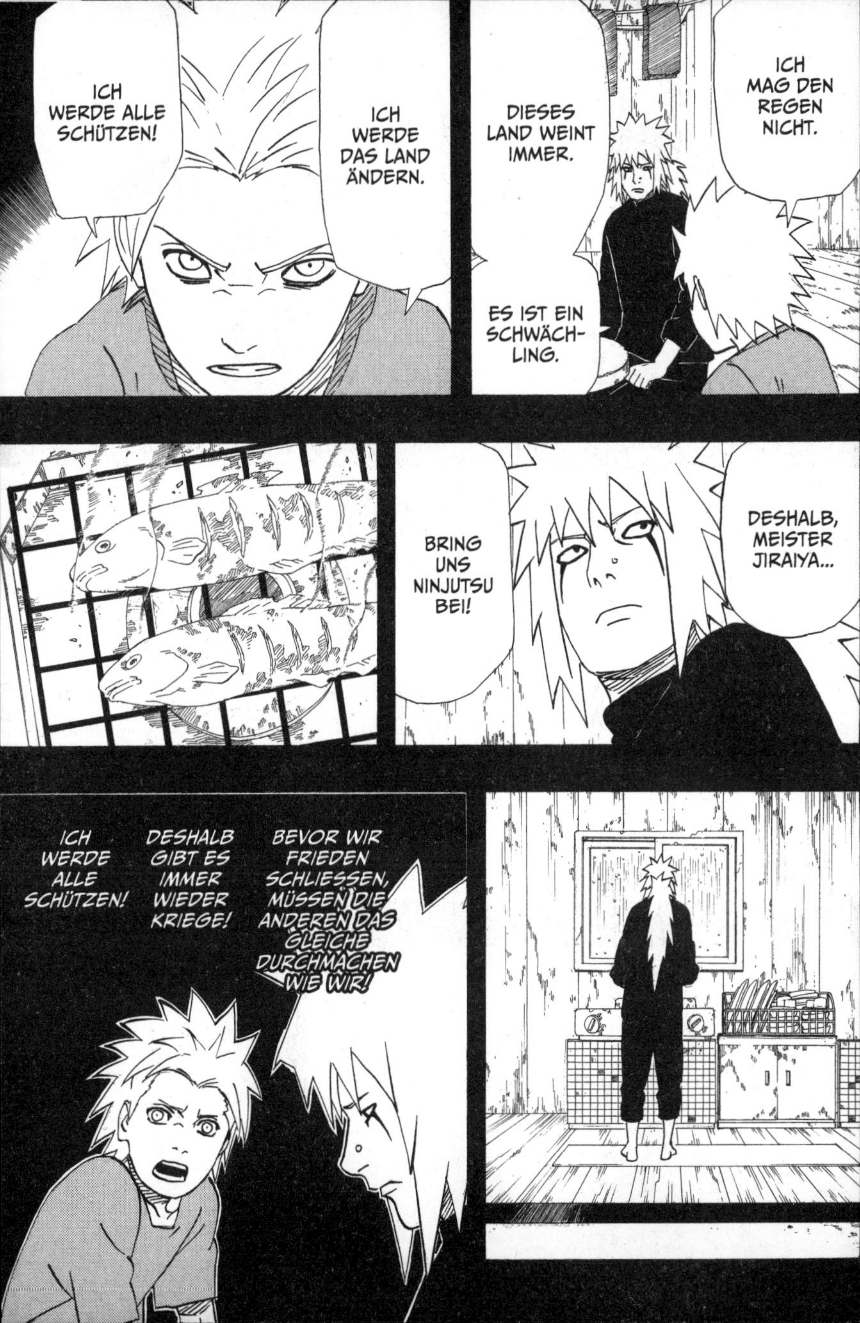
ICH MAG DEN REGEN NICHT.
DIESES LAND WEINT IMMER.
ES IST EIN SCHWÄCHLING.
ICH WERDE DAS LAND ÄNDERN.
ICH WERDE ALLE SCHÜTZEN!
DESHALB, MEISTER JIRAIYA...
BRING UNS NINJUTSU BEI!
BEVOR WIR FRIEDEN SCHLIESSEN, MÜSSEN DIE ANDEREN DAS GLEICHE DURCHMACHEN WIE WIR!
DESHALB GIBT ES IMMER WIEDER KRIEGE!
ICH WERDE ALLE SCHÜTZEN!

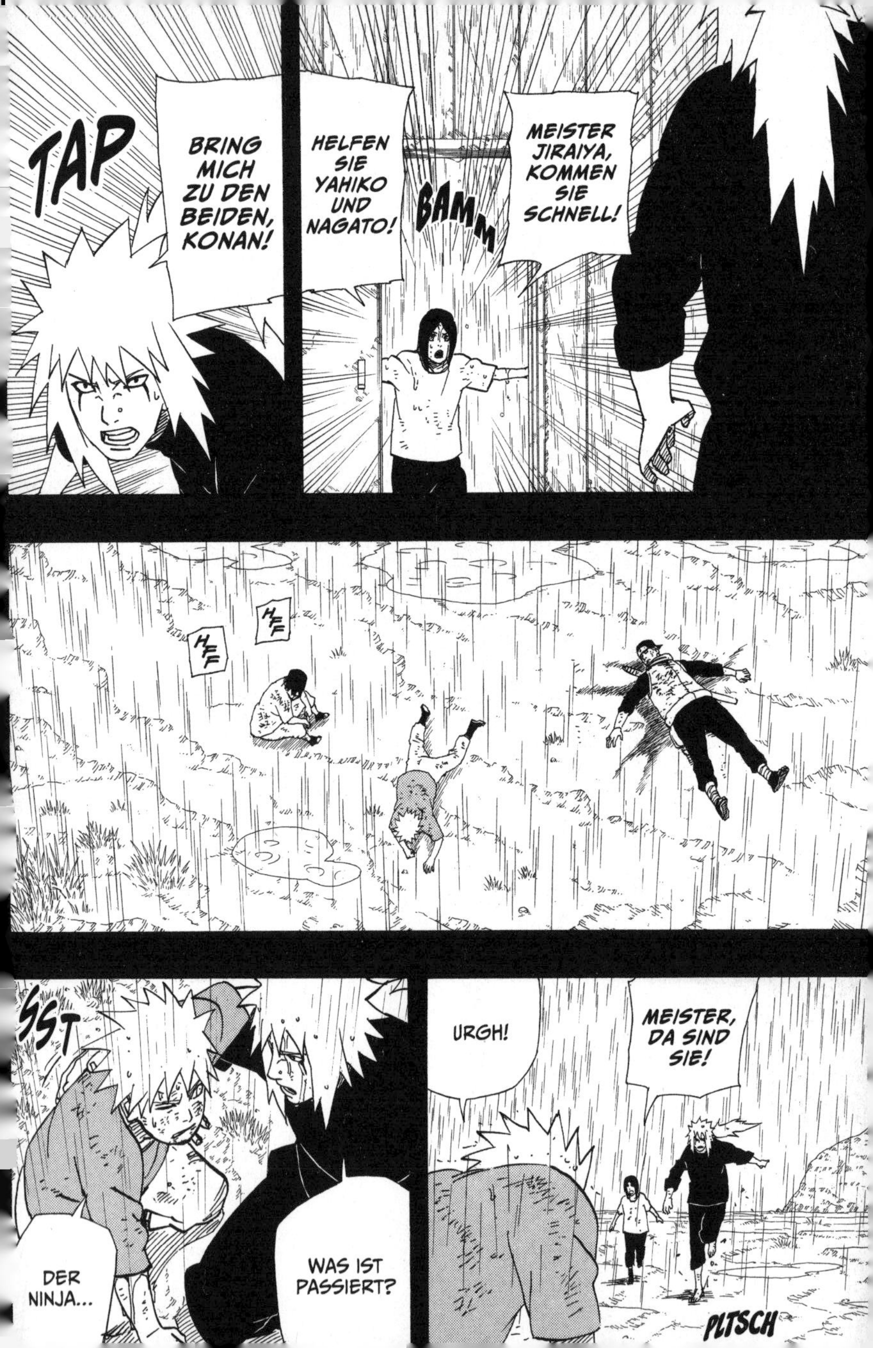
MEISTER JIRAIYA, KOMMEN SIE SCHNELL!
BAMM
HELFEN SIE YAHIKO UND NAGATO!
BRING MICH ZU DEN BEIDEN, KONAN!
TAP
HFF
HFF
MEISTER, DA SIND SIE!
URGH!
PLTSCH
WAS IST PASSIERT?
DER NINJA...
SST

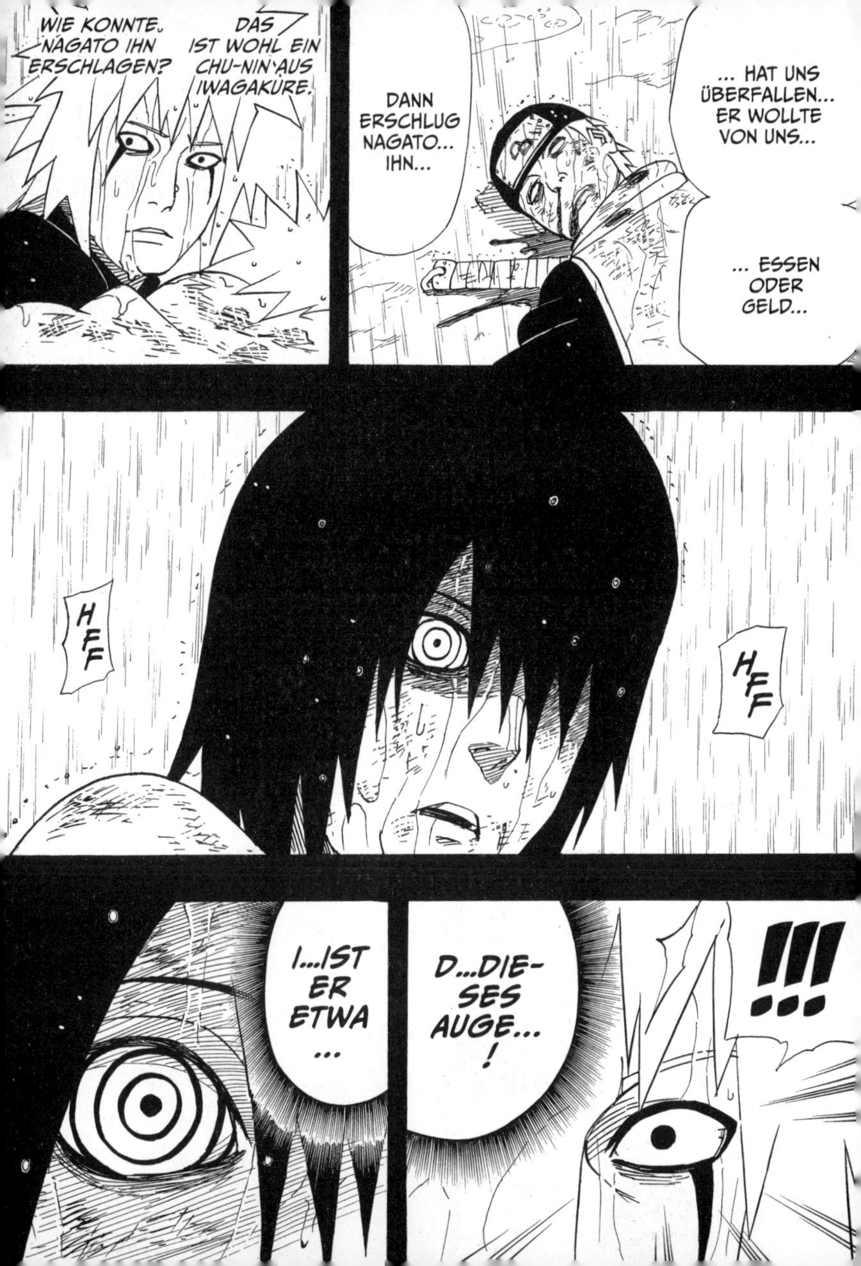
... HAT UNS ÜBERFALLEN... ER WOLLTE VON UNS...
... ESSEN ODER GELD...
DANN ERSCHLUG NAGATO... IHN...
DAS IST WOHL EIN CHU-NIN AUS IWAGAKURE.
WIE KONNTE NAGATO IHN ERSCHLAGEN?
HFF
HFF
!!!
D...DIESES AUGE...!
I...IST ER ETWA ...

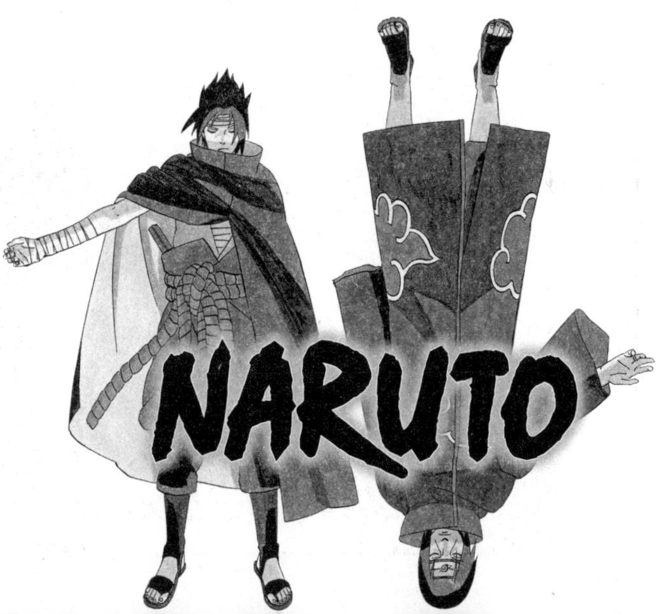
NARUTO

373. Kapitel:

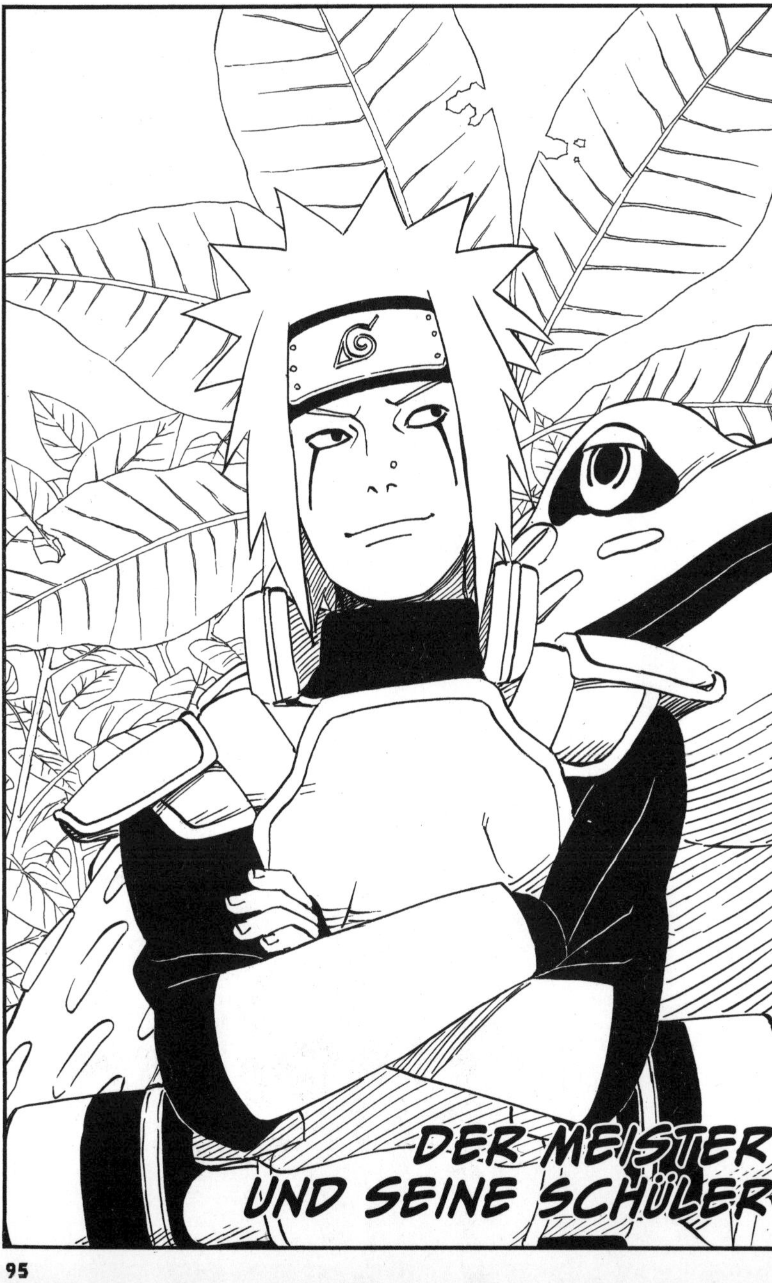

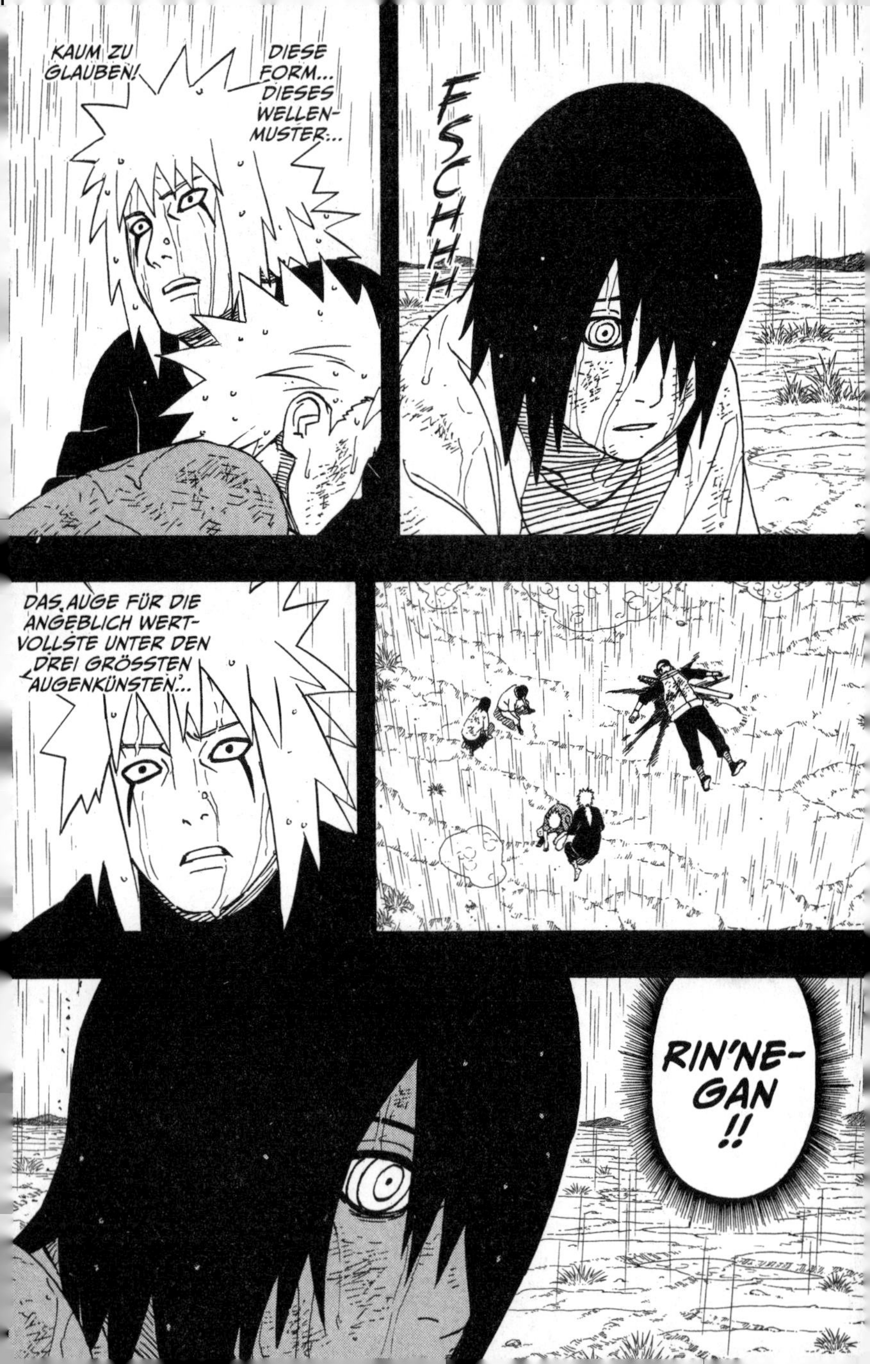
FSCHHH
DIESE FORM... DIESES WELLENMUSTER...
KAUM ZU GLAUBEN!
DAS AUGE FÜR DIE ANGEBLICH WERTVOLLSTE UNTER DEN DREI GRÖSSTEN 'AUGENKÜNSTEN'...
RIN'NE-GAN!!

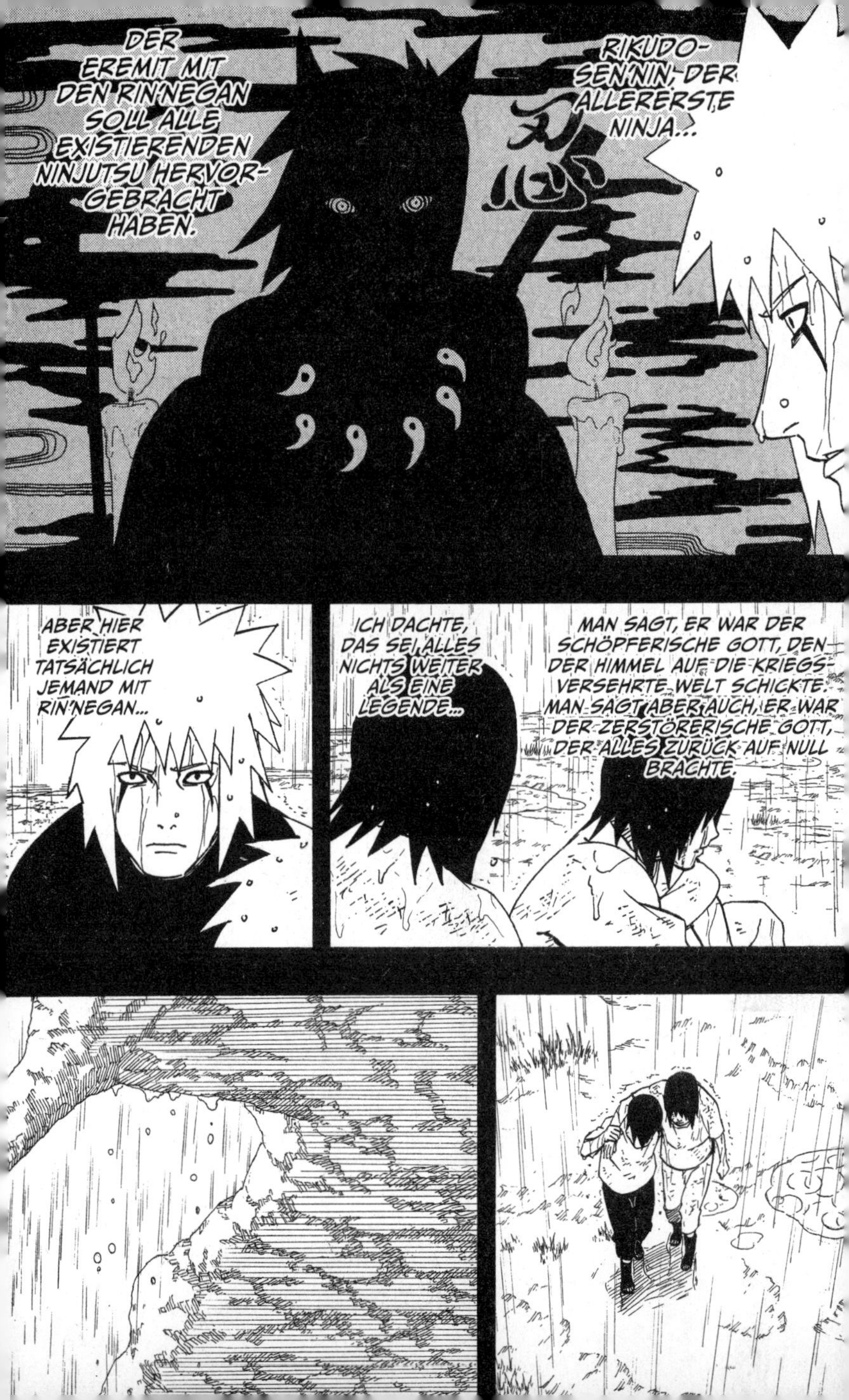
RIKUDO-SEN'NIN, DER ALLERERSTE NINJA...
DER EREMIT MIT DEN RIN'NEGAN SOLL ALLE EXISTIERENDEN NINJUTSU HERVORGEBRACHT HABEN.
MAN SAGT, ER WAR DER SCHÖPFERISCHE GOTT, DEN DER HIMMEL AUF DIE KRIEGSVERSEHRTE WELT SCHICKTE. MAN SAGT ABER AUCH, ER WAR DER ZERSTÖRERISCHE GOTT, DER ALLES ZURÜCK AUF NULL BRACHTE.
ICH DACHTE, DAS SEI ALLES NICHTS WEITER ALS EINE LEGENDE...
ABER HIER EXISTIERT TATSÄCHLICH JEMAND MIT RIN'NEGAN...

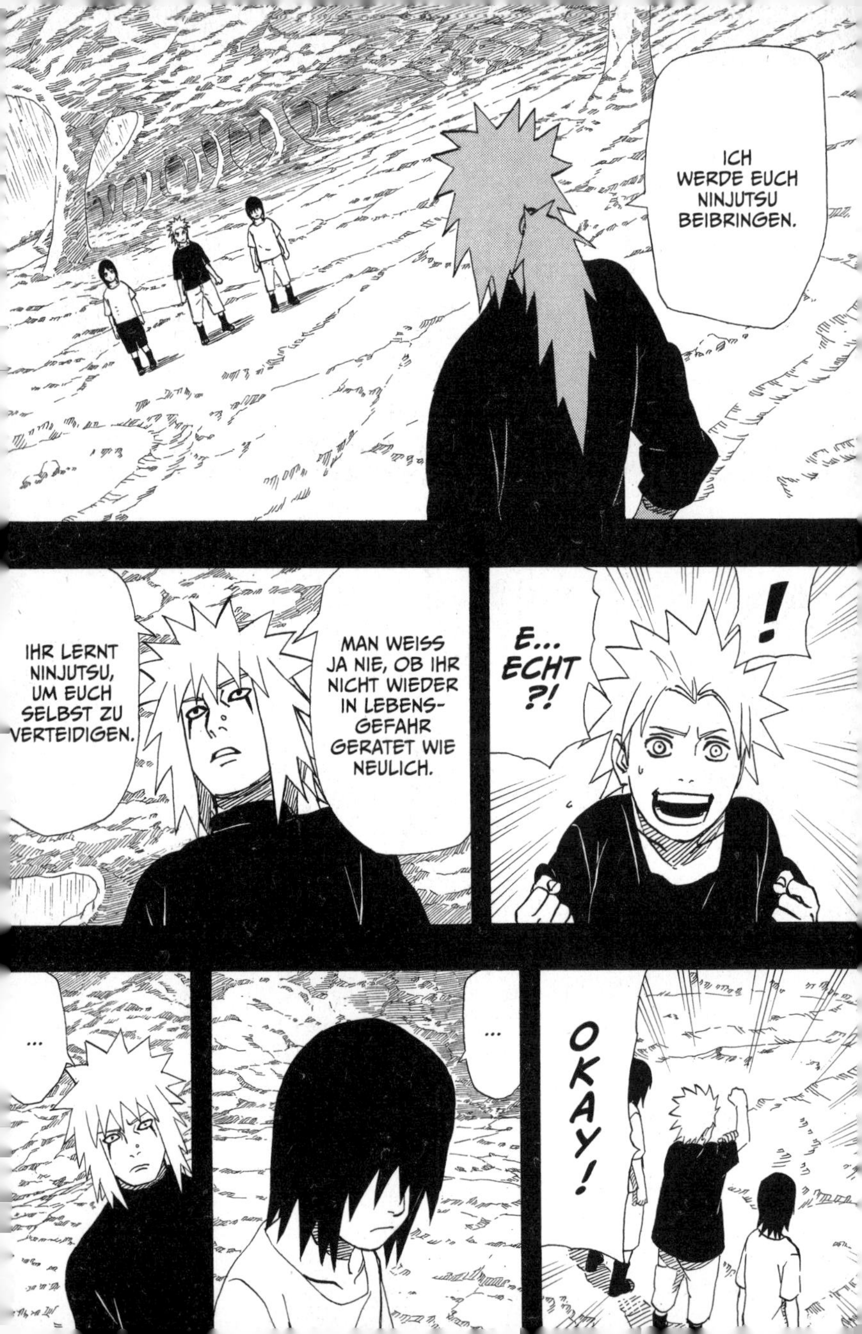
ICH WERDE EUCH NINJUTSU BEIBRINGEN.
!
E... ECHT ?!
MAN WEISS JA NIE, OB IHR NICHT WIEDER IN LEBENS-GEFAHR GERATET WIE NEULICH.
IHR LERNT NINJUTSU, UM EUCH SELBST ZU VERTEIDIGEN.
OKAY!
...
...

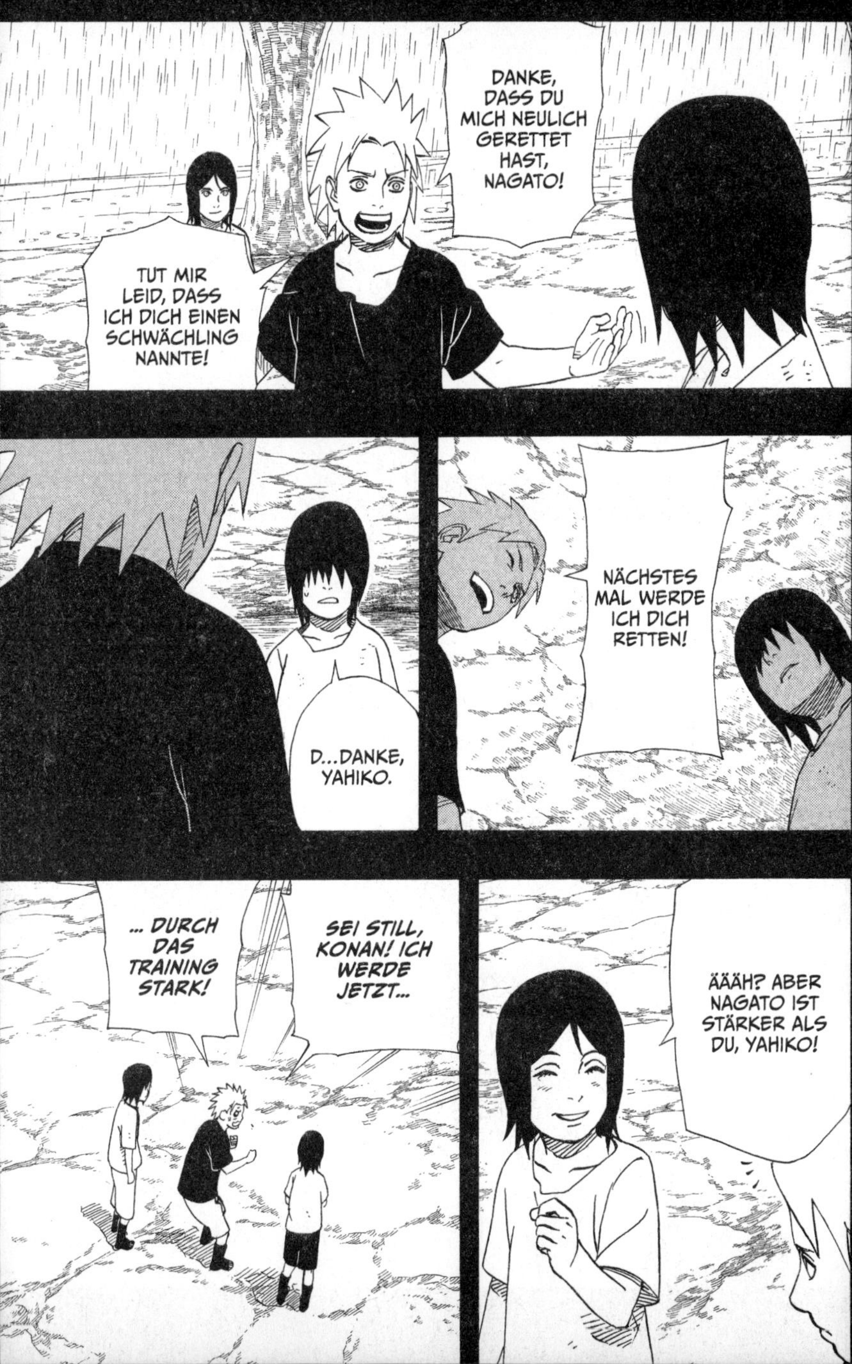
DANKE, DASS DU MICH NEULICH GERETTET HAST, NAGATO!
TUT MIR LEID, DASS ICH DICH EINEN SCHWÄCHLING NANNTE!
NÄCHSTES MAL WERDE ICH DICH RETTEN!
D...DANKE, YAHIKO.
ÄÄÄH? ABER NAGATO IST STÄRKER ALS DU, YAHIKO!
SEI STILL, KONAN! ICH WERDE JETZT...
... DURCH DAS TRAINING STARK!

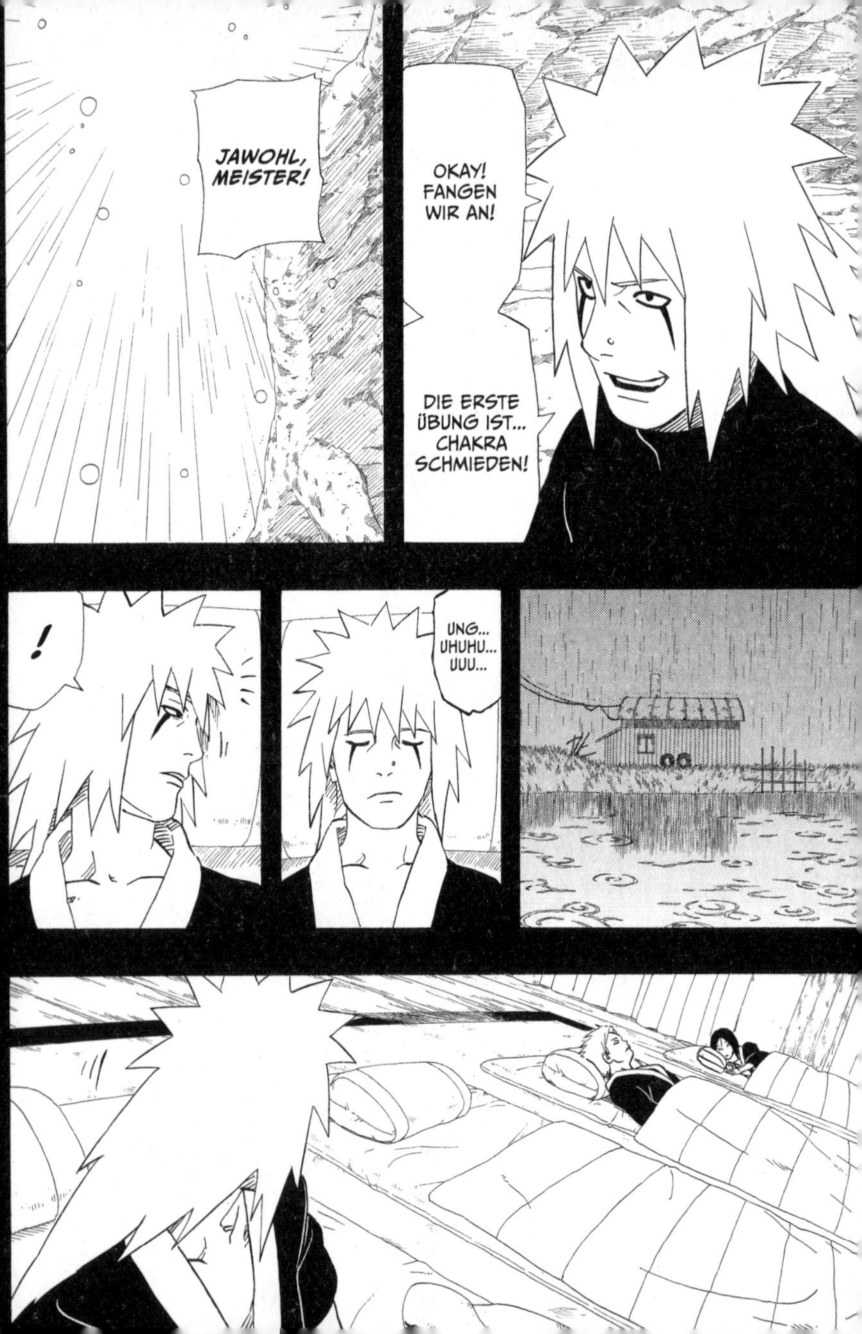
OKAY! FANGEN WIR AN!
DIE ERSTE ÜBUNG IST... CHAKRA SCHMIEDEN!
JAWOHL, MEISTER!
UNG... UHUHU... UUU...
!

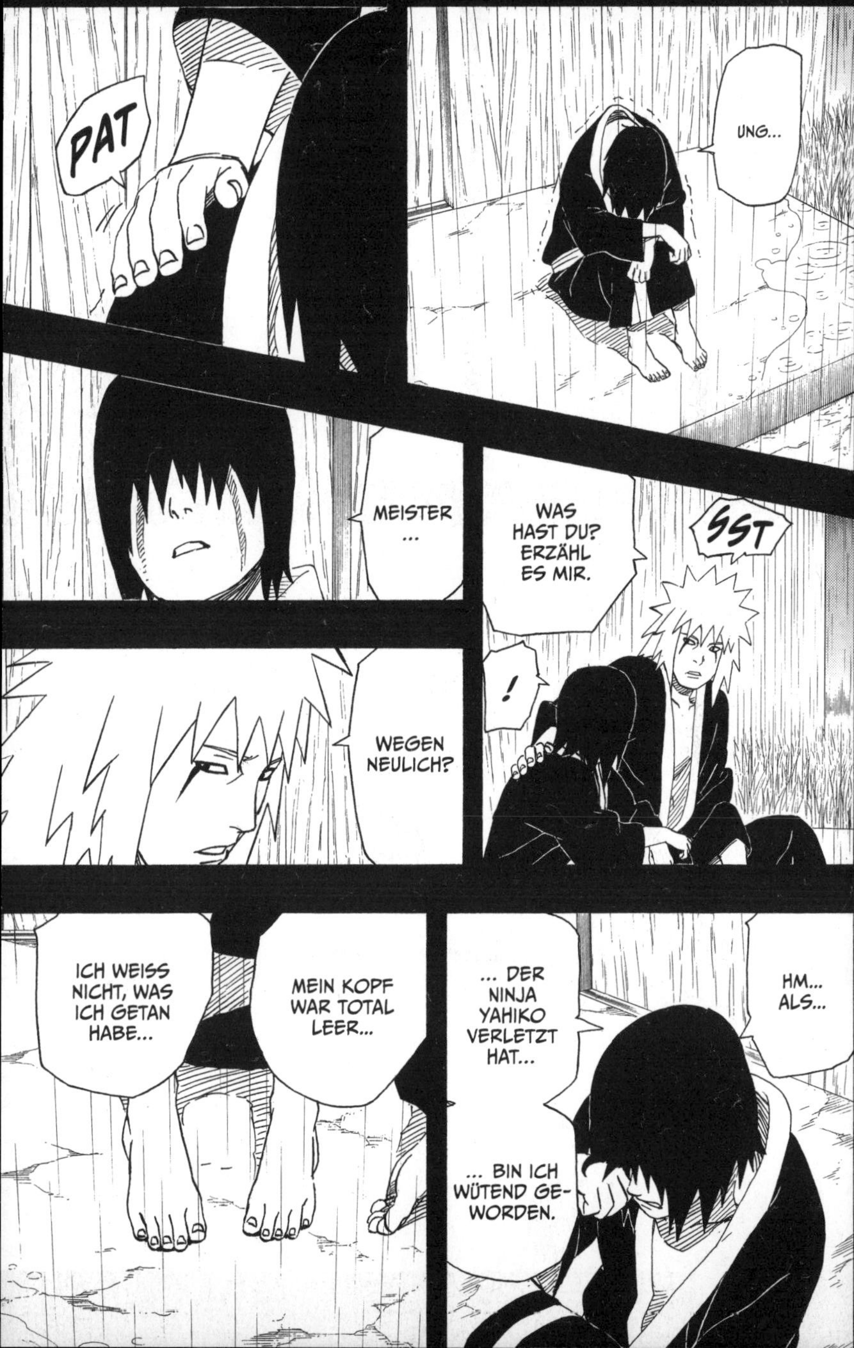
UNG...
PAT
SST
WAS HAST DU? ERZÄHL ES MIR.
!
MEISTER ...
WEGEN NEULICH?
HM... ALS...
... DER NINJA YAHIKO VERLETZT HAT...
... BIN ICH WÜTEND GE-WORDEN.
MEIN KOPF WAR TOTAL LEER...
ICH WEISS NICHT, WAS ICH GETAN HABE...

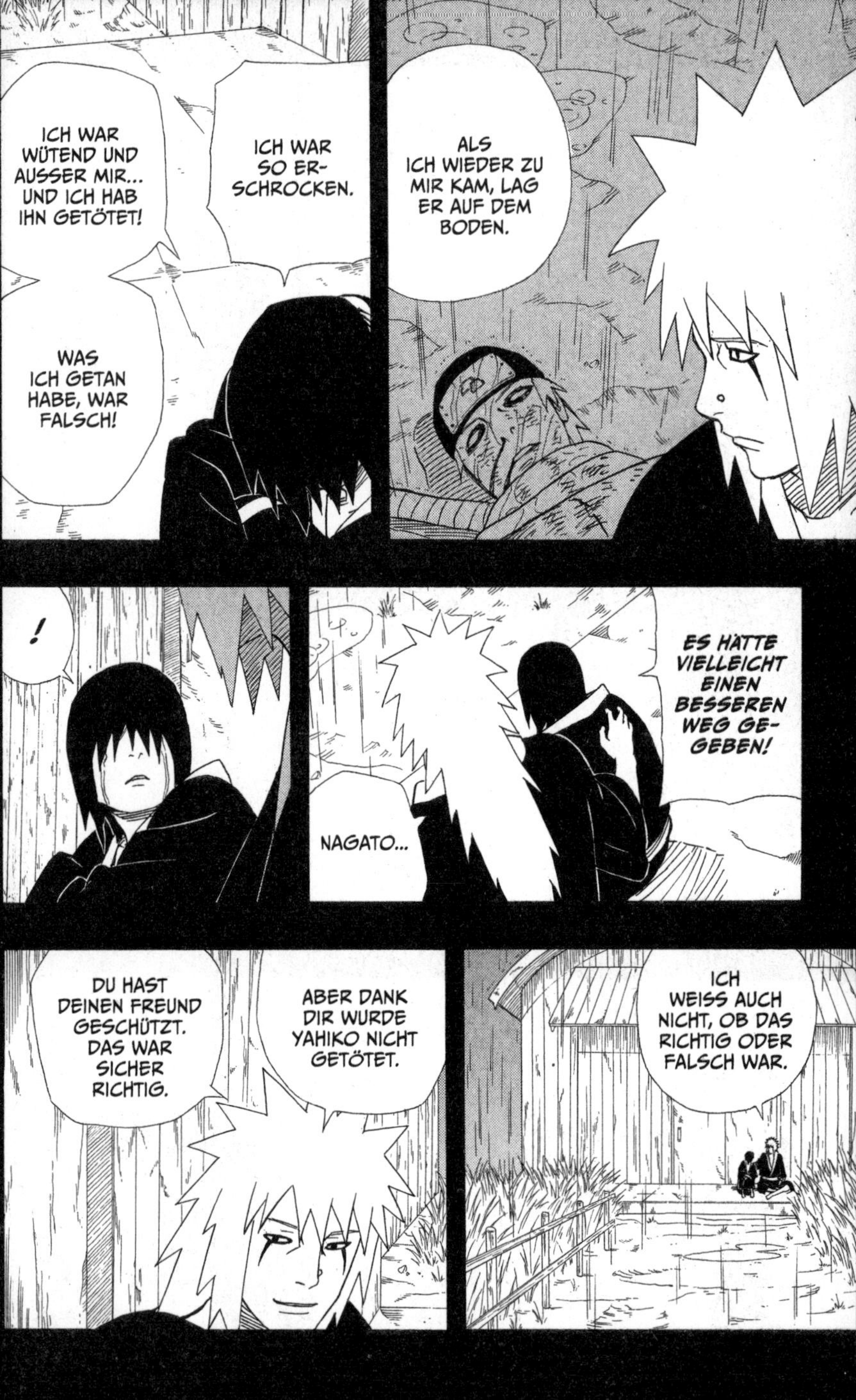
ALS ICH WIEDER ZU MIR KAM, LAG ER AUF DEM BODEN.
ICH WAR SO ERSCHROCKEN.
ICH WAR WÜTEND UND AUSSER MIR... UND ICH HAB IHN GETÖTET!
WAS ICH GETAN HABE, WAR FALSCH!
ES HÄTTE VIELLEICHT EINEN BESSEREN WEG GEGEBEN!
NAGATO...
!
ICH WEISS AUCH NICHT, OB DAS RICHTIG ODER FALSCH WAR.
ABER DANK DIR WURDE YAHIKO NICHT GETÖTET.
DU HAST DEINEN FREUND GESCHÜTZT. DAS WAR SICHER RICHTIG.

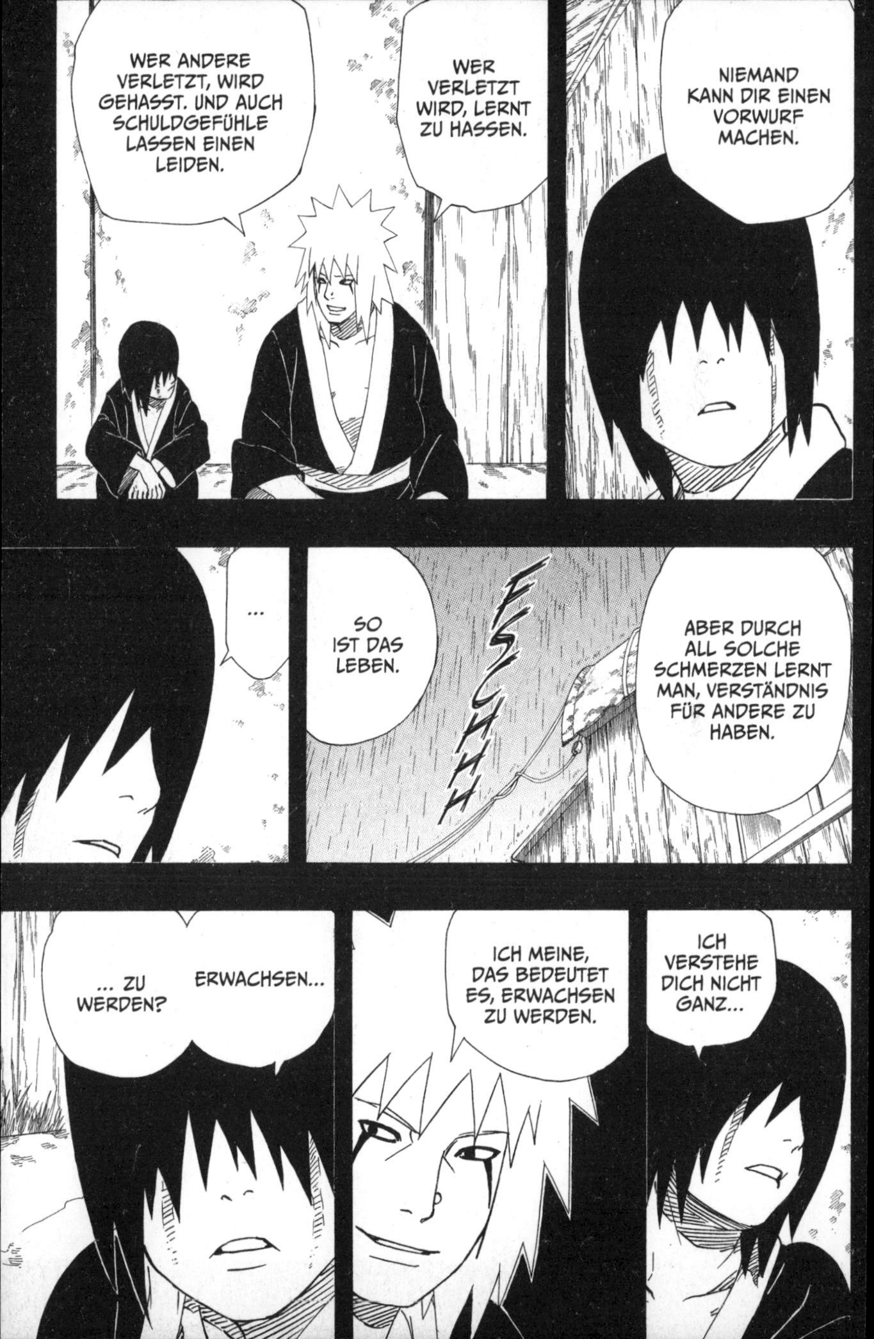
NIEMAND KANN DIR EINEN VORWURF MACHEN.
WER VERLETZT WIRD, LERNT ZU HASSEN.
WER ANDERE VERLETZT, WIRD GEHASST. UND AUCH SCHULDGEFÜHLE LASSEN EINEN LEIDEN.
ABER DURCH ALL SOLCHE SCHMERZEN LERNT MAN, VERSTÄNDNIS FÜR ANDERE ZU HABEN.
SO IST DAS LEBEN.
...
ICH VERSTEHE DICH NICHT GANZ...
ICH MEINE, DAS BEDEUTET ES, ERWACHSEN ZU WERDEN.
ERWACHSEN...
... ZU WERDEN?

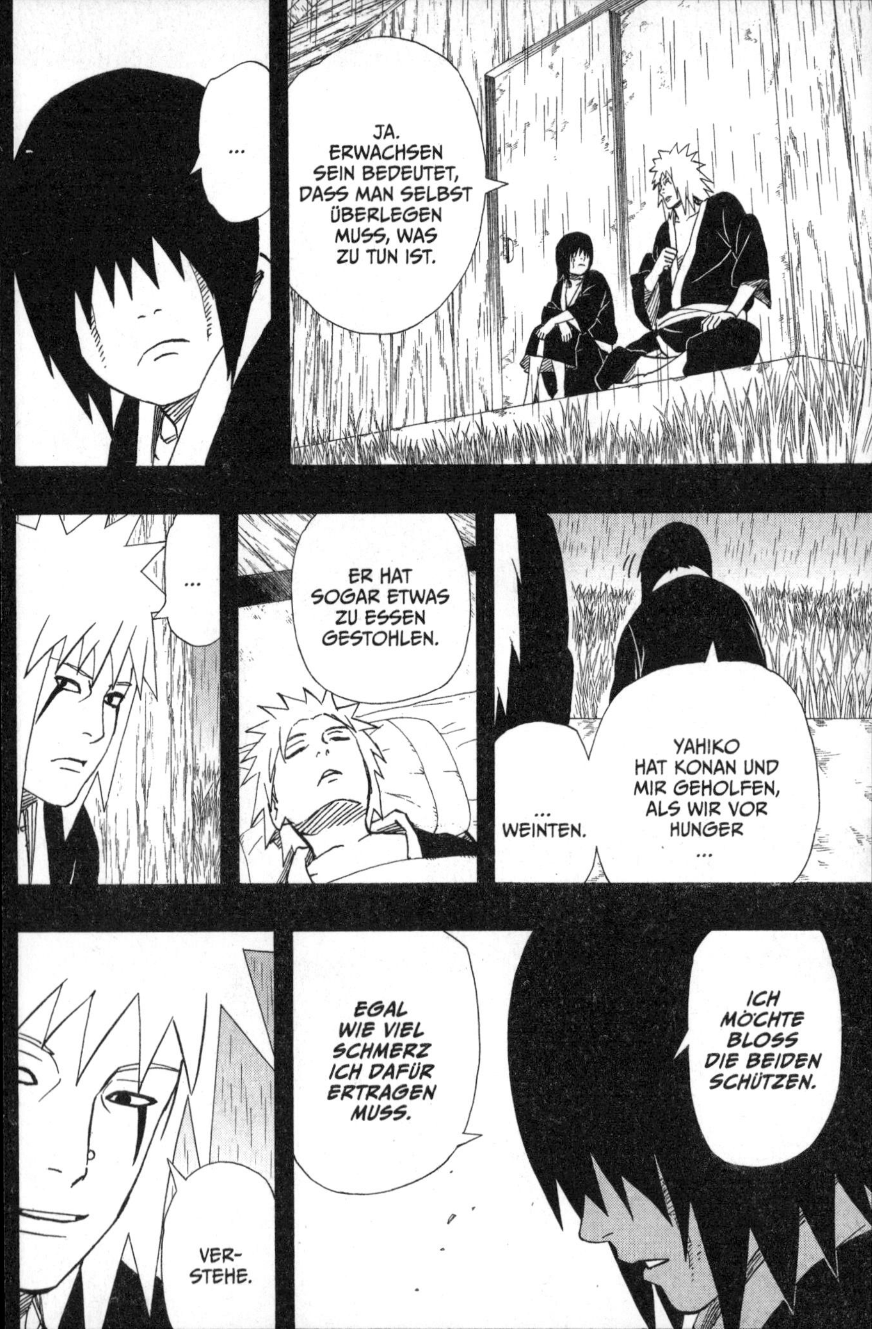
JA. ERWACHSEN SEIN BEDEUTET, DASS MAN SELBST ÜBERLEGEN MUSS, WAS ZU TUN IST.
...
YAHIKO HAT KONAN UND MIR GEHOLFEN, ALS WIR VOR HUNGER ...
... WEINTEN.
ER HAT SOGAR ETWAS ZU ESSEN GESTOHLEN.
...
ICH MÖCHTE BLOSS DIE BEIDEN SCHÜTZEN.
EGAL WIE VIEL SCHMERZ ICH DAFÜR ERTRAGEN MUSS.
VER-
STEHE.

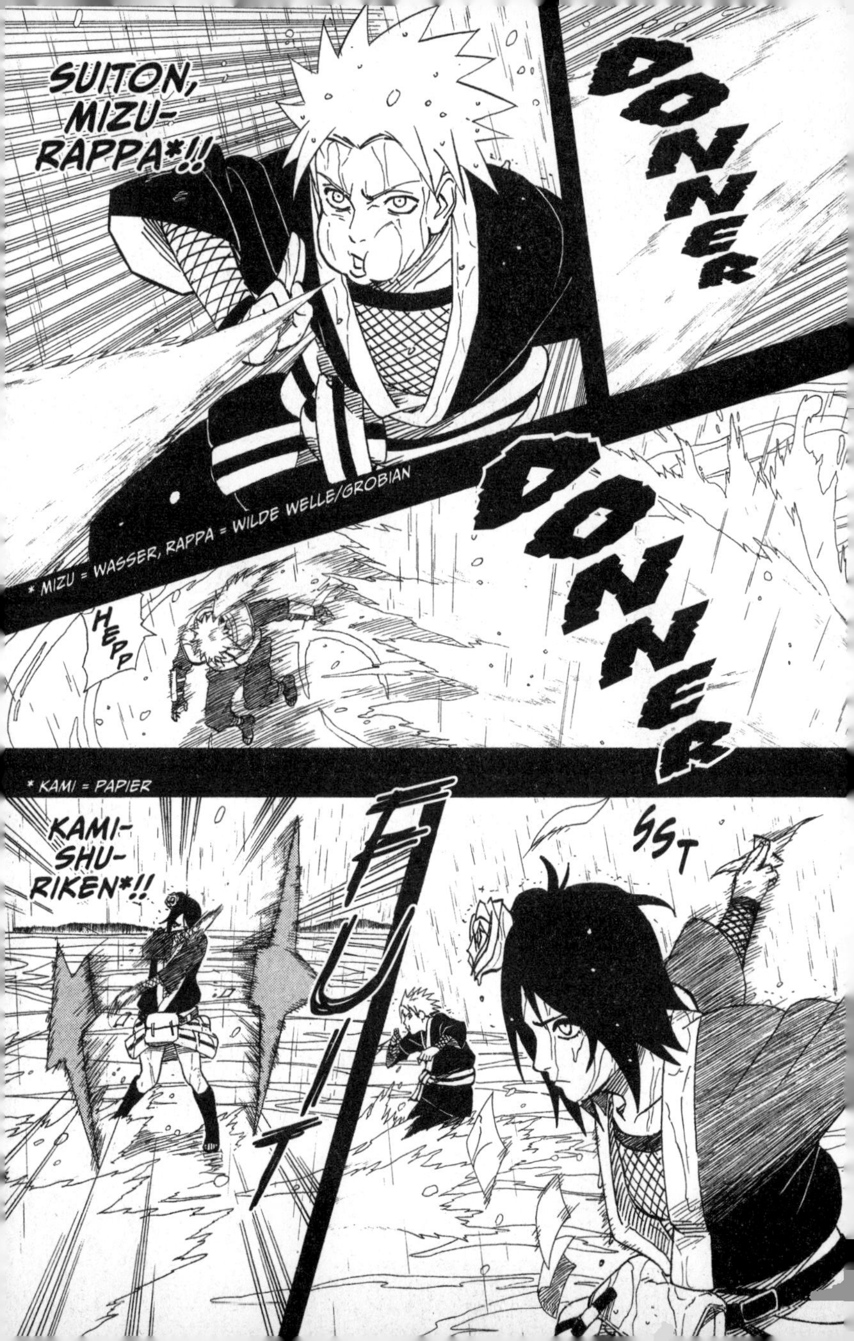
DONNER
SUITON, MIZU-RAPPA*!!
* MIZU = WASSER, RAPPA = WILDE WELLE/GROBIAN
DONNER
HEPP
* KAMI = PAPIER
SST
KAMI-SHURIKEN*!!

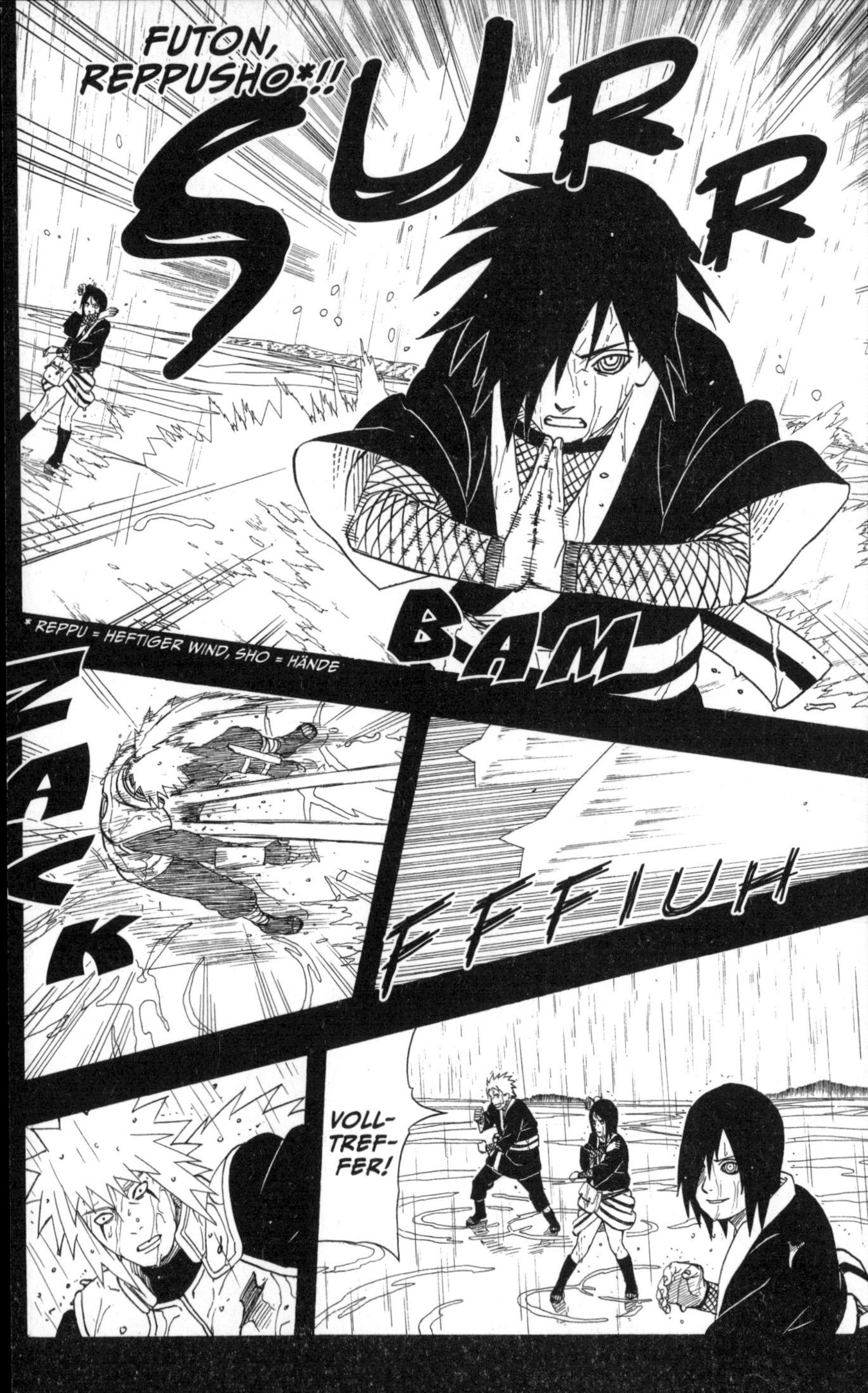

* REPPU = HEFTIGER WIND, SHO = HÄNDE

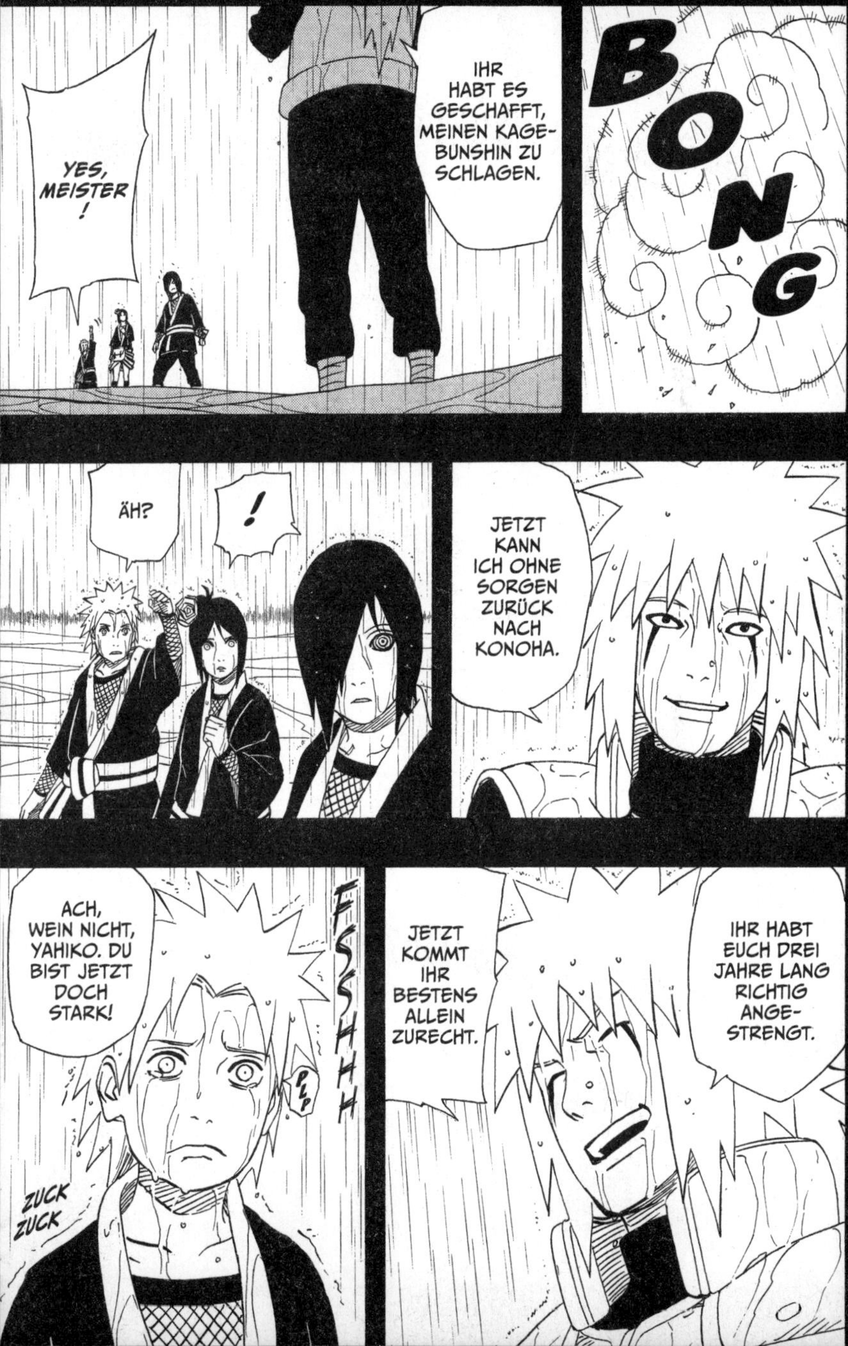
BONG
IHR HABT ES GESCHAFFT, MEINEN KAGE-BUNSHIN ZU SCHLAGEN.
YES, MEISTER!
JETZT KANN ICH OHNE SORGEN ZURÜCK NACH KONOHA.
!
ÄH?
IHR HABT EUCH DREI JAHRE LANG RICHTIG ANGE-STRENGT.
JETZT KOMMT IHR BESTENS ALLEIN ZURECHT.
FSSHHH
PLP
ACH, WEIN NICHT, YAHIKO. DU BIST JETZT DOCH STARK!
ZUCK ZUCK

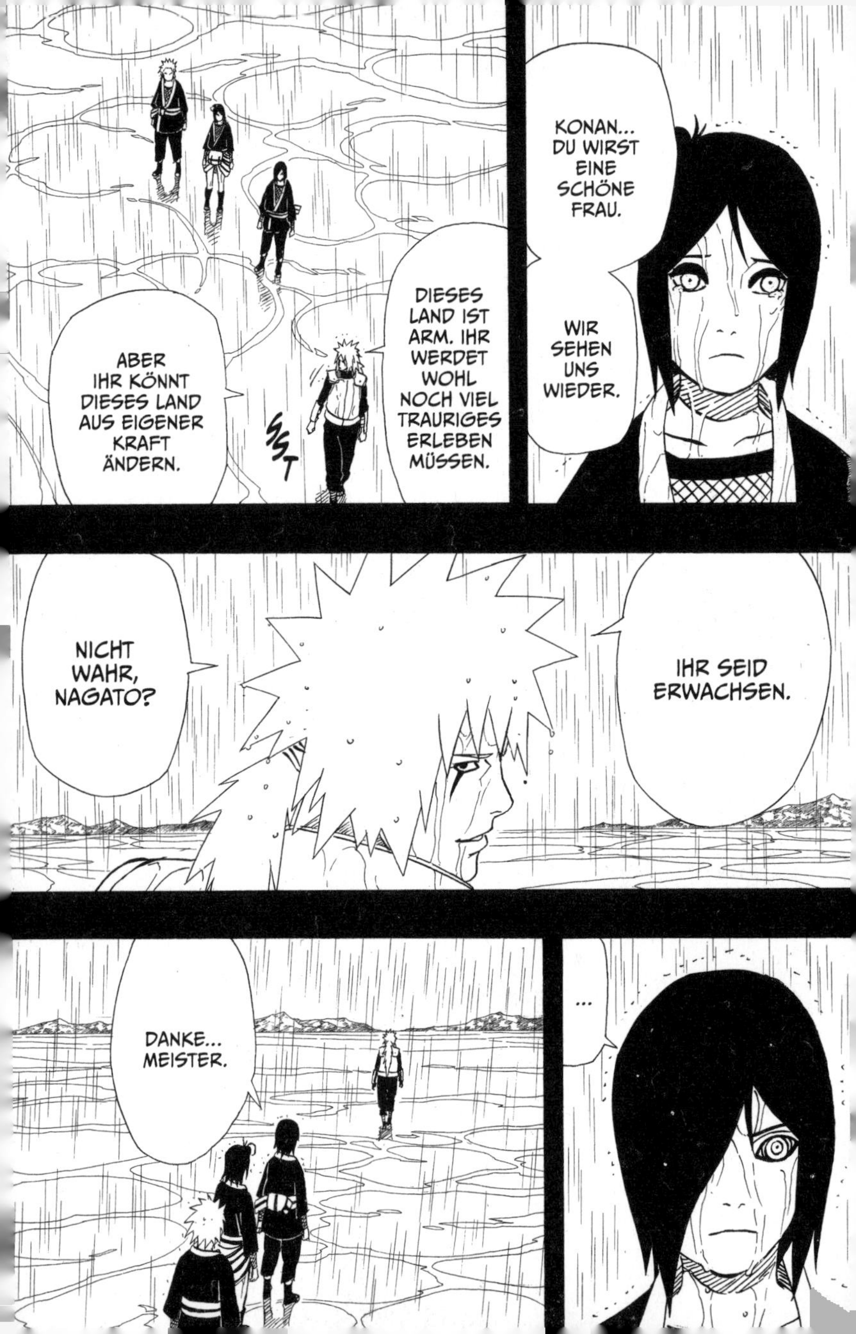
KONAN... DU WIRST EINE SCHÖNE FRAU.
WIR SEHEN UNS WIEDER.
DIESES LAND IST ARM. IHR WERDET WOHL NOCH VIEL TRAURIGES ERLEBEN MÜSSEN.
WST
ABER IHR KÖNNT DIESES LAND AUS EIGENER KRAFT ÄNDERN.
IHR SEID ERWACHSEN.
NICHT WAHR, NAGATO?
...
DANKE... MEISTER.

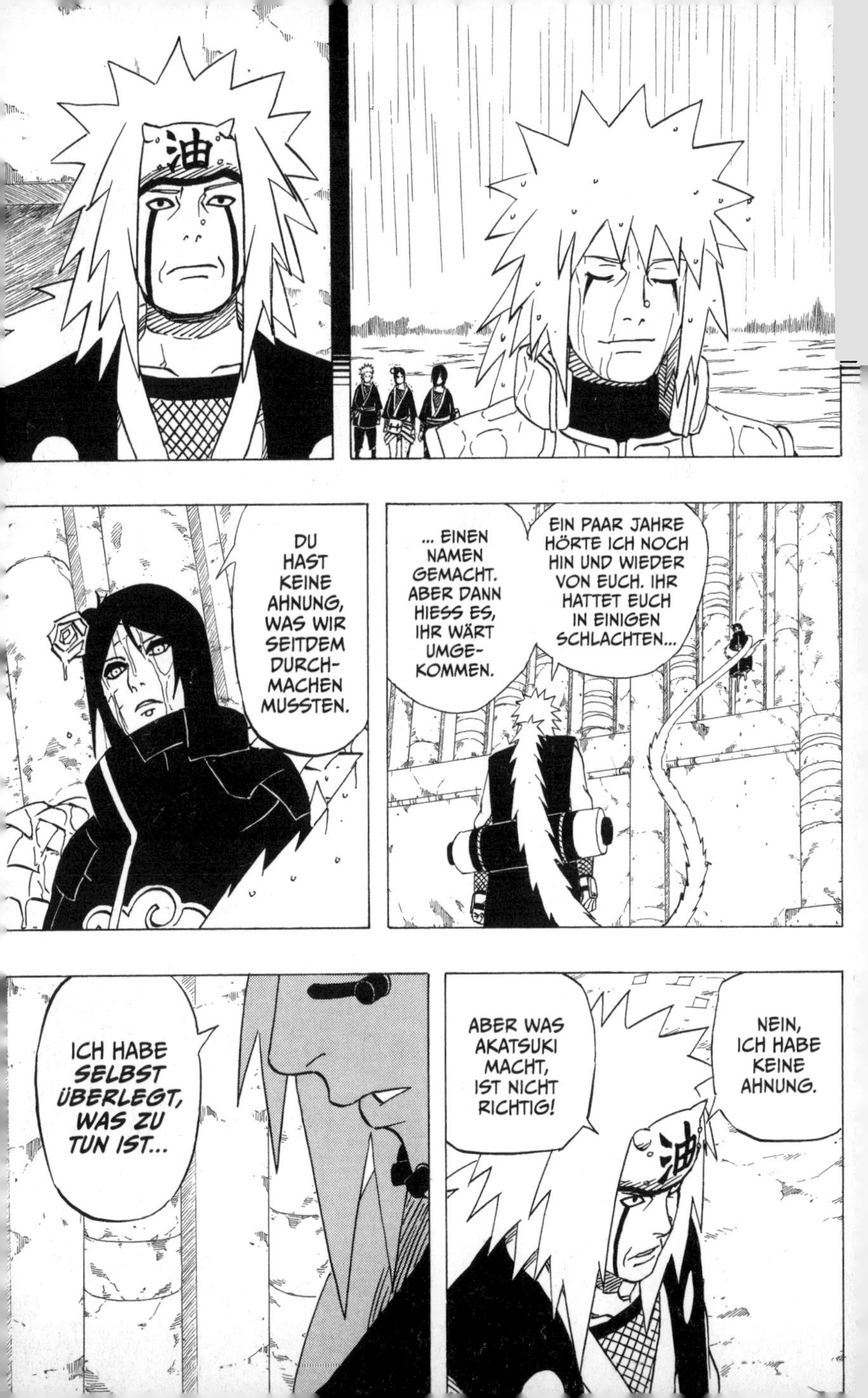
EIN PAAR JAHRE HÖRTE ICH NOCH HIN UND WIEDER VON EUCH. IHR HATTET EUCH IN EINIGEN SCHLACHTEN...
... EINEN NAMEN GEMACHT. ABER DANN HIESS ES, IHR WÄRT UMGEKOMMEN.
DU HAST KEINE AHNUNG, WAS WIR SEITDEM DURCHMACHEN MUSSTEN.
NEIN, ICH HABE KEINE AHNUNG.
ABER WAS AKATSUKI MACHT, IST NICHT RICHTIG!
ICH HABE *SELBST* ÜBERLEGT, WAS ZU TUN IST...

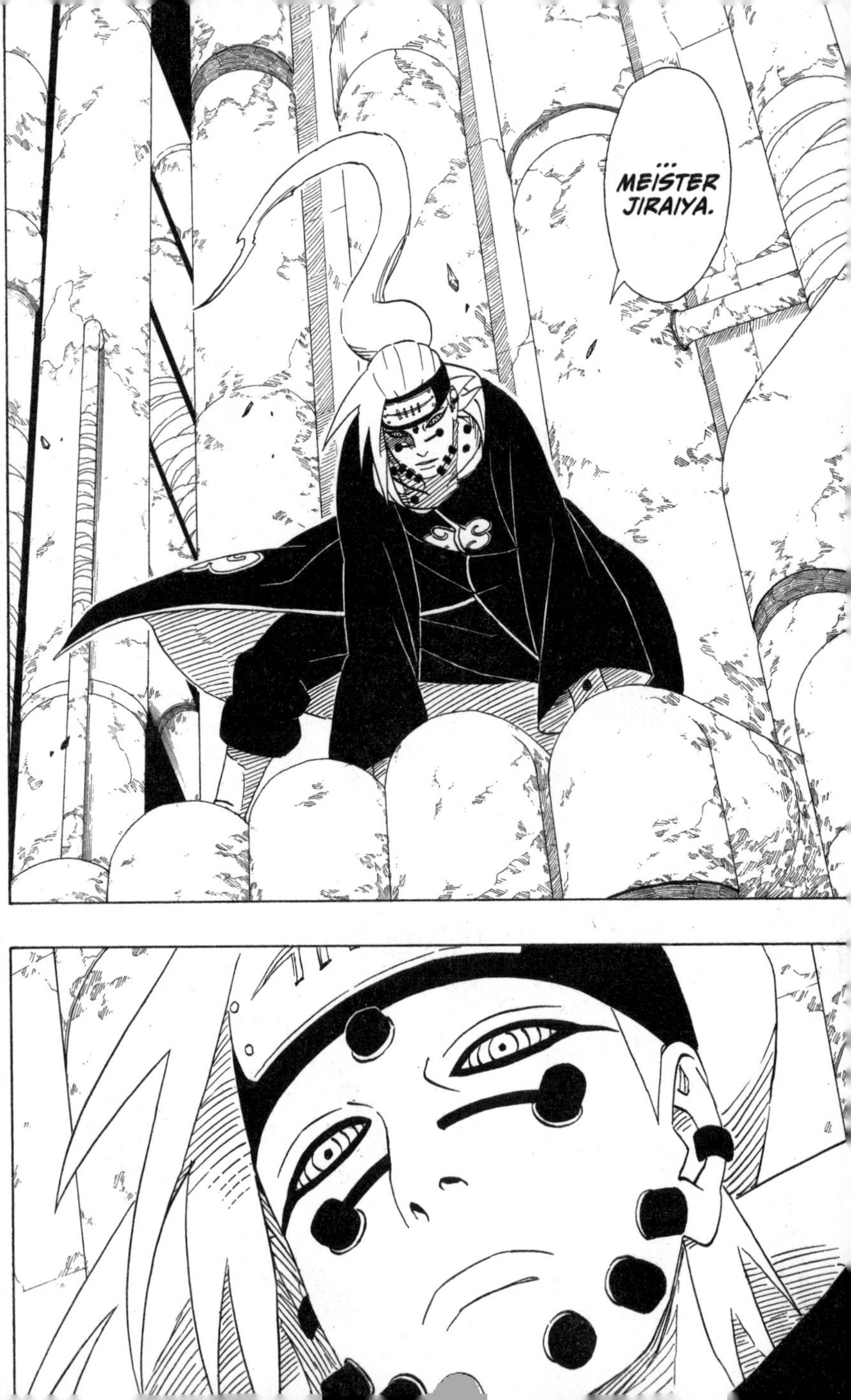
... MEISTER JIRAIYA.

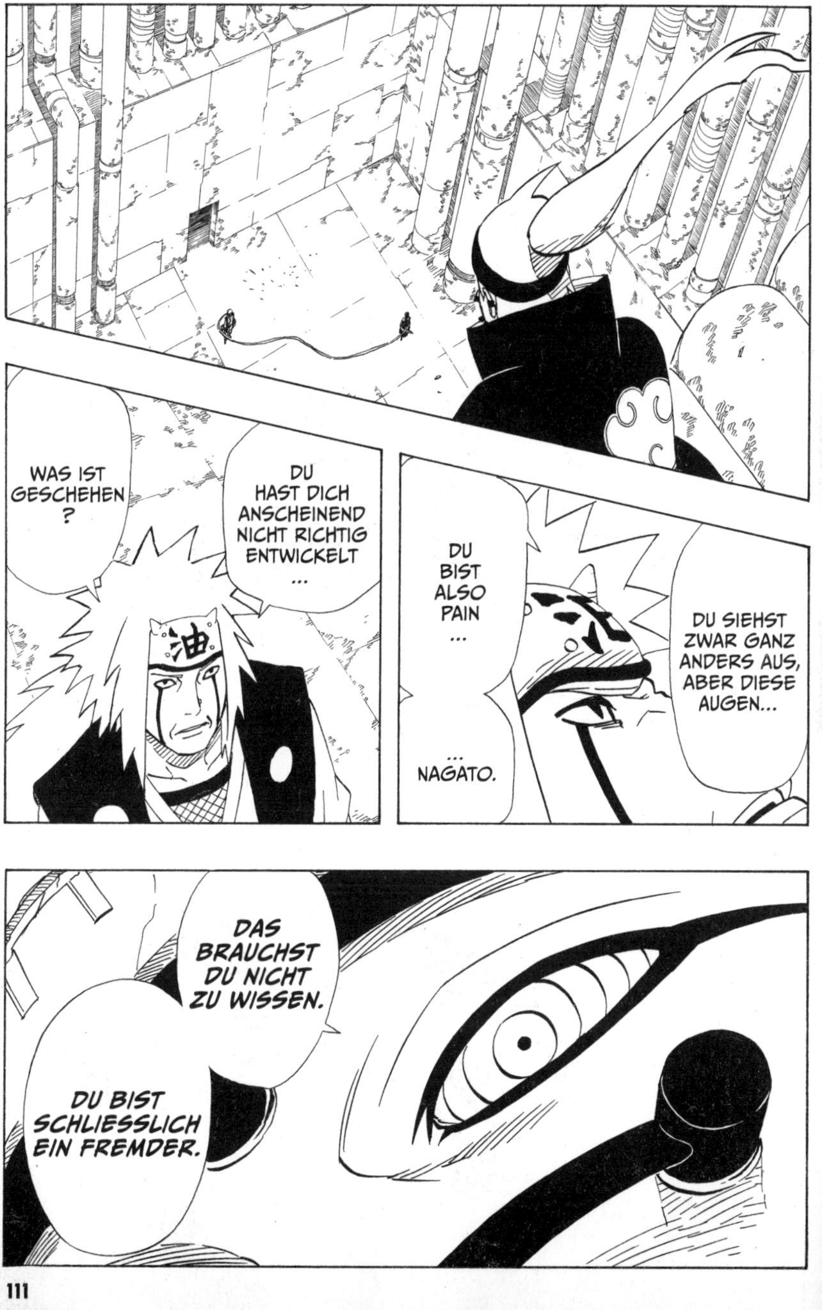

DU SIEHST ZWAR GANZ ANDERS AUS, ABER DIESE AUGEN...
DU BIST ALSO PAIN ...
... NAGATO.
DU HAST DICH ANSCHEINEND NICHT RICHTIG ENTWICKELT ...
WAS IST GESCHEHEN ?
DAS BRAUCHST DU NICHT ZU WISSEN.
DU BIST SCHLIESSLICH EIN FREMDER.

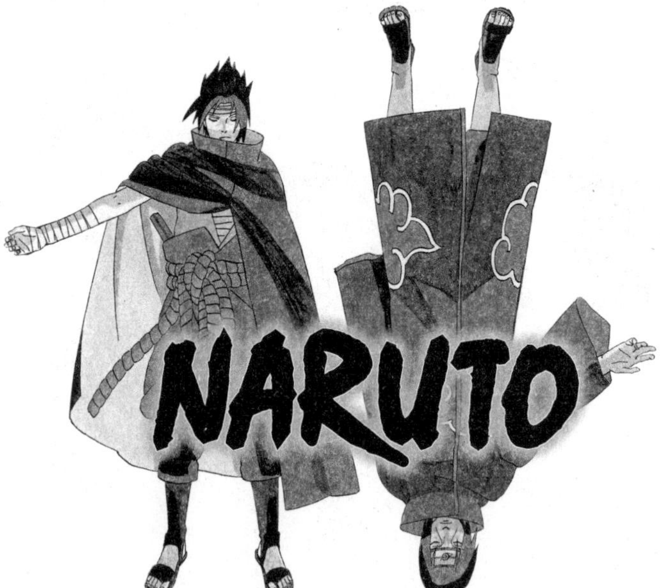
NARUTO

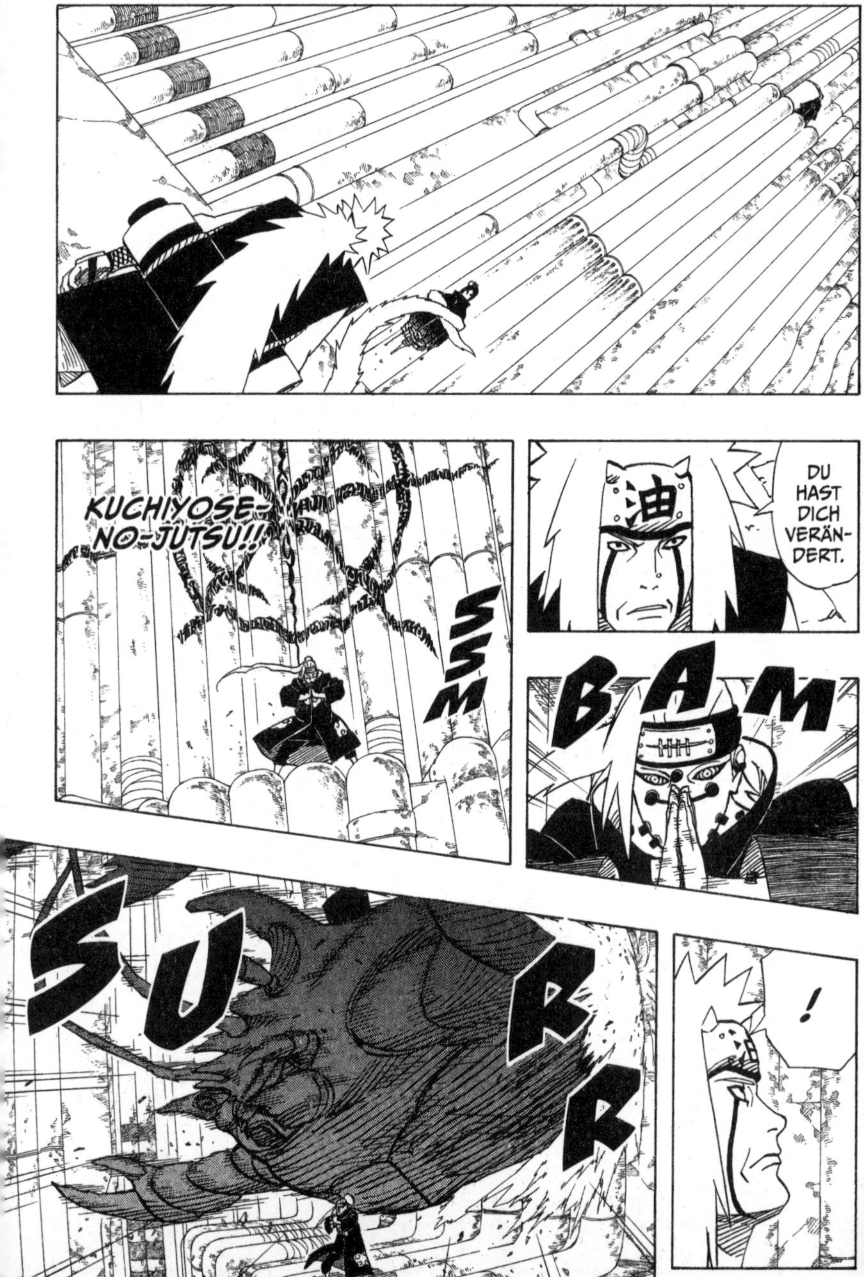
DU HAST DICH VERÄNDERT.
KUCHIYOSE-NO-JUTSU!!
SSM
BAM
!
SURR

374. Kapitel: Zu einem Gott

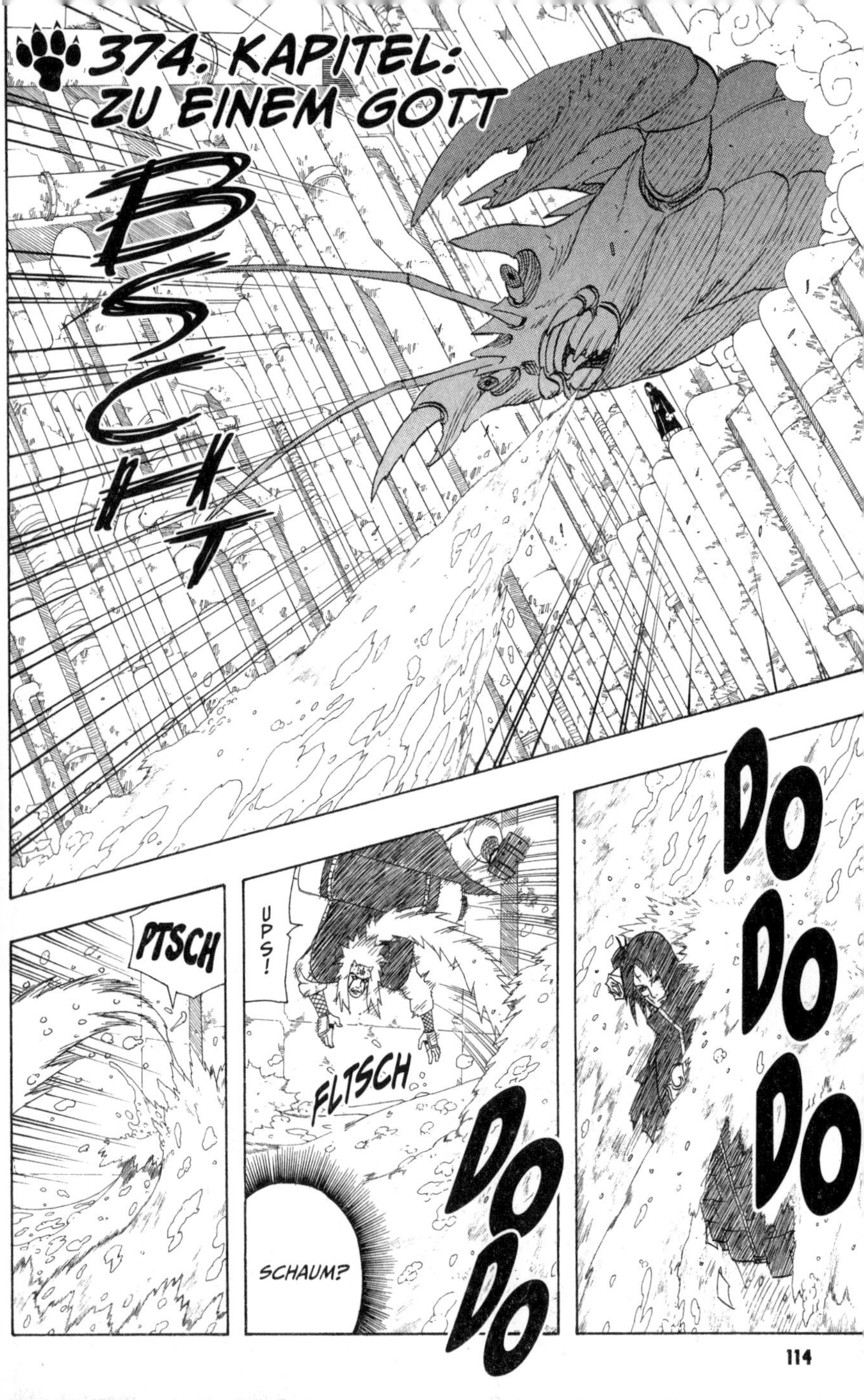

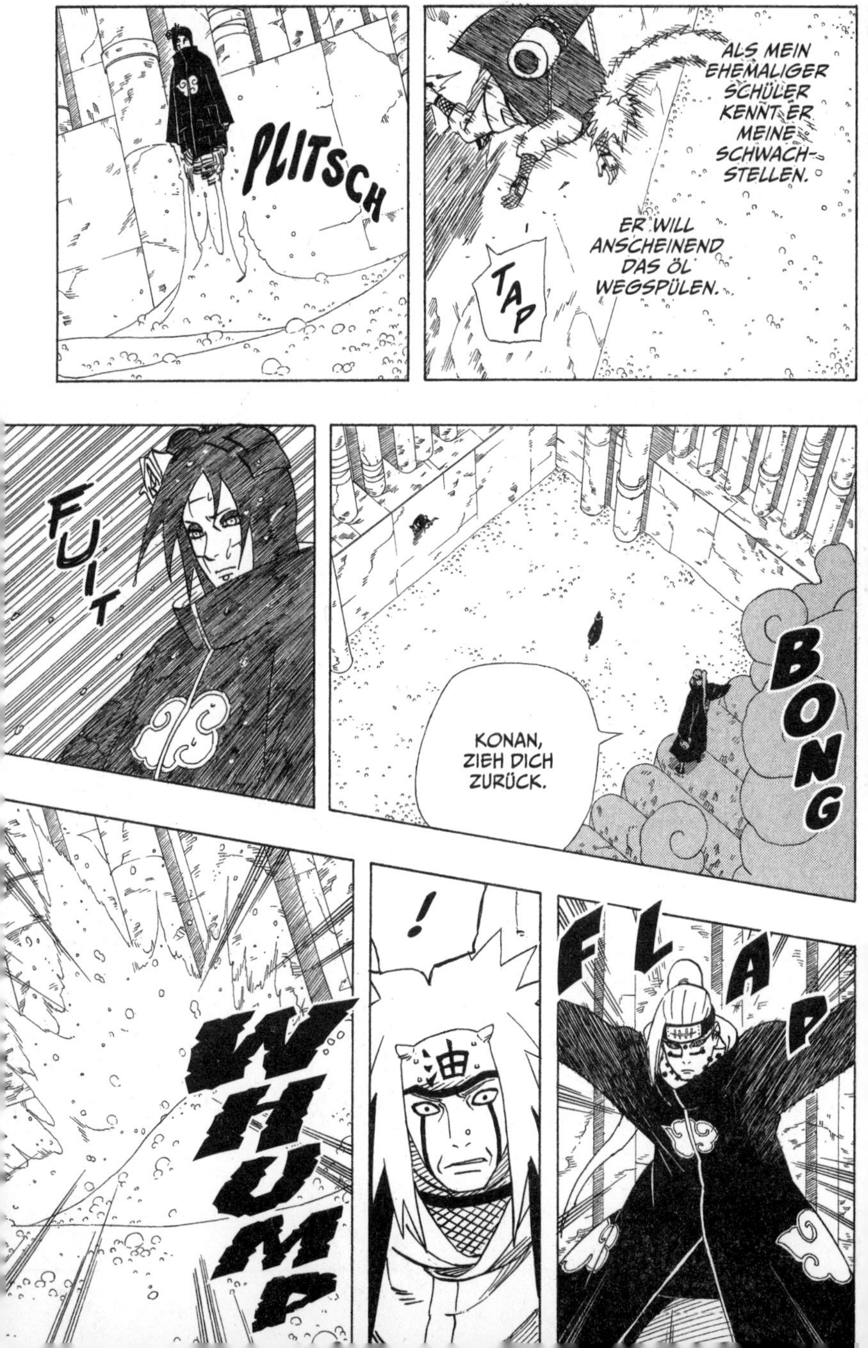
ALS MEIN EHEMALIGER SCHÜLER KENNT ER MEINE SCHWACH-STELLEN.
ER WILL ANSCHEINEND DAS ÖL WEGSPÜLEN.
TAP
PLITSCH
BONG
KONAN, ZIEH DICH ZURÜCK.
FUIT
FLAP
!
WHUMP

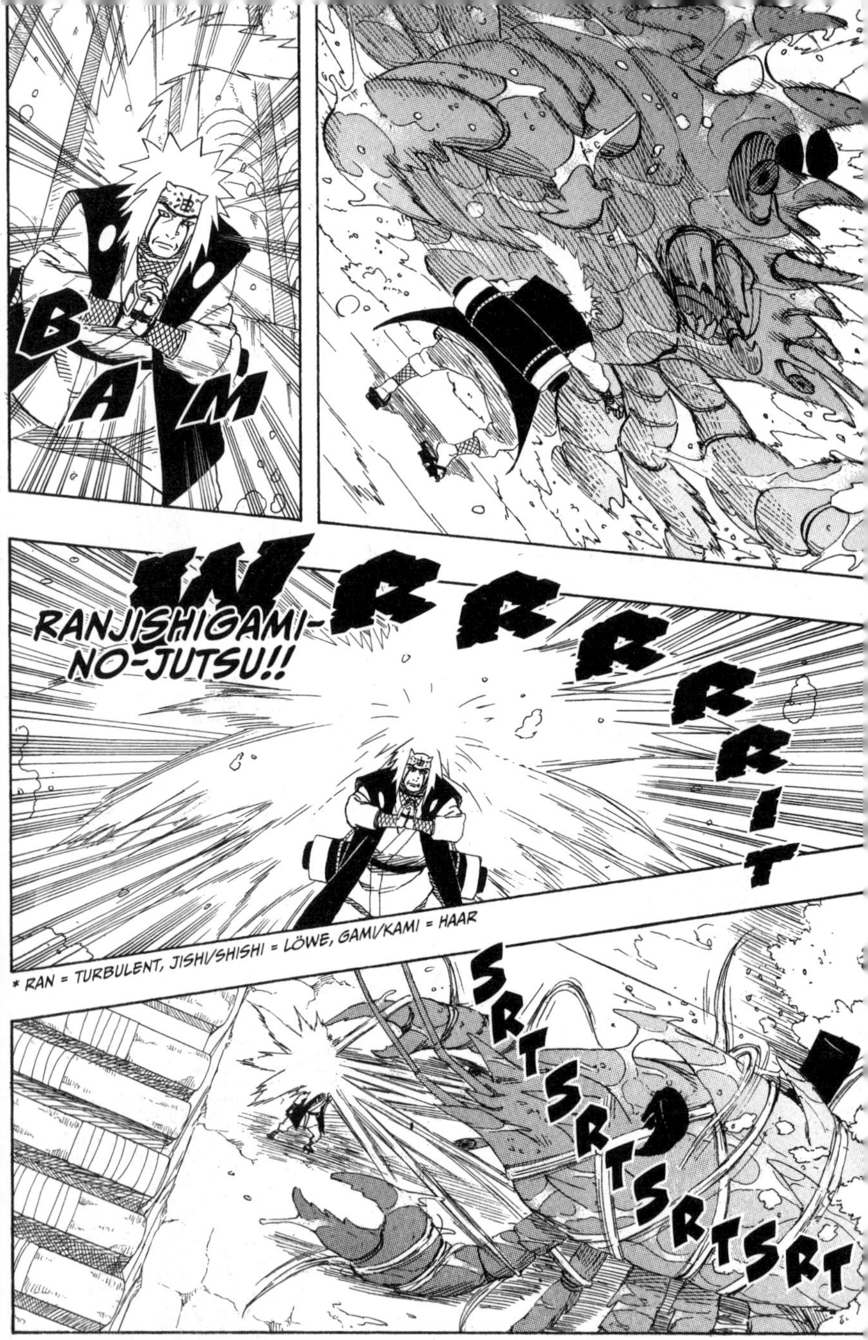

* RAN = TURBULENT, JISHI/SHISHI = LÖWE, GAMI/KAMI = HAAR

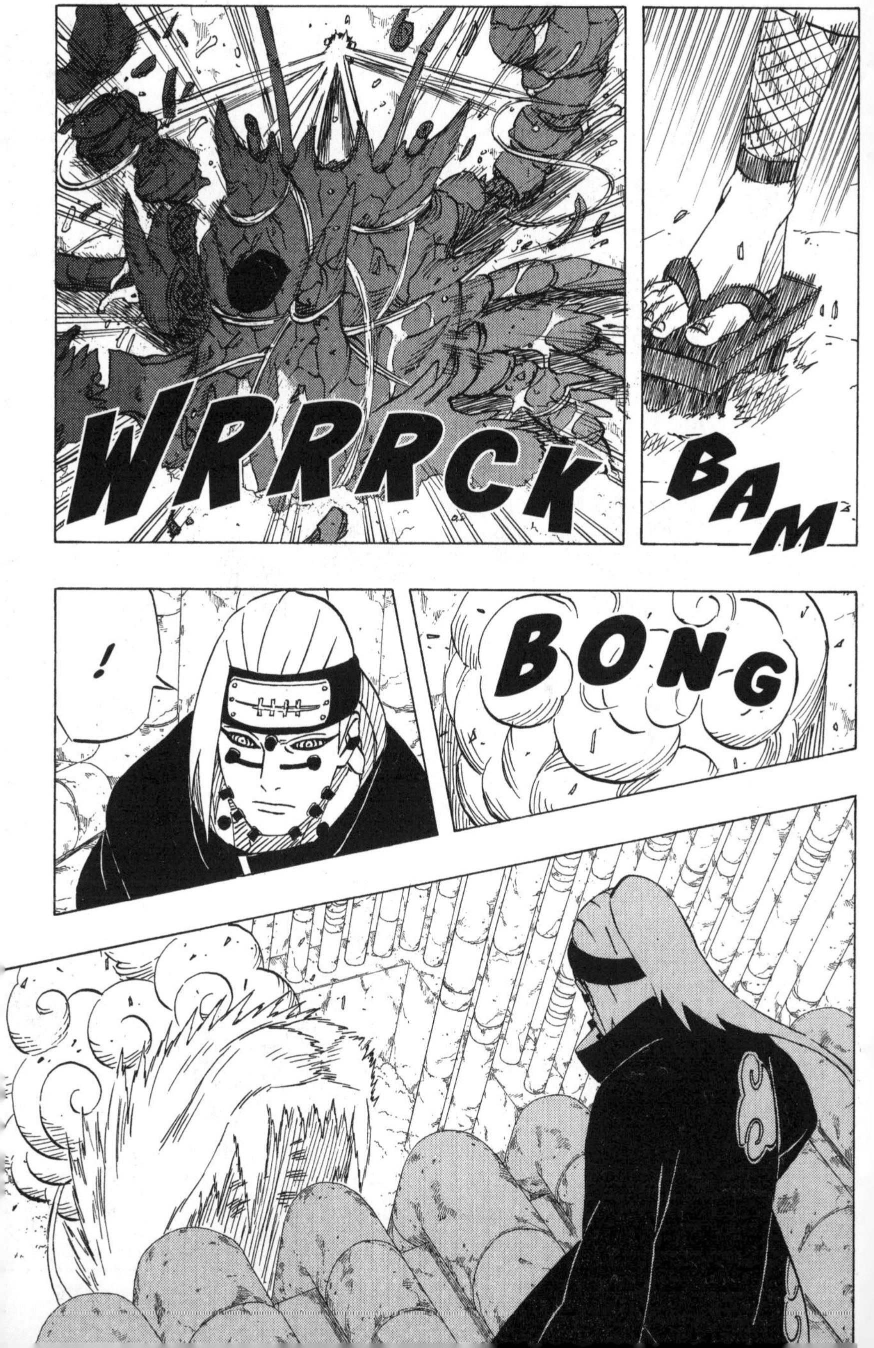
WRRRCK
BAM
BONG
!

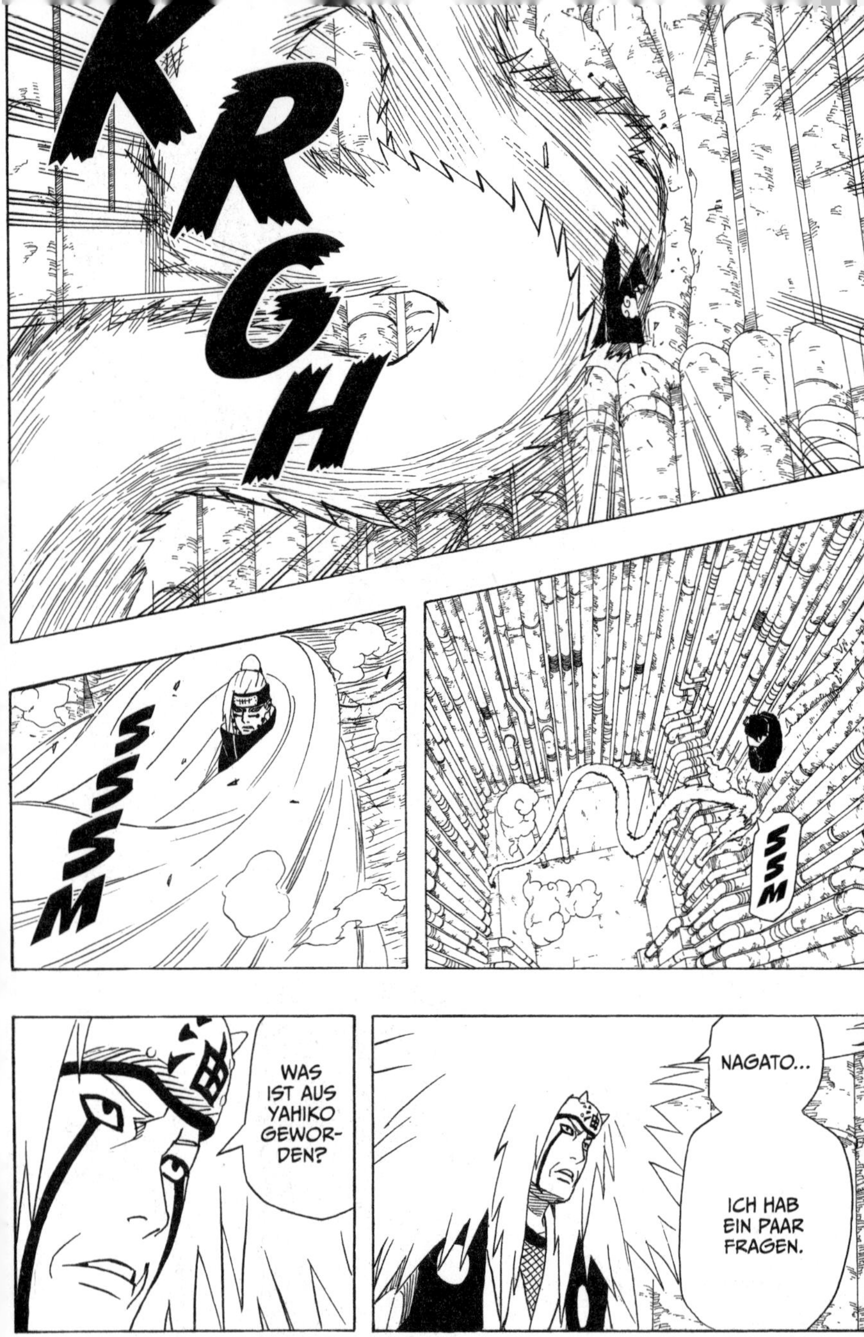
KRGH
SSSM
SSM
NAGATO...
ICH HAB EIN PAAR FRAGEN.
WAS IST AUS YAHIKO GEWORDEN?

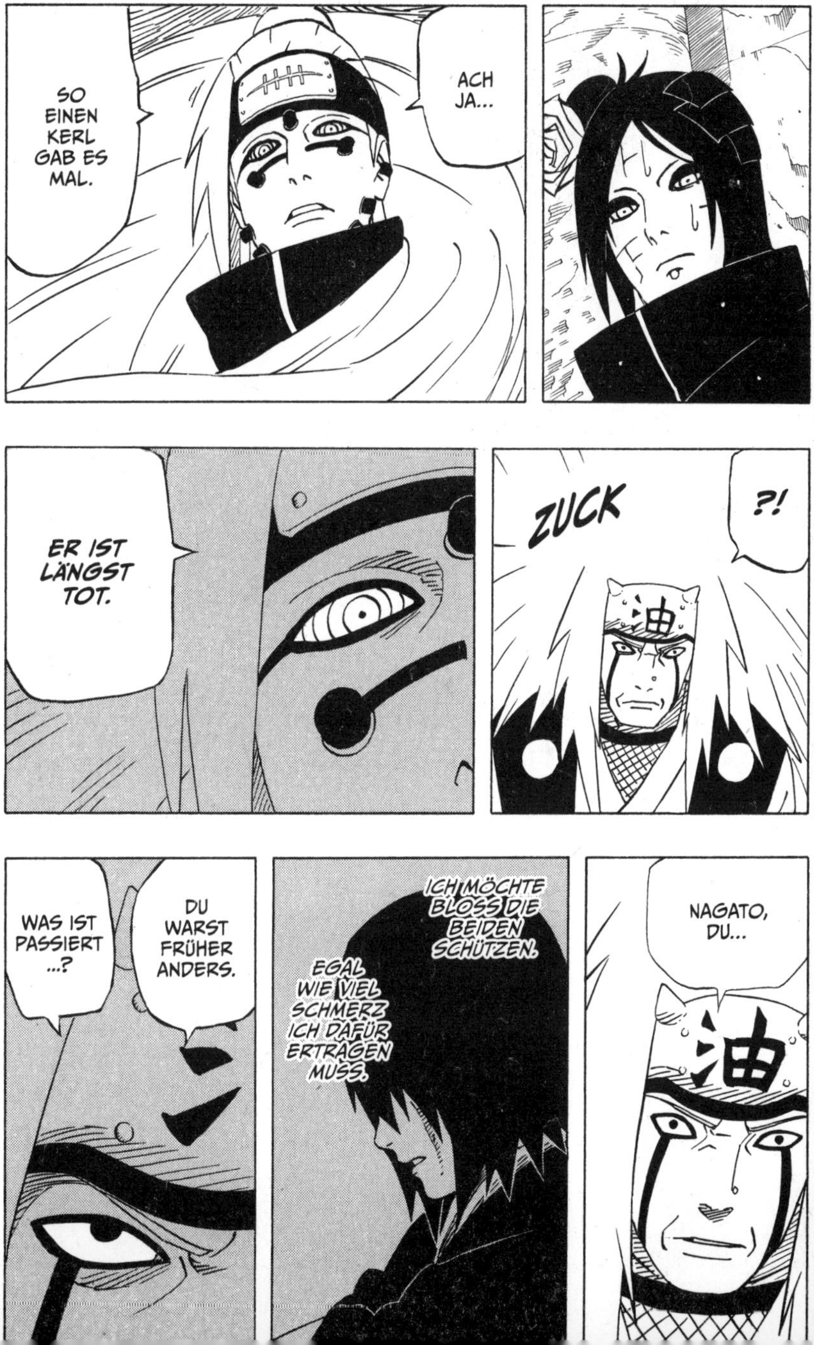
ACH JA...
SO EINEN KERL GAB ES MAL.
?!
ZUCK
ER IST LÄNGST TOT.
NAGATO, DU...
ICH MÖCHTE BLOSS DIE BEIDEN SCHÜTZEN.
EGAL WIE VIEL SCHMERZ ICH DAFÜR ERTRAGEN MUSS.
DU WARST FRÜHER ANDERS.
WAS IST PASSIERT ...?

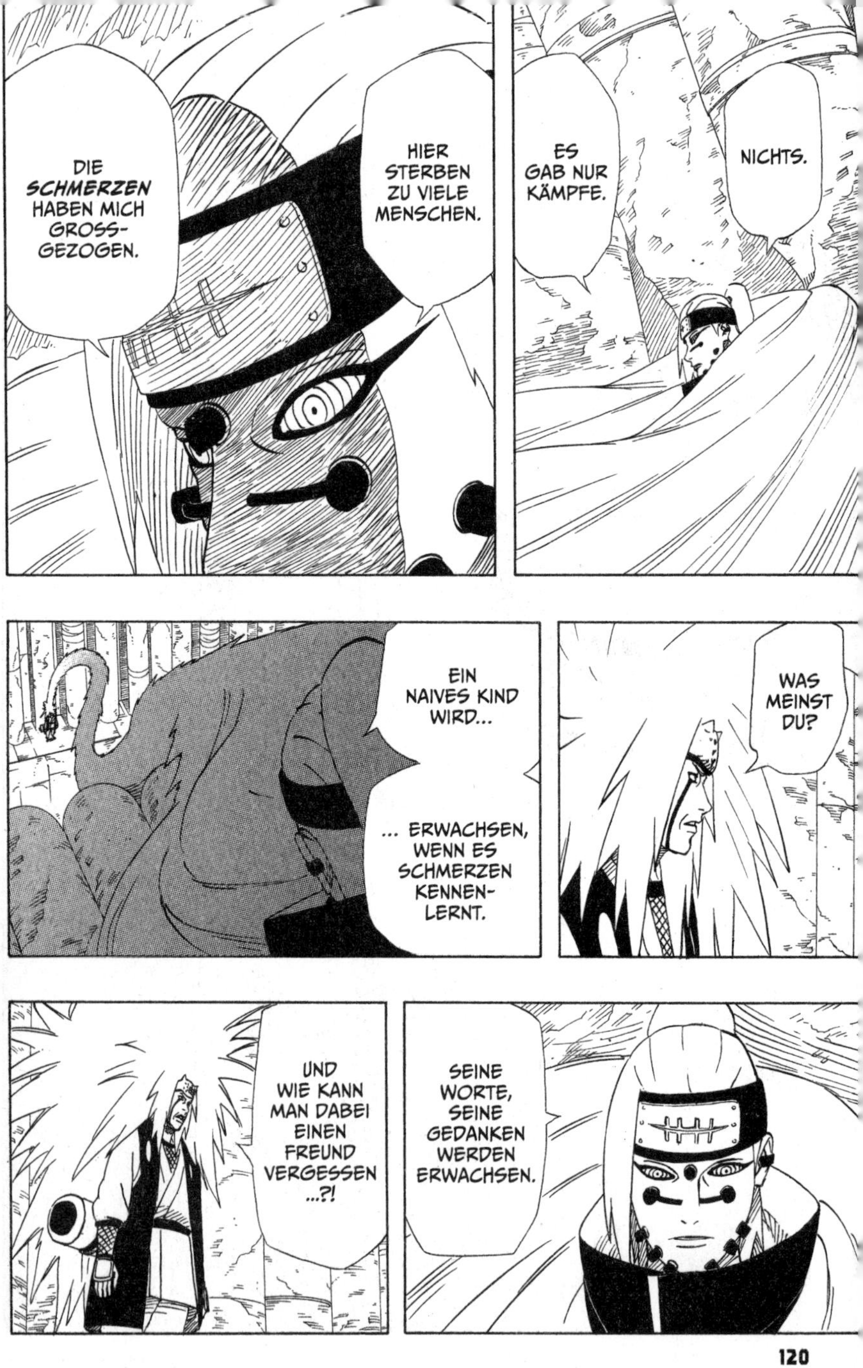
NICHTS.
ES GAB NUR KÄMPFE.
HIER STERBEN ZU VIELE MENSCHEN.
DIE SCHMERZEN HABEN MICH GROSS-GEZOGEN.
WAS MEINST DU?
EIN NAIVES KIND WIRD...
... ERWACHSEN, WENN ES SCHMERZEN KENNEN-LERNT.
SEINE WORTE, SEINE GEDANKEN WERDEN ERWACHSEN.
UND WIE KANN MAN DABEI EINEN FREUND VERGESSEN ...?!

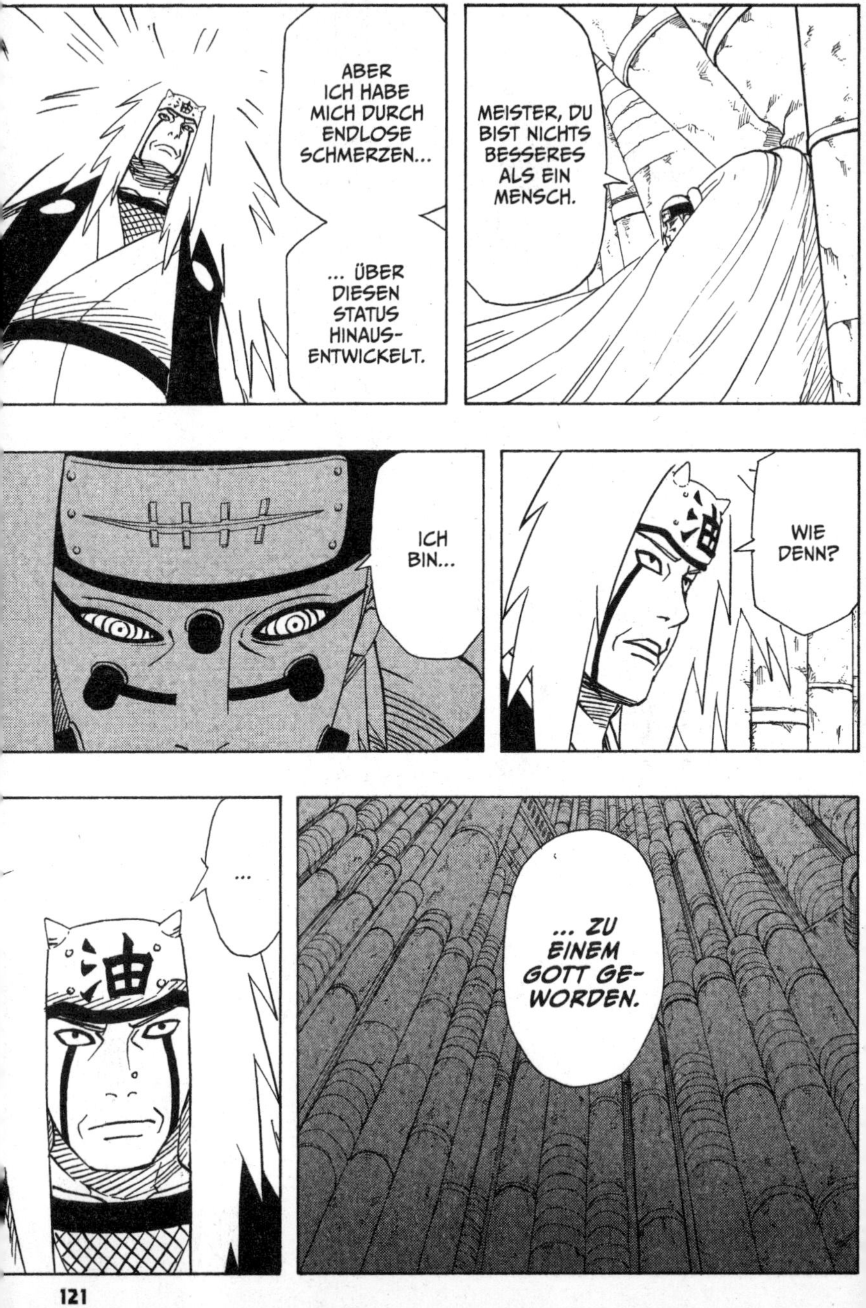
MEISTER, DU BIST NICHTS BESSERES ALS EIN MENSCH.
ABER ICH HABE MICH DURCH ENDLOSE SCHMERZEN...
... ÜBER DIESEN STATUS HINAUS-ENTWICKELT.
WIE DENN?
ICH BIN...
... ZU EINEM GOTT GE-WORDEN.
...

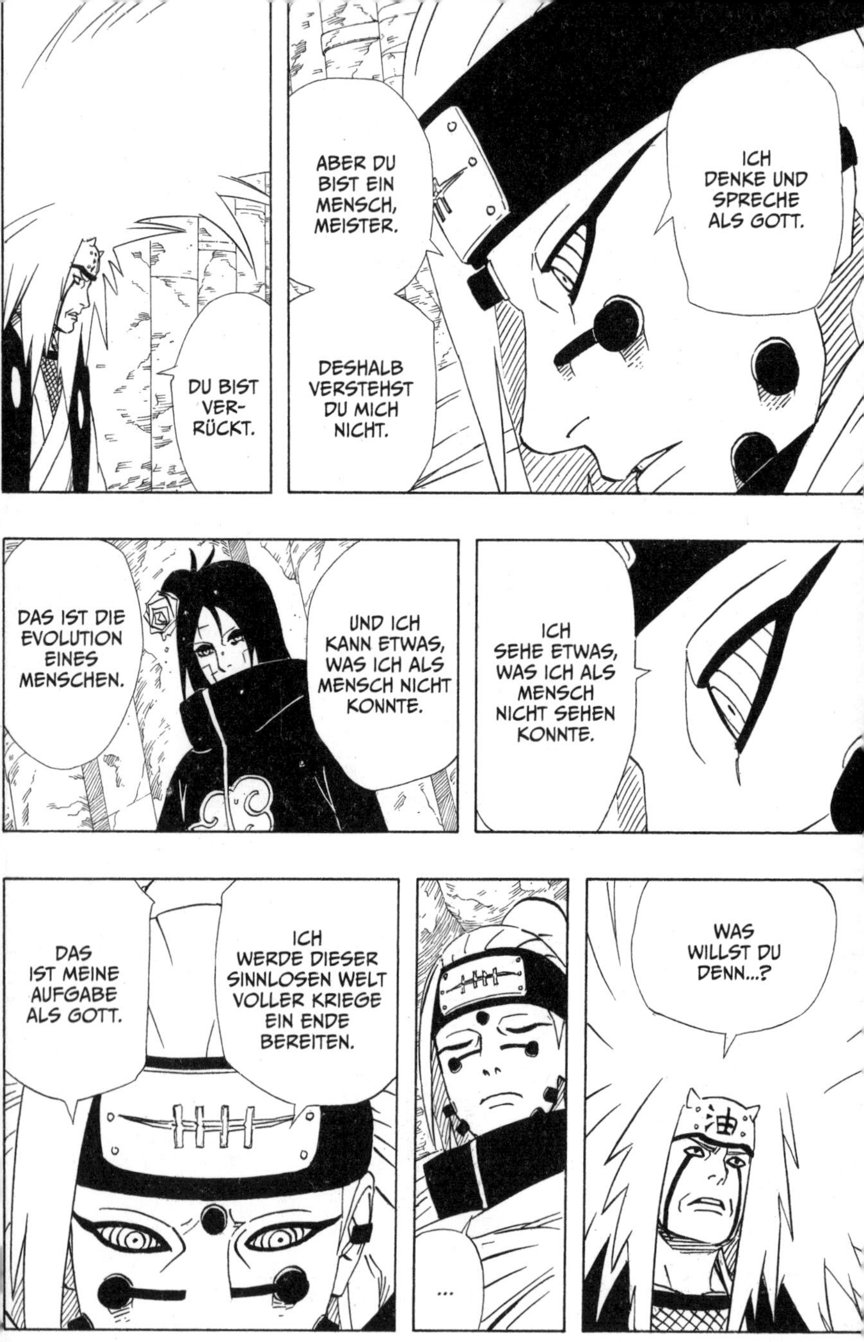
ICH DENKE UND SPRECHE ALS GOTT.
ABER DU BIST EIN MENSCH, MEISTER.
DESHALB VERSTEHST DU MICH NICHT.
DU BIST VER-RÜCKT.
ICH SEHE ETWAS, WAS ICH ALS MENSCH NICHT SEHEN KONNTE.
UND ICH KANN ETWAS, WAS ICH ALS MENSCH NICHT KONNTE.
DAS IST DIE EVOLUTION EINES MENSCHEN.
WAS WILLST DU DENN...?
...
ICH WERDE DIESER SINNLOSEN WELT VOLLER KRIEGE EIN ENDE BEREITEN.
DAS IST MEINE AUFGABE ALS GOTT.

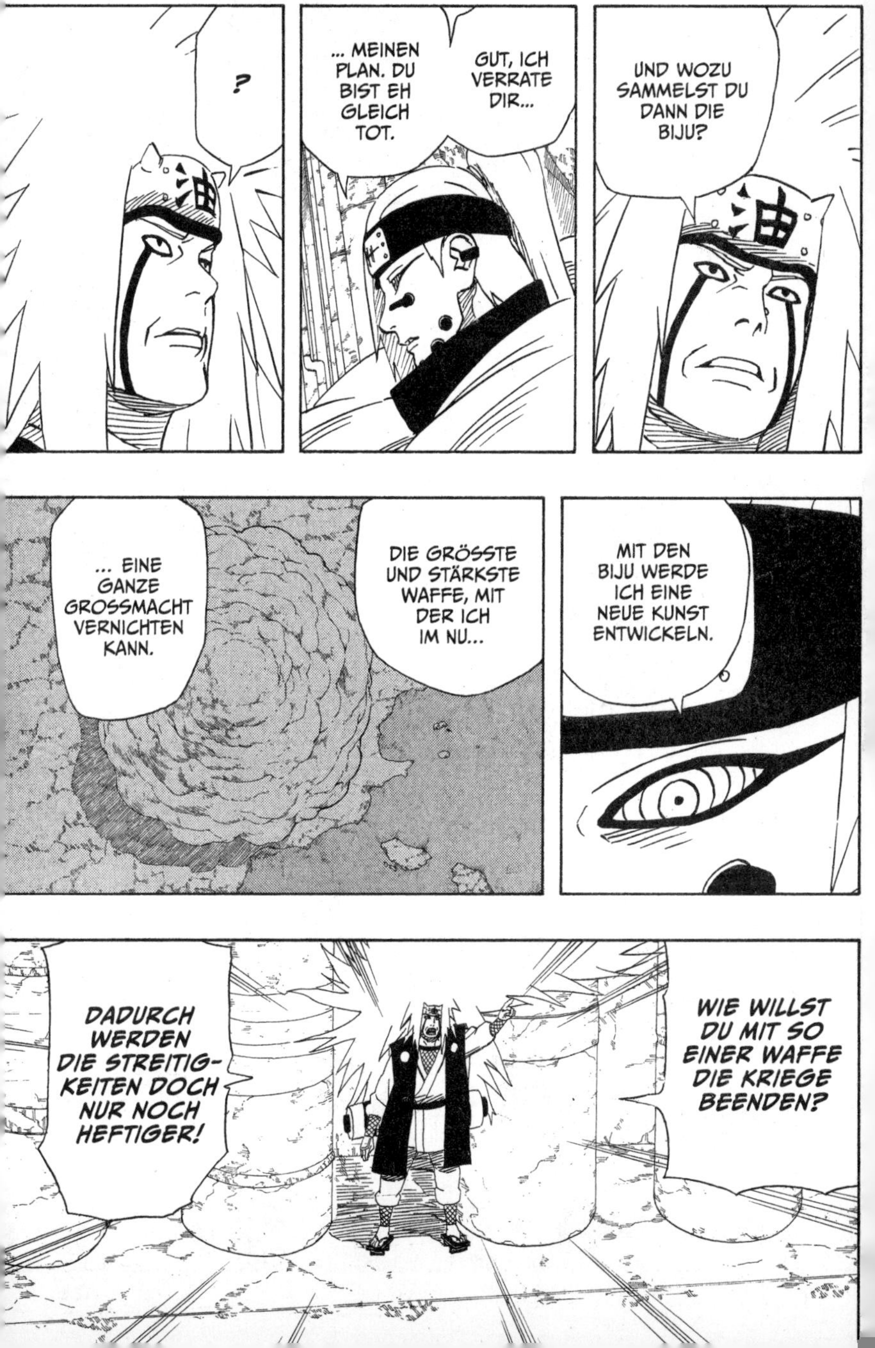
UND WOZU SAMMELST DU DANN DIE BIJU?
GUT, ICH VERRATE DIR...
... MEINEN PLAN. DU BIST EH GLEICH TOT.
?
MIT DEN BIJU WERDE ICH EINE NEUE KUNST ENTWICKELN.
DIE GRÖSSTE UND STÄRKSTE WAFFE, MIT DER ICH IM NU...
... EINE GANZE GROSSMACHT VERNICHTEN KANN.
WIE WILLST DU MIT SO EINER WAFFE DIE KRIEGE BEENDEN?
DADURCH WERDEN DIE STREITIG-KEITEN DOCH NUR NOCH HEFTIGER!

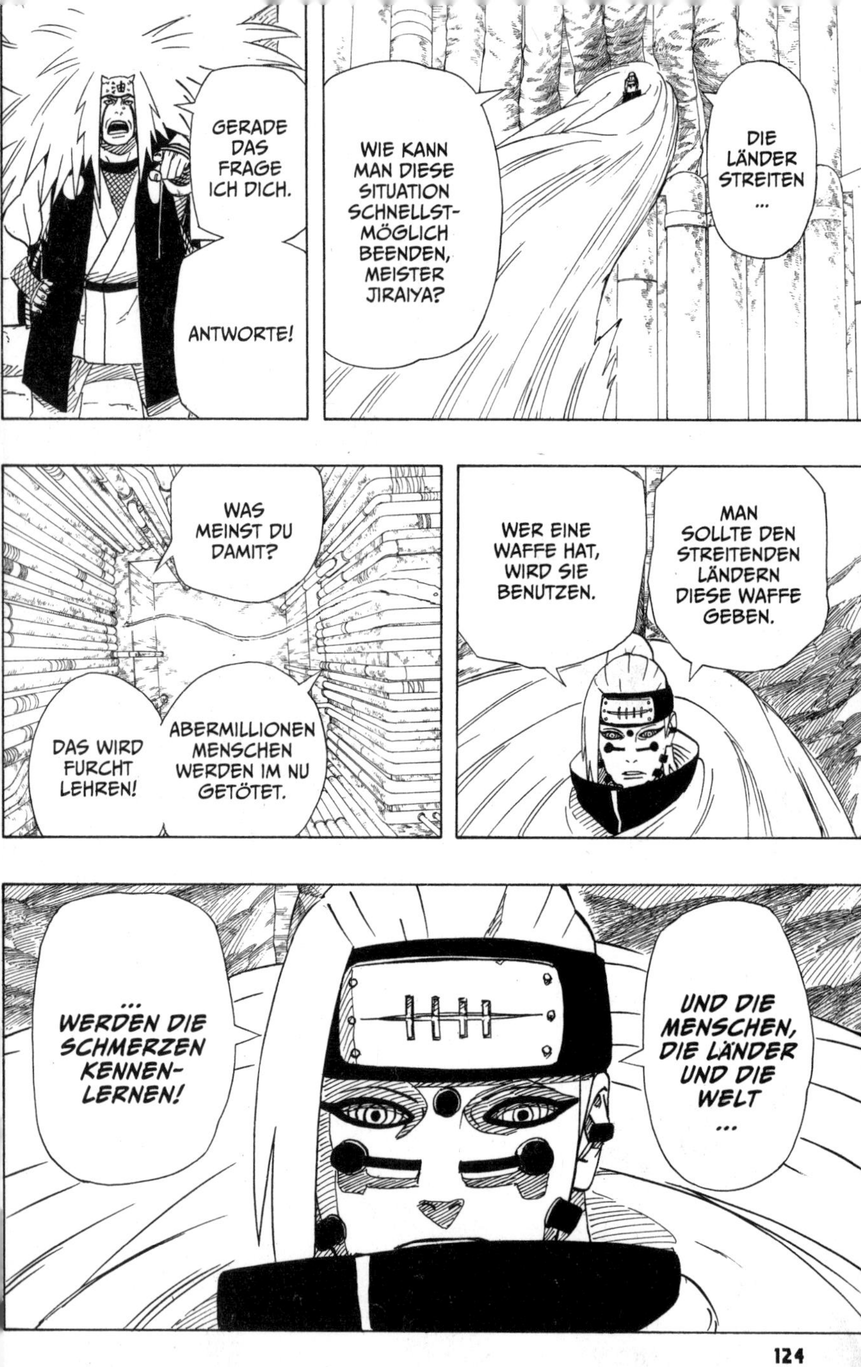
DIE LÄNDER STREITEN ...
WIE KANN MAN DIESE SITUATION SCHNELLSTMÖGLICH BEENDEN, MEISTER JIRAIYA?
GERADE DAS FRAGE ICH DICH.
ANTWORTE!
MAN SOLLTE DEN STREITENDEN LÄNDERN DIESE WAFFE GEBEN.
WER EINE WAFFE HAT, WIRD SIE BENUTZEN.
WAS MEINST DU DAMIT?
ABERMILLIONEN MENSCHEN WERDEN IM NU GETÖTET.
DAS WIRD FURCHT LEHREN!
UND DIE MENSCHEN, DIE LÄNDER UND DIE WELT ...
... WERDEN DIE SCHMERZEN KENNEN-LERNEN!

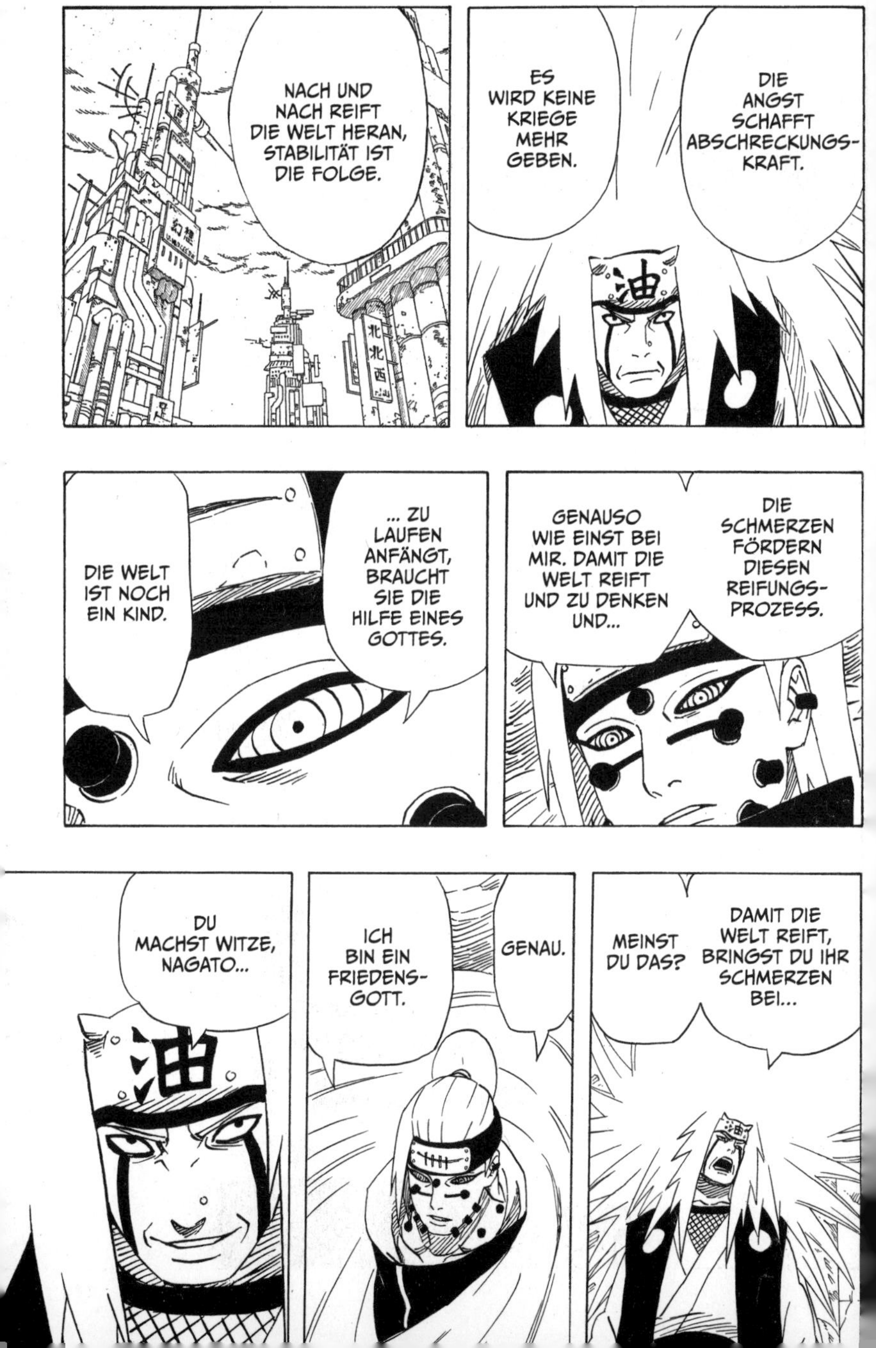
DIE ANGST SCHAFFT ABSCHRECKUNGS-KRAFT.
ES WIRD KEINE KRIEGE MEHR GEBEN.
NACH UND NACH REIFT DIE WELT HERAN, STABILITÄT IST DIE FOLGE.
DIE SCHMERZEN FÖRDERN DIESEN REIFUNGS-PROZESS.
GENAUSO WIE EINST BEI MIR. DAMIT DIE WELT REIFT UND ZU DENKEN UND...
... ZU LAUFEN ANFÄNGT, BRAUCHT SIE DIE HILFE EINES GOTTES.
DIE WELT IST NOCH EIN KIND.
DAMIT DIE WELT REIFT, BRINGST DU IHR SCHMERZEN BEI...
MEINST DU DAS?
GENAU.
ICH BIN EIN FRIEDENS-GOTT.
DU MACHST WITZE, NAGATO...

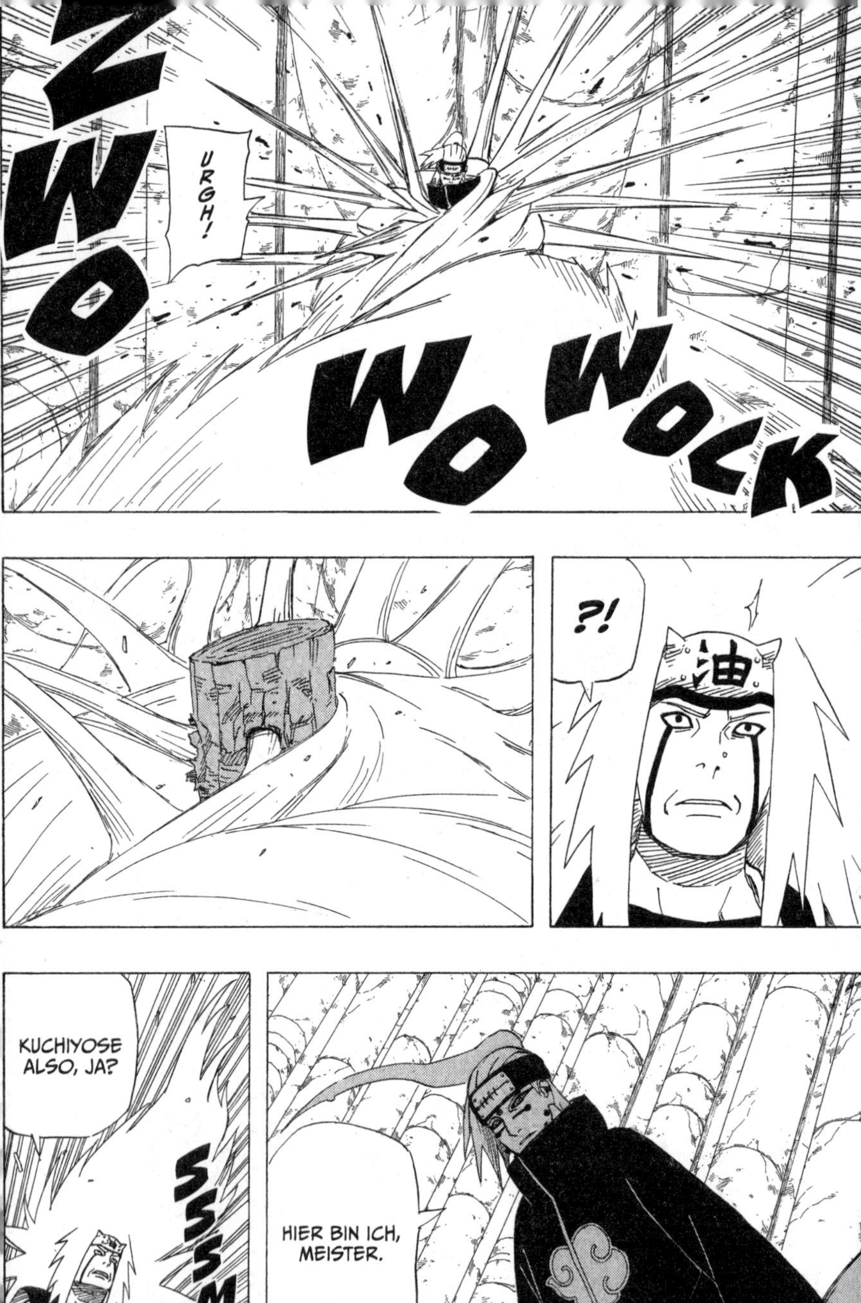
URGH!
ZWO
WO WO WOCK
?!
KUCHIYOSE ALSO, JA?
SSSM
HIER BIN ICH, MEISTER.

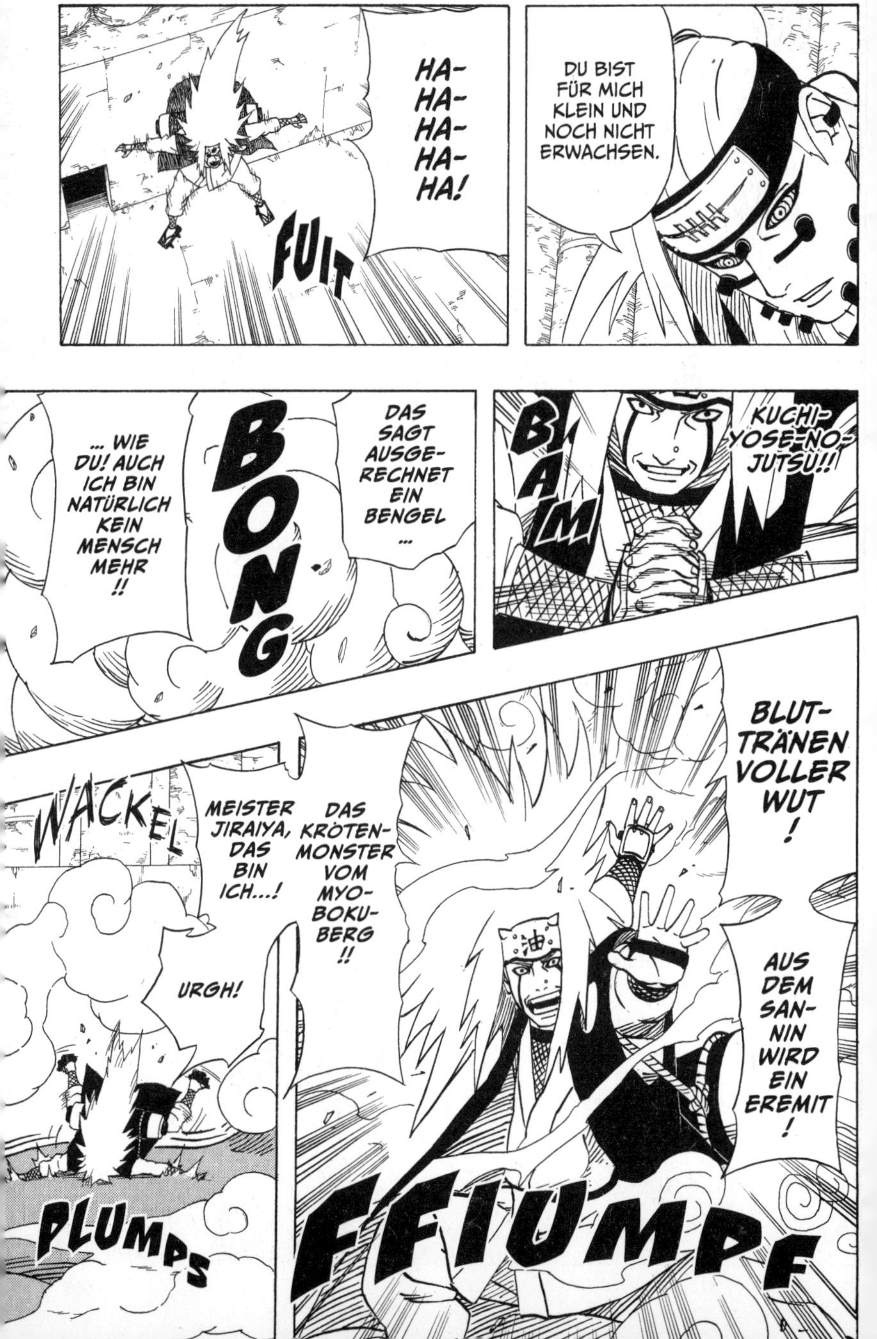
HA-HA-HA-HA-HA!
FUIT
DU BIST FÜR MICH KLEIN UND NOCH NICHT ERWACHSEN.
KUCHI-YOSE-NO-JUTSU!!
BAM
DAS SAGT AUSGERECHNET EIN BENGEL ...
BONG
... WIE DU! AUCH ICH BIN NATÜRLICH KEIN MENSCH MEHR!!
BLUT-TRÄNEN VOLLER WUT!
AUS DEM SAN-NIN WIRD EIN EREMIT!
DAS KRÖTEN-MONSTER VOM MYO-BOKU-BERG!!
MEISTER JIRAIYA, DAS BIN ICH...!
WACKEL
URGH!
PLUMPS
FFIUMPF

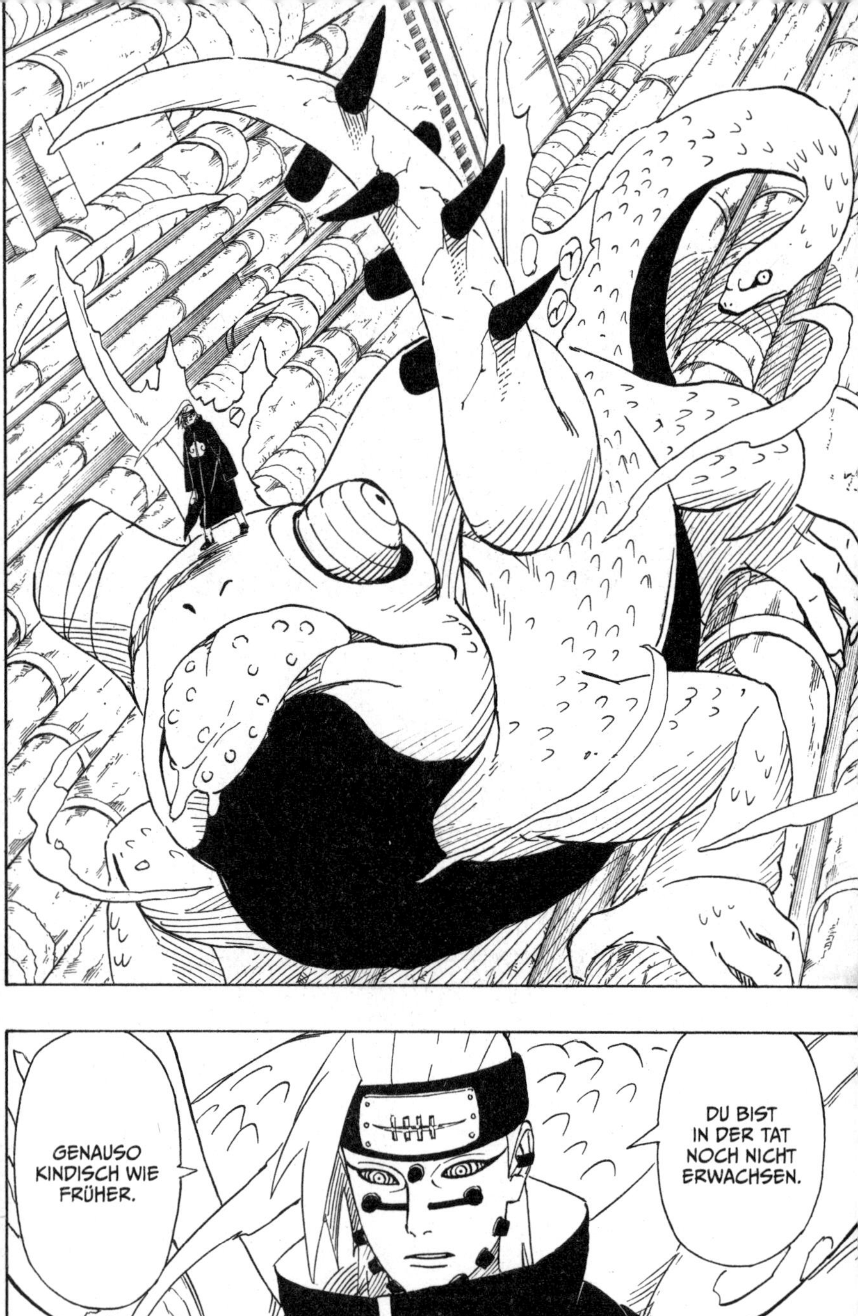
DU BIST IN DER TAT NOCH NICHT ERWACHSEN.
GENAUSO KINDISCH WIE FRÜHER.

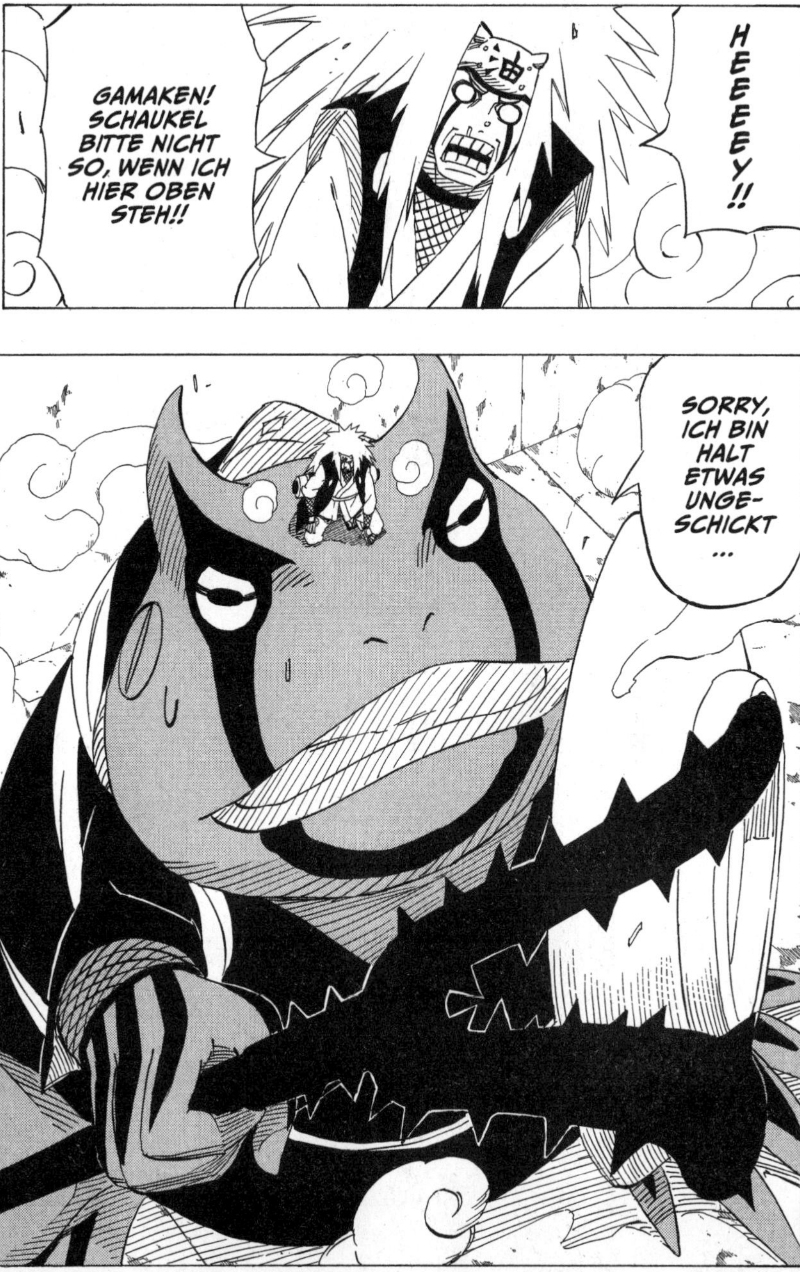
HEEEEEY!!
GAMAKEN! SCHAUKEL BITTE NICHT SO, WENN ICH HIER OBEN STEH!!
SORRY, ICH BIN HALT ETWAS UNGE-SCHICKT ...

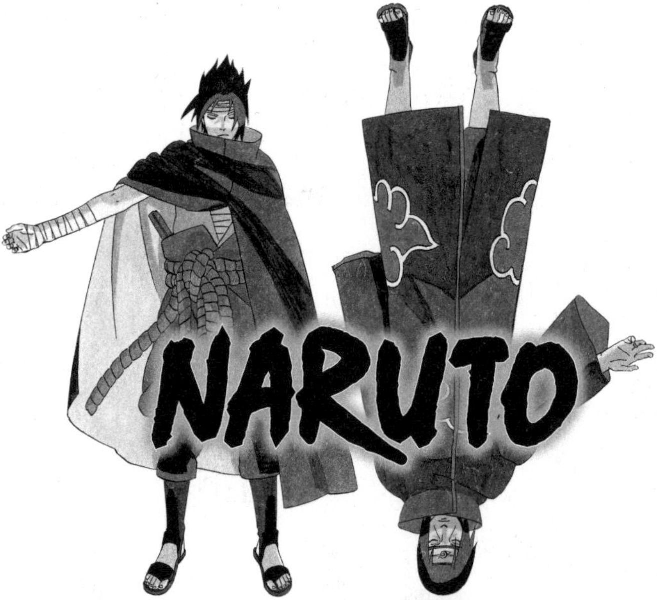
NARUTO

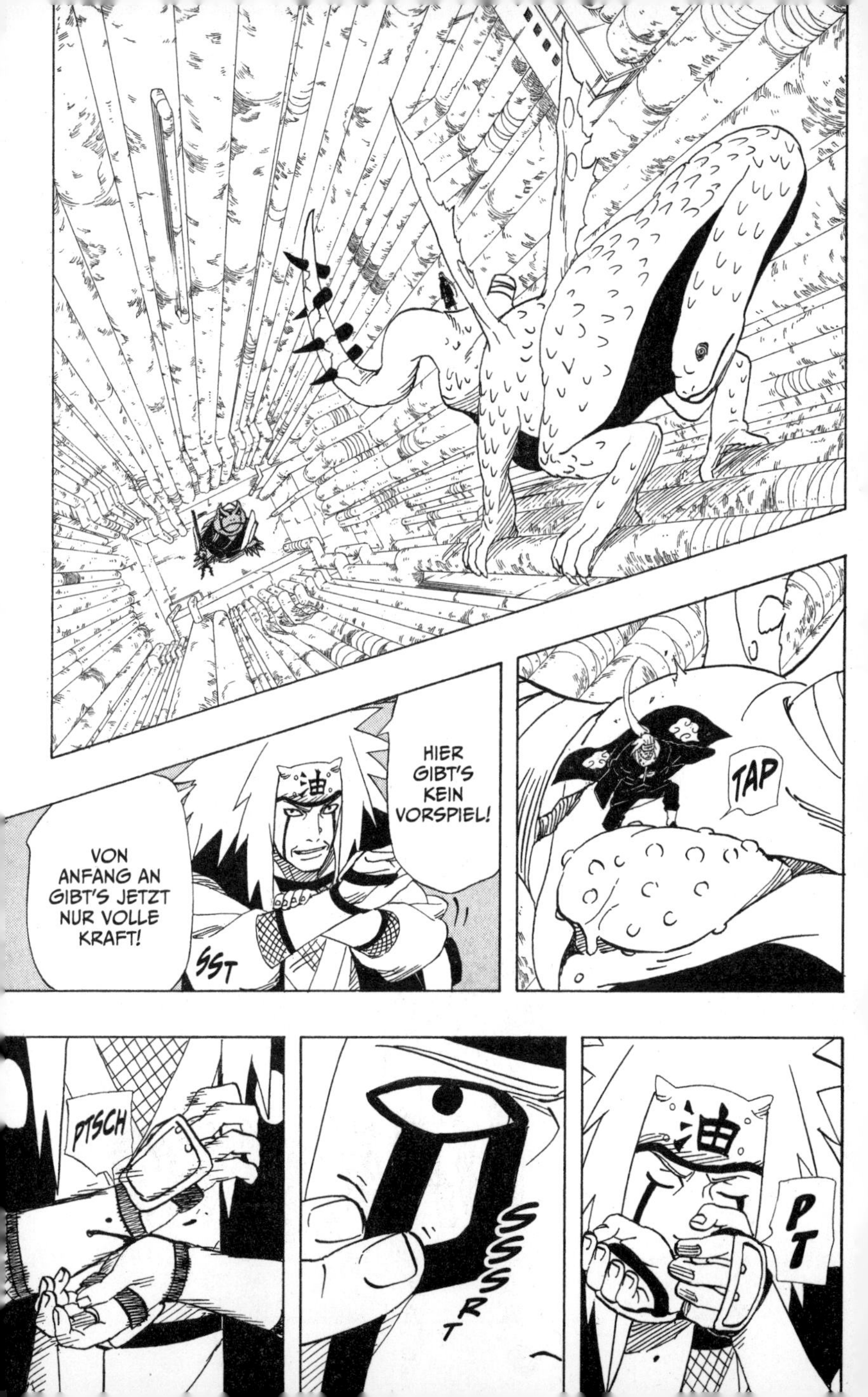

TAP
HIER GIBT'S KEIN VORSPIEL!
VON ANFANG AN GIBT'S JETZT NUR VOLLE KRAFT!
SST
PT
SSSSRT
PTSCH

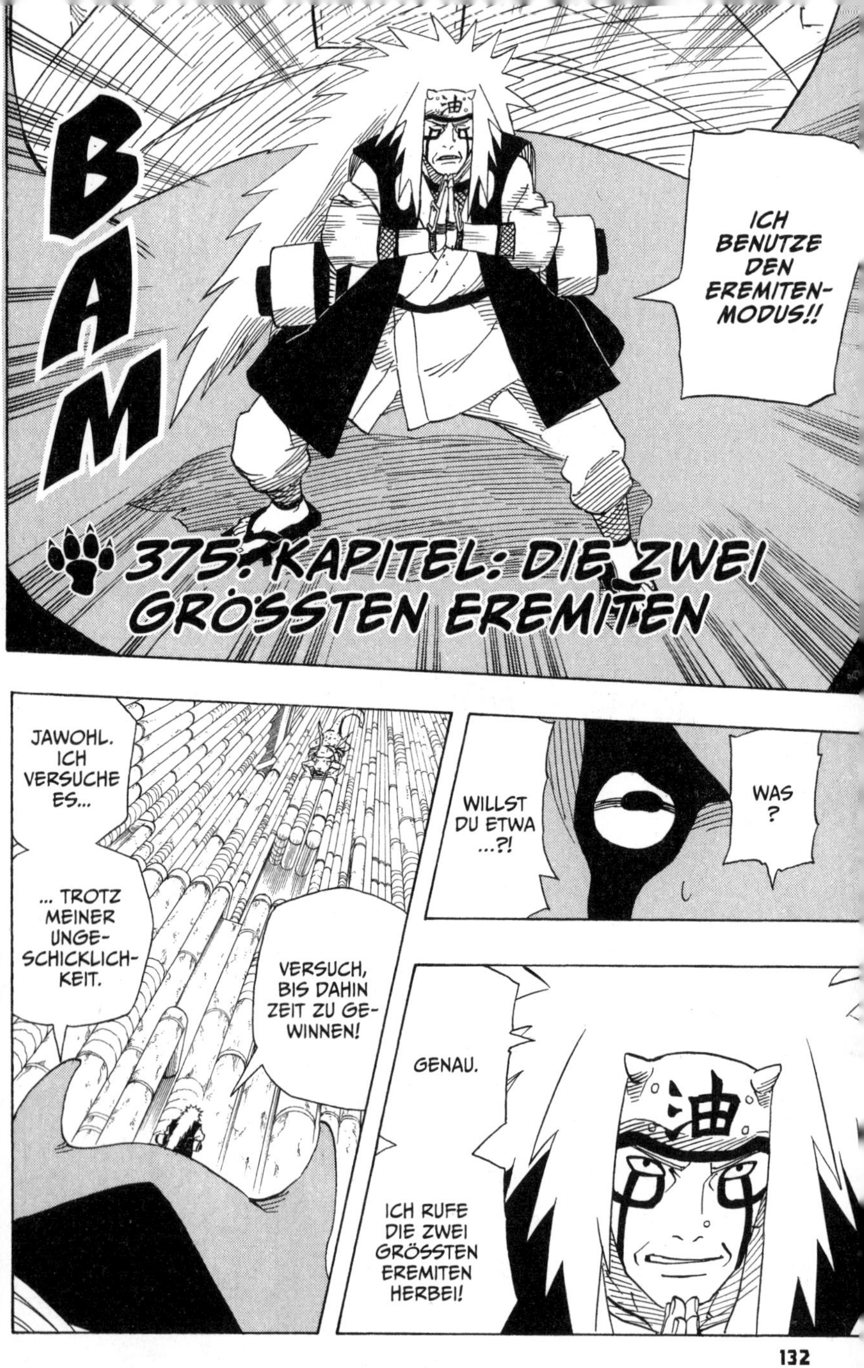
BAM
ICH BENUTZE DEN EREMITEN-MODUS!!
375. KAPITEL: DIE ZWEI GRÖSSTEN EREMITEN
WAS?
WILLST DU ETWA ...?!
GENAU.
ICH RUFE DIE ZWEI GRÖSSTEN EREMITEN HERBEI!
VERSUCH, BIS DAHIN ZEIT ZU GE-WINNEN!
JAWOHL. ICH VERSUCHE ES...
... TROTZ MEINER UNGE-SCHICKLICH-KEIT.

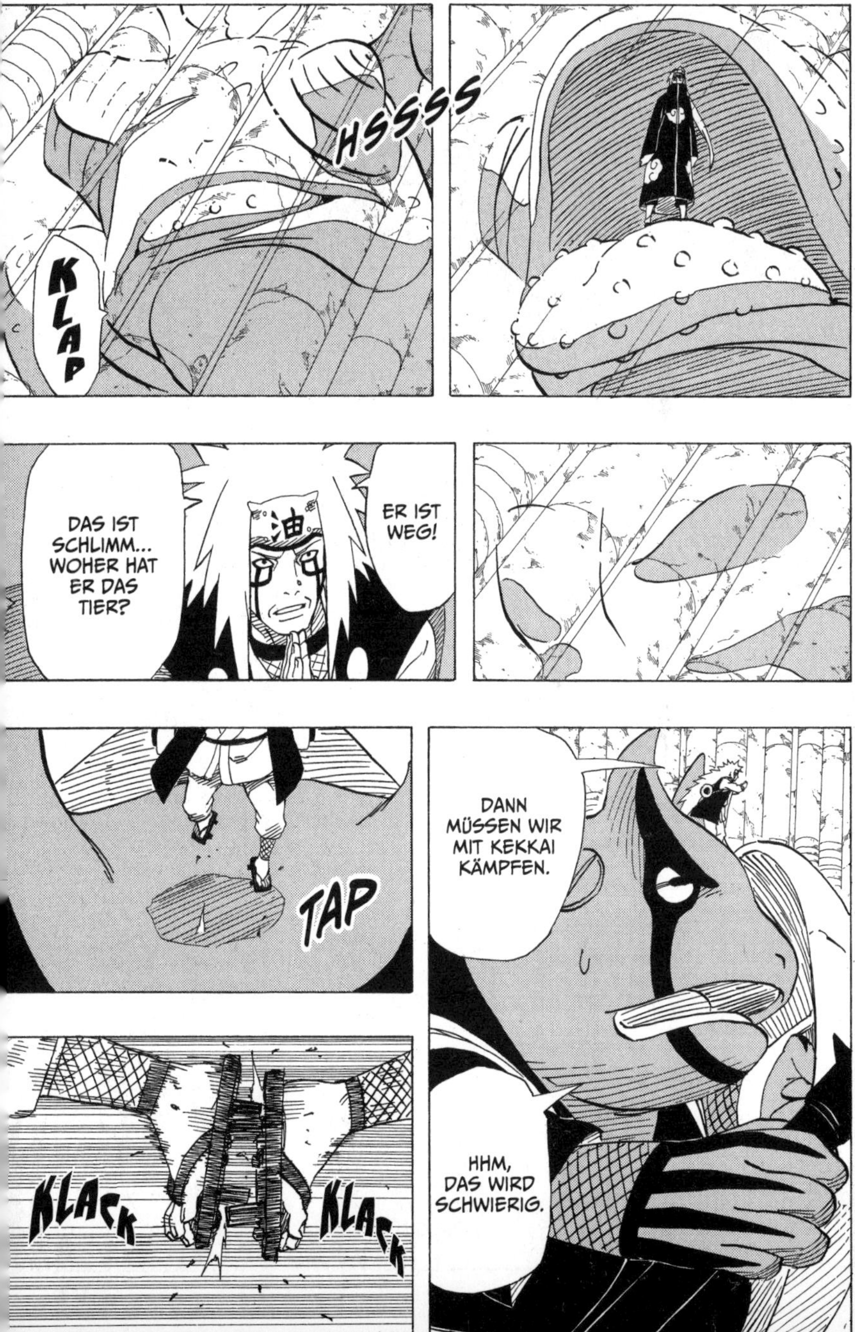
HSSSS
KLAP
ER IST WEG!
DAS IST SCHLIMM... WOHER HAT ER DAS TIER?
DANN MÜSSEN WIR MIT KEKKAI KÄMPFEN.
TAP
HHM, DAS WIRD SCHWIERIG.
KLACK
KLACK

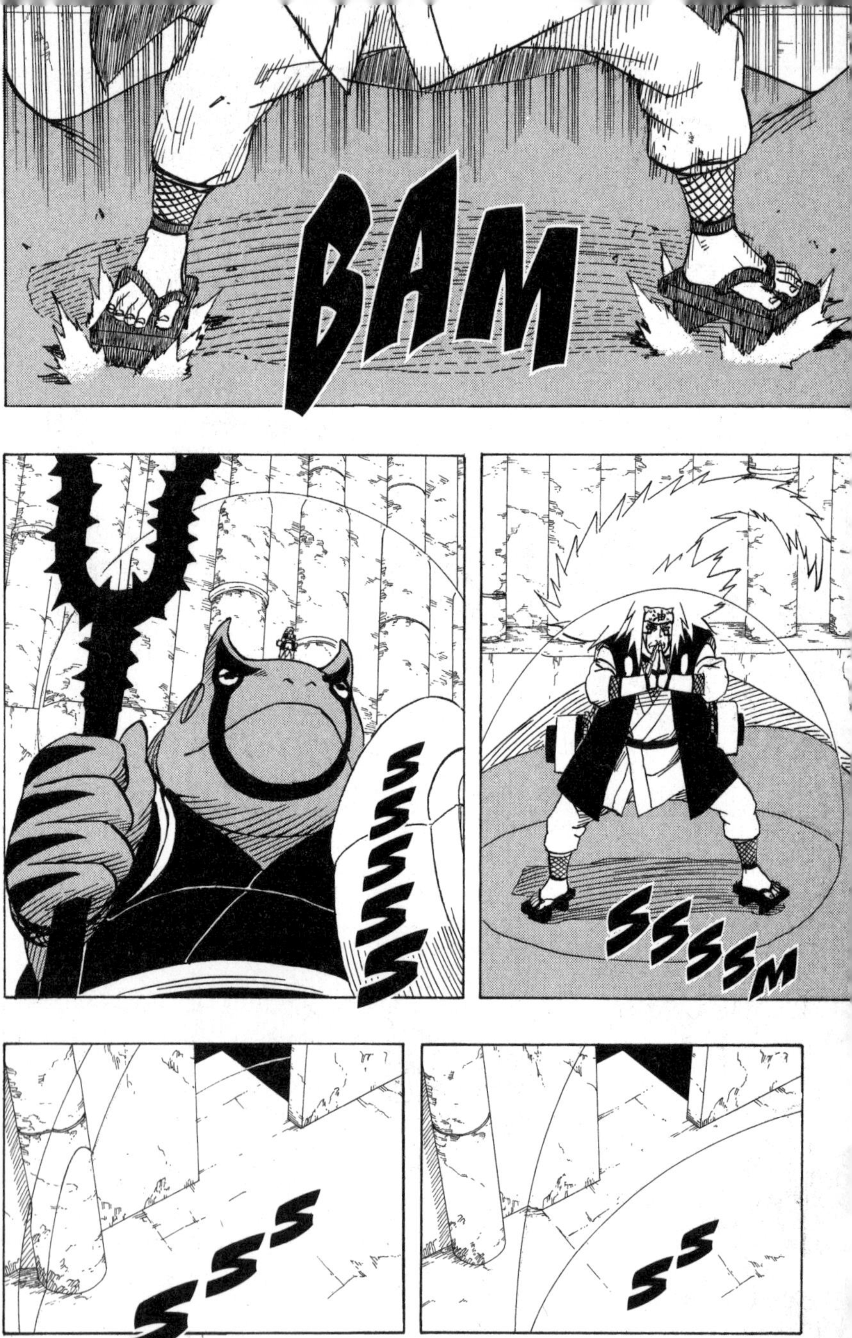
BAM
SSSSM
SSSSSS
SS
SSS

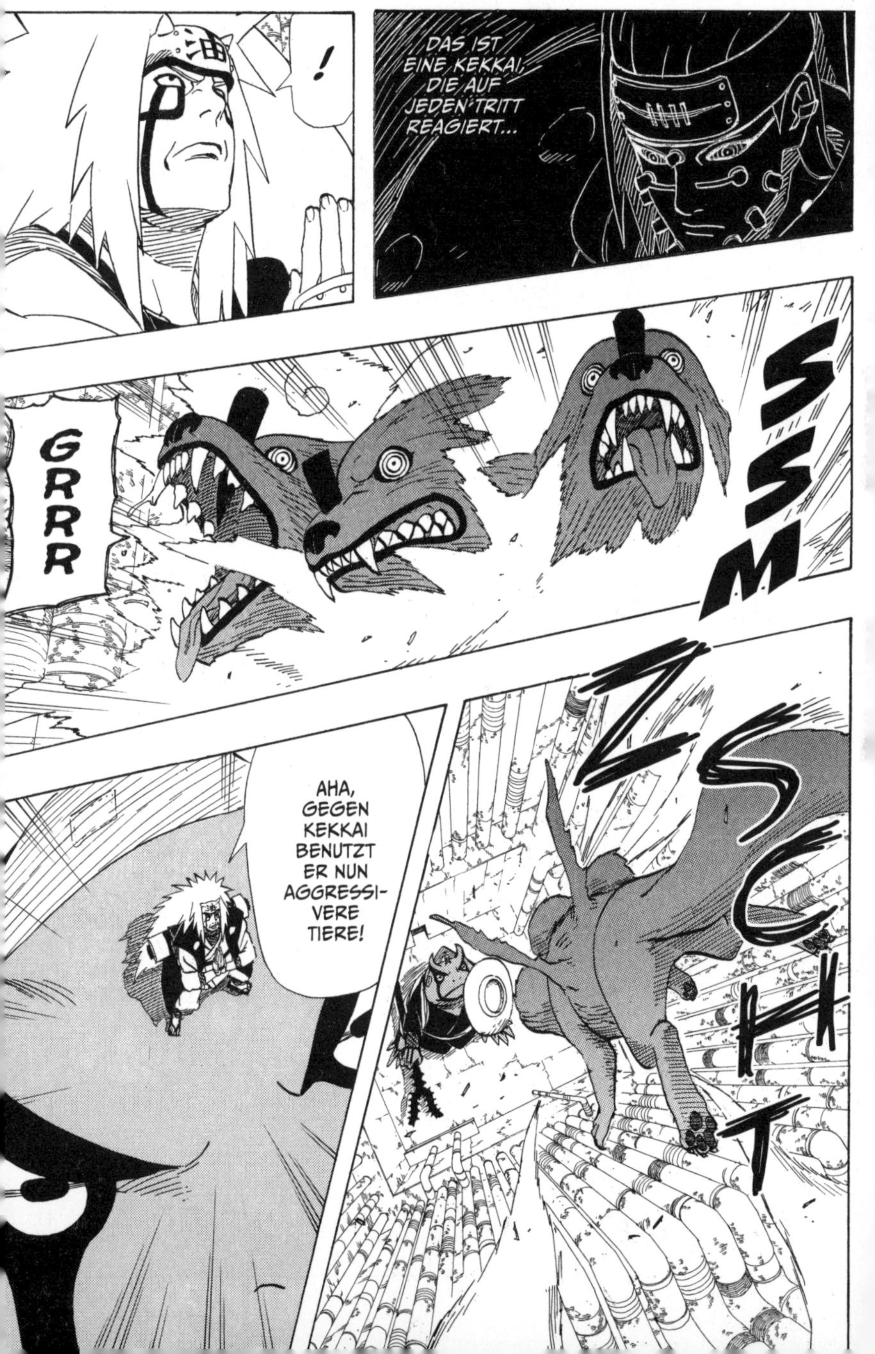
DAS IST EINE KEKKAI, DIE AUF JEDEN TRITT REAGIERT...
!
SSM
GRRR
AHA, GEGEN KEKKAI BENUTZT ER NUN AGGRESSI-VERE TIERE!

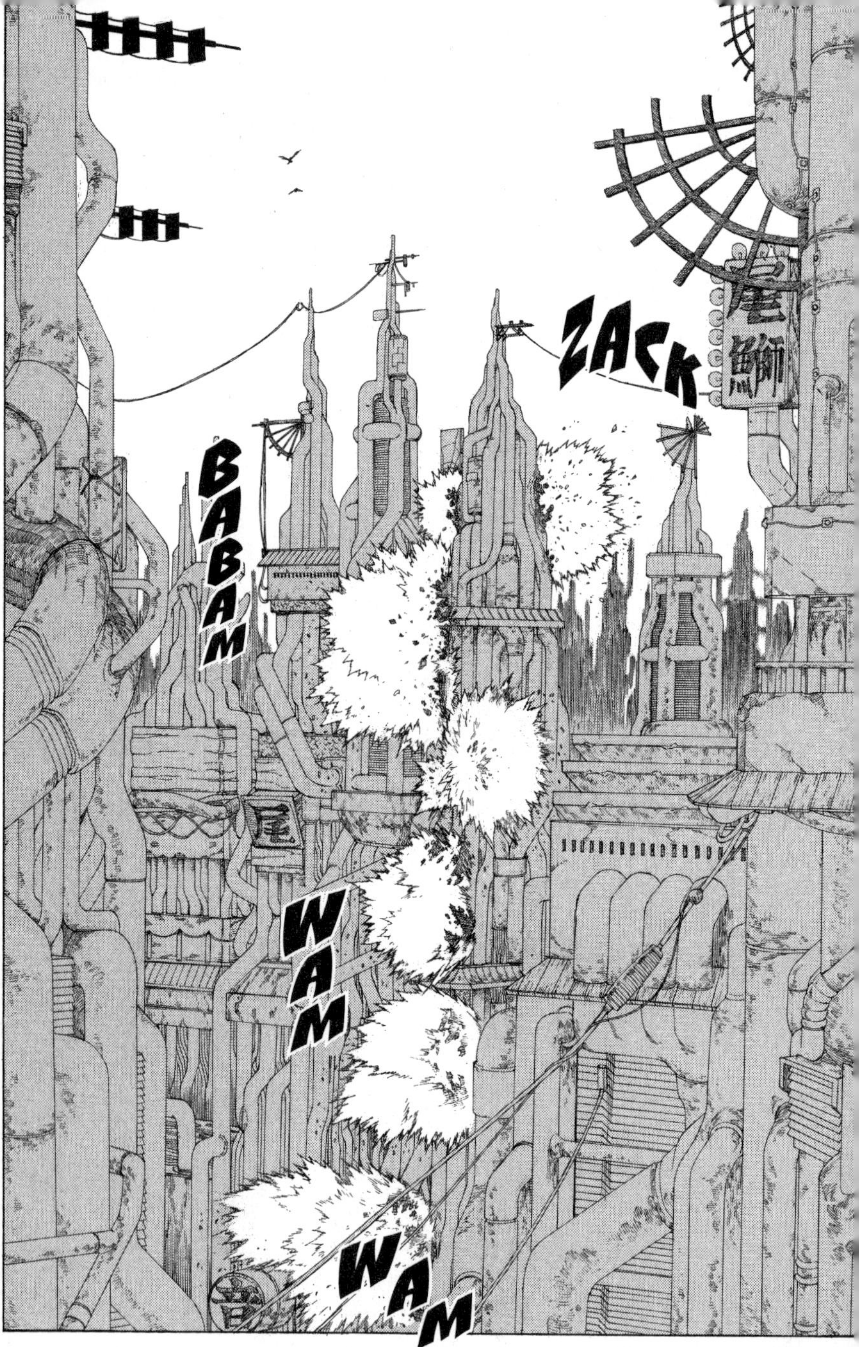
ZACK
BABAM
WAM
WAM

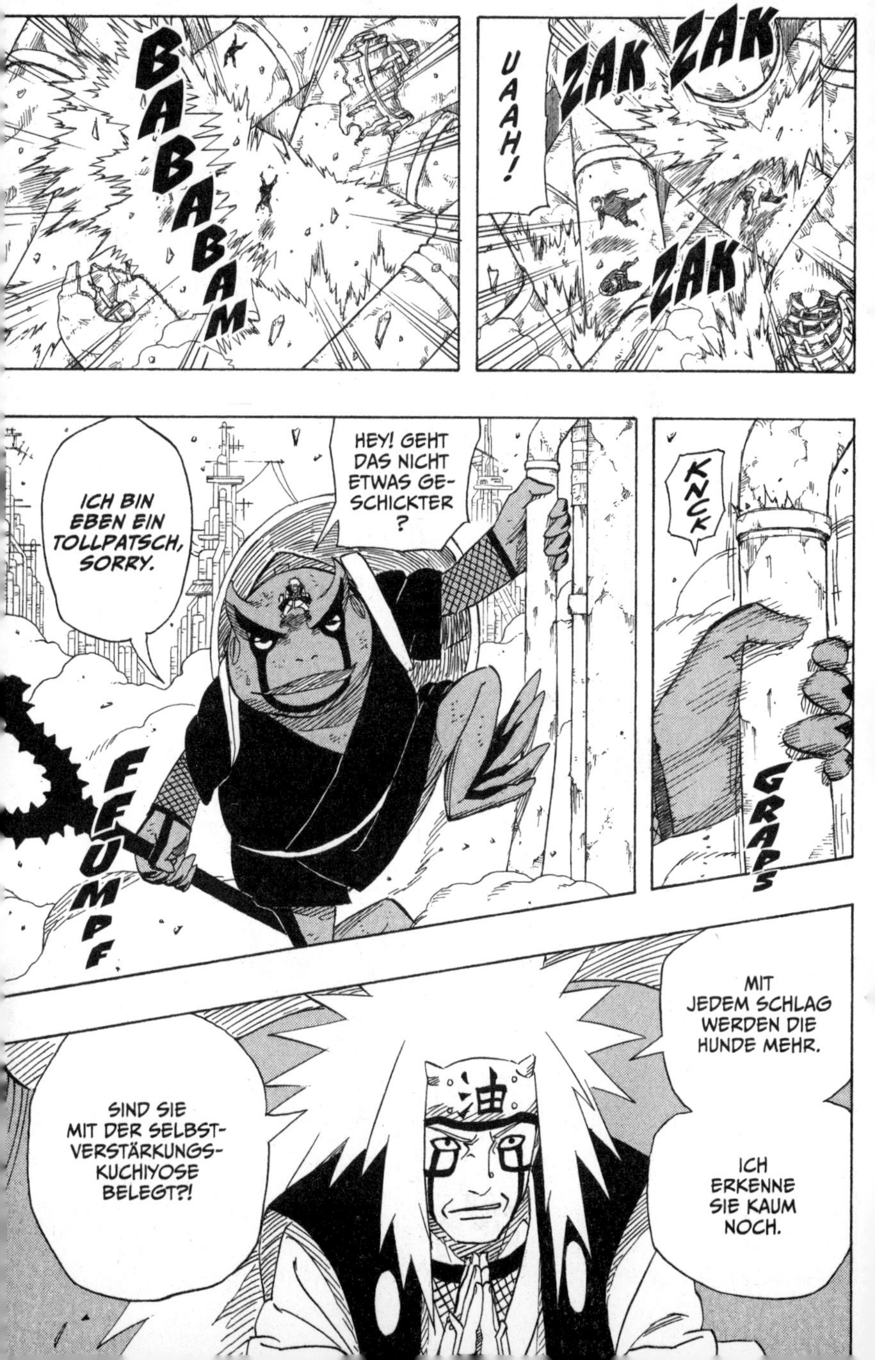
UAAAH!
ZAK ZAK
ZAK
BABABAM
KNCK
GRAPS
HEY! GEHT DAS NICHT ETWAS GE-SCHICKTER ?
ICH BIN EBEN EIN TOLLPATSCH, SORRY.
FFUMPF
MIT JEDEM SCHLAG WERDEN DIE HUNDE MEHR.
ICH ERKENNE SIE KAUM NOCH.
SIND SIE MIT DER SELBST-VERSTÄRKUNGS-KUCHIYOSE BELEGT?!
油

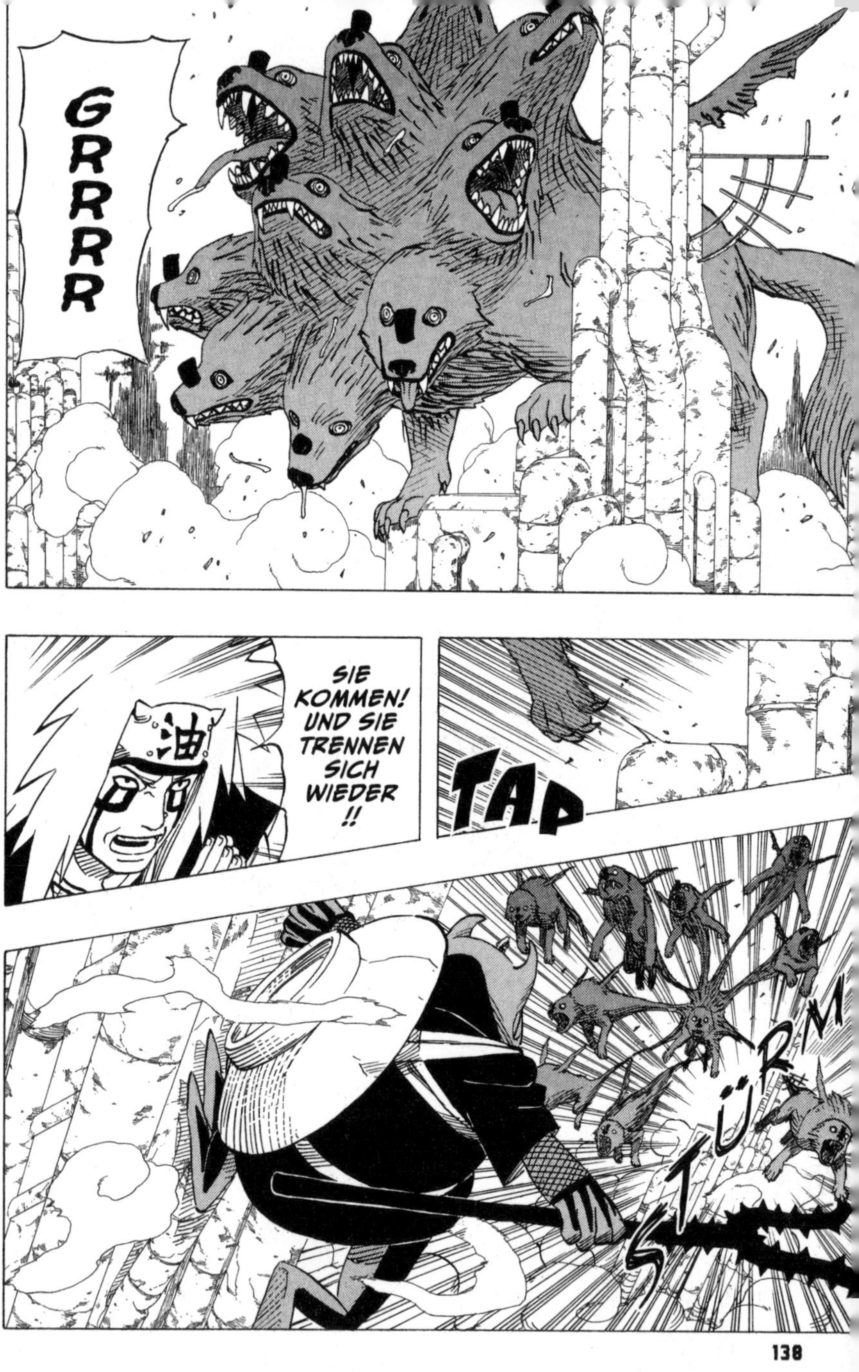
GRRRR
SIE KOMMEN! UND SIE TRENNEN SICH WIEDER !!
TAP
STÜRM

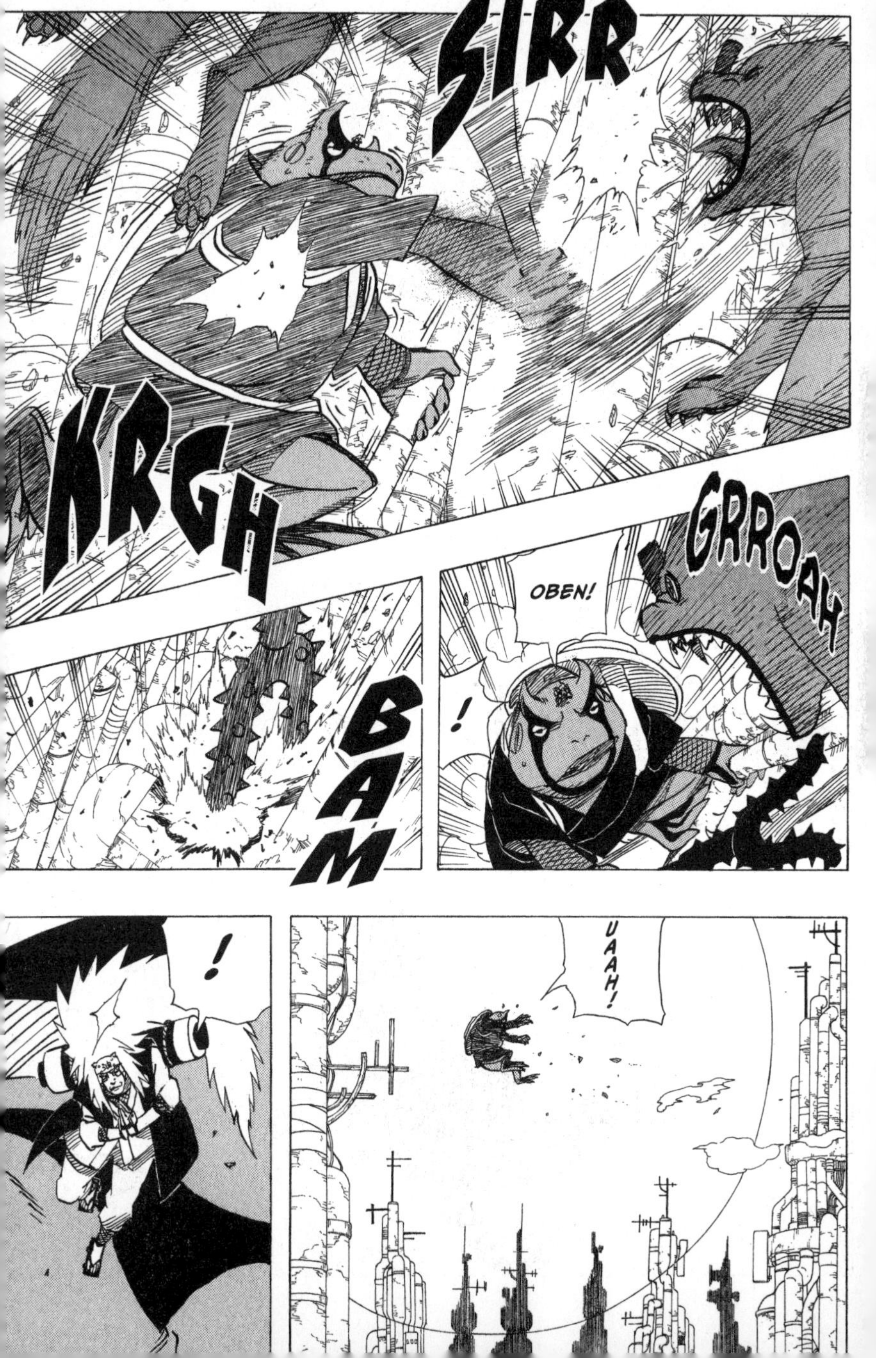
SIRR
KRGH
GRROAH
OBEN!
!
BAM
UAAH!
!

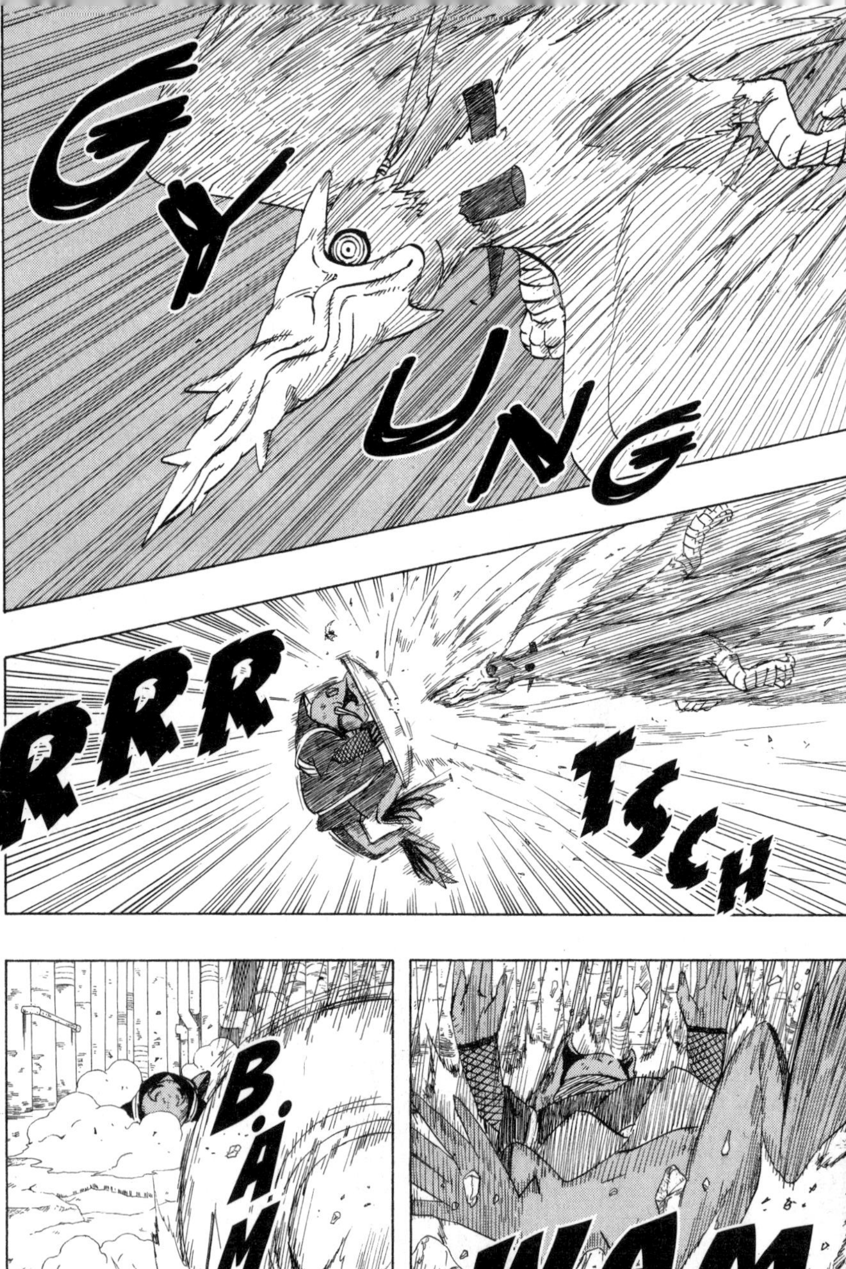
GYUNG
RRRTSCH
BÄM
WAM

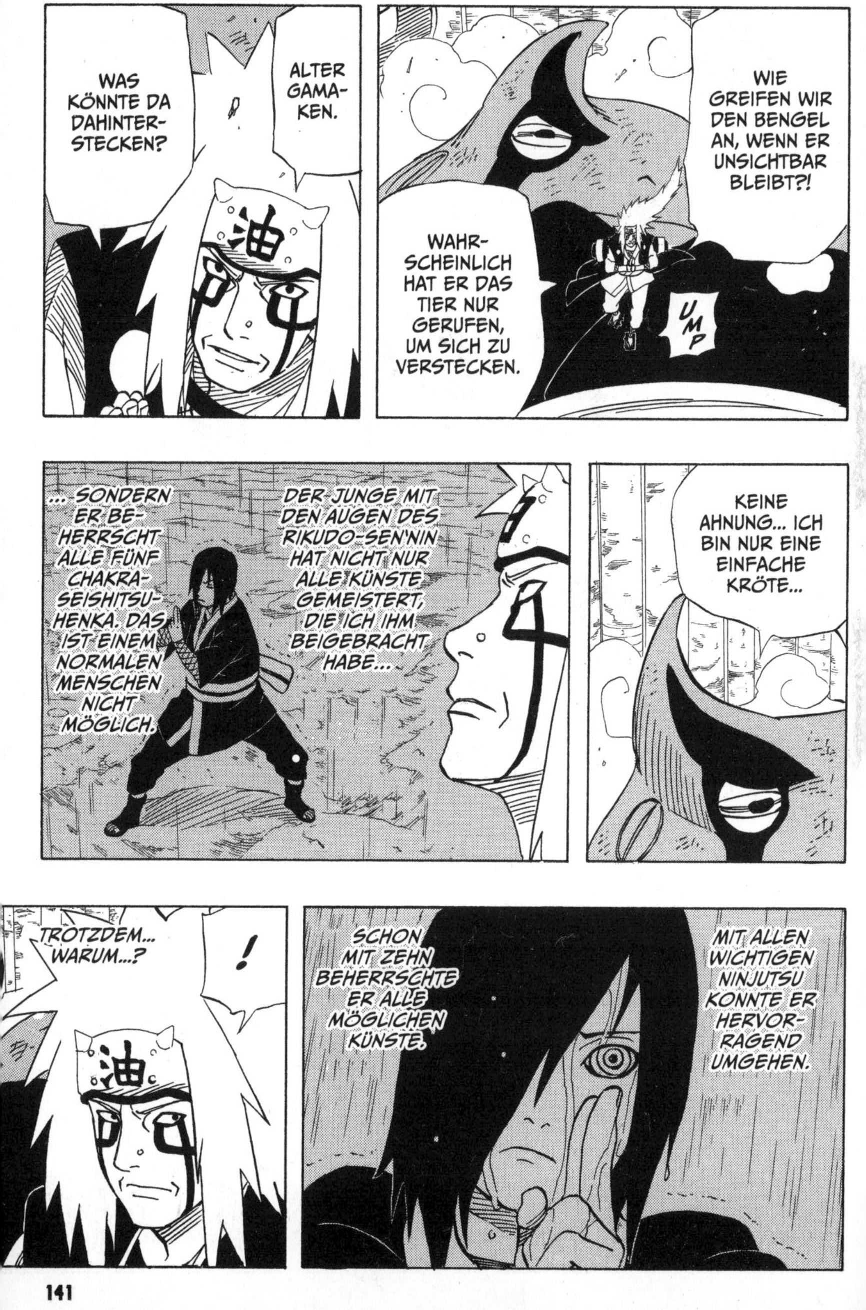

WIE GREIFEN WIR DEN BENGEL AN, WENN ER UNSICHTBAR BLEIBT?!
WAHRSCHEINLICH HAT ER DAS TIER NUR GERUFEN, UM SICH ZU VERSTECKEN.
UMP
ALTER GAMAKEN.
WAS KÖNNTE DA DAHINTERSTECKEN?
KEINE AHNUNG... ICH BIN NUR EINE EINFACHE KRÖTE...
DER JUNGE MIT DEN AUGEN DES RIKUDO-SEN'NIN HAT NICHT NUR ALLE KÜNSTE GEMEISTERT, DIE ICH IHM BEIGEBRACHT HABE...
... SONDERN ER BEHERRSCHT ALLE FÜNF CHAKRA-SEISHITSU-HENKA. DAS IST EINEM NORMALEN MENSCHEN NICHT MÖGLICH.
MIT ALLEN WICHTIGEN NINJUTSU KONNTE ER HERVORRAGEND UMGEHEN.
SCHON MIT ZEHN BEHERRSCHTE ER ALLE MÖGLICHEN KÜNSTE.
!
TROTZDEM... WARUM...?

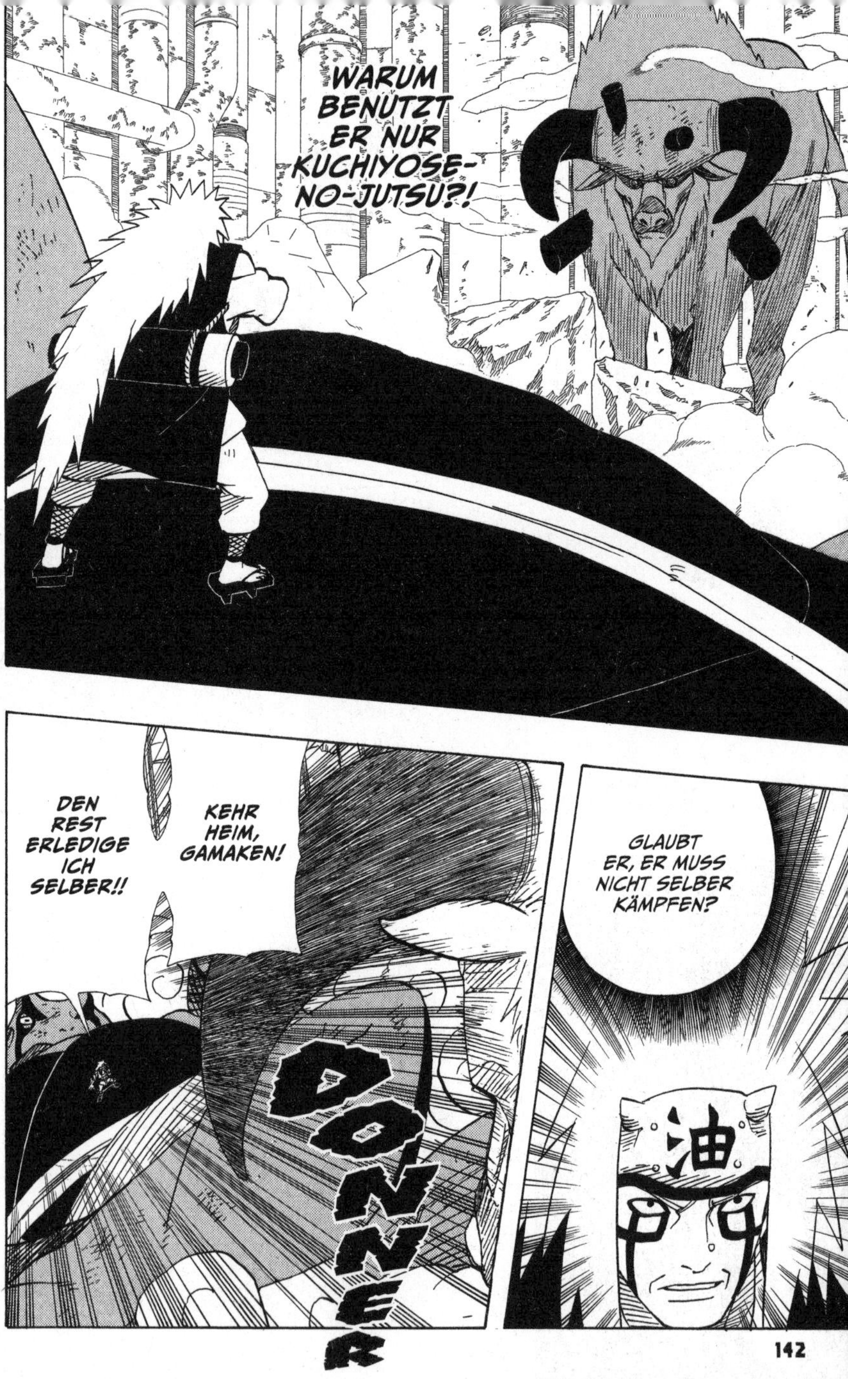

WARUM BENUTZT ER NUR KUCHIYOSE-NO-JUTSU?!
GLAUBT ER, ER MUSS NICHT SELBER KÄMPFEN?
KEHR HEIM, GAMAKEN!
DEN REST ERLEDIGE ICH SELBER!!
DONNER

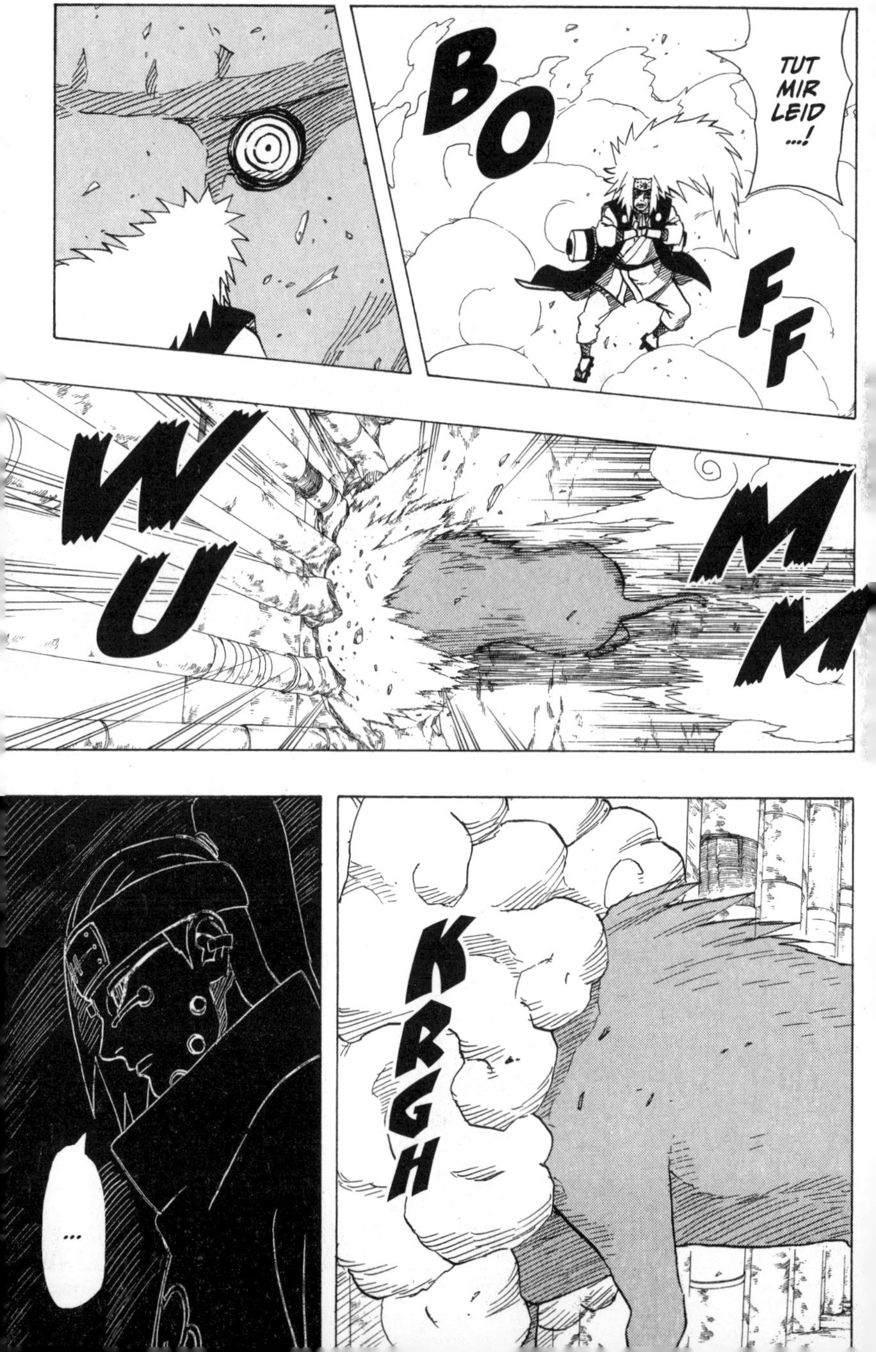
BOFF
TUT MIR LEID ...!
WUMMM
KRGH
...

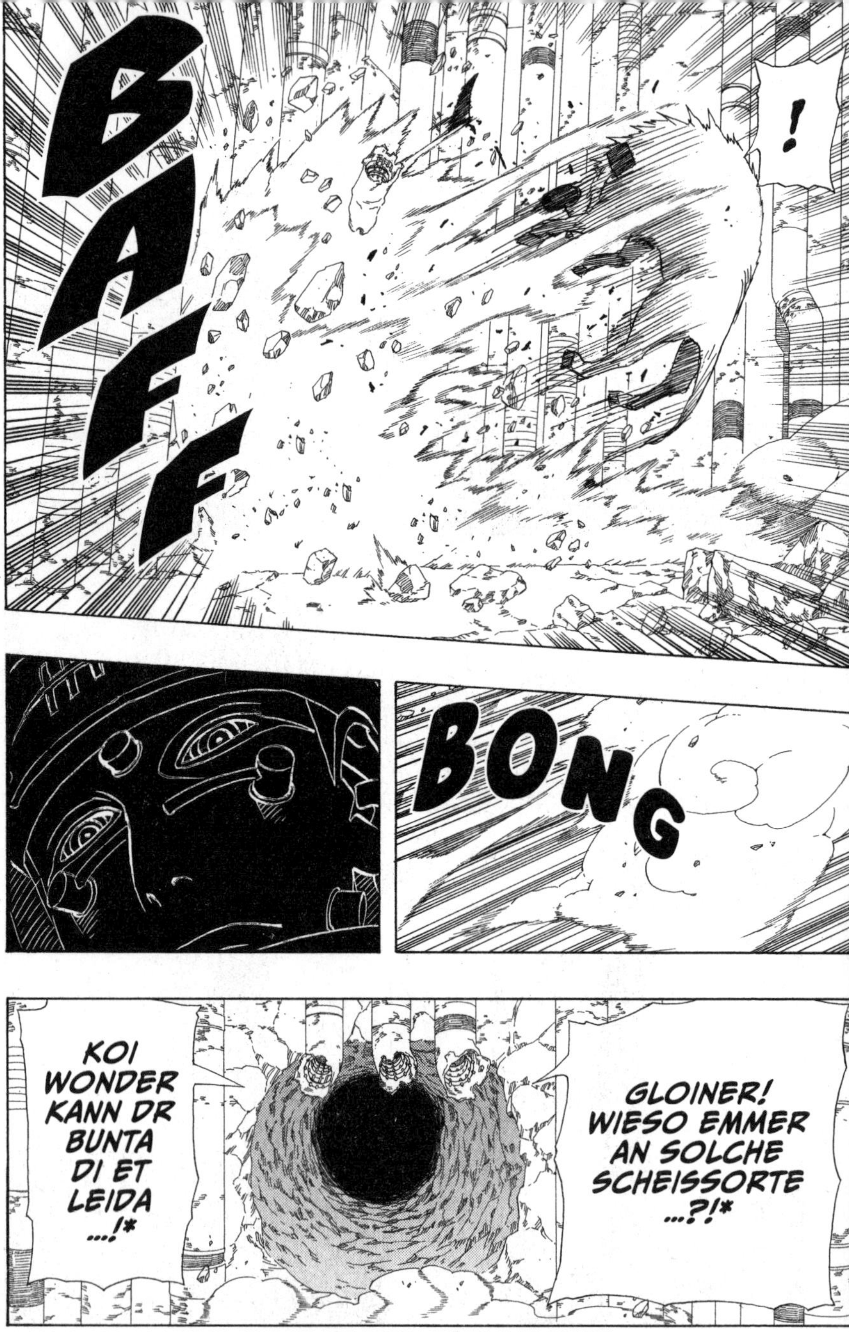

* ANM. D. RED.: IM ORIGINAL SPRECHEN DIE BEIDEN KRÖTEN EINEN DERBEN HIROSHIMA-DIALEKT, BEI UNS SCHWÄBISCH...

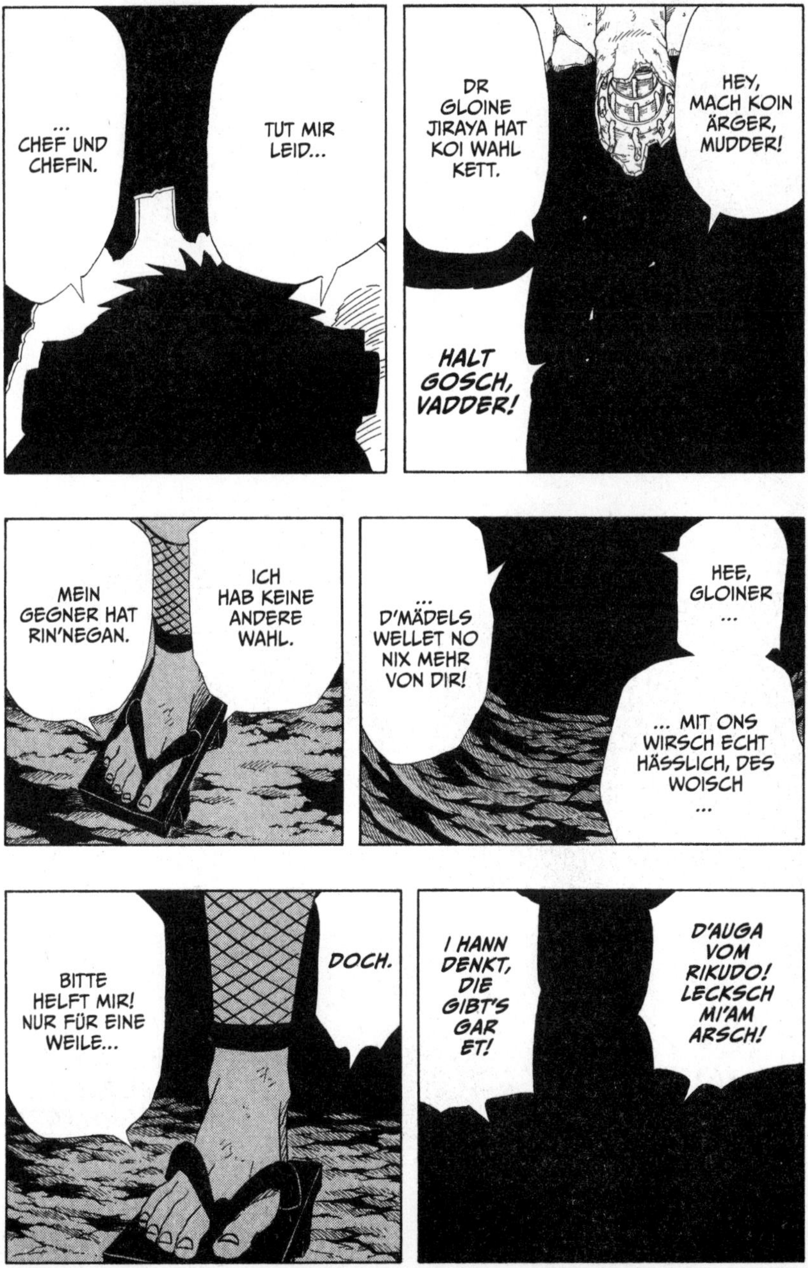
HEY, MACH KOIN ÄRGER, MUDDER!
DR GLOINE JIRAYA HAT KOI WAHL KETT.
HALT GOSCH, VADDER!
TUT MIR LEID...
... CHEF UND CHEFIN.
HEE, GLOINER ...
... MIT ONS WIRSCH ECHT HÄSSLICH, DES WOISCH ...
... D'MÄDELS WELLET NO NIX MEHR VON DIR!
ICH HAB KEINE ANDERE WAHL.
MEIN GEGNER HAT RIN'NEGAN.
D'AUGA VOM RIKUDO! LECKSCH MI'AM ARSCH!
I HANN DENKT, DIE GIBT'S GAR ET!
DOCH.
BITTE HELFT MIR! NUR FÜR EINE WEILE...

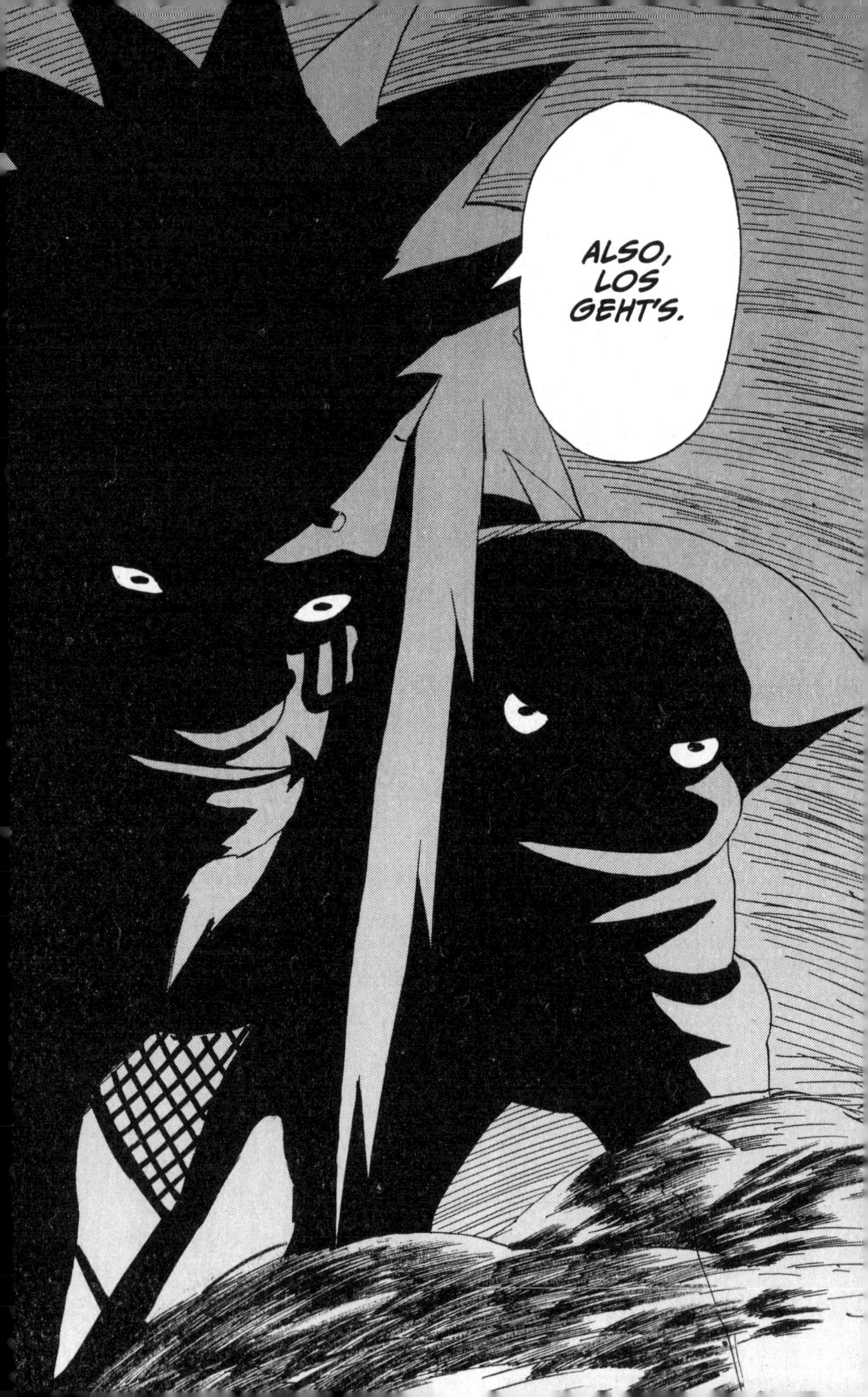
ALSO, LOS GEHT'S.

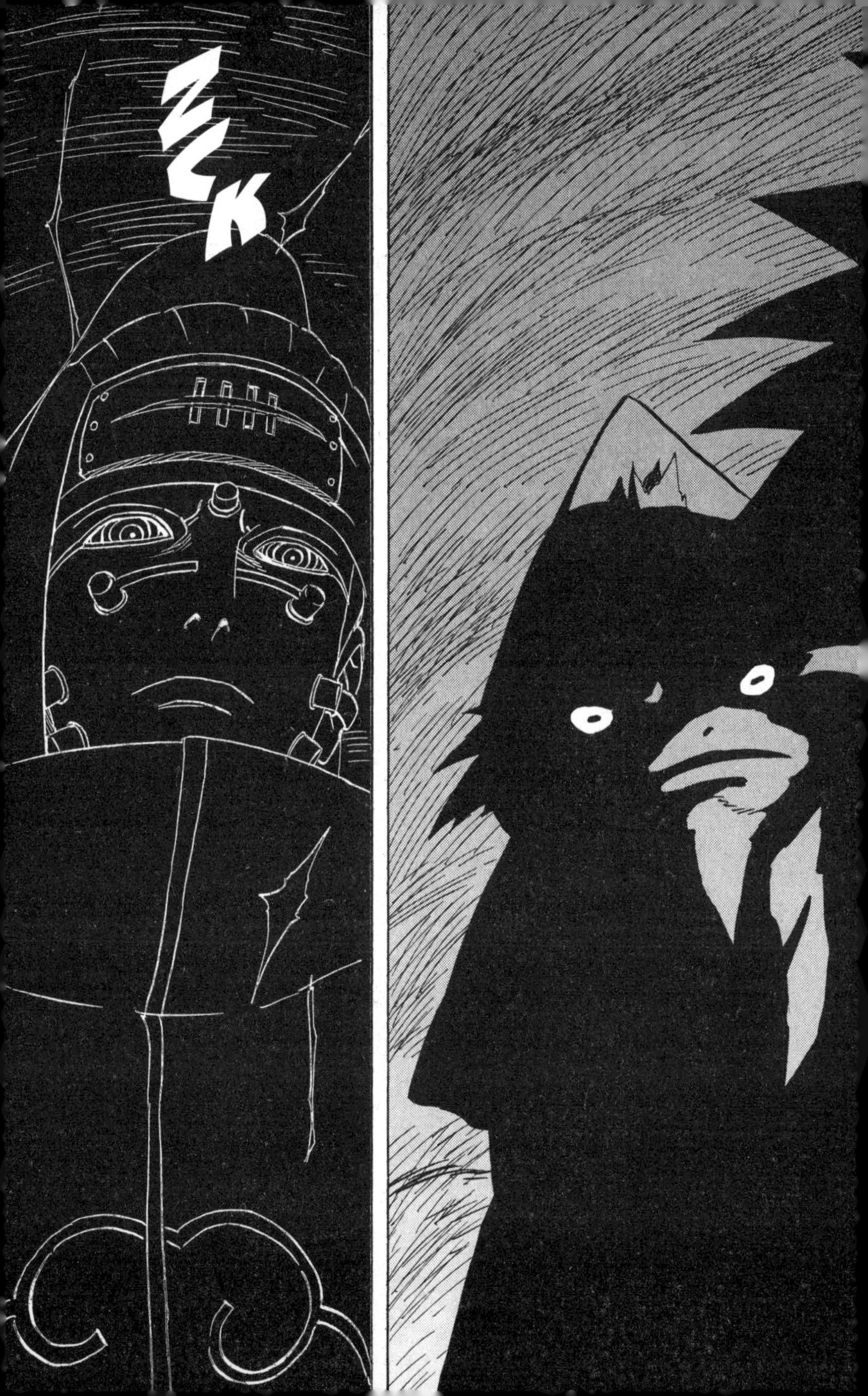
ZACK

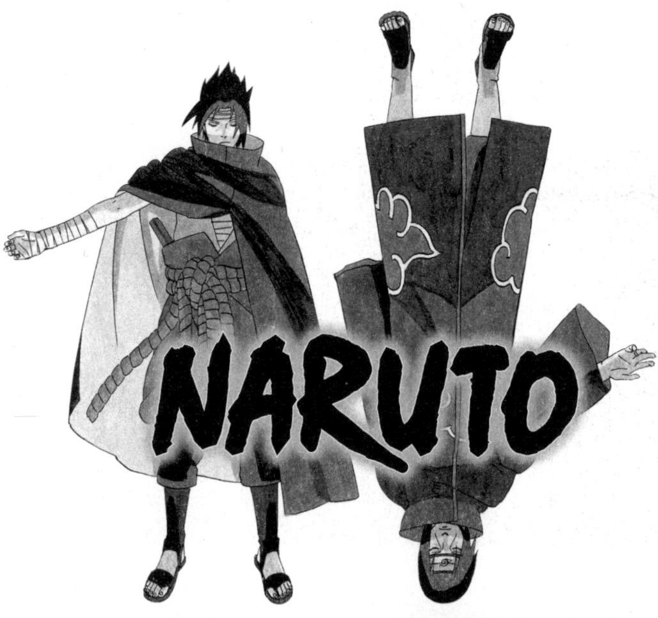
NARUTO

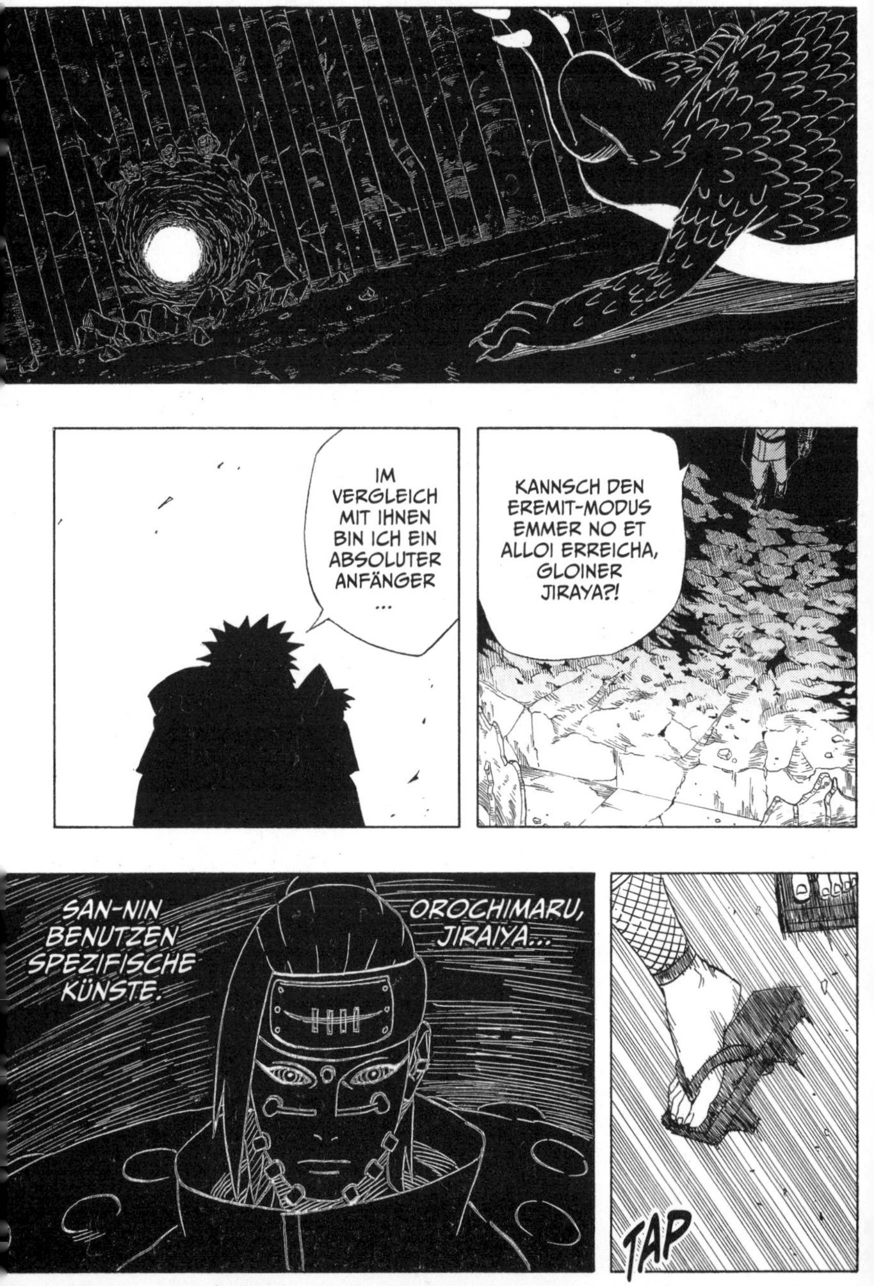
KANNSCH DEN EREMIT-MODUS EMMER NO ET ALLOI ERREICHA, GLOINER JIRAYA?!
IM VERGLEICH MIT IHNEN BIN ICH EIN ABSOLUTER ANFÄNGER ...
TAP
OROCHIMARU, JIRAIYA...
SAN-NIN BENUTZEN SPEZIFISCHE KÜNSTE.

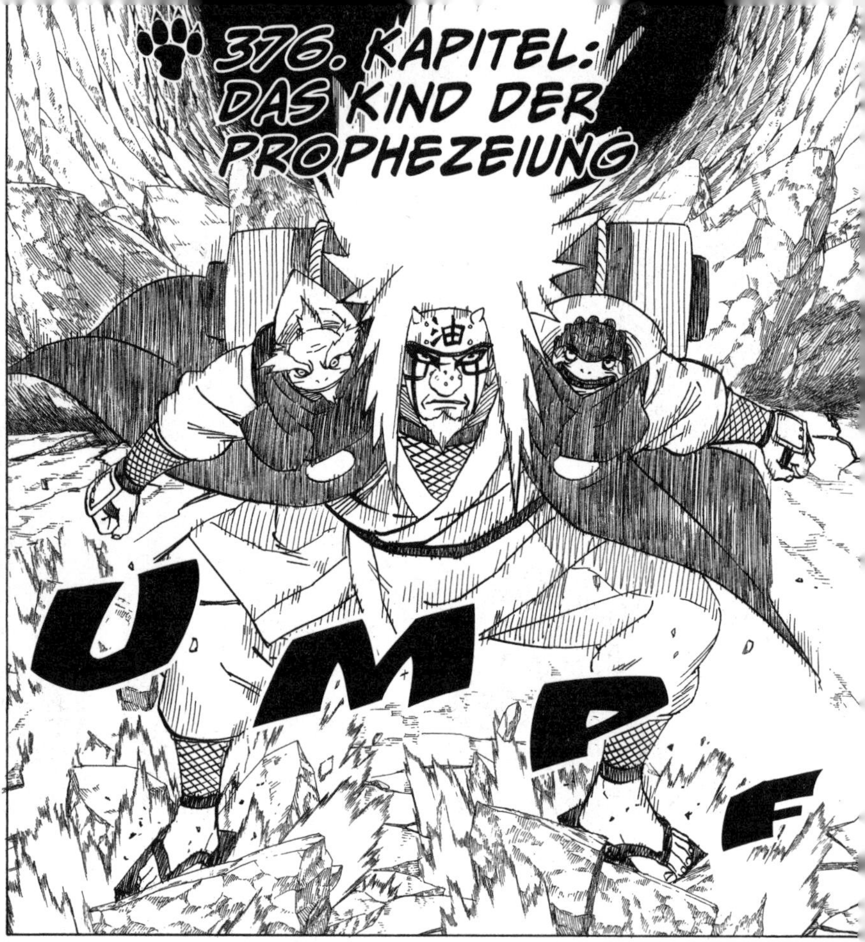
376. KAPITEL:
DAS KIND DER PROPHEZEIUNG
UMPF

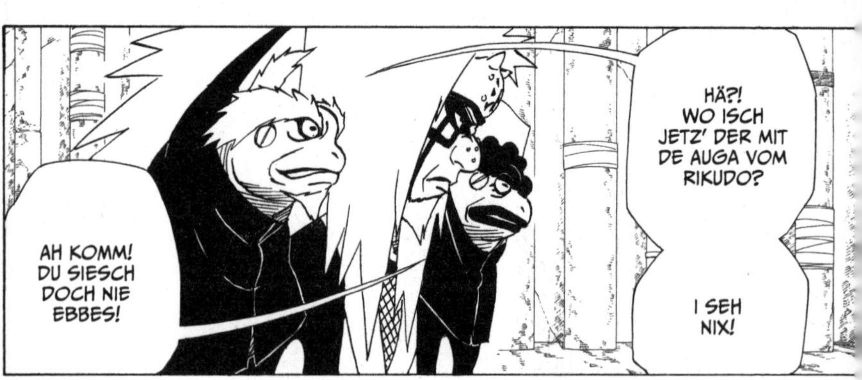
HÄ?! WO ISCH JETZ' DER MIT DE AUGA VOM RIKUDO?
I SEH NIX!
AH KOMM! DU SIESCH DOCH NIE EBBES!

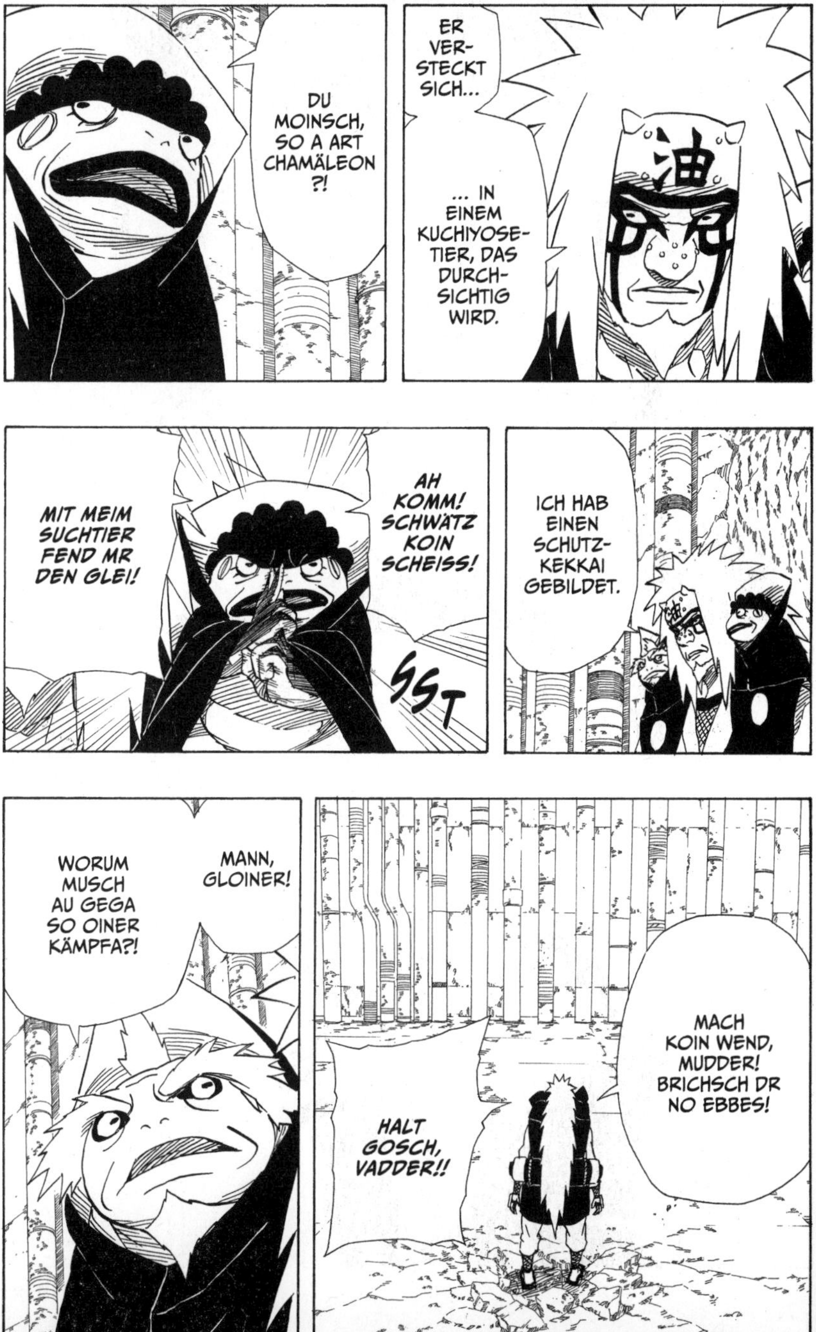
ER VER-STECKT SICH...
... IN EINEM KUCHIYOSE-TIER, DAS DURCH-SICHTIG WIRD.
DU MOINSCH, SO A ART CHAMÄLEON ?!
ICH HAB EINEN SCHUTZ-KEKKAI GEBILDET.
AH KOMM! SCHWÄTZ KOIN SCHEISS!
MIT MEIM SUCHTIER FEND MR DEN GLEI!
SST
MACH KOIN WEND, MUDDER! BRICHSCH DR NO EBBES!
HALT GOSCH, VADDER!!
MANN, GLOINER!
WORUM MUSCH AU GEGA SO OINER KÄMPFA?!

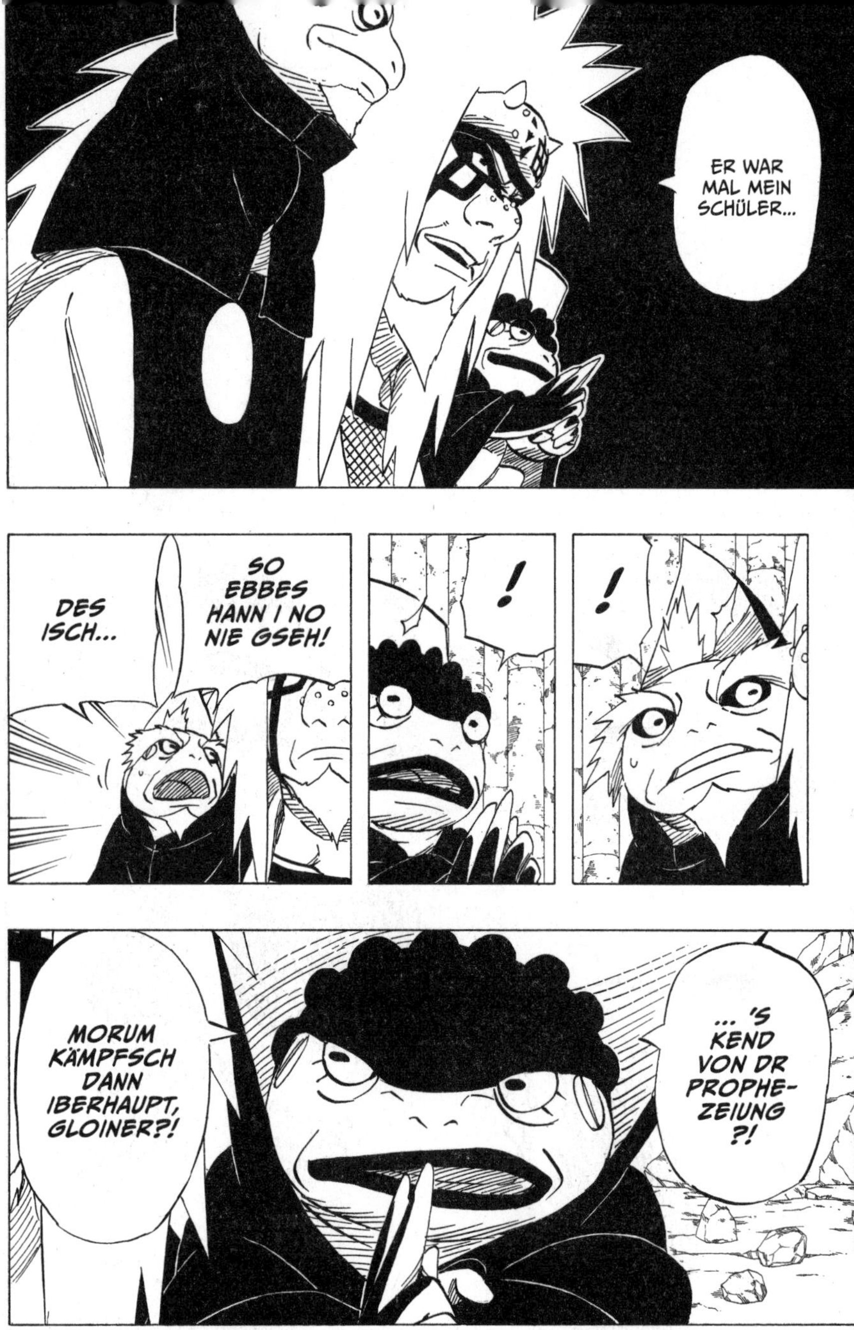
ER WAR MAL MEIN SCHÜLER...
!
!
SO EBBES HANN I NO NIE GSEH!
DES ISCH...
... 'S KEND VON DR PROPHEZEIUNG?!
MORUM KÄMPFSCH DANN IBERHAUPT, GLOINER?!

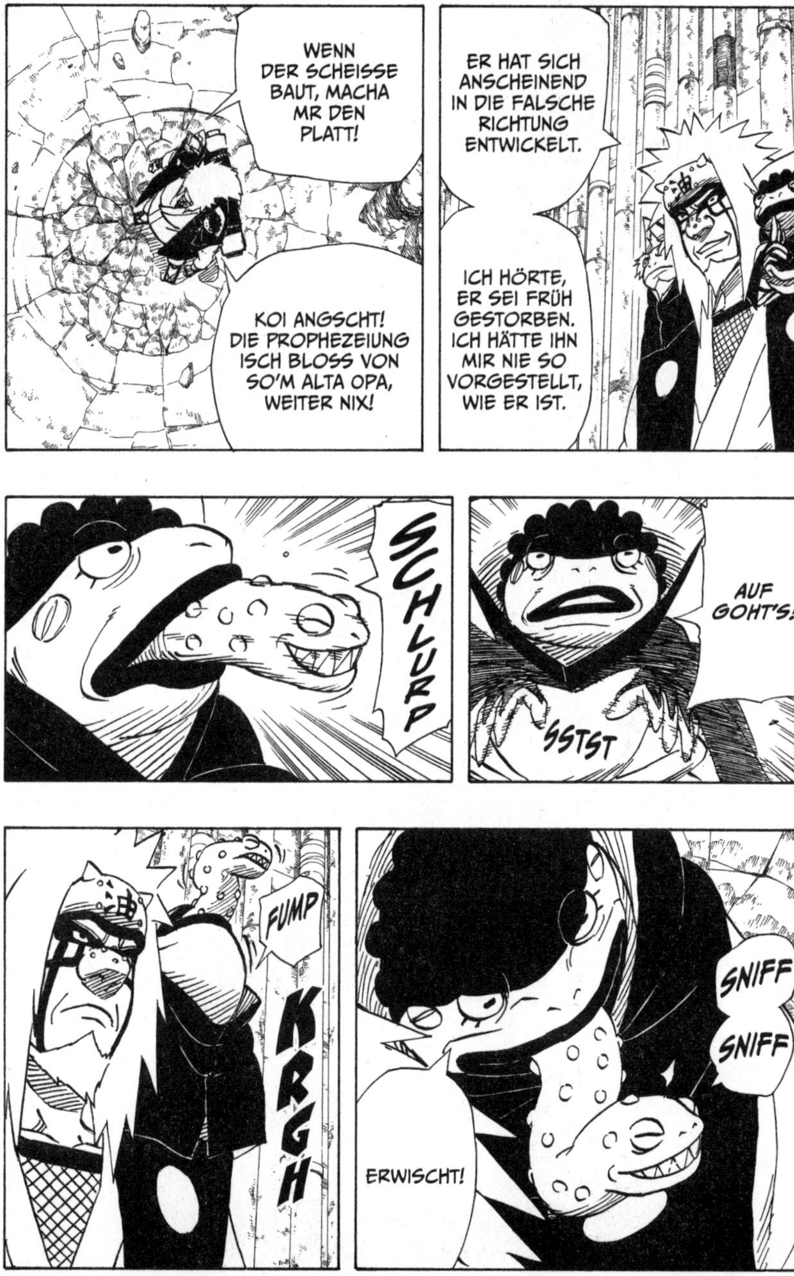
ER HAT SICH ANSCHEINEND IN DIE FALSCHE RICHTUNG ENTWICKELT.
ICH HÖRTE, ER SEI FRÜH GESTORBEN. ICH HÄTTE IHN MIR NIE SO VORGESTELLT, WIE ER IST.
WENN DER SCHEISSE BAUT, MACHA MR DEN PLATT!
KOI ANGSCHT! DIE PROPHEZEIUNG ISCH BLOSS VON SO'M ALTA OPA, WEITER NIX!
AUF GOHT'S!
SSTST
SCHLURP
SNIFF
SNIFF
ERWISCHT!
FUMP
KRGH

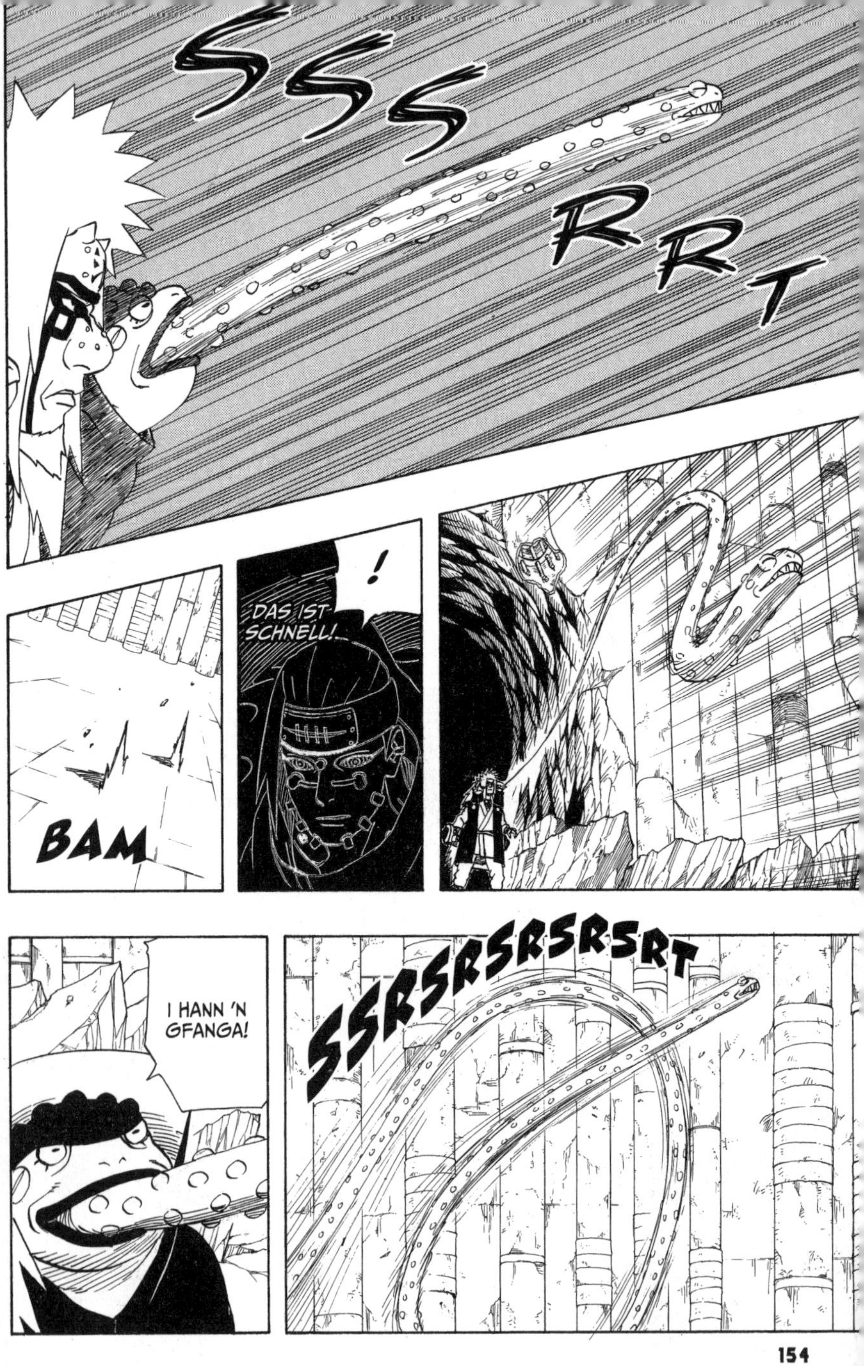
SSS
RRT
!
DAS IST SCHNELL!
BAM
SSRSRSRSRSRT
I HANN 'N GFANGA!

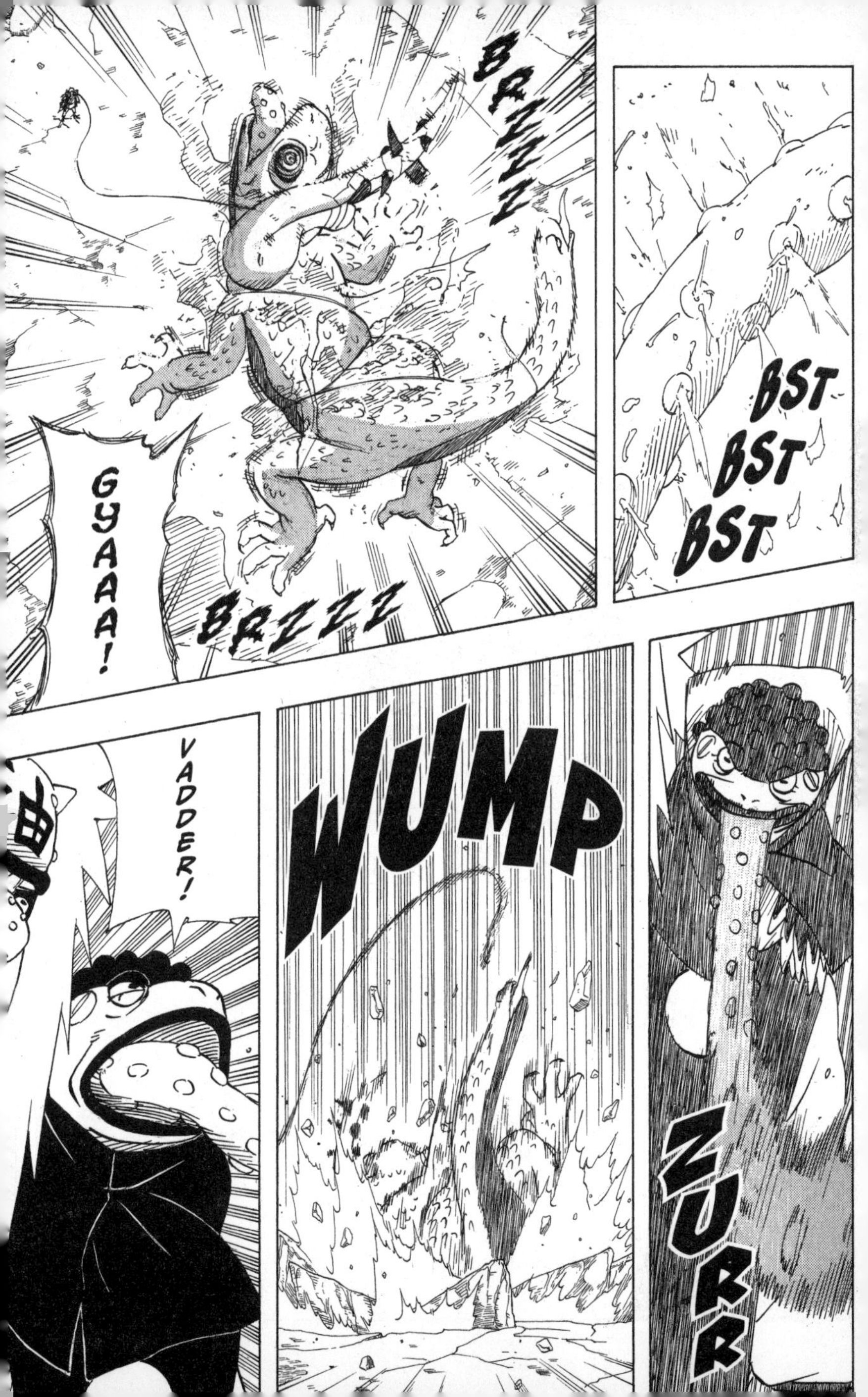
BST
BST
BST
BRZZZ
GYAAAA!
BRZZZ
ZURR
WUMP
VADDER!

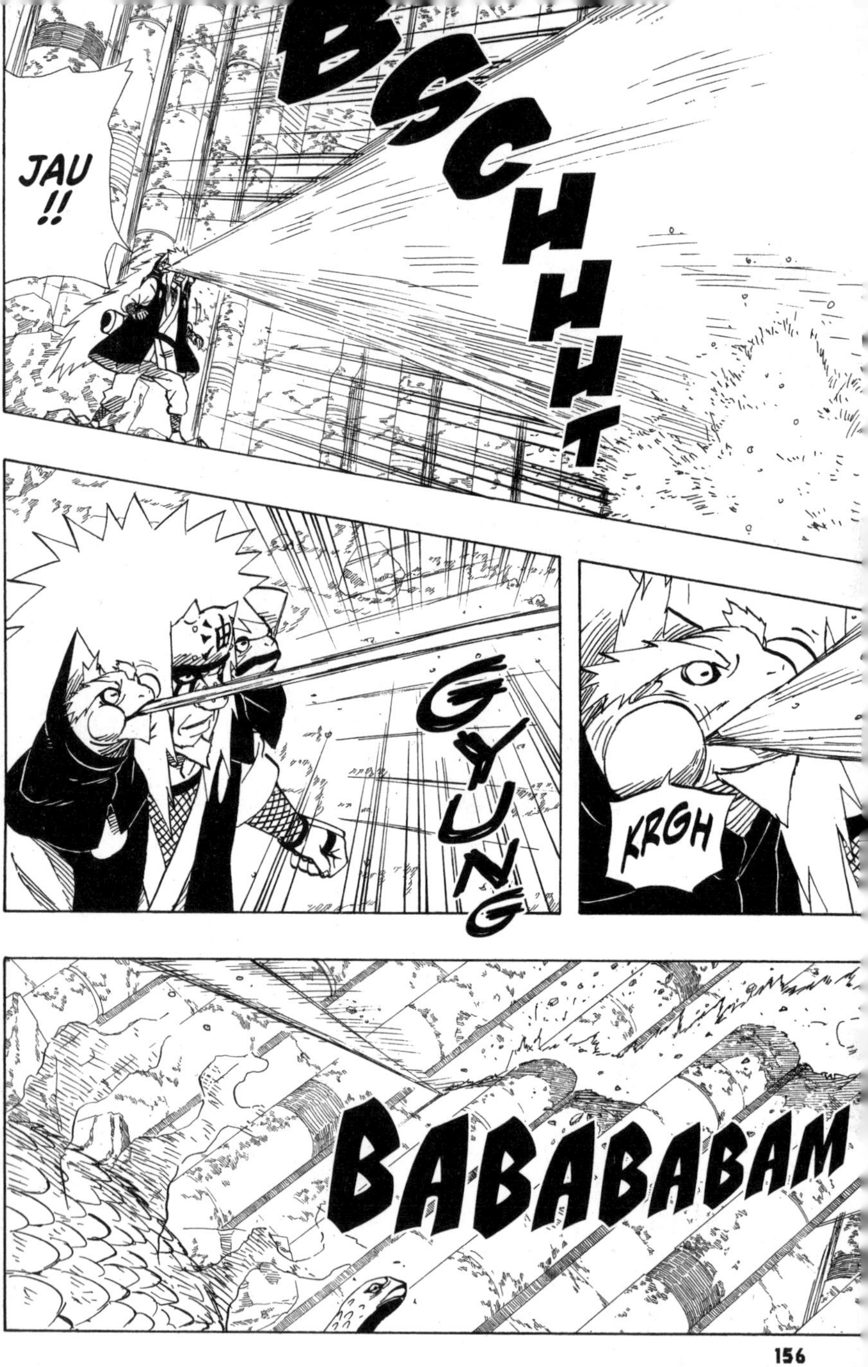

BSCHHHT
JAU !!
GYUNG
KRGH
BABABABAM

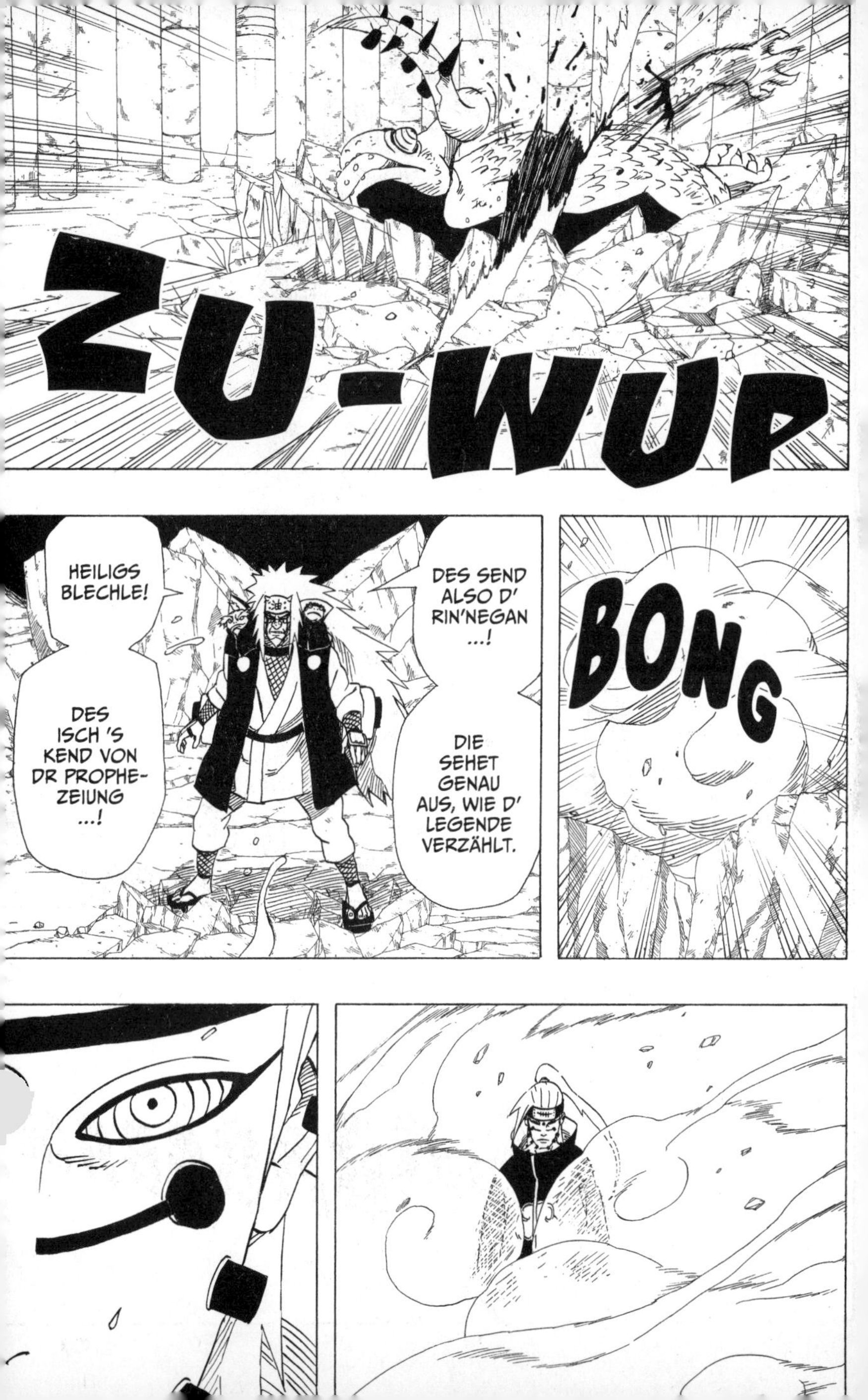
ZU-WUP
BONG
DES SEND ALSO D' RIN'NEGAN ...!
DIE SEHET GENAU AUS, WIE D' LEGENDE VERZÄHLT.
HEILIGS BLECHLE!
DES ISCH 'S KEND VON DR PROPHEZEIUNG ...!

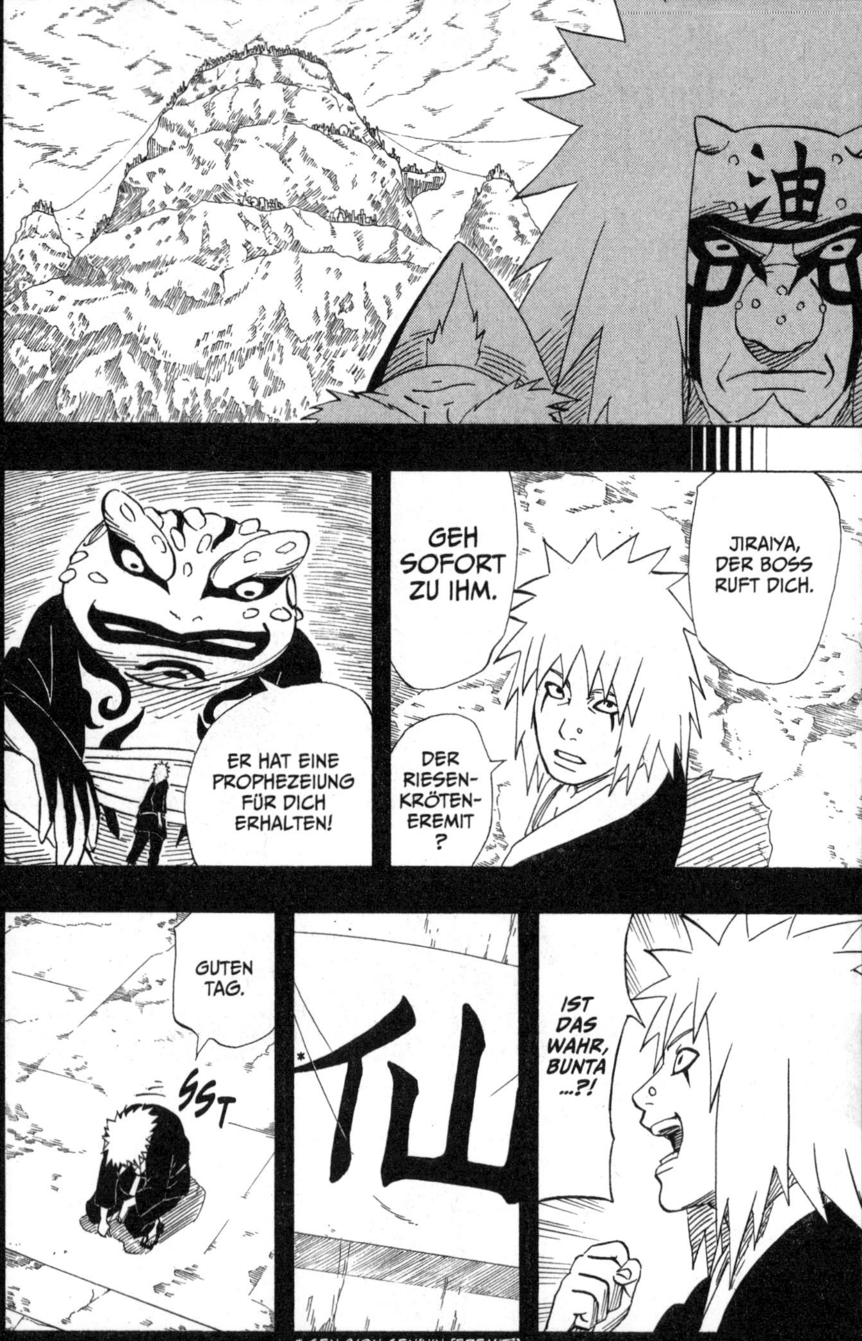

* SEN (VON SEN'NIN [EREMIT])

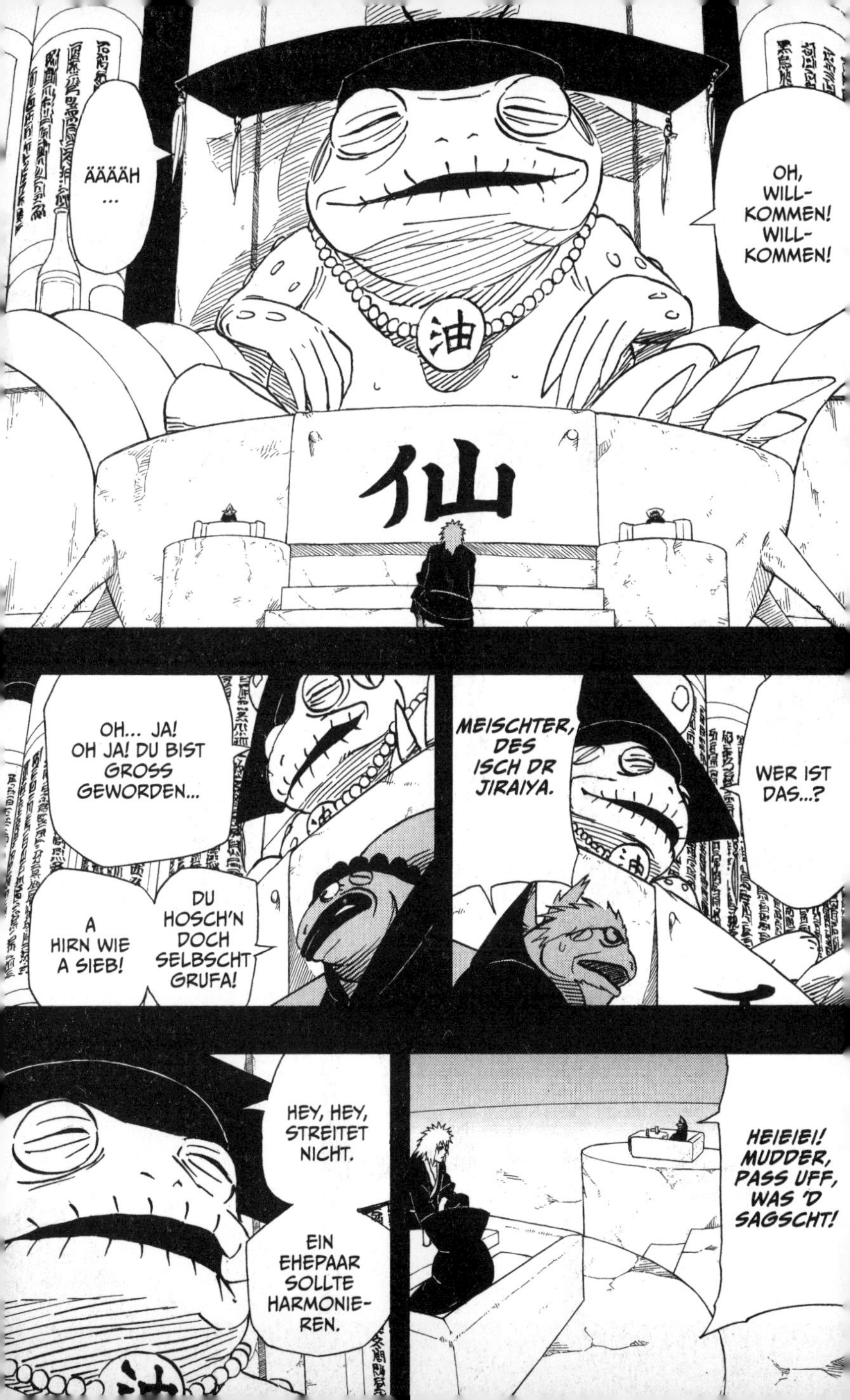
OH, WILL-KOMMEN! WILL-KOMMEN!
ÄÄÄÄH …
WER IST DAS…?
MEISCHTER, DES ISCH DR JIRAIYA.
OH… JA! OH JA! DU BIST GROSS GEWORDEN…
DU HOSCH'N DOCH SELBSCHT GRUFA!
A HIRN WIE A SIEB!
HEIEIEI! MUDDER, PASS UFF, WAS 'D SAGSCHT!
HEY, HEY, STREITET NICHT.
EIN EHEPAAR SOLLTE HARMONIE-REN.

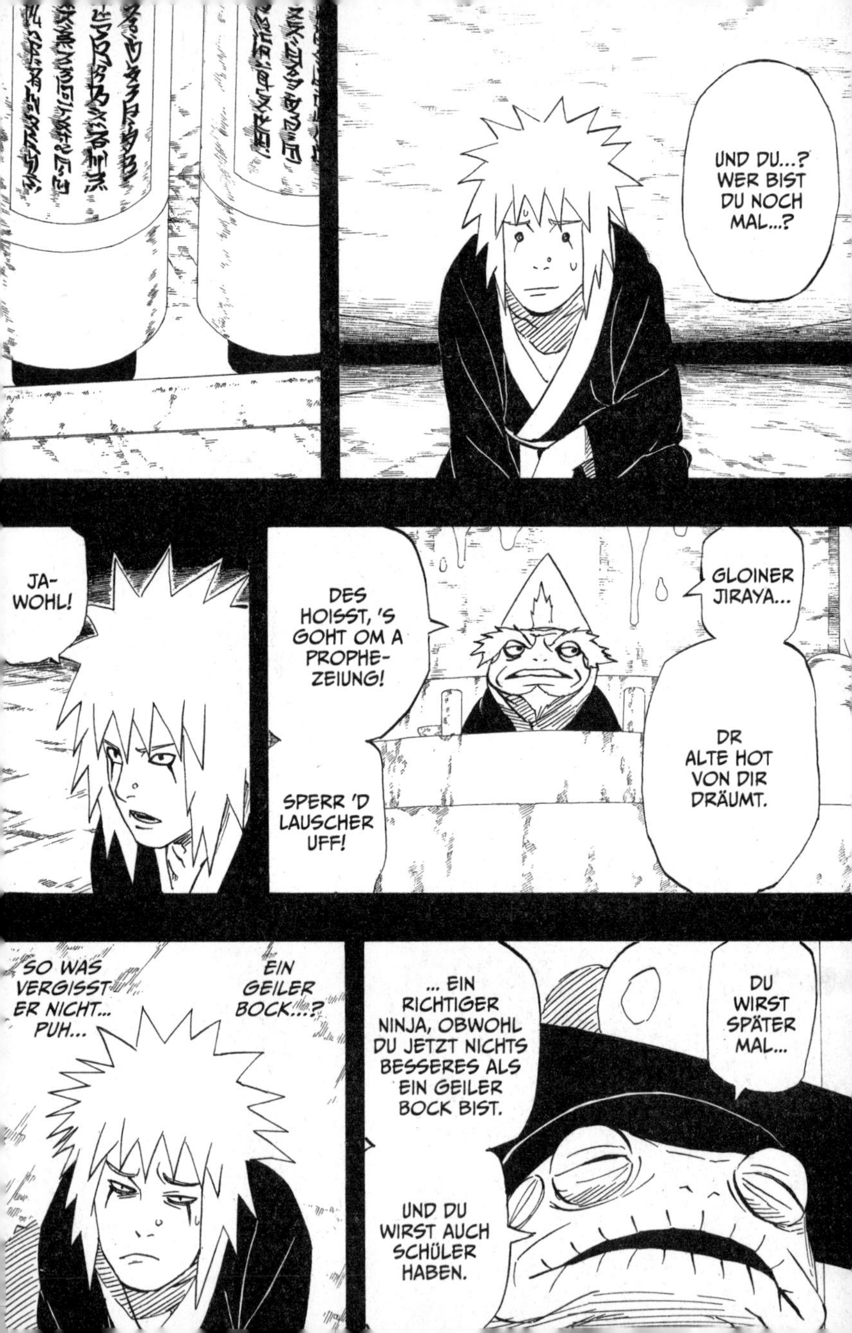
UND DU...? WER BIST DU NOCH MAL...?
GLOINER JIRAYA...
DR ALTE HOT VON DIR DRÄUMT.
DES HOISST, 'S GOHT OM A PROPHE-ZEIUNG!
SPERR 'D LAUSCHER UFF!
JA-WOHL!
DU WIRST SPÄTER MAL...
... EIN RICHTIGER NINJA, OBWOHL DU JETZT NICHTS BESSERES ALS EIN GEILER BOCK BIST.
UND DU WIRST AUCH SCHÜLER HABEN.
EIN GEILER BOCK...?
SO WAS VERGISST ER NICHT... PUH...

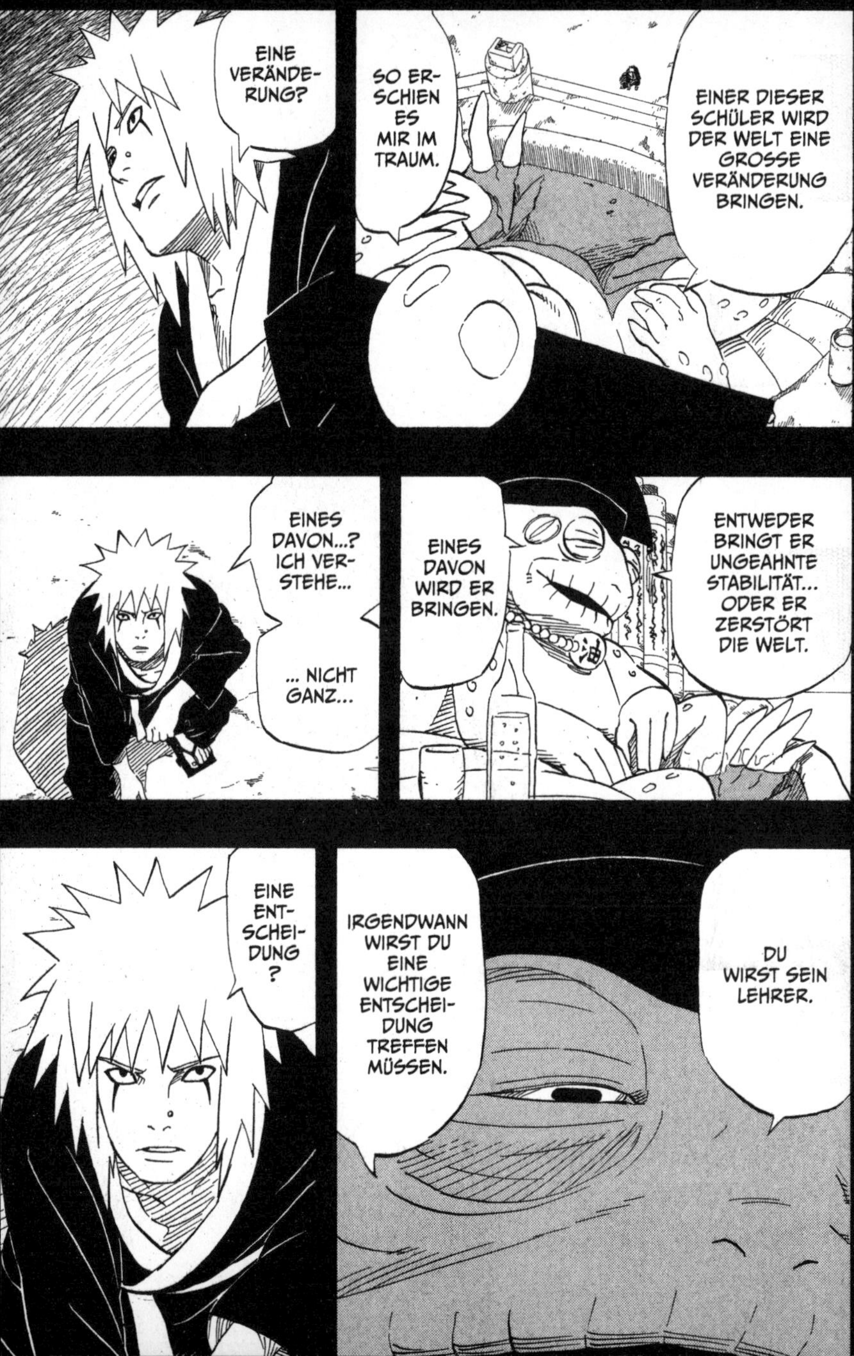
EINER DIESER SCHÜLER WIRD DER WELT EINE GROSSE VERÄNDERUNG BRINGEN.
SO ER-SCHIEN ES MIR IM TRAUM.
EINE VERÄNDE-RUNG?
ENTWEDER BRINGT ER UNGEAHNTE STABILITÄT... ODER ER ZERSTÖRT DIE WELT.
EINES DAVON WIRD ER BRINGEN.
EINES DAVON...? ICH VER-STEHE...
... NICHT GANZ...
DU WIRST SEIN LEHRER.
IRGENDWANN WIRST DU EINE WICHTIGE ENTSCHEI-DUNG TREFFEN MÜSSEN.
EINE ENT-SCHEI-DUNG ?

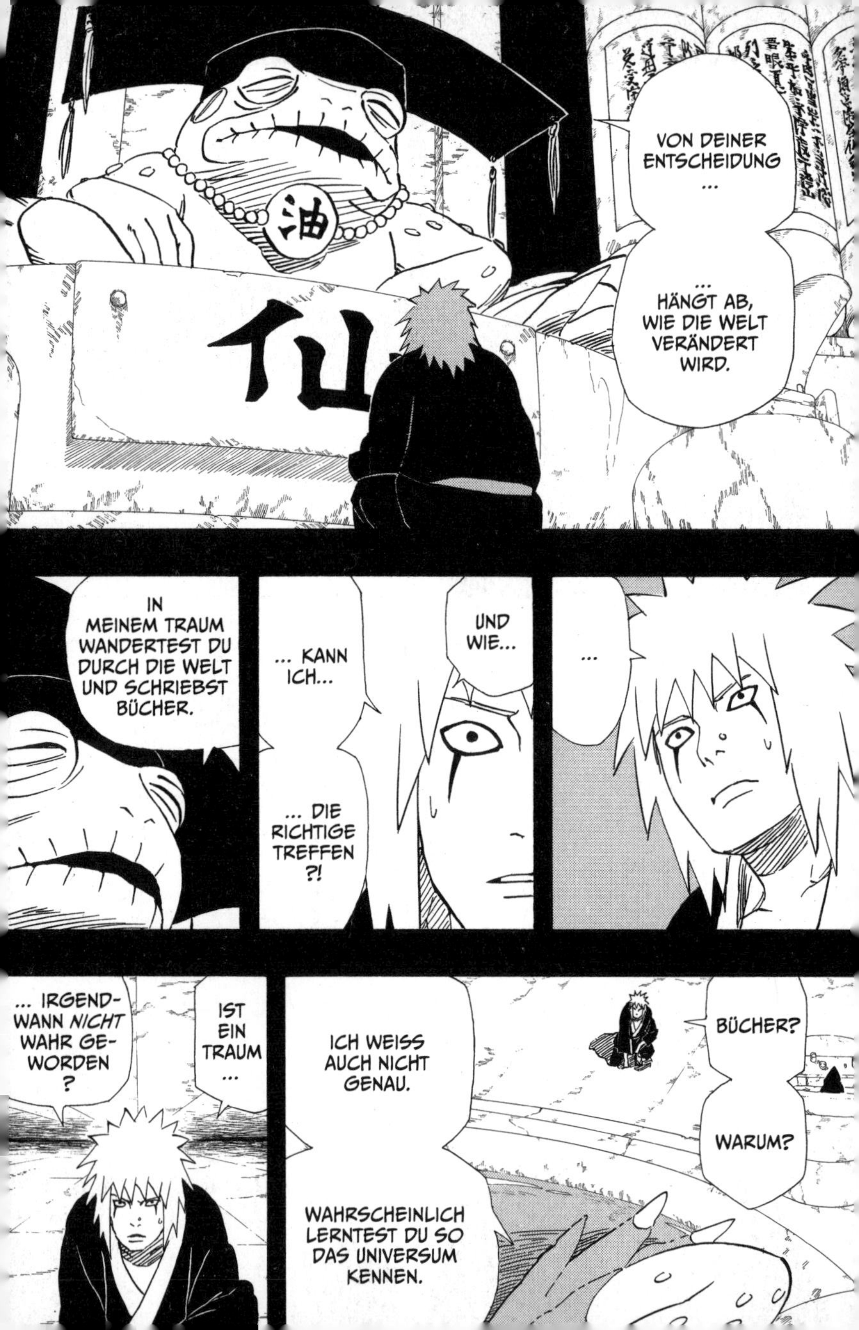
VON DEINER ENTSCHEIDUNG ...
... HÄNGT AB, WIE DIE WELT VERÄNDERT WIRD.
...
UND WIE...
... KANN ICH...
... DIE RICHTIGE TREFFEN ?!
IN MEINEM TRAUM WANDERTEST DU DURCH DIE WELT UND SCHRIEBST BÜCHER.
BÜCHER?
WARUM?
ICH WEISS AUCH NICHT GENAU.
WAHRSCHEINLICH LERNTEST DU SO DAS UNIVERSUM KENNEN.
IST EIN TRAUM ...
... IRGEND-WANN *NICHT* WAHR GE-WORDEN ?

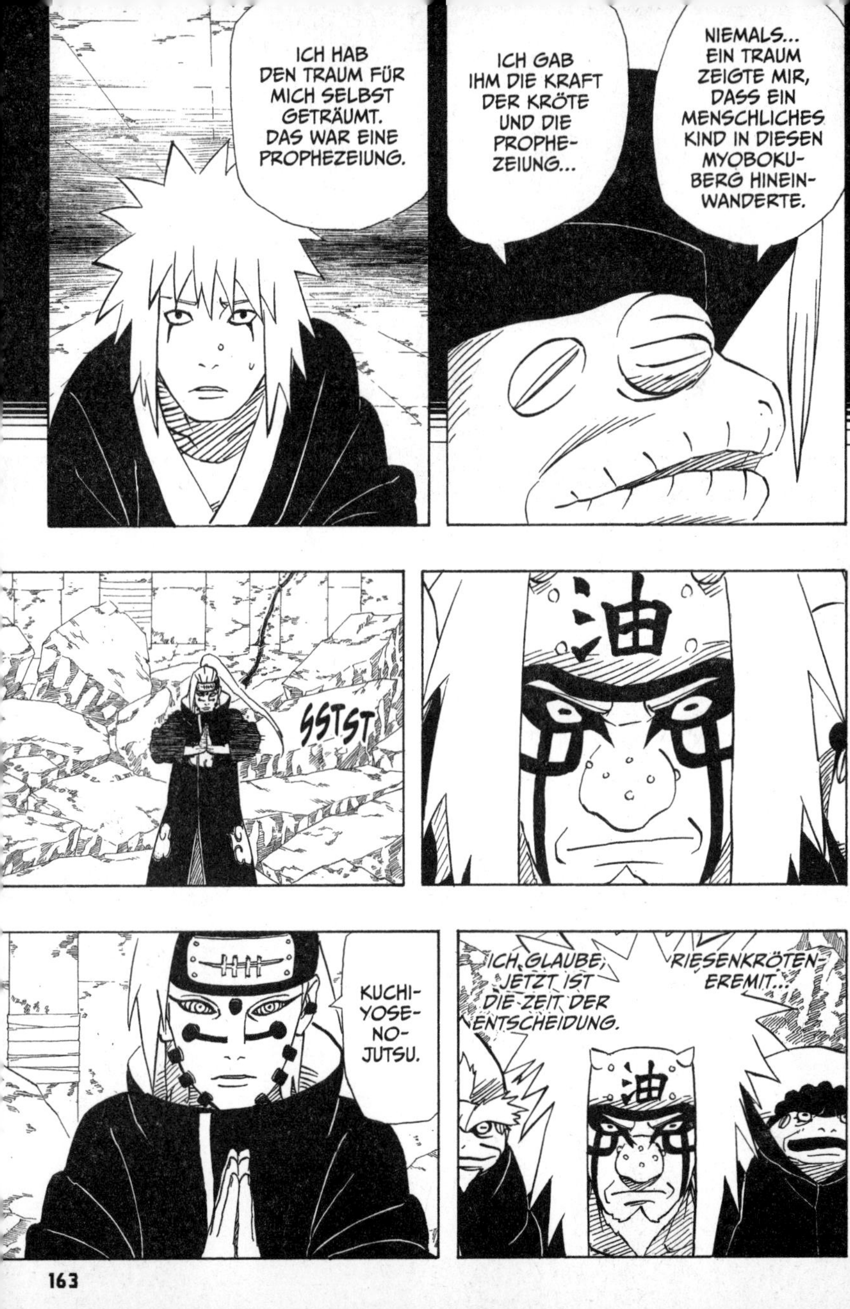
NIEMALS... EIN TRAUM ZEIGTE MIR, DASS EIN MENSCHLICHES KIND IN DIESEN MYOBOKU-BERG HINEINWANDERTE.
ICH GAB IHM DIE KRAFT DER KRÖTE UND DIE PROPHEZEIUNG...
ICH HAB DEN TRAUM FÜR MICH SELBST GETRÄUMT. DAS WAR EINE PROPHEZEIUNG.
SSTST
RIESENKRÖTEN-EREMIT...
ICH GLAUBE, JETZT IST DIE ZEIT DER ENTSCHEIDUNG.
KUCHIYOSE-NO-JUTSU.

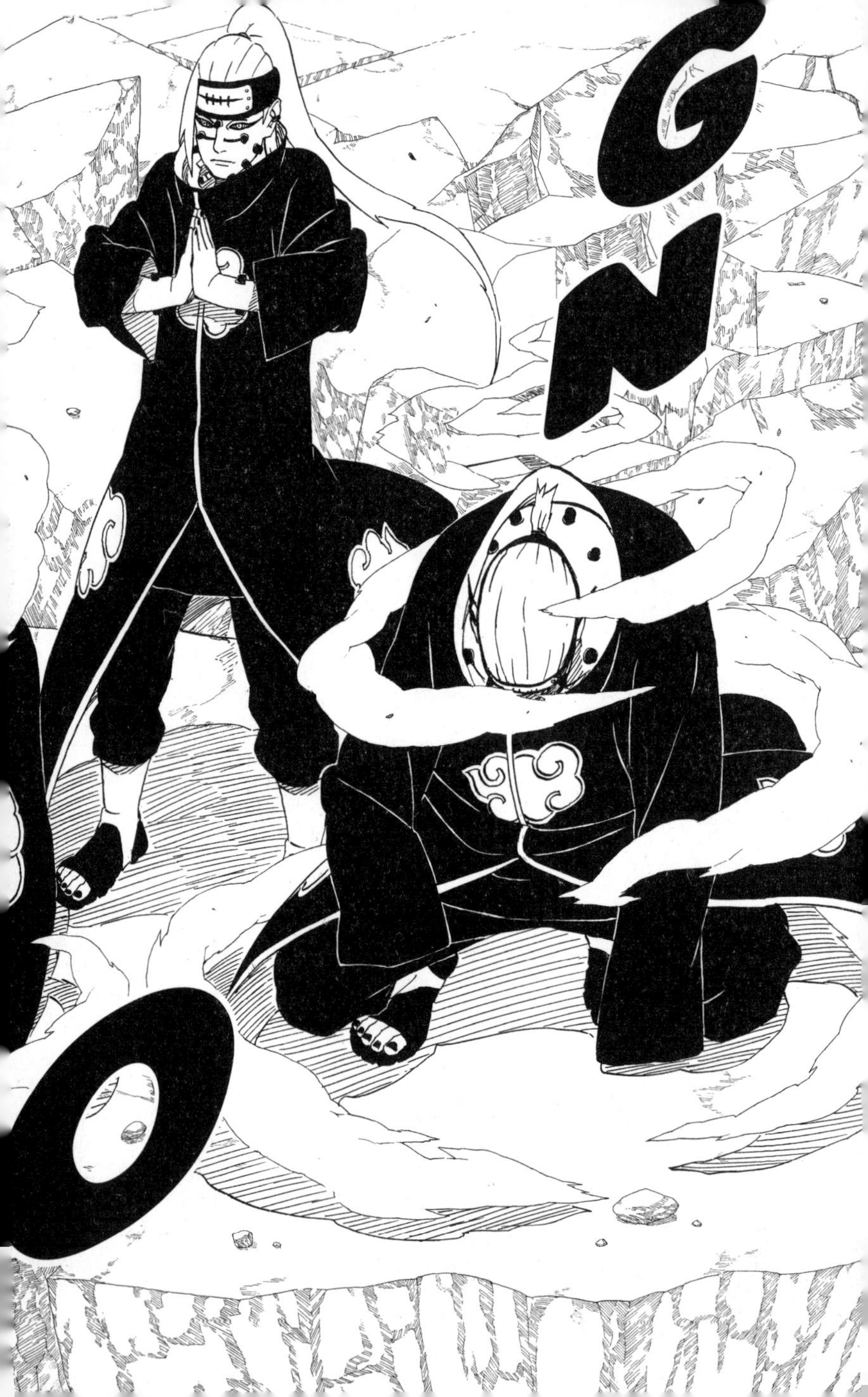

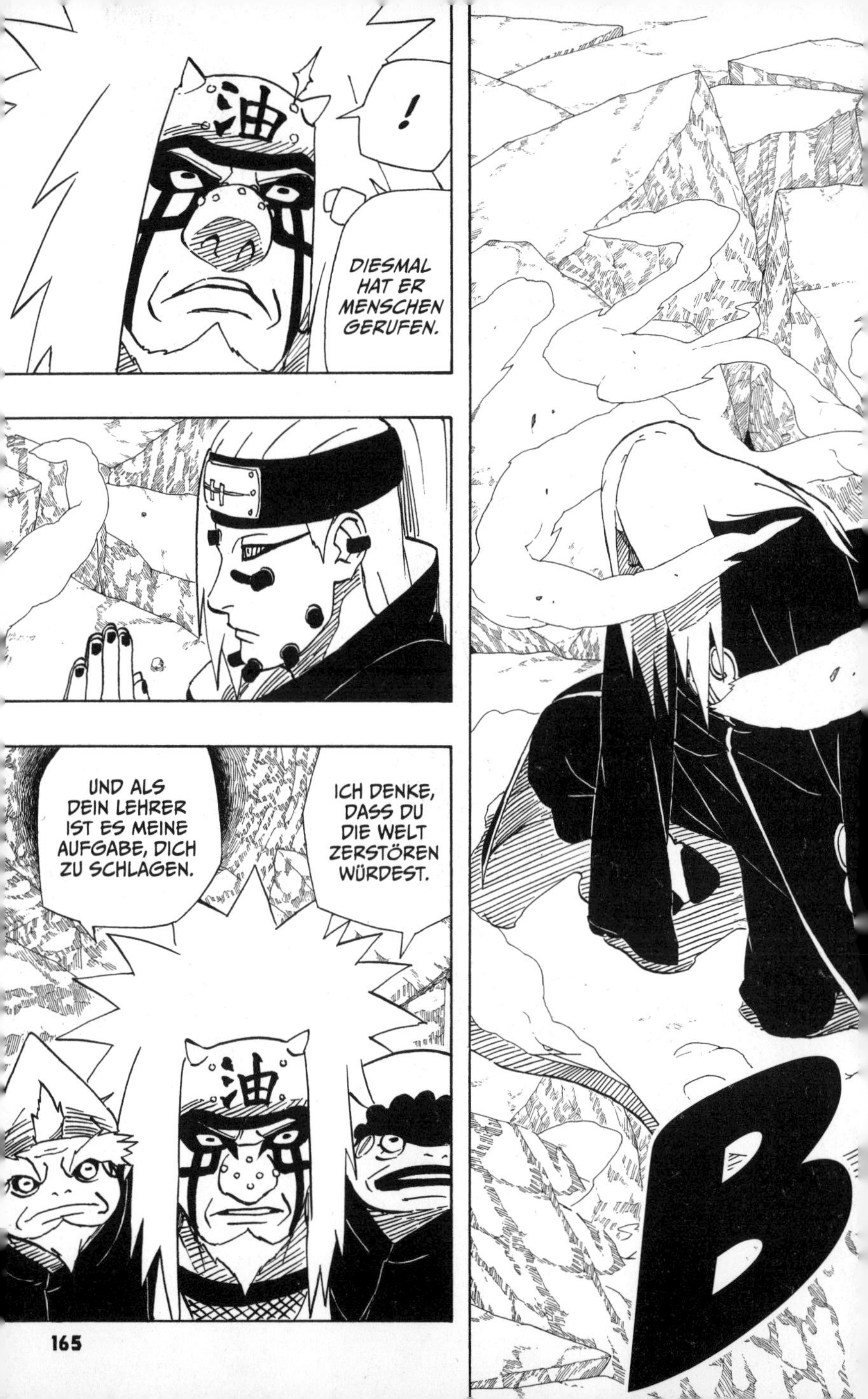
!
DIESMAL HAT ER MENSCHEN GERUFEN.
ICH DENKE, DASS DU DIE WELT ZERSTÖREN WÜRDEST.
UND ALS DEIN LEHRER IST ES MEINE AUFGABE, DICH ZU SCHLAGEN.
B

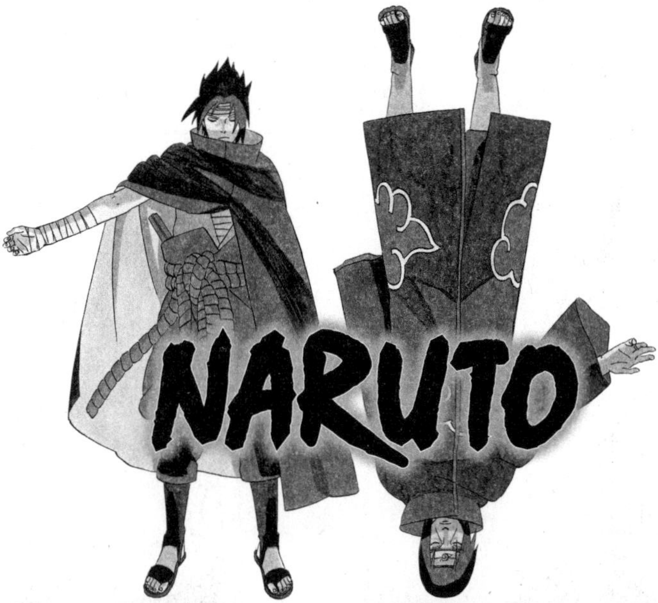
NARUTO

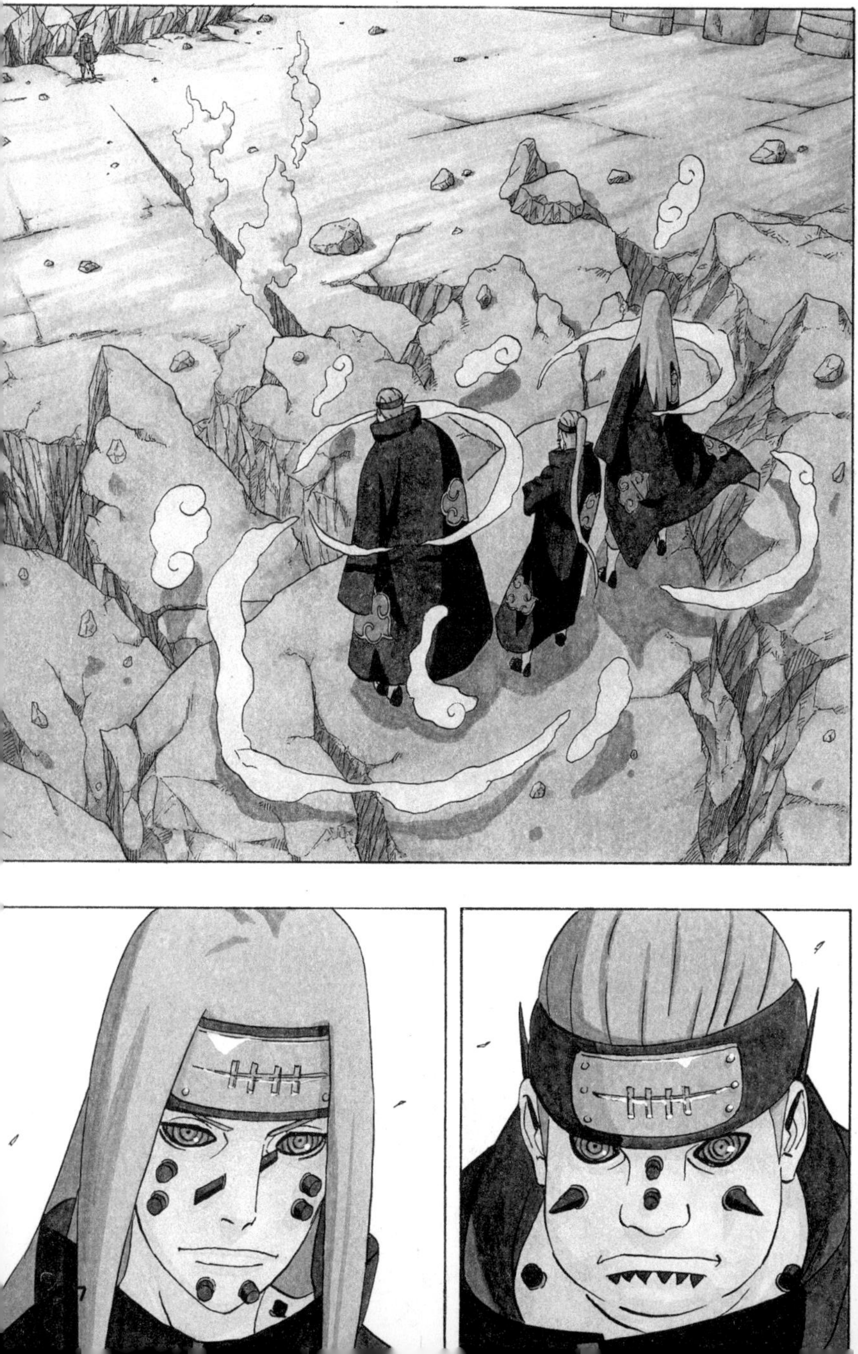

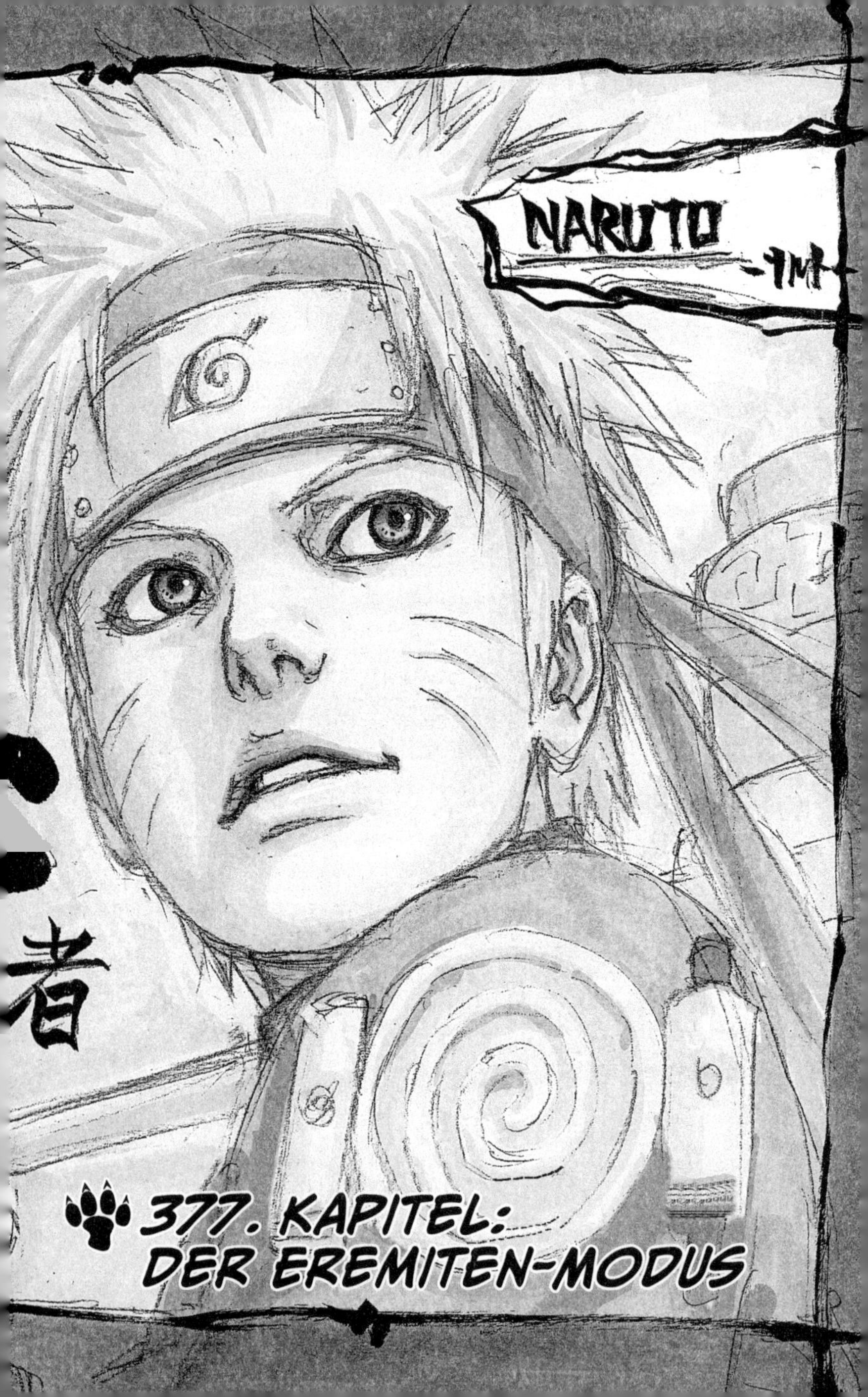

NARUTO
者
377. KAPITEL:
DER EREMITEN-MODUS

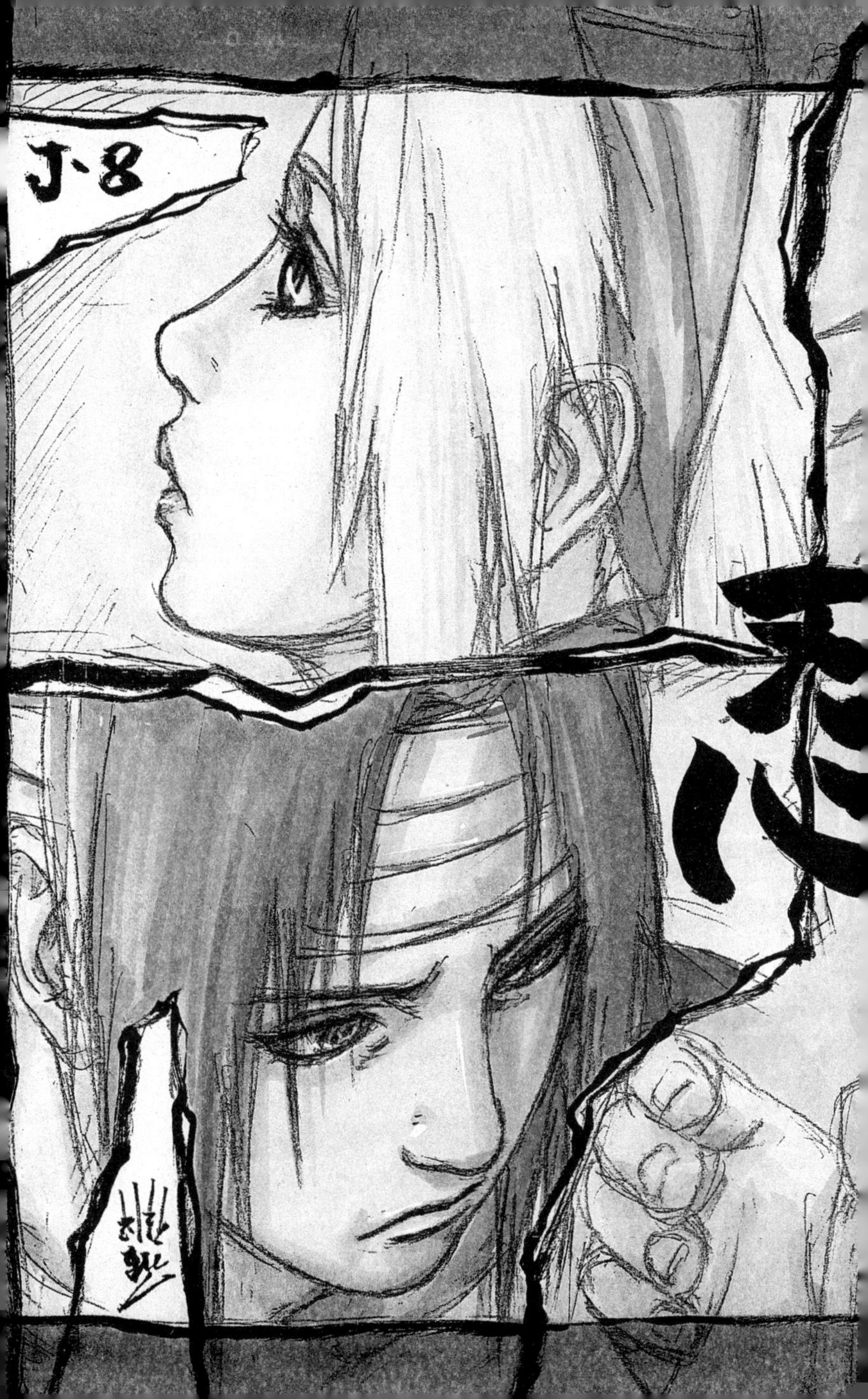
J-8

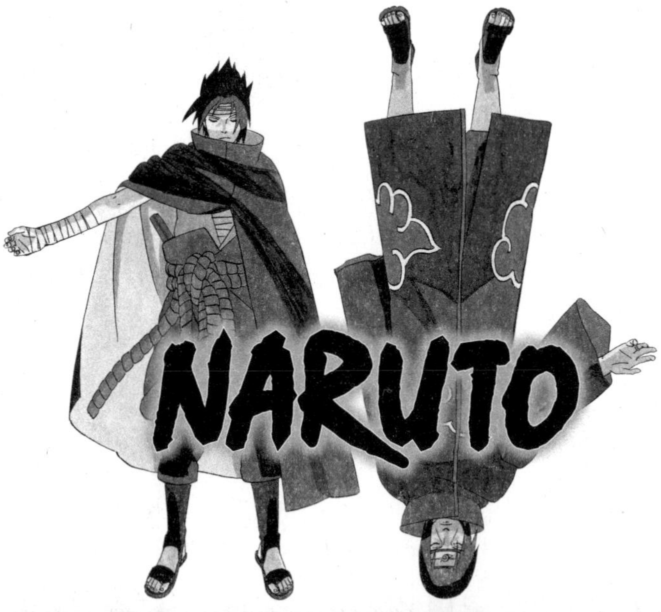
NARUTO

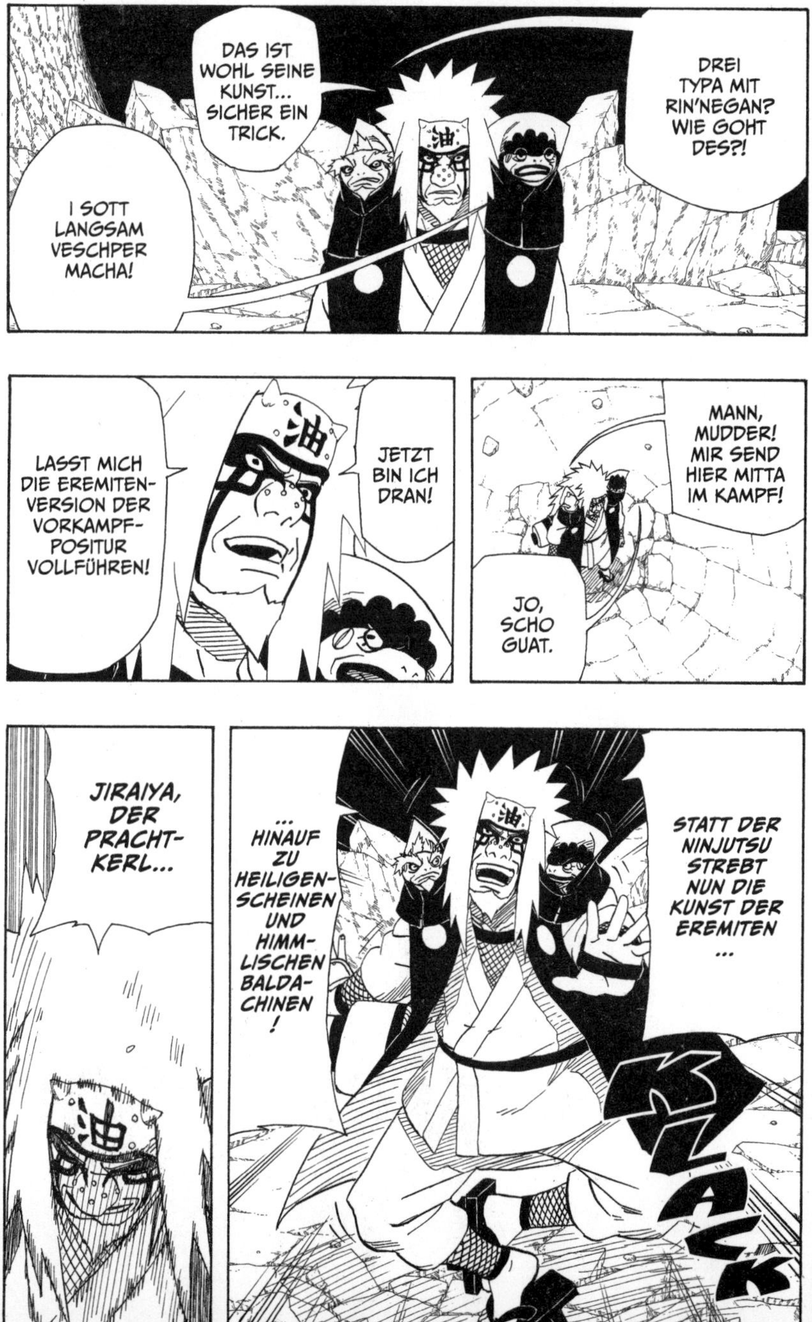
DREI TYPA MIT RIN'NEGAN? WIE GOHT DES?!
DAS IST WOHL SEINE KUNST... SICHER EIN TRICK.
I SOTT LANGSAM VESCHPER MACHA!
MANN, MUDDER! MIR SEND HIER MITTA IM KAMPF!
JO, SCHO GUAT.
JETZT BIN ICH DRAN!
LASST MICH DIE EREMITENVERSION DER VORKAMPFPOSITUR VOLLFÜHREN!
STATT DER NINJUTSU STREBT NUN DIE KUNST DER EREMITEN ...
... HINAUF ZU HEILIGENSCHEINEN UND HIMMLISCHEN BALDACHINEN!
KLACK
JIRAIYA, DER PRACHTKERL...

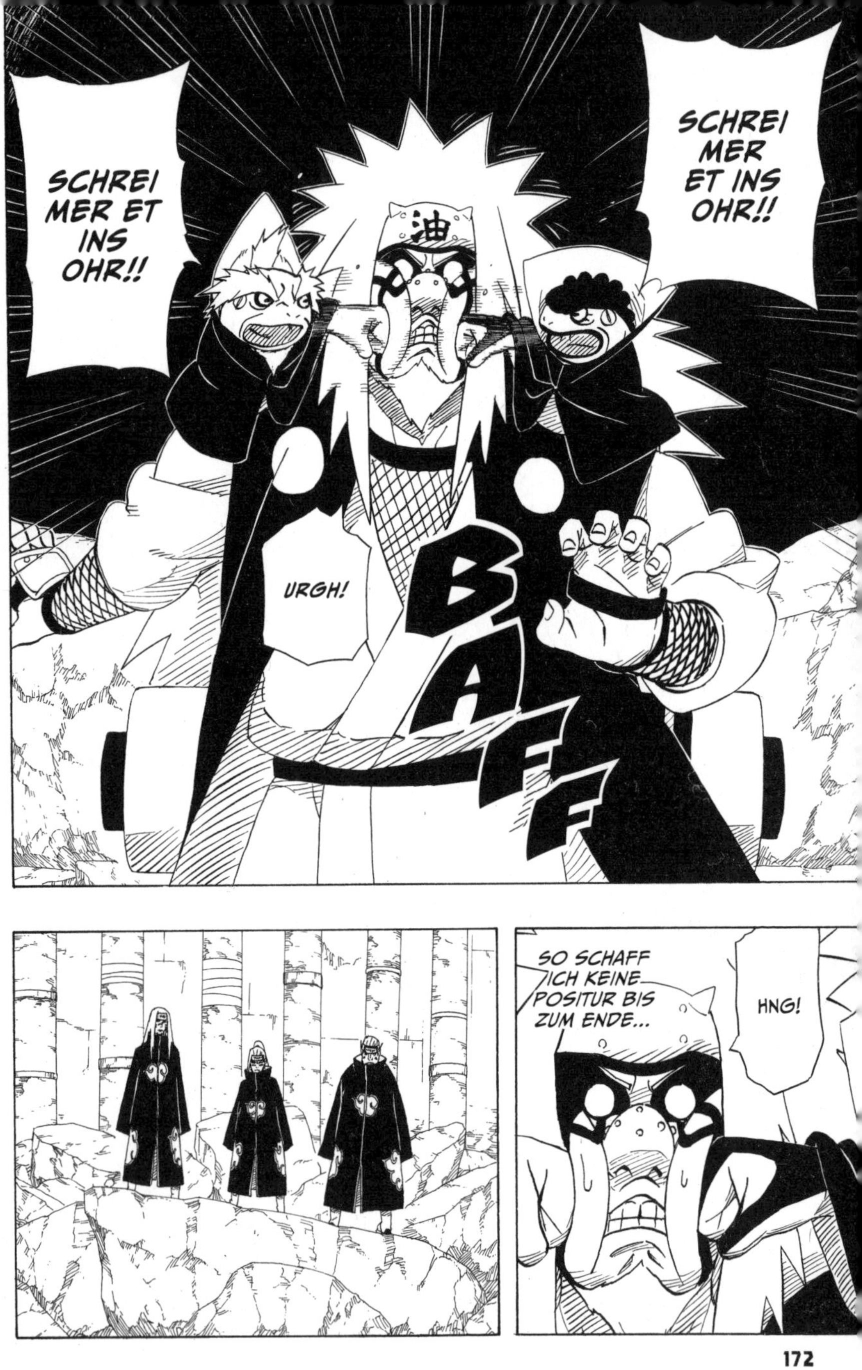
SCHREI MER ET INS OHR!!
SCHREI MER ET INS OHR!!
URGH!
BAFF
SO SCHAFF ICH KEINE POSITUR BIS ZUM ENDE...
HNG!

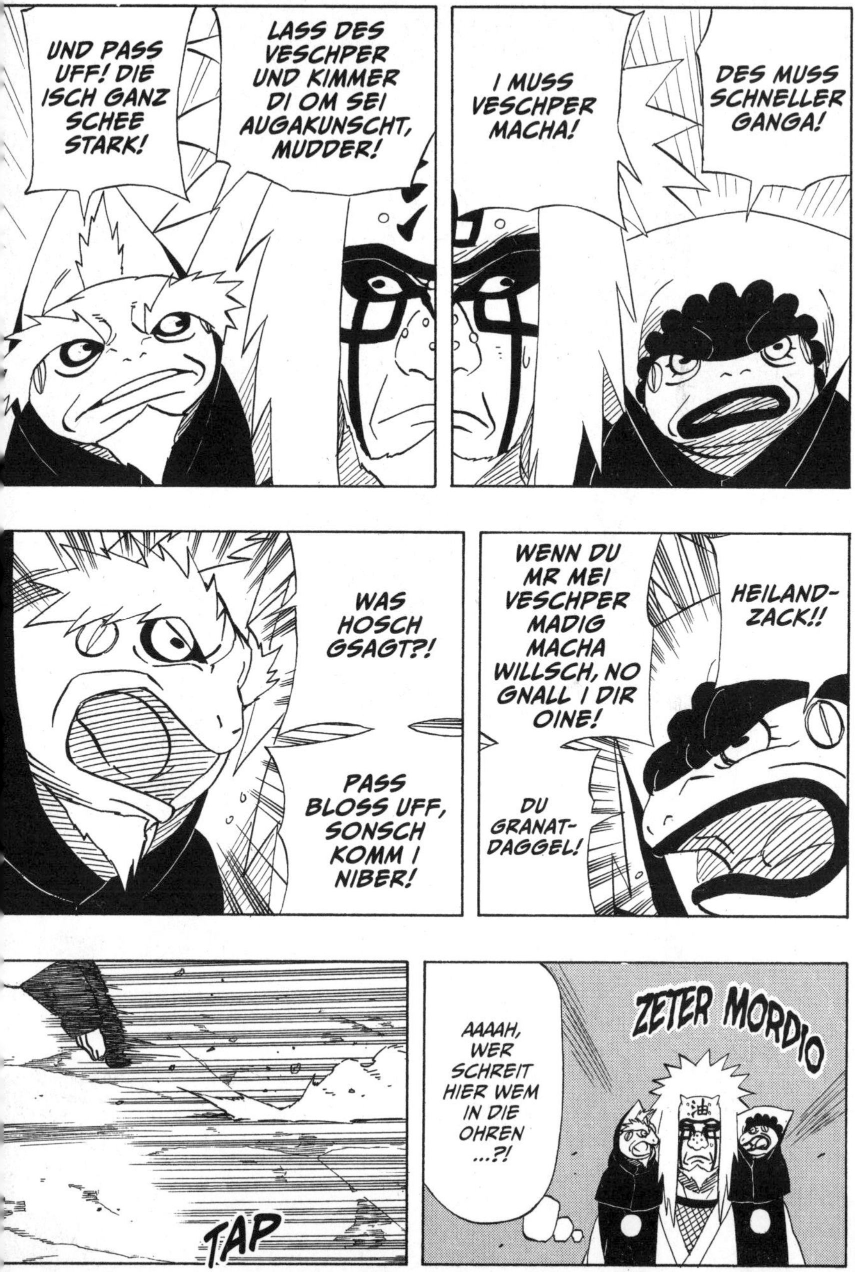
DES MUSS SCHNELLER GANGA!
I MUSS VESCHPER MACHA!
LASS DES VESCHPER UND KIMMER DI OM SEI AUGAKUNSCHT, MUDDER!
UND PASS UFF! DIE ISCH GANZ SCHEE STARK!
HEILAND-ZACK!!
WENN DU MR MEI VESCHPER MADIG MACHA WILLSCH, NO GNALL I DIR OINE!
DU GRANAT-DAGGEL!
WAS HOSCH GSAGT?!
PASS BLOSS UFF, SONSCH KOMM I NIBER!
ZETER MORDIO
AAAAH, WER SCHREIT HIER WEM IN DIE OHREN ...?!
TAP

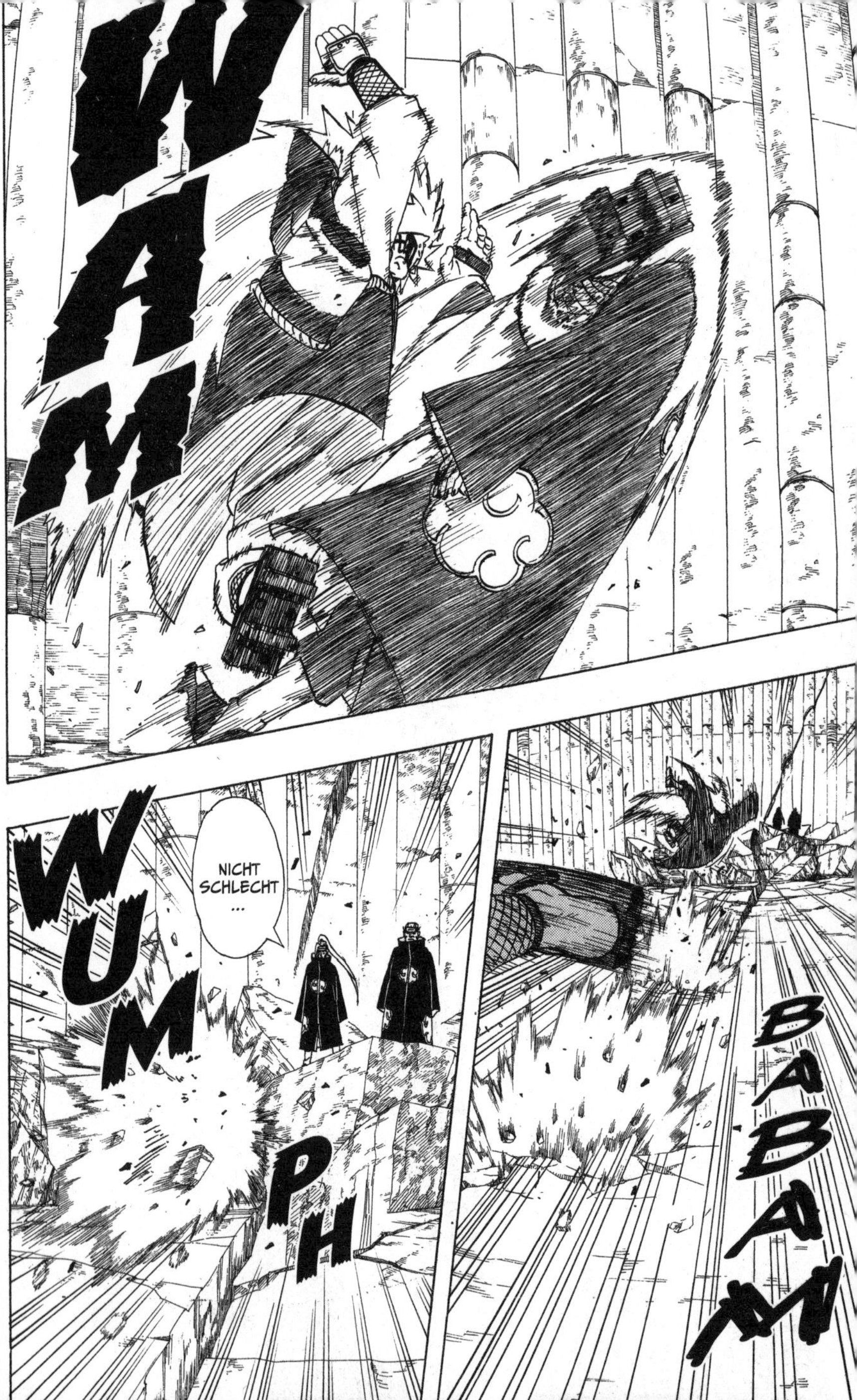
WAM
BABAM
NICHT SCHLECHT ...
WUMPH

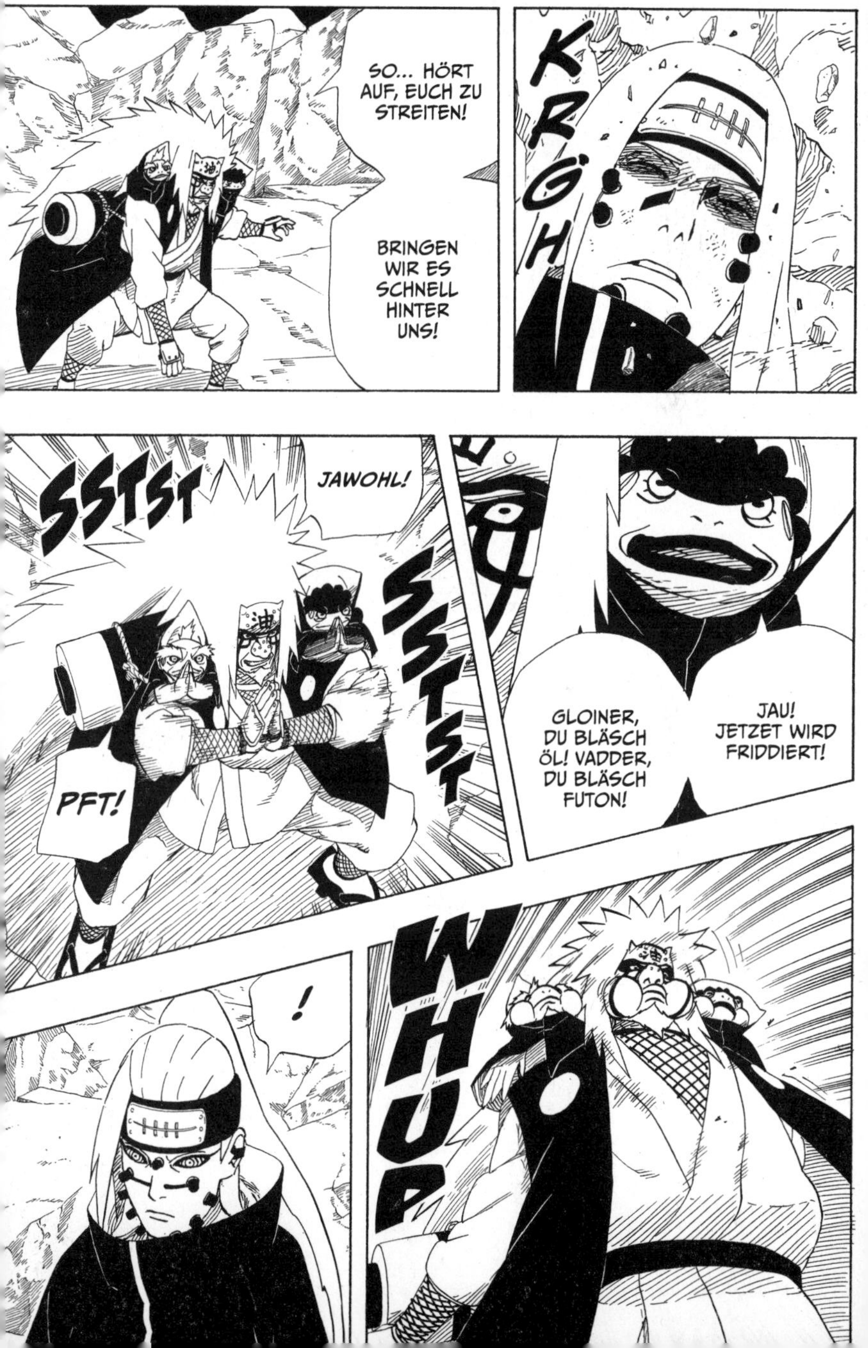
KRGH
SO... HÖRT AUF, EUCH ZU STREITEN!
BRINGEN WIR ES SCHNELL HINTER UNS!
JAU! JETZET WIRD FRIDDIERT!
GLOINER, DU BLÄSCH ÖL! VADDER, DU BLÄSCH FUTON!
SSTST
JAWOHL!
SSTST
PFT!
WHUP
!

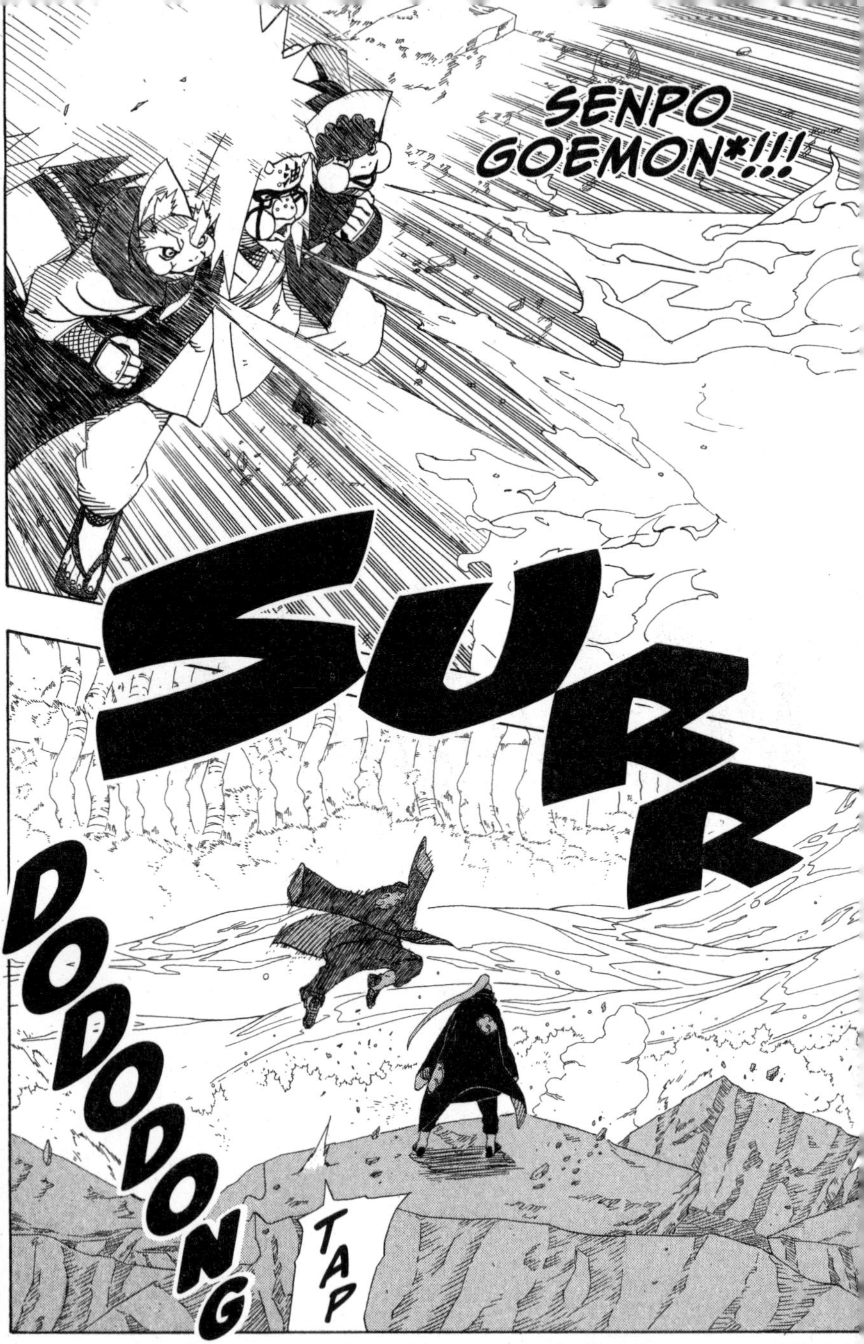

* NACH GOEMON ISHIKAWA, EINEM BERÜHMTEN NINJA AUS DEM 16. JAHRHUNDERT.

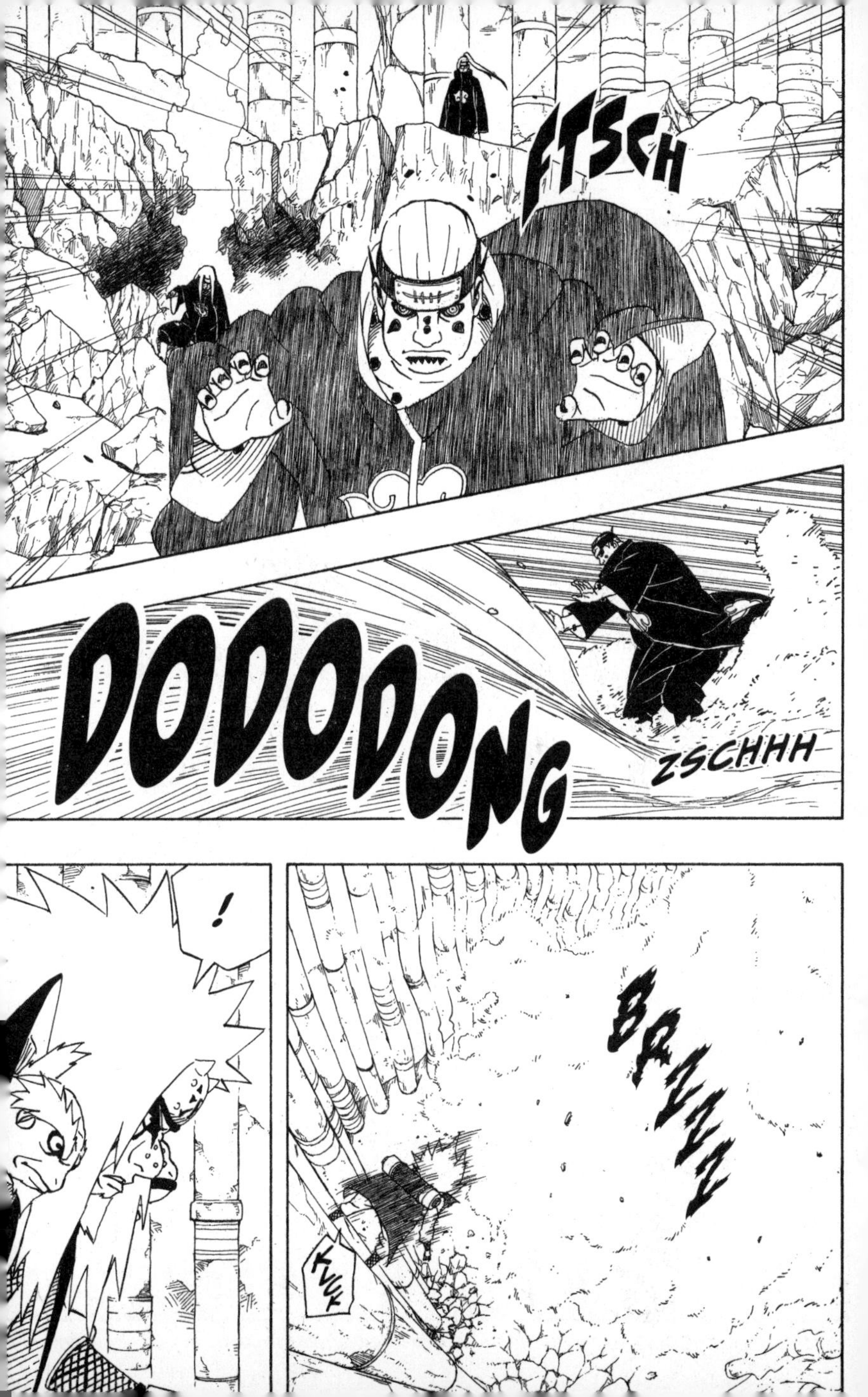

FTSCH
DODODONG
ZSCHHH
!
BRUMM
KNICK

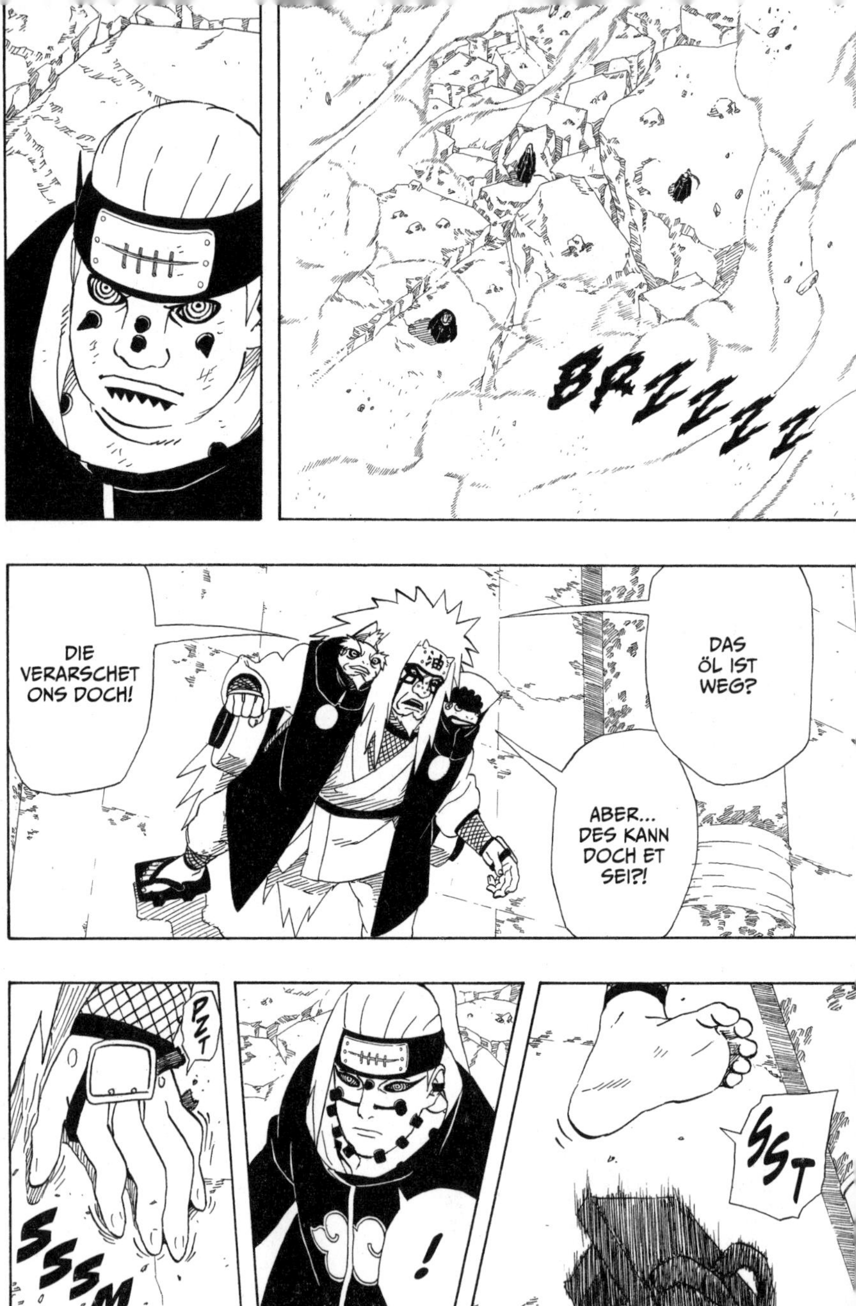
BRZZZZ
DAS ÖL IST WEG?
ABER... DES KANN DOCH ET SEI?!
DIE VERARSCHET ONS DOCH!
SST
!
PZT
SSSM

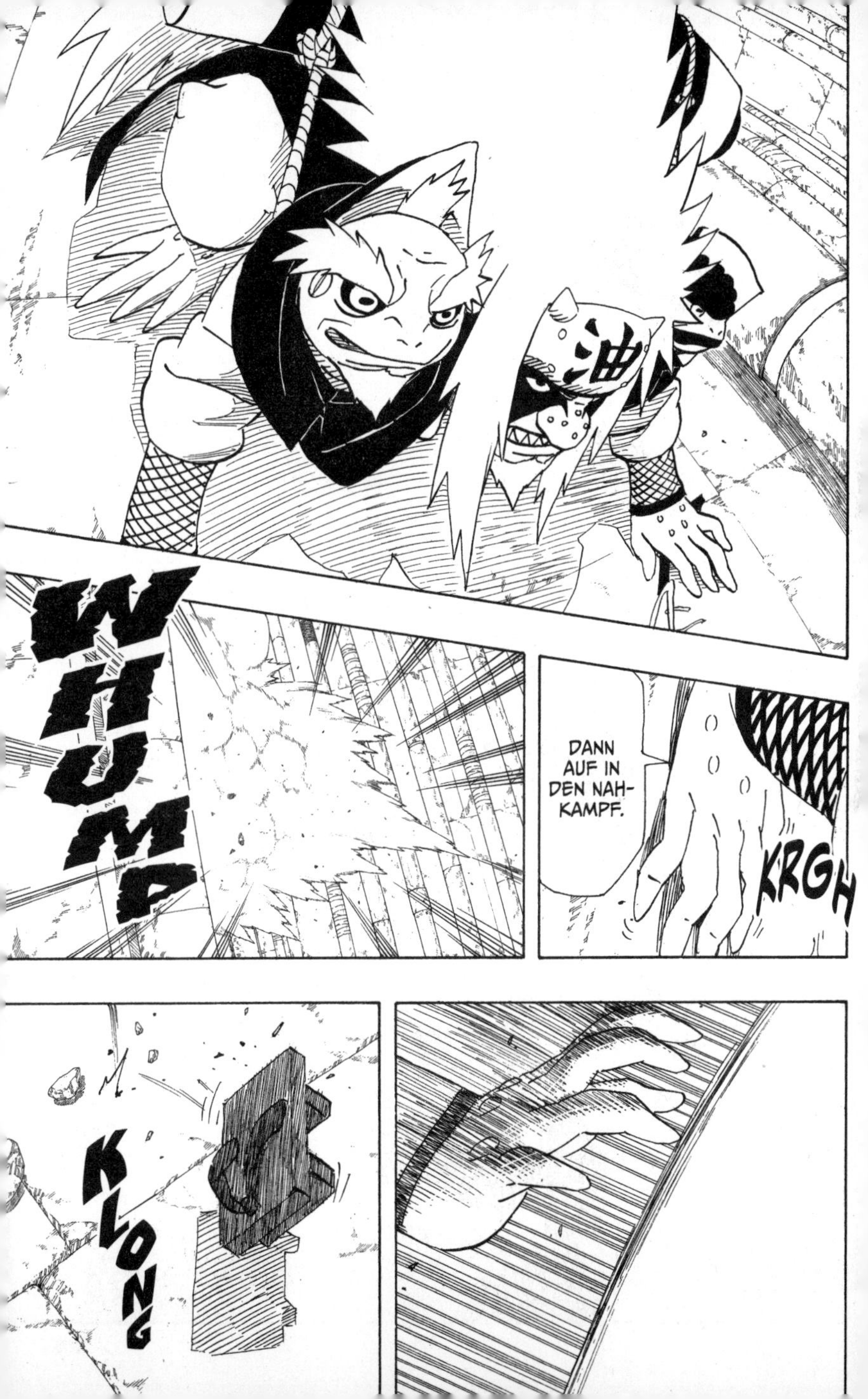

WHUMP
DANN AUF IN DEN NAHKAMPF.
KRGH
KLONG

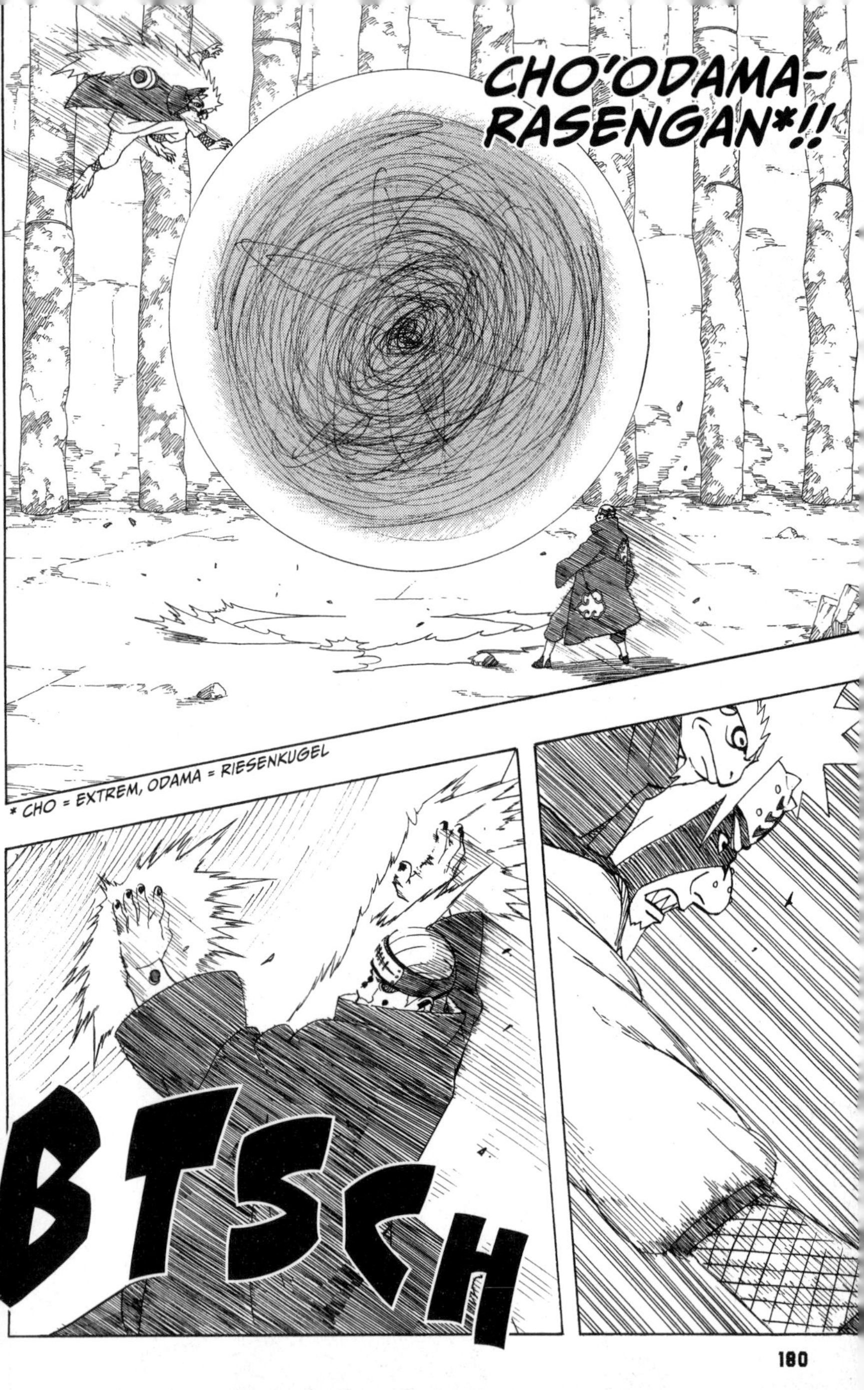

CHO'ODAMA-RASENGAN*!!
* CHO = EXTREM, ODAMA = RIESENKUGEL
BTSCH

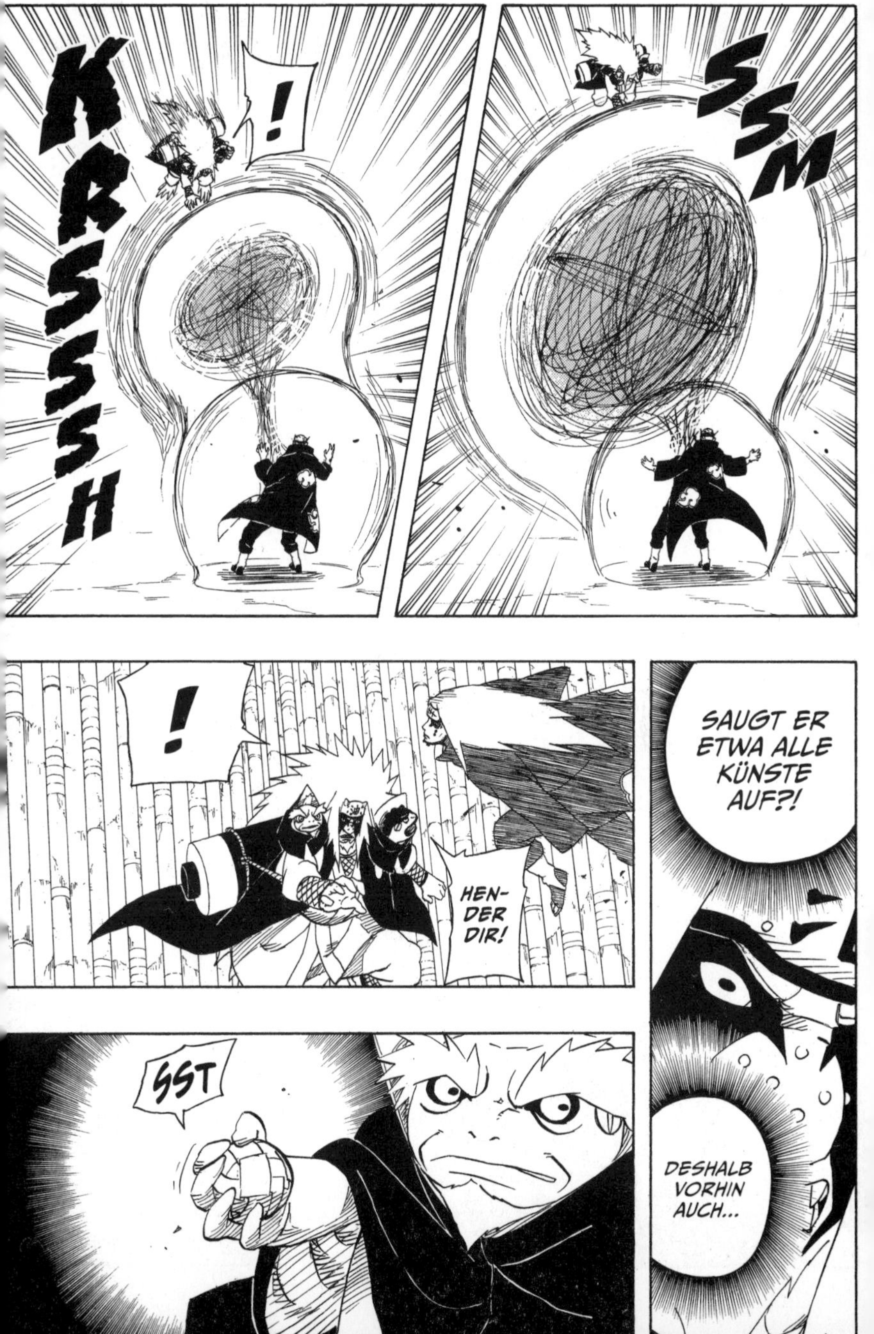
SSM
KRSSSH
!
SAUGT ER ETWA ALLE KÜNSTE AUF?!
DESHALB VORHIN AUCH...
!
HENDER DIR!
SST

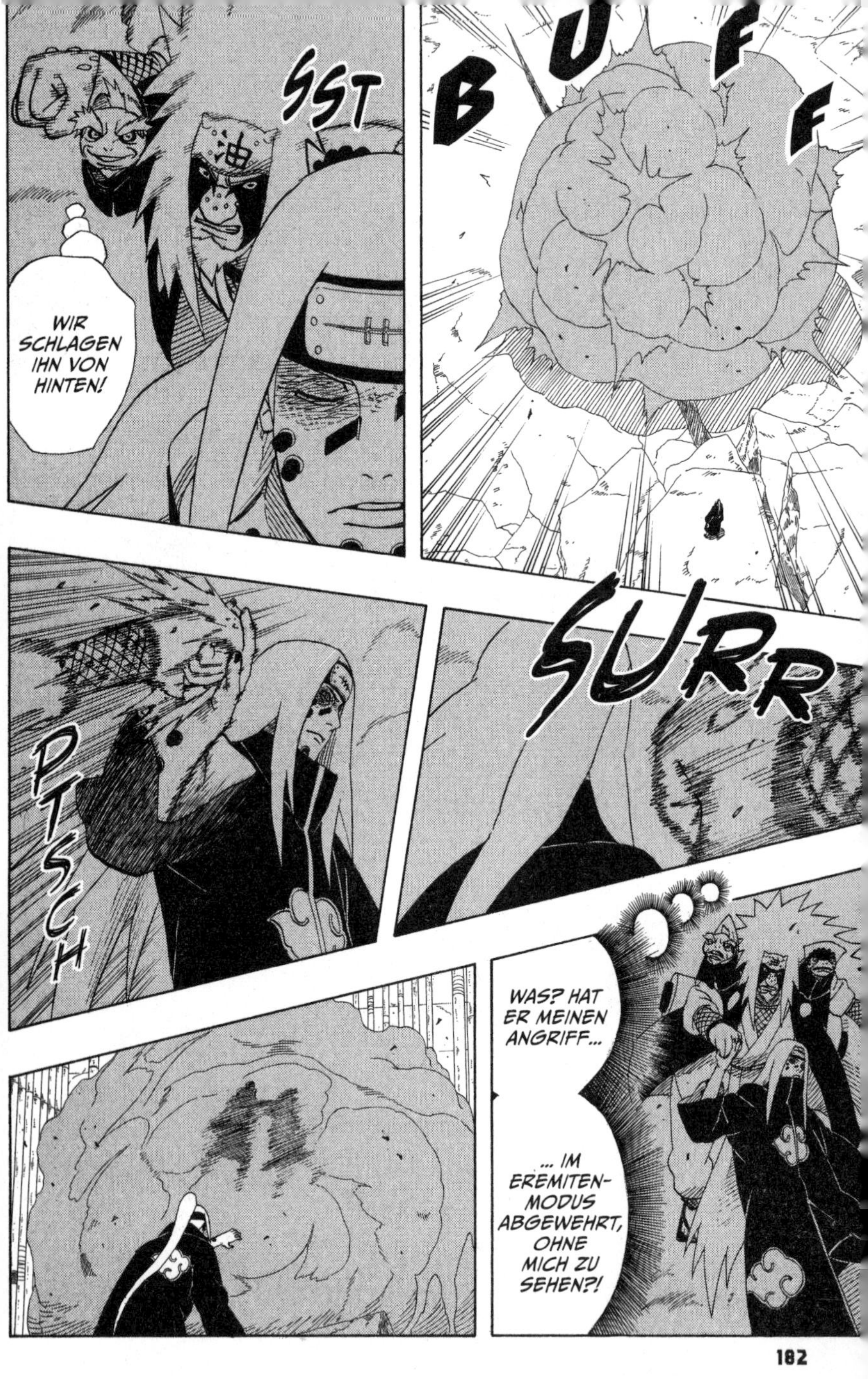
BUFF
SST
WIR SCHLAGEN IHN VON HINTEN!
SURR
PTSCH
WAS? HAT ER MEINEN ANGRIFF...
... IM EREMITEN-MODUS ABGEWEHRT, OHNE MICH ZU SEHEN?!

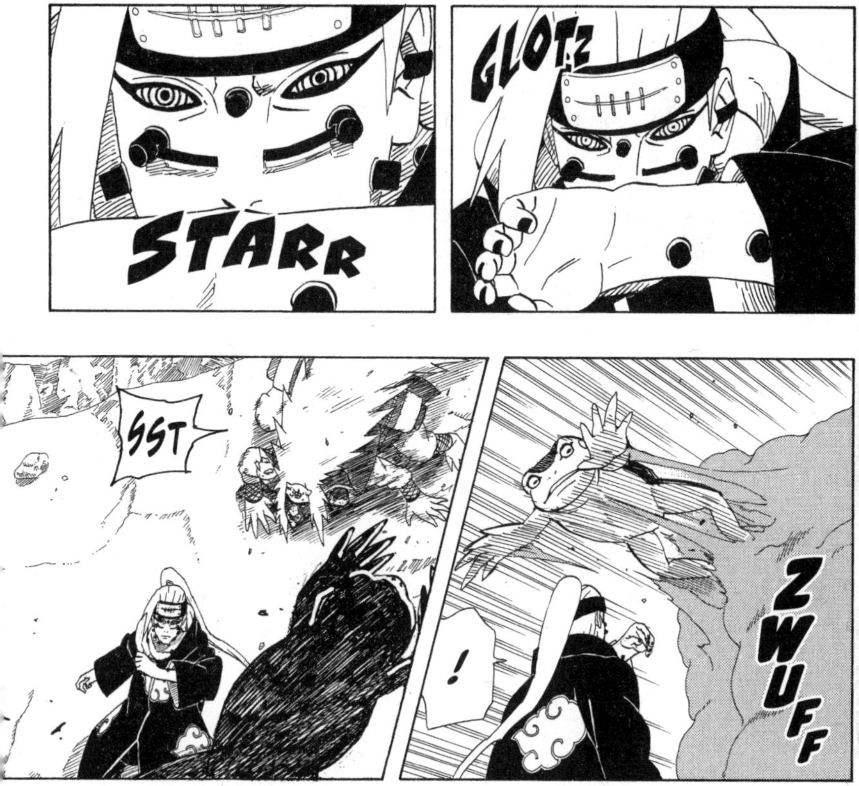

* KE = HAAR, BARI/HARI = NADEL

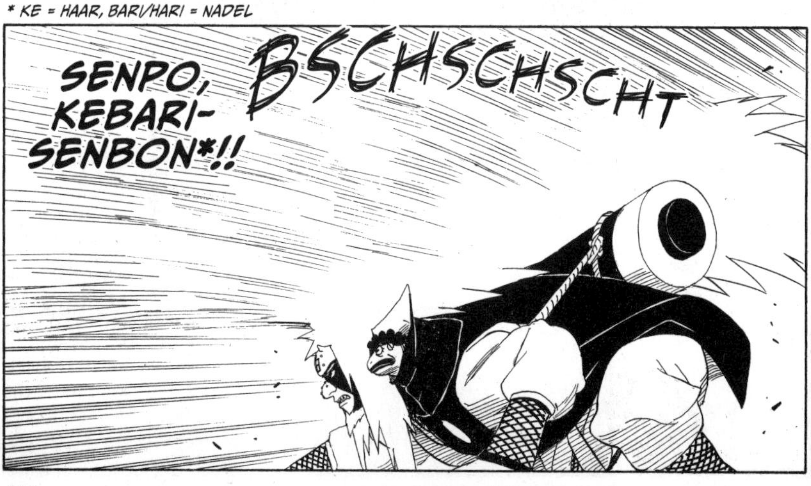

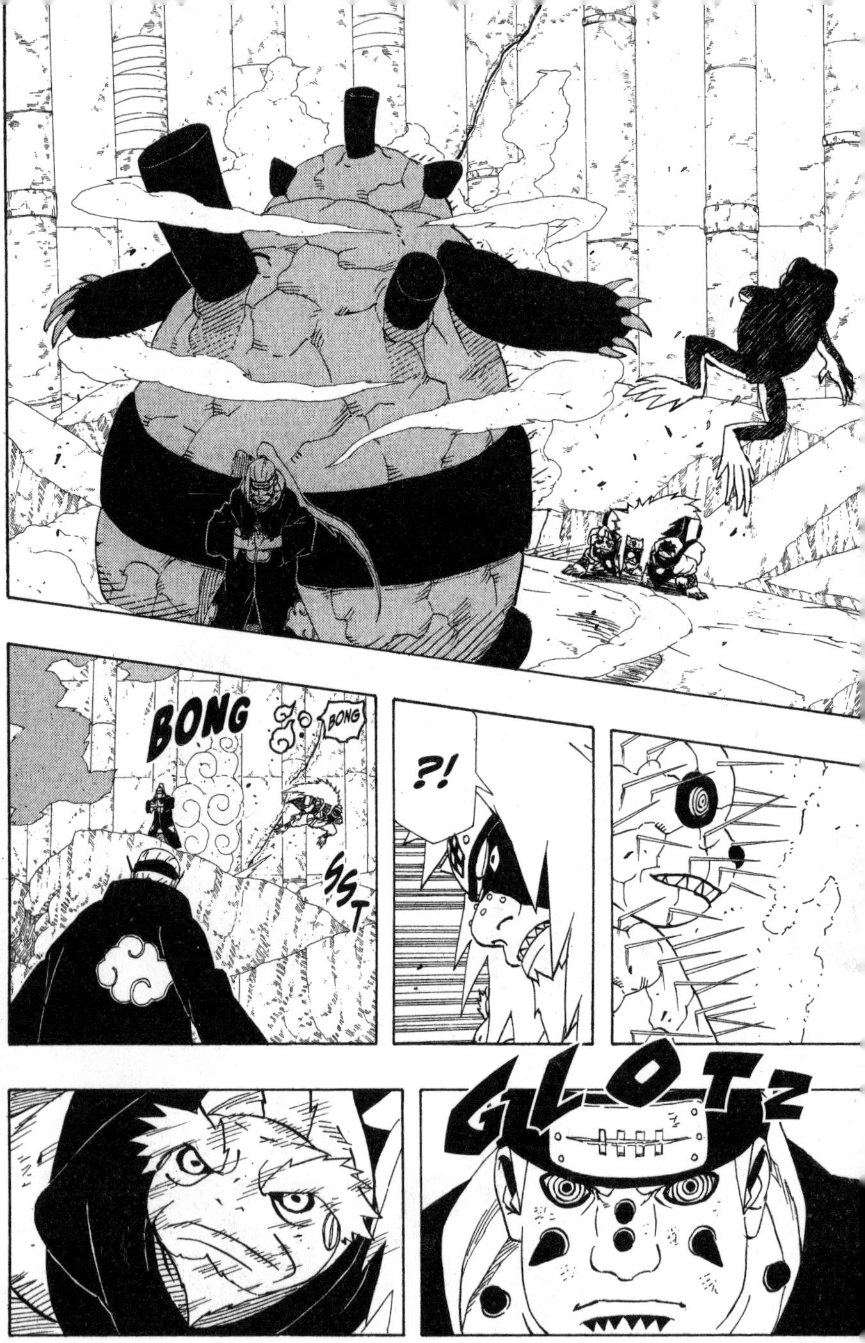
BONG
BONG
SST
?!
GLOTZ

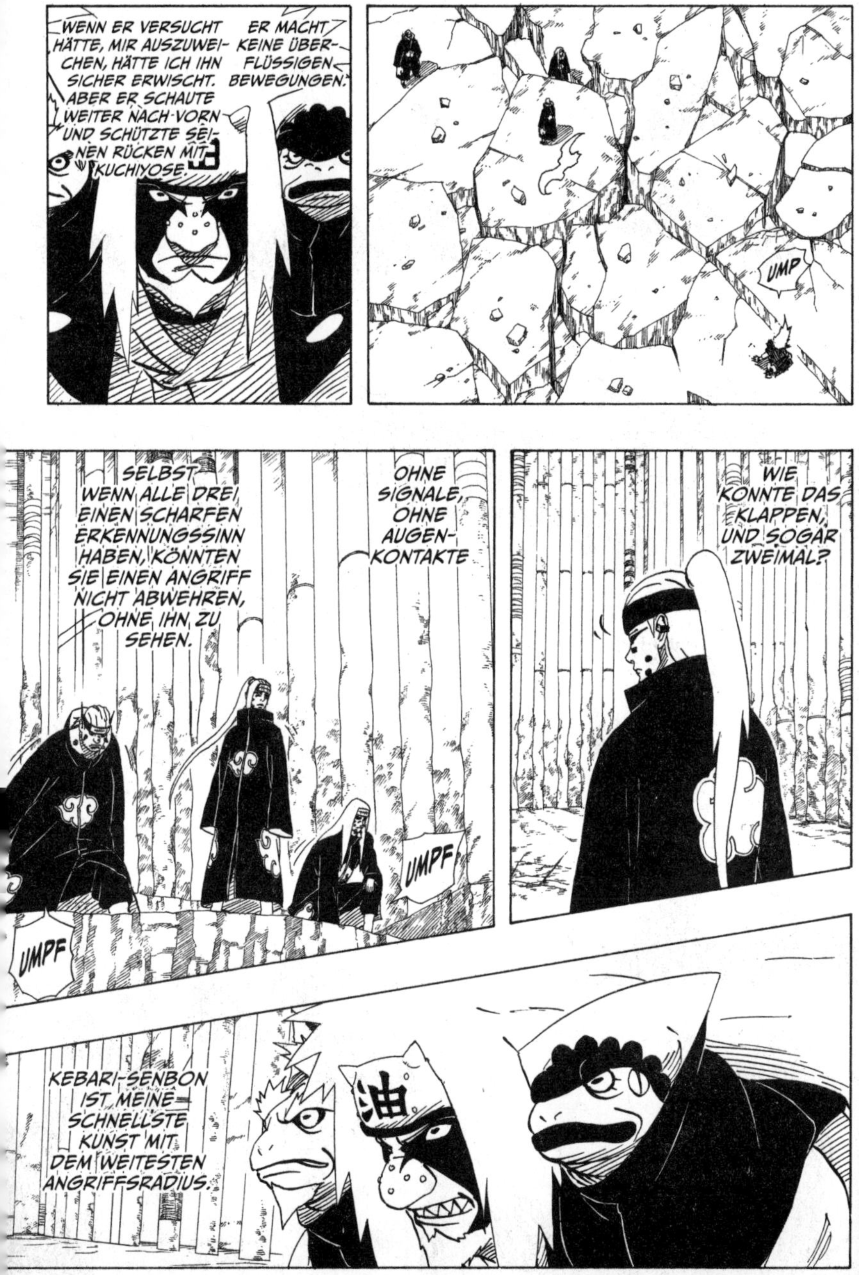
UMP
ER MACHT KEINE ÜBERFLÜSSIGEN BEWEGUNGEN.
WENN ER VERSUCHT HÄTTE, MIR AUSZUWEICHEN, HÄTTE ICH IHN SICHER ERWISCHT. ABER ER SCHAUTE WEITER NACH VORN UND SCHÜTZTE SEINEN RÜCKEN MIT KUCHIYOSE.
WIE KONNTE DAS KLAPPEN, UND SOGAR ZWEIMAL?
OHNE SIGNALE, OHNE AUGENKONTAKTE
SELBST WENN ALLE DREI EINEN SCHARFEN ERKENNUNGSSINN HABEN, KÖNNTEN SIE EINEN ANGRIFF NICHT ABWEHREN, OHNE IHN ZU SEHEN.
UMPF
UMPF
KEBARI-SENBON IST MEINE SCHNELLSTE KUNST MIT DEM WEITESTEN ANGRIFFSRADIUS.

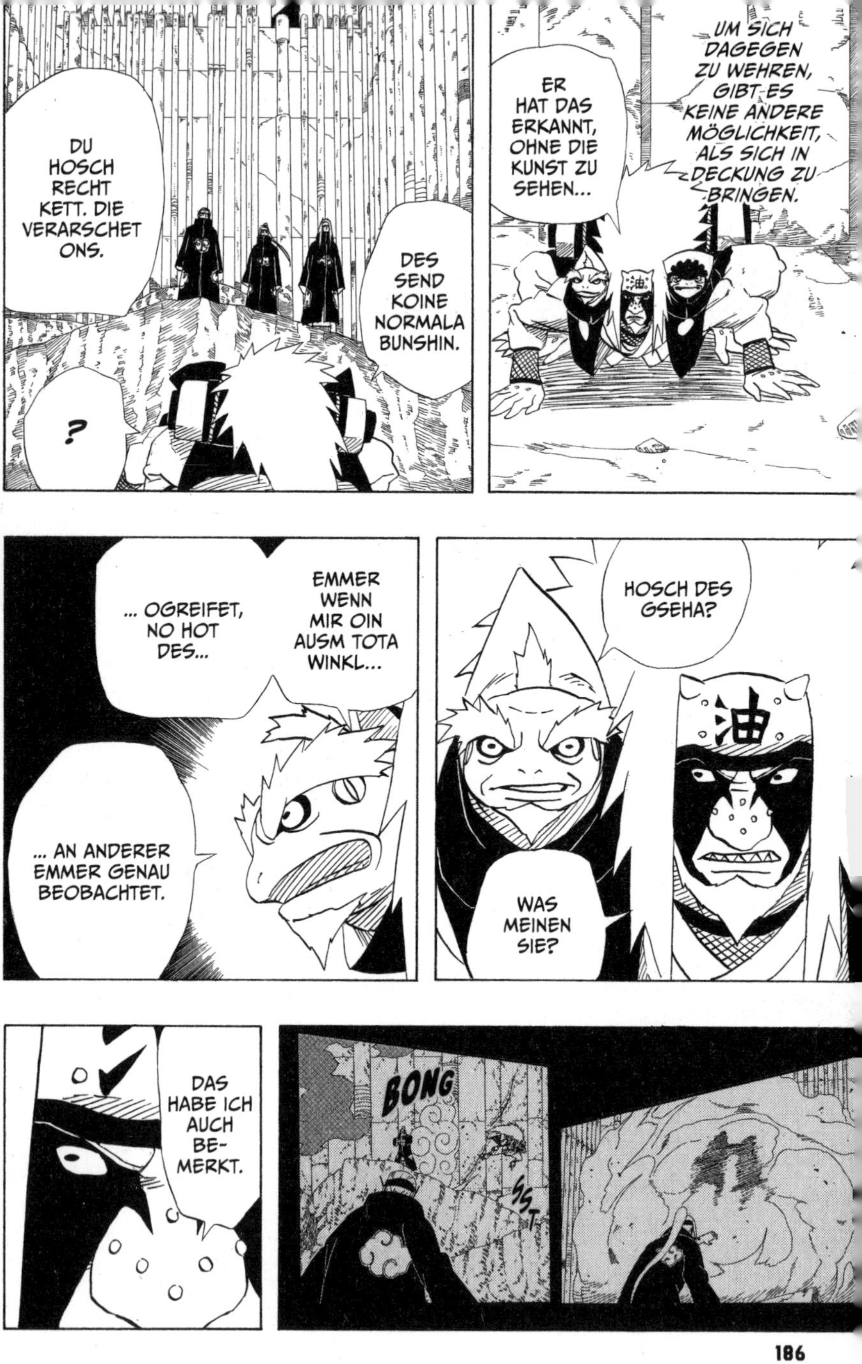
UM SICH DAGEGEN ZU WEHREN, GIBT ES KEINE ANDERE MÖGLICHKEIT, ALS SICH IN DECKUNG ZU BRINGEN.
ER HAT DAS ERKANNT, OHNE DIE KUNST ZU SEHEN...
DES SEND KOINE NORMALA BUNSHIN.
DU HOSCH RECHT KETT. DIE VERARSCHET ONS.
?
HOSCH DES GSEHA?
WAS MEINEN SIE?
EMMER WENN MIR OIN AUSM TOTA WINKL...
... OGREIFET, NO HOT DES...
... AN ANDERER EMMER GENAU BEOBACHTET.
BONG
SST
DAS HABE ICH AUCH BE- MERKT.

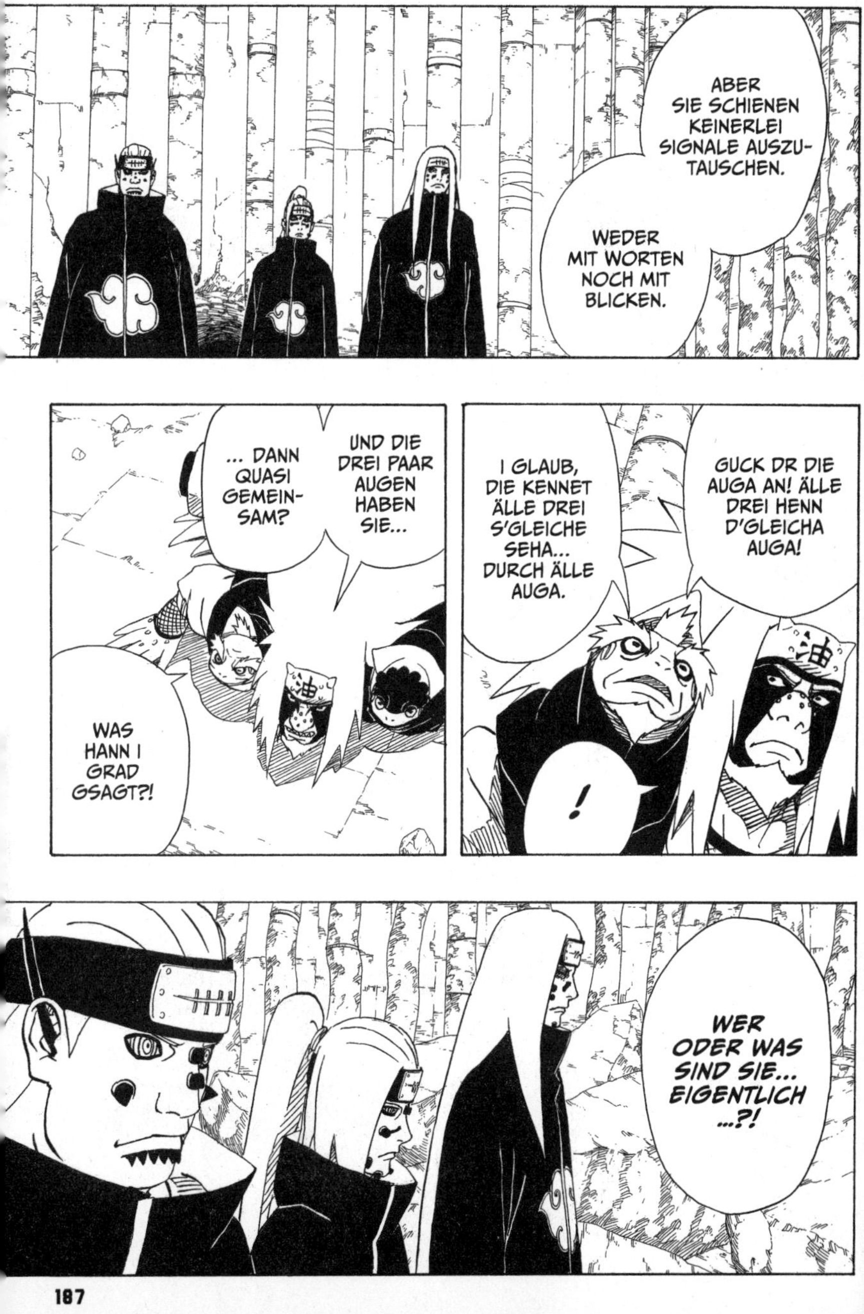
ABER SIE SCHIENEN KEINERLEI SIGNALE AUSZUTAUSCHEN.
WEDER MIT WORTEN NOCH MIT BLICKEN.
GUCK DR DIE AUGA AN! ÄLLE DREI HENN D'GLEICHA AUGA!
I GLAUB, DIE KENNET ÄLLE DREI S'GLEICHE SEHA... DURCH ÄLLE AUGA.
!
UND DIE DREI PAAR AUGEN HABEN SIE...
... DANN QUASI GEMEINSAM?
WAS HANN I GRAD GSAGT?!
WER ODER WAS SIND SIE... EIGENTLICH ...?!

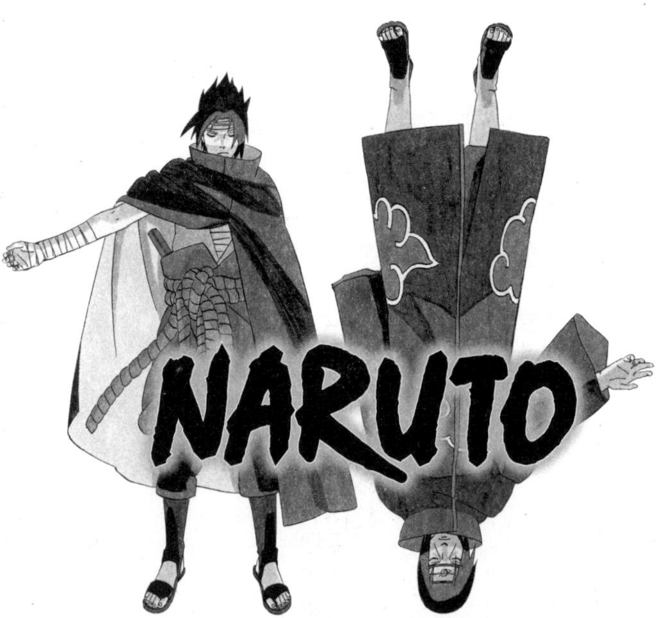
NARUTO

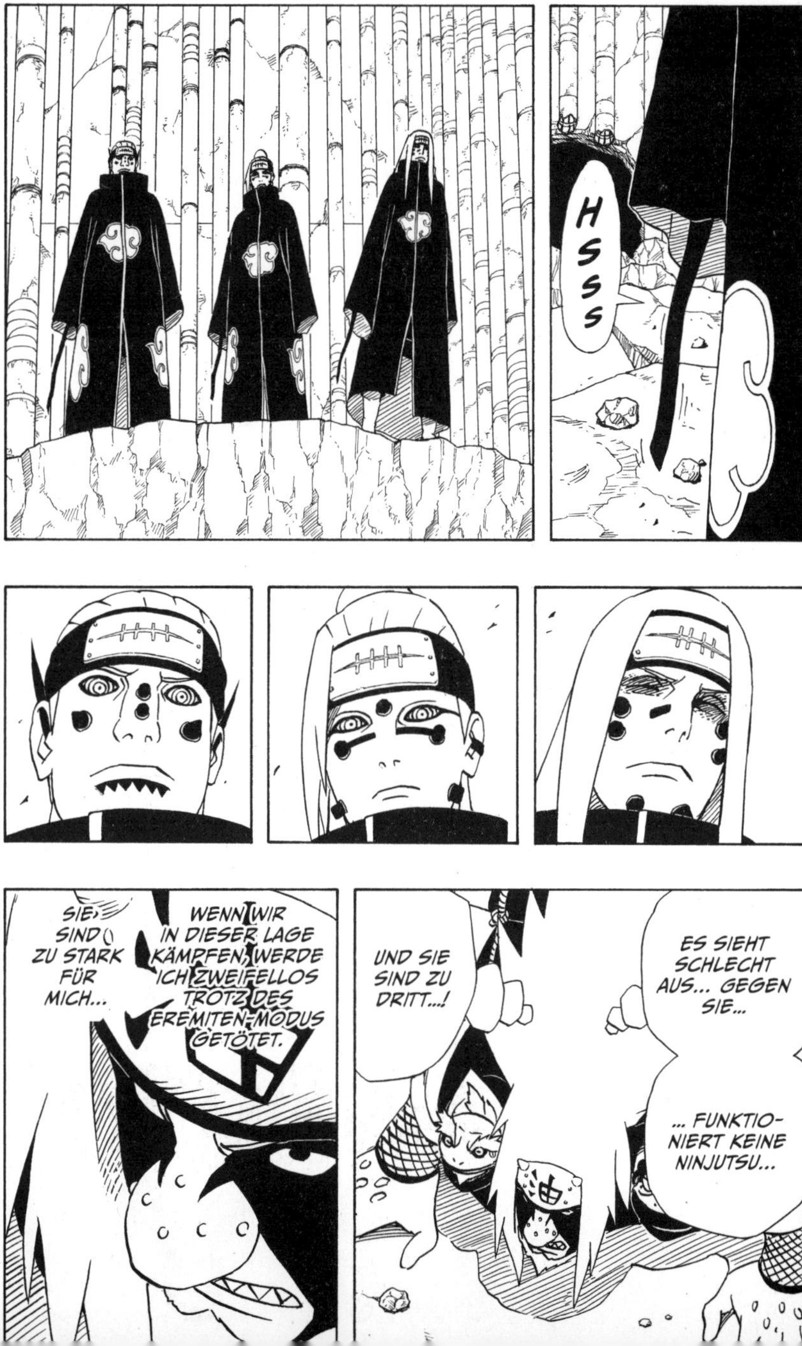
HSSS
ES SIEHT SCHLECHT AUS... GEGEN SIE...
... FUNKTIONIERT KEINE NINJUTSU...
UND SIE SIND ZU DRITT...!
WENN WIR IN DIESER LAGE KÄMPFEN, WERDE ICH ZWEIFELLOS TROTZ DES EREMITEN-MODUS GETÖTET.
SIE SIND ZU STARK FÜR MICH...

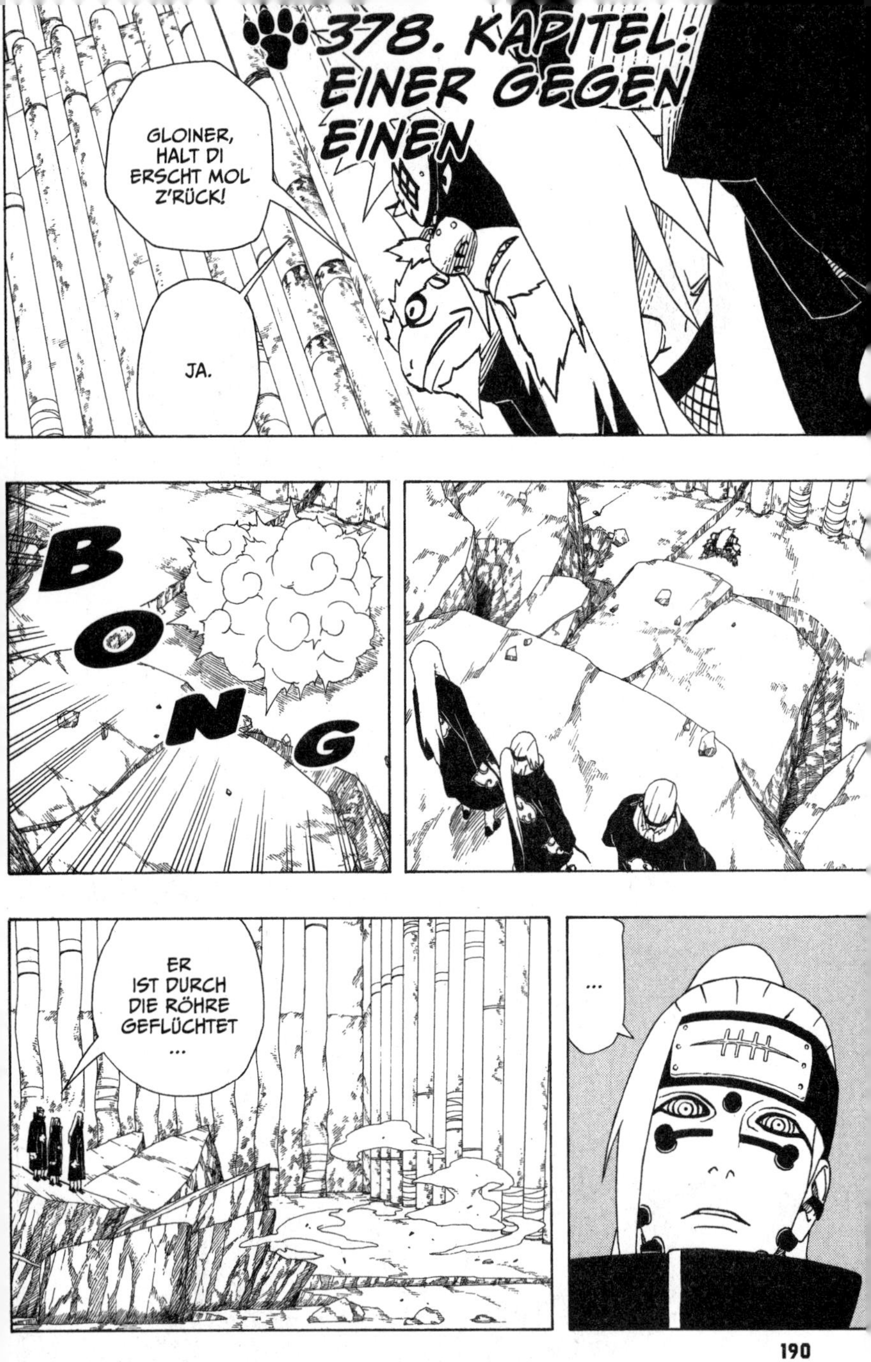
378. KAPITEL: EINER GEGEN EINEN
GLOINER, HALT DI ERSCHT MOL Z'RÜCK!
JA.
BONG
...
ER IST DURCH DIE RÖHRE GEFLÜCHTET ...

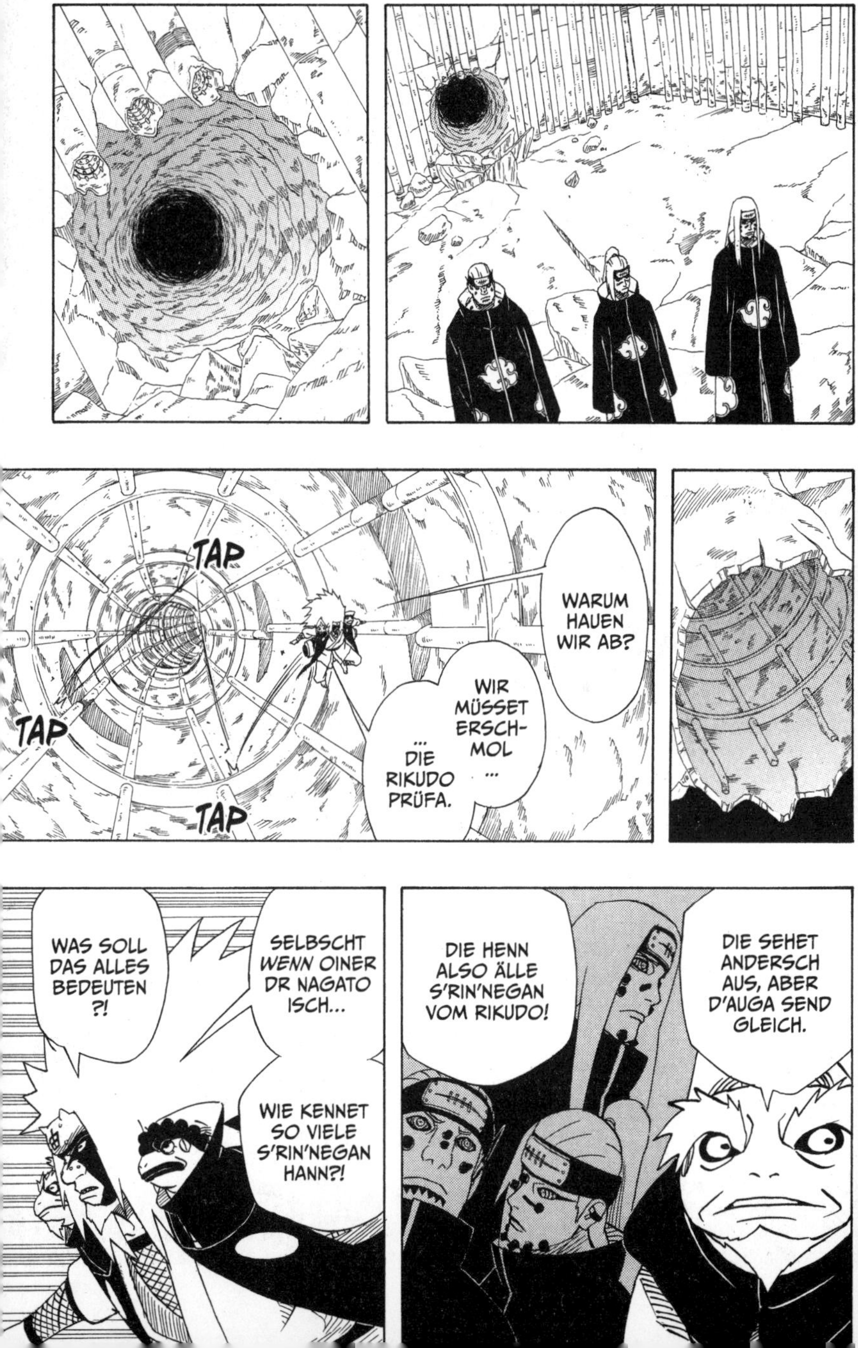
TAP
TAP
TAP
WARUM HAUEN WIR AB?
WIR MÜSSET ERSCHMOL ...
... DIE RIKUDO PRÜFA.
DIE SEHET ANDERSCH AUS, ABER D'AUGA SEND GLEICH.
DIE HENN ALSO ÄLLE S'RIN'NEGAN VOM RIKUDO!
SELBSCHT WENN OINER DR NAGATO ISCH...
WIE KENNET SO VIELE S'RIN'NEGAN HANN?!
WAS SOLL DAS ALLES BEDEUTEN ?!

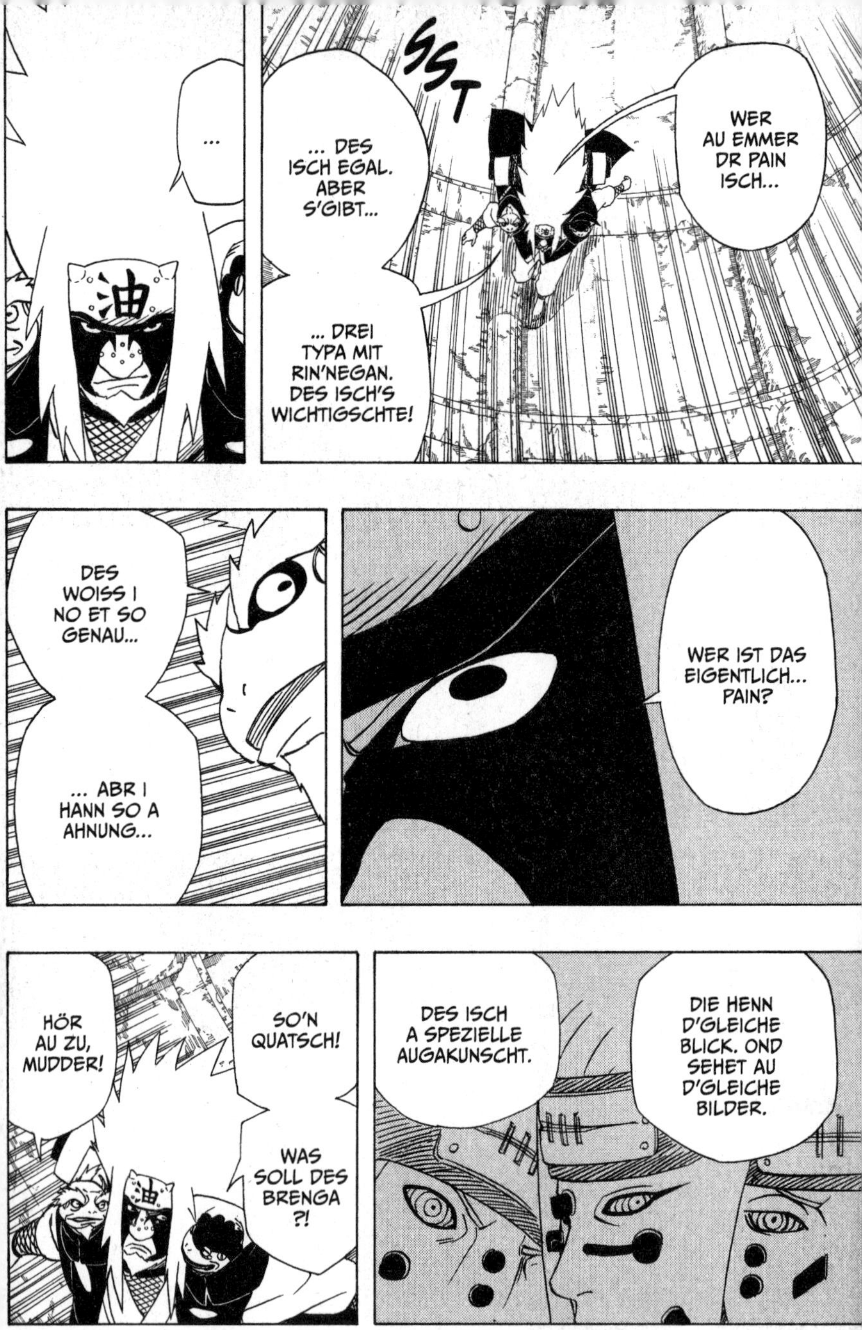
WER AU EMMER DR PAIN ISCH...
SST
... DES ISCH EGAL. ABER S'GIBT...
... DREI TYPA MIT RIN'NEGAN. DES ISCH'S WICHTIGSCHTE!
...
WER IST DAS EIGENTLICH... PAIN?
DES WOISS I NO ET SO GENAU...
... ABR I HANN SO A AHNUNG...
DIE HENN D'GLEICHE BLICK. OND SEHET AU D'GLEICHE BILDER.
DES ISCH A SPEZIELLE AUGAKUNSCHT.
SO'N QUATSCH!
WAS SOLL DES BRENGA ?!
HÖR AU ZU, MUDDER!

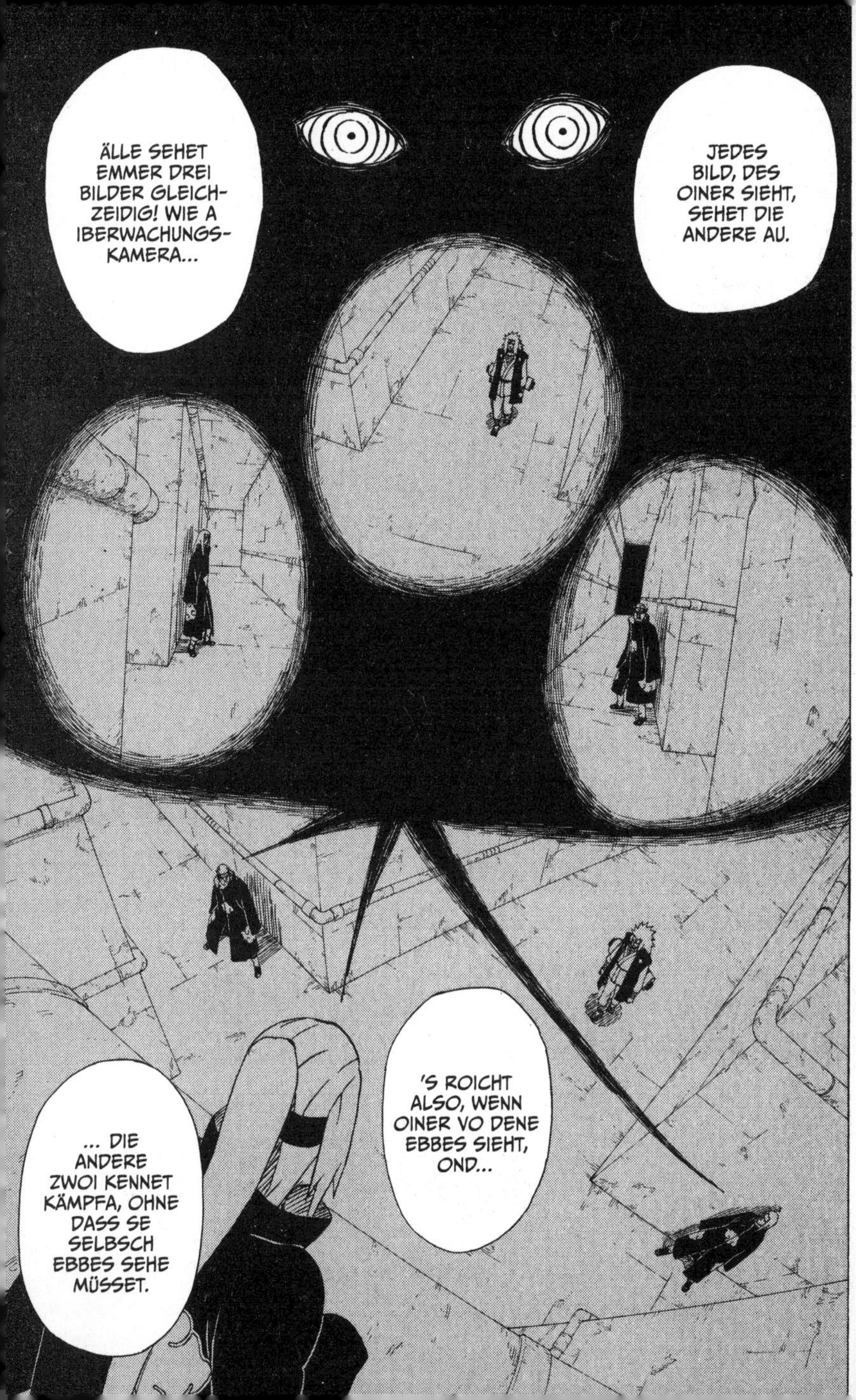
JEDES BILD, DES OINER SIEHT, SEHET DIE ANDERE AU.
ÄLLE SEHET EMMER DREI BILDER GLEICH-ZEIDIG! WIE A IBERWACHUNGS-KAMERA...
'S ROICHT ALSO, WENN OINER VO DENE EBBES SIEHT, OND...
... DIE ANDERE ZWOI KENNET KÄMPFA, OHNE DASS SE SELBSCH EBBES SEHE MÜSSET.

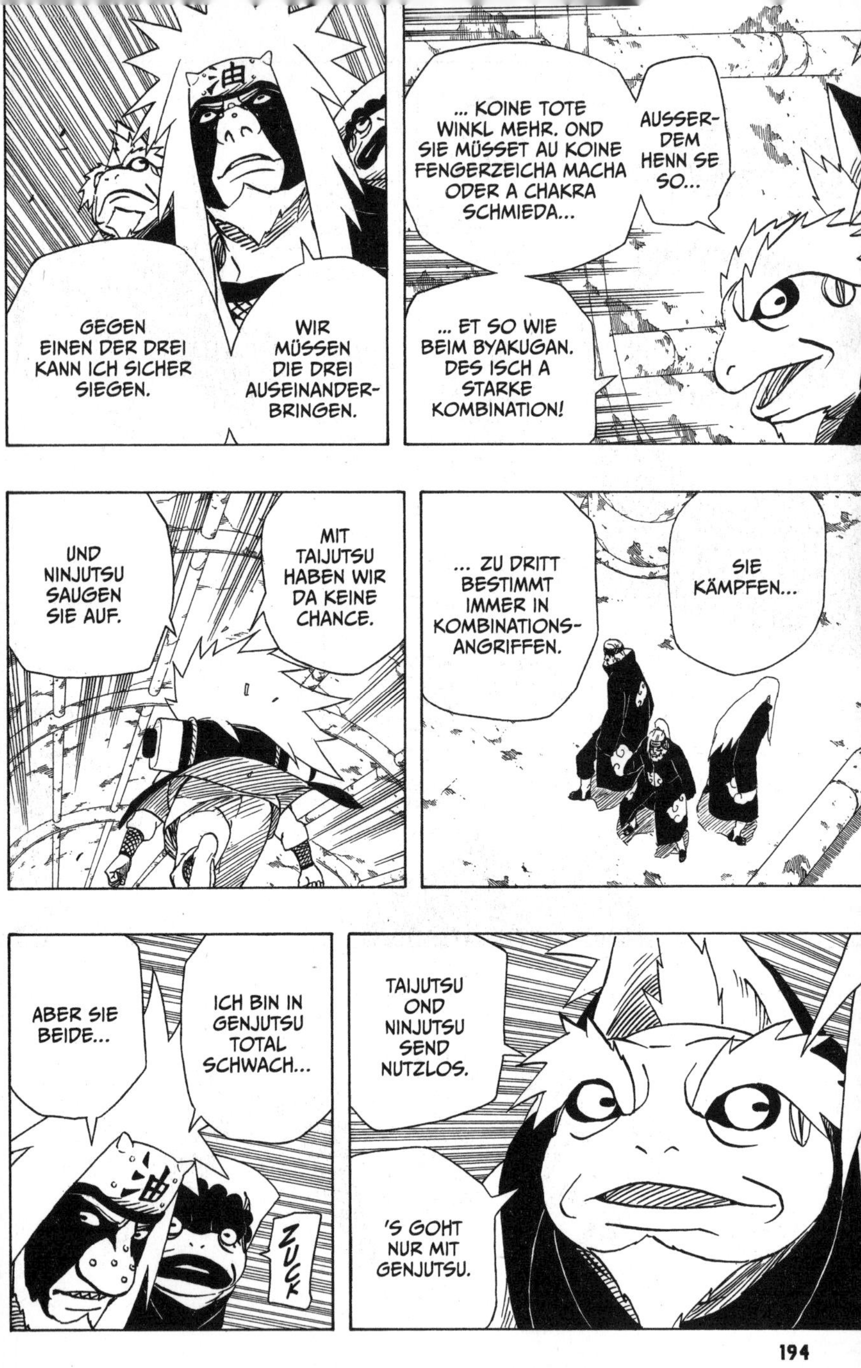
AUSSERDEM HENN SE SO...
... KOINE TOTE WINKL MEHR. OND SIE MÜSSET AU KOINE FENGERZEICHA MACHA ODER A CHAKRA SCHMIEDA...
... ET SO WIE BEIM BYAKUGAN. DES ISCH A STARKE KOMBINATION!
WIR MÜSSEN DIE DREI AUSEINANDERBRINGEN.
GEGEN EINEN DER DREI KANN ICH SICHER SIEGEN.
SIE KÄMPFEN...
... ZU DRITT BESTIMMT IMMER IN KOMBINATIONSANGRIFFEN.
MIT TAIJUTSU HABEN WIR DA KEINE CHANCE.
UND NINJUTSU SAUGEN SIE AUF.
TAIJUTSU OND NINJUTSU SEND NUTZLOS.
'S GOHT NUR MIT GENJUTSU.
ICH BIN IN GENJUTSU TOTAL SCHWACH...
ABER SIE BEIDE...
ZUCK

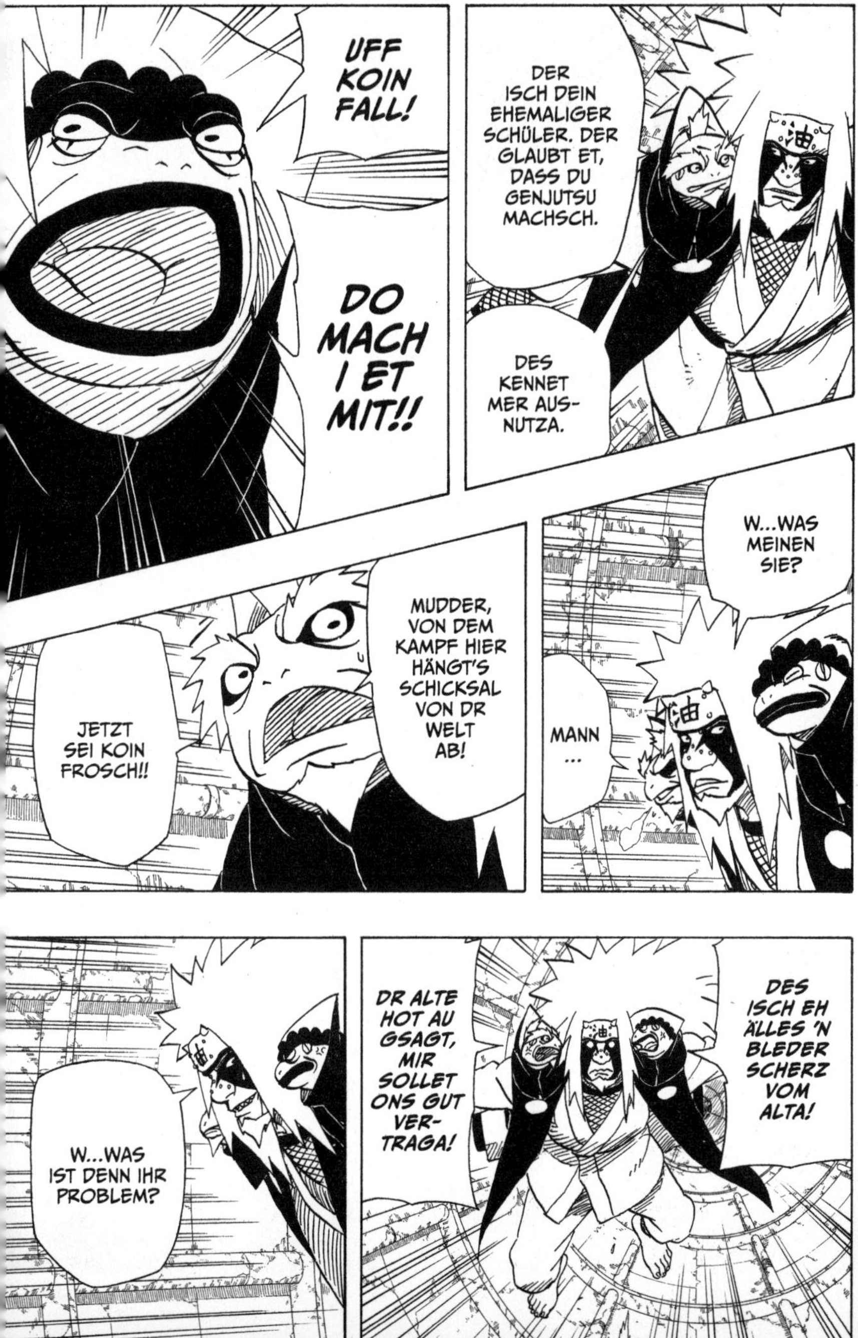
DER ISCH DEIN EHEMALIGER SCHÜLER. DER GLAUBT ET, DASS DU GENJUTSU MACHSCH.
DES KENNET MER AUSNUTZA.
UFF KOIN FALL!
DO MACH I ET MIT!!
W...WAS MEINEN SIE?
MANN ...
MUDDER, VON DEM KAMPF HIER HÄNGT'S SCHICKSAL VON DR WELT AB!
JETZT SEI KOIN FROSCH!!
DES ISCH EH ÄLLES 'N BLEDER SCHERZ VOM ALTA!
DR ALTE HOT AU GSAGT, MIR SOLLET ONS GUT VERTRAGA!
W...WAS IST DENN IHR PROBLEM?

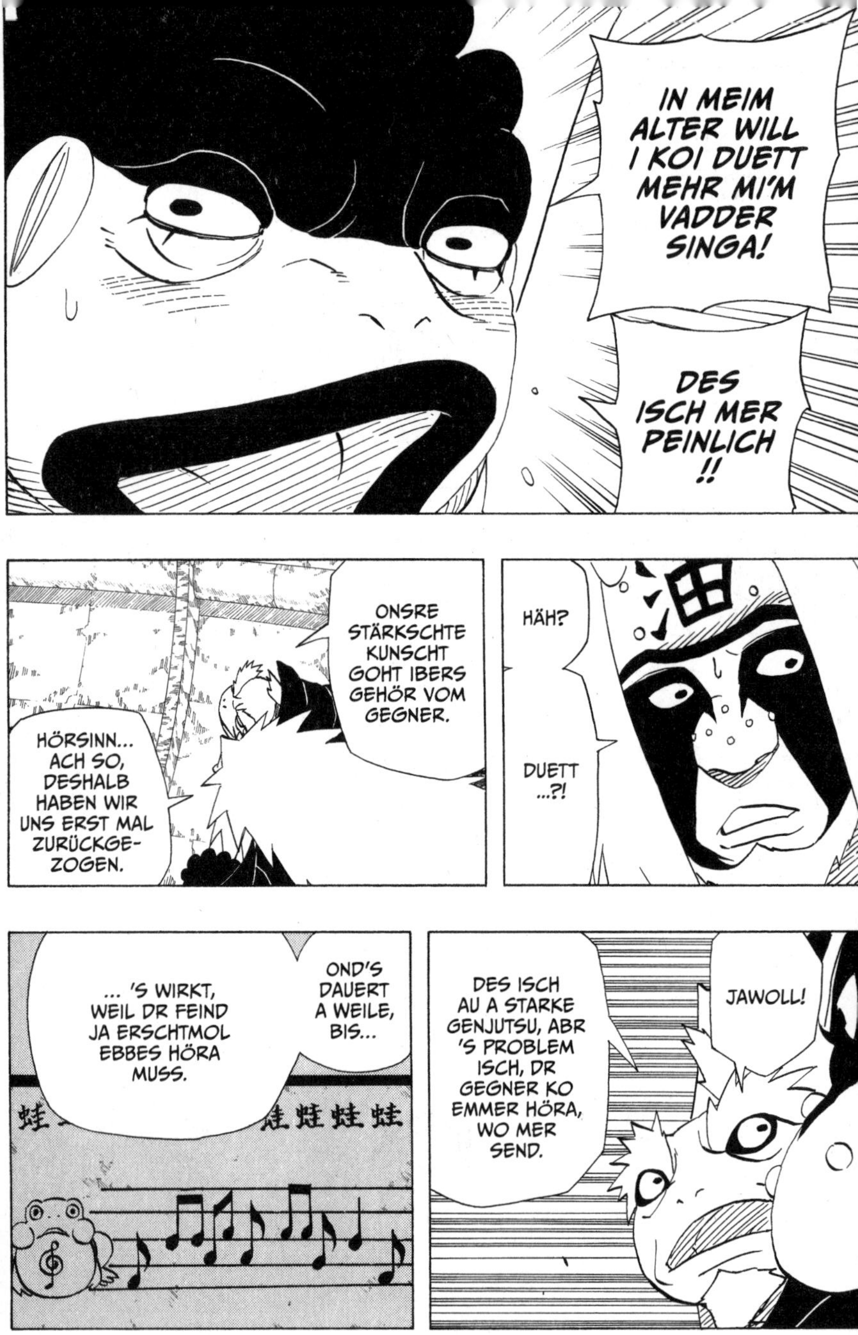
IN MEIM ALTER WILL I KOI DUETT MEHR MI'M VADDER SINGA!
DES ISCH MER PEINLICH !!
HÄH?
DUETT ...?!
ONSRE STÄRKSCHTE KUNSCHT GOHT IBERS GEHÖR VOM GEGNER.
HÖRSINN... ACH SO, DESHALB HABEN WIR UNS ERST MAL ZURÜCKGE-ZOGEN.
JAWOLL!
DES ISCH AU A STARKE GENJUTSU, ABR 'S PROBLEM ISCH, DR GEGNER KO EMMER HÖRA, WO MER SEND.
OND'S DAUERT A WEILE, BIS...
... 'S WIRKT, WEIL DR FEIND JA ERSCHTMOL EBBES HÖRA MUSS.

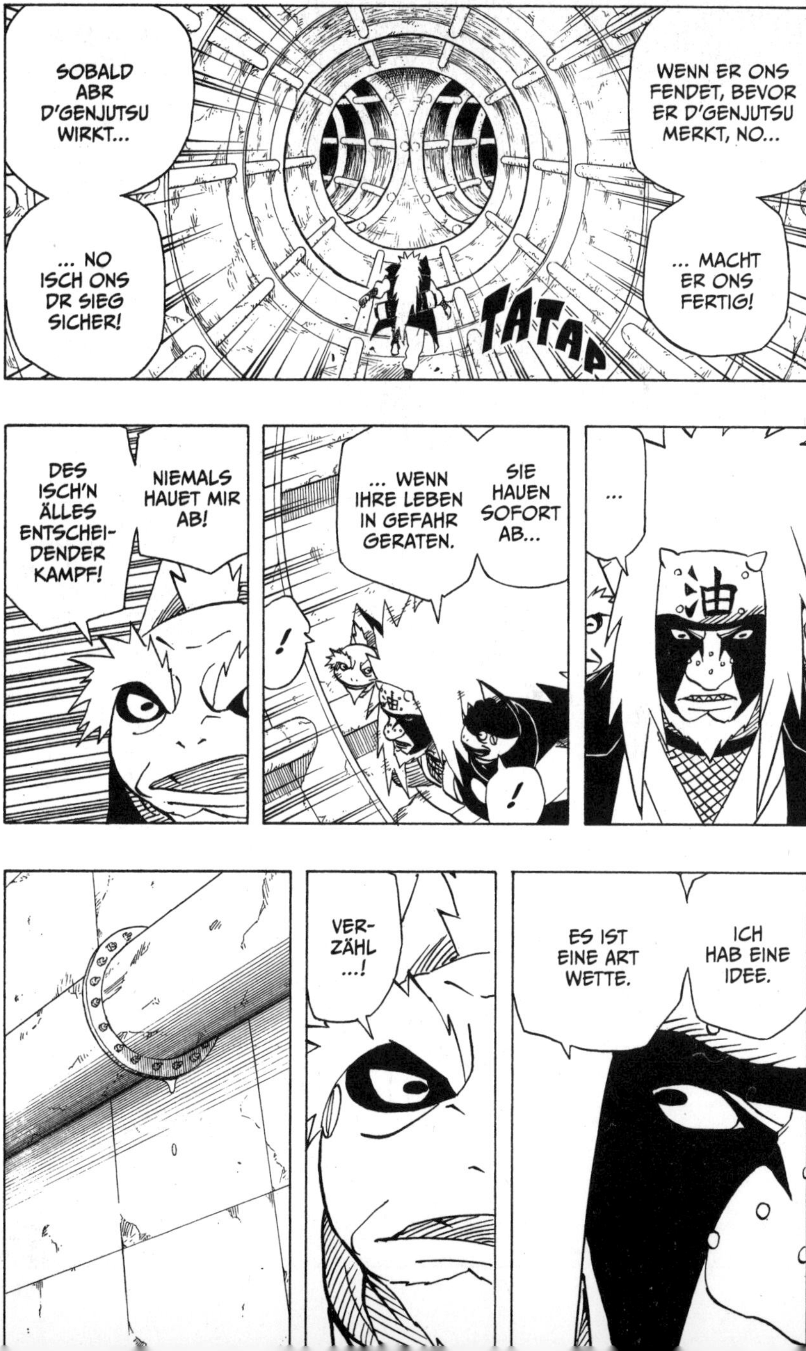
WENN ER ONS FENDET, BEVOR ER D'GENJUTSU MERKT, NO...
... MACHT ER ONS FERTIG!
SOBALD ABR D'GENJUTSU WIRKT...
... NO ISCH ONS DR SIEG SICHER!
TATAP
...
SIE HAUEN SOFORT AB...
... WENN IHRE LEBEN IN GEFAHR GERATEN.
NIEMALS HAUET MIR AB!
DES ISCH'N ÄLLES ENTSCHEIDENDER KAMPF!
ICH HAB EINE IDEE.
ES IST EINE ART WETTE.
VERZÄHL ...!

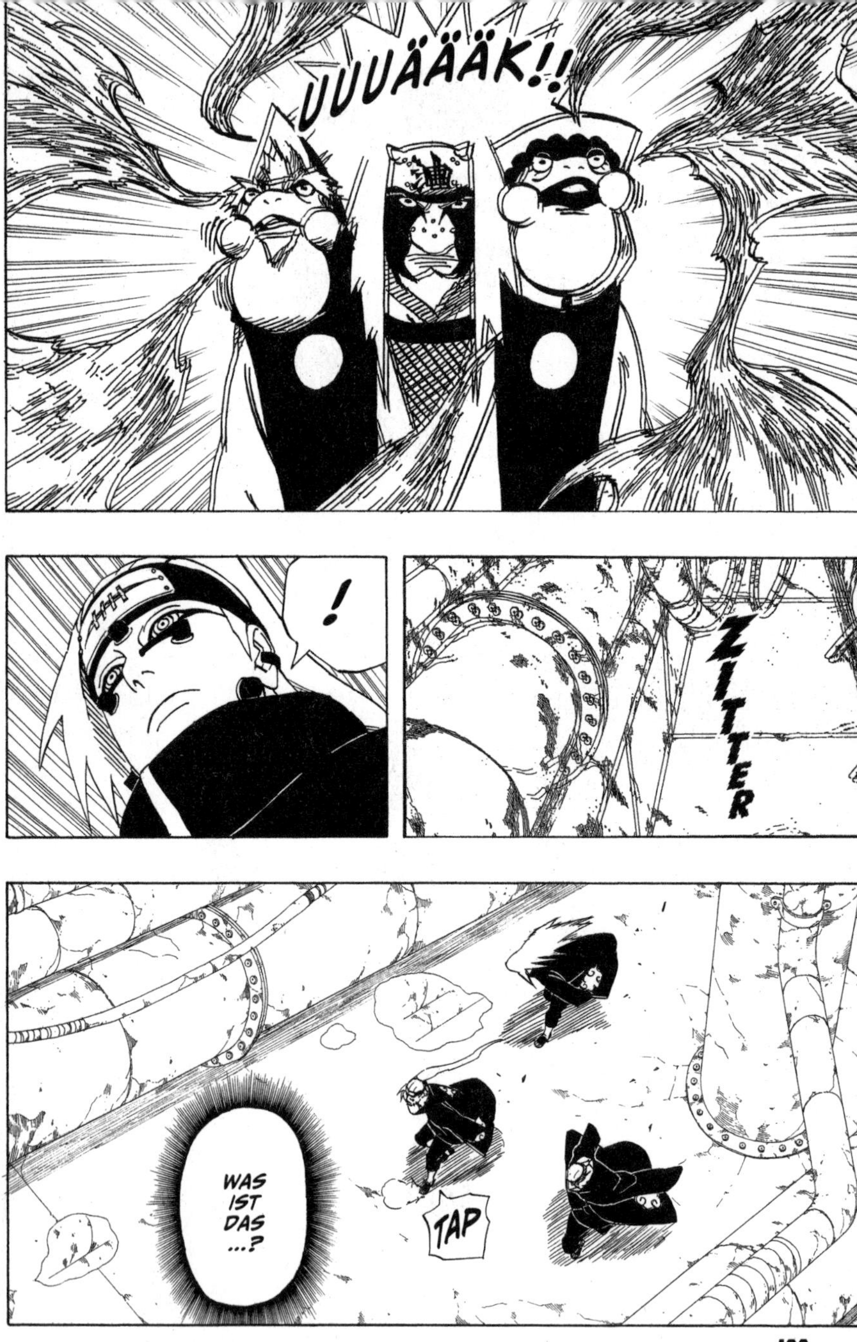
UUUÄÄÄK!!
!
ZITTER
WAS IST DAS ...?
TAP

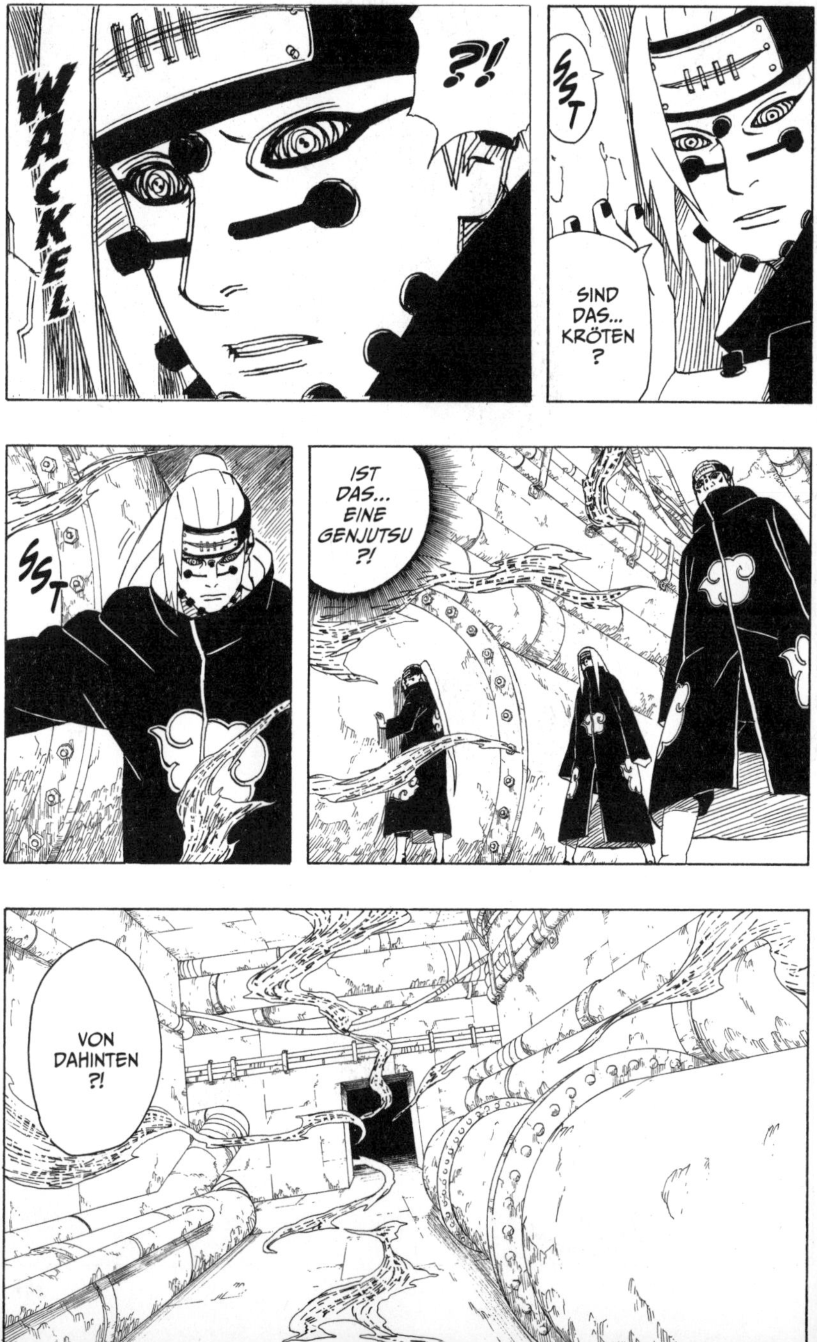
?!
WACKEL
SST
SIND DAS... KRÖTEN ?
SST
IST DAS... EINE GENJUTSU ?!
VON DAHINTEN ?!

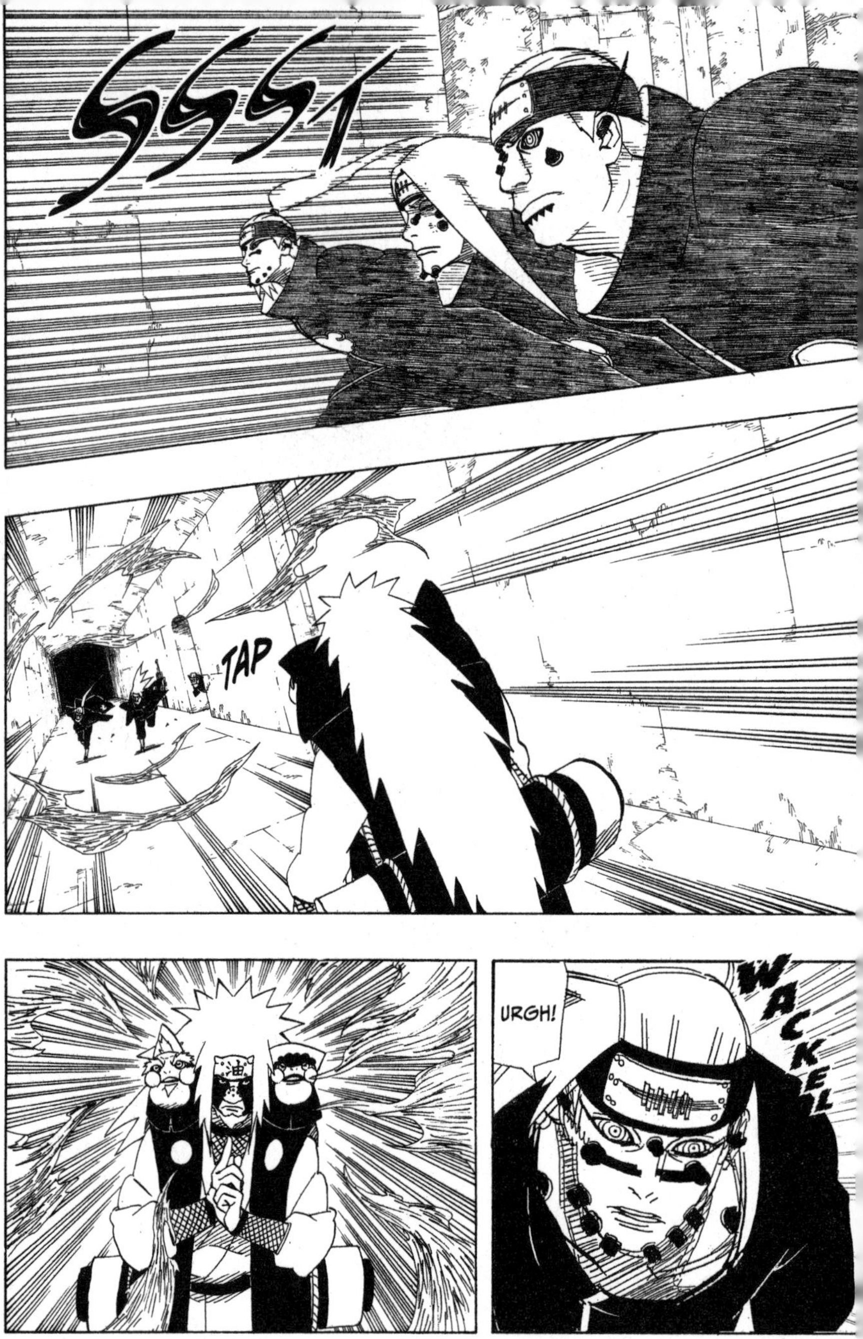
SSSST
TAP
WACKEL
URGH!

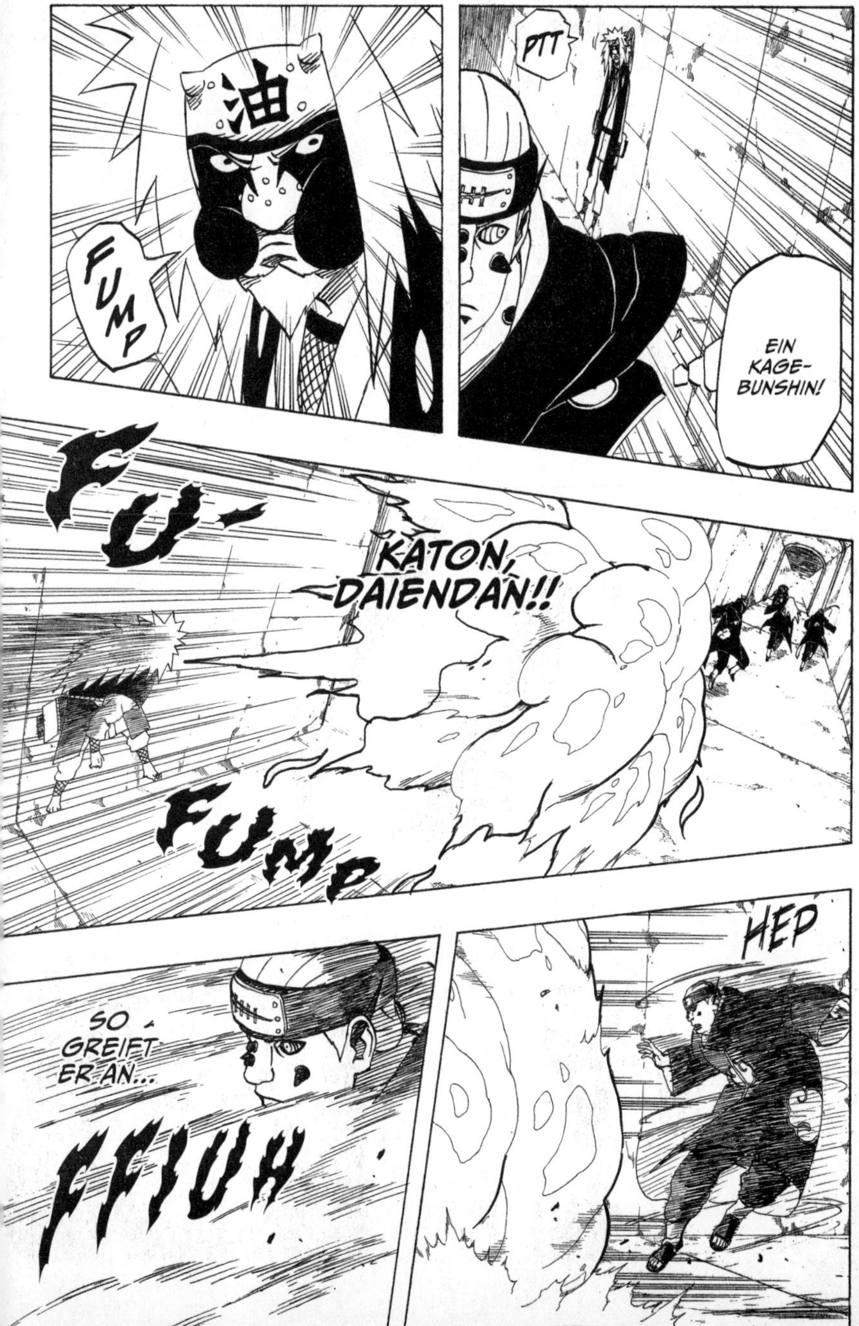
PTT
EIN KAGE-BUNSHIN!
FUMP
FU-
KATON, DAIENDAN!!
FUMP
HEP
SO GREIFT ER AN...
FFIUH

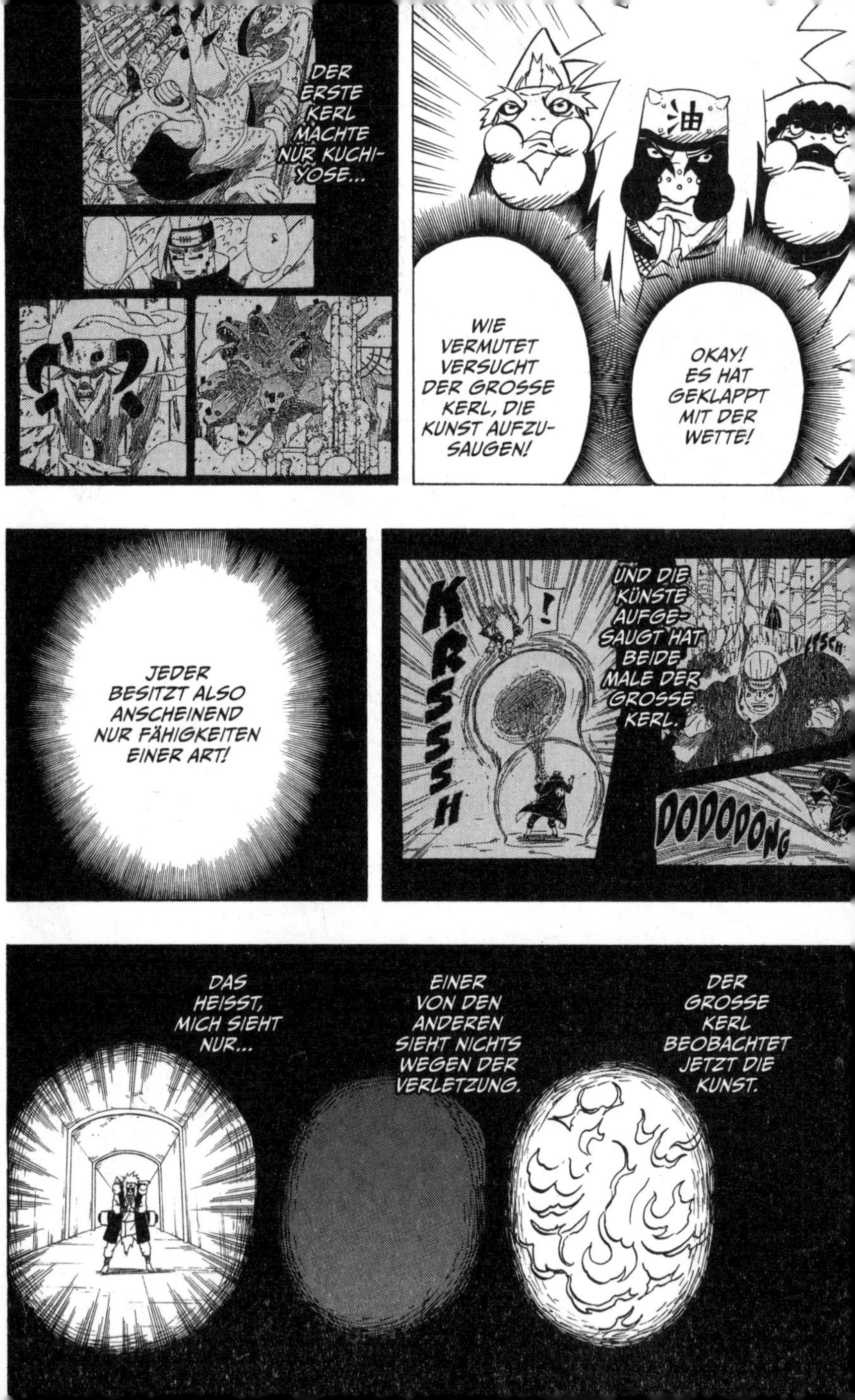
OKAY! ES HAT GEKLAPPT MIT DER WETTE!
WIE VERMUTET VERSUCHT DER GROSSE KERL, DIE KUNST AUFZU-SAUGEN!
DER ERSTE KERL MACHTE NUR KUCHI-YOSE...
UND DIE KÜNSTE AUFGE-SAUGT HAT BEIDE MALE DER GROSSE KERL.
!
KRSSSH
DODODONG
JEDER BESITZT ALSO ANSCHEINEND NUR FÄHIGKEITEN EINER ART!
DER GROSSE KERL BEOBACHTET JETZT DIE KUNST.
EINER VON DEN ANDEREN SIEHT NICHTS WEGEN DER VERLETZUNG.
DAS HEISST, MICH SIEHT NUR...

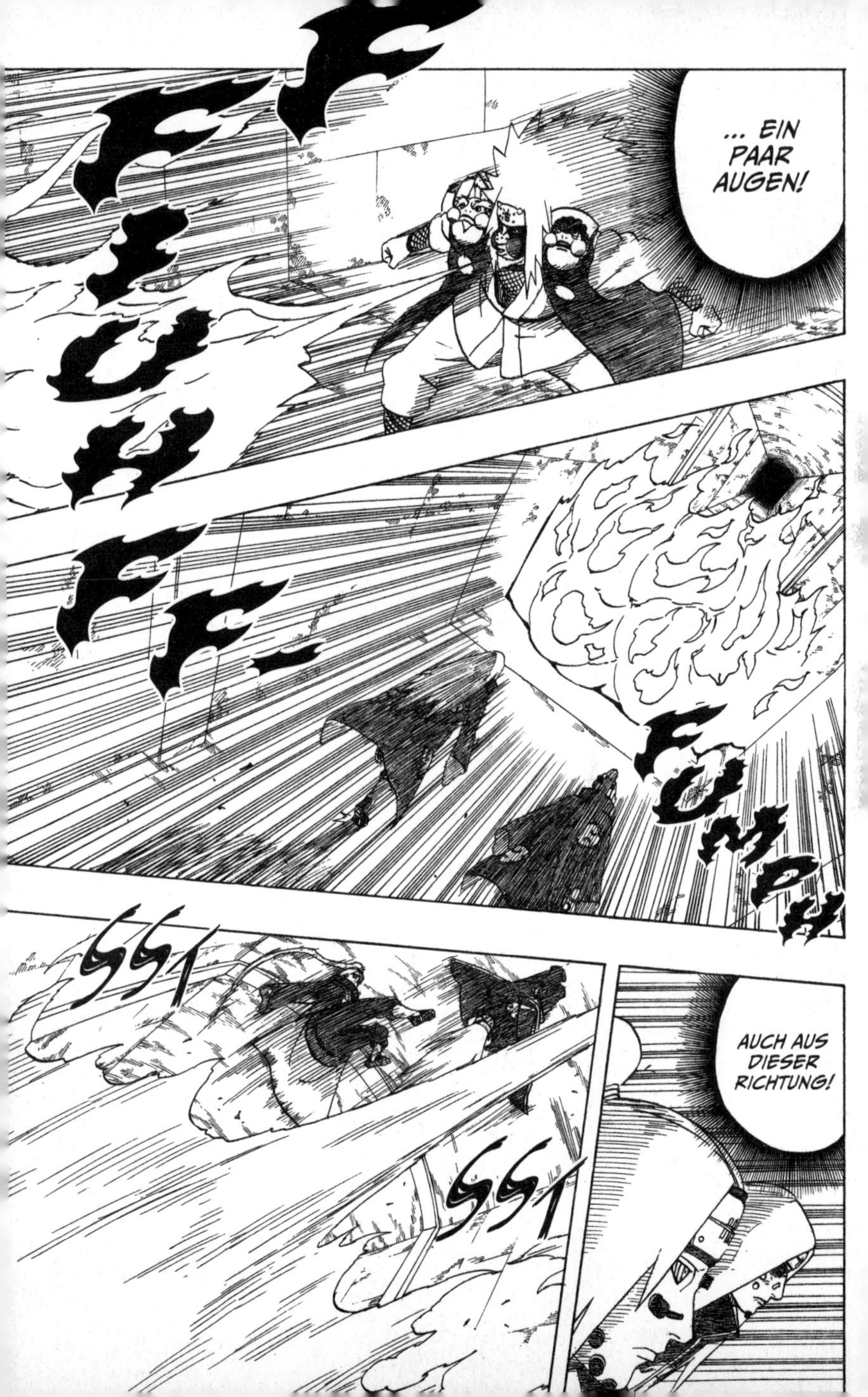
... EIN PAAR AUGEN!
FUMPH
AUCH AUS DIESER RICHTUNG!
SST
SST

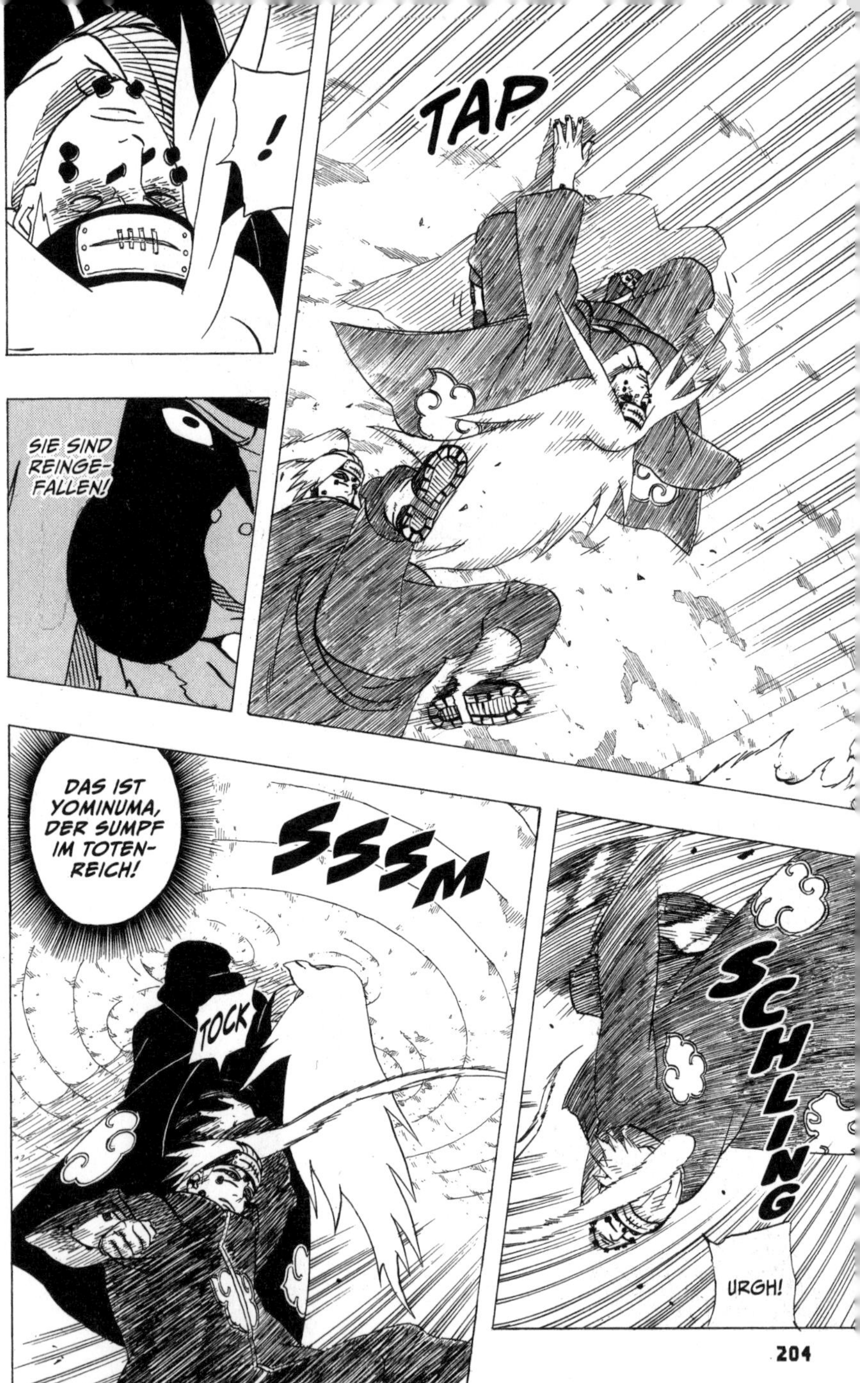

TAP
!
SIE SIND REINGE-FALLEN!
SSSM
DAS IST YOMINUMA, DER SUMPF IM TOTEN-REICH!
SCHLING
URGH!
TOCK

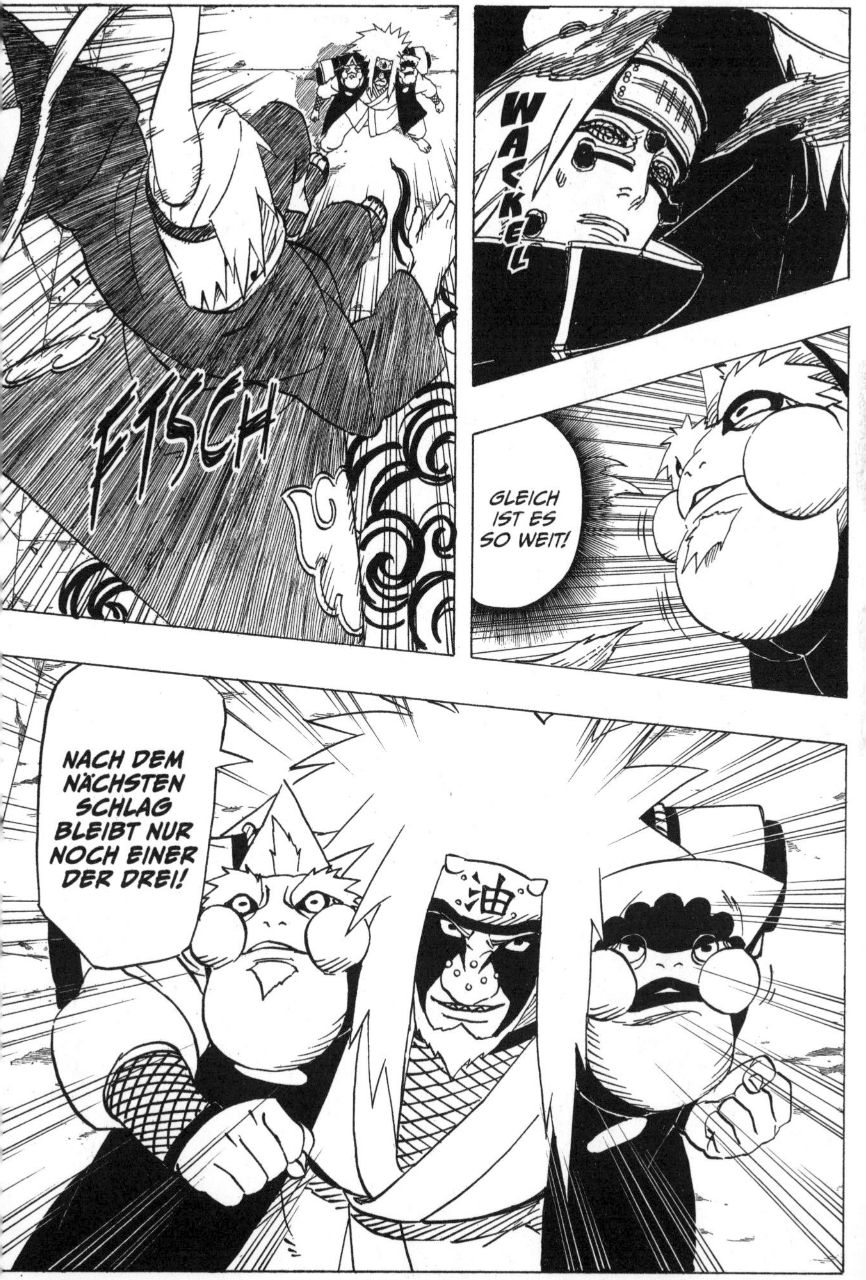

WACKEL
FTSCH
GLEICH IST ES SO WEIT!
NACH DEM NÄCHSTEN SCHLAG BLEIBT NUR NOCH EINER DER DREI!

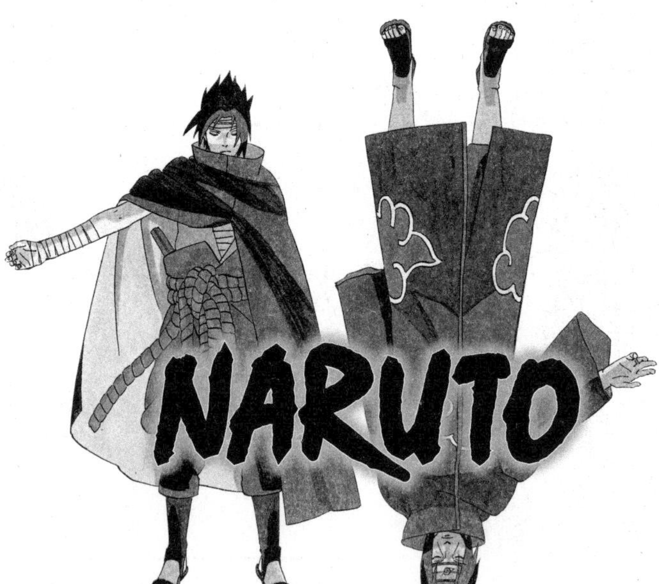
NARUTO

379. Kapitel: Jiraiyas Entscheidung

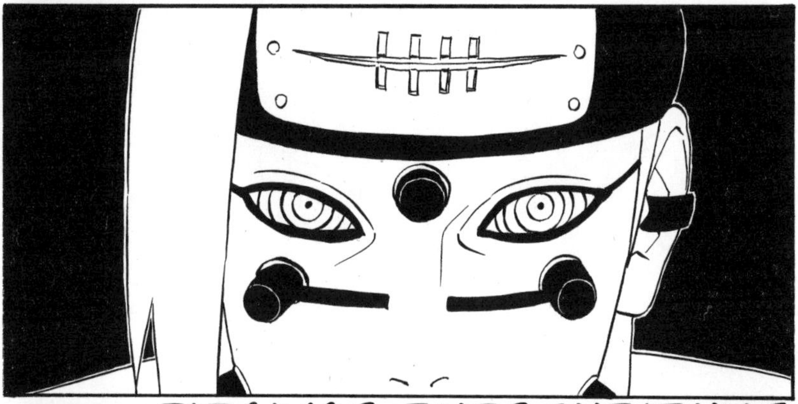

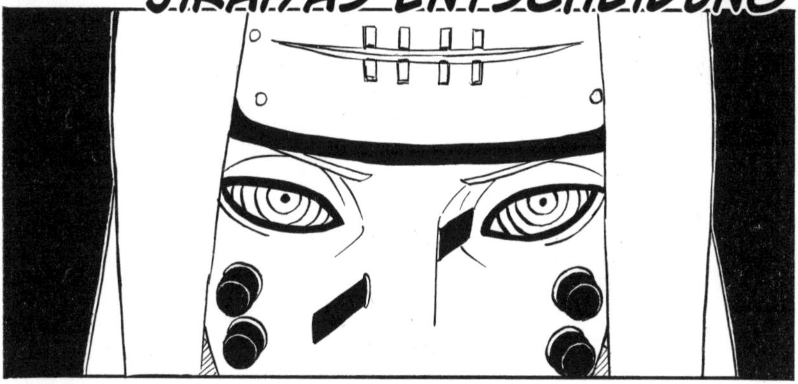

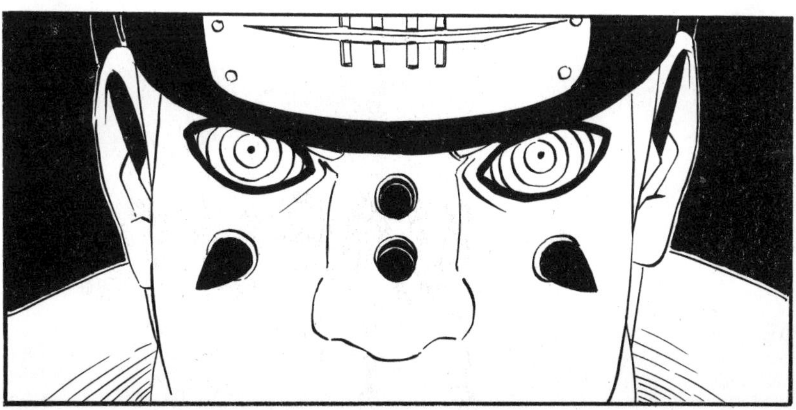

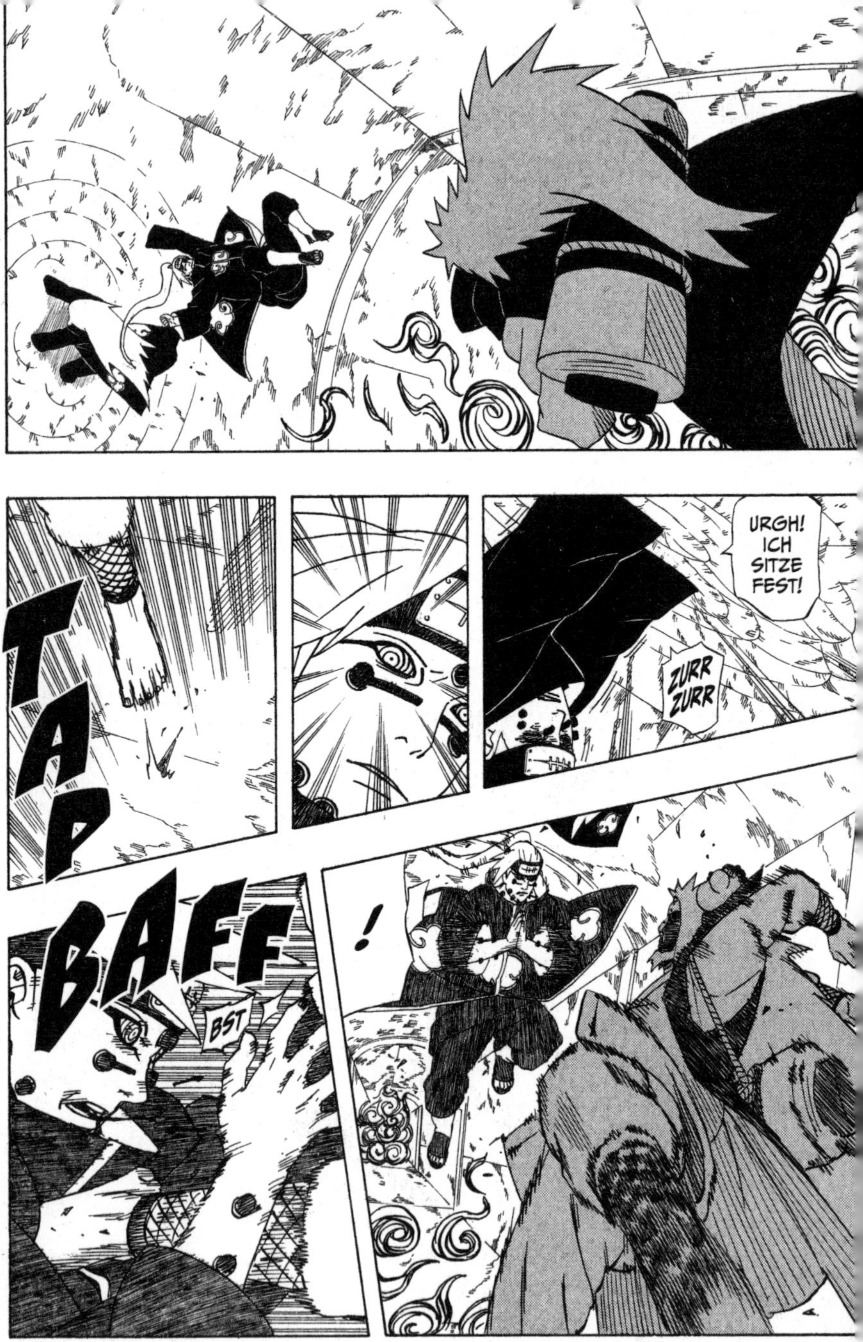
URGH! ICH SITZE FEST!
ZURR ZURR
TAP
!
BAFF
BST

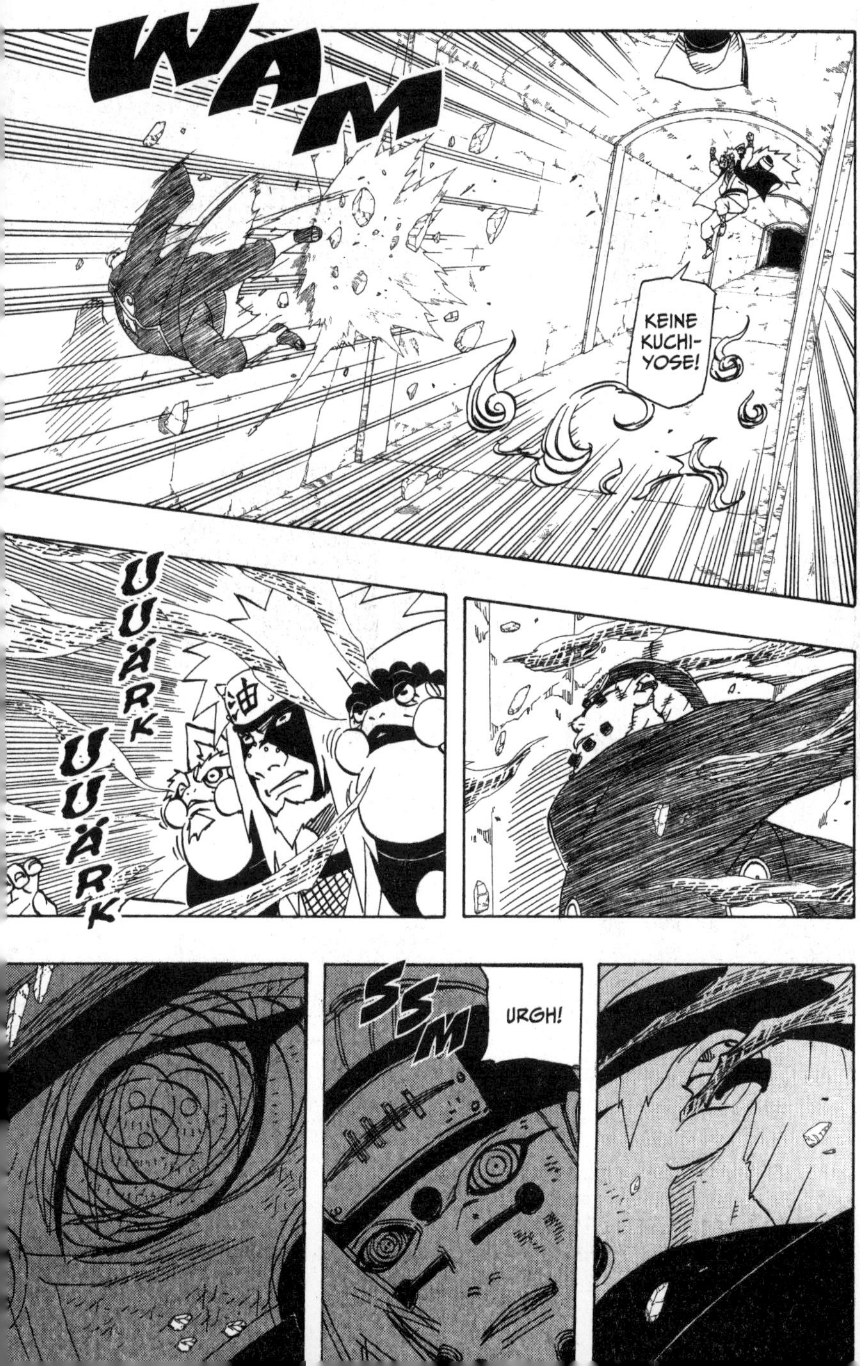
WAM
KEINE KUCHI-YOSE!
UUÄRK
UUÄRK
SSM
URGH!

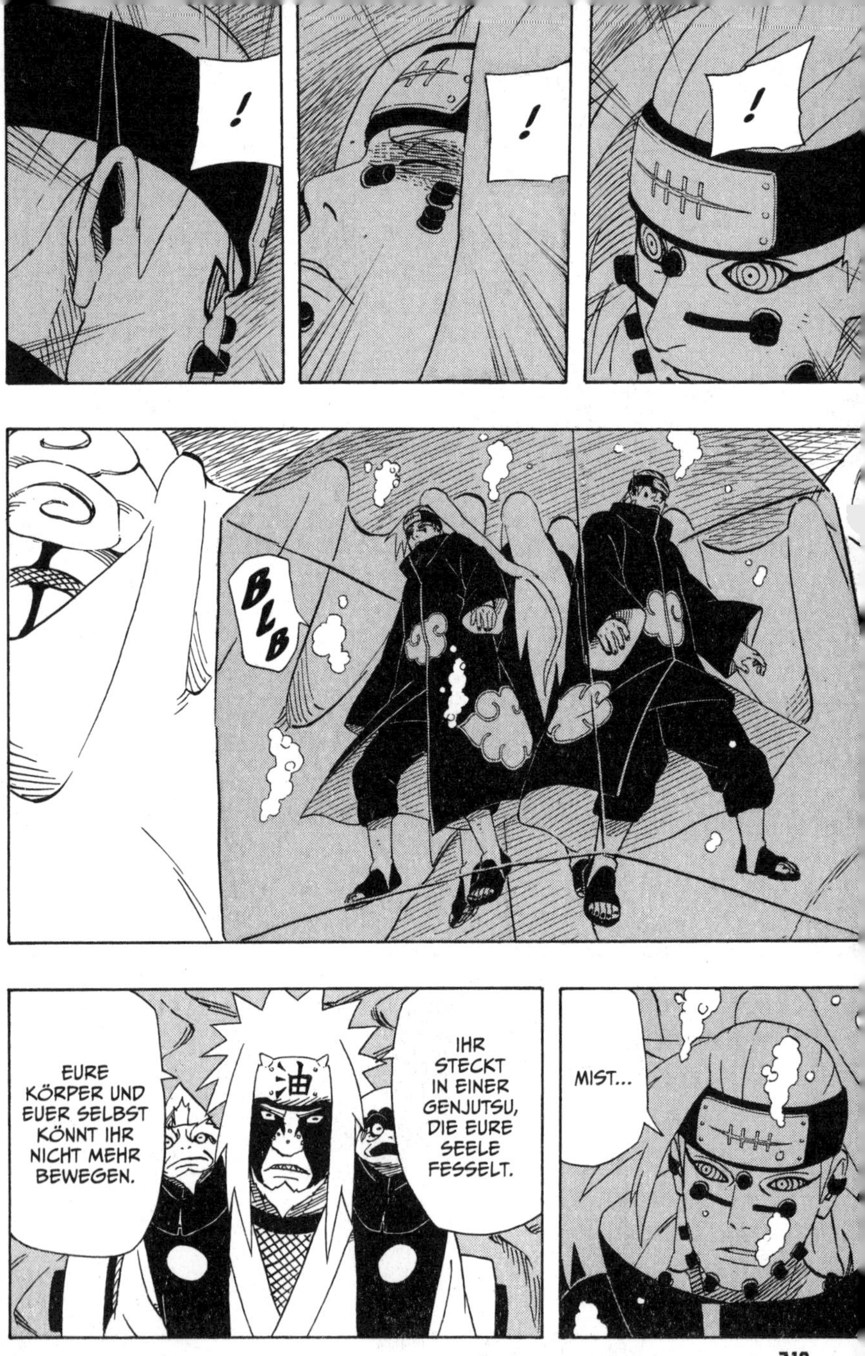
!
!
!
BLB
IHR STECKT IN EINER GENJUTSU, DIE EURE SEELE FESSELT.
EURE KÖRPER UND EUER SELBST KÖNNT IHR NICHT MEHR BEWEGEN.
MIST…

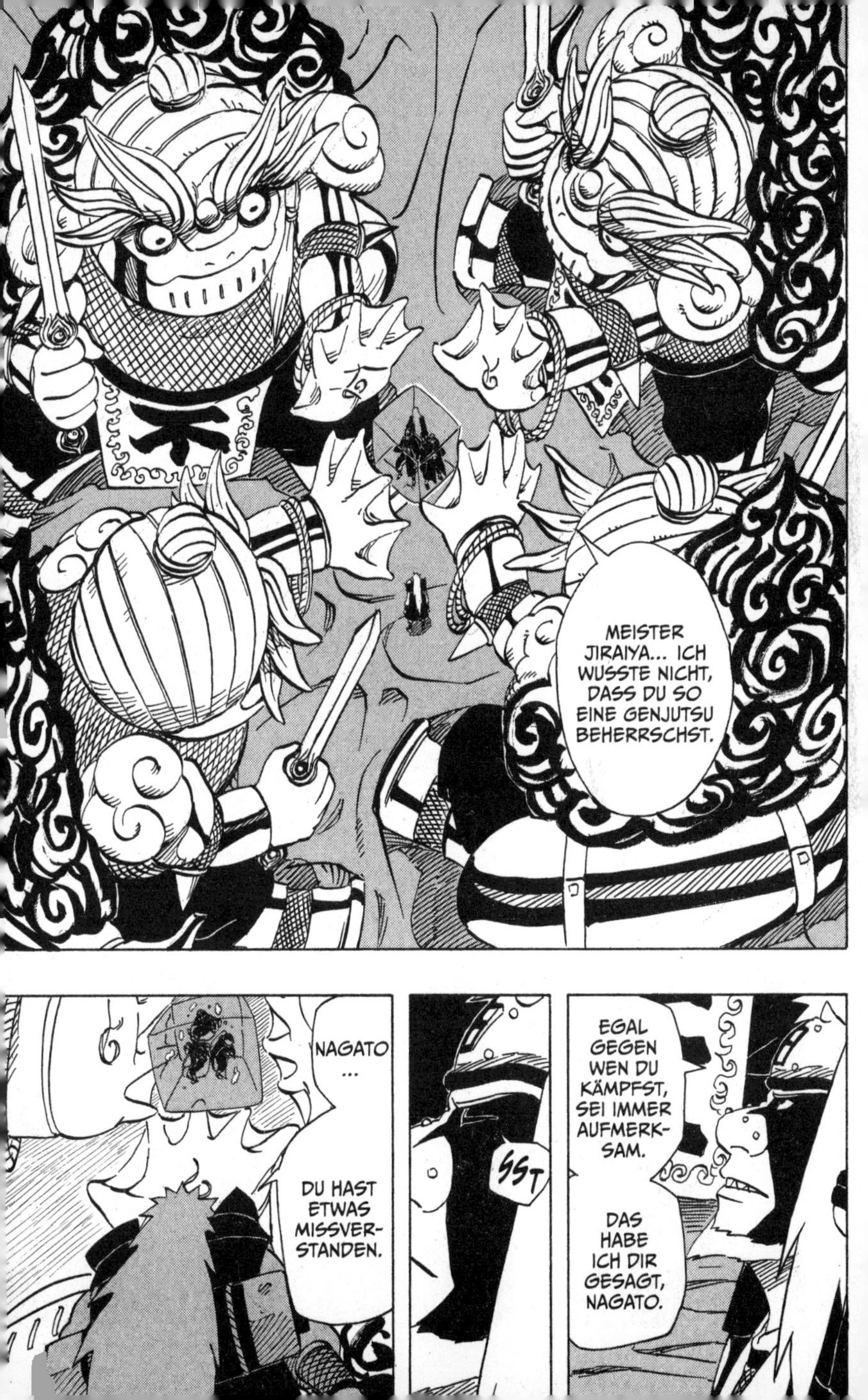
MEISTER JIRAIYA... ICH WUSSTE NICHT, DASS DU SO EINE GENJUTSU BEHERRSCHST.
EGAL GEGEN WEN DU KÄMPFST, SEI IMMER AUFMERK-SAM.
DAS HABE ICH DIR GESAGT, NAGATO.
SST
NAGATO ...
DU HAST ETWAS MISSVER-STANDEN.

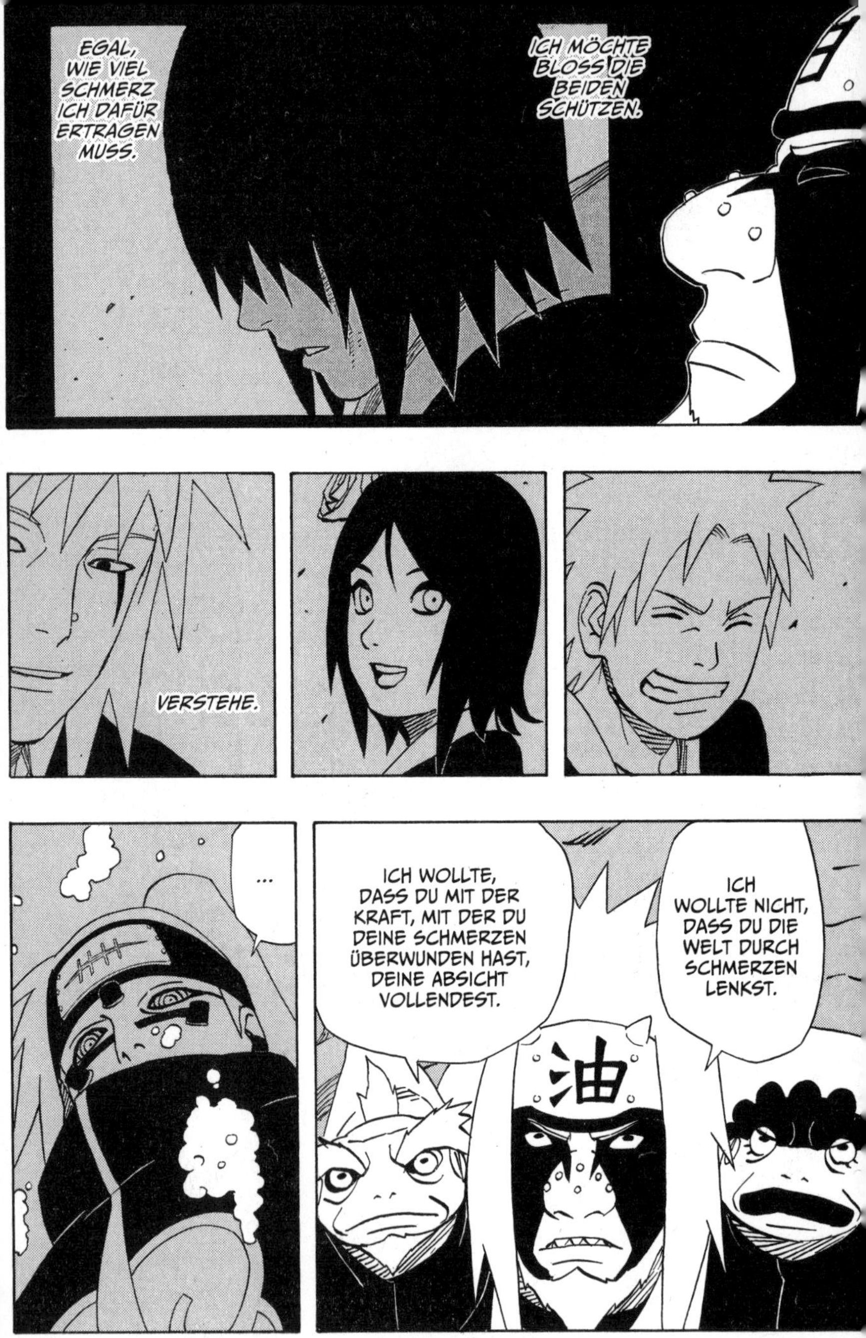
ICH MÖCHTE BLOSS DIE BEIDEN SCHÜTZEN.
EGAL, WIE VIEL SCHMERZ ICH DAFÜR ERTRAGEN MUSS.
VERSTEHE.
ICH WOLLTE NICHT, DASS DU DIE WELT DURCH SCHMERZEN LENKST.
ICH WOLLTE, DASS DU MIT DER KRAFT, MIT DER DU DEINE SCHMERZEN ÜBERWUNDEN HAST, DEINE ABSICHT VOLLENDEST.
...
油

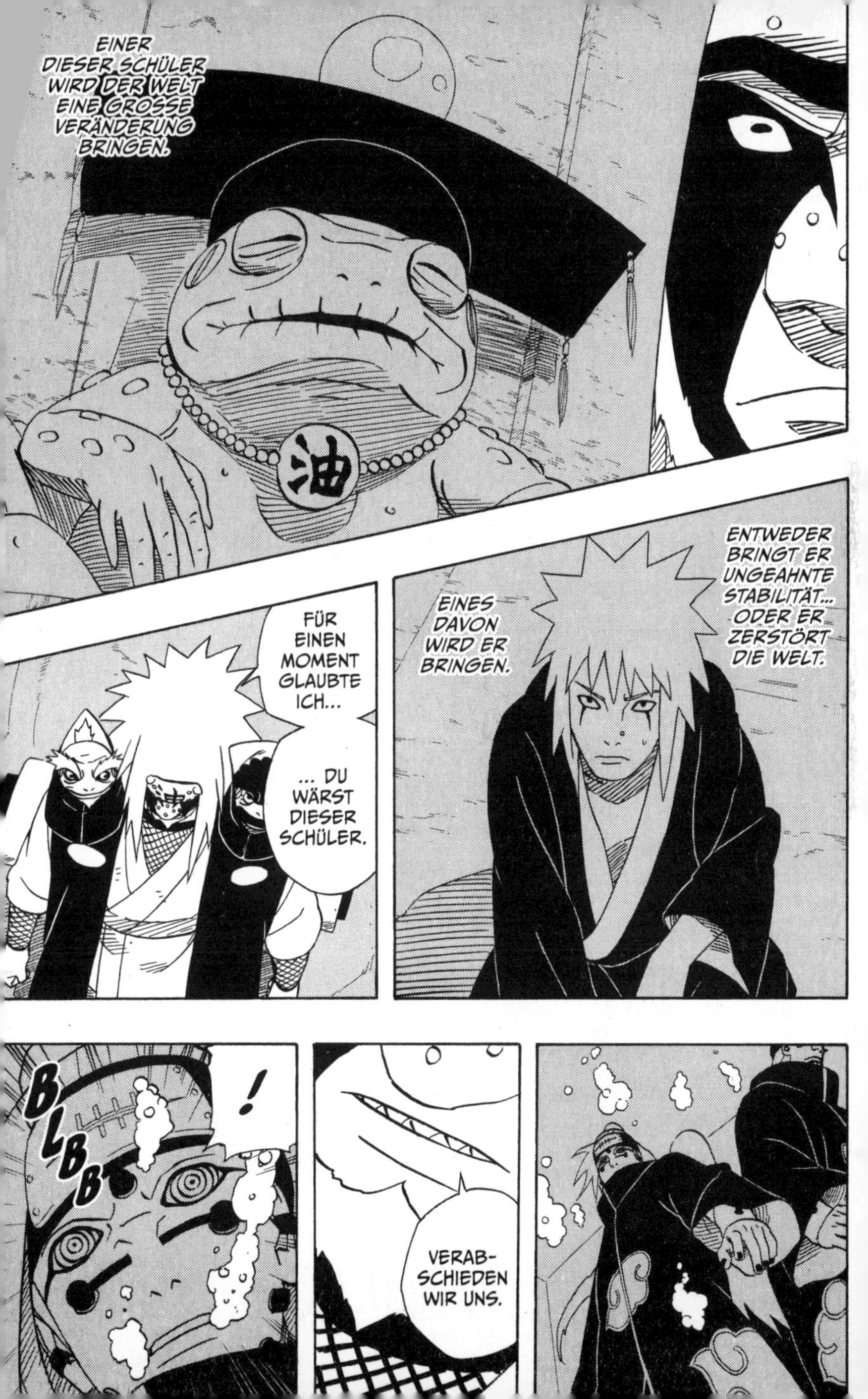
EINER DIESER SCHÜLER WIRD DER WELT EINE GROSSE VERÄNDERUNG BRINGEN.
ENTWEDER BRINGT ER UNGEAHNTE STABILITÄT... ODER ER ZERSTÖRT DIE WELT.
EINES DAVON WIRD ER BRINGEN.
FÜR EINEN MOMENT GLAUBTE ICH...
... DU WÄRST DIESER SCHÜLER.
!
BLBB
VERAB-SCHIEDEN WIR UNS.

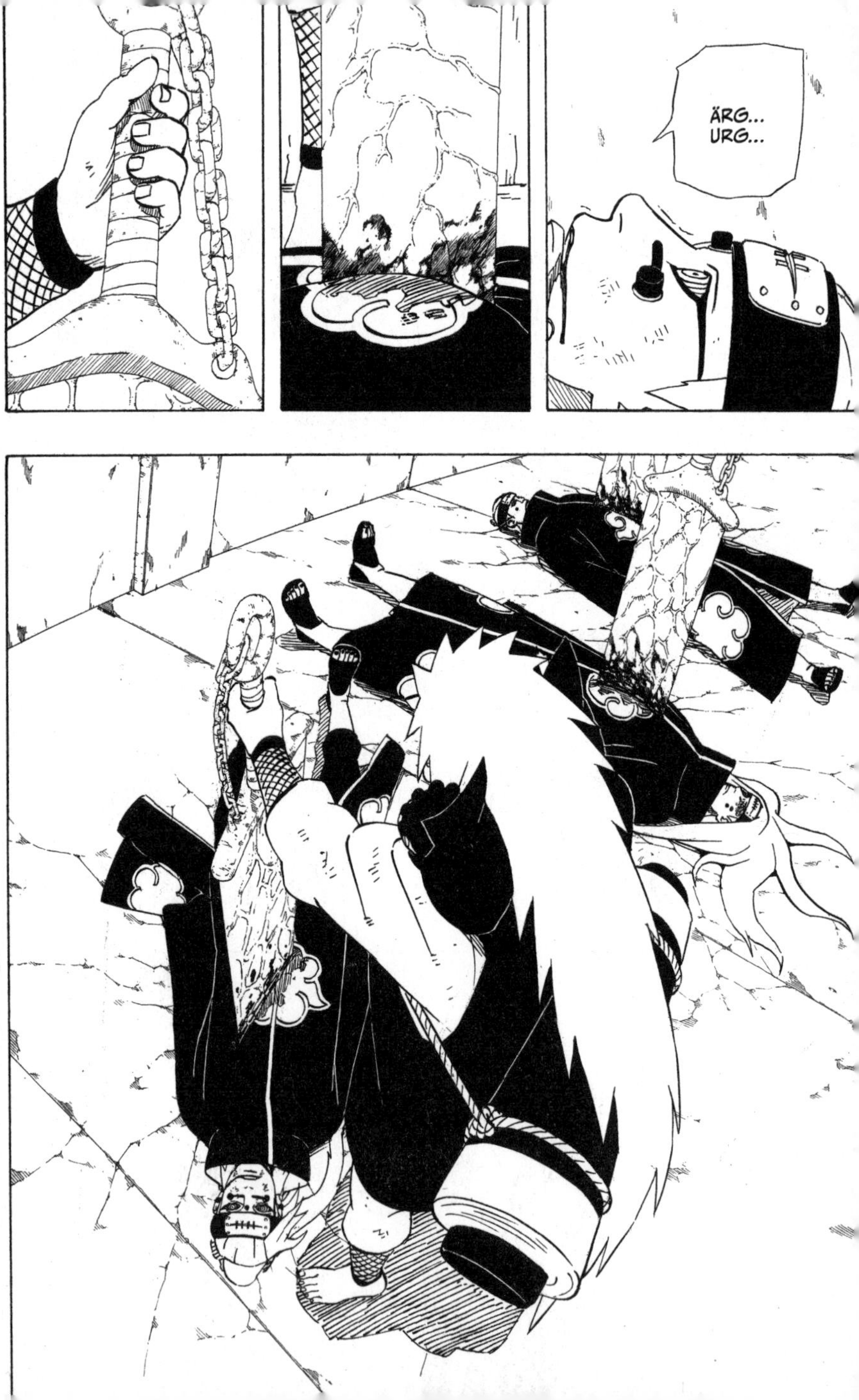
ÄRG...
URG...

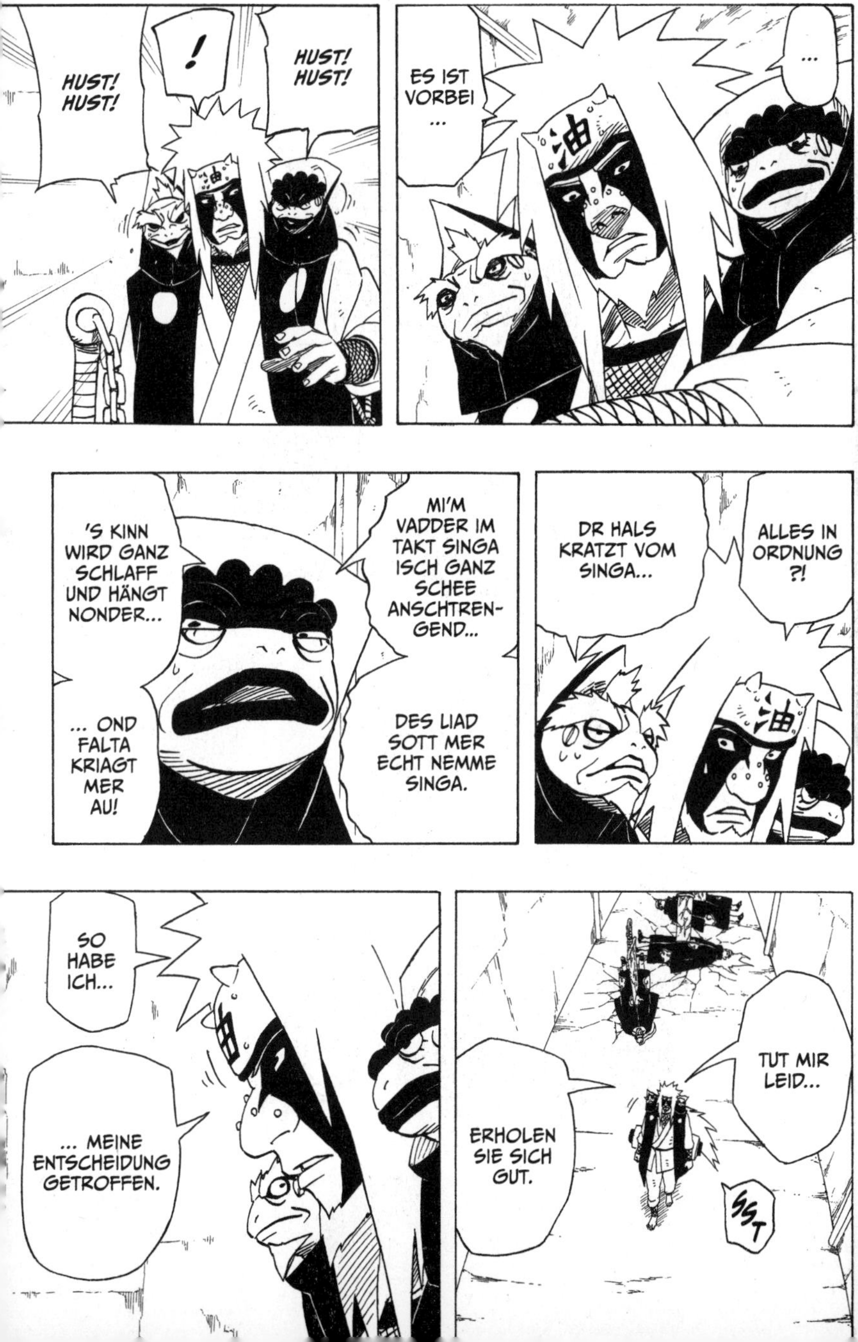
...
ES IST VORBEI ...
HUST! HUST!
!
HUST! HUST!
ALLES IN ORDNUNG ?!
DR HALS KRATZT VOM SINGA...
MI'M VADDER IM TAKT SINGA ISCH GANZ SCHEE ANSCHTREN-GEND...
'S KINN WIRD GANZ SCHLAFF UND HÄNGT NONDER...
DES LIAD SOTT MER ECHT NEMME SINGA.
... OND FALTA KRIAGT MER AU!
TUT MIR LEID...
ERHOLEN SIE SICH GUT.
SST
SO HABE ICH...
... MEINE ENTSCHEIDUNG GETROFFEN.

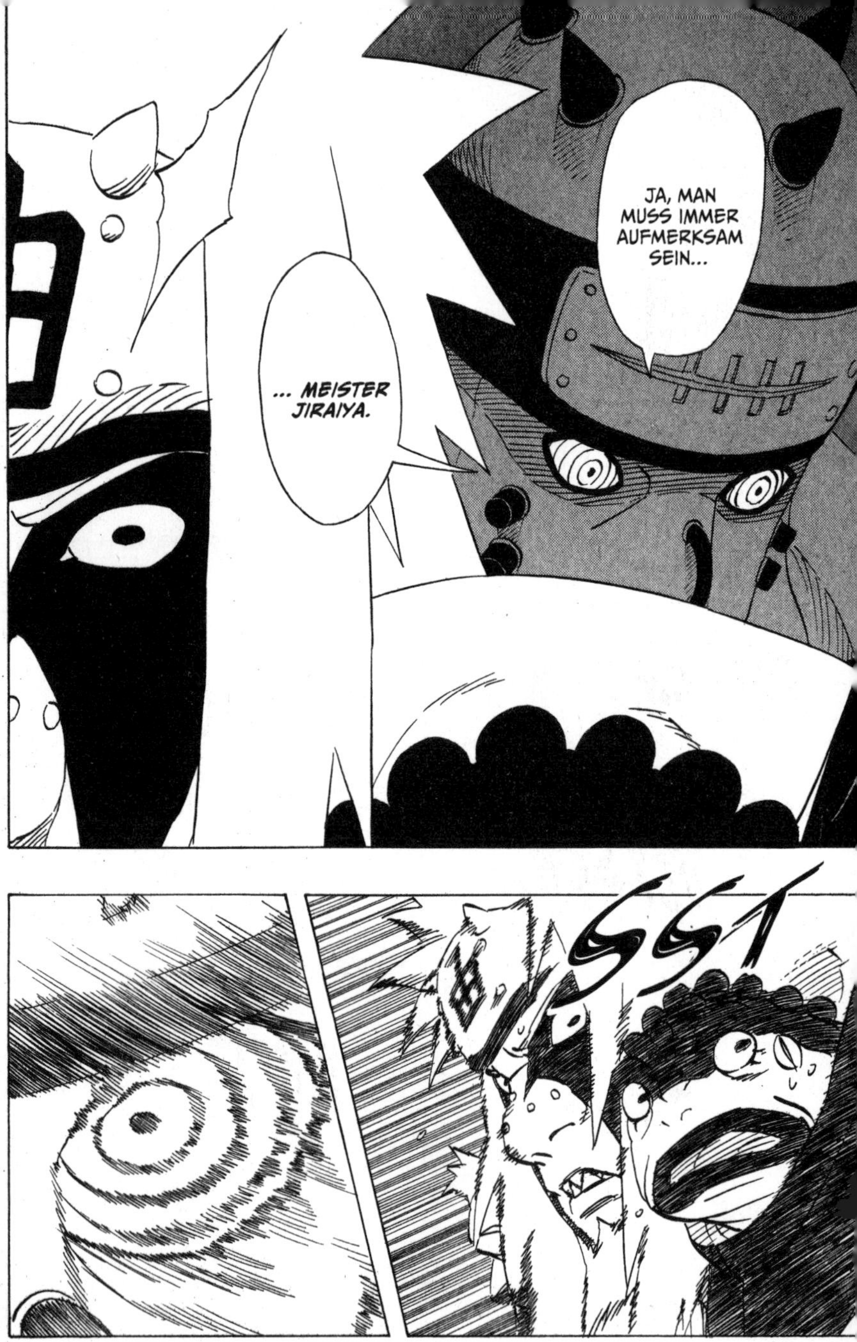
JA, MAN MUSS IMMER AUFMERKSAM SEIN...
... MEISTER JIRAIYA.
SST

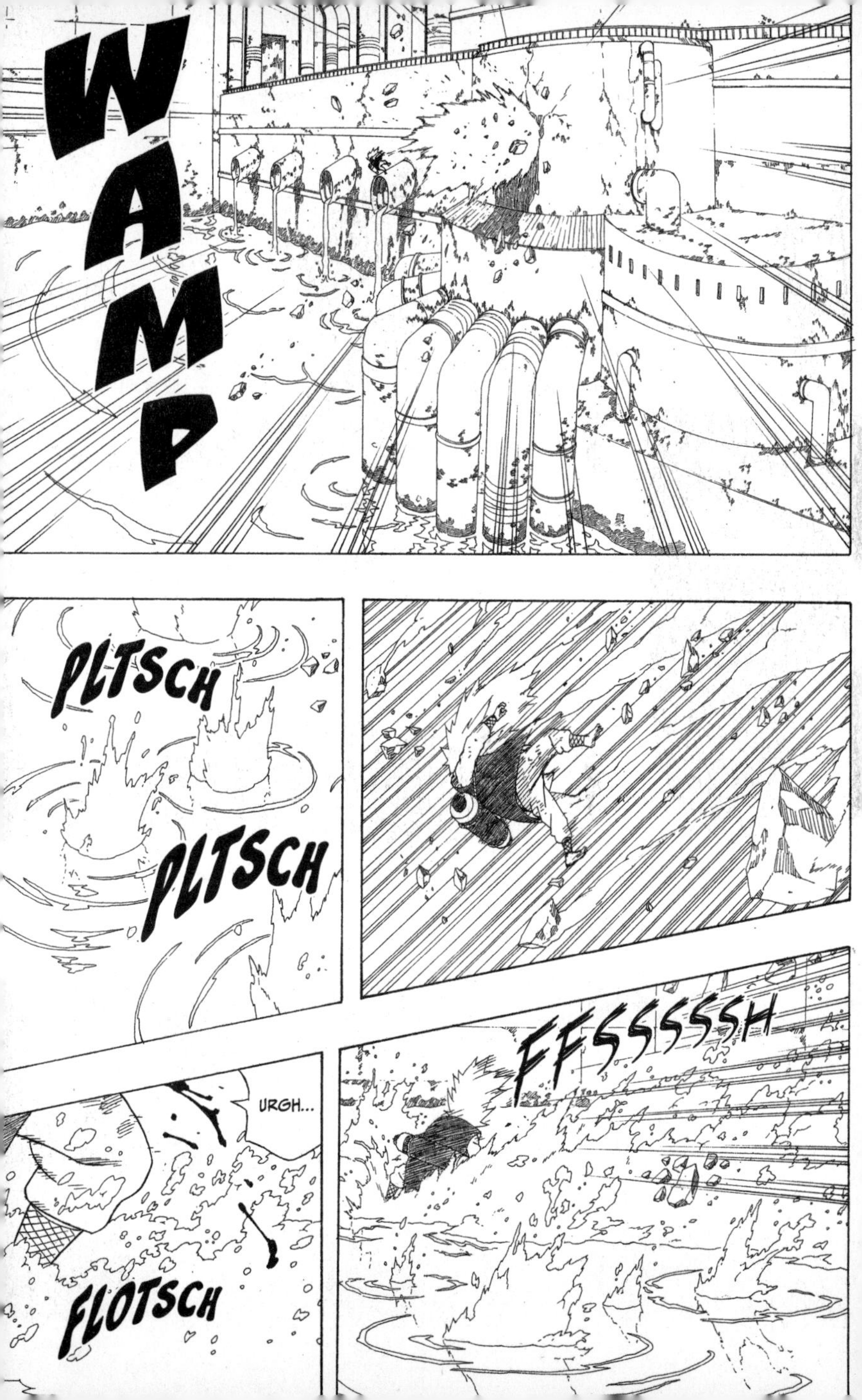
WAMP
PLTSCH
PLTSCH
FFSSSSSH
URGH...
FLOTSCH

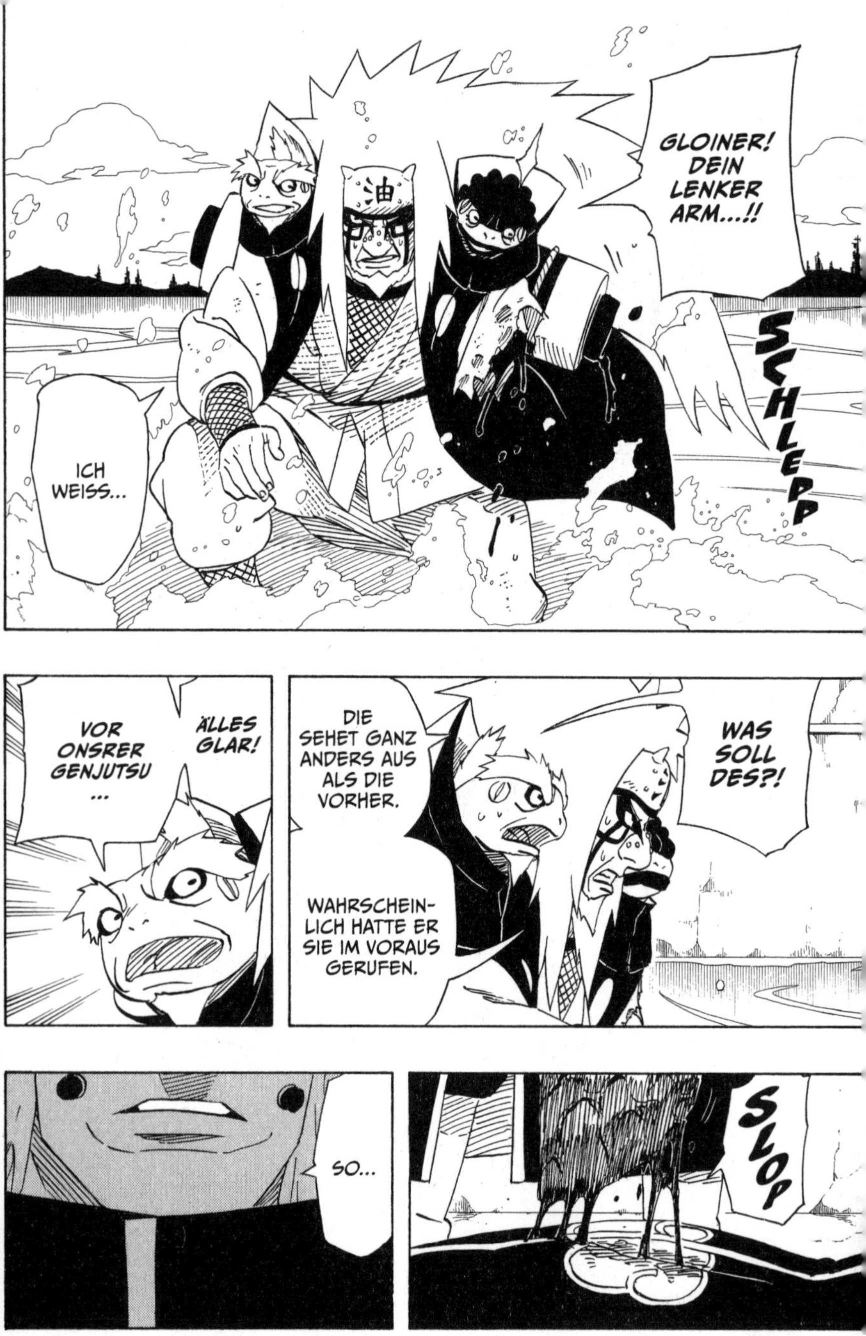
GLOINER! DEIN LENKER ARM...!!
SCHLEPP
ICH WEISS...
WAS SOLL DES?!
DIE SEHET GANZ ANDERS AUS ALS DIE VORHER.
WAHRSCHEIN-LICH HATTE ER SIE IM VORAUS GERUFEN.
ÄLLES GLAR!
VOR ONSRER GENJUTSU ...
SLOP
SO...

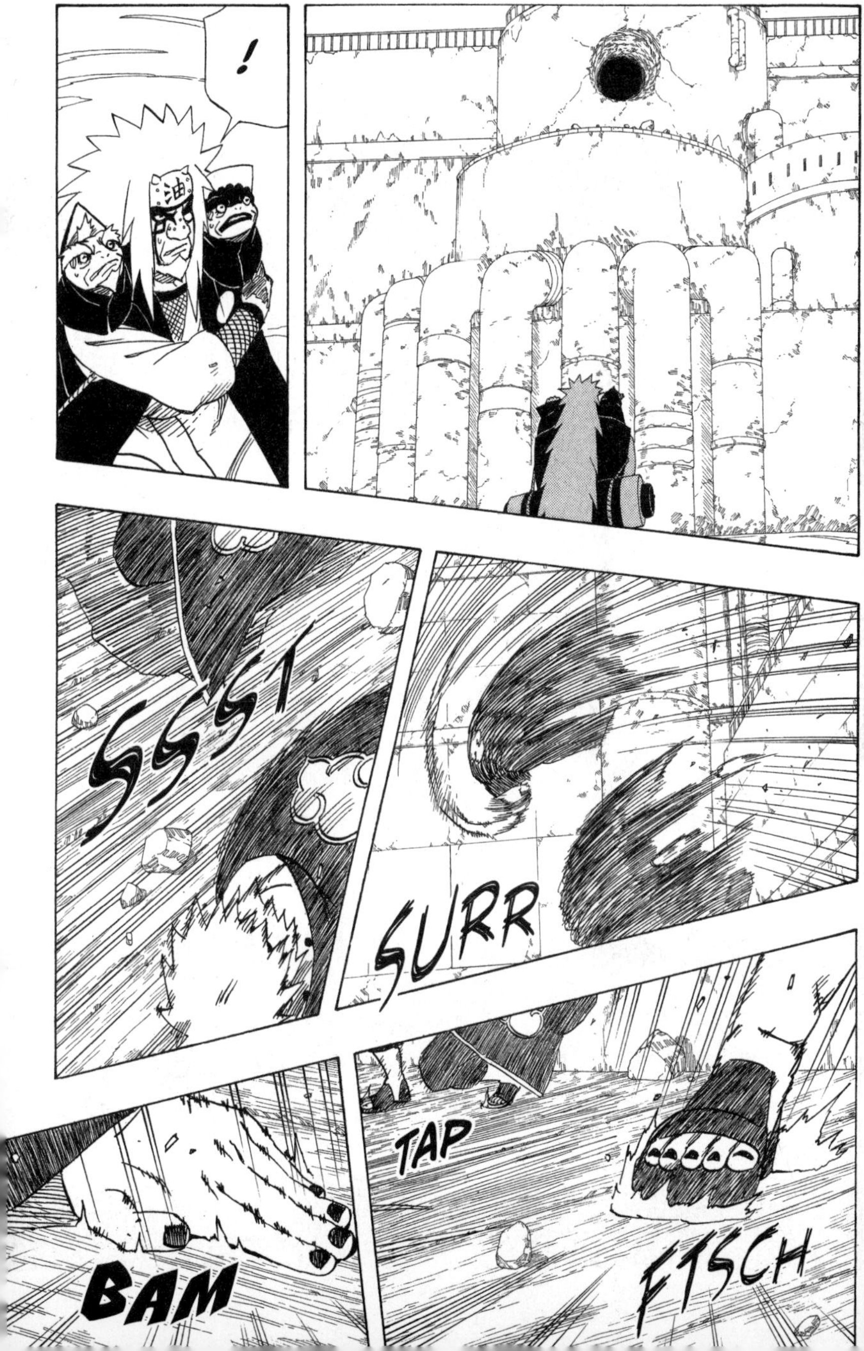
!
SSST
SURR
FTSCH
TAP
BAM

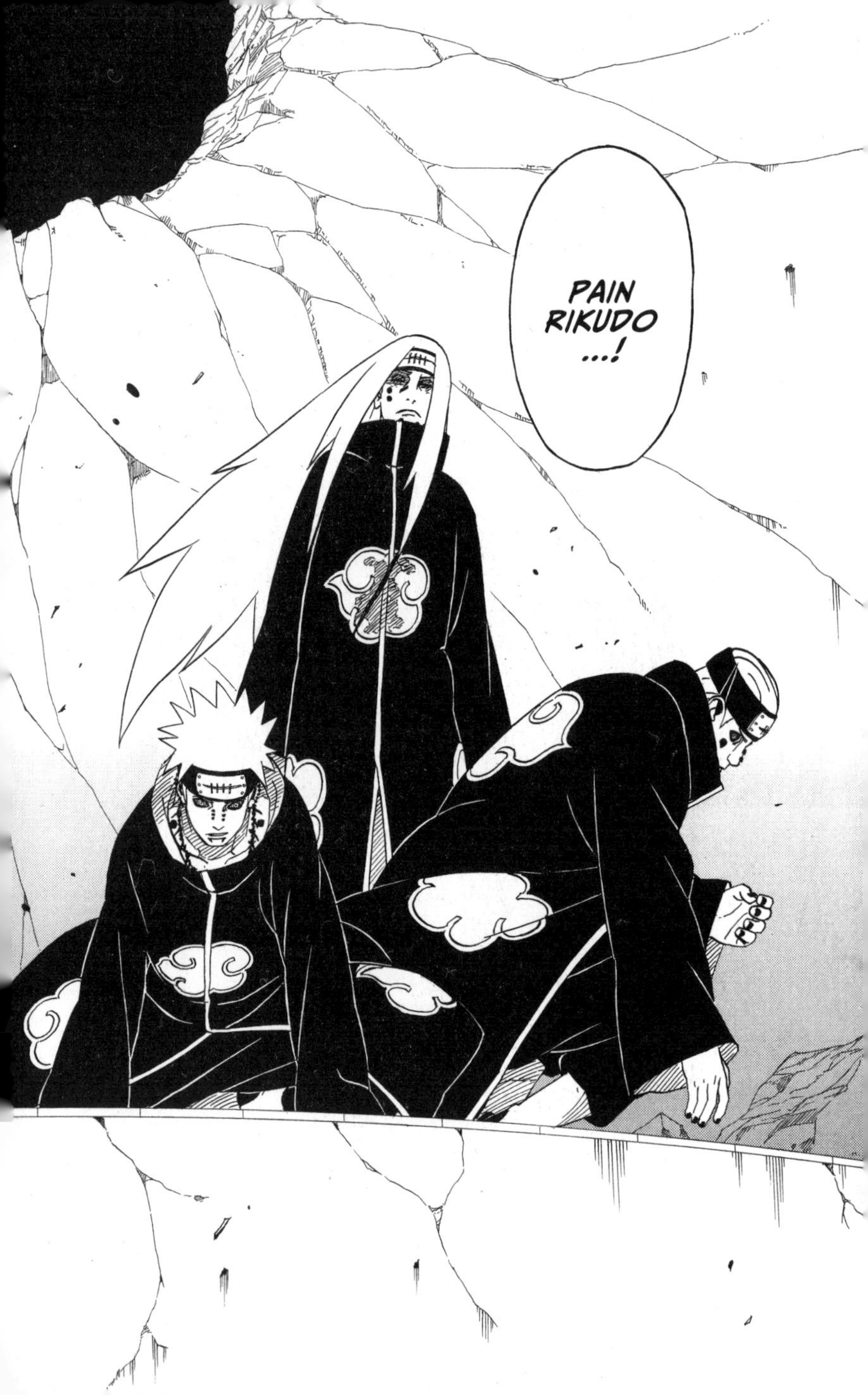
PAIN RIKUDO ...!

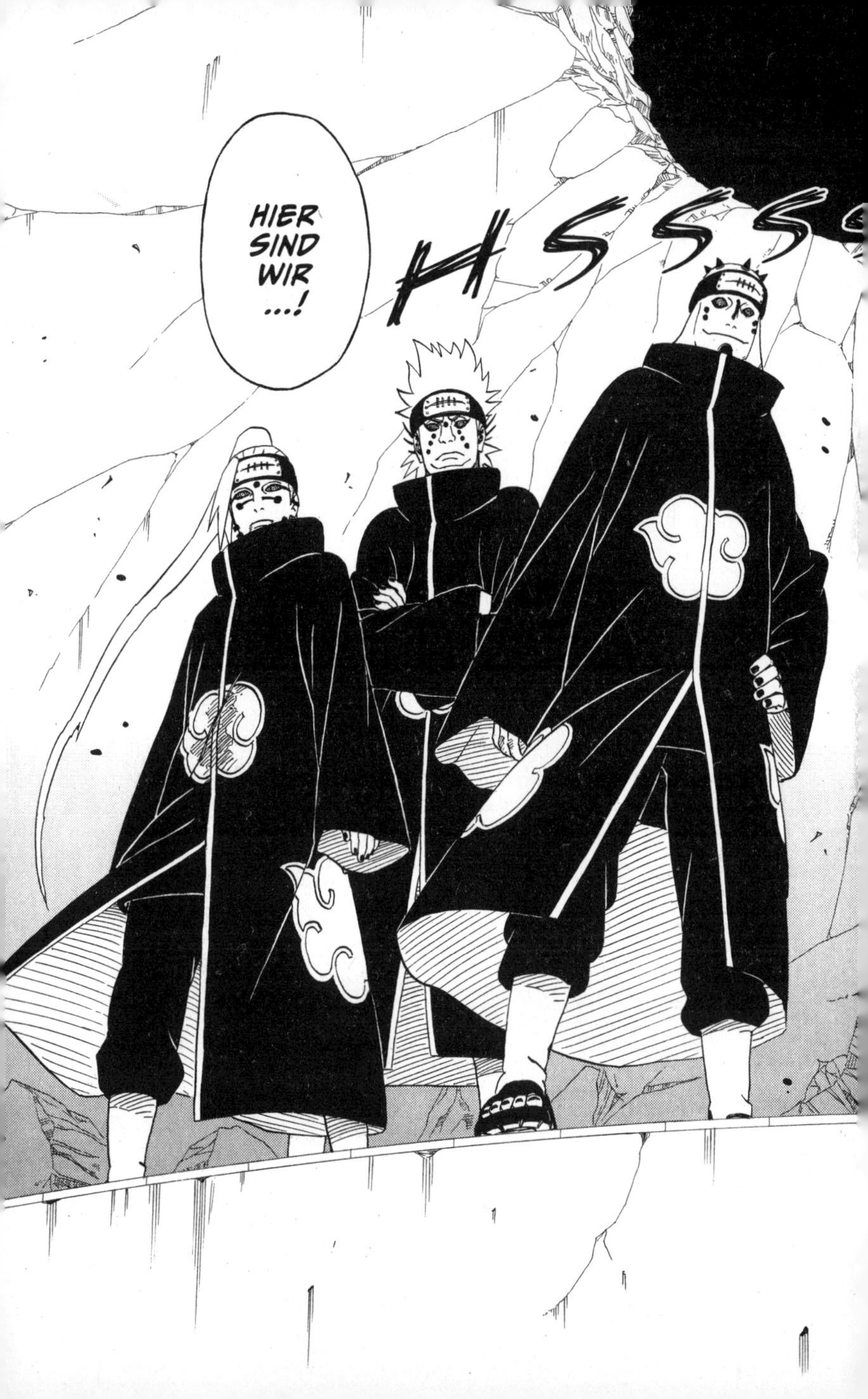
HSSSS
HIER SIND WIR ...!

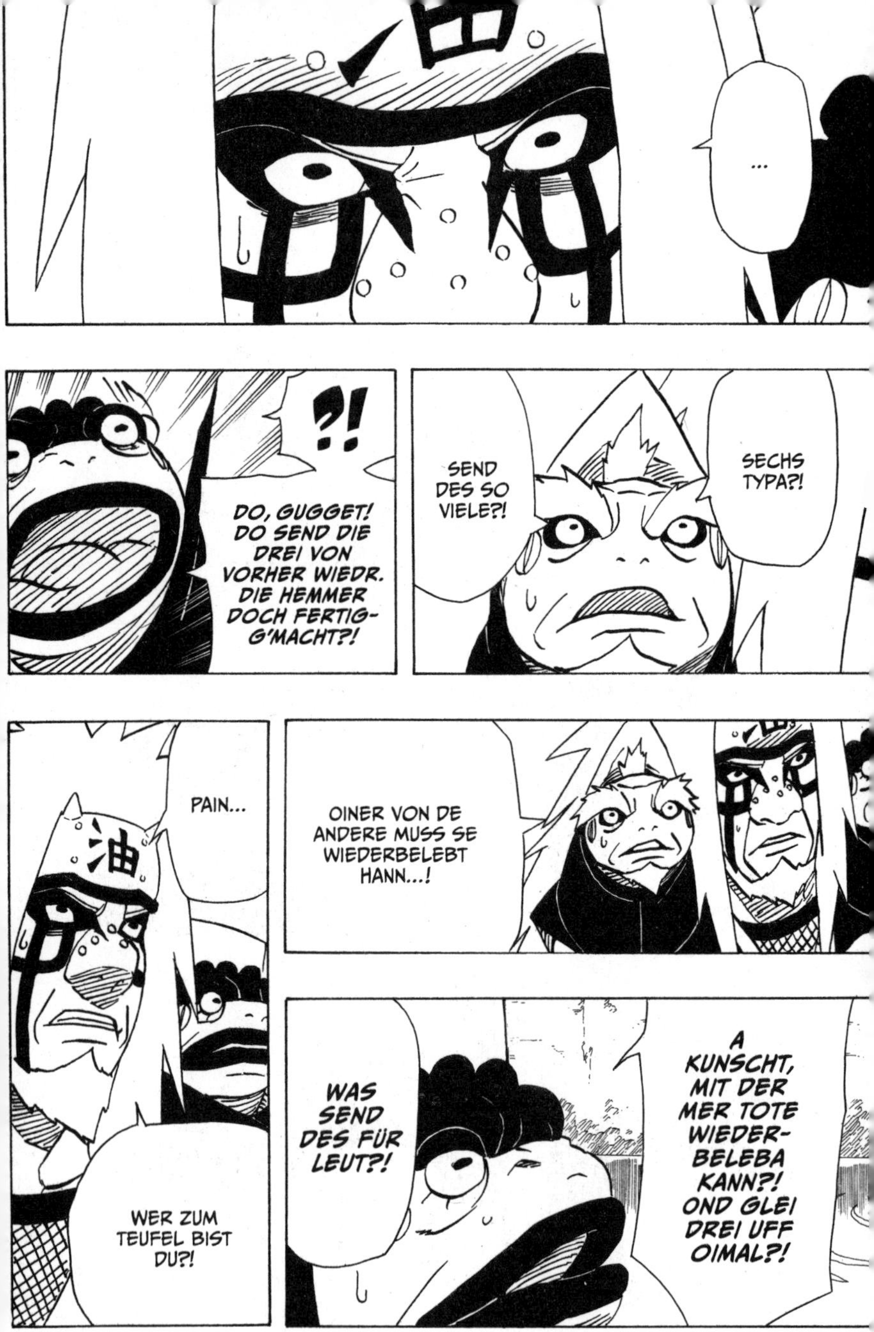
...
SECHS TYPA?!
SEND DES SO VIELE?!
?!
DO, GUGGET! DO SEND DIE DREI VON VORHER WIEDR. DIE HEMMER DOCH FERTIG-G'MACHT?!
OINER VON DE ANDERE MUSS SE WIEDERBELEBT HANN...!
A KUNSCHT, MIT DER MER TOTE WIEDER-BELEBA KANN?! OND GLEI DREI UFF OIMAL?!
WAS SEND DES FÜR LEUT?!
PAIN...
WER ZUM TEUFEL BIST DU?!

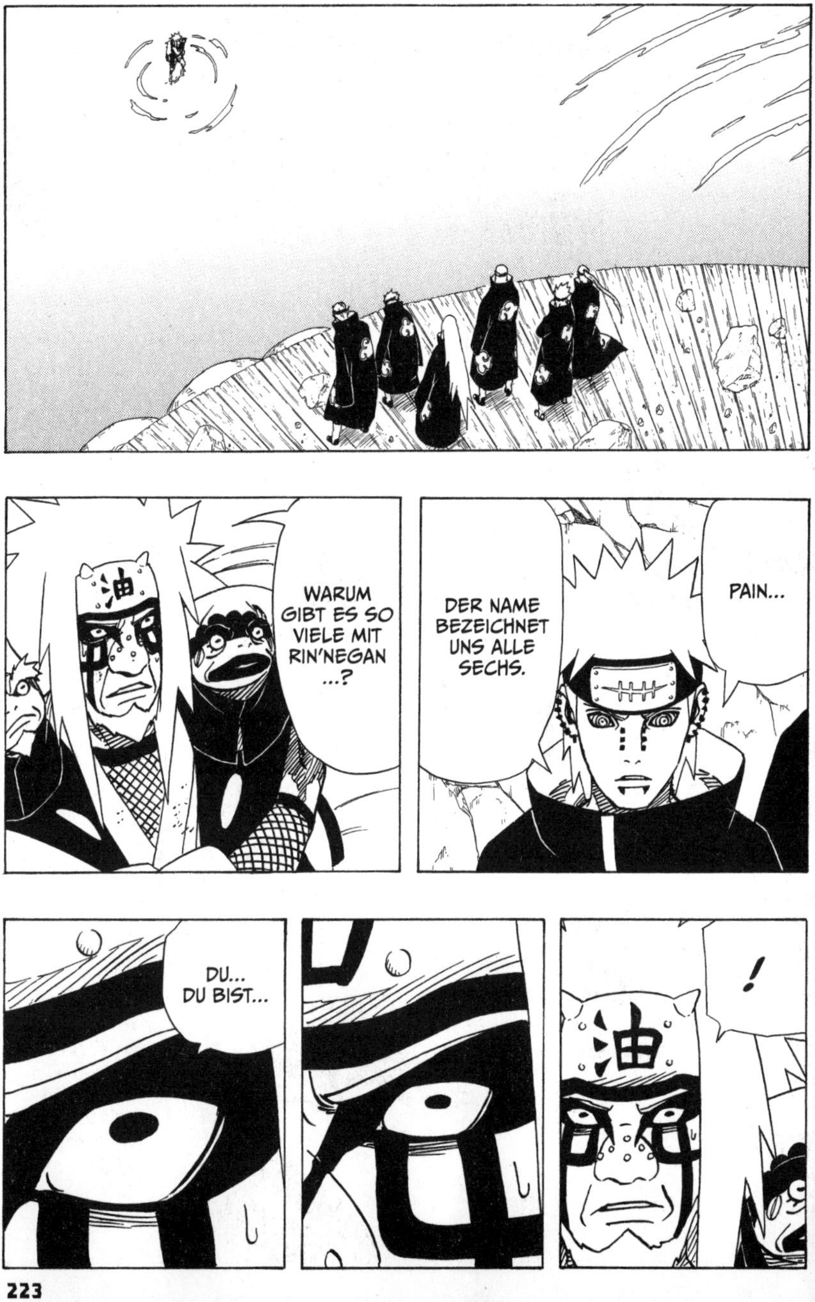
PAIN...
DER NAME BEZEICHNET UNS ALLE SECHS.
WARUM GIBT ES SO VIELE MIT RIN'NEGAN ...?
!
DU... DU BIST...

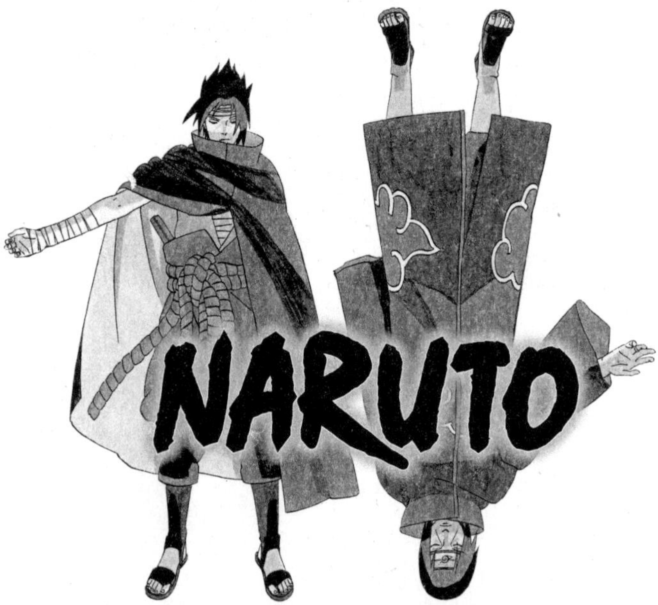
NARUTO

380. Kapitel:

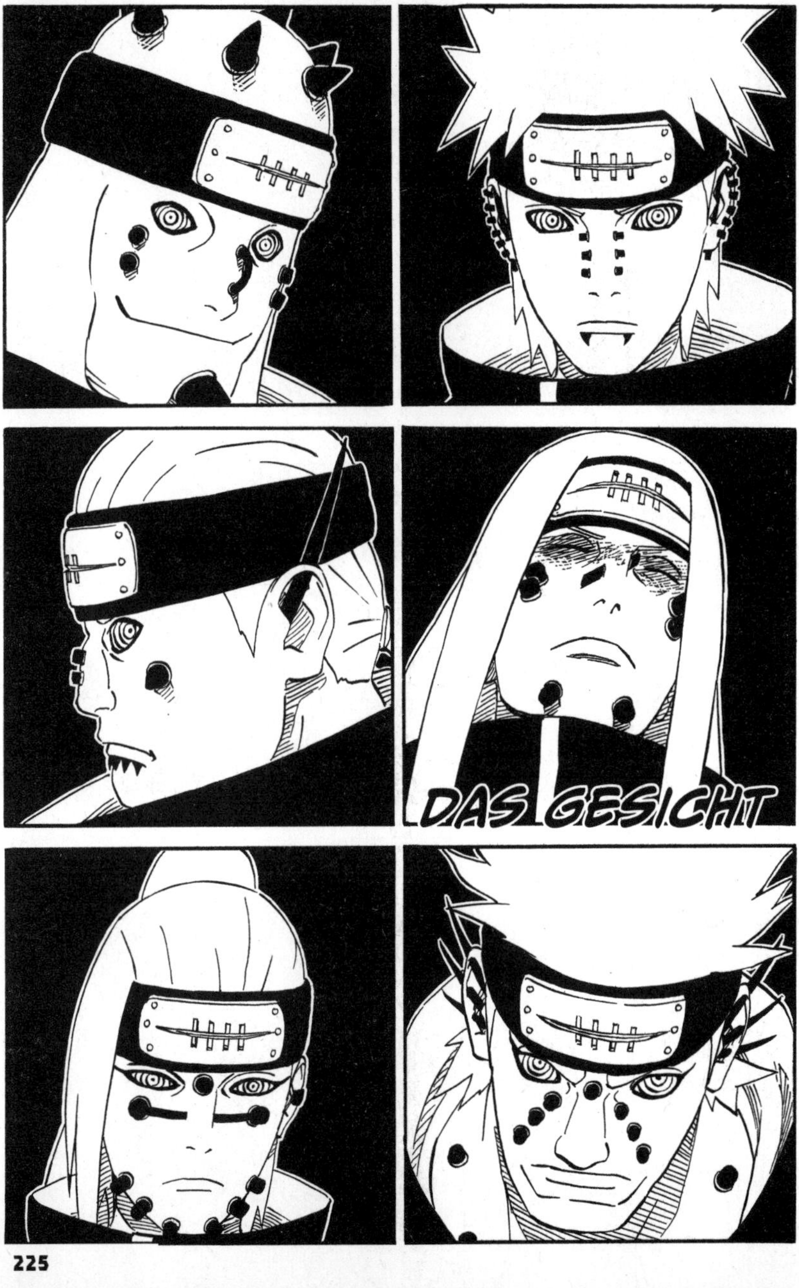

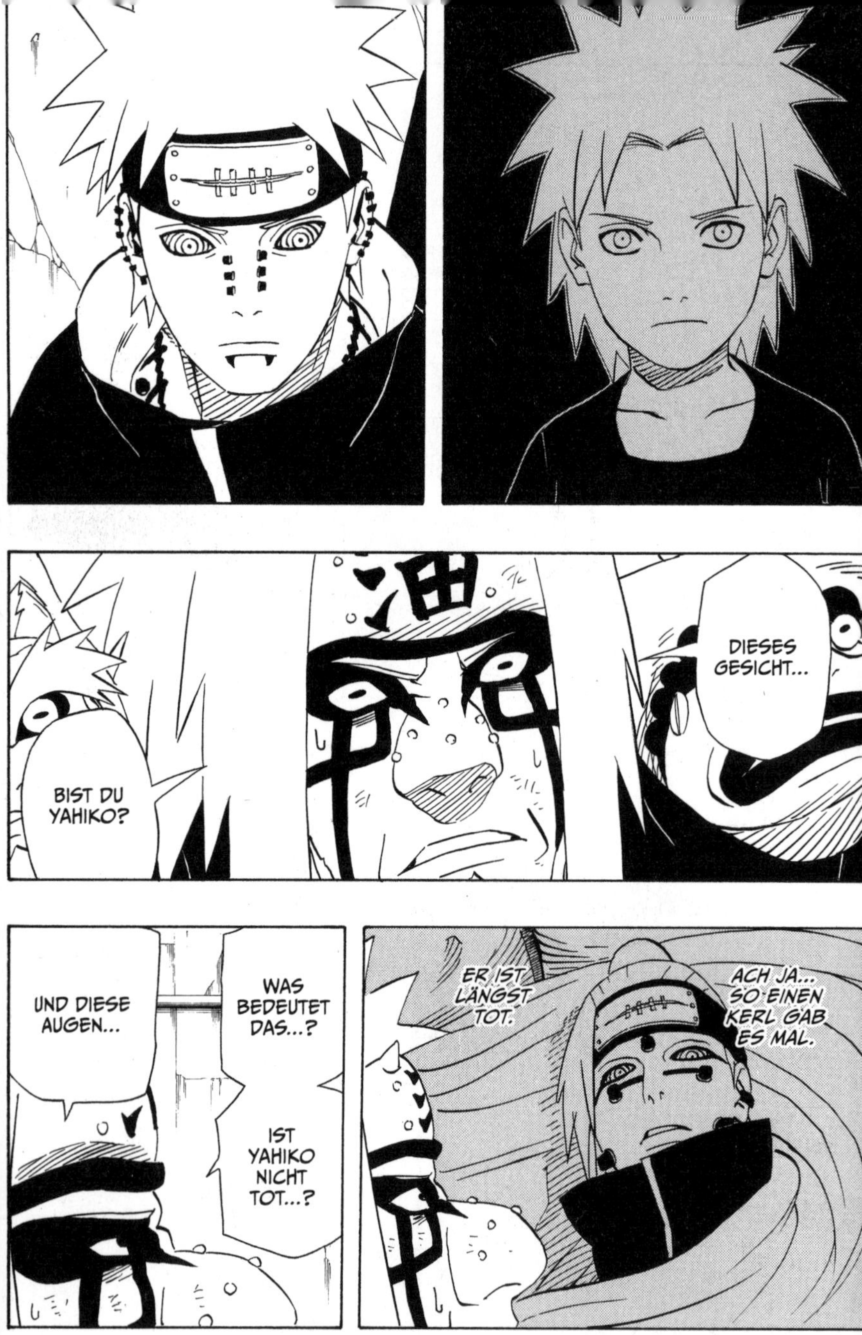
DIESES GESICHT...
BIST DU YAHIKO?
ACH JA... SO EINEN KERL GAB ES MAL.
ER IST LÄNGST TOT.
UND DIESE AUGEN...
WAS BEDEUTET DAS...?
IST YAHIKO NICHT TOT...?

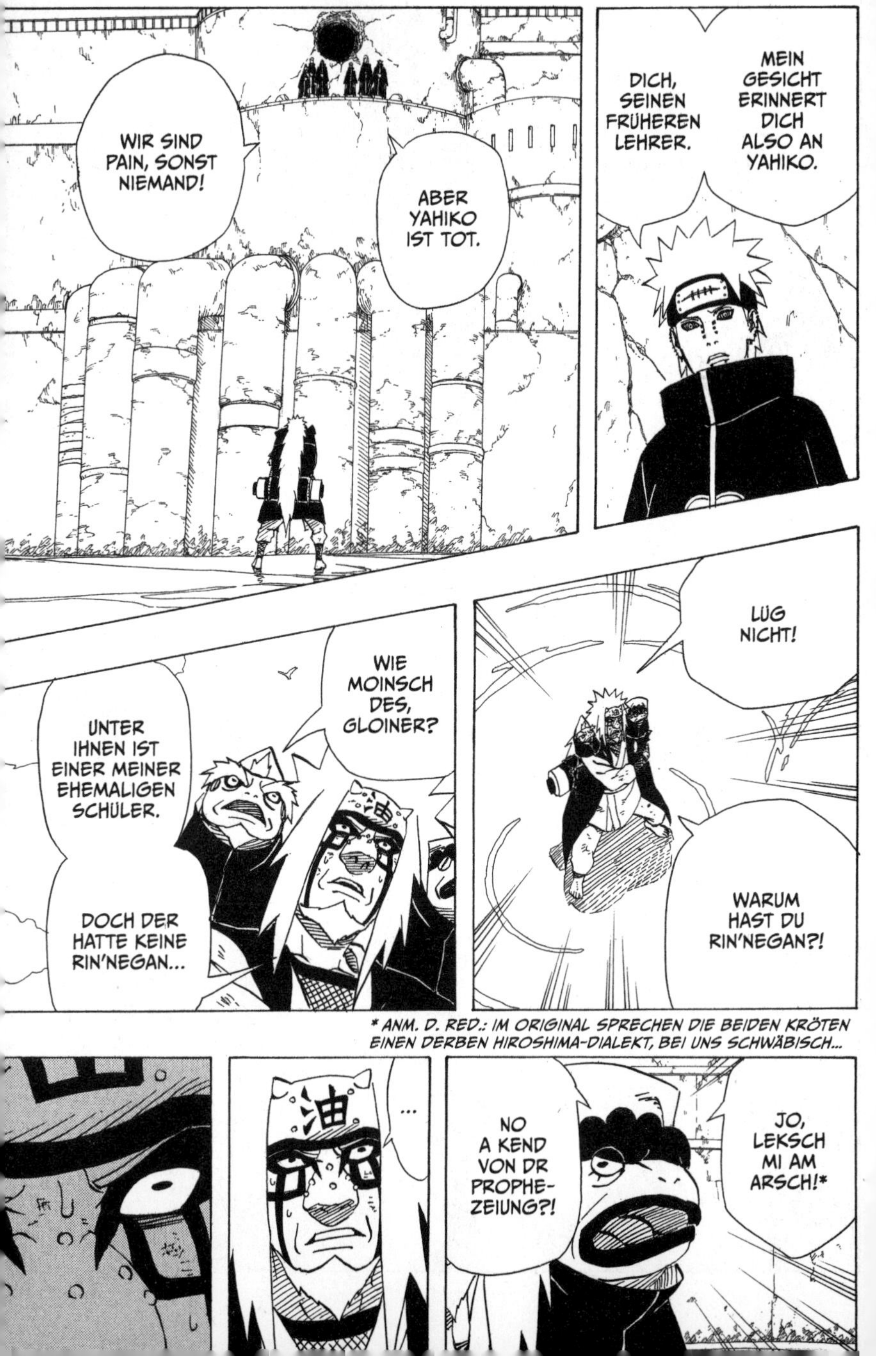
MEIN GESICHT ERINNERT DICH ALSO AN YAHIKO.
DICH, SEINEN FRÜHEREN LEHRER.
ABER YAHIKO IST TOT.
WIR SIND PAIN, SONST NIEMAND!
LÜG NICHT!
WARUM HAST DU RIN'NEGAN?!
WIE MOINSCH DES, GLOINER?
UNTER IHNEN IST EINER MEINER EHEMALIGEN SCHÜLER.
DOCH DER HATTE KEINE RIN'NEGAN...
* ANM. D. RED.: IM ORIGINAL SPRECHEN DIE BEIDEN KRÖTEN EINEN DERBEN HIROSHIMA-DIALEKT, BEI UNS SCHWÄBISCH...
JO, LEKSCH MI AM ARSCH!*
NO A KEND VON DR PROPHE-ZEIUNG?!
...

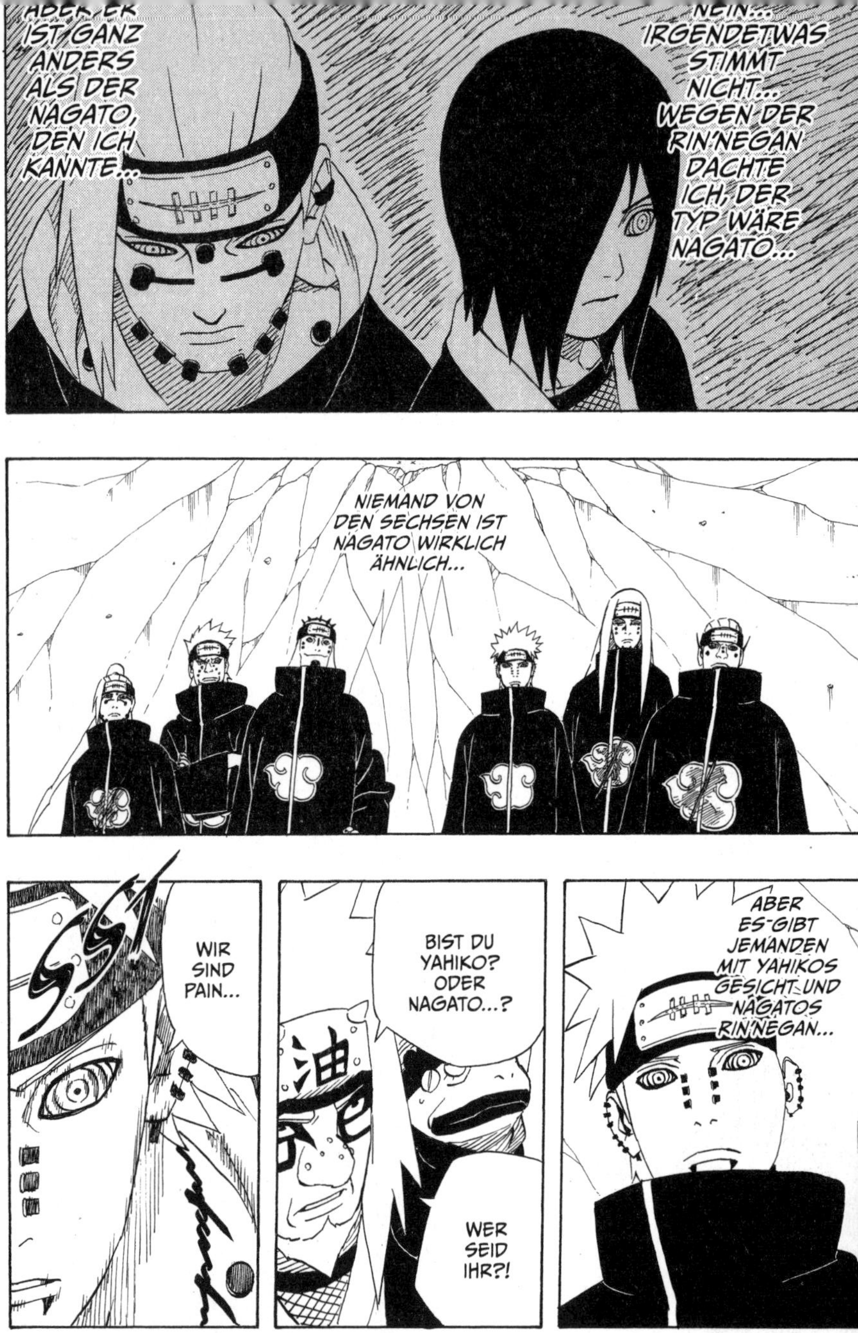
IRGENDETWAS STIMMT NICHT... WEGEN DER RIN'NEGAN DACHTE ICH, DER TYP WÄRE NAGATO...
IST GANZ ANDERS ALS DER NAGATO, DEN ICH KANNTE...
NIEMAND VON DEN SECHSEN IST NAGATO WIRKLICH ÄHNLICH...
ABER ES GIBT JEMANDEN MIT YAHIKOS GESICHT UND NAGATOS RIN'NEGAN...
BIST DU YAHIKO? ODER NAGATO...?
WER SEID IHR?!
油
WIR SIND PAIN...
SST

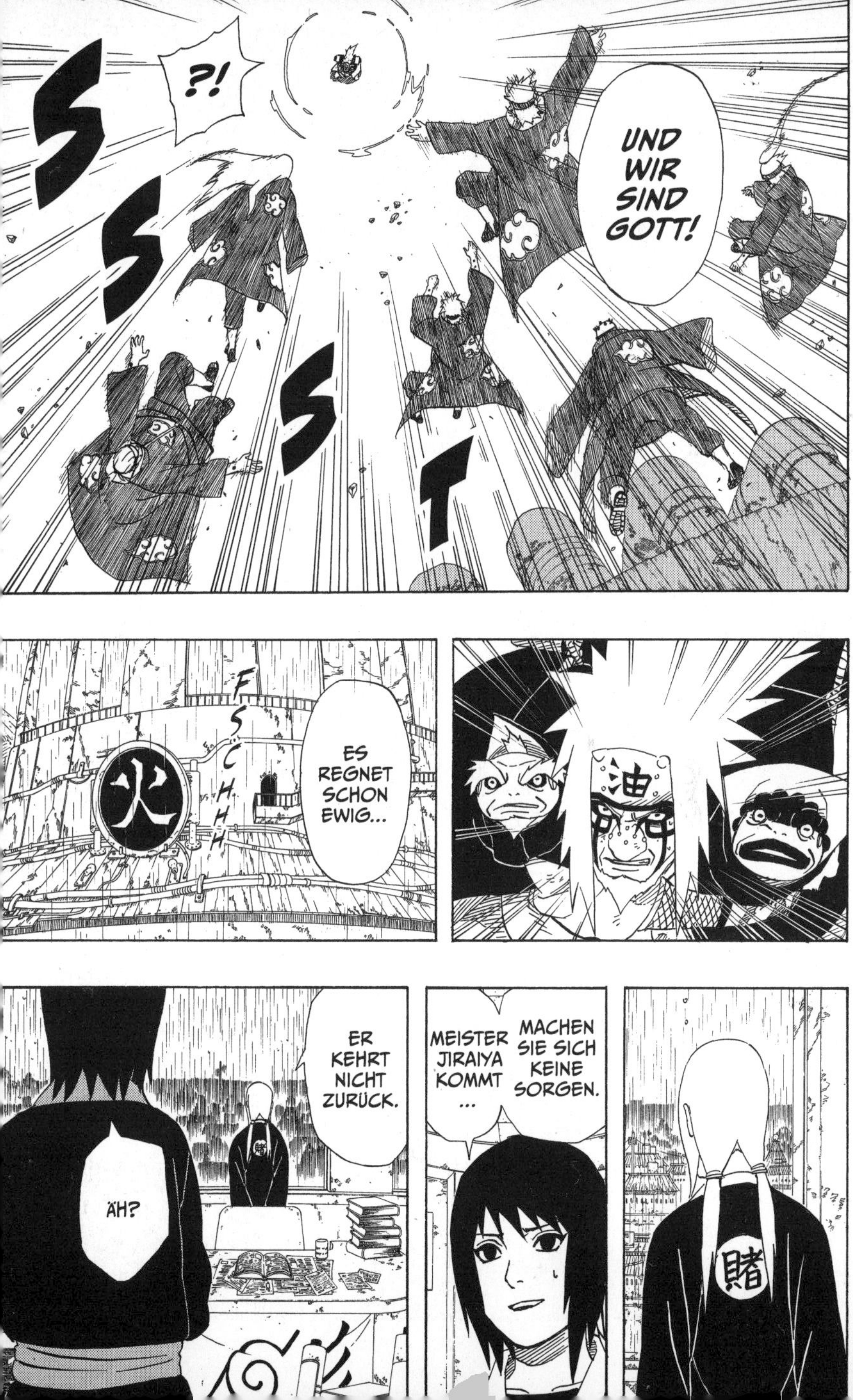
?!
UND WIR SIND GOTT!
SSST
FSCHHHH
ES REGNET SCHON EWIG...
ER KEHRT NICHT ZURÜCK.
ÄH?
MACHEN SIE SICH KEINE SORGEN.
MEISTER JIRAIYA KOMMT ...

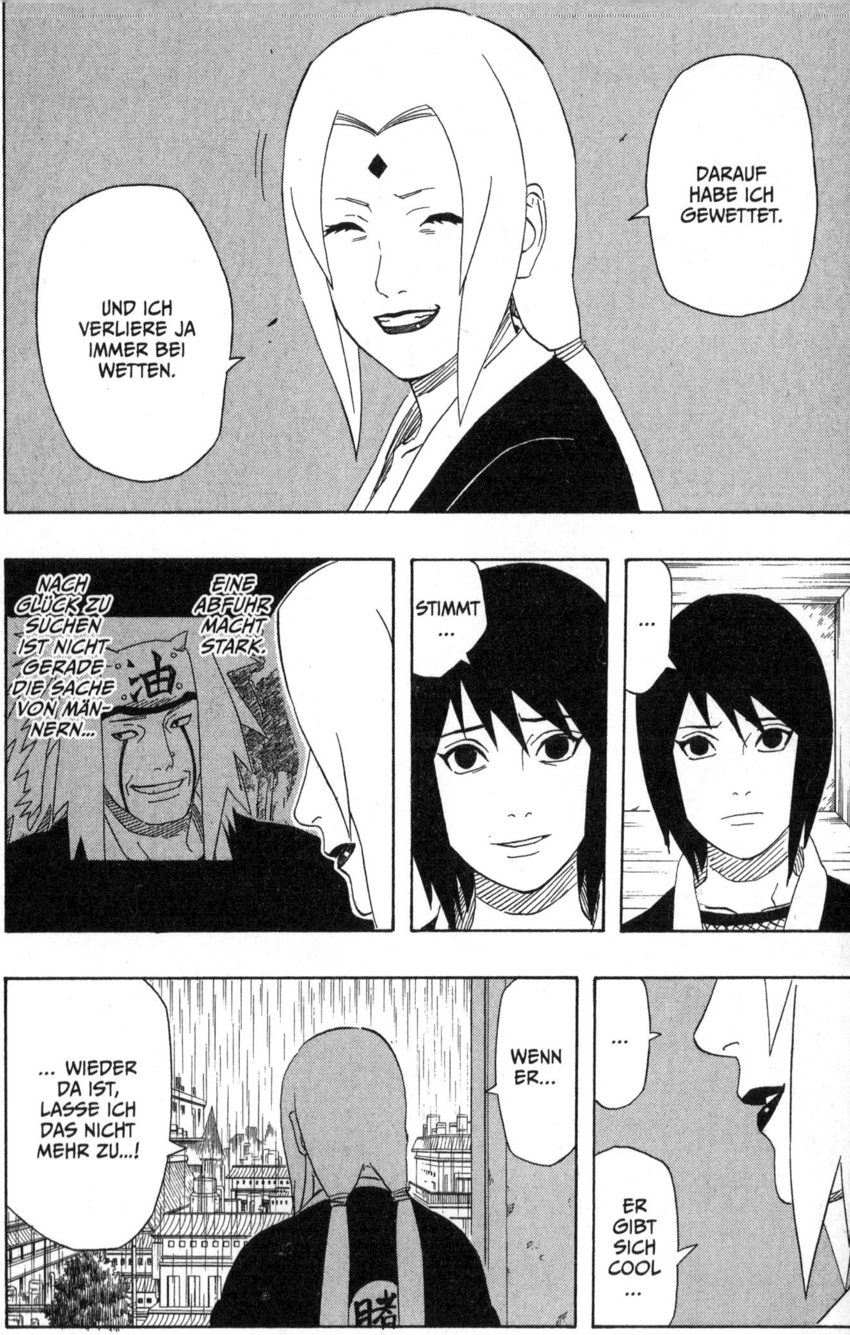
DARAUF HABE ICH GEWETTET.
UND ICH VERLIERE JA IMMER BEI WETTEN.
...
STIMMT ...
EINE ABFUHR MACHT STARK.
NACH GLÜCK ZU SUCHEN IST NICHT GERADE DIE SACHE VON MÄNNERN...
...
ER GIBT SICH COOL ...
WENN ER...
... WIEDER DA IST, LASSE ICH DAS NICHT MEHR ZU...!

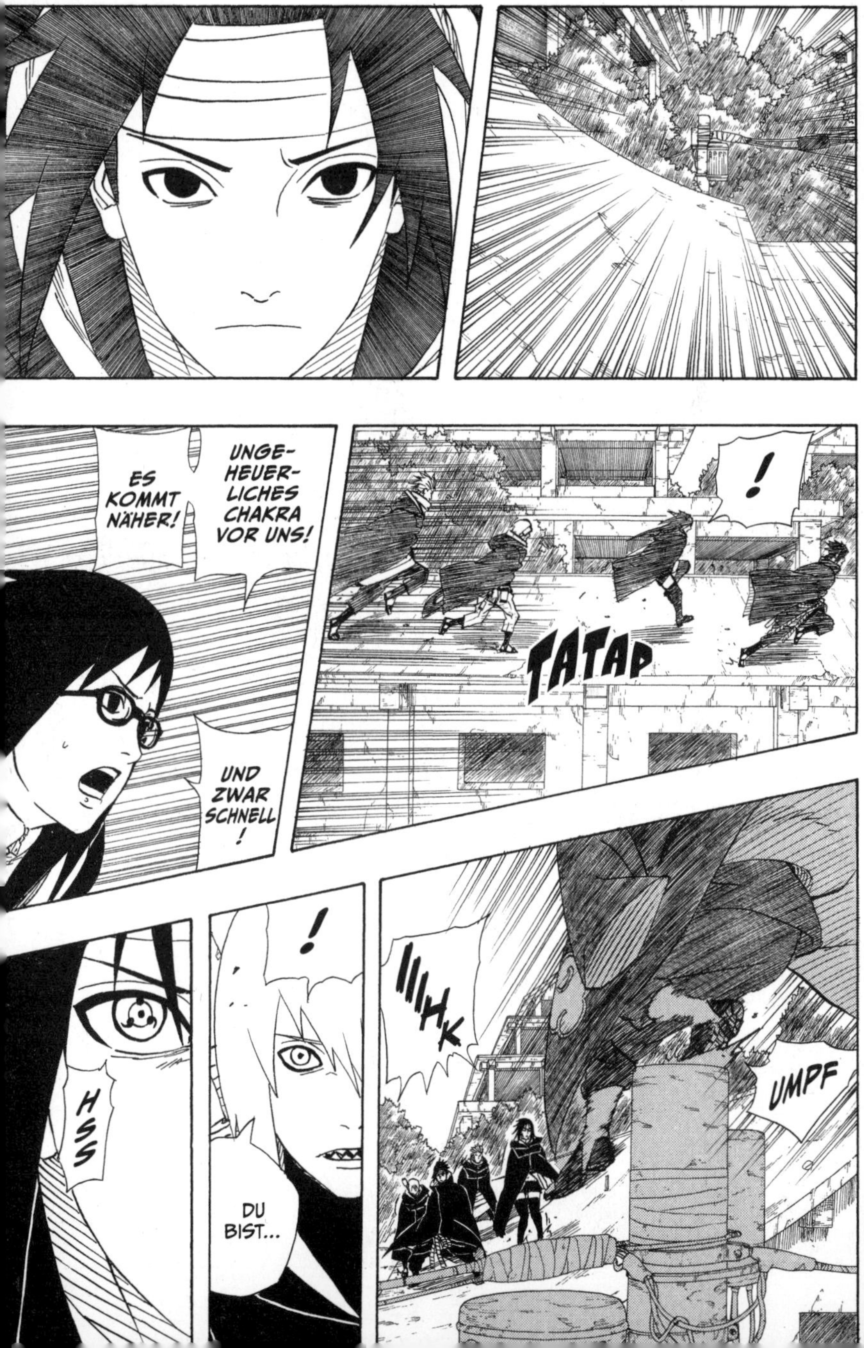
!
TATAP
UNGEHEUERLICHES CHAKRA VOR UNS!
ES KOMMT NÄHER!
UND ZWAR SCHNELL!
IIIIHK
UMPF
!
DU BIST...
HSS

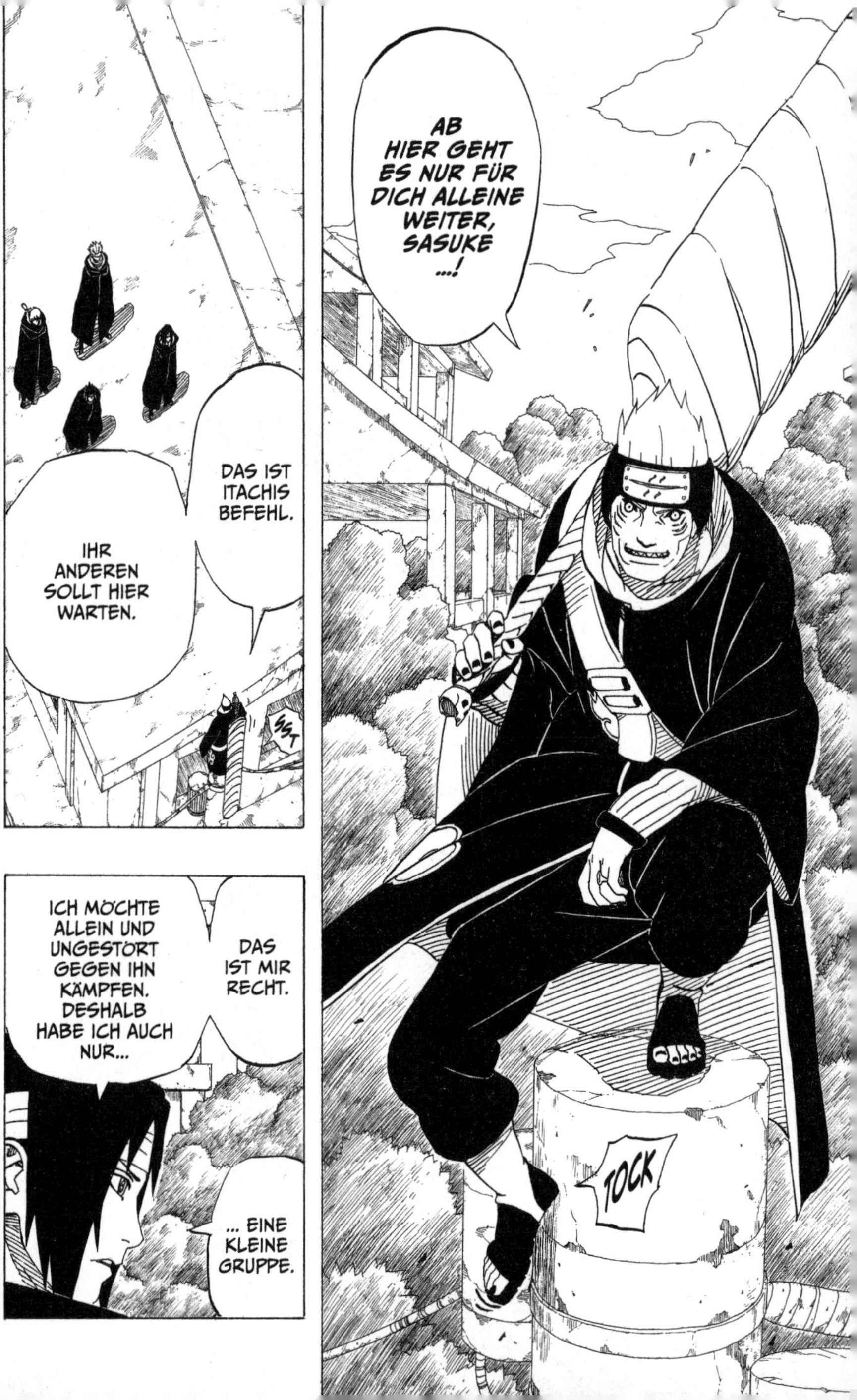
AB HIER GEHT ES NUR FÜR DICH ALLEINE WEITER, SASUKE ...!
TOCK
DAS IST ITACHIS BEFEHL.
IHR ANDEREN SOLLT HIER WARTEN.
SST
DAS IST MIR RECHT.
ICH MÖCHTE ALLEIN UND UNGESTÖRT GEGEN IHN KÄMPFEN. DESHALB HABE ICH AUCH NUR...
... EINE KLEINE GRUPPE.

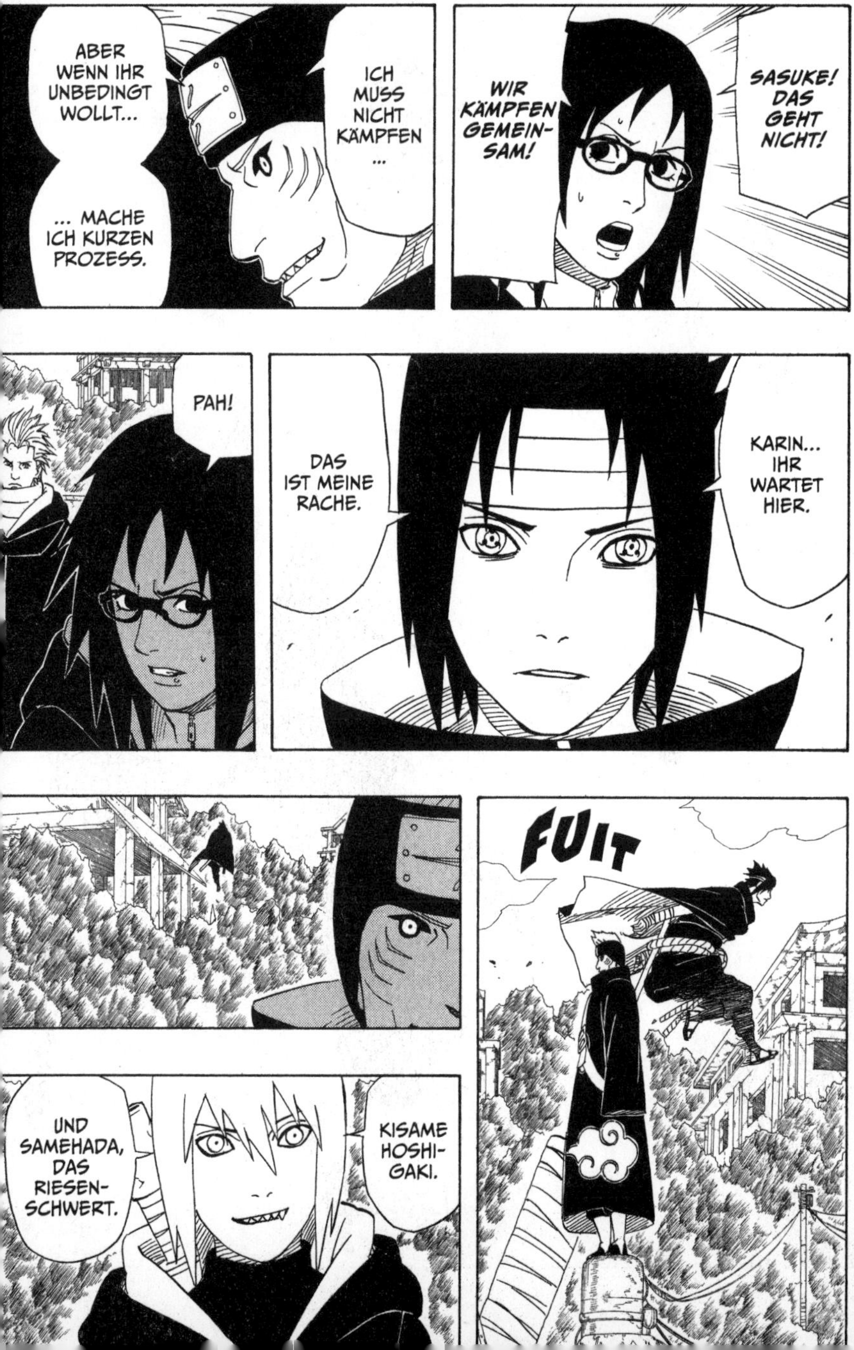
SASUKE! DAS GEHT NICHT!
WIR KÄMPFEN GEMEINSAM!
ICH MUSS NICHT KÄMPFEN ...
ABER WENN IHR UNBEDINGT WOLLT...
... MACHE ICH KURZEN PROZESS.
KARIN... IHR WARTET HIER.
DAS IST MEINE RACHE.
PAH!
FUIT
KISAME HOSHIGAKI.
UND SAMEHADA, DAS RIESENSCHWERT.

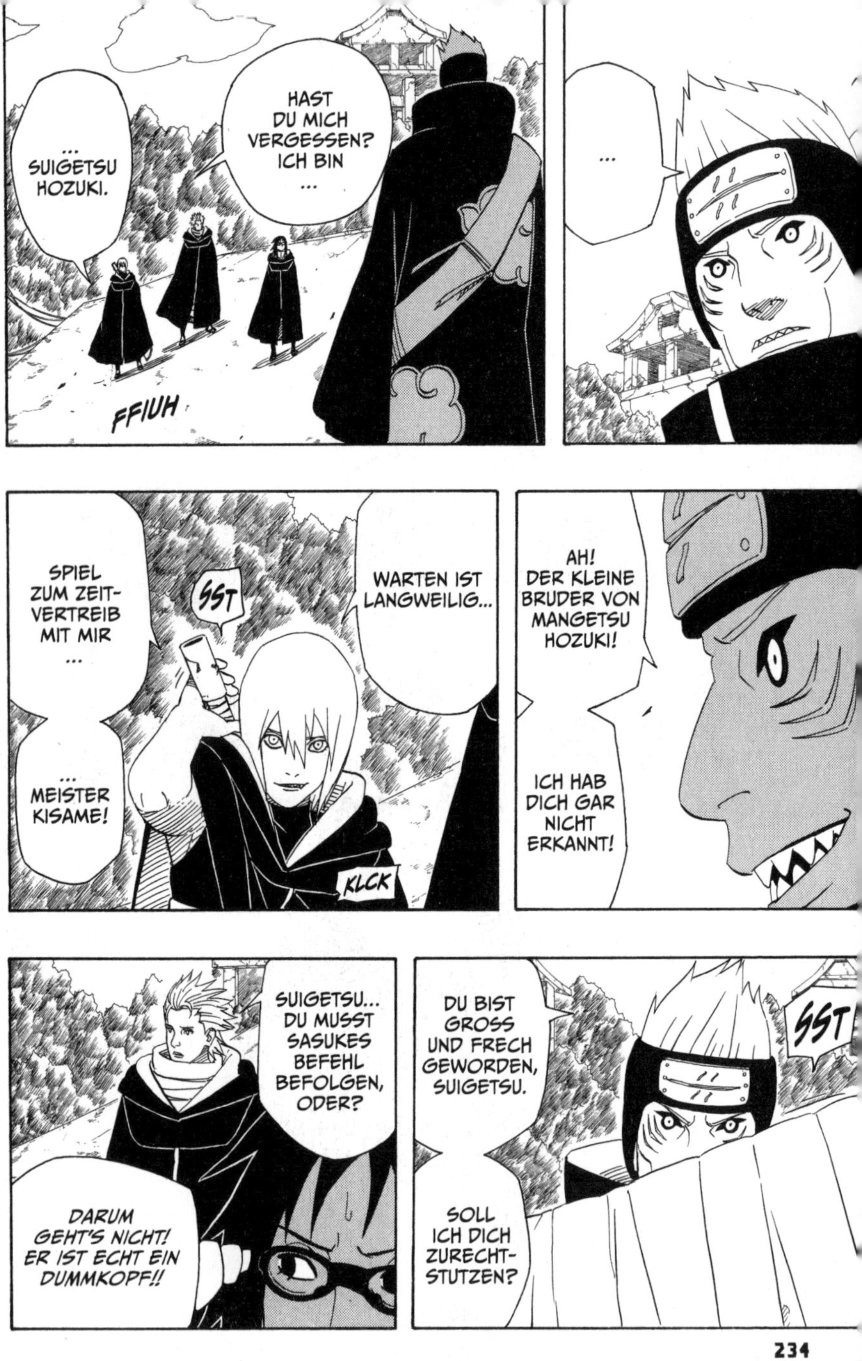
...
HAST DU MICH VERGESSEN? ICH BIN ...
... SUIGETSU HOZUKI.
FFIUH
AH! DER KLEINE BRUDER VON MANGETSU HOZUKI!
ICH HAB DICH GAR NICHT ERKANNT!
WARTEN IST LANGWEILIG...
SST
SPIEL ZUM ZEIT-VERTREIB MIT MIR ...
... MEISTER KISAME!
KLCK
SST
DU BIST GROSS UND FRECH GEWORDEN, SUIGETSU.
SOLL ICH DICH ZURECHT-STUTZEN?
SUIGETSU... DU MUSST SASUKES BEFEHL BEFOLGEN, ODER?
DARUM GEHT'S NICHT! ER IST ECHT EIN DUMMKOPF!!

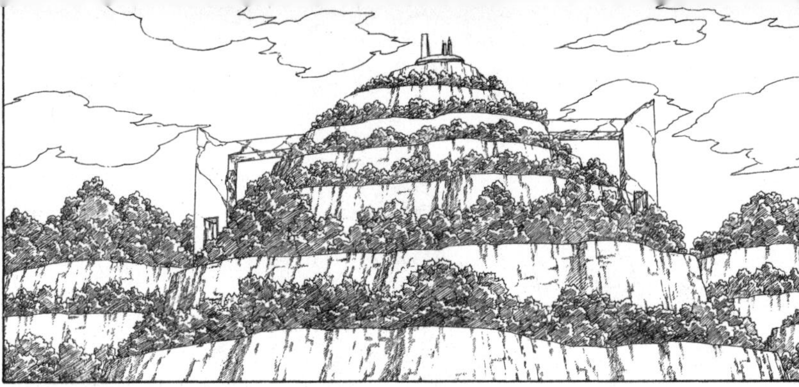

* FUCHS

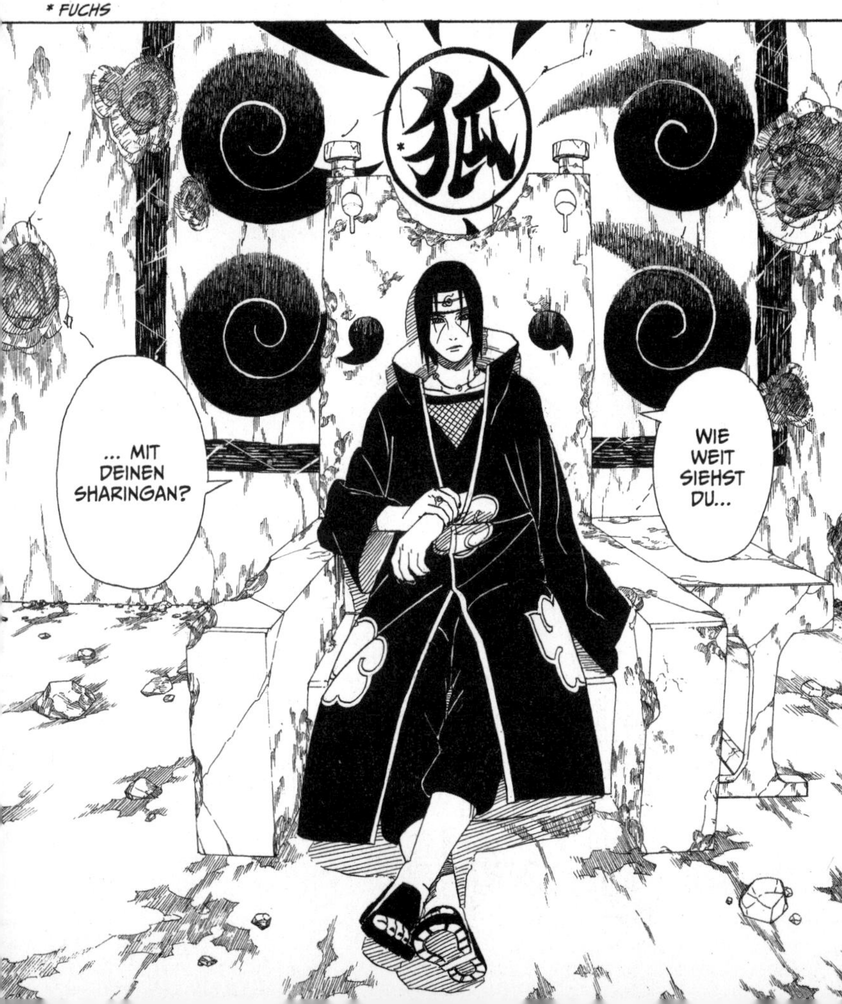

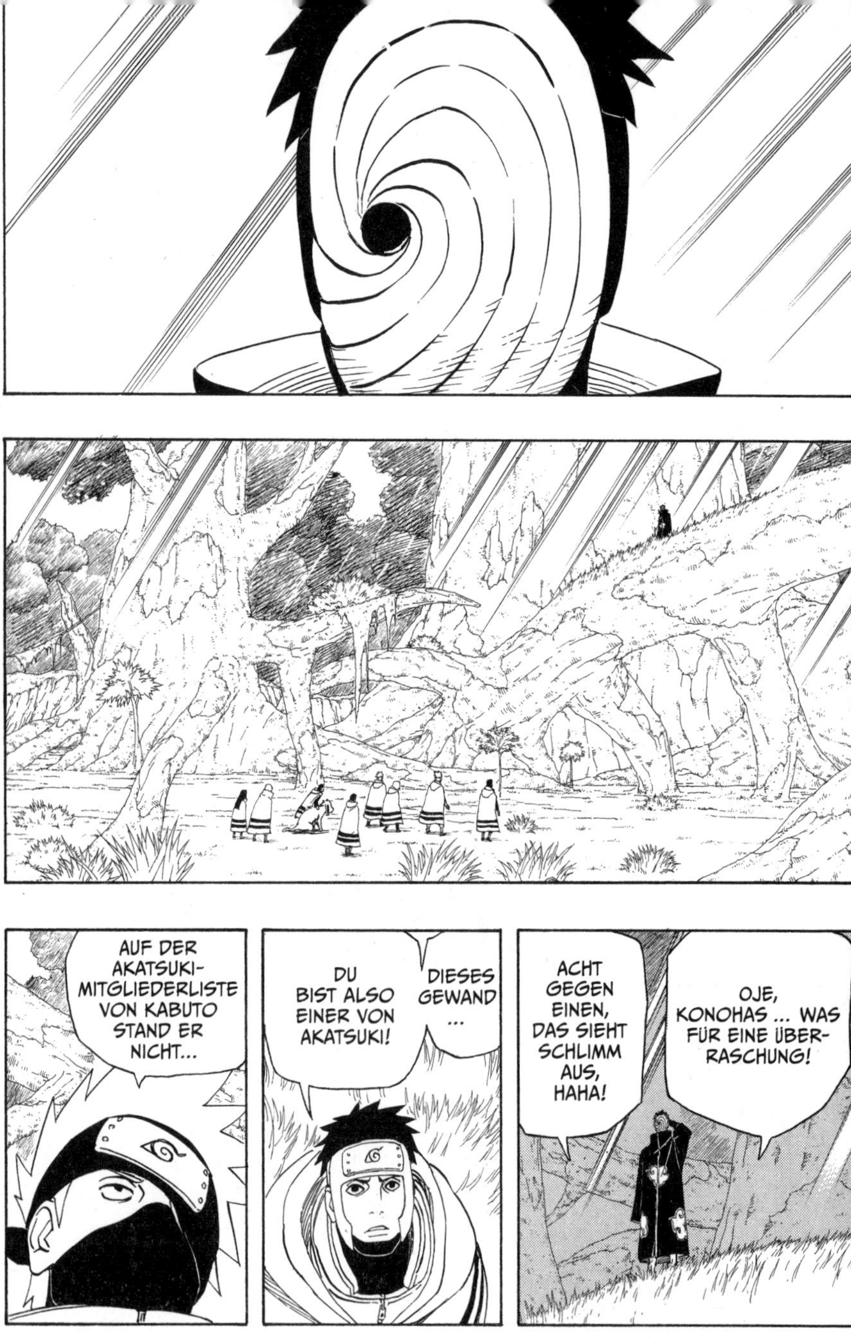
OJE, KONOHAS ... WAS FÜR EINE ÜBER-RASCHUNG!
ACHT GEGEN EINEN, DAS SIEHT SCHLIMM AUS, HAHA!
DIESES GEWAND ...
DU BIST ALSO EINER VON AKATSUKI!
AUF DER AKATSUKI-MITGLIEDERLISTE VON KABUTO STAND ER NICHT...

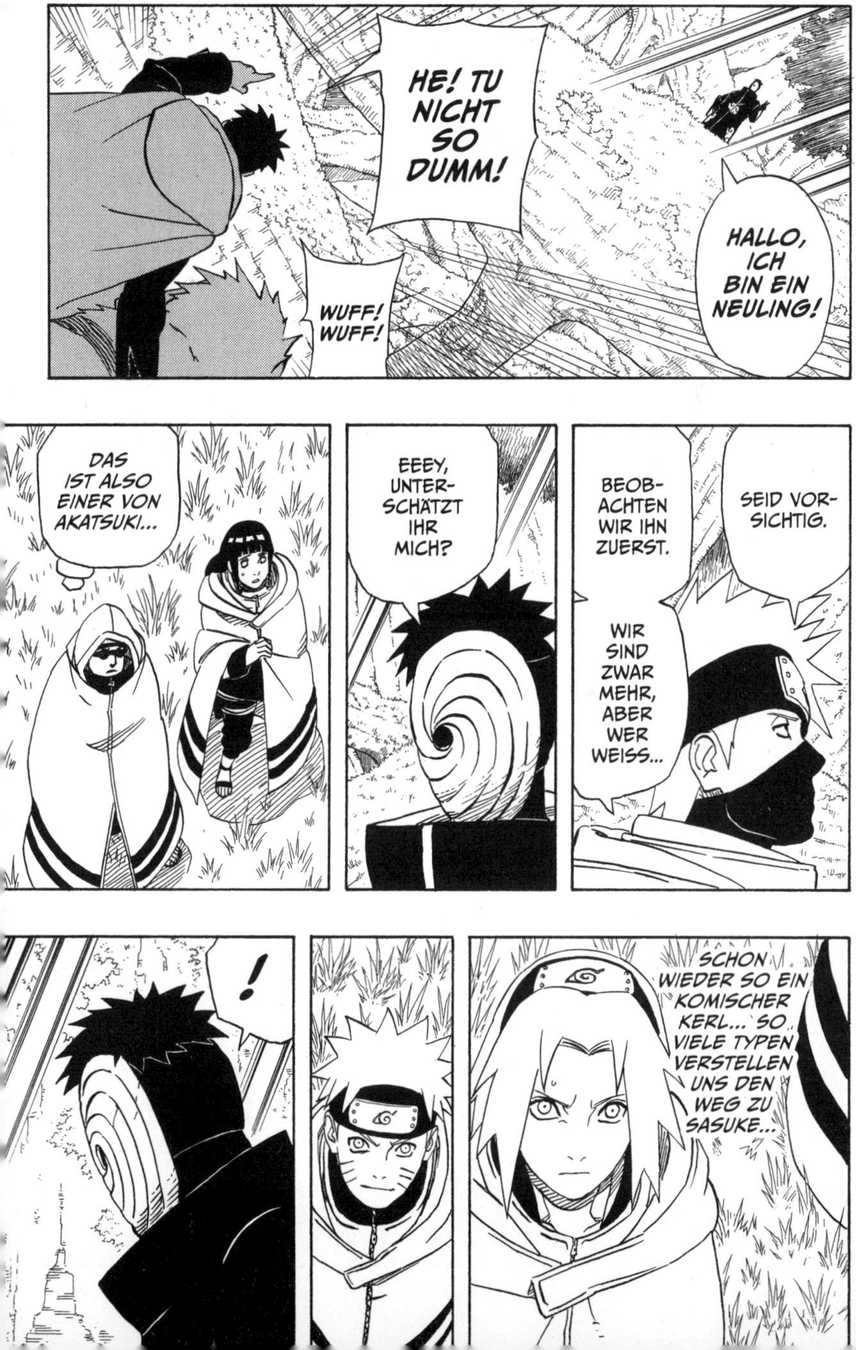

HALLO, ICH BIN EIN NEULING!
HE! TU NICHT SO DUMM!
WUFF! WUFF!
SEID VORSICHTIG.
BEOBACHTEN WIR IHN ZUERST.
WIR SIND ZWAR MEHR, ABER WER WEISS...
EEEY, UNTERSCHÄTZT IHR MICH?
DAS IST ALSO EINER VON AKATSUKI...
SCHON WIEDER SO EIN KOMISCHER KERL... SO VIELE TYPEN VERSTELLEN UNS DEN WEG ZU SASUKE...
!

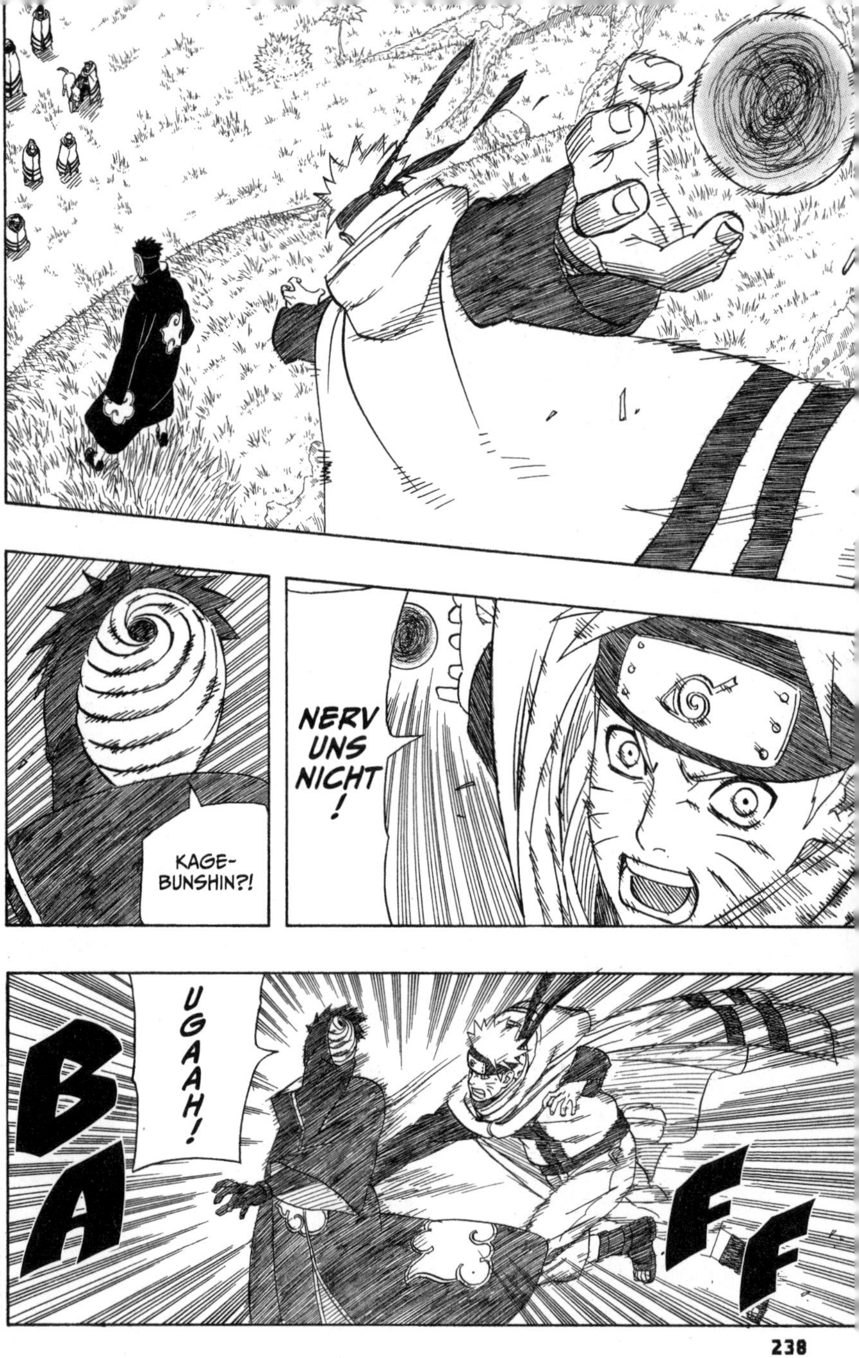
NERV UNS NICHT!
KAGE-BUNSHIN?!
UGAAH!
BAFF

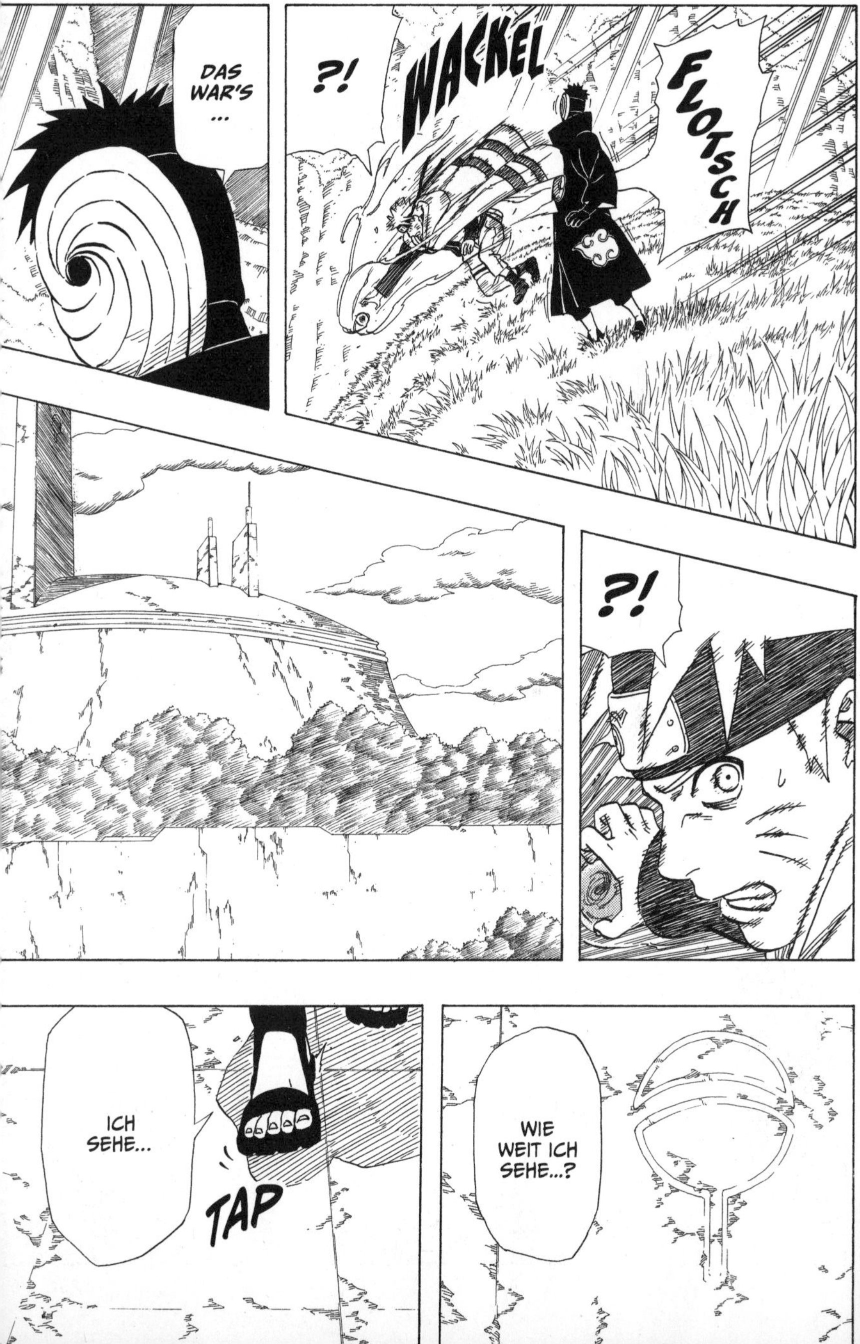
?!
WACKEL
FLOTSCH
DAS WAR'S ...
?!
WIE WEIT ICH SEHE...?
ICH SEHE...
TAP

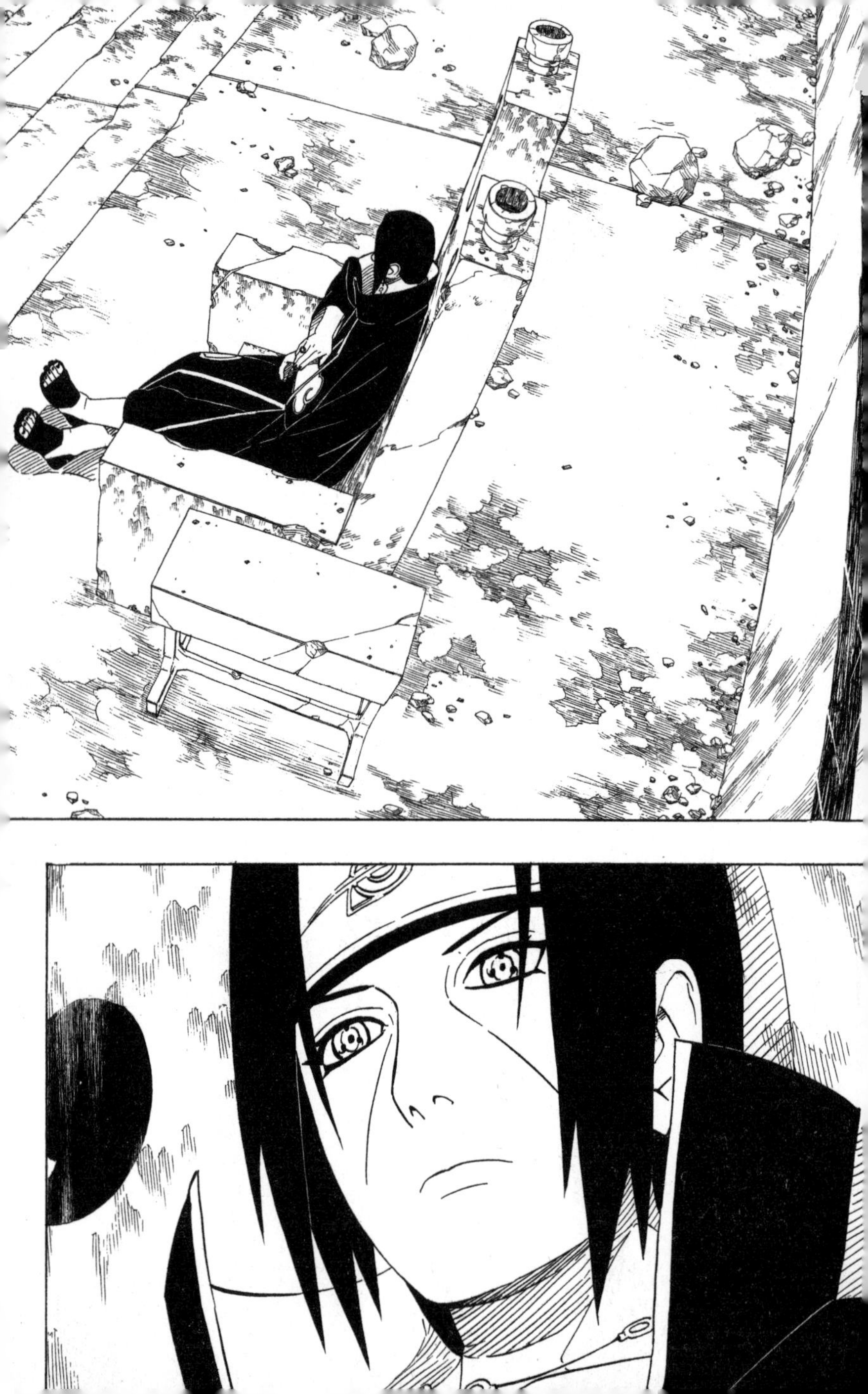

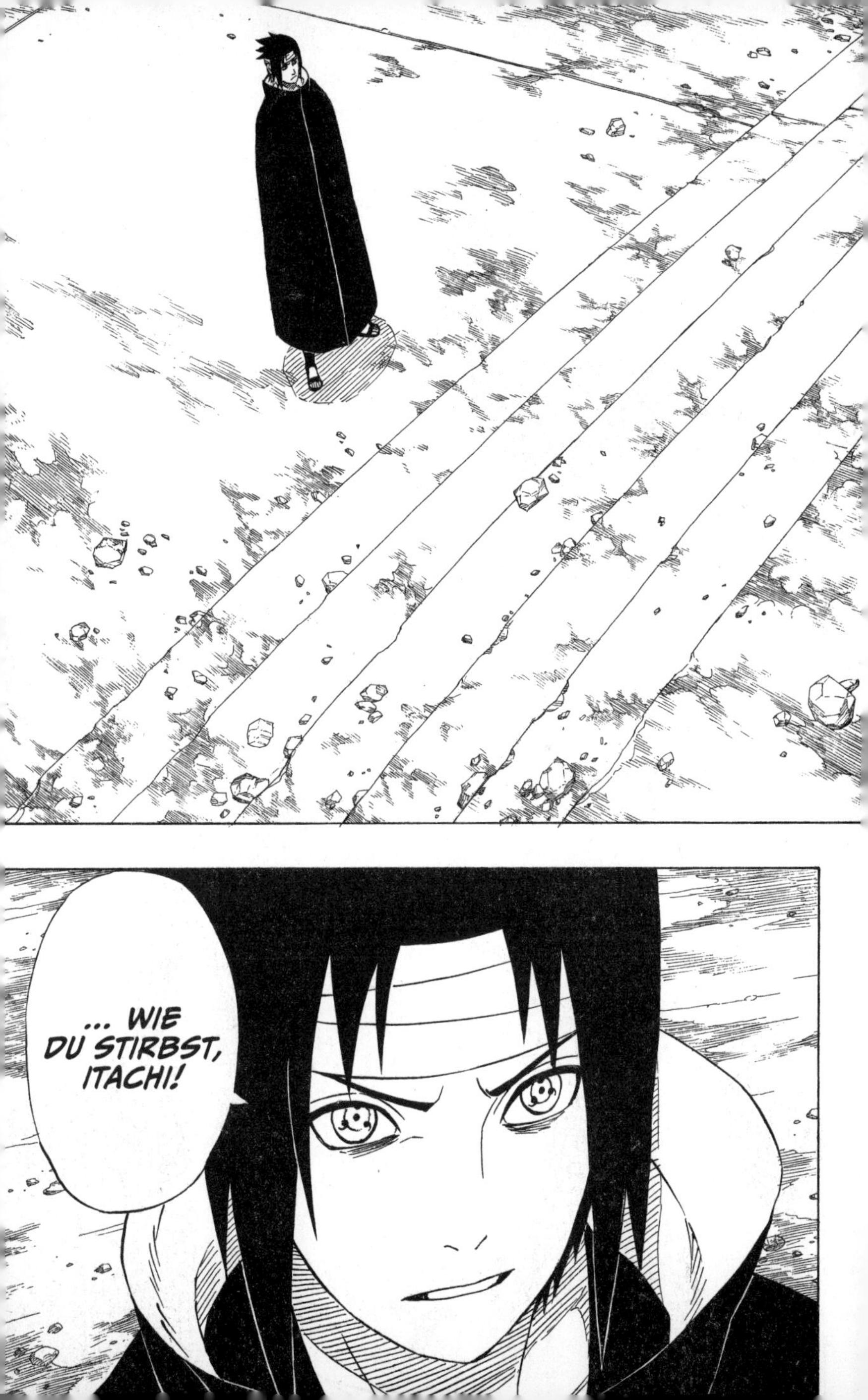
... WIE DU STIRBST, ITACHI!

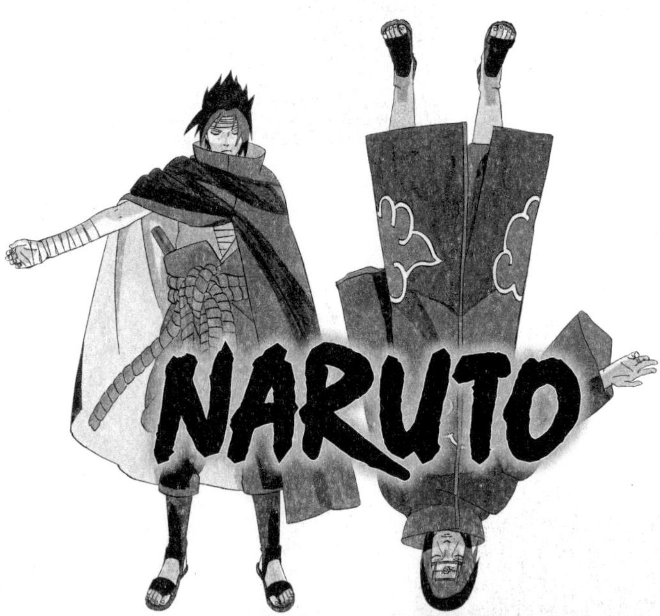
NARUTO

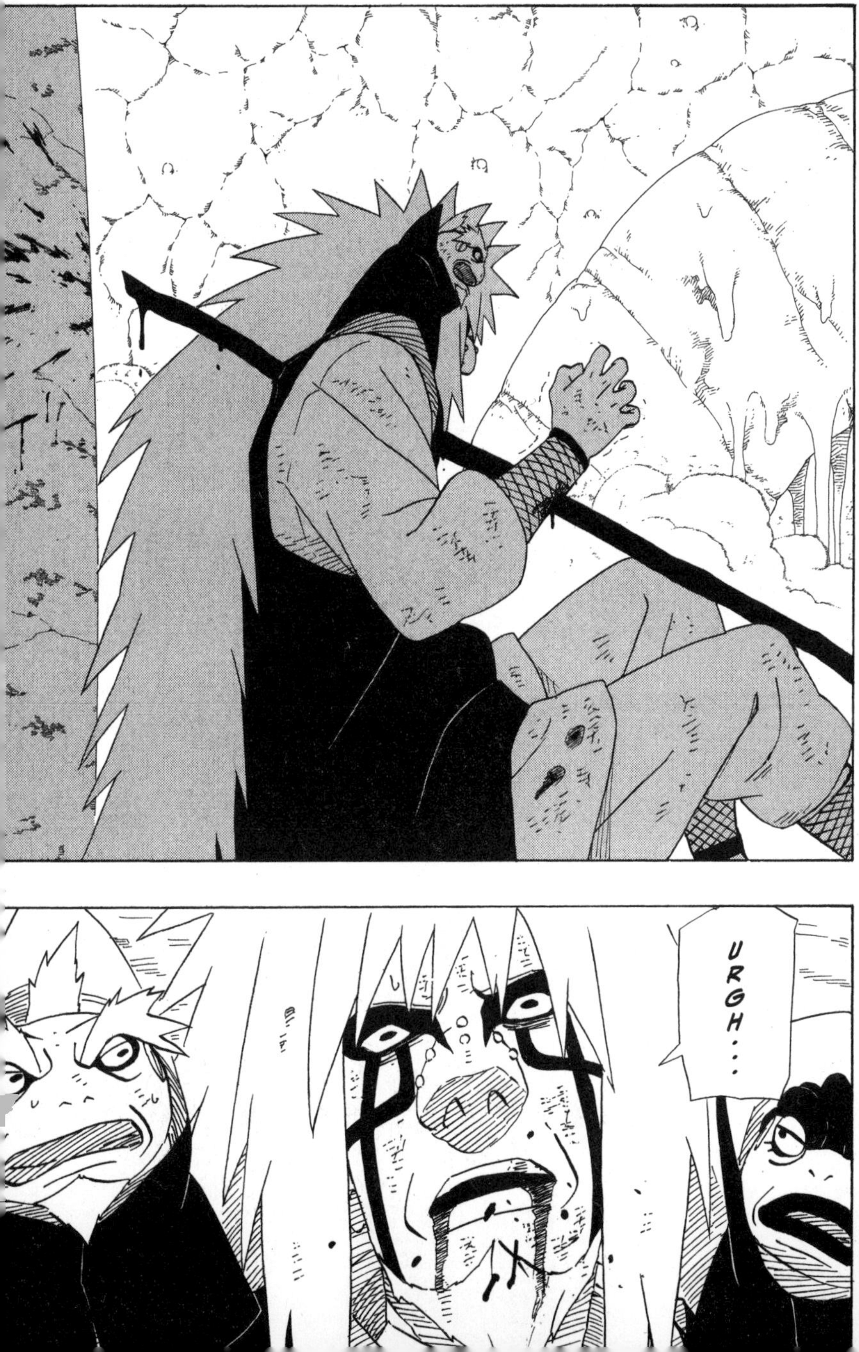
URGH...

381. Kapitel: Die wahre Identität

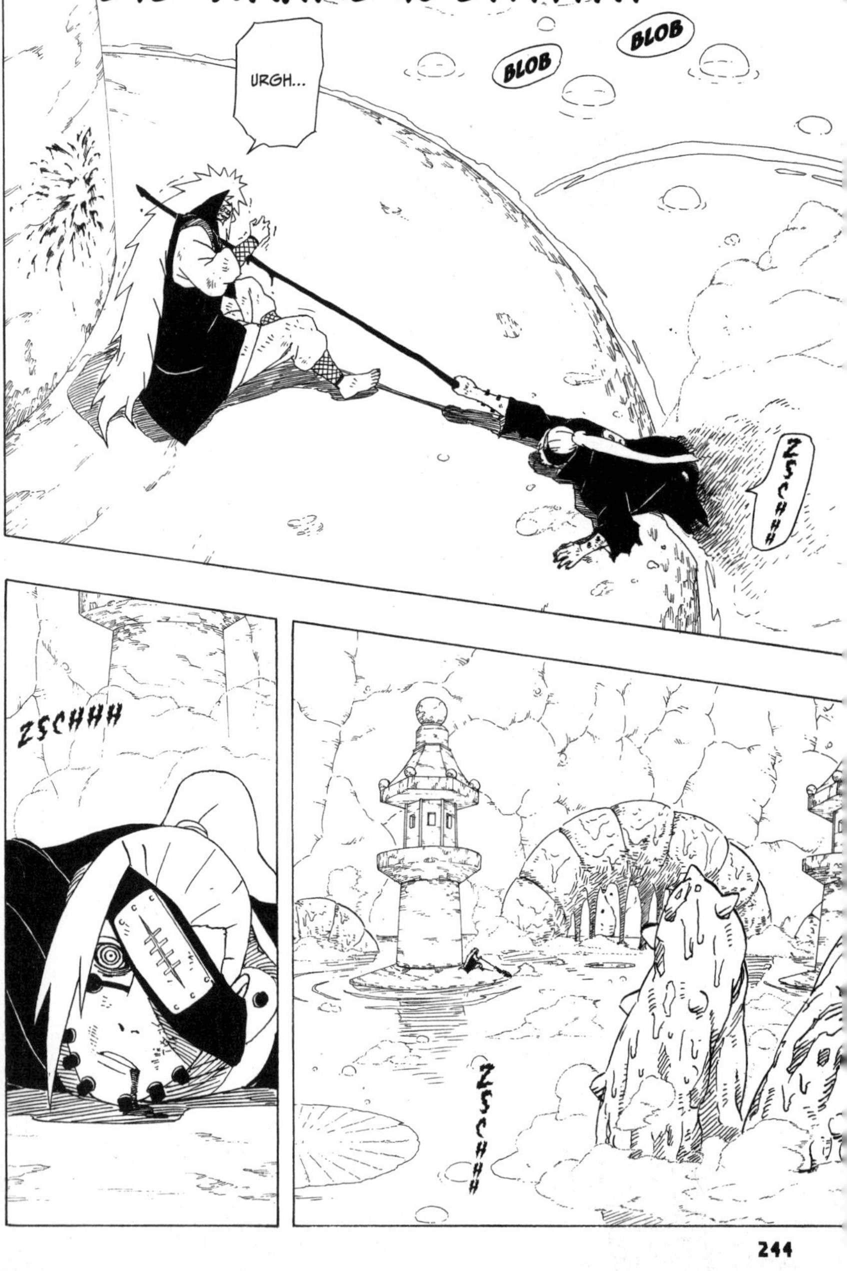

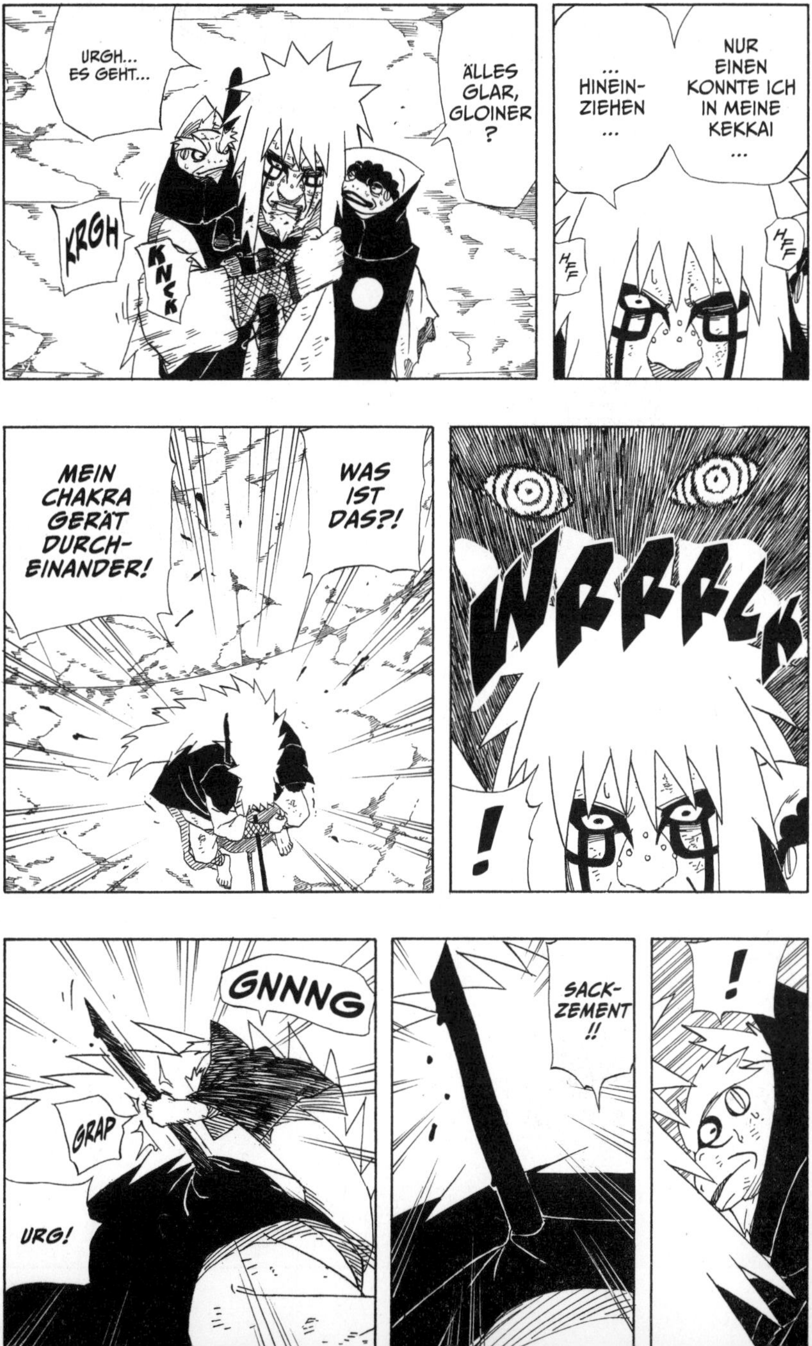
NUR EINEN KONNTE ICH IN MEINE KEKKAI ...
... HINEIN-ZIEHEN ...
HFF
HFF
ÄLLES GLAR, GLOINER ?
URGH... ES GEHT...
KRGH
KNCK
WRRRCK
!
WAS IST DAS?!
MEIN CHAKRA GERÄT DURCH-EINANDER!
!
SACK-ZEMENT !!
GNNNG
GRAP
URG!

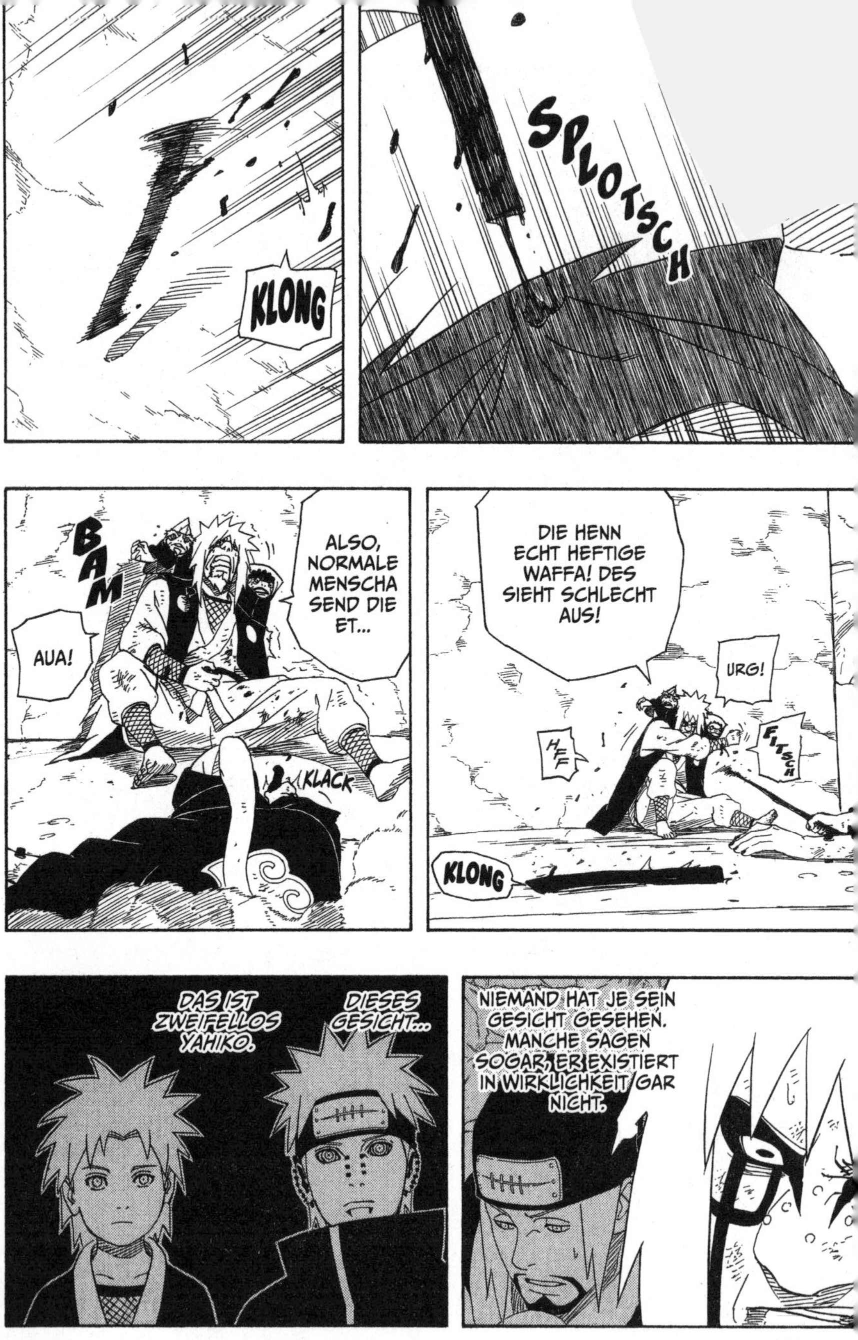

SPLOTSCH
KLONG
DIE HENN ECHT HEFTIGE WAFFA! DES SIEHT SCHLECHT AUS!
URG!
HFF
FITSCH
KLONG
ALSO, NORMALE MENSCHA SEND DIE ET...
BAM
AUA!
KLACK
NIEMAND HAT JE SEIN GESICHT GESEHEN. MANCHE SAGEN SOGAR, ER EXISTIERT IN WIRKLICHKEIT GAR NICHT.
DIESES GESICHT...
DAS IST ZWEIFELLOS YAHIKO.

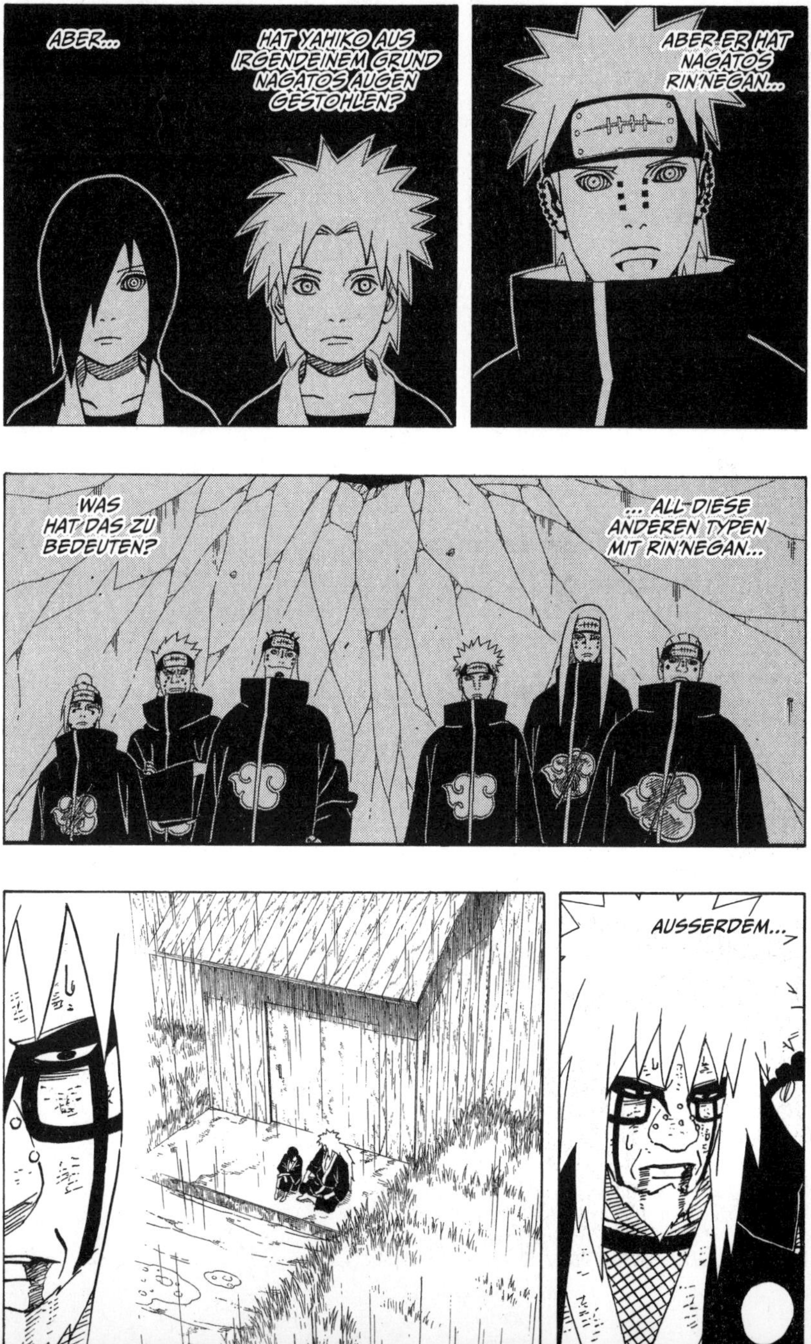
ABER...
HAT YAHIKO AUS IRGENDEINEM GRUND NAGATOS AUGEN GESTOHLEN?
ABER ER HAT NAGATOS RIN'NEGAN...
... ALL DIESE ANDEREN TYPEN MIT RIN'NEGAN...
WAS HAT DAS ZU BEDEUTEN?
AUSSERDEM...

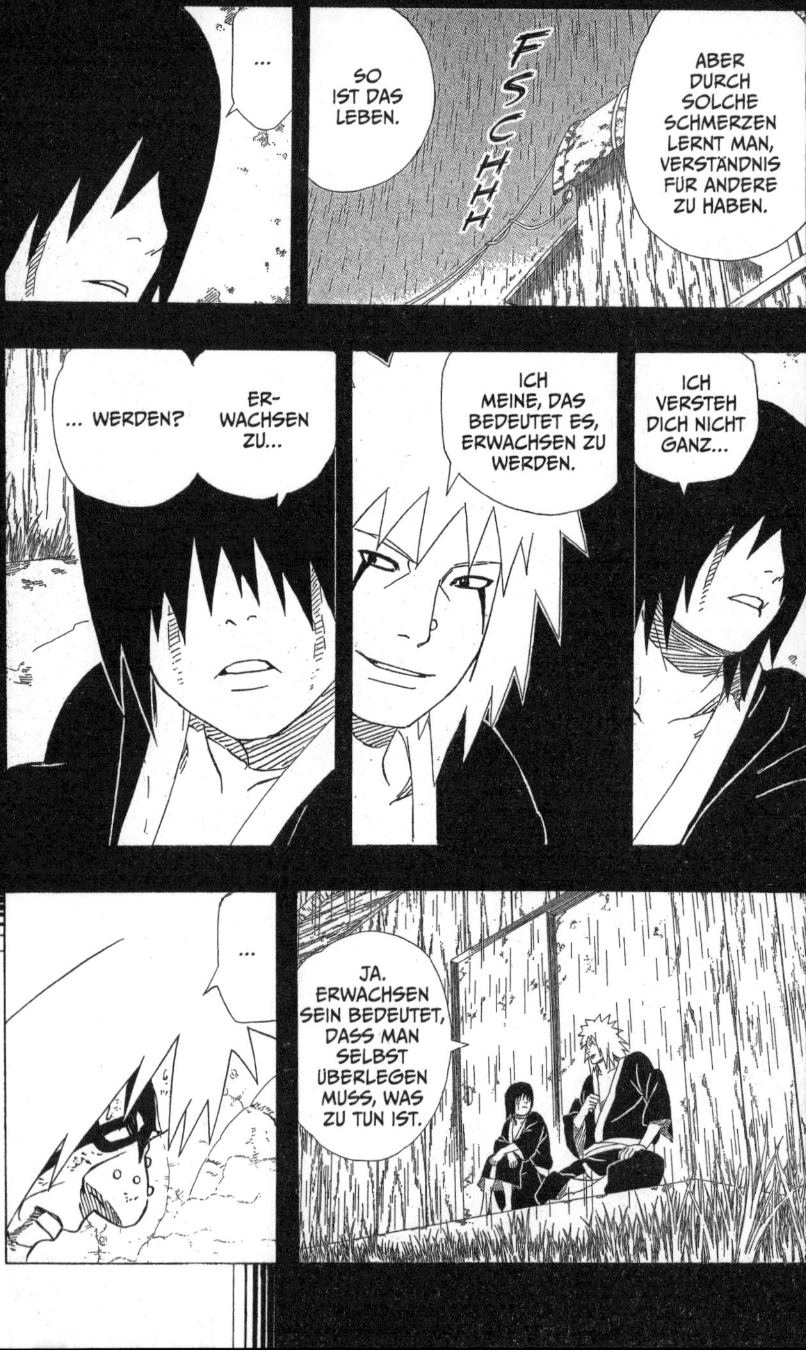
ABER DURCH SOLCHE SCHMERZEN LERNT MAN, VERSTÄNDNIS FÜR ANDERE ZU HABEN.
FSCHHH
SO IST DAS LEBEN.
...
ICH VERSTEH DICH NICHT GANZ...
ICH MEINE, DAS BEDEUTET ES, ERWACHSEN ZU WERDEN.
ER-WACHSEN ZU...
... WERDEN?
JA. ERWACHSEN SEIN BEDEUTET, DASS MAN SELBST ÜBERLEGEN MUSS, WAS ZU TUN IST.
...

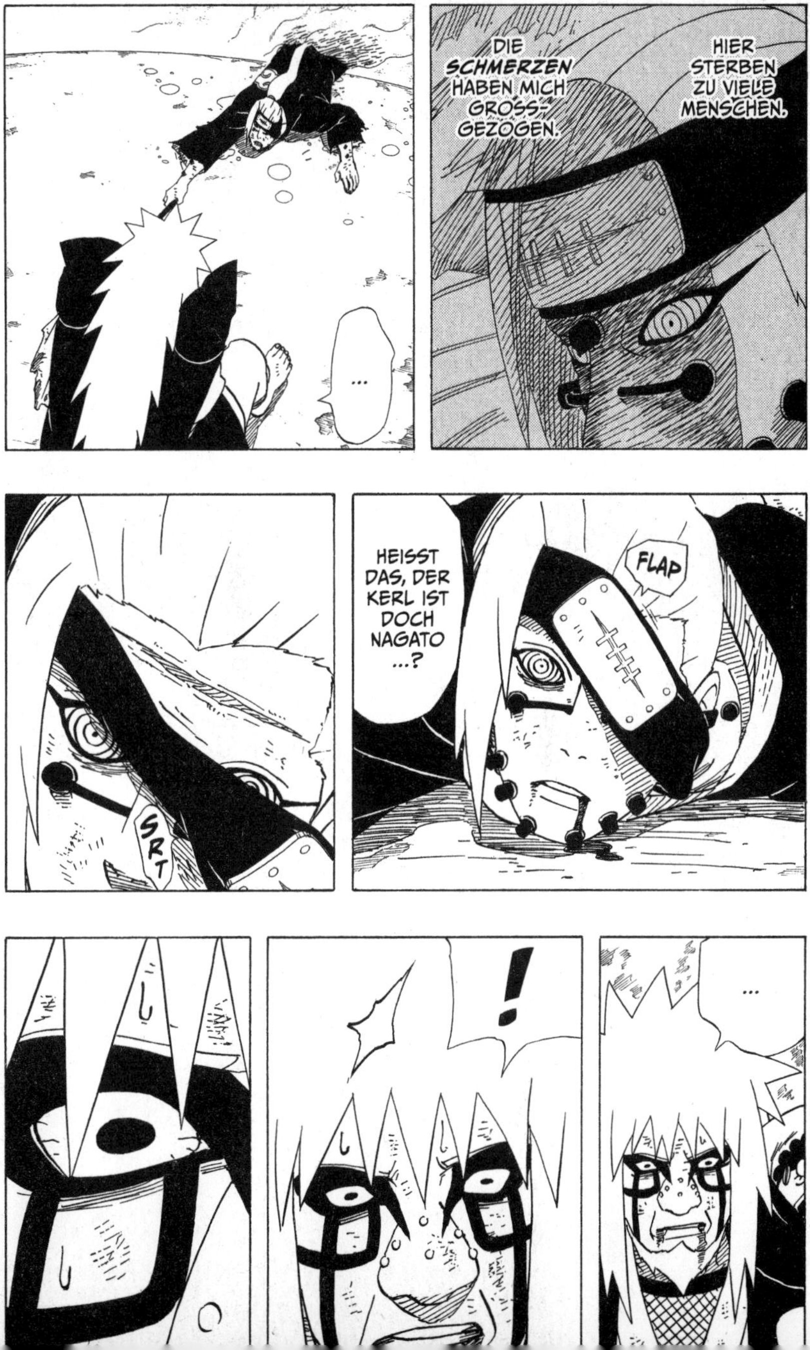
...
HIER STERBEN ZU VIELE MENSCHEN.
DIE SCHMERZEN HABEN MICH GROSS-GEZOGEN.
FLAP
HEISST DAS, DER KERL IST DOCH NAGATO ...?
SRT
!
...

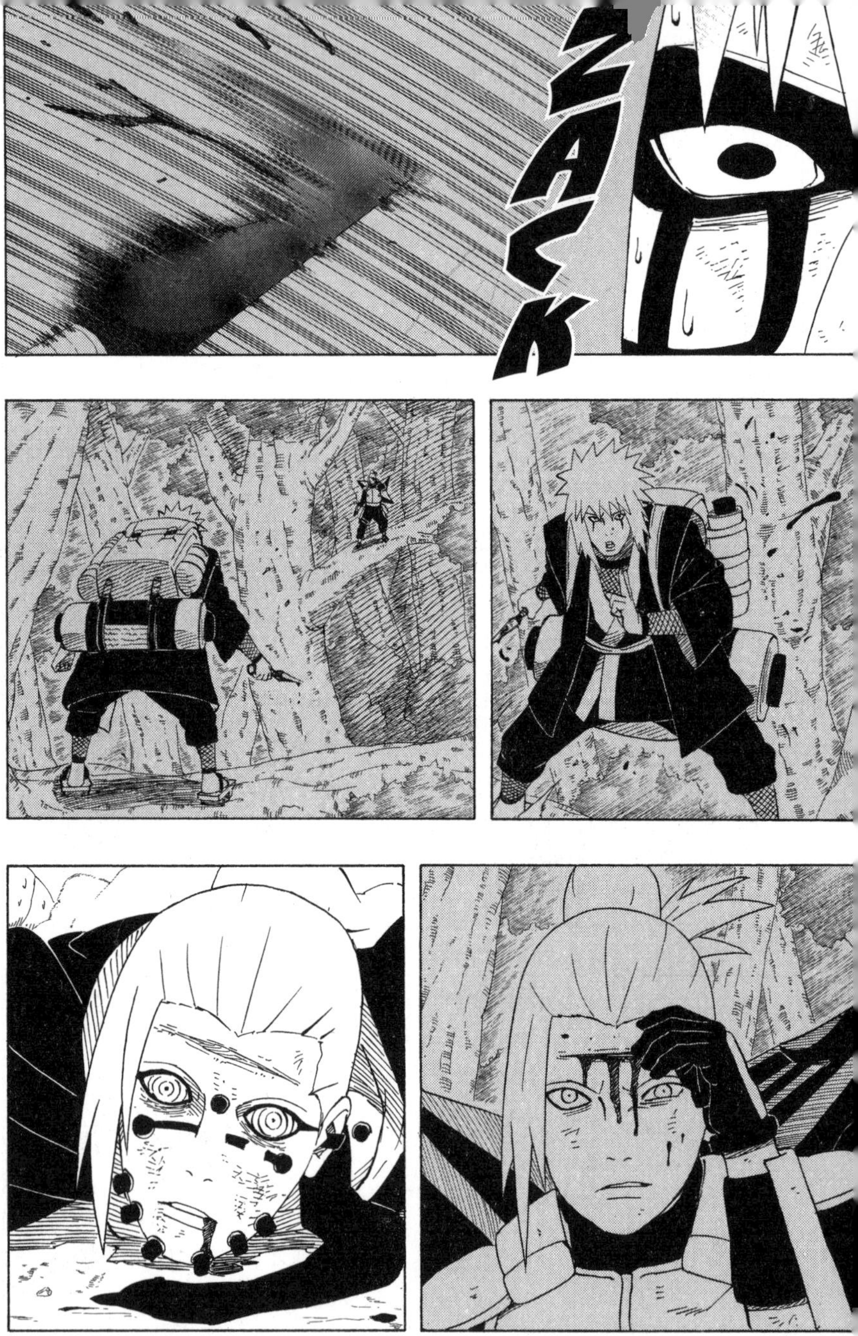
ZACK

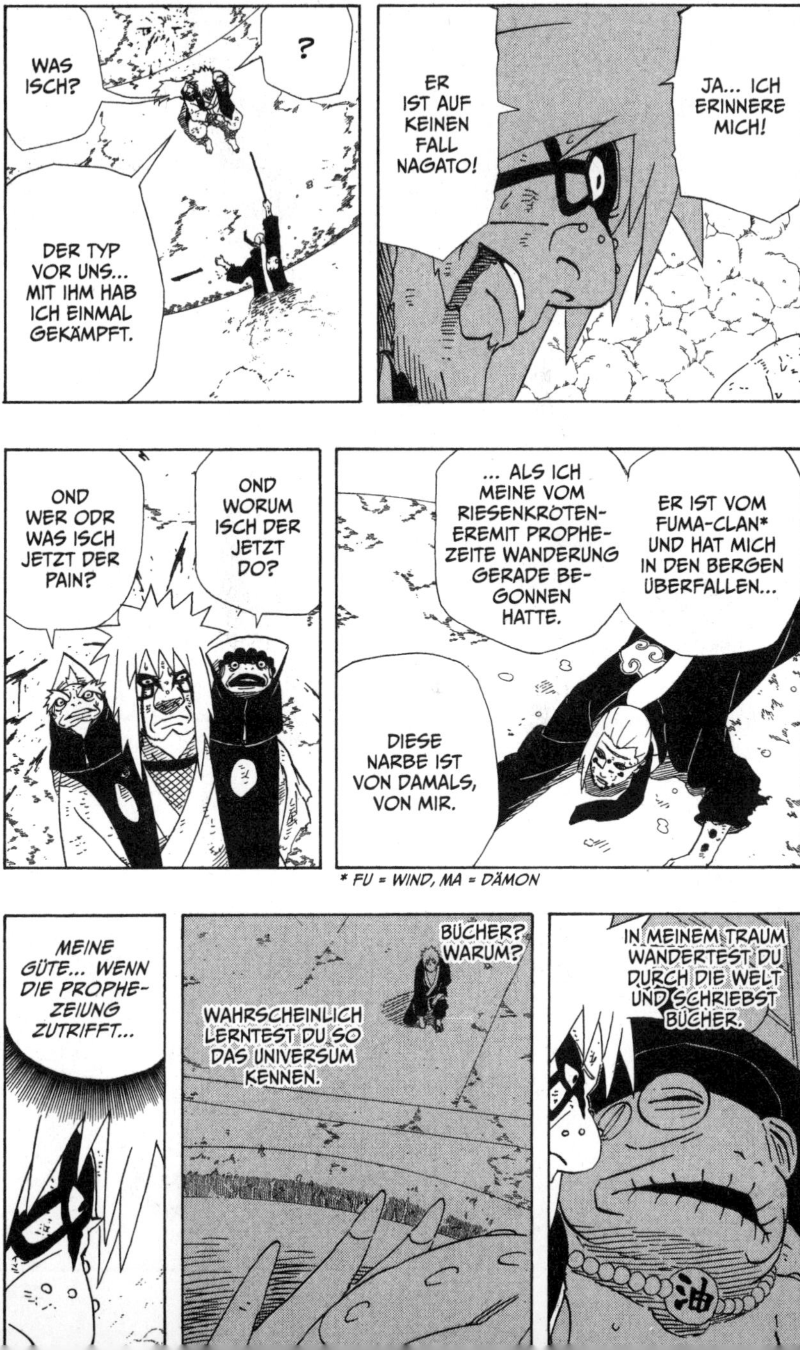

* FU = WIND, MA = DÄMON

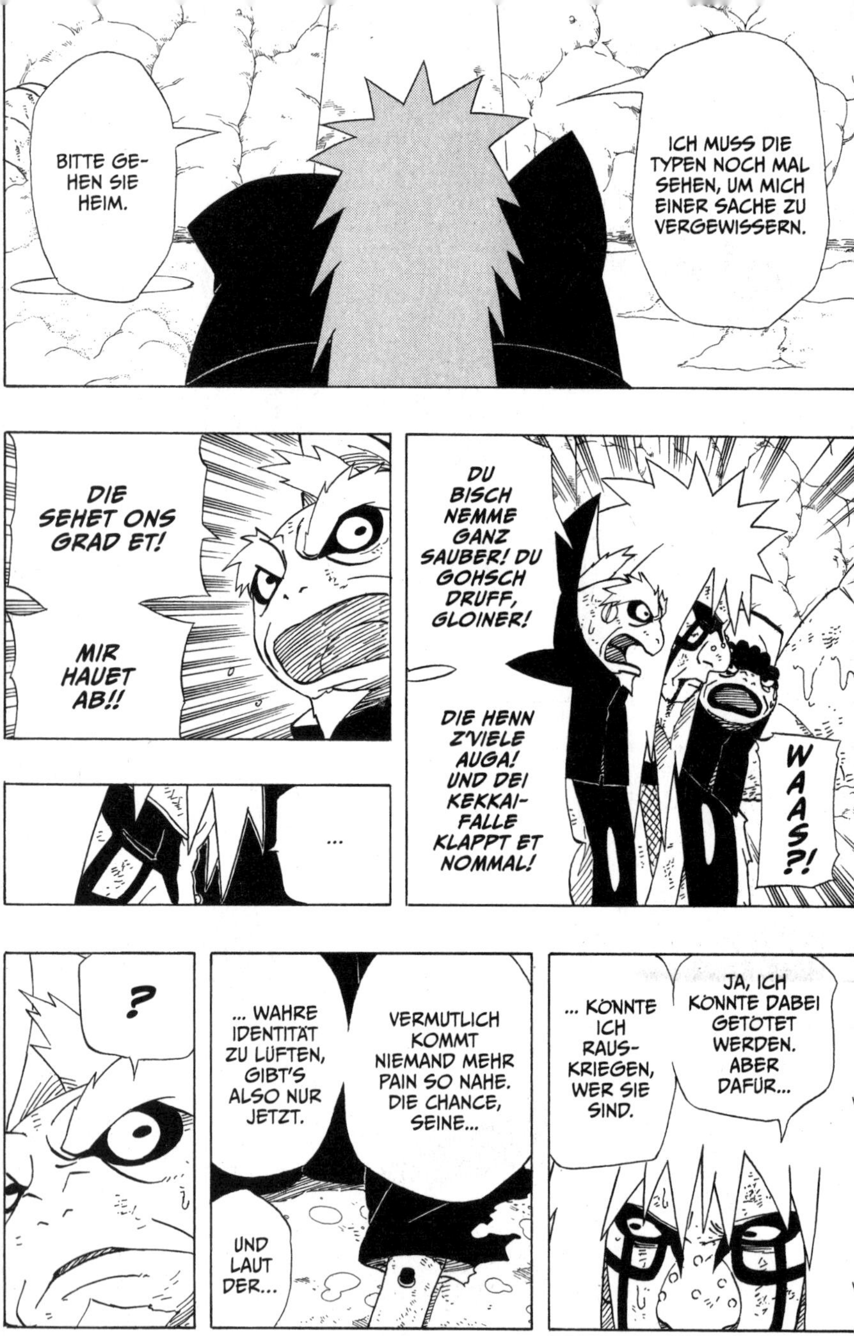
ICH MUSS DIE TYPEN NOCH MAL SEHEN, UM MICH EINER SACHE ZU VERGEWISSERN.
BITTE GEHEN SIE HEIM.
DU BISCH NEMME GANZ SAUBER! DU GOHSCH DRUFF, GLOINER!
DIE HENN Z'VIELE AUGA! UND DEI KEKKAI-FALLE KLAPPT ET NOMMAL!
WAAS?!
DIE SEHET ONS GRAD ET!
MIR HAUET AB!!
...
JA, ICH KÖNNTE DABEI GETÖTET WERDEN. ABER DAFÜR...
... KÖNNTE ICH RAUSKRIEGEN, WER SIE SIND.
VERMUTLICH KOMMT NIEMAND MEHR PAIN SO NAHE. DIE CHANCE, SEINE...
... WAHRE IDENTITÄT ZU LÜFTEN, GIBT'S ALSO NUR JETZT.
UND LAUT DER...
?

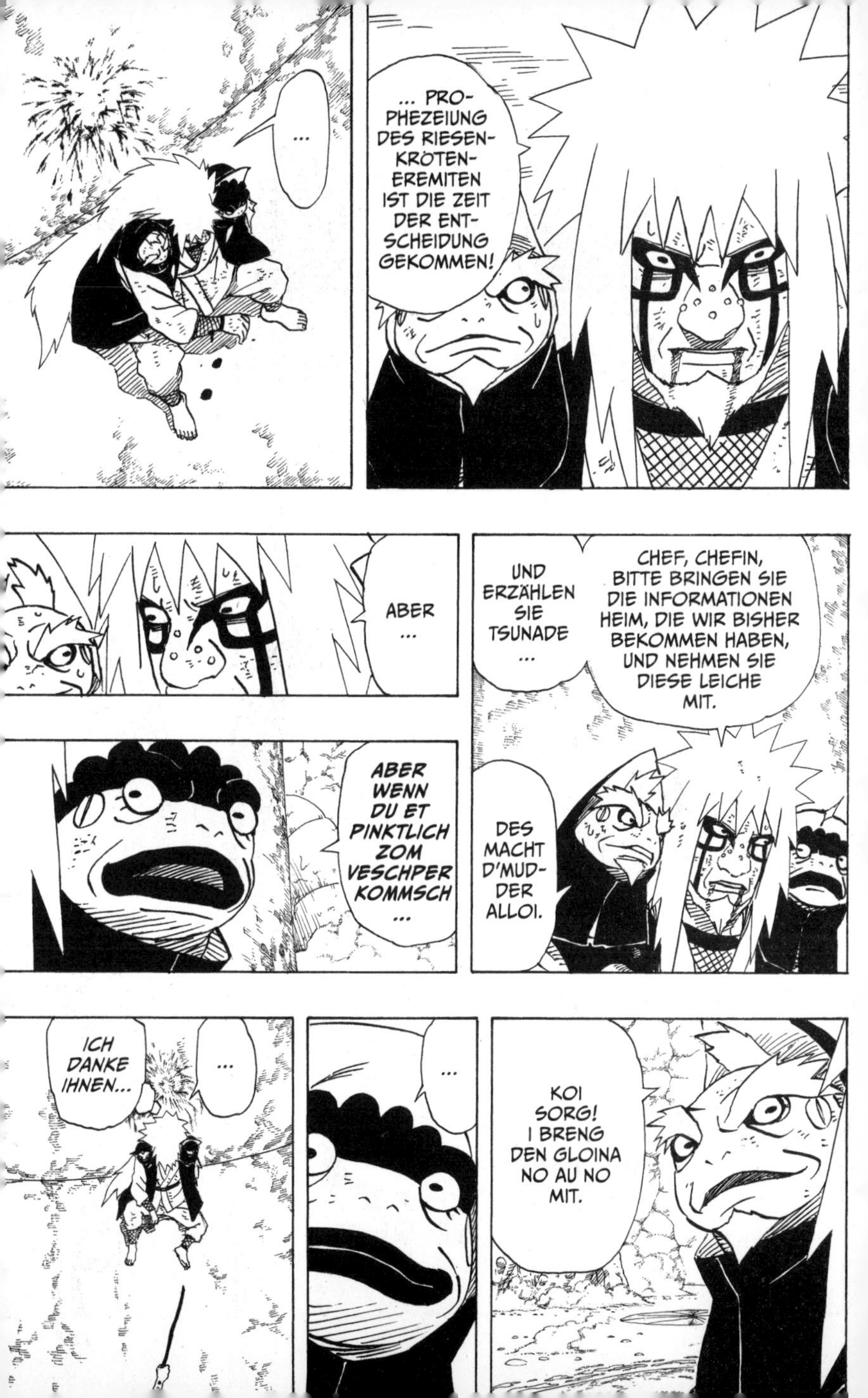

... PROPHEZEIUNG DES RIESENKRÖTEN-EREMITEN IST DIE ZEIT DER ENTSCHEIDUNG GEKOMMEN!
...
CHEF, CHEFIN, BITTE BRINGEN SIE DIE INFORMATIONEN HEIM, DIE WIR BISHER BEKOMMEN HABEN, UND NEHMEN SIE DIESE LEICHE MIT.
UND ERZÄHLEN SIE TSUNADE ...
ABER ...
DES MACHT D'MUDDER ALLOI.
ABER WENN DU ET PINKTLICH ZOM VESCHPER KOMMSCH ...
KOI SORG! I BRENG DEN GLOINA NO AU NO MIT.
...
...
ICH DANKE IHNEN...

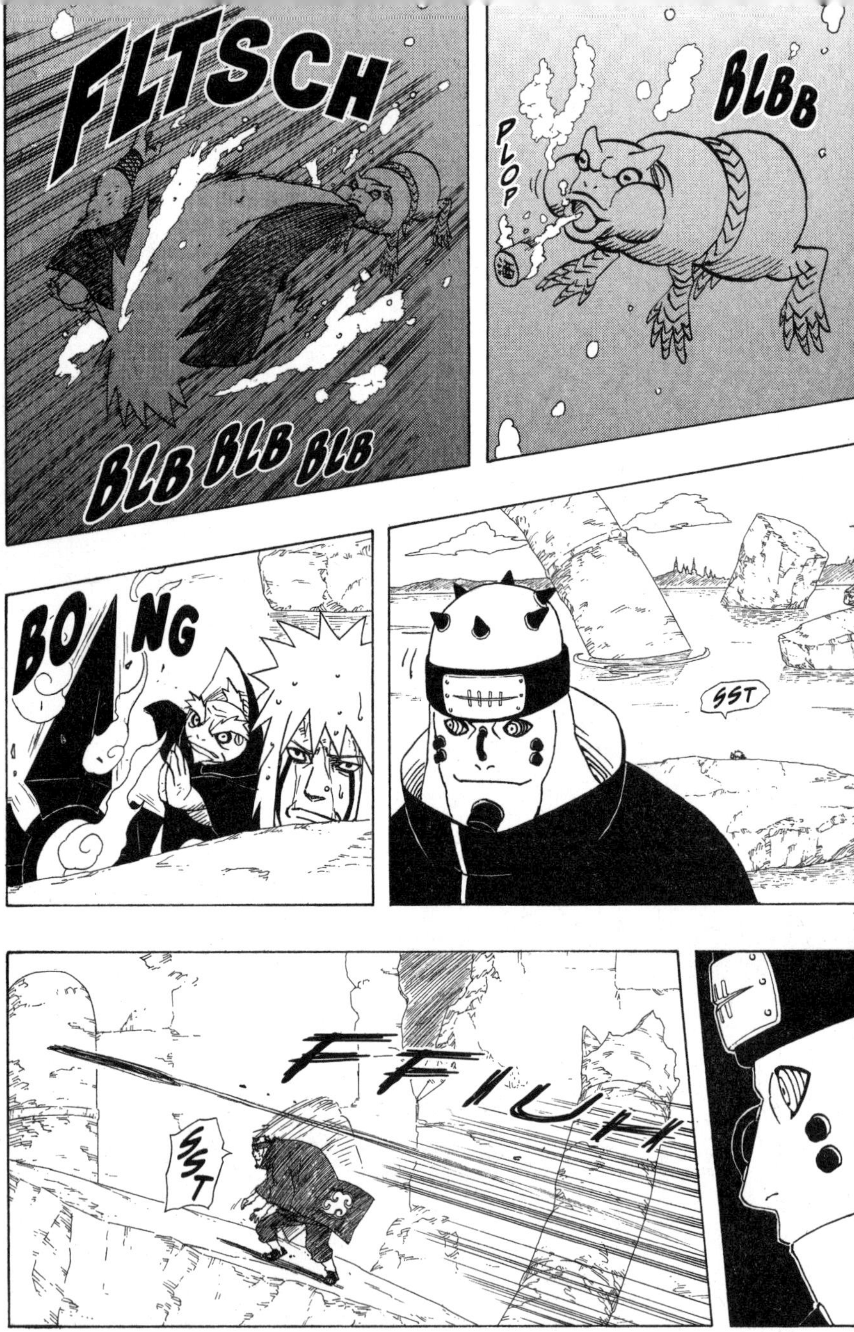
FLTSCH
BLB BLB BLB
BLBB
PLOP
BONG
SST
FFIUH
SST

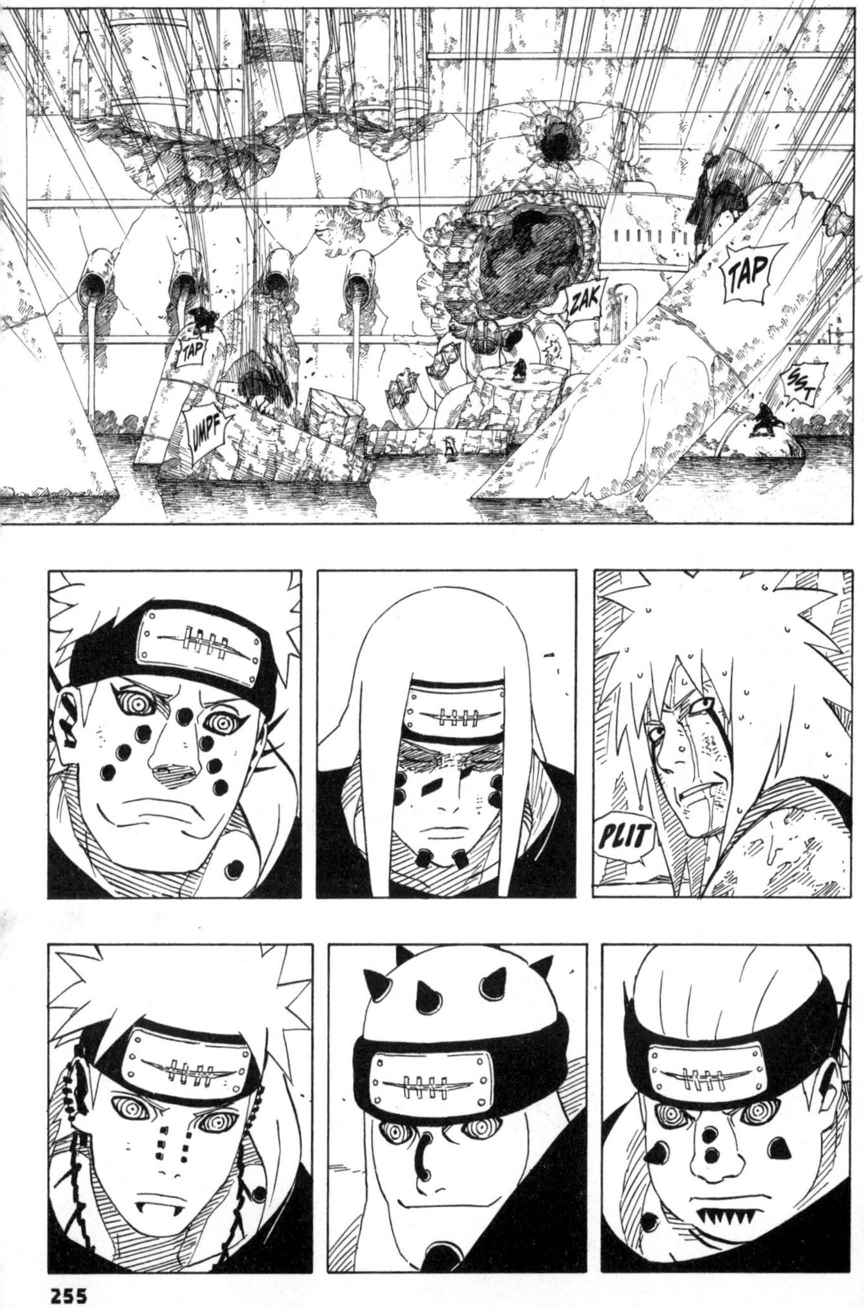
TAP
SST
ZAK
TAP
UMPF
PLIT

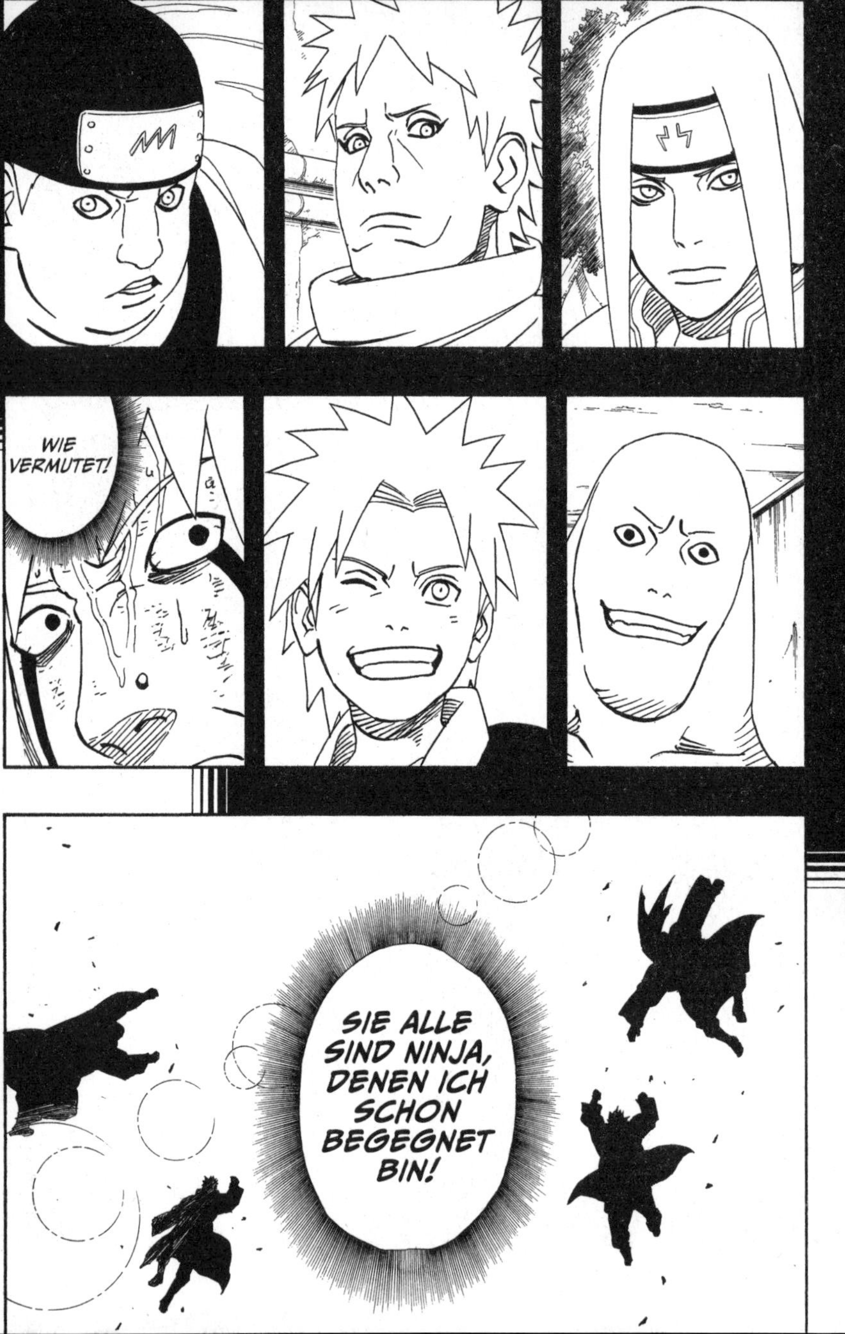
WIE VERMUTET!
SIE ALLE SIND NINJA, DENEN ICH SCHON BEGEGNET BIN!

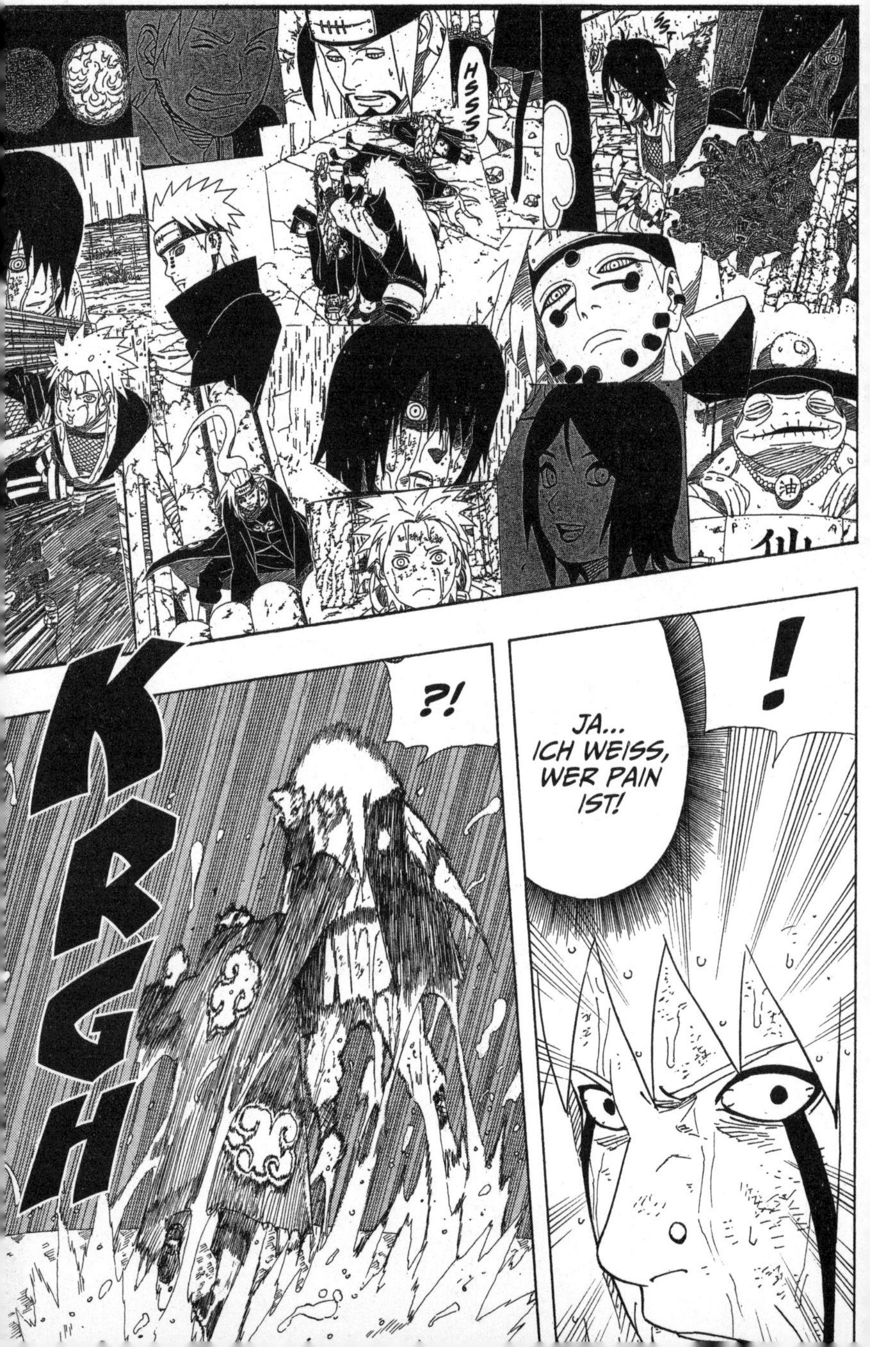
HSSS
!
JA...
ICH WEISS,
WER PAIN
IST!
?!
KRGH

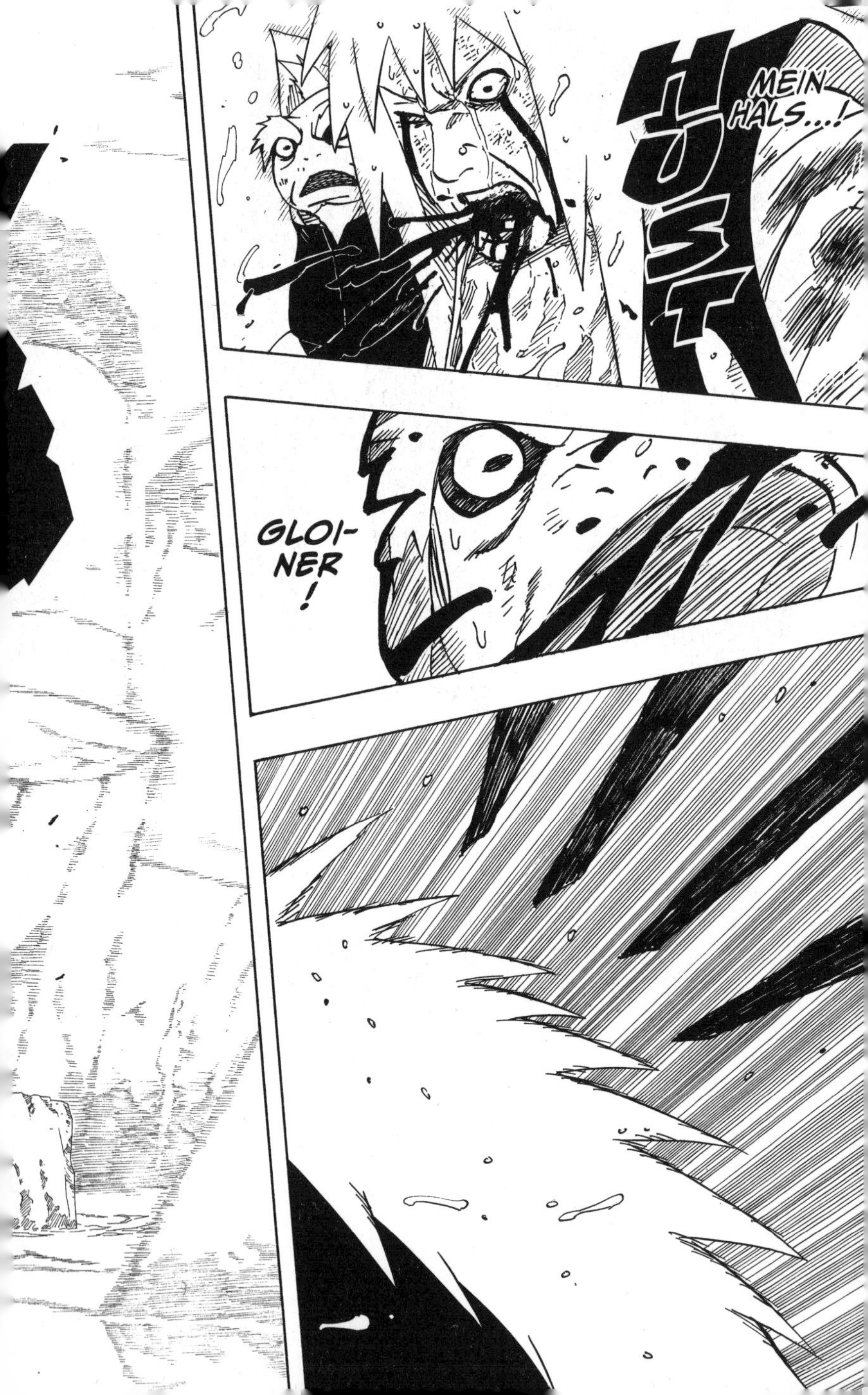
HUST
MEIN HALS...!
GLOI-NER!

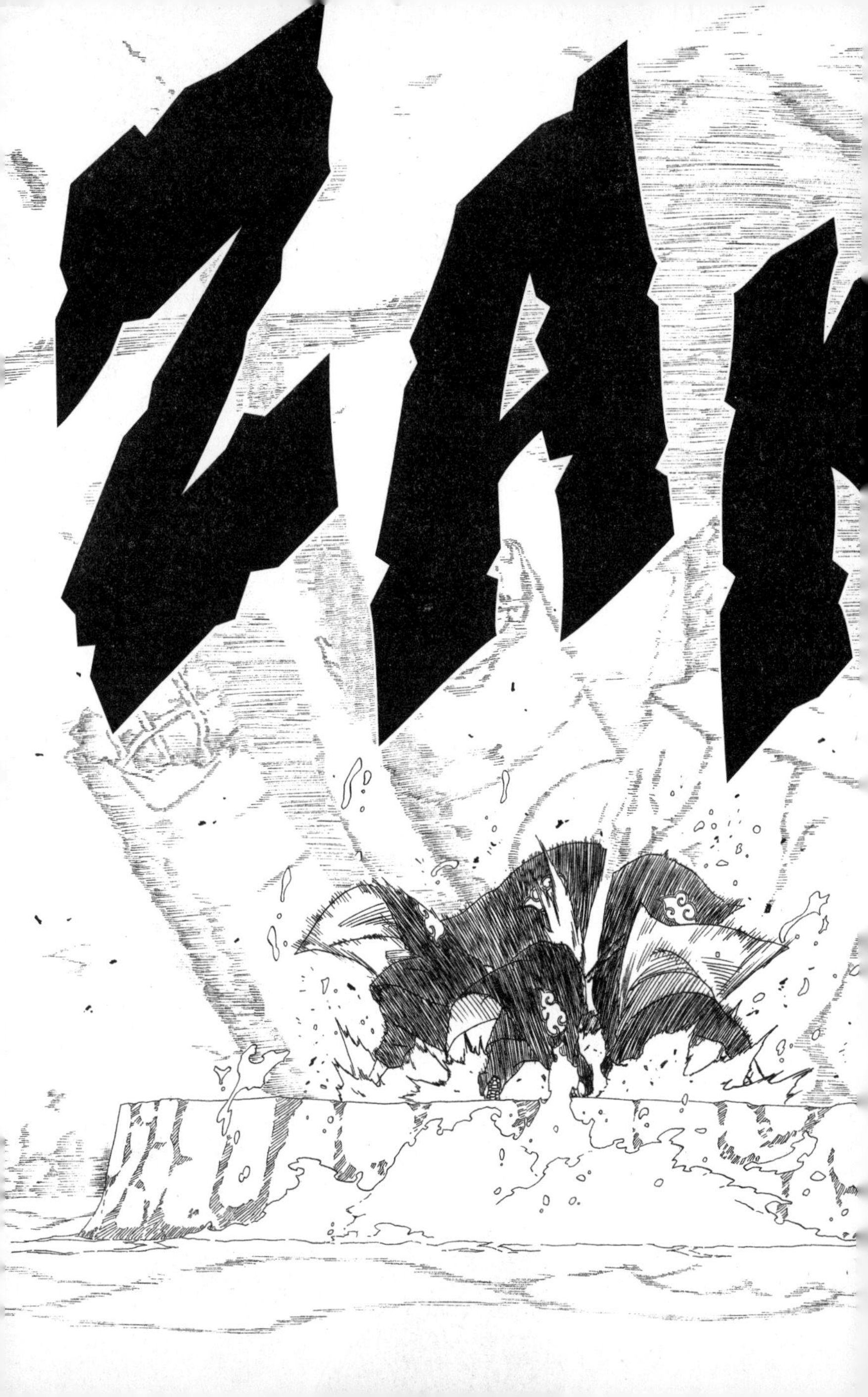
ZAK

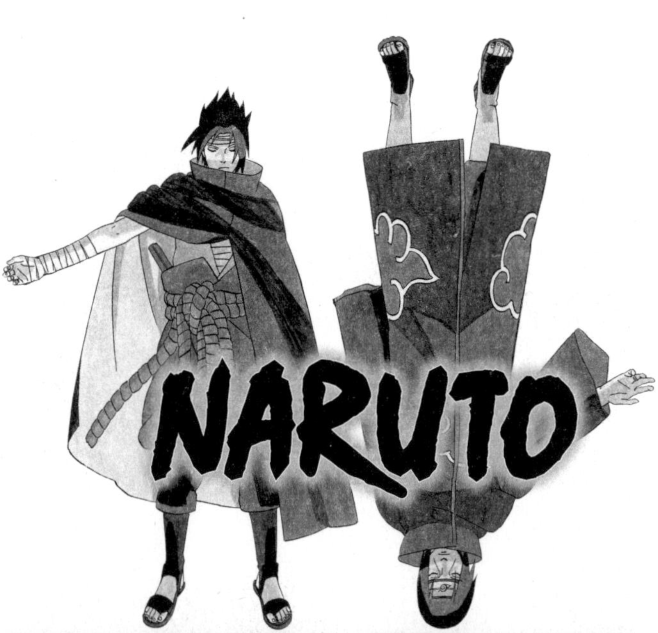
NARUTO

382. KAPITEL:

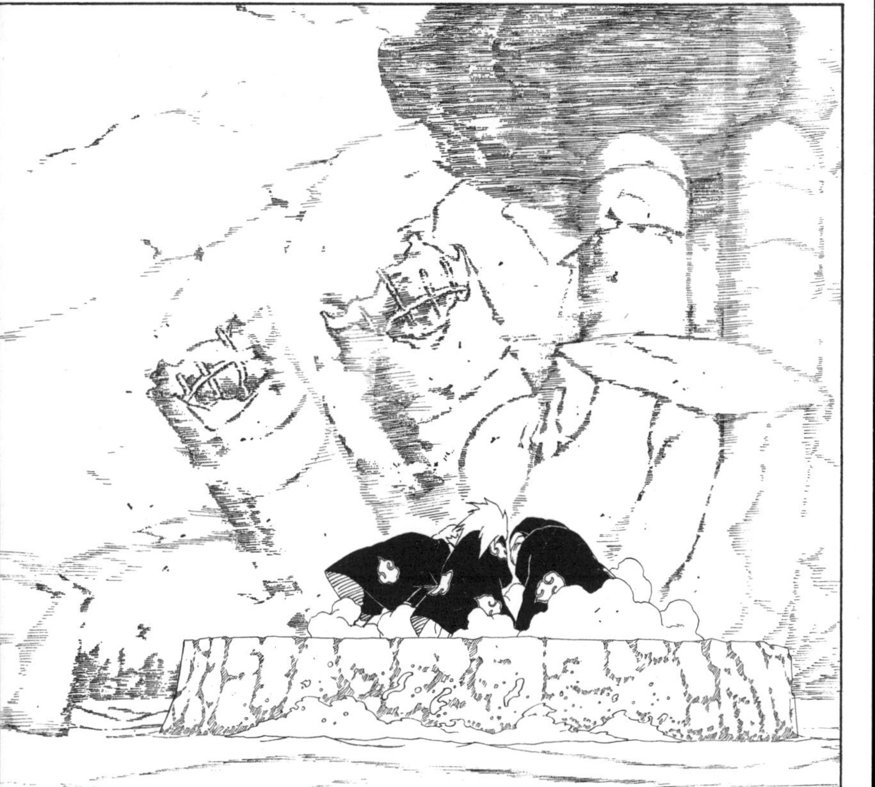

DIE RICHTIGE ENTSCHEIDUNG

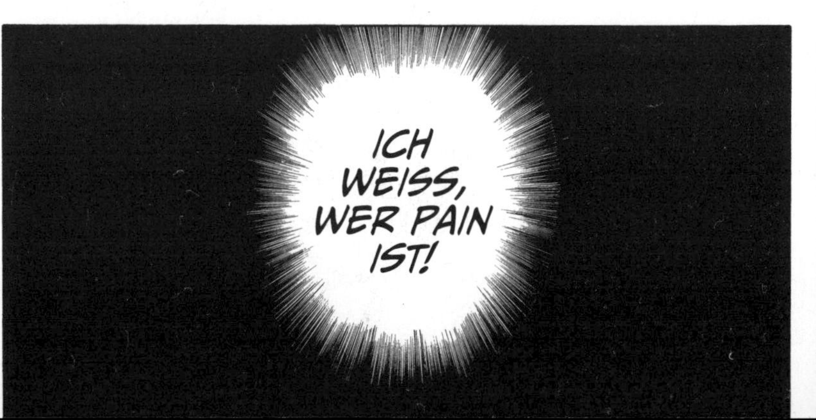

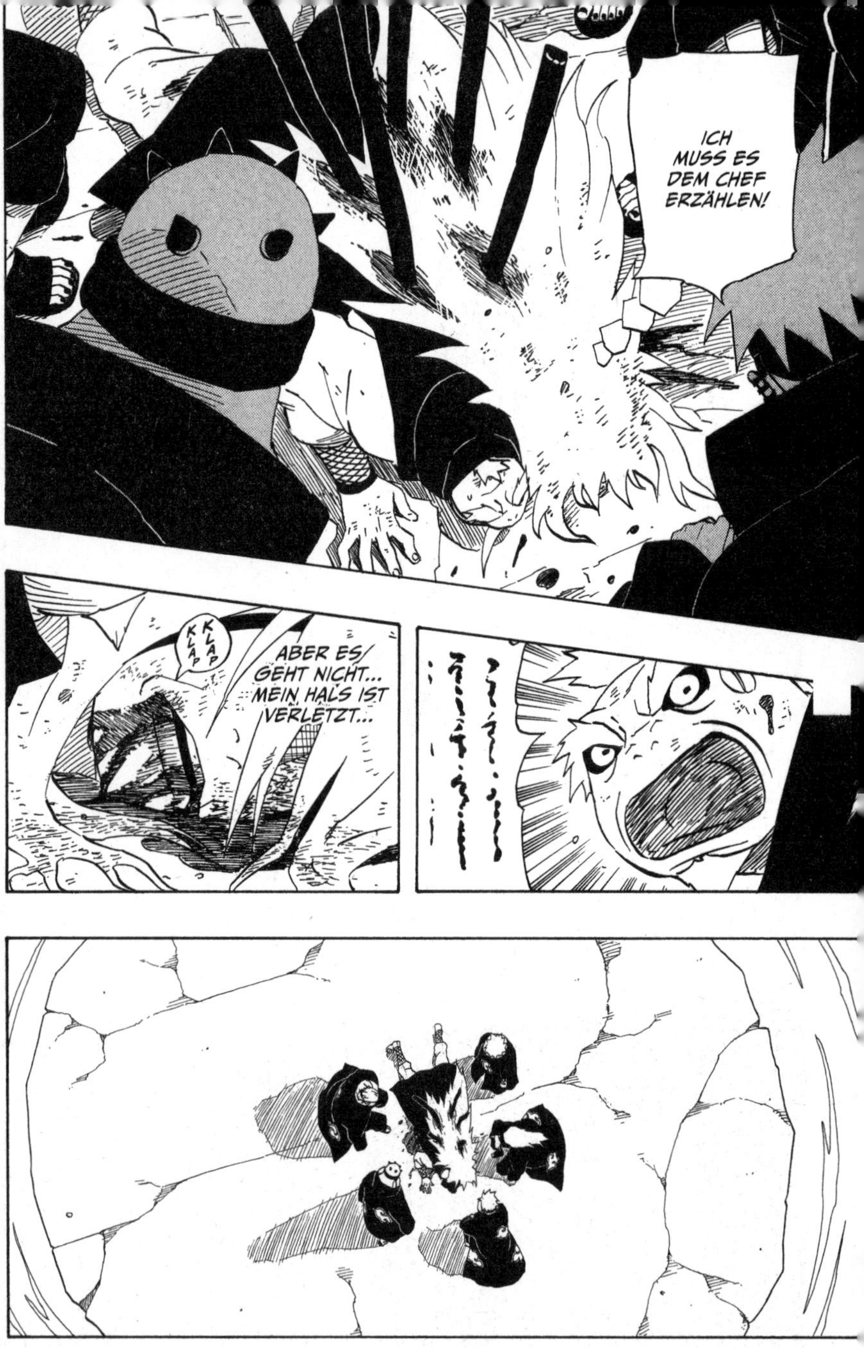
ICH MUSS ES DEM CHEF ERZÄHLEN!
KLAP KLAP
ABER ES GEHT NICHT... MEIN HALS IST VERLETZT...

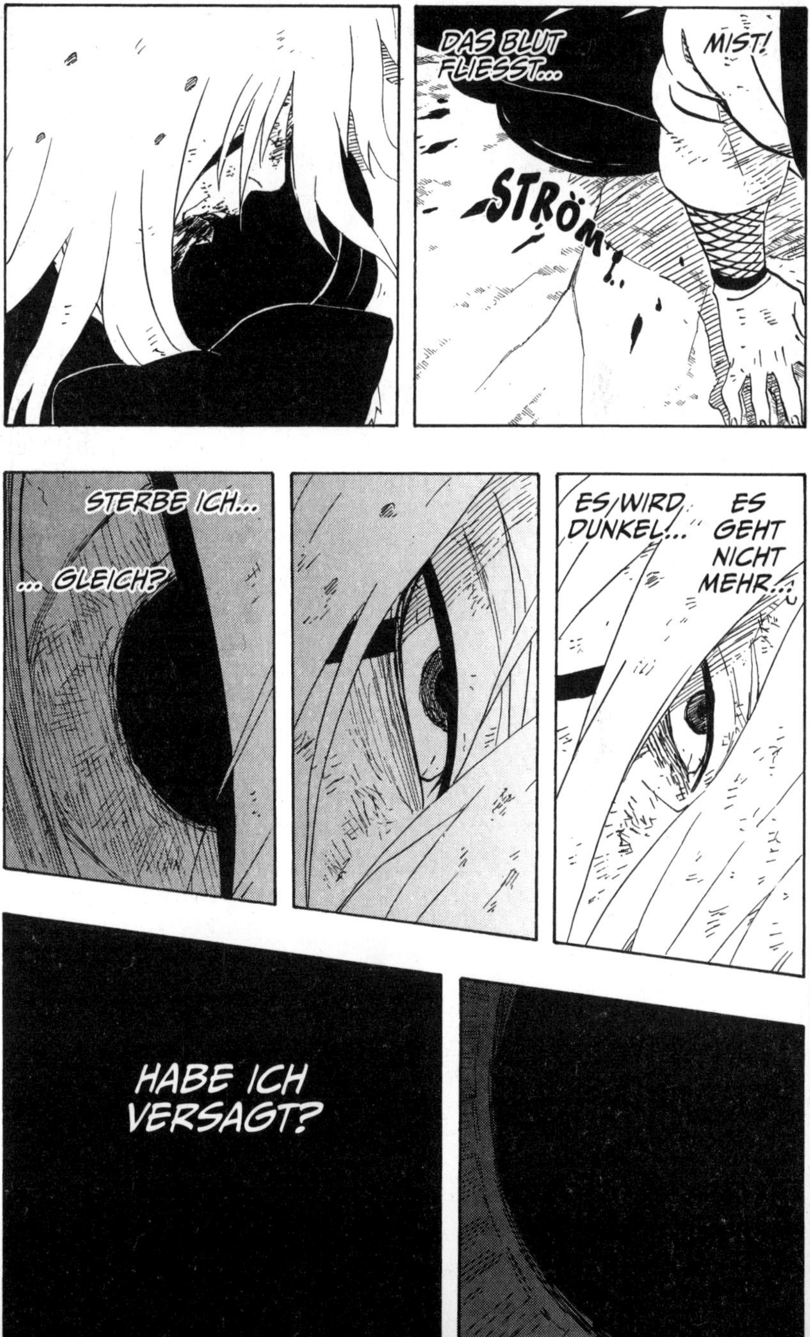
MIST!
DAS BLUT FLIESST...
STRÖM
ES WIRD DUNKEL... ES GEHT NICHT MEHR...
STERBE ICH...
... GLEICH?
HABE ICH VERSAGT?

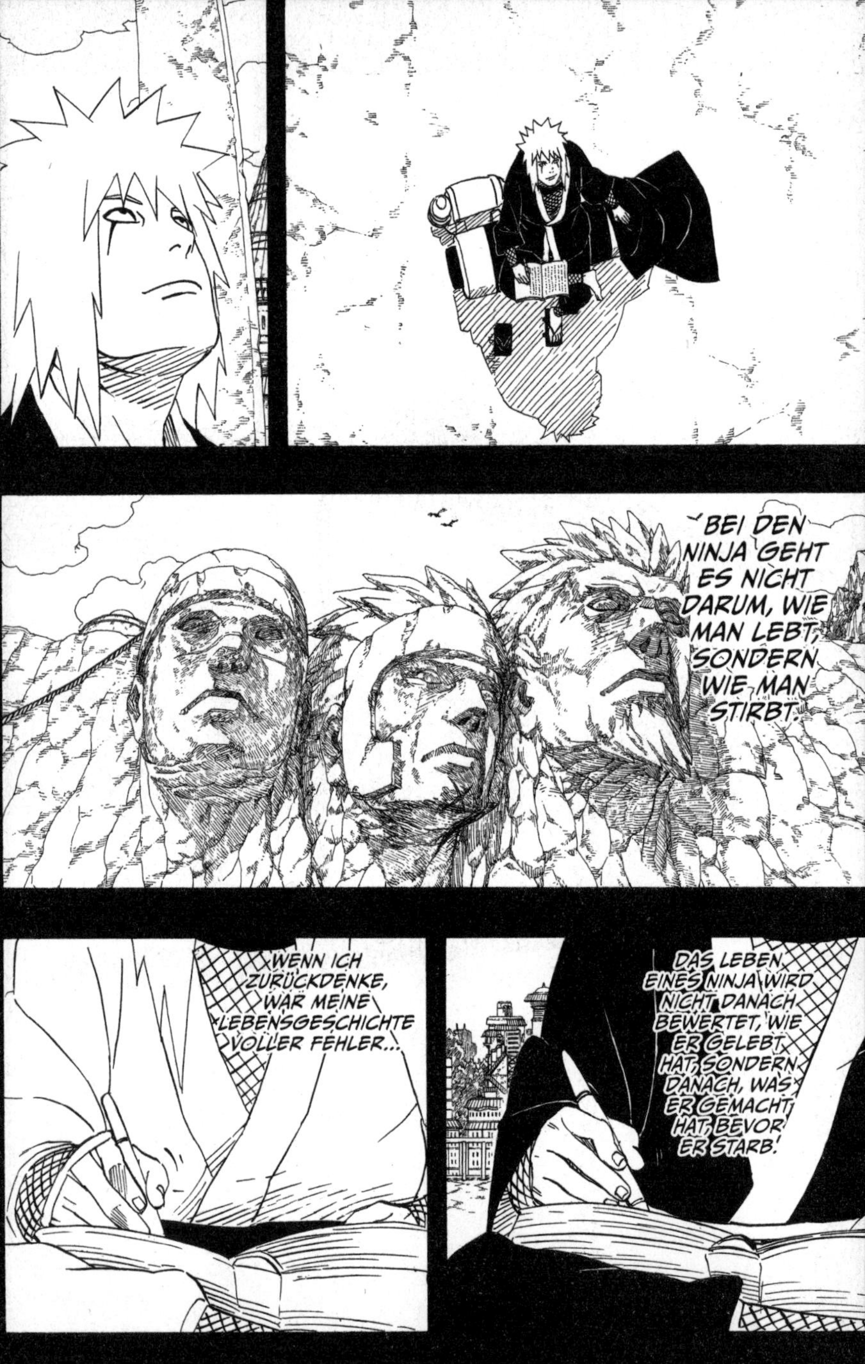
BEI DEN NINJA GEHT ES NICHT DARUM, WIE MAN LEBT, SONDERN WIE MAN STIRBT.
WENN ICH ZURÜCKDENKE, WAR MEINE LEBENSGESCHICHTE VOLLER FEHLER ...
DAS LEBEN EINES NINJA WIRD NICHT DANACH BEWERTET, WIE ER GELEBT HAT, SONDERN DANACH, WAS ER GEMACHT HAT, BEVOR ER STARB.

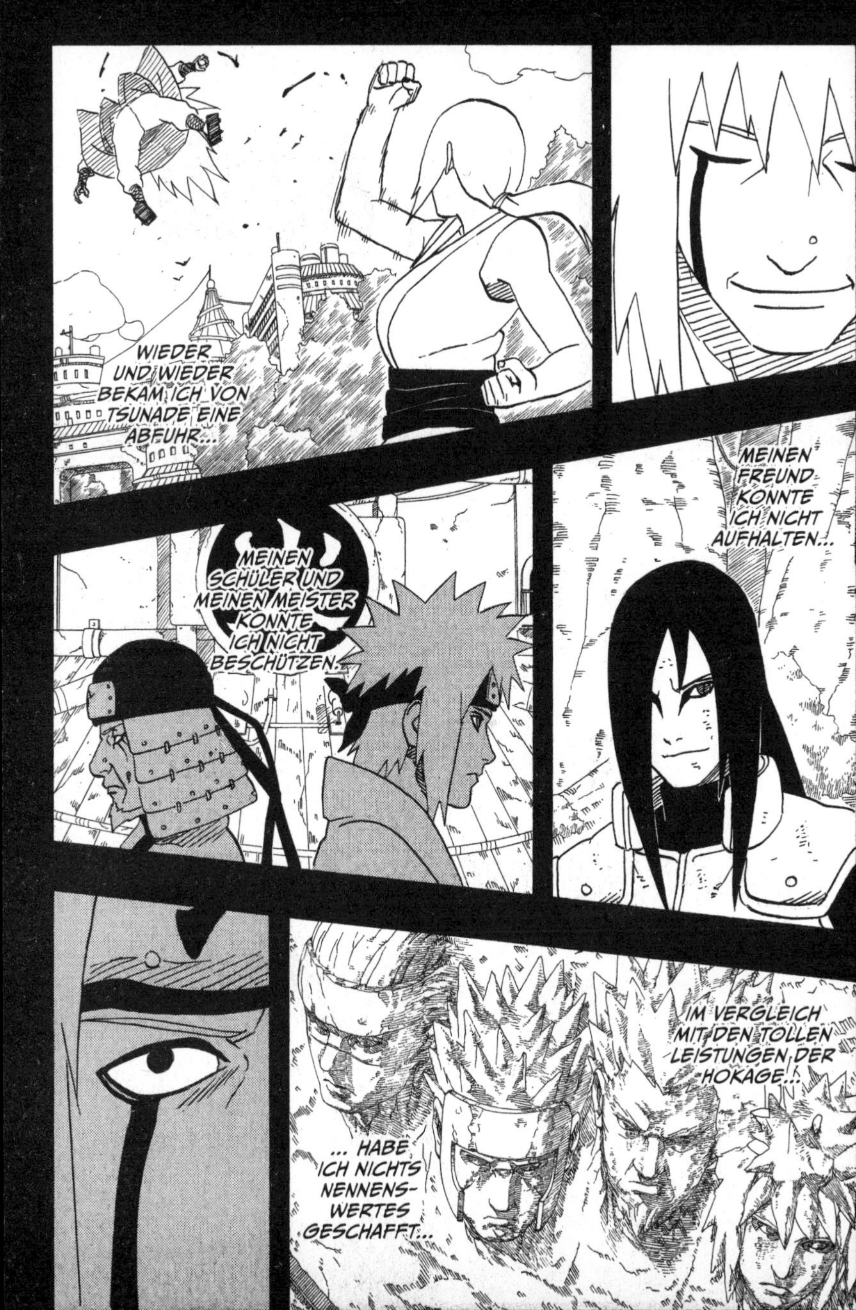
WIEDER UND WIEDER BEKAM ICH VON TSUNADE EINE ABFUHR...
MEINEN FREUND KONNTE ICH NICHT AUFHALTEN...
MEINEN SCHÜLER UND MEINEN MEISTER KONNTE ICH NICHT BESCHÜTZEN...
IM VERGLEICH MIT DEN TOLLEN LEISTUNGEN DER HOKAGE...
... HABE ICH NICHTS NENNENSWERTES GESCHAFFT...

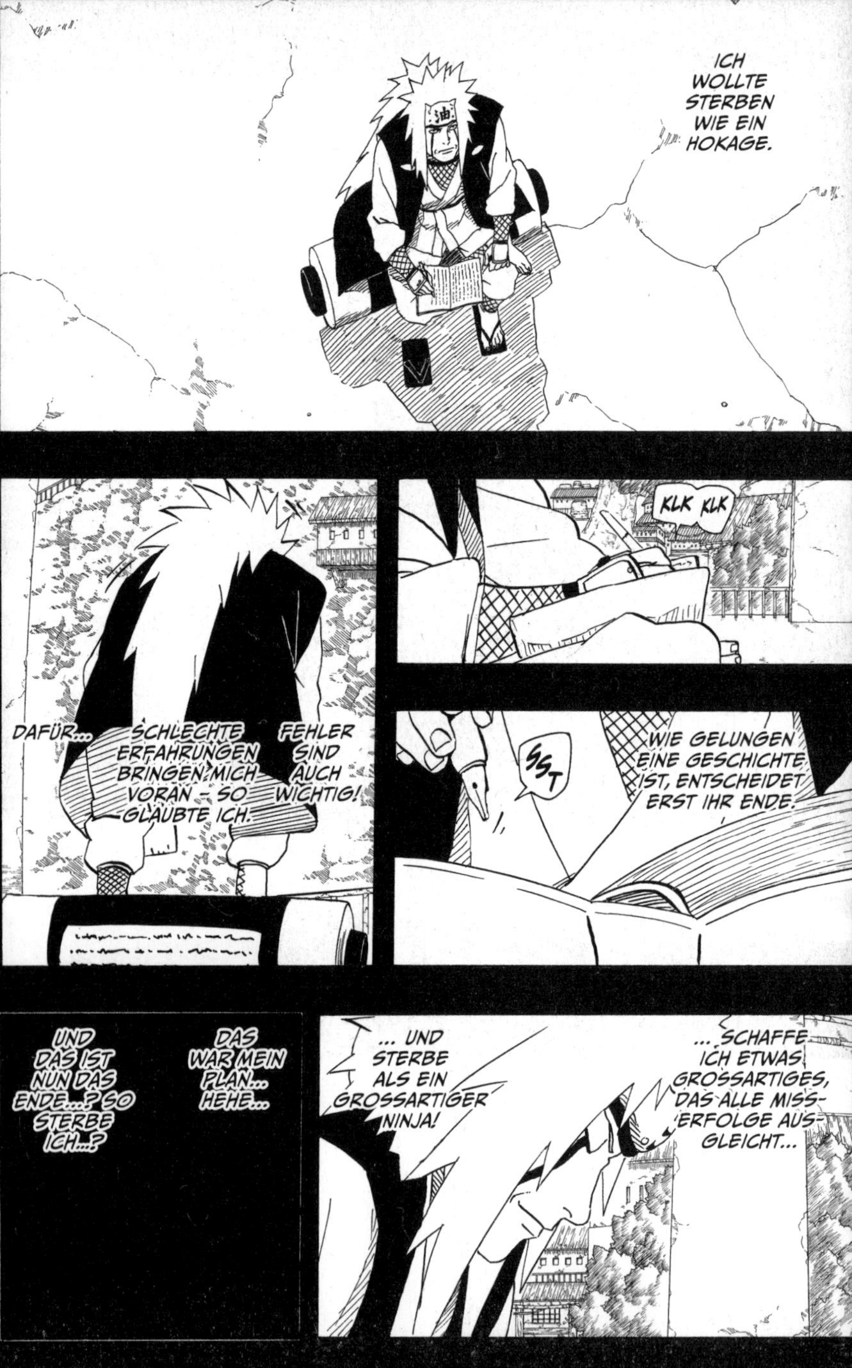
ICH WOLLTE STERBEN WIE EIN HOKAGE.
KLK KLK
SST
WIE GELUNGEN EINE GESCHICHTE IST, ENTSCHEIDET ERST IHR ENDE.
FEHLER SIND AUCH WICHTIG!
SCHLECHTE ERFAHRUNGEN BRINGEN MICH VORAN – SO GLAUBTE ICH.
DAFÜR...
... SCHAFFE ICH ETWAS GROSSARTIGES, DAS ALLE MISS-ERFOLGE AUS-GLEICHT...
... UND STERBE ALS EIN GROSSARTIGER NINJA!
DAS WAR MEIN PLAN... HEHE...
UND DAS IST NUN DAS ENDE...? SO STERBE ICH...?

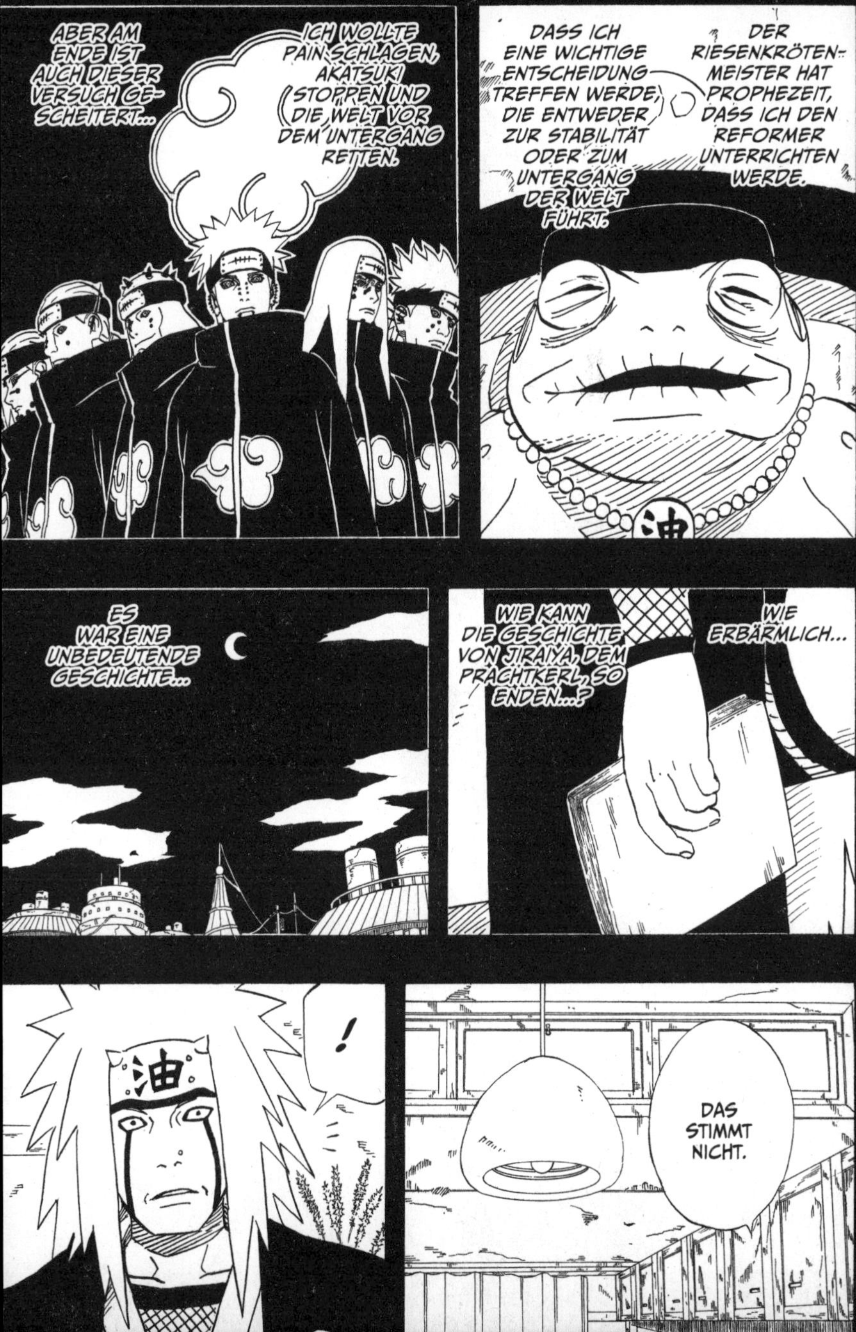
DER RIESENKRÖTEN-MEISTER HAT PROPHEZEIT, DASS ICH DEN REFORMER UNTERRICHTEN WERDE.
DASS ICH EINE WICHTIGE ENTSCHEIDUNG TREFFEN WERDE, DIE ENTWEDER ZUR STABILITÄT ODER ZUM UNTERGANG DER WELT FÜHRT.
ICH WOLLTE PAIN SCHLAGEN, AKATSUKI STOPPEN UND DIE WELT VOR DEM UNTERGANG RETTEN.
ABER AM ENDE IST AUCH DIESER VERSUCH GESCHEITERT...
WIE ERBÄRMLICH...
WIE KANN DIE GESCHICHTE VON JIRAIYA, DEM PRACHTKERL, SO ENDEN...?
ES WAR EINE UNBEDEUTENDE GESCHICHTE...
DAS STIMMT NICHT.
!

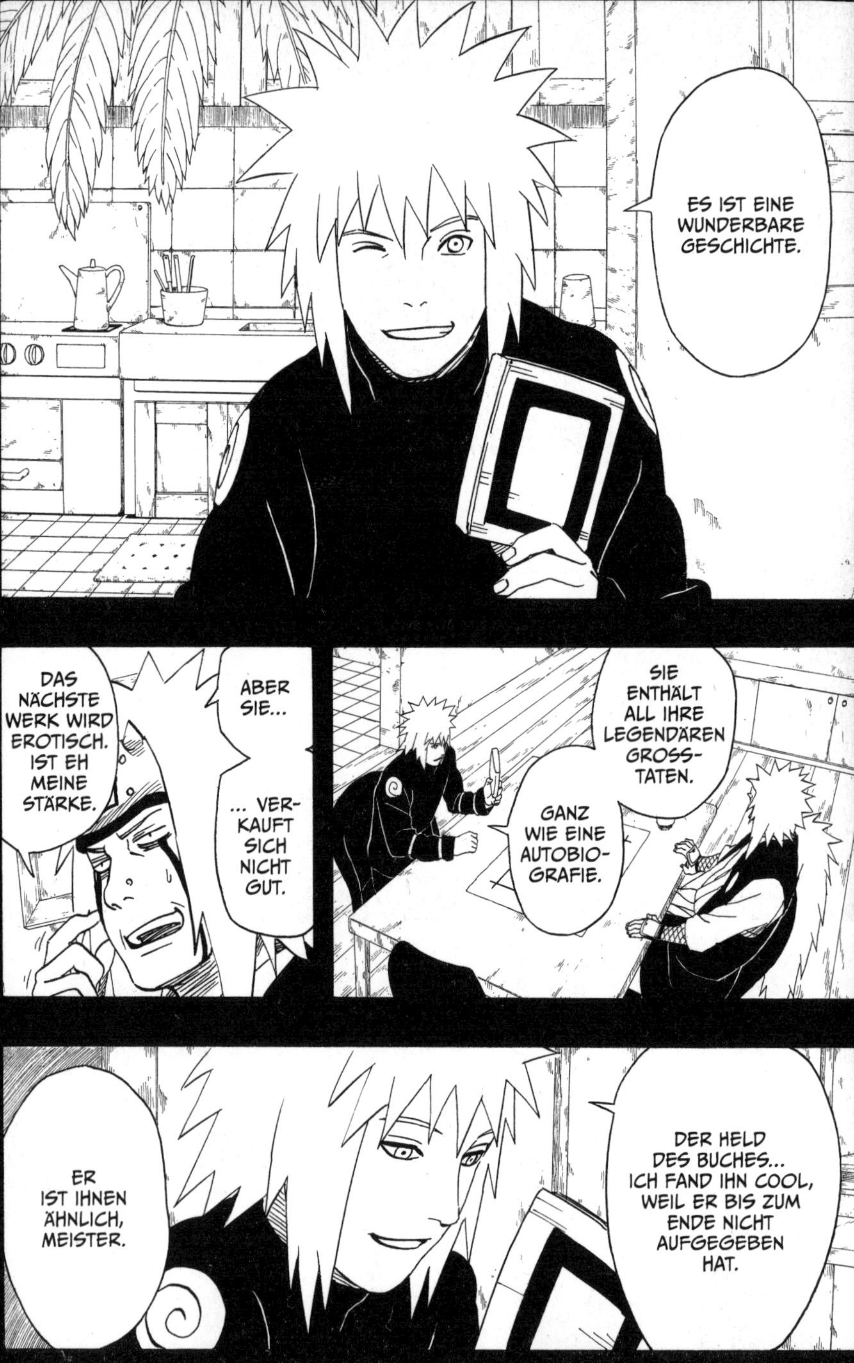
ES IST EINE WUNDERBARE GESCHICHTE.
SIE ENTHÄLT ALL IHRE LEGENDÄREN GROSS-TATEN.
GANZ WIE EINE AUTOBIO-GRAFIE.
ABER SIE...
... VER-KAUFT SICH NICHT GUT.
DAS NÄCHSTE WERK WIRD EROTISCH. IST EH MEINE STÄRKE.
DER HELD DES BUCHES... ICH FAND IHN COOL, WEIL ER BIS ZUM ENDE NICHT AUFGEGEBEN HAT.
ER IST IHNEN ÄHNLICH, MEISTER.

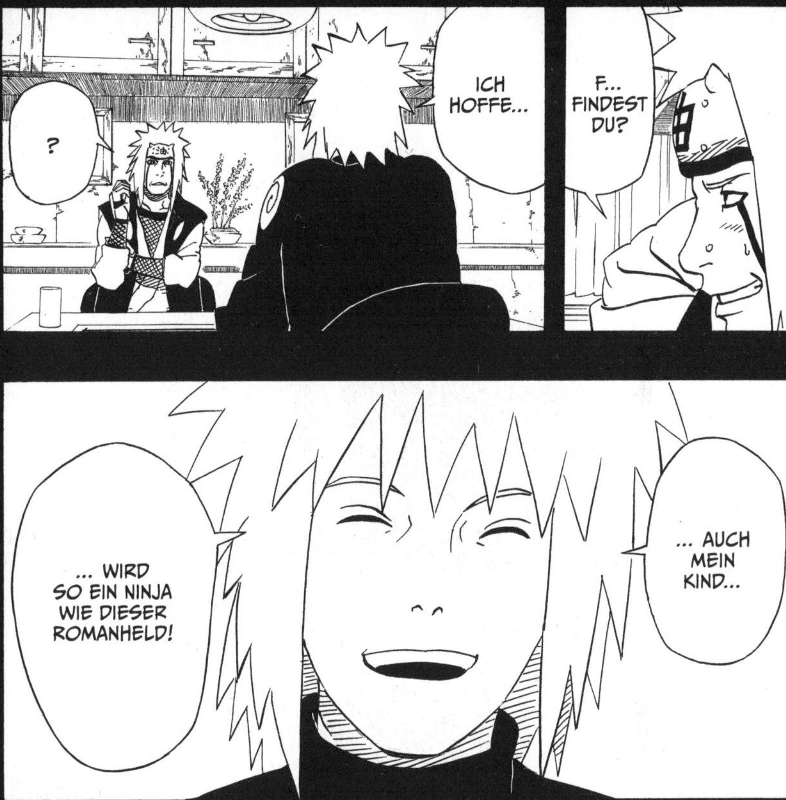

* IN DER JAPANISCHEN KÜCHE DIENT NARUTOMAKI (EINE FISCH-ALGEN-ROLLE) OFT ALS SUPPENEINLAGE.

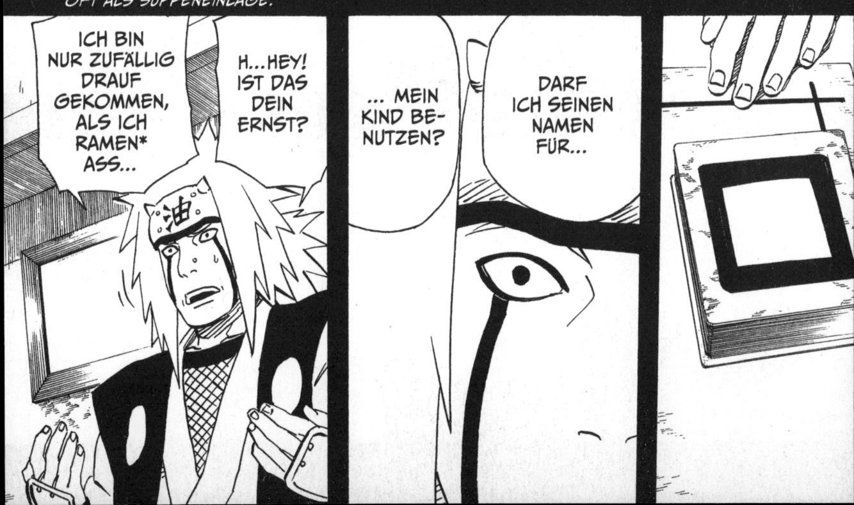

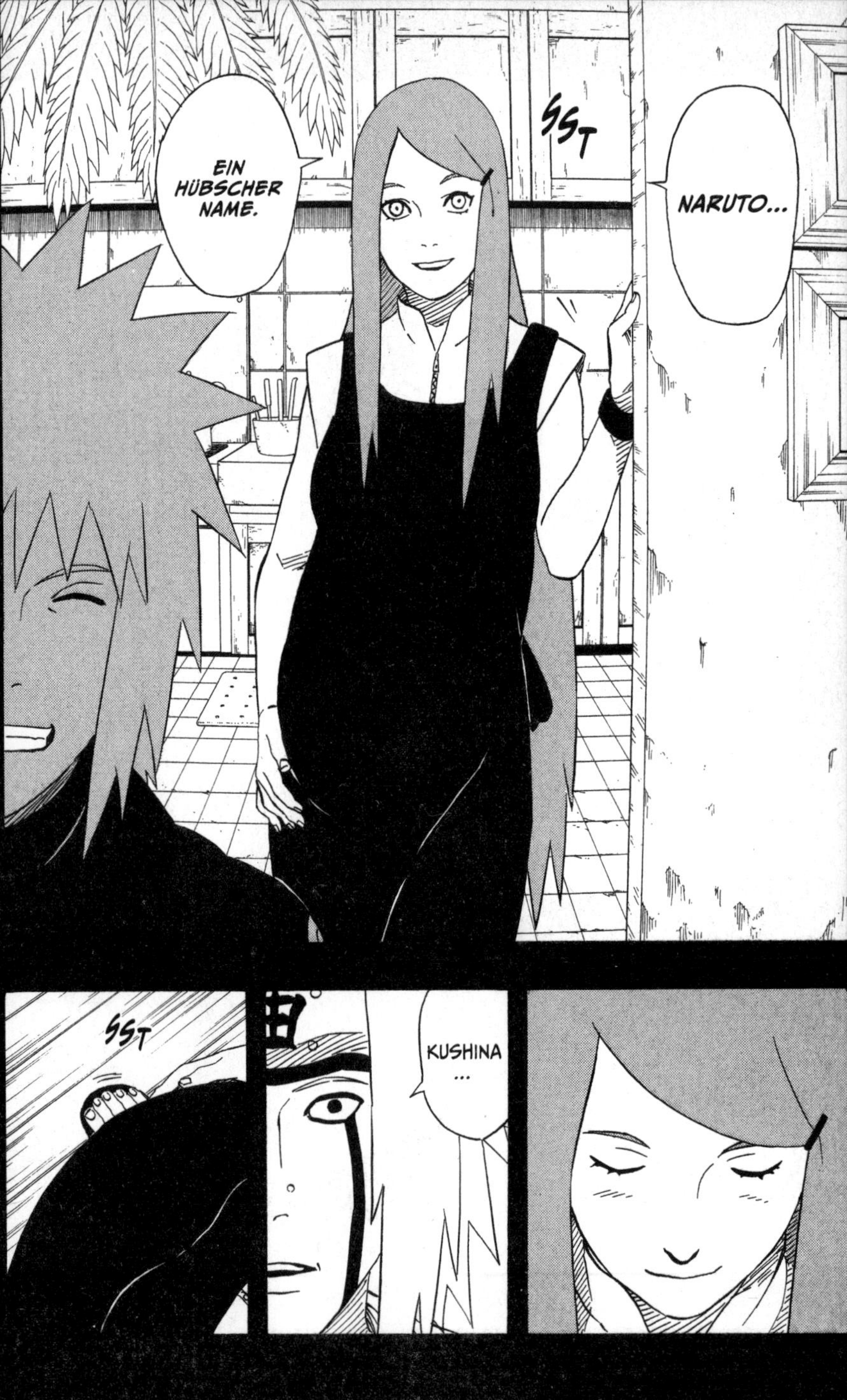
NARUTO...
SST
EIN HÜBSCHER NAME.
KUSHINA ...
SST

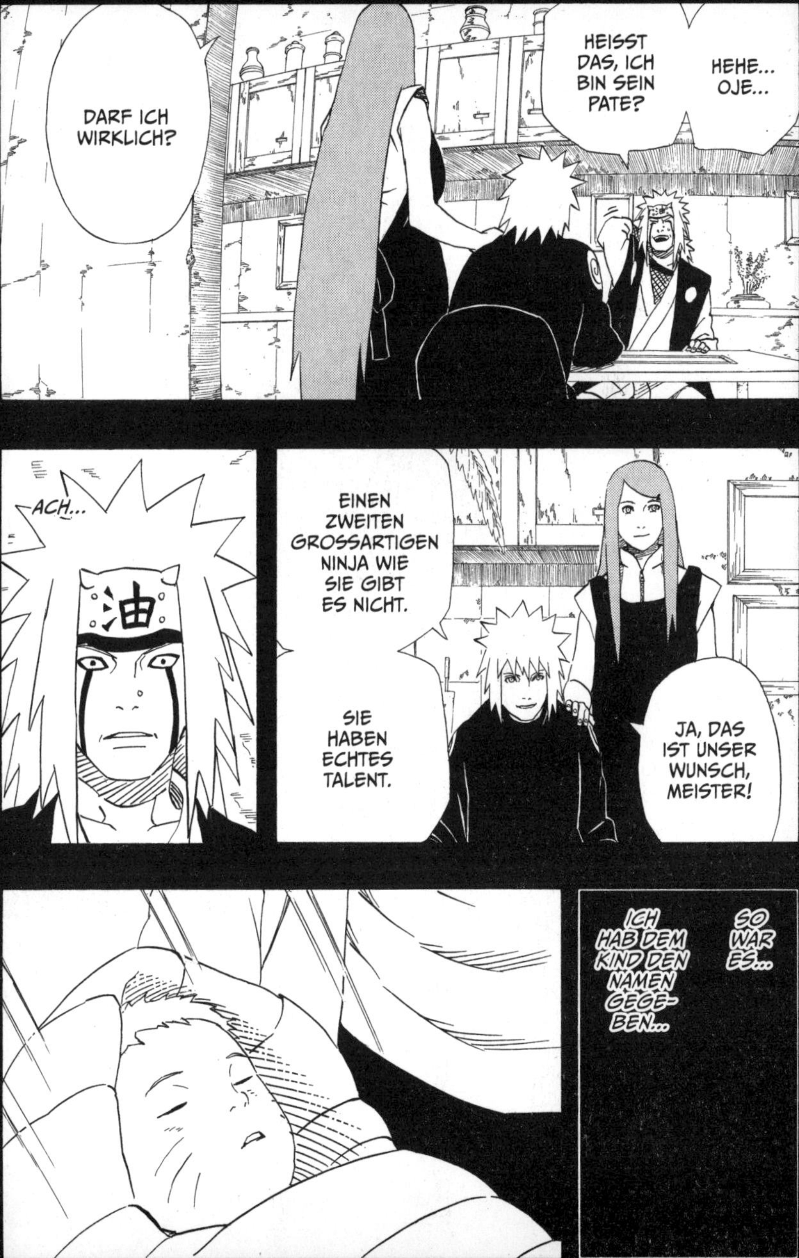
HEHE... OJE...
HEISST DAS, ICH BIN SEIN PATE?
DARF ICH WIRKLICH?
EINEN ZWEITEN GROSSARTIGEN NINJA WIE SIE GIBT ES NICHT.
SIE HABEN ECHTES TALENT.
JA, DAS IST UNSER WUNSCH, MEISTER!
ACH...
SO WAR ES...
ICH HAB DEM KIND DEN NAMEN GEGEBEN...

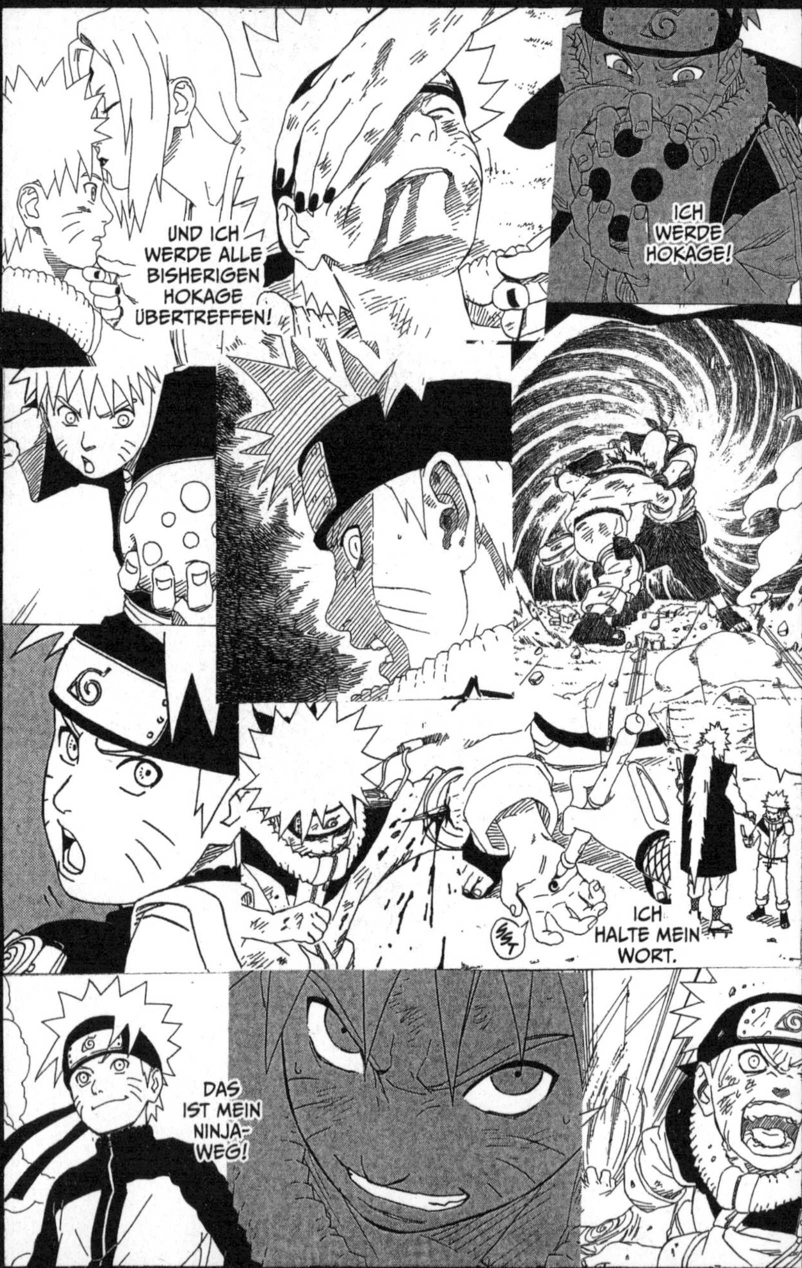
ICH WERDE HOKAGE!
UND ICH WERDE ALLE BISHERIGEN HOKAGE ÜBERTREFFEN!
ICH HALTE MEIN WORT.
DAS IST MEIN NINJA-WEG!

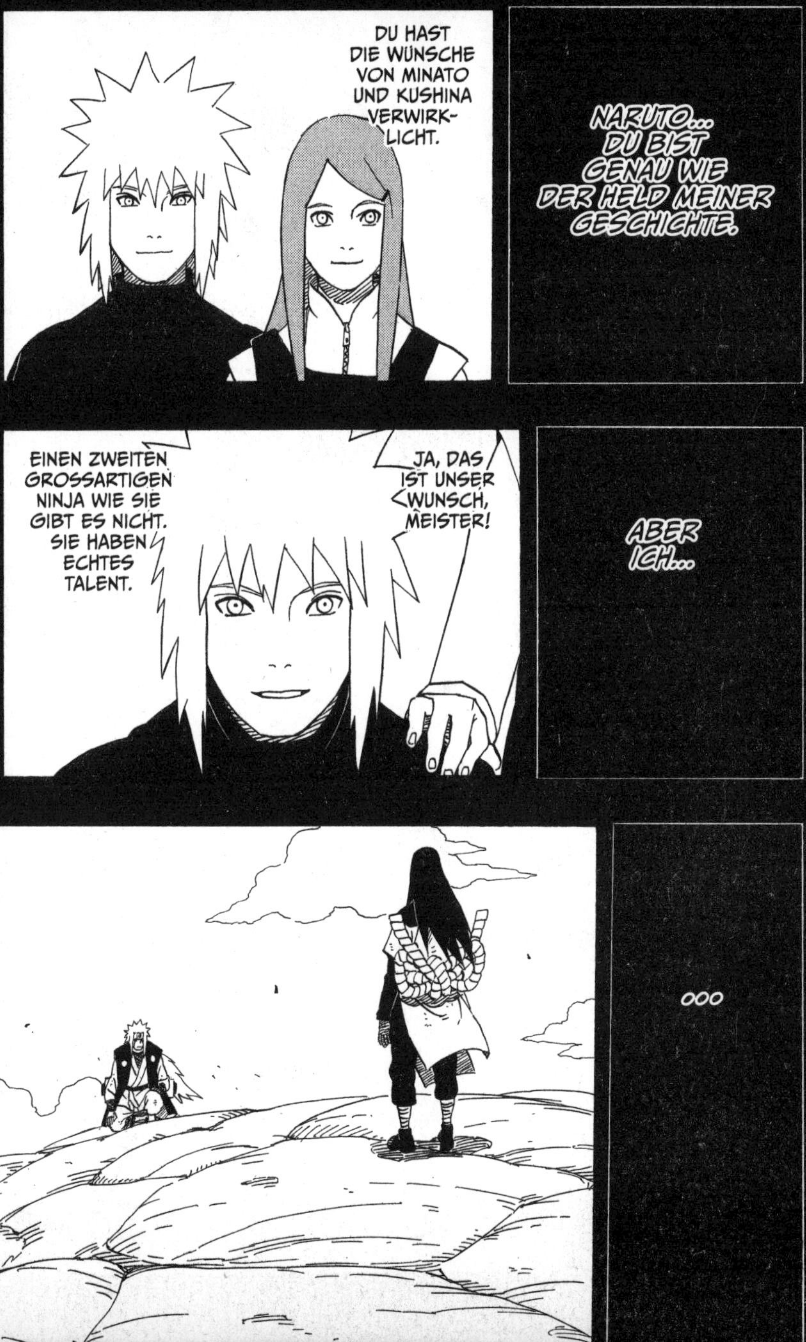
NARUTO... DU BIST GENAU WIE DER HELD MEINER GESCHICHTE.
DU HAST DIE WÜNSCHE VON MINATO UND KUSHINA VERWIRKLICHT.
ABER ICH...
JA, DAS IST UNSER WUNSCH, MEISTER!
EINEN ZWEITEN GROSSARTIGEN NINJA WIE SIE GIBT ES NICHT. SIE HABEN ECHTES TALENT.
OOO

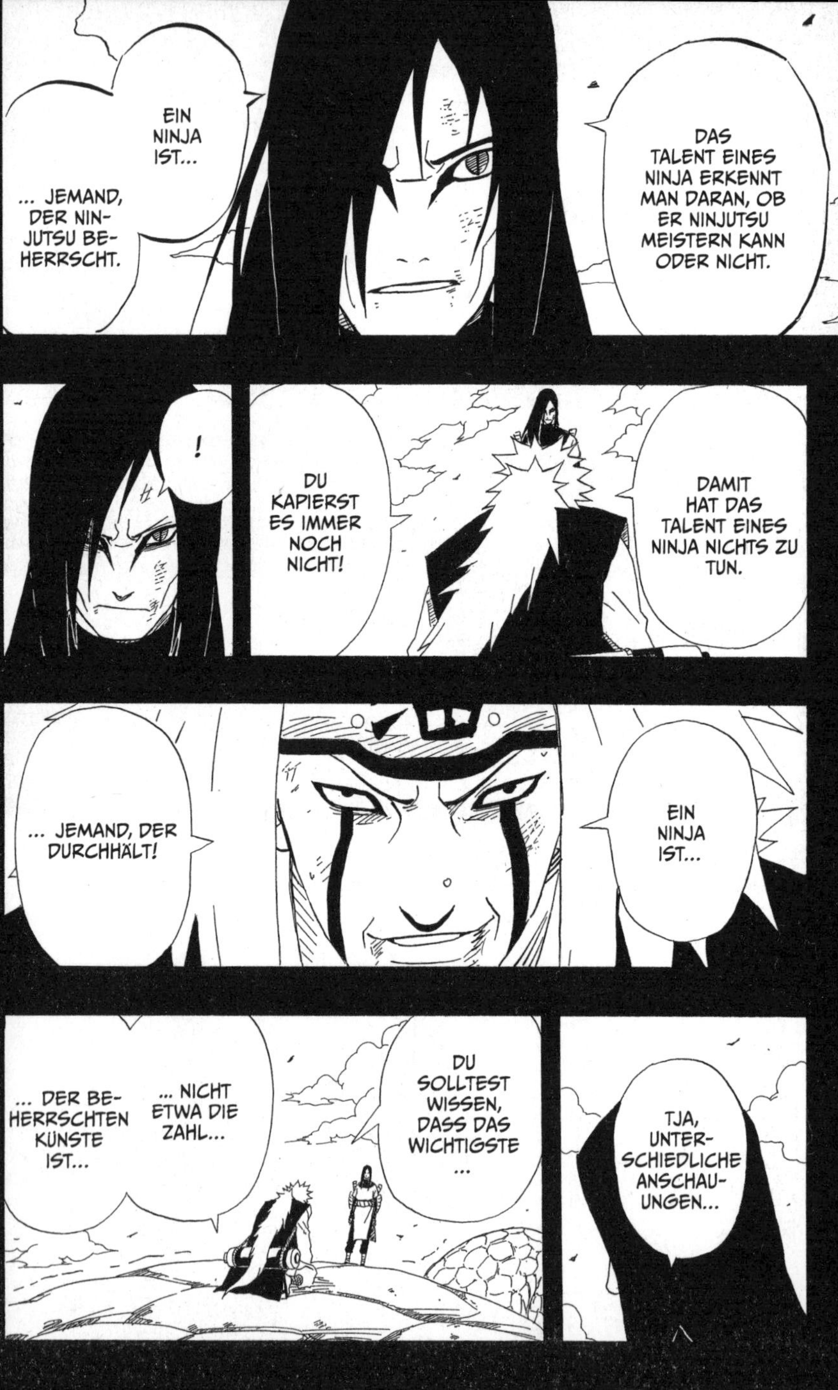
DAS TALENT EINES NINJA ERKENNT MAN DARAN, OB ER NINJUTSU MEISTERN KANN ODER NICHT.
EIN NINJA IST...
... JEMAND, DER NIN-JUTSU BE-HERRSCHT.
DAMIT HAT DAS TALENT EINES NINJA NICHTS ZU TUN.
DU KAPIERST ES IMMER NOCH NICHT!
!
EIN NINJA IST...
... JEMAND, DER DURCHHÄLT!
TJA, UNTER-SCHIEDLICHE ANSCHAU-UNGEN...
DU SOLLTEST WISSEN, DASS DAS WICHTIGSTE ...
... NICHT ETWA DIE ZAHL...
... DER BE-HERRSCHTEN KÜNSTE IST...

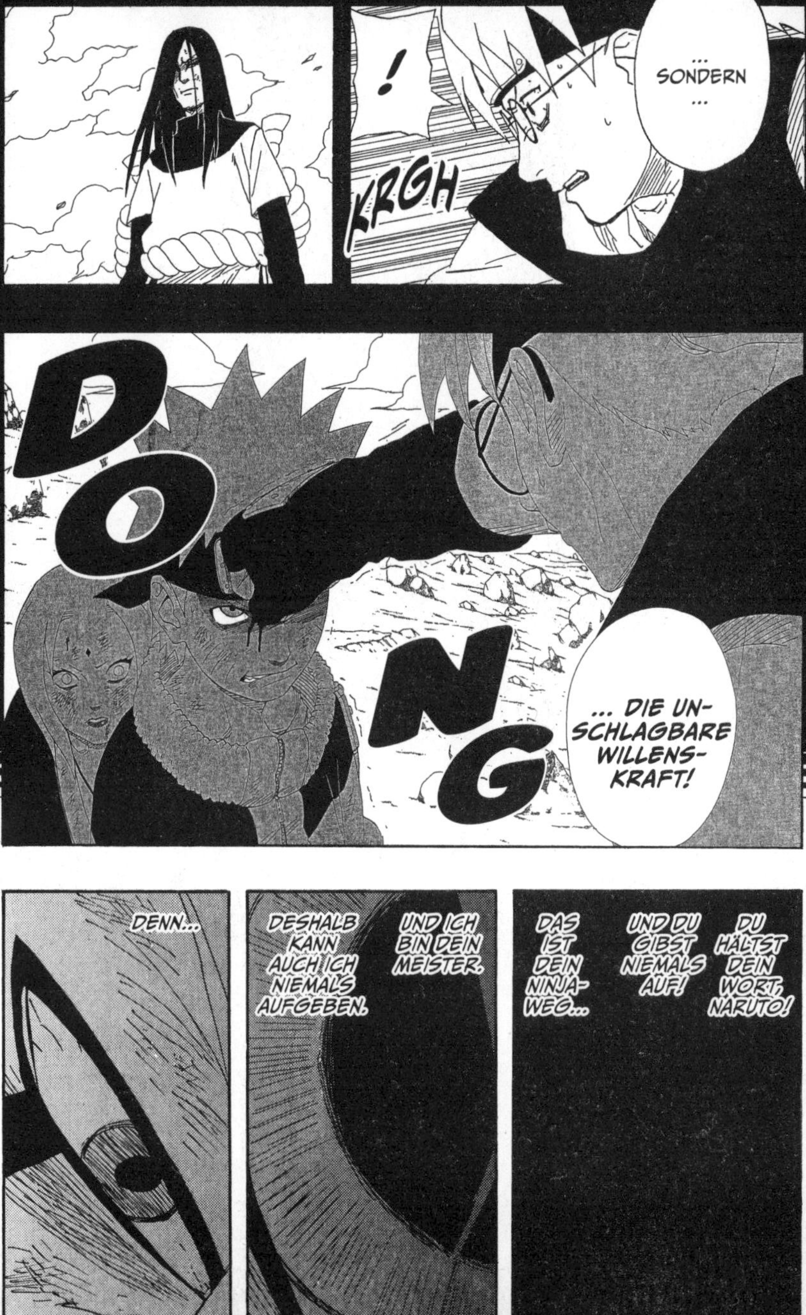
... SONDERN ...
!
KRGH
DONG
... DIE UN-SCHLAGBARE WILLENS-KRAFT!
DU HÄLTST DEIN WORT, NARUTO!
UND DU GIBST NIEMALS AUF!
DAS IST DEIN NINJA-WEG...
UND ICH BIN DEIN MEISTER.
DESHALB KANN AUCH ICH NIEMALS AUFGEBEN.
DENN...

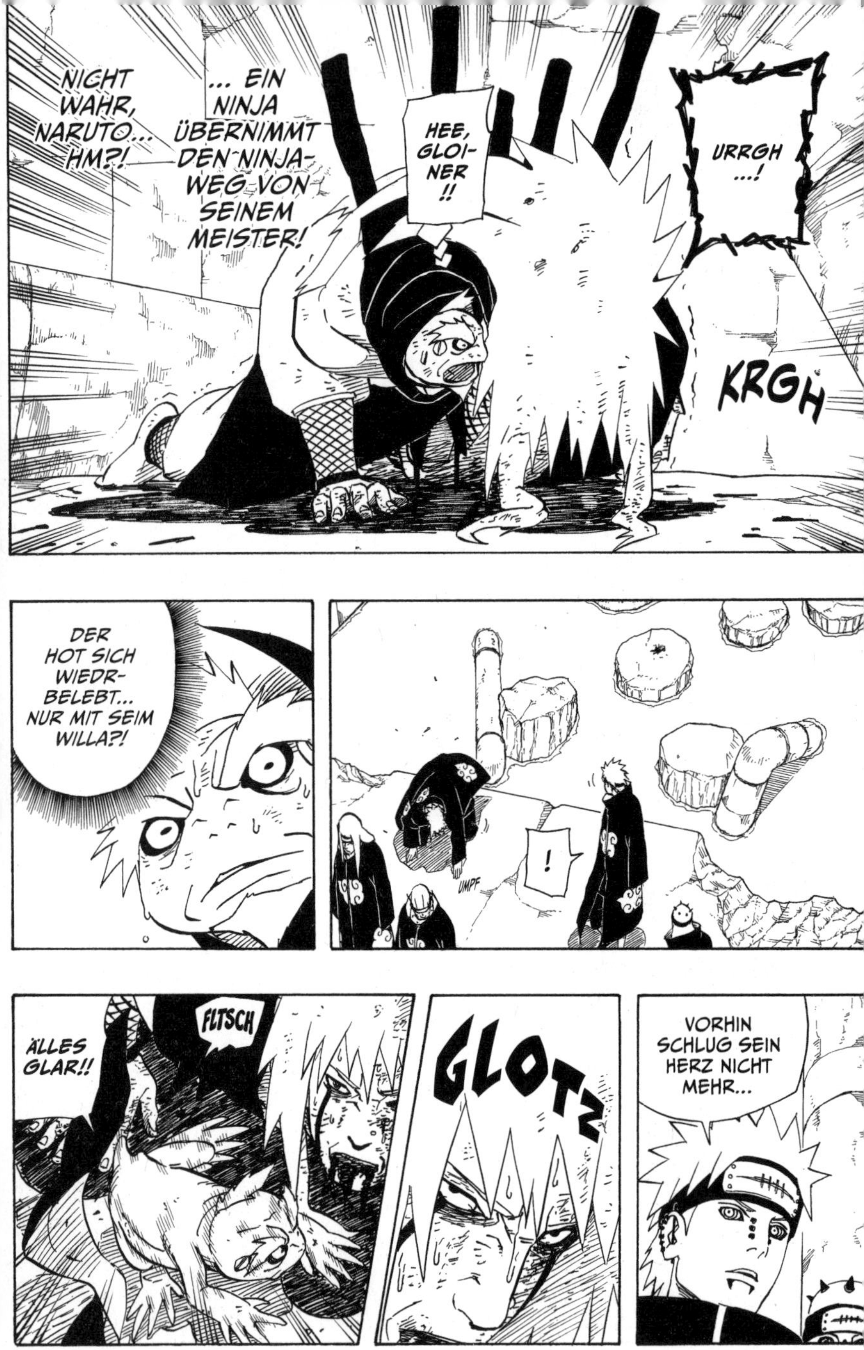
URRGH ...!
KRGH
HEE, GLOI-NER !!
... EIN NINJA ÜBERNIMMT DEN NINJA-WEG VON SEINEM MEISTER!
NICHT WAHR, NARUTO... HM?!
!
UMPF
DER HOT SICH WIEDR-BELEBT... NUR MIT SEIM WILLA?!
VORHIN SCHLUG SEIN HERZ NICHT MEHR...
GLOTZ
FLTSCH
ÄLLES GLAR!!

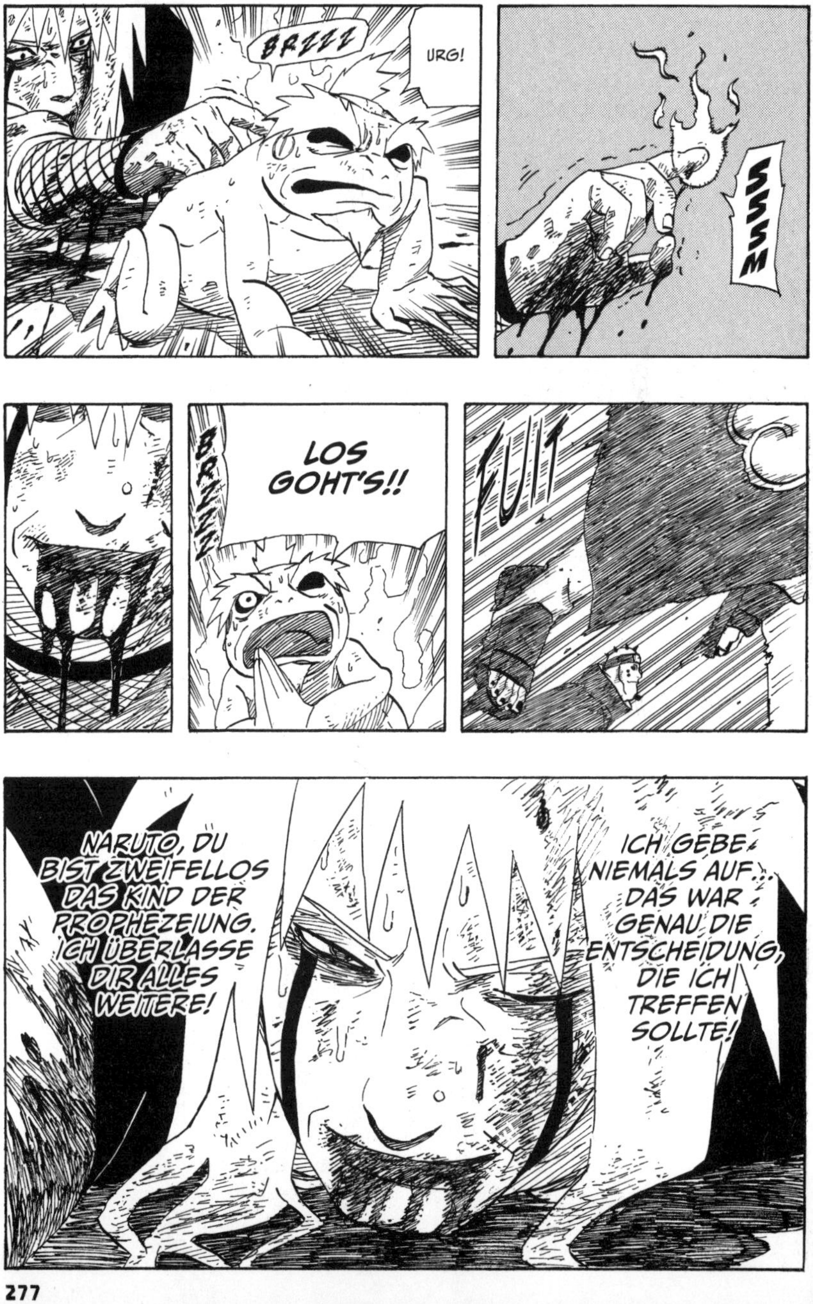
SSSM
BRZZZ
URG!
FUIT
LOS GOHT'S!!
BRZZZZ
ICH GEBE NIEMALS AUF... DAS WAR GENAU DIE ENTSCHEIDUNG, DIE ICH TREFFEN SOLLTE!
NARUTO, DU BIST ZWEIFELLOS DAS KIND DER PROPHEZEIUNG. ICH ÜBERLASSE DIR ALLES WEITERE!

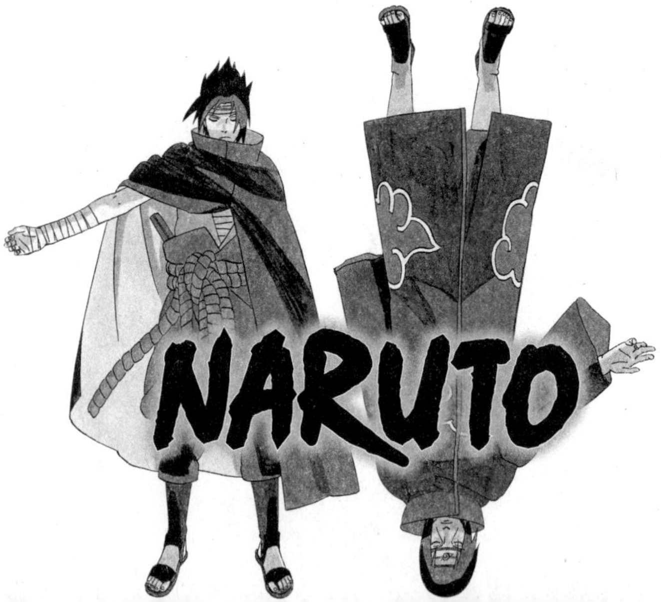
NARUTO

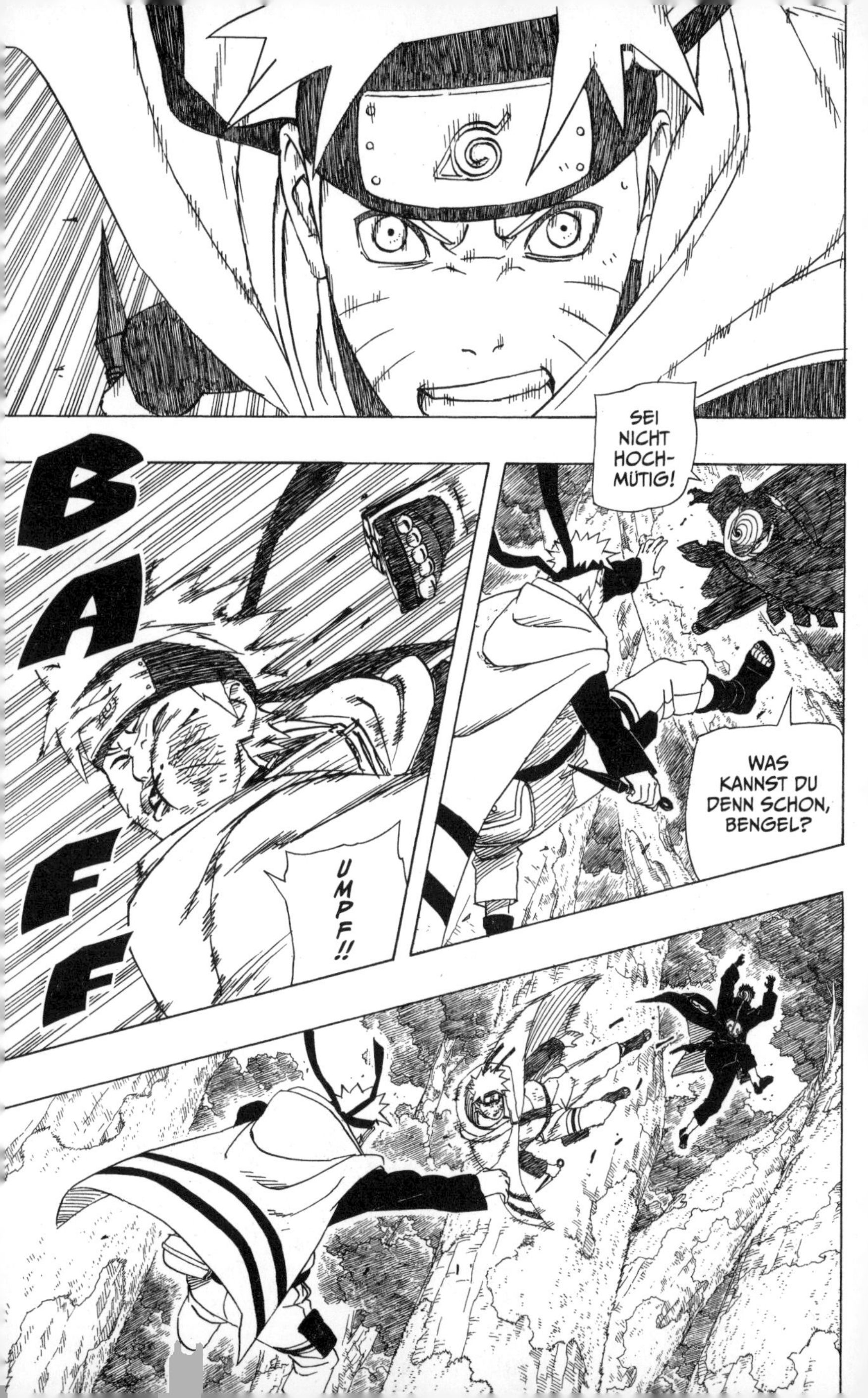
SEI NICHT HOCH-MÜTIG!
WAS KANNST DU DENN SCHON, BENGEL?
BAFF
UMPF!!

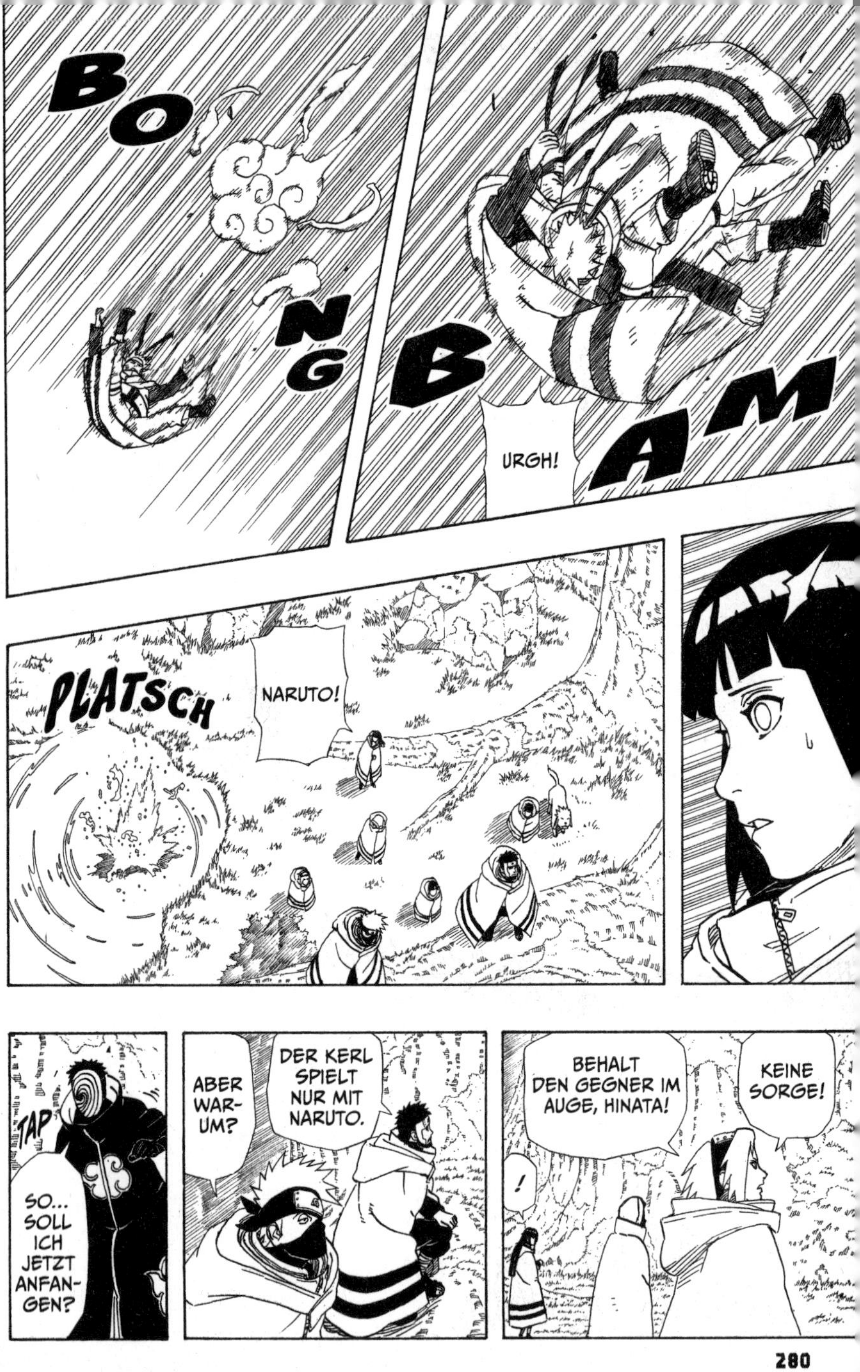
BAM
URGH!
BONG
NARUTO!
PLATSCH
KEINE SORGE!
BEHALT DEN GEGNER IM AUGE, HINATA!
!
DER KERL SPIELT NUR MIT NARUTO.
ABER WARUM?
TAP
SO... SOLL ICH JETZT ANFANGEN?

383. Kapitel: Das letzte Kapitel

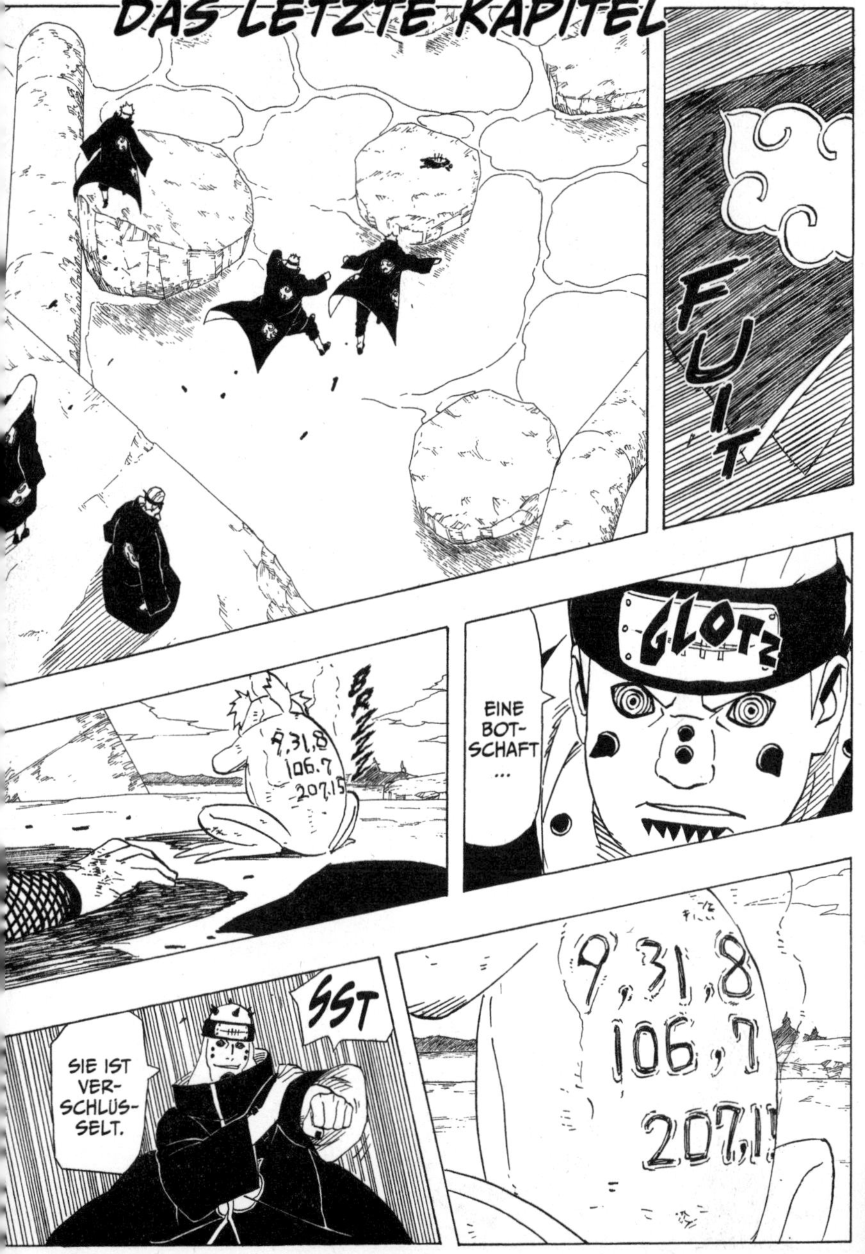

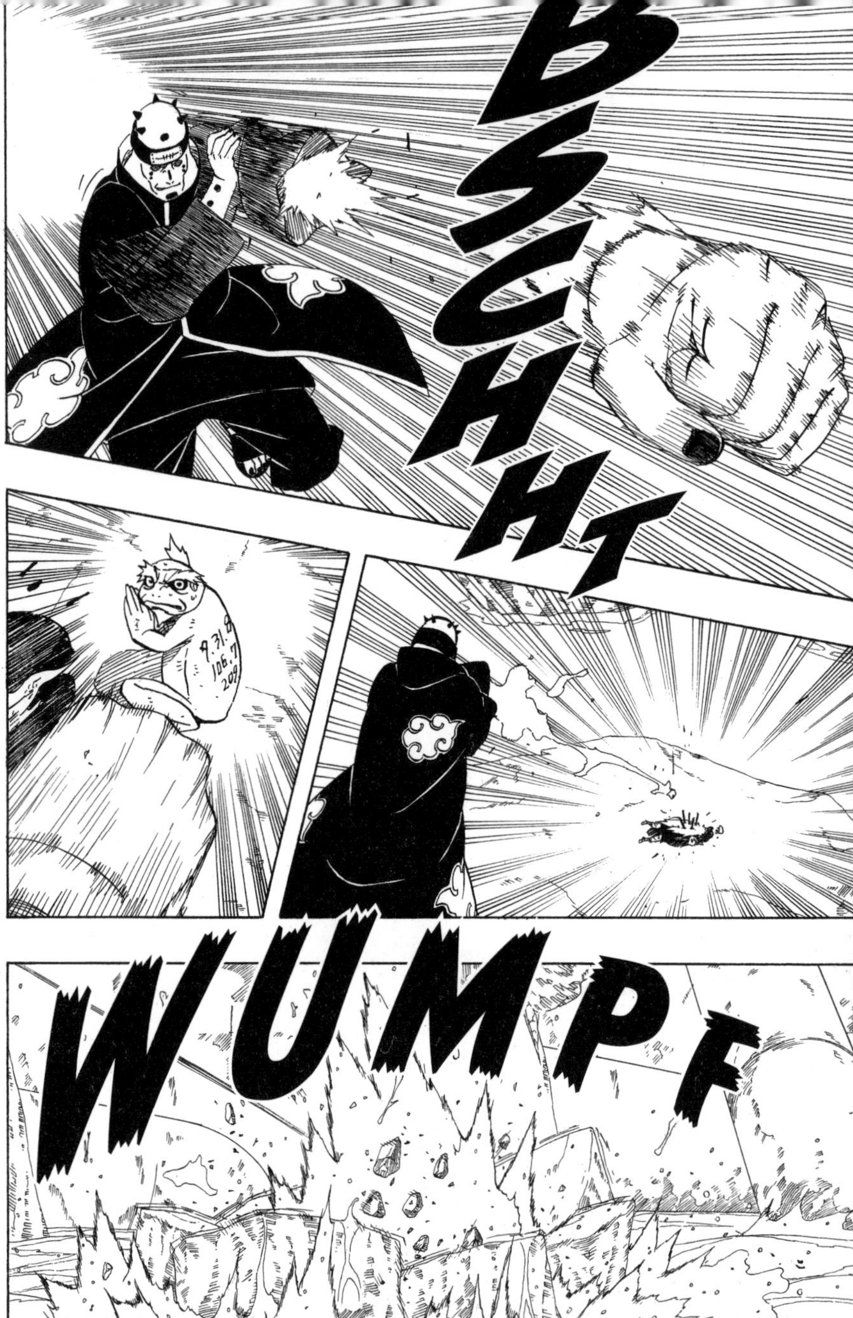
BSCHHT
WUMPF

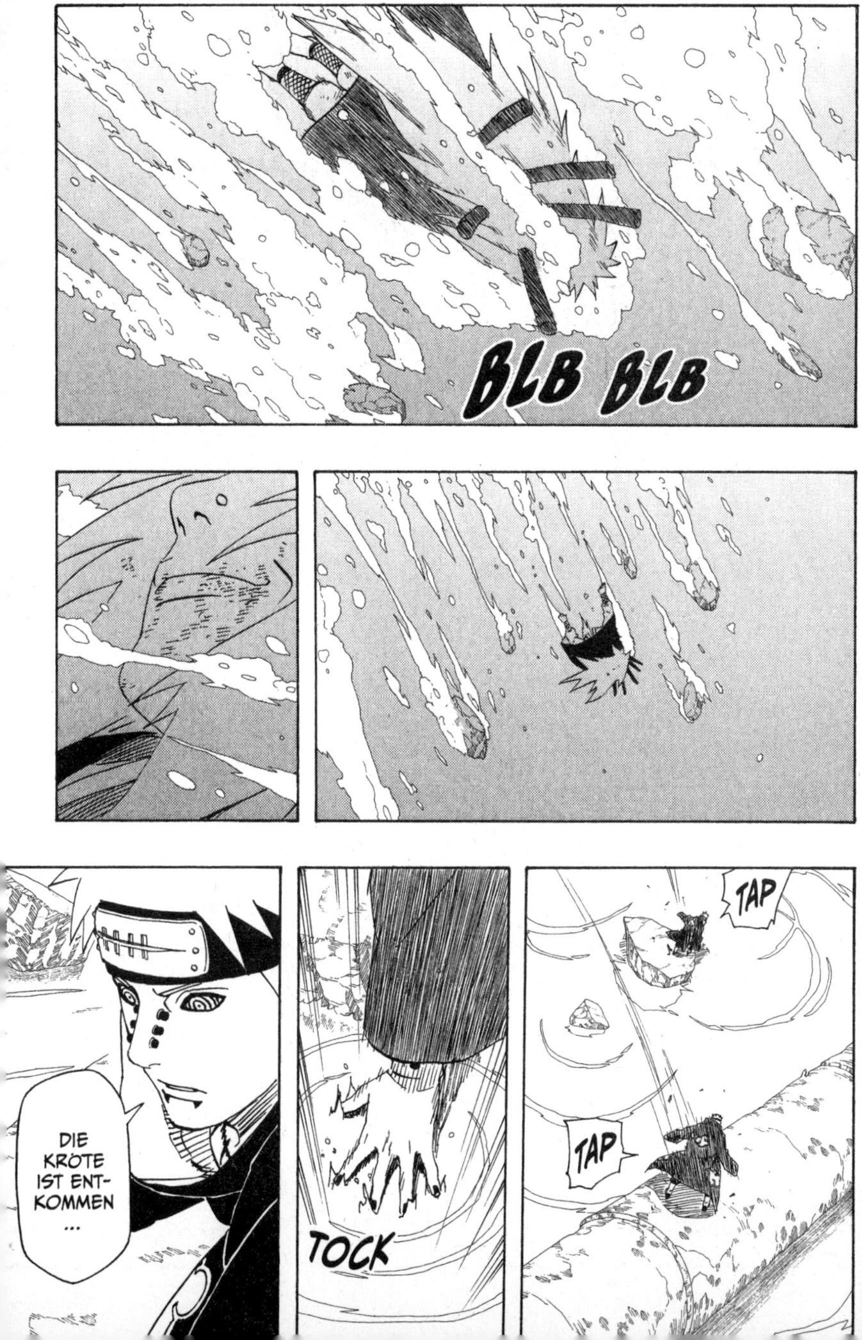
BLB BLB
TAP
TAP
TOCK
DIE KRÖTE IST ENT-KOMMEN ...

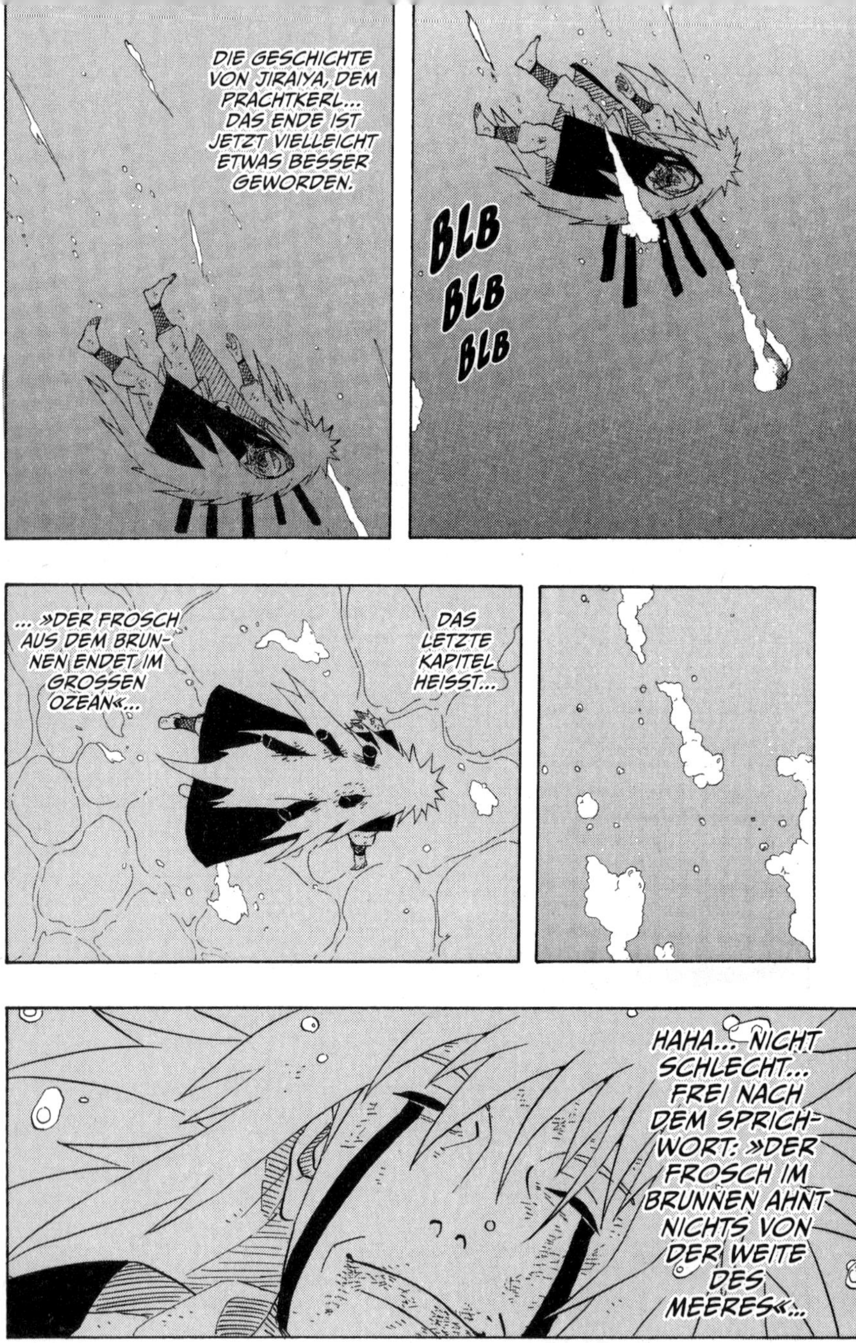
DIE GESCHICHTE VON JIRAIYA, DEM PRACHTKERL... DAS ENDE IST JETZT VIELLEICHT ETWAS BESSER GEWORDEN.
BLB BLB BLB
DAS LETZTE KAPITEL HEISST...
... »DER FROSCH AUS DEM BRUNNEN ENDET IM GROSSEN OZEAN«...
HAHA... NICHT SCHLECHT... FREI NACH DEM SPRICHWORT: »DER FROSCH IM BRUNNEN AHNT NICHTS VON DER WEITE DES MEERES«...

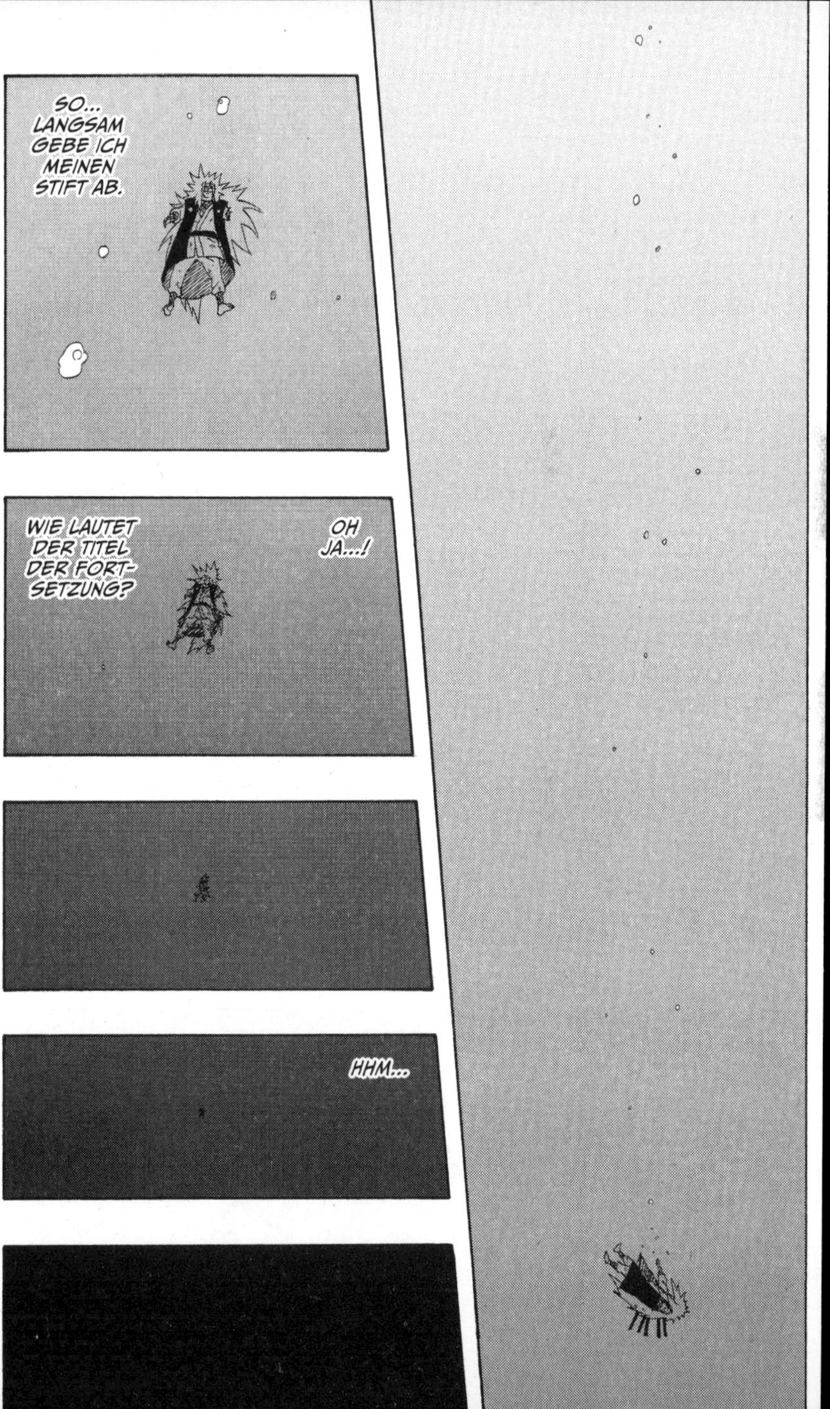
SO... LANGSAM GEBE ICH MEINEN STIFT AB.
OH JA...!
WIE LAUTET DER TITEL DER FORT-SETZUNG?
HHM...

DIE
GESCHICHTE
VON NARUTO
UZUMAKI, DEM
NUDELSUPPEN-
NINJA...

JA... DAS
KLINGT
GUT...

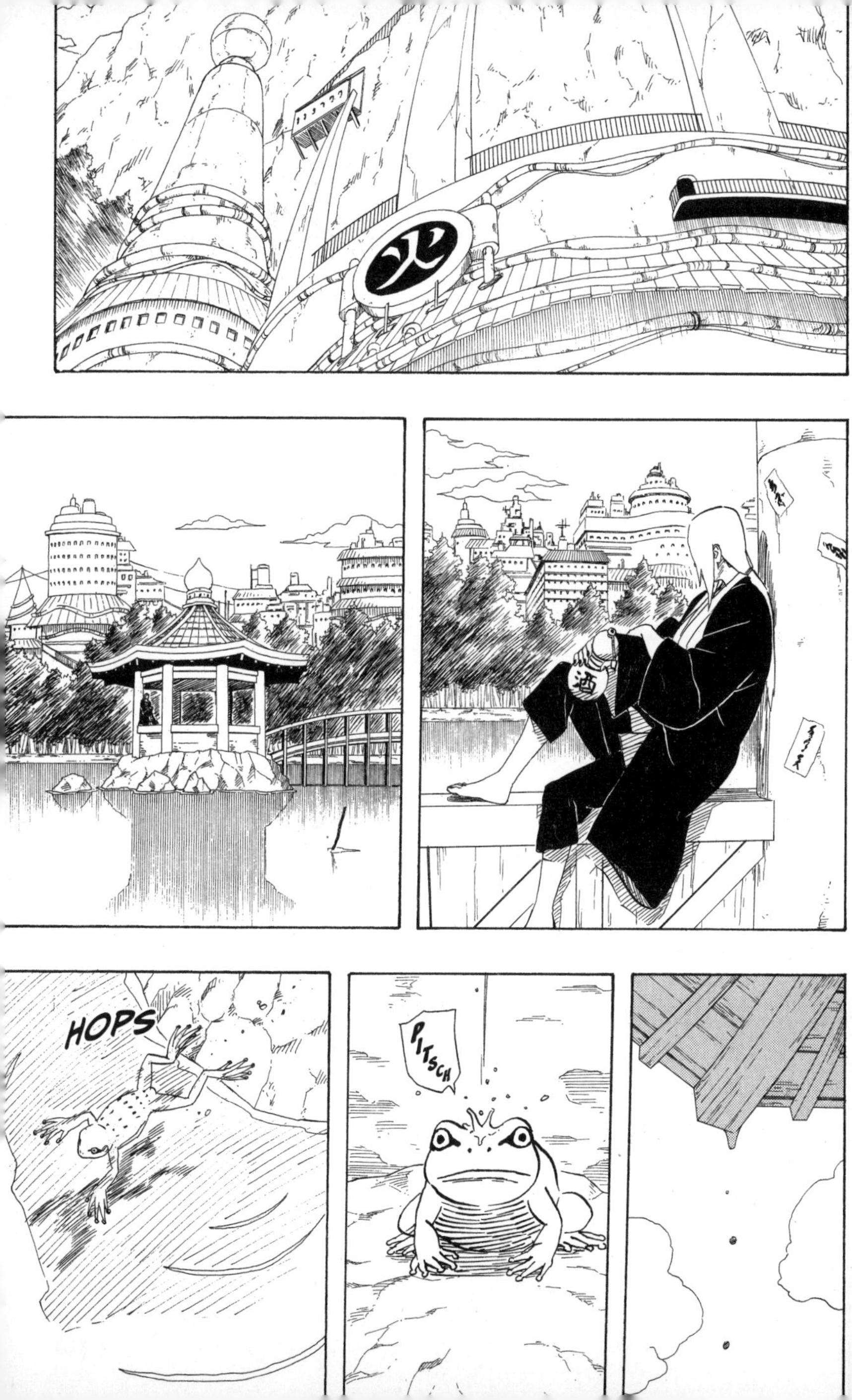

HOPS
PITSCH

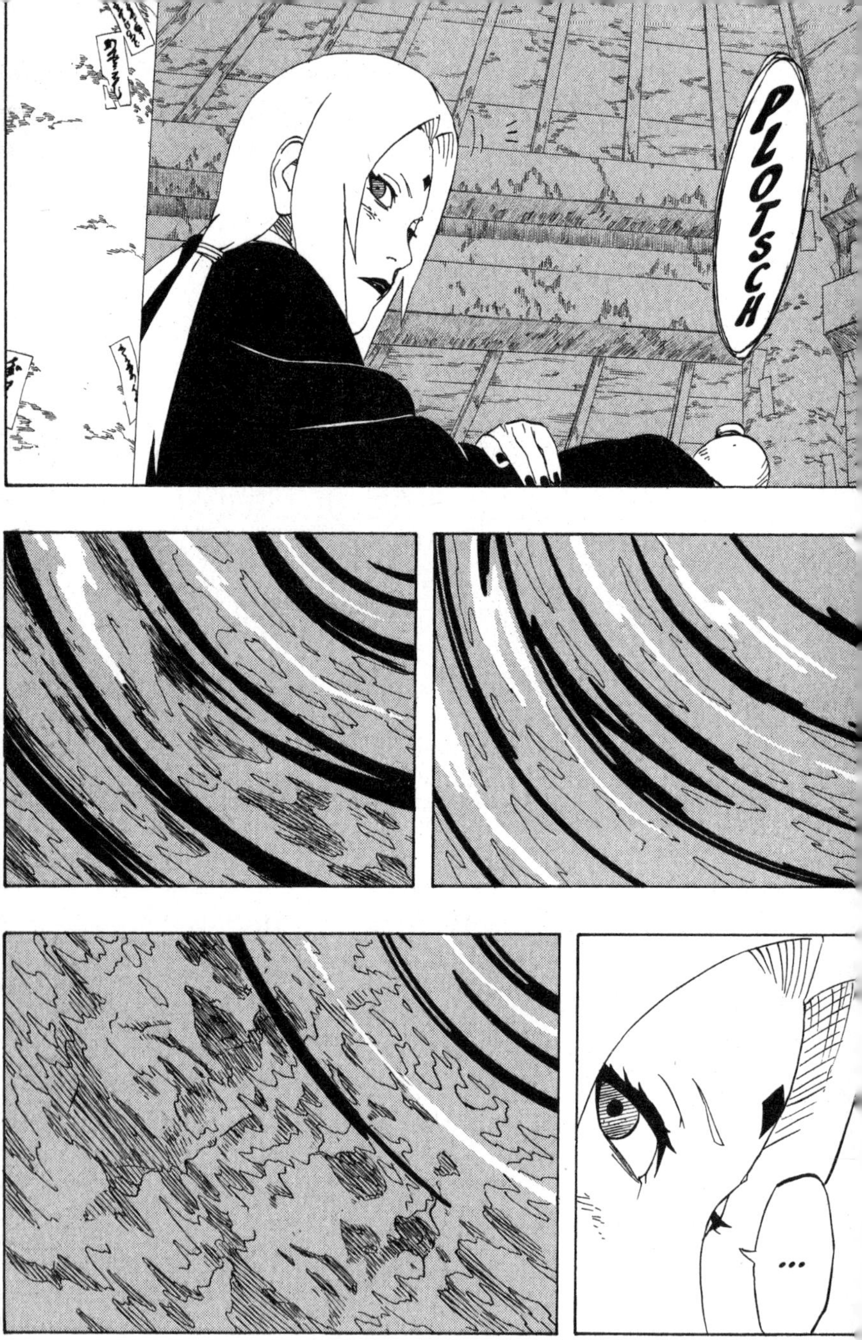
PLOTSCH
...

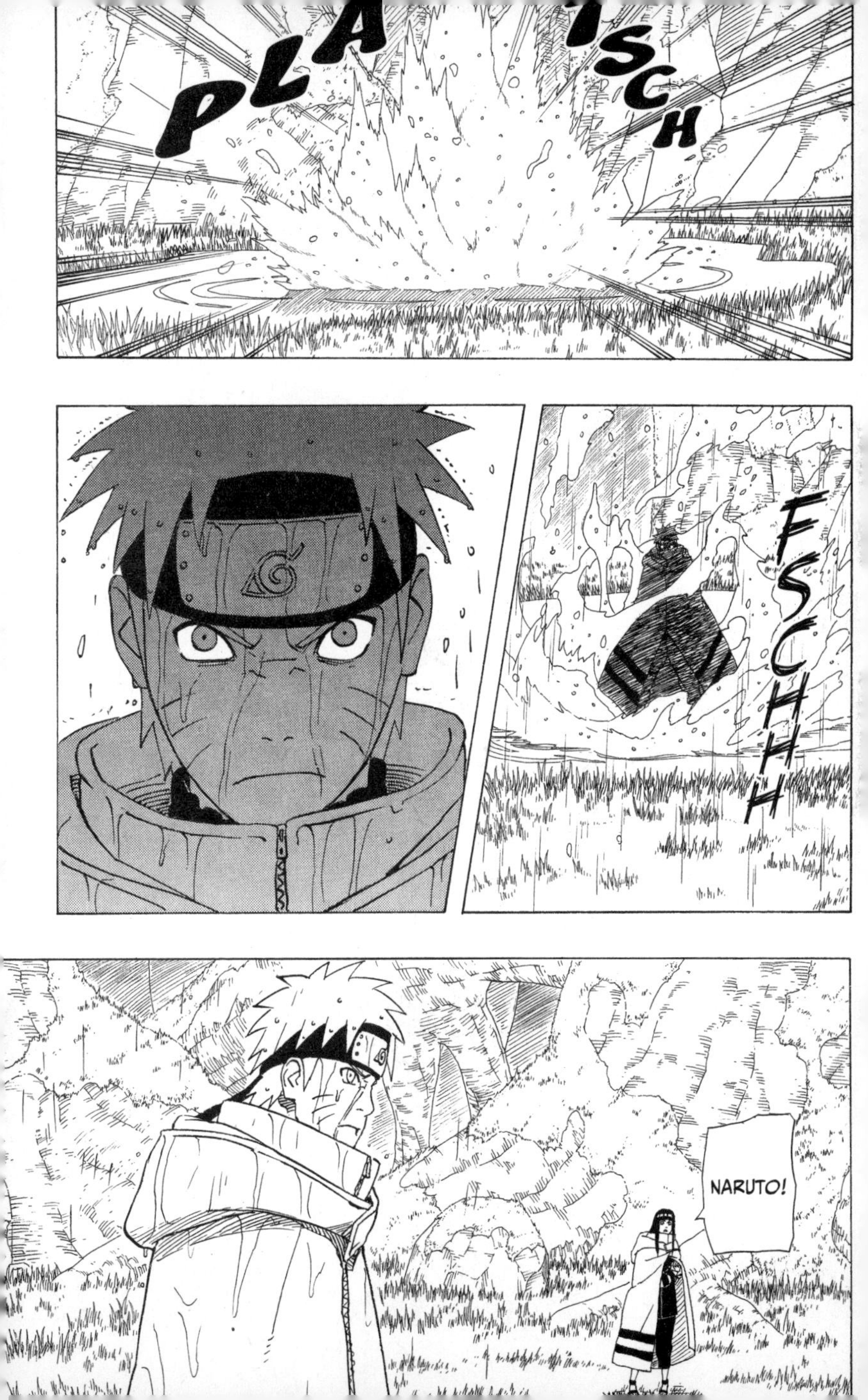
PLAISCH
FSCHHH
NARUTO!

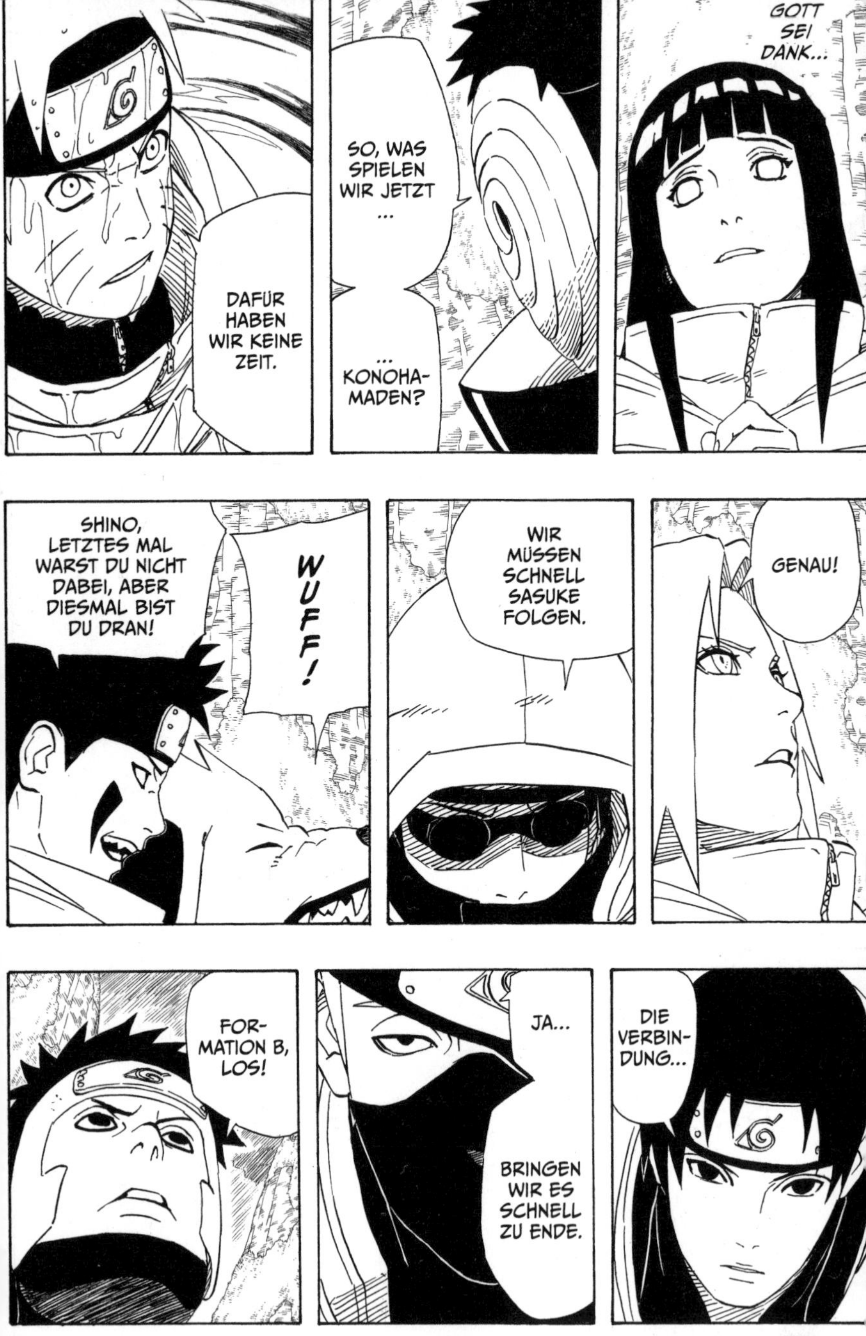
GOTT SEI DANK...
SO, WAS SPIELEN WIR JETZT ...
... KONOHA-MADEN?
DAFÜR HABEN WIR KEINE ZEIT.
GENAU!
WIR MÜSSEN SCHNELL SASUKE FOLGEN.
WUFF!
SHINO, LETZTES MAL WARST DU NICHT DABEI, ABER DIESMAL BIST DU DRAN!
DIE VERBINDUNG...
JA...
BRINGEN WIR ES SCHNELL ZU ENDE.
FORMATION B, LOS!

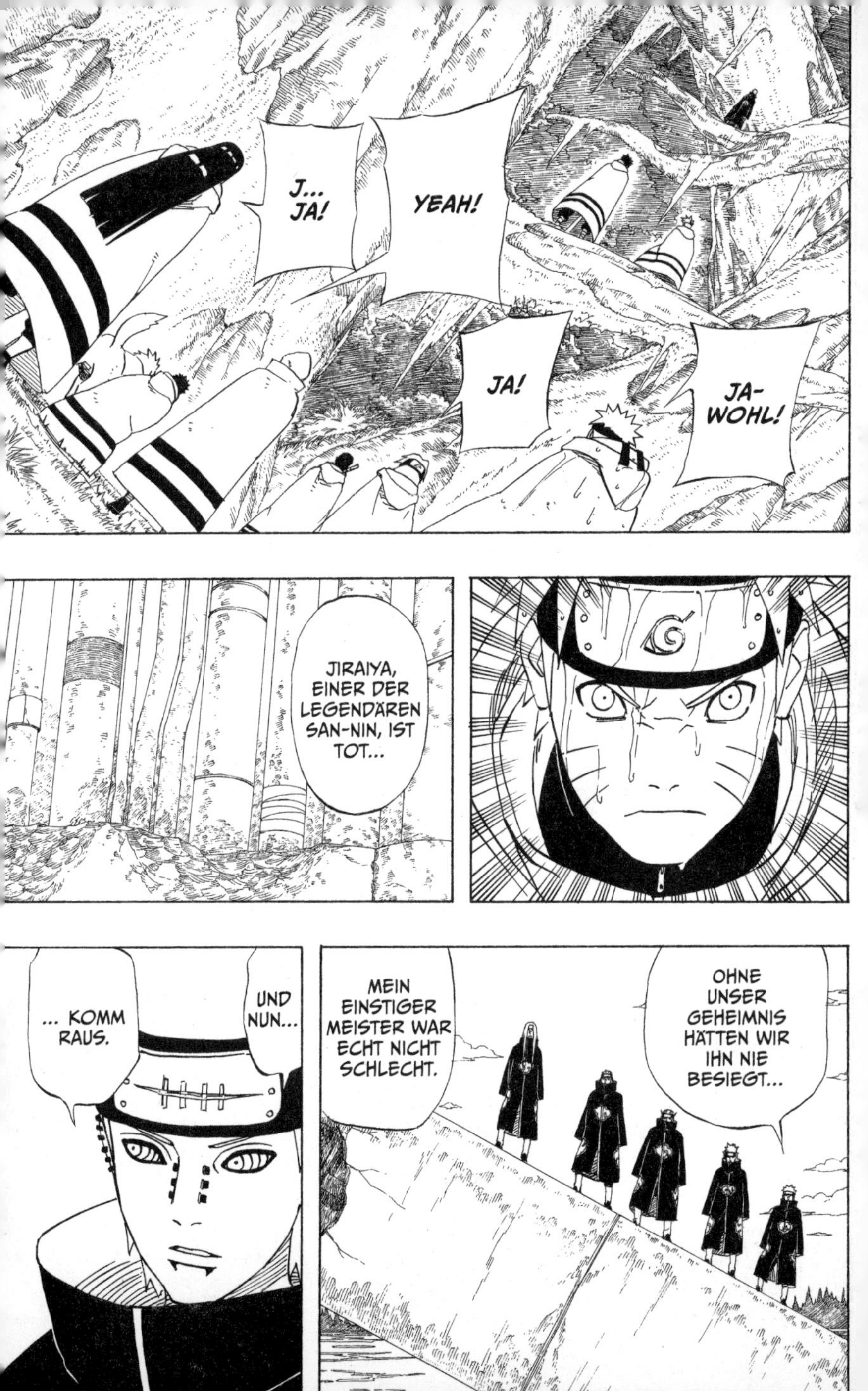
YEAH!
J... JA!
JA-WOHL!
JA!
JIRAIYA, EINER DER LEGENDÄREN SAN-NIN, IST TOT...
OHNE UNSER GEHEIMNIS HÄTTEN WIR IHN NIE BESIEGT...
MEIN EINSTIGER MEISTER WAR ECHT NICHT SCHLECHT.
UND NUN...
... KOMM RAUS.

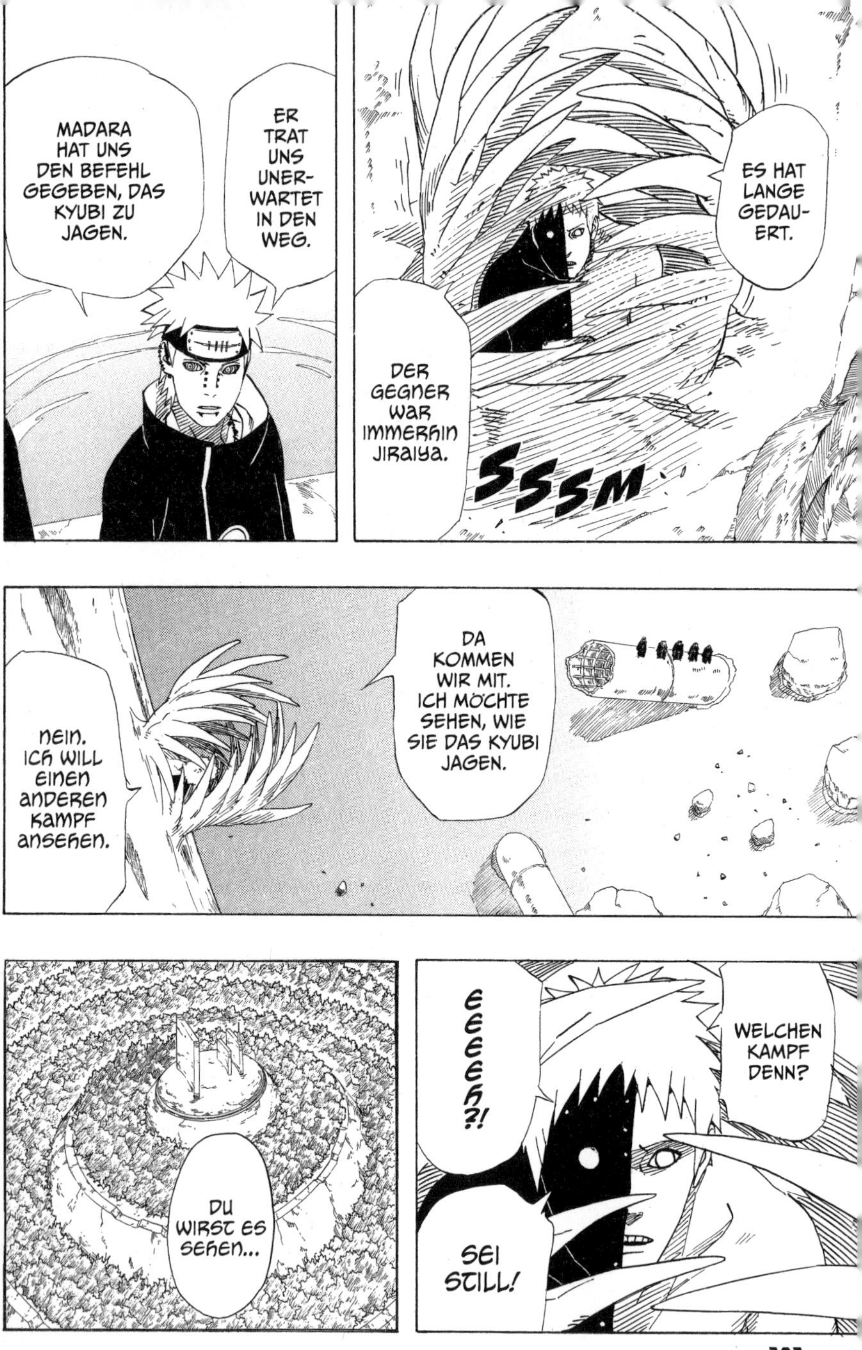
ES HAT LANGE GEDAUERT.
DER GEGNER WAR IMMERHIN JIRAIYA.
SSSM
ER TRAT UNS UNERWARTET IN DEN WEG.
MADARA HAT UNS DEN BEFEHL GEGEBEN, DAS KYUBI ZU JAGEN.
DA KOMMEN WIR MIT. ICH MÖCHTE SEHEN, WIE SIE DAS KYUBI JAGEN.
NEIN. ICH WILL EINEN ANDEREN KAMPF ANSEHEN.
WELCHEN KAMPF DENN?
EEEEH?!
SEI STILL!
DU WIRST ES SEHEN...

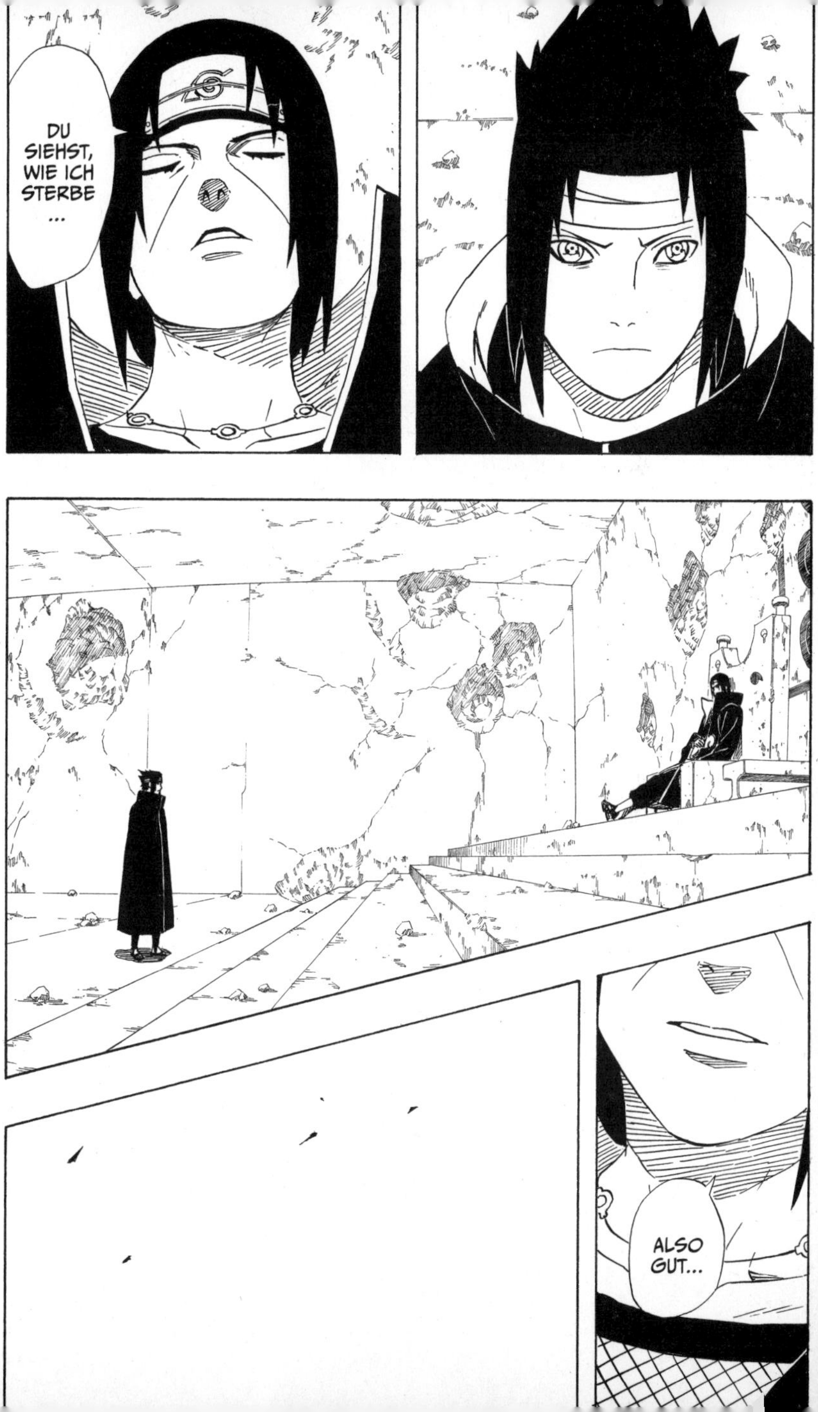
DU SIEHST, WIE ICH STERBE ...
ALSO GUT...

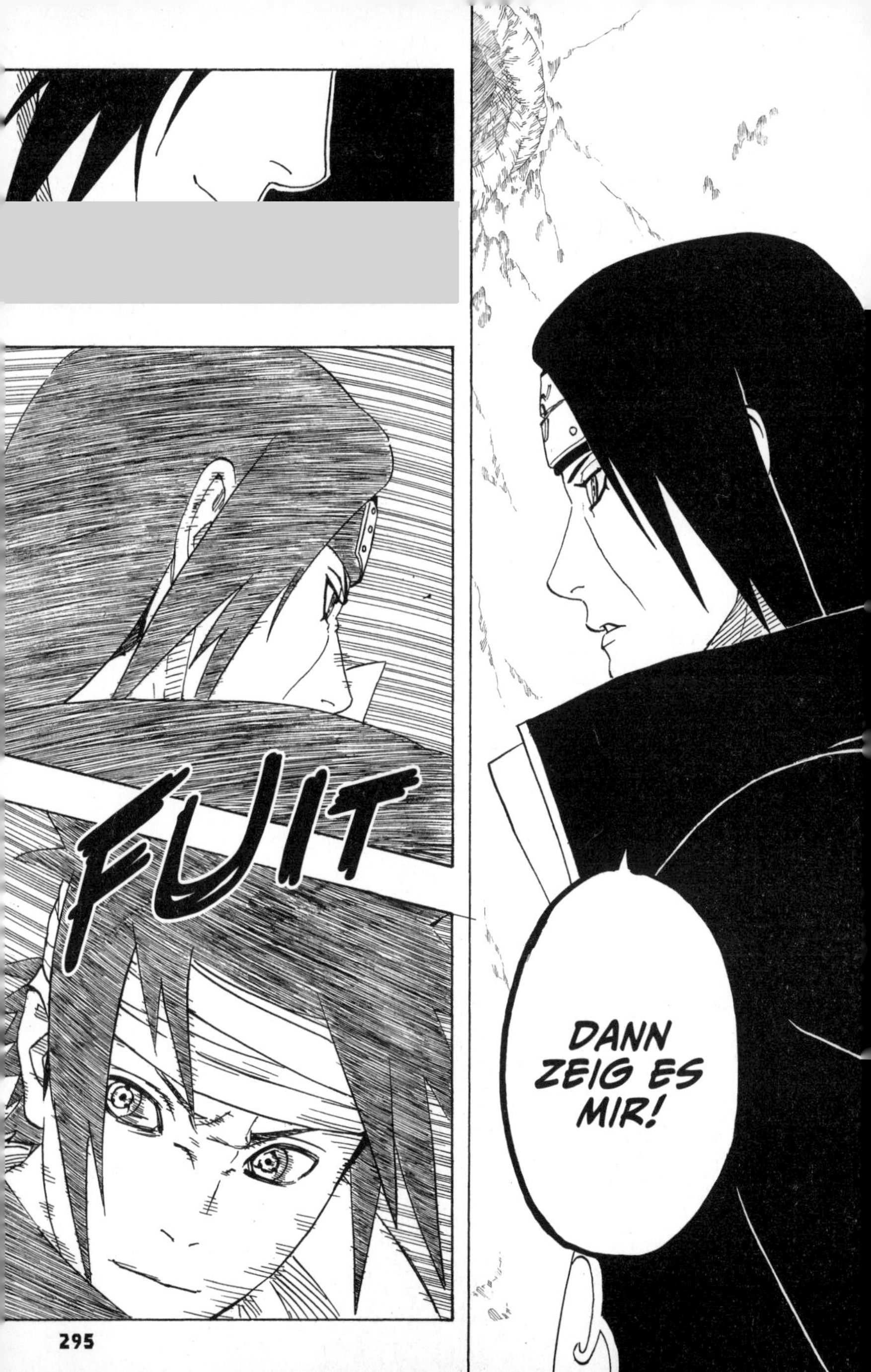
DANN ZEIG ES MIR!
FUIT

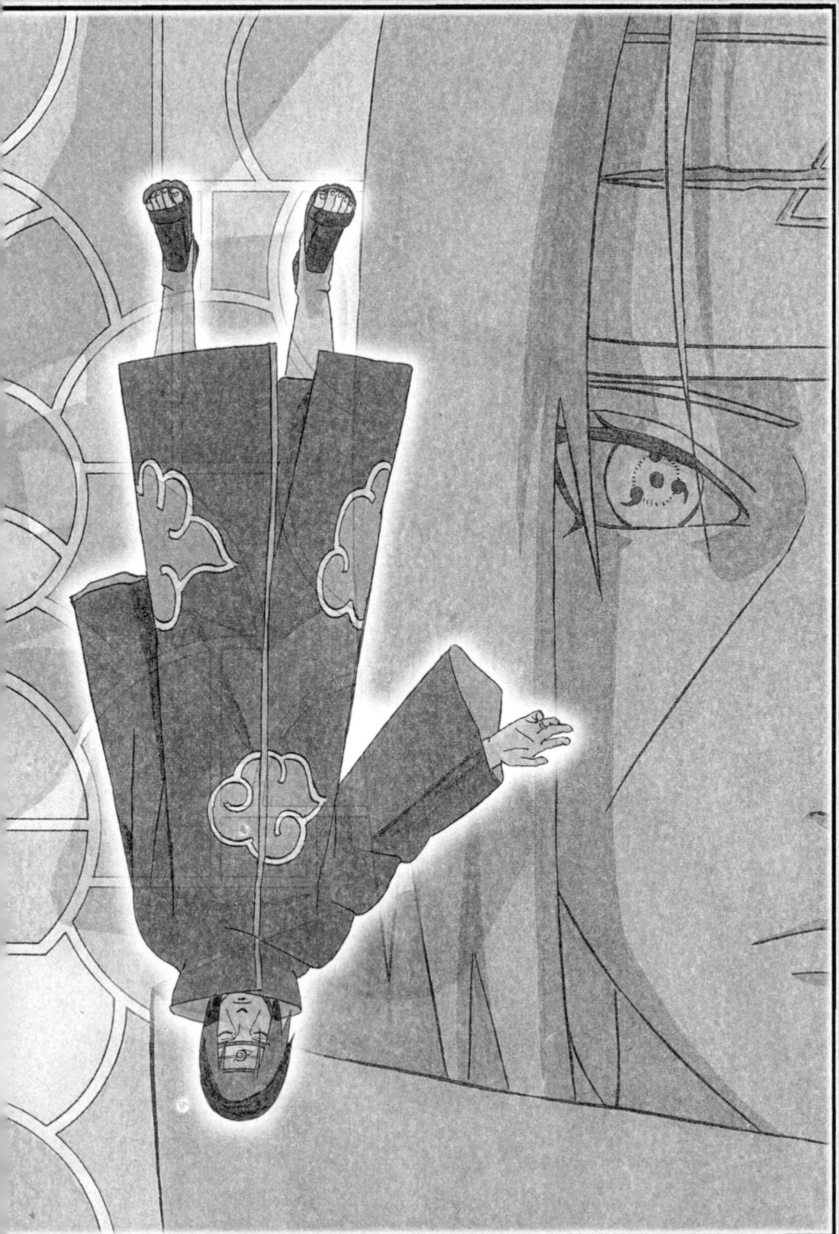

384. Kapitel: Zwei Wege

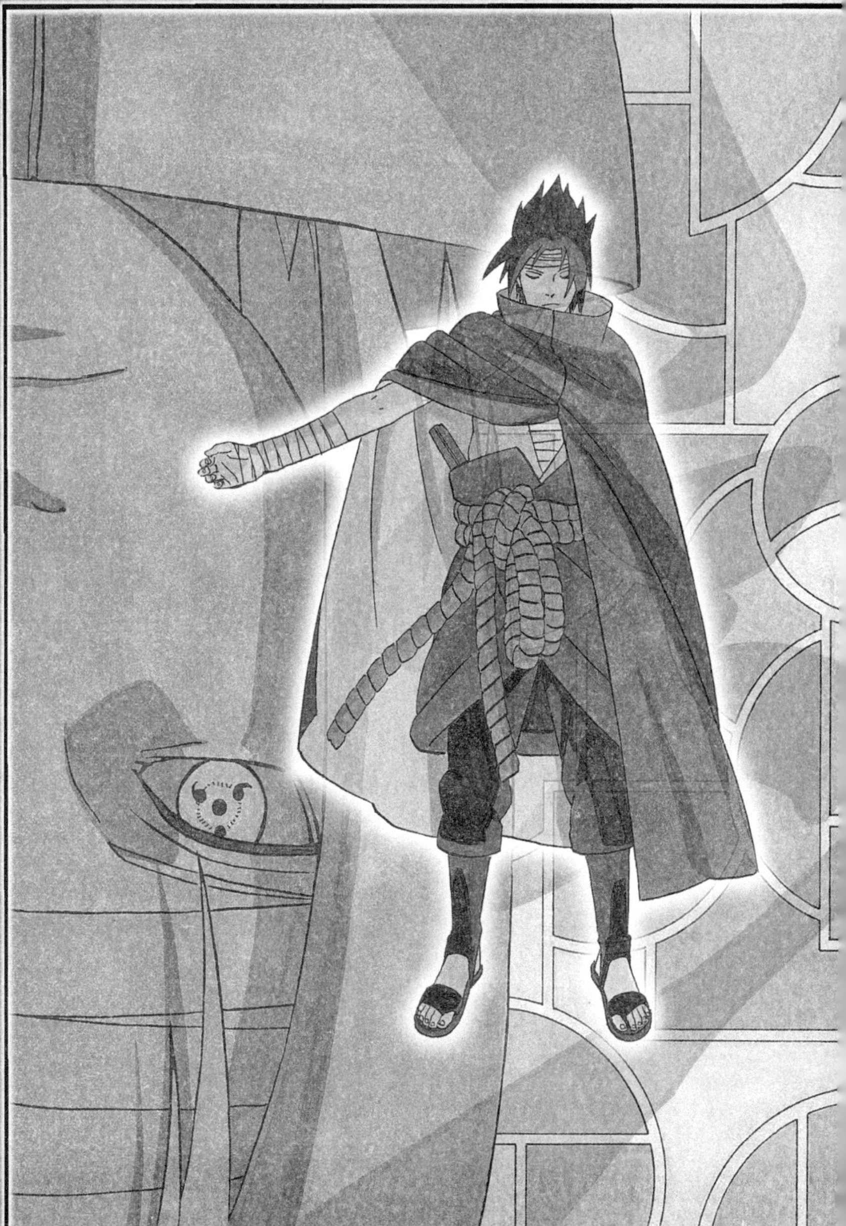

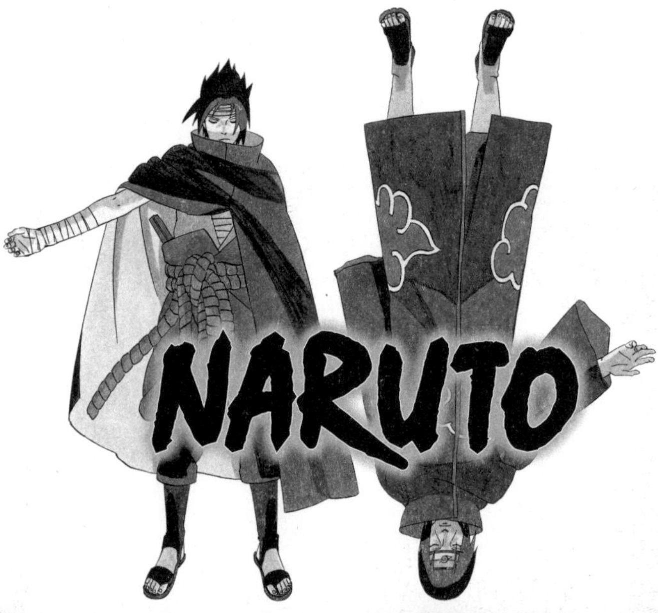
NARUTO

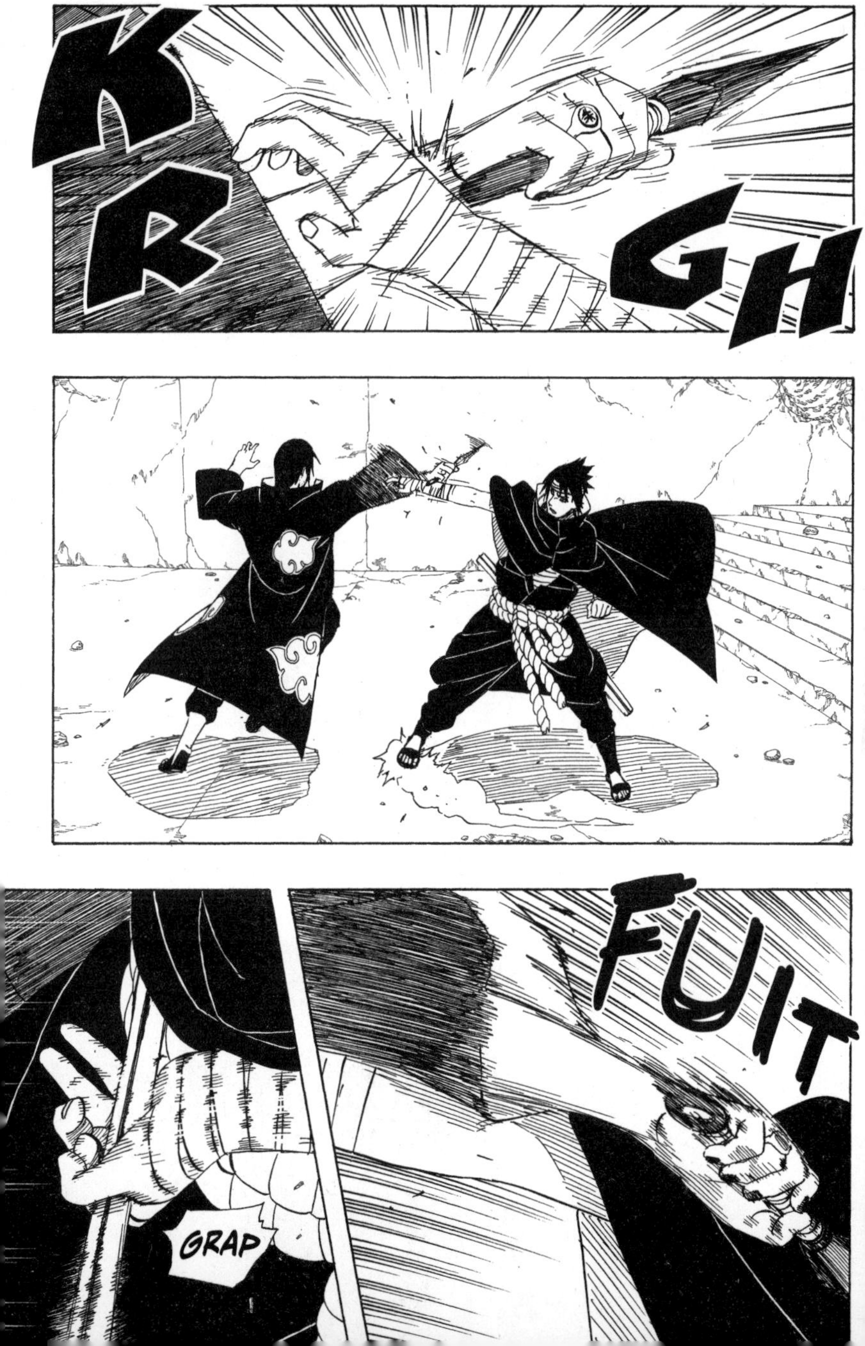
KR
GH
FUIT
GRAP

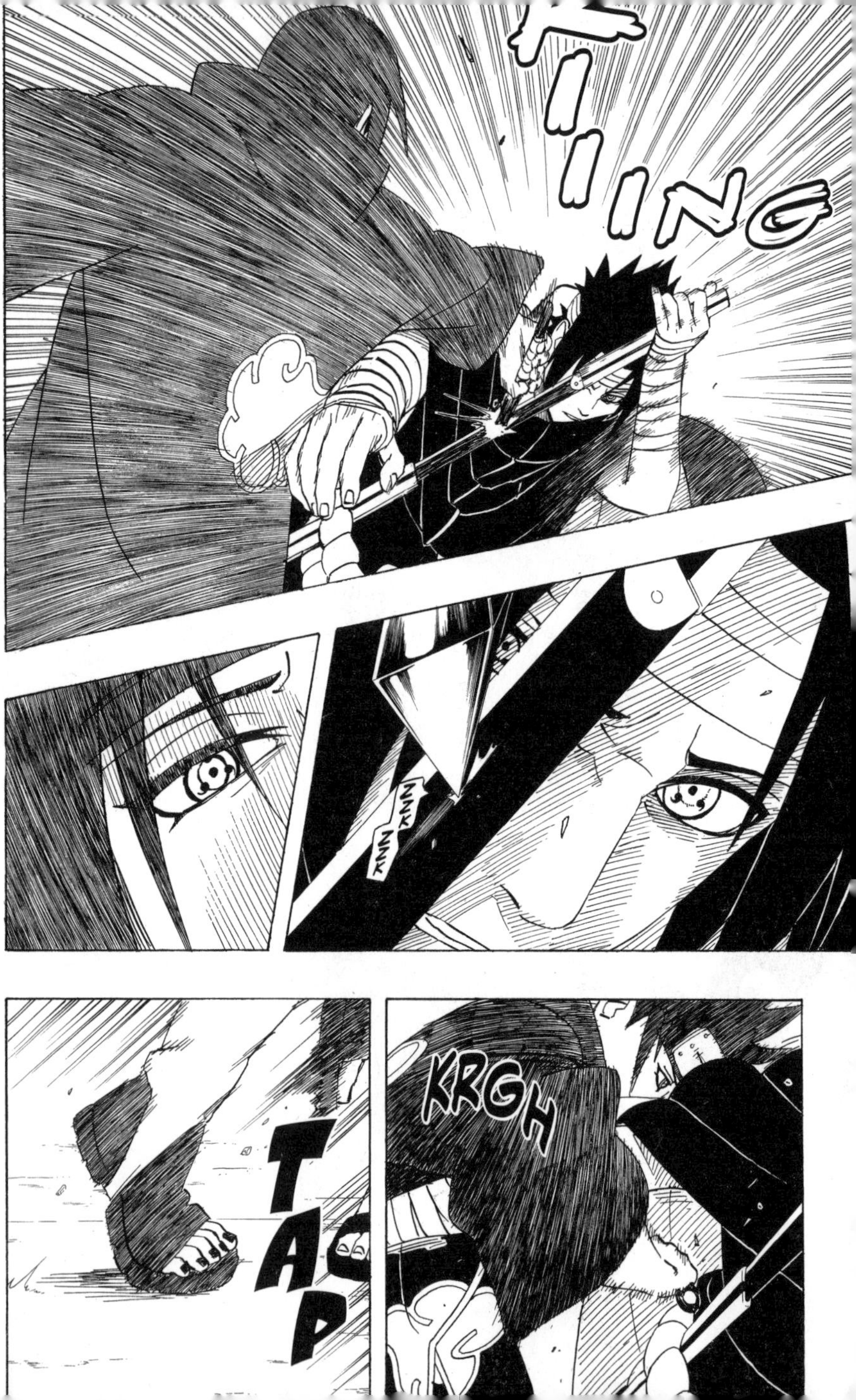
KIIING
ZNK
ZNK
KRGH
TAP

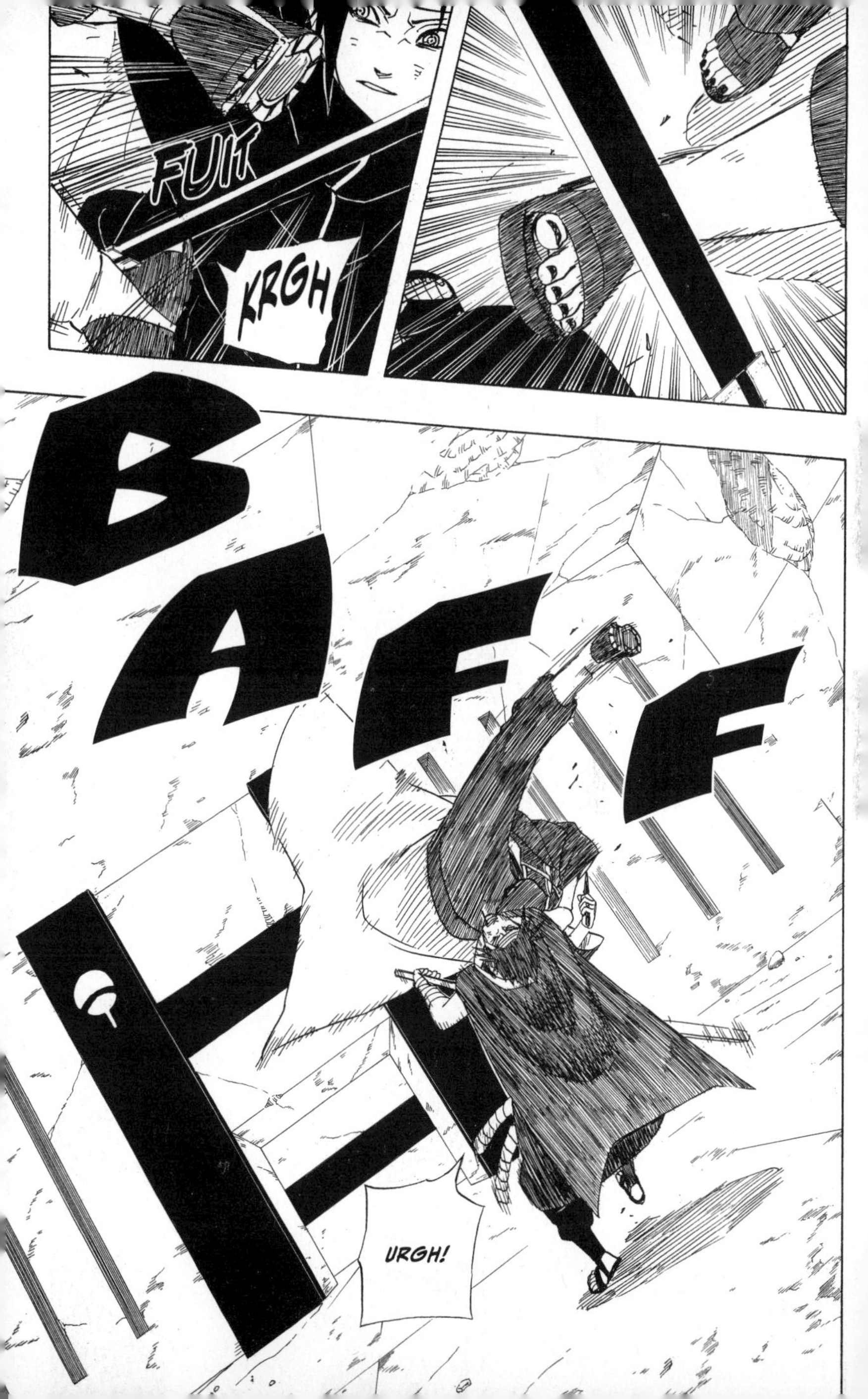
FUIK
KRGH
BAFF
URGH!

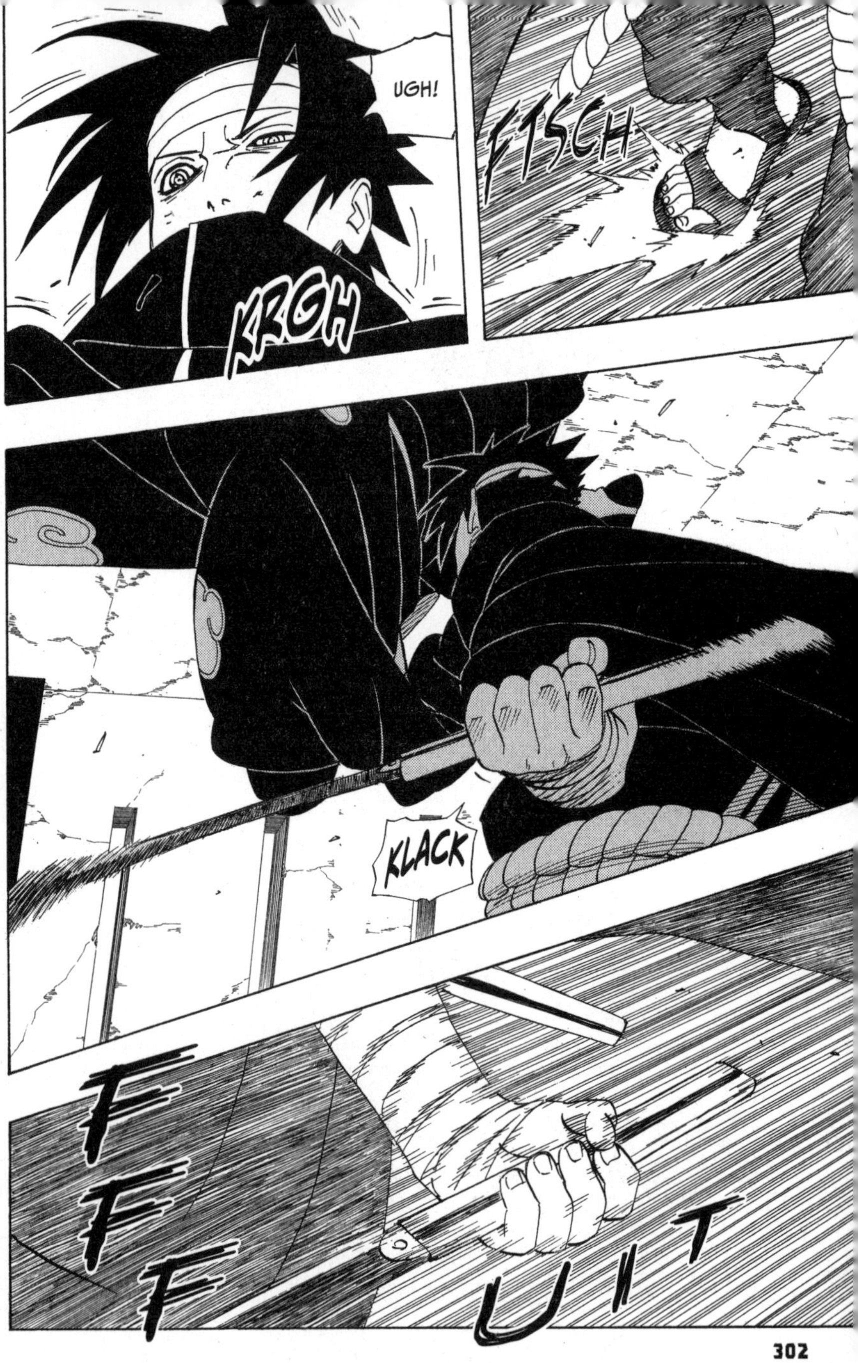
FTSCH
UGH!
KRGH
KLACK
FFF
FUIIT

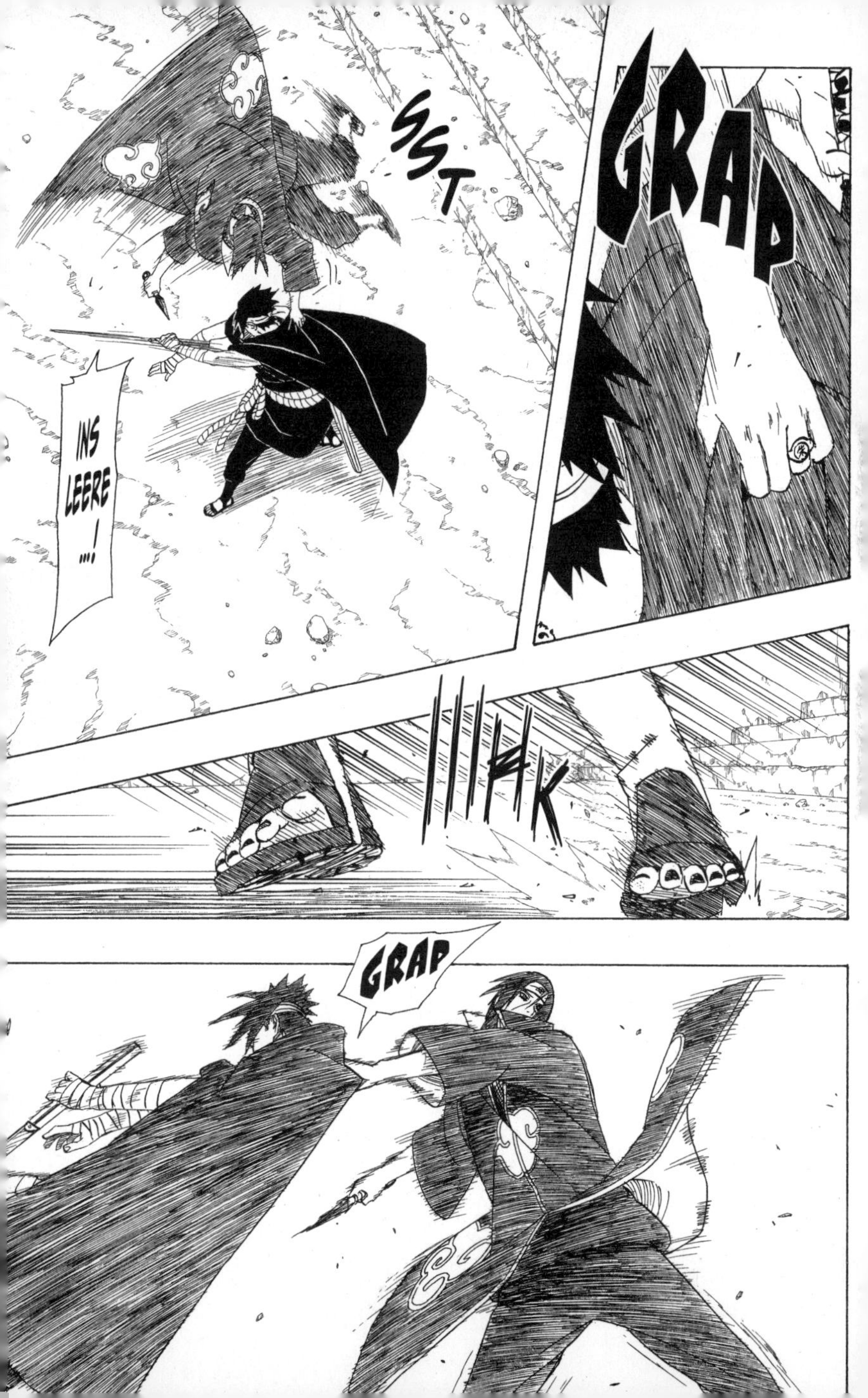
GRAP
SST
INS LEERE ...!
ZK
GRAP

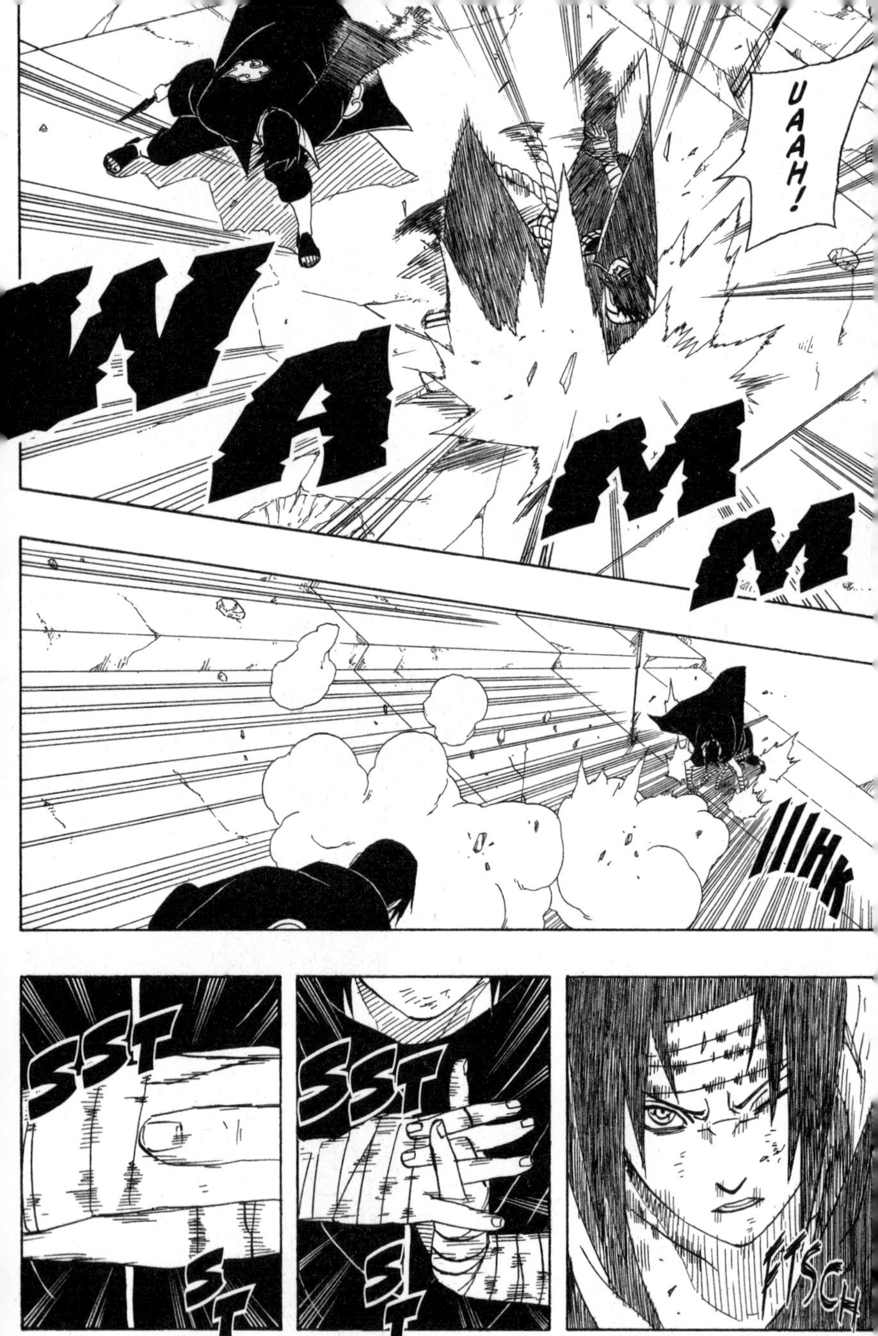
UAAH!
WAMM
IIIHK
FTSCH
SST
ST
SST
ST

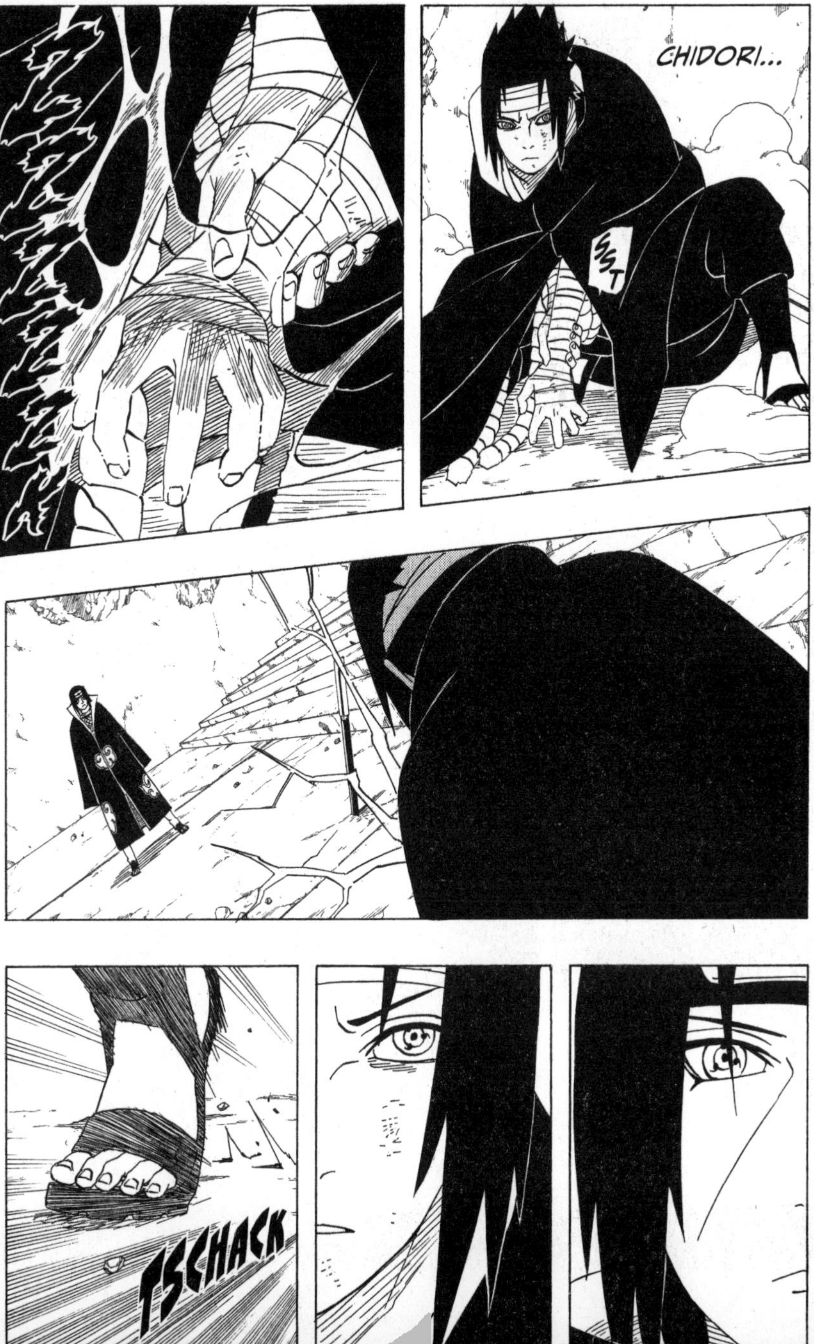
CHIDORI...
SST
TSCHACK

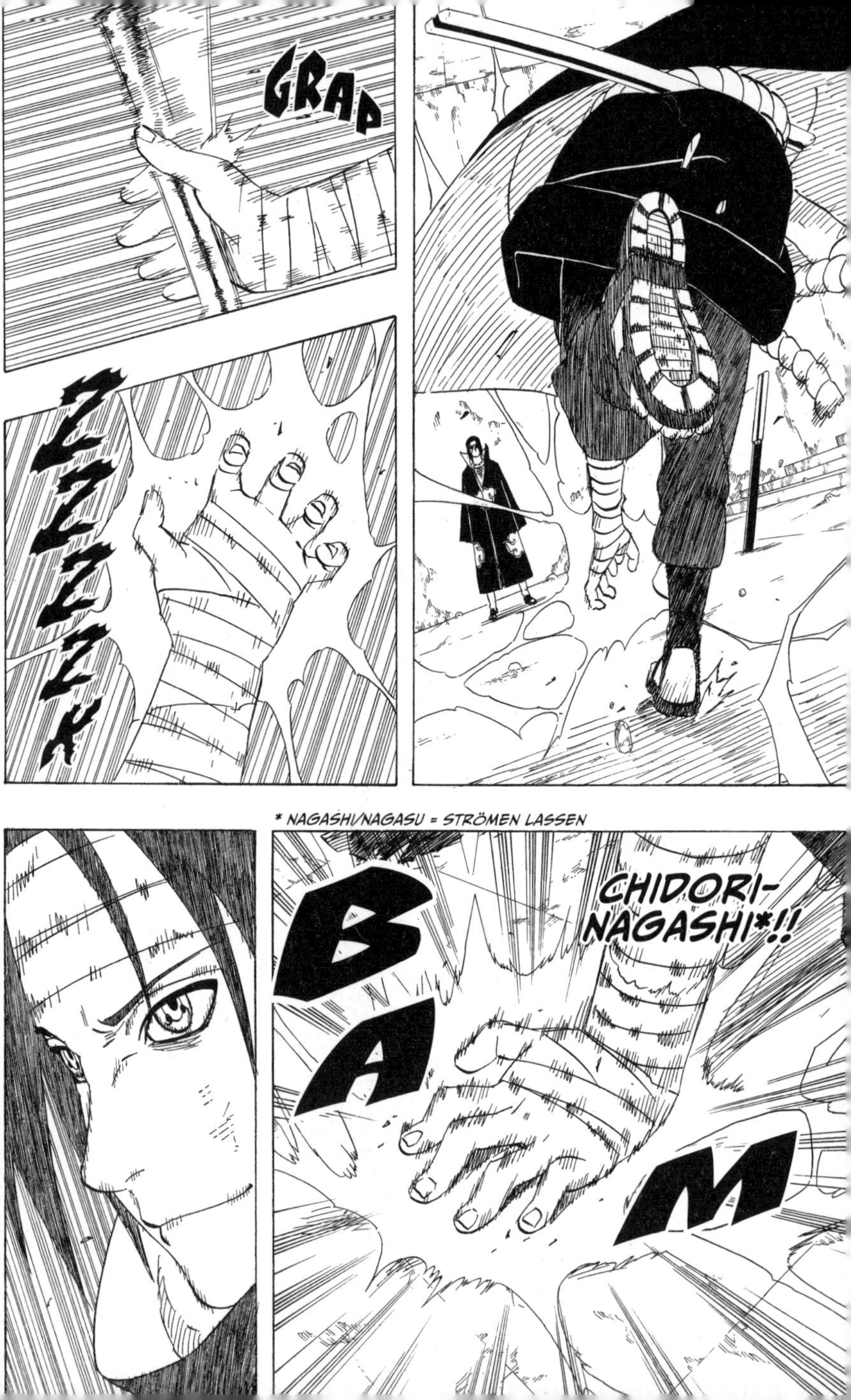
GRAP
* NAGASHI/NAGASU = STRÖMEN LASSEN
CHIDORI-NAGASHI*!!
BAM

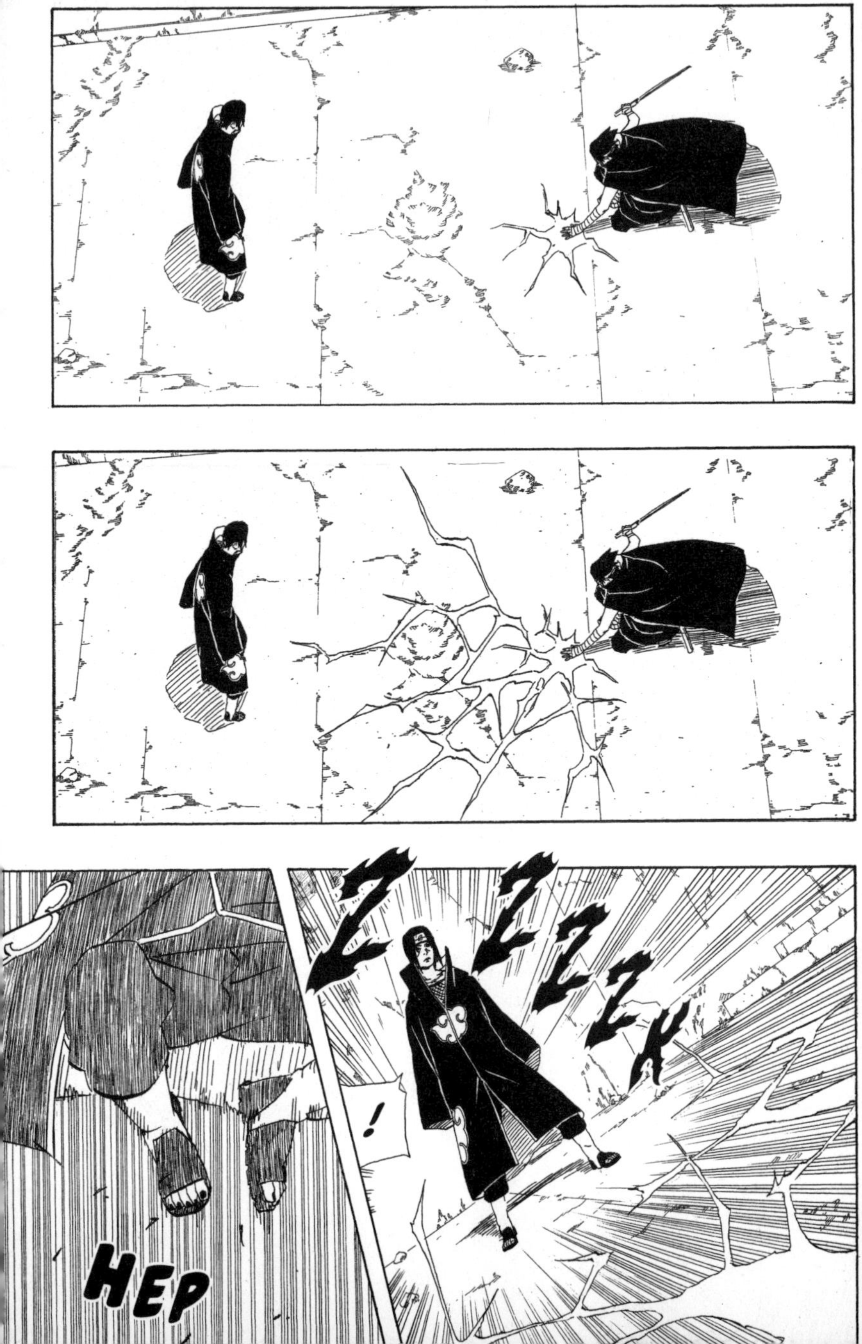

ZZZZK
!
HEP

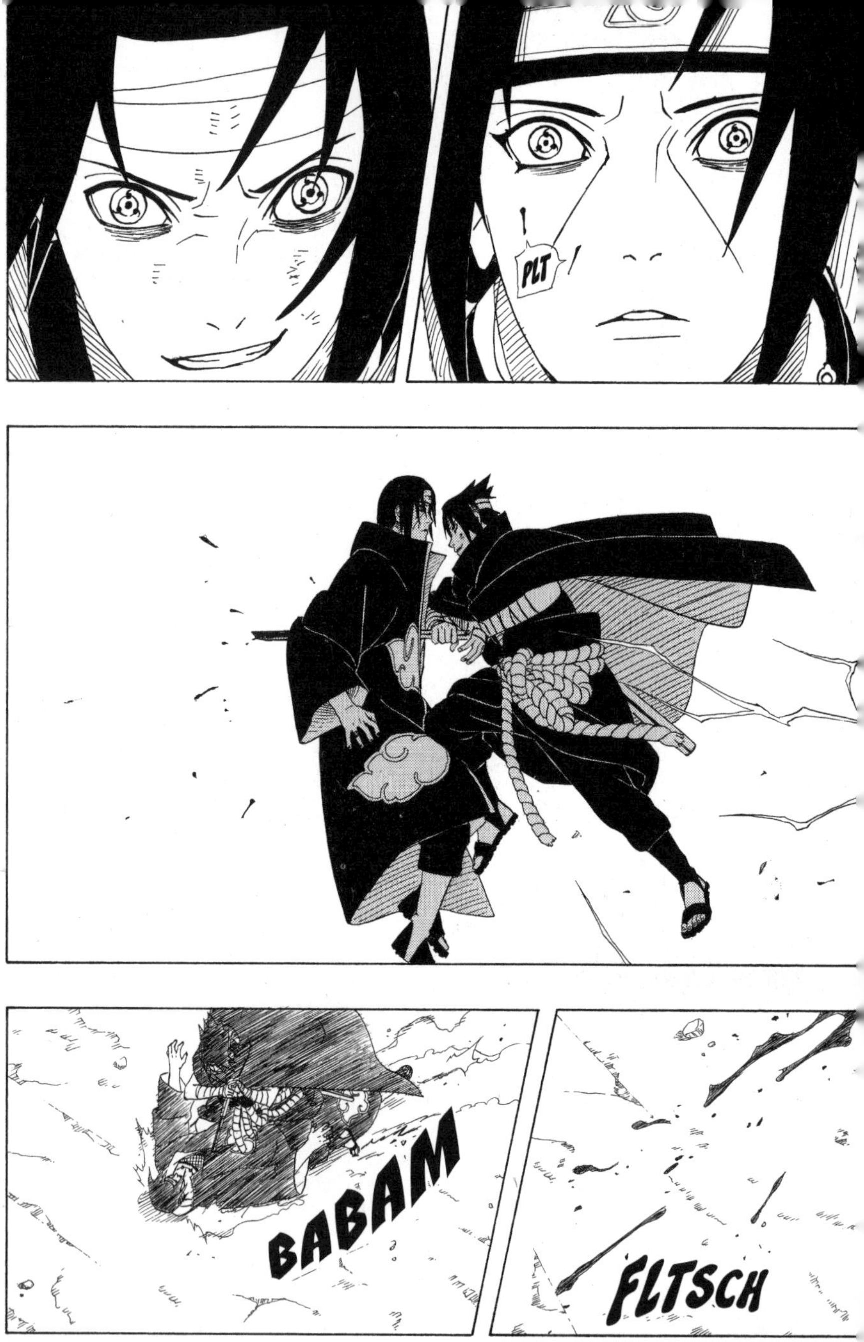
PLT
BABAM
FLTSCH

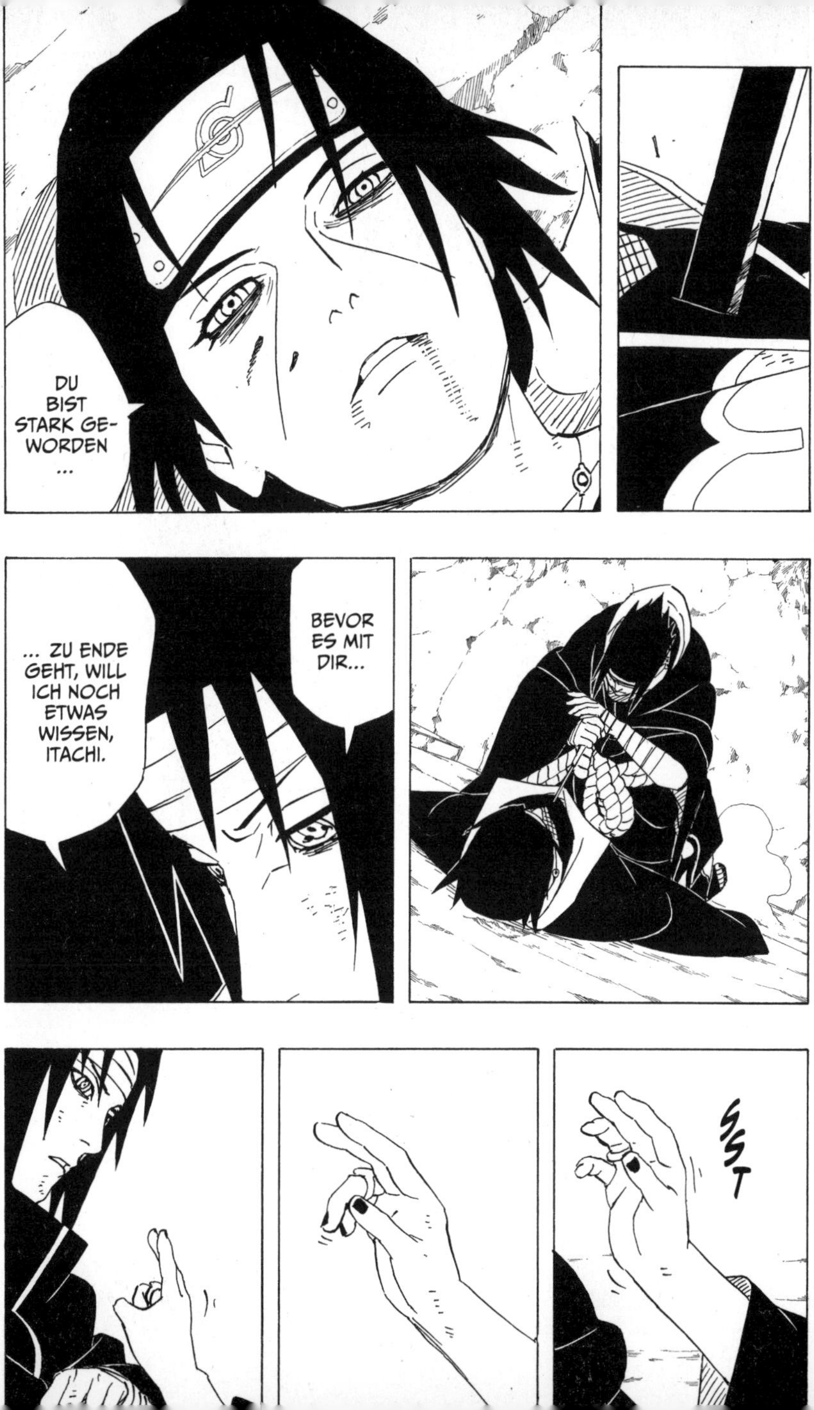
DU BIST STARK GEWORDEN …
BEVOR ES MIT DIR…
… ZU ENDE GEHT, WILL ICH NOCH ETWAS WISSEN, ITACHI.
SST

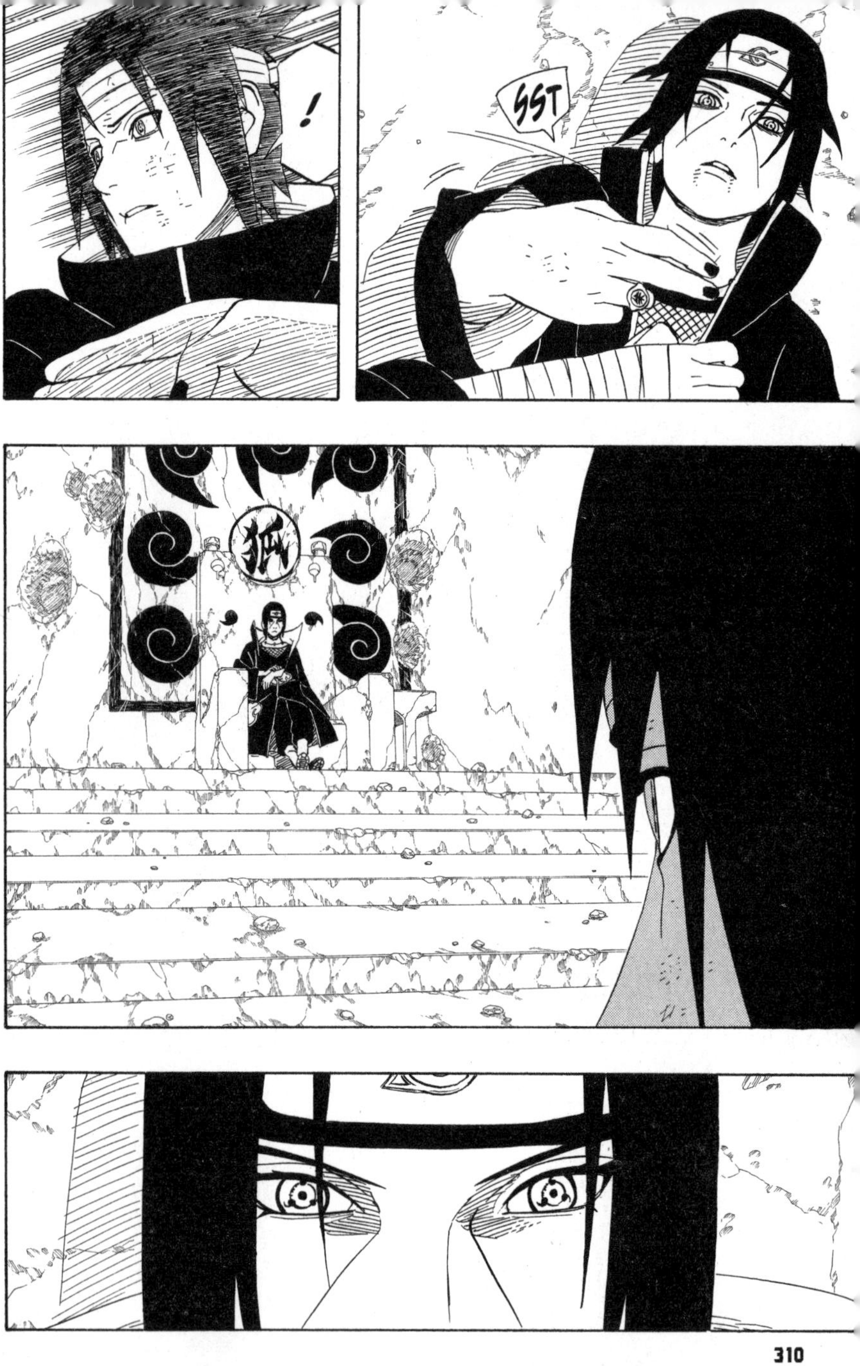
SST
!

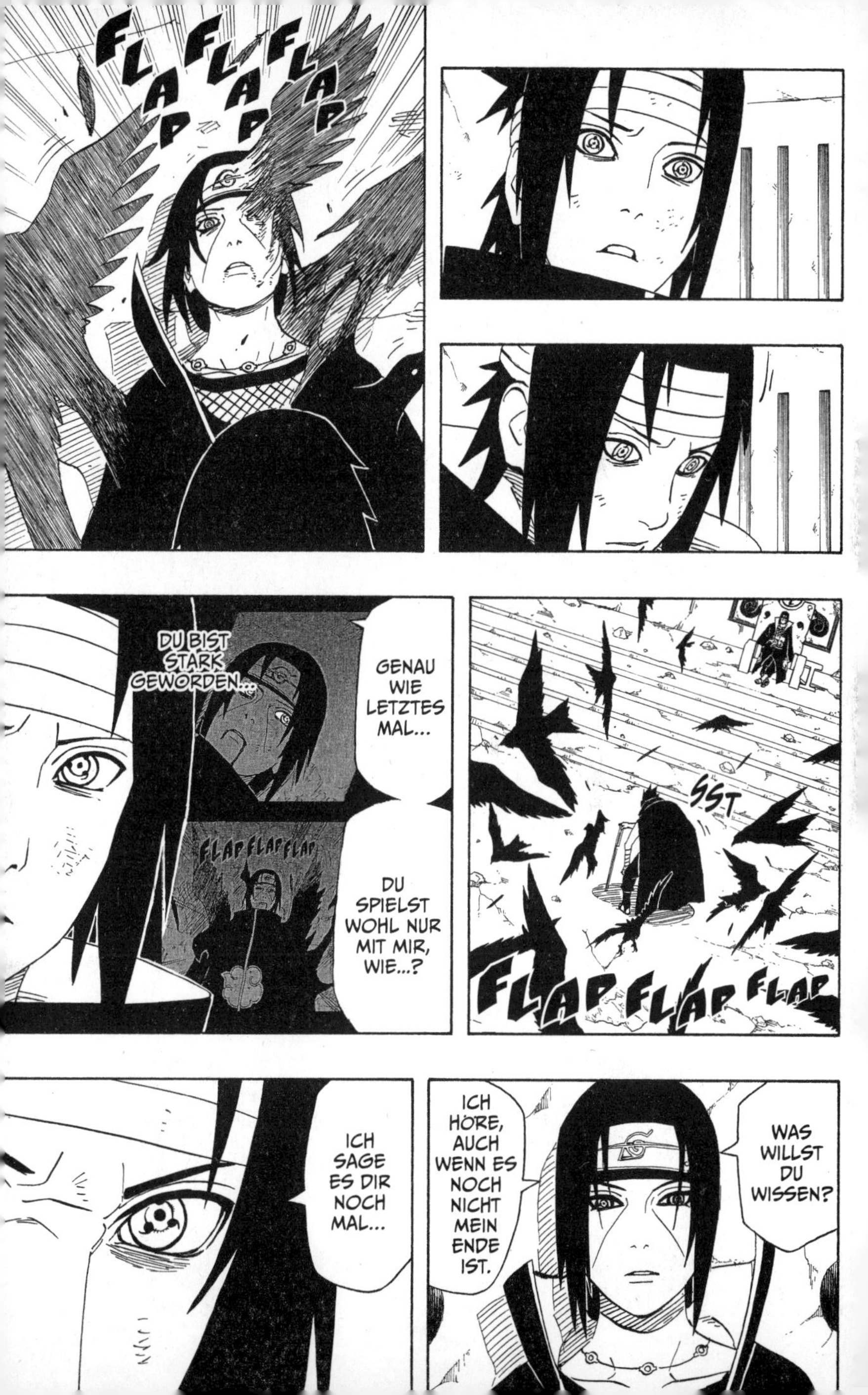
FLAP FLAP FLAP
GENAU WIE LETZTES MAL...
DU SPIELST WOHL NUR MIT MIR, WIE...?
DU BIST STARK GEWORDEN...
FLAP FLAP FLAP
SST
FLAP FLAP FLAP
WAS WILLST DU WISSEN?
ICH HÖRE, AUCH WENN ES NOCH NICHT MEIN ENDE IST.
ICH SAGE ES DIR NOCH MAL...

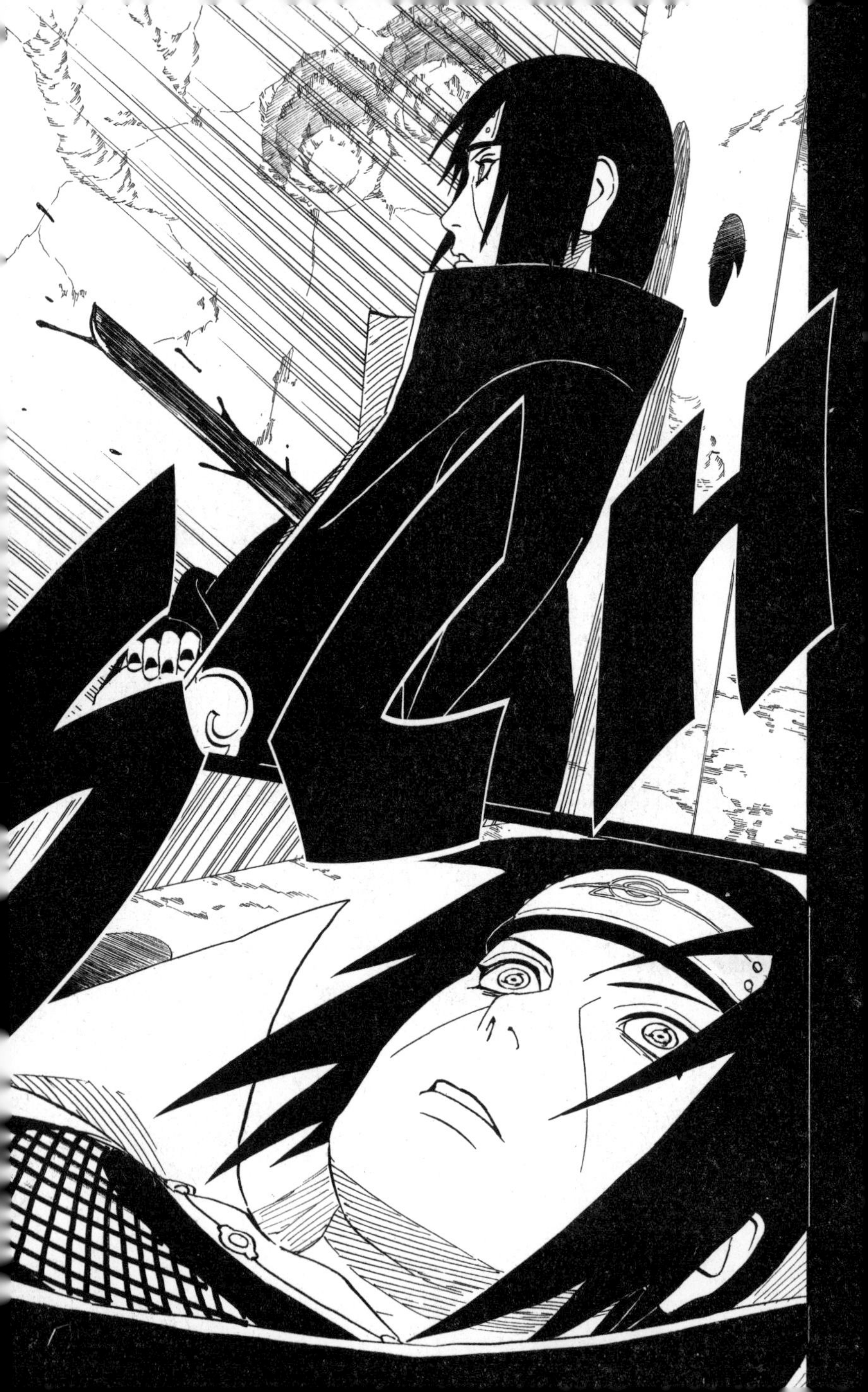

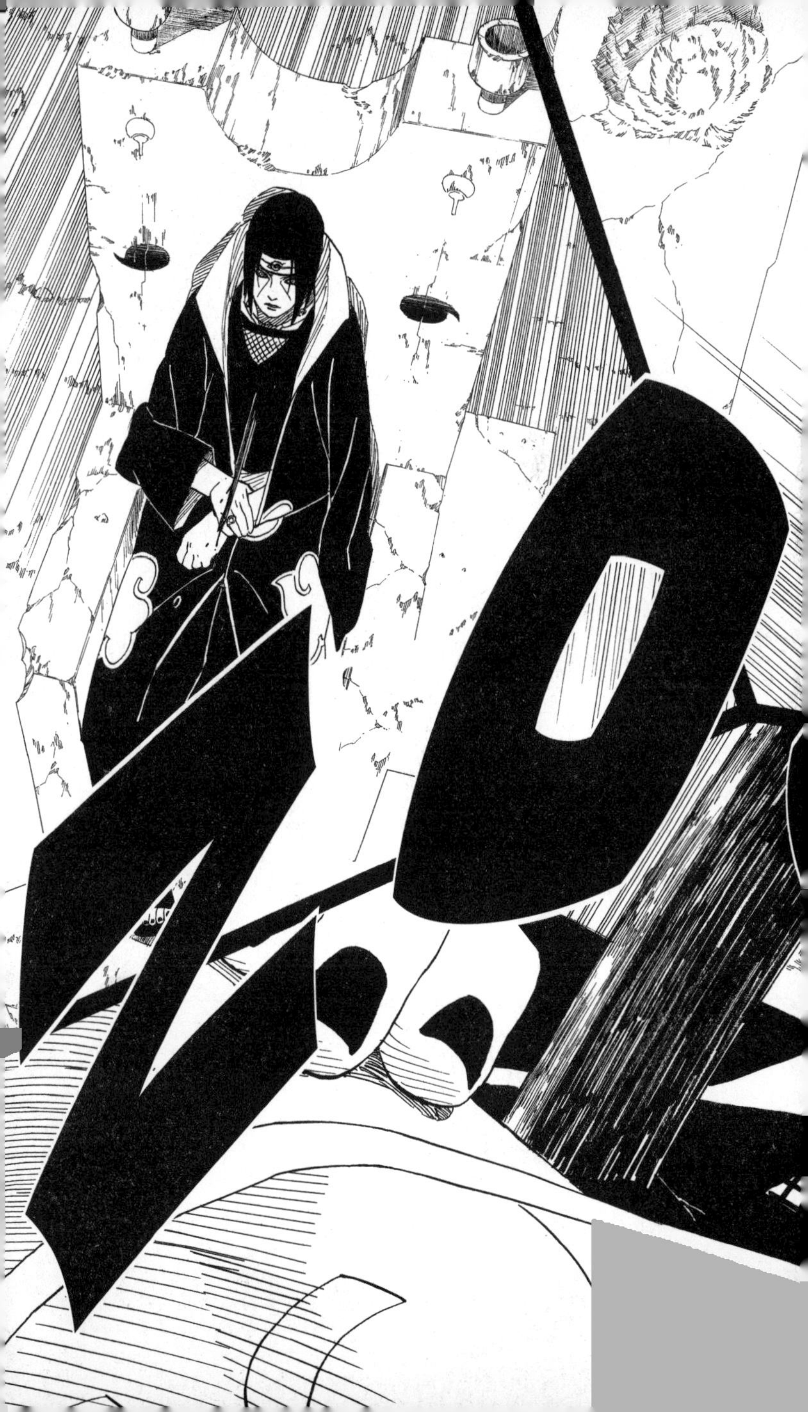

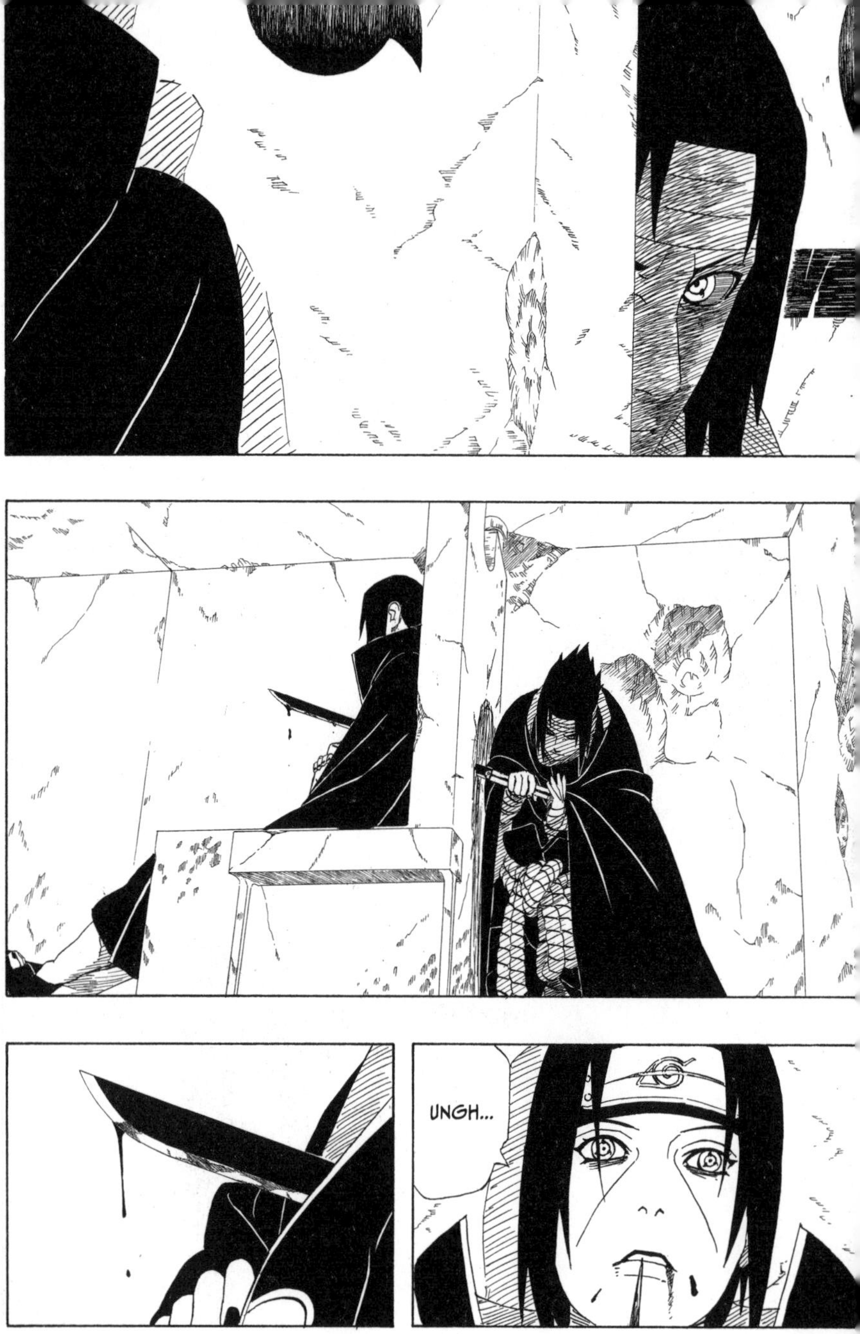
UNGH...

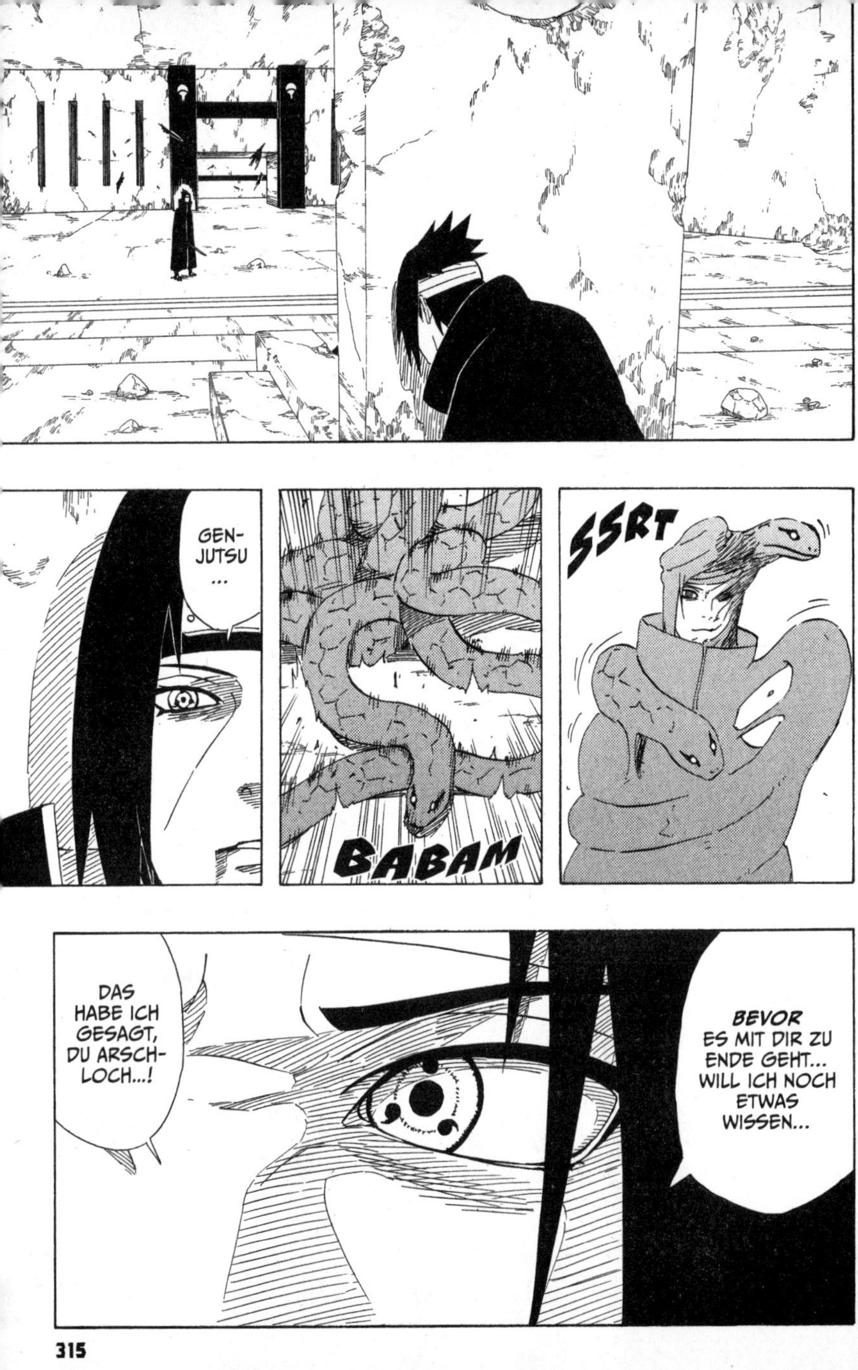
GEN-
JUTSU
...
BABAM
SSRT
BEVOR
ES MIT DIR ZU
ENDE GEHT...
WILL ICH NOCH
ETWAS
WISSEN...
DAS
HABE ICH
GESAGT,
DU ARSCH-
LOCH...!

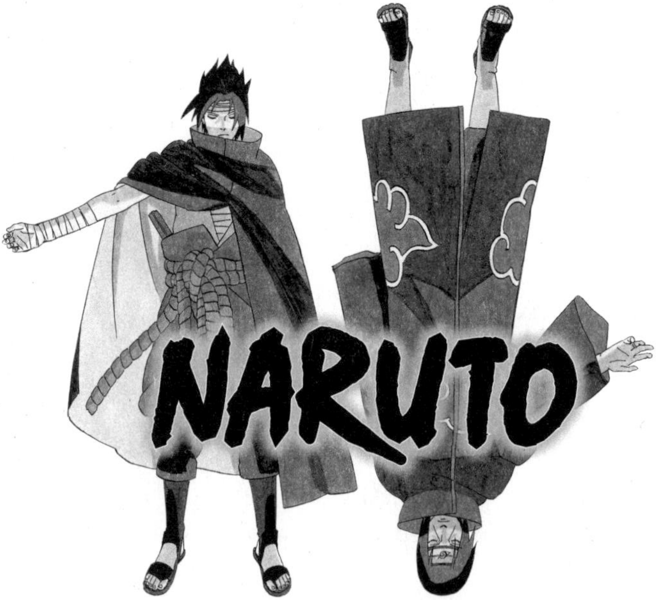
NARUTO

385. Kapitel:

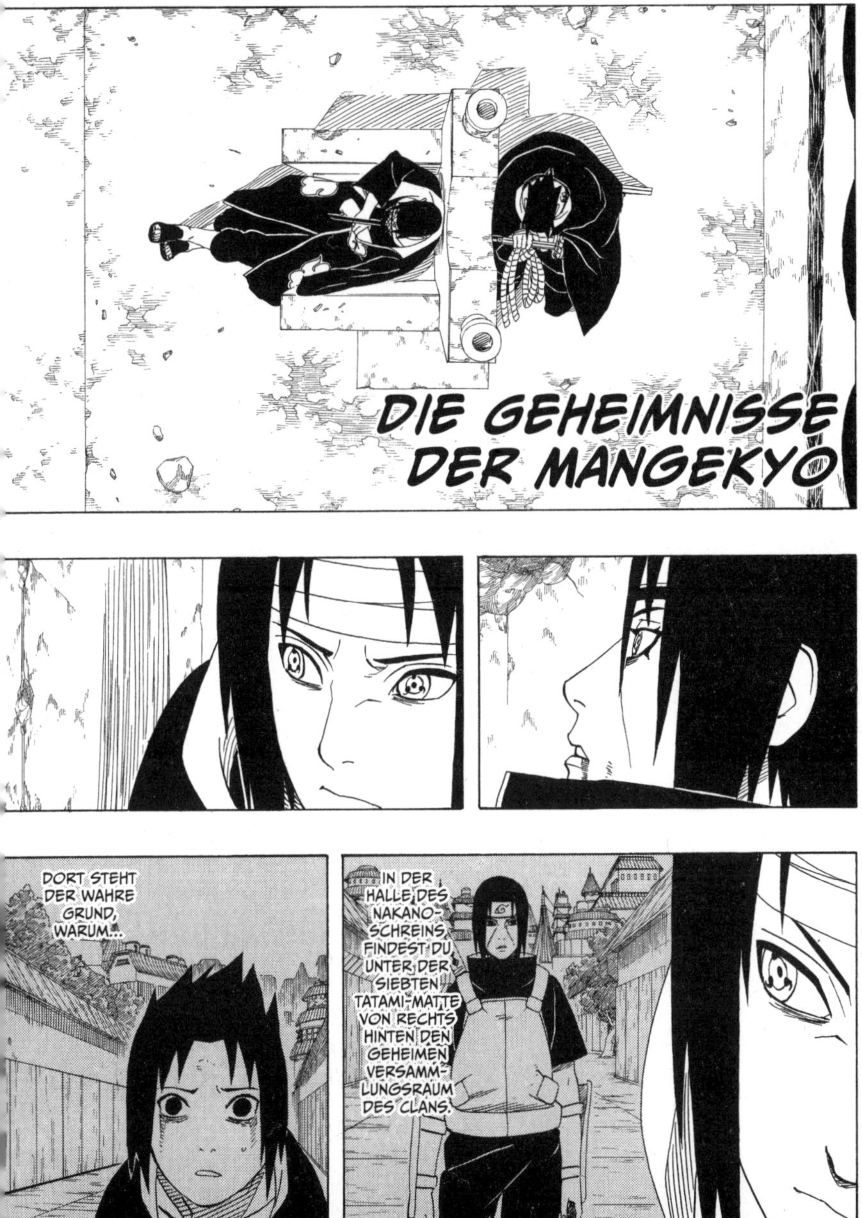

DIE GEHEIMNISSE DER MANGEKYO
IN DER HALLE DES NAKANO-SCHREINS FINDEST DU UNTER DER SIEBTEN TATAMI-MATTE VON RECHTS HINTEN DEN GEHEIMEN VERSAMMLUNGSRAUM DES CLANS.
DORT STEHT DER WAHRE GRUND, WARUM...

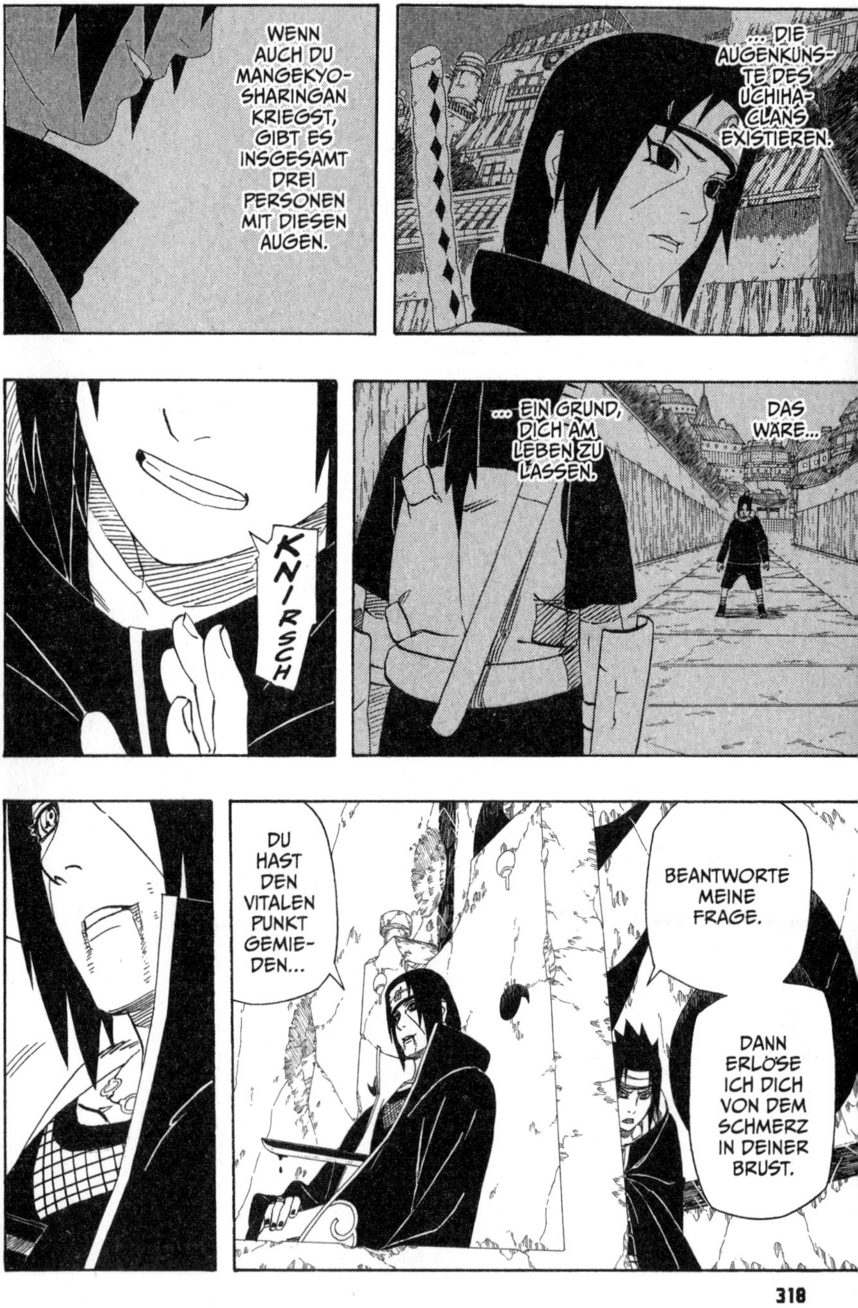
… DIE AUGENKUNSTE DES UCHIHA-CLANS EXISTIEREN.
WENN AUCH DU MANGEKYO-SHARINGAN KRIEGST, GIBT ES INSGESAMT DREI PERSONEN MIT DIESEN AUGEN.
DAS WÄRE…
… EIN GRUND, DICH AM LEBEN ZU LASSEN.
KNIRSCH
BEANTWORTE MEINE FRAGE.
DANN ERLÖSE ICH DICH VON DEM SCHMERZ IN DEINER BRUST.
DU HAST DEN VITALEN PUNKT GEMIEDEN…

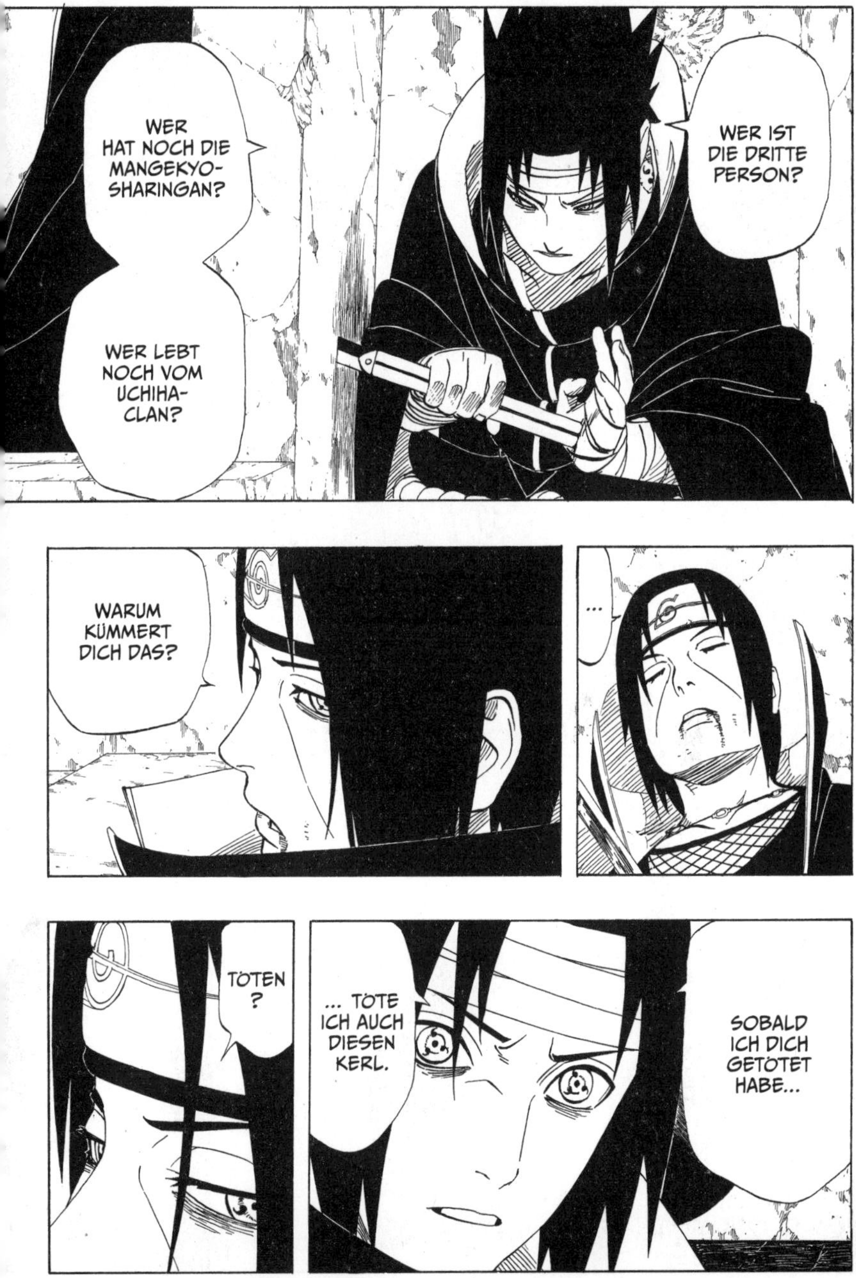
WER IST DIE DRITTE PERSON?
WER HAT NOCH DIE MANGEKYO-SHARINGAN?
WER LEBT NOCH VOM UCHIHA-CLAN?
...
WARUM KÜMMERT DICH DAS?
SOBALD ICH DICH GETÖTET HABE...
... TÖTE ICH AUCH DIESEN KERL.
TÖTEN ?

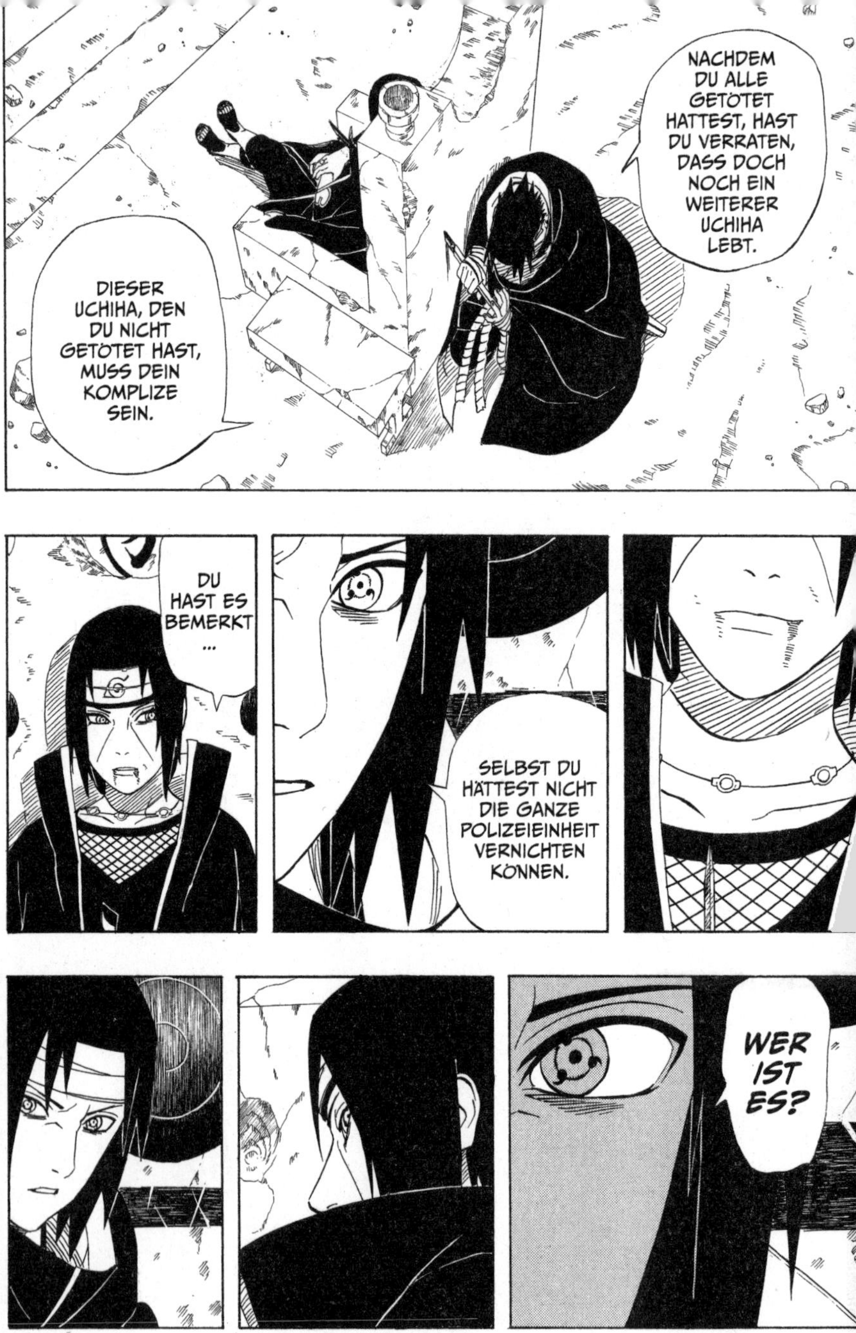
NACHDEM DU ALLE GETÖTET HATTEST, HAST DU VERRATEN, DASS DOCH NOCH EIN WEITERER UCHIHA LEBT.
DIESER UCHIHA, DEN DU NICHT GETÖTET HAST, MUSS DEIN KOMPLIZE SEIN.
SELBST DU HÄTTEST NICHT DIE GANZE POLIZEIEINHEIT VERNICHTEN KÖNNEN.
DU HAST ES BEMERKT ...
WER IST ES?

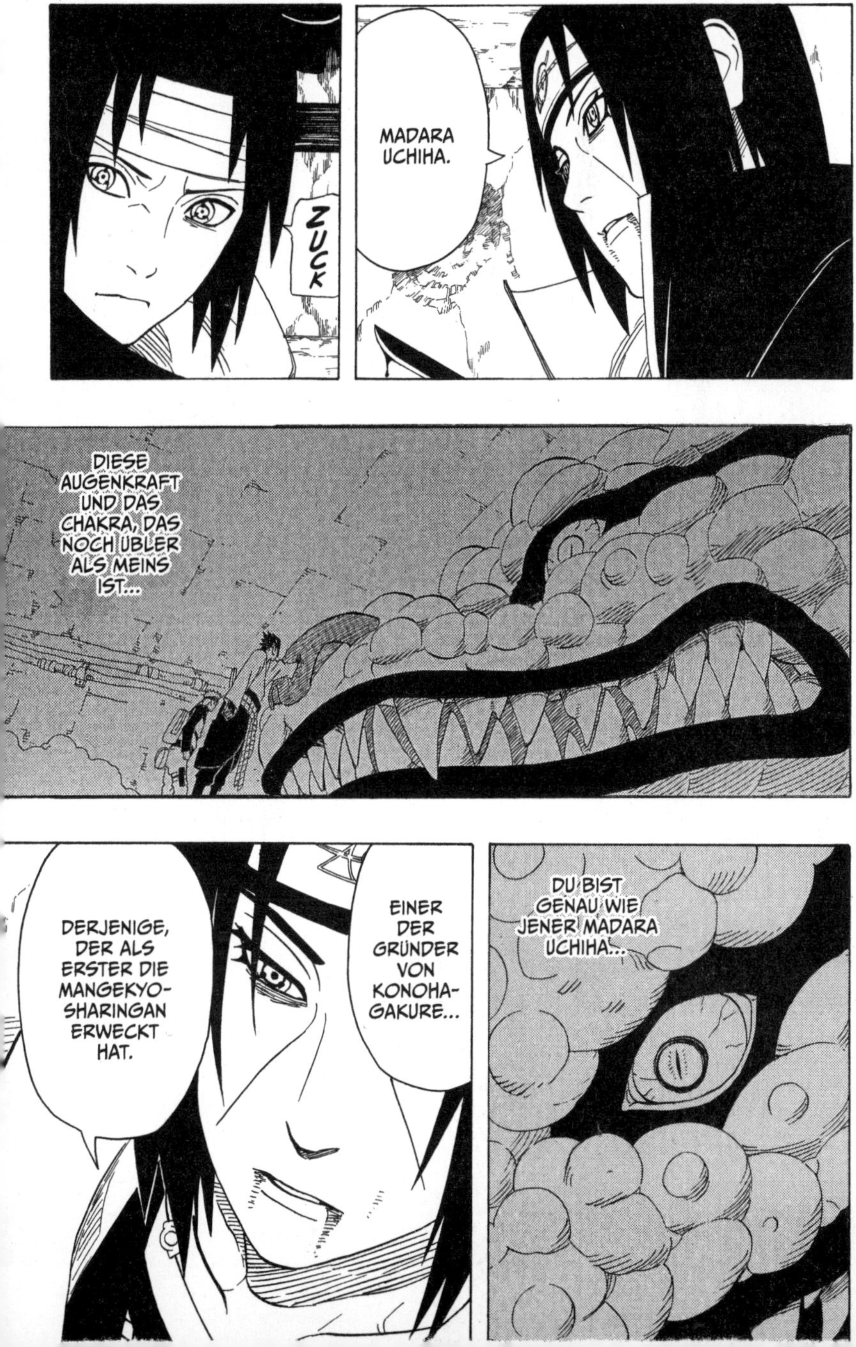
MADARA UCHIHA.
ZUCK
DIESE AUGENKRAFT UND DAS CHAKRA, DAS NOCH ÜBLER ALS MEINS IST...
DU BIST GENAU WIE JENER MADARA UCHIHA...
EINER DER GRÜNDER VON KONOHAGAKURE...
DERJENIGE, DER ALS ERSTER DIE MANGEKYO-SHARINGAN ERWECKT HAT.

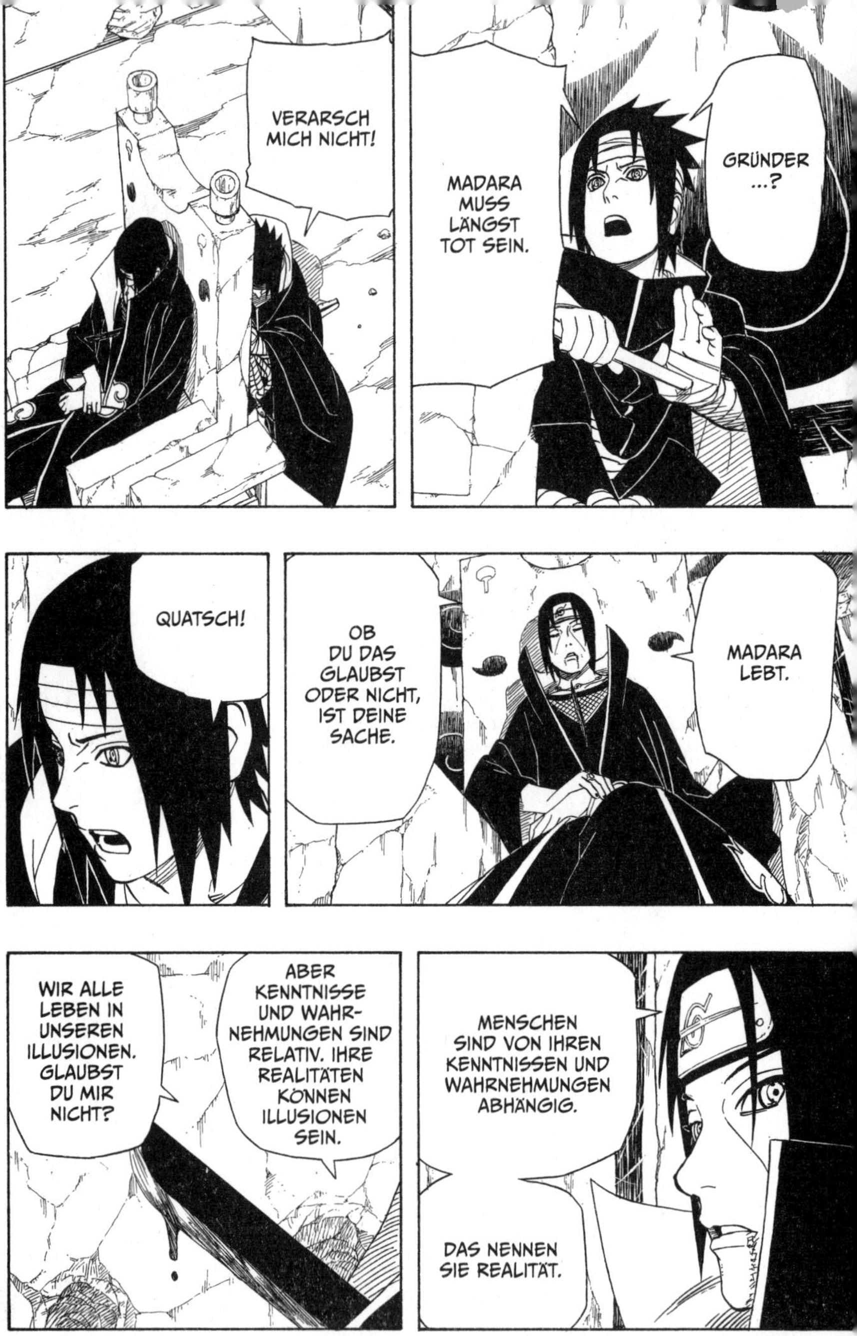
GRÜNDER ...?
MADARA MUSS LÄNGST TOT SEIN.
VERARSCH MICH NICHT!
MADARA LEBT.
OB DU DAS GLAUBST ODER NICHT, IST DEINE SACHE.
QUATSCH!
MENSCHEN SIND VON IHREN KENNTNISSEN UND WAHRNEHMUNGEN ABHÄNGIG.
DAS NENNEN SIE REALITÄT.
ABER KENNTNISSE UND WAHRNEHMUNGEN SIND RELATIV. IHRE REALITÄTEN KÖNNEN ILLUSIONEN SEIN.
WIR ALLE LEBEN IN UNSEREN ILLUSIONEN. GLAUBST DU MIR NICHT?

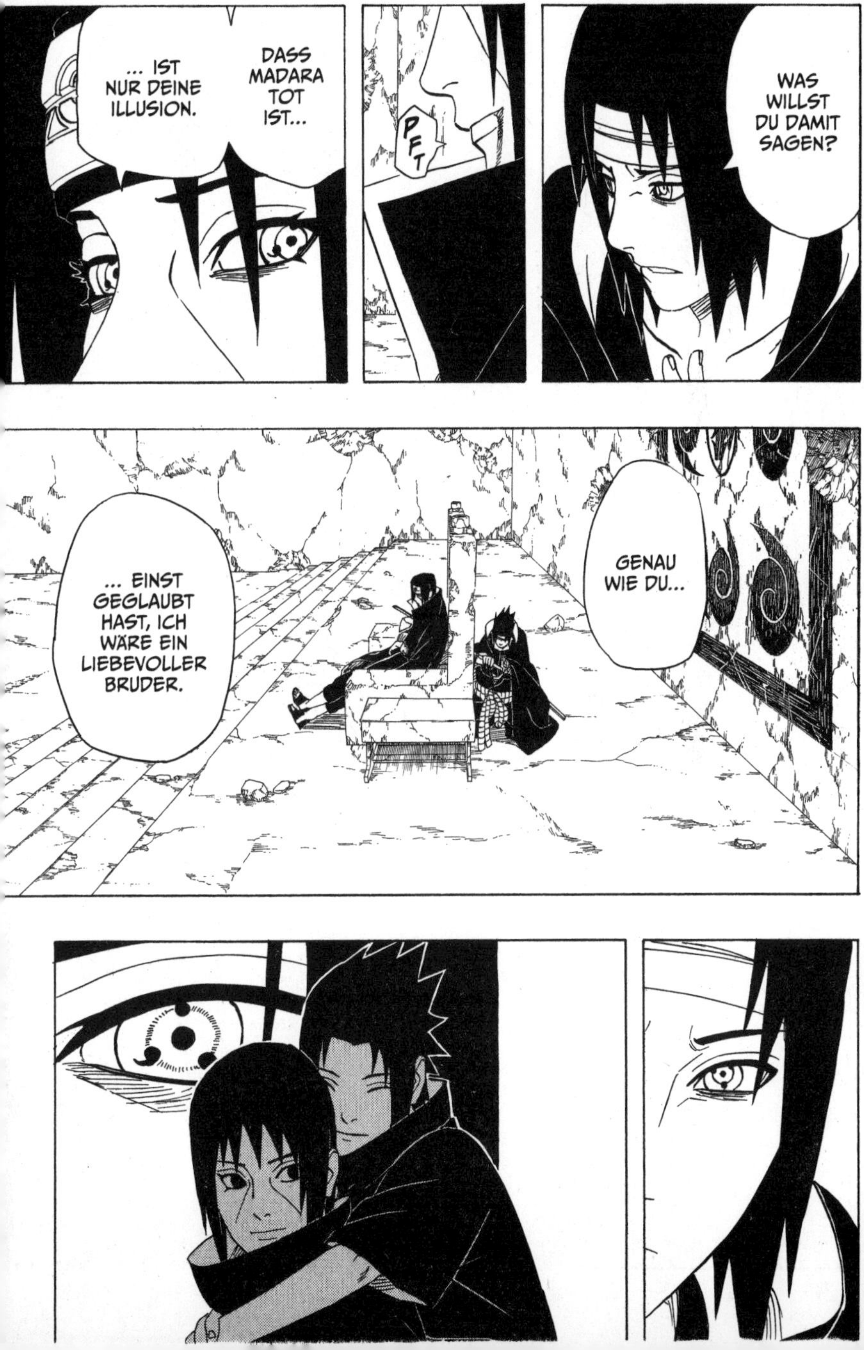

WAS WILLST DU DAMIT SAGEN?
PFT
DASS MADARA TOT IST...
... IST NUR DEINE ILLUSION.
GENAU WIE DU...
... EINST GEGLAUBT HAST, ICH WÄRE EIN LIEBEVOLLER BRUDER.

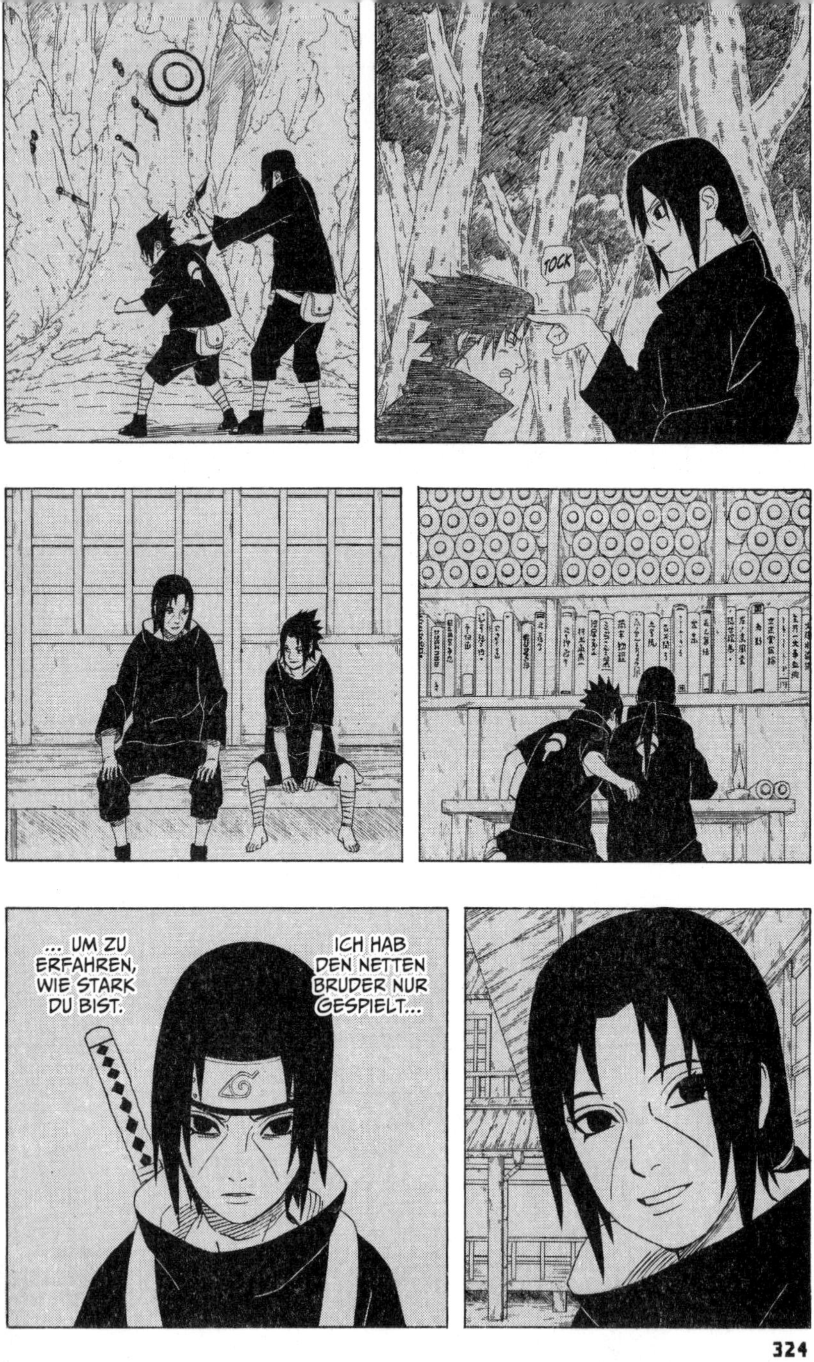
TOCK
ICH HAB DEN NETTEN BRUDER NUR GESPIELT...
... UM ZU ERFAHREN, WIE STARK DU BIST.

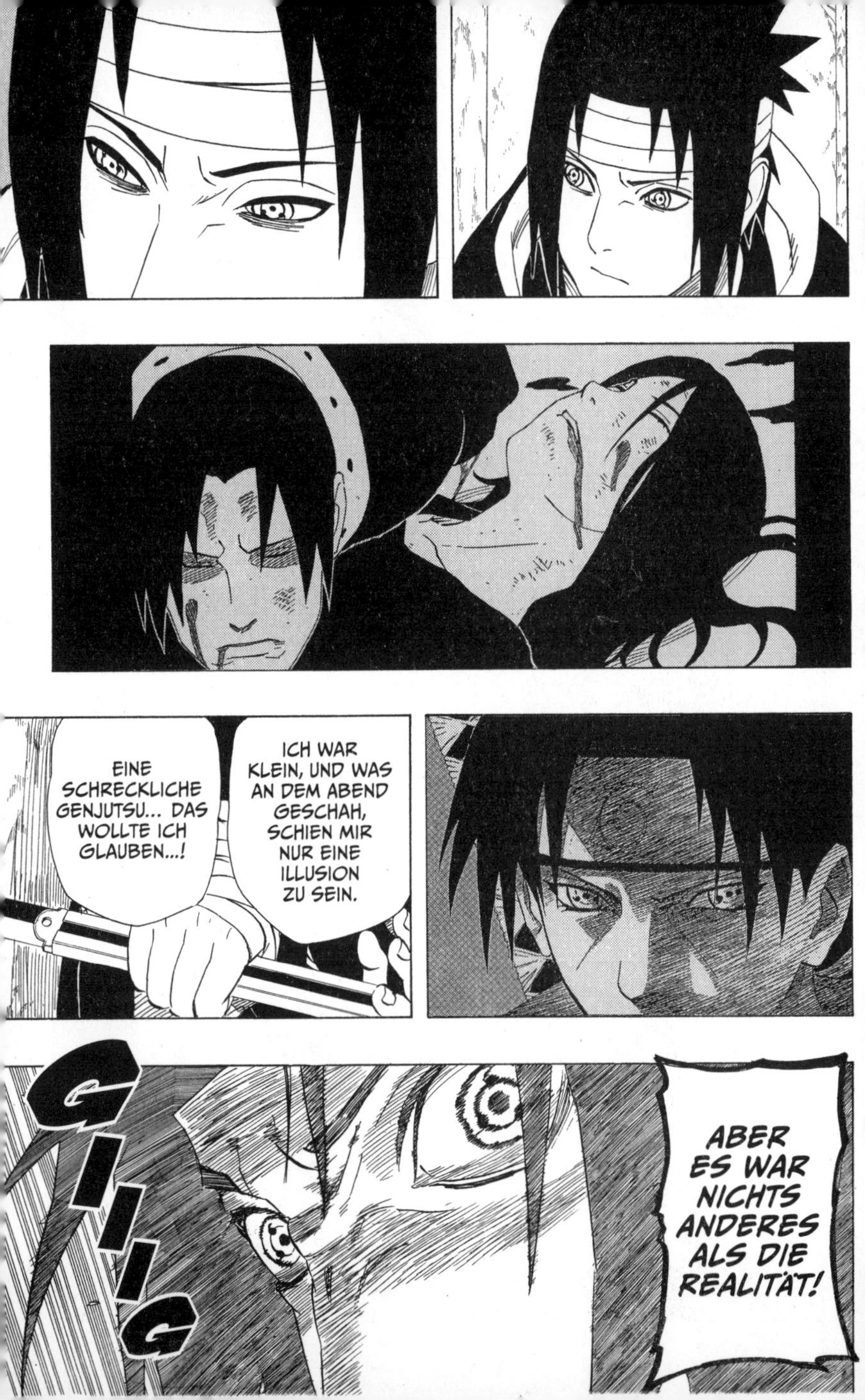
ICH WAR KLEIN, UND WAS AN DEM ABEND GESCHAH, SCHIEN MIR NUR EINE ILLUSION ZU SEIN.
EINE SCHRECKLICHE GENJUTSU... DAS WOLLTE ICH GLAUBEN...!
ABER ES WAR NICHTS ANDERES ALS DIE REALITÄT!
GIIIG

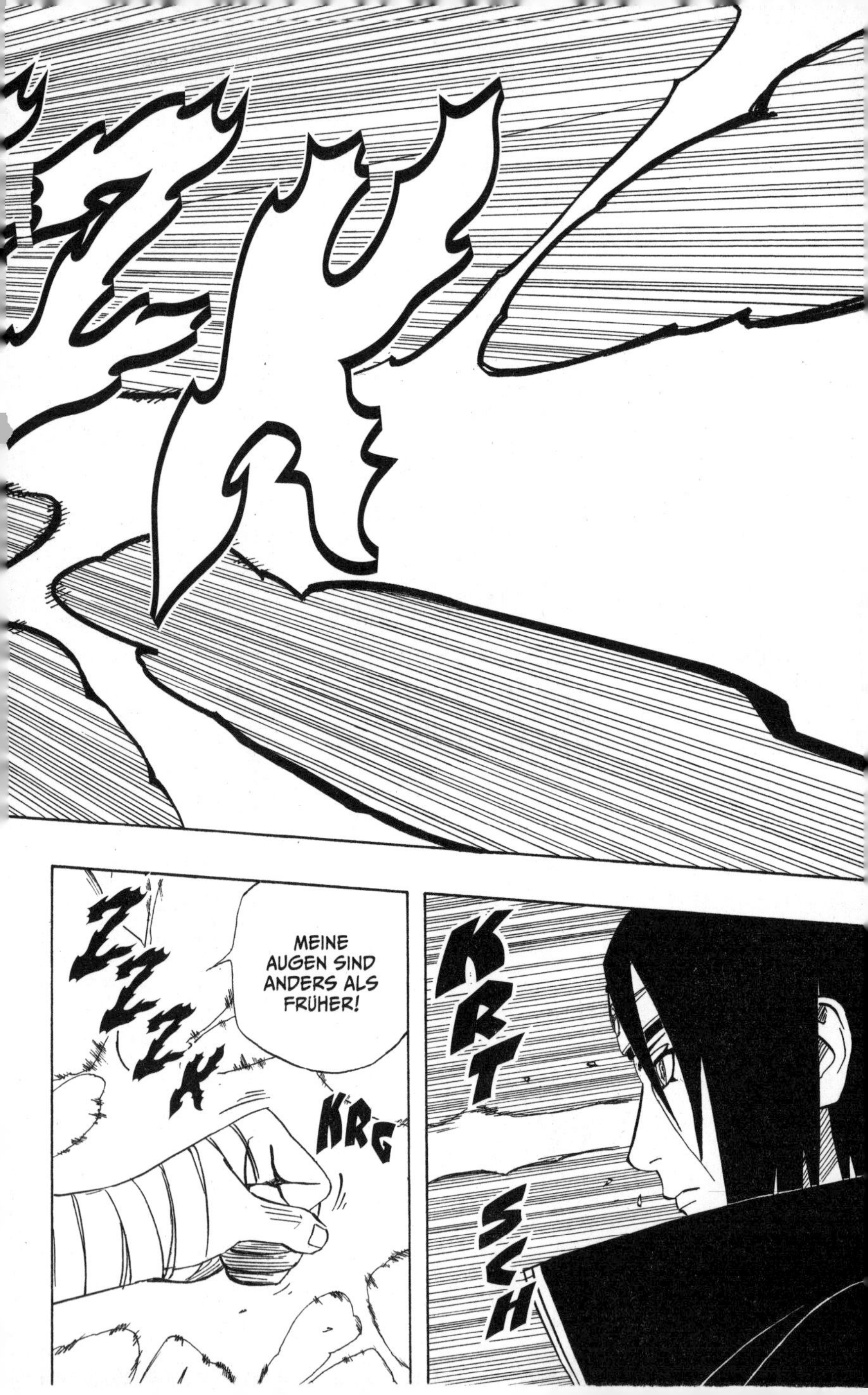
KRTSCH
MEINE AUGEN SIND ANDERS ALS FRÜHER!
ZZZZK
KRG

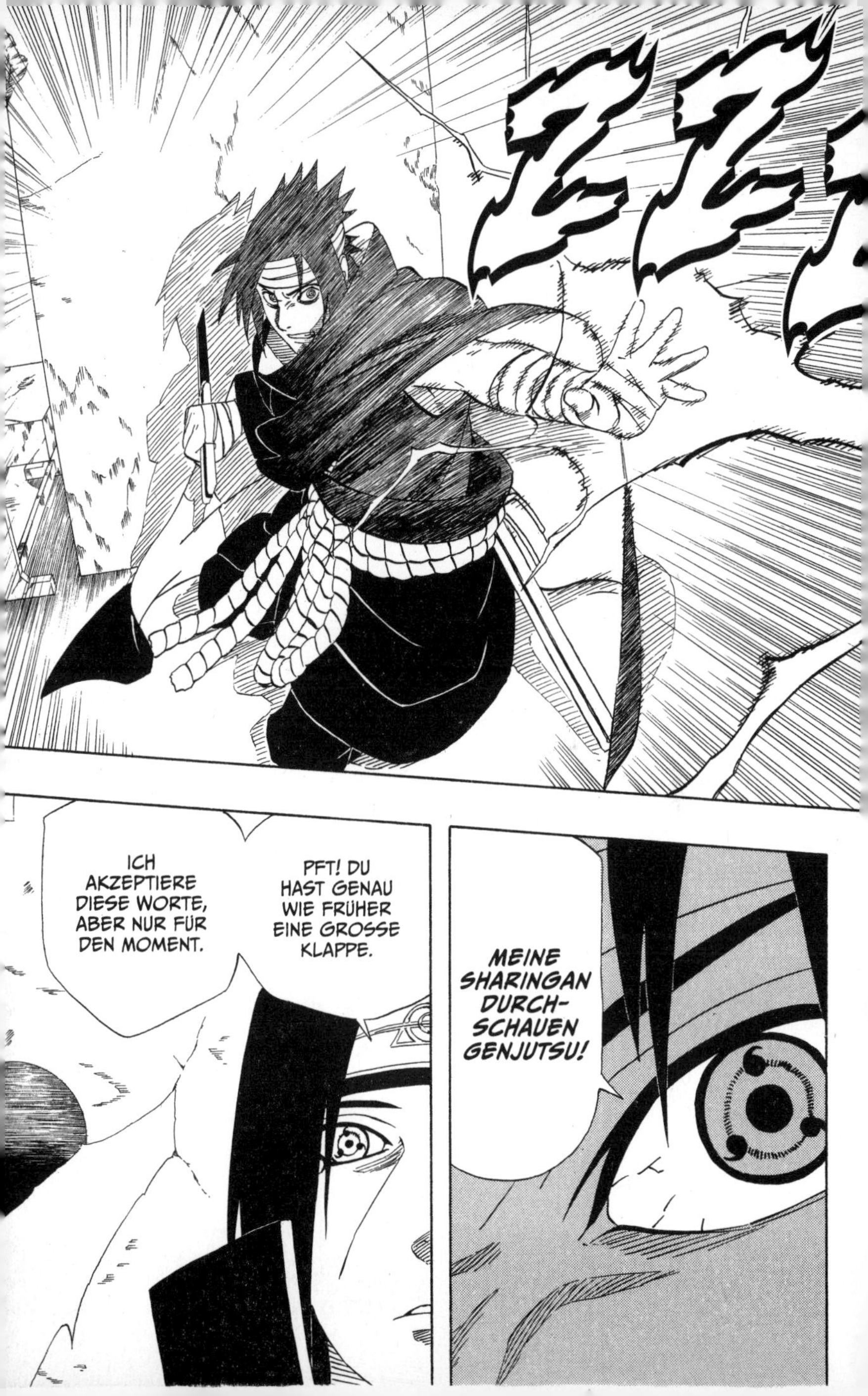
MEINE SHARINGAN DURCH-SCHAUEN GENJUTSU!
PFT! DU HAST GENAU WIE FRÜHER EINE GROSSE KLAPPE.
ICH AKZEPTIERE DIESE WORTE, ABER NUR FÜR DEN MOMENT.

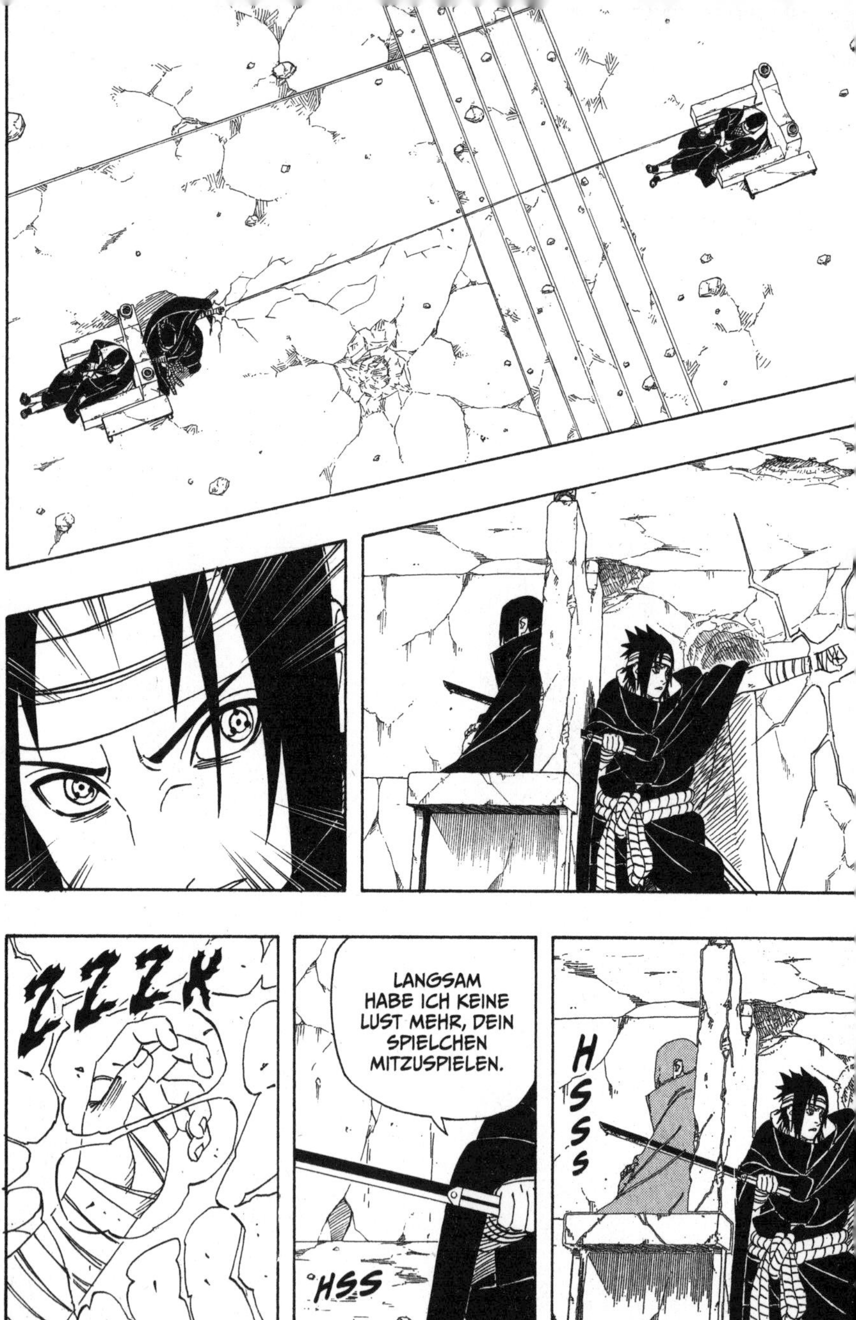
HSSS
LANGSAM HABE ICH KEINE LUST MEHR, DEIN SPIELCHEN MITZUSPIELEN.
HSS
ZZZK

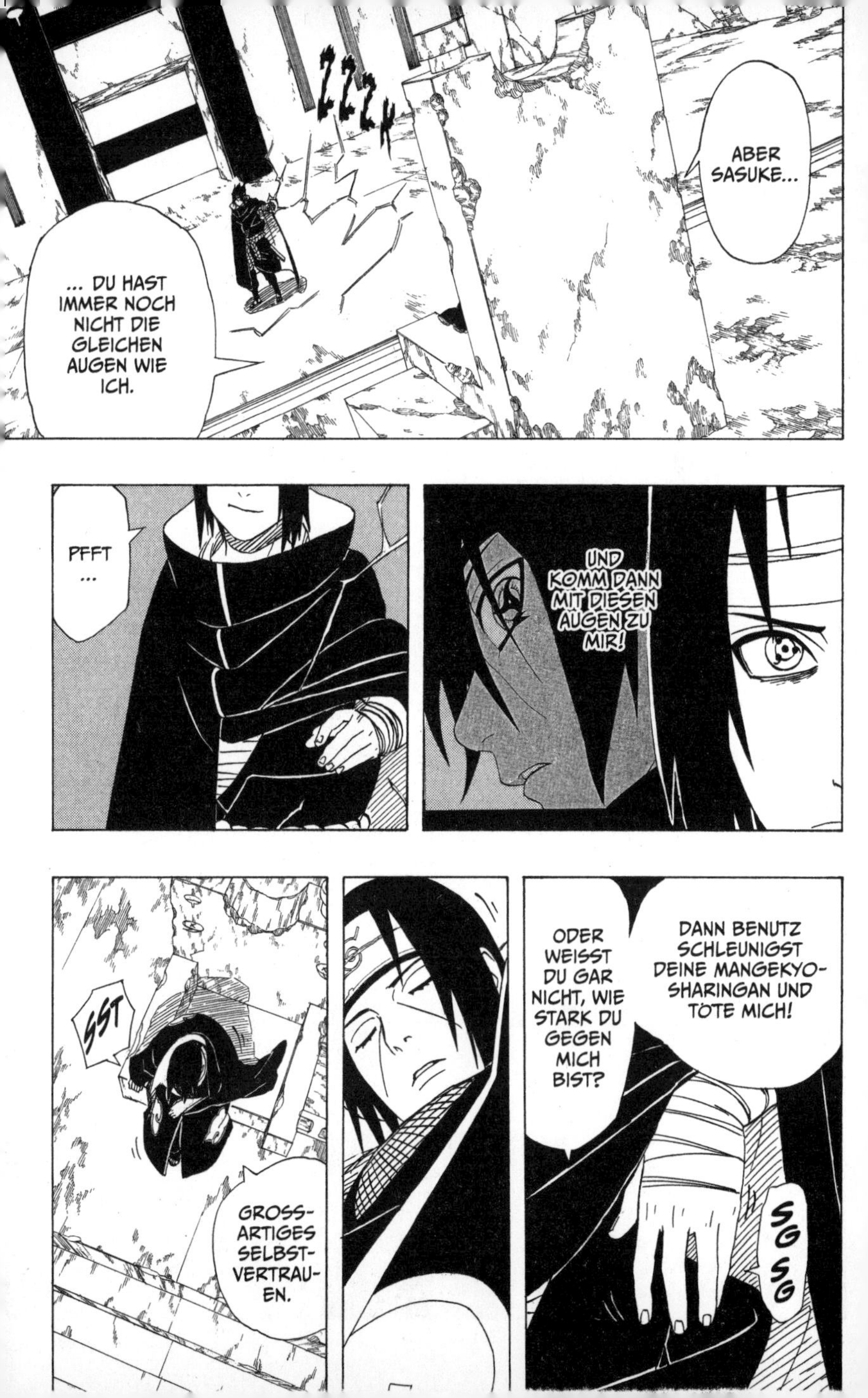
ABER SASUKE...
ZZZK
... DU HAST IMMER NOCH NICHT DIE GLEICHEN AUGEN WIE ICH.
UND KOMM DANN MIT DIESEN AUGEN ZU MIR!
PFFT ...
DANN BENUTZ SCHLEUNIGST DEINE MANGEKYO-SHARINGAN UND TÖTE MICH!
ODER WEISST DU GAR NICHT, WIE STARK DU GEGEN MICH BIST?
SG SG
SST
GROSS-ARTIGES SELBST-VERTRAU-EN.

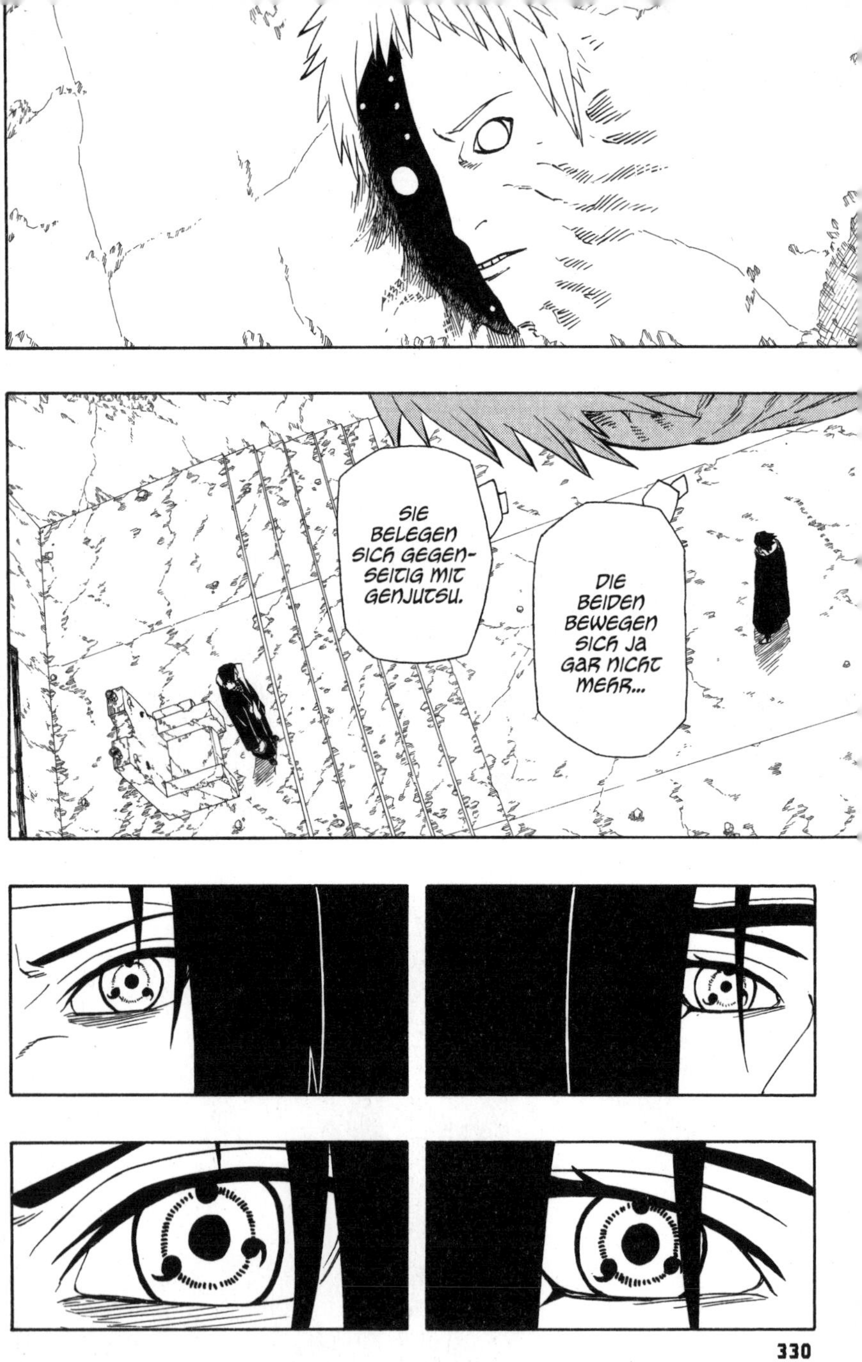
Die beiden bewegen sich ja gar nicht mehr...
Sie belegen sich gegen-seitig mit Genjutsu.

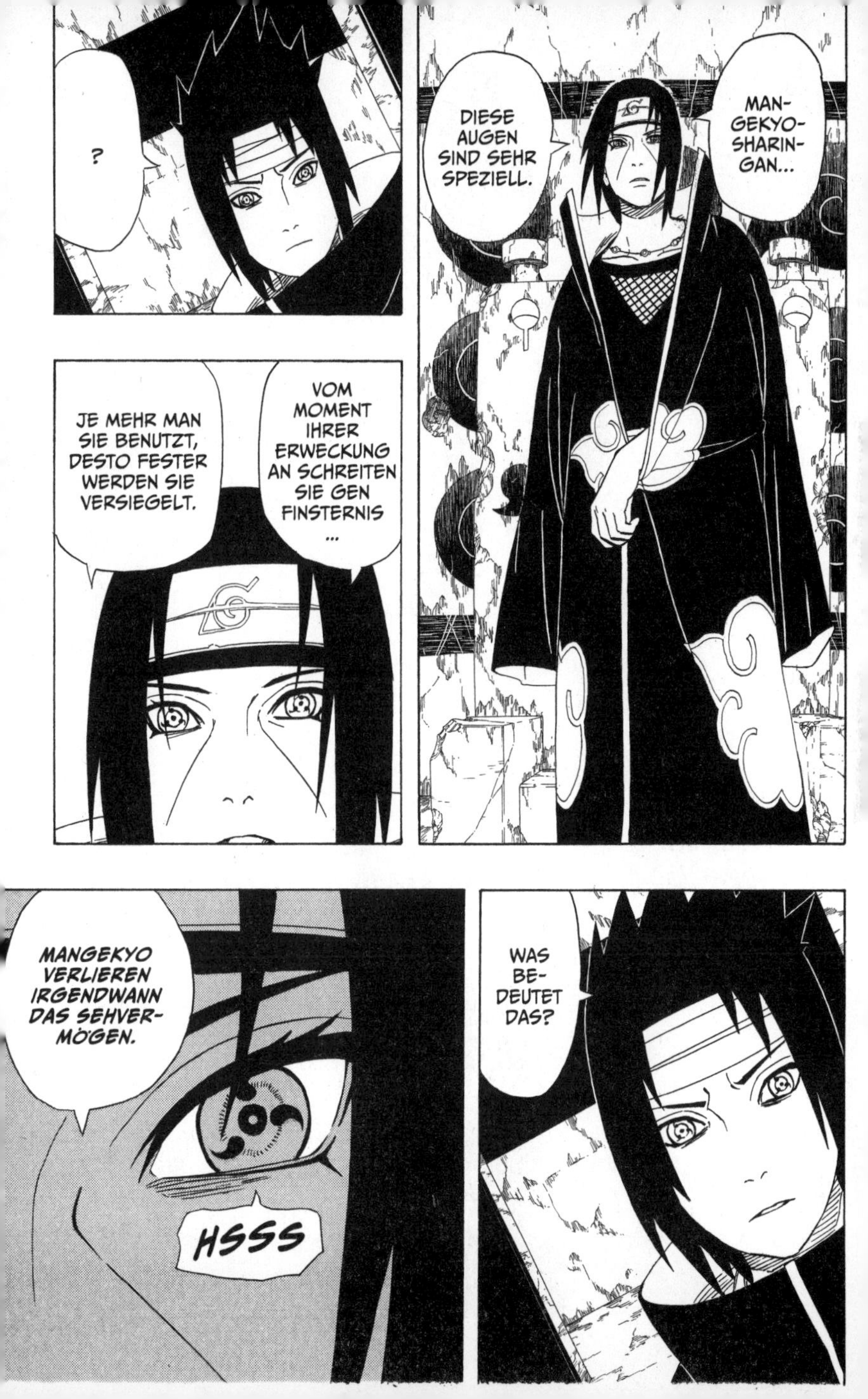
MAN-GEKYO-SHARIN-GAN...
DIESE AUGEN SIND SEHR SPEZIELL.
?
VOM MOMENT IHRER ERWECKUNG AN SCHREITEN SIE GEN FINSTERNIS ...
JE MEHR MAN SIE BENUTZT, DESTO FESTER WERDEN SIE VERSIEGELT.
WAS BE-DEUTET DAS?
MANGEKYO VERLIEREN IRGENDWANN DAS SEHVER-MÖGEN.
HSSS

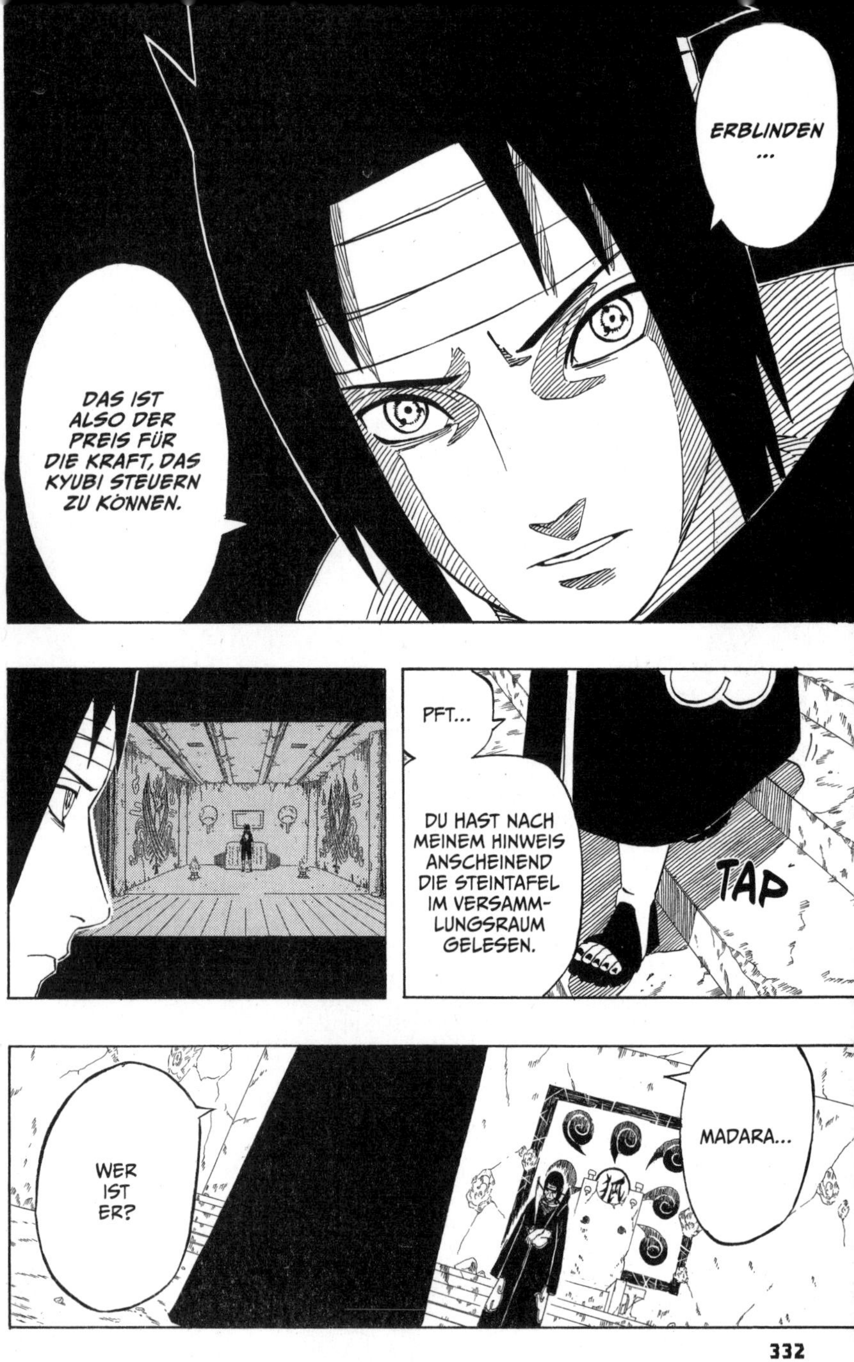
ERBLINDEN ...
DAS IST ALSO DER PREIS FÜR DIE KRAFT, DAS KYUBI STEUERN ZU KÖNNEN.
PFT...
DU HAST NACH MEINEM HINWEIS ANSCHEINEND DIE STEINTAFEL IM VERSAMM-LUNGSRAUM GELESEN.
TAP
MADARA...
WER IST ER?

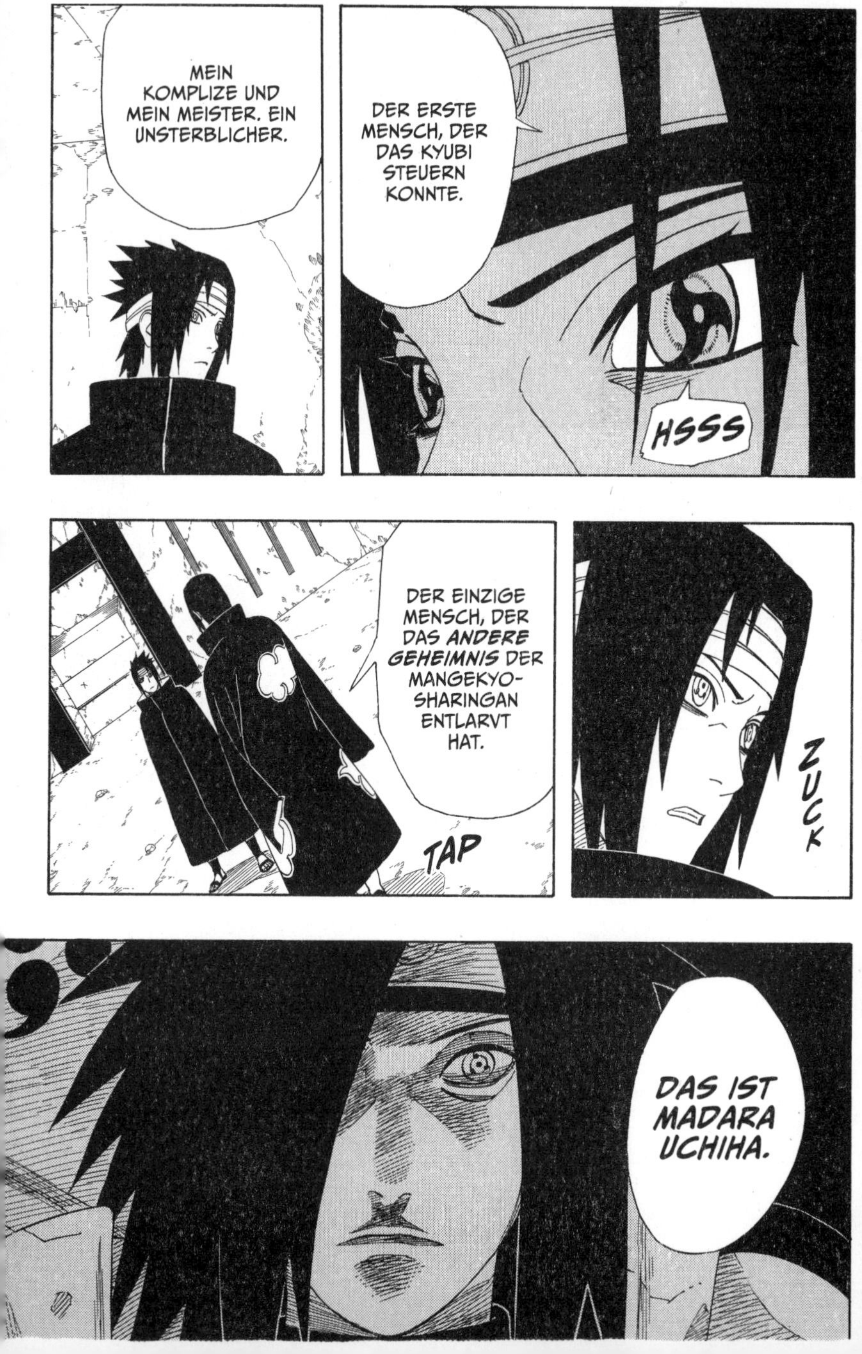
DER ERSTE MENSCH, DER DAS KYUBI STEUERN KONNTE.
HSSS
MEIN KOMPLIZE UND MEIN MEISTER. EIN UNSTERBLICHER.
ZUCK
DER EINZIGE MENSCH, DER DAS ANDERE GEHEIMNIS DER MANGEKYO-SHARINGAN ENTLARVT HAT.
TAP
DAS IST MADARA UCHIHA.

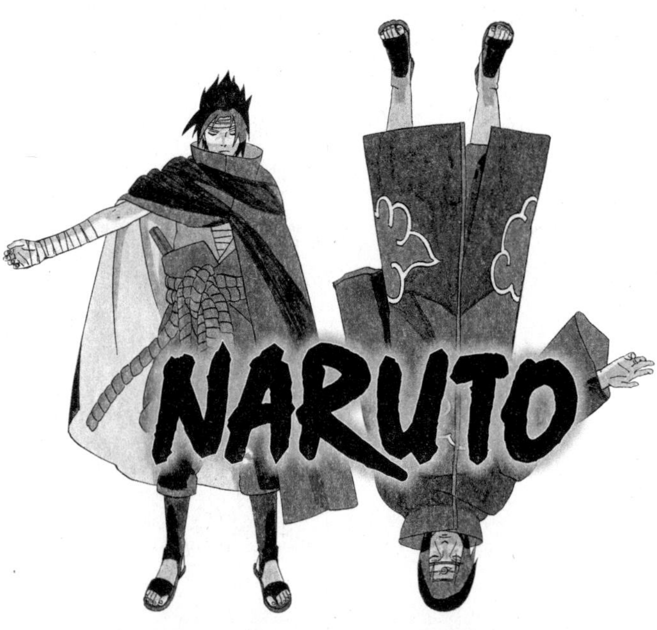
NARUTO

386. Kapitel: Das neue Augenlicht

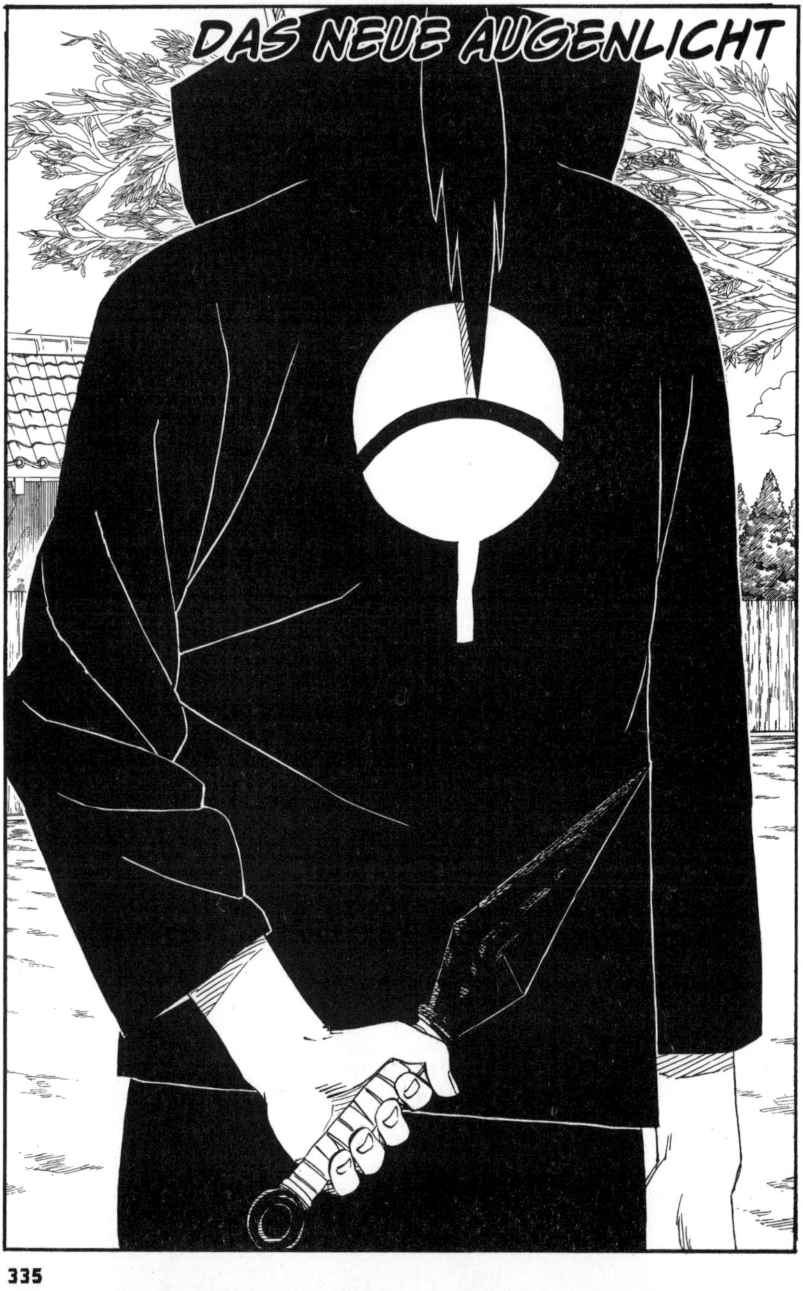

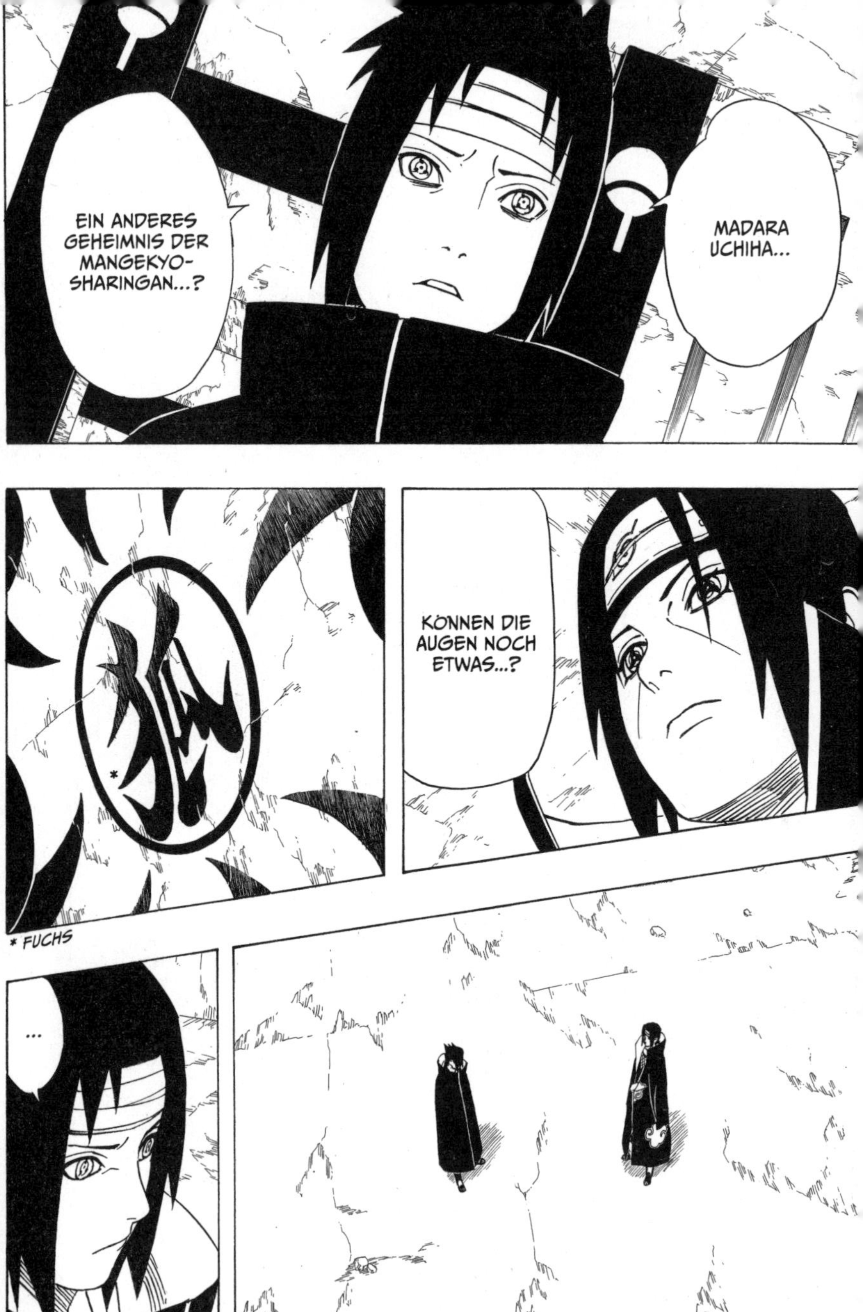
MADARA UCHIHA...
EIN ANDERES GEHEIMNIS DER MANGEKYO-SHARINGAN...?
KÖNNEN DIE AUGEN NOCH ETWAS...?
*
...

* FUCHS

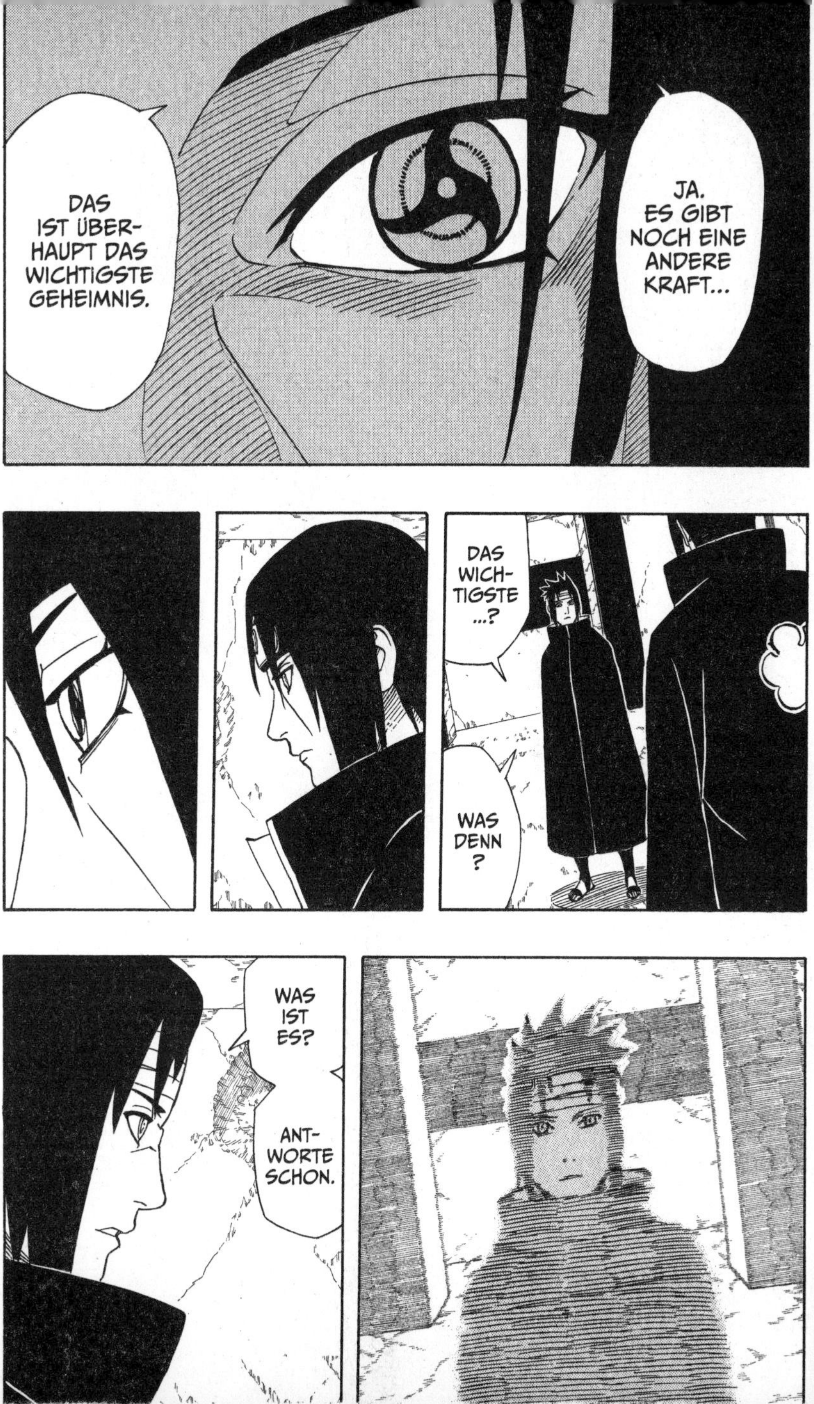
JA. ES GIBT NOCH EINE ANDERE KRAFT...
DAS IST ÜBERHAUPT DAS WICHTIGSTE GEHEIMNIS.
DAS WICHTIGSTE ...?
WAS DENN ?
WAS IST ES?
ANTWORTE SCHON.

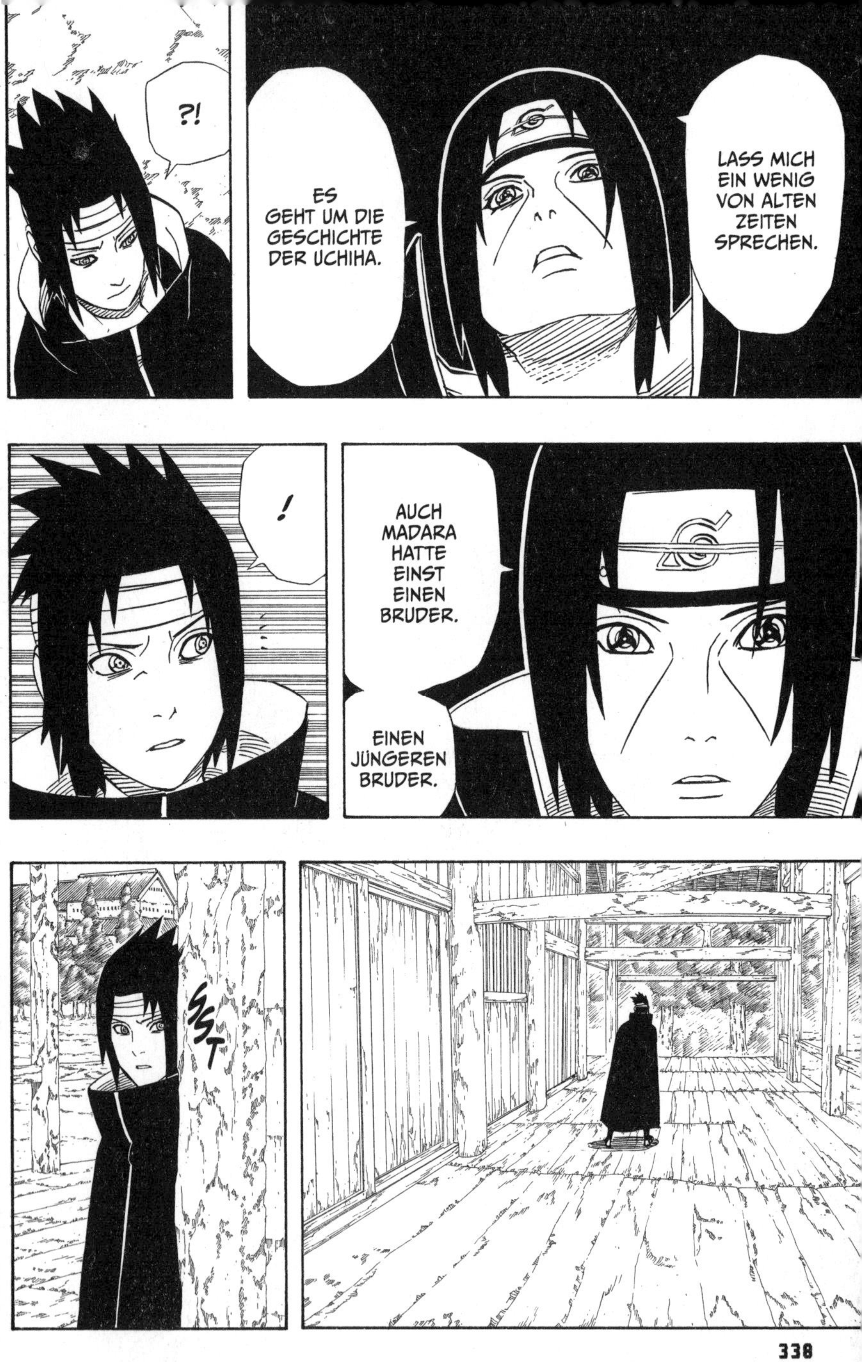

LASS MICH EIN WENIG VON ALTEN ZEITEN SPRECHEN.
ES GEHT UM DIE GESCHICHTE DER UCHIHA.
?!
AUCH MADARA HATTE EINST EINEN BRUDER.
EINEN JÜNGEREN BRUDER.
!
SST

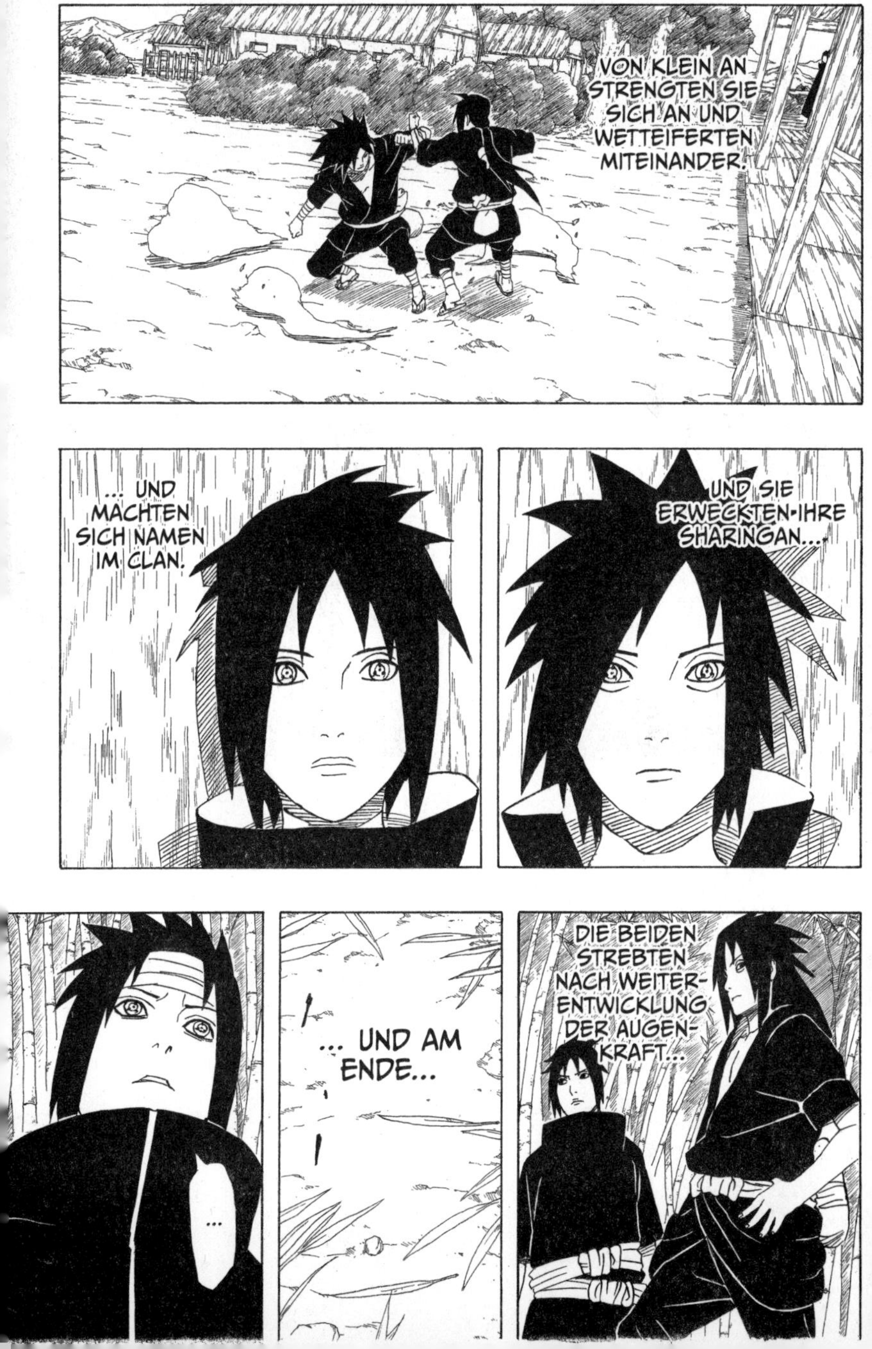
VON KLEIN AN STRENGTEN SIE SICH AN UND WETTEIFERTEN MITEINANDER.
UND SIE ERWECKTEN IHRE SHARINGAN...
... UND MACHTEN SICH NAMEN IM CLAN.
DIE BEIDEN STREBTEN NACH WEITER-ENTWICKLUNG DER AUGEN-KRAFT...
... UND AM ENDE...
...

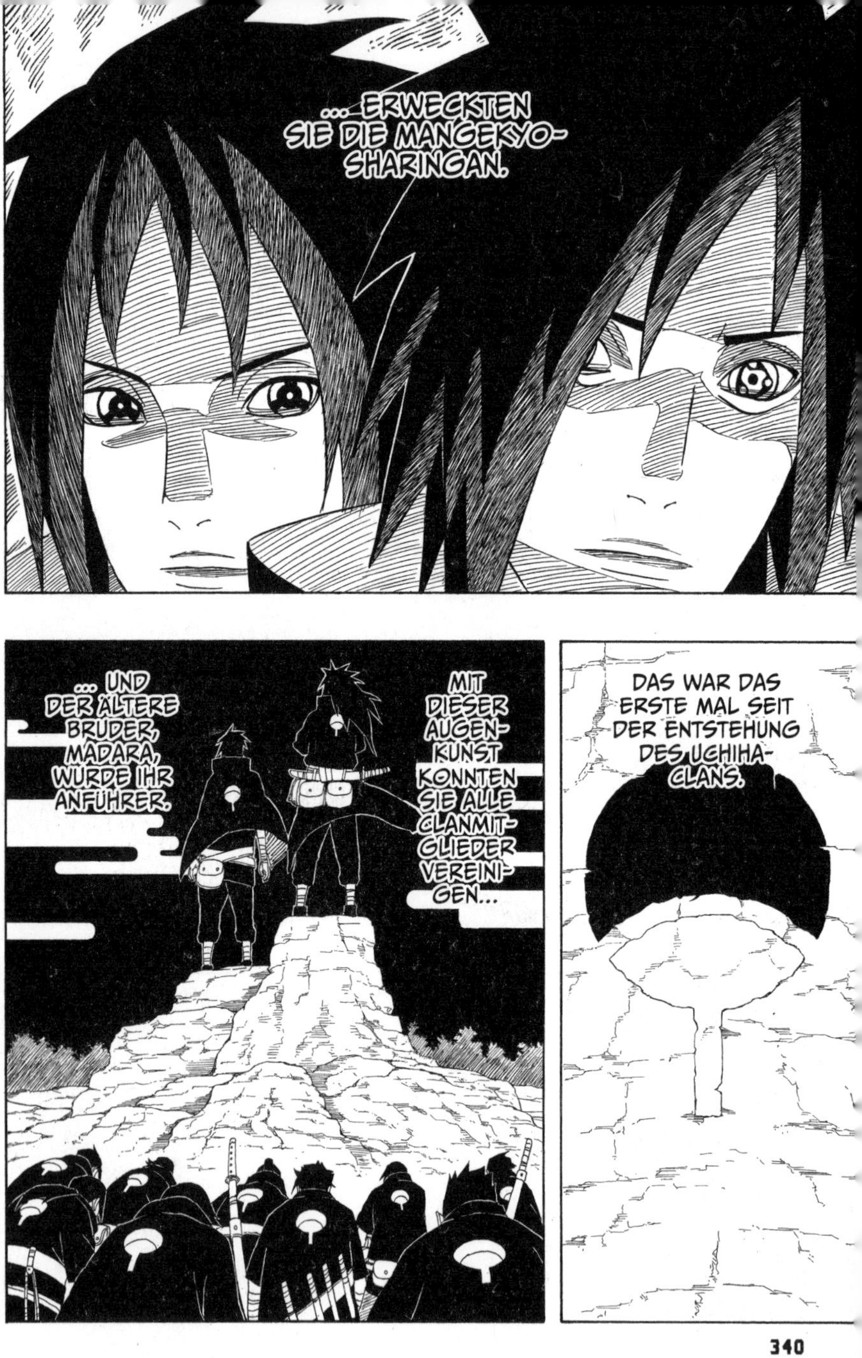
... ERWECKTEN SIE DIE MANGEKYO-SHARINGAN.
DAS WAR DAS ERSTE MAL SEIT DER ENTSTEHUNG DES UCHIHA-CLANS.
MIT DIESER AUGEN-KUNST KONNTEN SIE ALLE CLANMIT-GLIEDER VEREINI-GEN...
... UND DER ÄLTERE BRUDER, MADARA, WURDE IHR ANFÜHRER.

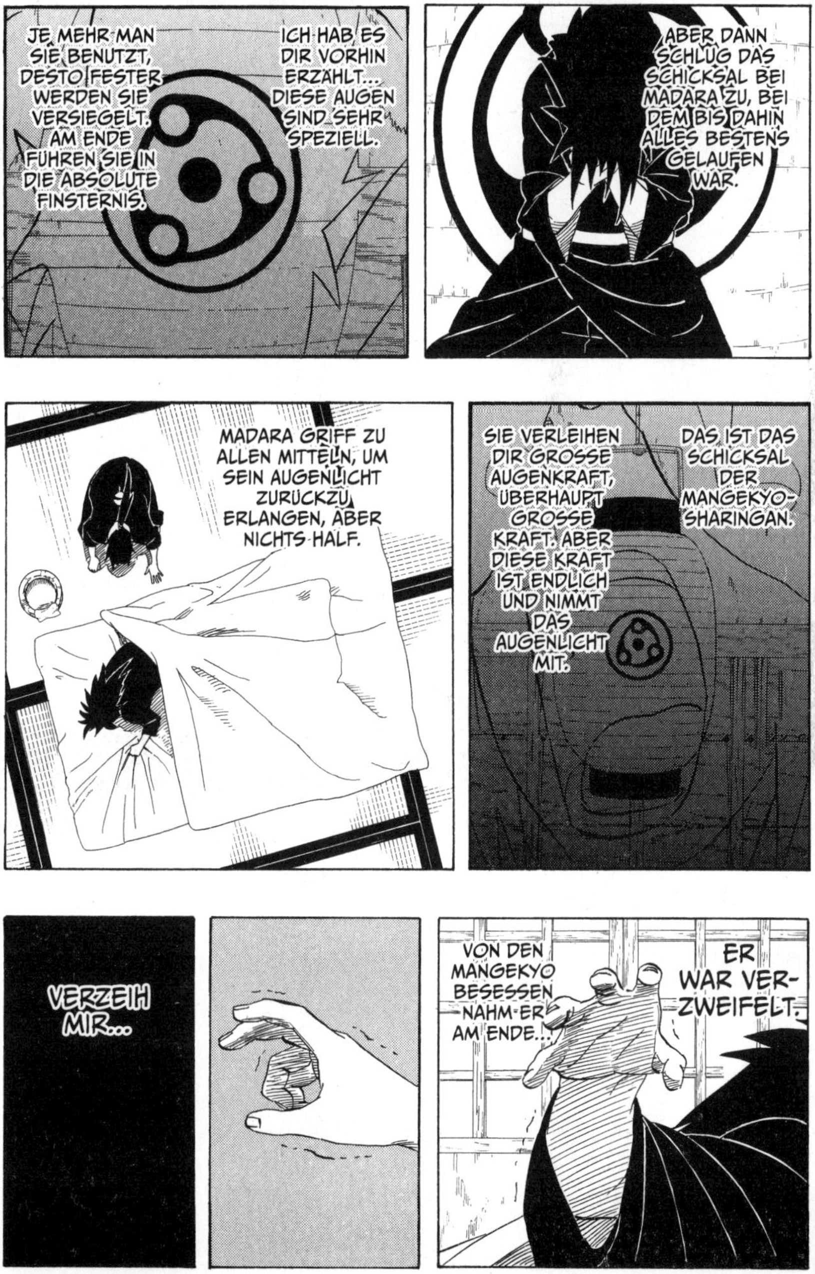
ABER DANN SCHLUG DAS SCHICKSAL BEI MADARA ZU, BEI DEM BIS DAHIN ALLES BESTENS GELAUFEN WAR.
ICH HAB ES DIR VORHIN ERZÄHLT... DIESE AUGEN SIND SEHR SPEZIELL.
JE MEHR MAN SIE BENUTZT, DESTO FESTER WERDEN SIE VERSIEGELT. AM ENDE FÜHREN SIE IN DIE ABSOLUTE FINSTERNIS.
DAS IST DAS SCHICKSAL DER MANGEKYO-SHARINGAN.
SIE VERLEIHEN DIR GROSSE AUGENKRAFT, ÜBERHAUPT GROSSE KRAFT. ABER DIESE KRAFT IST ENDLICH UND NIMMT DAS AUGENLICHT MIT.
MADARA GRIFF ZU ALLEN MITTELN, UM SEIN AUGENLICHT ZURÜCKZUERLANGEN, ABER NICHTS HALF.
ER WAR VERZWEIFELT.
VON DEN MANGEKYO BESESSEN NAHM ER AM ENDE...
VERZEIH MIR...

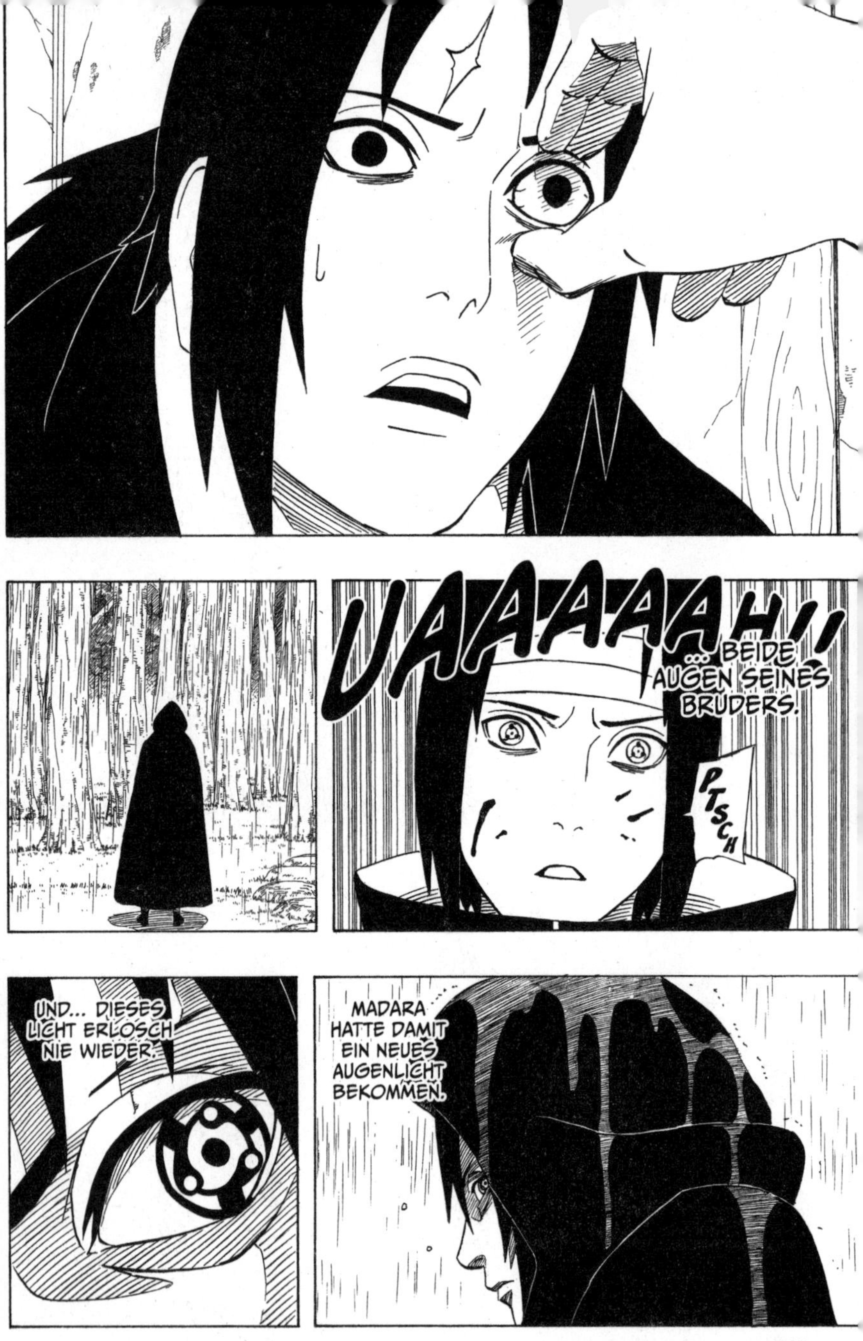
UAAAAAH!!
... BEIDE AUGEN SEINES BRUDERS.
PTSCH
MADARA HATTE DAMIT EIN NEUES AUGENLICHT BEKOMMEN.
UND... DIESES LICHT ERLOSCH NIE WIEDER.

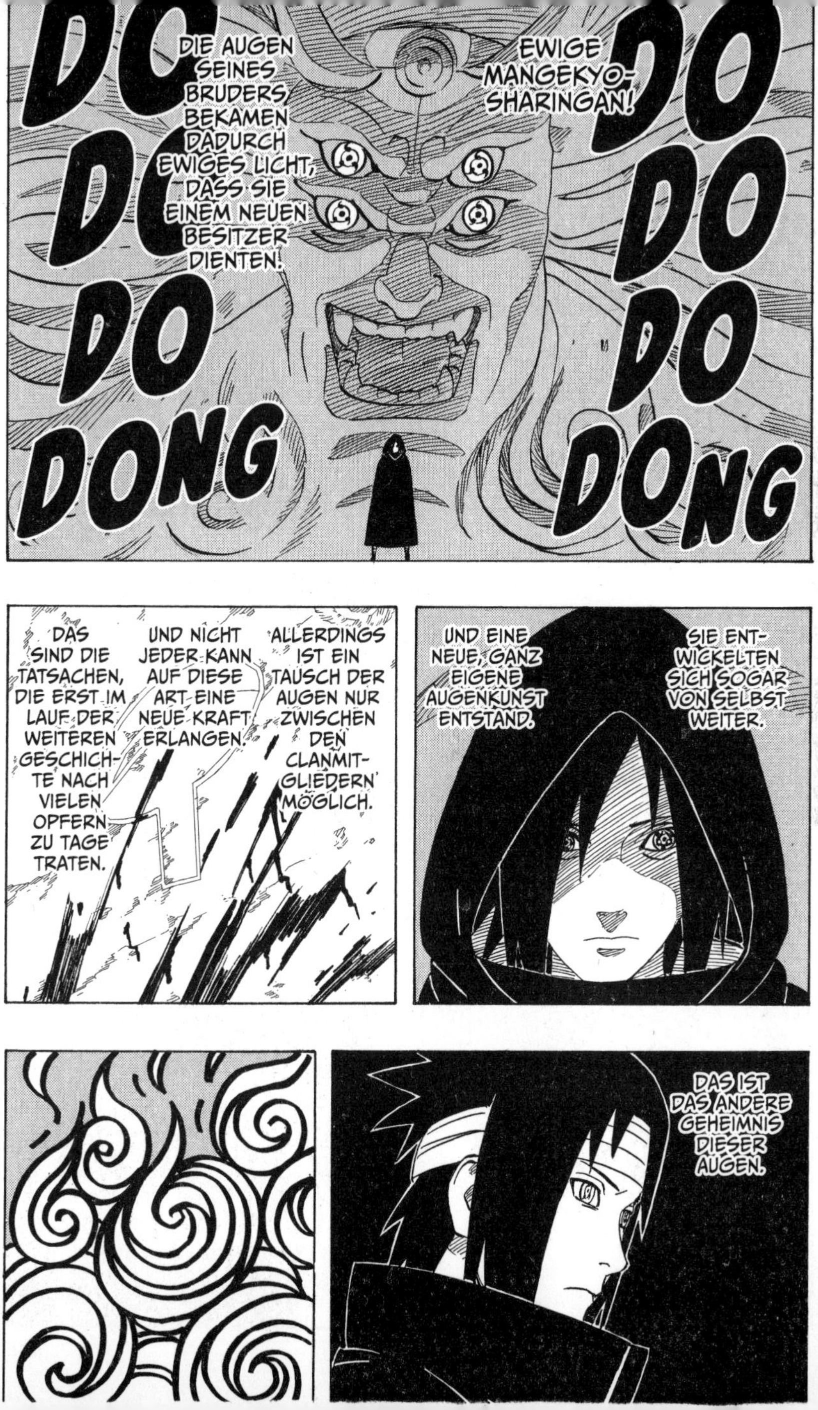
DO DO DO DONG
EWIGE MANGEKYO-SHARINGAN!
DIE AUGEN SEINES BRUDERS BEKAMEN DADURCH EWIGES LICHT, DASS SIE EINEM NEUEN BESITZER DIENTEN.
DO DO DO DONG
SIE ENTWICKELTEN SICH SOGAR VON SELBST WEITER.
UND EINE NEUE, GANZ EIGENE AUGENKUNST ENTSTAND.
ALLERDINGS IST EIN TAUSCH DER AUGEN NUR ZWISCHEN DEN CLANMITGLIEDERN MÖGLICH.
UND NICHT JEDER KANN AUF DIESE ART EINE NEUE KRAFT ERLANGEN.
DAS SIND DIE TATSACHEN, DIE ERST IM LAUF DER WEITEREN GESCHICHTE NACH VIELEN OPFERN ZU TAGE TRATEN.
DAS IST DAS ANDERE GEHEIMNIS DIESER AUGEN.

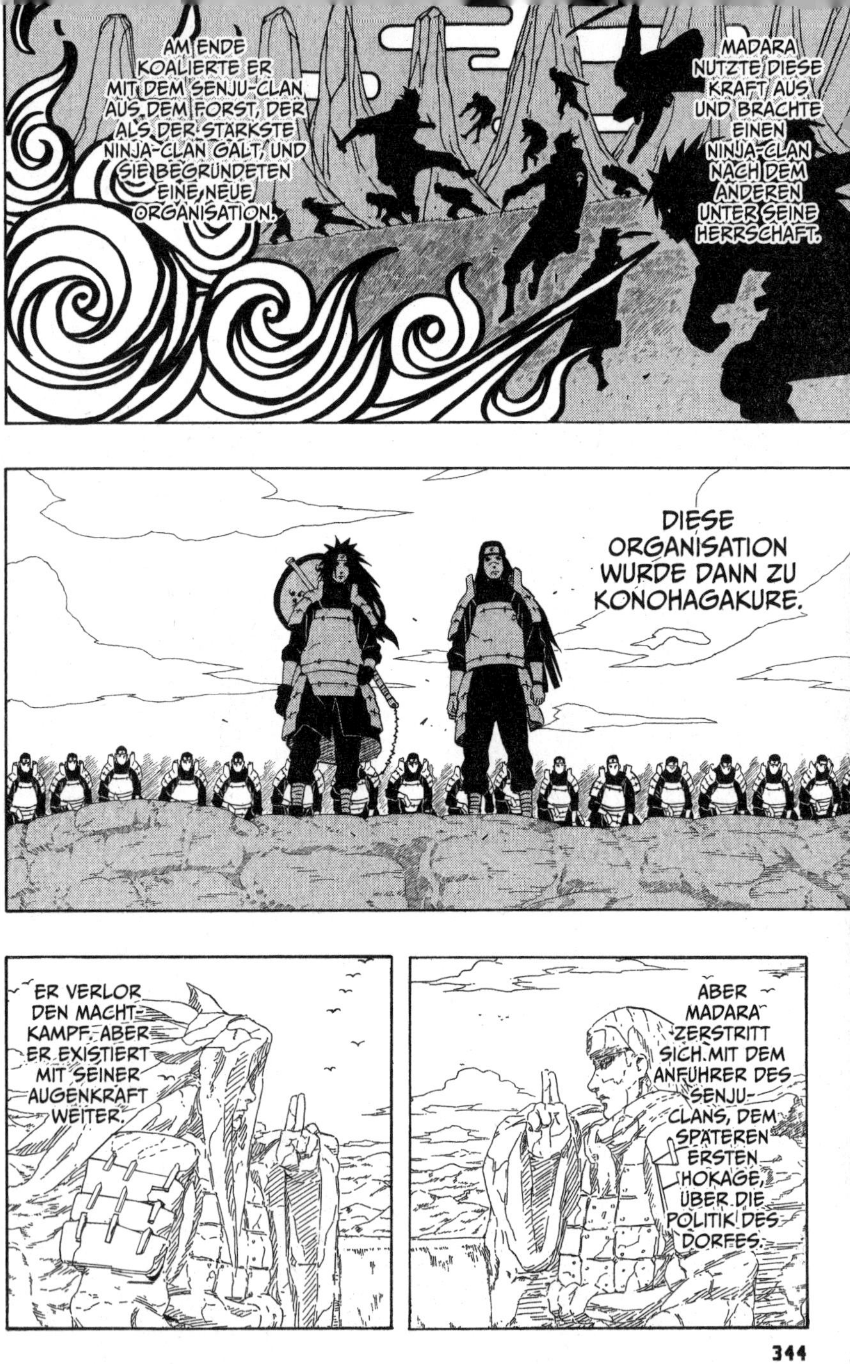

MADARA NUTZTE DIESE KRAFT AUS UND BRACHTE EINEN NINJA-CLAN NACH DEM ANDEREN UNTER SEINE HERRSCHAFT.
AM ENDE KOALIERTE ER MIT DEM SENJU-CLAN AUS DEM FORST, DER ALS DER STÄRKSTE NINJA-CLAN GALT, UND SIE BEGRÜNDETEN EINE NEUE ORGANISATION.
DIESE ORGANISATION WURDE DANN ZU KONOHAGAKURE.
ABER MADARA ZERSTRITT SICH MIT DEM ANFÜHRER DES SENJU-CLANS, DEM SPÄTEREN ERSTEN HOKAGE, ÜBER DIE POLITIK DES DORFES.
ER VERLOR DEN MACHTKAMPF. ABER ER EXISTIERT MIT SEINER AUGENKRAFT WEITER.

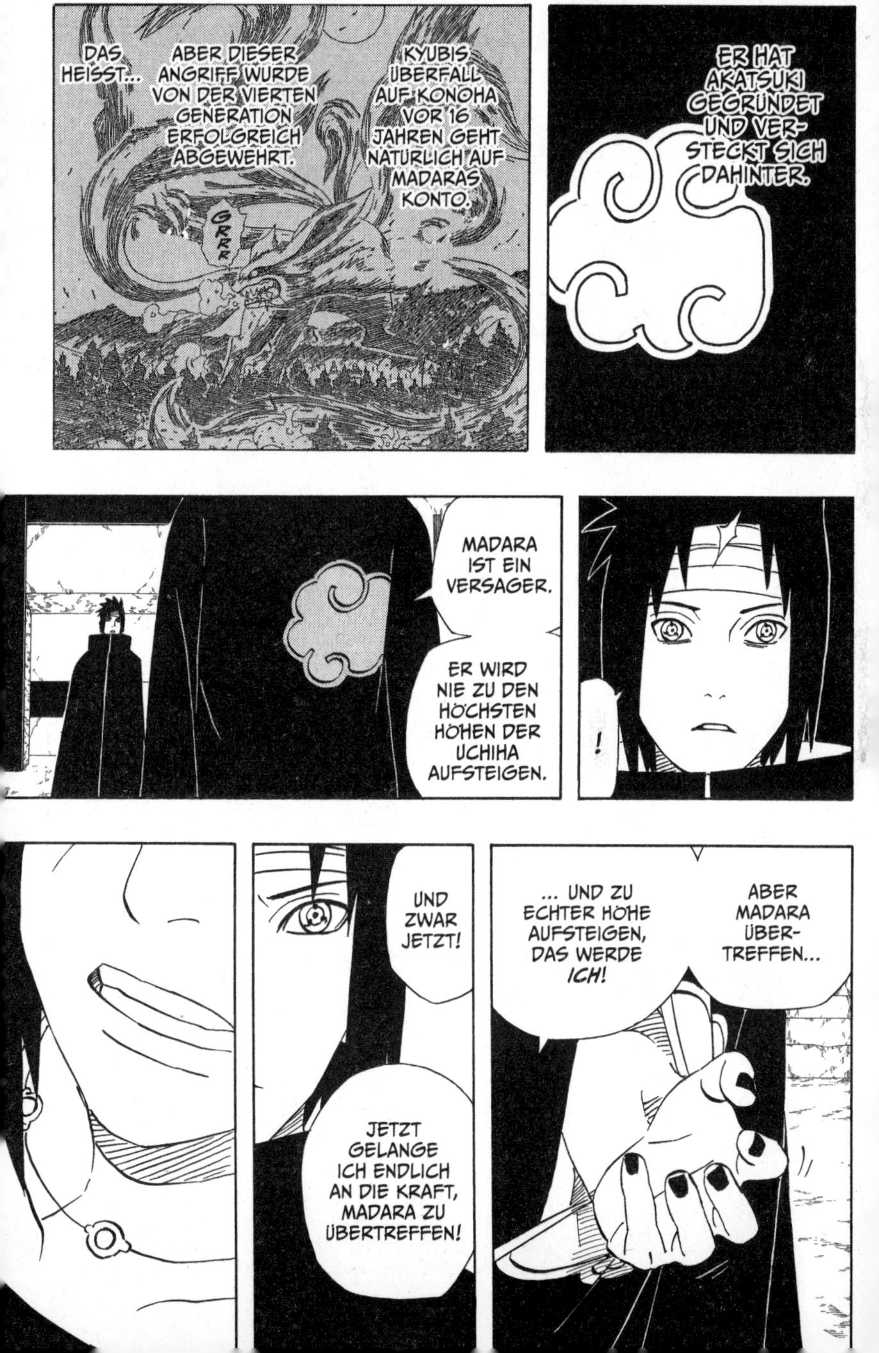
ER HAT AKATSUKI GEGRÜNDET UND VERSTECKT SICH DAHINTER.
KYUBIS ÜBERFALL AUF KONOHA VOR 16 JAHREN GEHT NATÜRLICH AUF MADARAS KONTO.
ABER DIESER ANGRIFF WURDE VON DER VIERTEN GENERATION ERFOLGREICH ABGEWEHRT.
DAS HEISST...
GRRR
!
MADARA IST EIN VERSAGER.
ER WIRD NIE ZU DEN HÖCHSTEN HÖHEN DER UCHIHA AUFSTEIGEN.
ABER MADARA ÜBERTREFFEN...
... UND ZU ECHTER HÖHE AUFSTEIGEN, DAS WERDE ICH!
UND ZWAR JETZT!
JETZT GELANGE ICH ENDLICH AN DIE KRAFT, MADARA ZU ÜBERTREFFEN!

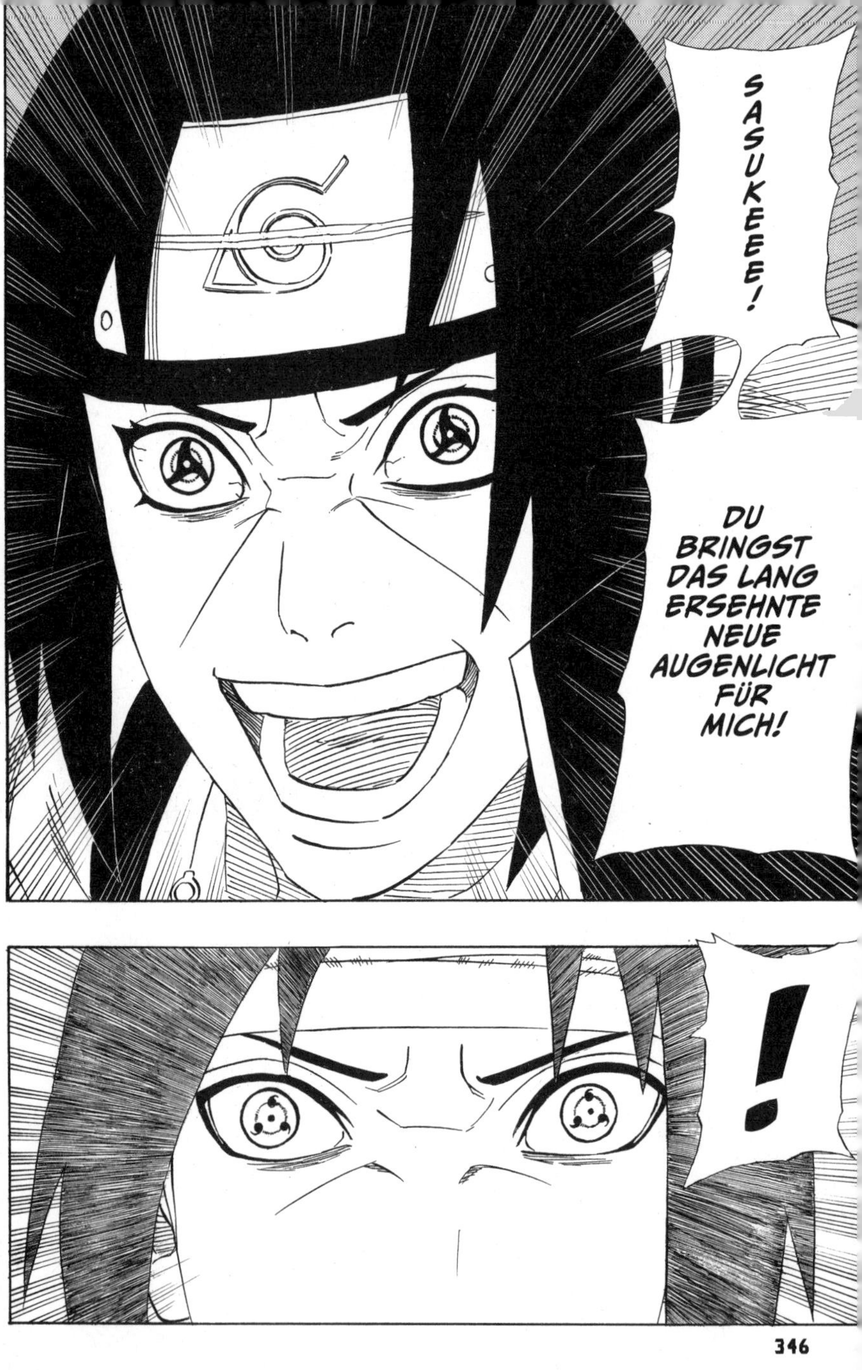
SASUKEEE!
DU BRINGST DAS LANG ERSEHNTE NEUE AUGENLICHT FÜR MICH!
!

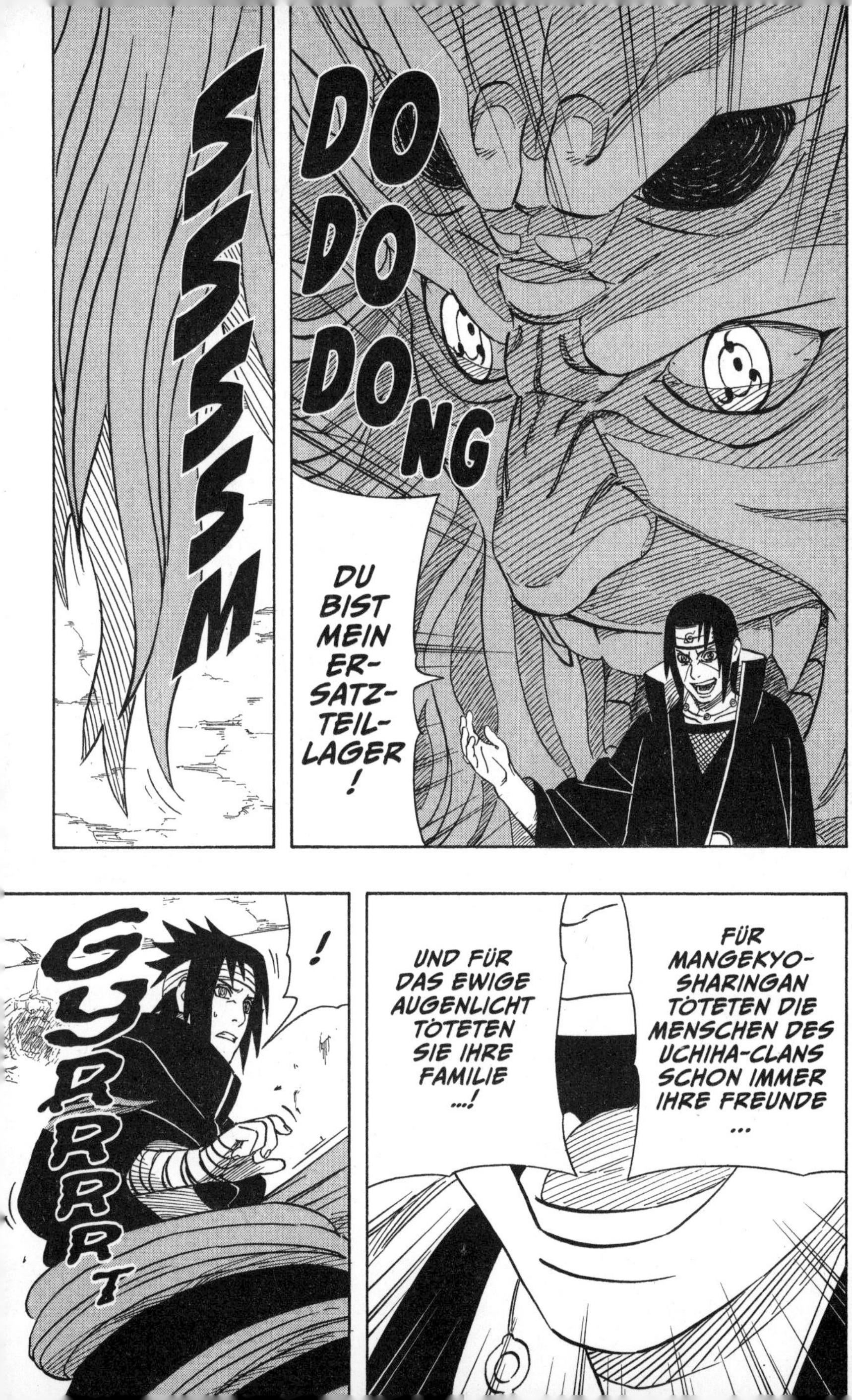
DODODONG
DU BIST MEIN ER-SATZ-TEIL-LAGER !
SSSSM
FÜR MANGEKYO-SHARINGAN TÖTETEN DIE MENSCHEN DES UCHIHA-CLANS SCHON IMMER IHRE FREUNDE ...
UND FÜR DAS EWIGE AUGENLICHT TÖTETEN SIE IHRE FAMILIE ...!
!
GYRRRRT

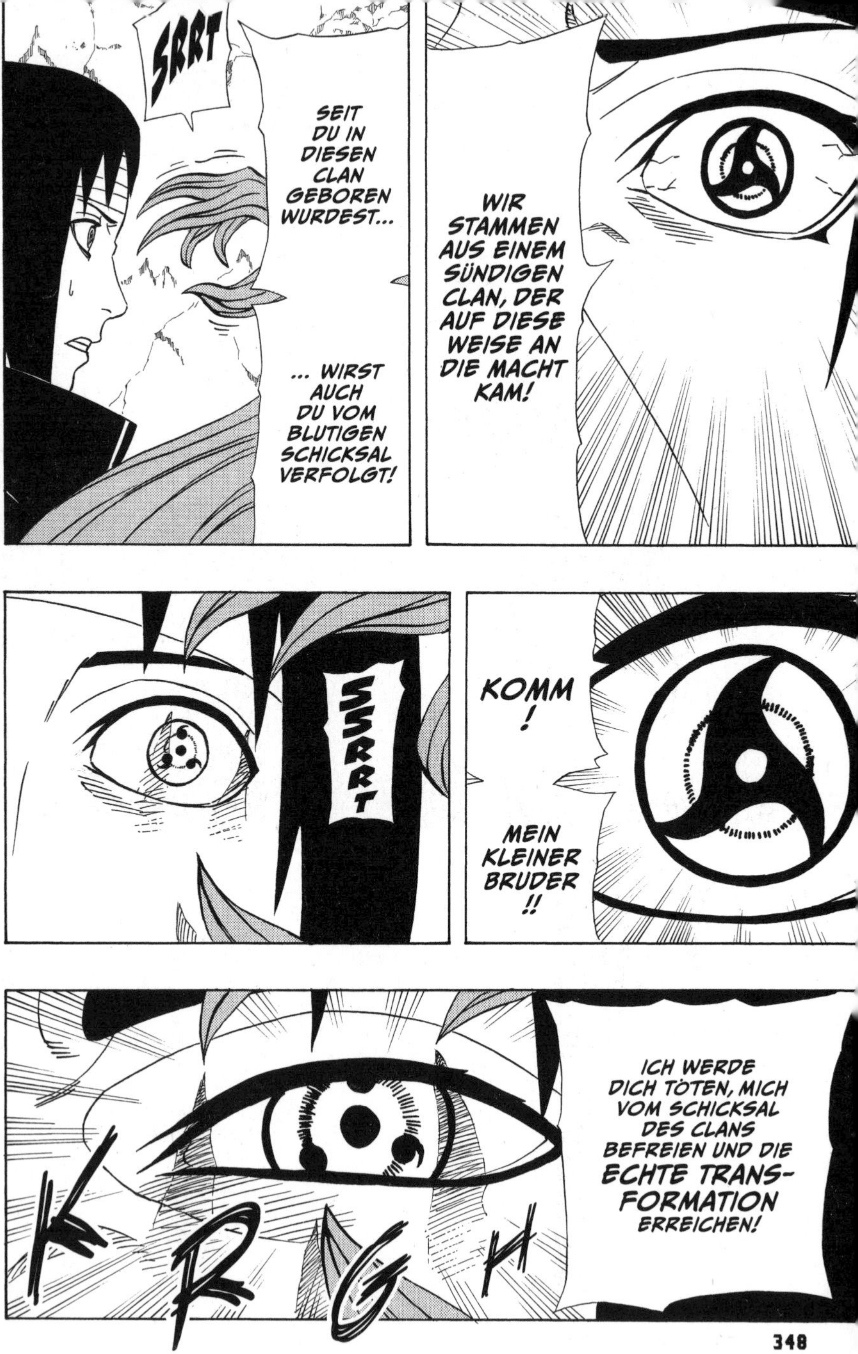
WIR STAMMEN AUS EINEM SÜNDIGEN CLAN, DER AUF DIESE WEISE AN DIE MACHT KAM!
SRRT
SEIT DU IN DIESEN CLAN GEBOREN WURDEST...
... WIRST AUCH DU VOM BLUTIGEN SCHICKSAL VERFOLGT!
KOMM!
MEIN KLEINER BRUDER!!
SSRRT
ICH WERDE DICH TÖTEN, MICH VOM SCHICKSAL DES CLANS BEFREIEN UND DIE ECHTE TRANS-FORMATION ERREICHEN!
KRGH

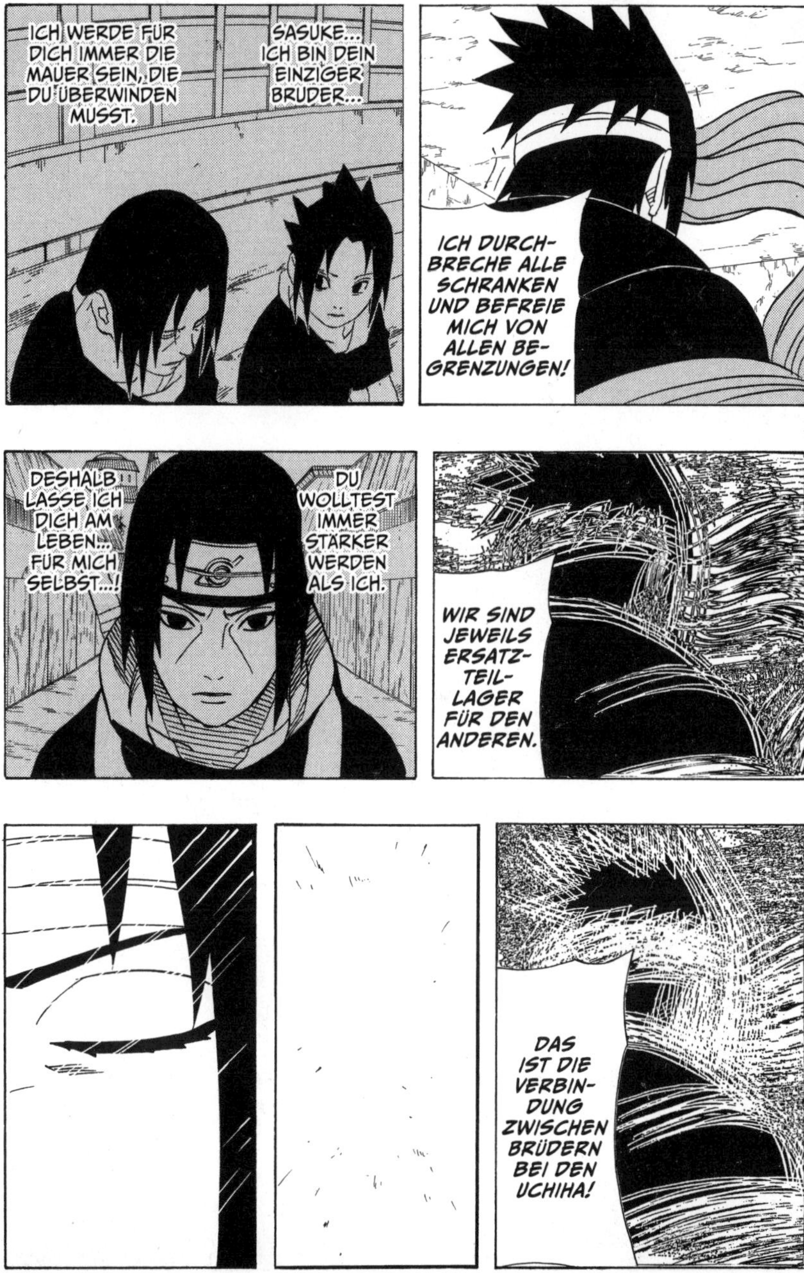
ICH DURCHBRECHE ALLE SCHRANKEN UND BEFREIE MICH VON ALLEN BEGRENZUNGEN!
SASUKE... ICH BIN DEIN EINZIGER BRUDER...
ICH WERDE FÜR DICH IMMER DIE MAUER SEIN, DIE DU ÜBERWINDEN MUSST.
WIR SIND JEWEILS ERSATZTEILLAGER FÜR DEN ANDEREN.
DU WOLLTEST IMMER STÄRKER WERDEN ALS ICH.
DESHALB LASSE ICH DICH AM LEBEN... FÜR MICH SELBST...!
DAS IST DIE VERBINDUNG ZWISCHEN BRÜDERN BEI DEN UCHIHA!

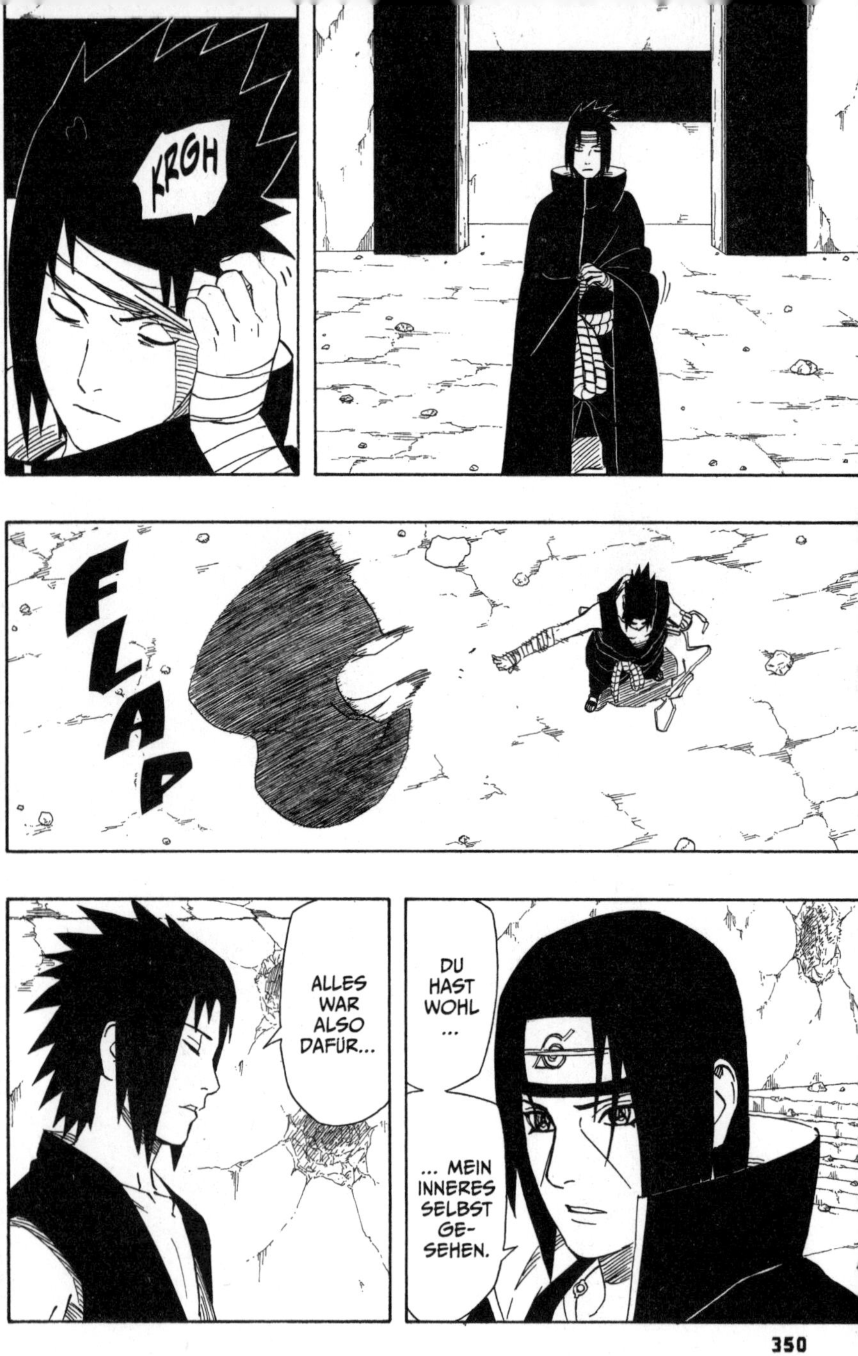
KRGH
FLAP
DU HAST WOHL ...
... MEIN INNERES SELBST GE-SEHEN.
ALLES WAR ALSO DAFÜR...

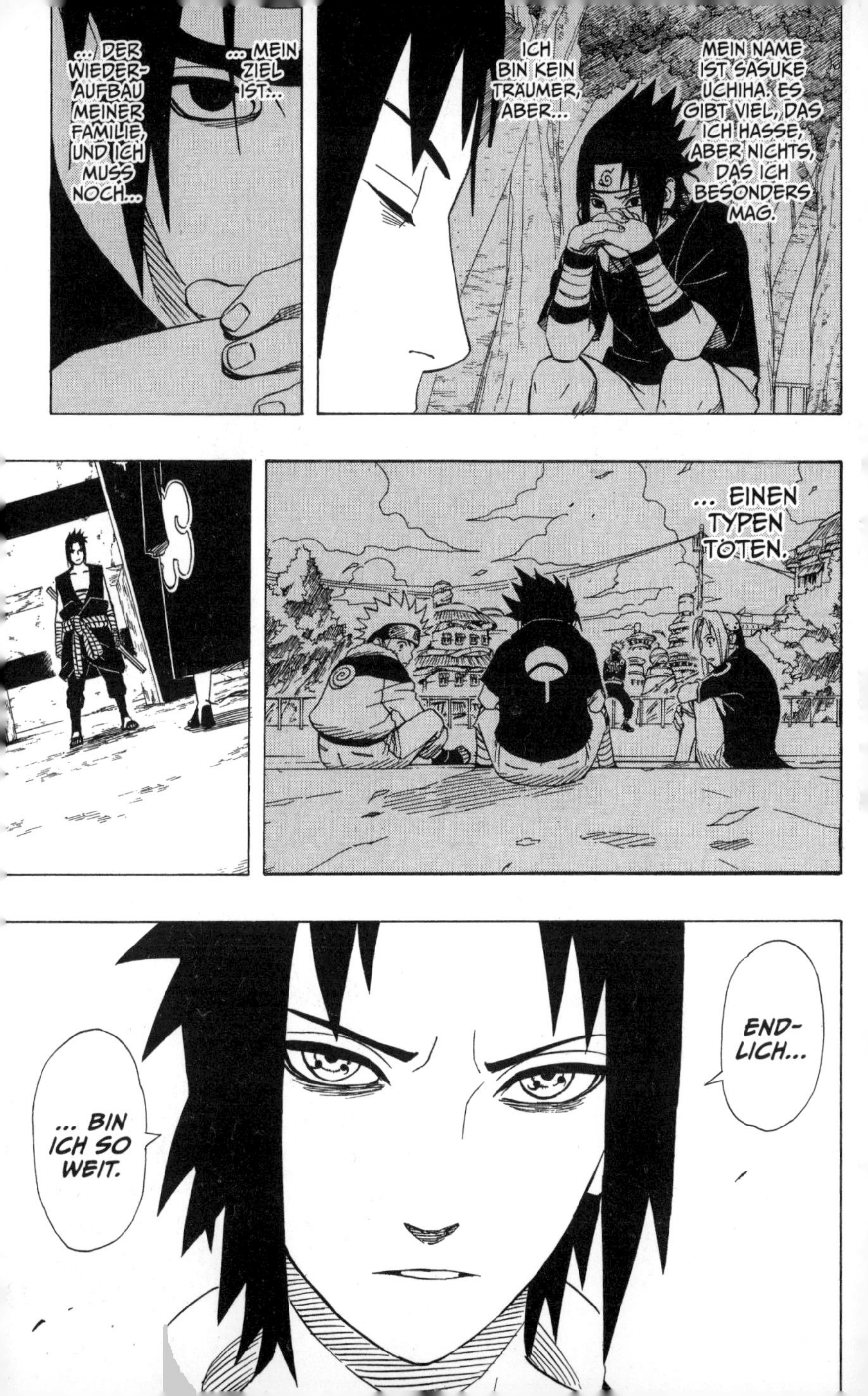
MEIN NAME IST SASUKE UCHIHA. ES GIBT VIEL, DAS ICH HASSE, ABER NICHTS, DAS ICH BESONDERS MAG.
ICH BIN KEIN TRÄUMER, ABER...
... MEIN ZIEL IST...
... DER WIEDER-AUFBAU MEINER FAMILIE, UND ICH MUSS NOCH...
... EINEN TYPEN TÖTEN.
END-LICH...
... BIN ICH SO WEIT.

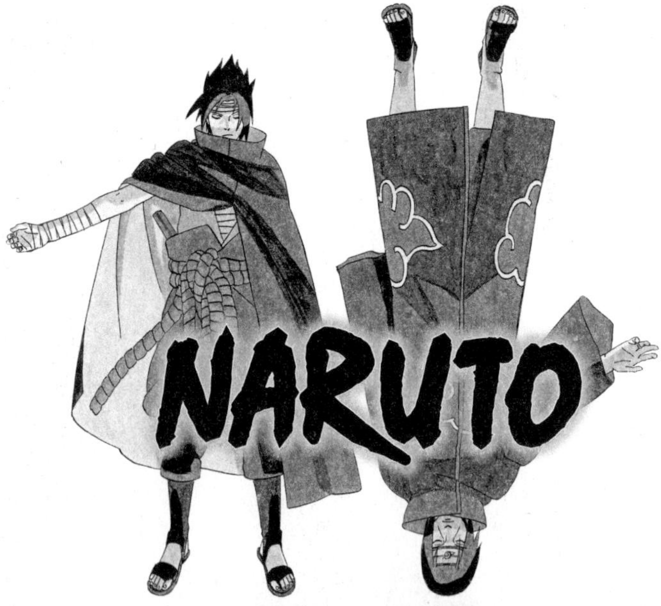
NARUTO

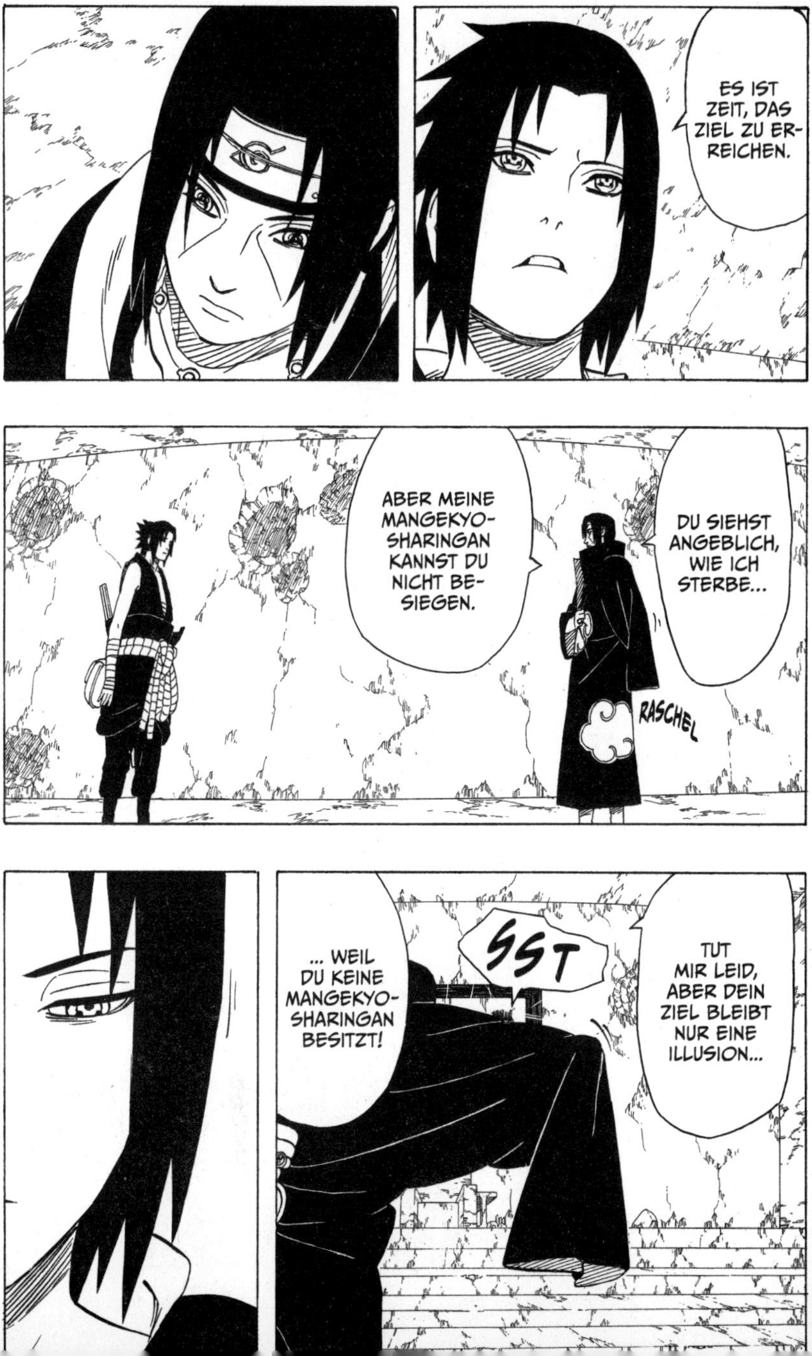
ES IST ZEIT, DAS ZIEL ZU ERREICHEN.
DU SIEHST ANGEBLICH, WIE ICH STERBE...
ABER MEINE MANGEKYO-SHARINGAN KANNST DU NICHT BESIEGEN.
RASCHEL
TUT MIR LEID, ABER DEIN ZIEL BLEIBT NUR EINE ILLUSION...
SST
... WEIL DU KEINE MANGEKYO-SHARINGAN BESITZT!

387. Kapitel: Die Realität

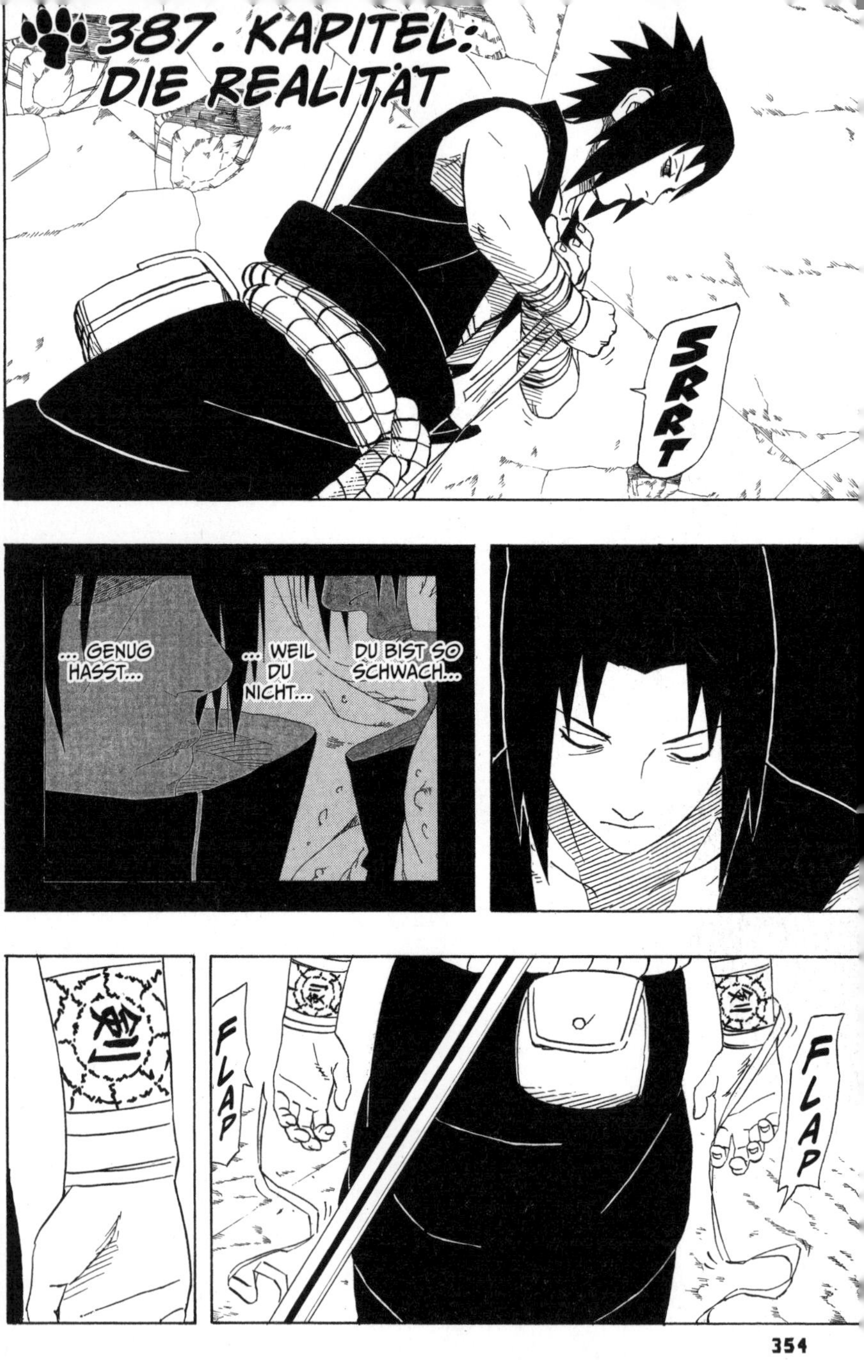

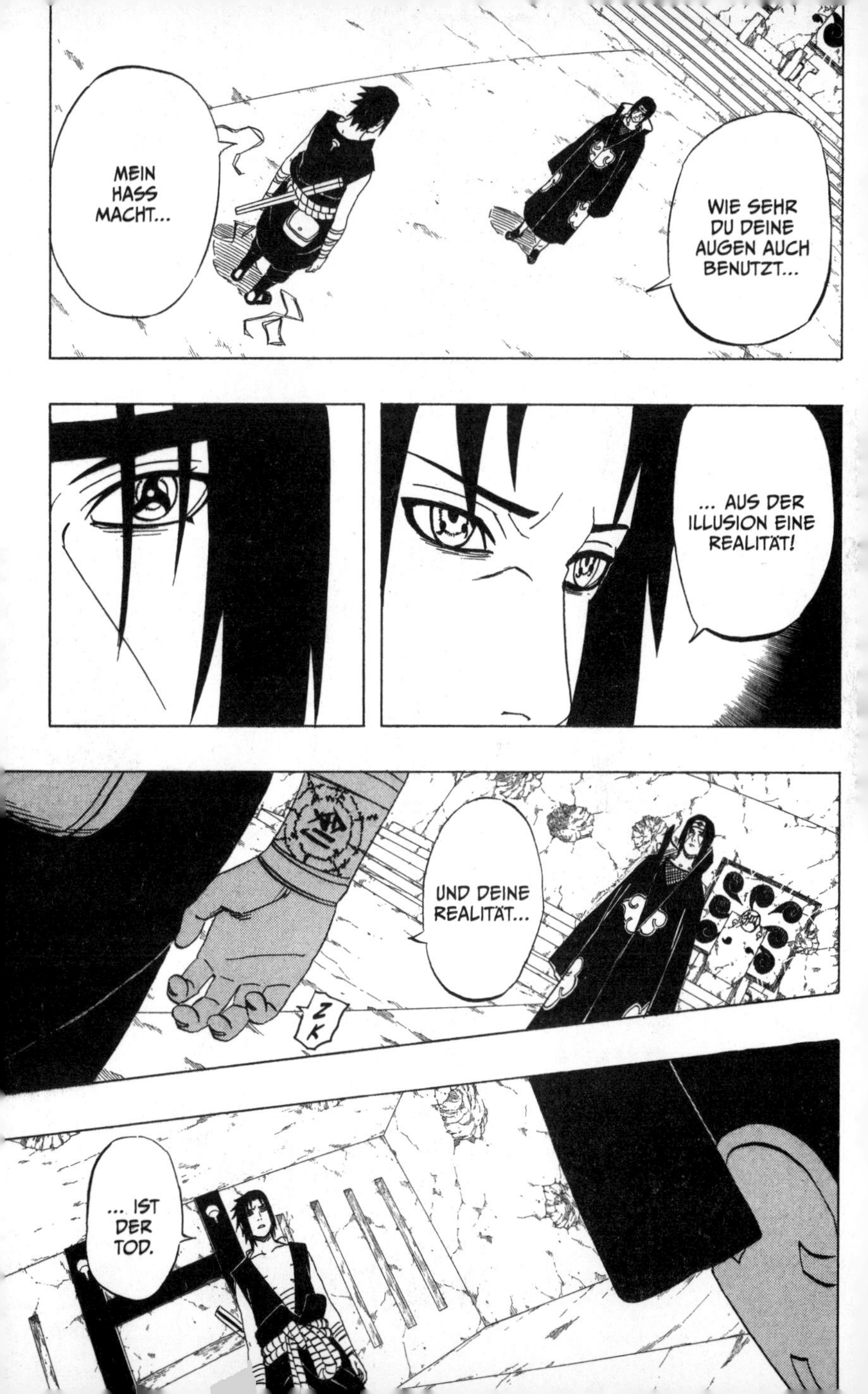
WIE SEHR DU DEINE AUGEN AUCH BENUTZT...
MEIN HASS MACHT...
... AUS DER ILLUSION EINE REALITÄT!
UND DEINE REALITÄT...
ZK
... IST DER TOD.

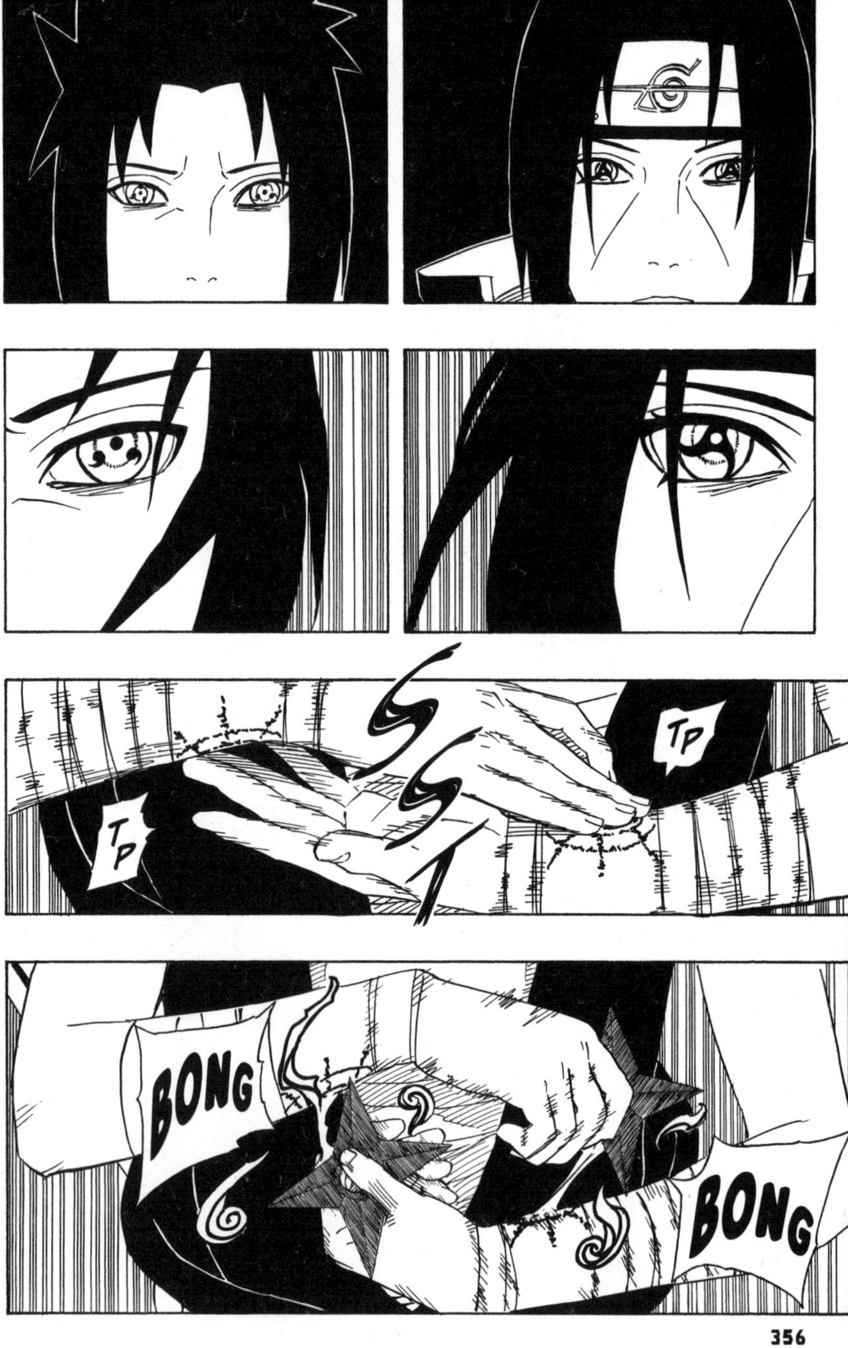
TP
TP
BONG
BONG

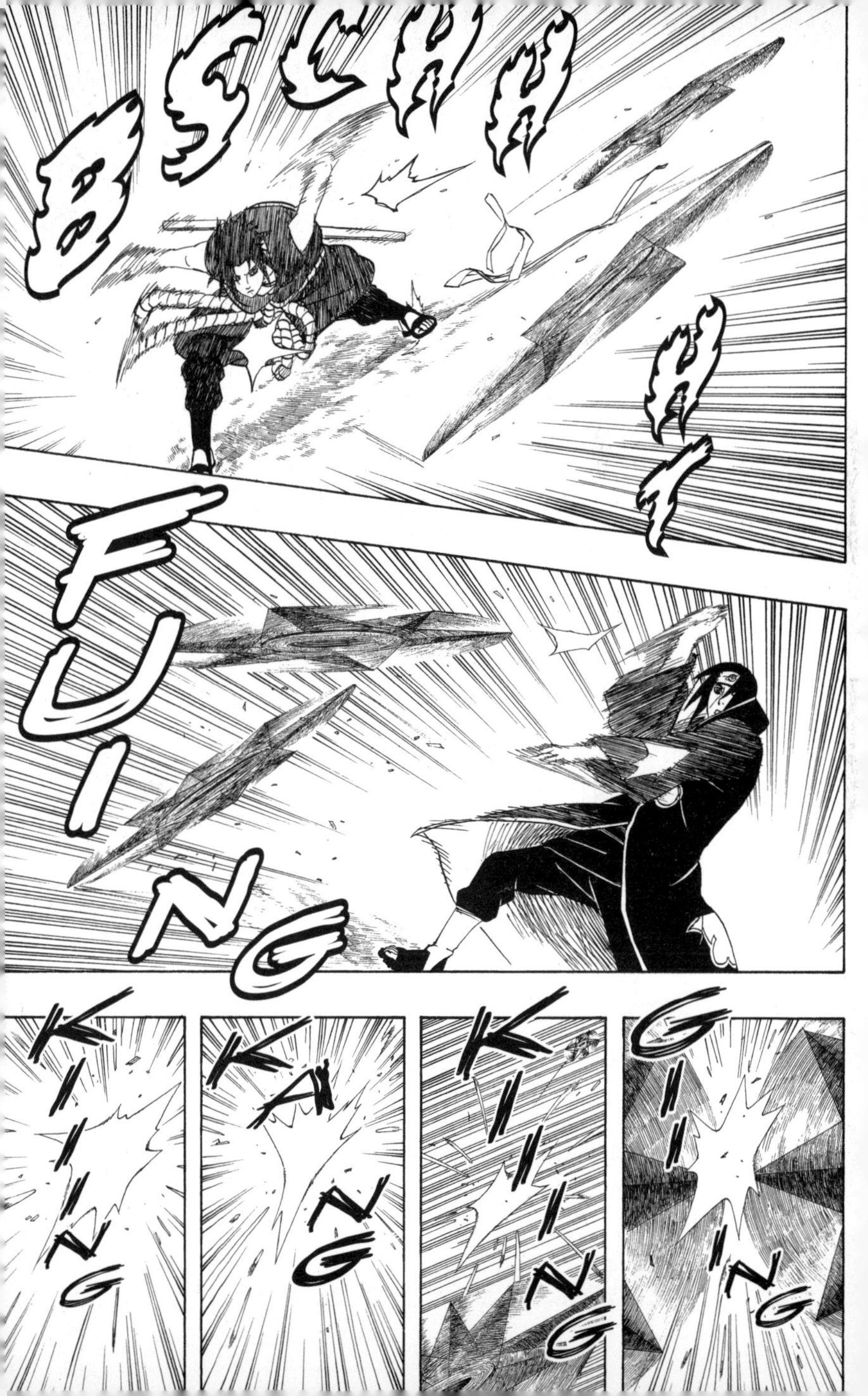
BSCHA
FUING
KIIING
KANG
KIIIING
GIIING

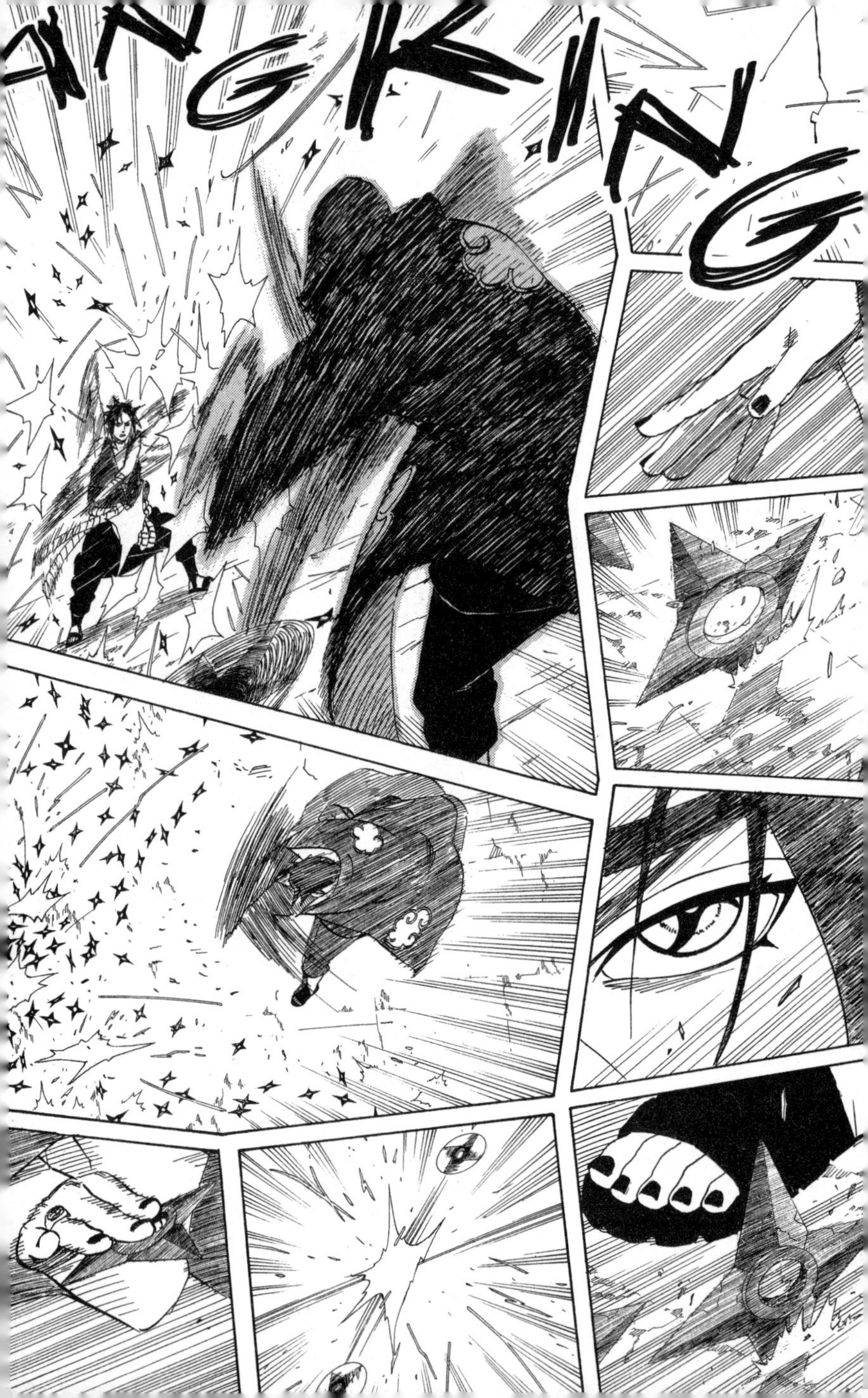

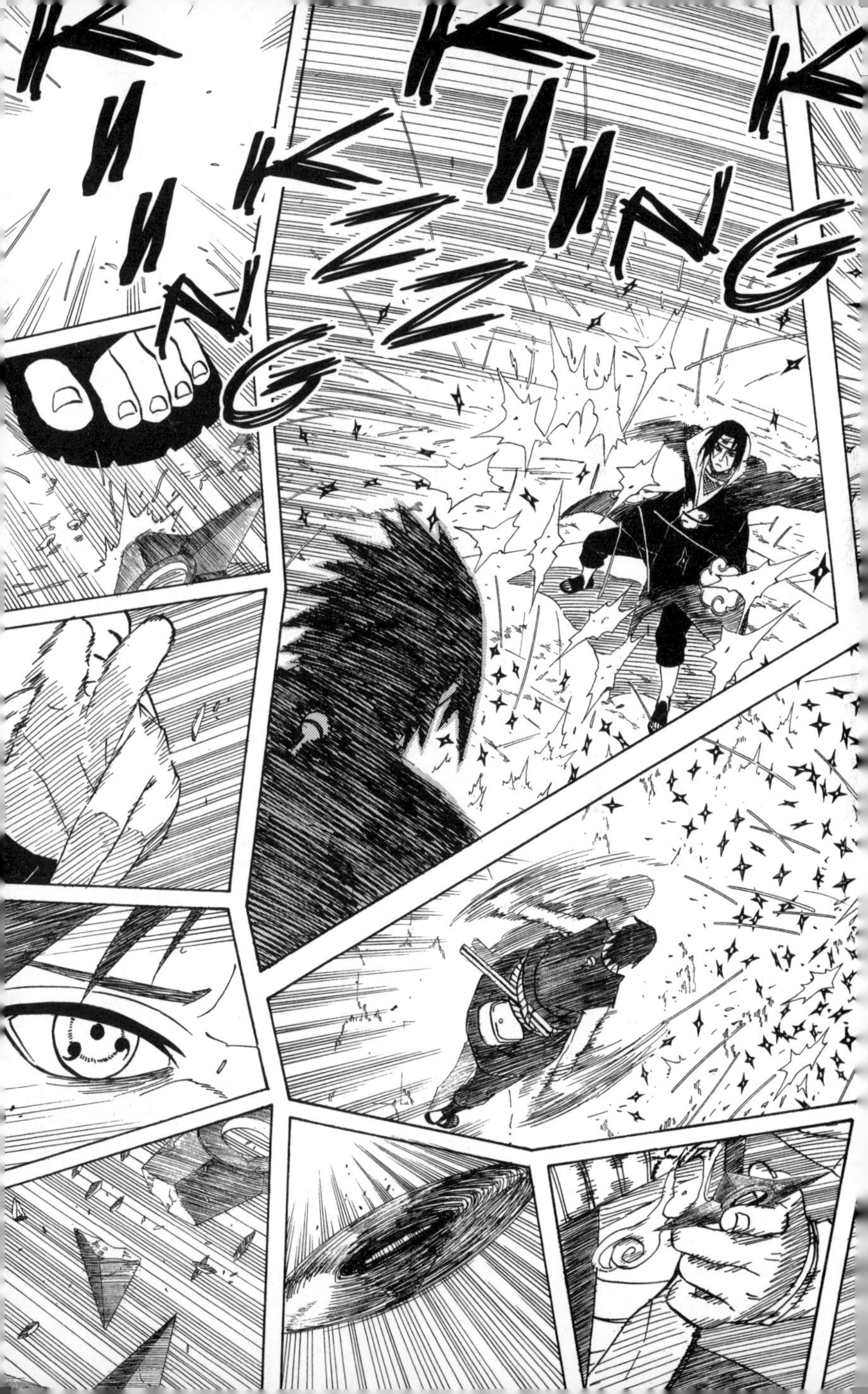
KNNNG
KNNG
KNNNG
K

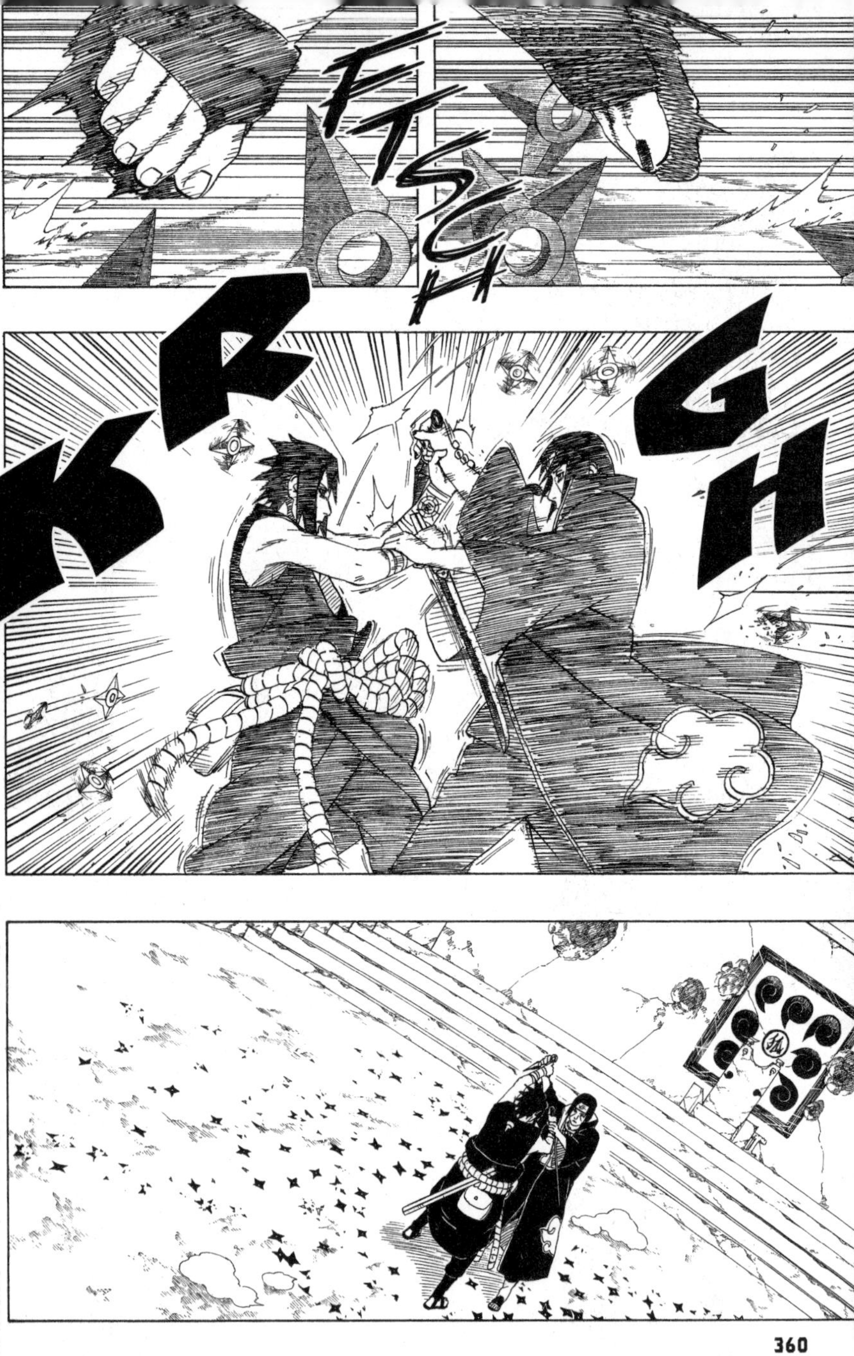
FTSCH
KRGH

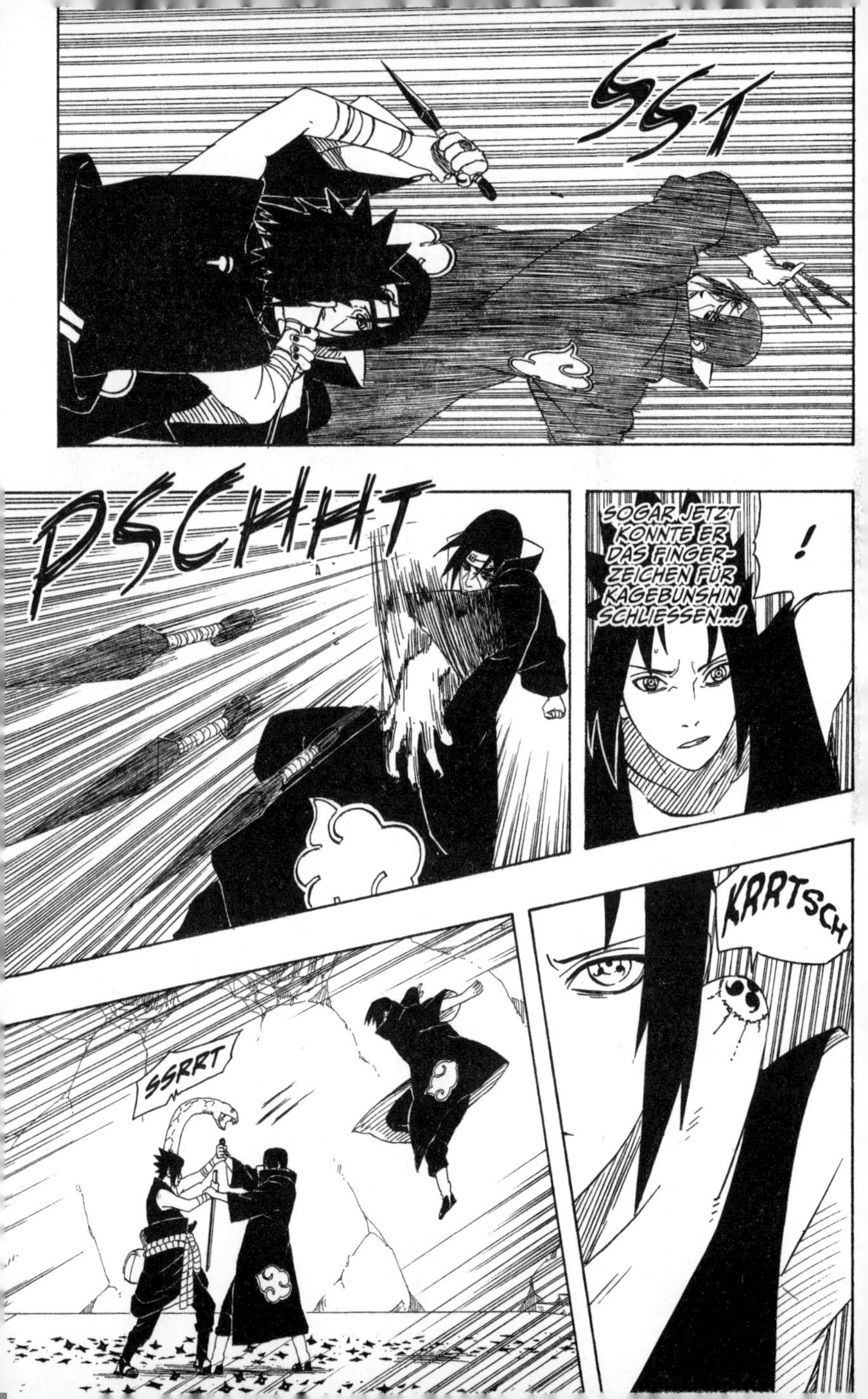

SST
!
SOGAR JETZT KONNTE ER DAS FINGER-ZEICHEN FÜR KAGEBUNSHIN SCHLIESSEN...!
PSCHHT
KRRTSCH
SSRRT

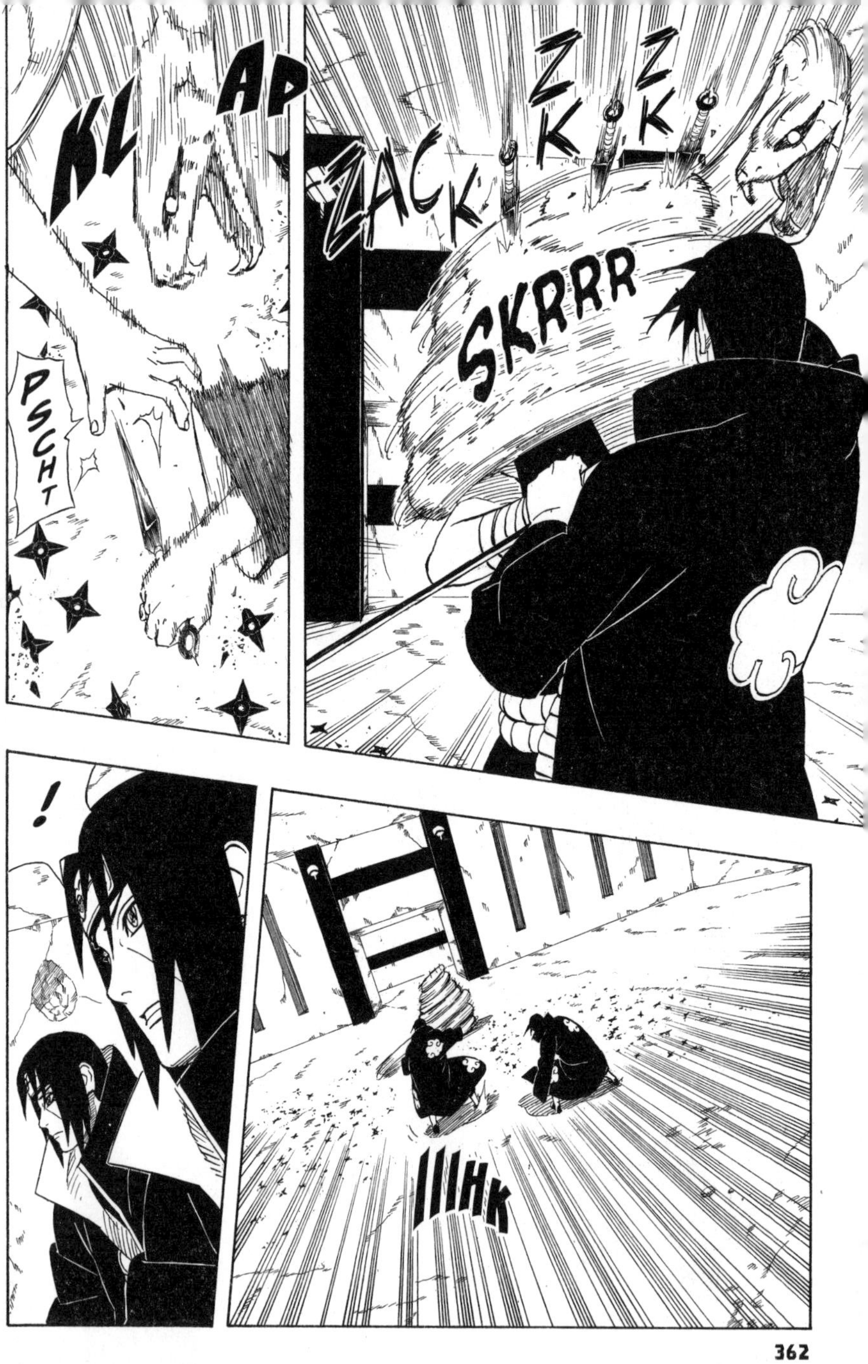

ZACK
SKRRR
KL AP
PSCHT
IIIHK
!

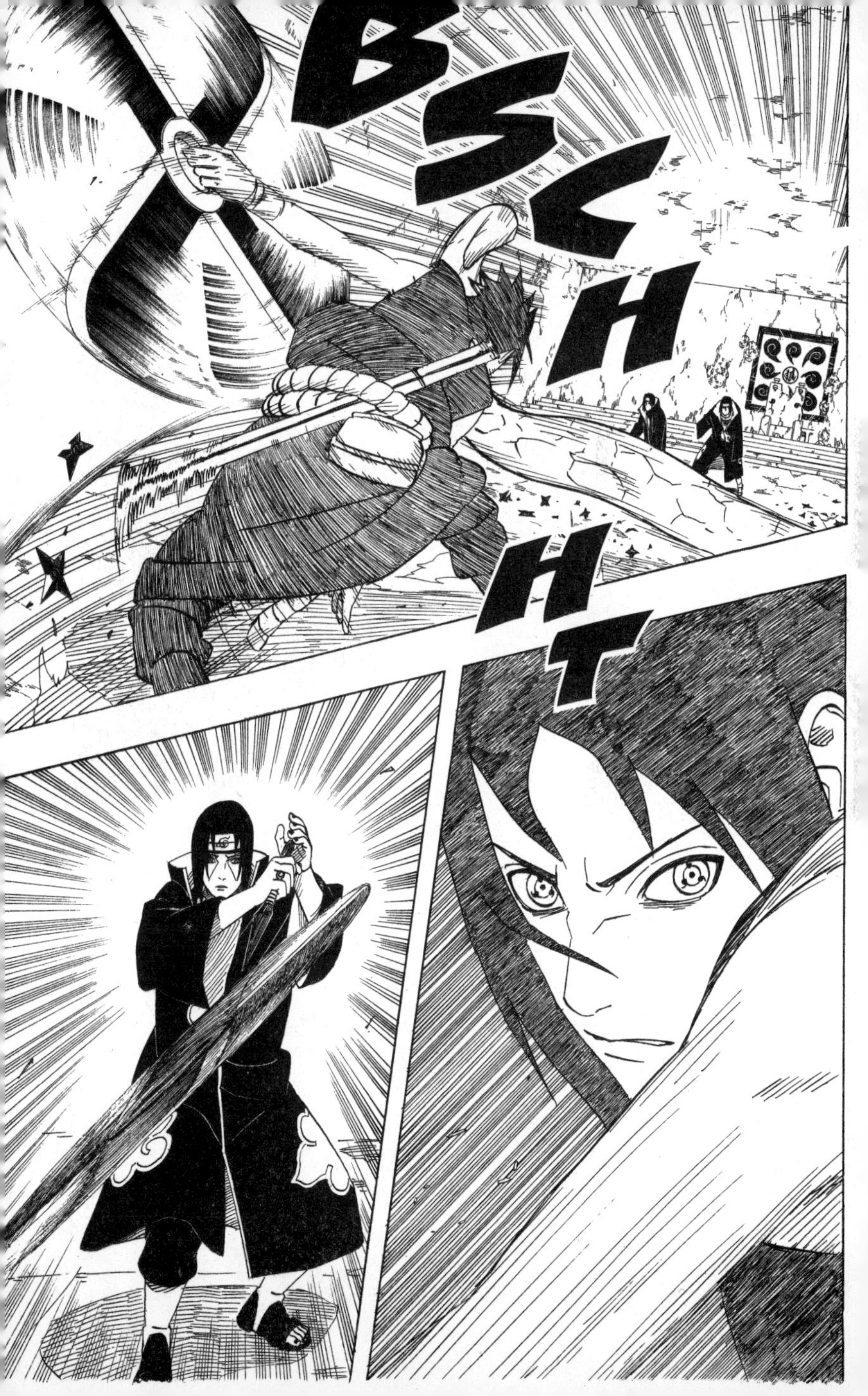
BSCHHT

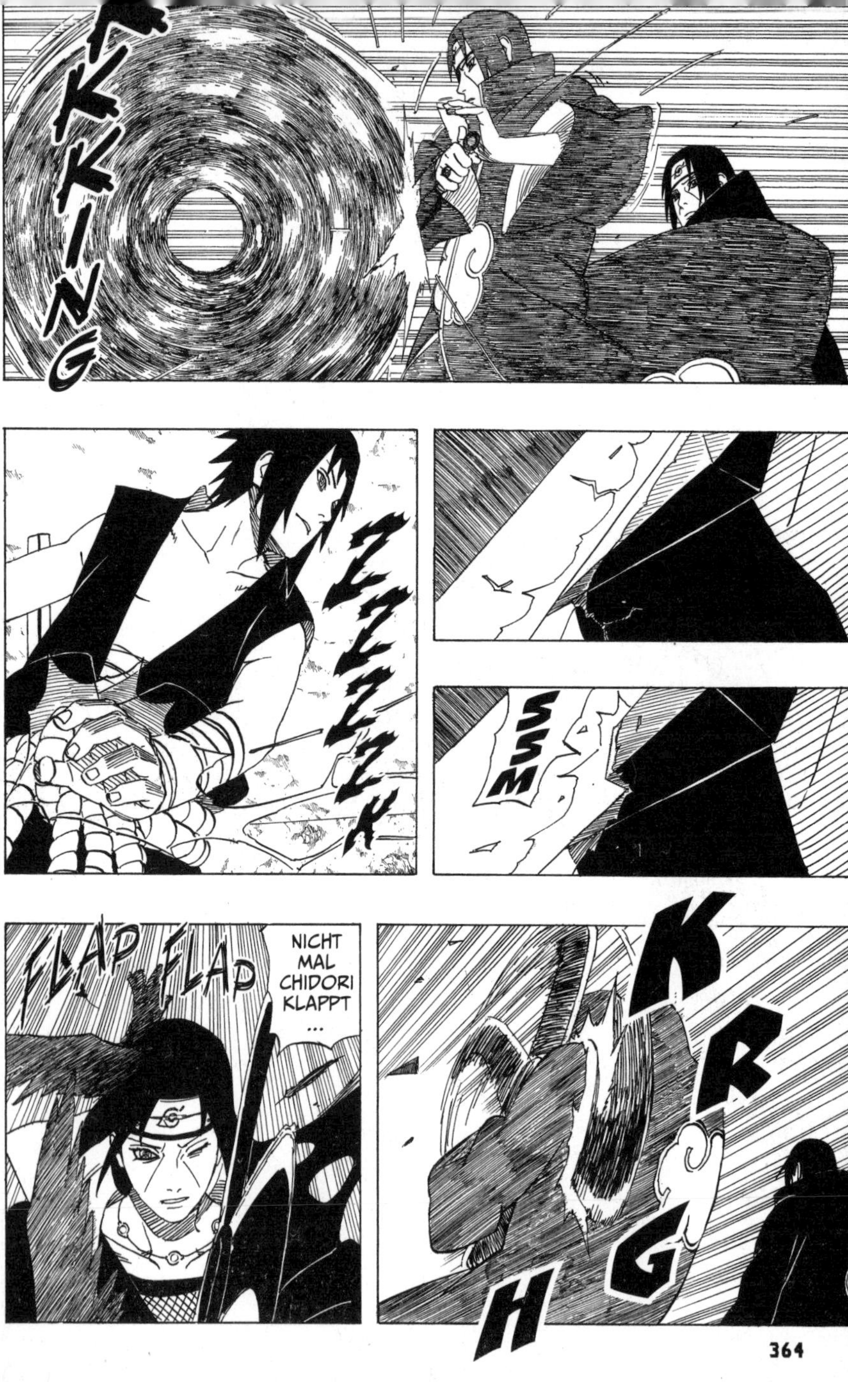
KKKING
ZZZZZZK
SSM
KRG
H
NICHT MAL CHIDORI KLAPPT ...
FLAP FLAP

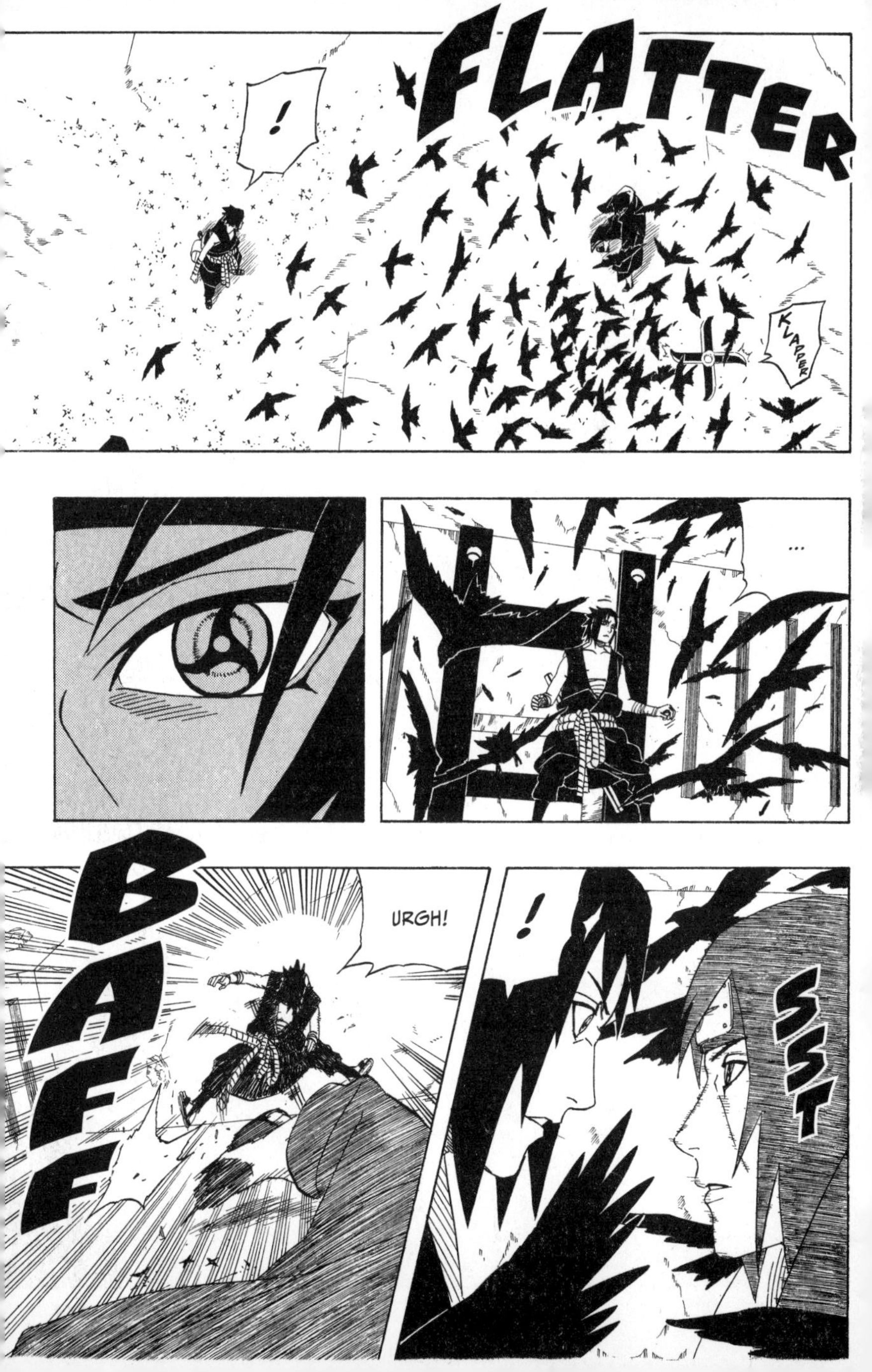

FLATTER
!
KLAPPER
...
SST
!
URGH!
BAFF

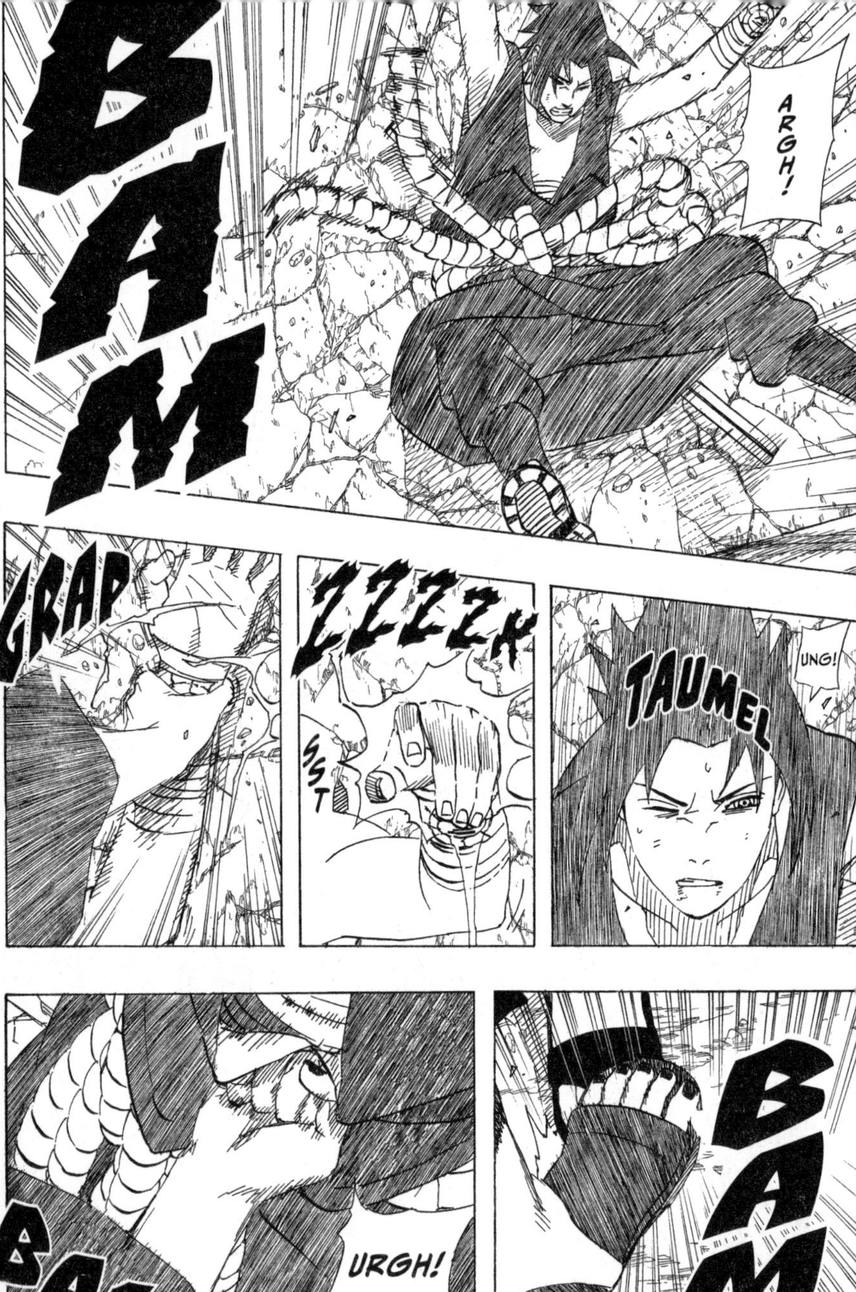
ARGH!
BAM
UNG!
TAUMEL
ZZZZK
SST
GRAP
BAM
URGH!
BAFF

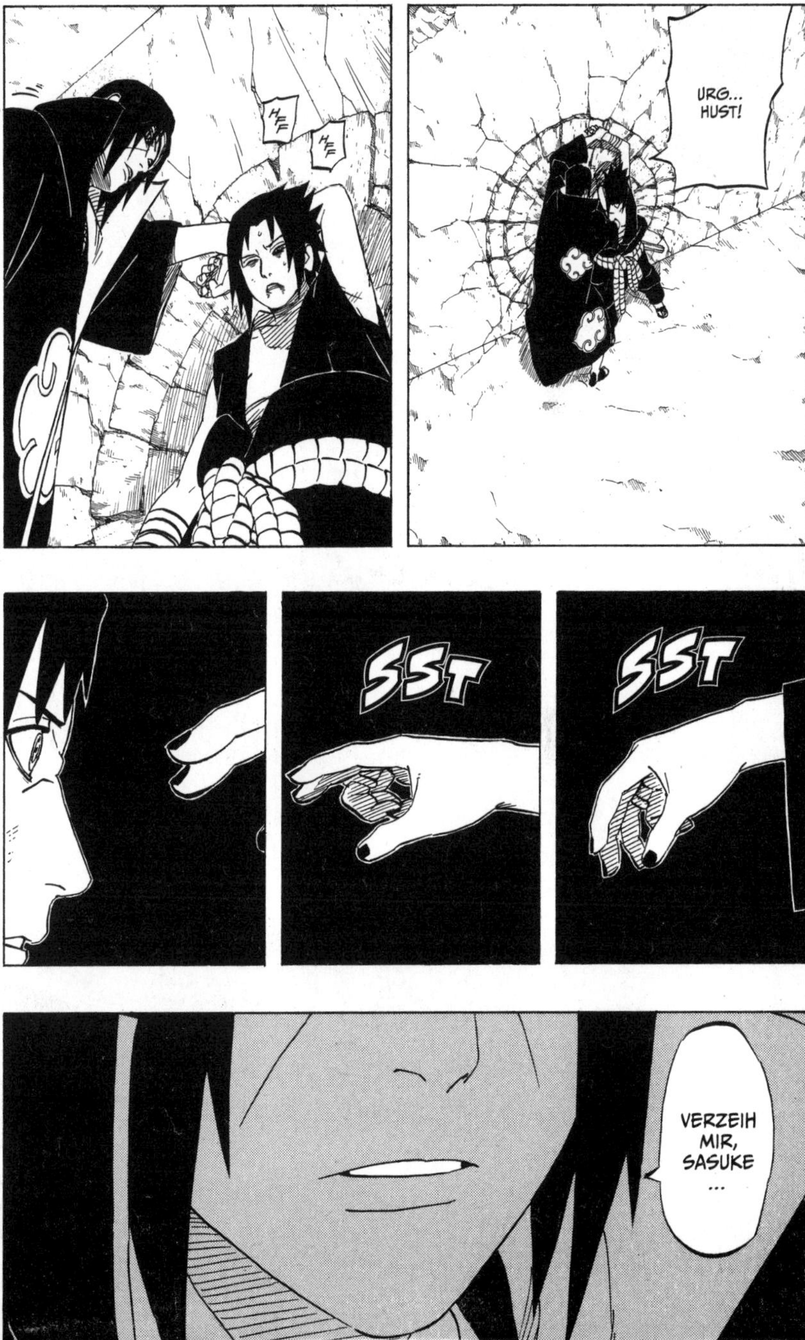
URG... HUST!
HEF
HEF
SST
SST
VERZEIH MIR, SASUKE ...

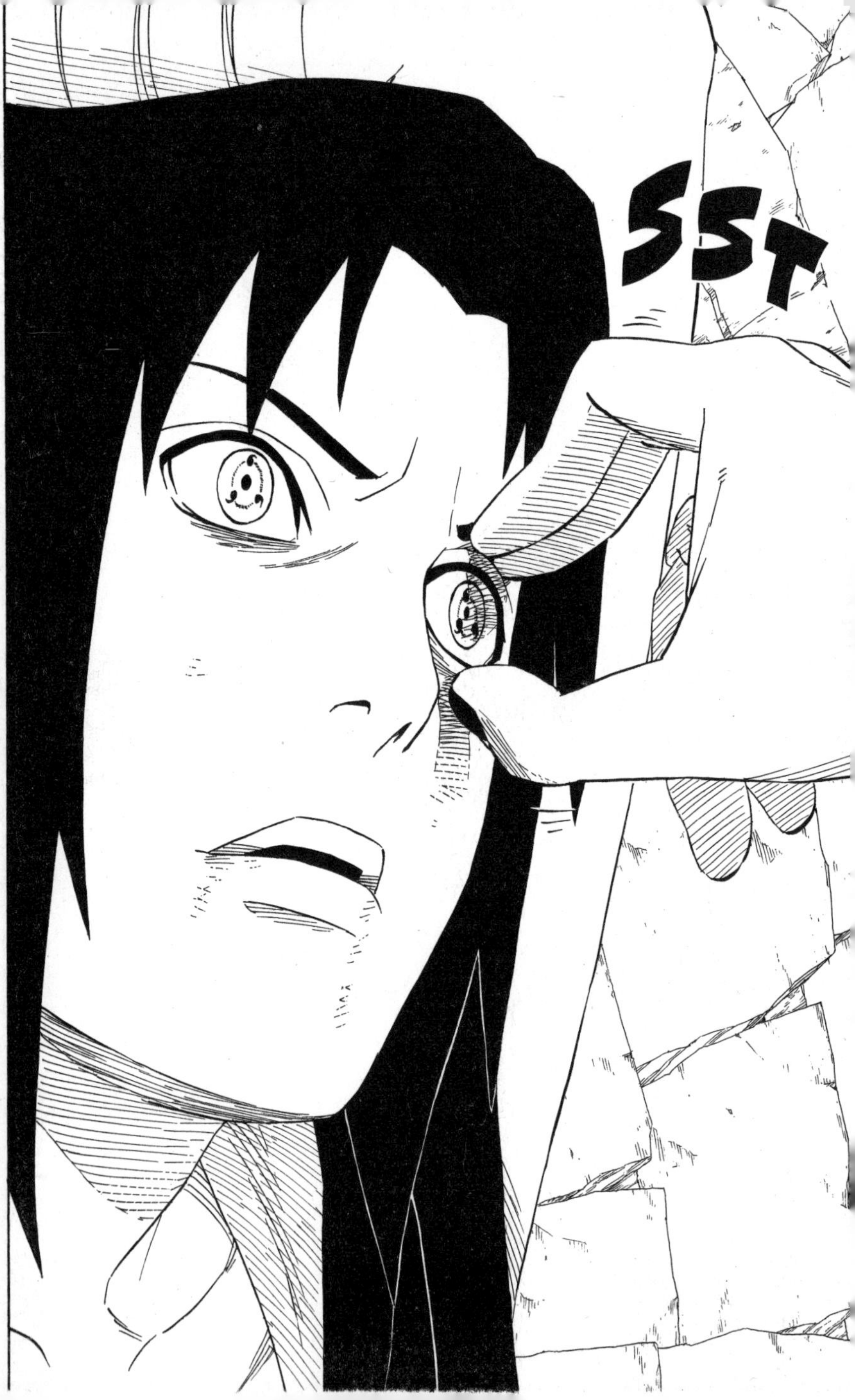
SST

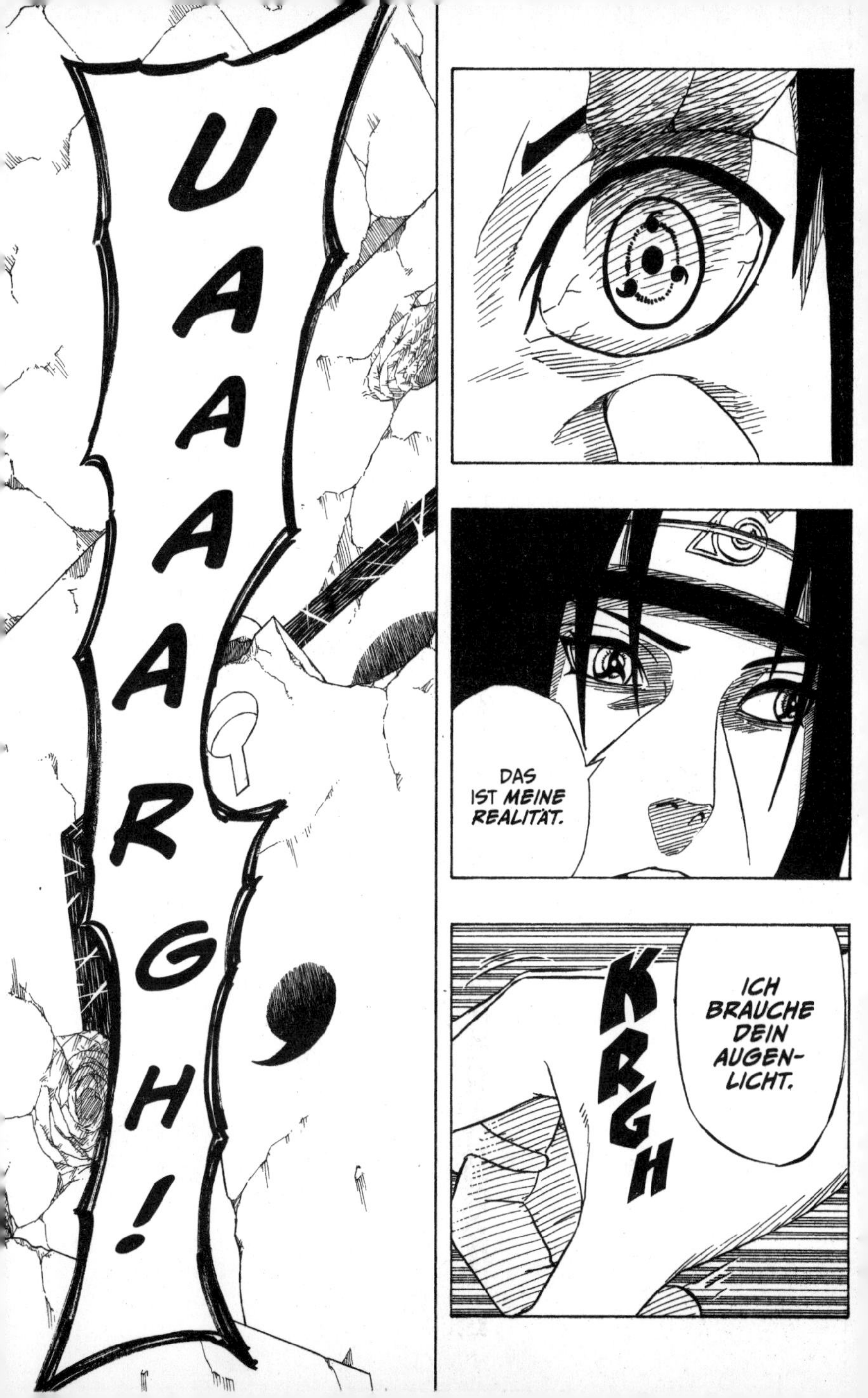
DAS IST MEINE REALITÄT.
ICH BRAUCHE DEIN AUGEN-LICHT.
KRGH
UAAAARGH!

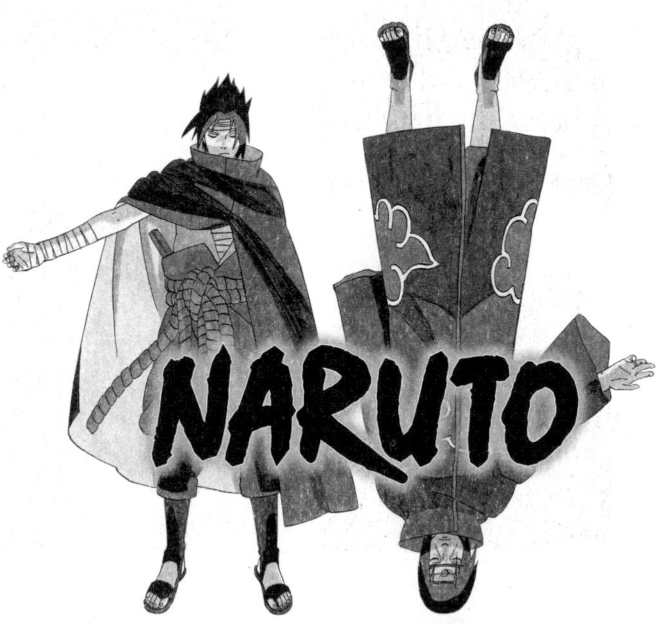
NARUTO

388. Kapitel: Der Kräfteunterschied

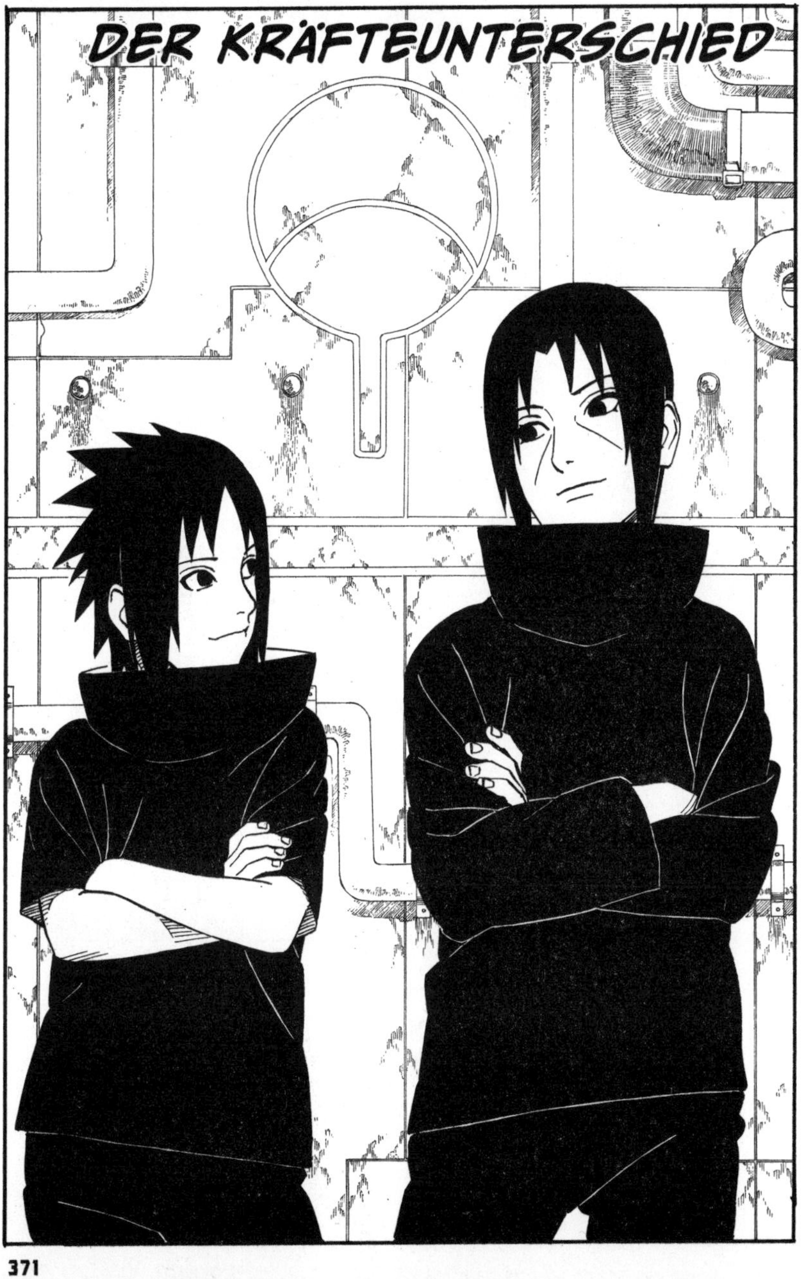

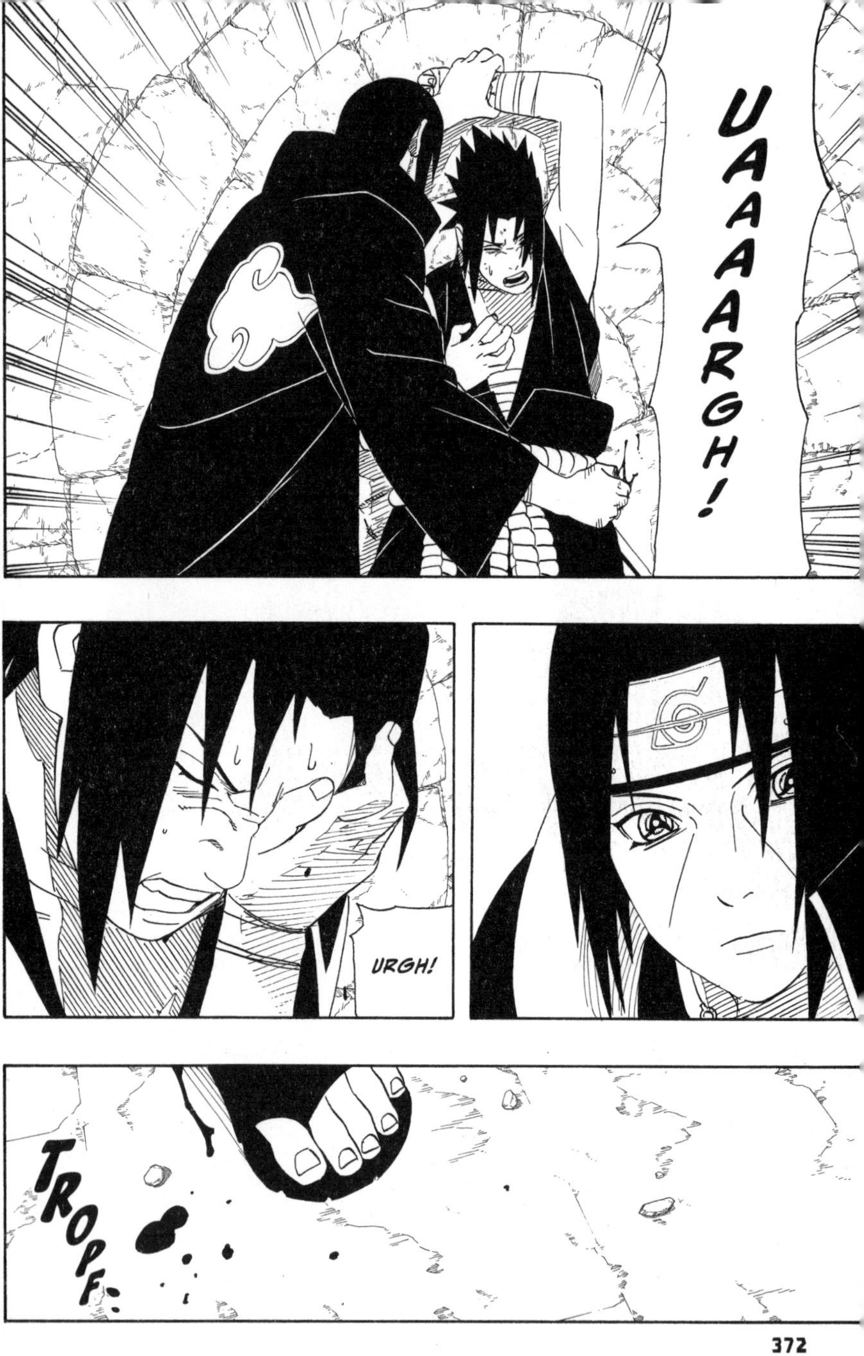
UAAAARGH!
URGH!
TROPF

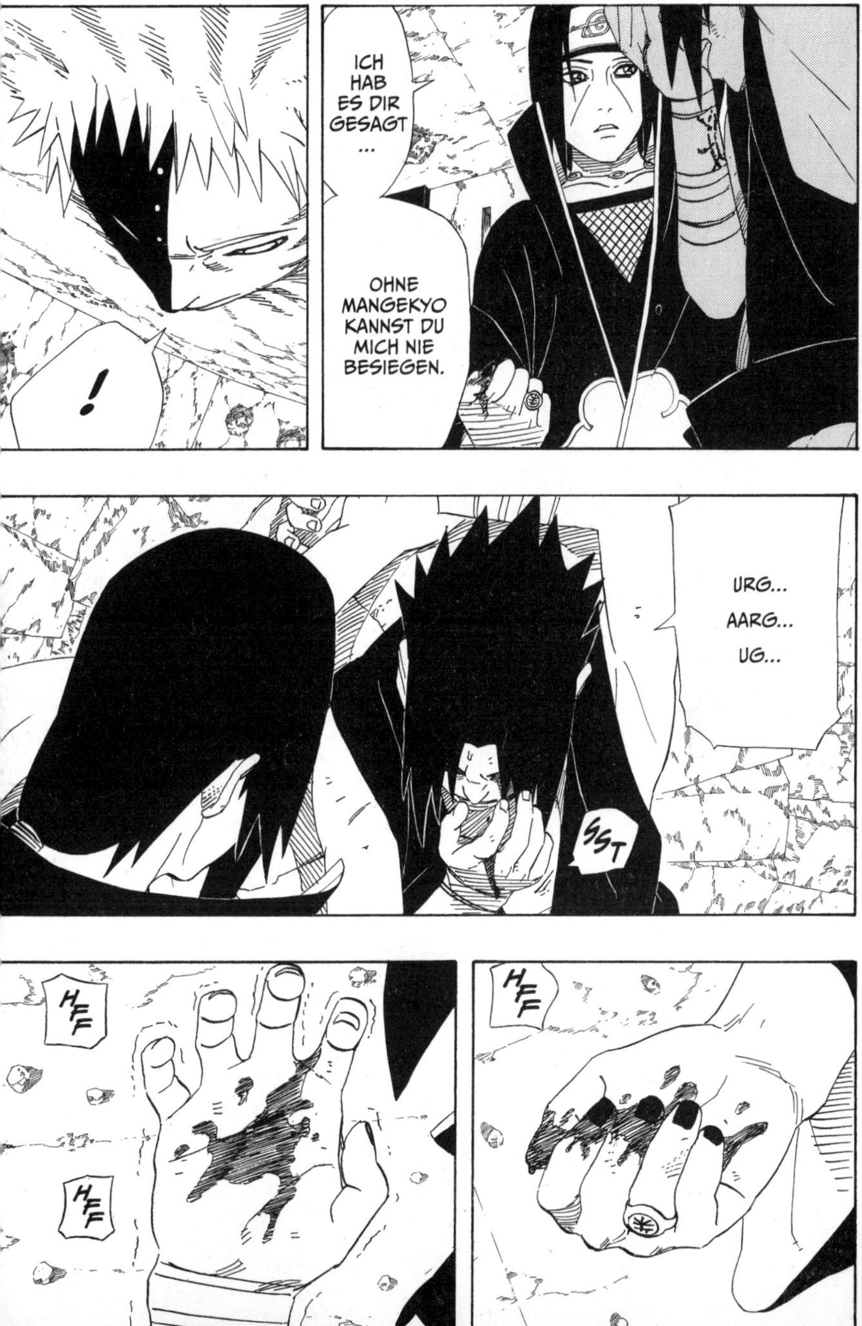

ICH HAB ES DIR GESAGT ...
OHNE MANGEKYO KANNST DU MICH NIE BESIEGEN.
!
URG... AARG... UG...
SST
HFF
HFF
HFF

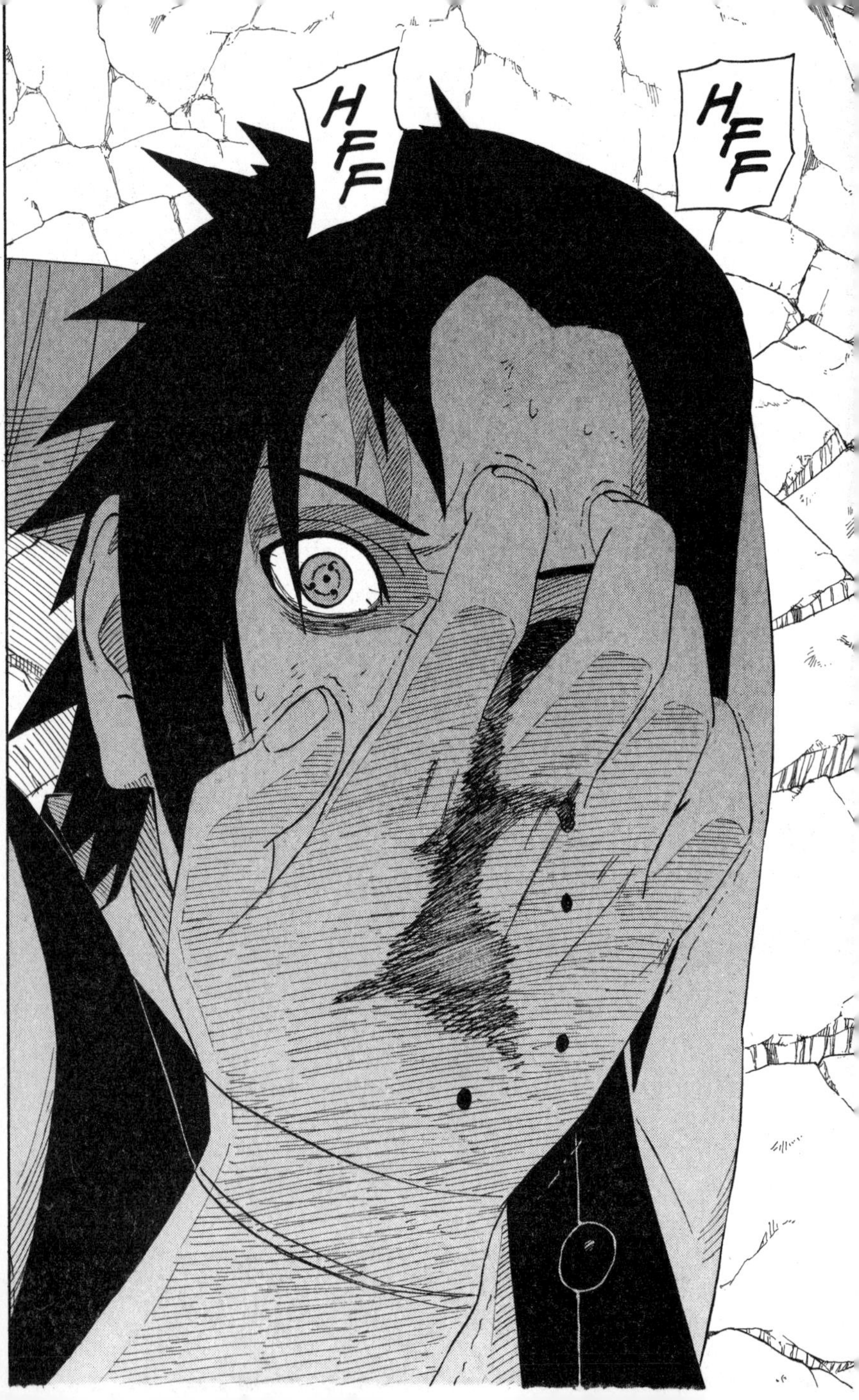
HFF
HFF

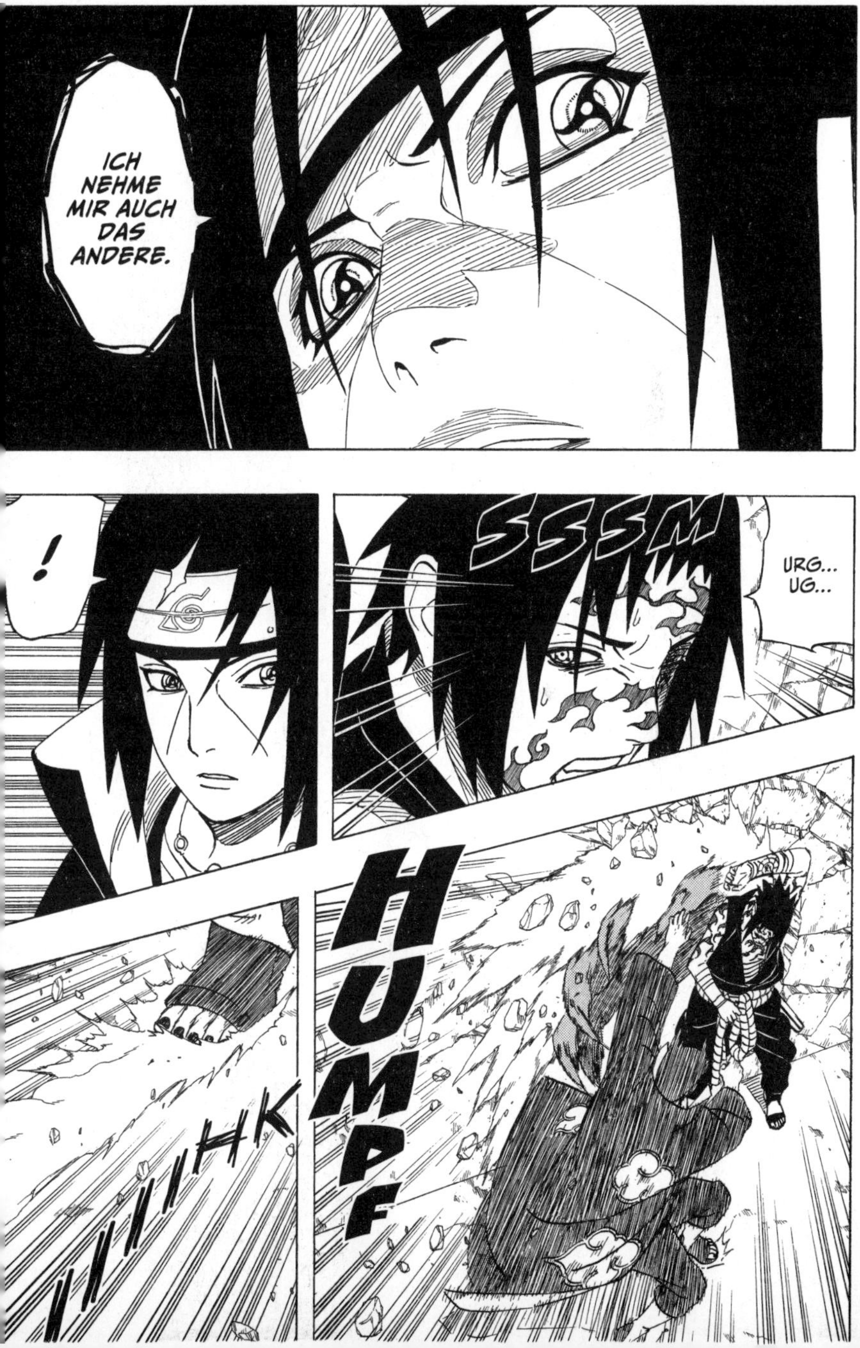
ICH NEHME MIR AUCH DAS ANDERE.
URG... UG...
SSSM
!
HUMPF
WHHHHHK

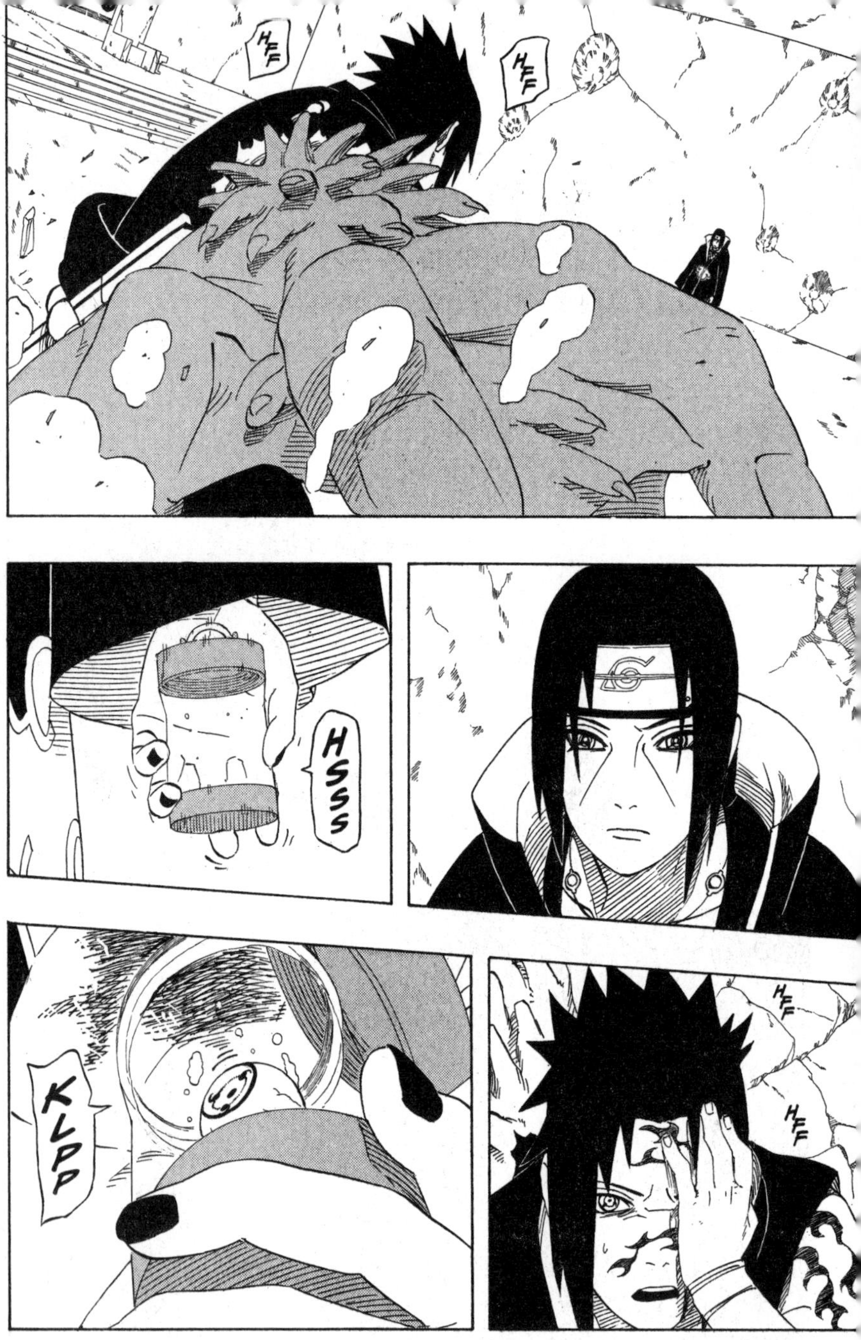
HFF
HFF
HSSS
KLPP
HFF
HFF

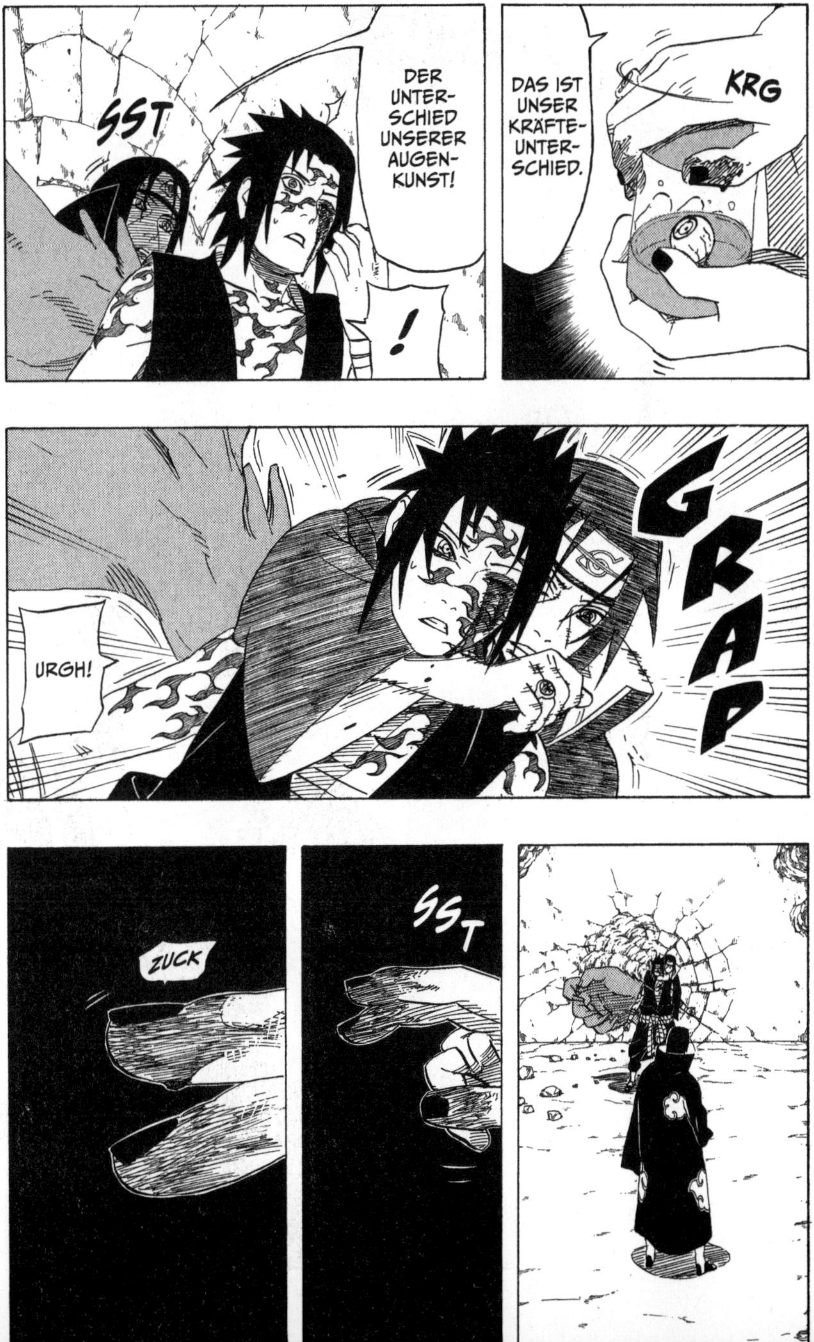
KRG
DAS IST UNSER KRÄFTE-UNTER-SCHIED.
DER UNTER-SCHIED UNSERER AUGEN-KUNST!
SST
!
GRAP
URGH!
SST
ZUCK

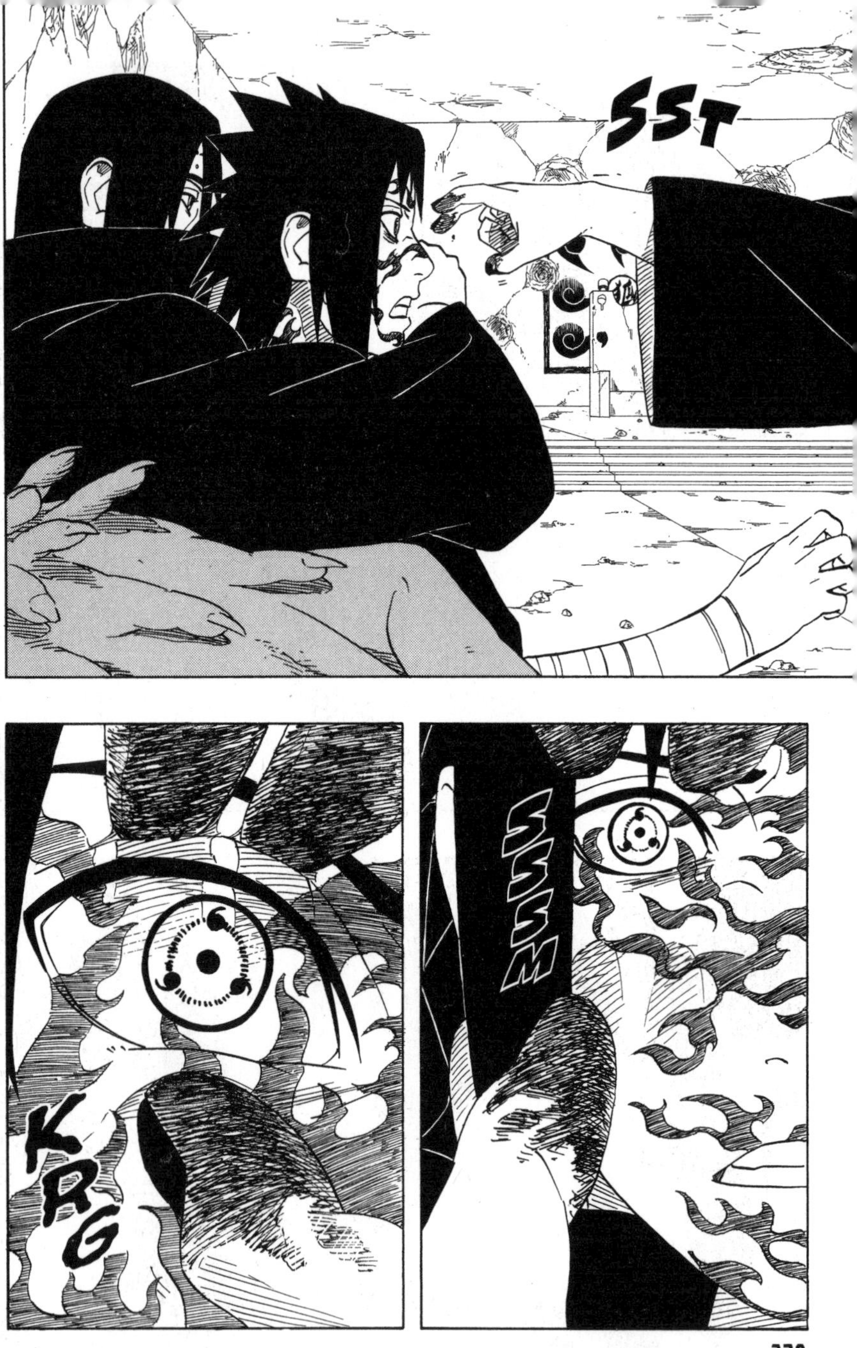
SST
SSSM
KRG

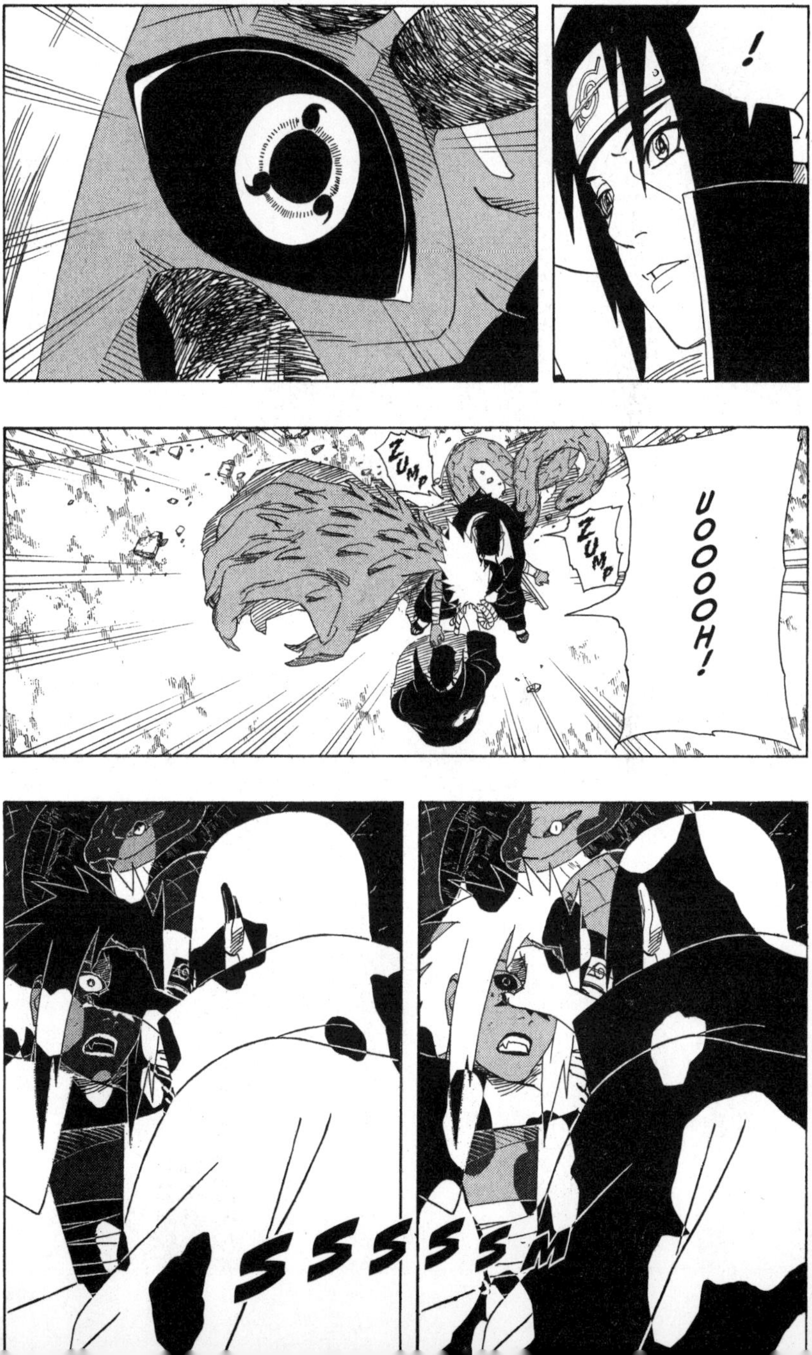

!
ZUMP
ZUMP
UOOOOOH!
SSSSSM

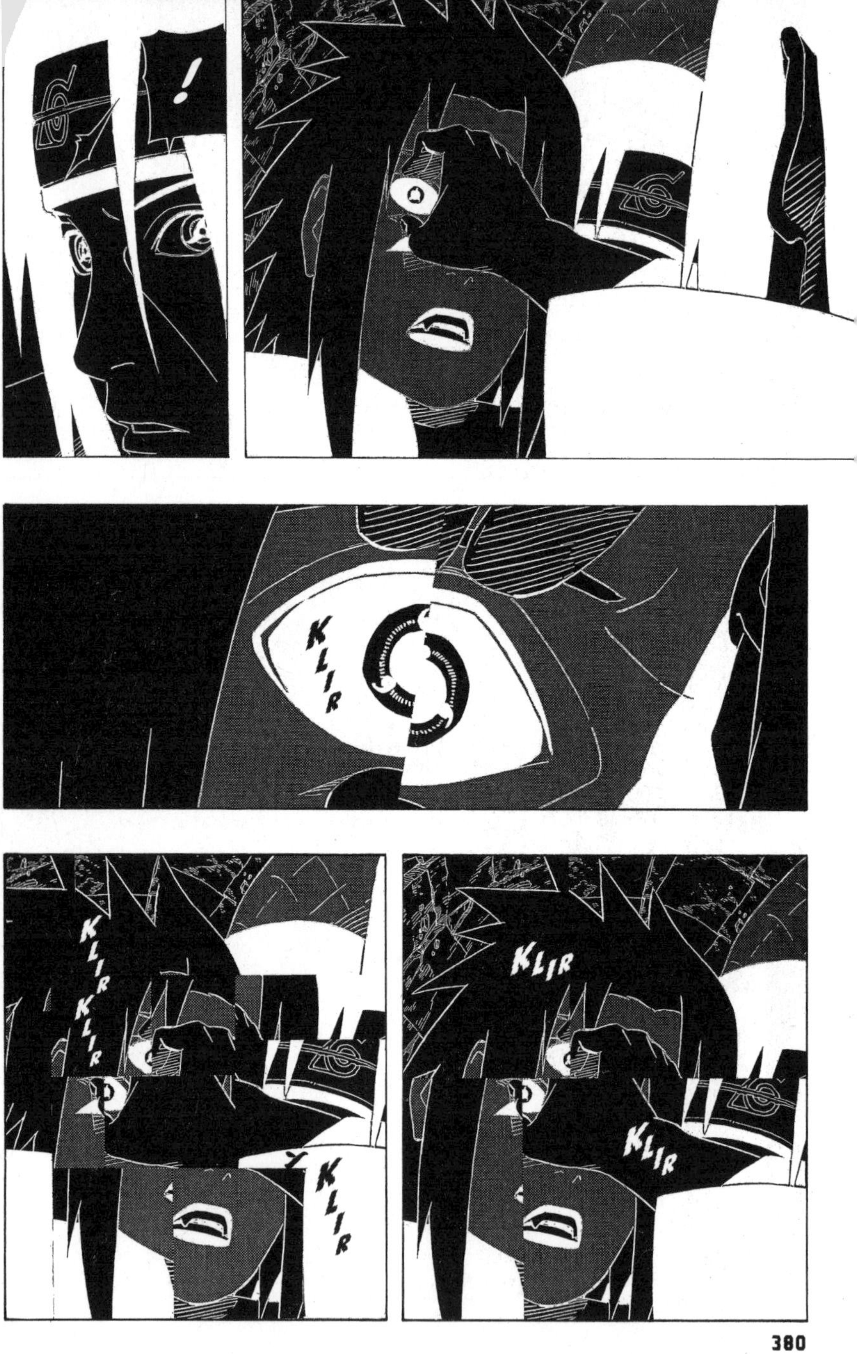
!
KLIR
KLIR
KLIR
KLIR
KLIR
KLIR
KLIR

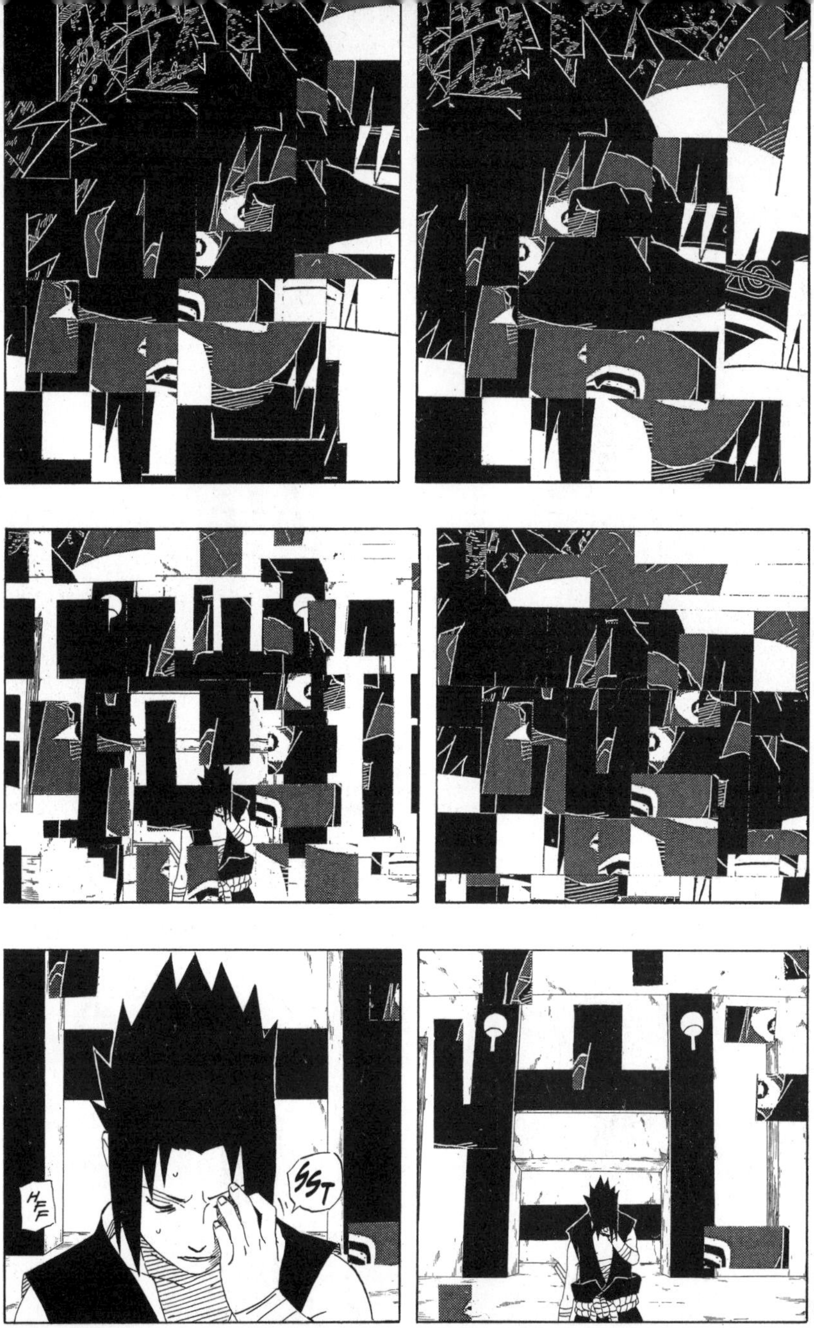
SST
HFF

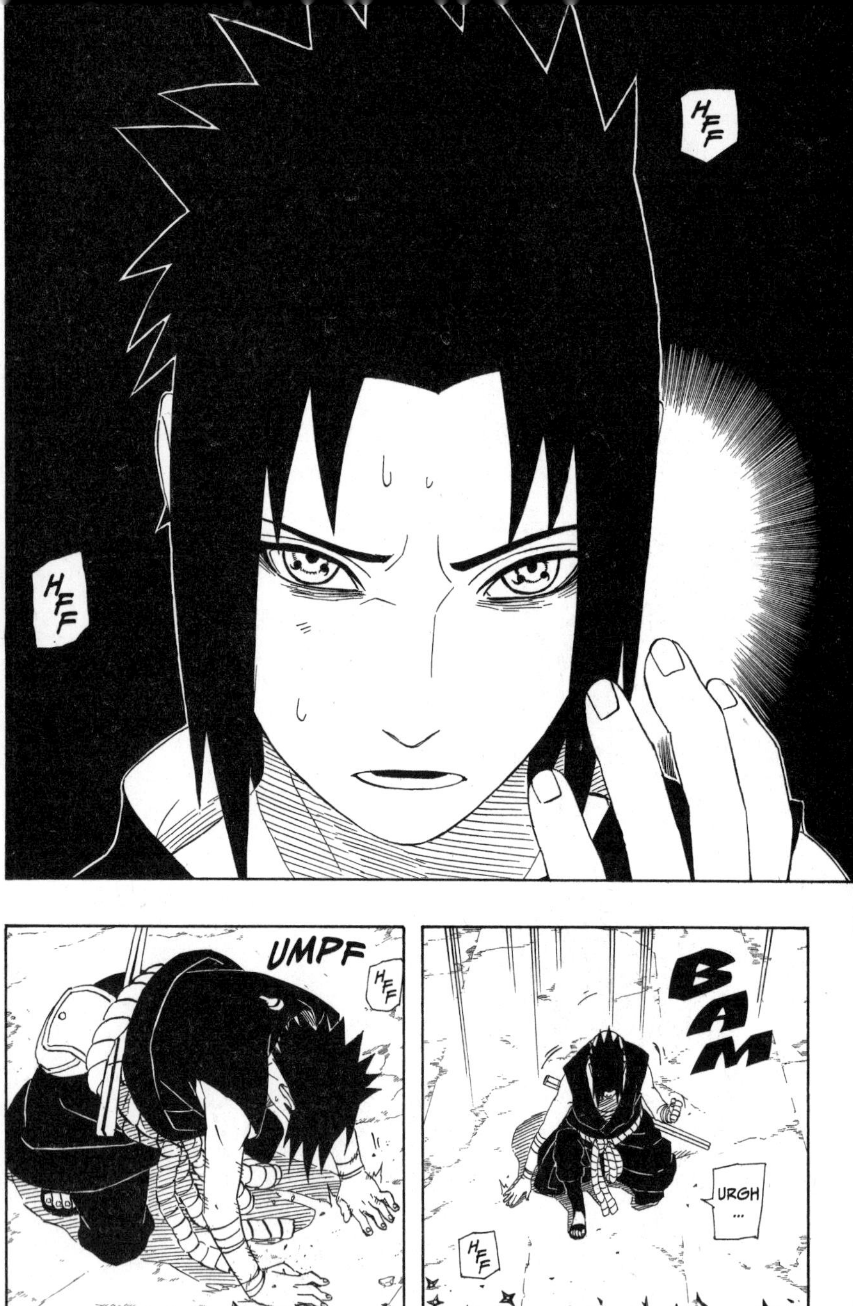
HFF
HFF
UMPF
HFF
BAM
URGH ...
HFF

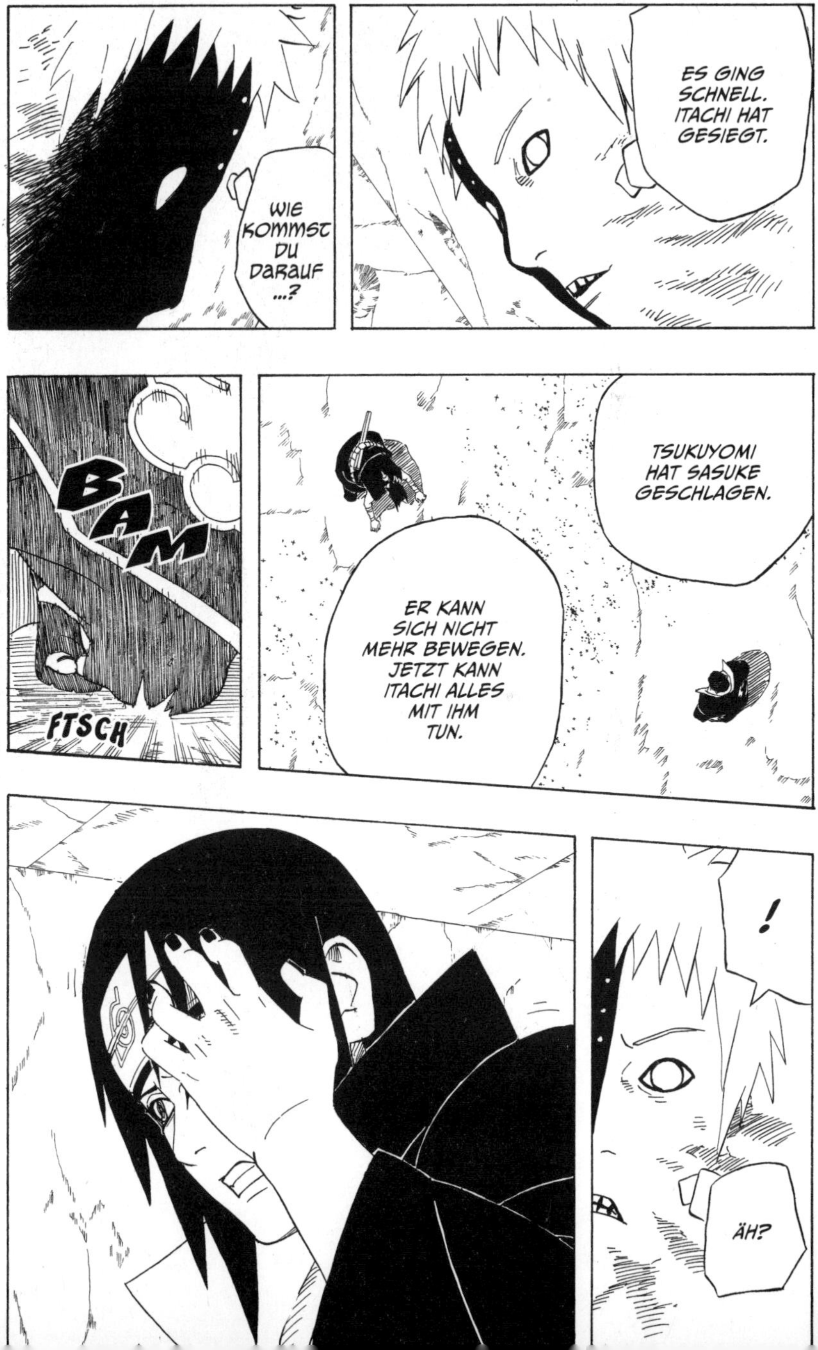
ES GING SCHNELL. ITACHI HAT GESIEGT.
WIE KOMMST DU DARAUF ...?
TSUKUYOMI HAT SASUKE GESCHLAGEN.
ER KANN SICH NICHT MEHR BEWEGEN. JETZT KANN ITACHI ALLES MIT IHM TUN.
BAM
FTSCH
!
ÄH?

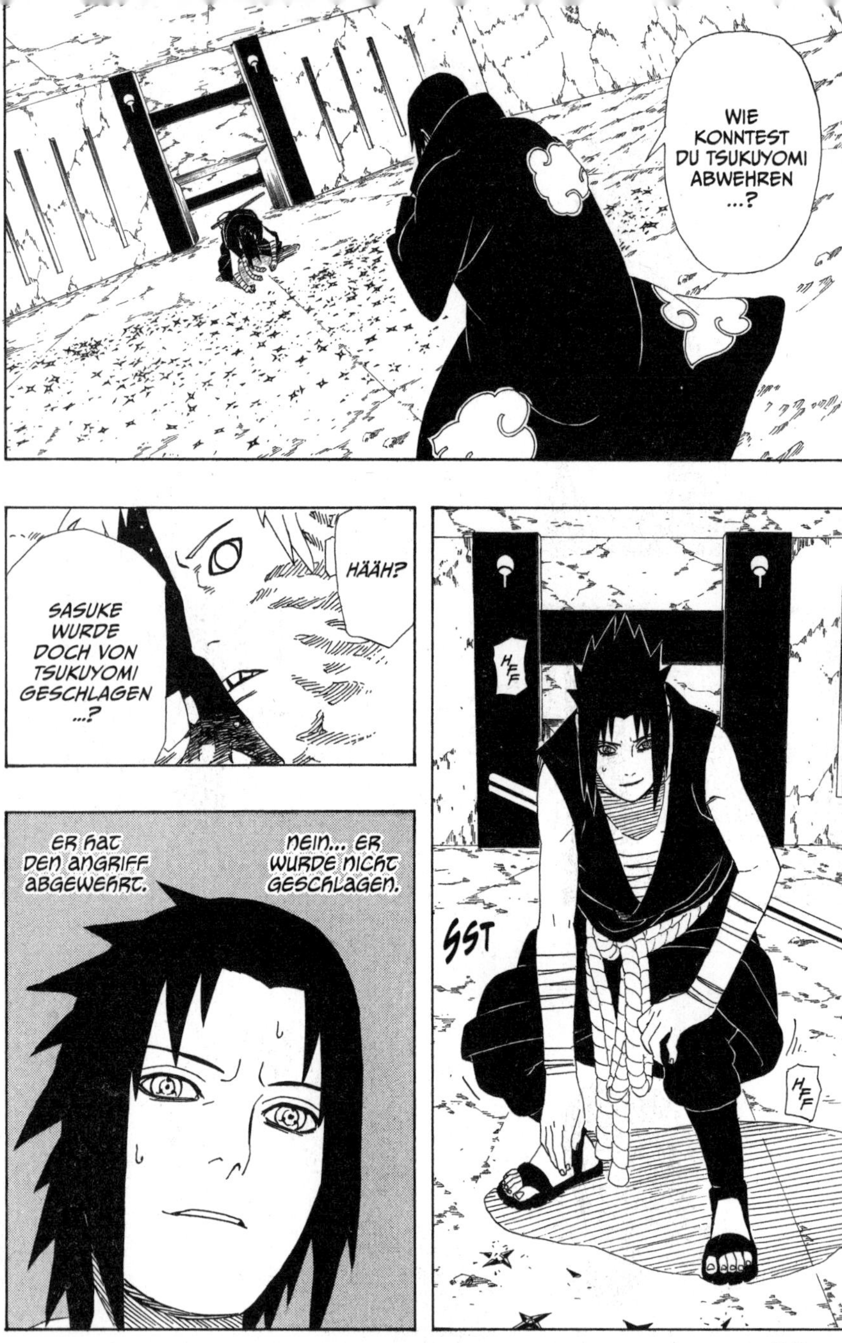
WIE KONNTEST DU TSUKUYOMI ABWEHREN ...?
HÄÄH?
SASUKE WURDE DOCH VON TSUKUYOMI GESCHLAGEN ...?
HFF
SST
HFF
NEIN... ER WURDE NICHT GESCHLAGEN.
ER HAT DEN ANGRIFF ABGEWEHRT.

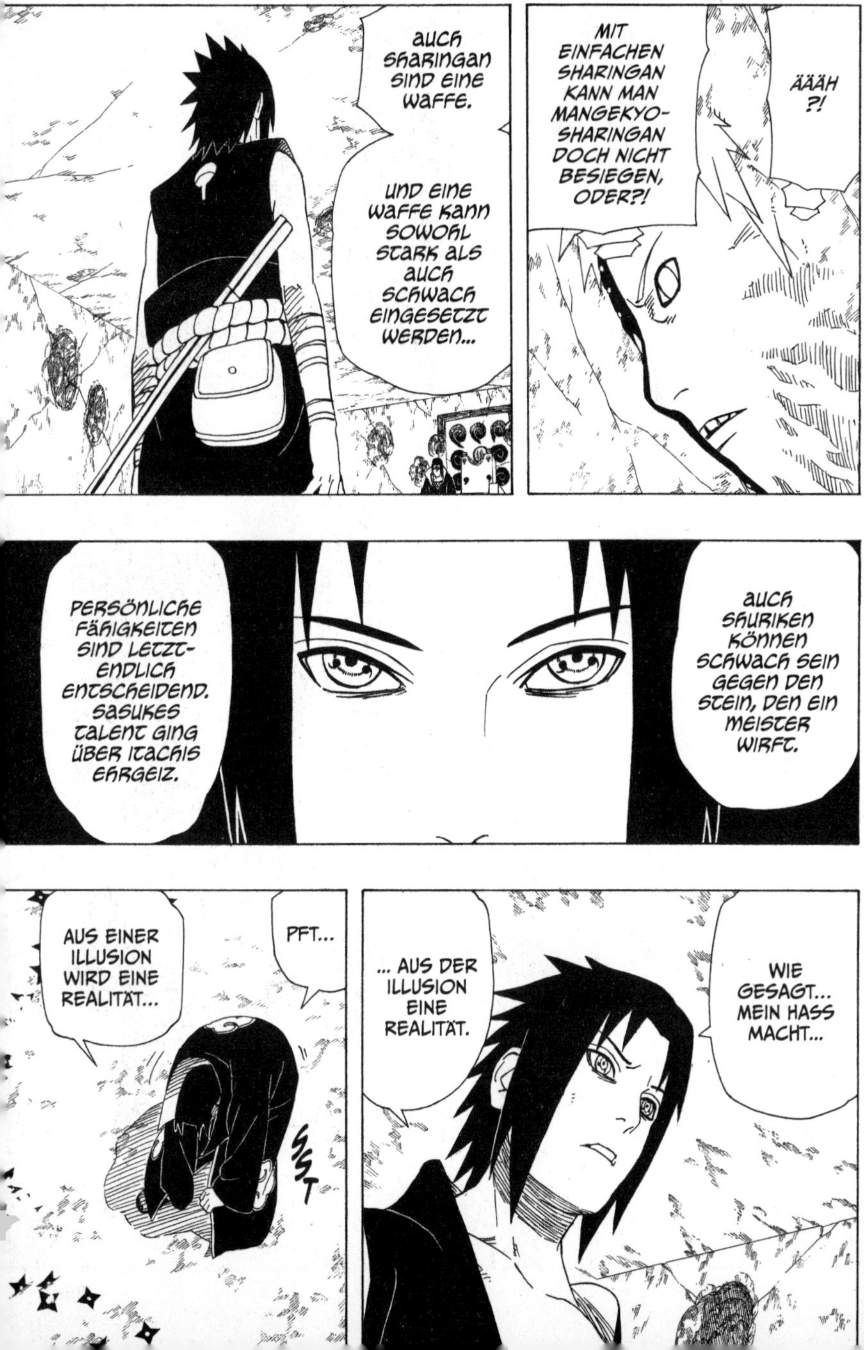
ÄÄÄH ?!
MIT EINFACHEN SHARINGAN KANN MAN MANGEKYO-SHARINGAN DOCH NICHT BESIEGEN, ODER?!
AUCH SHARINGAN SIND EINE WAFFE.
UND EINE WAFFE KANN SOWOHL STARK ALS AUCH SCHWACH EINGESETZT WERDEN...
AUCH SHURIKEN KÖNNEN SCHWACH SEIN GEGEN DEN STEIN, DEN EIN MEISTER WIRFT.
PERSÖNLICHE FÄHIGKEITEN SIND LETZTENDLICH ENTSCHEIDEND. SASUKES TALENT GING ÜBER ITACHIS EHRGEIZ.
WIE GESAGT... MEIN HASS MACHT...
... AUS DER ILLUSION EINE REALITÄT.
PFT...
AUS EINER ILLUSION WIRD EINE REALITÄT...
SST

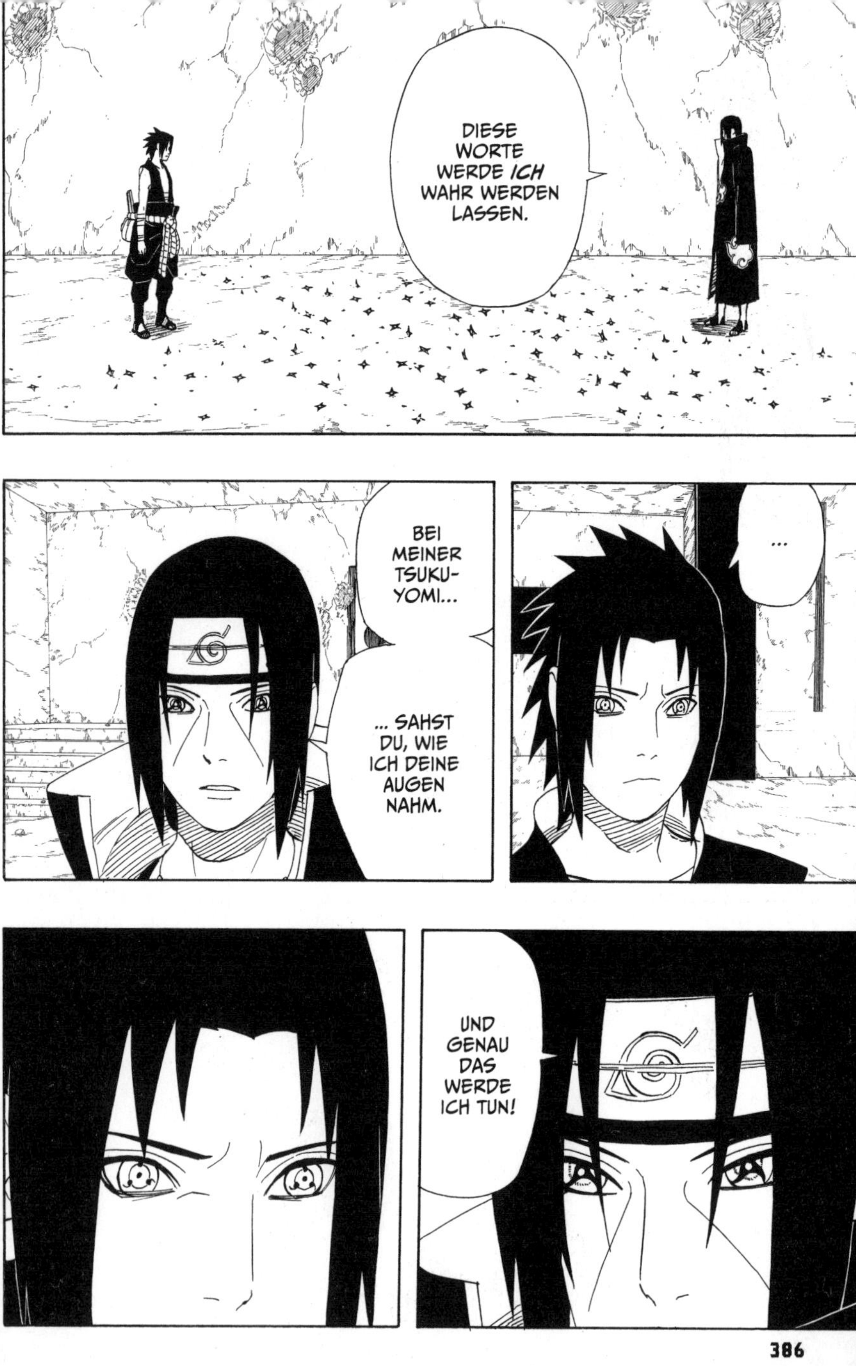
DIESE WORTE WERDE *ICH* WAHR WERDEN LASSEN.
...
BEI MEINER TSUKU-YOMI...
... SAHST DU, WIE ICH DEINE AUGEN NAHM.
UND GENAU DAS WERDE ICH TUN!

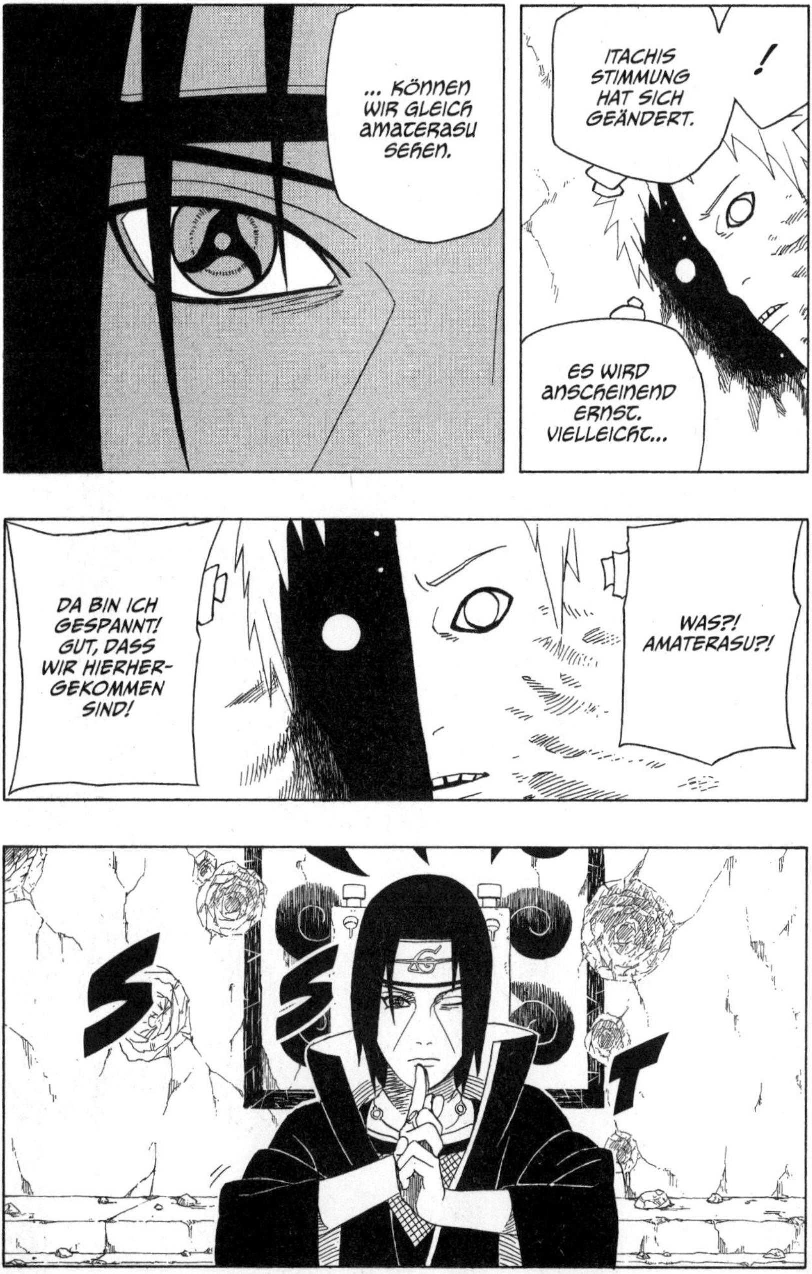
!
ITACHIS STIMMUNG HAT SICH GEÄNDERT.
ES WIRD ANSCHEINEND ERNST. VIELLEICHT...
... KÖNNEN WIR GLEICH AMATERASU SEHEN.
WAS?! AMATERASU?!
DA BIN ICH GESPANNT! GUT, DASS WIR HIERHERGEKOMMEN SIND!
SST

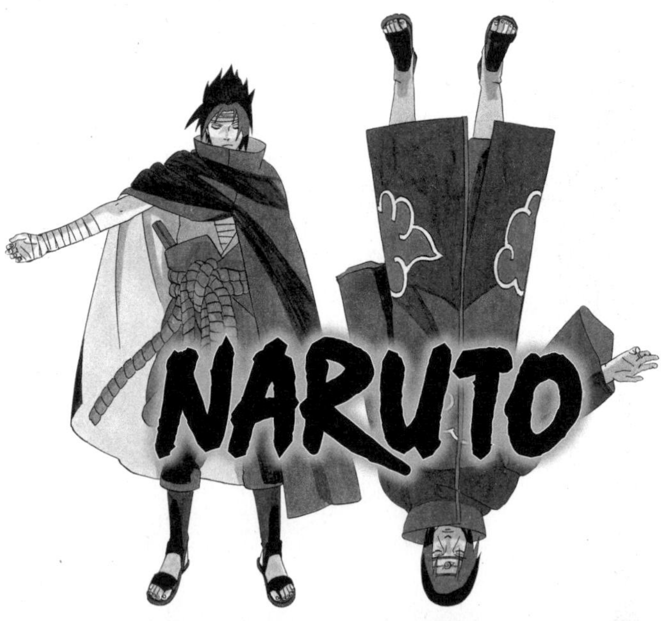
NARUTO

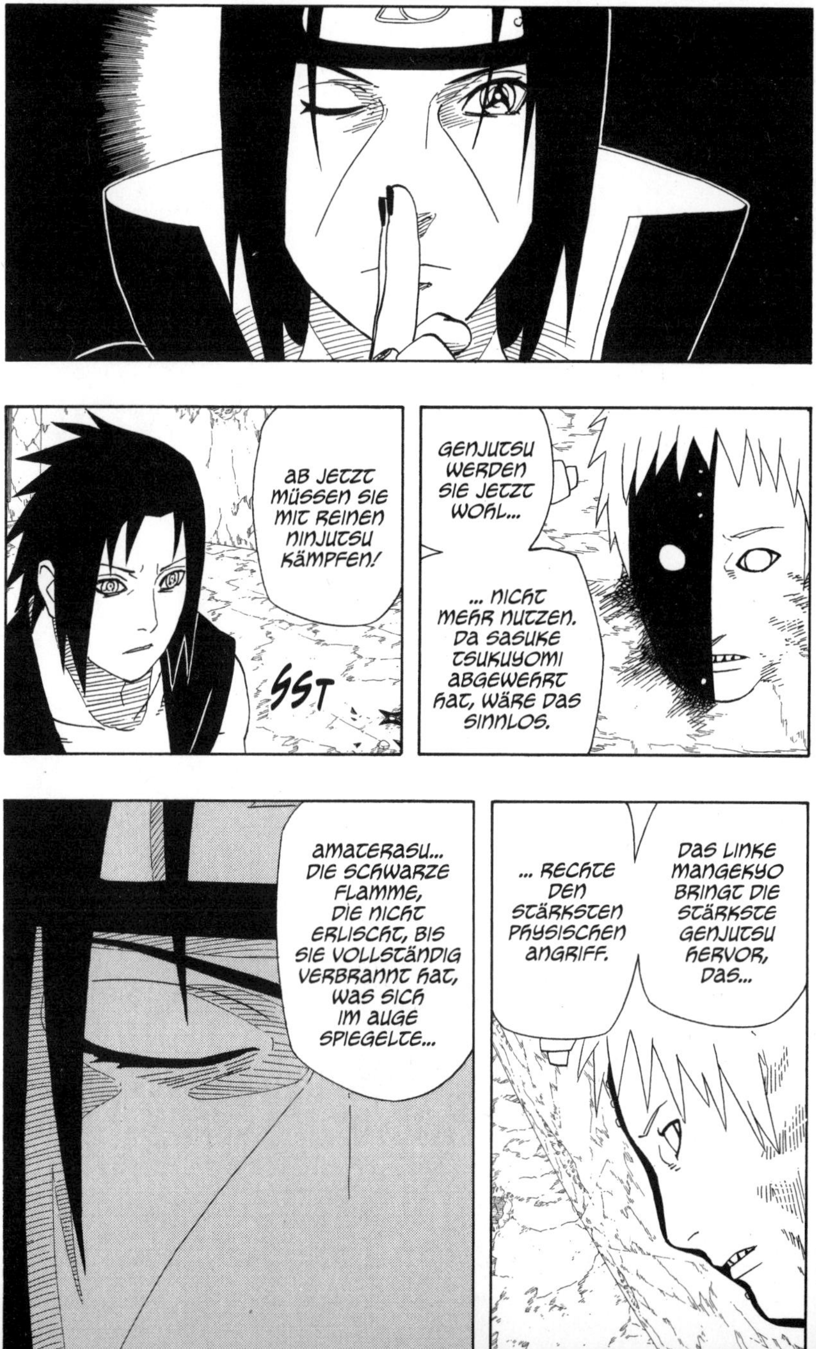
GENJUTSU WERDEN SIE JETZT WOHL...
... NICHT MEHR NUTZEN. DA SASUKE TSUKUYOMI ABGEWEHRT HAT, WÄRE DAS SINNLOS.
AB JETZT MÜSSEN SIE MIT REINEN NINJUTSU KÄMPFEN!
SST
DAS LINKE MANGEKYO BRINGT DIE STÄRKSTE GENJUTSU HERVOR, DAS...
... RECHTE DEN STÄRKSTEN PHYSISCHEN ANGRIFF.
AMATERASU... DIE SCHWARZE FLAMME, DIE NICHT ERLISCHT, BIS SIE VOLLSTÄNDIG VERBRANNT HAT, WAS SICH IM AUGE SPIEGELTE...

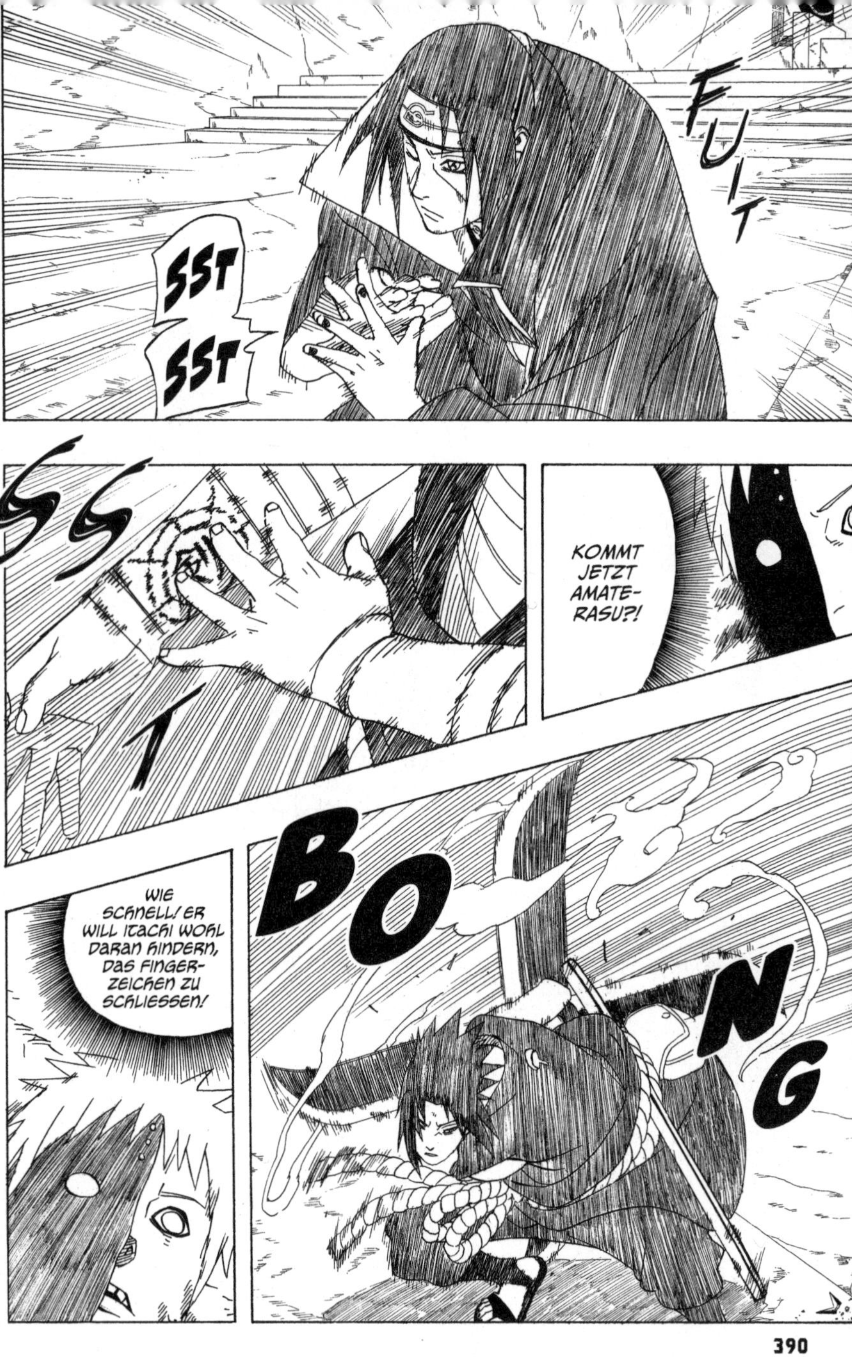
FUIT
SST
SST
KOMMT JETZT AMATE-RASU?!
SS
T
BOING
WIE SCHNELL! ER WILL ITACHI WOHL DARAN HINDERN, DAS FINGER-ZEICHEN ZU SCHLIESSEN!

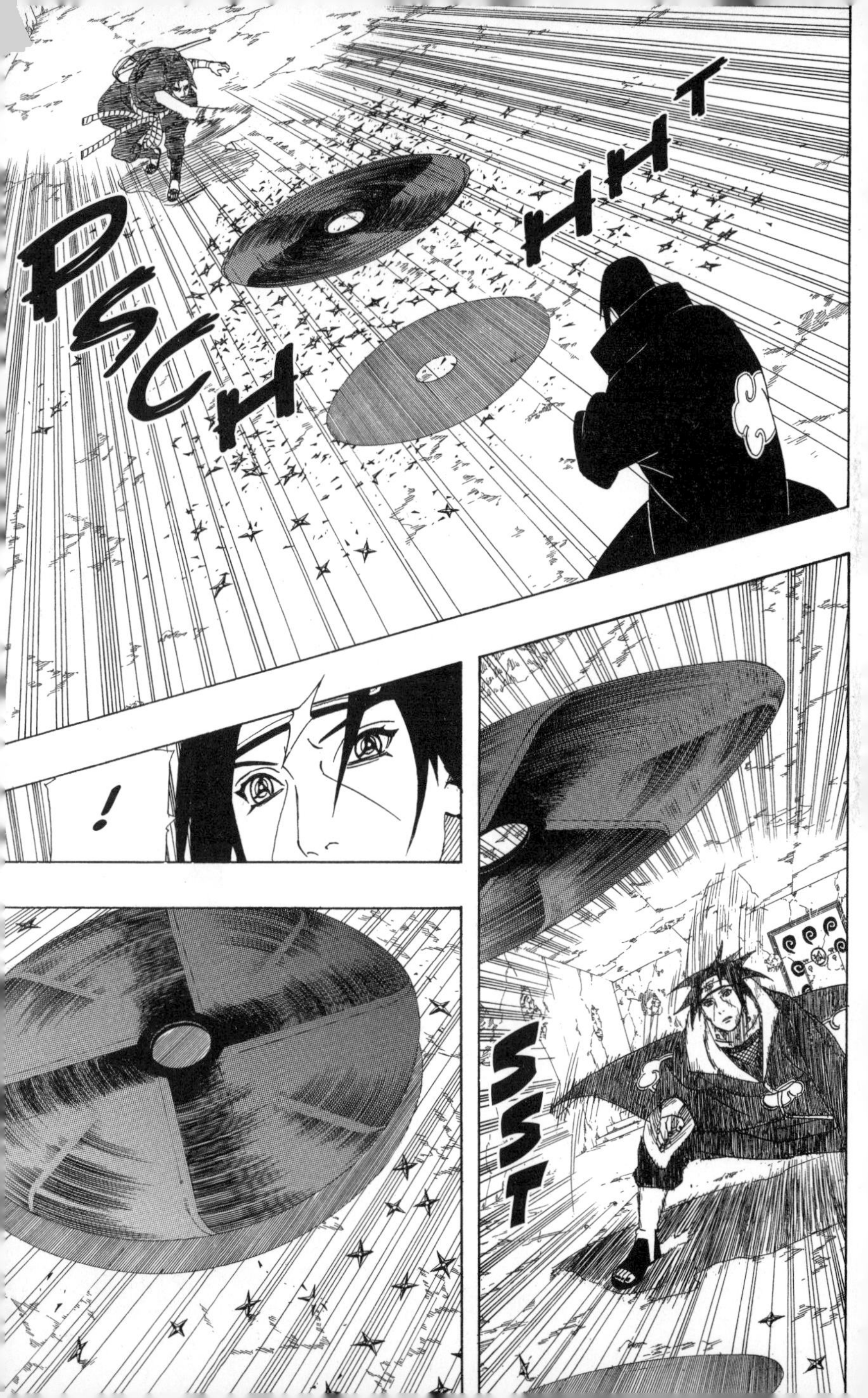
PSCH
HHT
SST
!

389. Kapitel: Sasukes Kontrolle

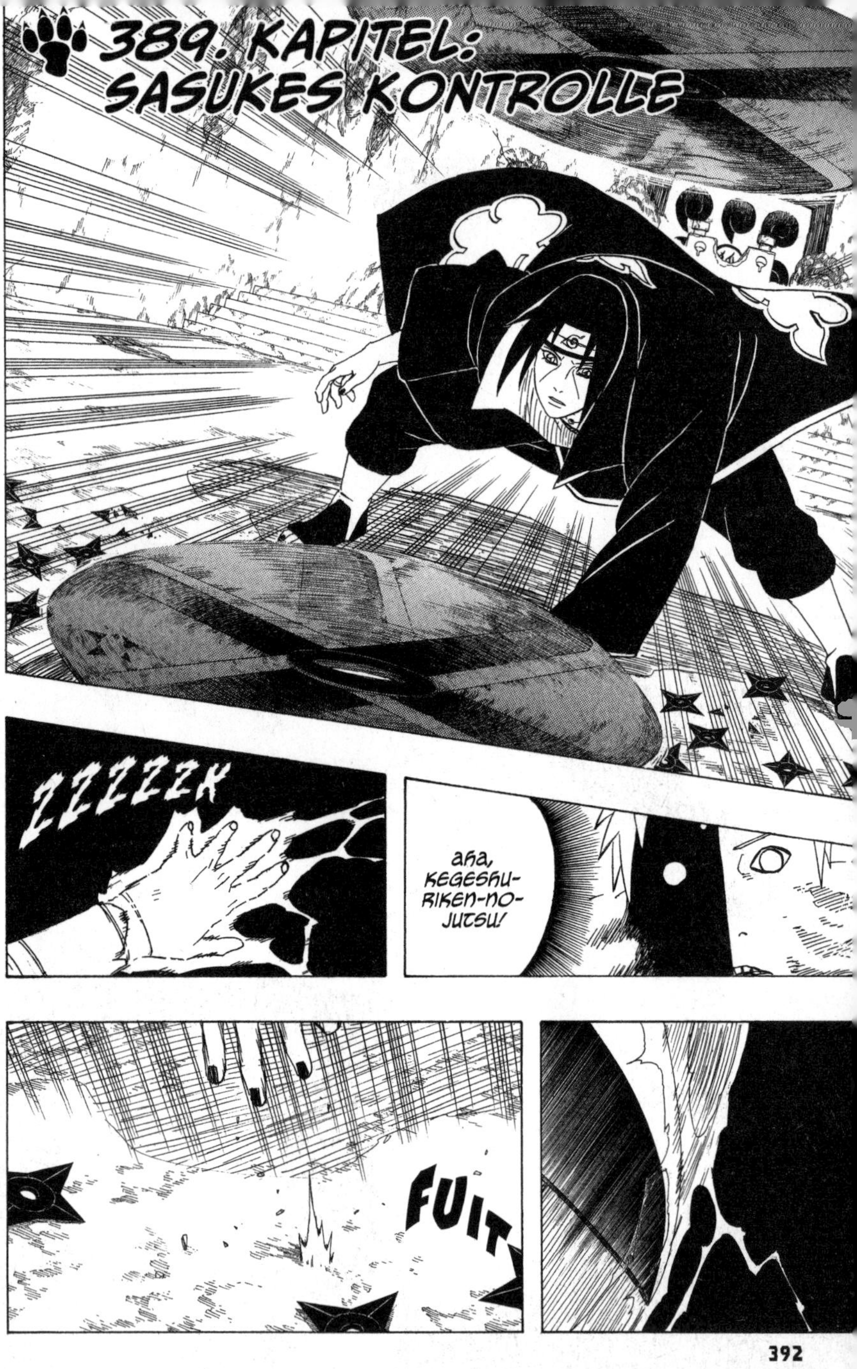

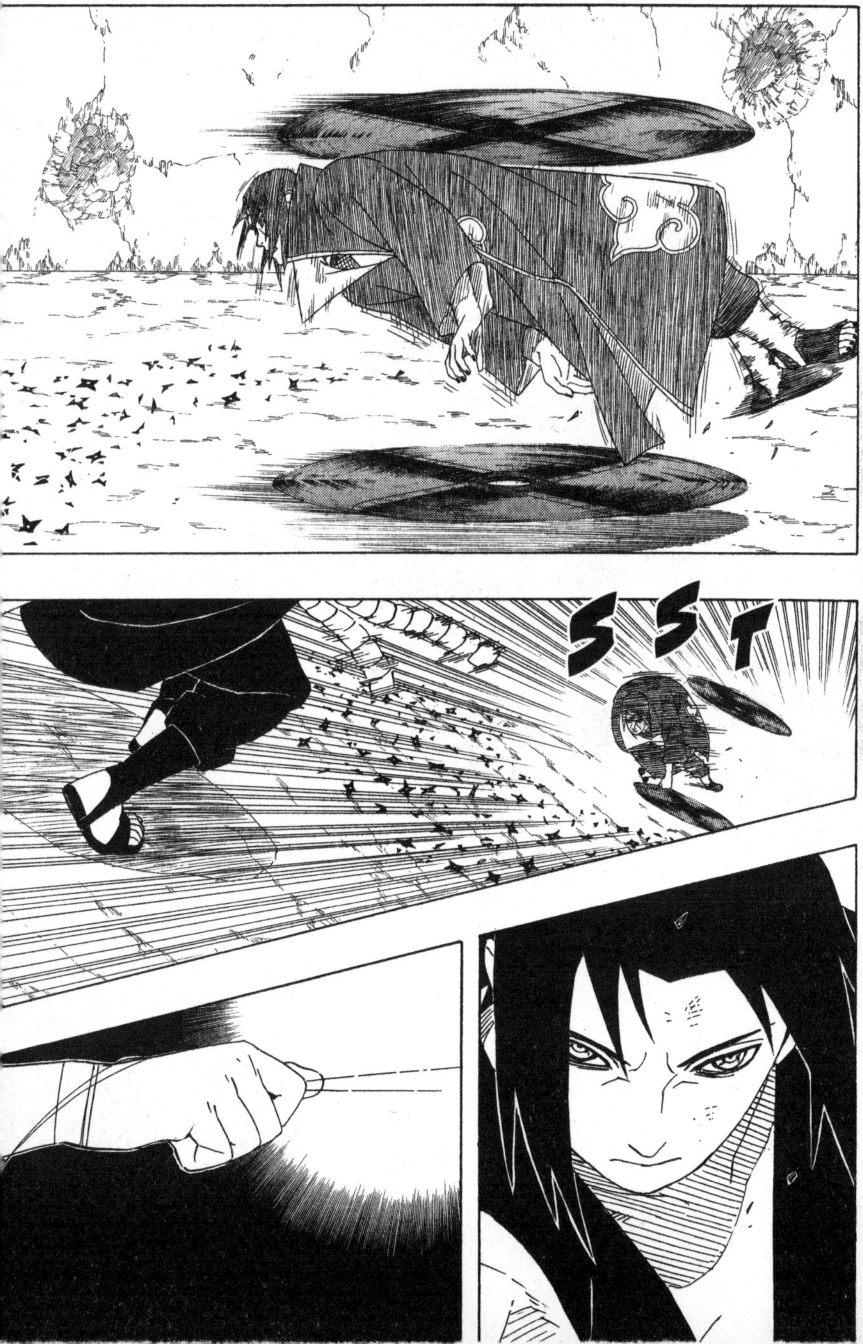
SST

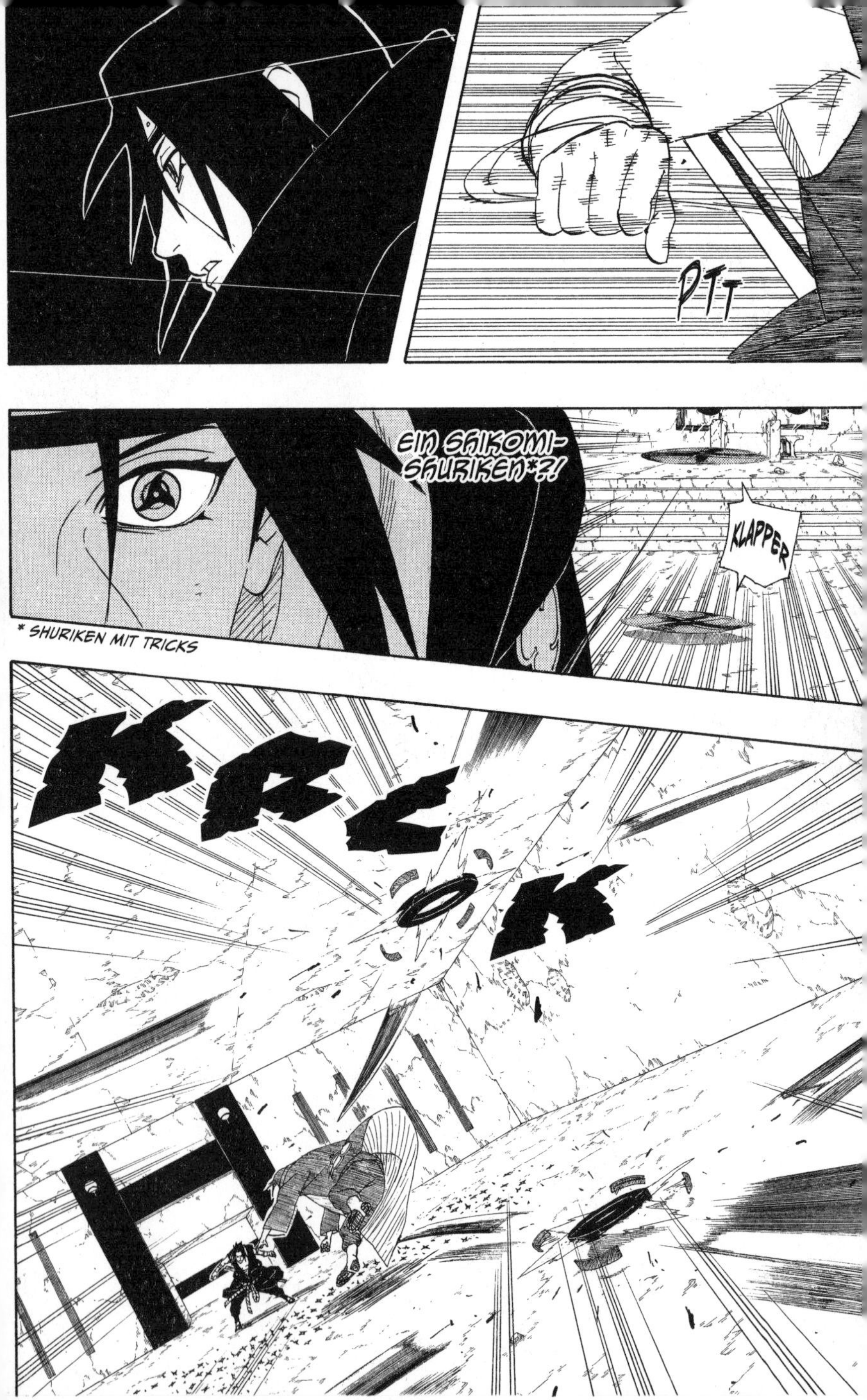
PTT
EIN SHIKOMI-SHURIKEN*?!
KLAPPER
* SHURIKEN MIT TRICKS
KRCOK

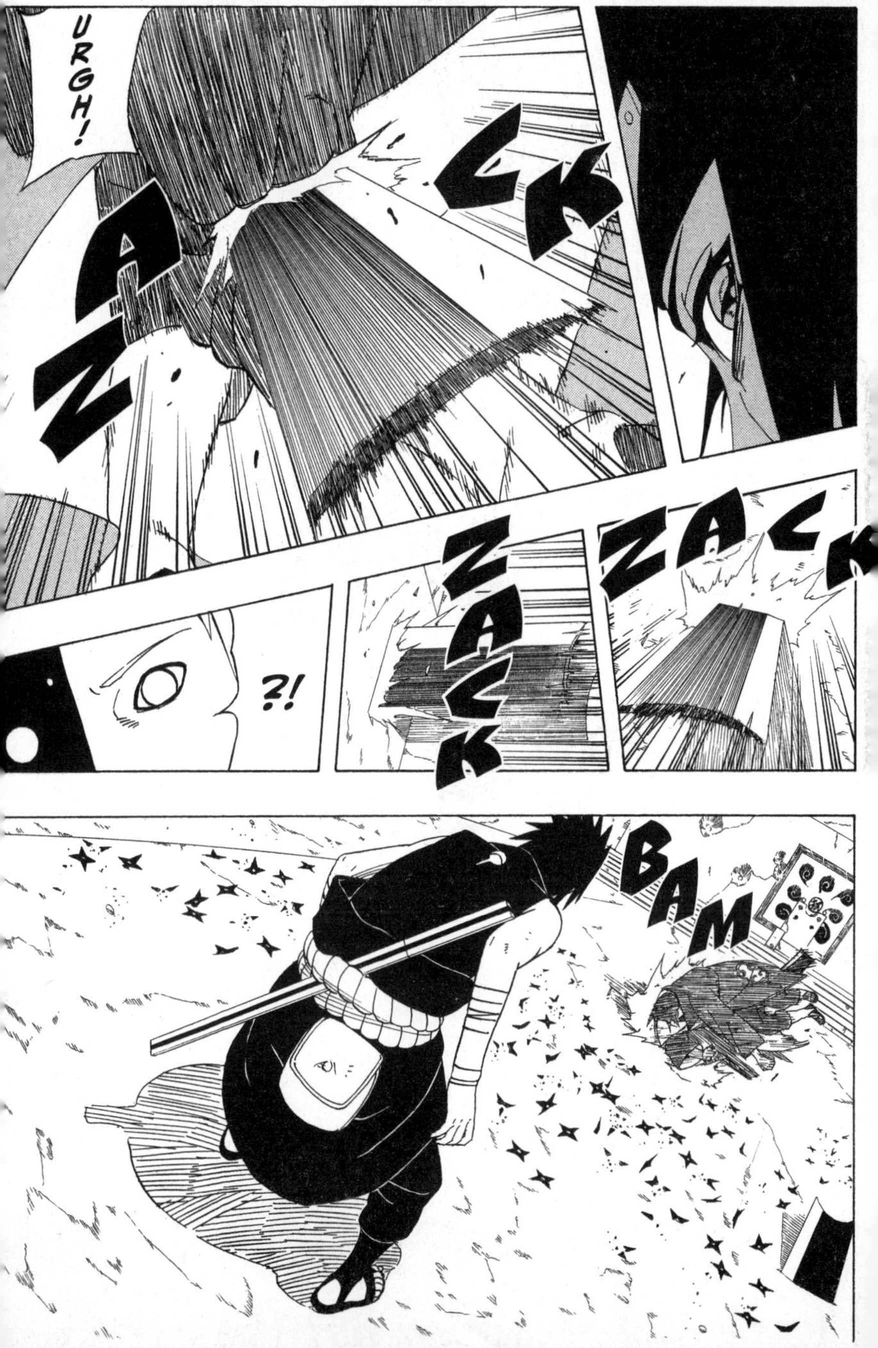
URGH!
ZANK
?!
ZACK
ZACK
BAM

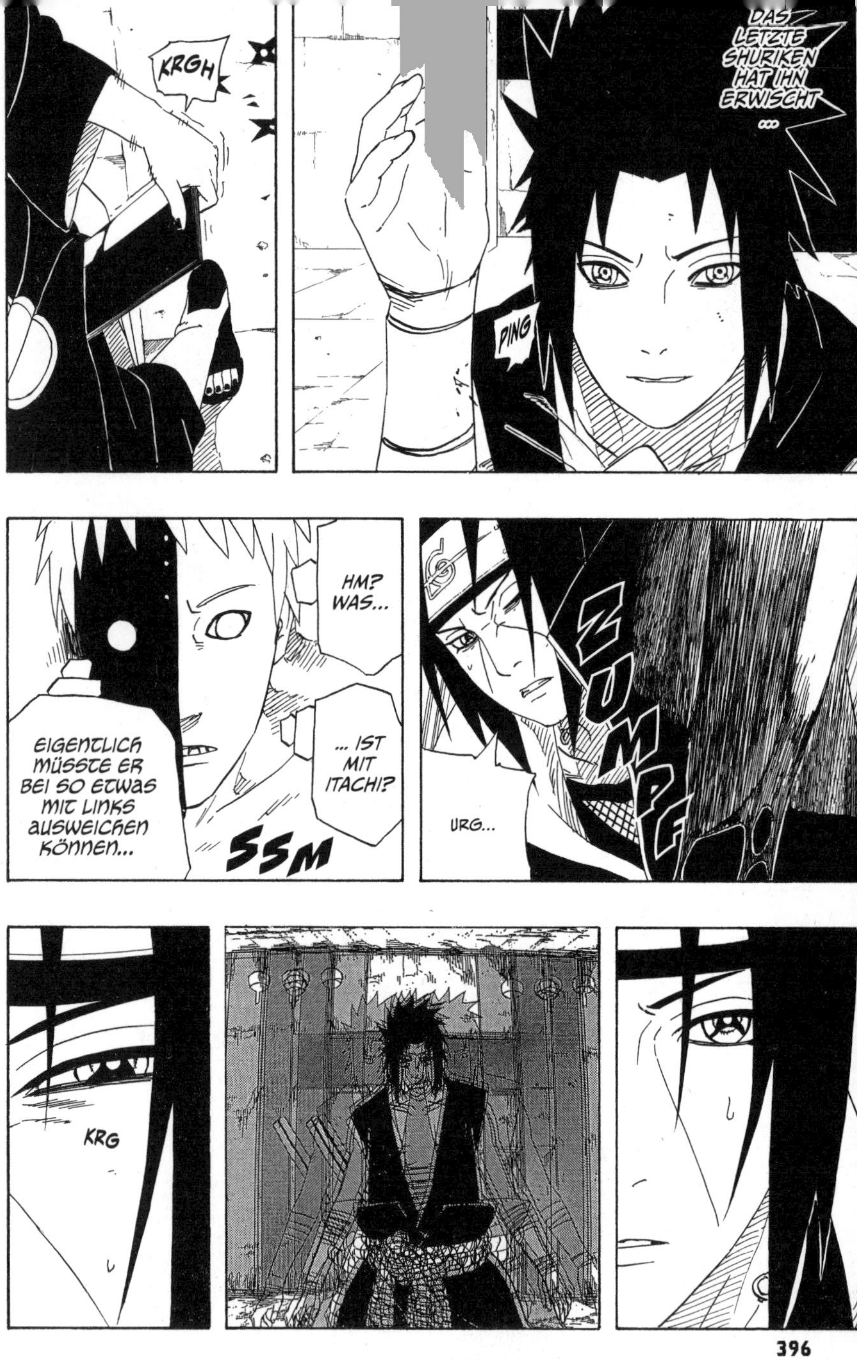
DAS LETZTE SHURIKEN HAT IHN ERWISCHT ...
PING
KRGH
ZUMPF
URG...
HM? WAS...
... IST MIT ITACHI?
EIGENTLICH MÜSSTE ER BEI SO ETWAS MIT LINKS AUSWEICHEN KÖNNEN...
SSM
KRG

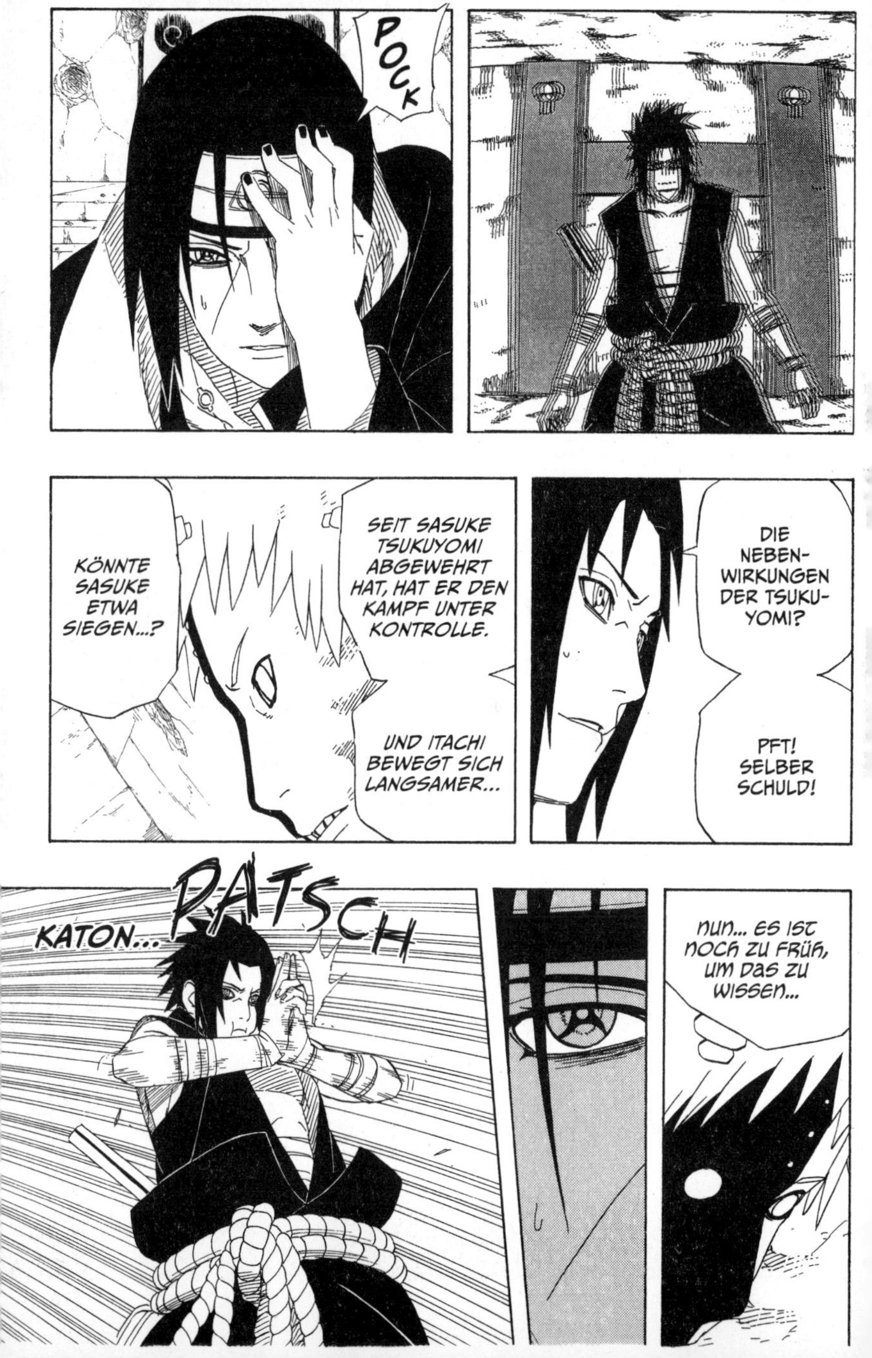
POCK
DIE NEBEN-WIRKUNGEN DER TSUKUYOMI?
PFT! SELBER SCHULD!
SEIT SASUKE TSUKUYOMI ABGEWEHRT HAT, HAT ER DEN KAMPF UNTER KONTROLLE.
UND ITACHI BEWEGT SICH LANGSAMER...
KÖNNTE SASUKE ETWA SIEGEN...?
NUN... ES IST NOCH ZU FRÜH, UM DAS ZU WISSEN...
KATON...
PATSCH

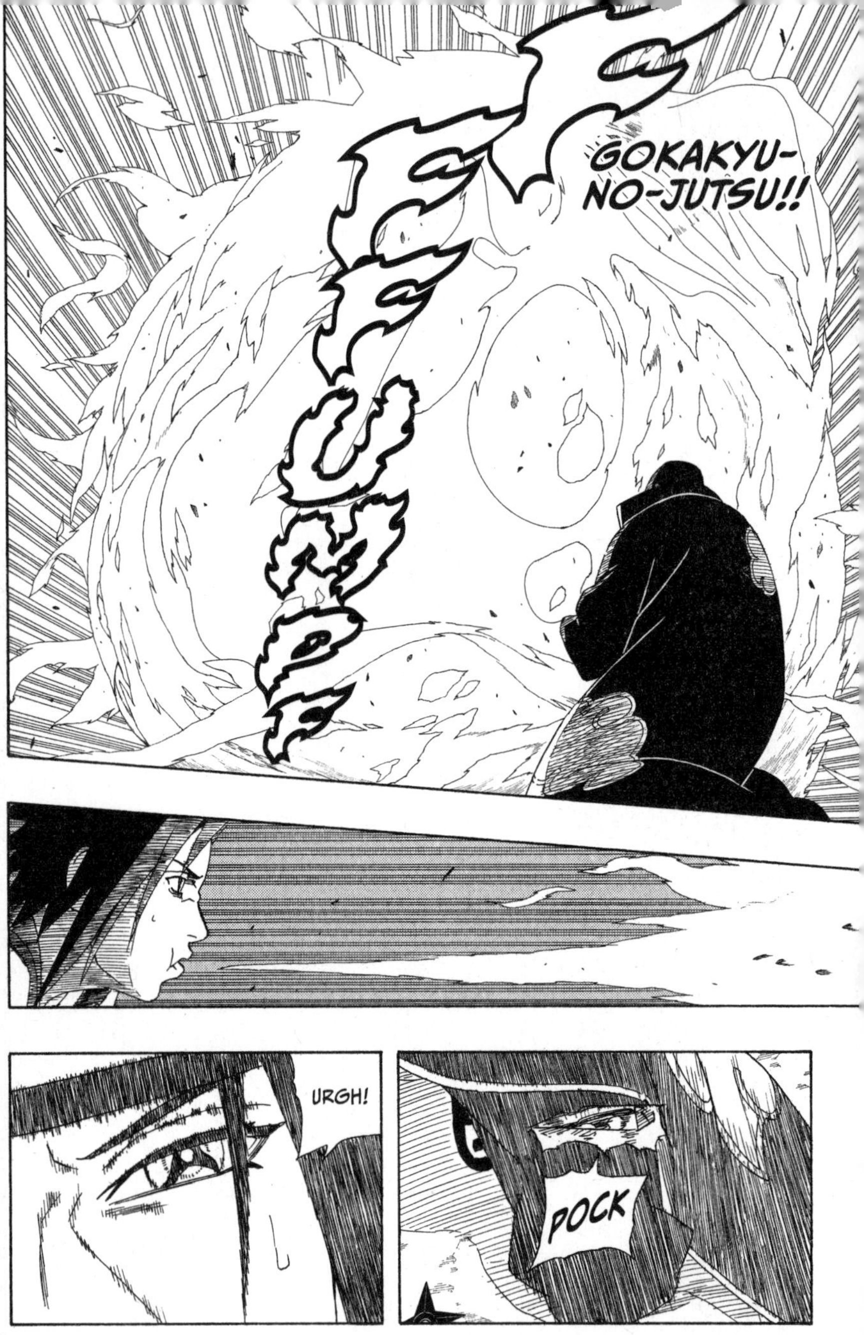
GOKAKYU-
NO-JUTSU!!
URGH!
POCK

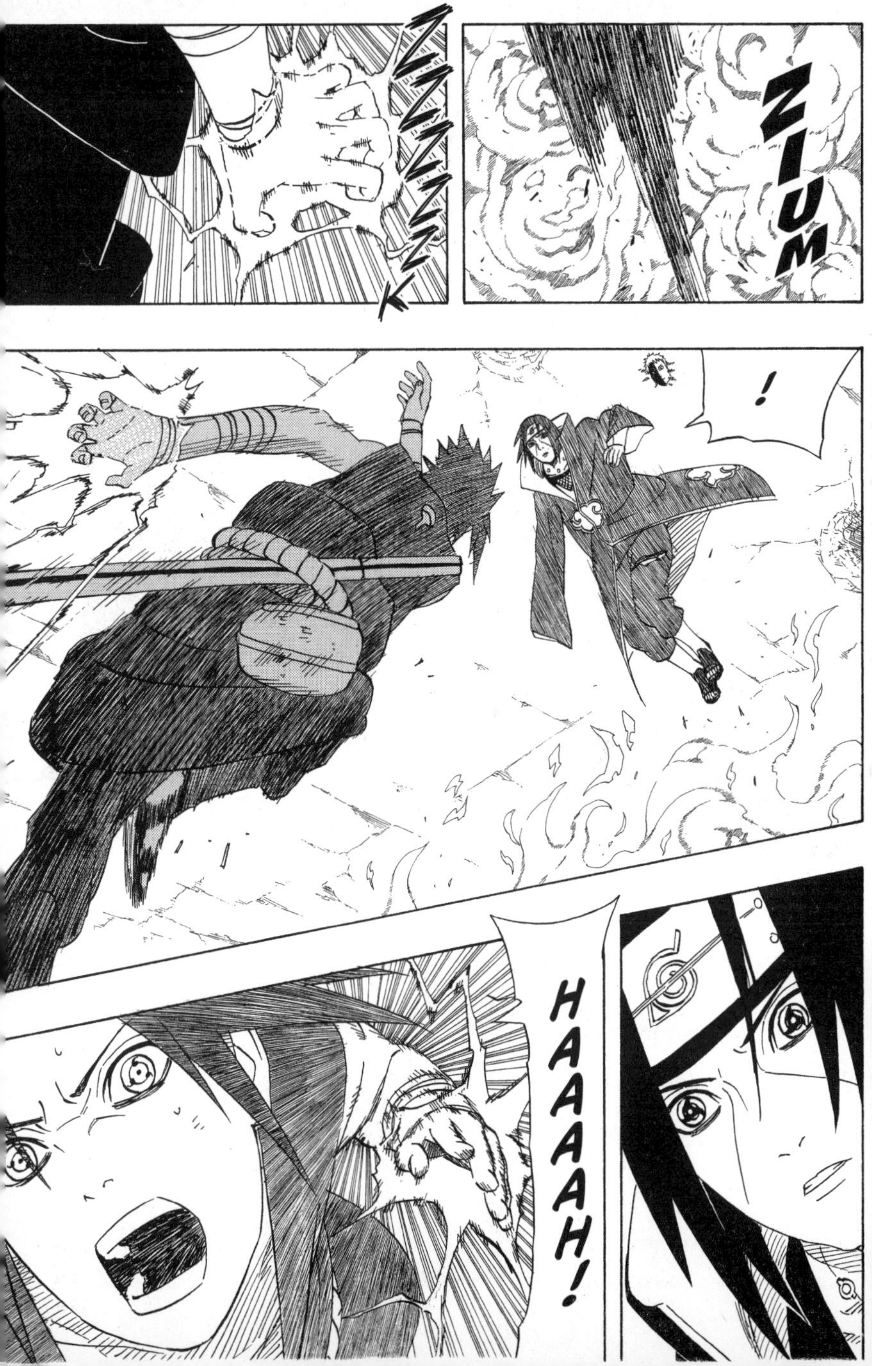
ZIUM
ZZZZZK
!
HAAAAAH!

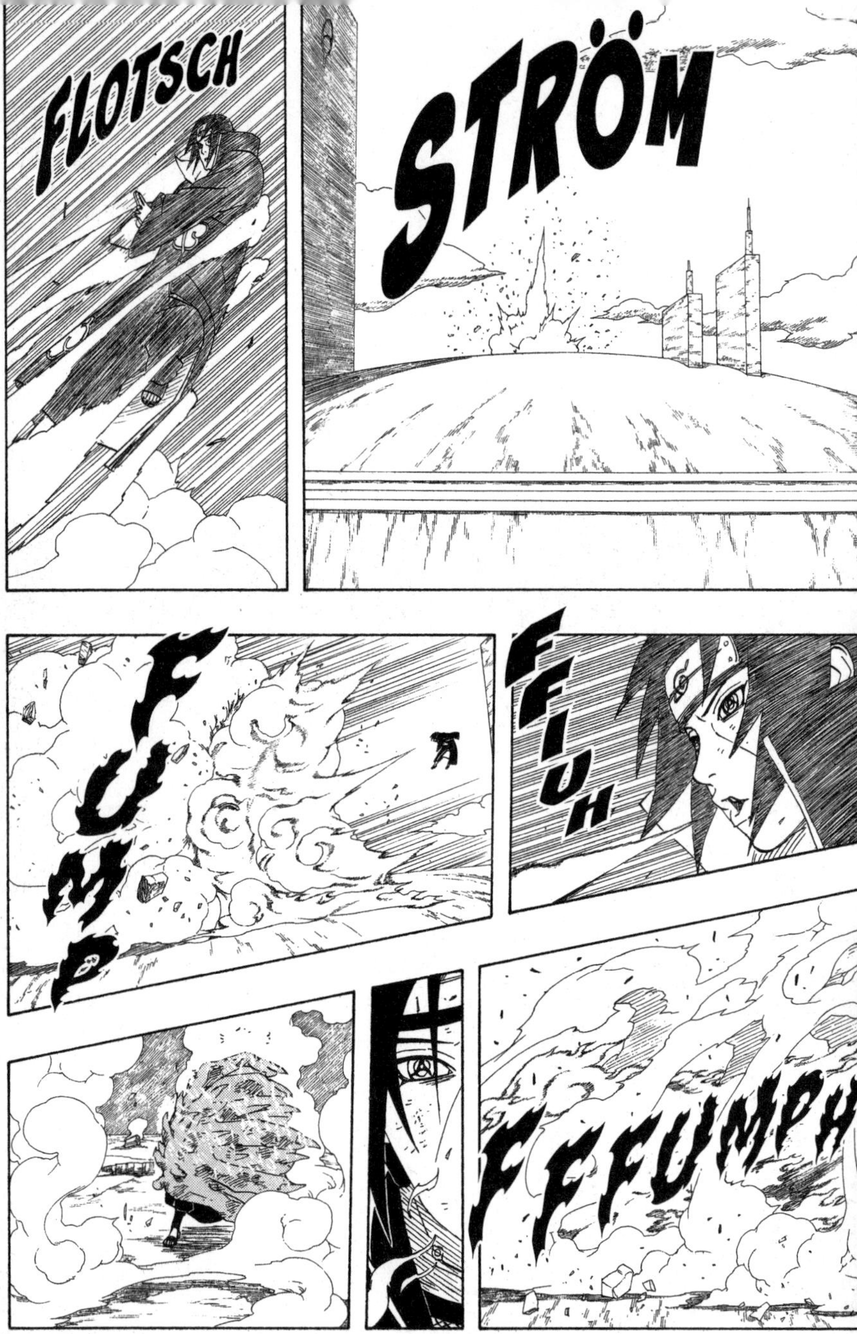
STRÖM
FLOTSCH
FFIUH
FUMP
FFFUMPH

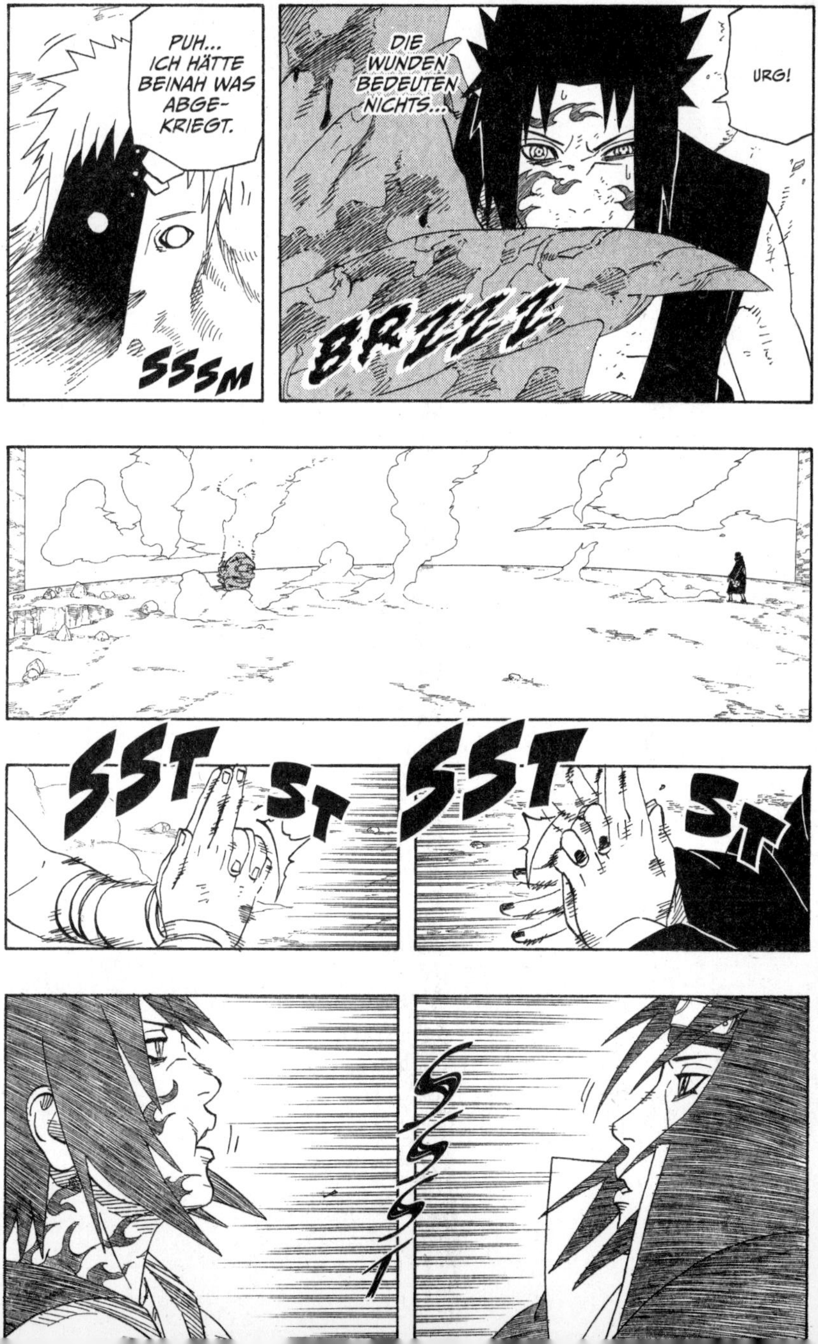
URG!
DIE WUNDEN BEDEUTEN NICHTS...
BRZZZ
PUH... ICH HÄTTE BEINAH WAS ABGE-KRIEGT.
SSSM
SST
ST
SST
ST

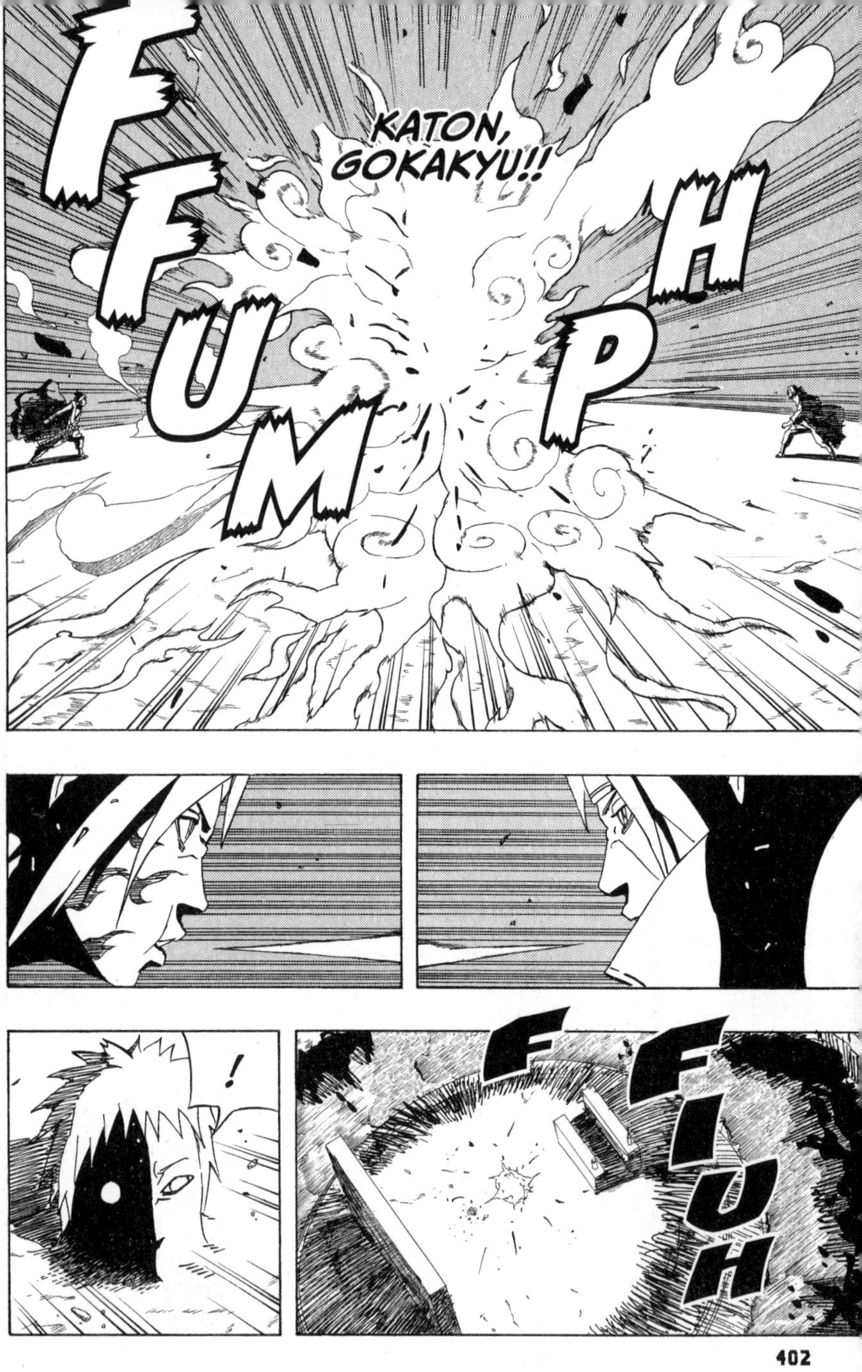
KATON, GOKAKYU!!
FFUMPH
!
FFWUH

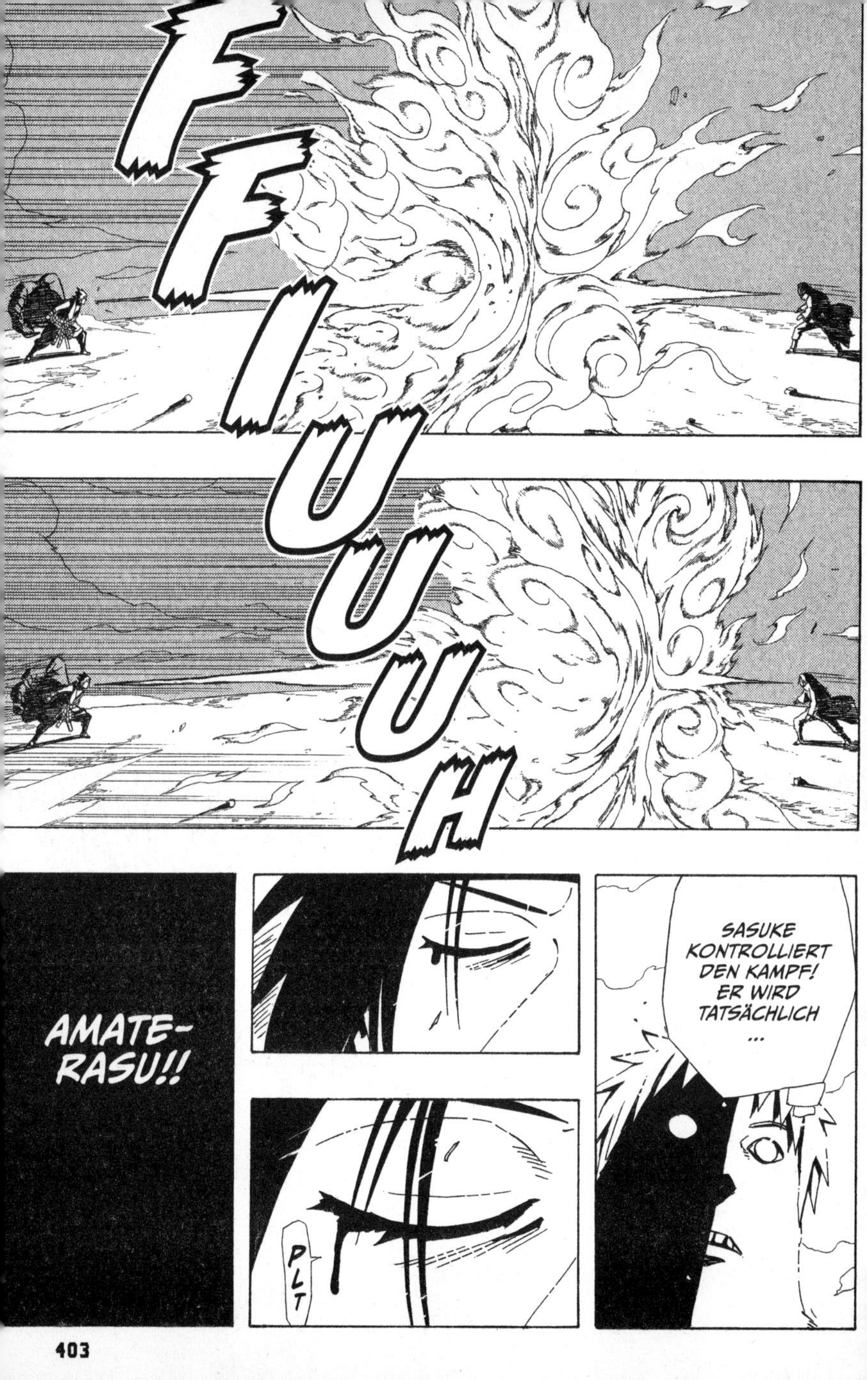
FFFIUUUUH
AMATE-RASU!!
PLT
SASUKE KONTROLLIERT DEN KAMPF! ER WIRD TATSÄCHLICH ...

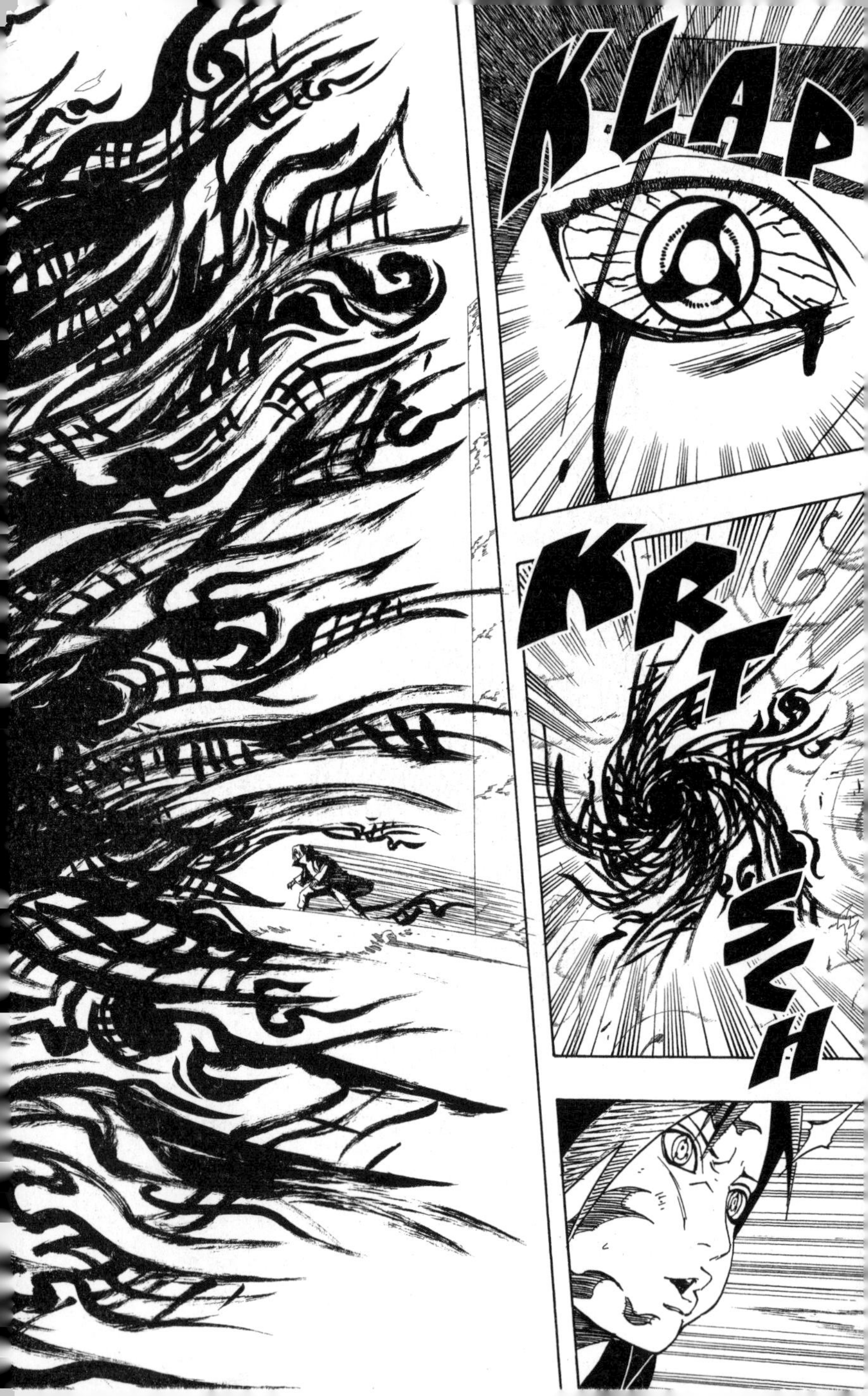
KLAP
KRTSCH

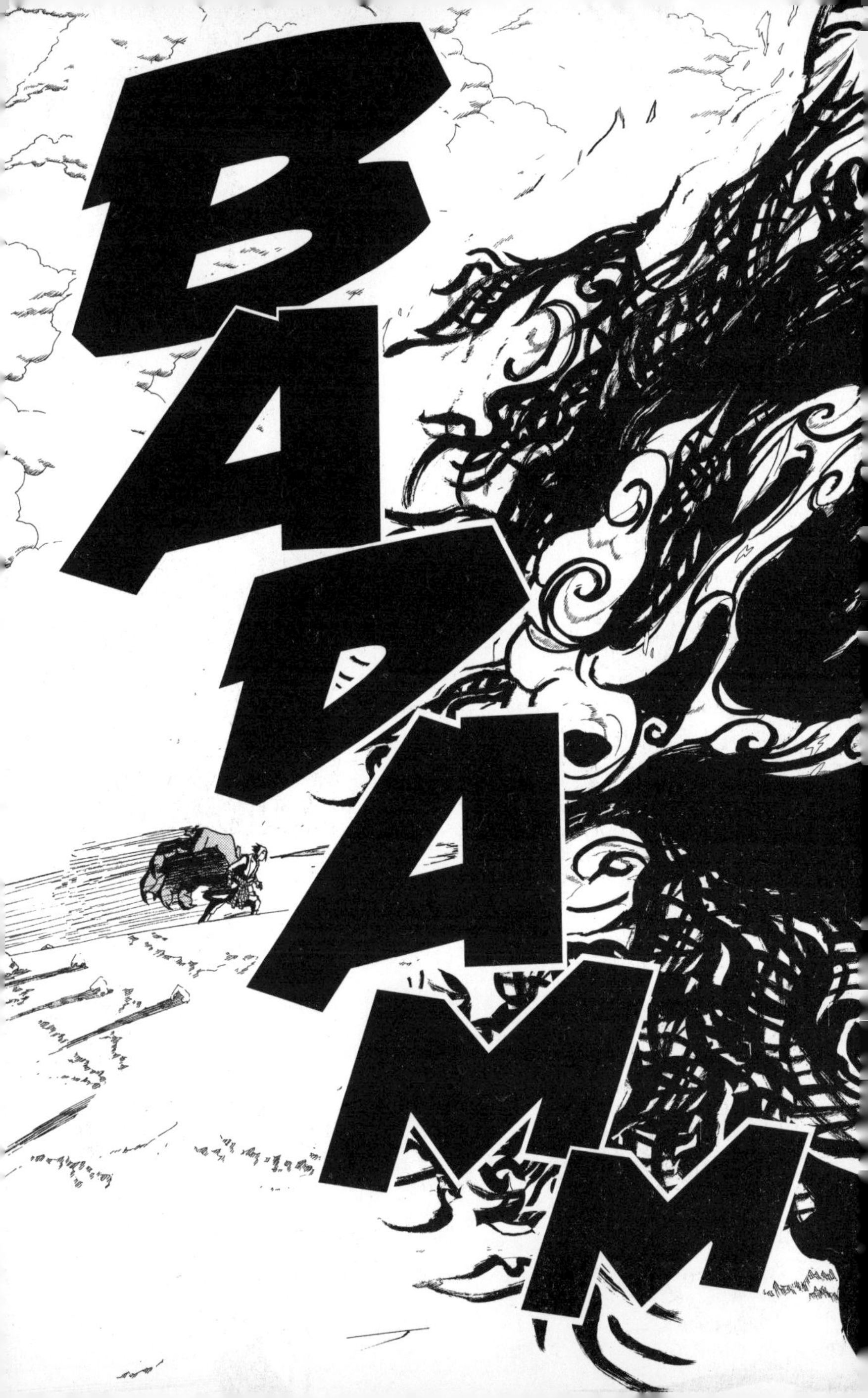
BADAMM

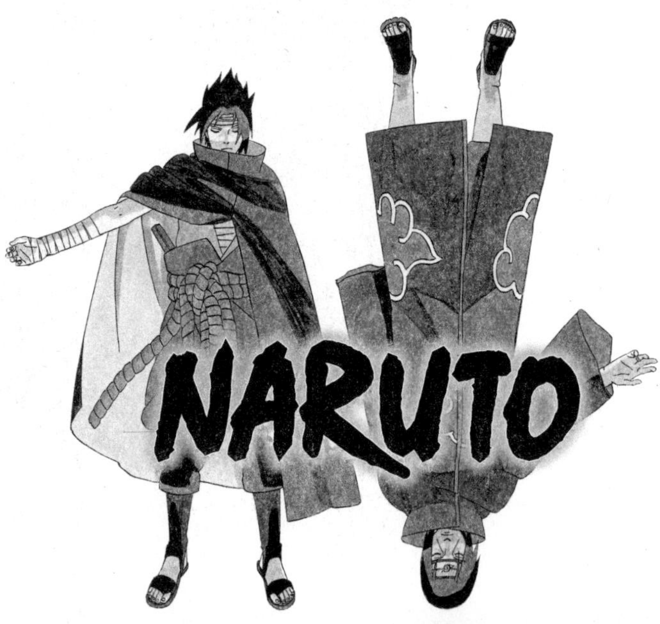
NARUTO

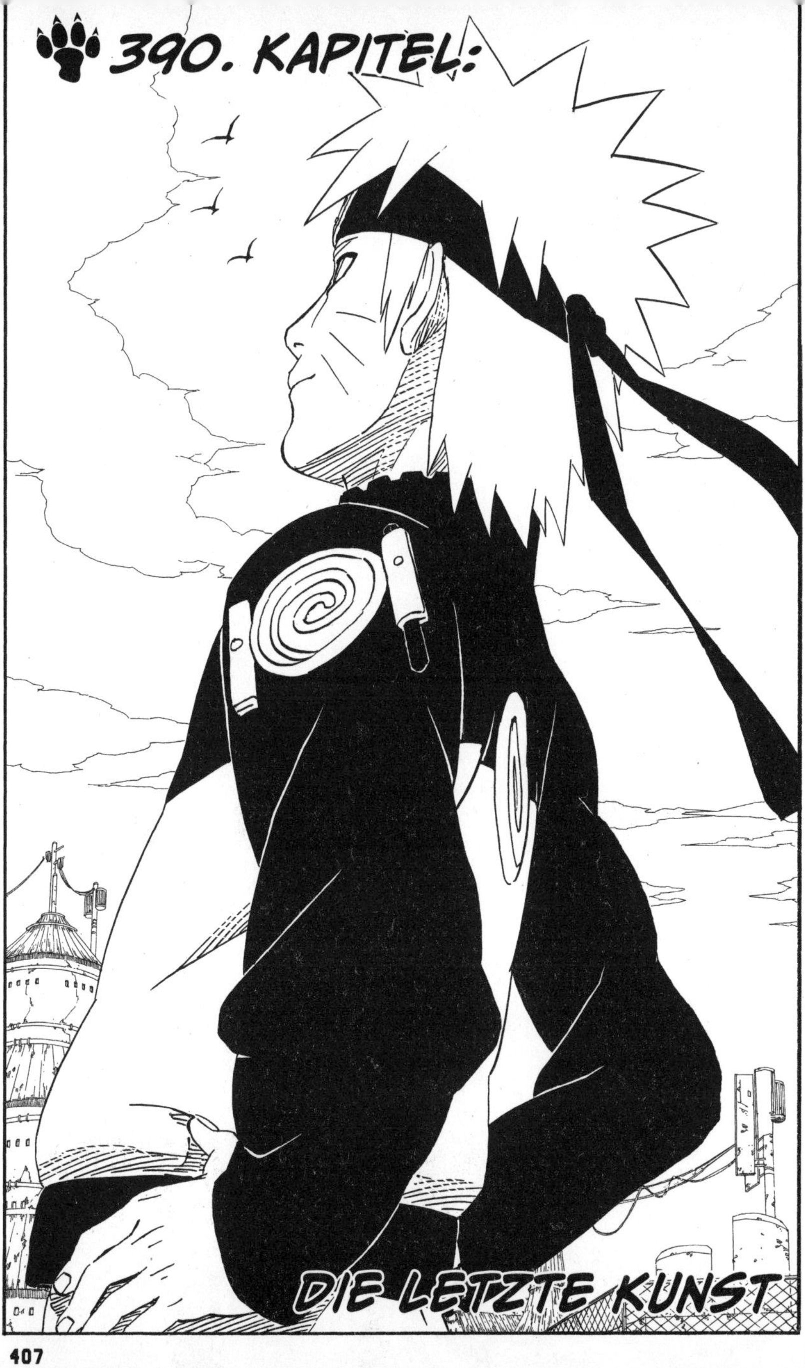
390. KAPITEL:
DIE LETZTE KUNST

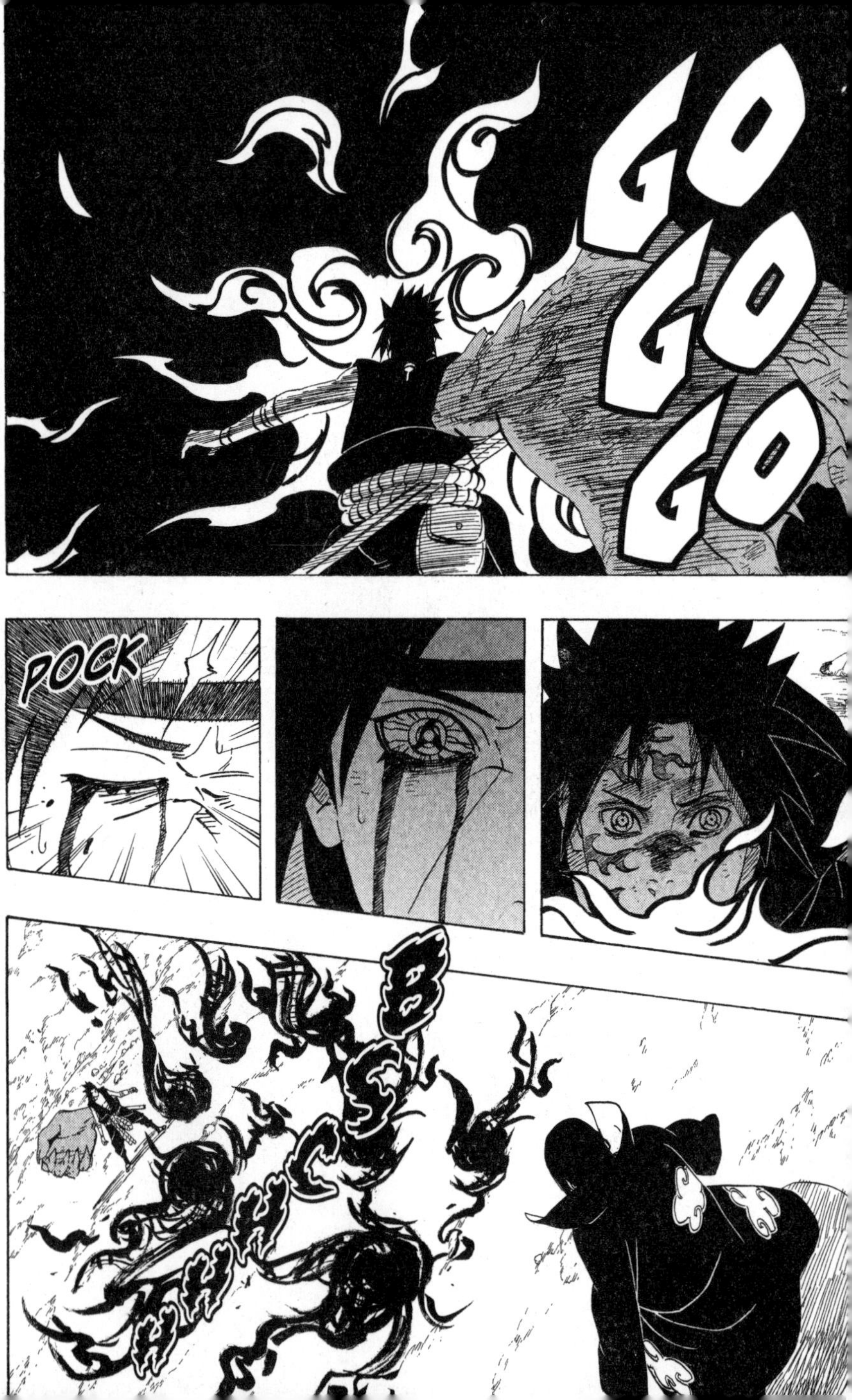
GO GO GO
POCK
BSCHHH

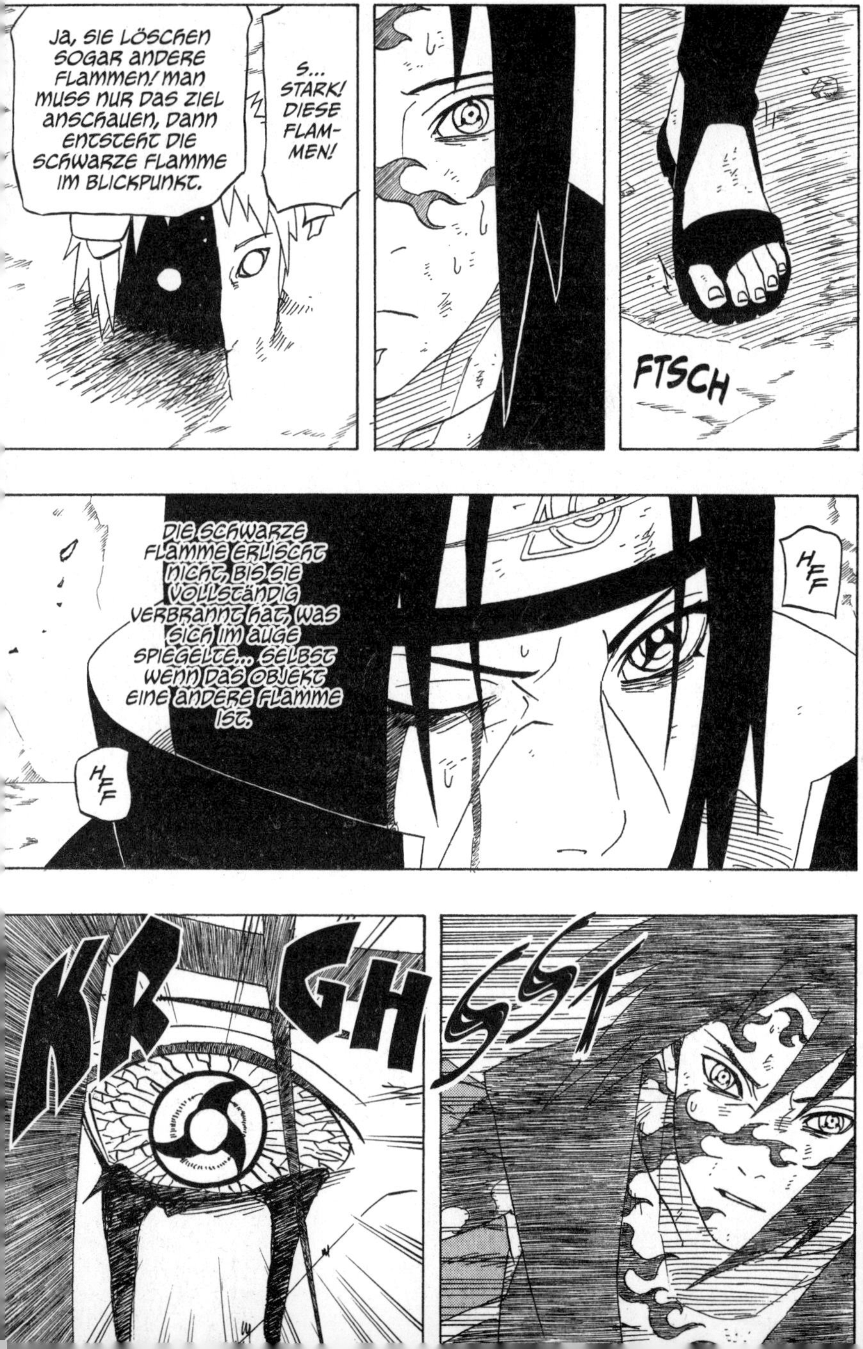
FTSCH
S... STARK! DIESE FLAMMEN!
JA, SIE LÖSCHEN SOGAR ANDERE FLAMMEN! MAN MUSS NUR DAS ZIEL ANSCHAUEN, DANN ENTSTEHT DIE SCHWARZE FLAMME IM BLICKPUNKT.
HFF
DIE SCHWARZE FLAMME ERLISCHT NICHT, BIS SIE VOLLSTÄNDIG VERBRANNT HAT, WAS SICH IM AUGE SPIEGELTE... SELBST WENN DAS OBJEKT EINE ANDERE FLAMME IST.
HFF
SSST
KRGH

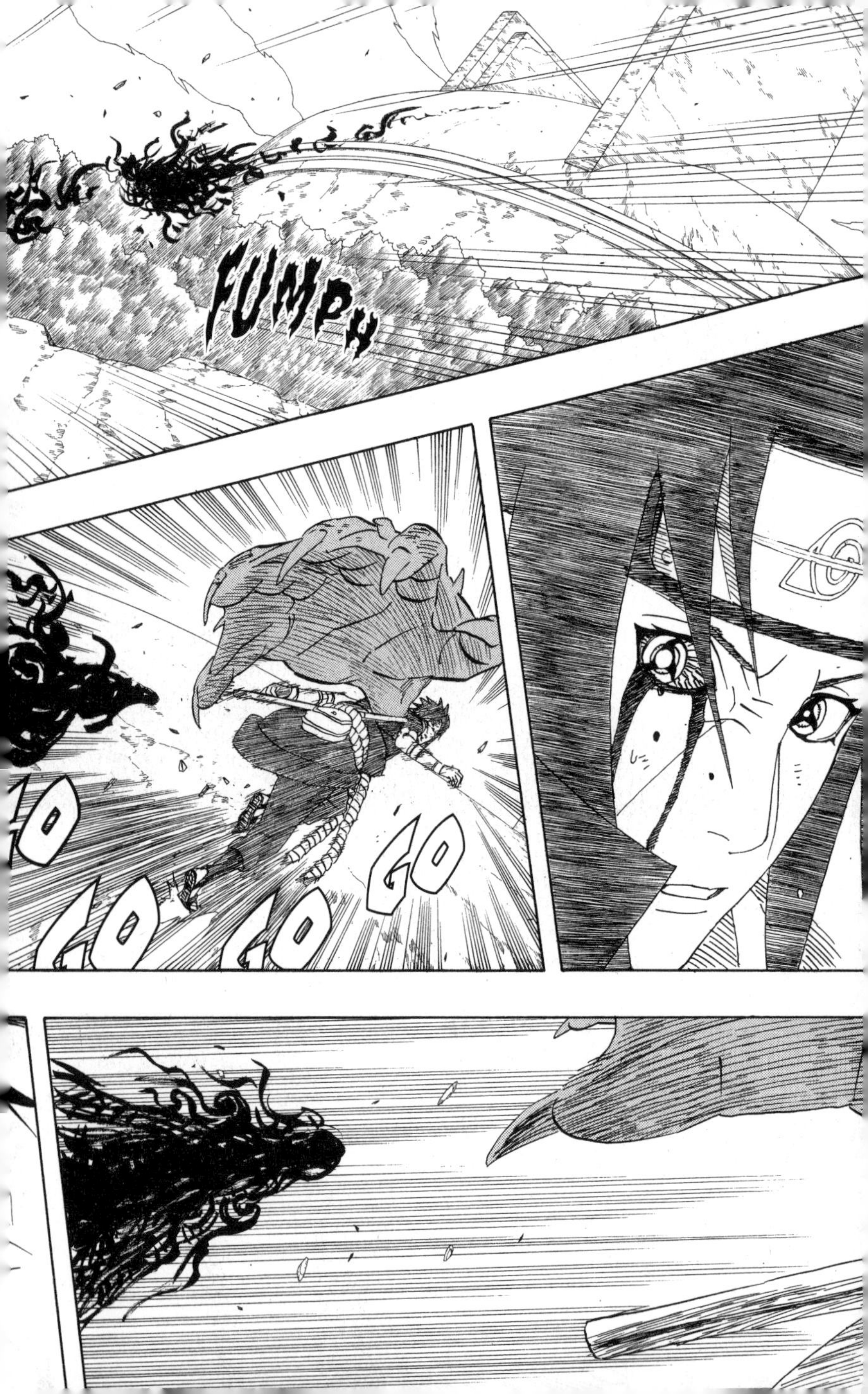

FUMPH
GO
GO
GO
GO

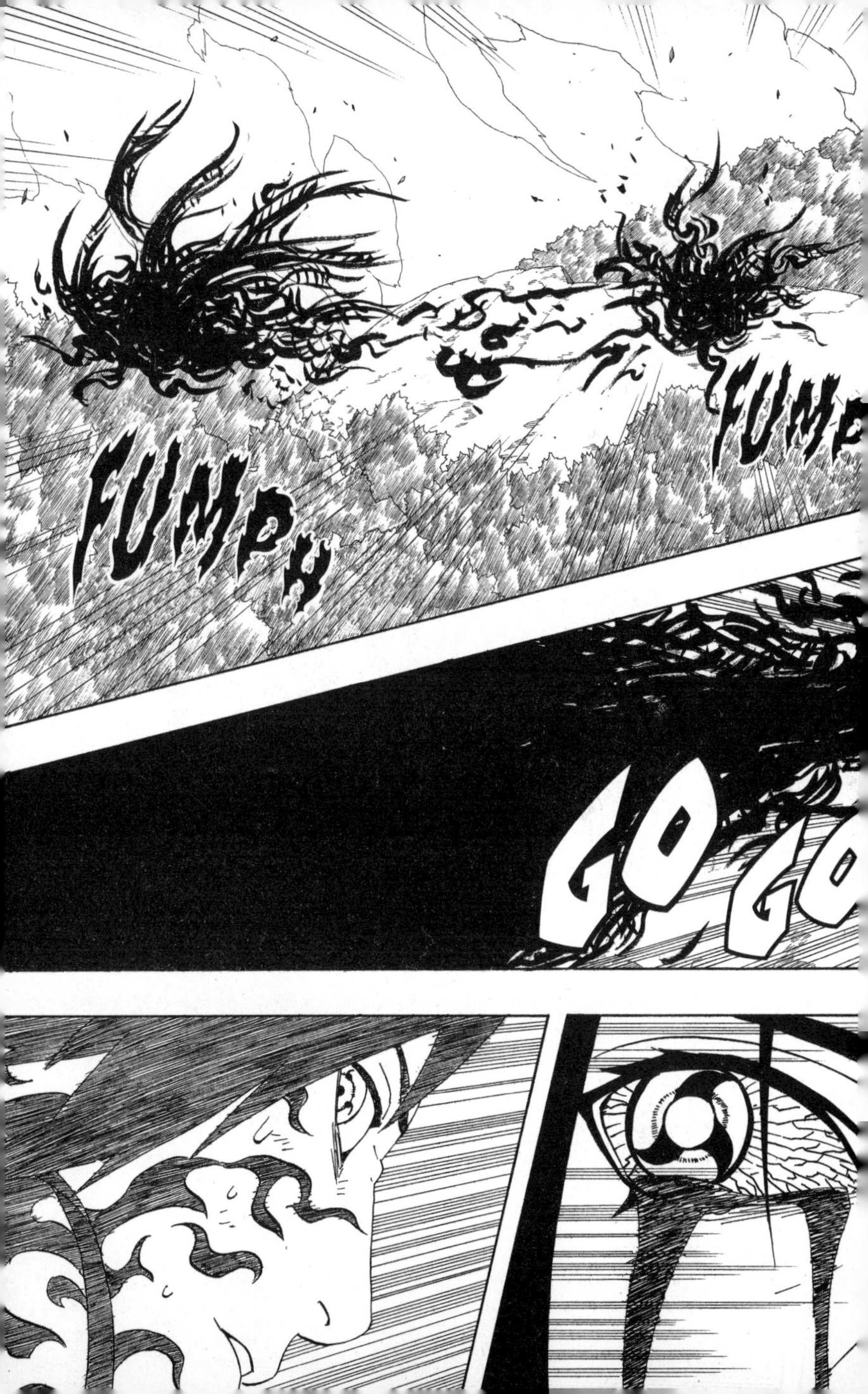
FUMP
FUMP
GO GO

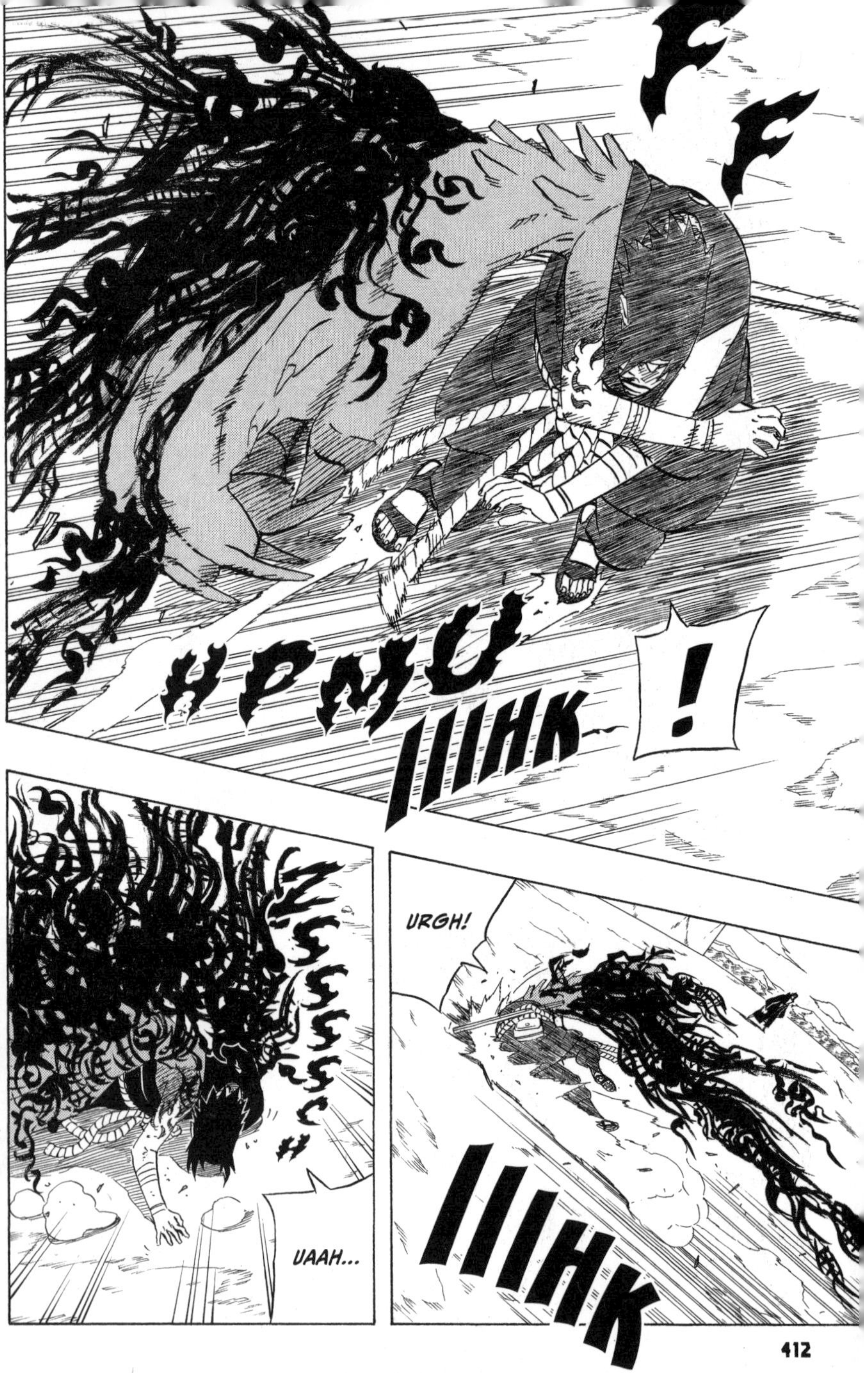
IIIHK
!
URGH!
UAAH...
IIIHK

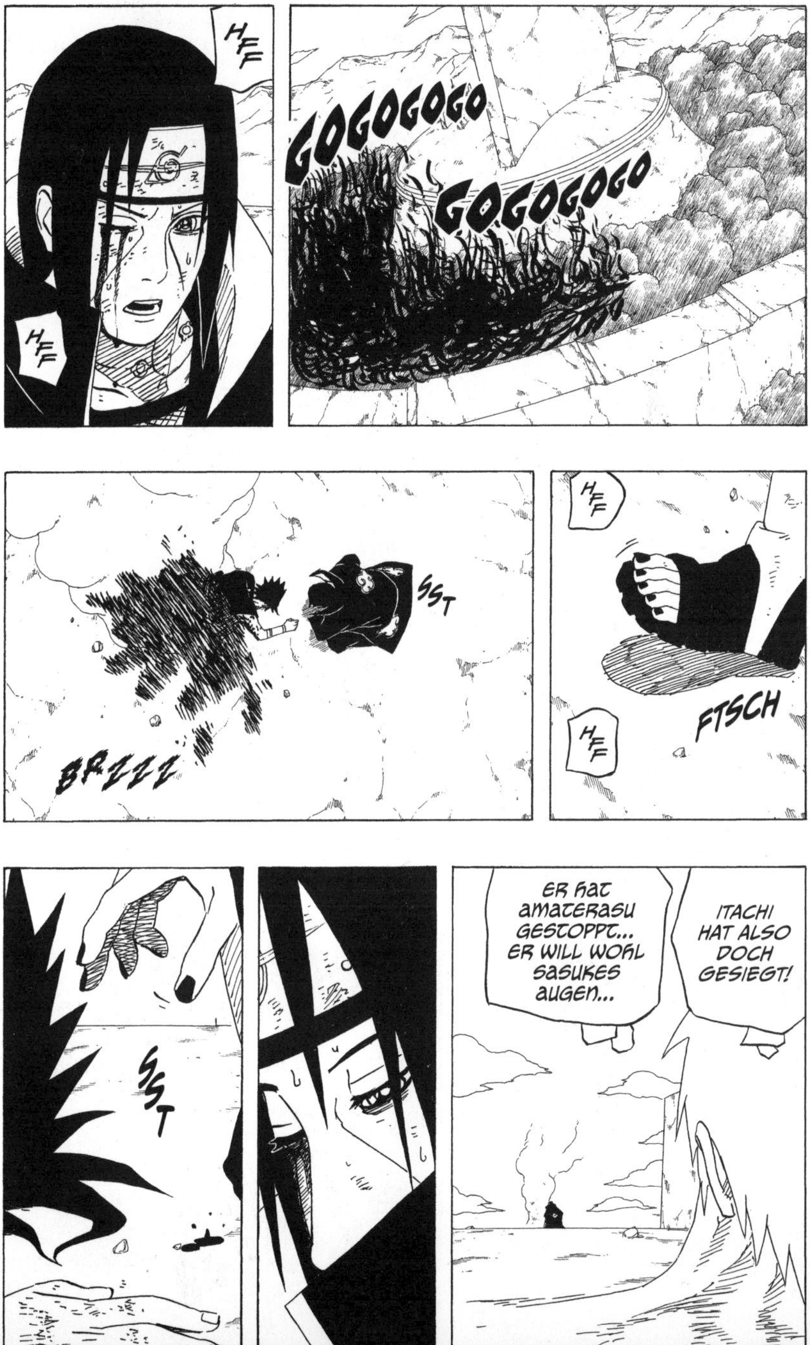
GOGOGOGO
GOGOGOGO
HFF
HFF
HFF
FTSCH
HFF
SST
BRZZZ
ITACHI HAT ALSO DOCH GESIEGT!
ER HAT AMATERASU GESTOPPT... ER WILL WOHL SASUKES AUGEN...
SST

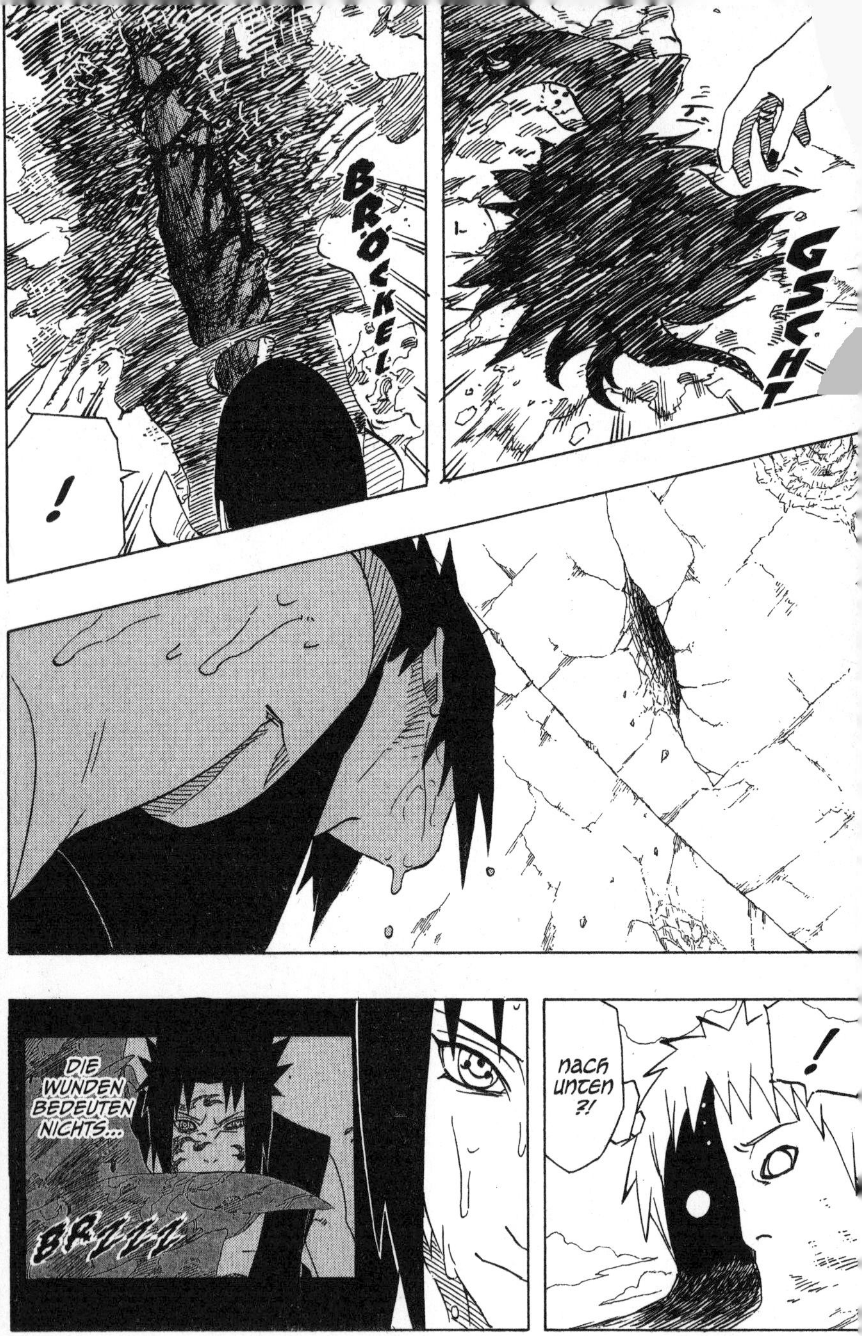
GSCHT
BRÖCKEL
!
nach unten ?!
!
DIE WUNDEN BEDEUTEN NICHTS...

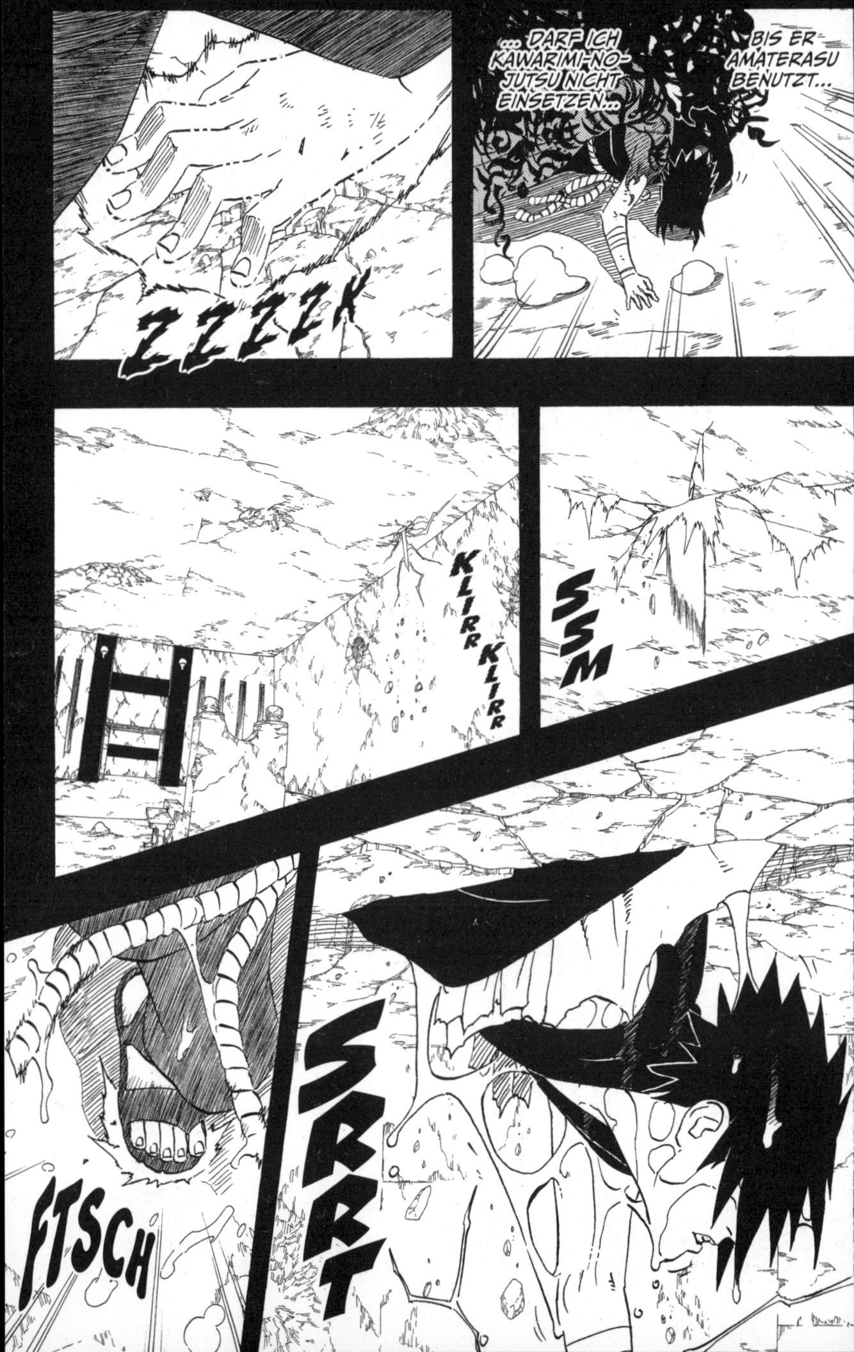
BIS ER AMATERASU BENUTZT...
... DARF ICH KAWARIMI-NO-JUTSU NICHT EINSETZEN...
ZZZZK
SSM
KLIRR KLIRR
SRRT
FTSCH

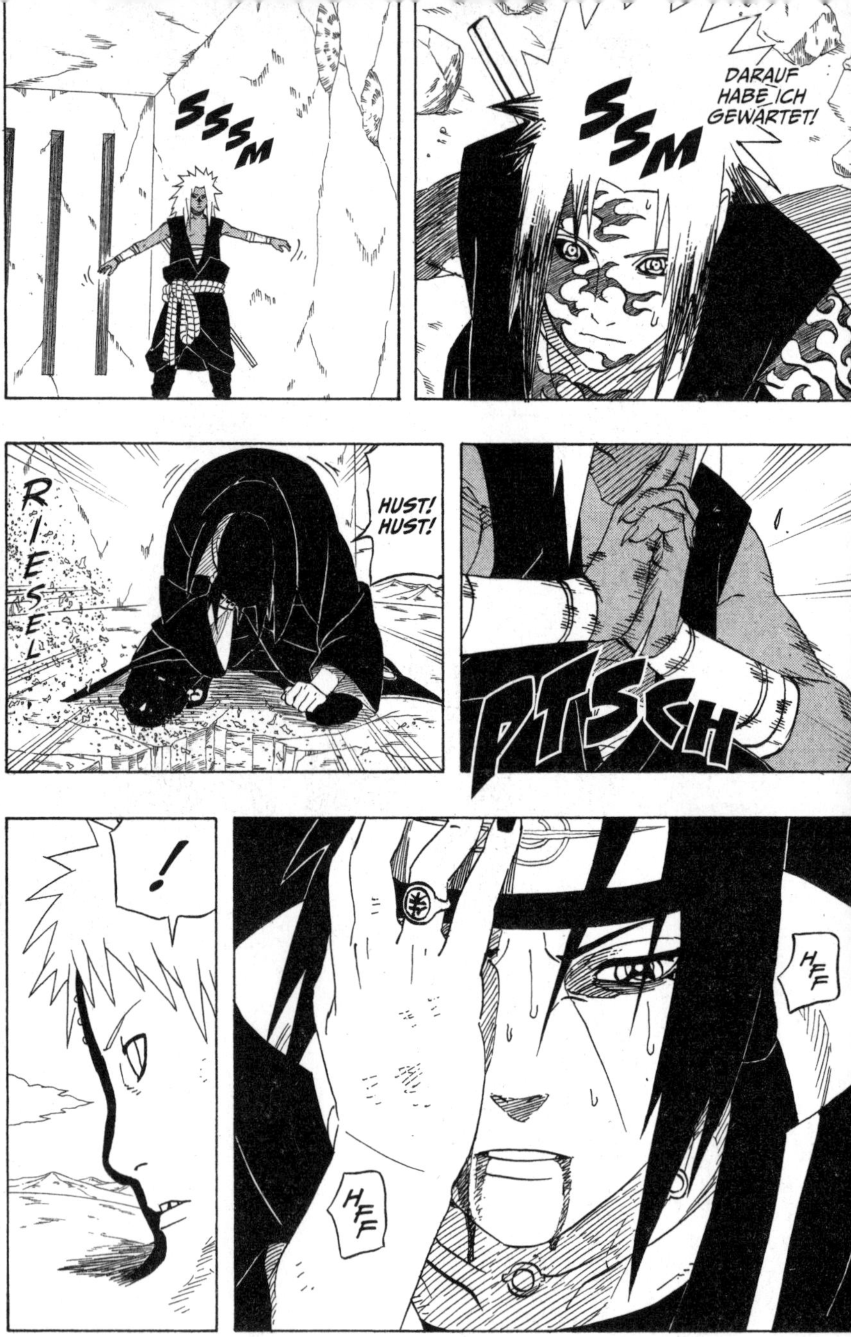
DARAUF HABE ICH GEWARTET!
SSSM
SSSM
PTSCH
HUST! HUST!
RIESEL
HFF
HFF
!

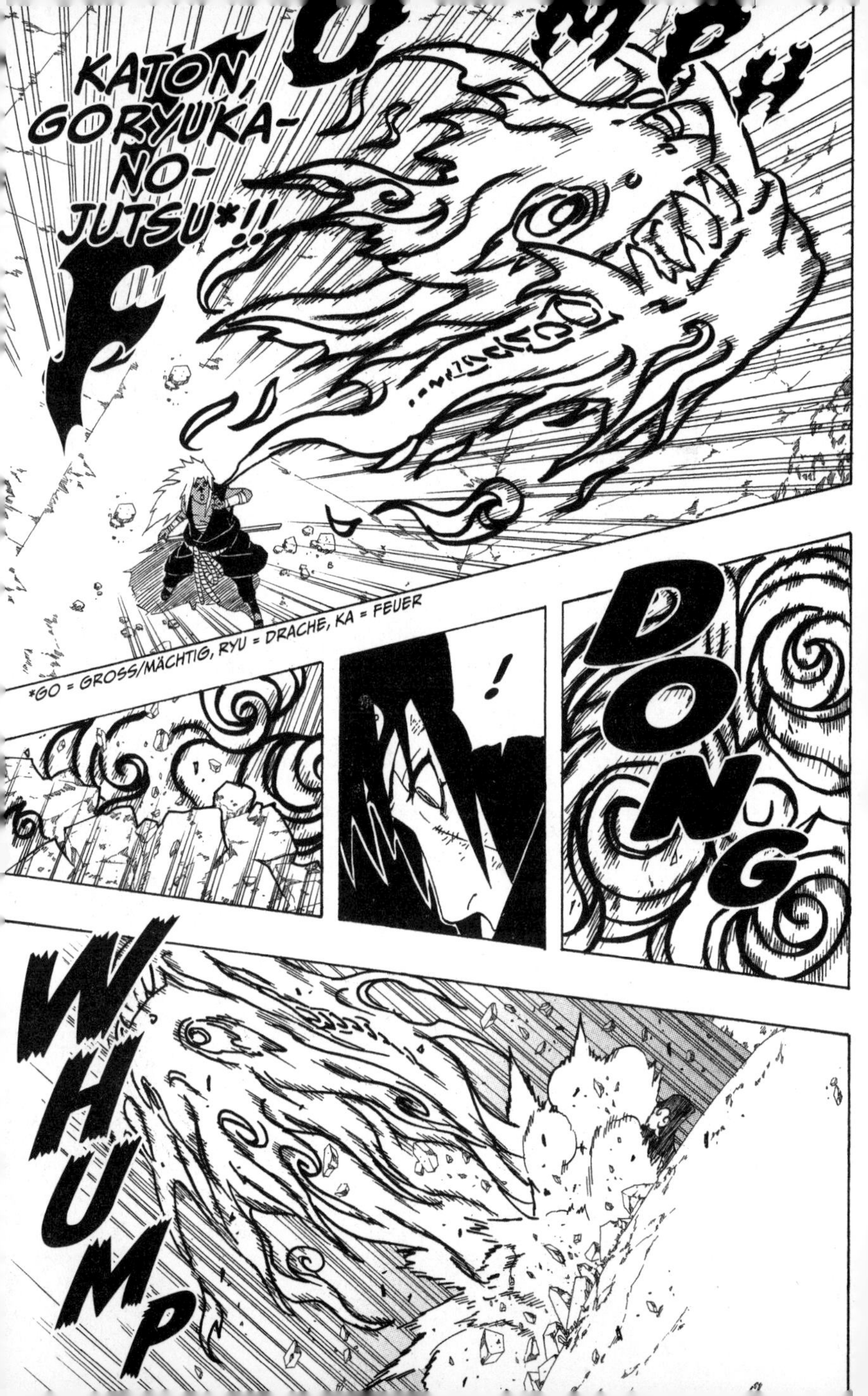
OMPH
KATON, GORYUKA-NO-JUTSU*!!
*GO = GROSS/MÄCHTIG, RYU = DRACHE, KA = FEUER
DONG
!
WHUMP

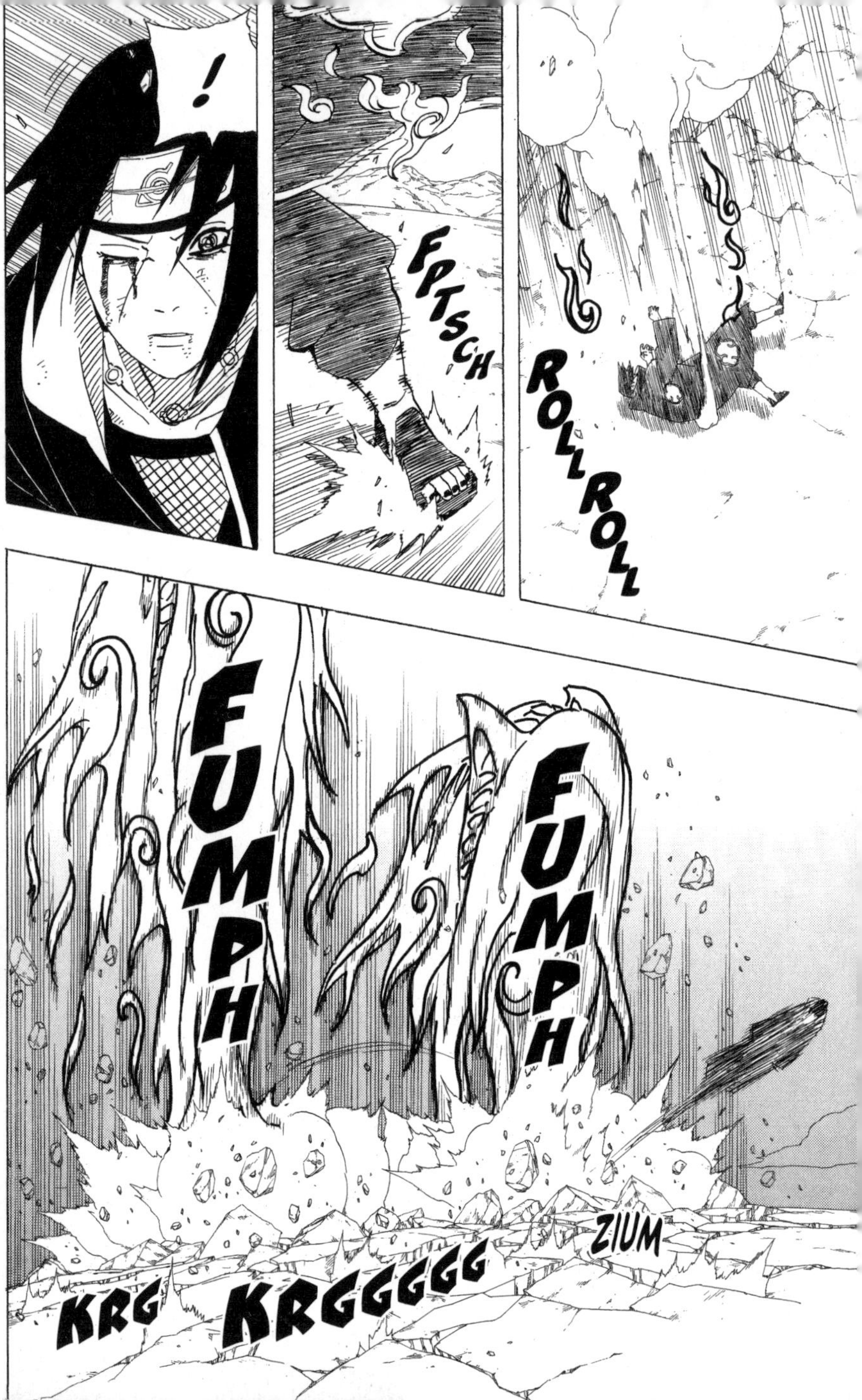
ROLL ROLL
FPTSCH
!
FUMPH
FUMPH
ZIUM
KRGGGGG
KRG

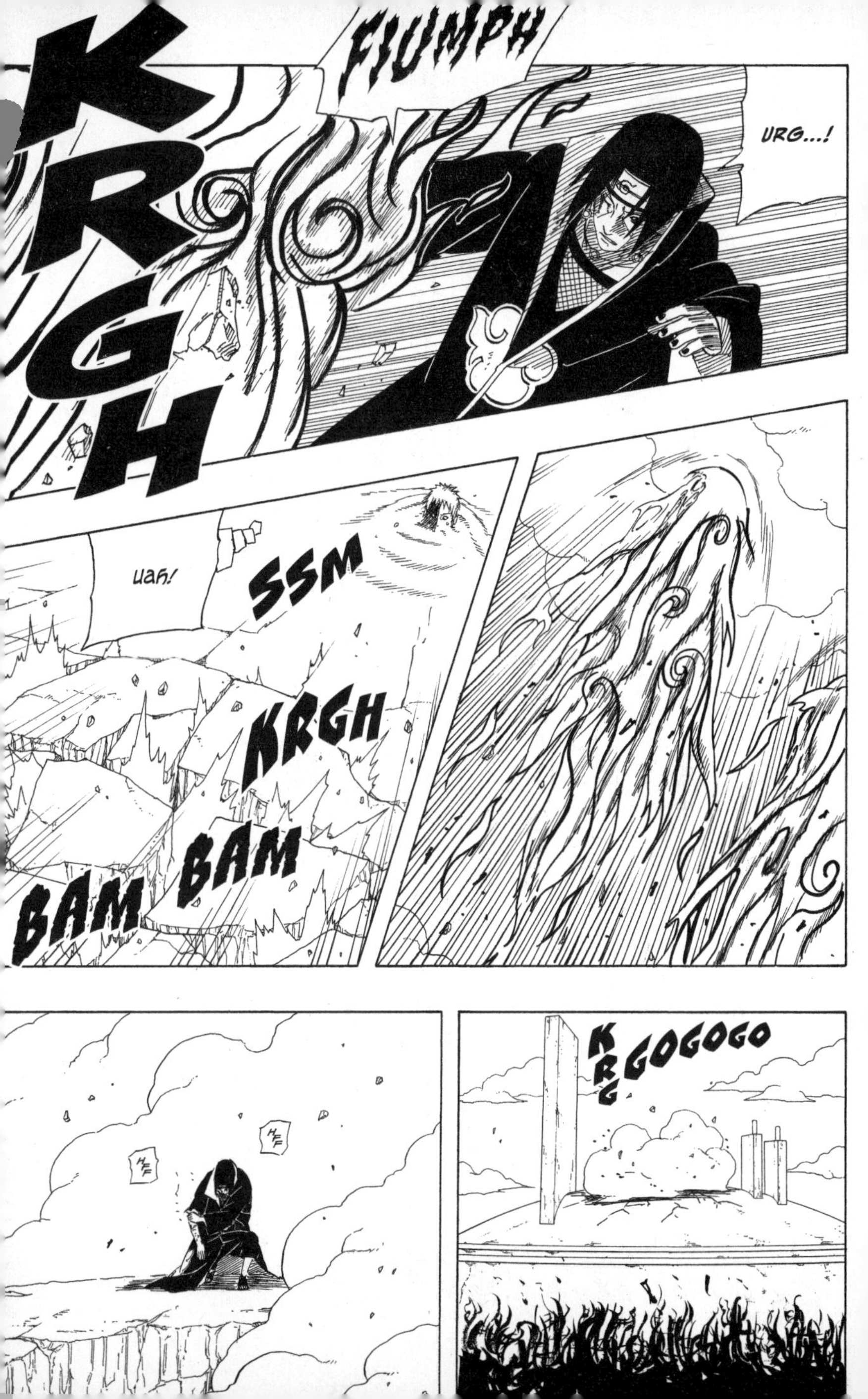

FIUMPH
KRGH
URG...!
SSM
UAH!
KRGH
BAM BAM
HEF
HEF
KRG GOGOGO

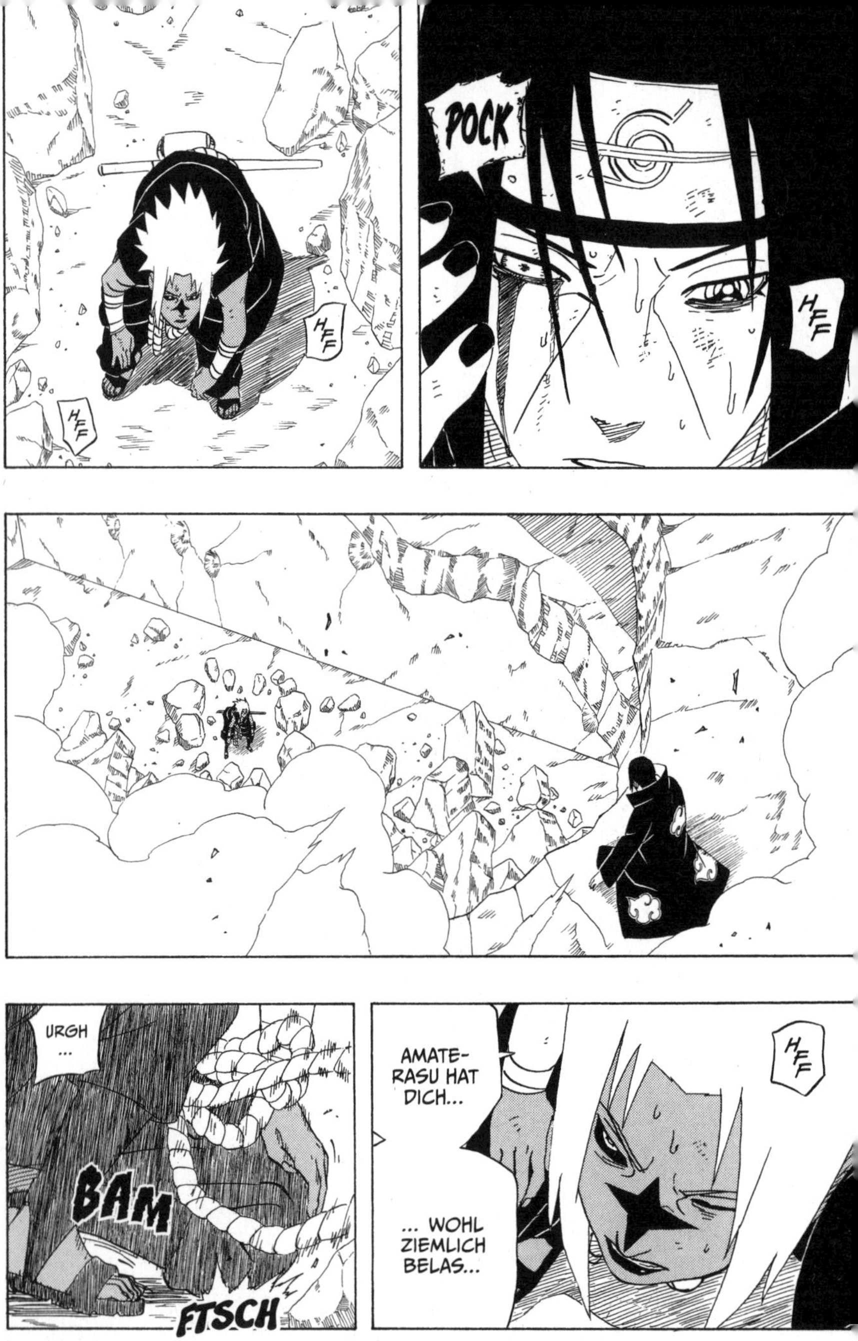

POCK
HFF
HFF
HFF
HFF
AMATE-RASU HAT DICH...
... WOHL ZIEMLICH BELAS...
URGH ...
BAM
FTSCH

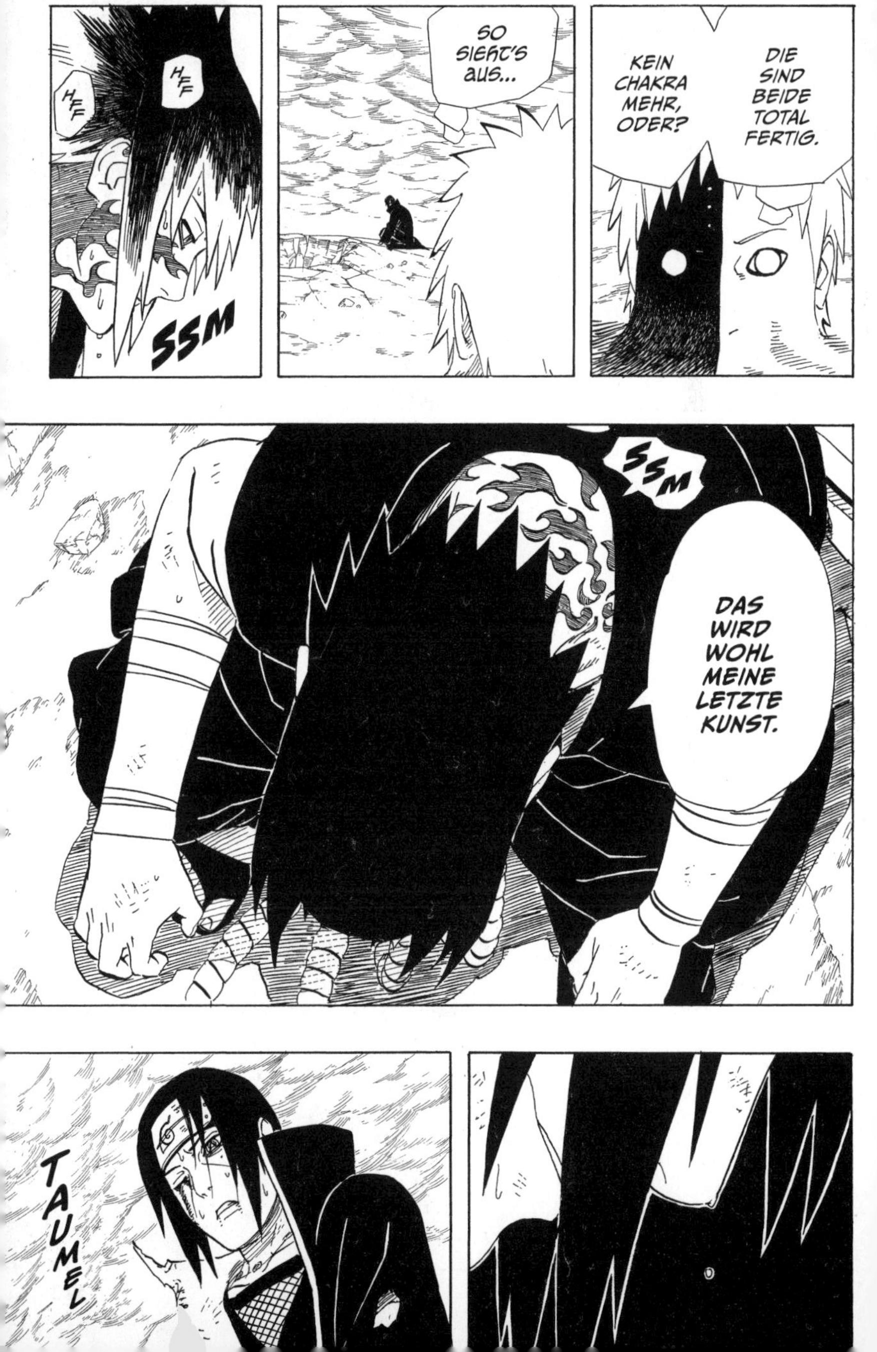

DIE SIND BEIDE TOTAL FERTIG.
KEIN CHAKRA MEHR, ODER?
SO SIEHT'S AUS...
HFF
HFF
SSM
SSM
DAS WIRD WOHL MEINE LETZTE KUNST.
TAUMEL

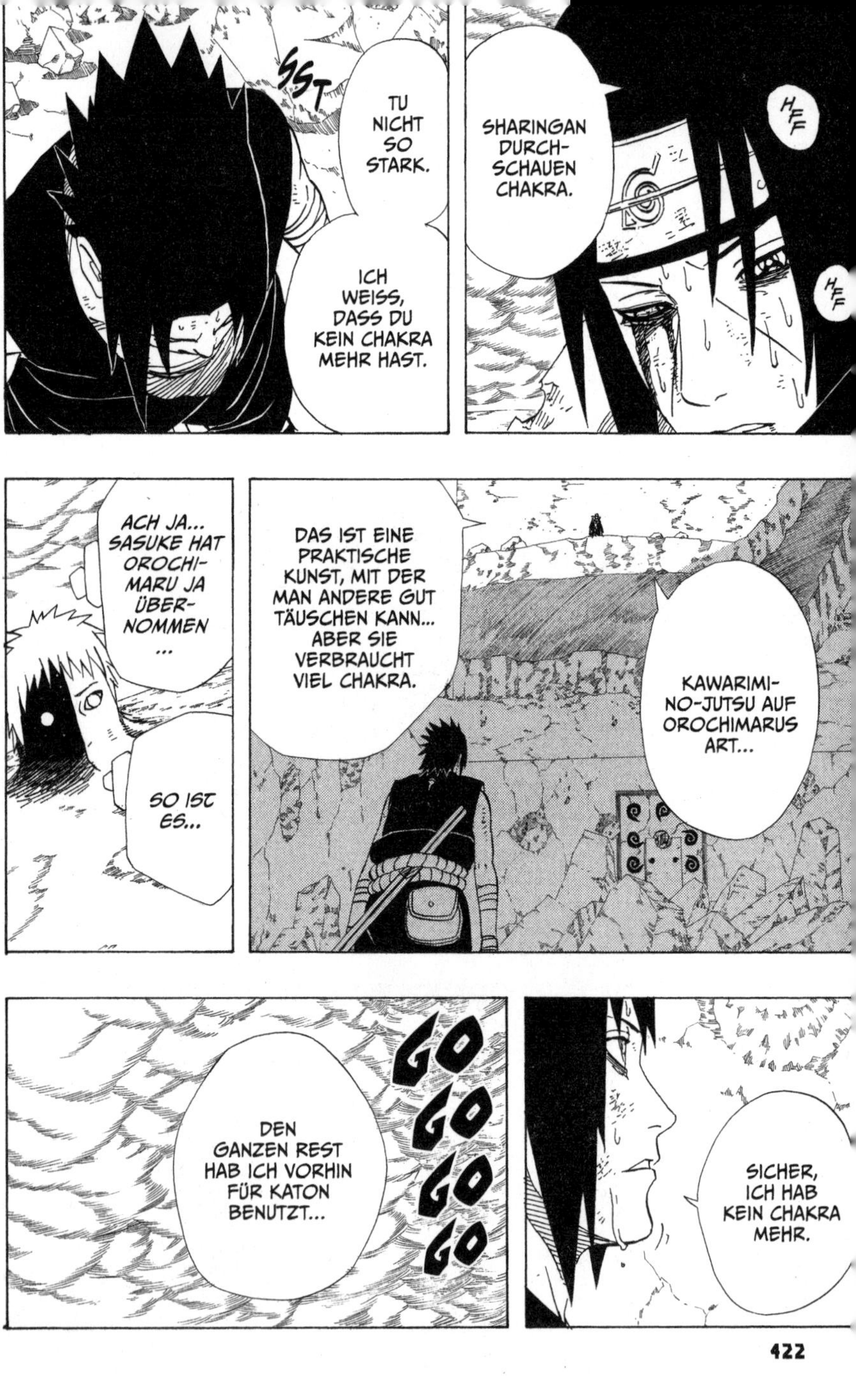
HFF
SHARINGAN DURCHSCHAUEN CHAKRA.
HFF
SST
TU NICHT SO STARK.
ICH WEISS, DASS DU KEIN CHAKRA MEHR HAST.
KAWARIMI-NO-JUTSU AUF OROCHIMARUS ART...
DAS IST EINE PRAKTISCHE KUNST, MIT DER MAN ANDERE GUT TÄUSCHEN KANN... ABER SIE VERBRAUCHT VIEL CHAKRA.
ACH JA... SASUKE HAT OROCHIMARU JA ÜBERNOMMEN...
SO IST ES...
SICHER, ICH HAB KEIN CHAKRA MEHR.
GO GO GO GO
DEN GANZEN REST HAB ICH VORHIN FÜR KATON BENUTZT...

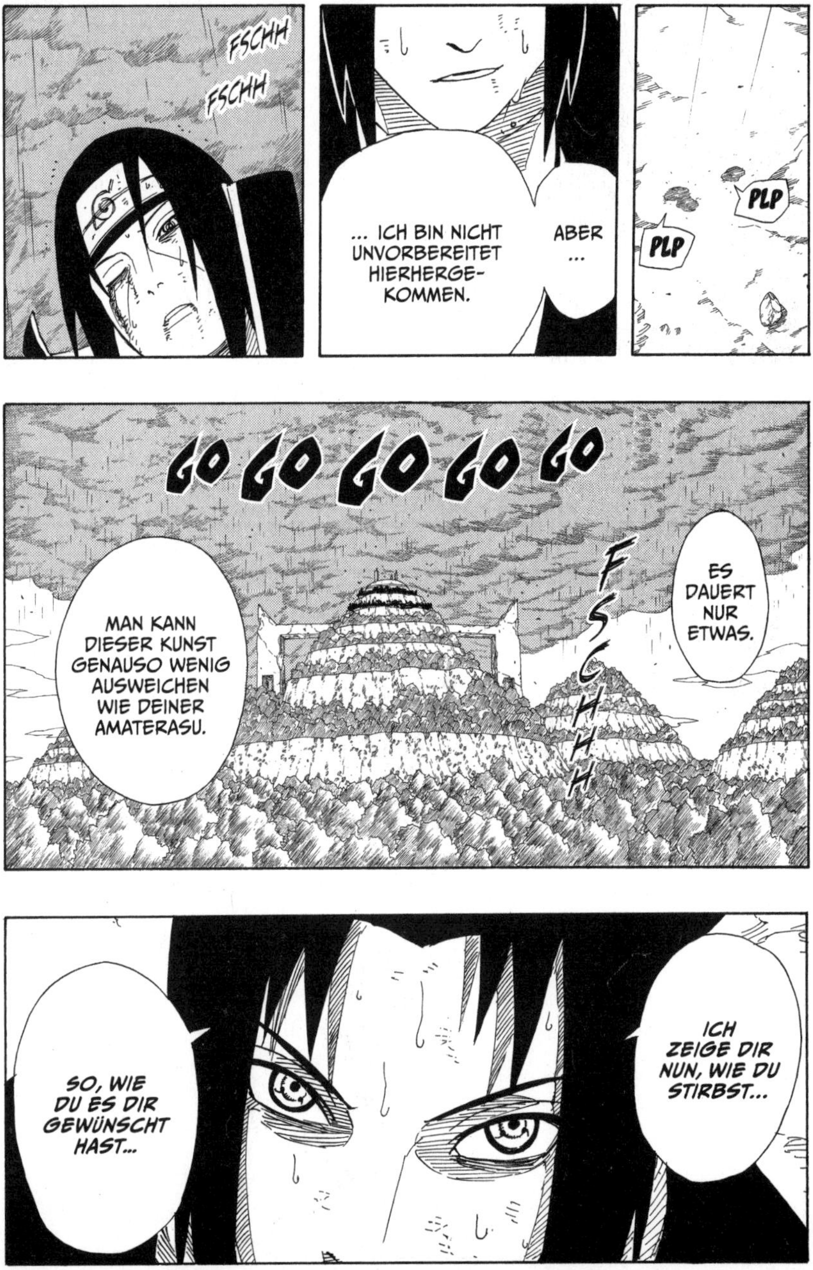
PLP
PLP
ABER ...
... ICH BIN NICHT UNVORBEREITET HIERHERGE-KOMMEN.
FSCHH
FSCHH
GO GO GO GO GO GO
ES DAUERT NUR ETWAS.
FSCHHH
MAN KANN DIESER KUNST GENAUSO WENIG AUSWEICHEN WIE DEINER AMATERASU.
ICH ZEIGE DIR NUN, WIE DU STIRBST...
SO, WIE DU ES DIR GEWÜNSCHT HAST...

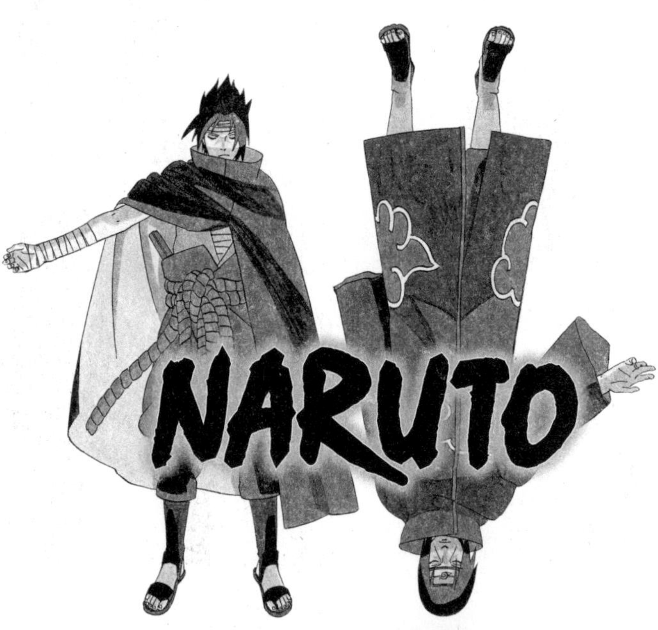
NARUTO

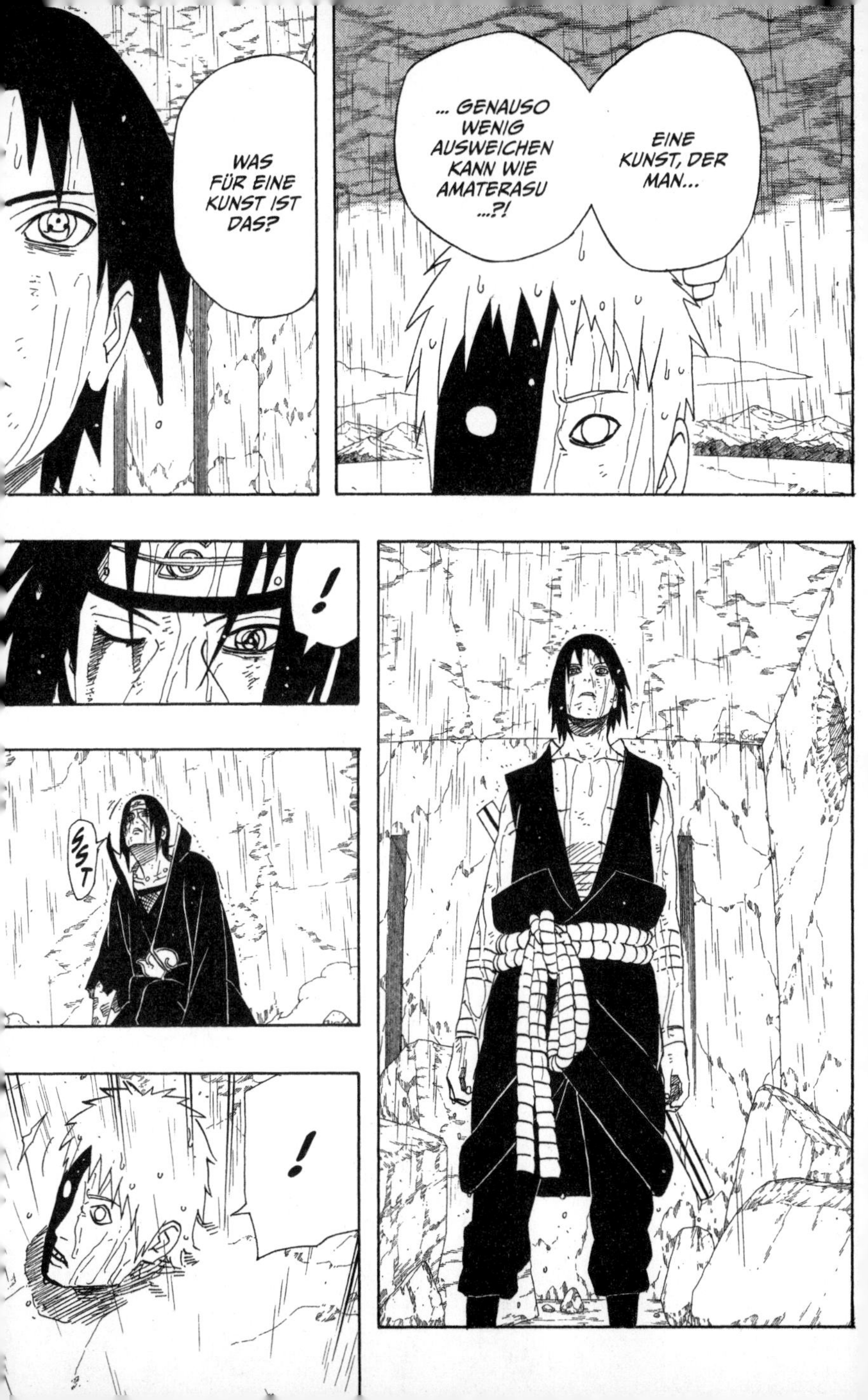
EINE KUNST, DER MAN...
... GENAUSO WENIG AUSWEICHEN KANN WIE AMATERASU ...?!
WAS FÜR EINE KUNST IST DAS?
!
SST
!

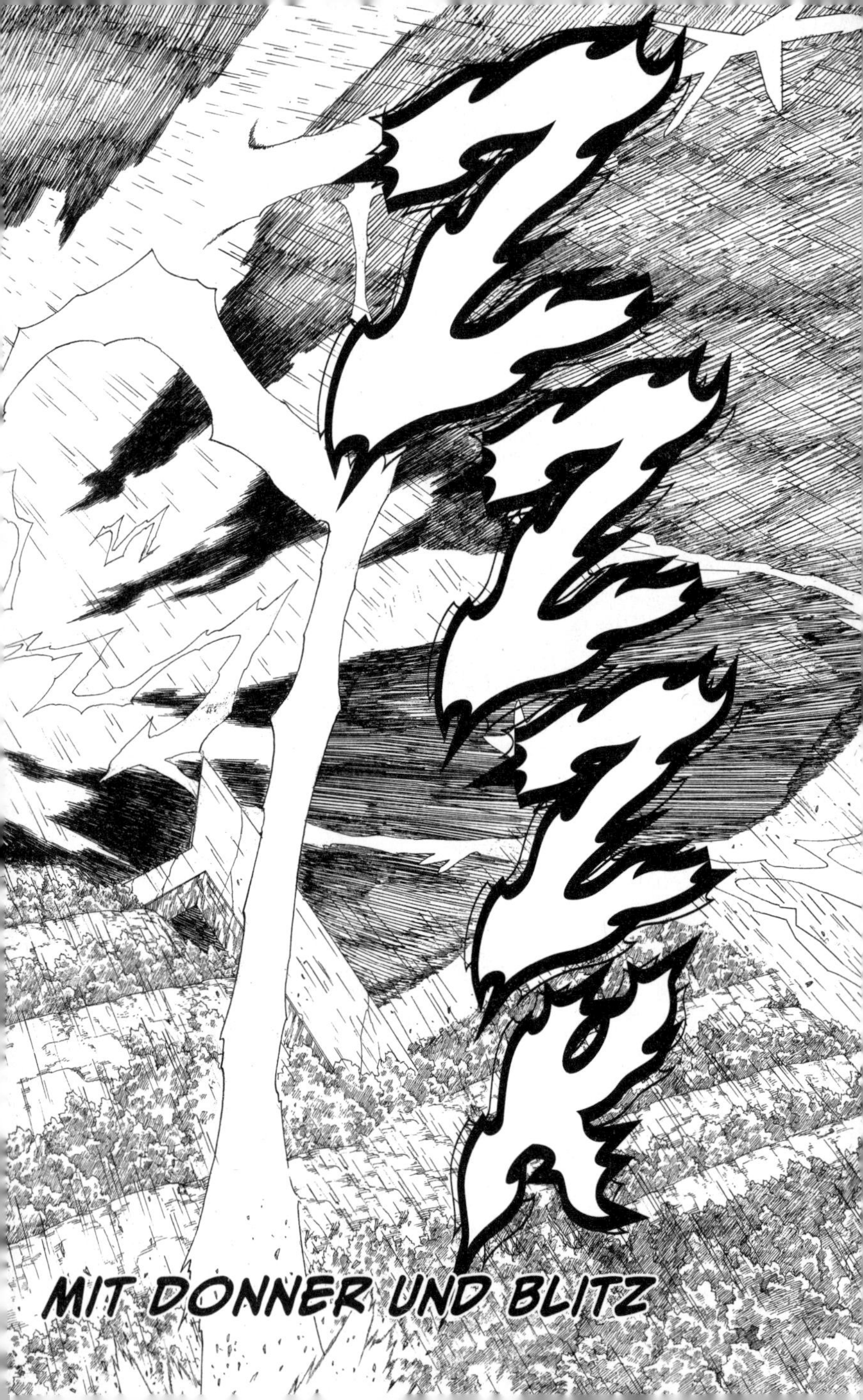
MIT DONNER UND BLITZ

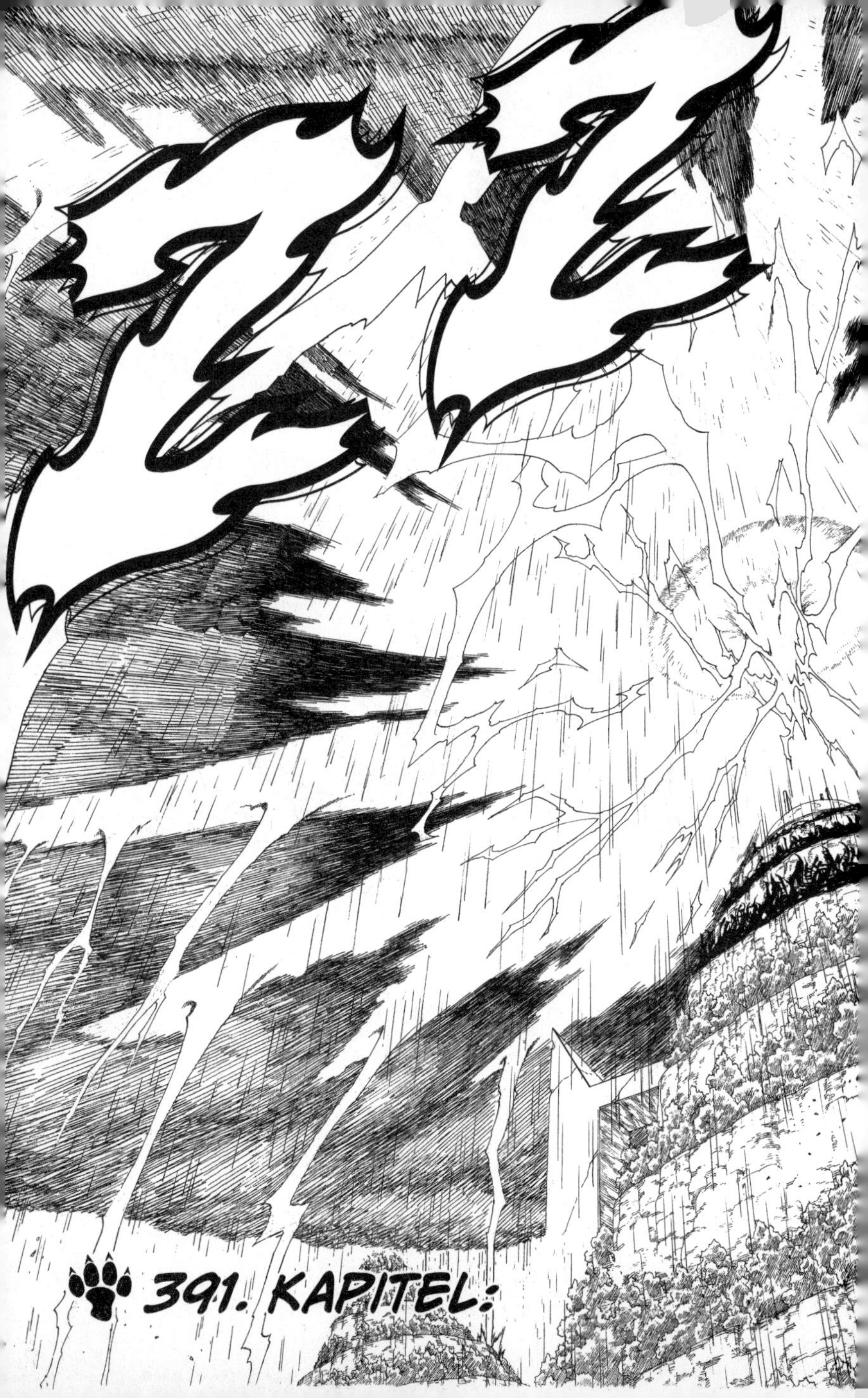
391. KAPITEL:

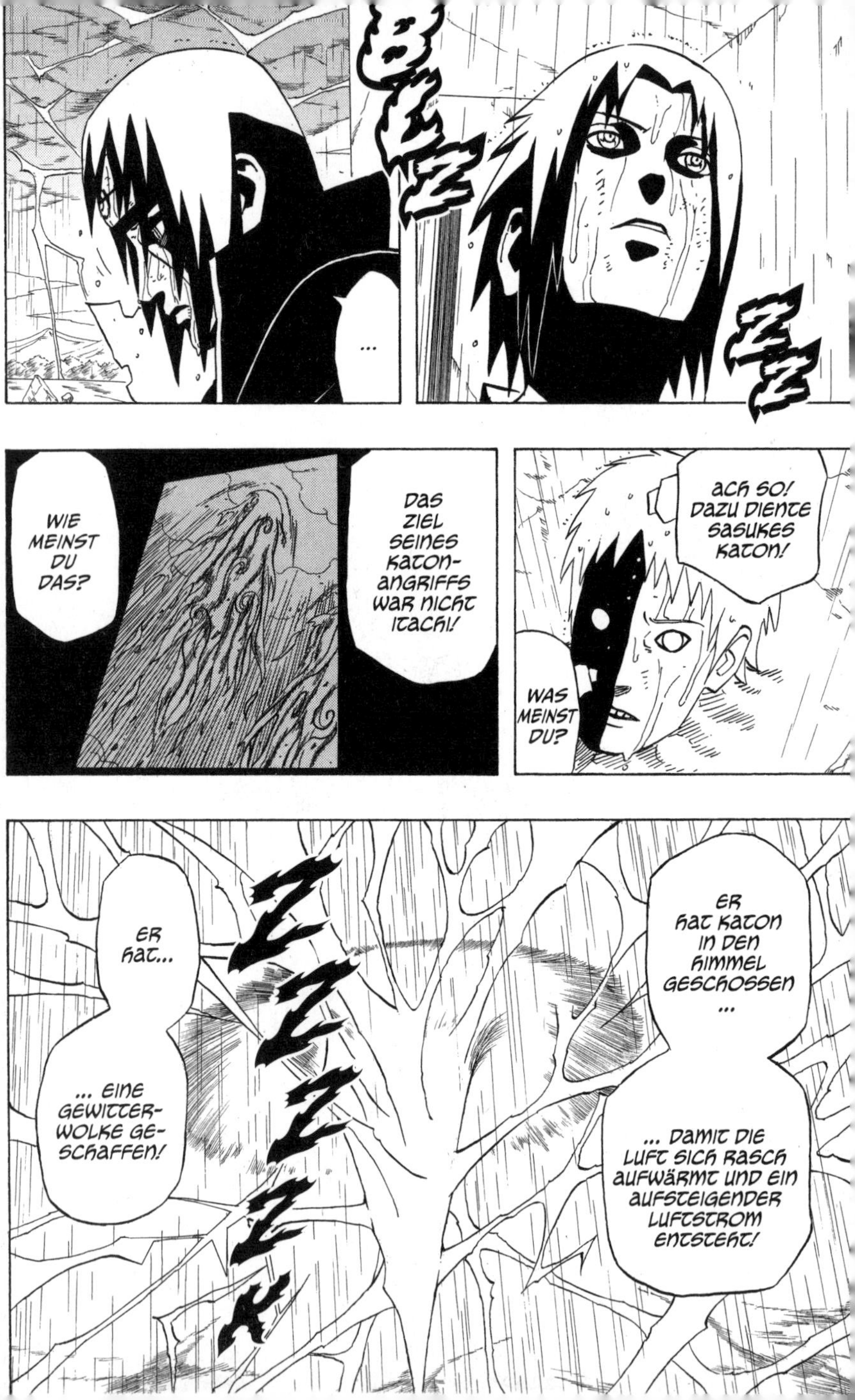
...
Ach so! Dazu diente Sasukes Katon!
Was meinst du?
Das Ziel seines Katon-Angriffs war nicht Itachi!
Wie meinst du das?
Er hat Katon in den Himmel geschossen ...
... damit die Luft sich rasch aufwärmt und ein aufsteigender Luftstrom entsteht!
Er hat...
... eine Gewitter-wolke ge-schaffen!

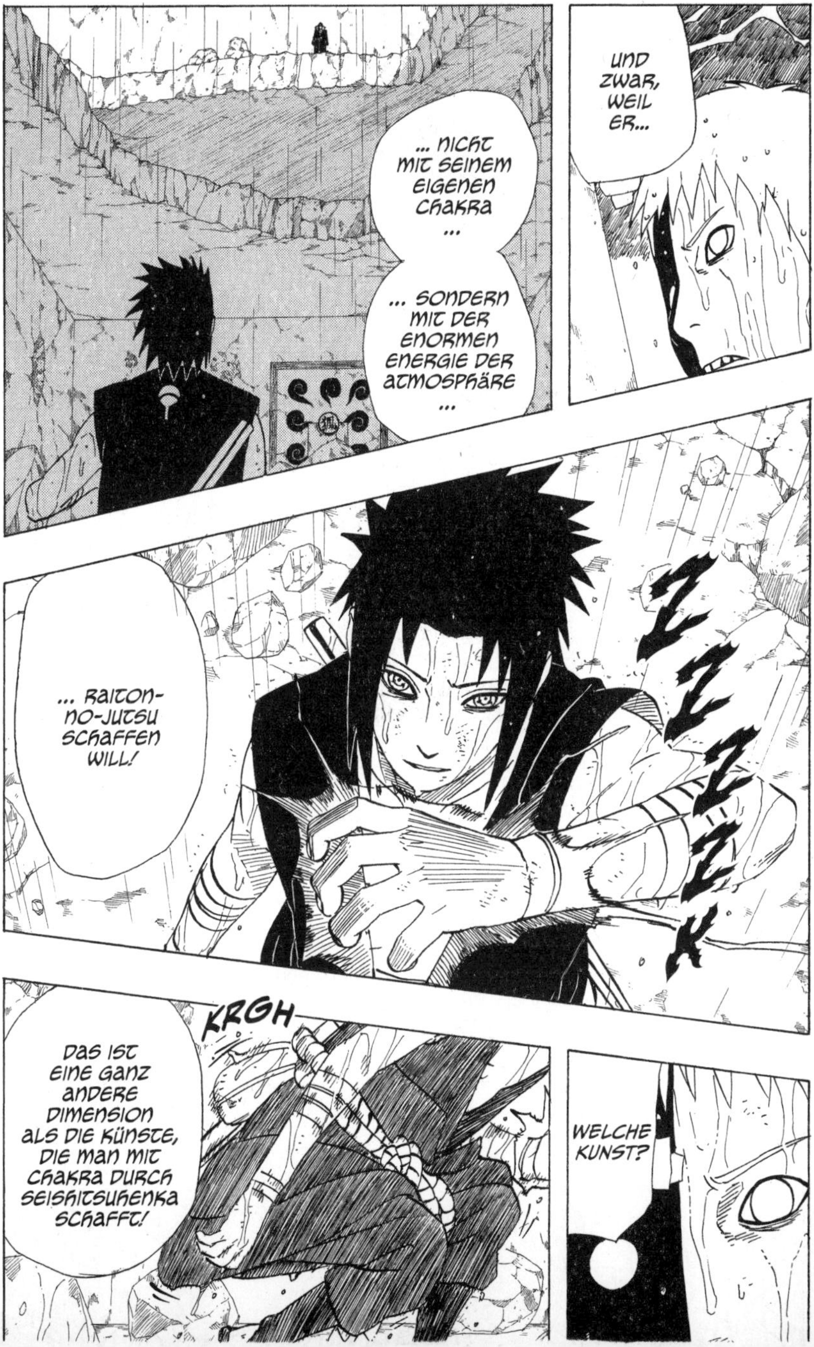
UND ZWAR, WEIL ER...
... NICHT MIT SEINEM EIGENEN CHAKRA ...
... SONDERN MIT DER ENORMEN ENERGIE DER ATMOSPHÄRE ...
... RAITON-NO-JUTSU SCHAFFEN WILL!
WELCHE KUNST?
KRGH
DAS IST EINE GANZ ANDERE DIMENSION ALS DIE KÜNSTE, DIE MAN MIT CHAKRA DURCH SEISHITSUHENKA SCHAFFT!

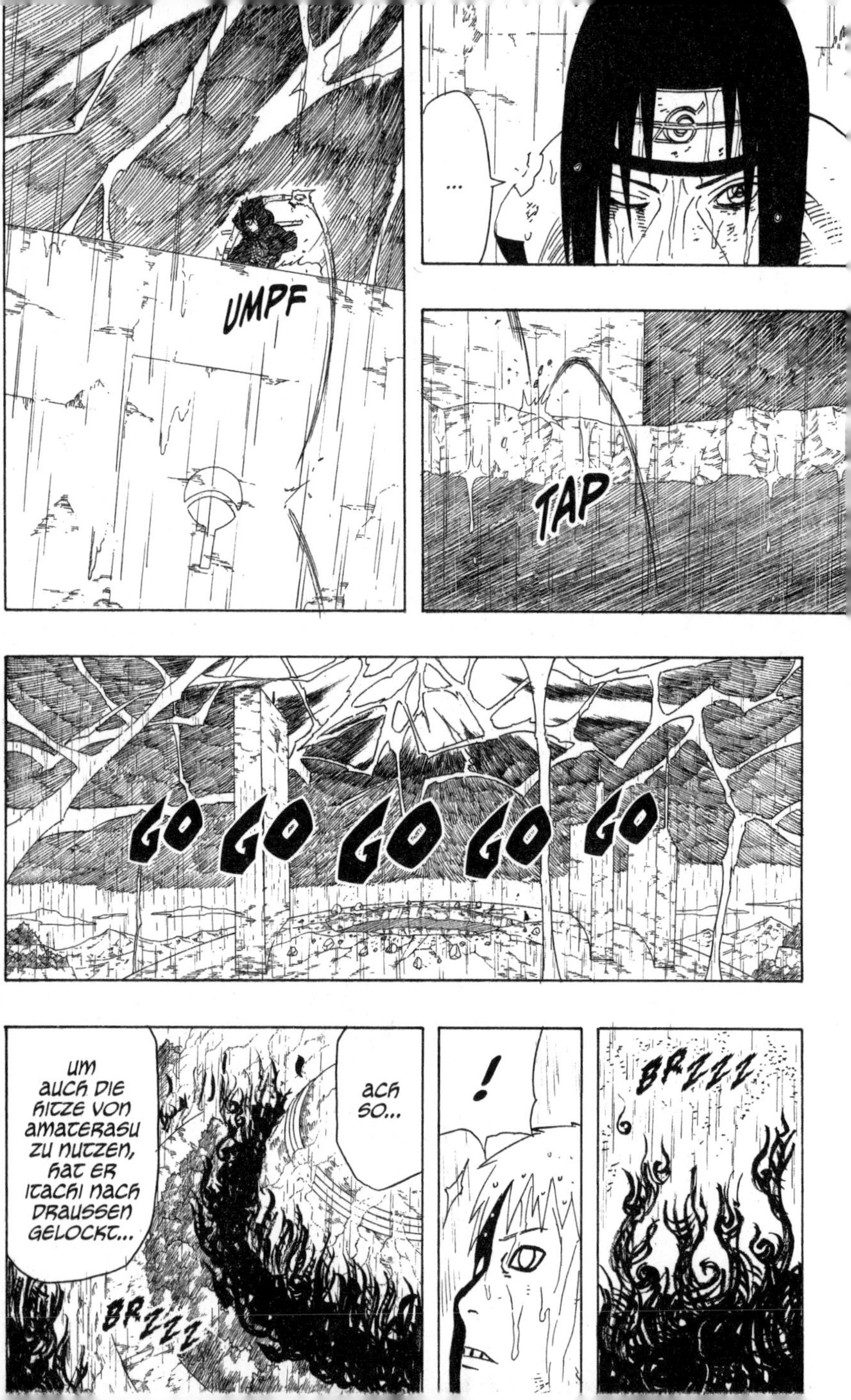

...
UMPF
TAP
GO GO GO GO GO
ach so...
um auch die Hitze von Amaterasu zu nutzen, hat er Itachi nach draussen gelockt...
!
BRZZZ
BRZZZ

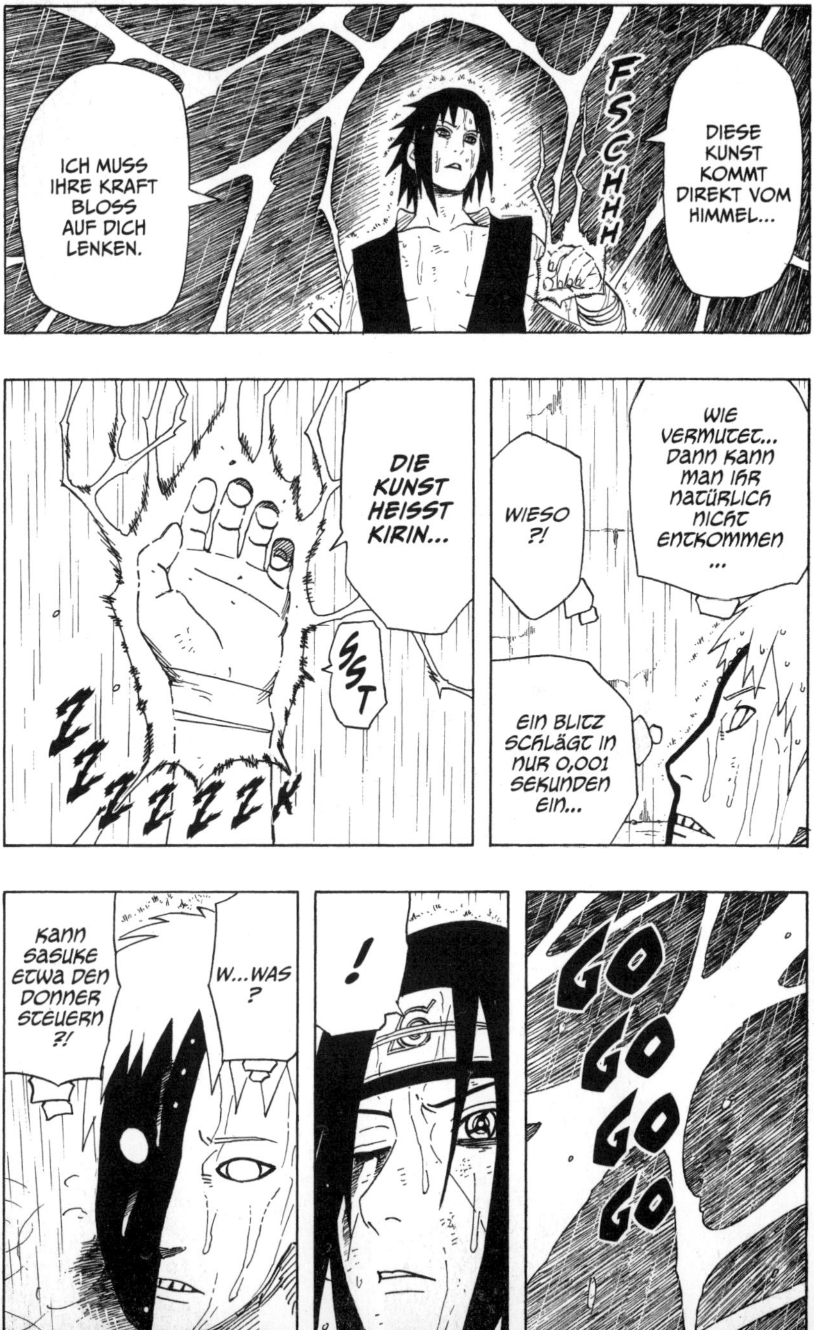
DIESE KUNST KOMMT DIREKT VOM HIMMEL...
FSCHHH
ICH MUSS IHRE KRAFT BLOSS AUF DICH LENKEN.
WIE VERMUTET... DANN KANN MAN IHR NATÜRLICH NICHT ENTKOMMEN ...
WIESO ?!
EIN BLITZ SCHLÄGT IN NUR 0,001 SEKUNDEN EIN...
DIE KUNST HEISST KIRIN...
SST
ZZZZZZZK
GOGOGOGOGO
!
W...WAS ?
KANN SASUKE ETWA DEN DONNER STEUERN ?!

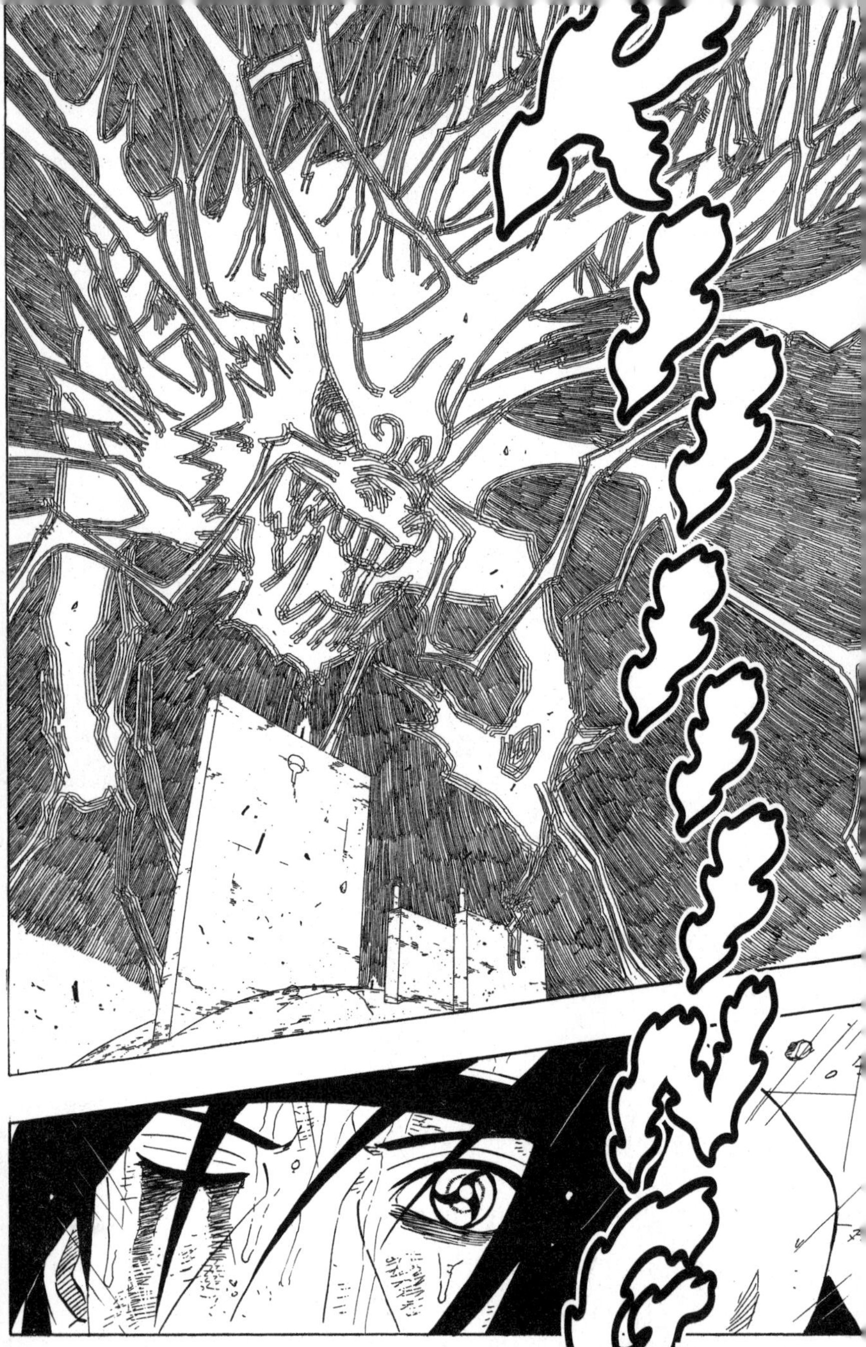

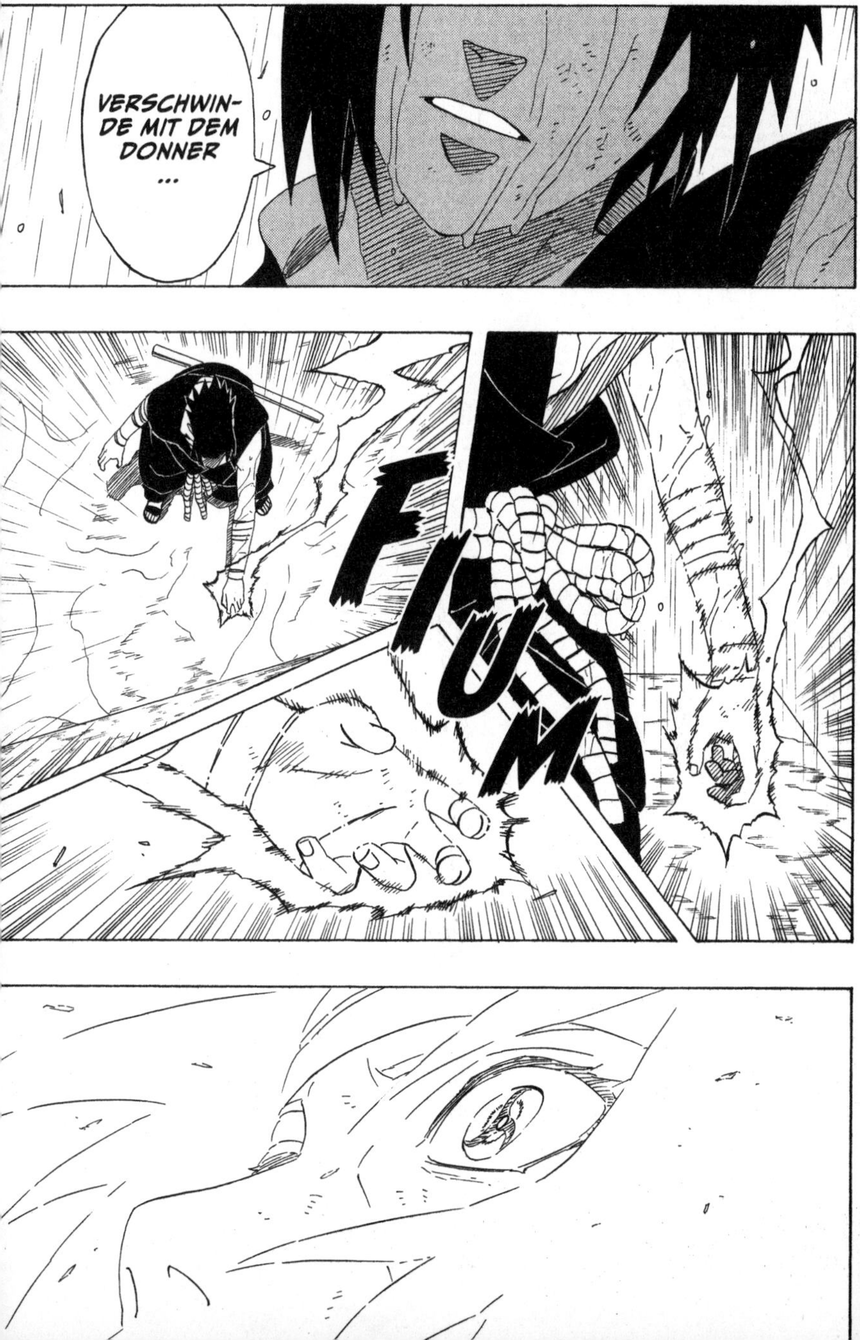
VERSCHWINDE MIT DEM DONNER ...
FIUM

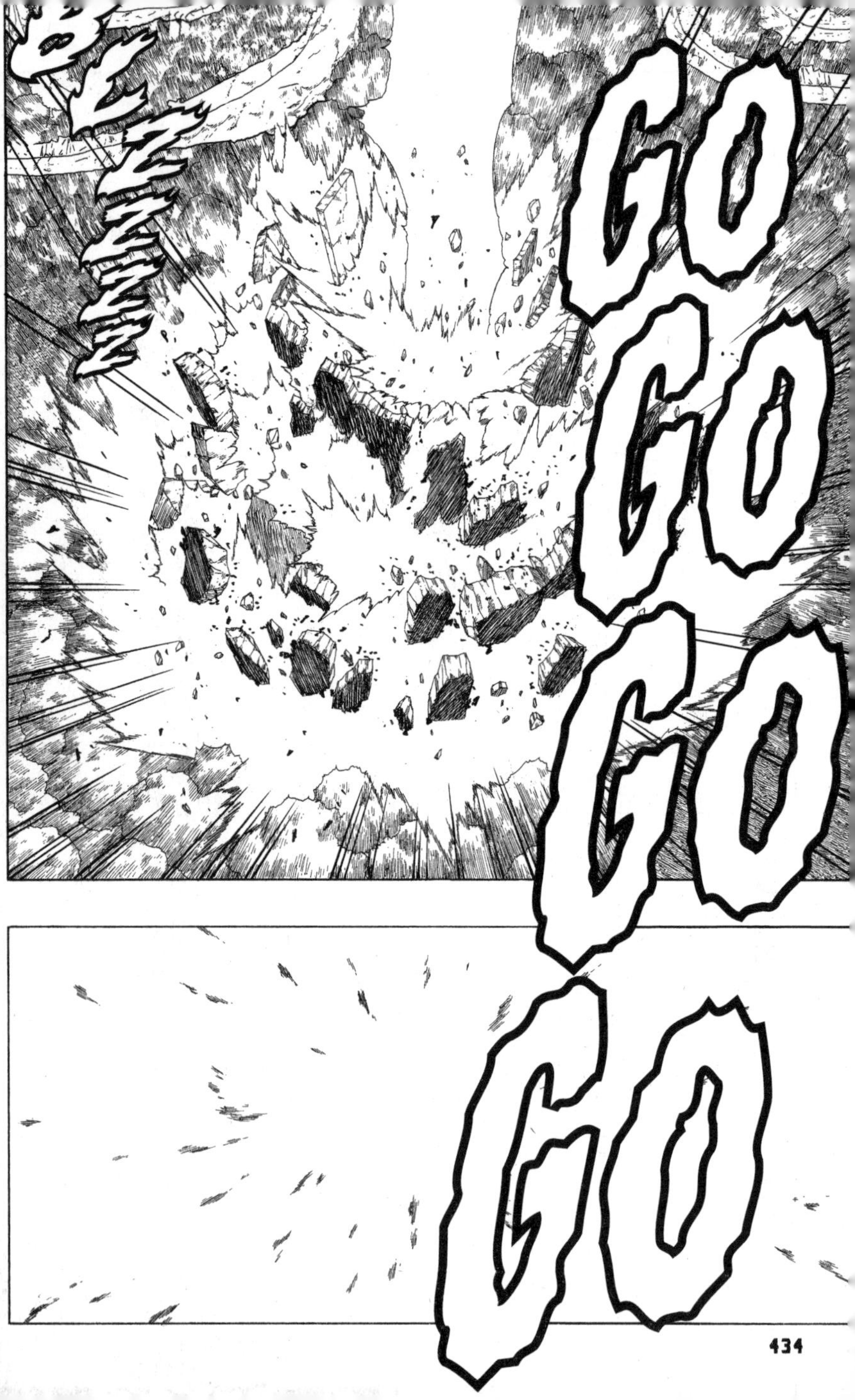
GO GO GO GO GO GO GO

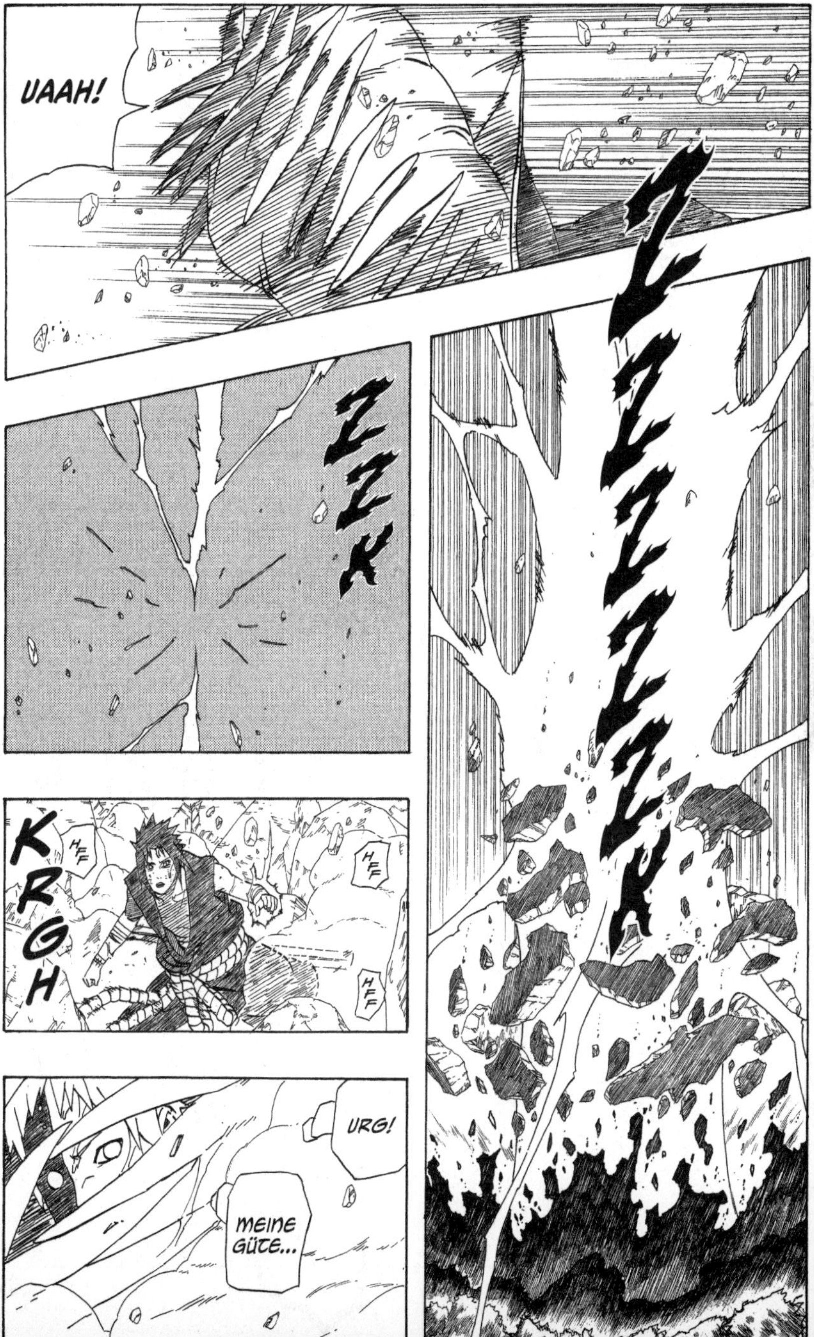
UAAH!
ZZZZZZZZZK
ZZK
KRGH
HFF
HFF
HFF
URG!
MEINE GÜTE...

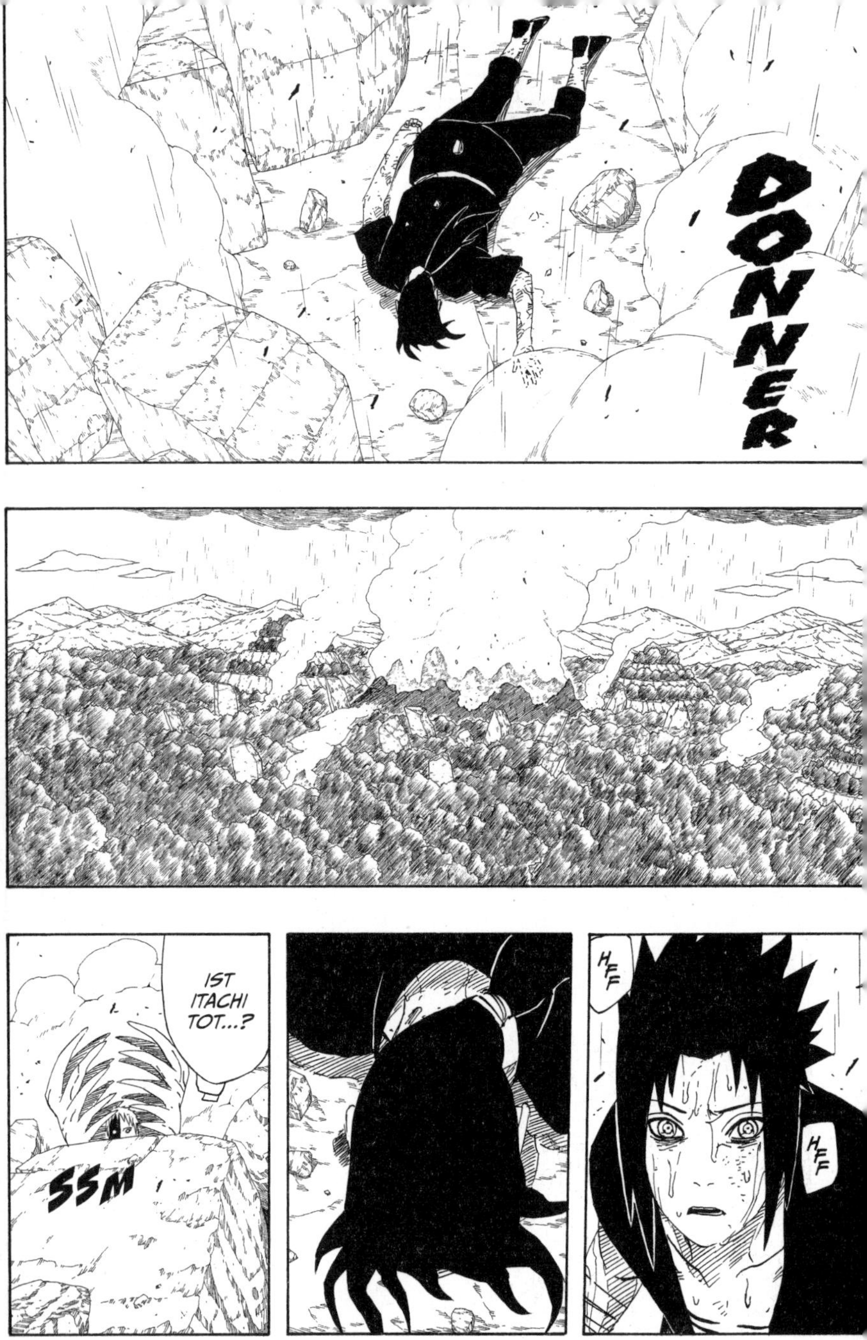
DONNER
HFF
HFF
IST ITACHI TOT...?
SSM

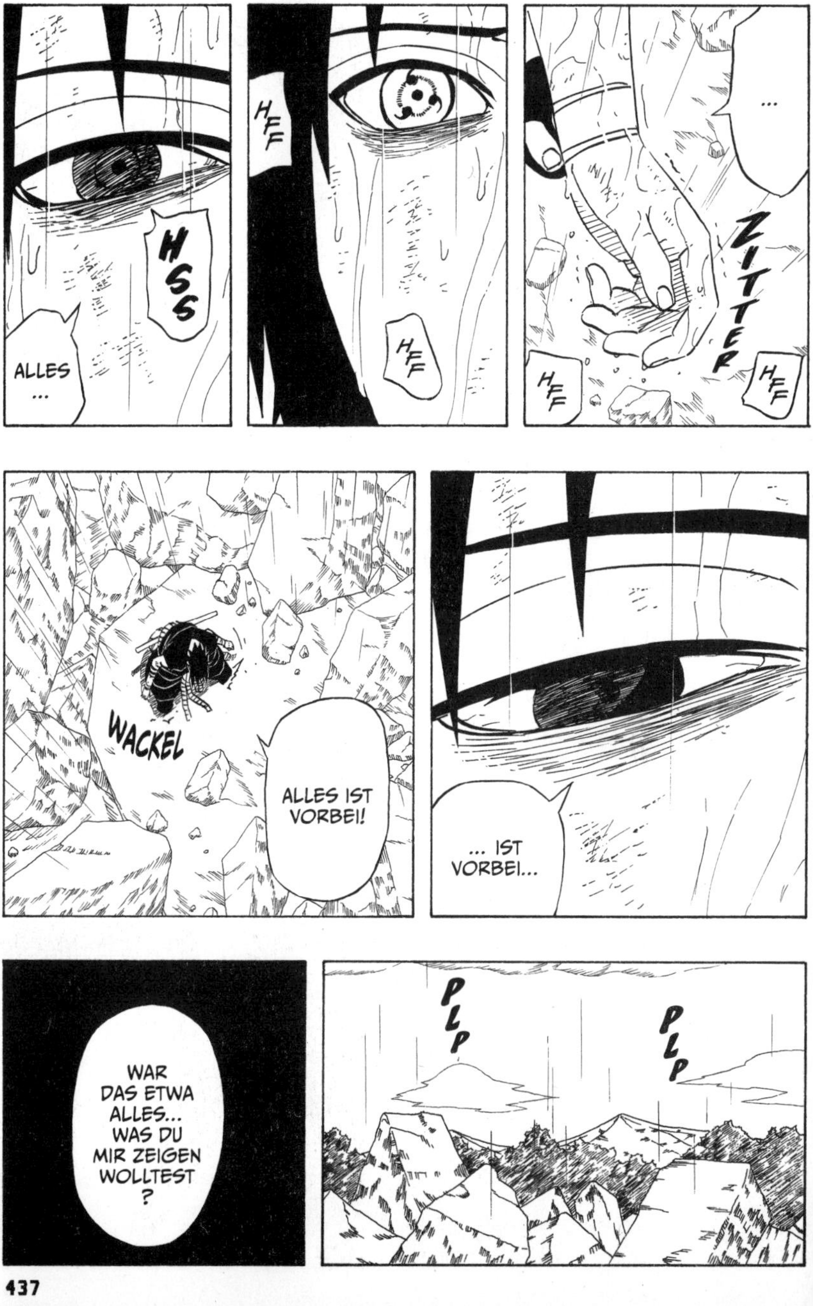
...
ZITTER
HFF
HFF
HFF
HFF
HSS
ALLES ...
... IST VORBEI...
WACKEL
ALLES IST VORBEI!
PLP
PLP
WAR DAS ETWA ALLES... WAS DU MIR ZEIGEN WOLLTEST?

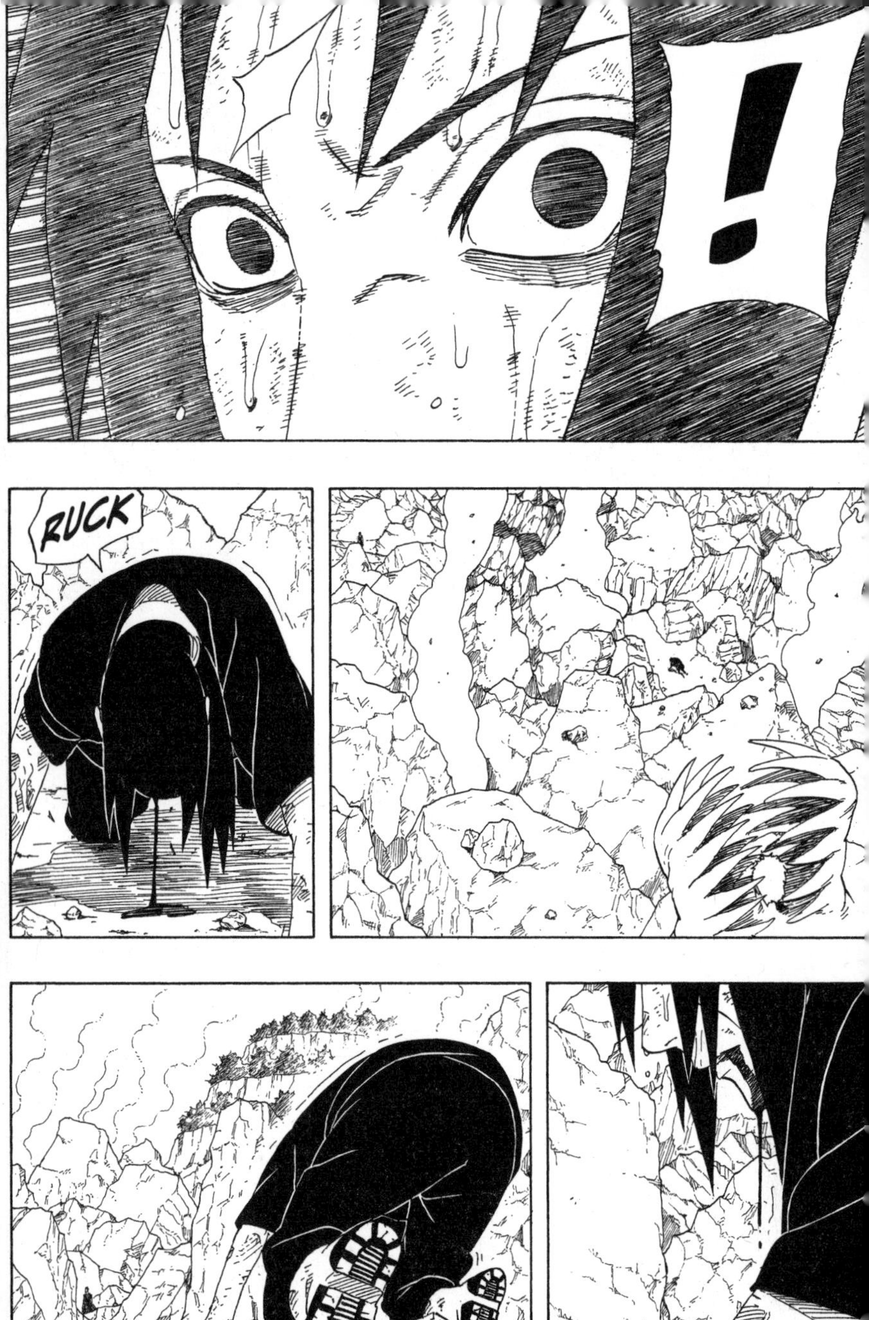
!!
RUCK

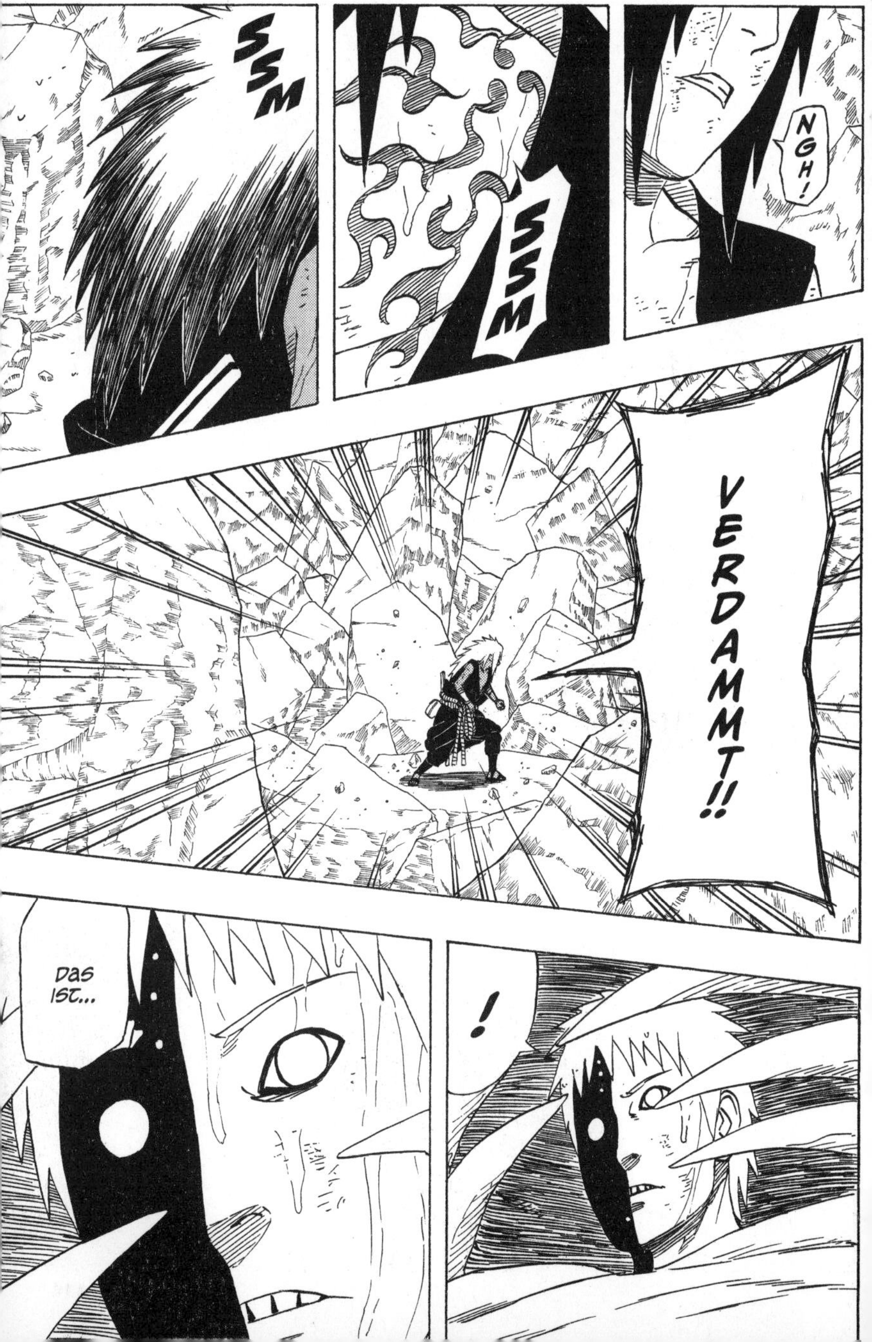

NGH!
SSM
SSM
VERDAMMT!!
!
DAS IST...

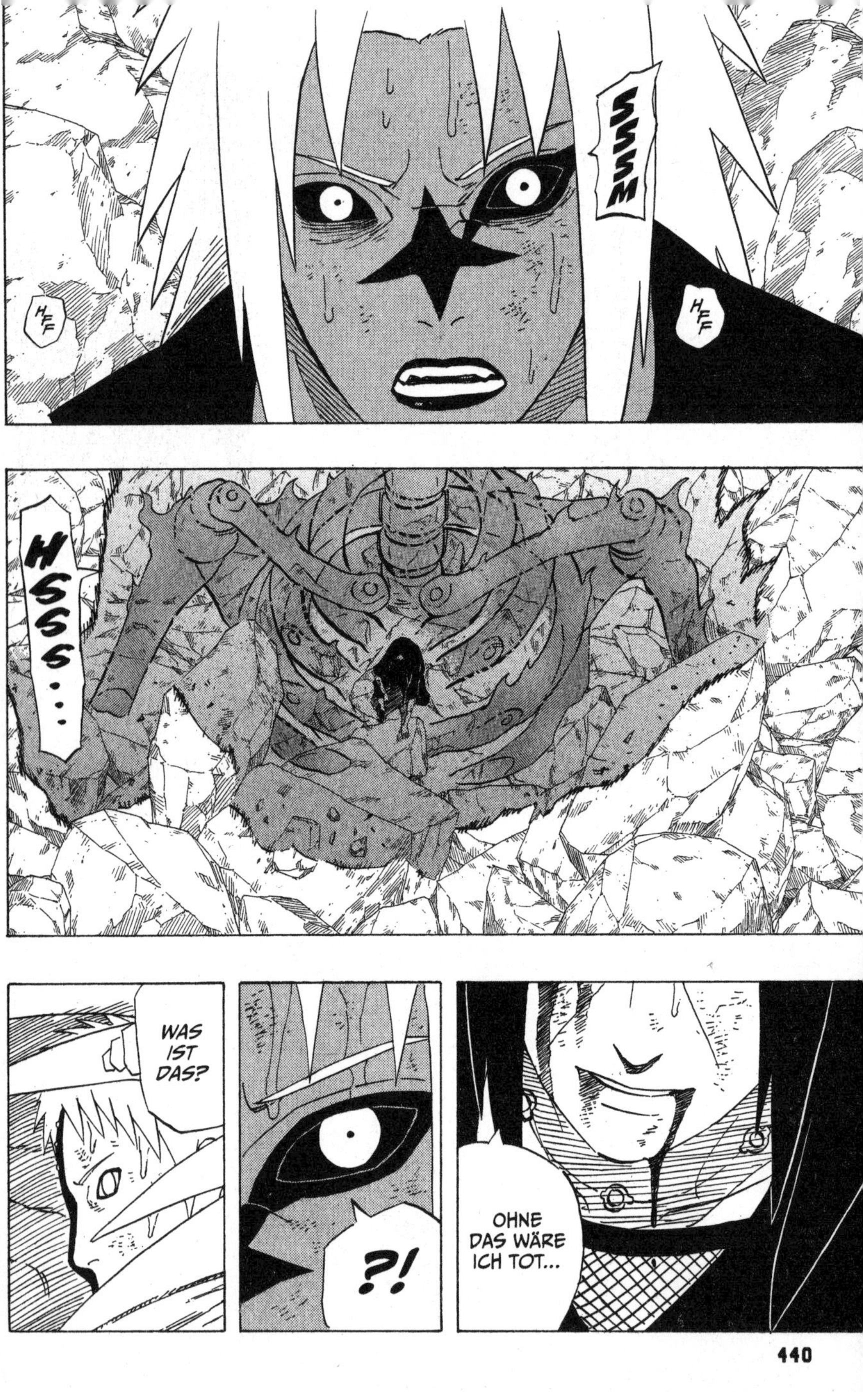
SSSM
HEF
HEF
HSSS...
OHNE DAS WÄRE ICH TOT...
?!
WAS IST DAS?

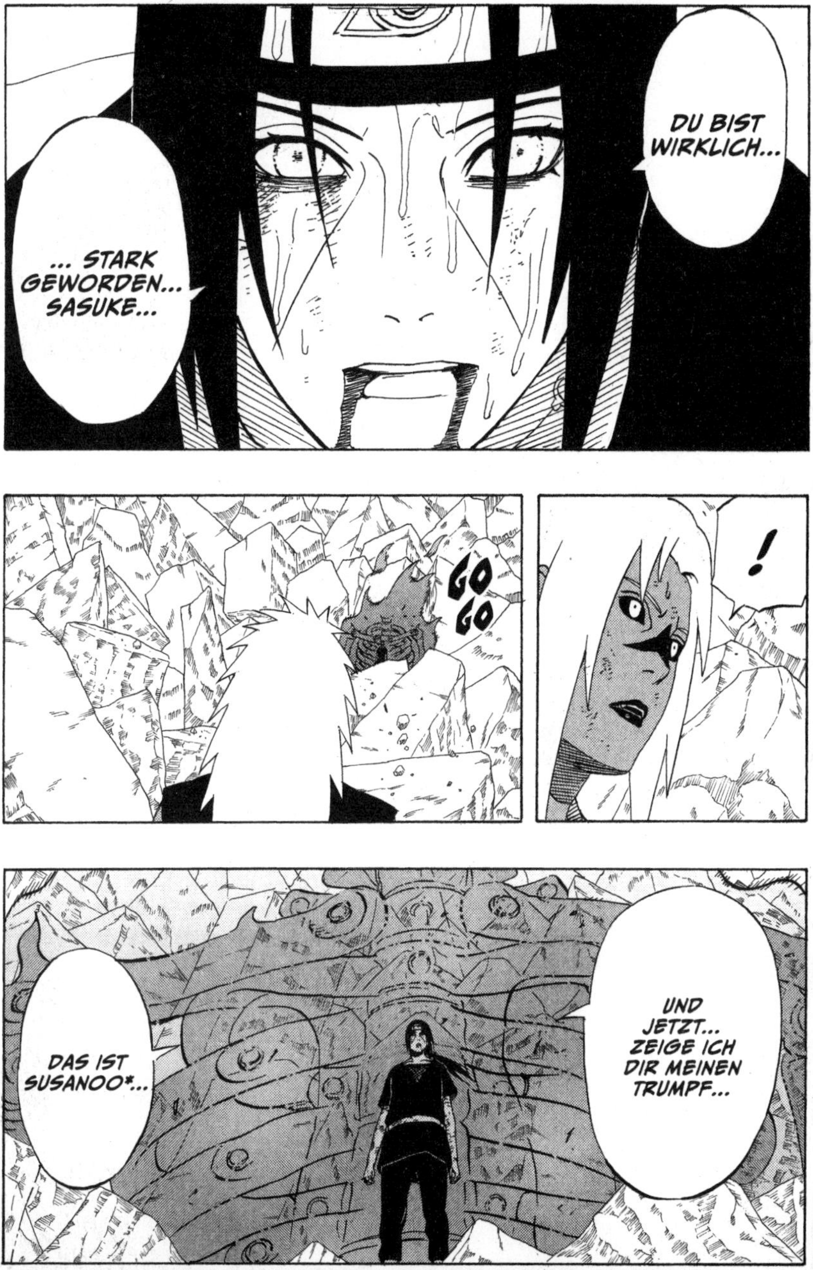

* VON SUSANOO-NO-MIKOTO, DEM GOTT DES WINDES UND DES MEERES UND DEM BRUDER DER SONNENGÖTTIN AMATERASU UND DES MONDGOTTES TSUKUYOMI-NO-MIKOTO AUS DER JAP. MYTHOLOGIE.

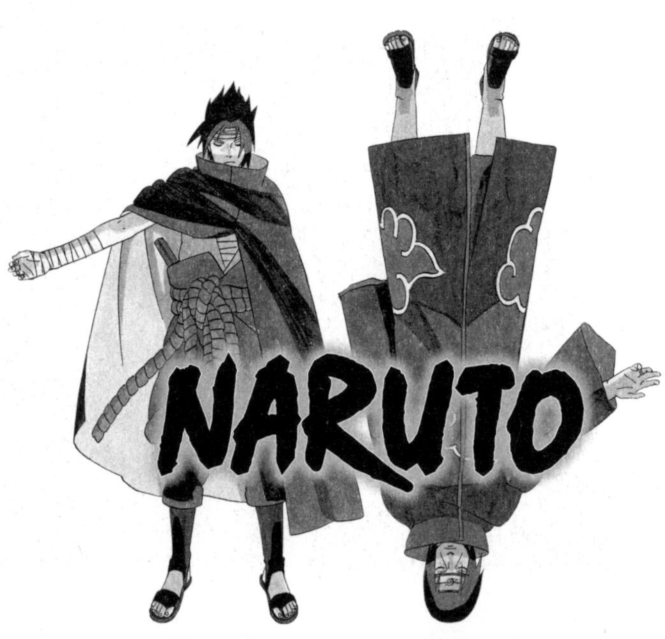
NARUTO

392. Kapitel: Susanoo

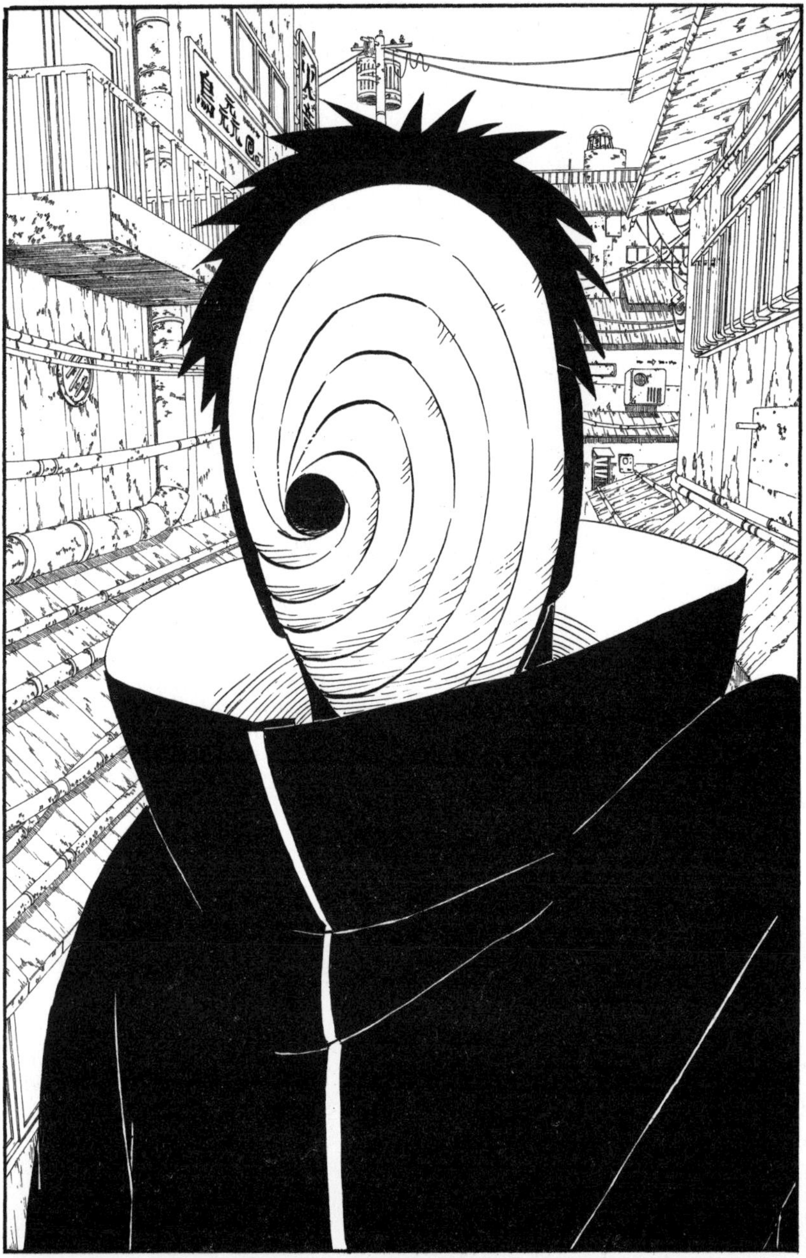

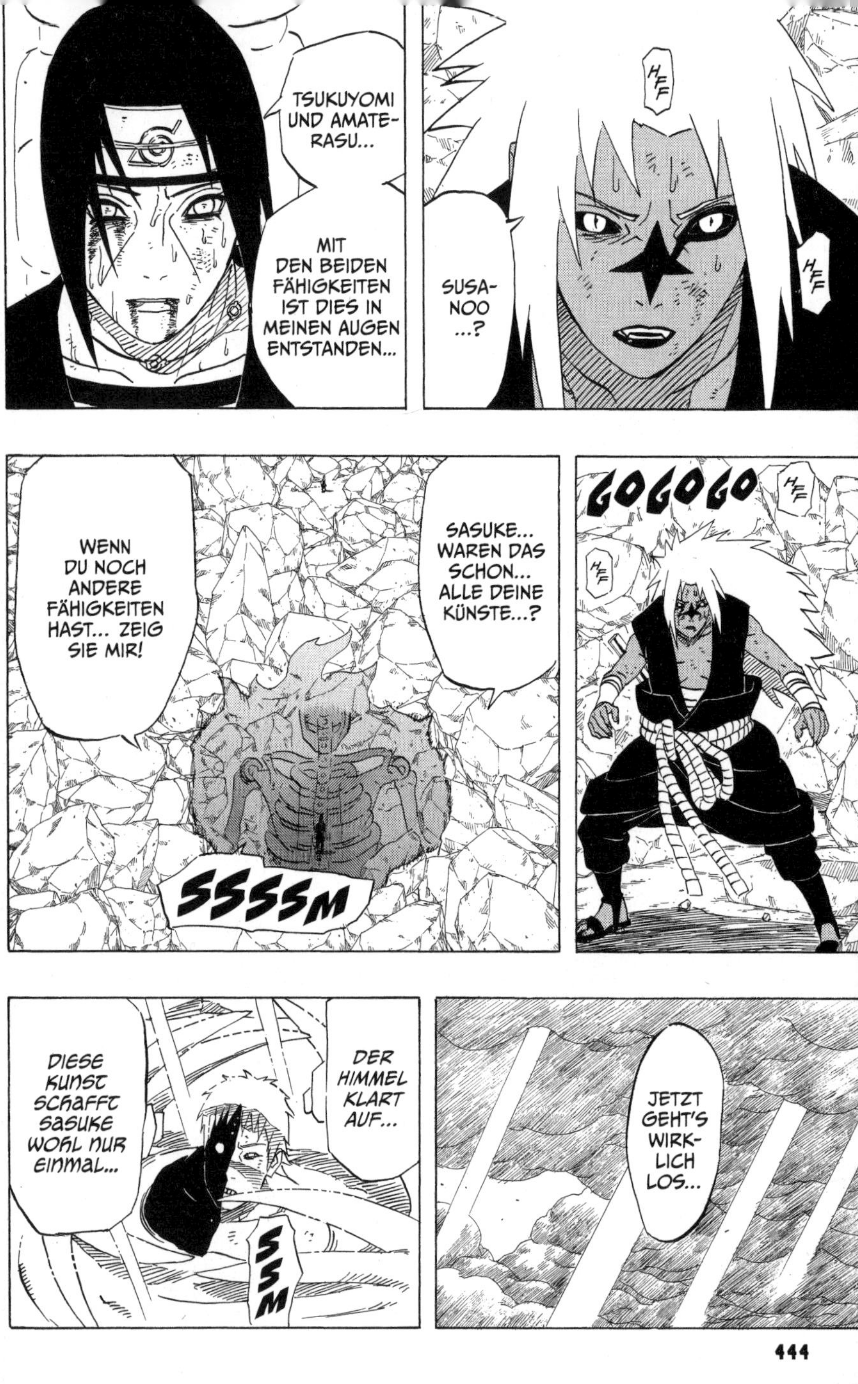
HFF
SUSA-NOO ...?
HFF
TSUKUYOMI UND AMATE-RASU...
MIT DEN BEIDEN FÄHIGKEITEN IST DIES IN MEINEN AUGEN ENTSTANDEN...
GOGOGO
HFF
HFF
SASUKE... WAREN DAS SCHON... ALLE DEINE KÜNSTE...?
WENN DU NOCH ANDERE FÄHIGKEITEN HAST... ZEIG SIE MIR!
SSSSM
JETZT GEHT'S WIRK-LICH LOS...
DER HIMMEL KLART AUF...
DIESE KUNST SCHAFFT SASUKE WOHL NUR EINMAL...
SSM

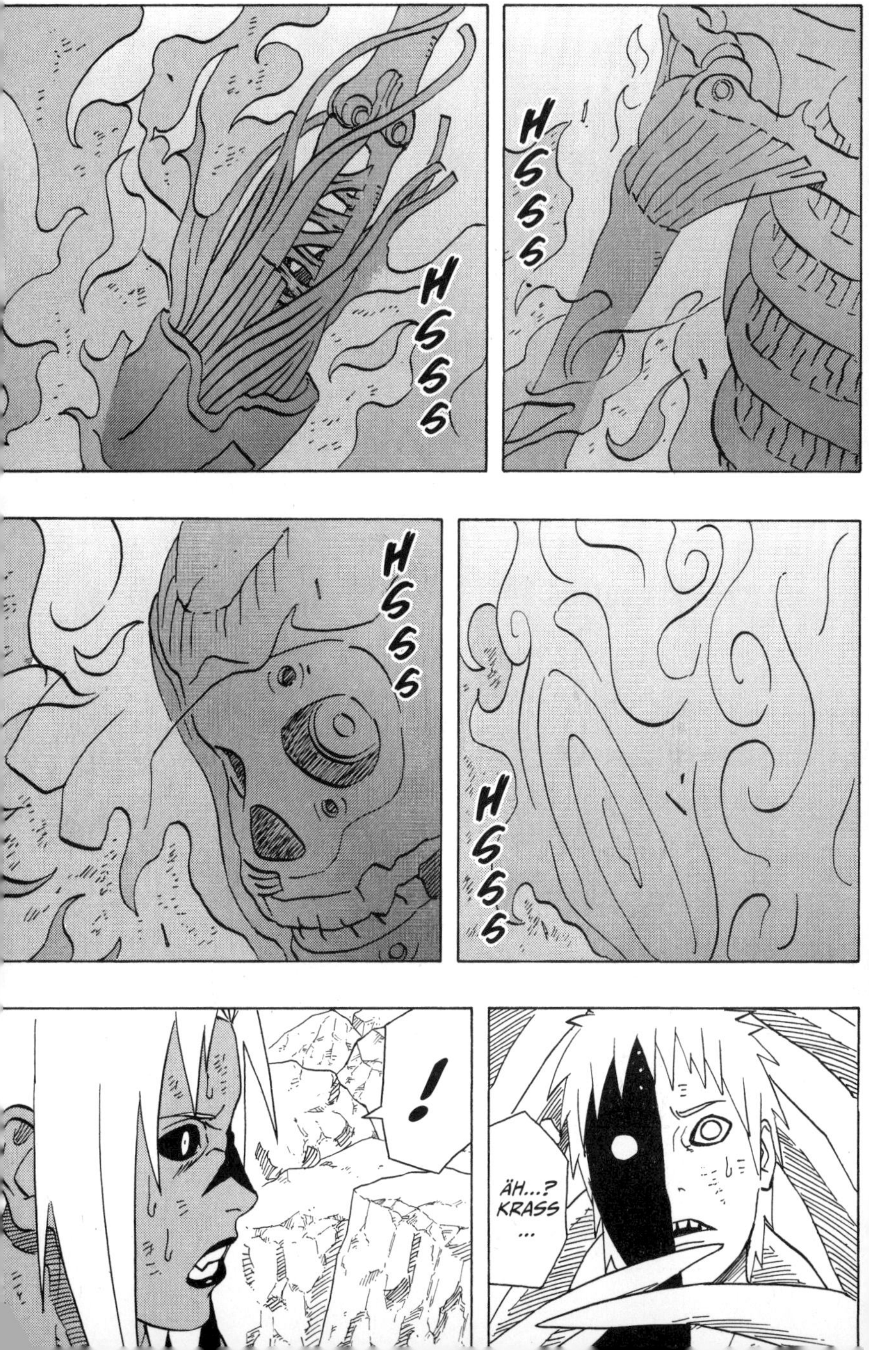
HSSS
HSSS
HSSS
HSSS
ÄH...? KRASS ...
!

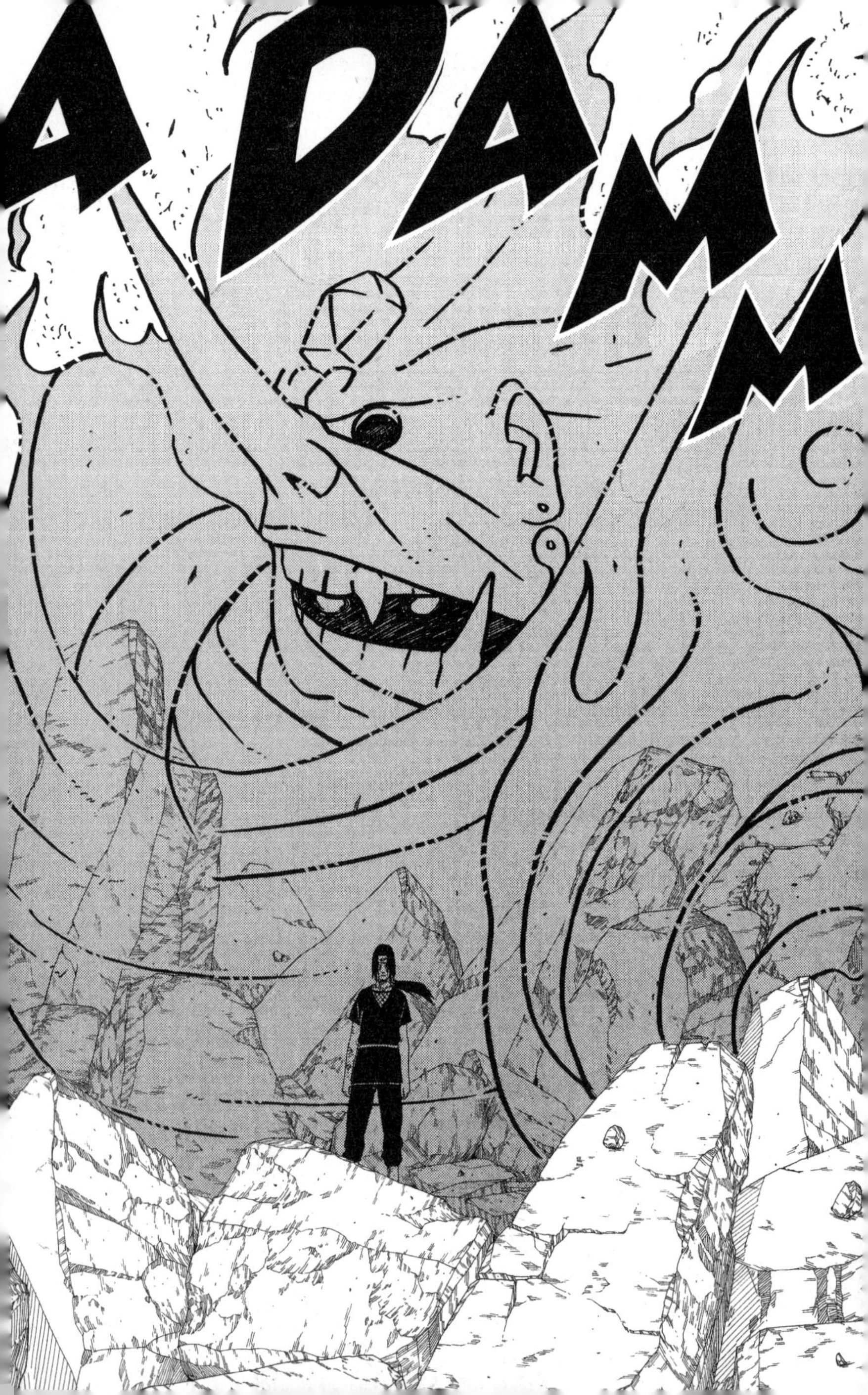
ADAMM

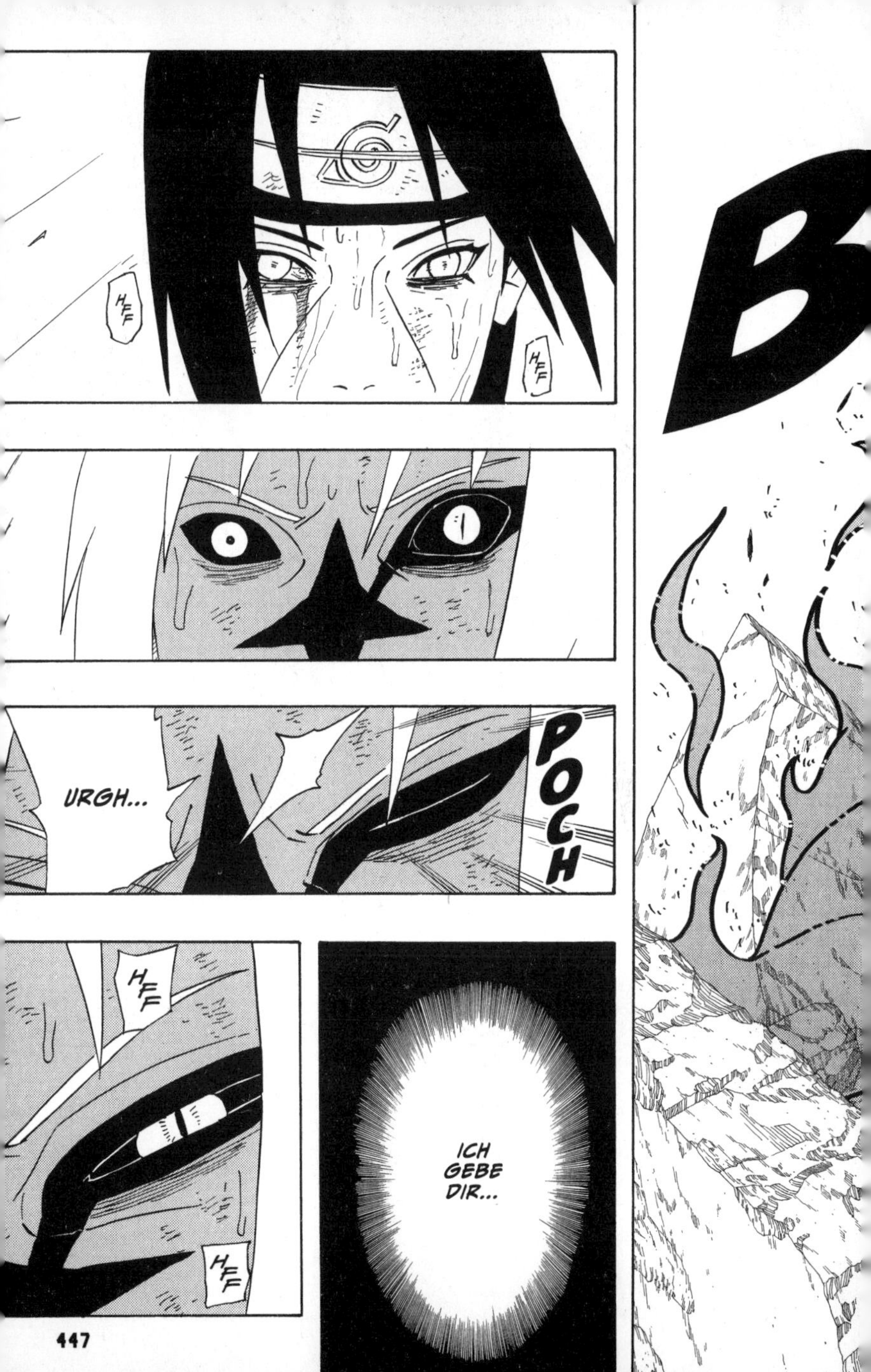
B
HFF
HFF
POCH
URGH...
HFF
HFF
ICH GEBE DIR...

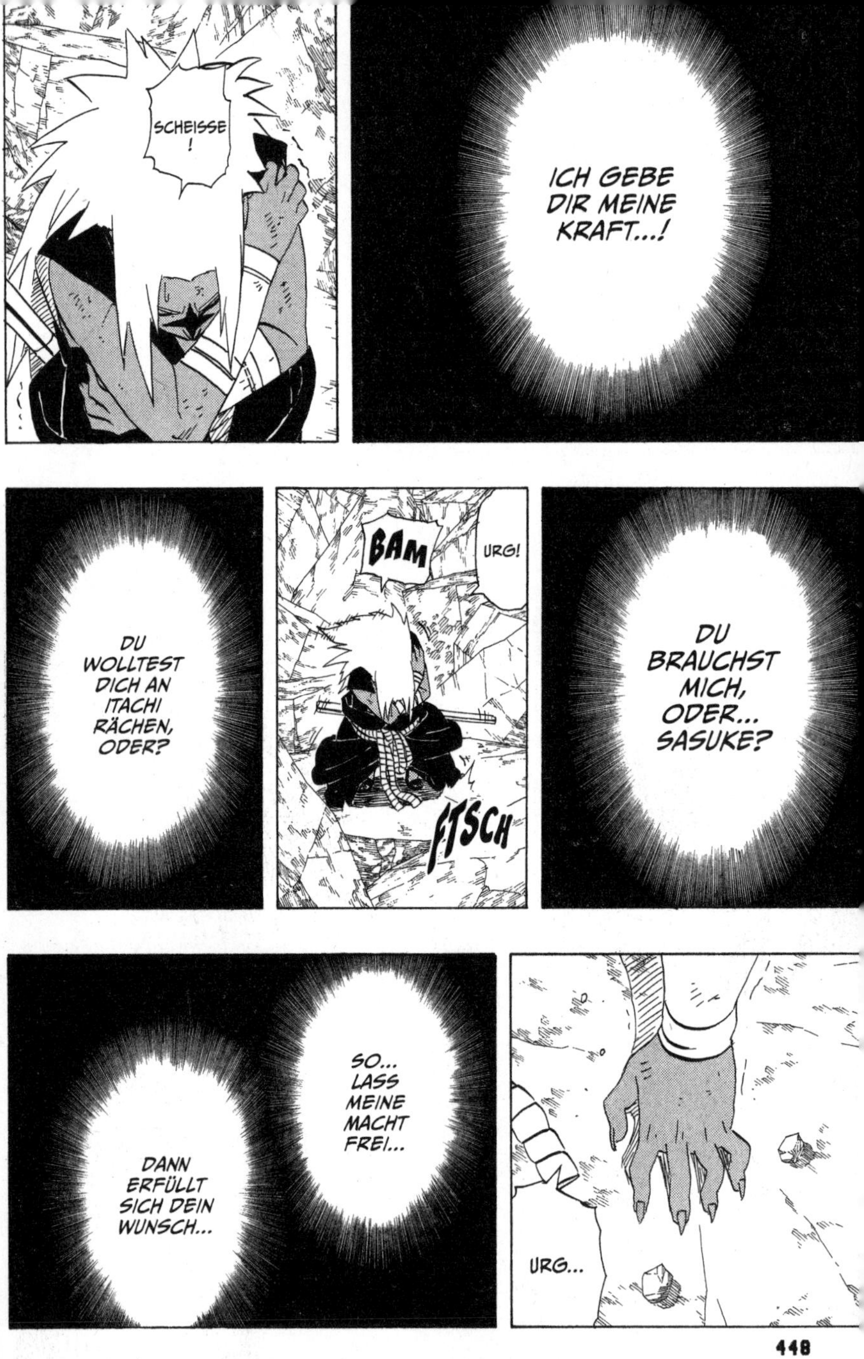
ICH GEBE DIR MEINE KRAFT...!
SCHEISSE!
DU BRAUCHST MICH, ODER... SASUKE?
URG!
BAM
FTSCH
DU WOLLTEST DICH AN ITACHI RÄCHEN, ODER?
URG...
SO... LASS MEINE MACHT FREI...
DANN ERFÜLLT SICH DEIN WUNSCH...

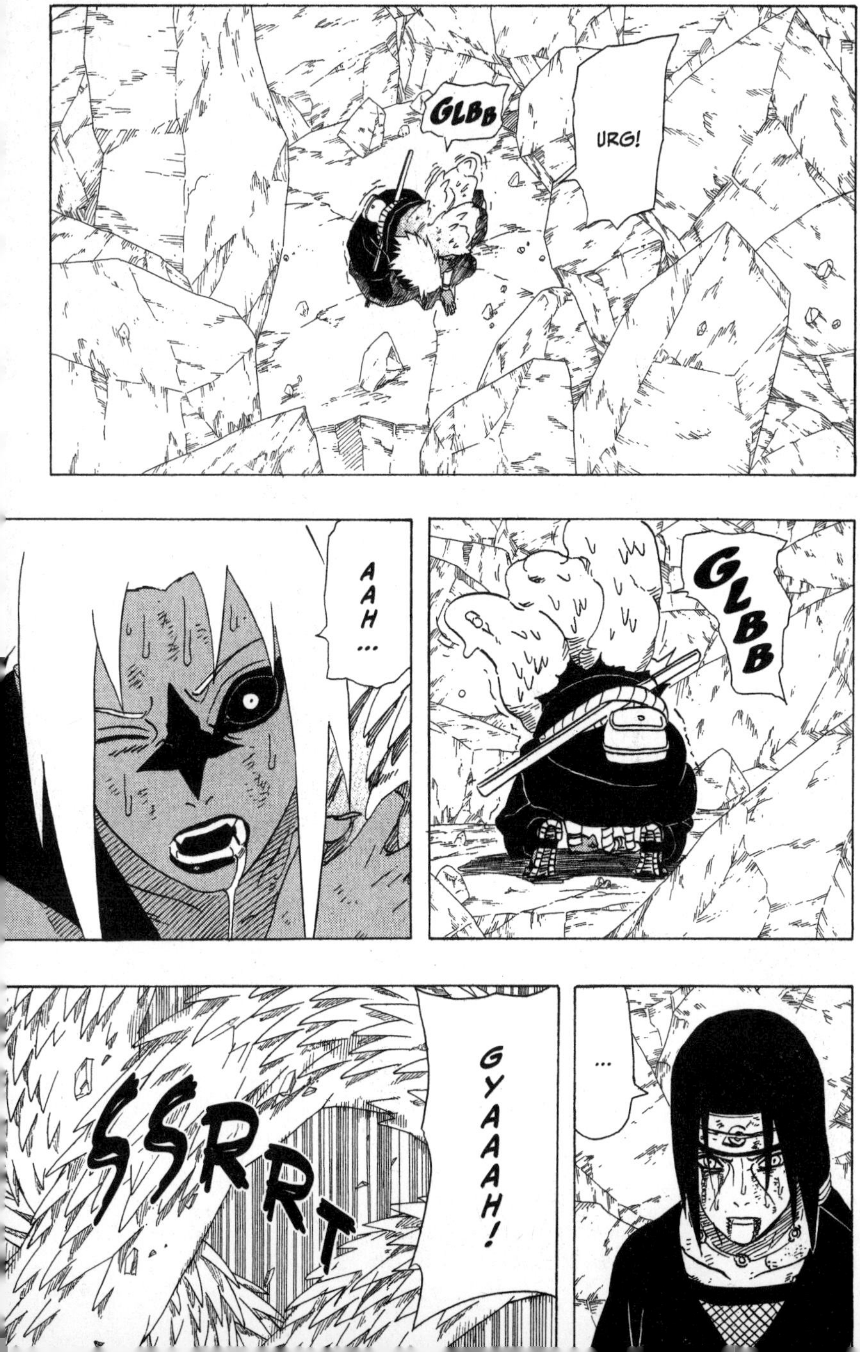

URG!
GLBB
GLBB
AAH…
…
GYAAAAH!
SSRRT

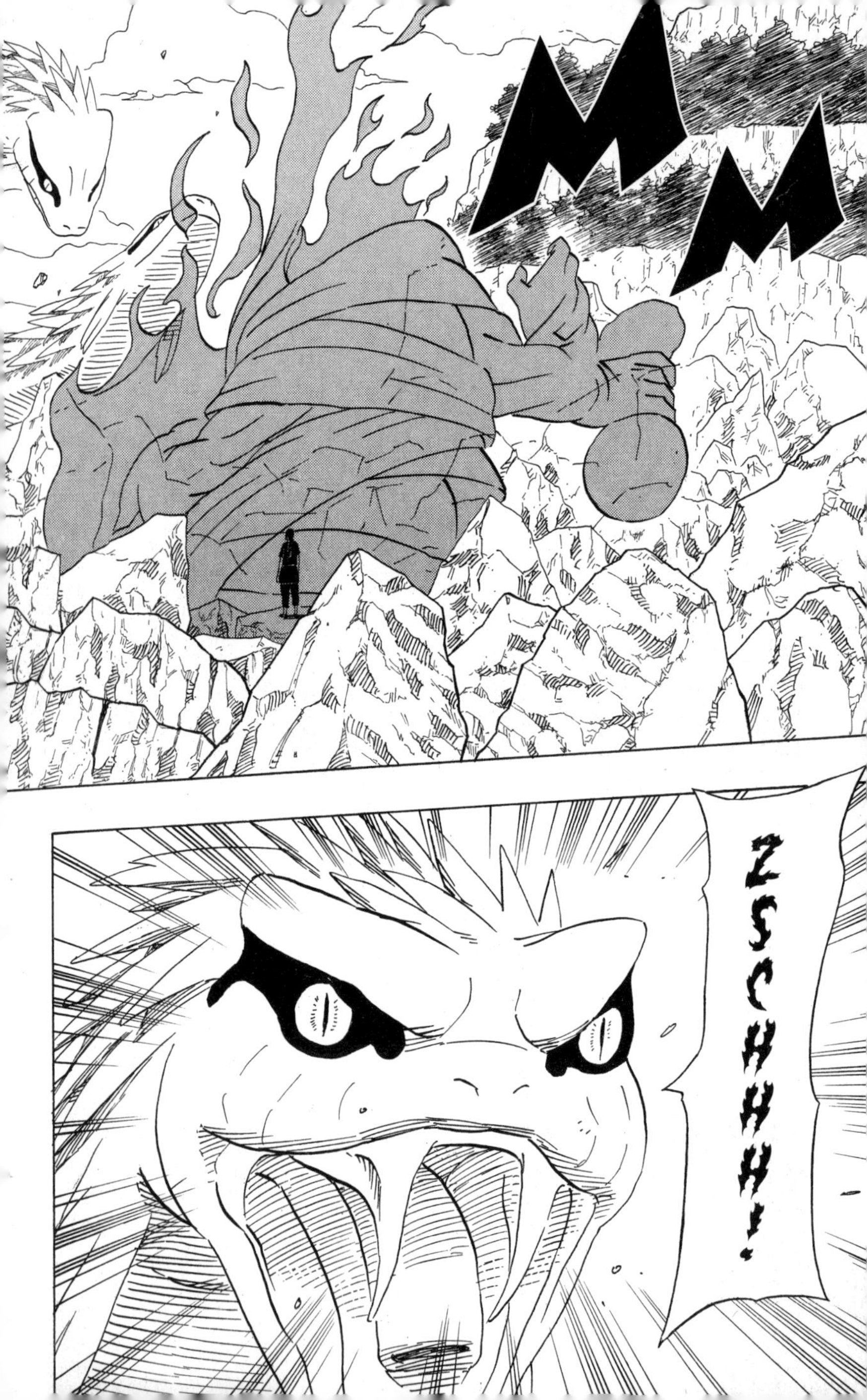

MM
ZSCHHH!

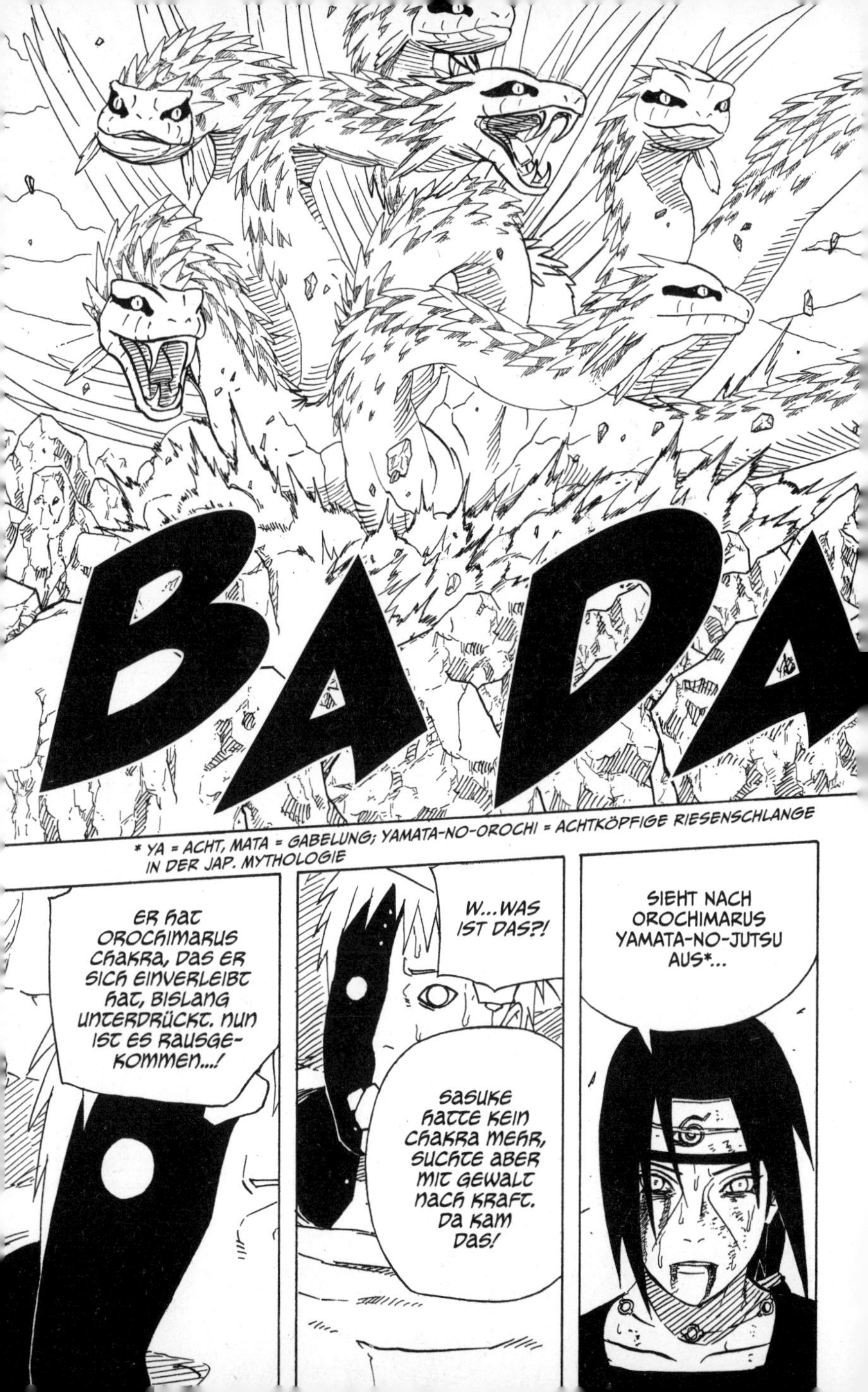

* YA = ACHT, MATA = GABELUNG; YAMATA-NO-OROCHI = ACHTKÖPFIGE RIESENSCHLANGE IN DER JAP. MYTHOLOGIE

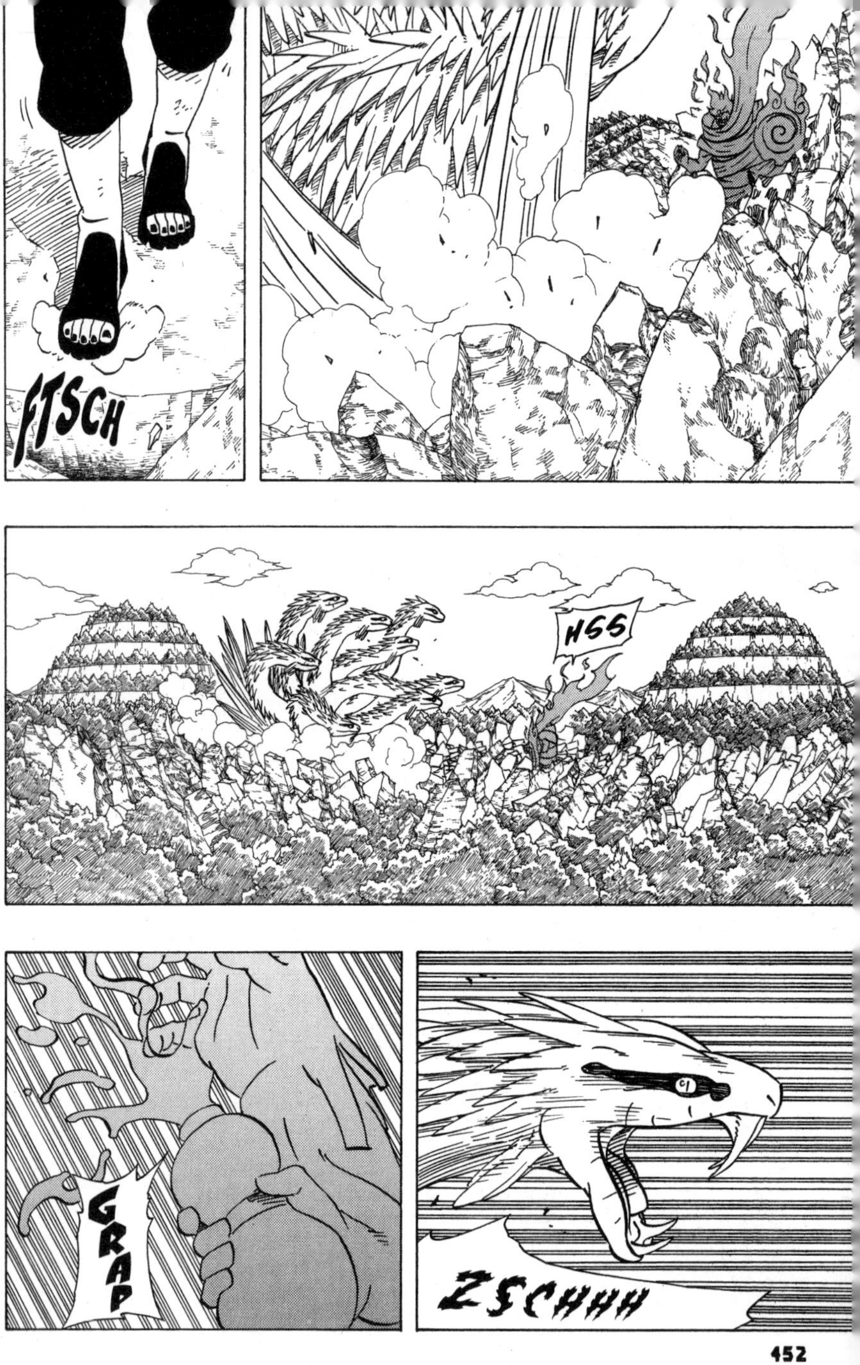
FTSCH
HSS
GRAP
ZSCHHH

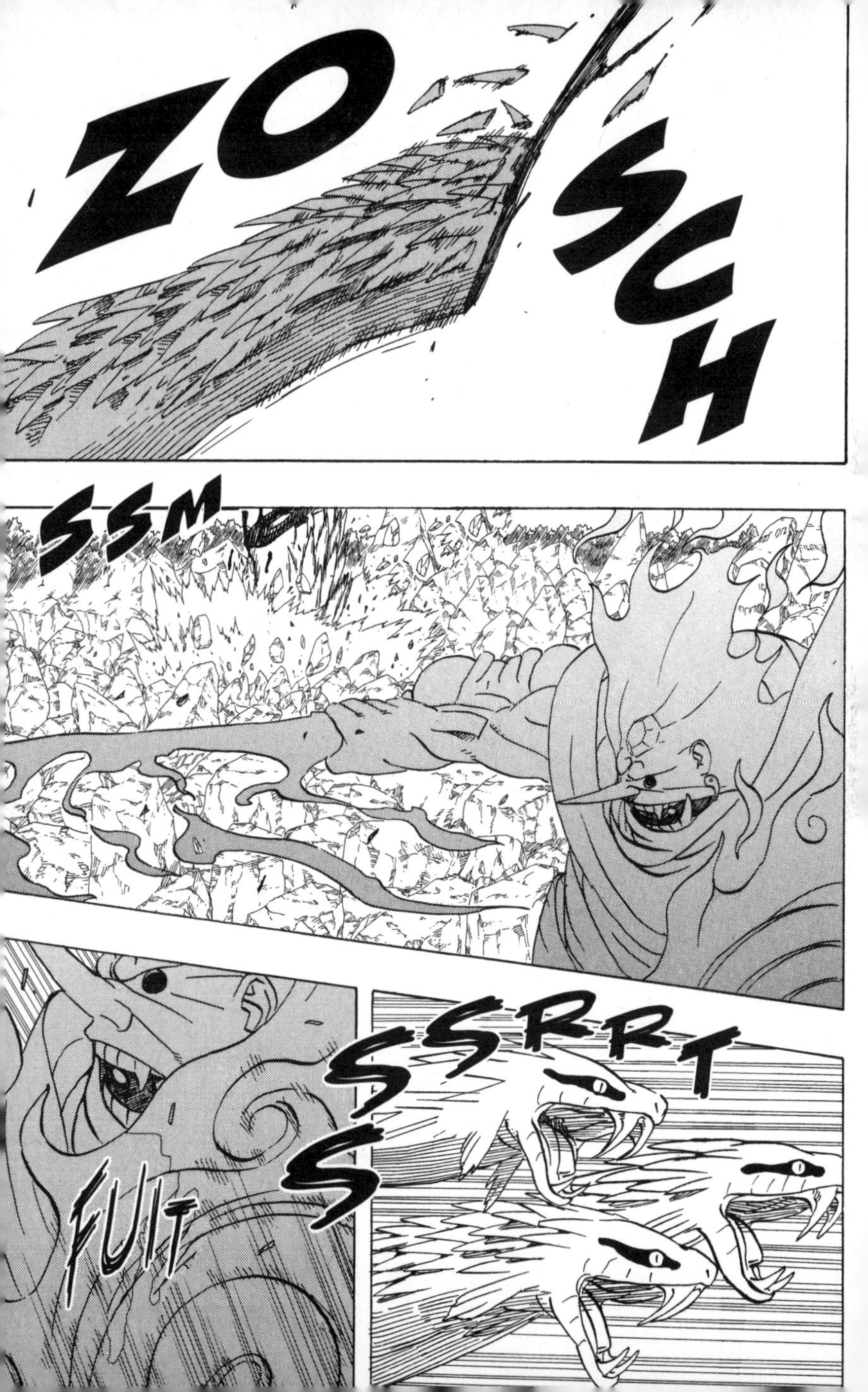
ZOSCH
SSM
SSRRRT
FUIT

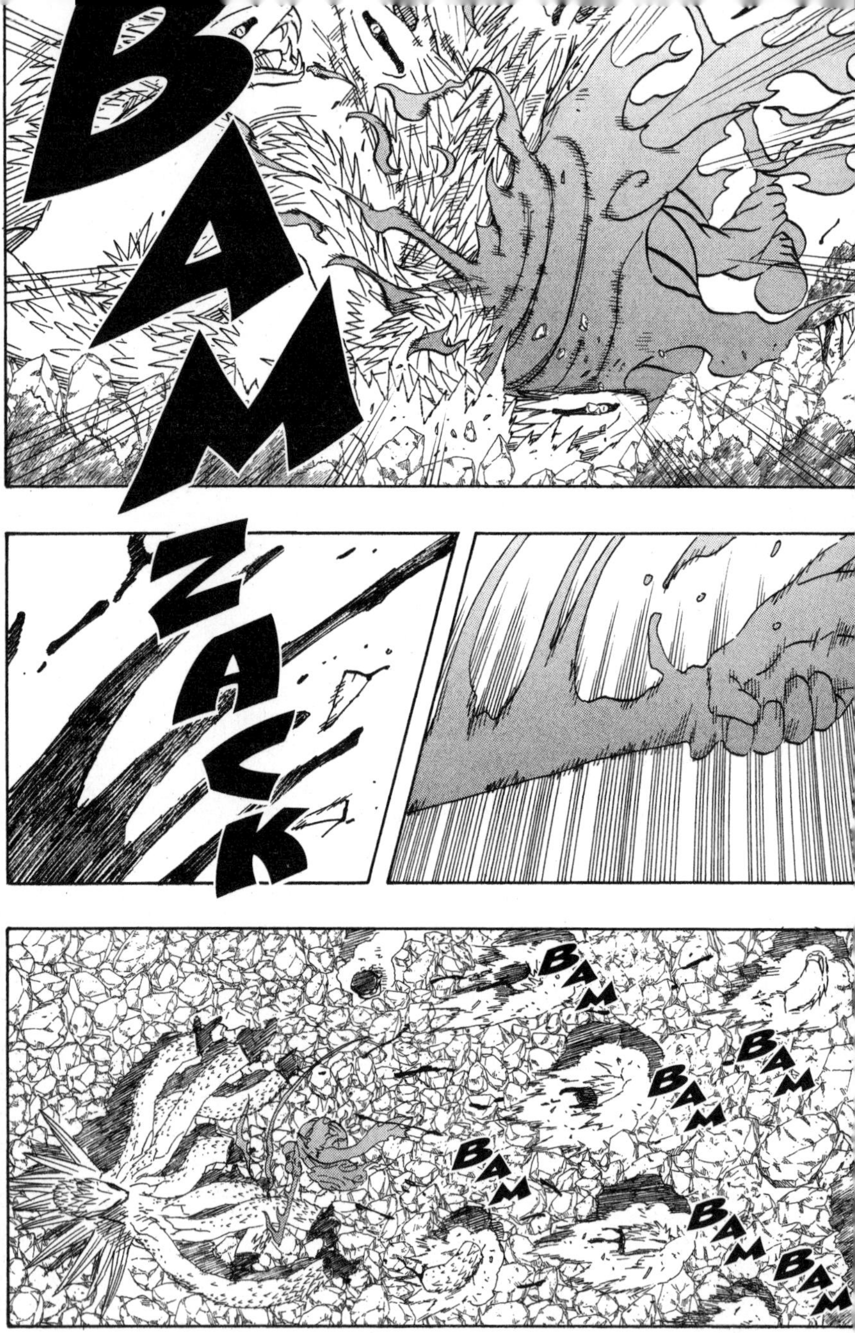
BAM
ZACK
BAM
BAM
BAM
BAM
BAM
BAM
BAM

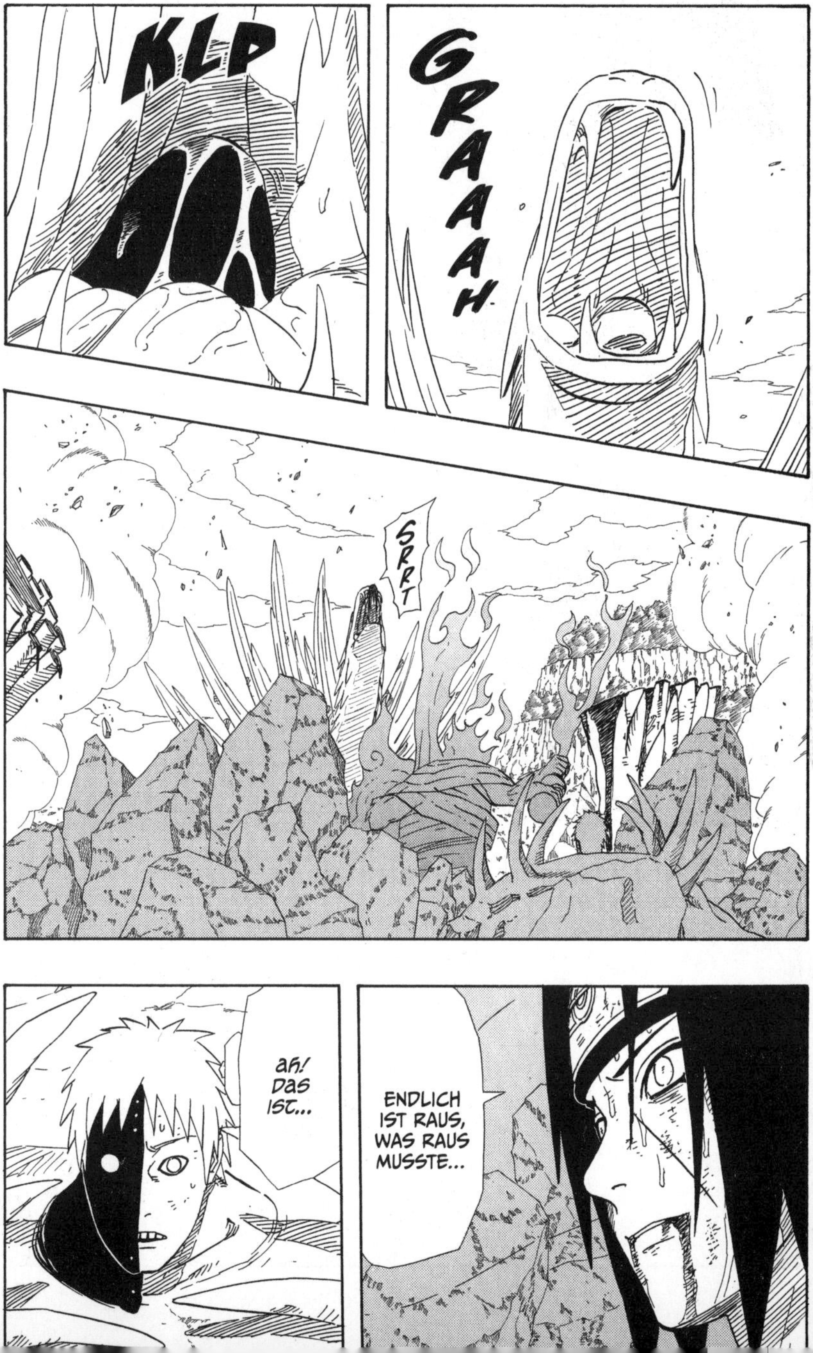
GRAAAAH
KLP
SRRT
ENDLICH IST RAUS, WAS RAUS MUSSTE...
AH! DAS IST...

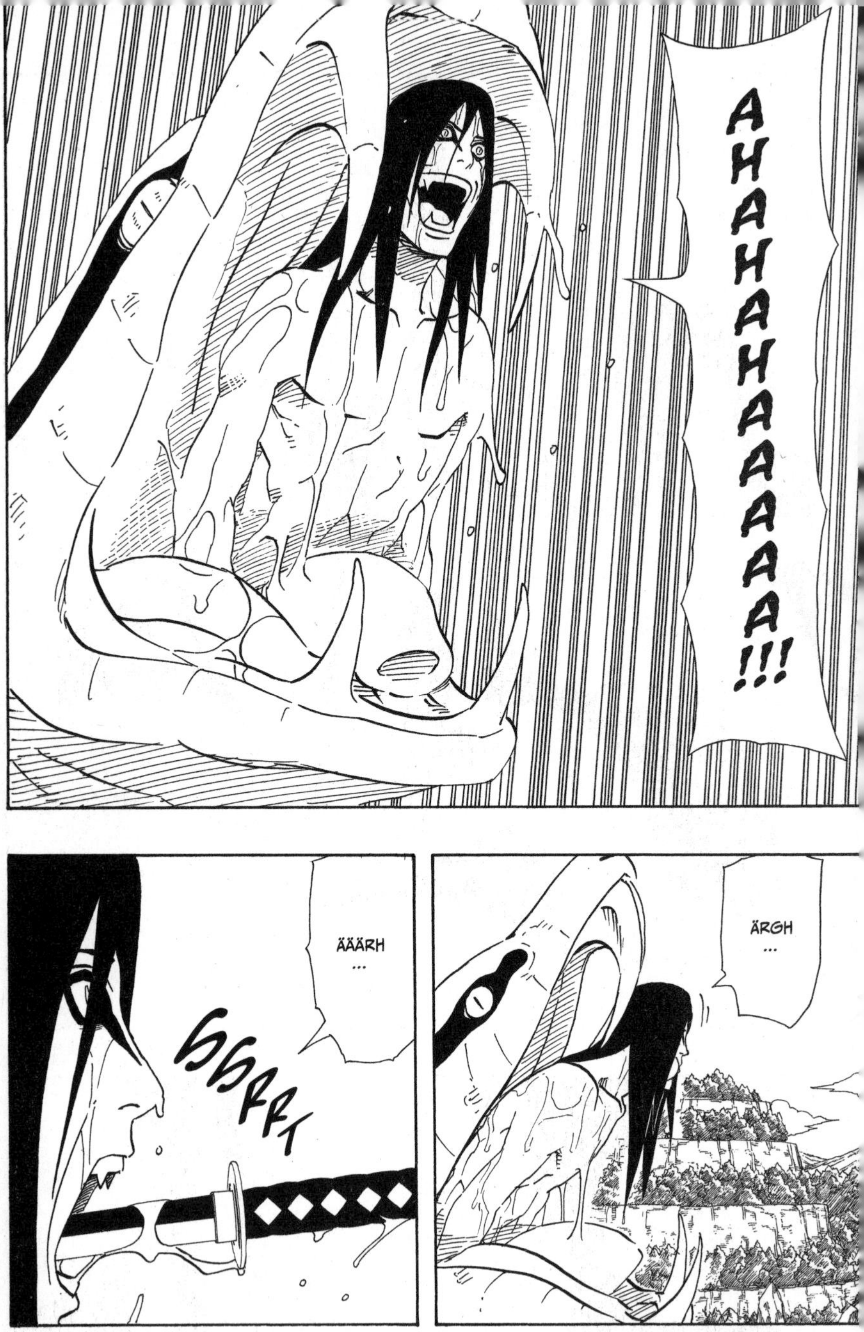

AHAHAHAHAAAAAA!!!
ÄÄÄRH …
SSRRT
ÄRGH …

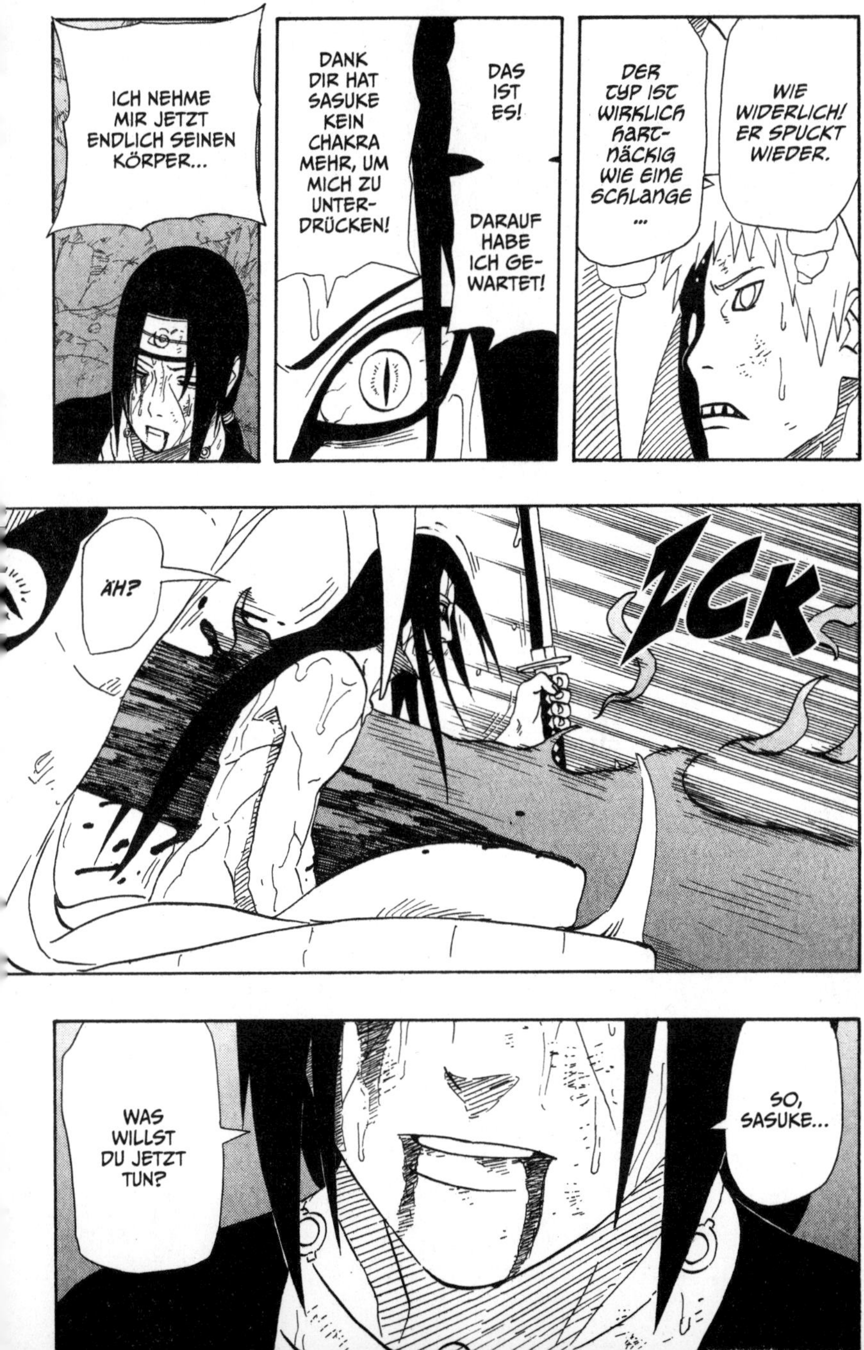
WIE WIDERLICH! ER SPUCKT WIEDER.
DER TYP IST WIRKLICH HART-NÄCKIG WIE EINE SCHLANGE ...
DAS IST ES!
DARAUF HABE ICH GE-WARTET!
DANK DIR HAT SASUKE KEIN CHAKRA MEHR, UM MICH ZU UNTER-DRÜCKEN!
ICH NEHME MIR JETZT ENDLICH SEINEN KÖRPER...
ZCK
ÄH?
SO, SASUKE...
WAS WILLST DU JETZT TUN?

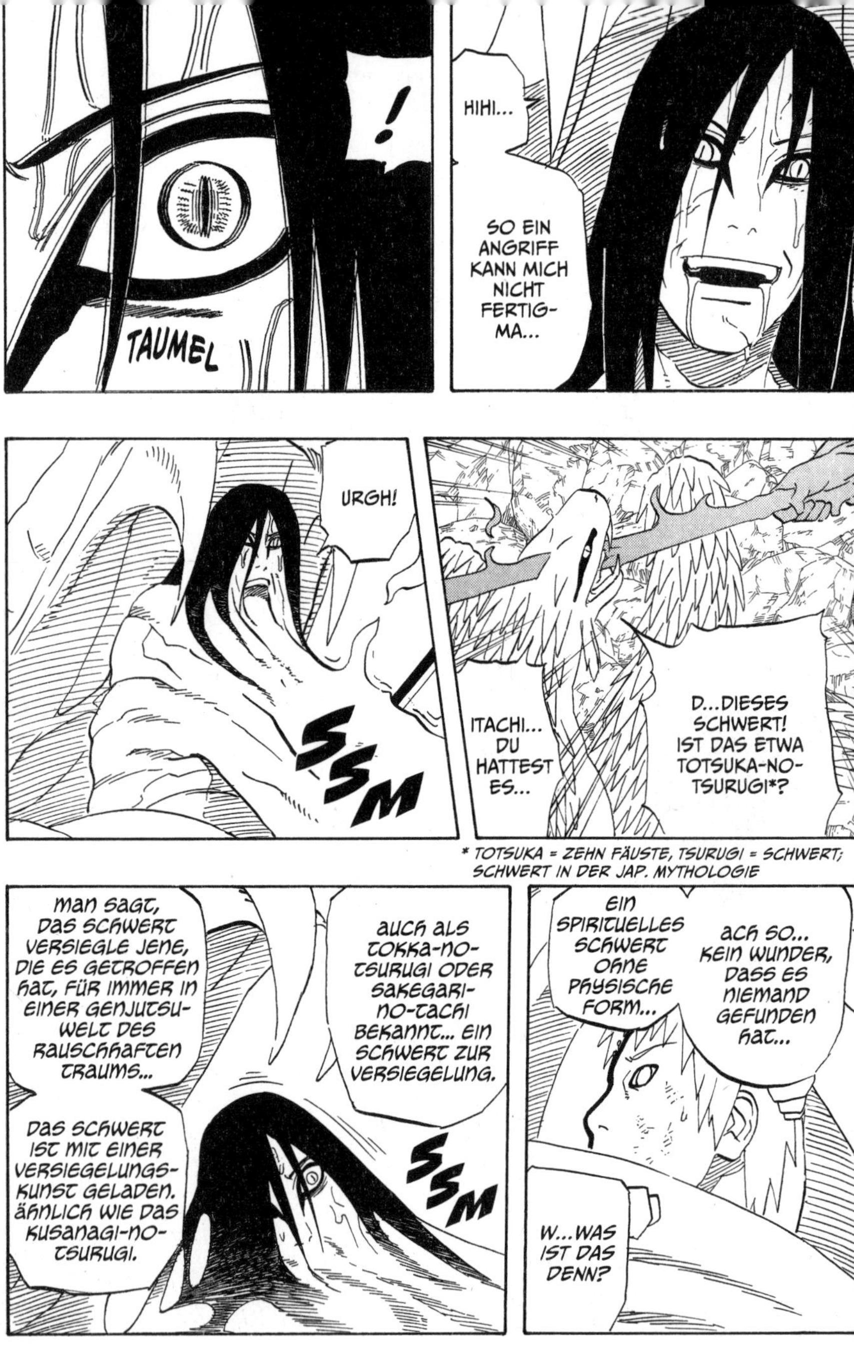
HIHI...
SO EIN ANGRIFF KANN MICH NICHT FERTIG-MA...
!
TAUMEL
D...DIESES SCHWERT! IST DAS ETWA TOTSUKA-NO-TSURUGI*?
ITACHI... DU HATTEST ES...
URGH!
SSM
* TOTSUKA = ZEHN FÄUSTE, TSURUGI = SCHWERT; SCHWERT IN DER JAP. MYTHOLOGIE
ACH SO... KEIN WUNDER, DASS ES NIEMAND GEFUNDEN HAT...
EIN SPIRITUELLES SCHWERT OHNE PHYSISCHE FORM...
W...WAS IST DAS DENN?
AUCH ALS TOKKA-NO-TSURUGI ODER SAKEGARI-NO-TACHI BEKANNT... EIN SCHWERT ZUR VERSIEGELUNG.
MAN SAGT, DAS SCHWERT VERSIEGLE JENE, DIE ES GETROFFEN HAT, FÜR IMMER IN EINER GENJUTSU-WELT DES RAUSCHHAFTEN TRAUMS...
DAS SCHWERT IST MIT EINER VERSIEGELUNGS-KUNST GELADEN. ÄHNLICH WIE DAS KUSANAGI-NO-TSURUGI.
SSM

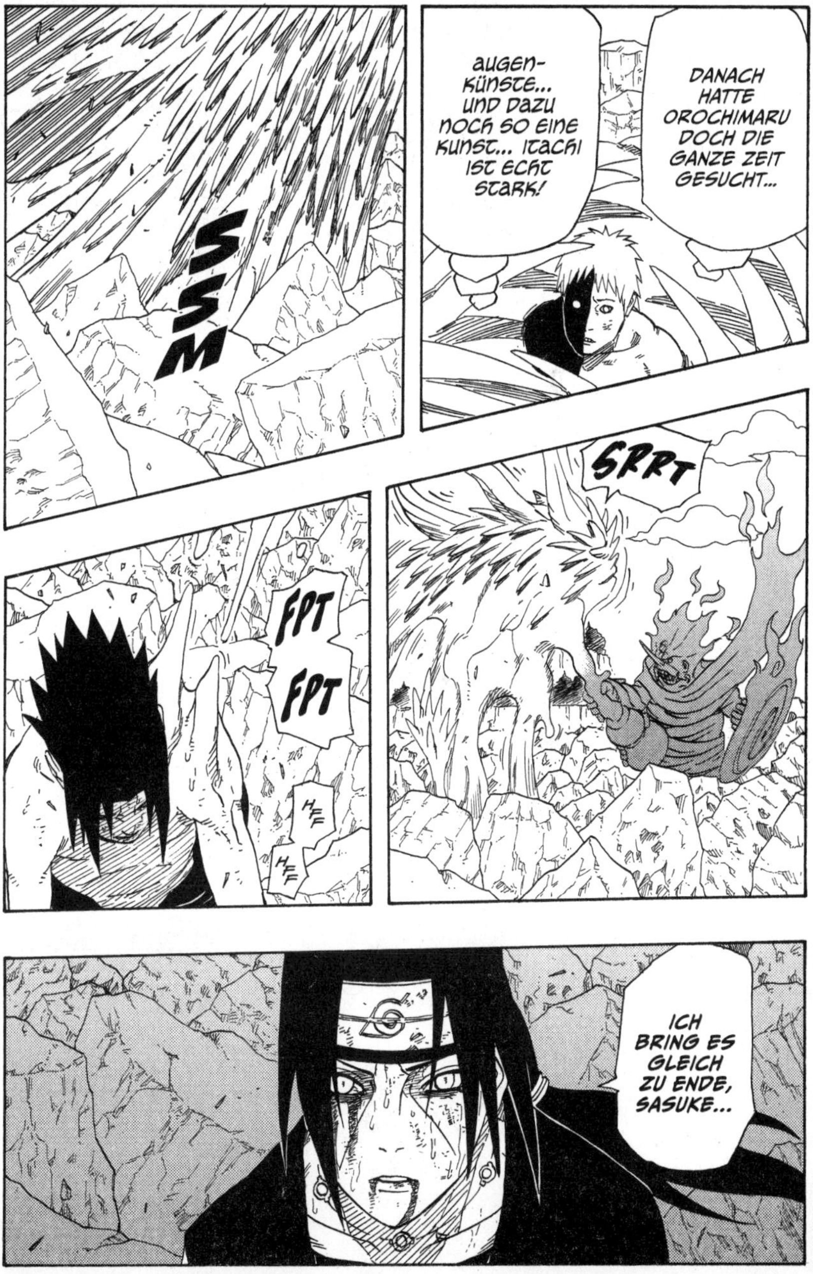
DANACH HATTE OROCHIMARU DOCH DIE GANZE ZEIT GESUCHT...
AUGEN-KÜNSTE... UND DAZU NOCH SO EINE KUNST... ITACHI IST ECHT STARK!
SSM
SRRT
FPT
FPT
HFF
HFF
ICH BRING ES GLEICH ZU ENDE, SASUKE...

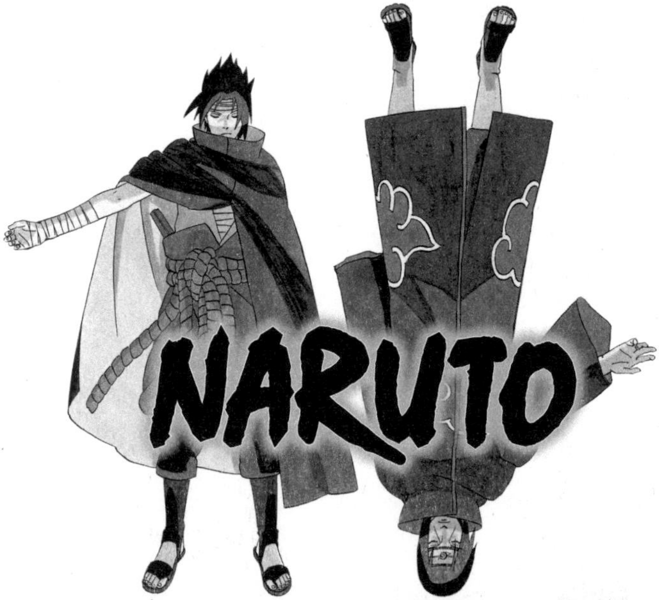
NARUTO

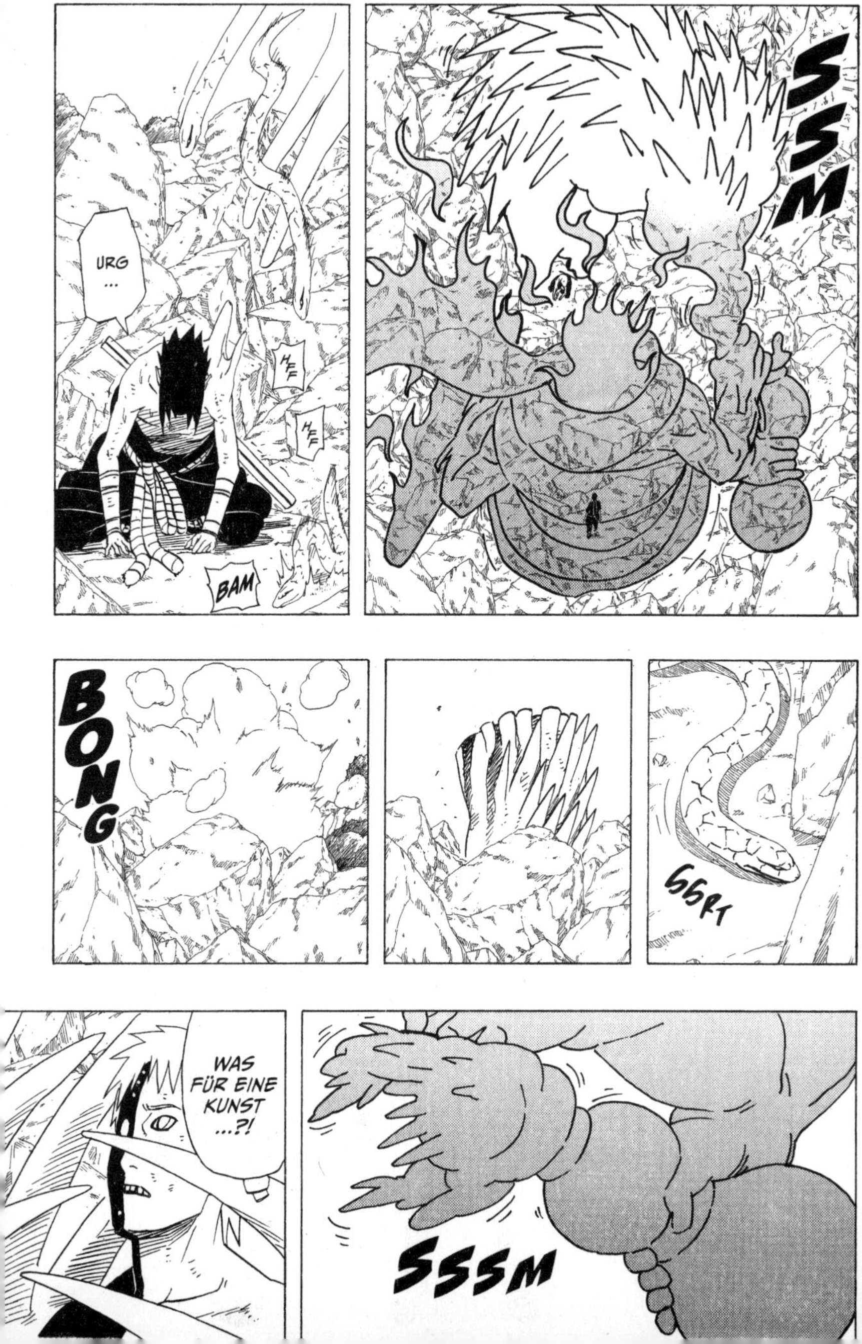
SSM
URG ...
HFF
HFF
BAM
SSRT
BONG
SSSM
WAS FÜR EINE KUNST ...?!

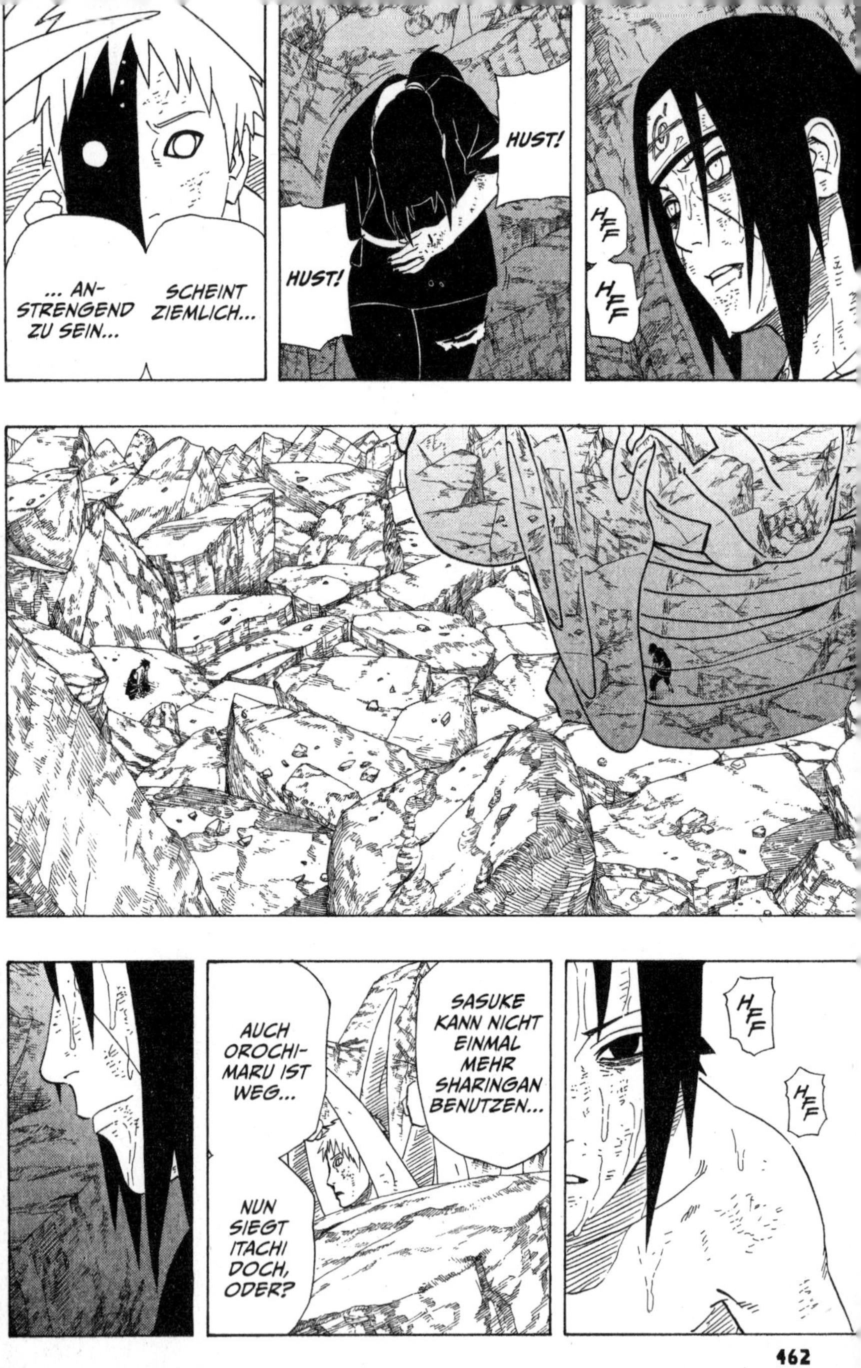
HFF
HFF
HUST!
HUST!
SCHEINT ZIEMLICH...
... AN-STRENGEND ZU SEIN...
HFF
HFF
SASUKE KANN NICHT EINMAL MEHR SHARINGAN BENUTZEN...
AUCH OROCHI-MARU IST WEG...
NUN SIEGT ITACHI DOCH, ODER?

393. Kapitel: Meine Augen

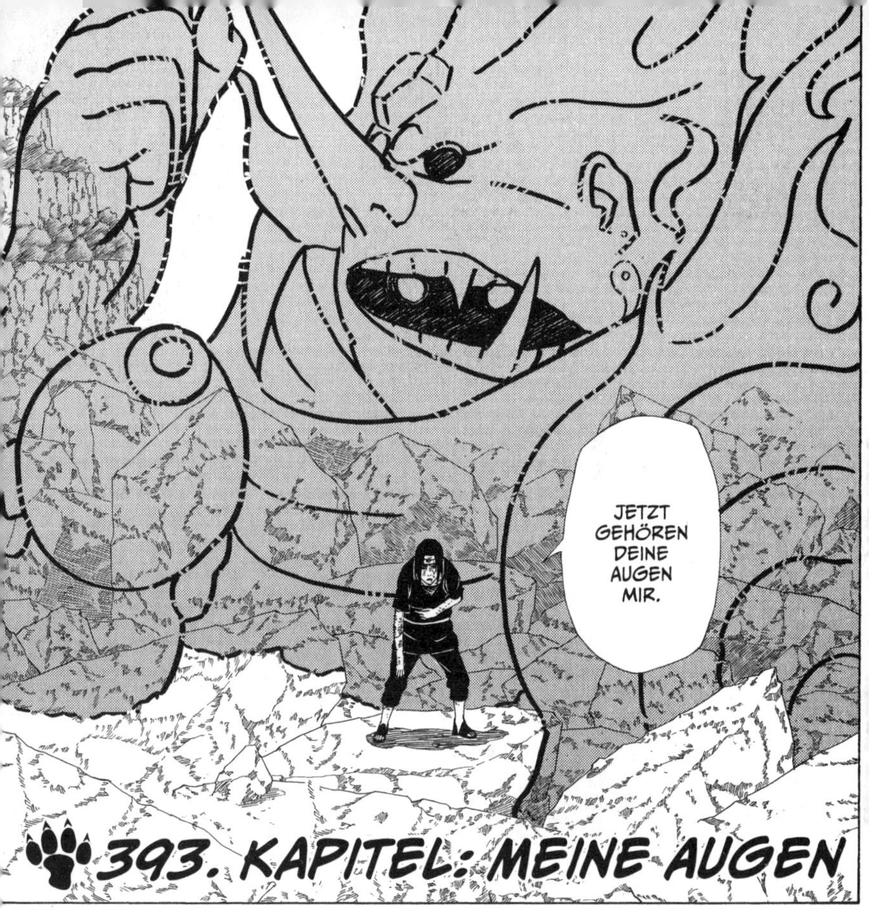

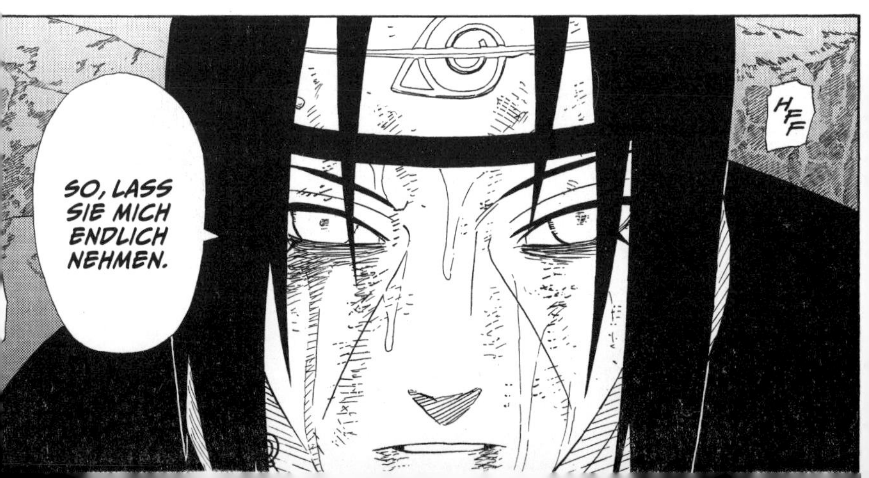

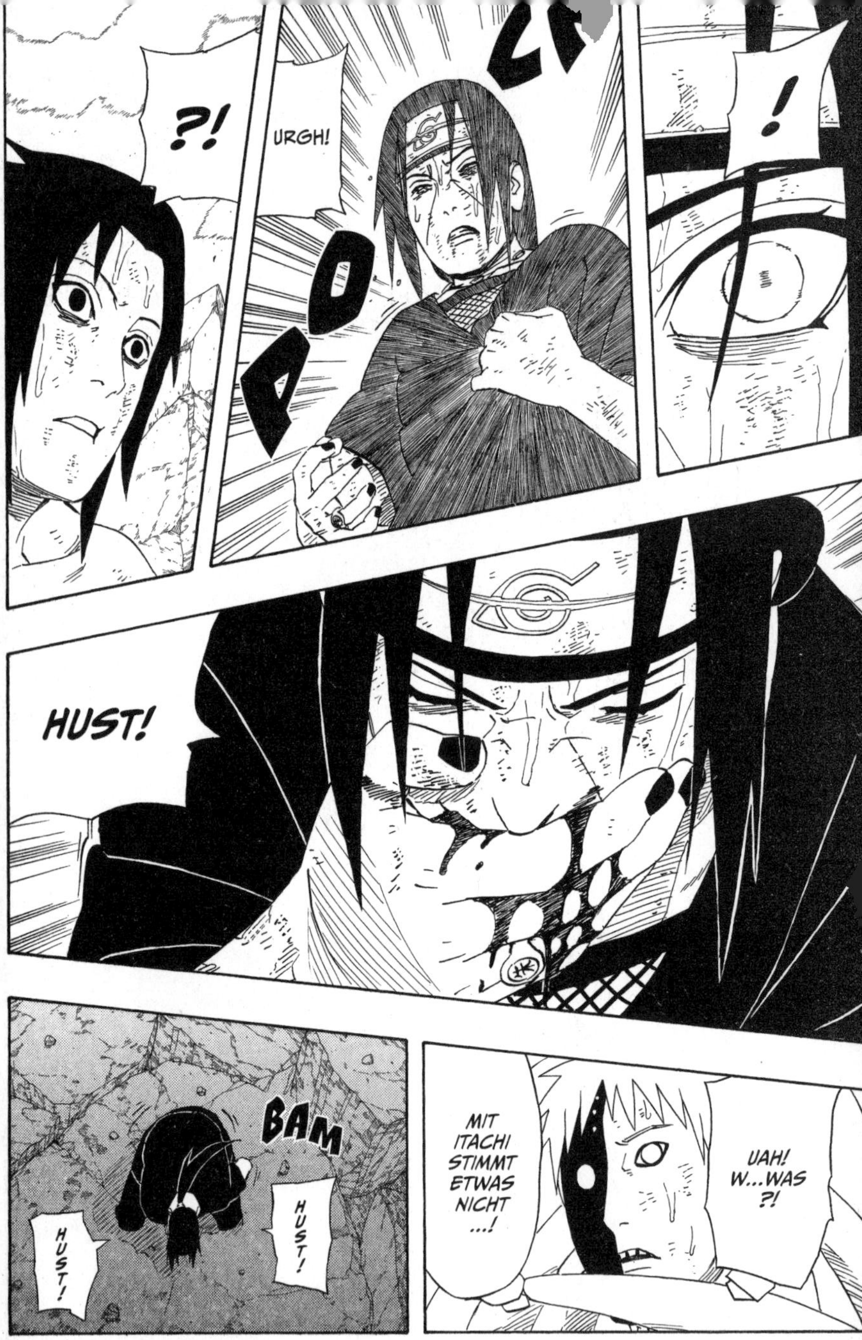
!
URGH!
?!
HUST!
UAH! W...WAS ?!
MIT ITACHI STIMMT ETWAS NICHT ...!
BAM
HUST!
HUST!

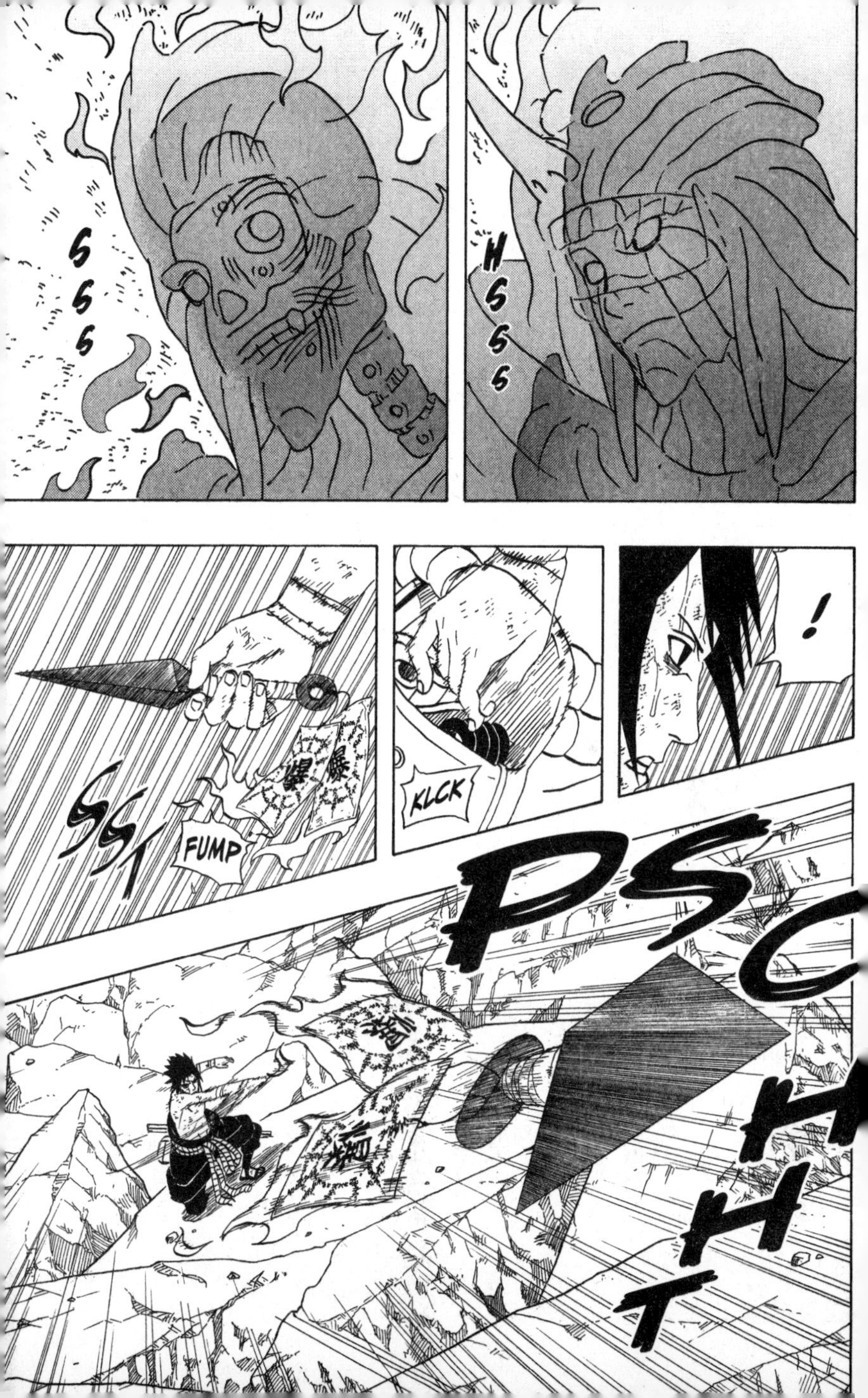
HSSS
SSS
!
KLCK
SSST
FUMP
PSCHHHT

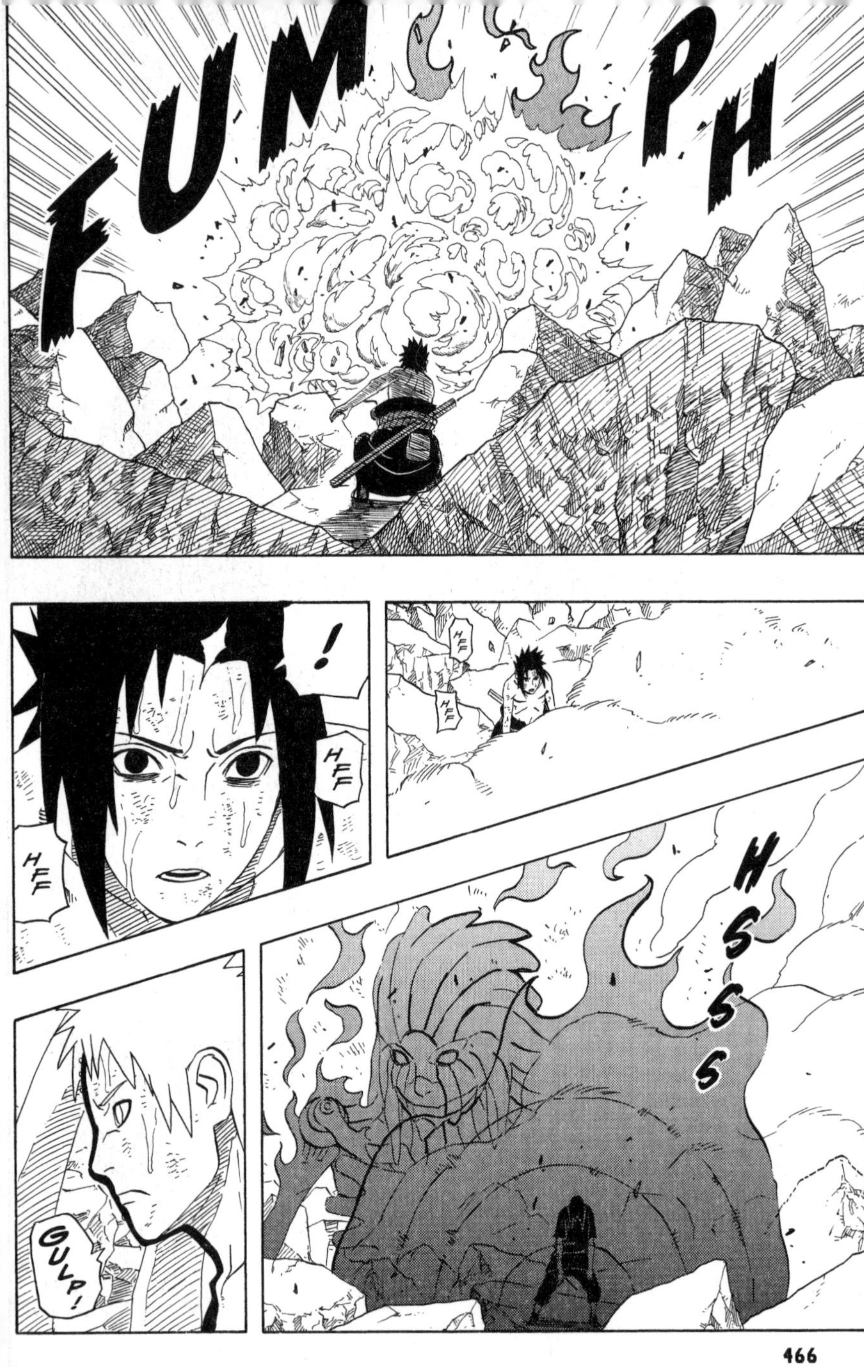

FUMPH
!
HFF
HFF
HFF
HFF
HSSSS
GULP!

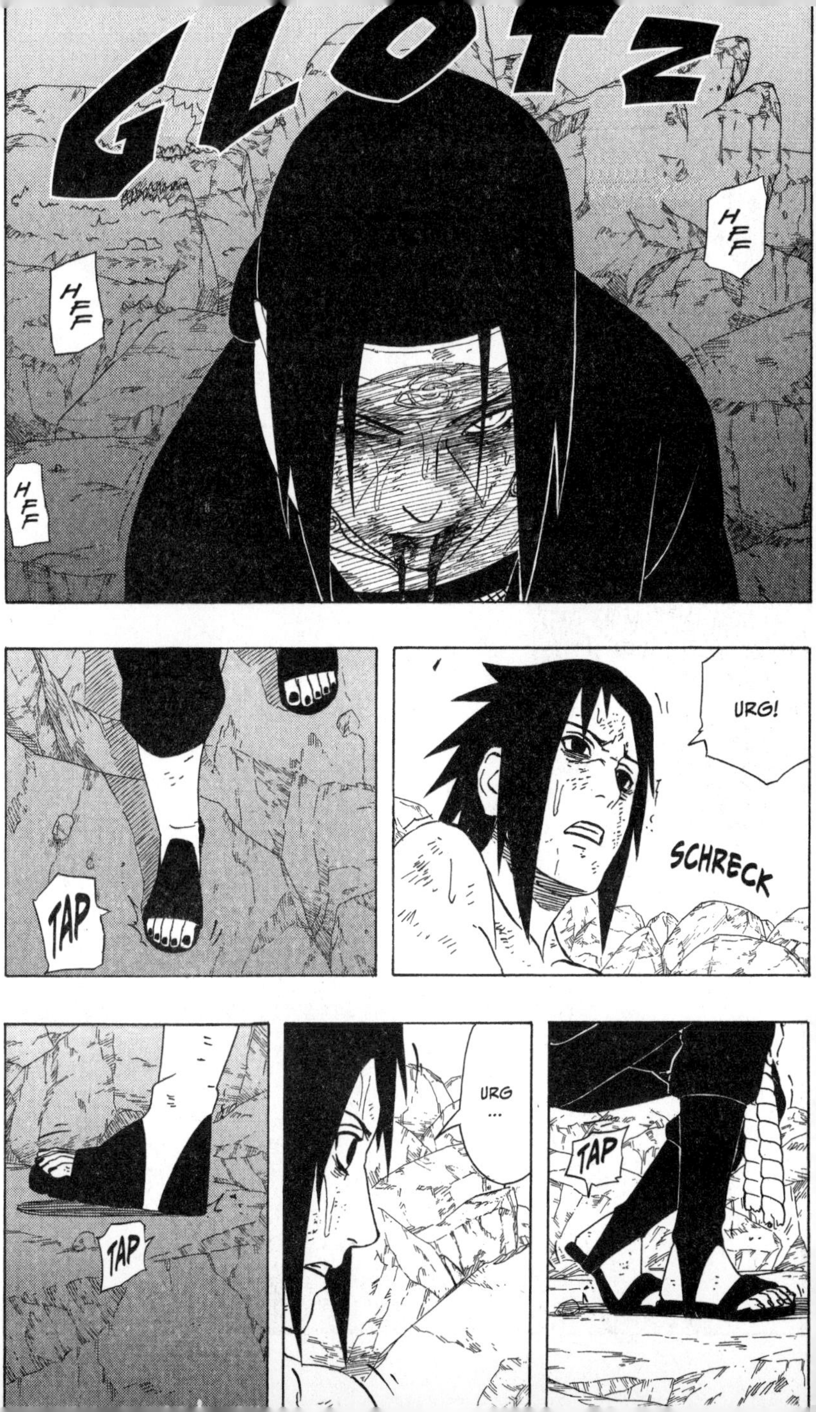
GLOTZ
HFF
HFF
HFF
URG!
SCHRECK
TAP
TAP
URG ...
TAP

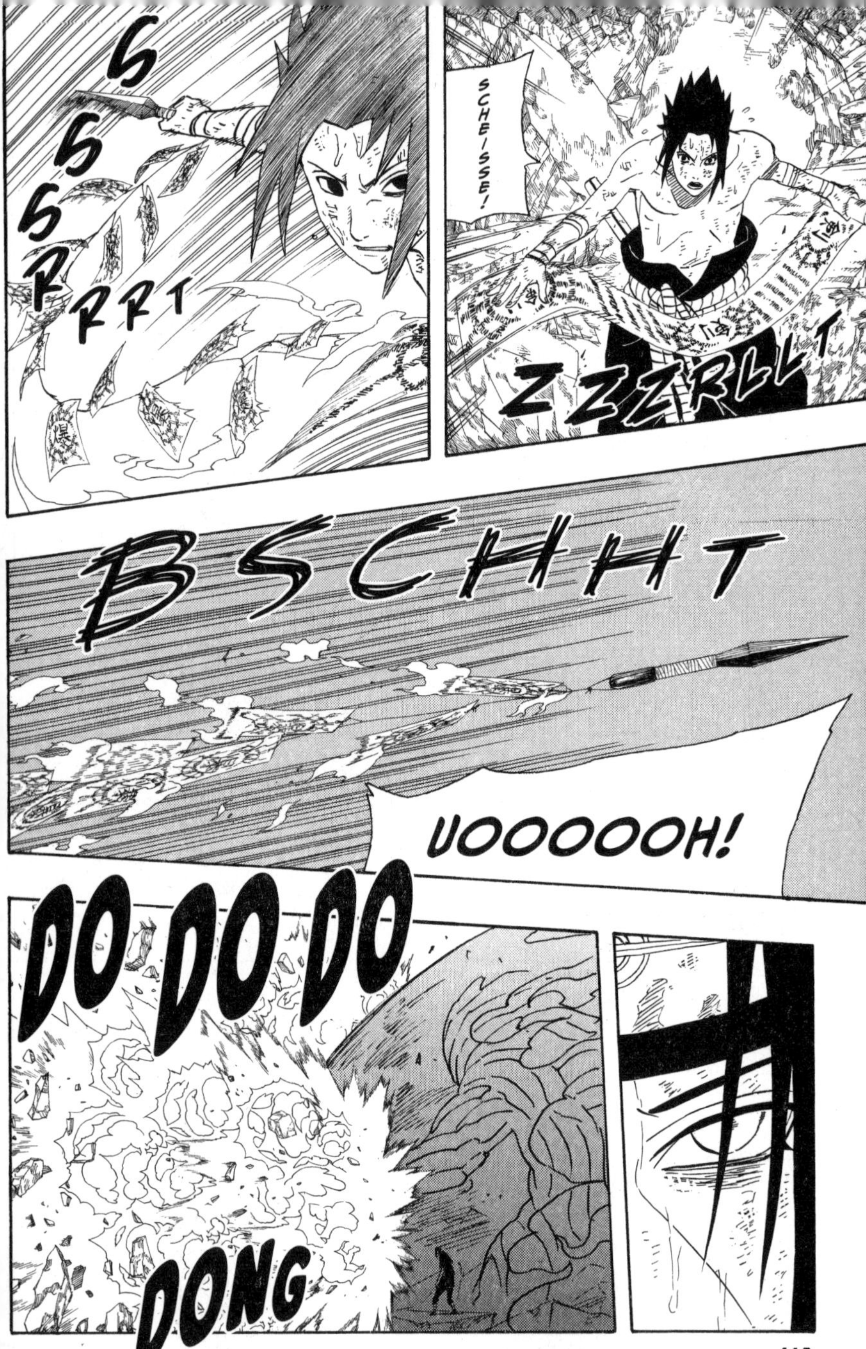
SCHEISSE!
ZZZRLLT
SSSRRRT
BSCHHT
UOOOOOH!
DO DO DO
DONG

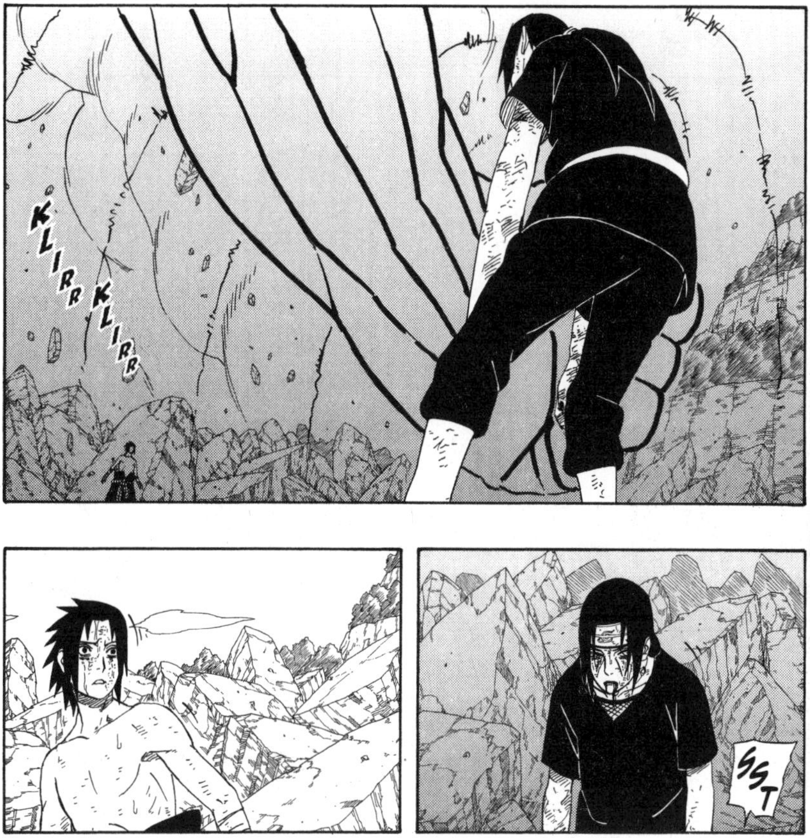

* ANM. DER RED.: IN DER JAP. MYTHOLOGIE SPIELT DER HEILIGE SPIEGEL YATA-NO-KAGAMI EINE WICHTIGE ROLLE. ER GEHÖRT ZUSAMMEN MIT DEM SCHWERT KUSANAGI UND DEM EDELSTEIN YASAKANI-NO-MAGATAMA ZU DEN KAISERLICHEN REICHSINSIGNIEN JAPANS.

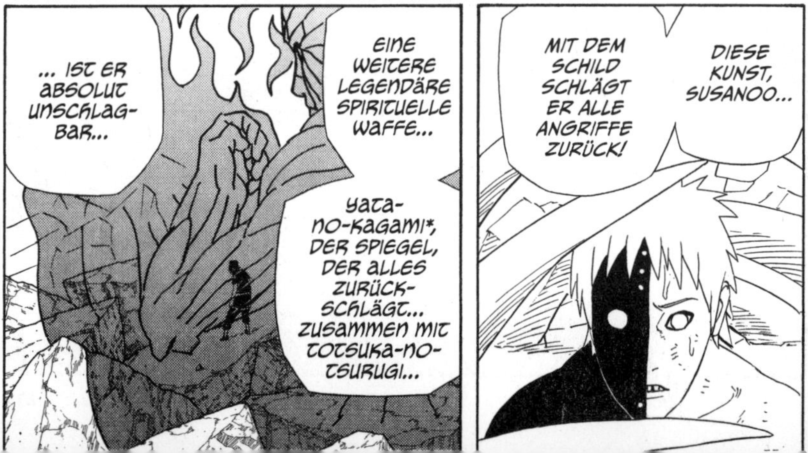

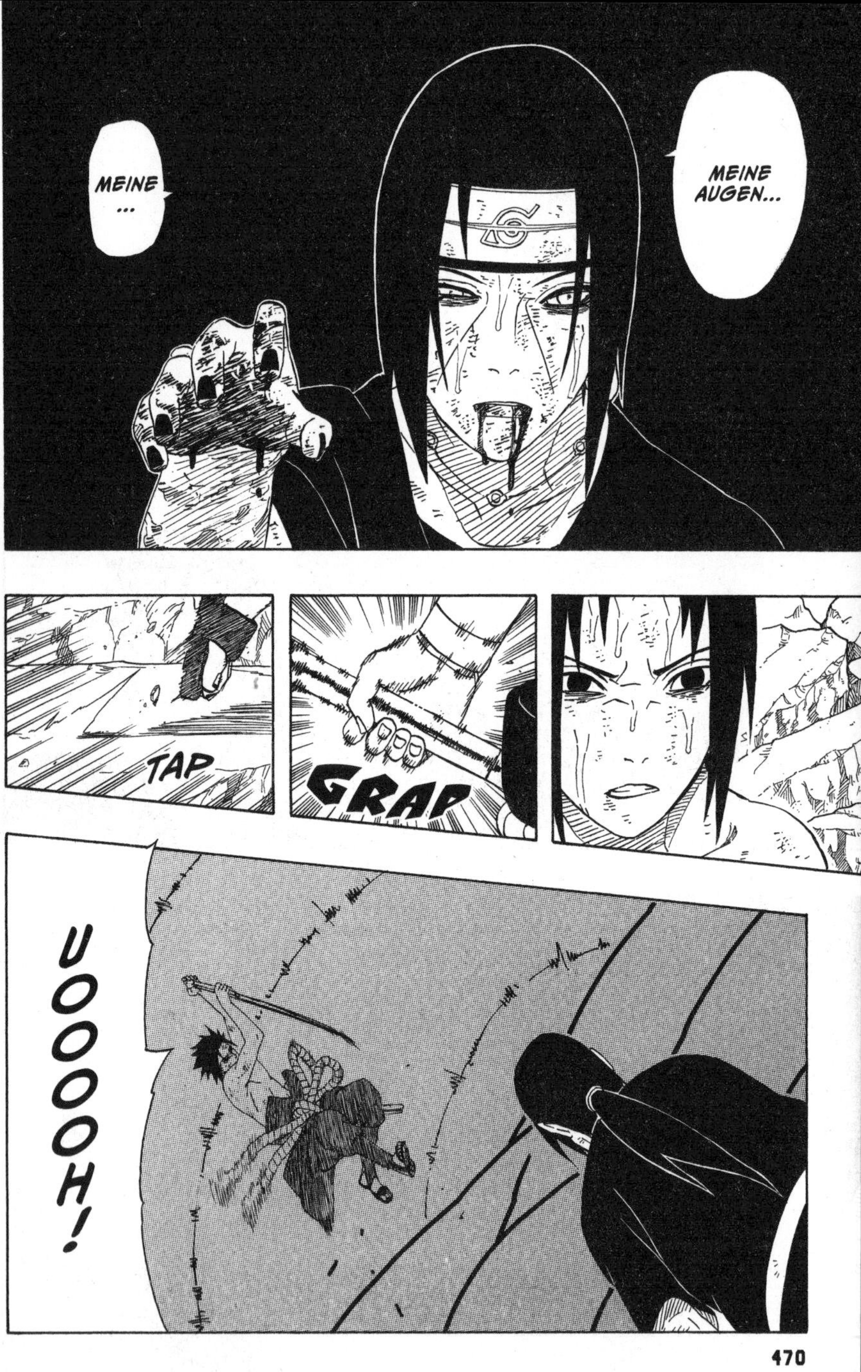
MEINE AUGEN...
MEINE ...
GRAP
TAP
UOOOOOOH!

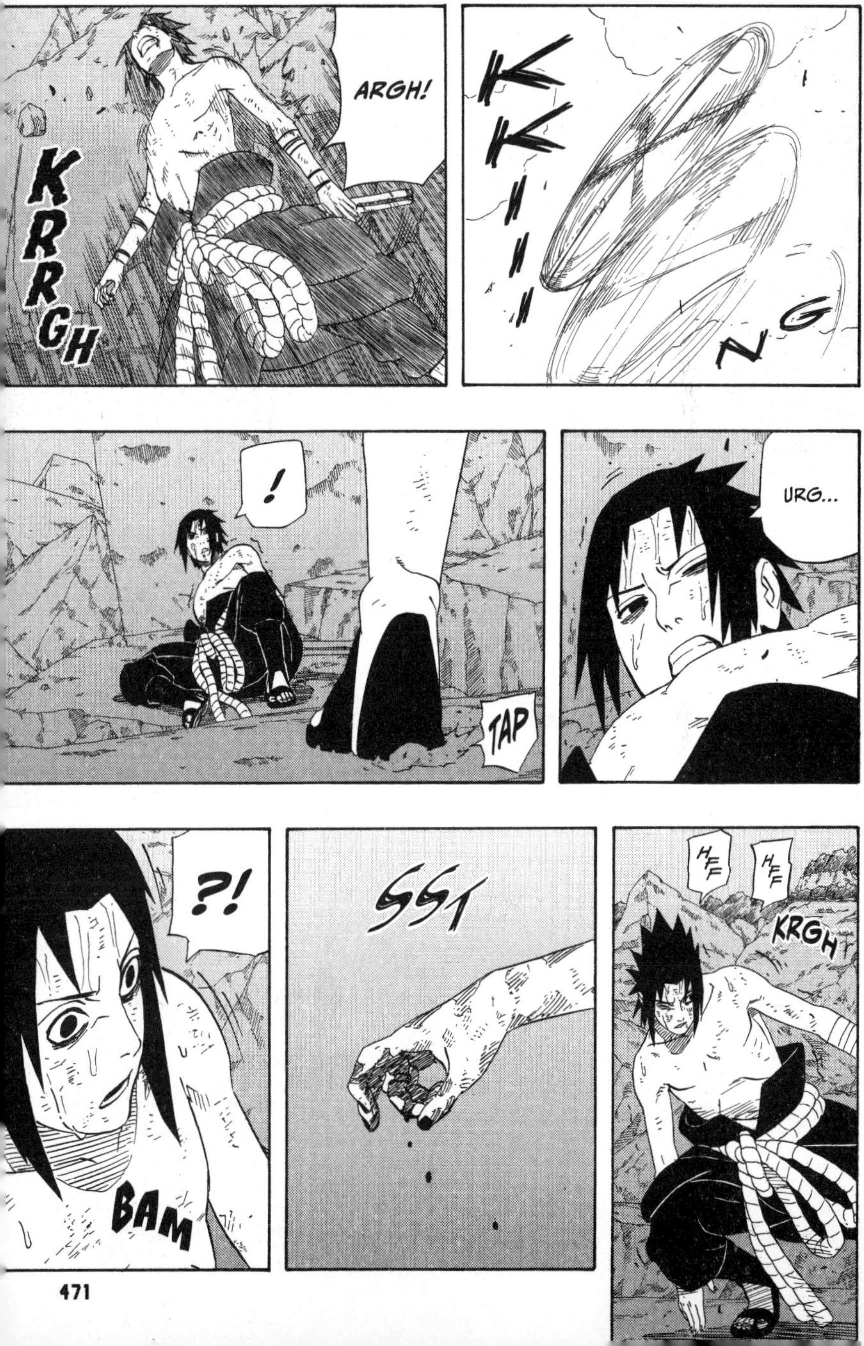
KKHHHHNG
ARGH!
KRRGH
URG...
!
TAP
HFF
HFF
KRGH
SST
?!
BAM

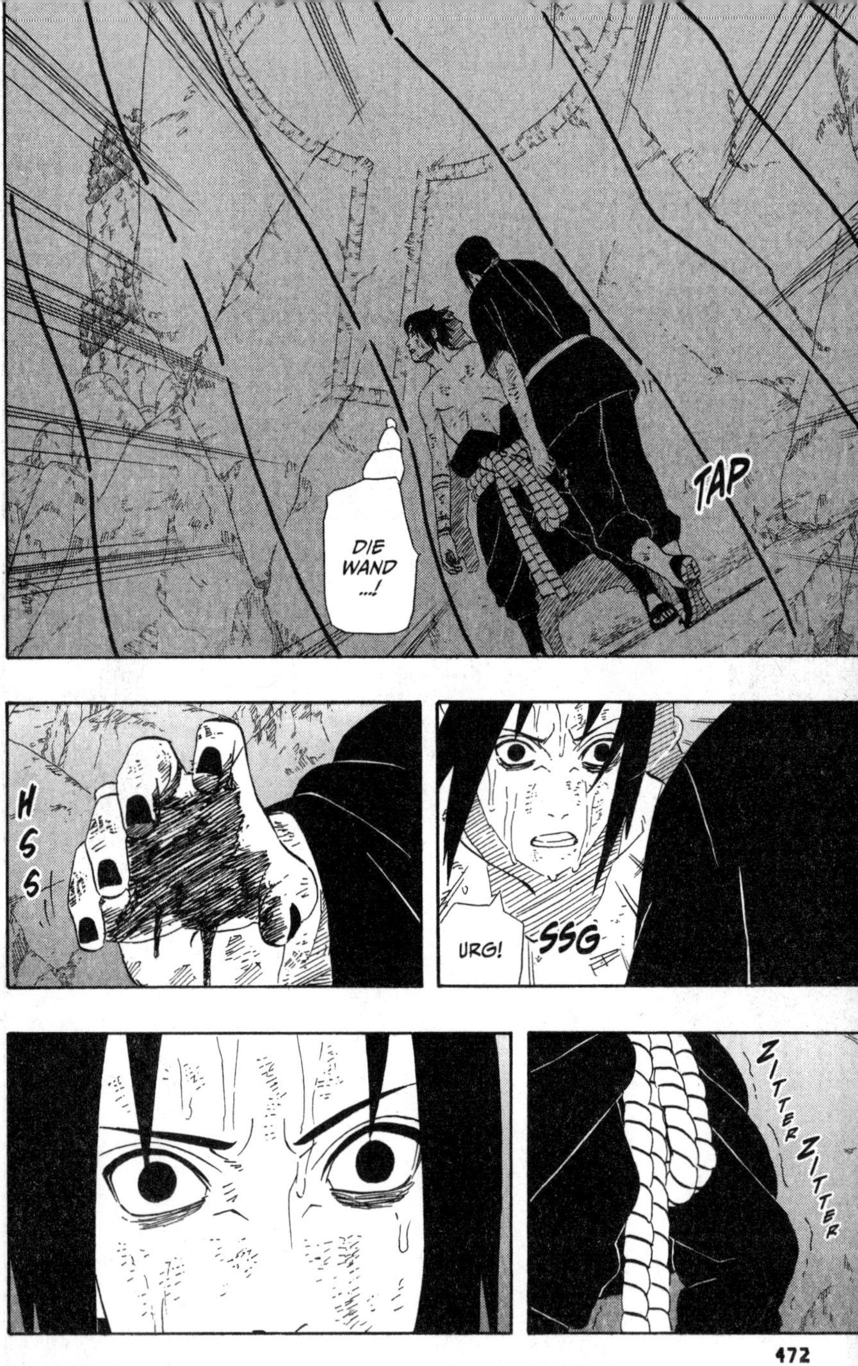

DIE WAND ...!
TAP
HSS
URG!
SSG
ZITTER ZITTER

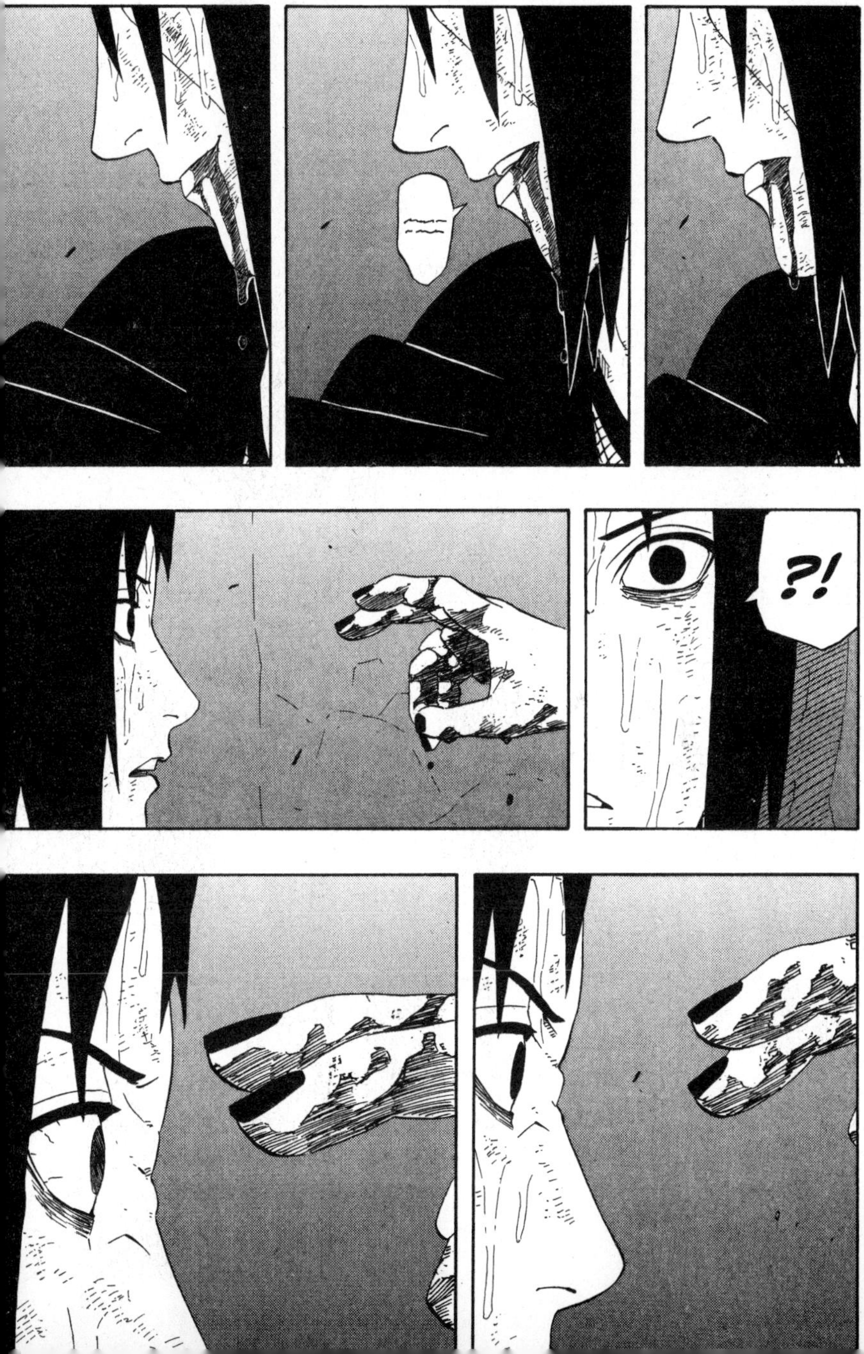

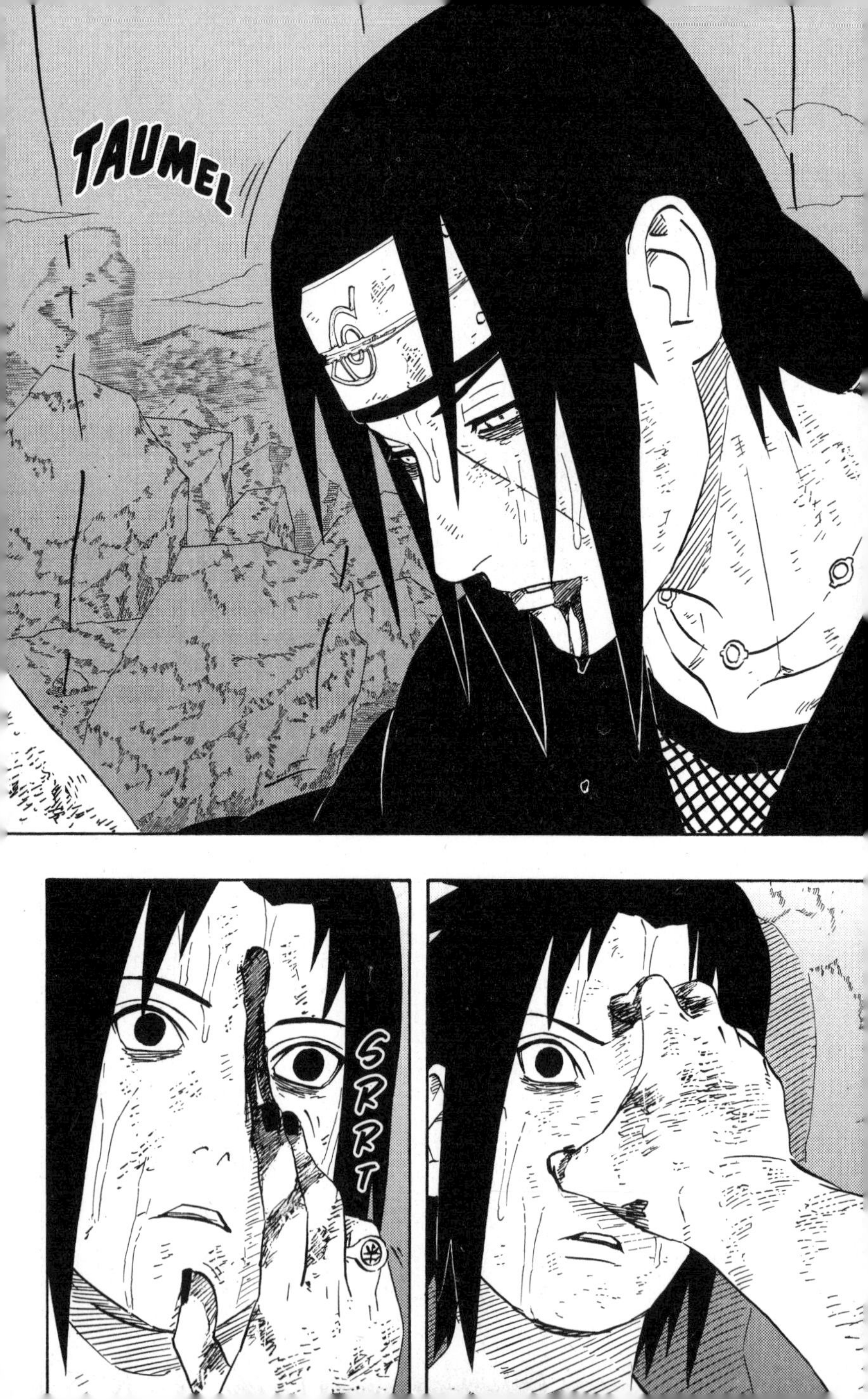
TAUMEL
SRRT

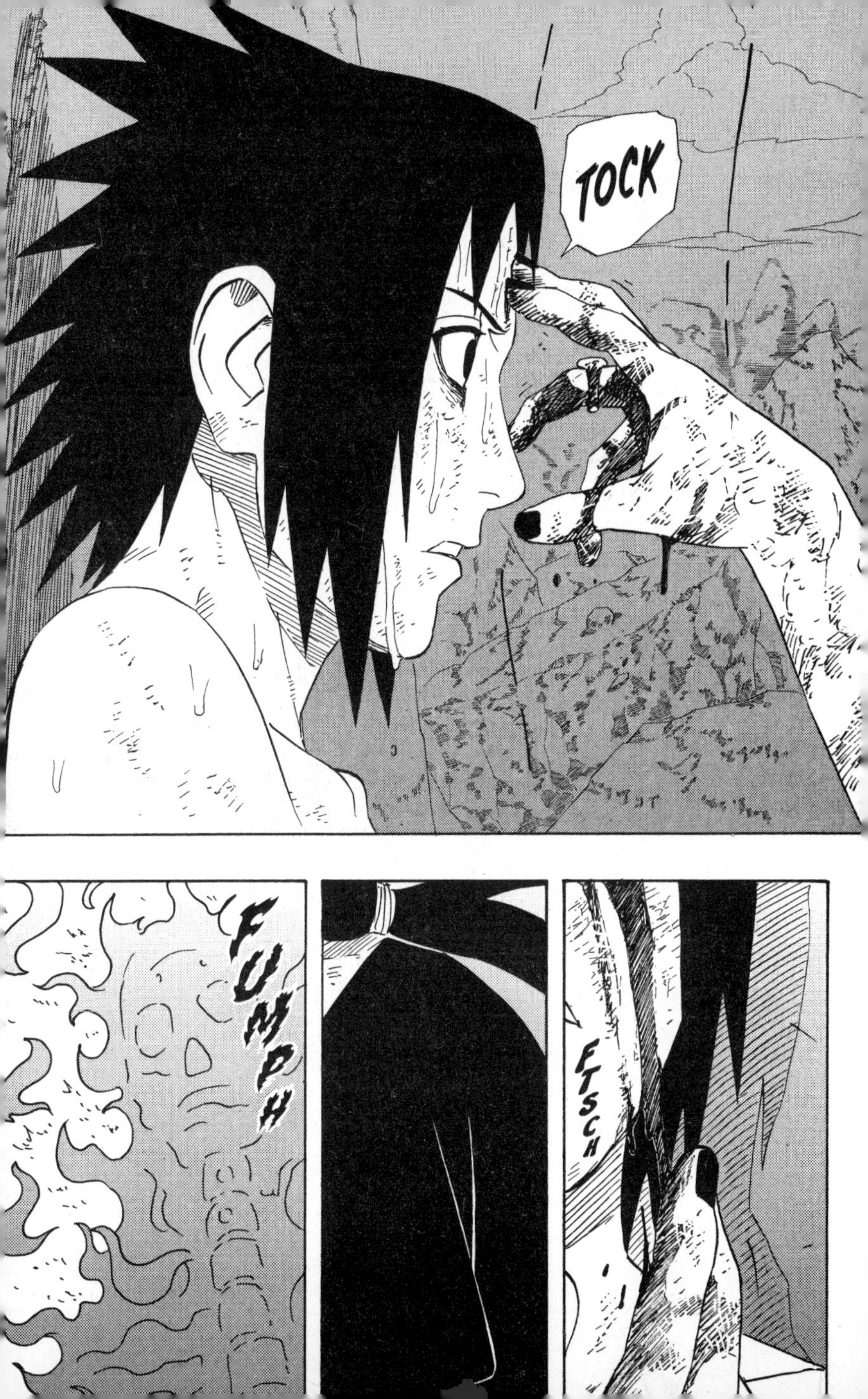
TOCK
FUMPH
FTSCH

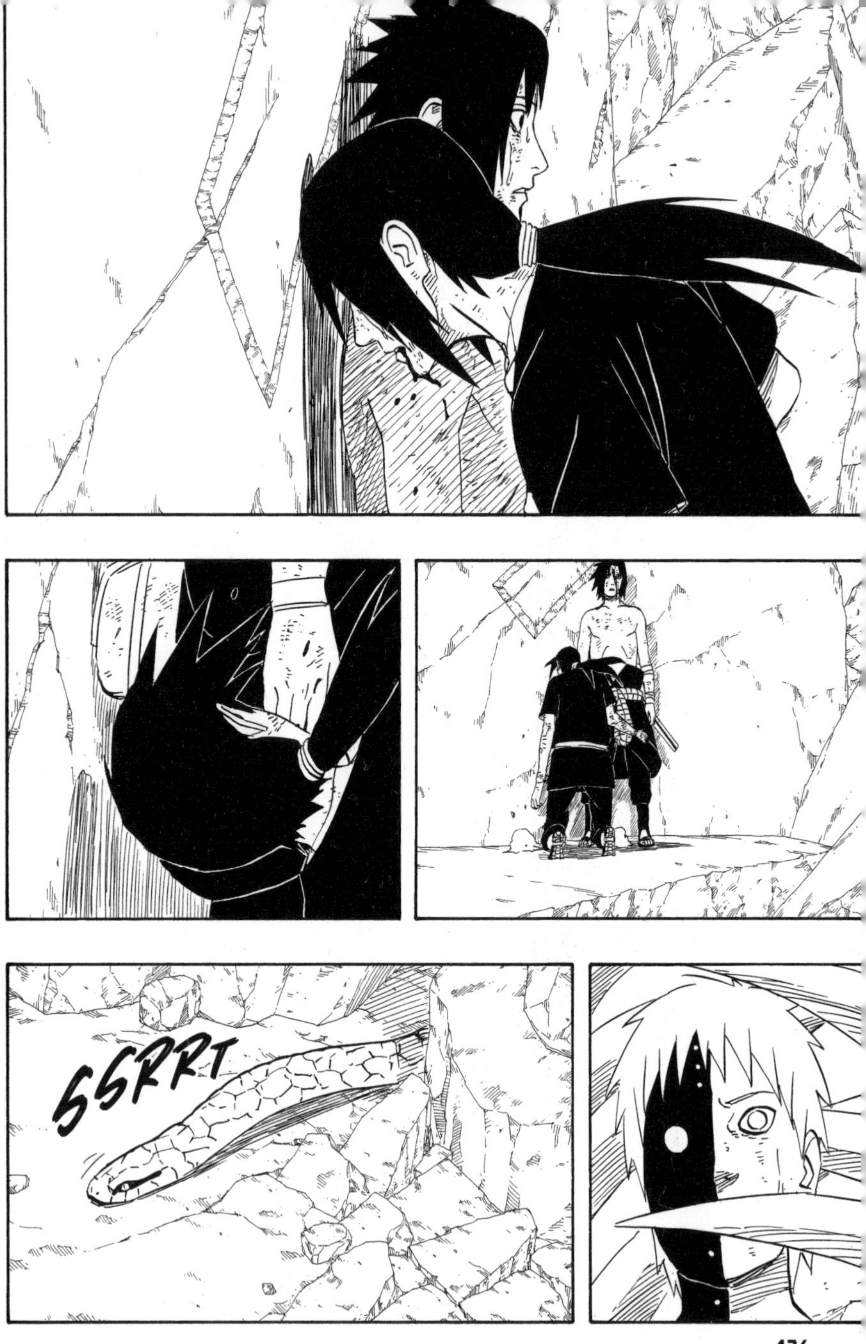
SSRRT

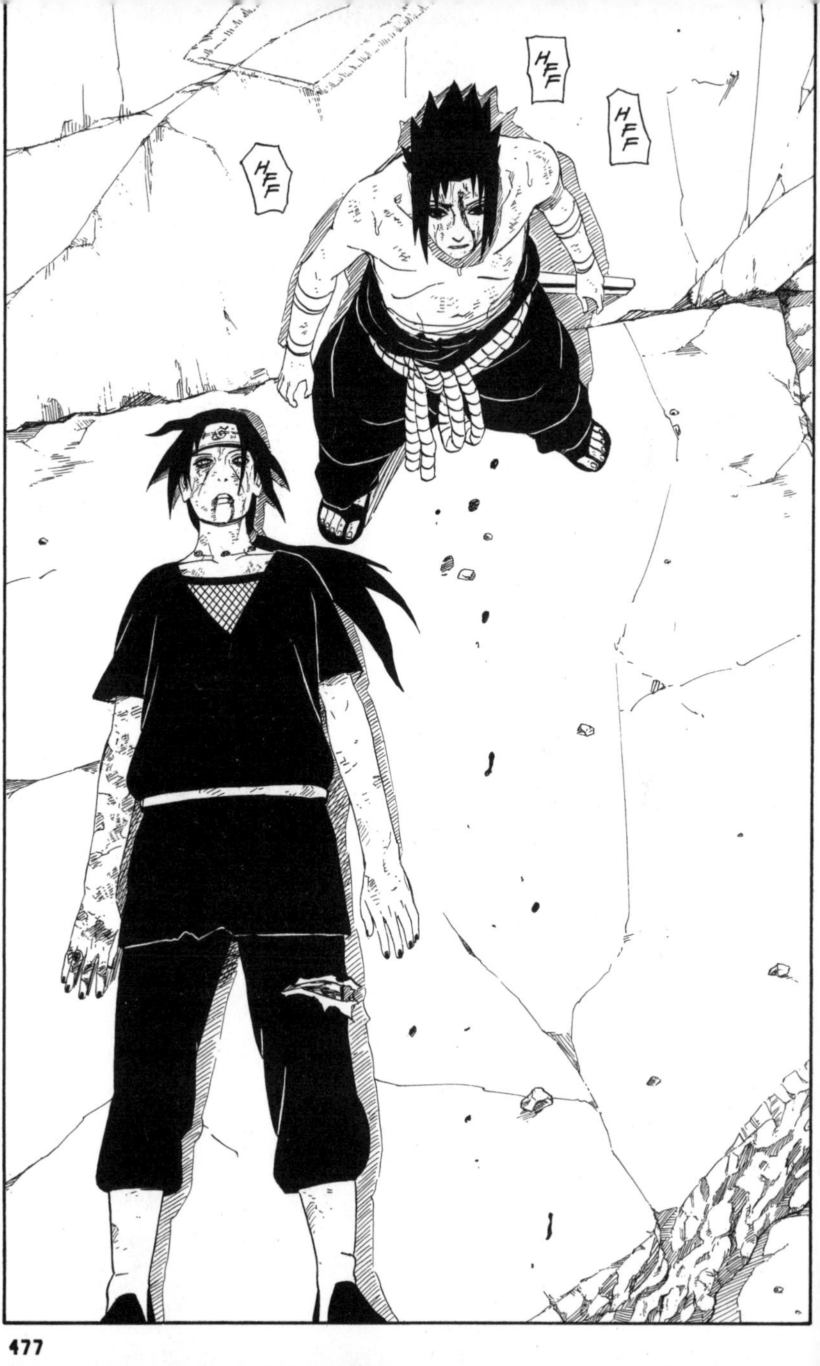
HFF
HFF
HFF

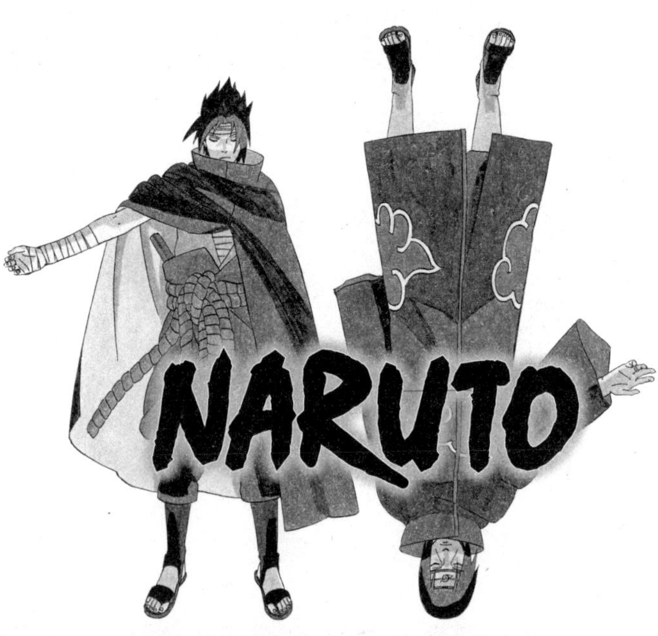
NARUTO

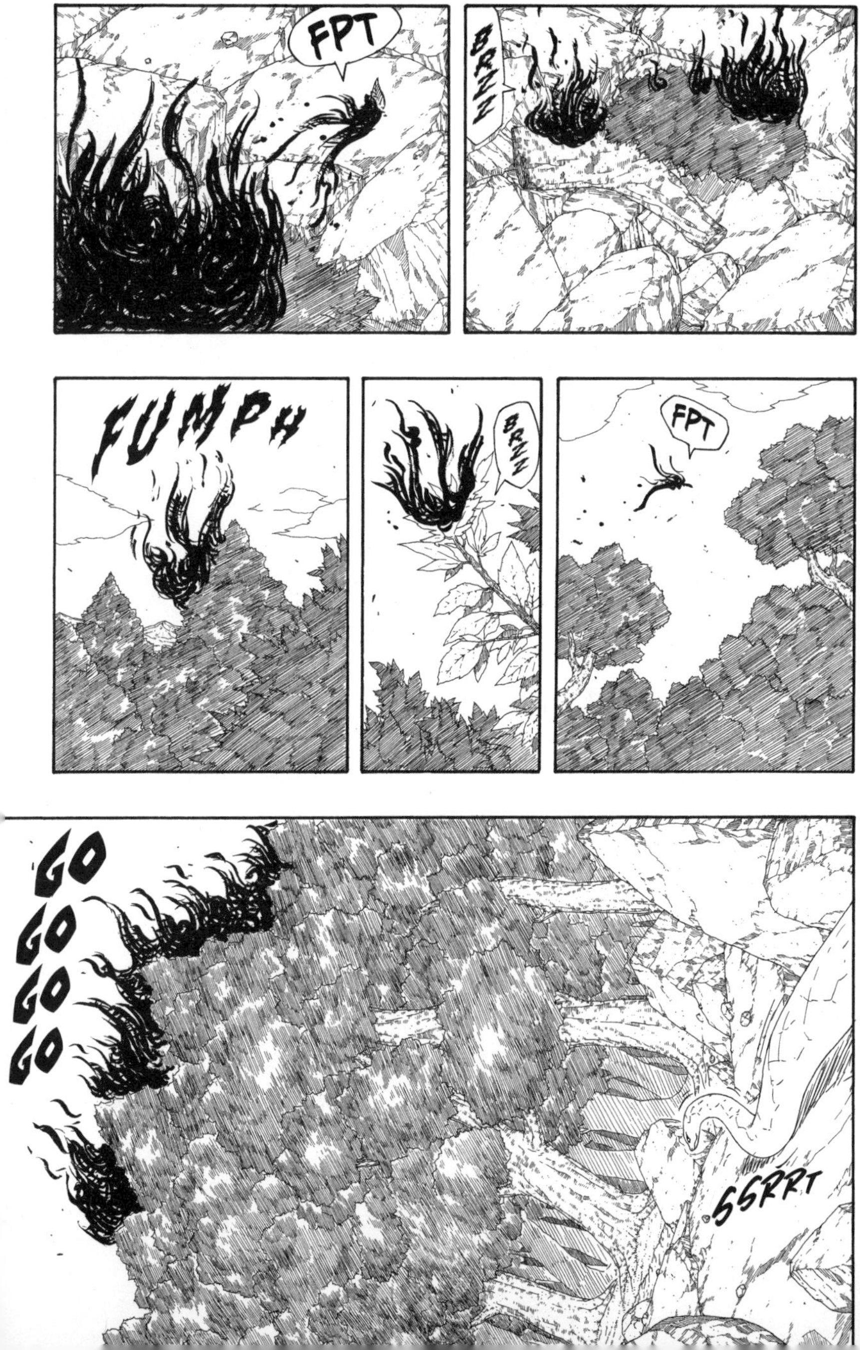
FPT
BRZZZ
FUMPH
BRZZ
FPT
GO
GO
GO
GO
SSRRT

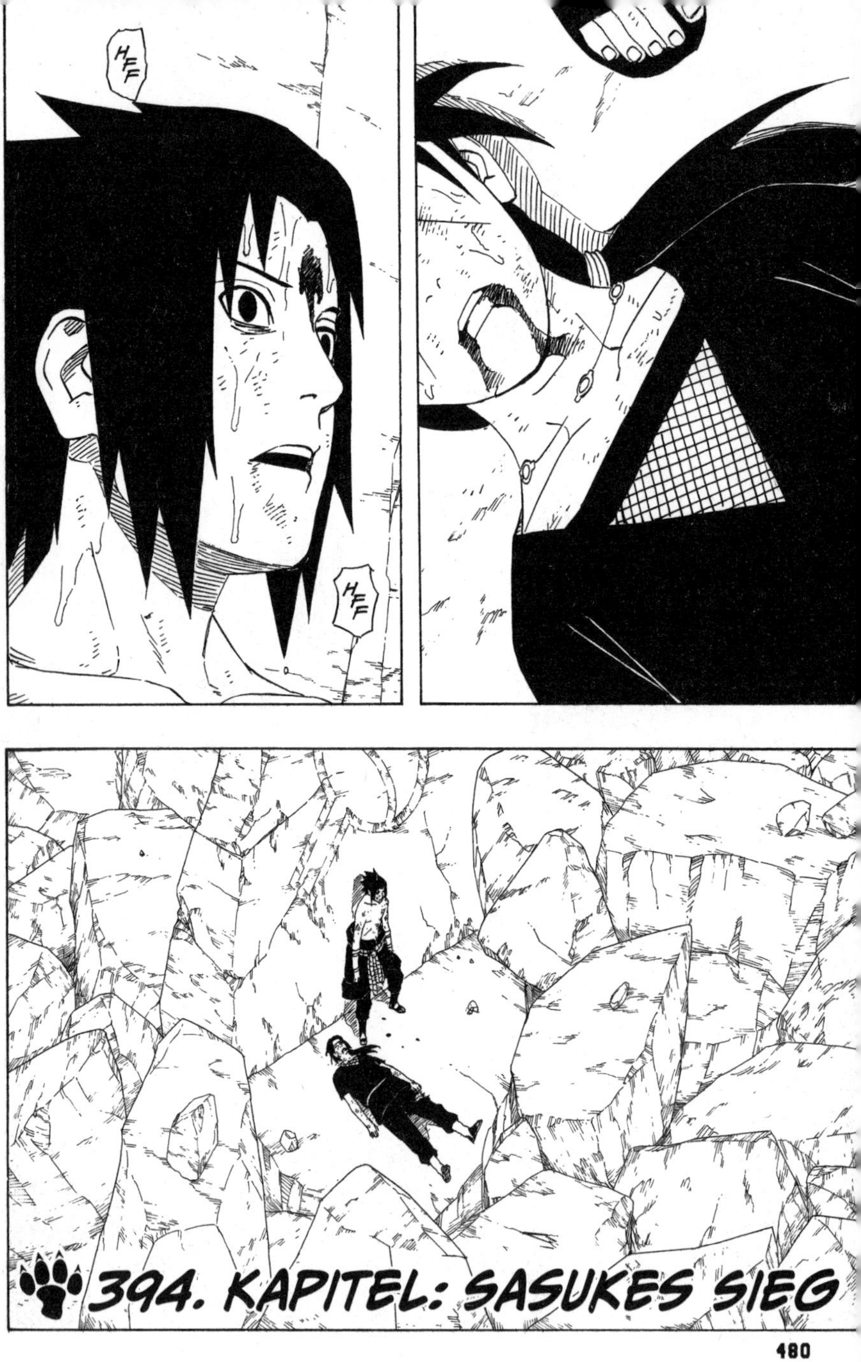

HFF
HFF
394. KAPITEL: SASUKES SIEG

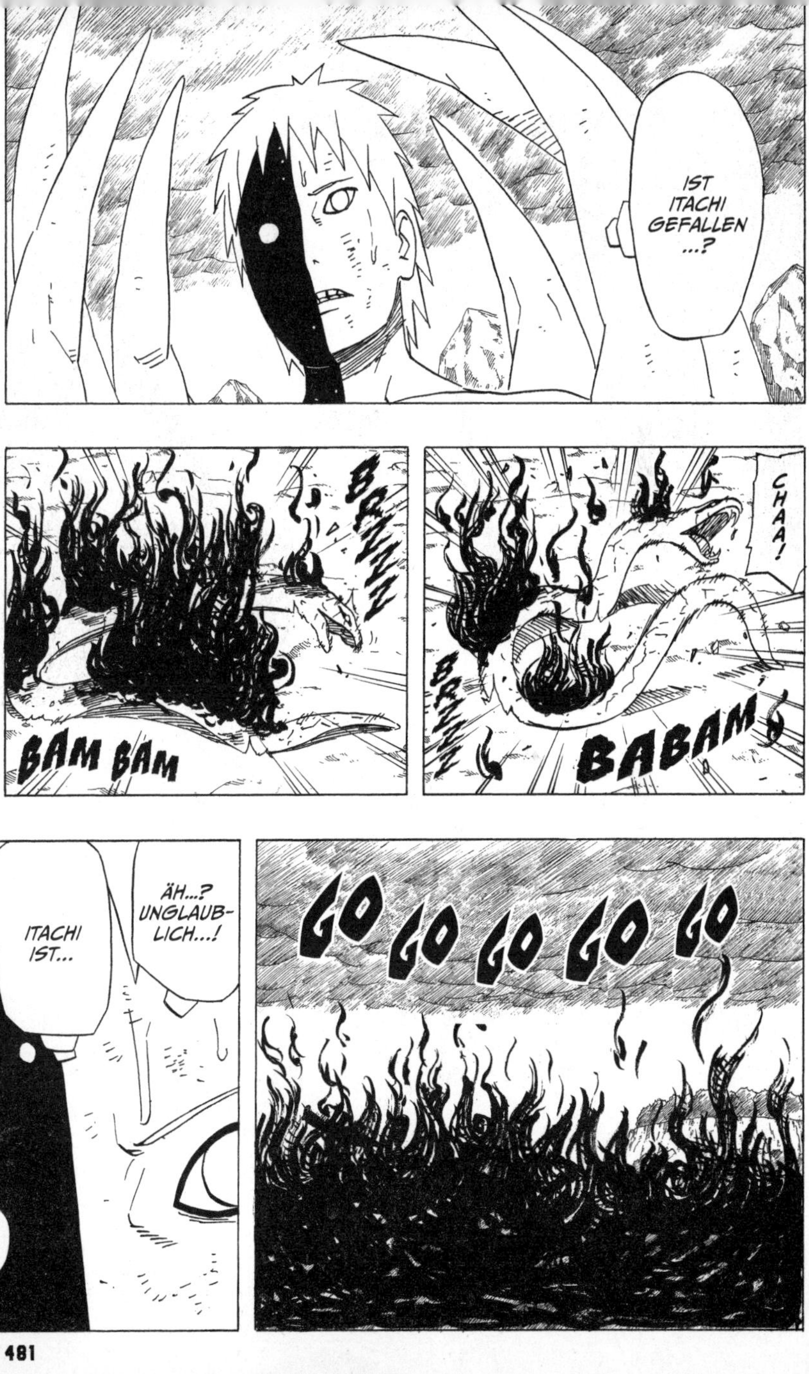
IST ITACHI GEFALLEN ...?
CHAA!
BRNNN
BABAM
BRNNN
BAM BAM
GO GO GO GO GO
ÄH...? UNGLAUB-LICH...!
ITACHI IST...

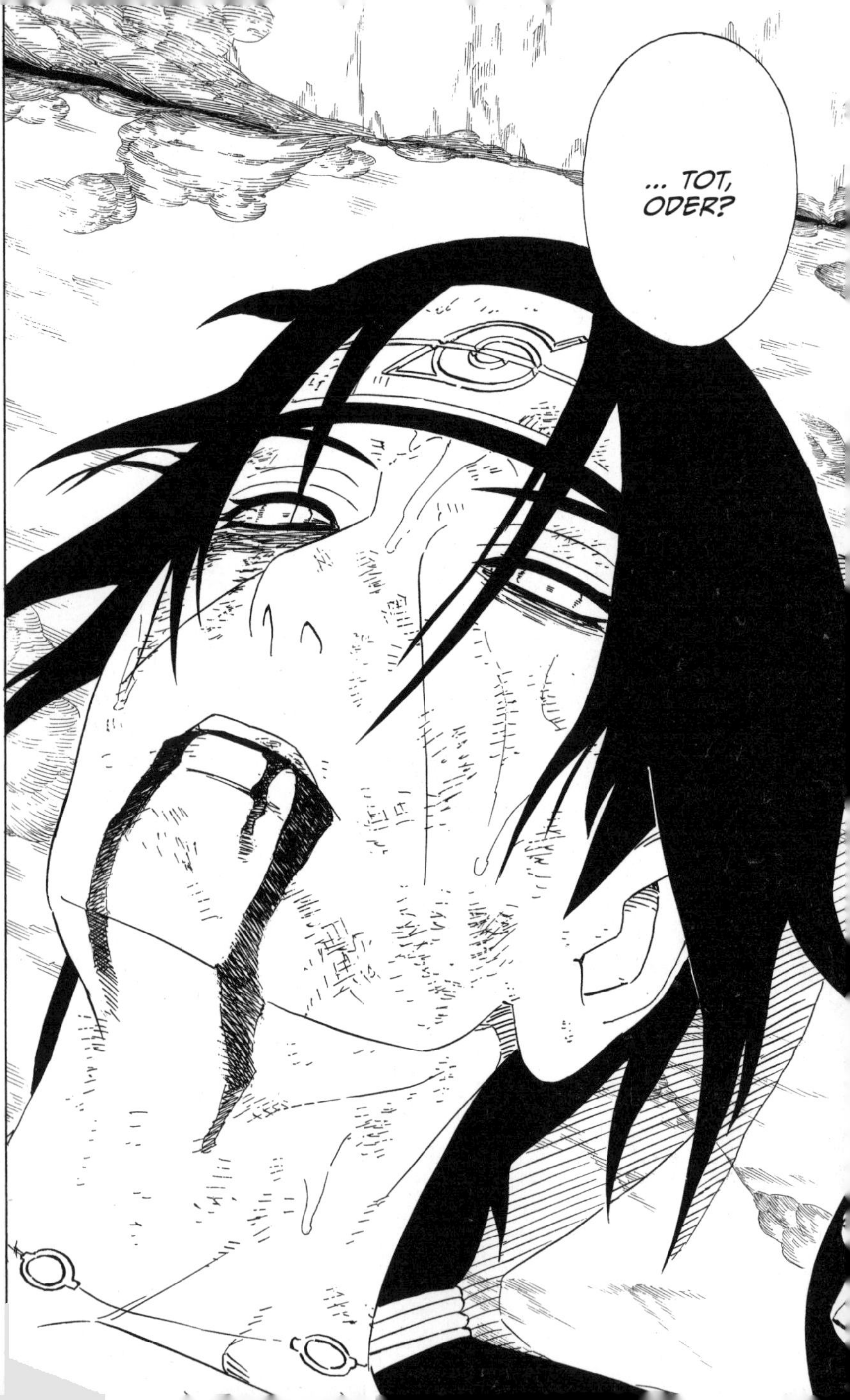
... TOT, ODER?

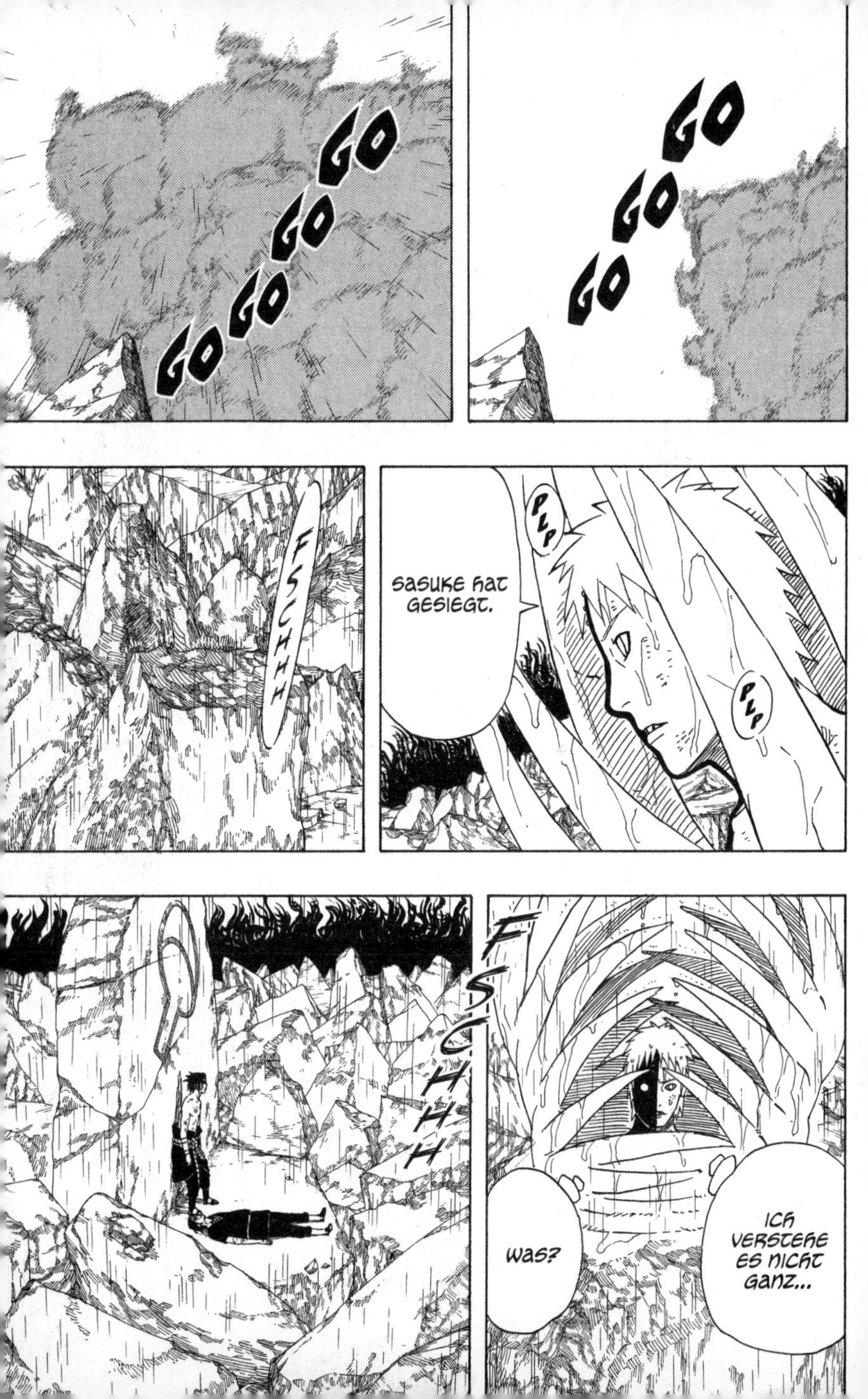
GO GO GO
GO GO GO GO GO
PLIP
Sasuke hat gesiegt.
PLIP
FSCHHH
Ich verstehe es nicht ganz...
Was?
FSCHHHH

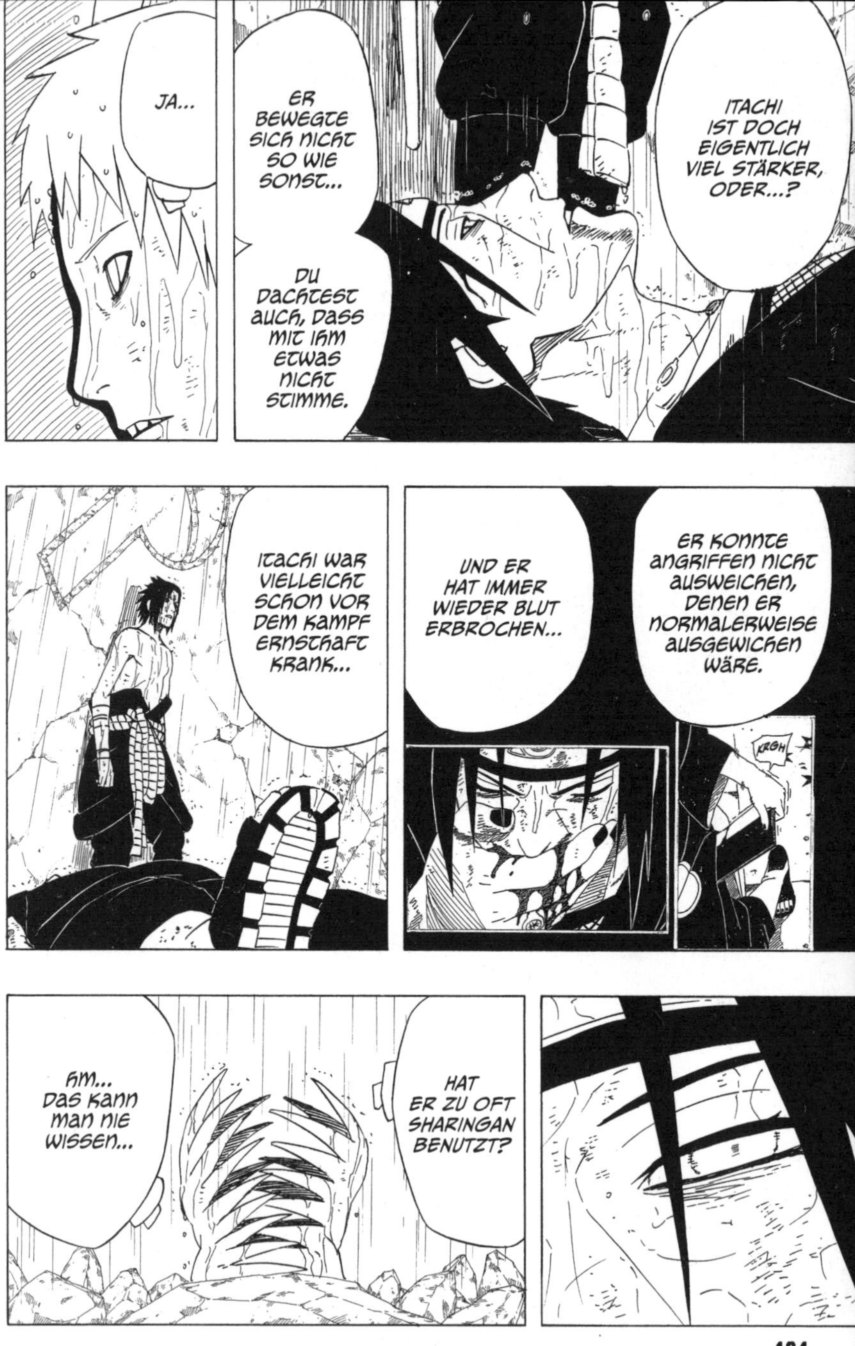
ITACHI IST DOCH EIGENTLICH VIEL STÄRKER, ODER...?
ER BEWEGTE SICH NICHT SO WIE SONST...
DU DACHTEST AUCH, DASS MIT IHM ETWAS NICHT STIMME.
JA...
ER KONNTE ANGRIFFEN NICHT AUSWEICHEN, DENEN ER NORMALERWEISE AUSGEWICHEN WÄRE.
UND ER HAT IMMER WIEDER BLUT ERBROCHEN...
KRGH
ITACHI WAR VIELLEICHT SCHON VOR DEM KAMPF ERNSTHAFT KRANK...
HAT ER ZU OFT SHARINGAN BENUTZT?
HM... DAS KANN MAN NIE WISSEN...

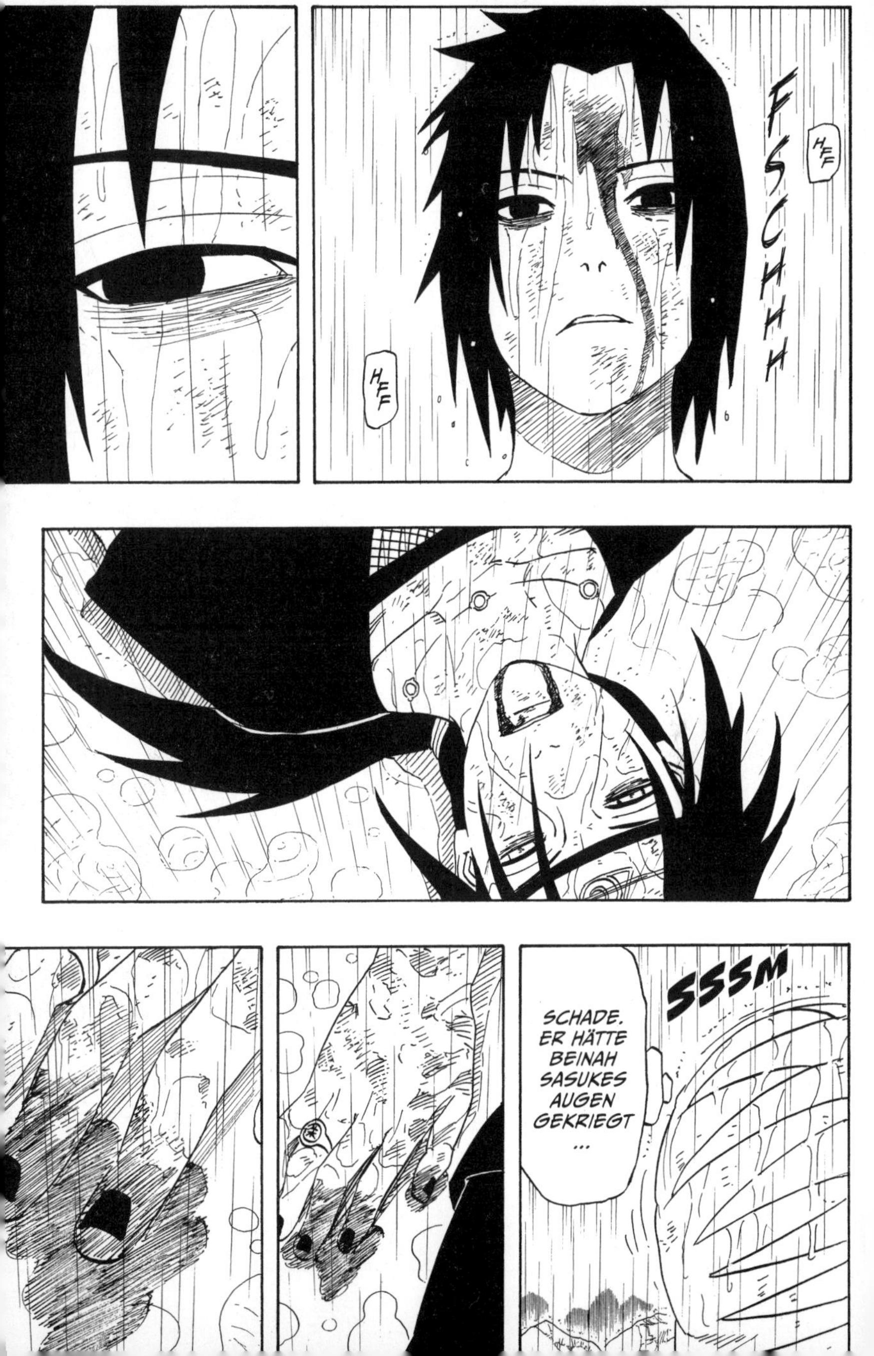
FSCHHH
HFF
HFF
SSSM
SCHADE. ER HÄTTE BEINAH SASUKES AUGEN GEKRIEGT ...

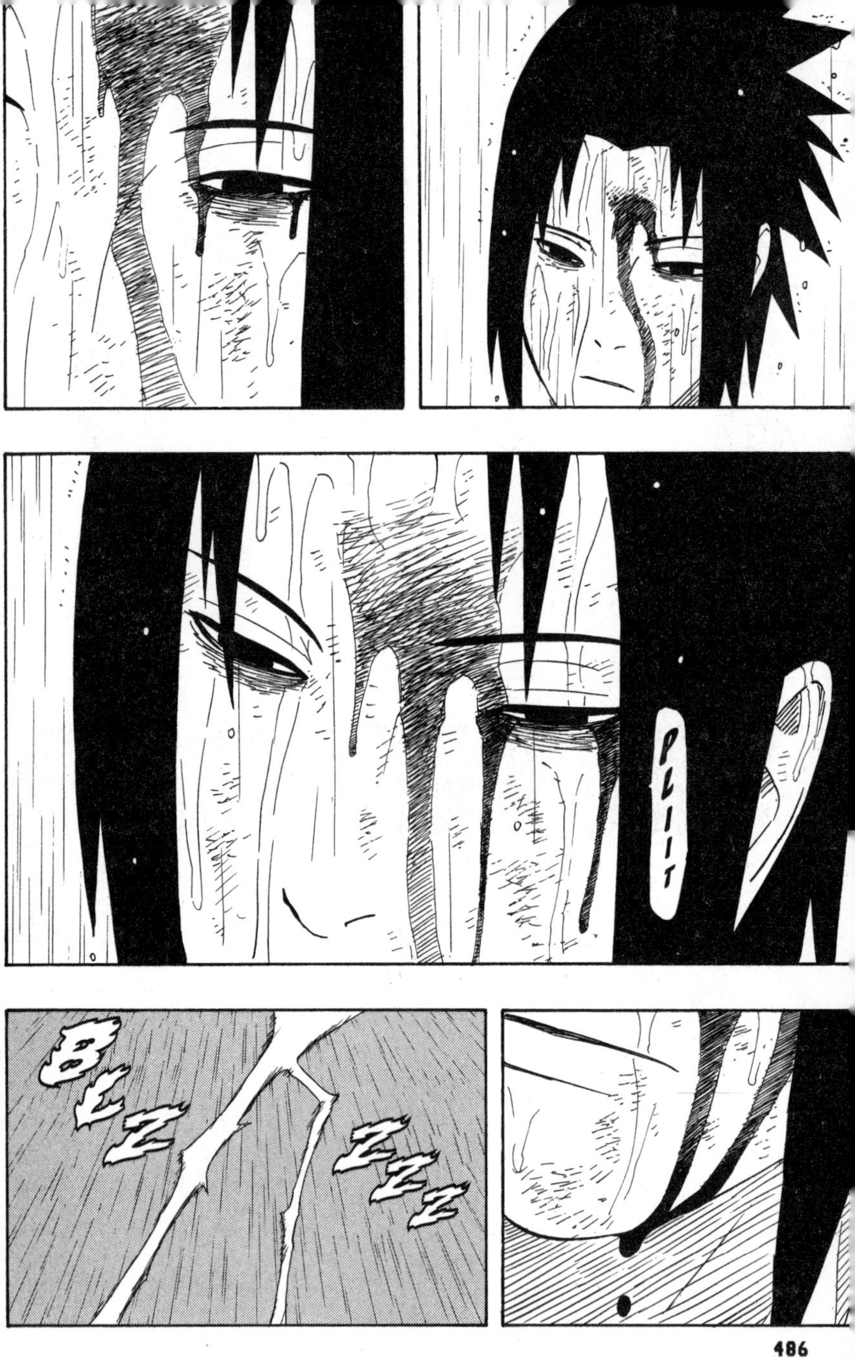
PLIIT
BZZ
ZZZ

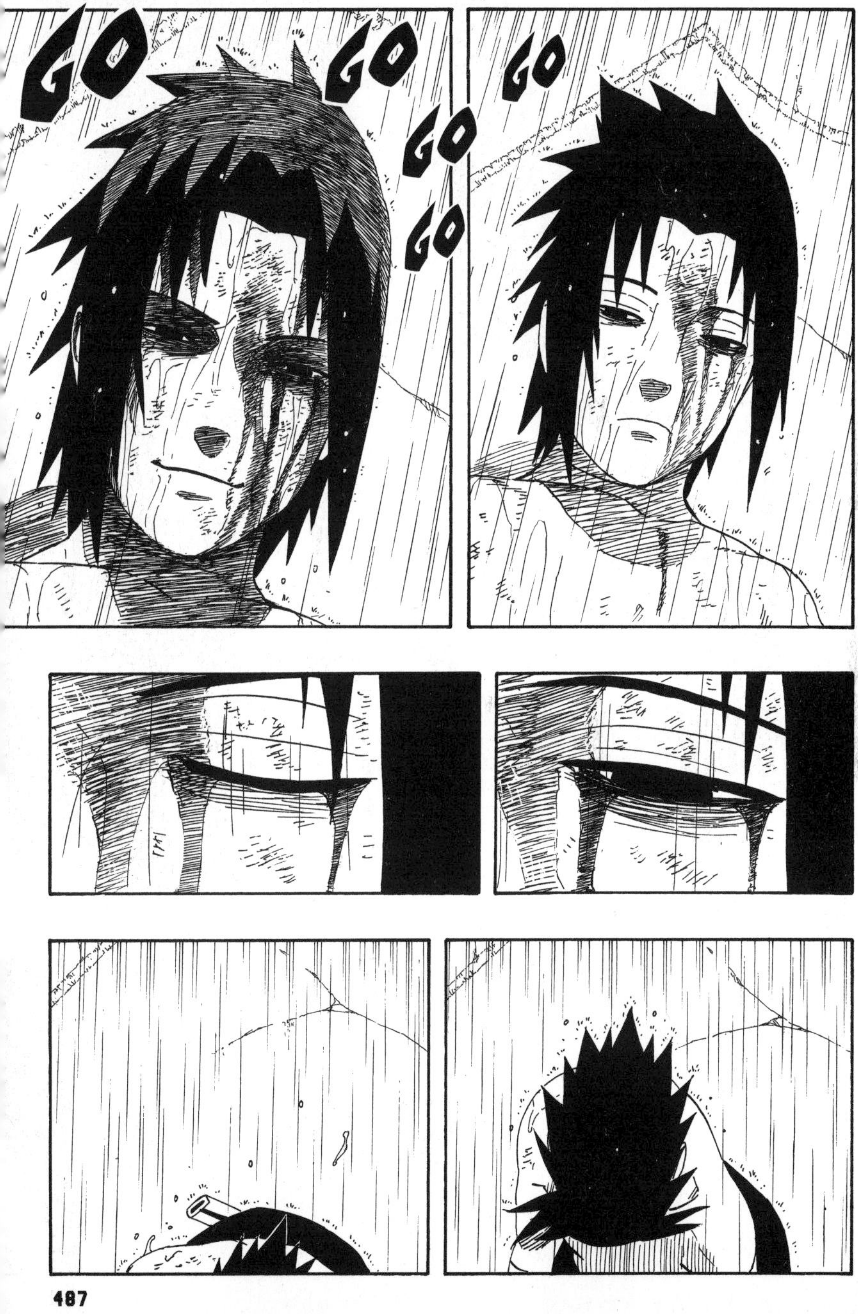
GO
GO
GO
GO
GO

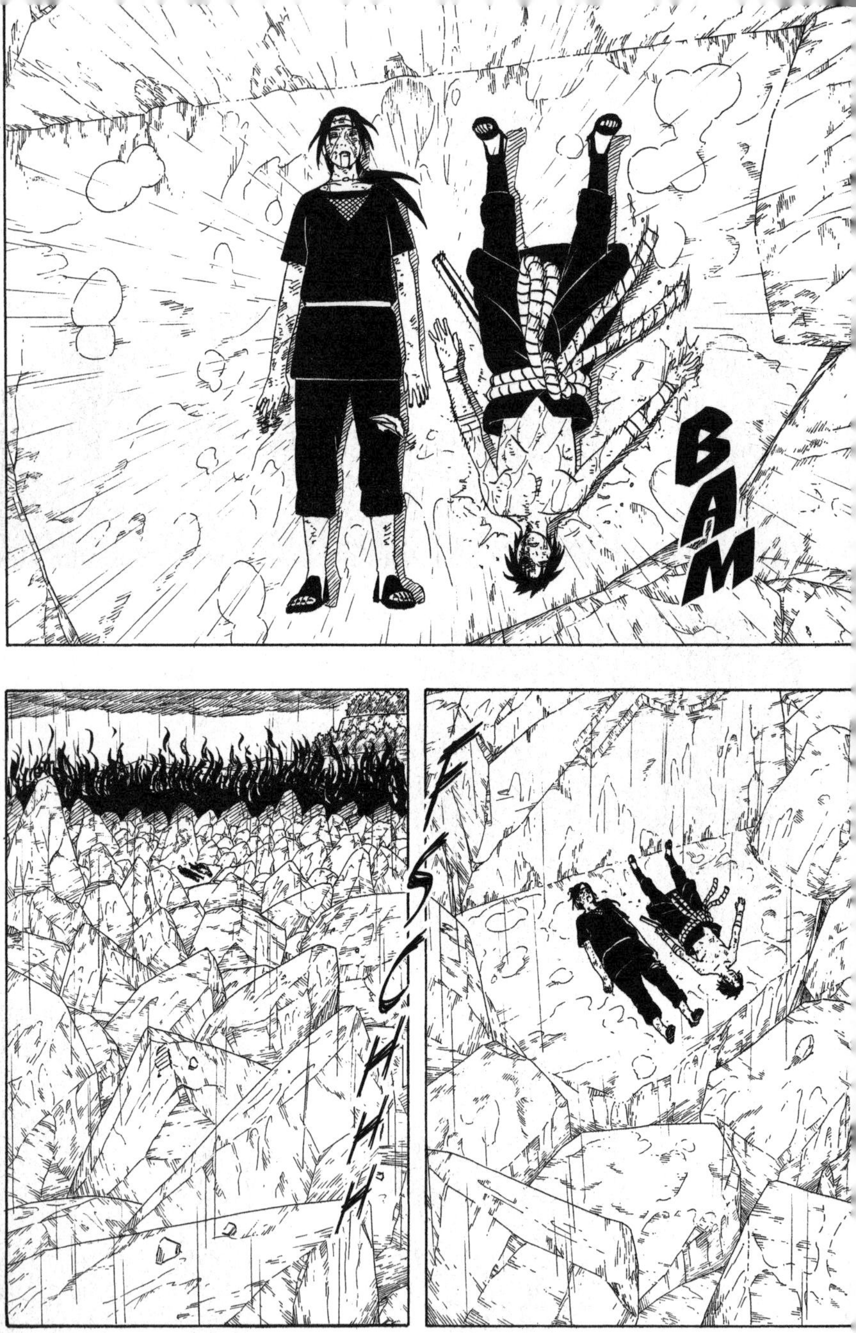
BAM
FSCHHH

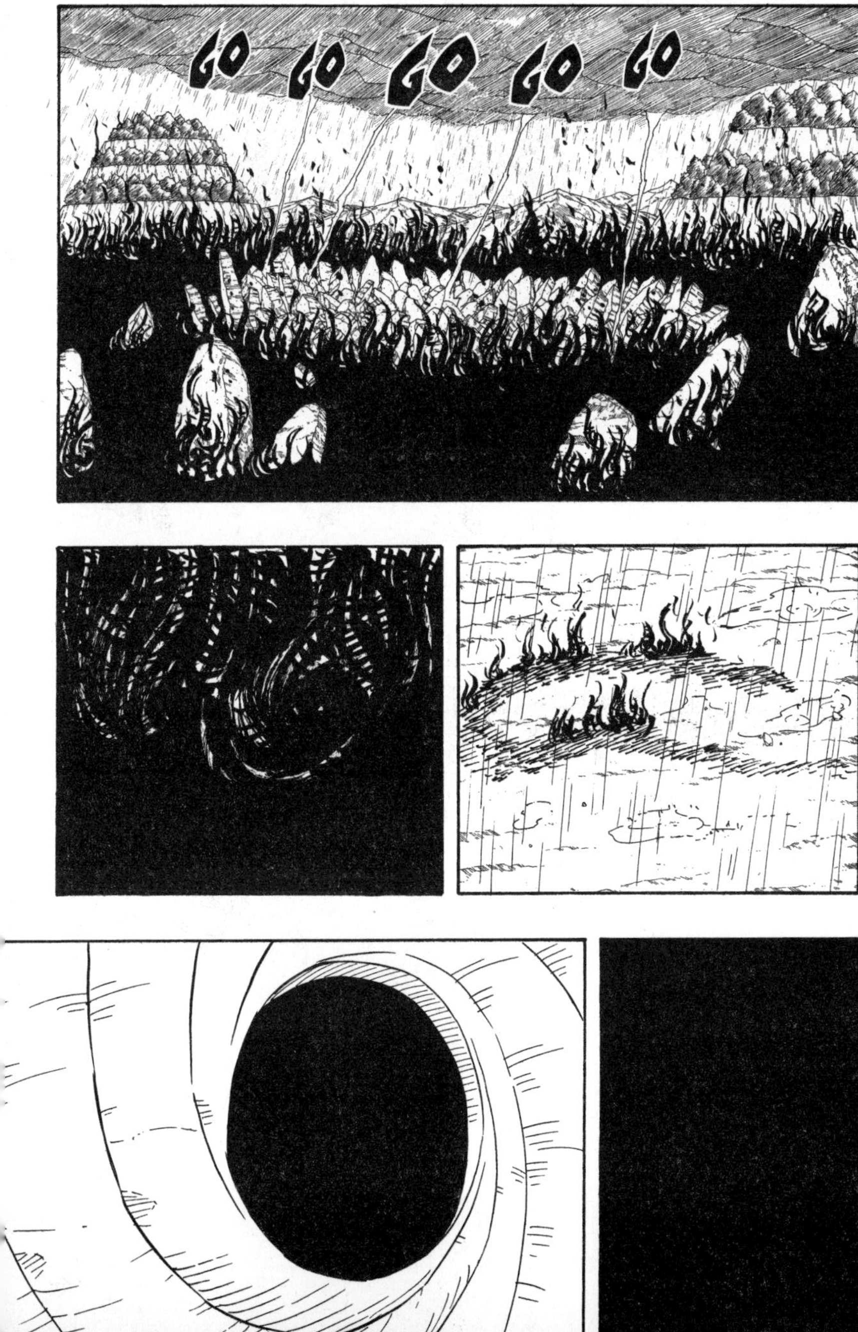
GO GO GO GO GO

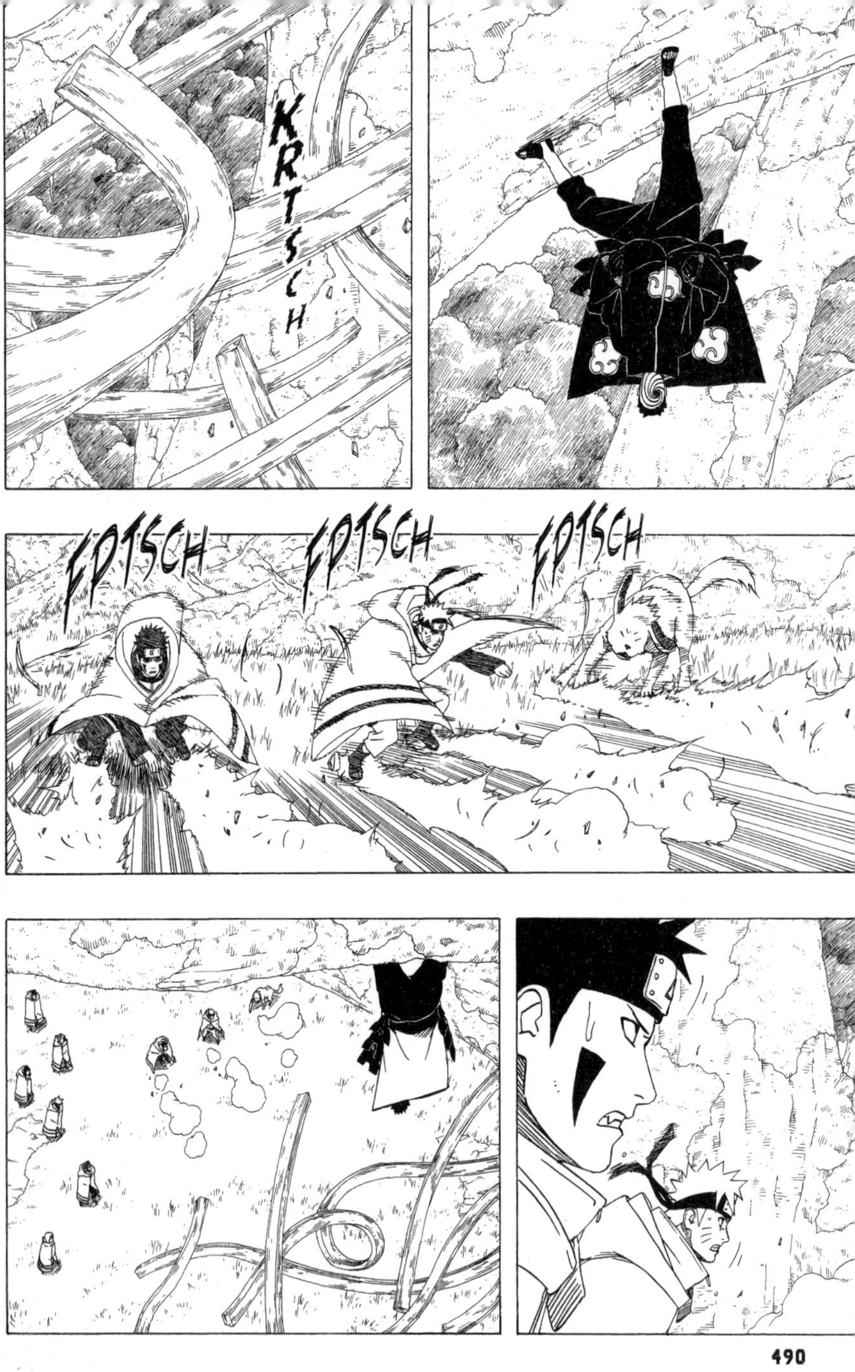
KRTSCH
FDTSCH
FDTSCH
FDTSCH

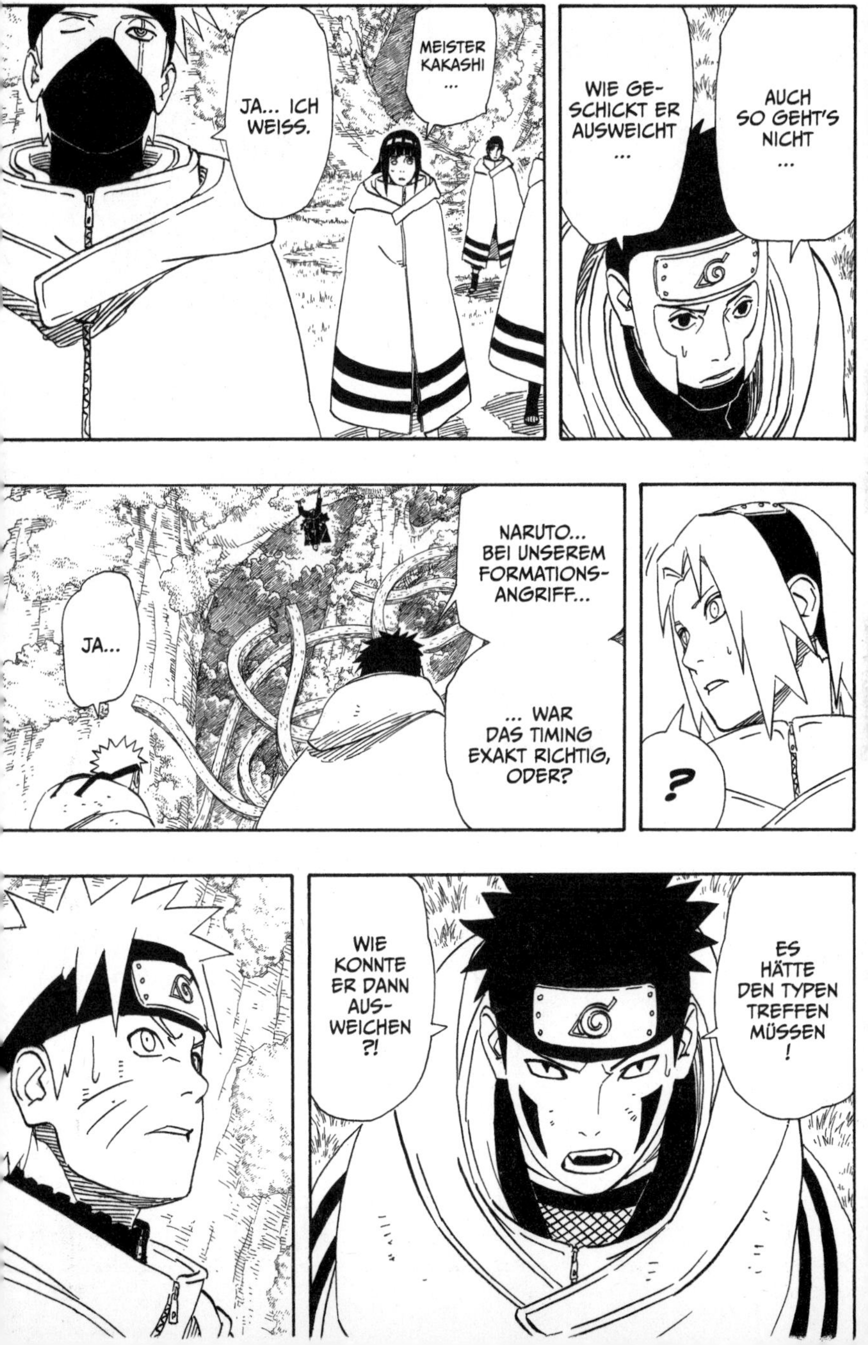
AUCH SO GEHT'S NICHT ...
WIE GESCHICKT ER AUSWEICHT ...
MEISTER KAKASHI ...
JA... ICH WEISS.
?
NARUTO... BEI UNSEREM FORMATIONSANGRIFF...
... WAR DAS TIMING EXAKT RICHTIG, ODER?
JA...
ES HÄTTE DEN TYPEN TREFFEN MÜSSEN!
WIE KONNTE ER DANN AUSWEICHEN?!

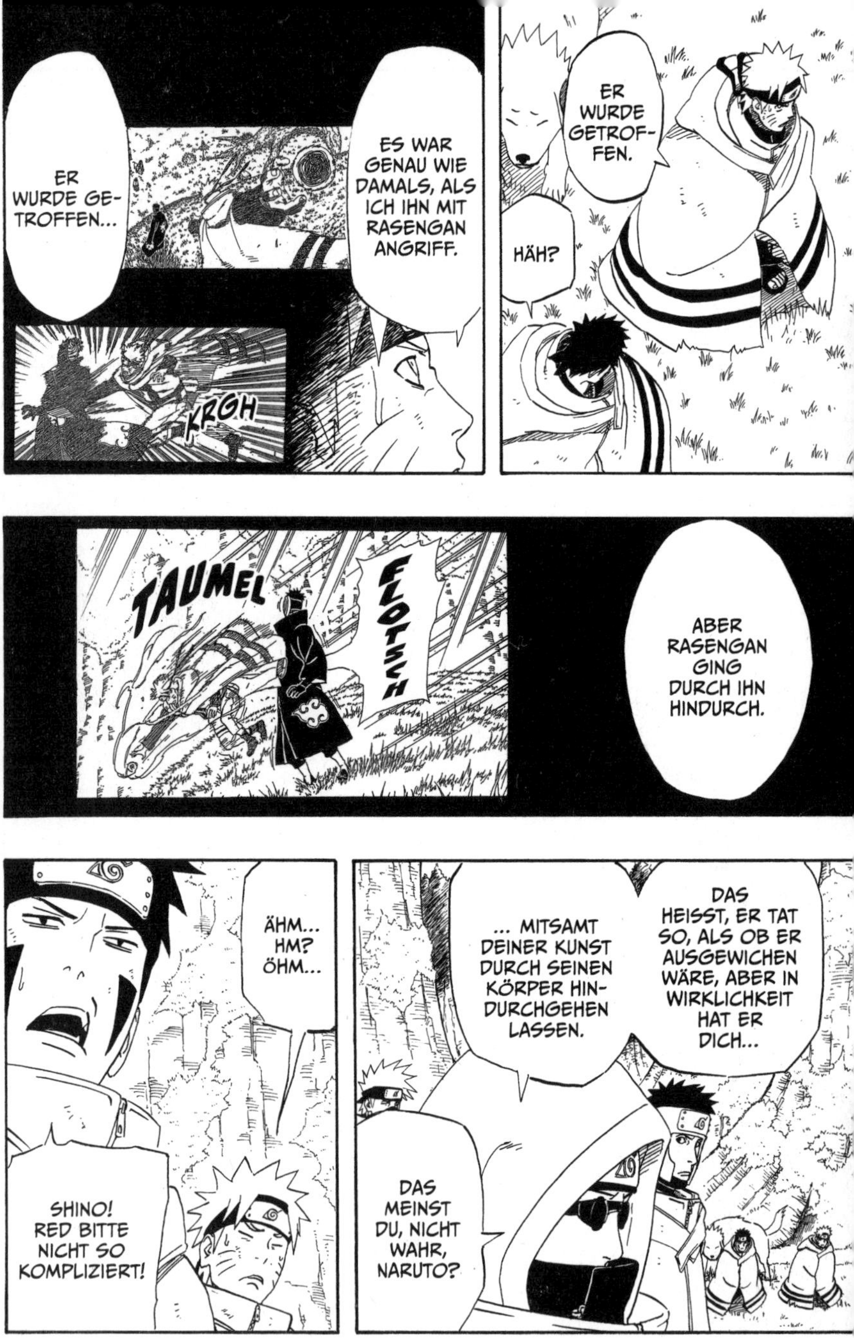
ER WURDE GETROFFEN.
HÄH?
ES WAR GENAU WIE DAMALS, ALS ICH IHN MIT RASENGAN ANGRIFF.
ER WURDE GETROFFEN...
KRGH
ABER RASENGAN GING DURCH IHN HINDURCH.
FLOTSCH
TAUMEL
DAS HEISST, ER TAT SO, ALS OB ER AUSGEWICHEN WÄRE, ABER IN WIRKLICHKEIT HAT ER DICH...
... MITSAMT DEINER KUNST DURCH SEINEN KÖRPER HINDURCHGEHEN LASSEN.
DAS MEINST DU, NICHT WAHR, NARUTO?
ÄHM... HM? ÖHM...
SHINO! RED BITTE NICHT SO KOMPLIZIERT!

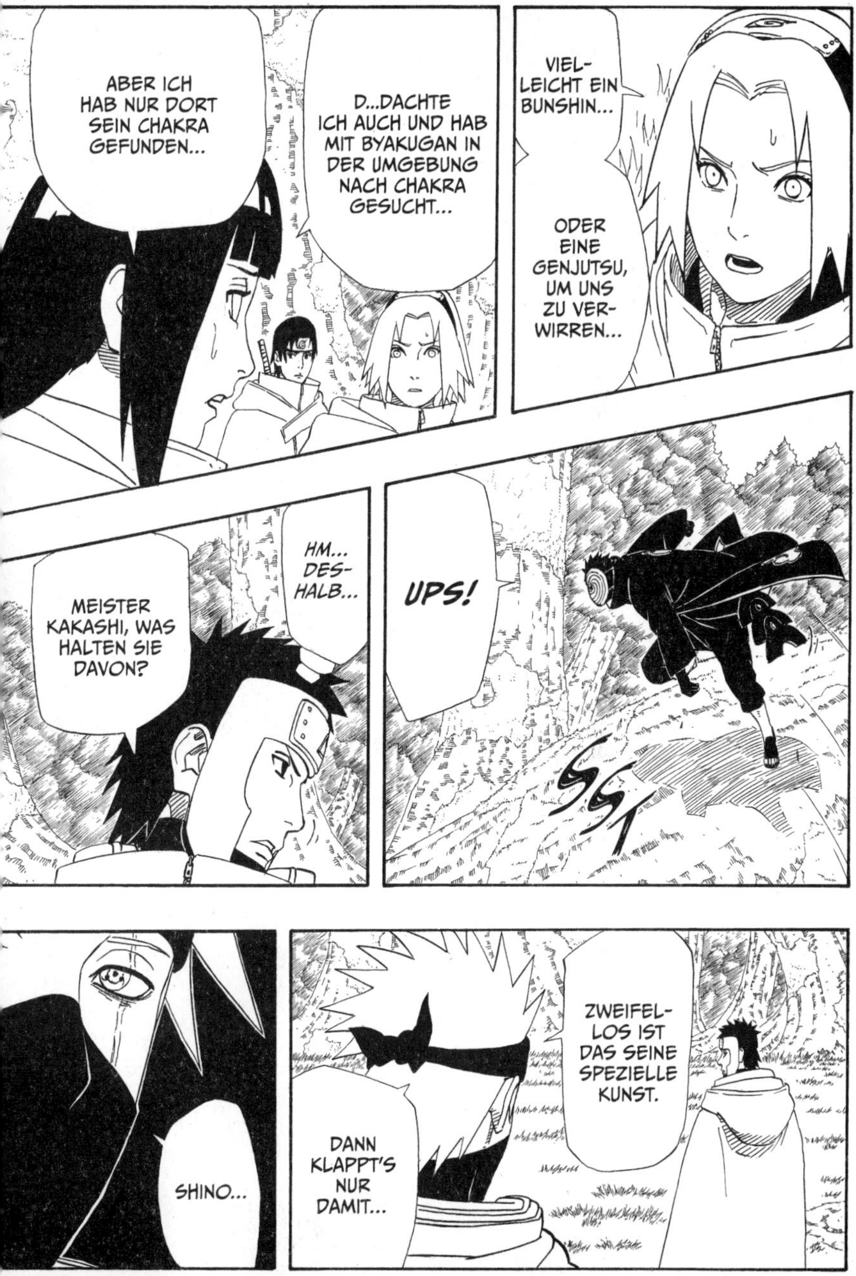

VIEL-LEICHT EIN BUNSHIN...
ODER EINE GENJUTSU, UM UNS ZU VER-WIRREN...
D...DACHTE ICH AUCH UND HAB MIT BYAKUGAN IN DER UMGEBUNG NACH CHAKRA GESUCHT...
ABER ICH HAB NUR DORT SEIN CHAKRA GEFUNDEN...
UPS!
SST
HM... DES-HALB...
MEISTER KAKASHI, WAS HALTEN SIE DAVON?
ZWEIFEL-LOS IST DAS SEINE SPEZIELLE KUNST.
DANN KLAPPT'S NUR DAMIT...
SHINO...

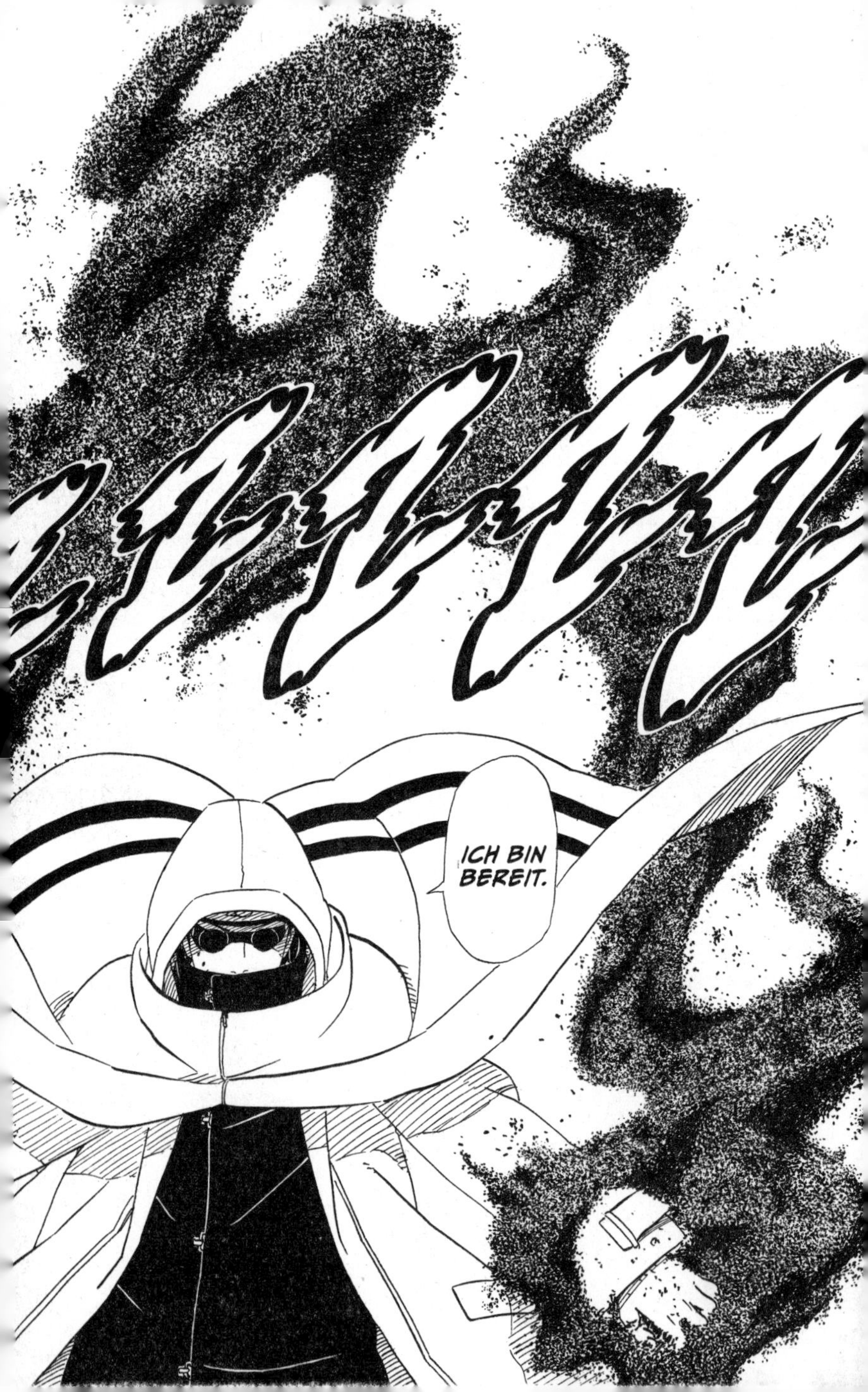
ICH BIN BEREIT.

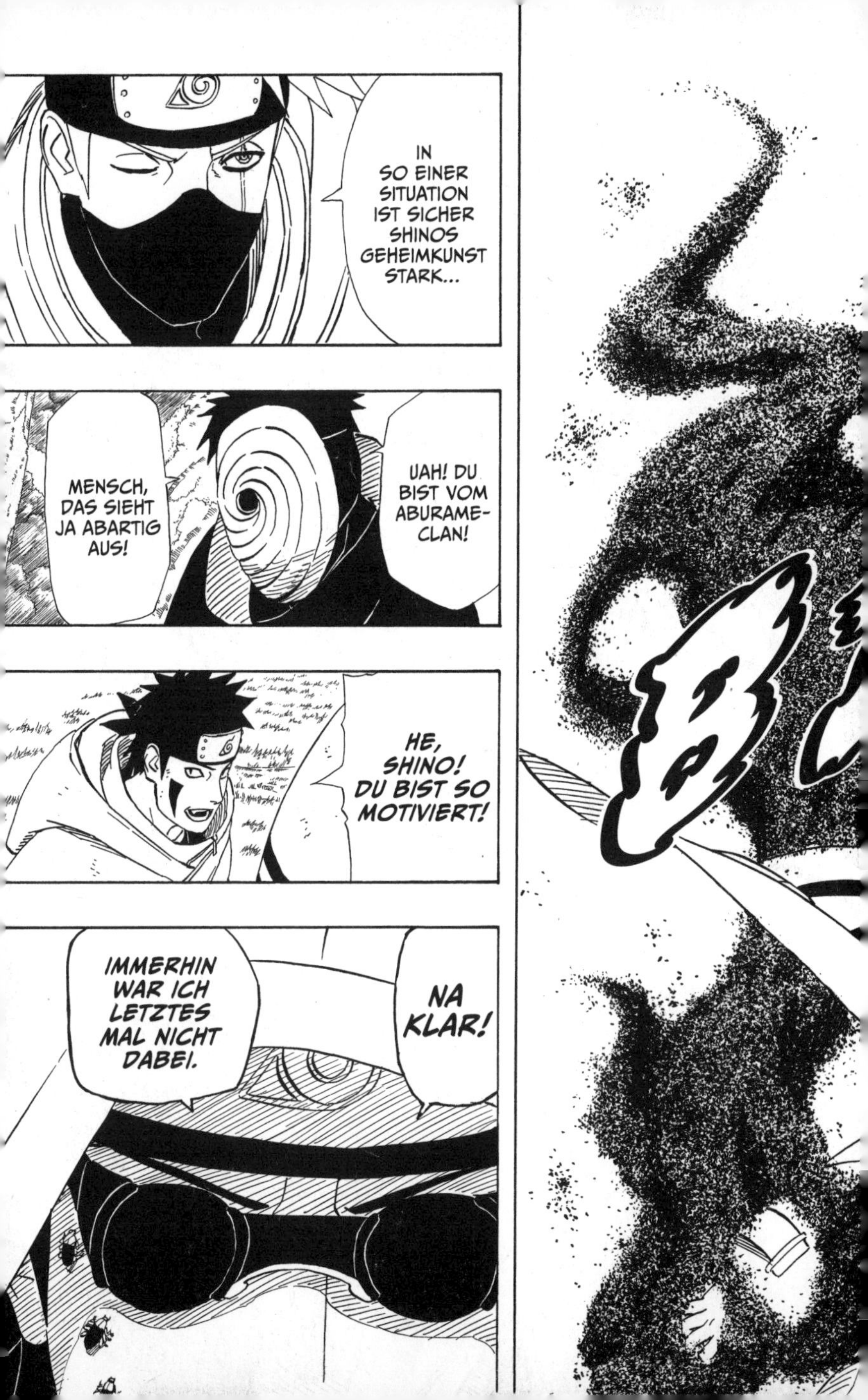
IN SO EINER SITUATION IST SICHER SHINOS GEHEIMKUNST STARK...
UAH! DU BIST VOM ABURAME-CLAN!
MENSCH, DAS SIEHT JA ABARTIG AUS!
HE, SHINO! DU BIST SO MOTIVIERT!
NA KLAR!
IMMERHIN WAR ICH LETZTES MAL NICHT DABEI.

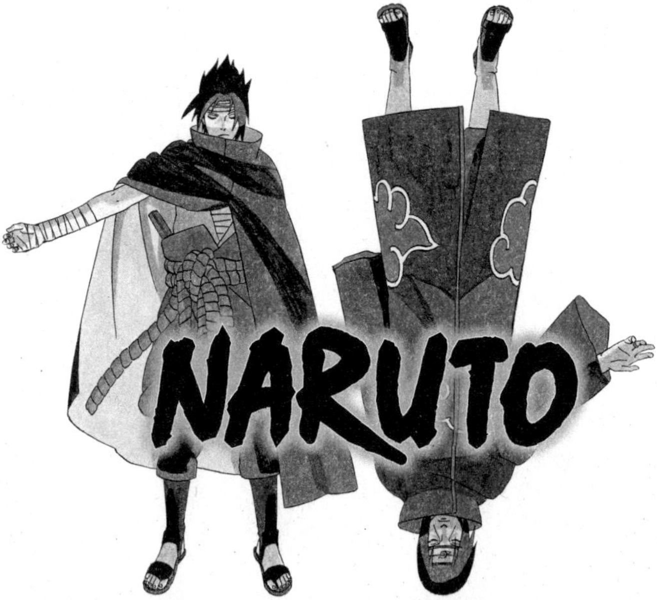
NARUTO

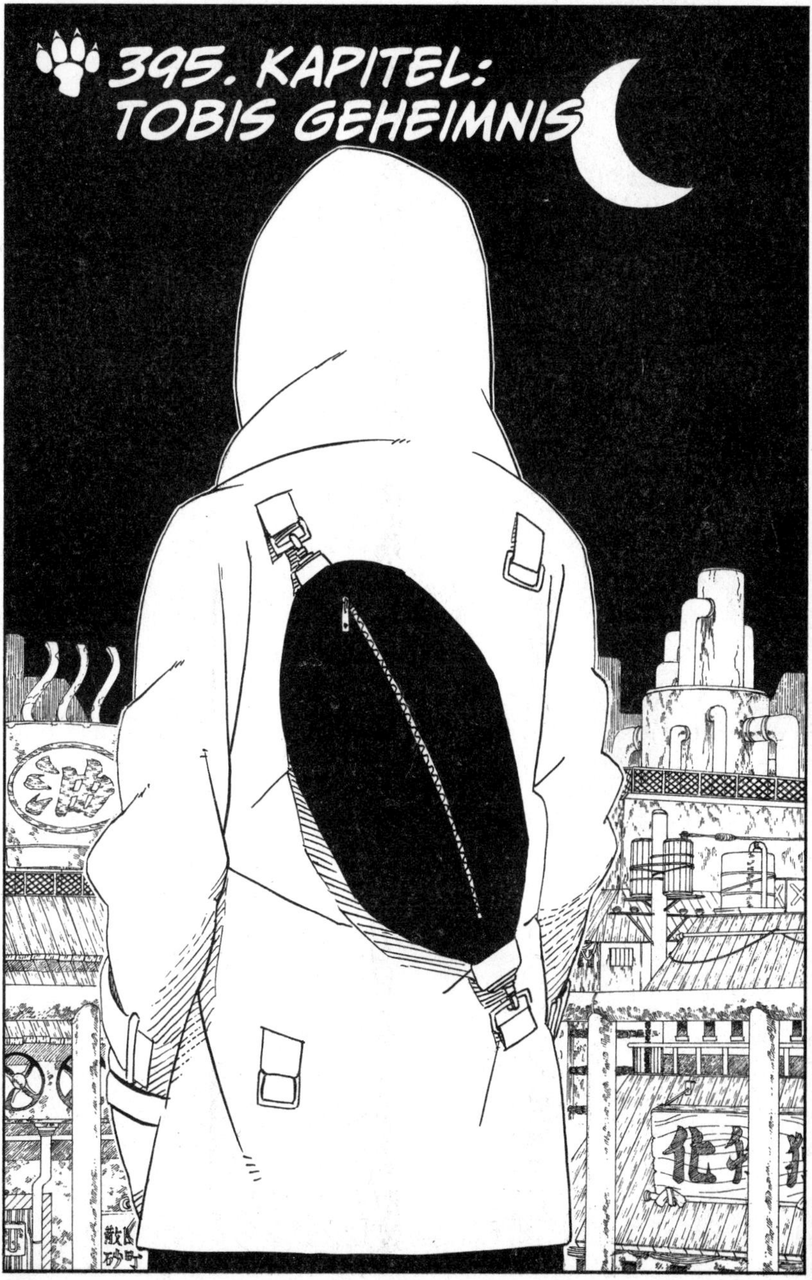
395. Kapitel:
Tobis Geheimnis

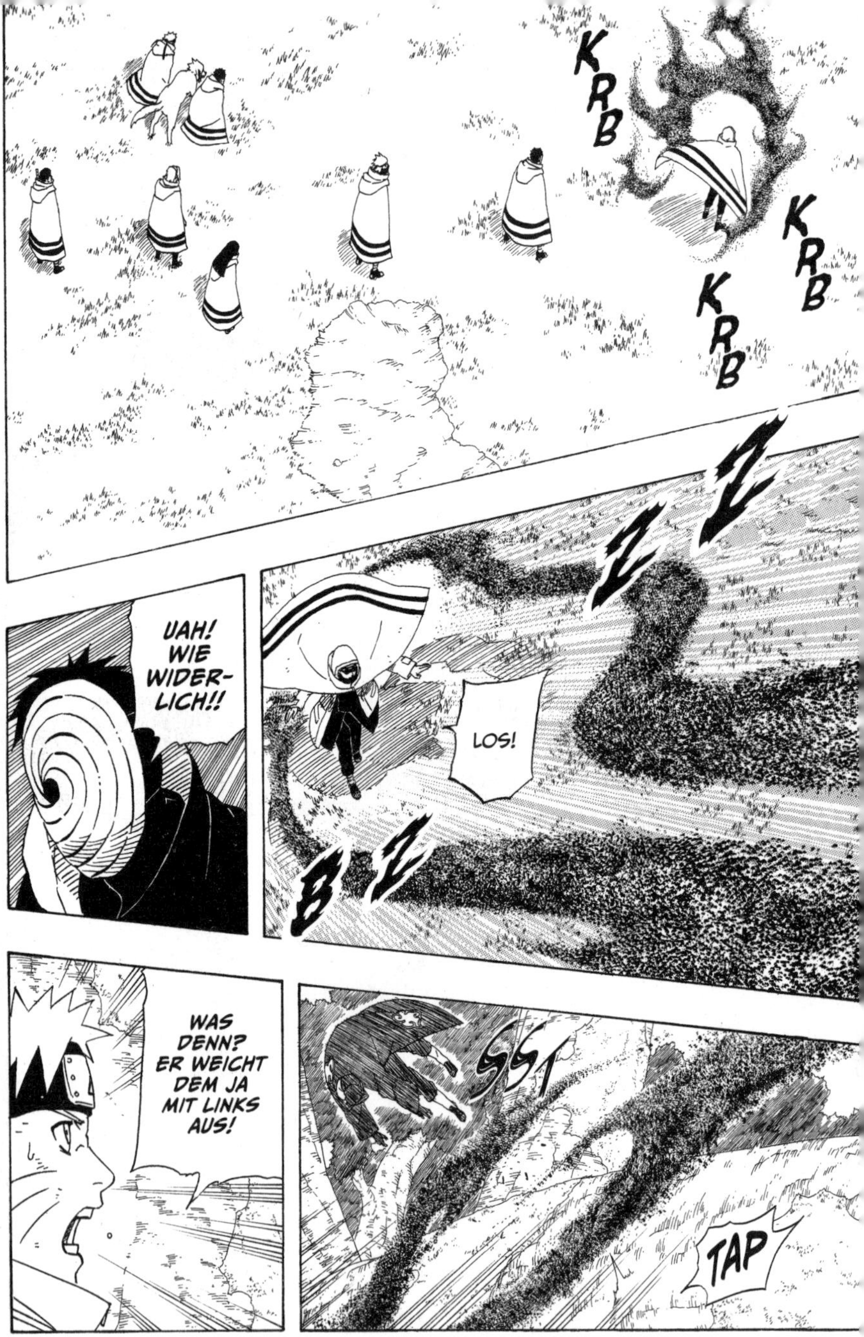
KRB
KRB
KRB
ZZ
LOS!
ZZ
UAH! WIE WIDER-LICH!!
SST
TAP
WAS DENN? ER WEICHT DEM JA MIT LINKS AUS!

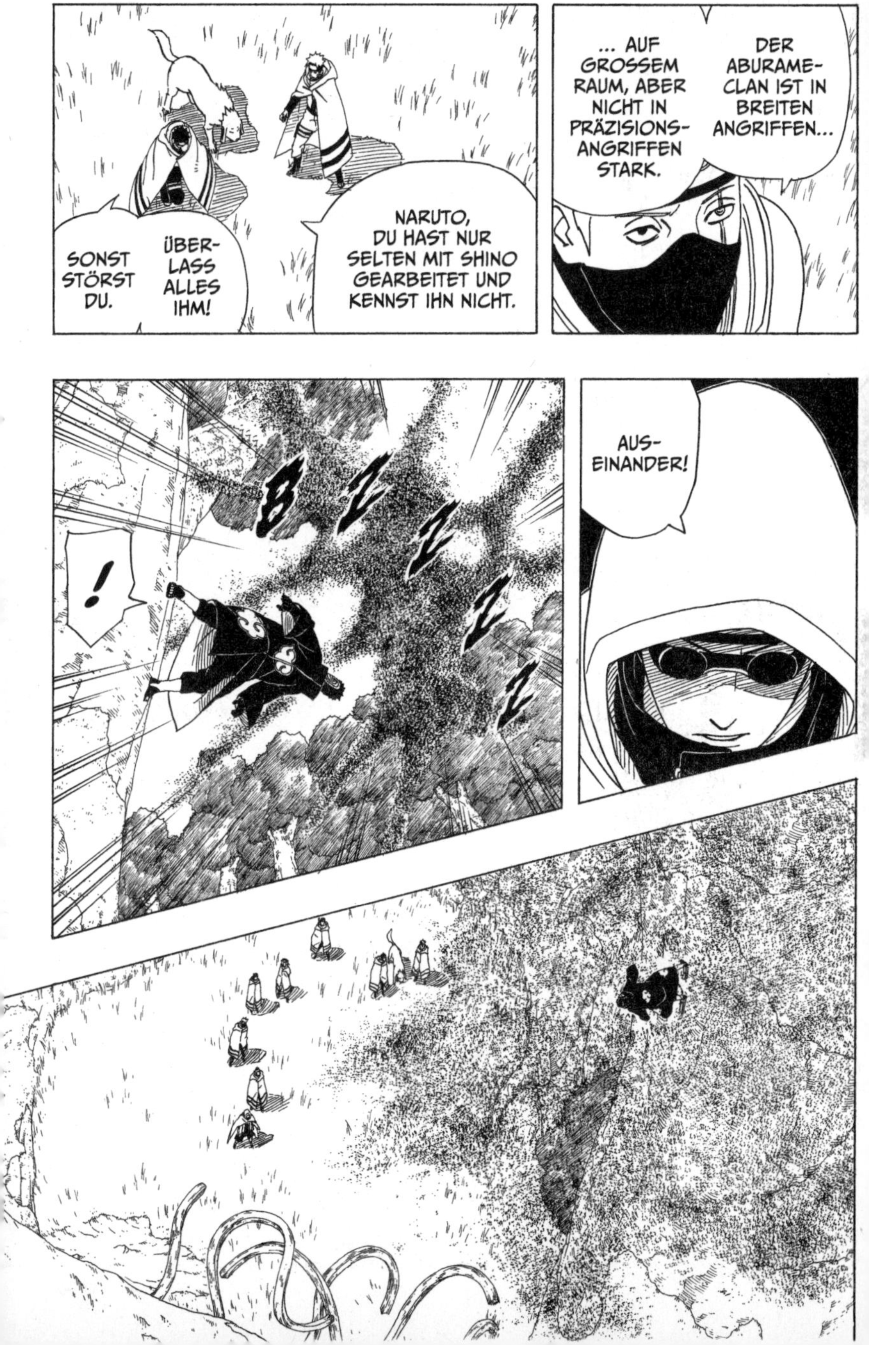
DER ABURAME-CLAN IST IN BREITEN ANGRIFFEN...
... AUF GROSSEM RAUM, ABER NICHT IN PRÄZISIONS-ANGRIFFEN STARK.
NARUTO, DU HAST NUR SELTEN MIT SHINO GEARBEITET UND KENNST IHN NICHT.
ÜBER-LASS ALLES IHM!
SONST STÖRST DU.
AUS-EINANDER!
!

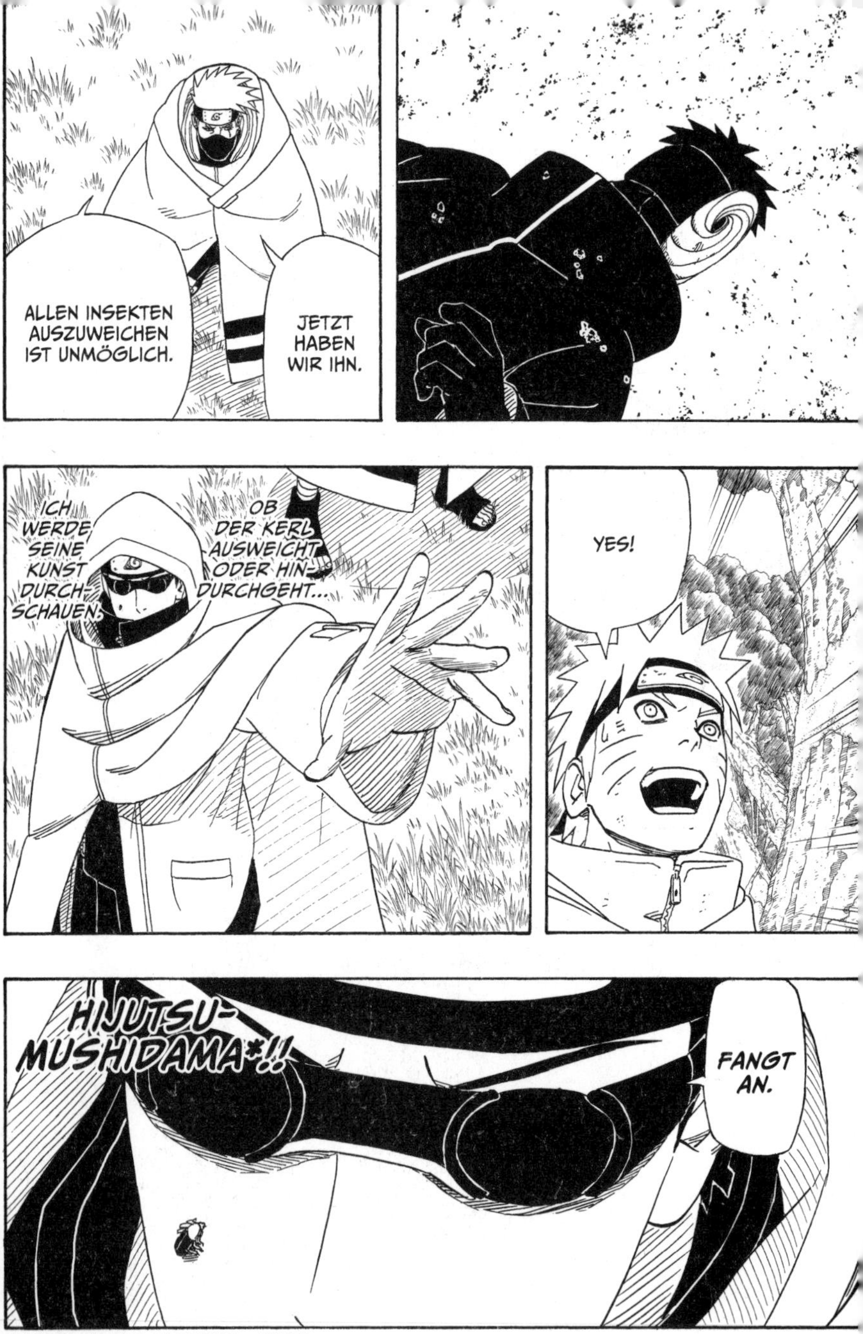

* MUSHI = INSEKT, DAMA/TAMA = KUGEL

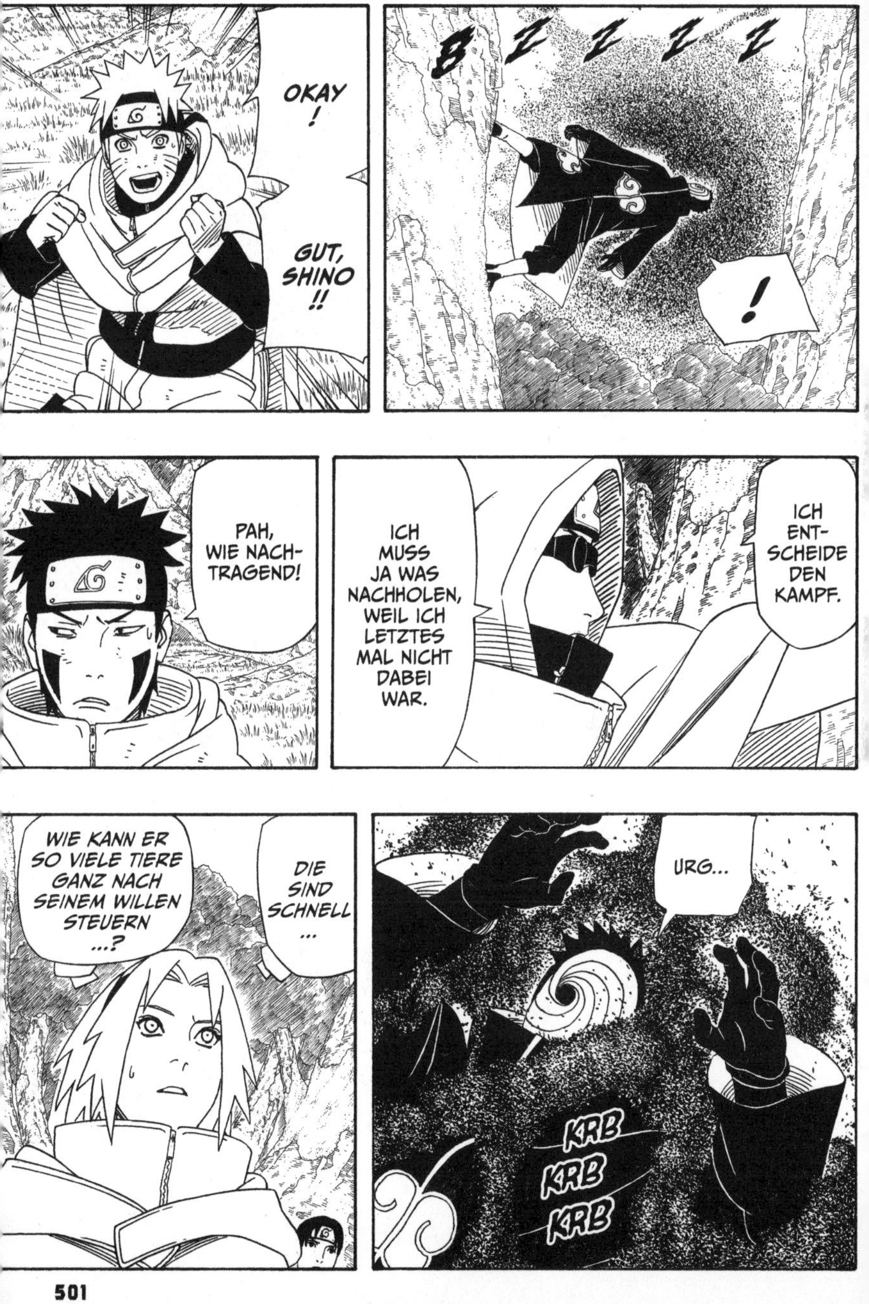
BZZZZ
!
OKAY!
GUT, SHINO!!
ICH ENT-SCHEIDE DEN KAMPF.
ICH MUSS JA WAS NACHHOLEN, WEIL ICH LETZTES MAL NICHT DABEI WAR.
PAH, WIE NACH-TRAGEND!
URG...
KRB
KRB
KRB
DIE SIND SCHNELL ...
WIE KANN ER SO VIELE TIERE GANZ NACH SEINEM WILLEN STEUERN ...?

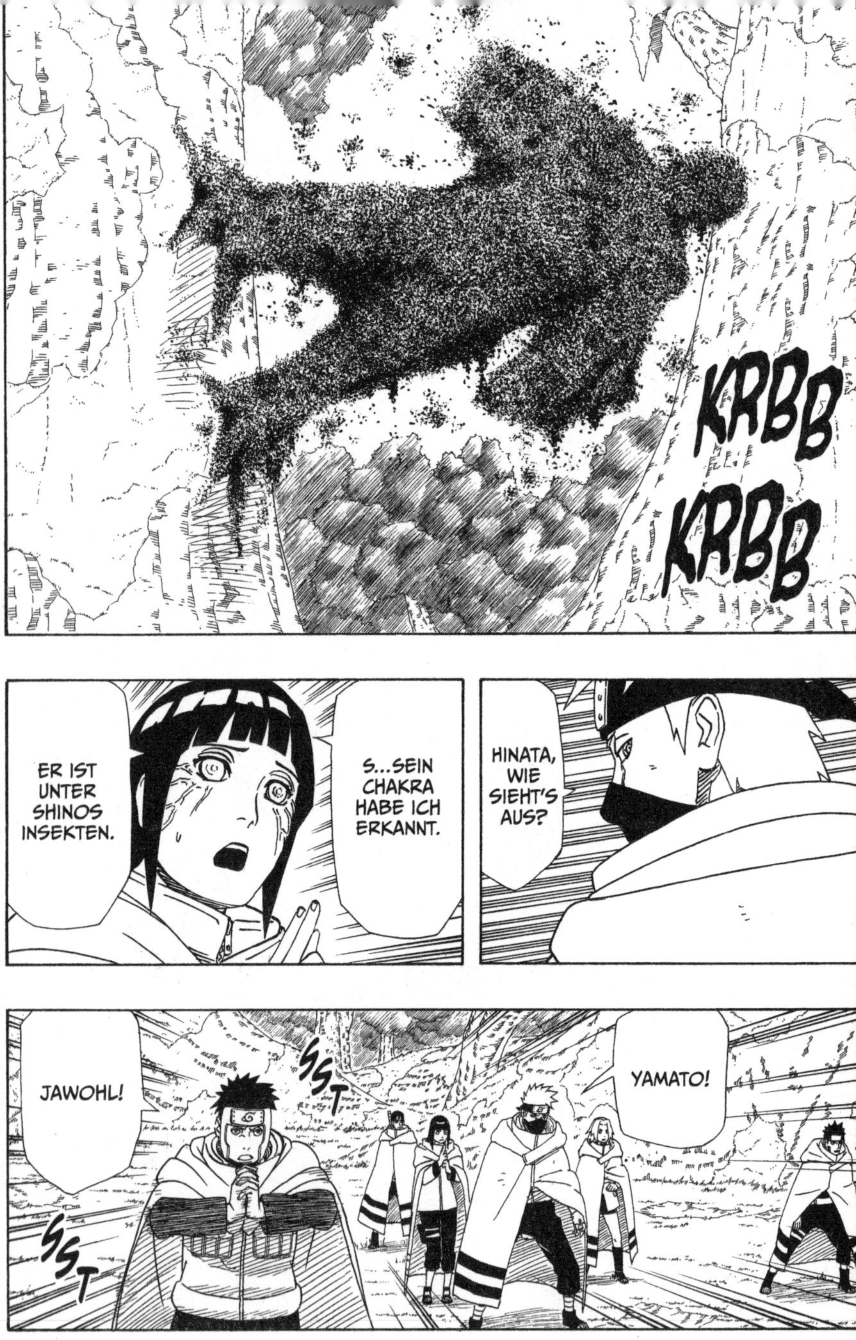
KRBB KRBB
HINATA, WIE SIEHT'S AUS?
S…SEIN CHAKRA HABE ICH ERKANNT.
ER IST UNTER SHINOS INSEKTEN.
YAMATO!
SST
JAWOHL!
SST

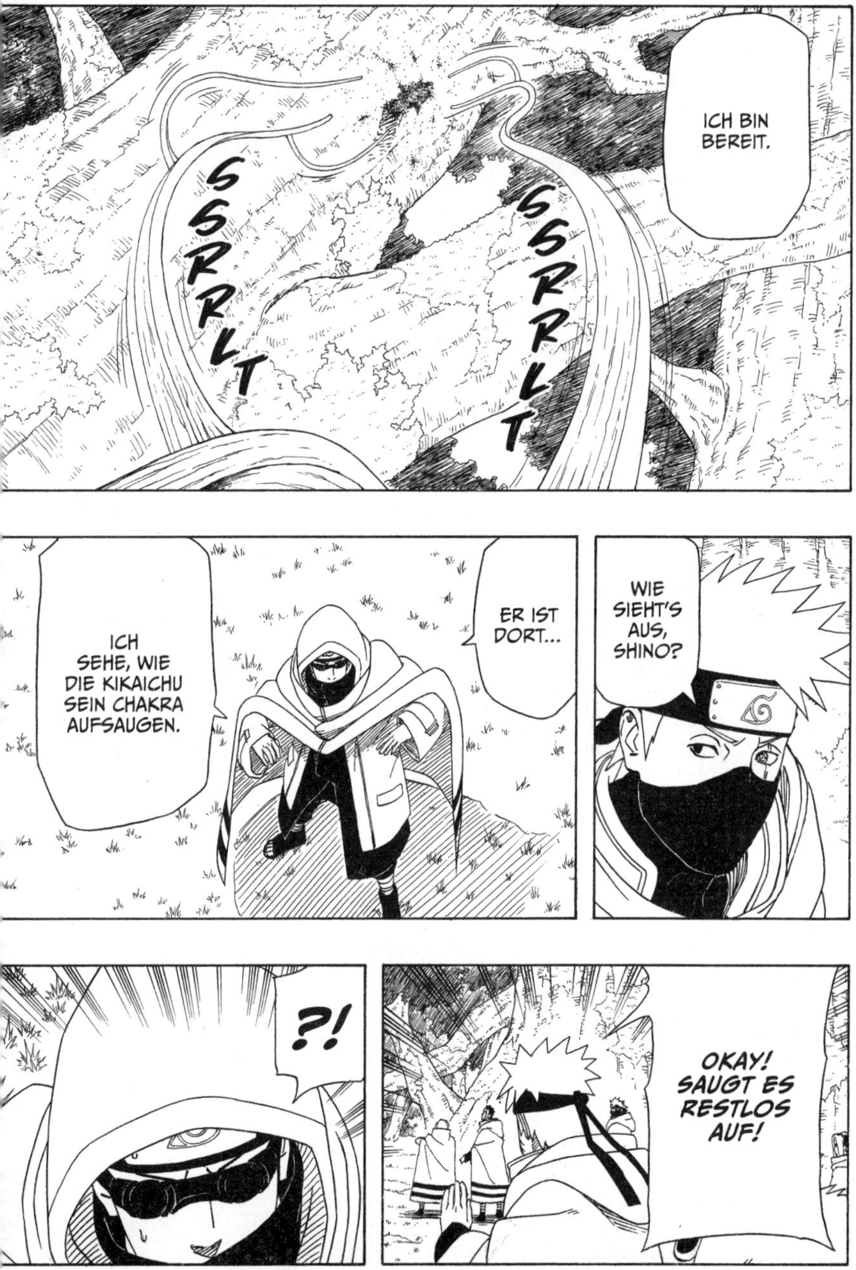
ICH BIN BEREIT.
SSRRLT
SSRRLT
WIE SIEHT'S AUS, SHINO?
ER IST DORT...
ICH SEHE, WIE DIE KIKAICHU SEIN CHAKRA AUFSAUGEN.
OKAY! SAUGT ES RESTLOS AUF!
?!

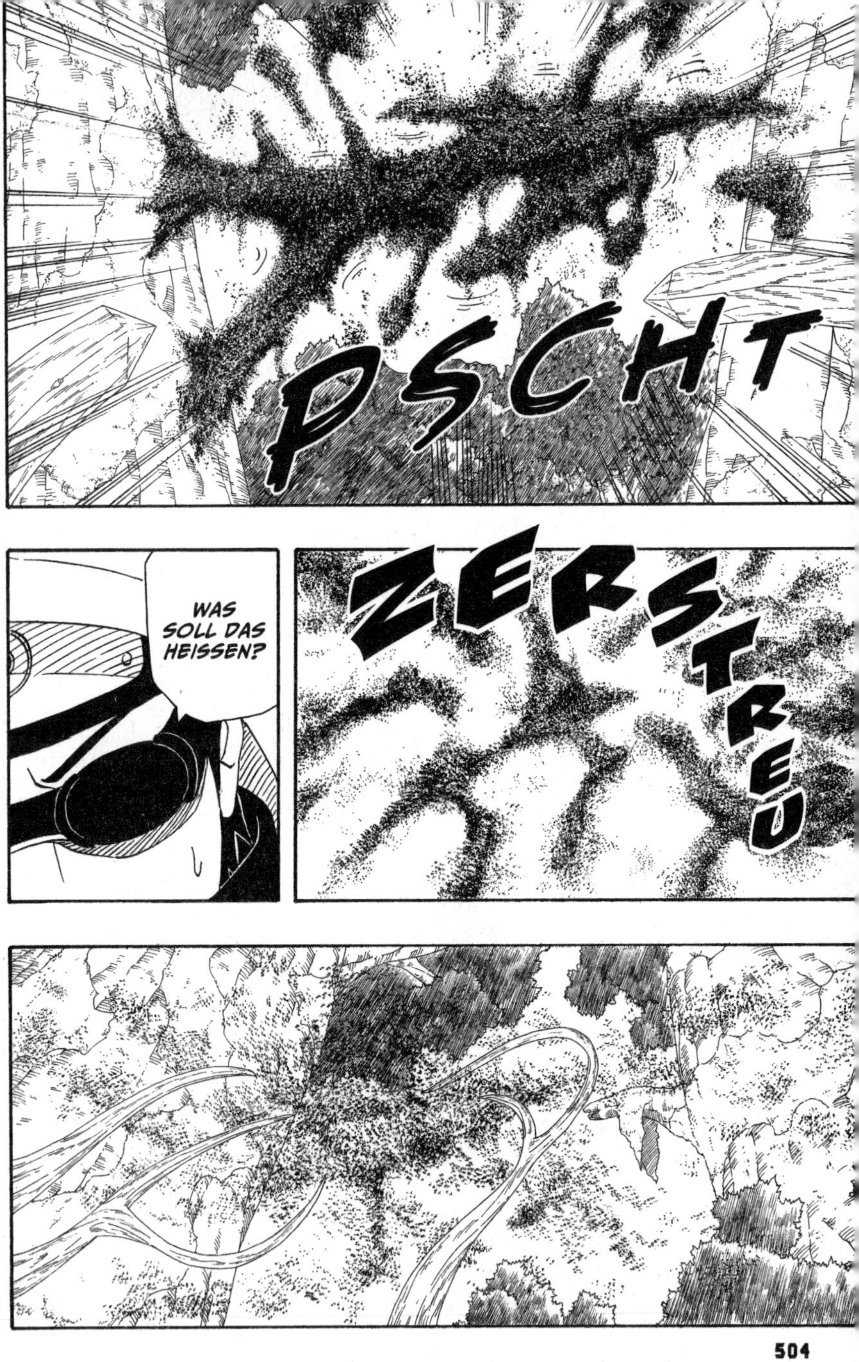
PSCHT
WAS SOLL DAS HEISSEN?
ZERSTREU

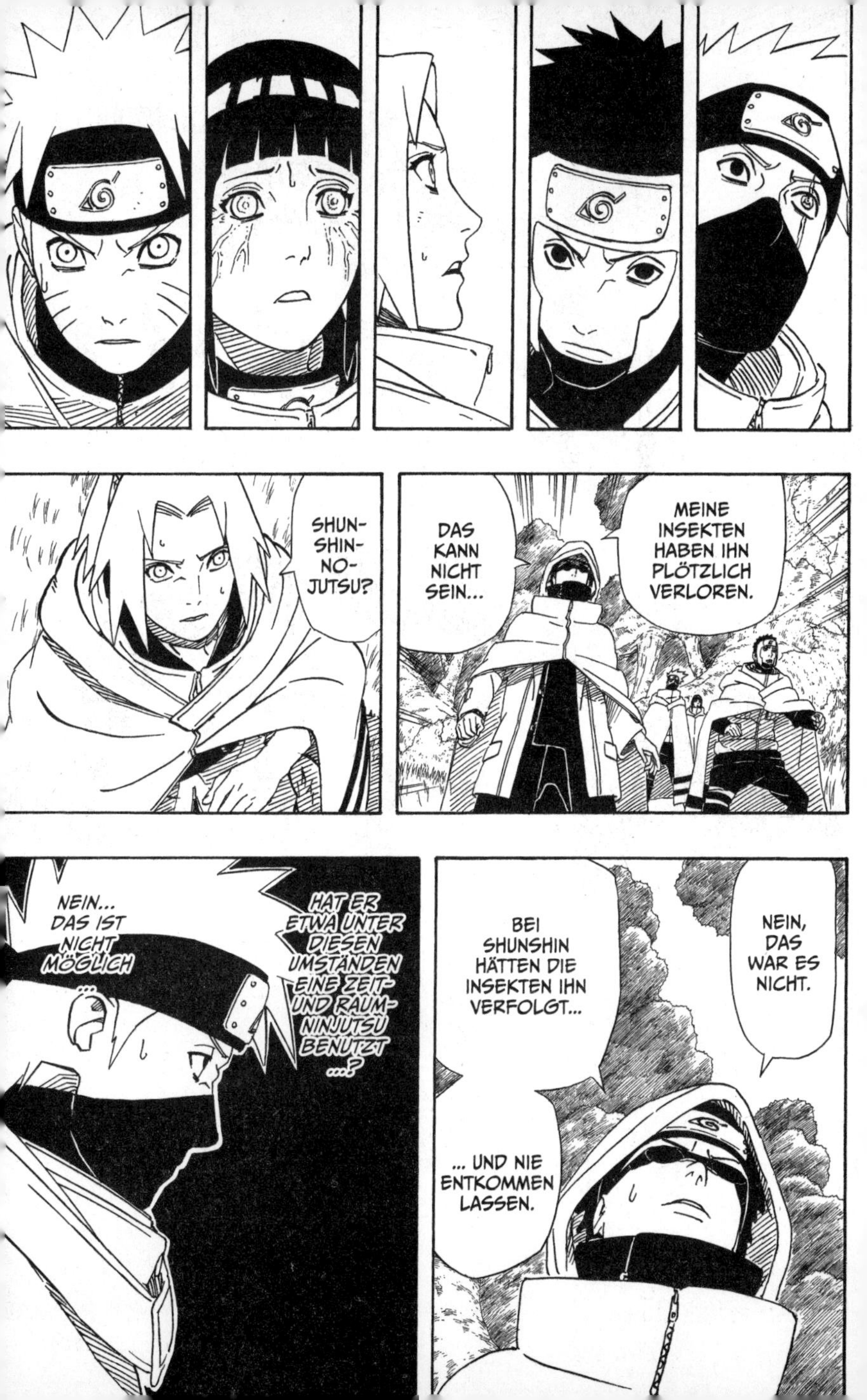
MEINE INSEKTEN HABEN IHN PLÖTZLICH VERLOREN.
DAS KANN NICHT SEIN...
SHUN-SHIN-NO-JUTSU?
NEIN, DAS WAR ES NICHT.
BEI SHUNSHIN HÄTTEN DIE INSEKTEN IHN VERFOLGT...
... UND NIE ENTKOMMEN LASSEN.
HAT ER ETWA UNTER DIESEN UMSTÄNDEN EINE ZEIT- UND RAUM-NINJUTSU BENUTZT ...?
NEIN... DAS IST NICHT MÖGLICH ...

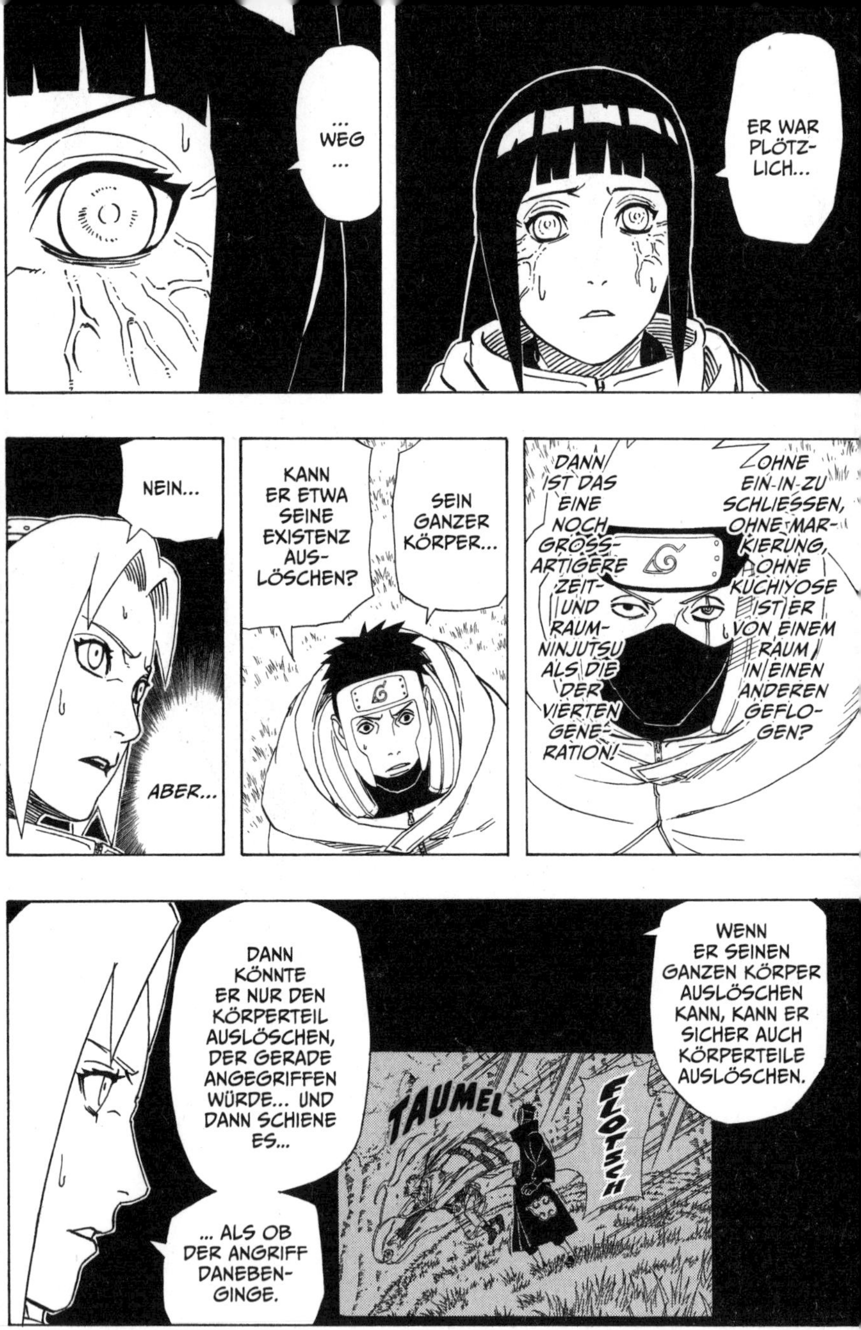
ER WAR PLÖTZLICH...
... WEG ...
NEIN...
ABER...
KANN ER ETWA SEINE EXISTENZ AUSLÖSCHEN?
SEIN GANZER KÖRPER...
OHNE EIN-IN-ZU SCHLIESSEN, OHNE MARKIERUNG, OHNE KUCHIYOSE IST ER VON EINEM RAUM IN EINEN ANDEREN GEFLOGEN?
DANN IST DAS EINE NOCH GRÖSSARTIGERE ZEIT- UND RAUM-NINJUTSU ALS DIE DER VIERTEN GENERATION!
WENN ER SEINEN GANZEN KÖRPER AUSLÖSCHEN KANN, KANN ER SICHER AUCH KÖRPERTEILE AUSLÖSCHEN.
DANN KÖNNTE ER NUR DEN KÖRPERTEIL AUSLÖSCHEN, DER GERADE ANGEGRIFFEN WÜRDE... UND DANN SCHIENE ES...
... ALS OB DER ANGRIFF DANEBENGINGE.
TAUMEL
FLOTSCH

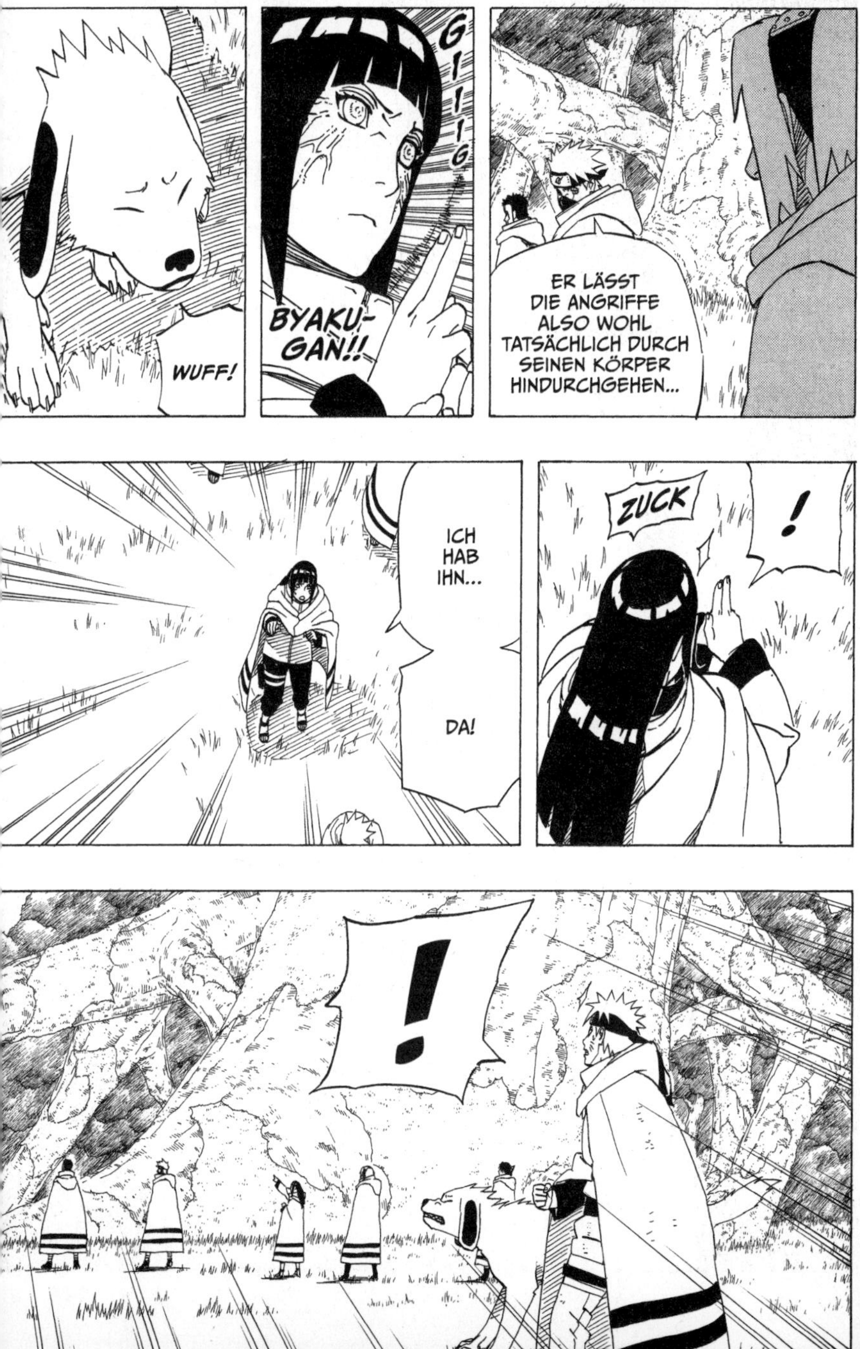

ER LÄSST DIE ANGRIFFE ALSO WOHL TATSÄCHLICH DURCH SEINEN KÖRPER HINDURCHGEHEN...
GIIIG
BYAKU-GAN!!
WUFF!
!
ZUCK
ICH HAB IHN...
DA!
!

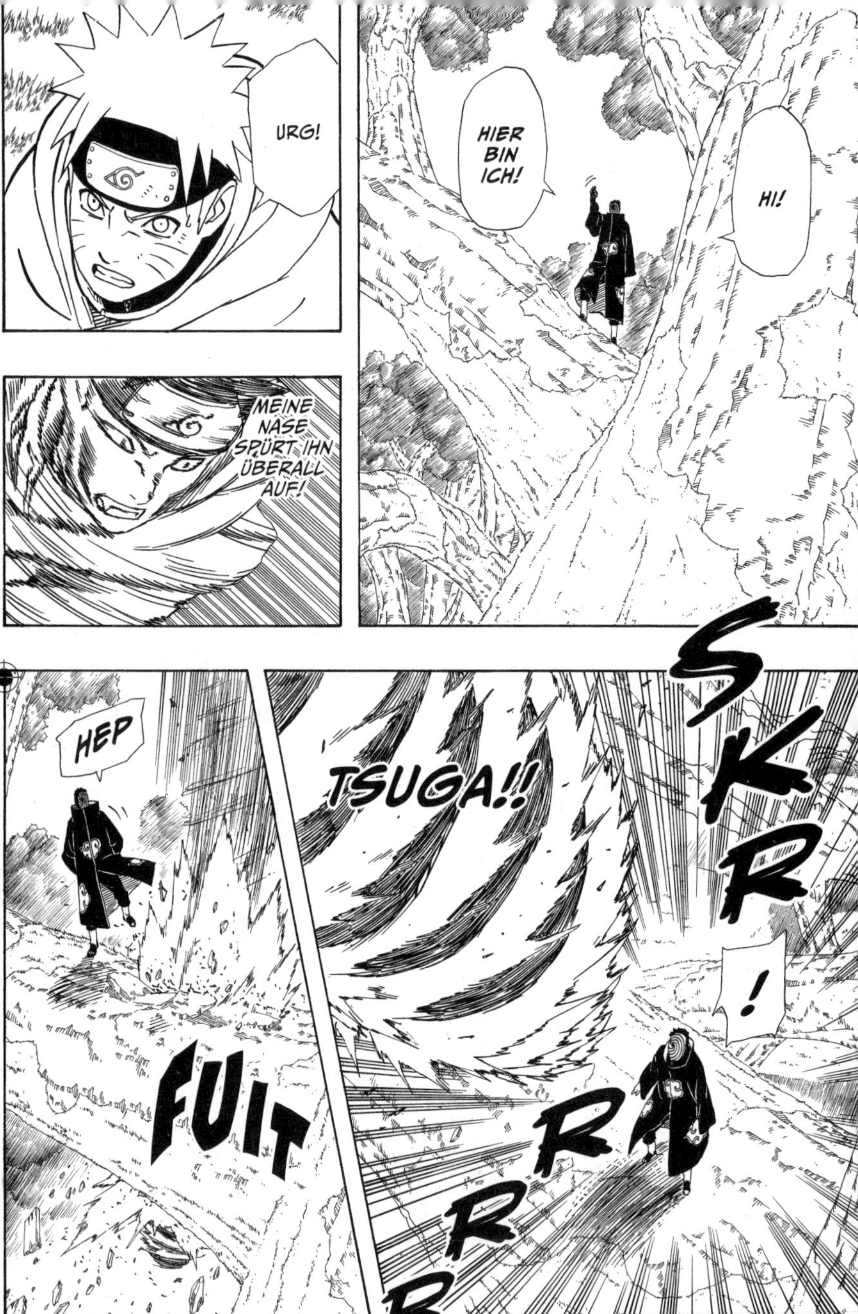
HI!
HIER BIN ICH!
URG!
MEINE NASE SPÜRT IHN ÜBERALL AUF!
SKR
TSUGA!!
!
RRRR
HEP
FUIT

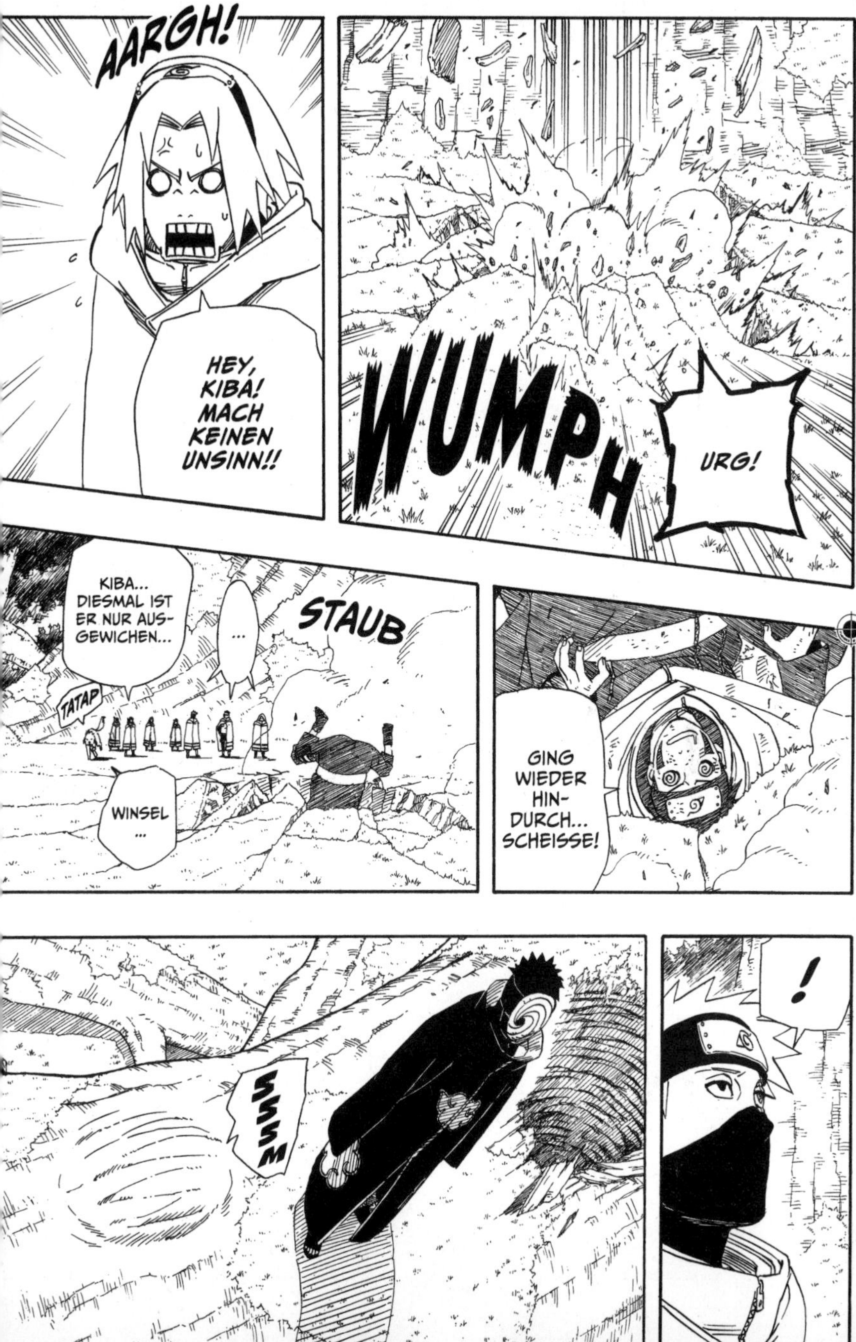
WUMPH
URG!
AARGH!
HEY, KIBA! MACH KEINEN UNSINN!!
GING WIEDER HIN-DURCH... SCHEISSE!
STAUB
...
KIBA... DIESMAL IST ER NUR AUS-GEWICHEN...
TATAP
WINSEL ...
!
SSSM

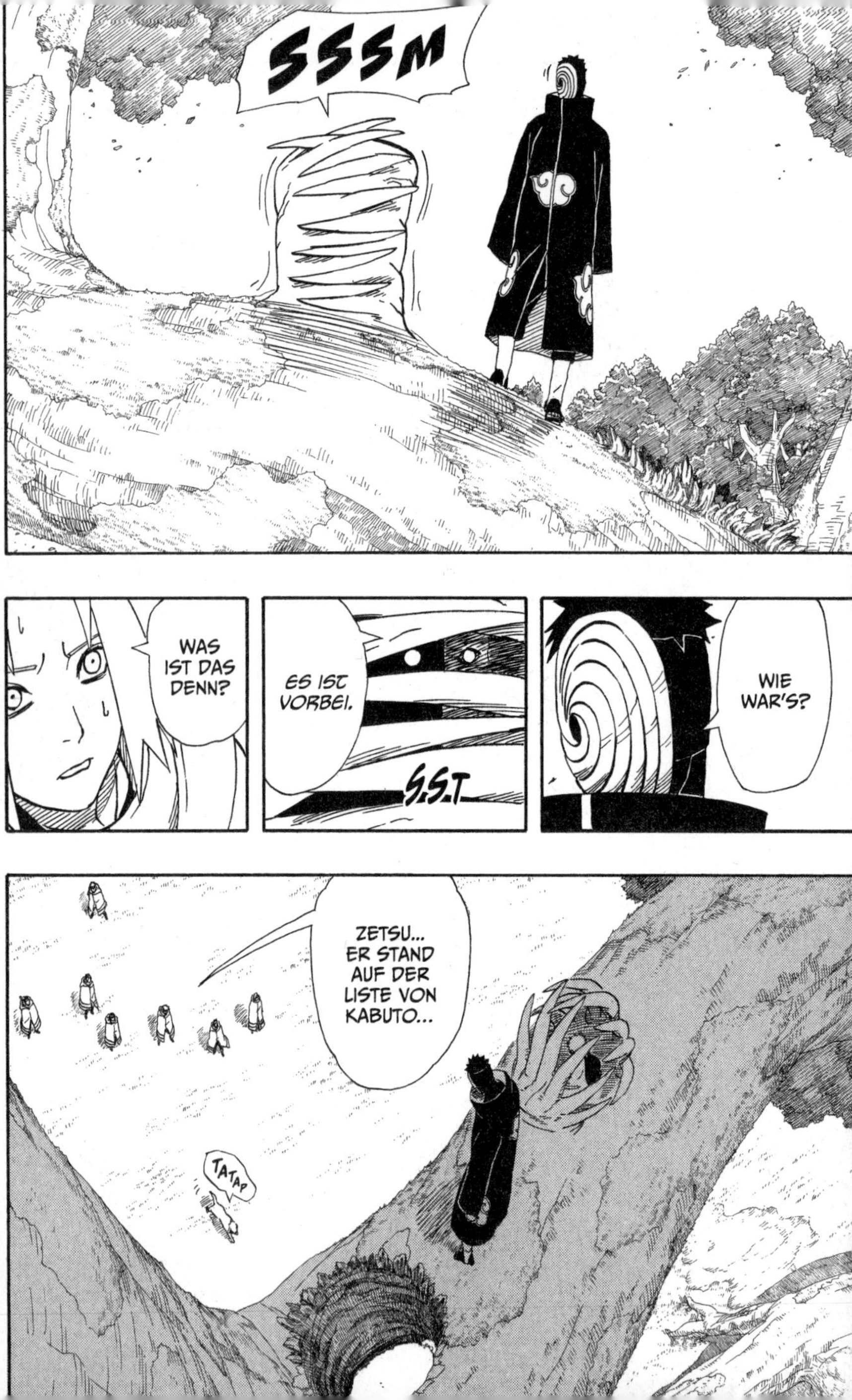

SSSM
WIE WAR'S?
ES IST VORBEI.
S.S.T
WAS IST DAS DENN?
ZETSU... ER STAND AUF DER LISTE VON KABUTO...
TATAP

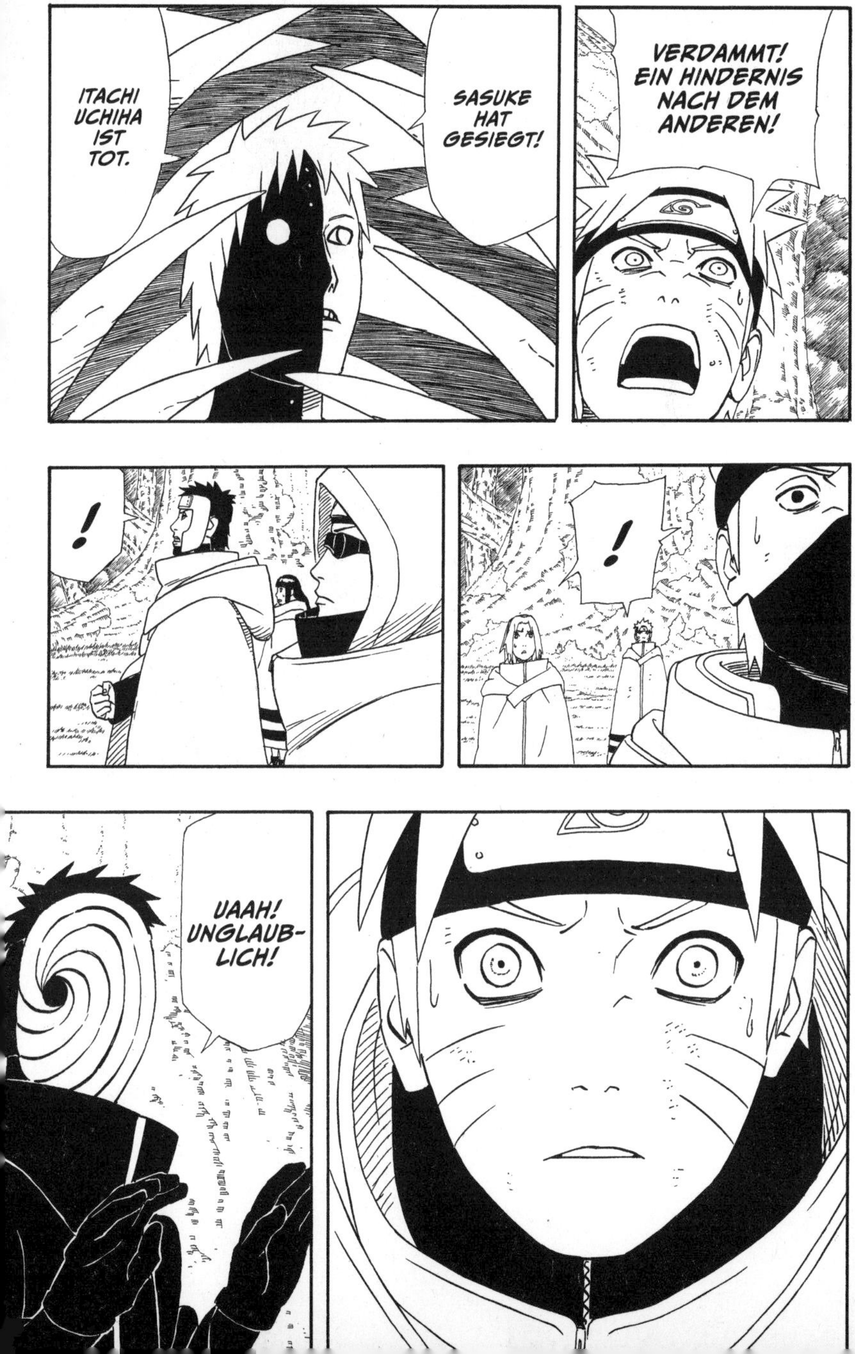
VERDAMMT! EIN HINDERNIS NACH DEM ANDEREN!
SASUKE HAT GESIEGT!
ITACHI UCHIHA IST TOT.
!
!
UAAH! UNGLAUB-LICH!

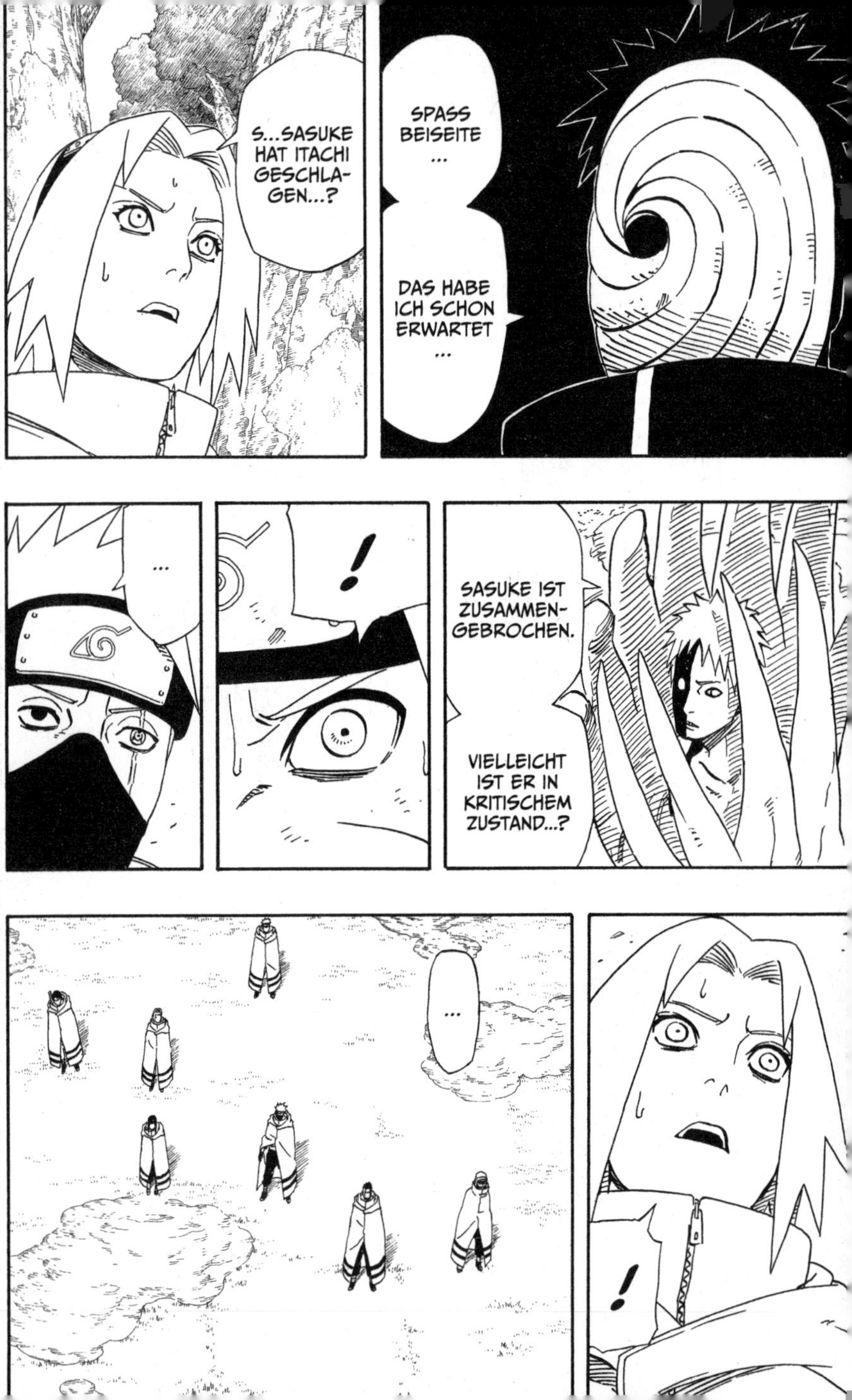
SPASS BEISEITE ...
DAS HABE ICH SCHON ERWARTET ...
S...SASUKE HAT ITACHI GESCHLAGEN...?
SASUKE IST ZUSAMMENGEBROCHEN.
VIELLEICHT IST ER IN KRITISCHEM ZUSTAND...?
!
...
!
...

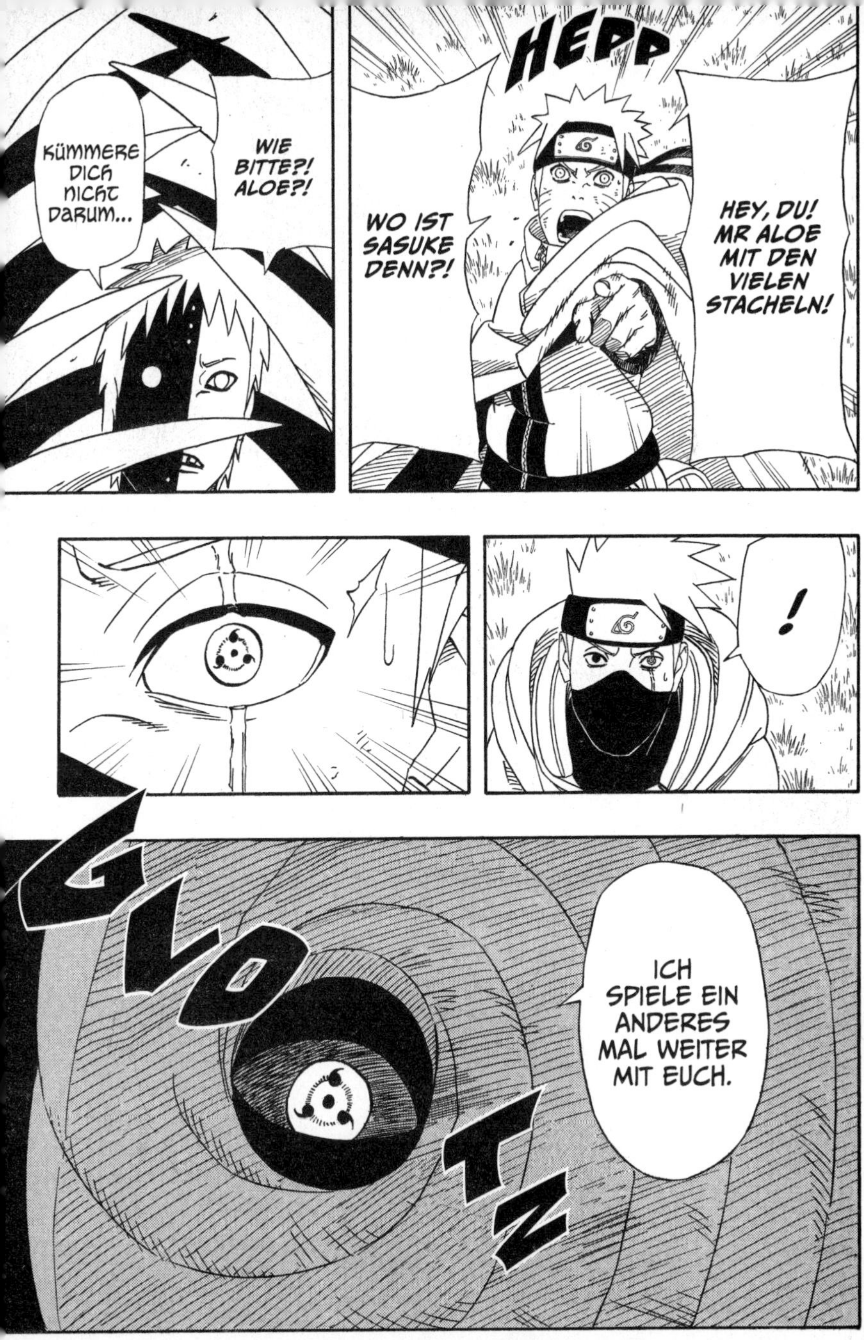
HEPP
HEY, DU! MR ALOE MIT DEN VIELEN STACHELN!
WO IST SASUKE DENN?!
WIE BITTE?! ALOE?!
KÜMMERE DICH NICHT DARUM...
!
ICH SPIELE EIN ANDERES MAL WEITER MIT EUCH.

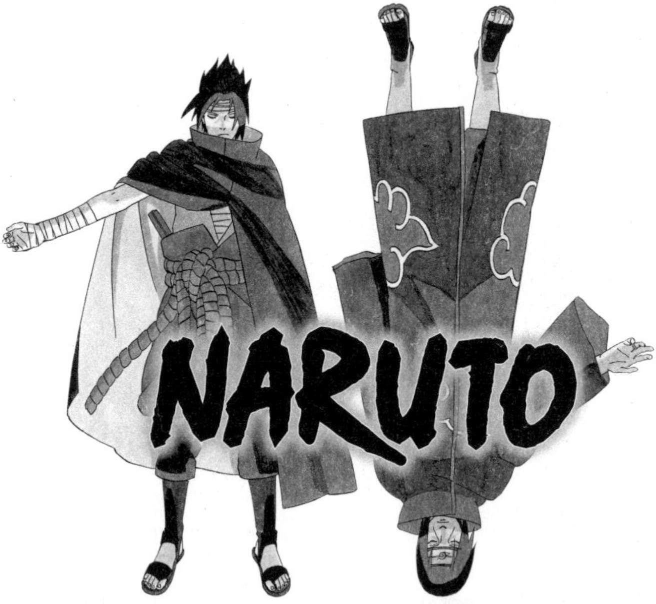
NARUTO

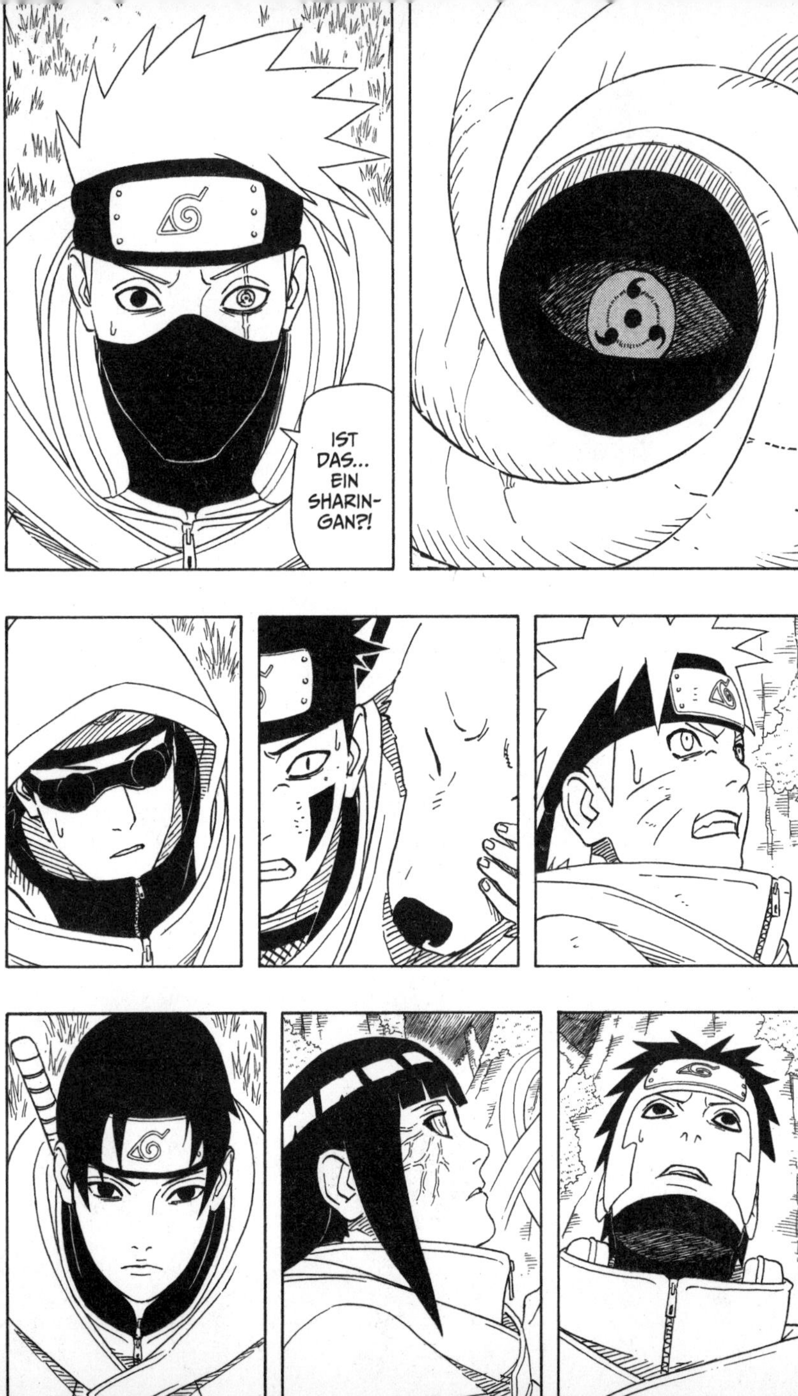
IST DAS... EIN SHARIN-GAN?!

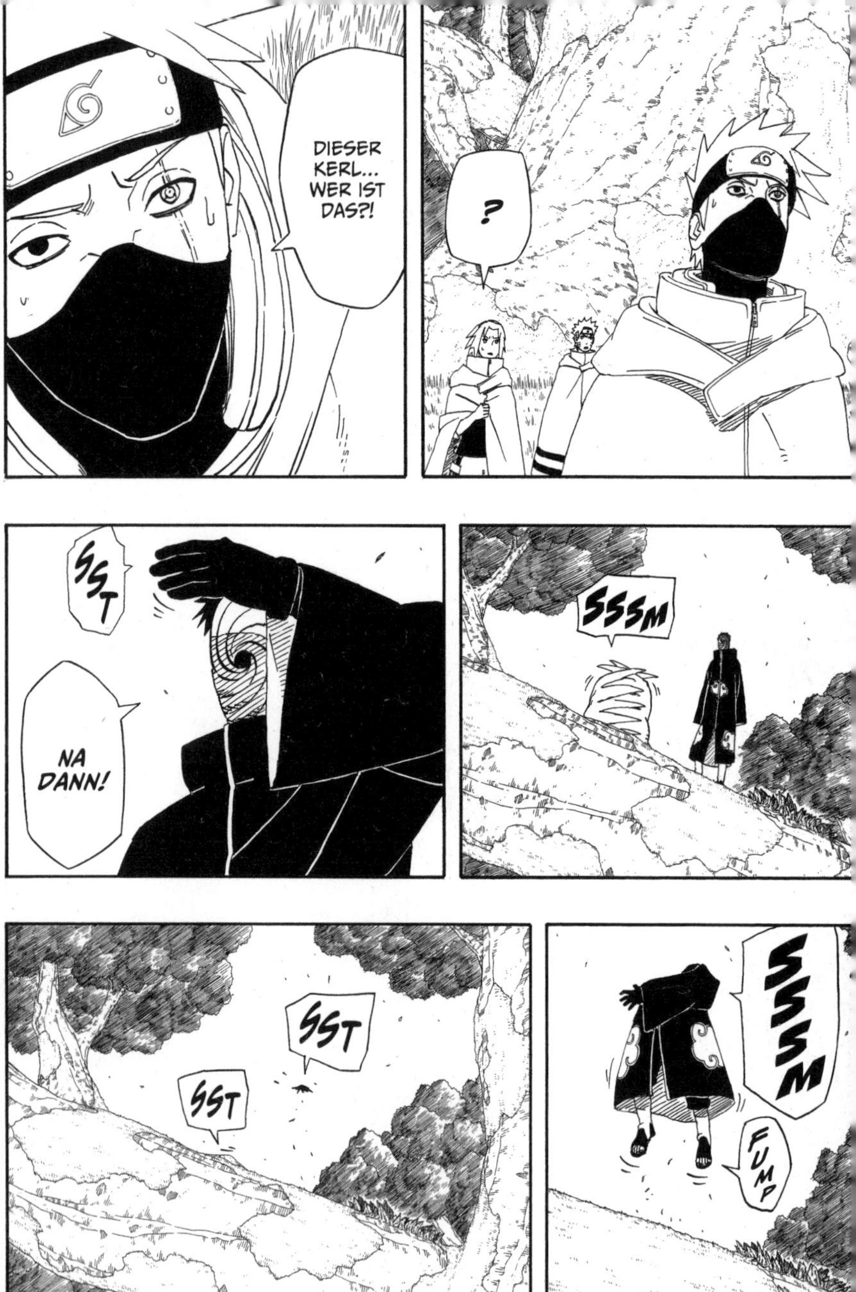
?
DIESER KERL... WER IST DAS?!
SSSM
SST
NA DANN!
SSSM
FUMP
SST
SST

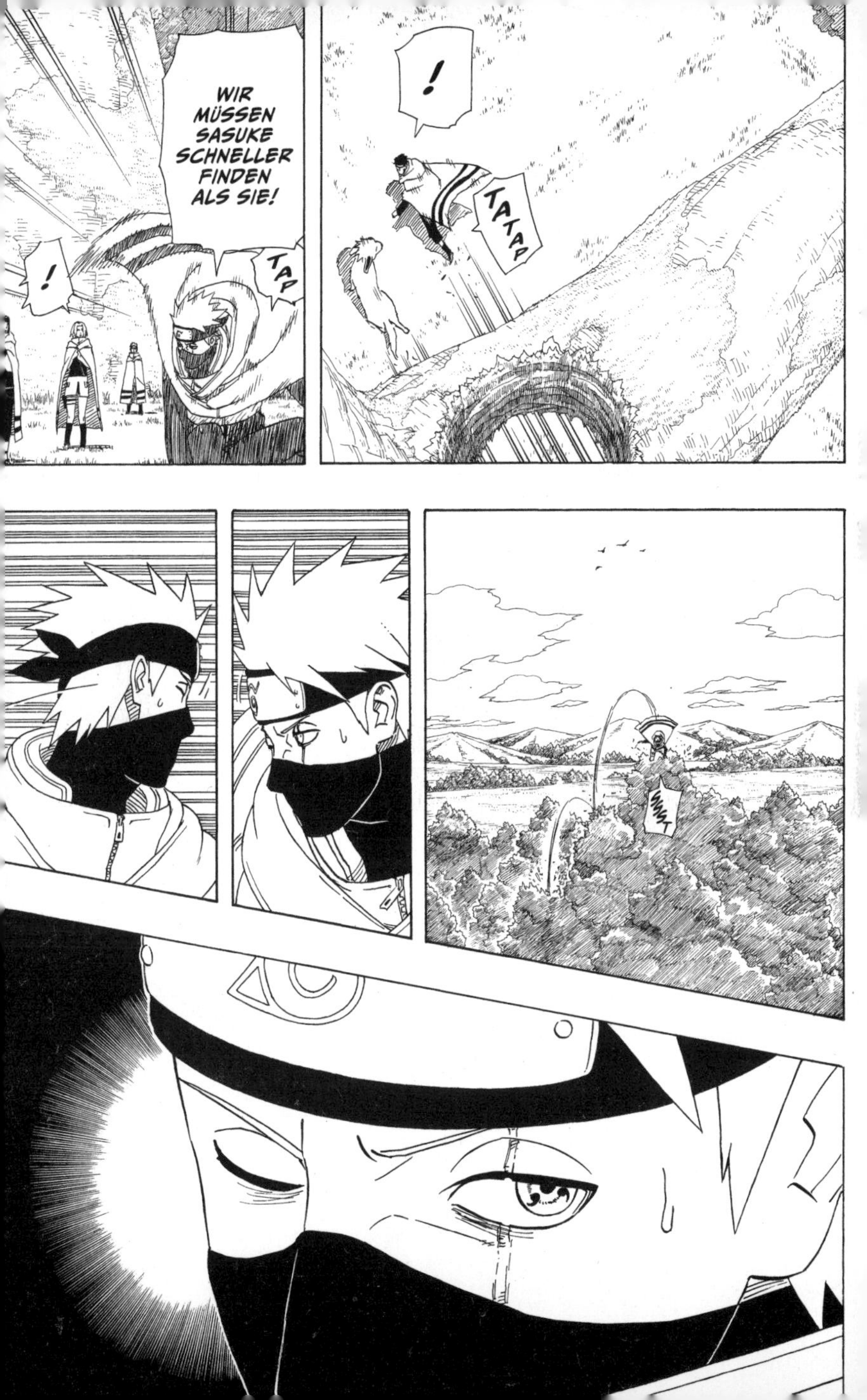
!
TATAP
WIR MÜSSEN SASUKE SCHNELLER FINDEN ALS SIE!
TAP
!
SSSST

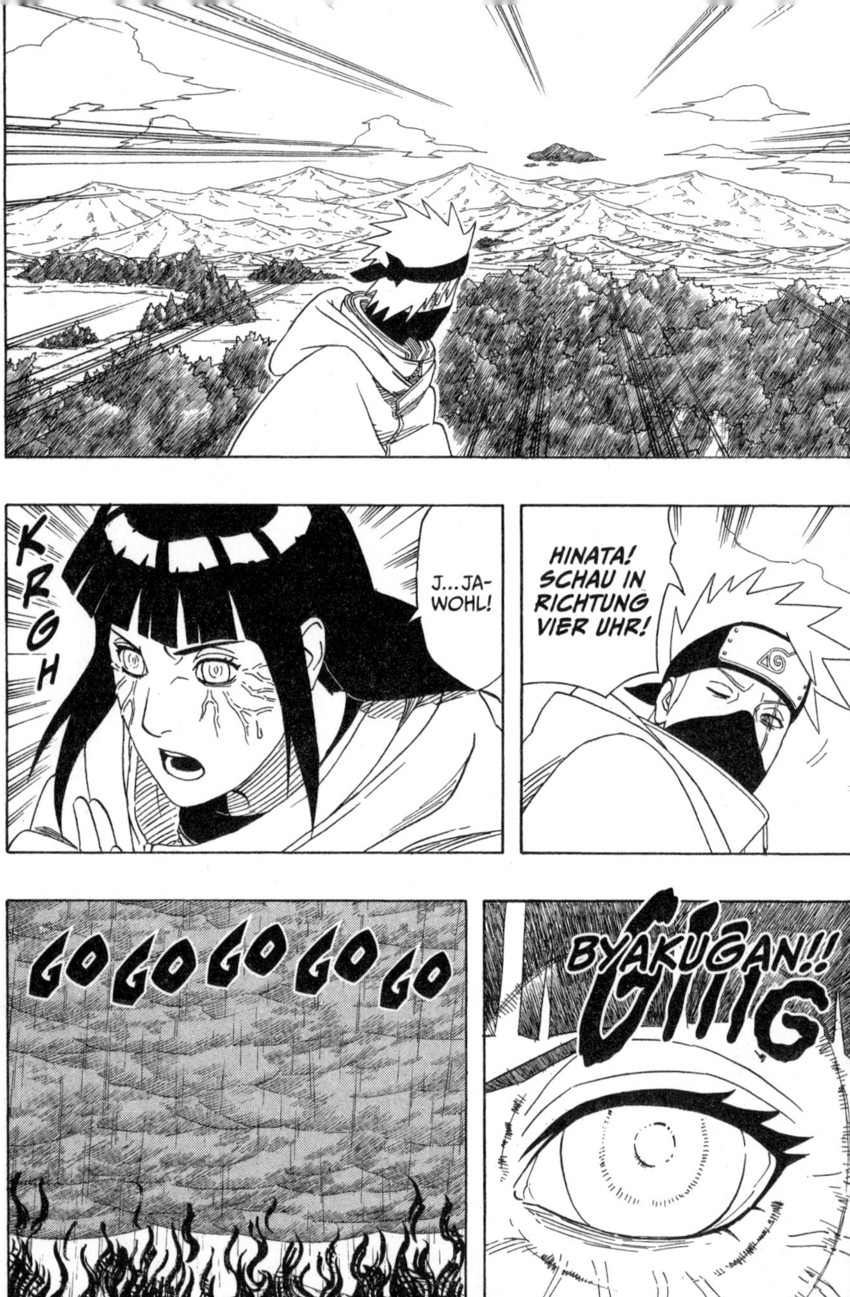
HINATA! SCHAU IN RICHTUNG VIER UHR!
J...JA-WOHL!
KRGH
BYAKUGAN!!
GO GO GO GO GO GO

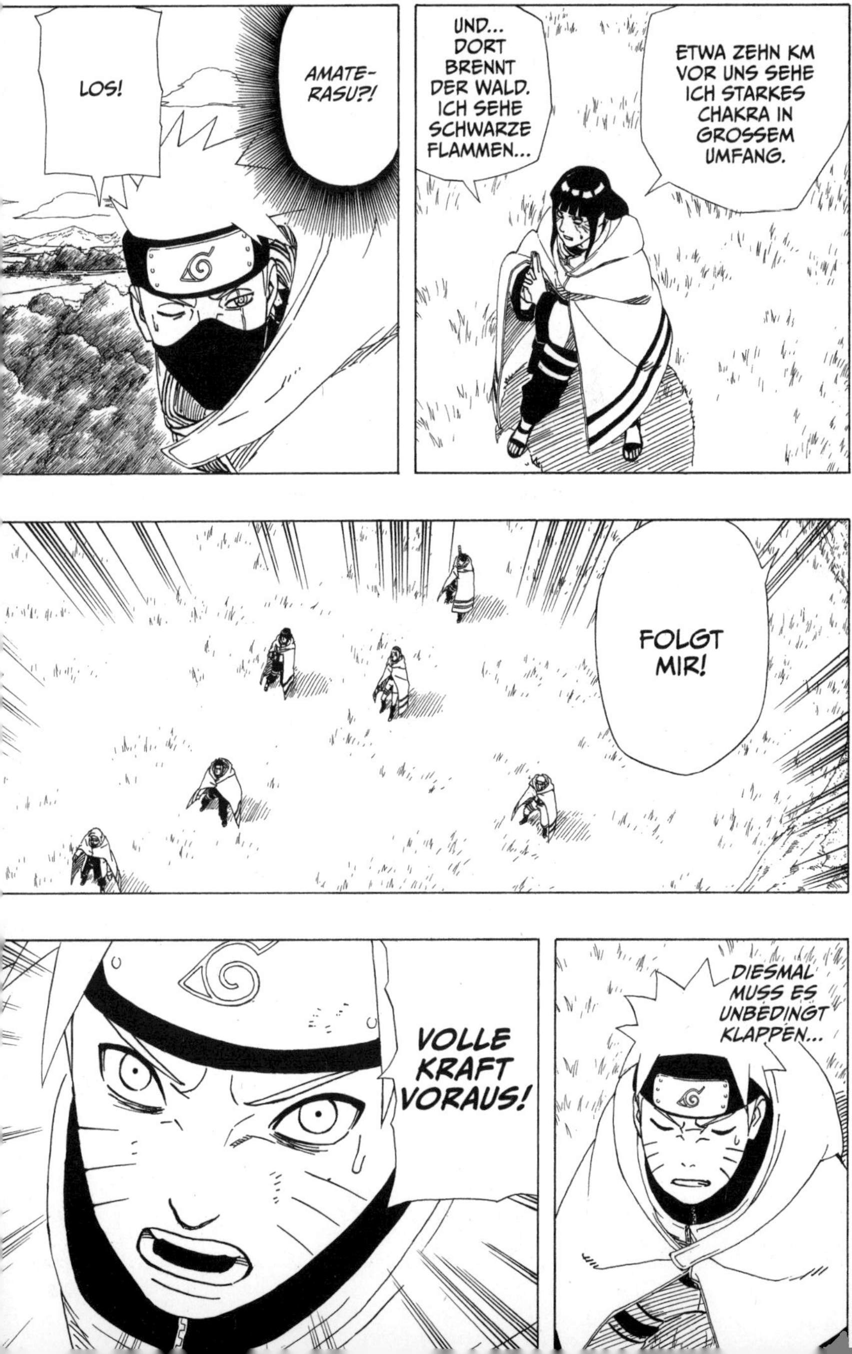
ETWA ZEHN KM VOR UNS SEHE ICH STARKES CHAKRA IN GROSSEM UMFANG.
UND... DORT BRENNT DER WALD. ICH SEHE SCHWARZE FLAMMEN...
AMATE-RASU?!
LOS!
FOLGT MIR!
DIESMAL MUSS ES UNBEDINGT KLAPPEN...
VOLLE KRAFT VORAUS!

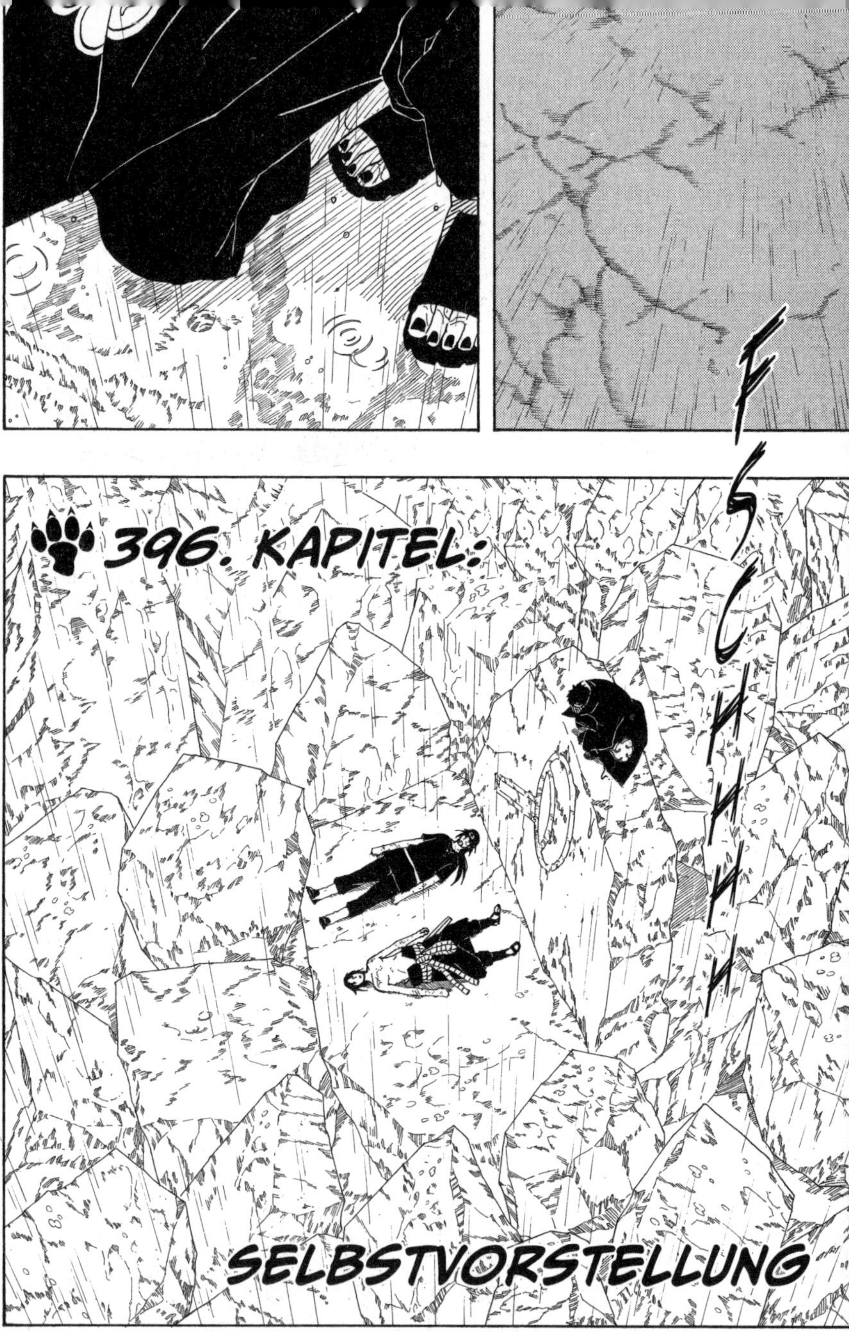

396. Kapitel: Selbstvorstellung

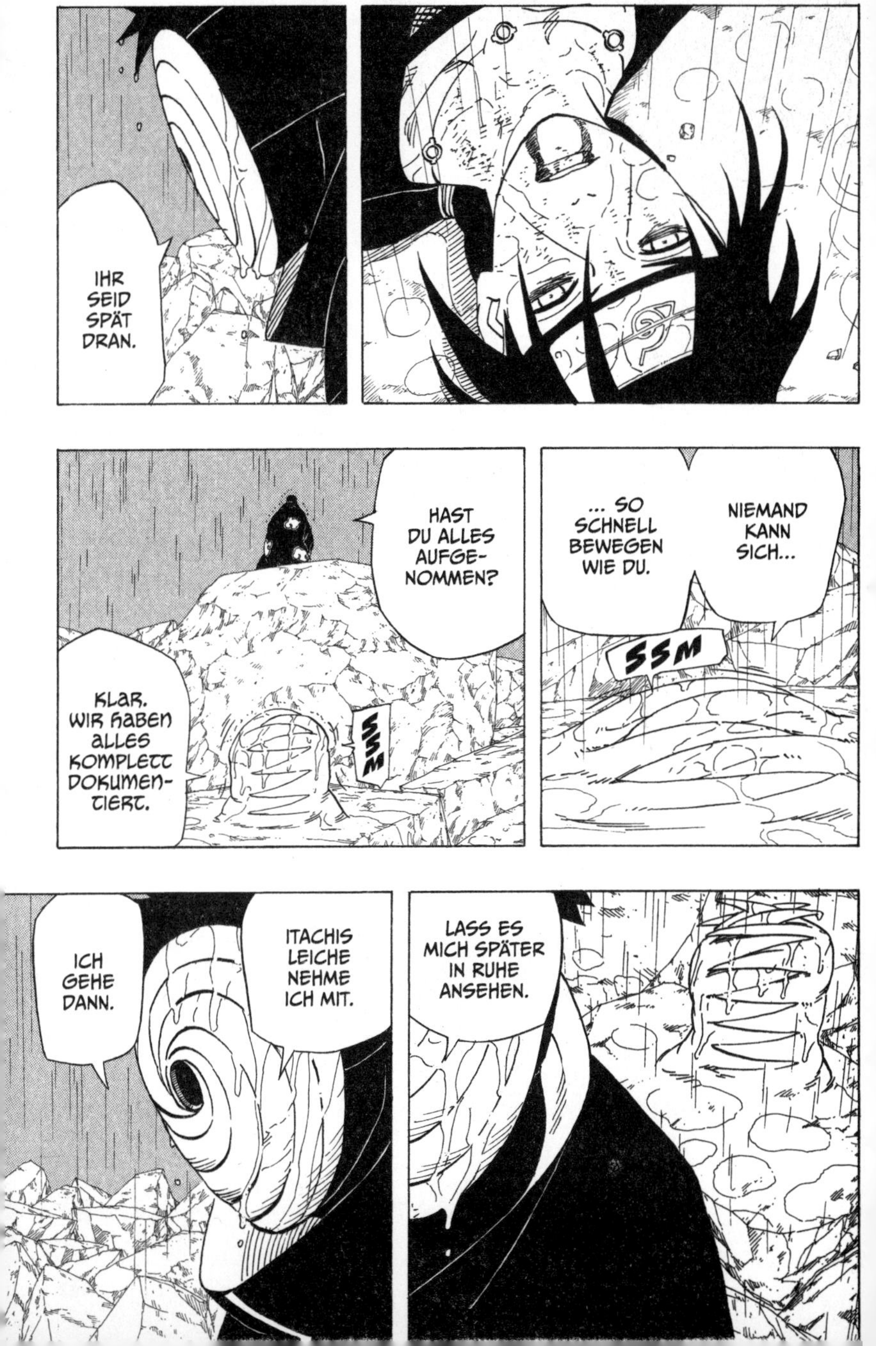
IHR SEID SPÄT DRAN.
HAST DU ALLES AUFGE-NOMMEN?
KLAR. WIR HABEN ALLES KOMPLETT DOKUMEN-TIERT.
SSM
NIEMAND KANN SICH…
… SO SCHNELL BEWEGEN WIE DU.
SSM
LASS ES MICH SPÄTER IN RUHE ANSEHEN.
ITACHIS LEICHE NEHME ICH MIT.
ICH GEHE DANN.

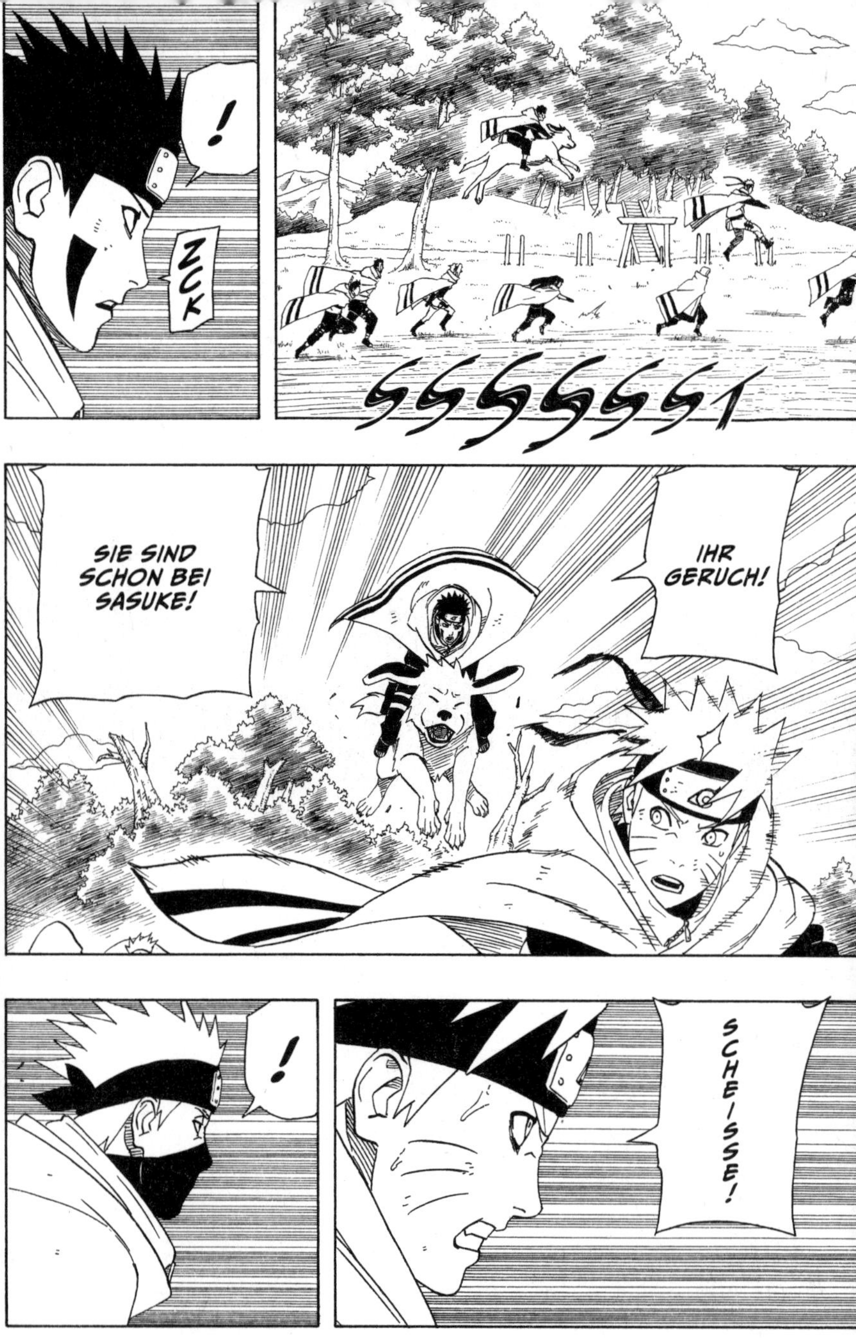
!
ZCK
SIE SIND SCHON BEI SASUKE!
IHR GERUCH!
!
SCHEISSE!

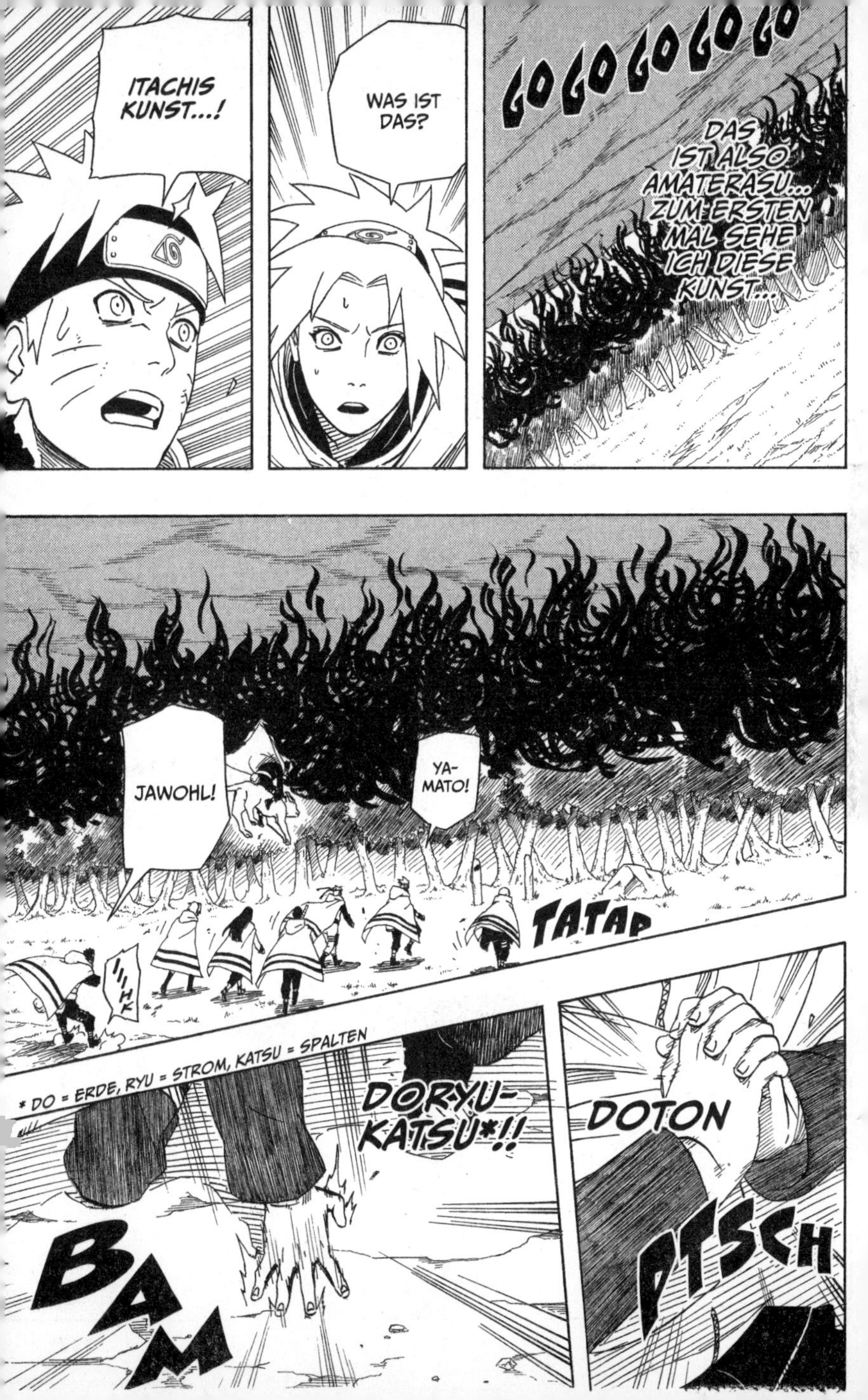
GO GO GO GO GO GO
DAS IST ALSO AMATERASU... ZUM ERSTEN MAL SEHE ICH DIESE KUNST...
WAS IST DAS?
ITACHIS KUNST...!
YA-MATO!
JAWOHL!
TATAP
IIHK
DOTON
PTSCH
DORYU-KATSU*!!
BAM
* DO = ERDE, RYU = STROM, KATSU = SPALTEN

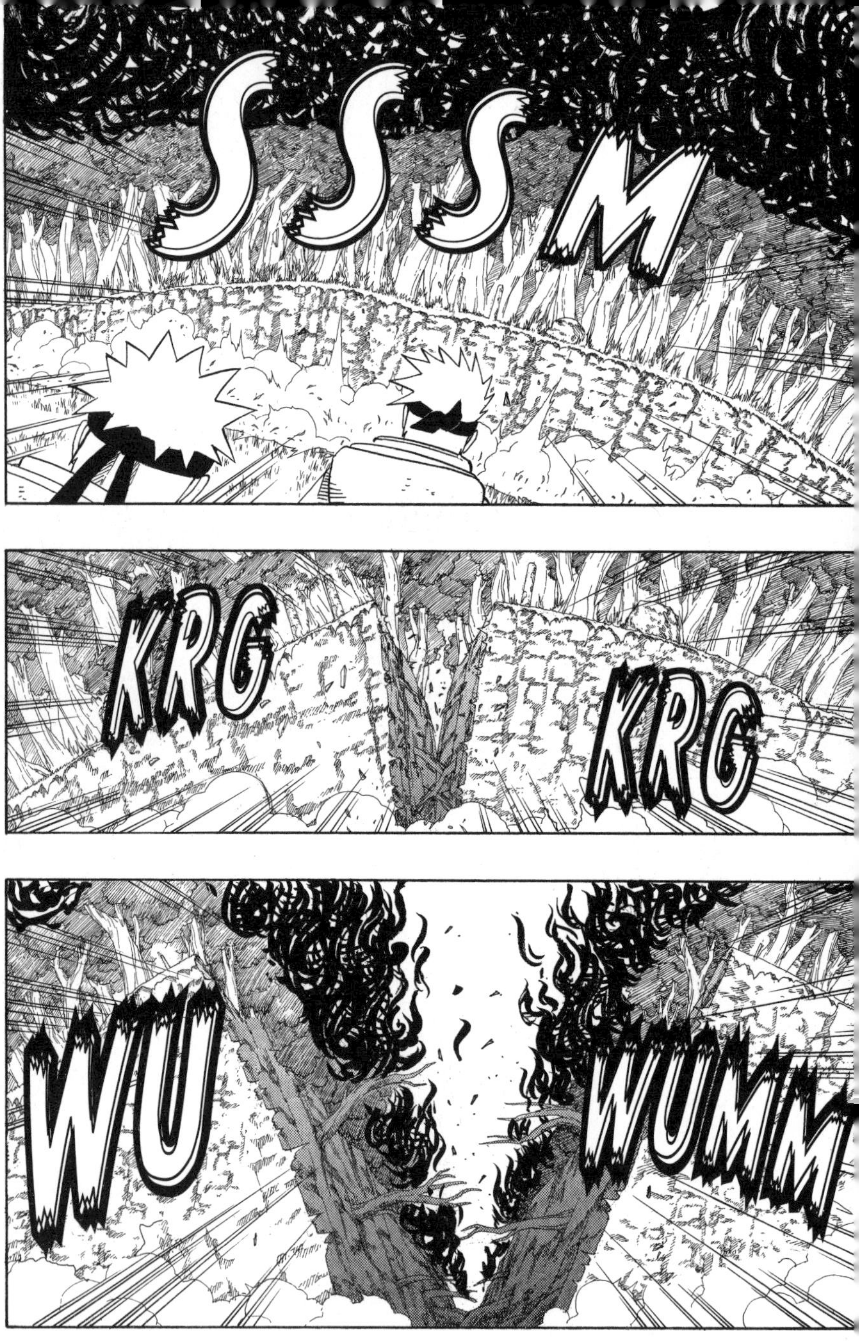
SSSM
KRG
KRG
WU
WUMM

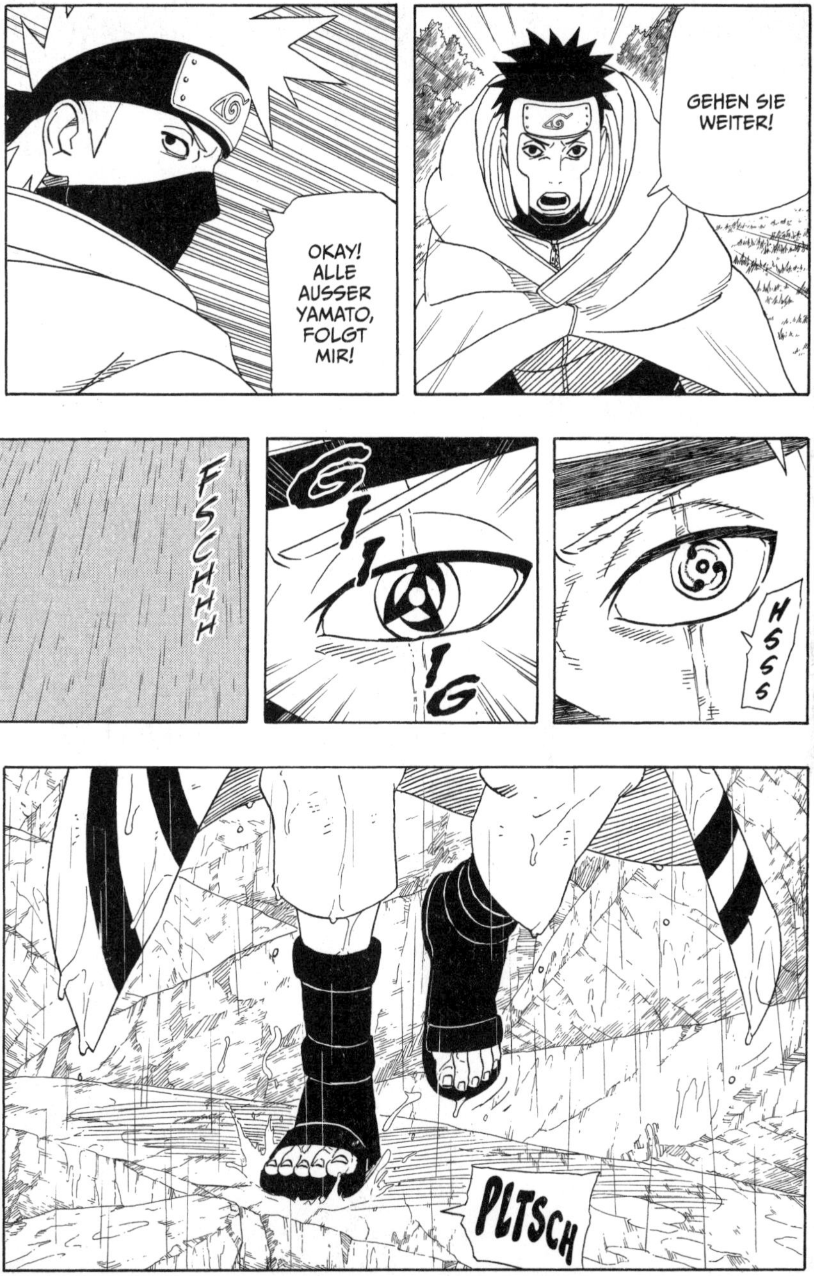
GEHEN SIE WEITER!
OKAY! ALLE AUSSER YAMATO, FOLGT MIR!
HSSS
GIIIG
FSCHHH
PLTSCH

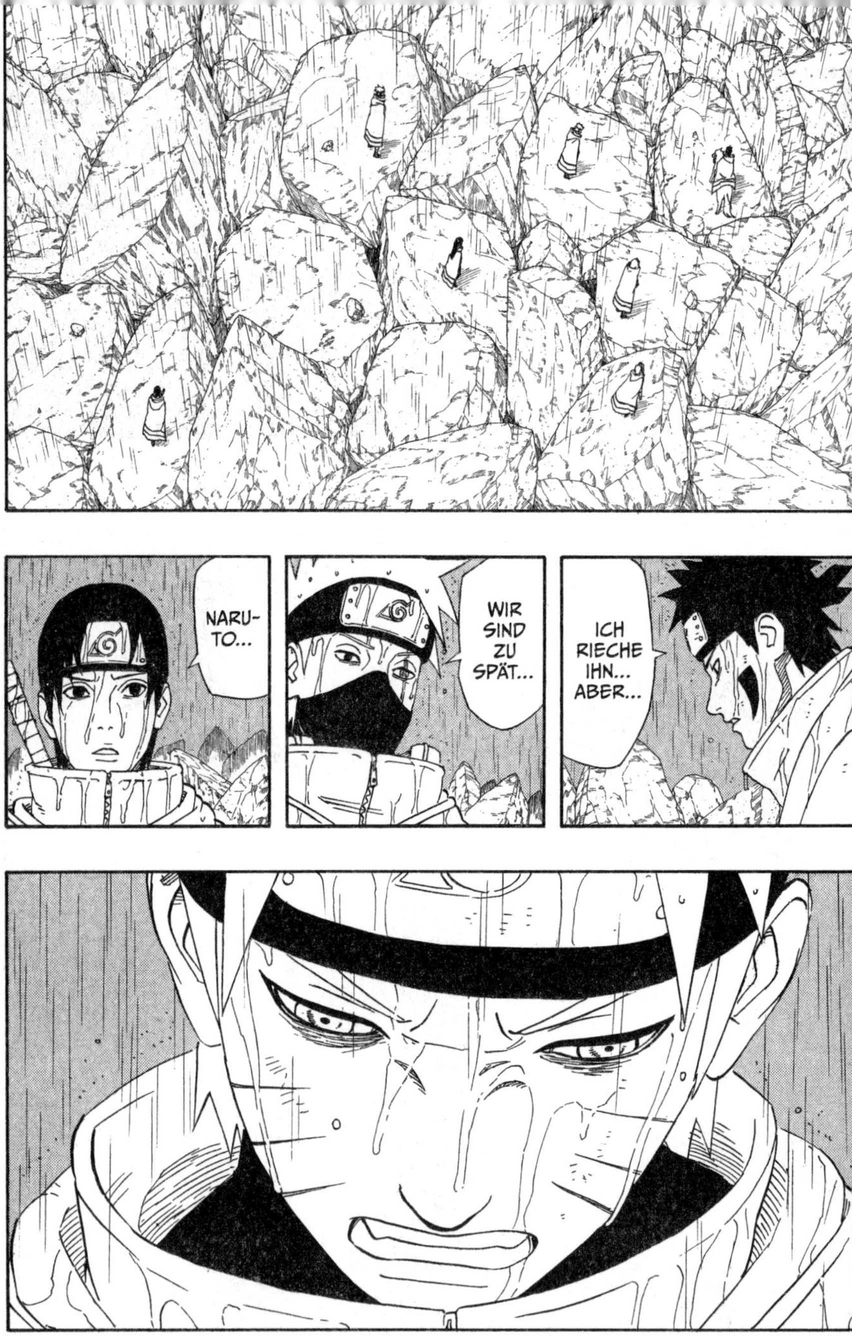
ICH
RIECHE
IHN...
ABER...
WIR
SIND
ZU
SPÄT...
NARU-
TO...

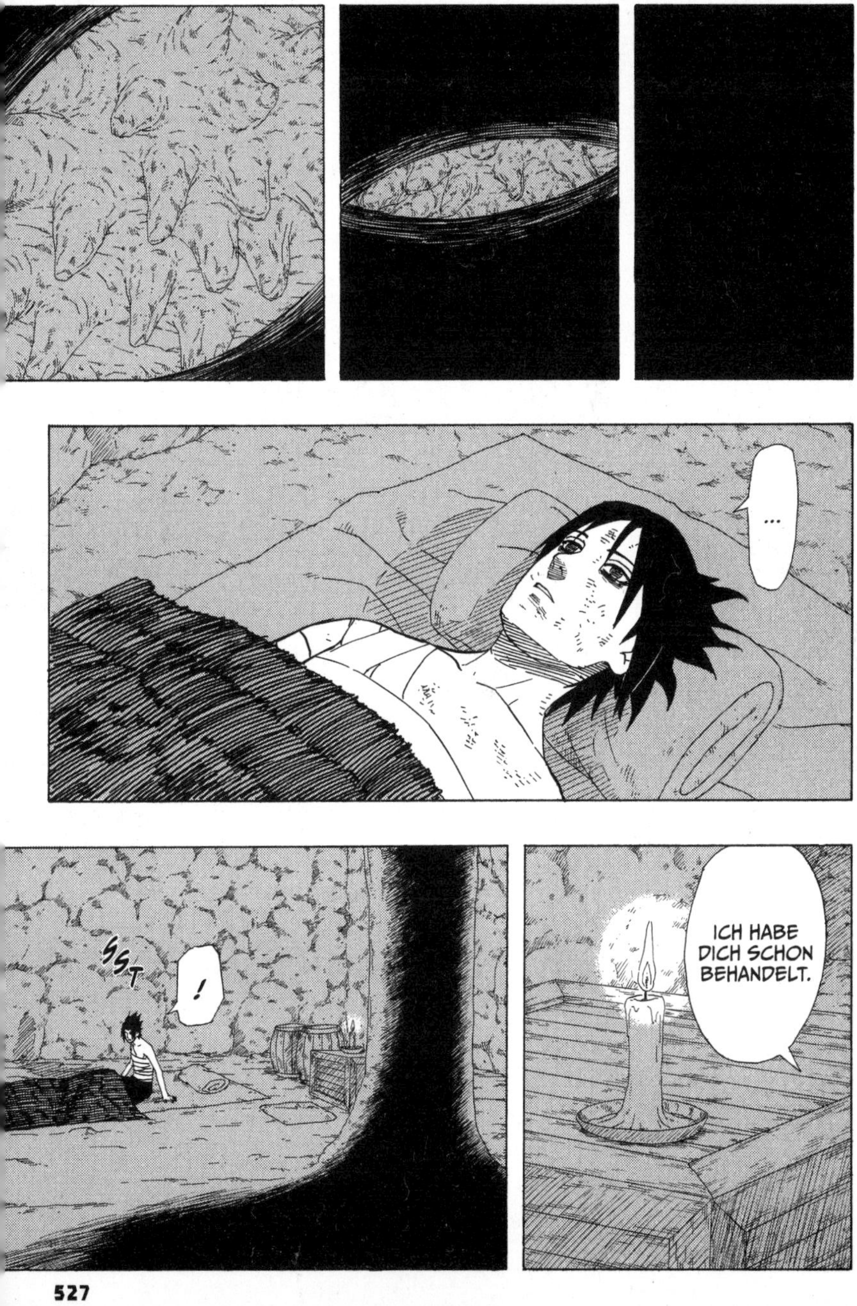
...
!
SST
ICH HABE DICH SCHON BEHANDELT.

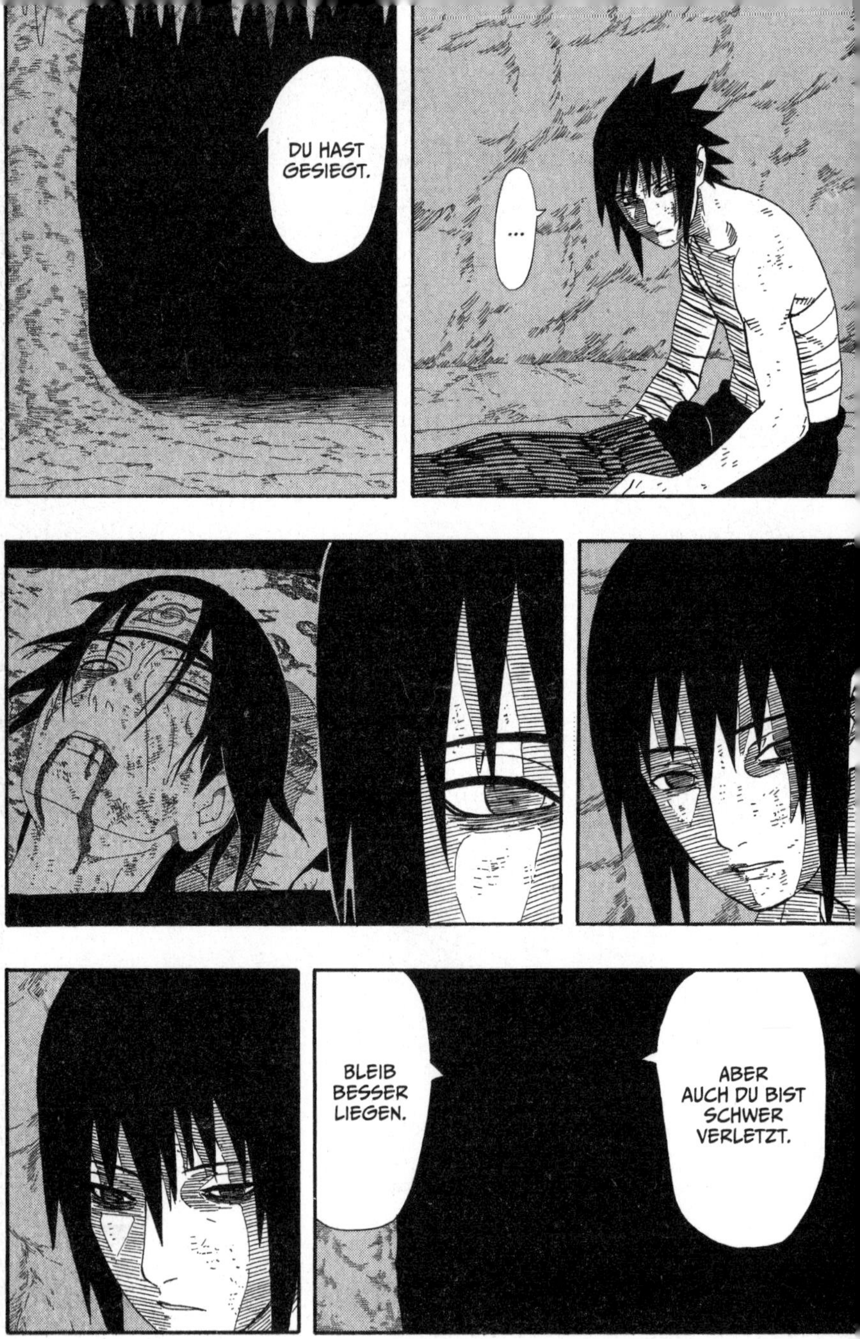
…
DU HAST GESIEGT.
ABER AUCH DU BIST SCHWER VERLETZT.
BLEIB BESSER LIEGEN.

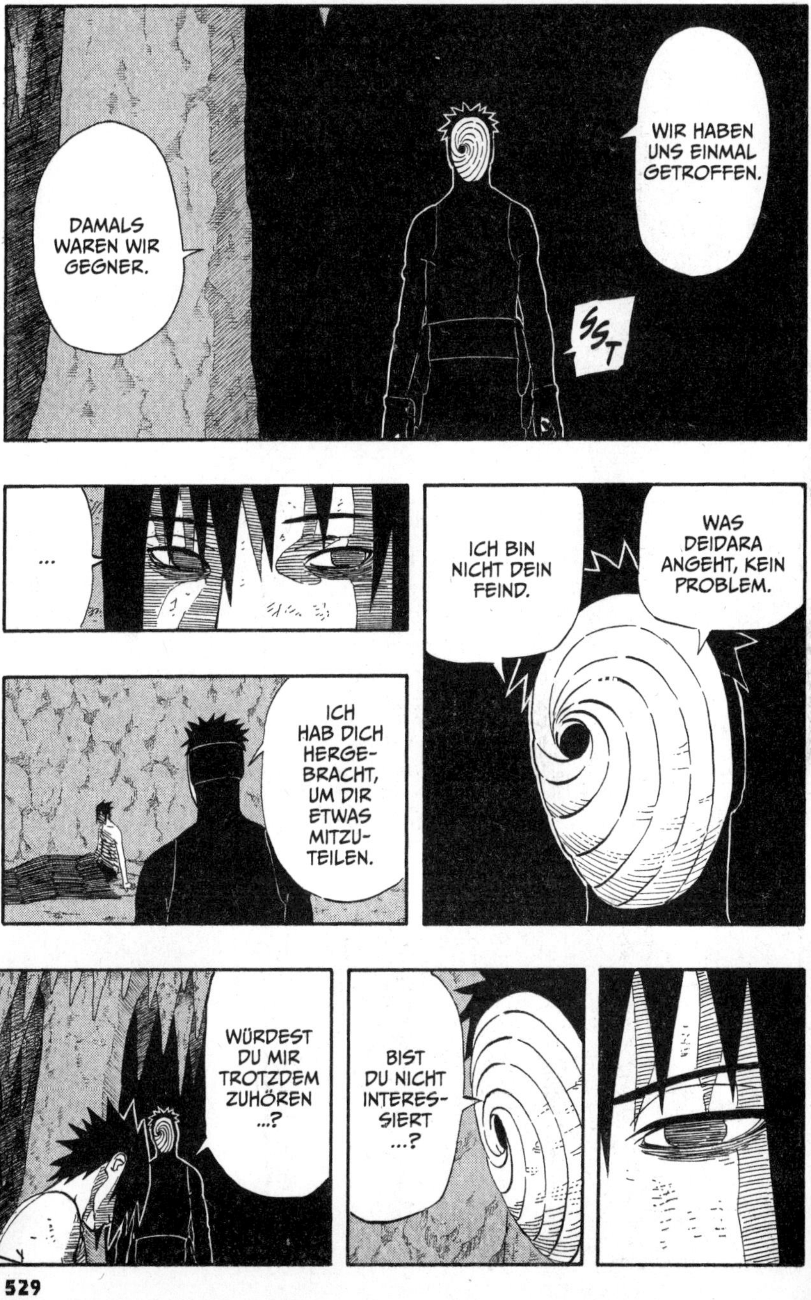
WIR HABEN UNS EINMAL GETROFFEN.
SST
DAMALS WAREN WIR GEGNER.
WAS DEIDARA ANGEHT, KEIN PROBLEM.
ICH BIN NICHT DEIN FEIND.
...
ICH HAB DICH HERGEBRACHT, UM DIR ETWAS MITZUTEILEN.
BIST DU NICHT INTERESSIERT ...?
WÜRDEST DU MIR TROTZDEM ZUHÖREN ...?

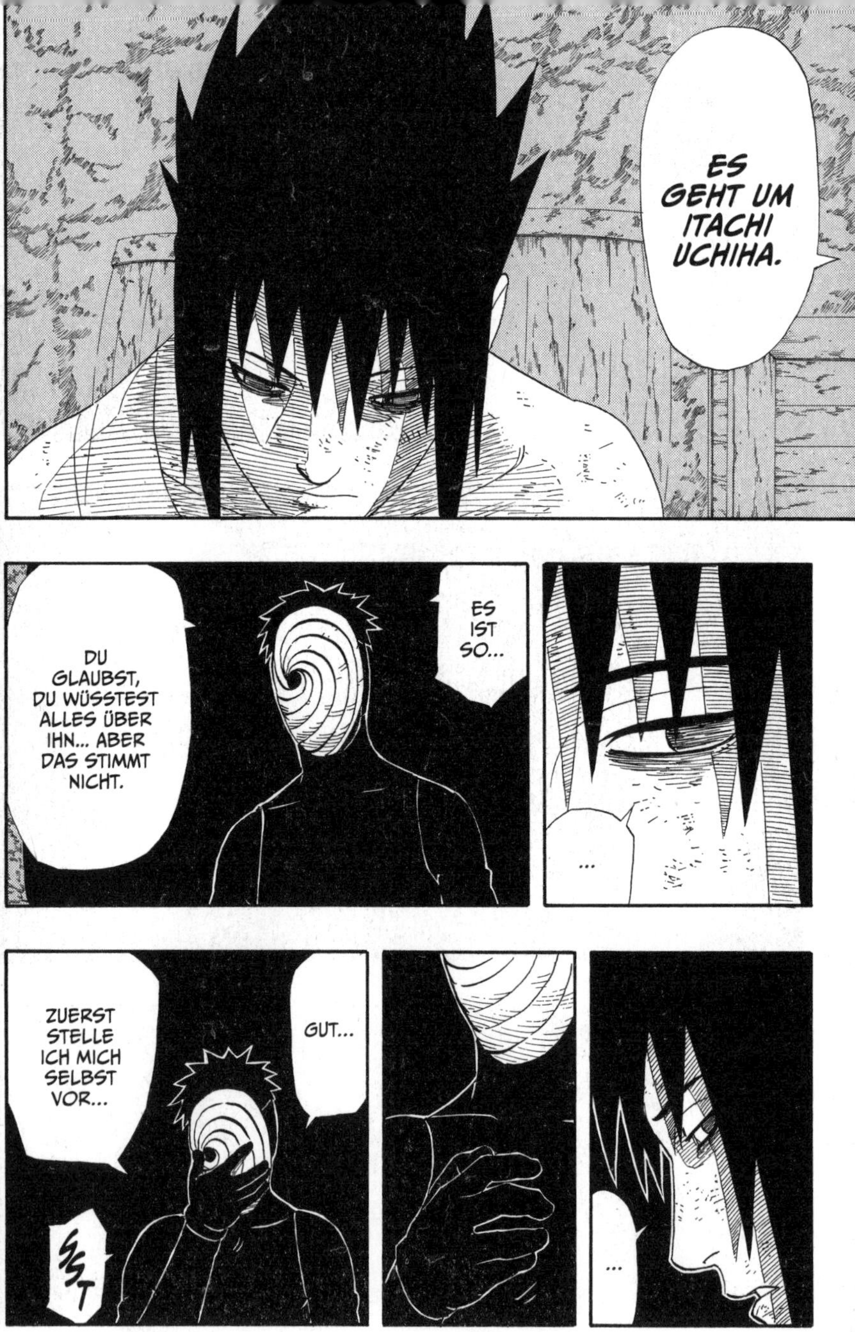
ES GEHT UM ITACHI UCHIHA.
...
ES IST SO...
DU GLAUBST, DU WÜSSTEST ALLES ÜBER IHN... ABER DAS STIMMT NICHT.
...
GUT...
ZUERST STELLE ICH MICH SELBST VOR...
WST

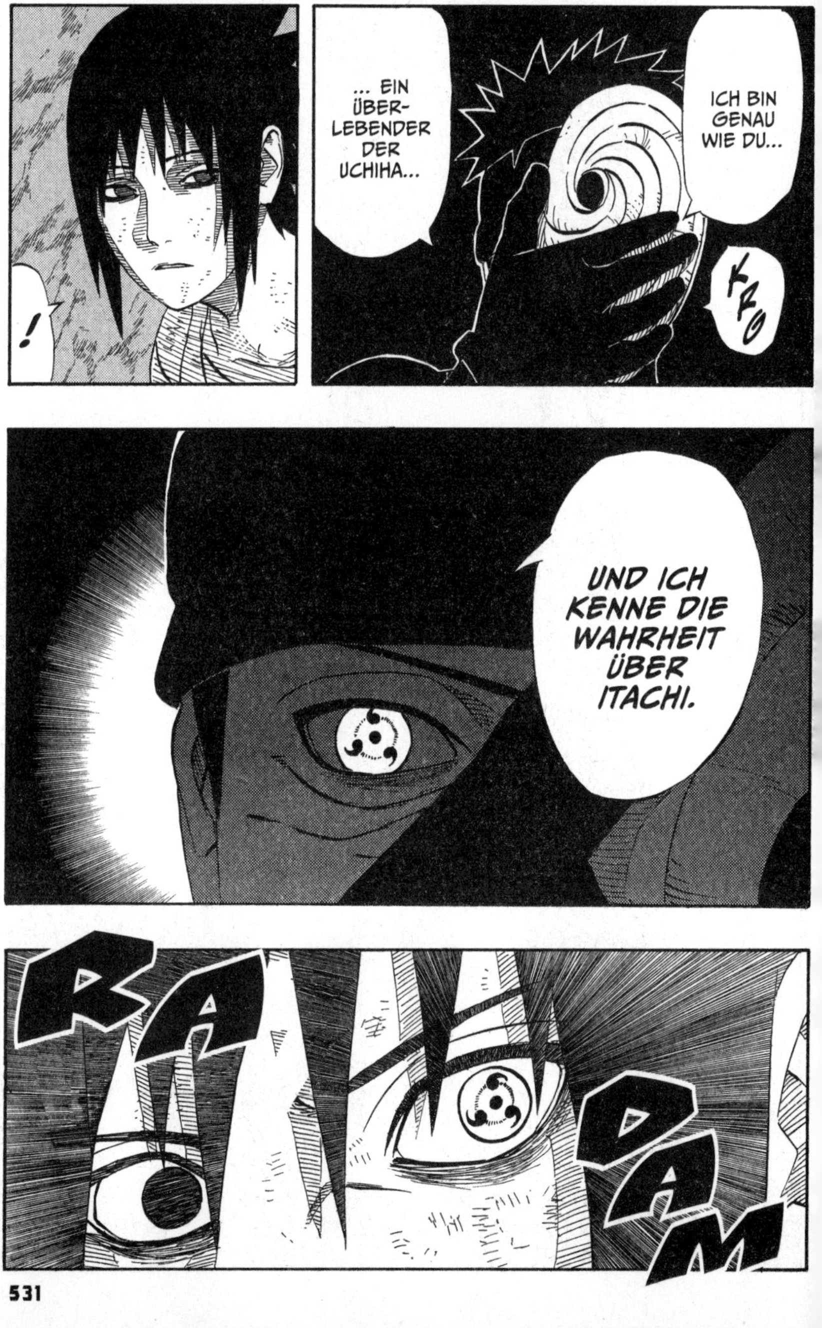
ICH BIN GENAU WIE DU...
KRO
... EIN ÜBER-LEBENDER DER UCHIHA...
!
UND ICH KENNE DIE WAHRHEIT ÜBER ITACHI.
RA DAM

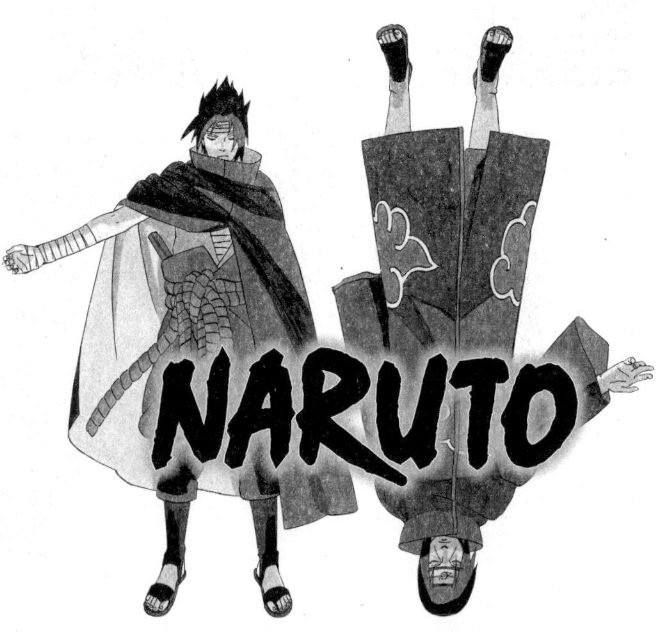
NARUTO

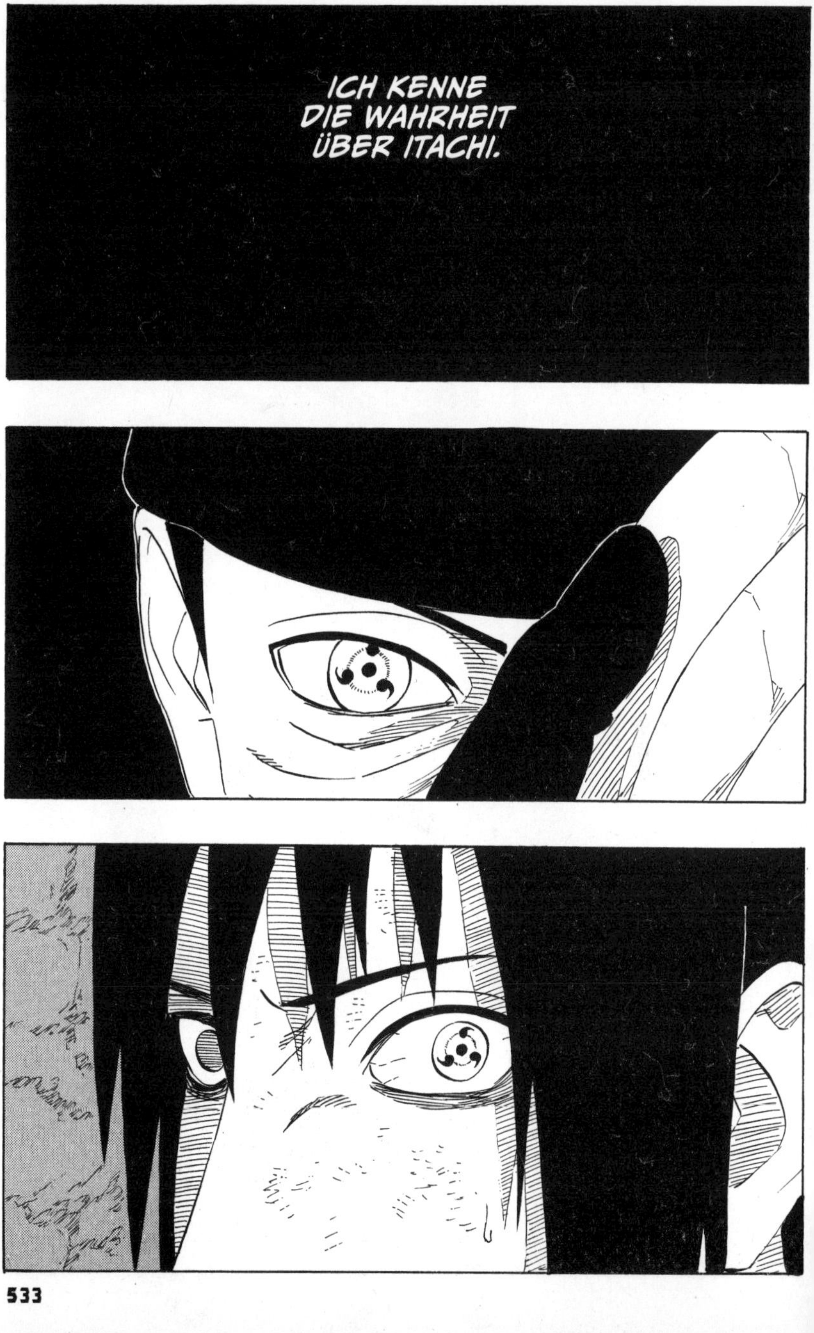
ICH KENNE
DIE WAHRHEIT
ÜBER ITACHI.

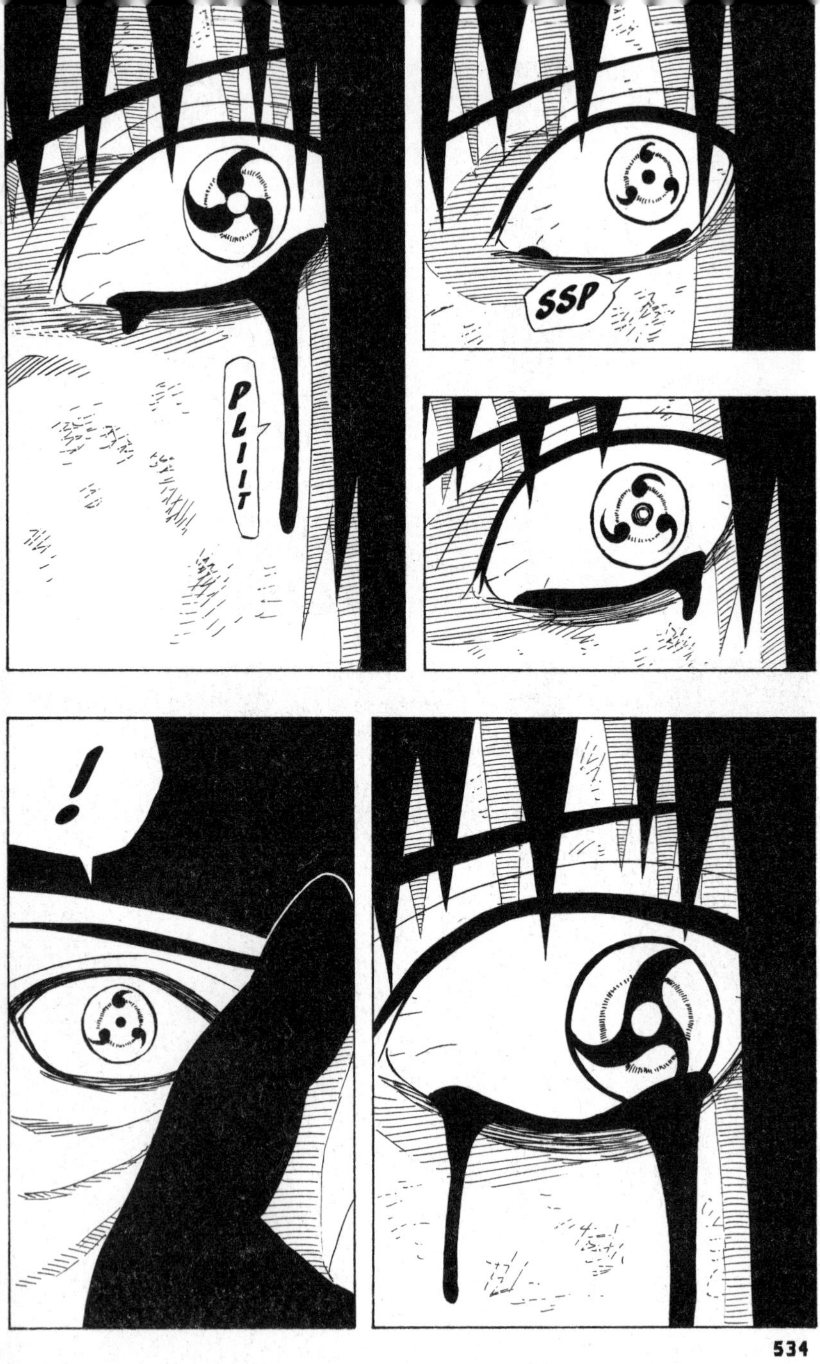
SSP
PLIIT
!

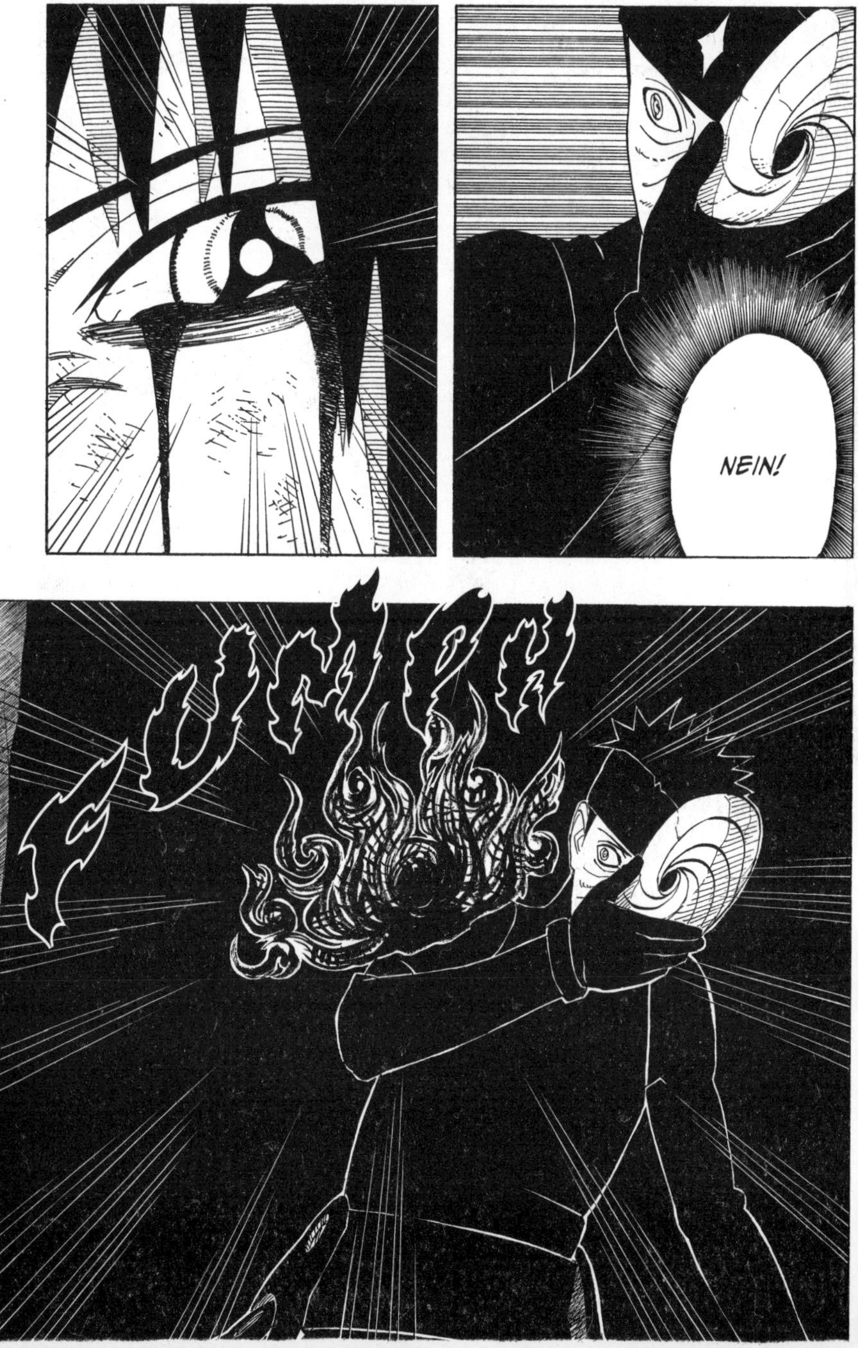
NEIN!

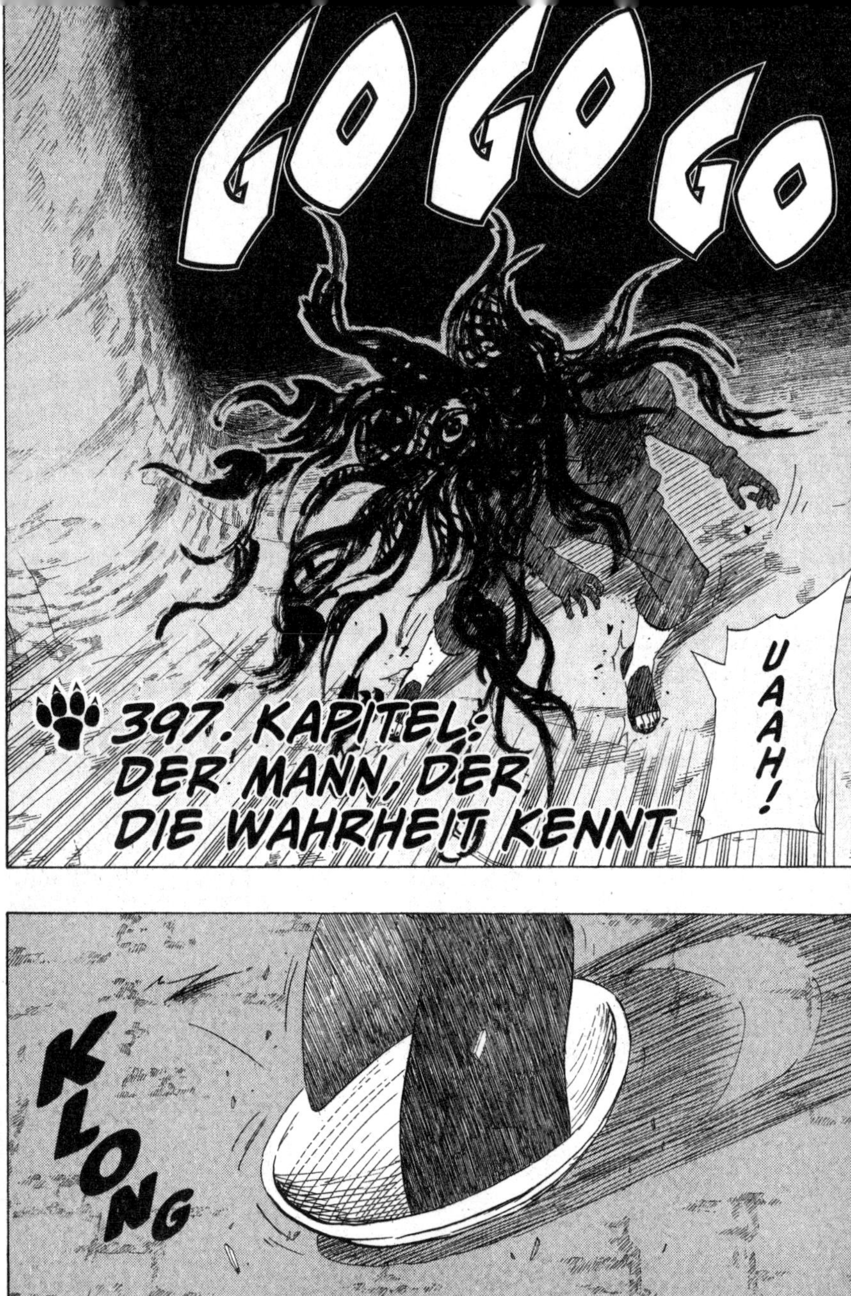
GO GO GO
UAAH!
397. KAPITEL:
DER MANN, DER
DIE WAHRHEIT KENNT
KLONG

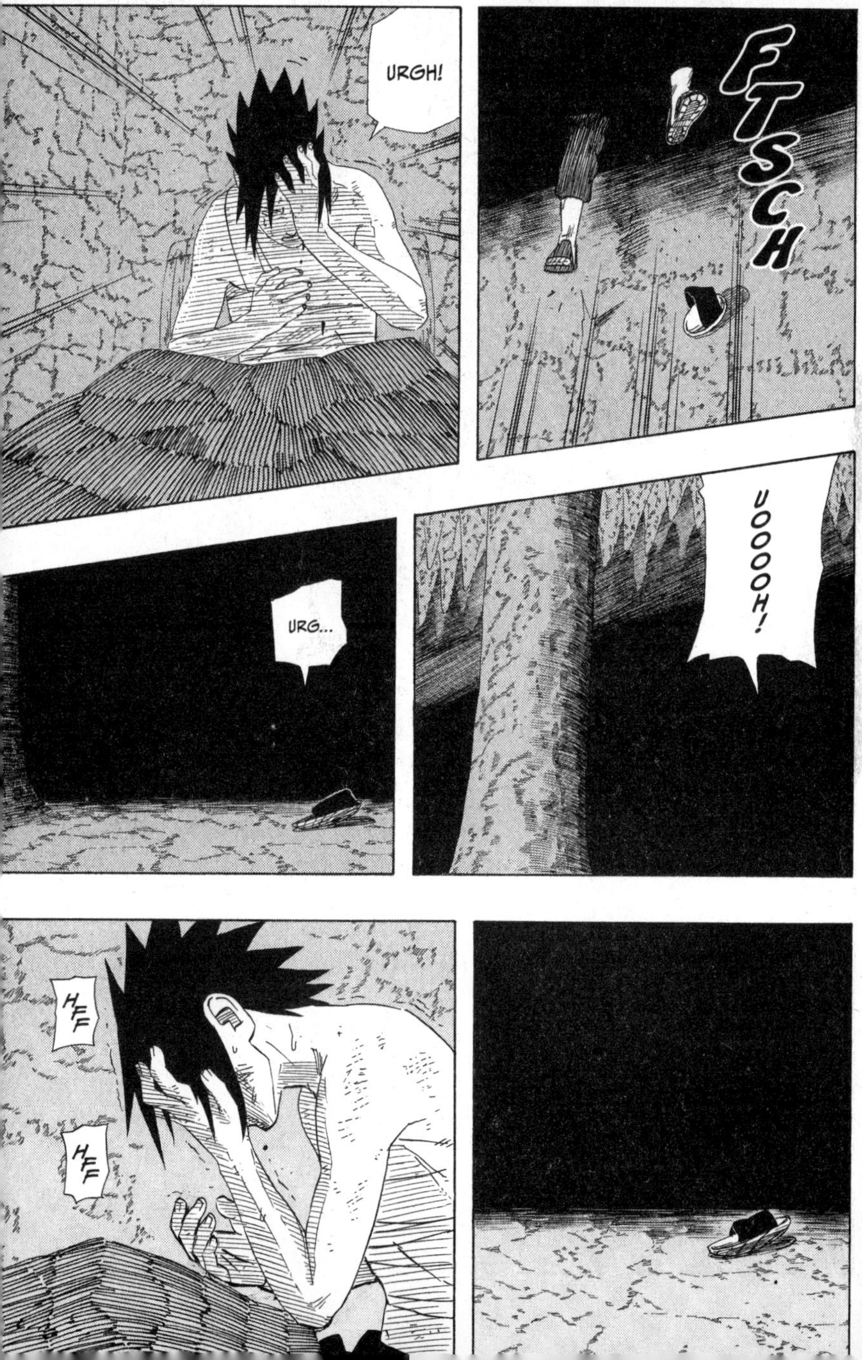
FTSCH
URGH!
UOOOOOH!
URG...
HFF
HFF

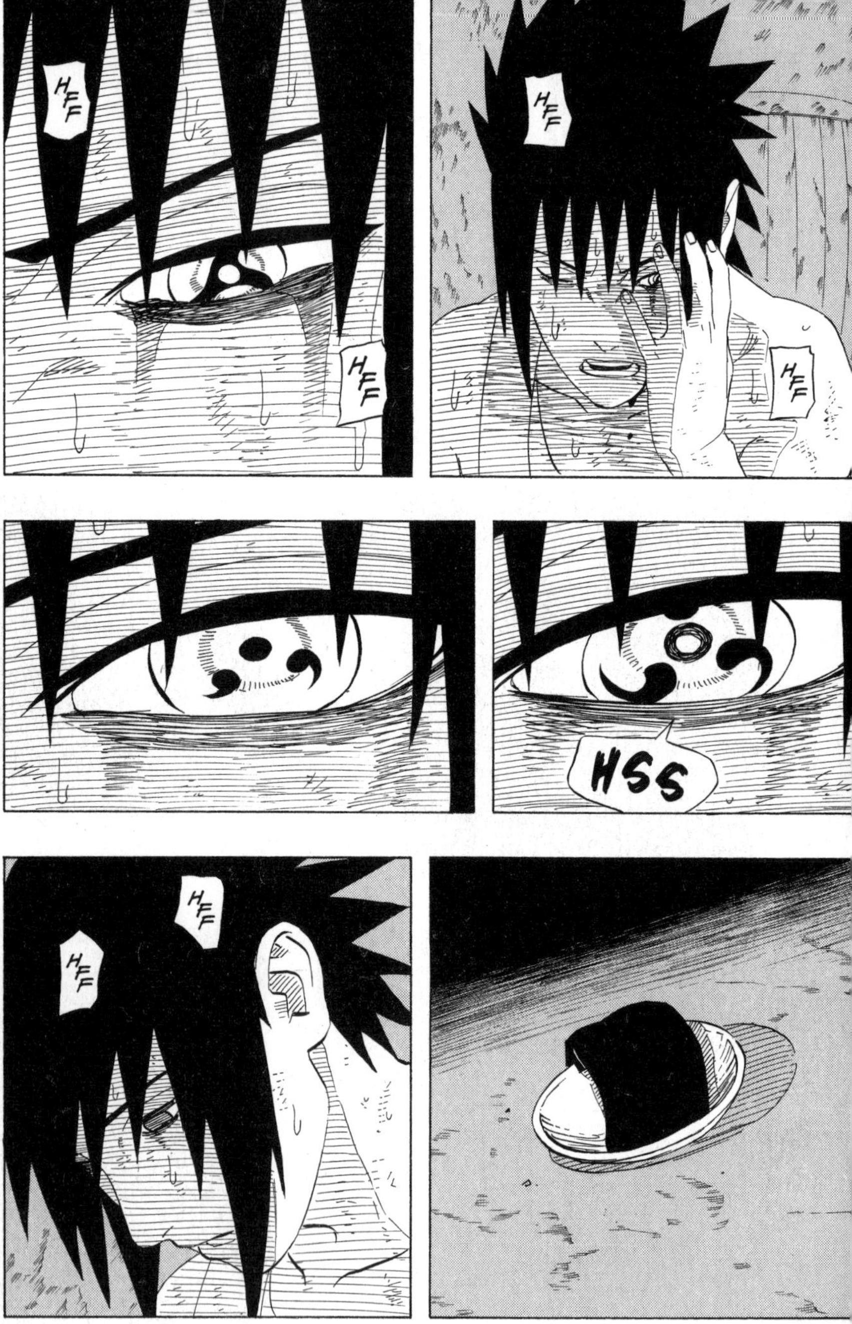
HFF
HFF
HFF
HFF
HSS
HFF
HFF

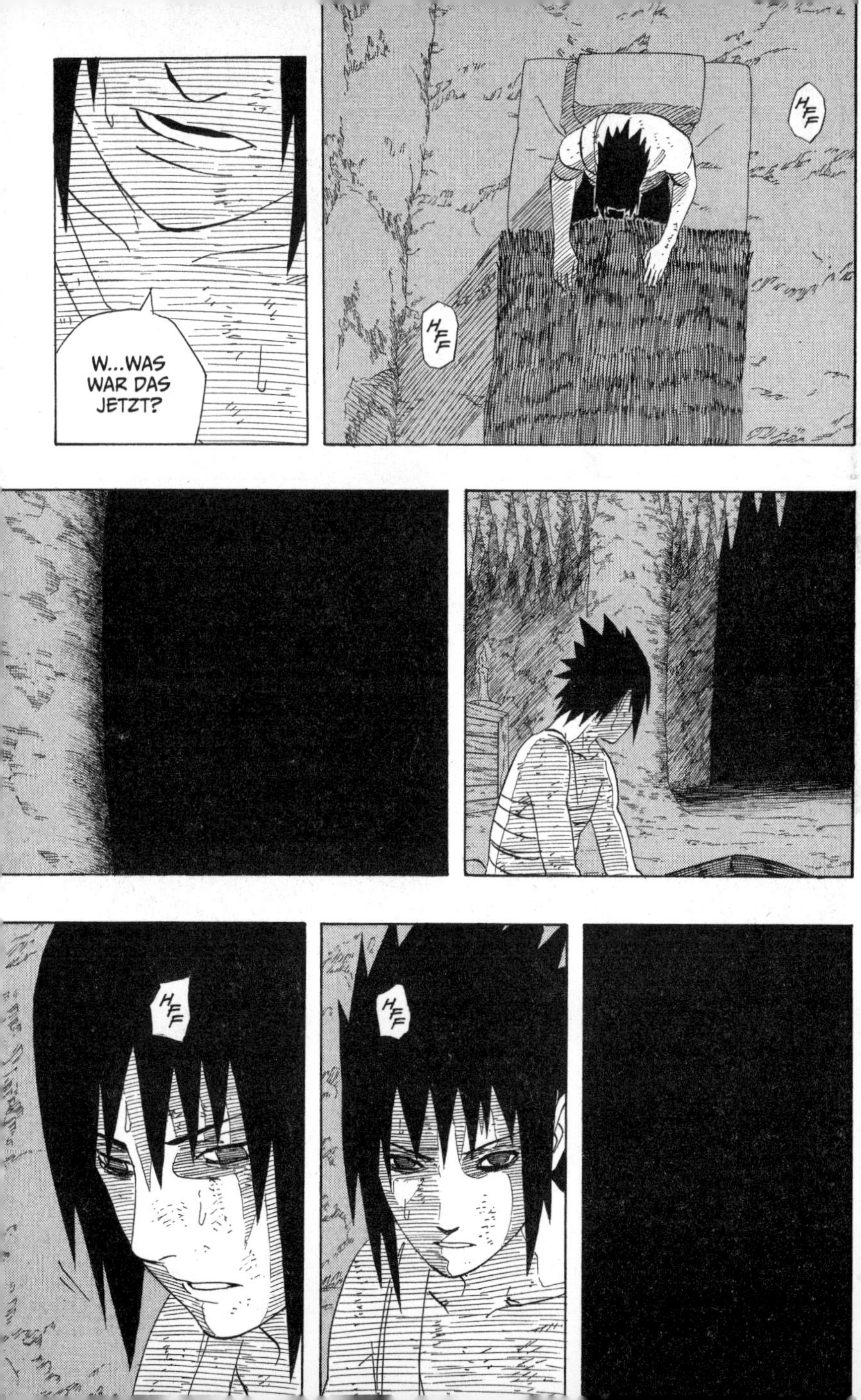
HFF
HFF
W...WAS
WAR DAS
JETZT?
HFF
HFF

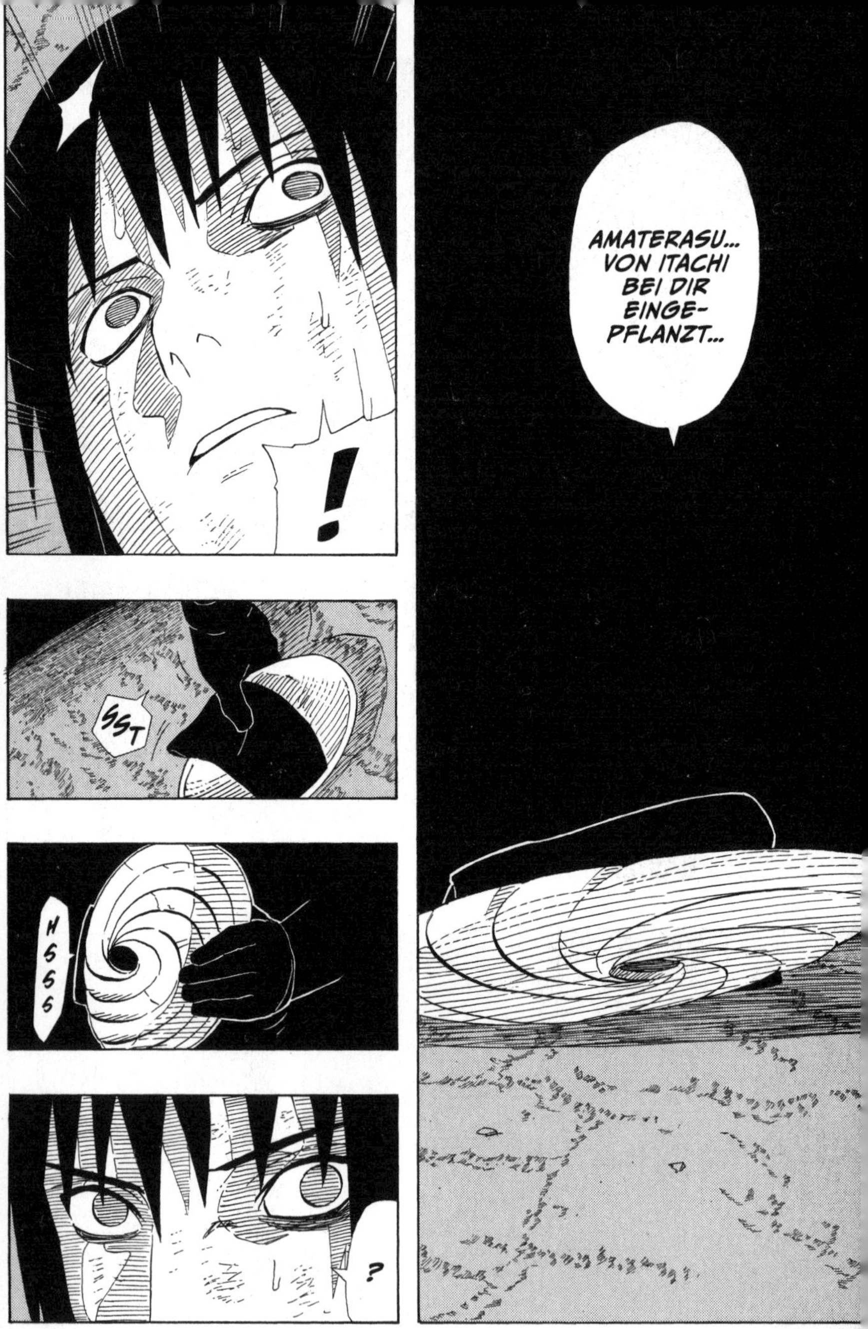

AMATERASU... VON ITACHI BEI DIR EINGE-PFLANZT...
!
SST
HSSS
?

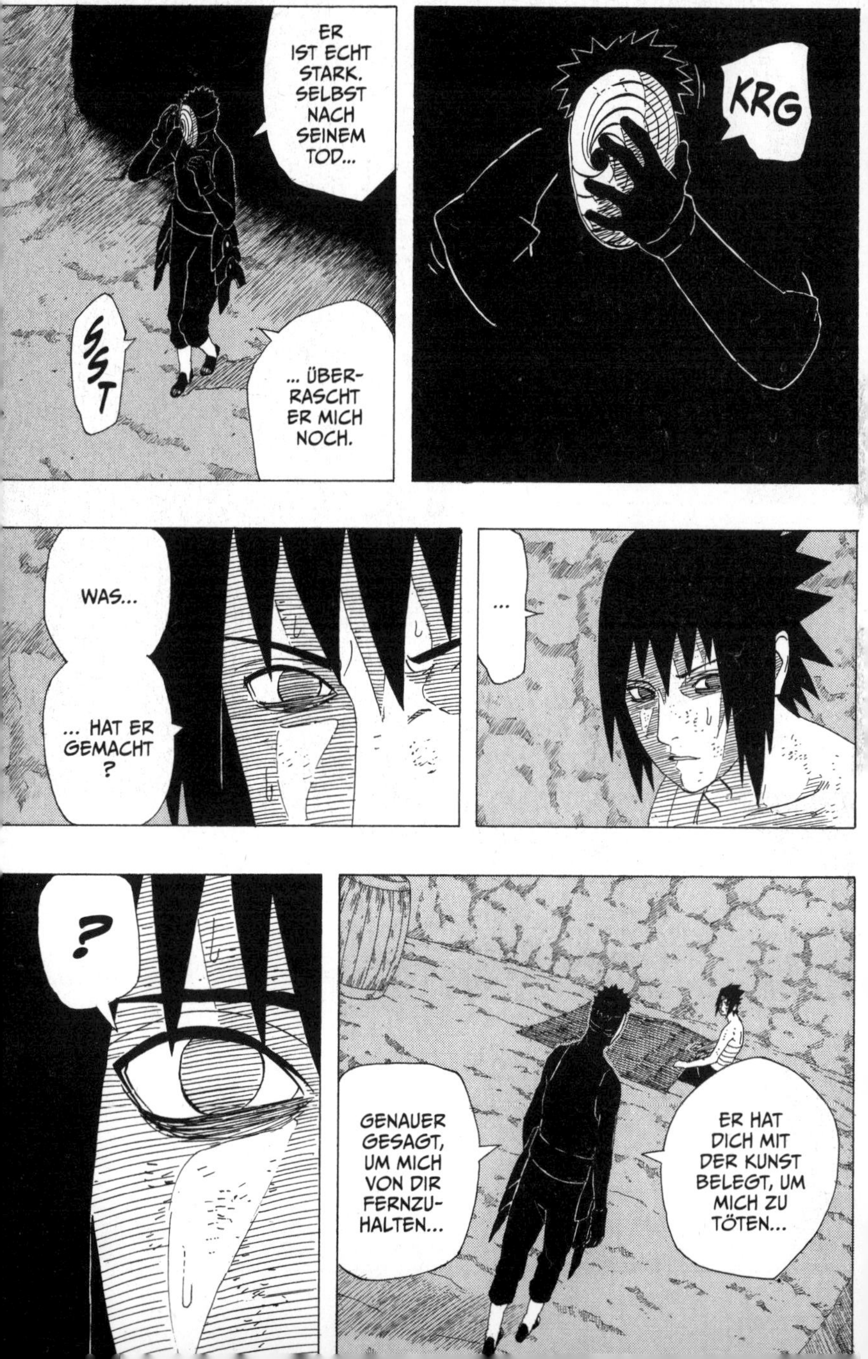
KRG
ER IST ECHT STARK. SELBST NACH SEINEM TOD...
SST
... ÜBERRASCHT ER MICH NOCH.
...
WAS...
... HAT ER GEMACHT ?
ER HAT DICH MIT DER KUNST BELEGT, UM MICH ZU TÖTEN...
GENAUER GESAGT, UM MICH VON DIR FERNZUHALTEN...
?

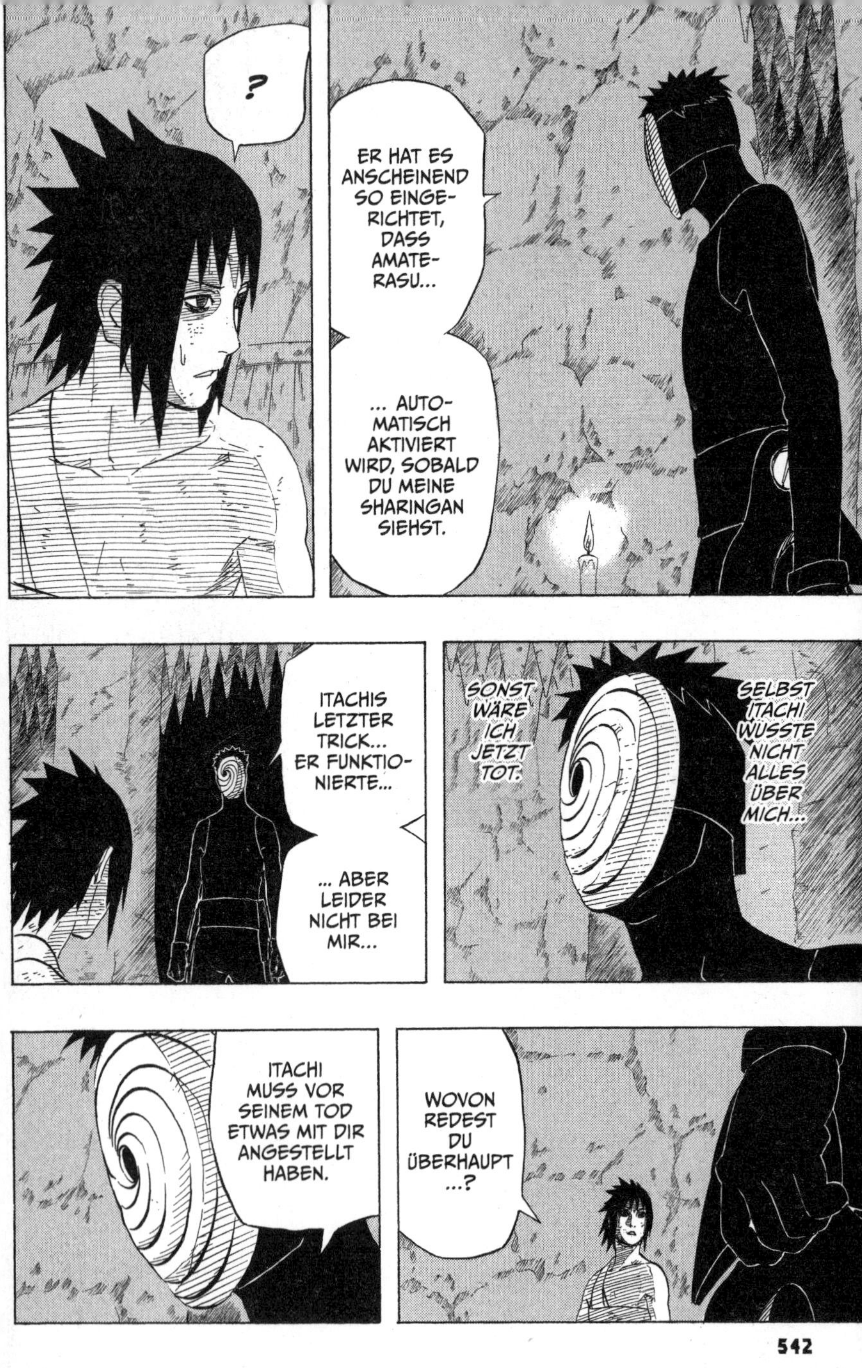
ER HAT ES ANSCHEINEND SO EINGE-RICHTET, DASS AMATE-RASU...
... AUTO-MATISCH AKTIVIERT WIRD, SOBALD DU MEINE SHARINGAN SIEHST.
?
SELBST ITACHI WUSSTE NICHT ALLES ÜBER MICH...
SONST WÄRE ICH JETZT TOT.
ITACHIS LETZTER TRICK... ER FUNKTIO-NIERTE...
... ABER LEIDER NICHT BEI MIR...
WOVON REDEST DU ÜBERHAUPT ...?
ITACHI MUSS VOR SEINEM TOD ETWAS MIT DIR ANGESTELLT HABEN.

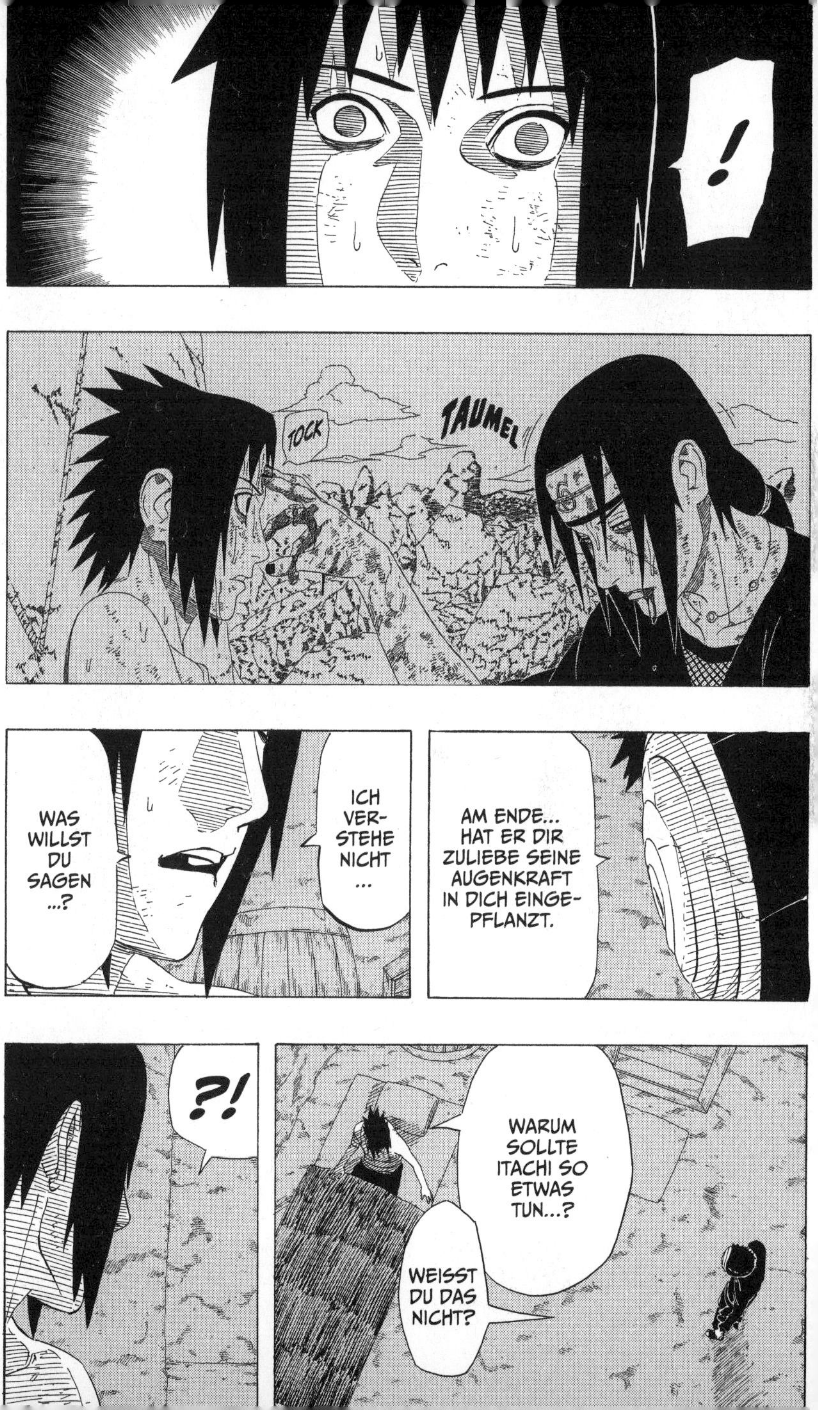
!
TAUMEL
TOCK
AM ENDE... HAT ER DIR ZULIEBE SEINE AUGENKRAFT IN DICH EINGE-PFLANZT.
ICH VER-STEHE NICHT ...
WAS WILLST DU SAGEN ...?
WARUM SOLLTE ITACHI SO ETWAS TUN...?
WEISST DU DAS NICHT?
?!

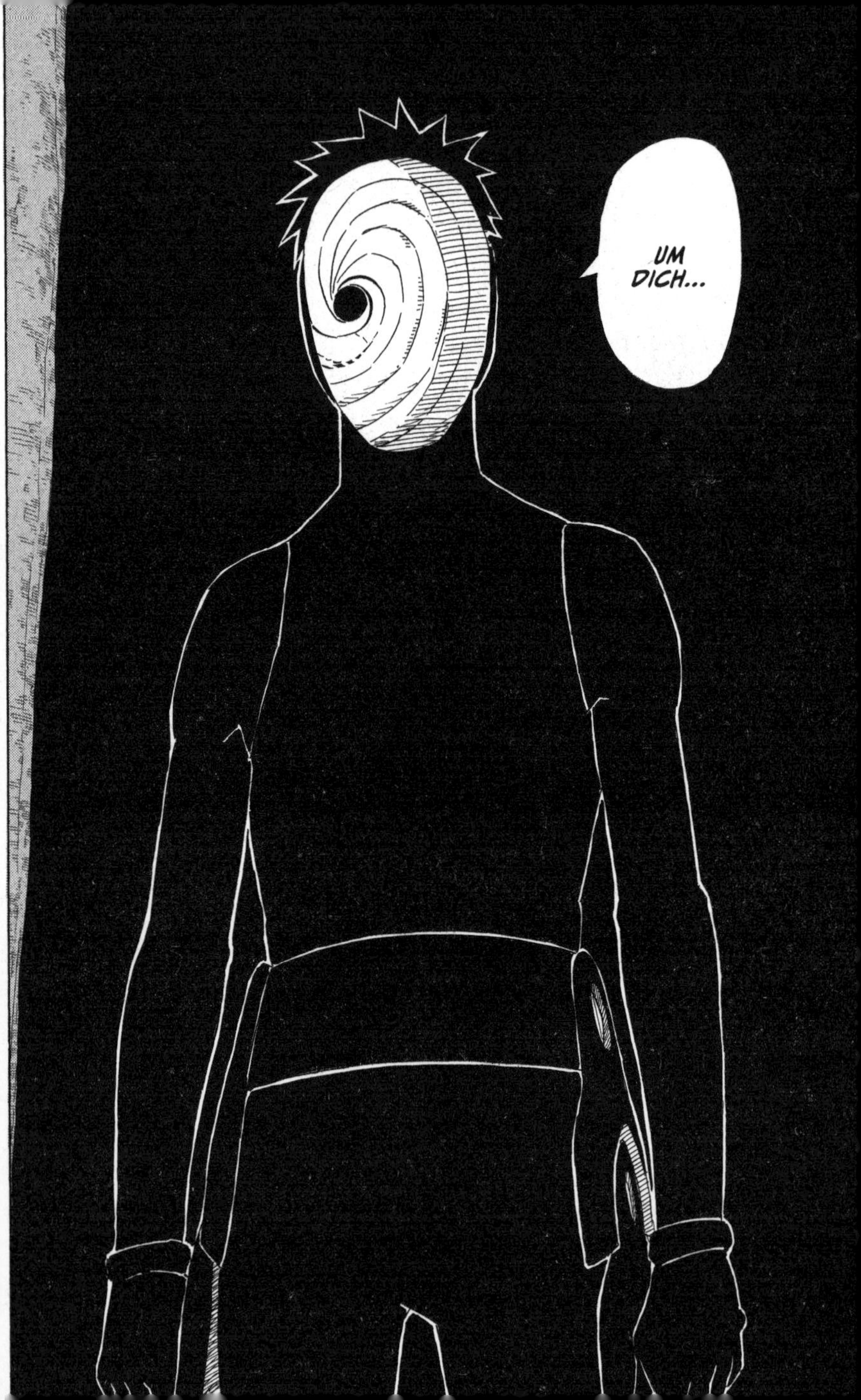
UM DICH...

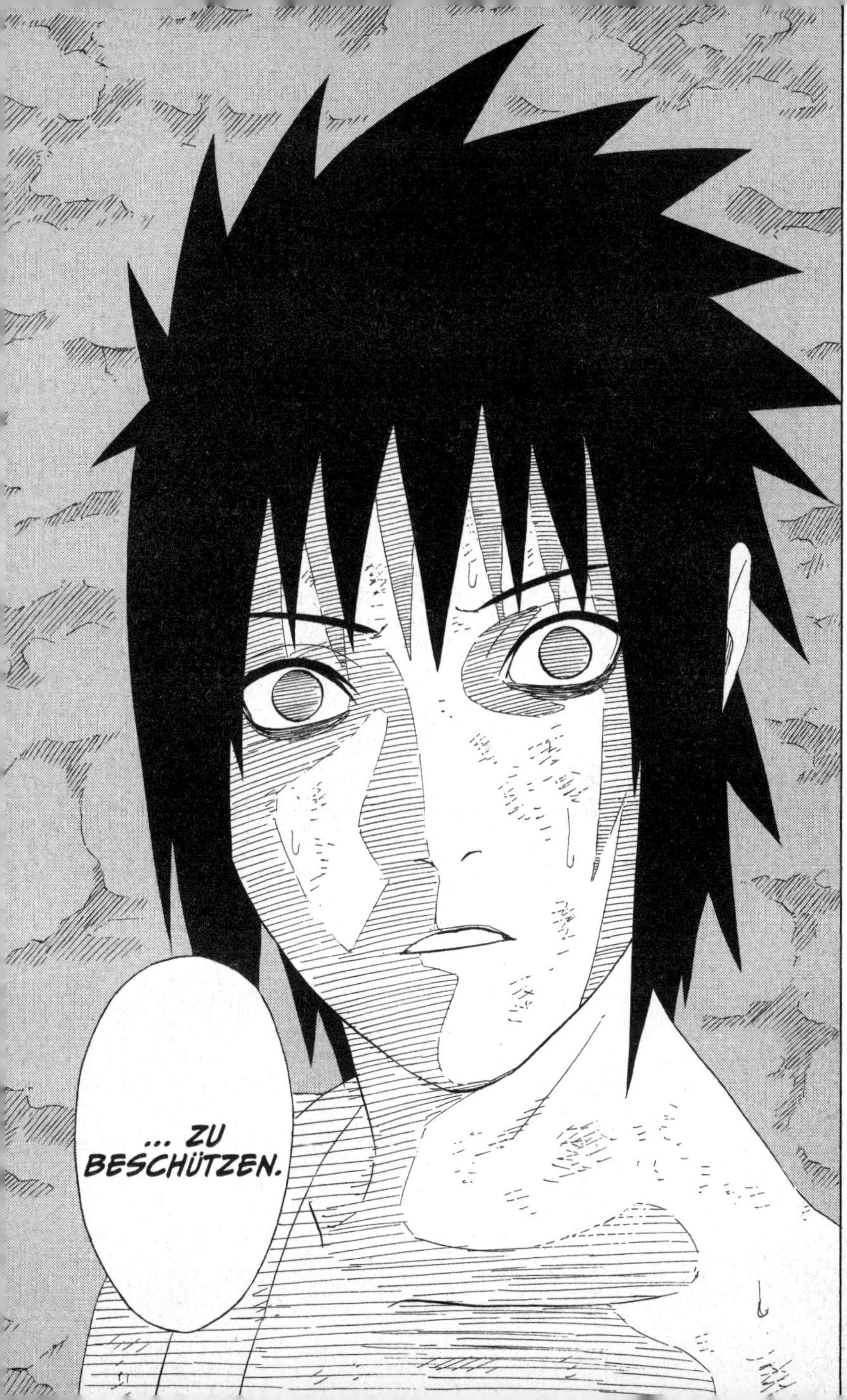
... ZU BESCHÜTZEN.

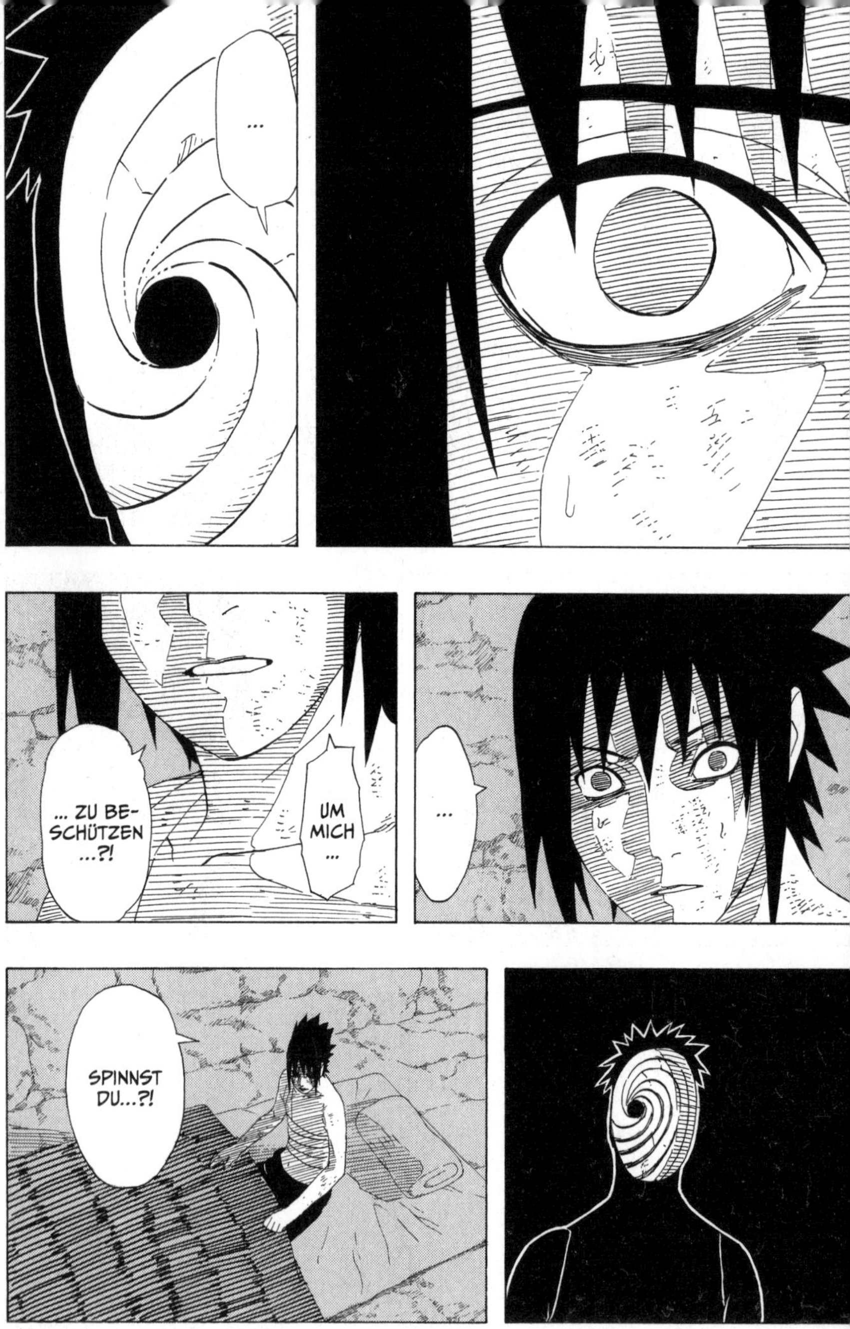
...
...
UM MICH ...
... ZU BESCHÜTZEN ...?!
SPINNST DU...?!

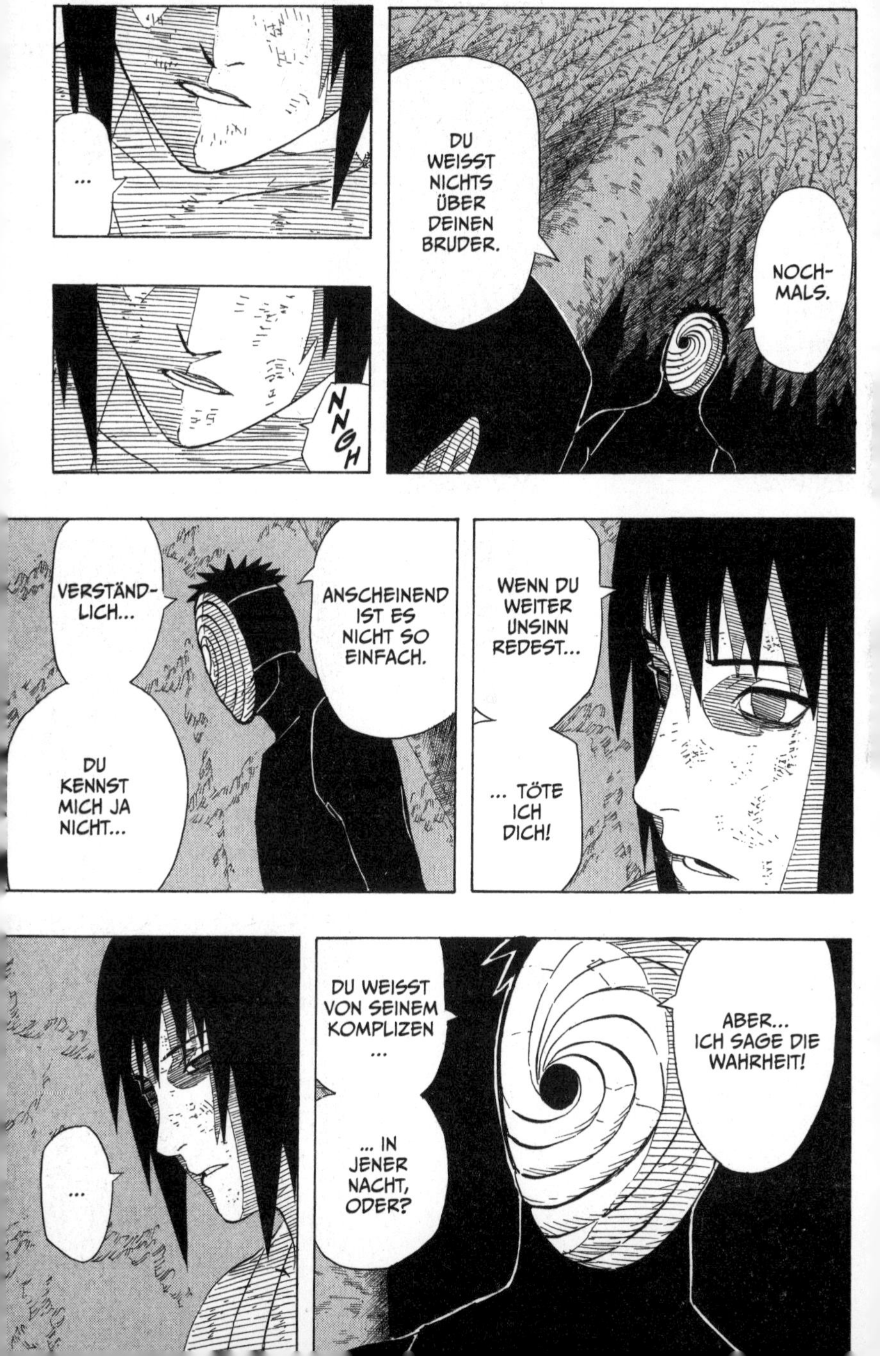
NOCH-
MALS.
DU WEISST NICHTS ÜBER DEINEN BRUDER.
...
NNGH
WENN DU WEITER UNSINN REDEST...
... TÖTE ICH DICH!
ANSCHEINEND IST ES NICHT SO EINFACH.
VERSTÄND-
LICH...
DU KENNST MICH JA NICHT...
ABER... ICH SAGE DIE WAHRHEIT!
DU WEISST VON SEINEM KOMPLIZEN ...
... IN JENER NACHT, ODER?
...

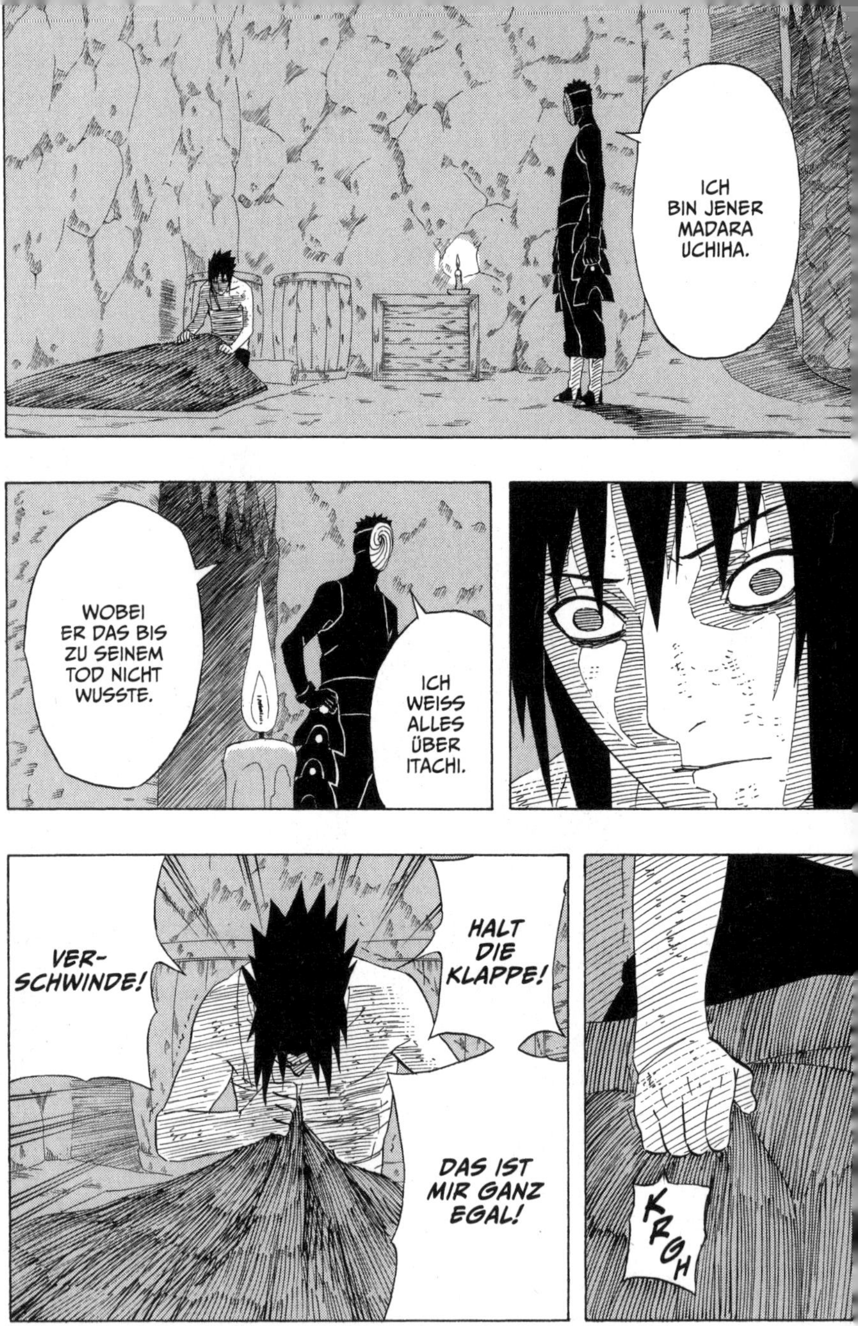
ICH BIN JENER MADARA UCHIHA.
ICH WEISS ALLES ÜBER ITACHI.
WOBEI ER DAS BIS ZU SEINEM TOD NICHT WUSSTE.
HALT DIE KLAPPE!
VER-SCHWINDE!
DAS IST MIR GANZ EGAL!
KRGH

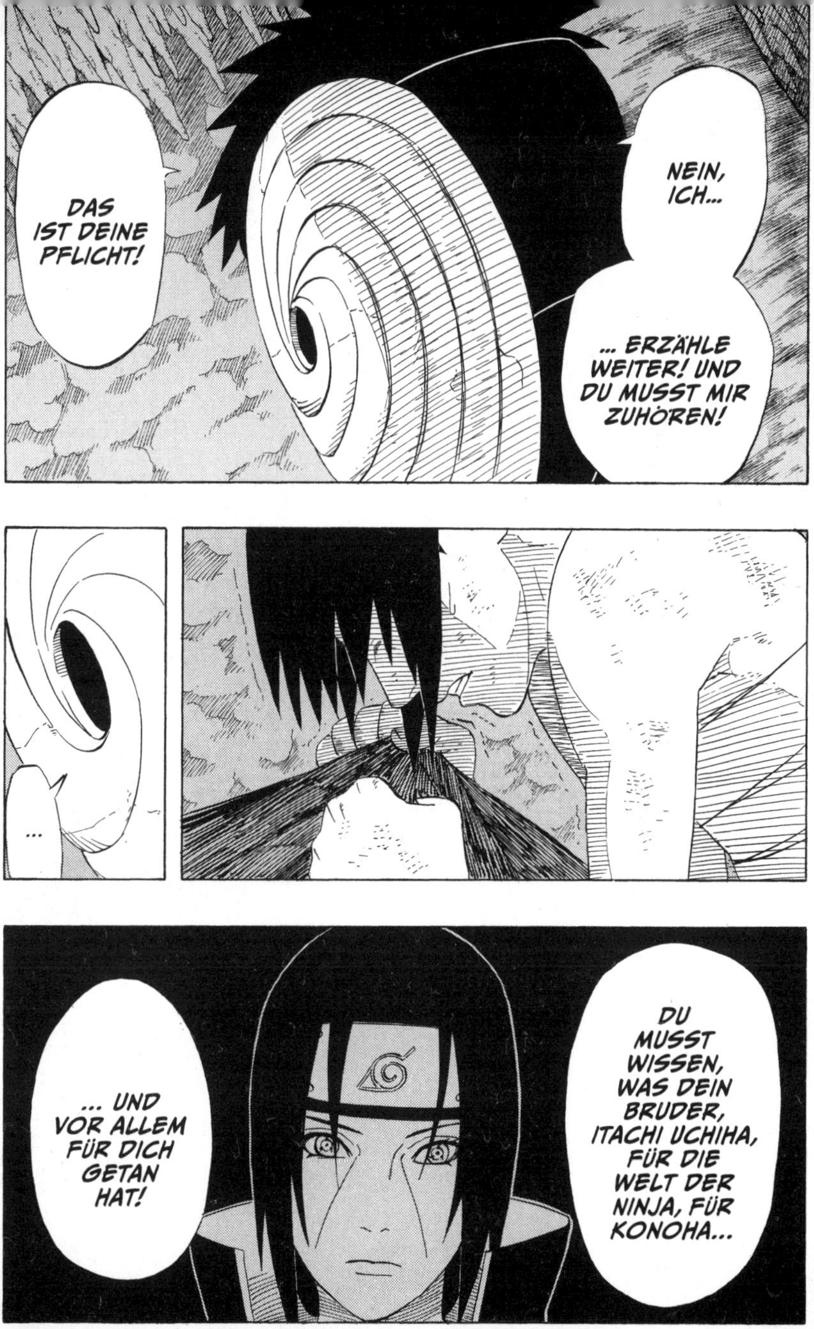
NEIN, ICH...
... ERZÄHLE WEITER! UND DU MUSST MIR ZUHÖREN!
DAS IST DEINE PFLICHT!
...
DU MUSST WISSEN, WAS DEIN BRUDER, ITACHI UCHIHA, FÜR DIE WELT DER NINJA, FÜR KONOHA...
... UND VOR ALLEM FÜR DICH GETAN HAT!

DIE ENTSTEHUNG VON KONOHA

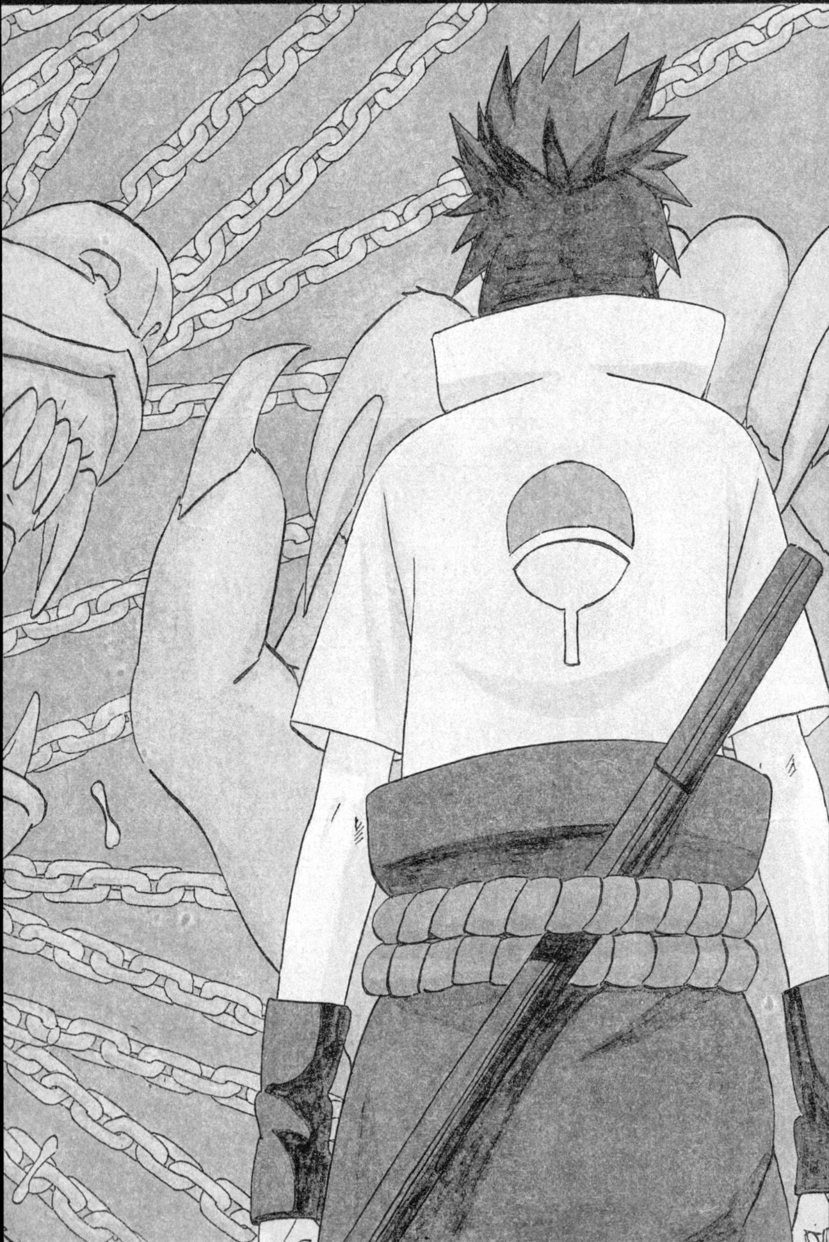

398. KAPITEL:

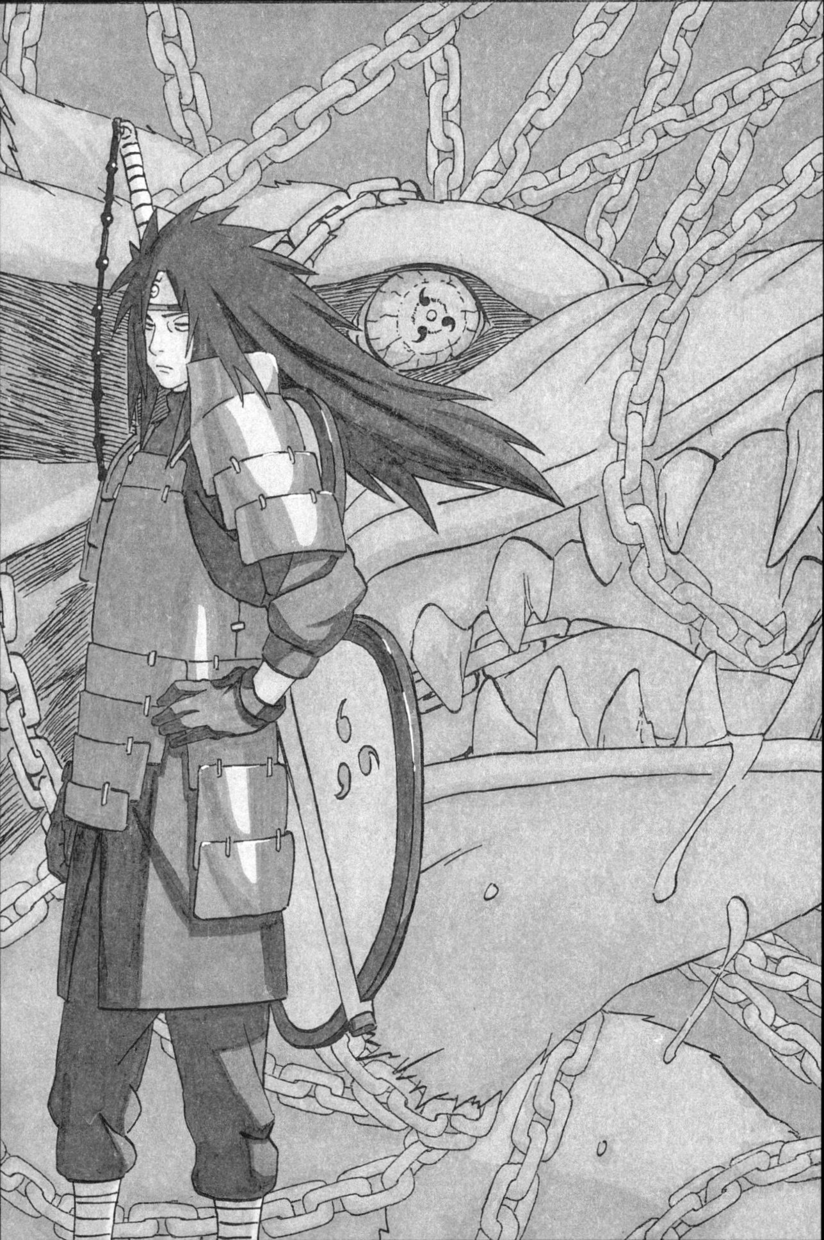

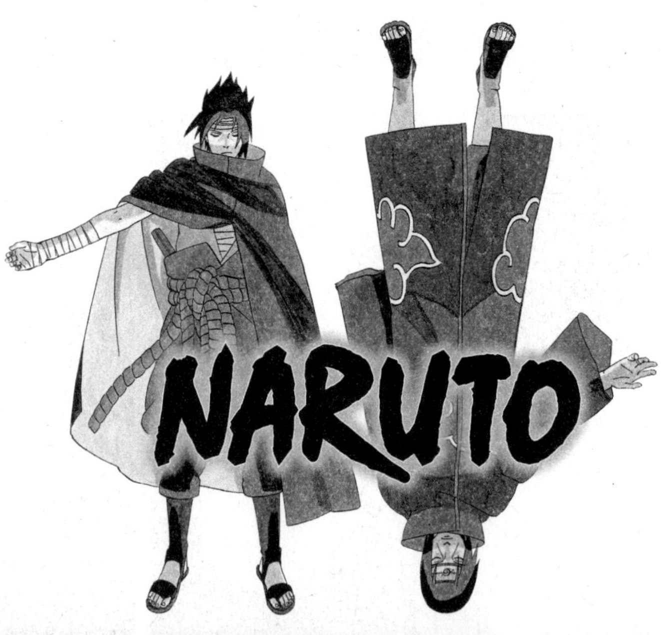
NARUTO

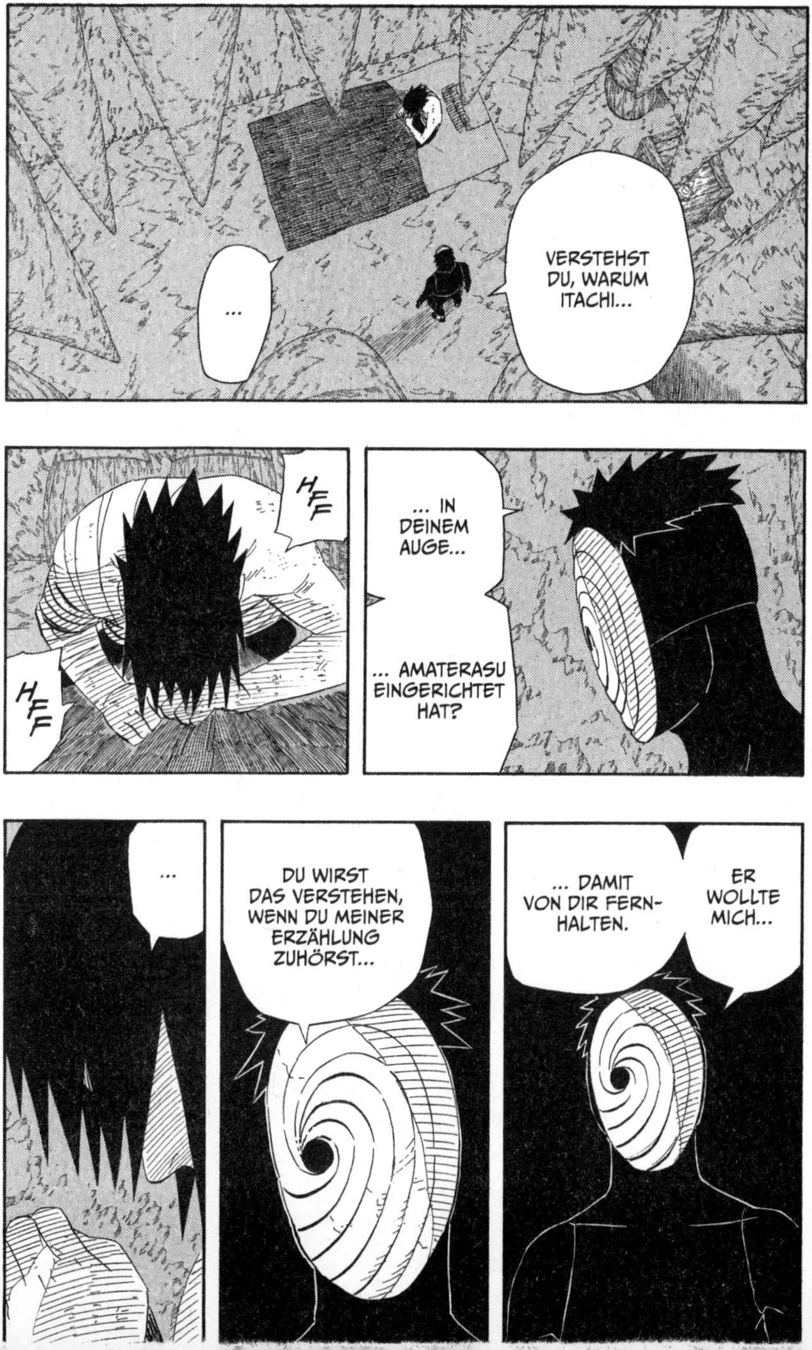
VERSTEHST DU, WARUM ITACHI...
...
... IN DEINEM AUGE...
... AMATERASU EINGERICHTET HAT?
HFF
HFF
ER WOLLTE MICH...
... DAMIT VON DIR FERNHALTEN.
DU WIRST DAS VERSTEHEN, WENN DU MEINER ERZÄHLUNG ZUHÖRST...
...

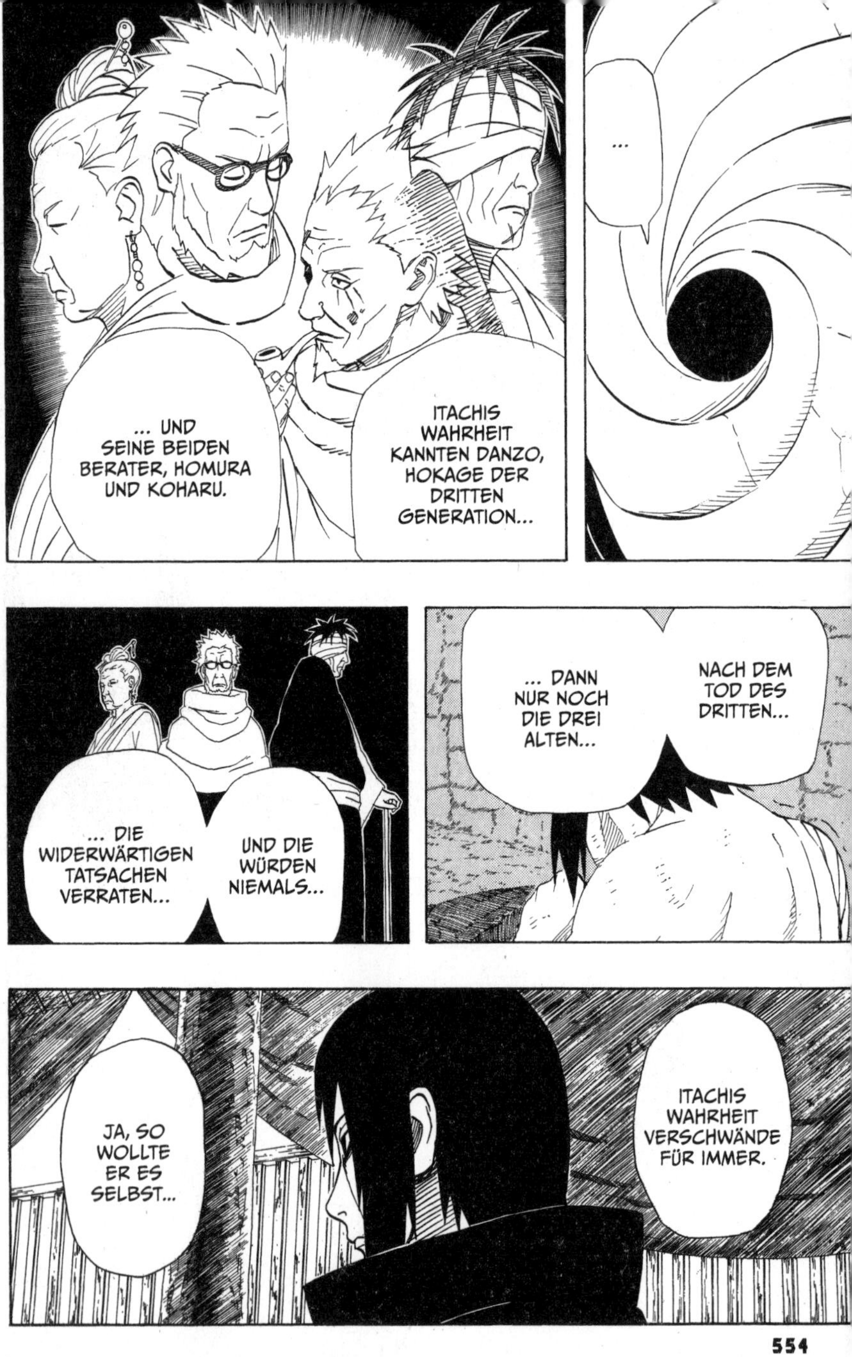
...
ITACHIS WAHRHEIT KANNTEN DANZO, HOKAGE DER DRITTEN GENERATION...
... UND SEINE BEIDEN BERATER, HOMURA UND KOHARU.
NACH DEM TOD DES DRITTEN...
... DANN NUR NOCH DIE DREI ALTEN...
UND DIE WÜRDEN NIEMALS...
... DIE WIDERWÄRTIGEN TATSACHEN VERRATEN...
ITACHIS WAHRHEIT VERSCHWÄNDE FÜR IMMER.
JA, SO WOLLTE ER ES SELBST...

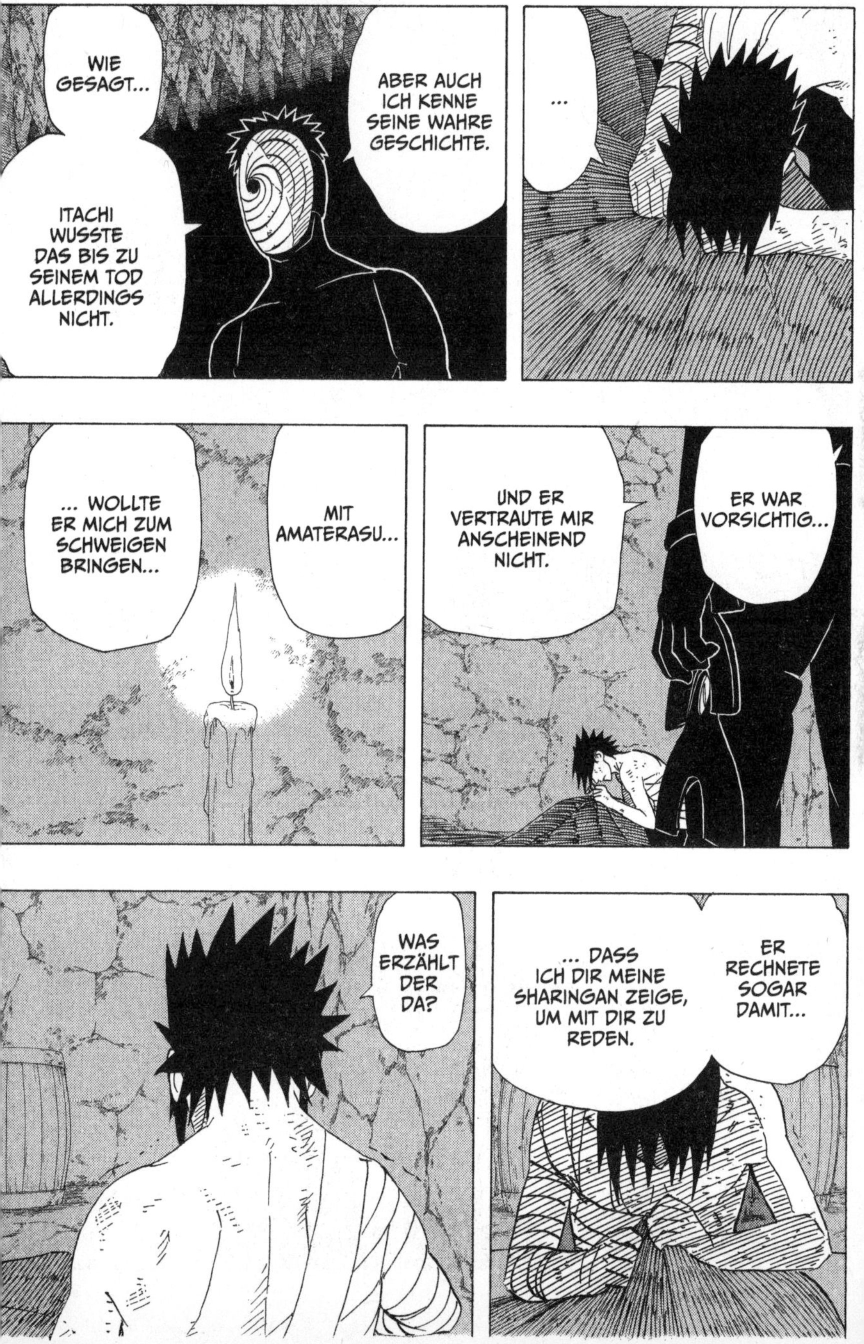
...
ABER AUCH ICH KENNE SEINE WAHRE GESCHICHTE.
WIE GESAGT...
ITACHI WUSSTE DAS BIS ZU SEINEM TOD ALLERDINGS NICHT.
ER WAR VORSICHTIG...
UND ER VERTRAUTE MIR ANSCHEINEND NICHT.
MIT AMATERASU...
... WOLLTE ER MICH ZUM SCHWEIGEN BRINGEN...
ER RECHNETE SOGAR DAMIT...
... DASS ICH DIR MEINE SHARINGAN ZEIGE, UM MIT DIR ZU REDEN.
WAS ERZÄHLT DER DA?

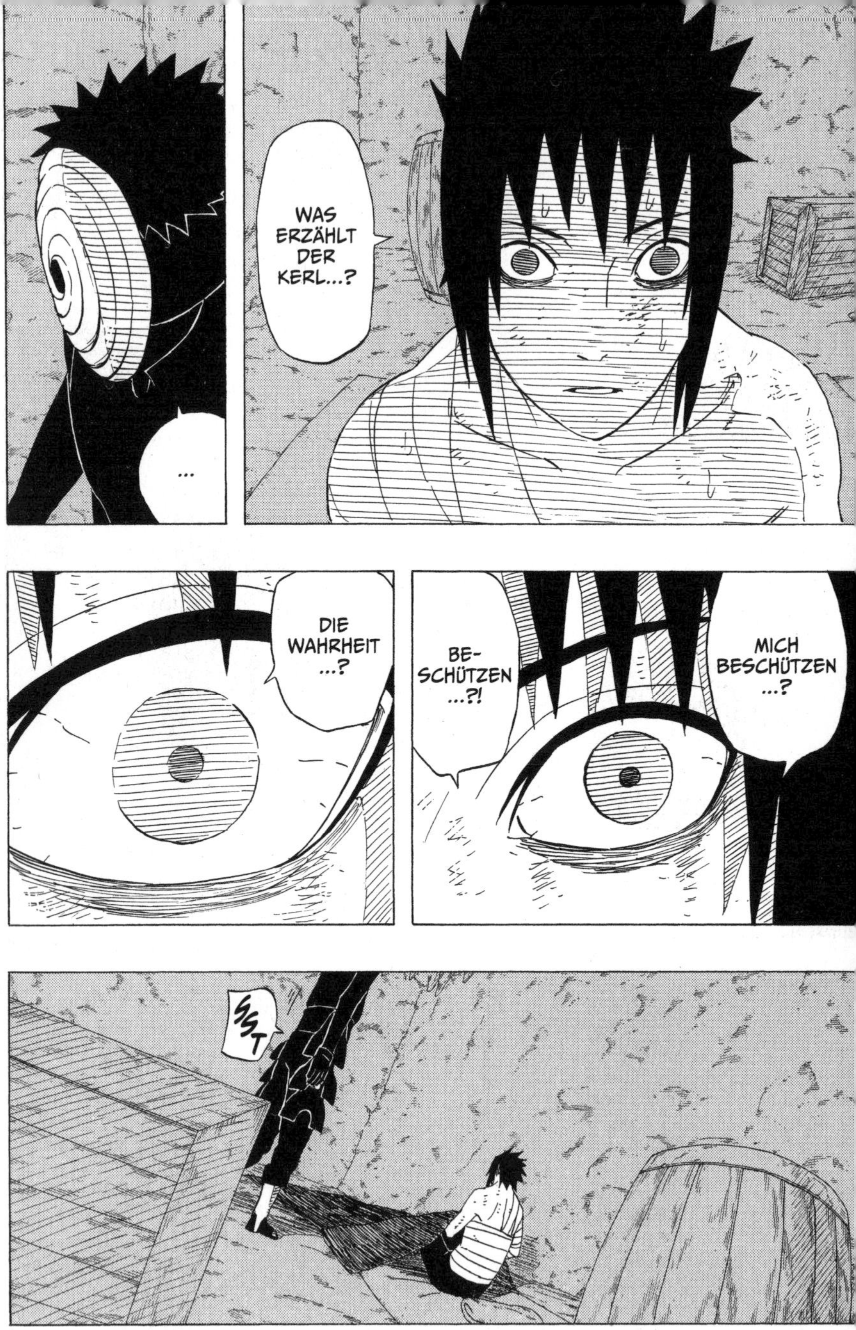
WAS ERZÄHLT DER KERL...?
...
MICH BESCHÜTZEN ...?
BE-SCHÜTZEN ...?!
DIE WAHRHEIT ...?
SST

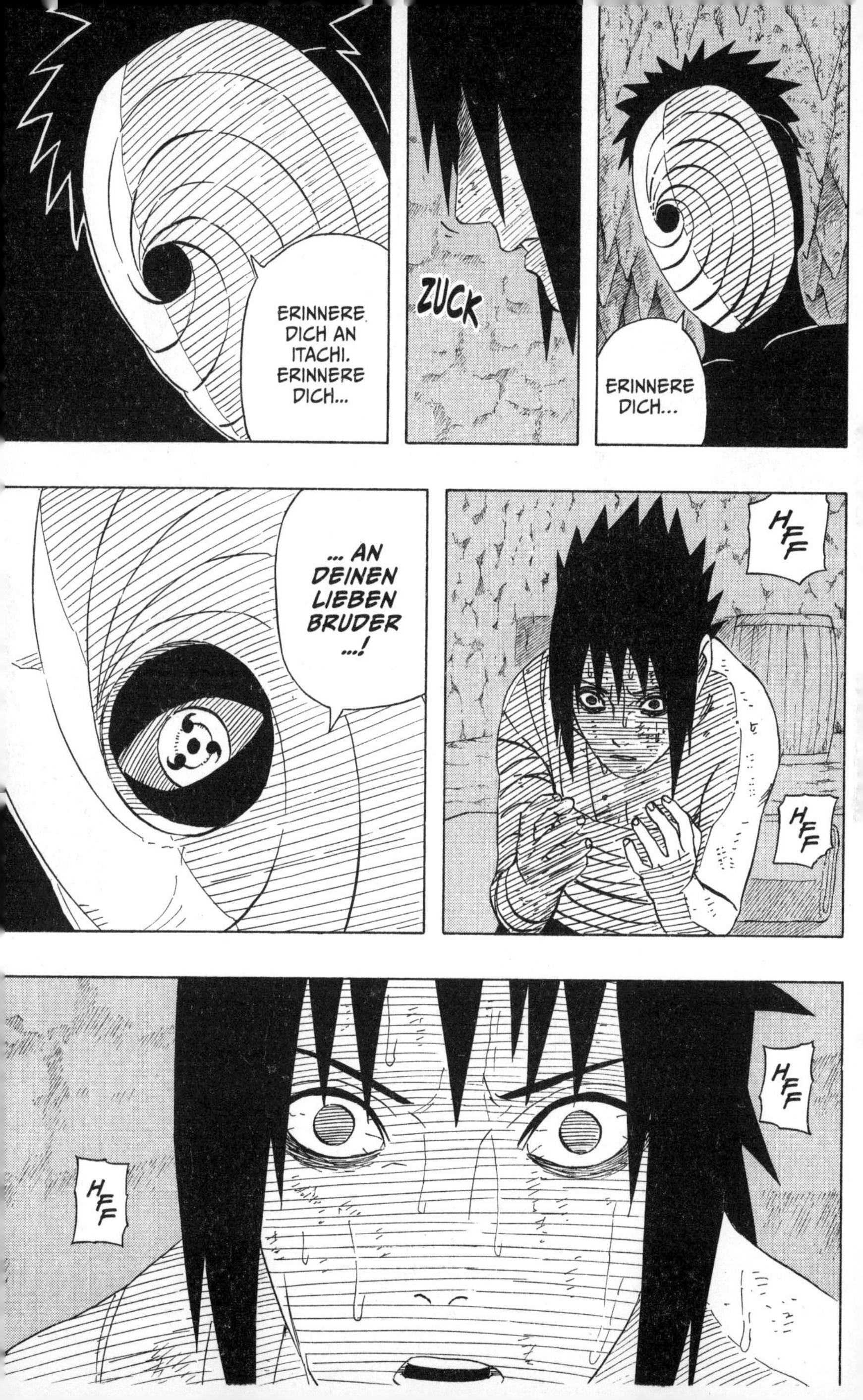
ERINNERE DICH...
ZUCK
ERINNERE DICH AN ITACHI. ERINNERE DICH...
HFF
HFF
... AN DEINEN LIEBEN BRUDER ...!
HFF
HFF

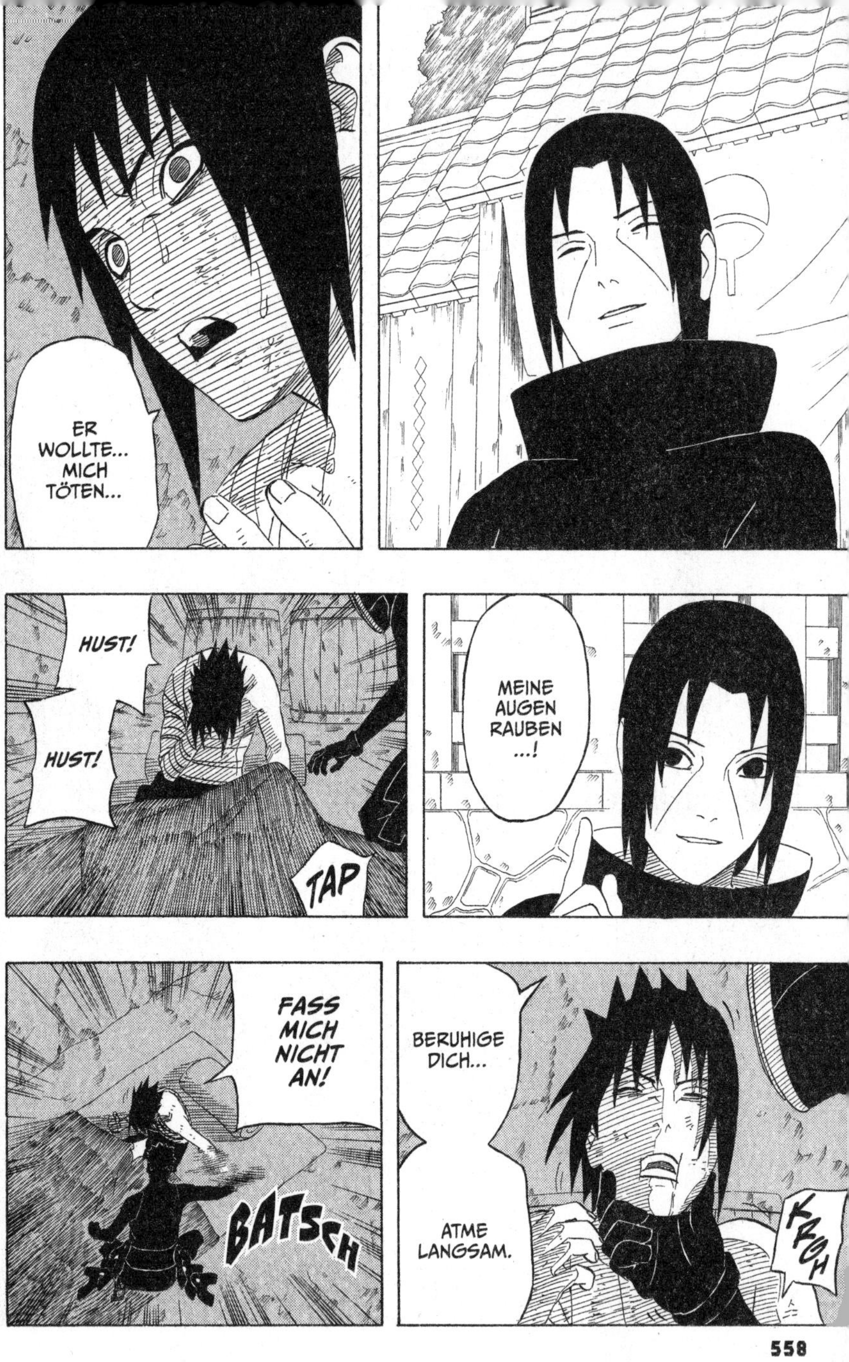
ER WOLLTE... MICH TÖTEN...
MEINE AUGEN RAUBEN ...!
HUST!
HUST!
TAP
BERUHIGE DICH...
ATME LANGSAM.
KROCH
FASS MICH NICHT AN!
BATSCH

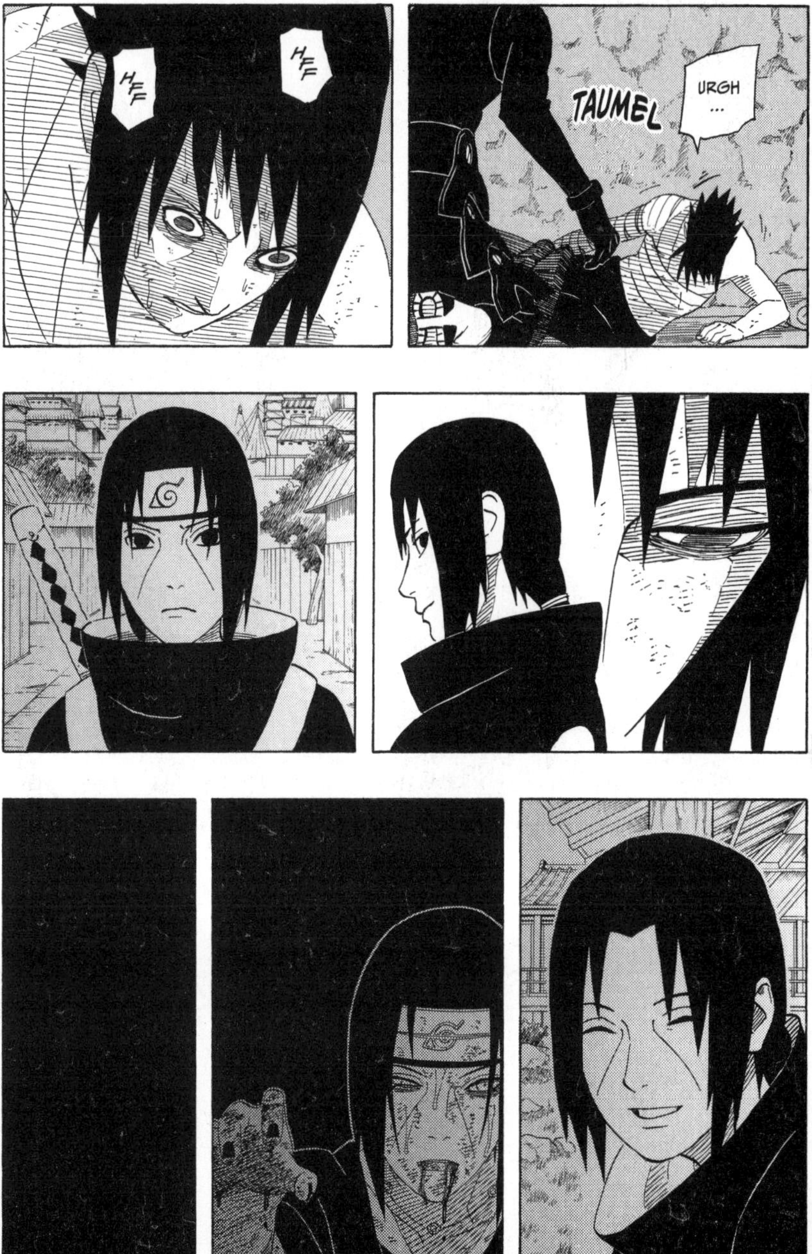
TAUMEL
URGH ...
HFF
HFF

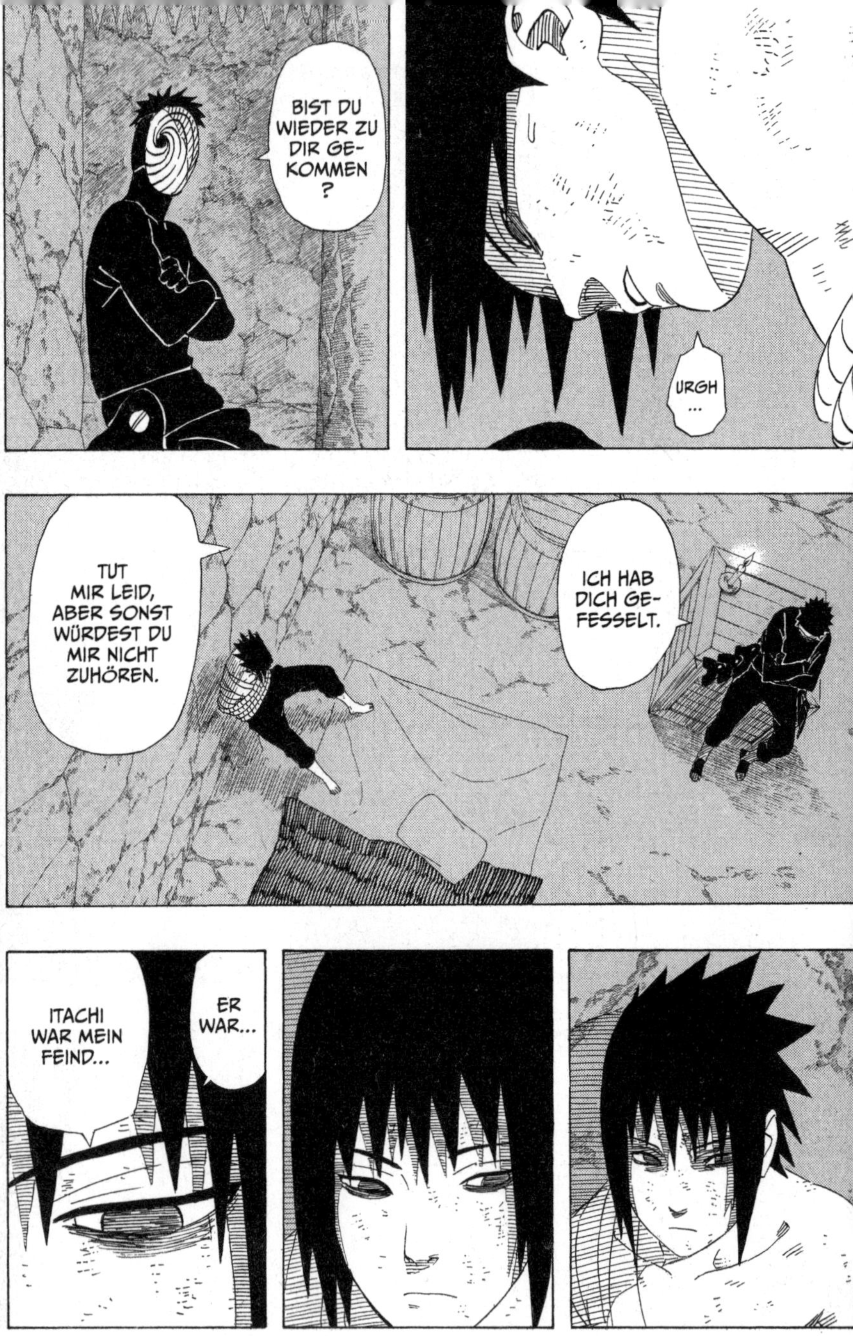
URGH ...
BIST DU WIEDER ZU DIR GE-KOMMEN ?
ICH HAB DICH GE-FESSELT.
TUT MIR LEID, ABER SONST WÜRDEST DU MIR NICHT ZUHÖREN.
ER WAR...
ITACHI WAR MEIN FEIND...

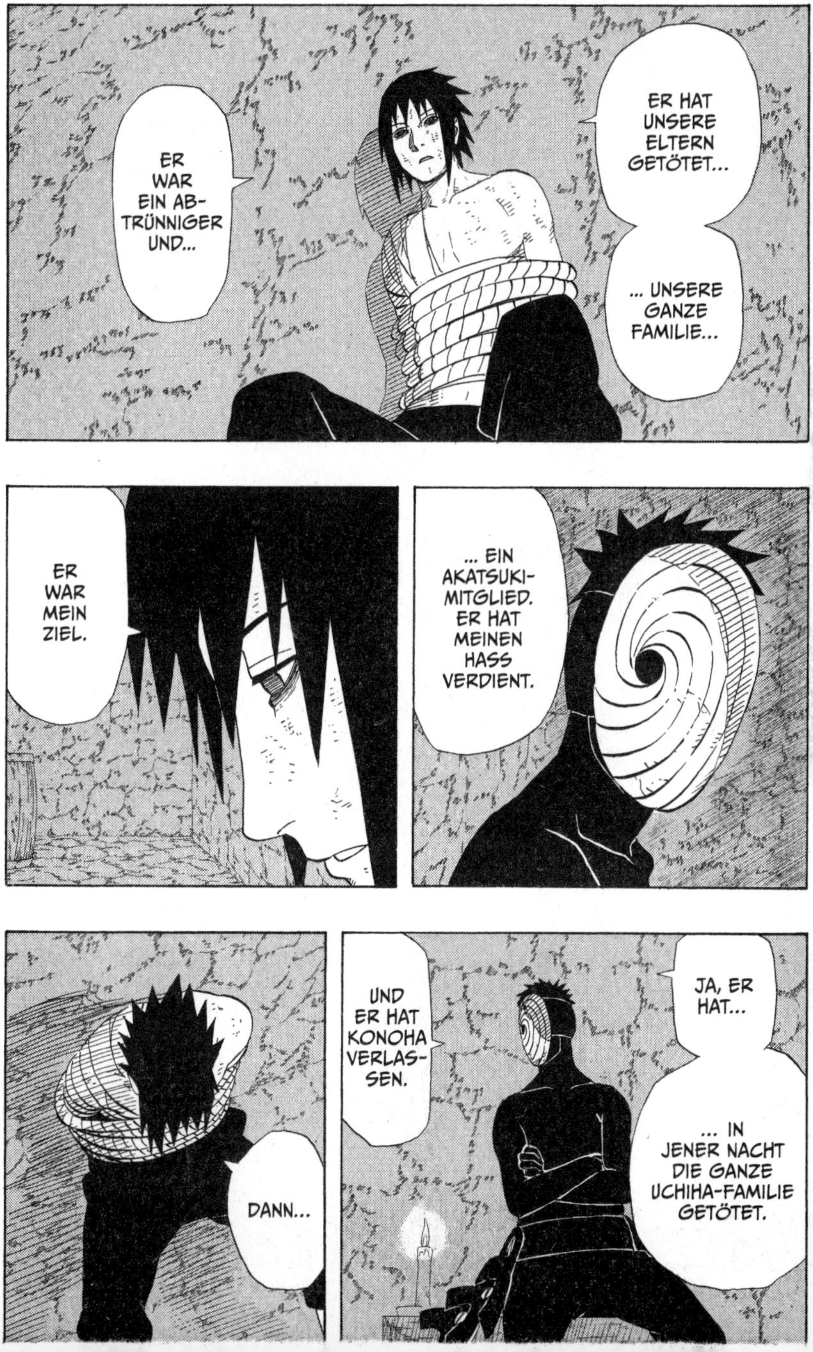
ER HAT UNSERE ELTERN GETÖTET...
... UNSERE GANZE FAMILIE...
ER WAR EIN AB-TRÜNNIGER UND...
... EIN AKATSUKI-MITGLIED. ER HAT MEINEN HASS VERDIENT.
ER WAR MEIN ZIEL.
JA, ER HAT...
... IN JENER NACHT DIE GANZE UCHIHA-FAMILIE GETÖTET.
UND ER HAT KONOHA VERLAS-SEN.
DANN...

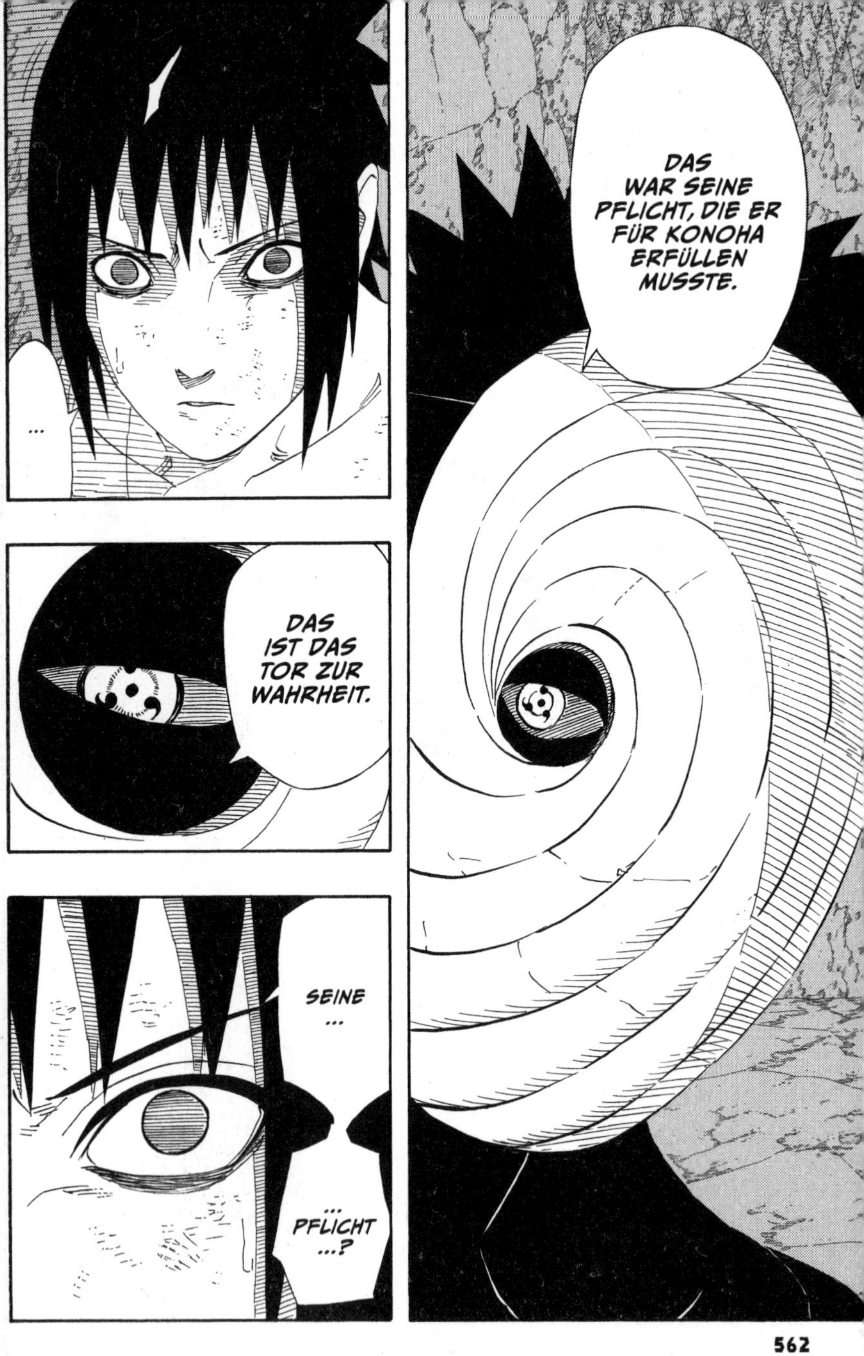
DAS WAR SEINE PFLICHT, DIE ER FÜR KONOHA ERFÜLLEN MUSSTE.
...
DAS IST DAS TOR ZUR WAHRHEIT.
SEINE ...
... PFLICHT ...?

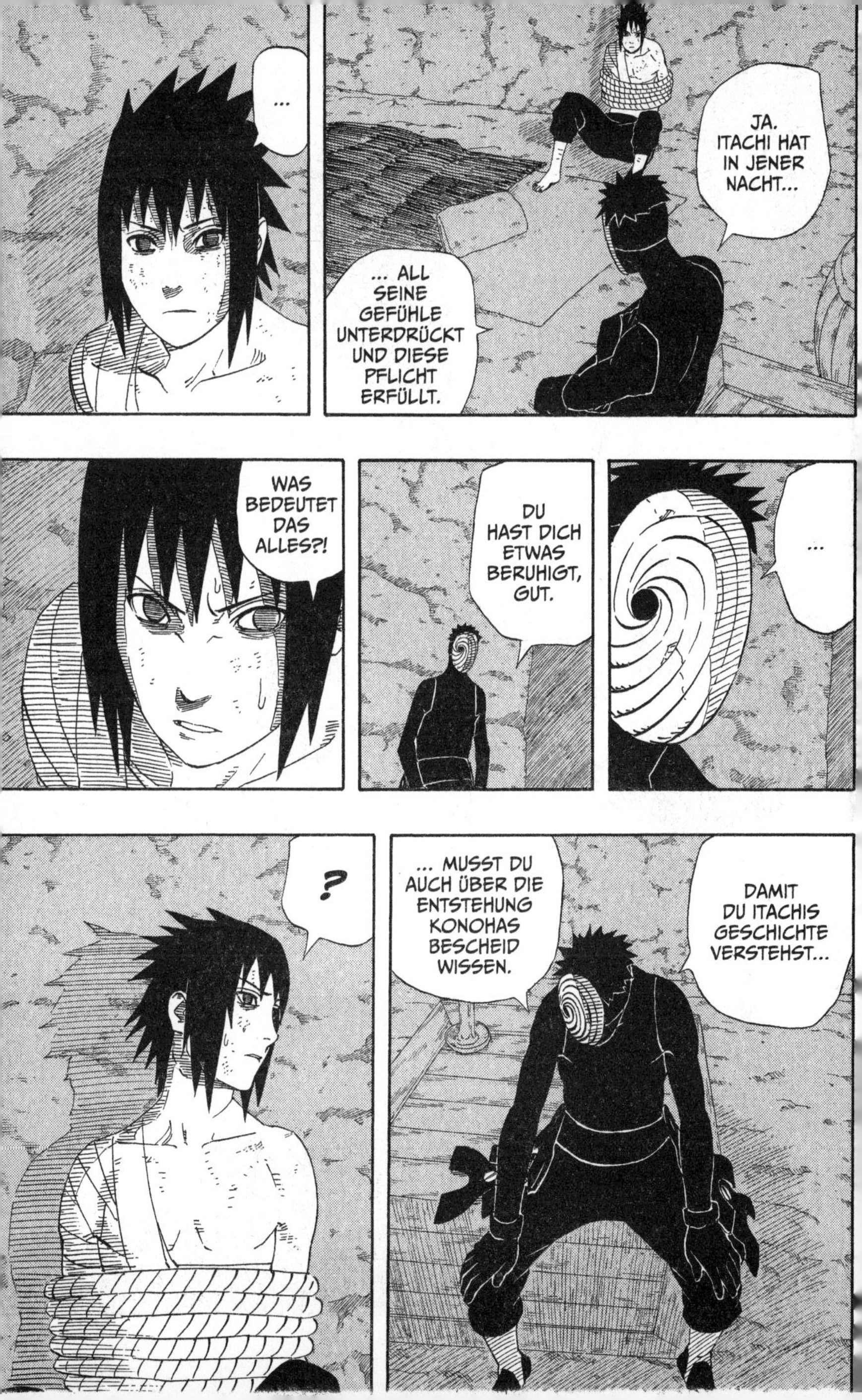
JA. ITACHI HAT IN JENER NACHT...
... ALL SEINE GEFÜHLE UNTERDRÜCKT UND DIESE PFLICHT ERFÜLLT.
...
...
DU HAST DICH ETWAS BERUHIGT, GUT.
WAS BEDEUTET DAS ALLES?!
DAMIT DU ITACHIS GESCHICHTE VERSTEHST...
... MUSST DU AUCH ÜBER DIE ENTSTEHUNG KONOHAS BESCHEID WISSEN.
?

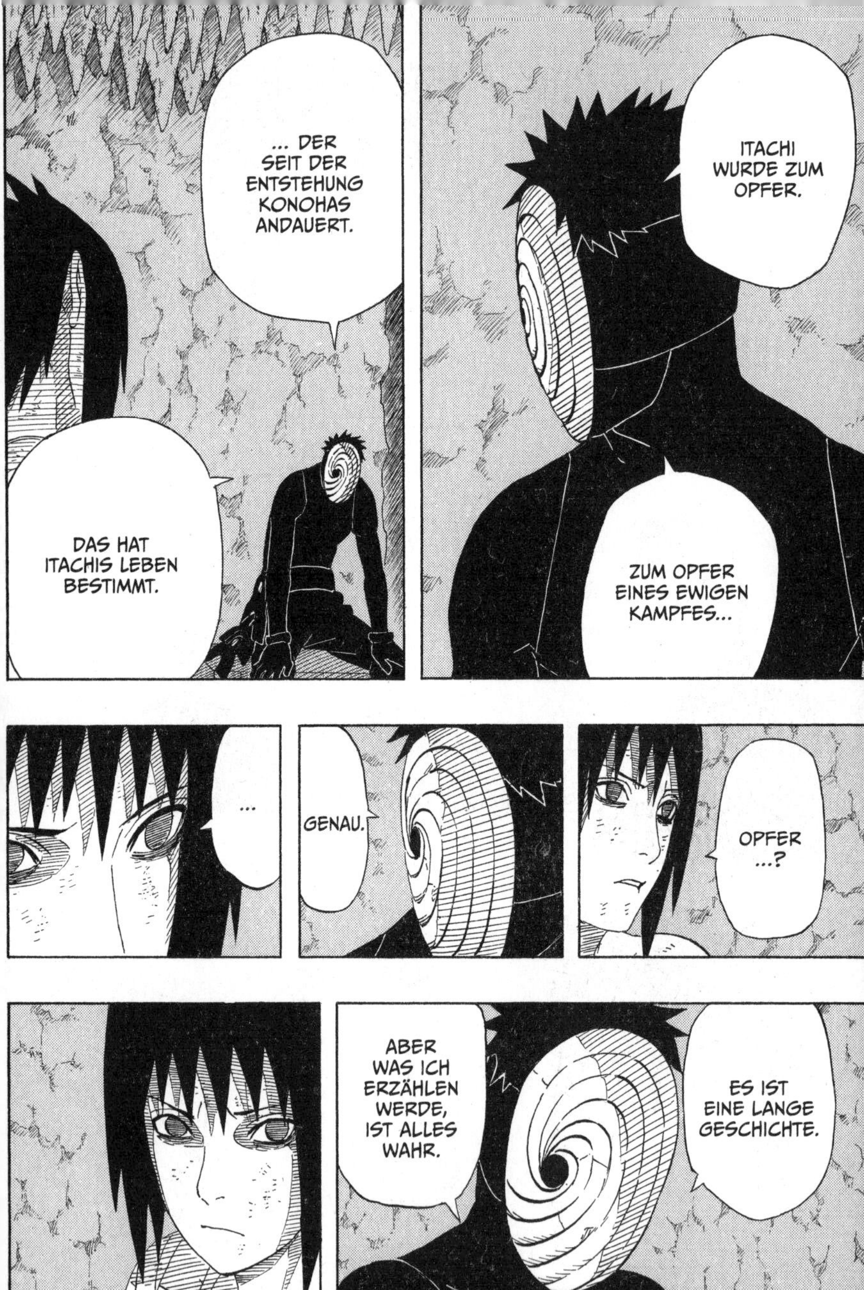
ITACHI WURDE ZUM OPFER.
ZUM OPFER EINES EWIGEN KAMPFES...
... DER SEIT DER ENTSTEHUNG KONOHAS ANDAUERT.
DAS HAT ITACHIS LEBEN BESTIMMT.
OPFER ...?
GENAU.
...
ES IST EINE LANGE GESCHICHTE.
ABER WAS ICH ERZÄHLEN WERDE, IST ALLES WAHR.

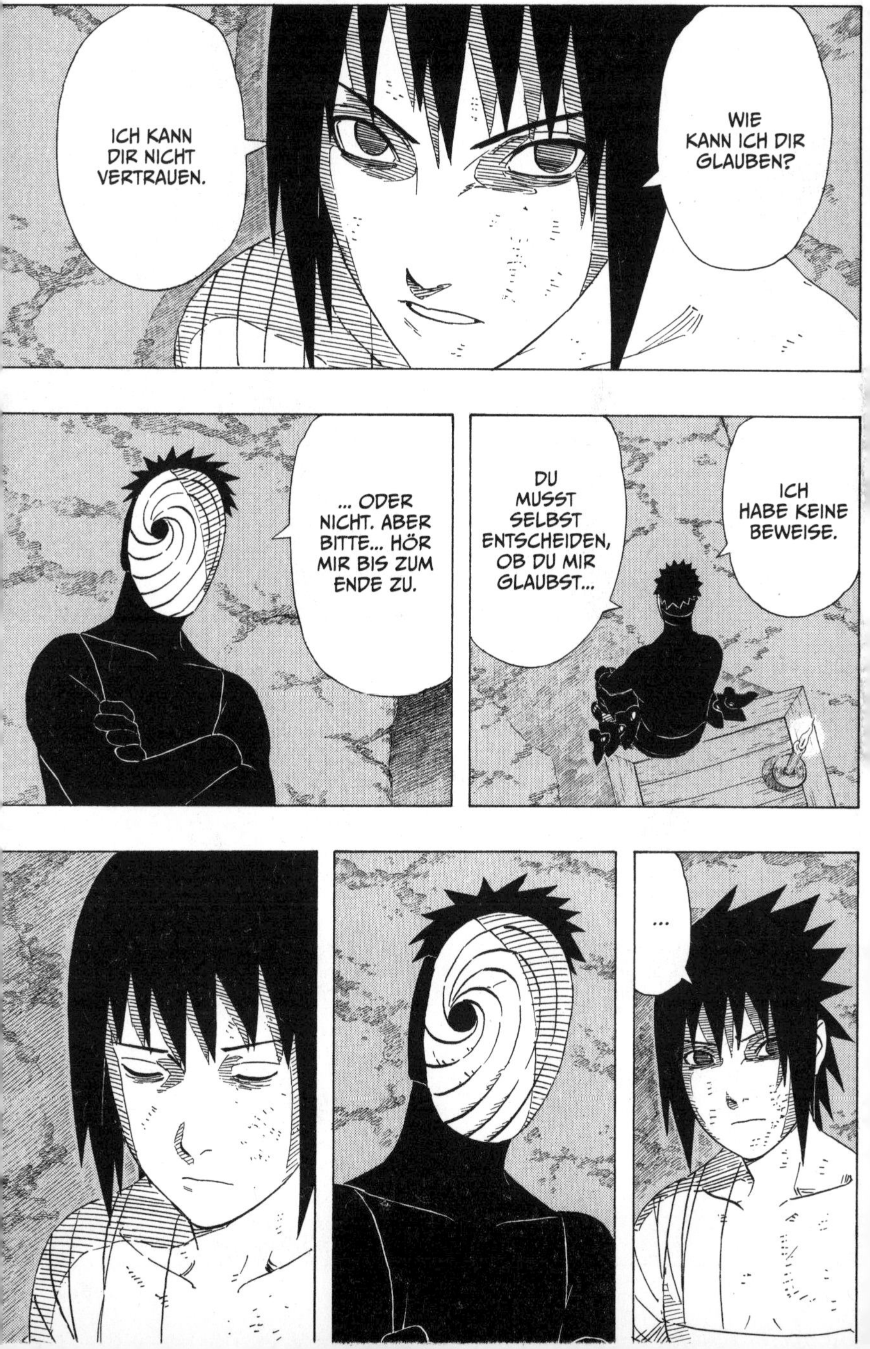
WIE KANN ICH DIR GLAUBEN?
ICH KANN DIR NICHT VERTRAUEN.
ICH HABE KEINE BEWEISE.
DU MUSST SELBST ENTSCHEIDEN, OB DU MIR GLAUBST...
... ODER NICHT. ABER BITTE... HÖR MIR BIS ZUM ENDE ZU.
...

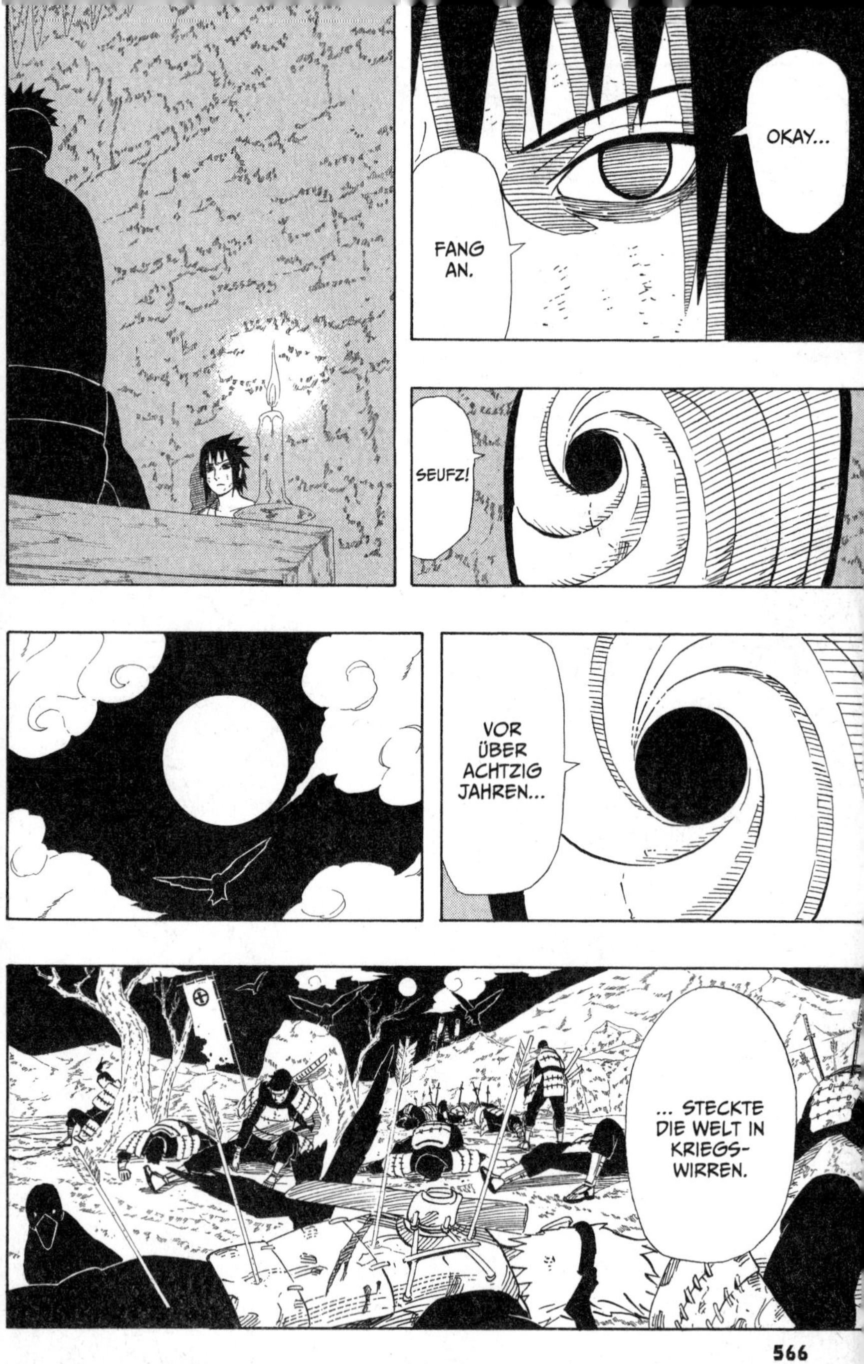
OKAY...
FANG AN.
SEUFZ!
VOR ÜBER ACHTZIG JAHREN...
... STECKTE DIE WELT IN KRIEGS-WIRREN.

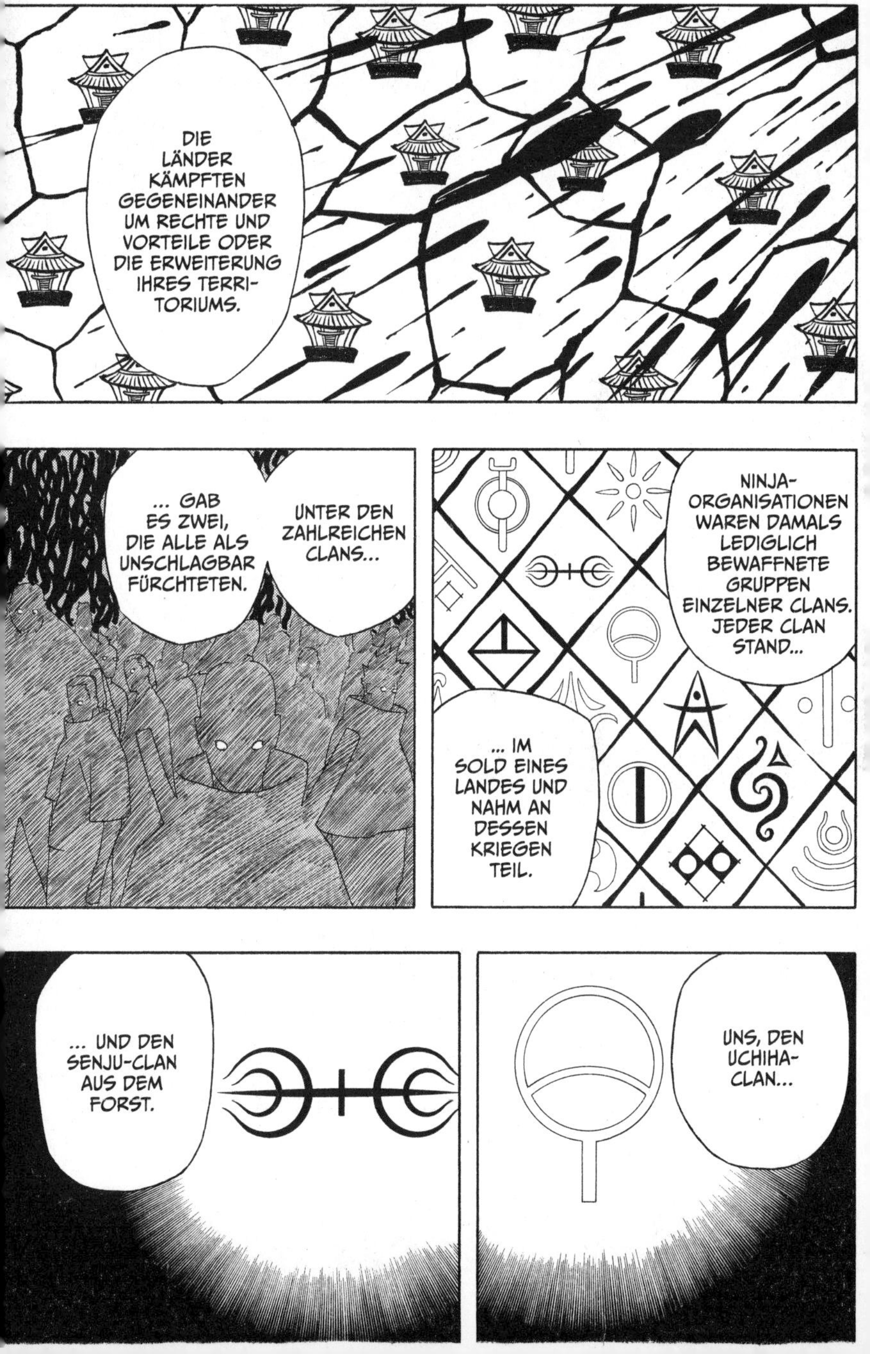
DIE LÄNDER KÄMPFTEN GEGENEINANDER UM RECHTE UND VORTEILE ODER DIE ERWEITERUNG IHRES TERRI- TORIUMS.
NINJA- ORGANISATIONEN WAREN DAMALS LEDIGLICH BEWAFFNETE GRUPPEN EINZELNER CLANS. JEDER CLAN STAND...
... IM SOLD EINES LANDES UND NAHM AN DESSEN KRIEGEN TEIL.
UNTER DEN ZAHLREICHEN CLANS...
... GAB ES ZWEI, DIE ALLE ALS UNSCHLAGBAR FÜRCHTETEN.
UNS, DEN UCHIHA- CLAN...
... UND DEN SENJU-CLAN AUS DEM FORST.

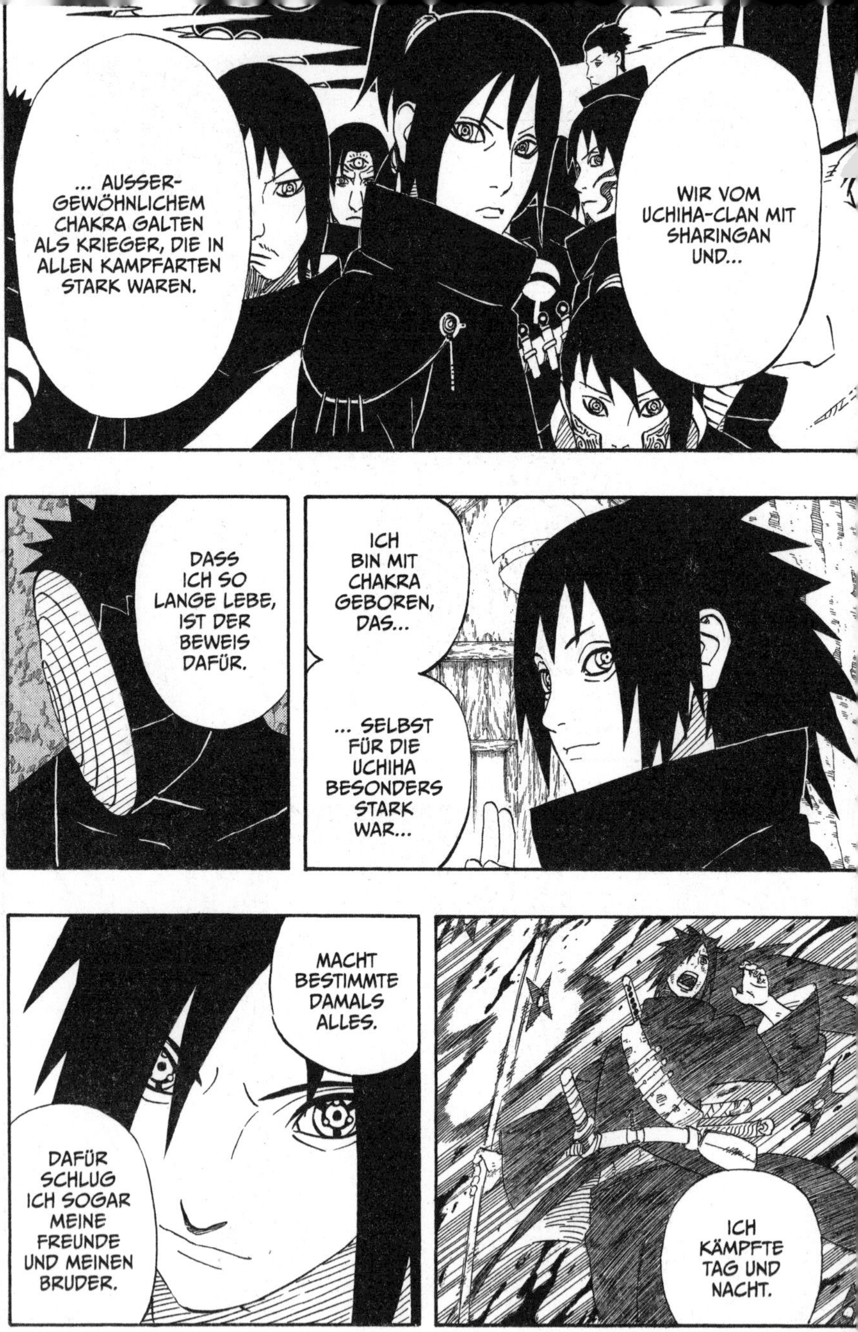
WIR VOM UCHIHA-CLAN MIT SHARINGAN UND...
... AUSSER-GEWÖHNLICHEM CHAKRA GALTEN ALS KRIEGER, DIE IN ALLEN KAMPFARTEN STARK WAREN.
ICH BIN MIT CHAKRA GEBOREN, DAS...
... SELBST FÜR DIE UCHIHA BESONDERS STARK WAR...
DASS ICH SO LANGE LEBE, IST DER BEWEIS DAFÜR.
ICH KÄMPFTE TAG UND NACHT.
MACHT BESTIMMTE DAMALS ALLES.
DAFÜR SCHLUG ICH SOGAR MEINE FREUNDE UND MEINEN BRUDER.

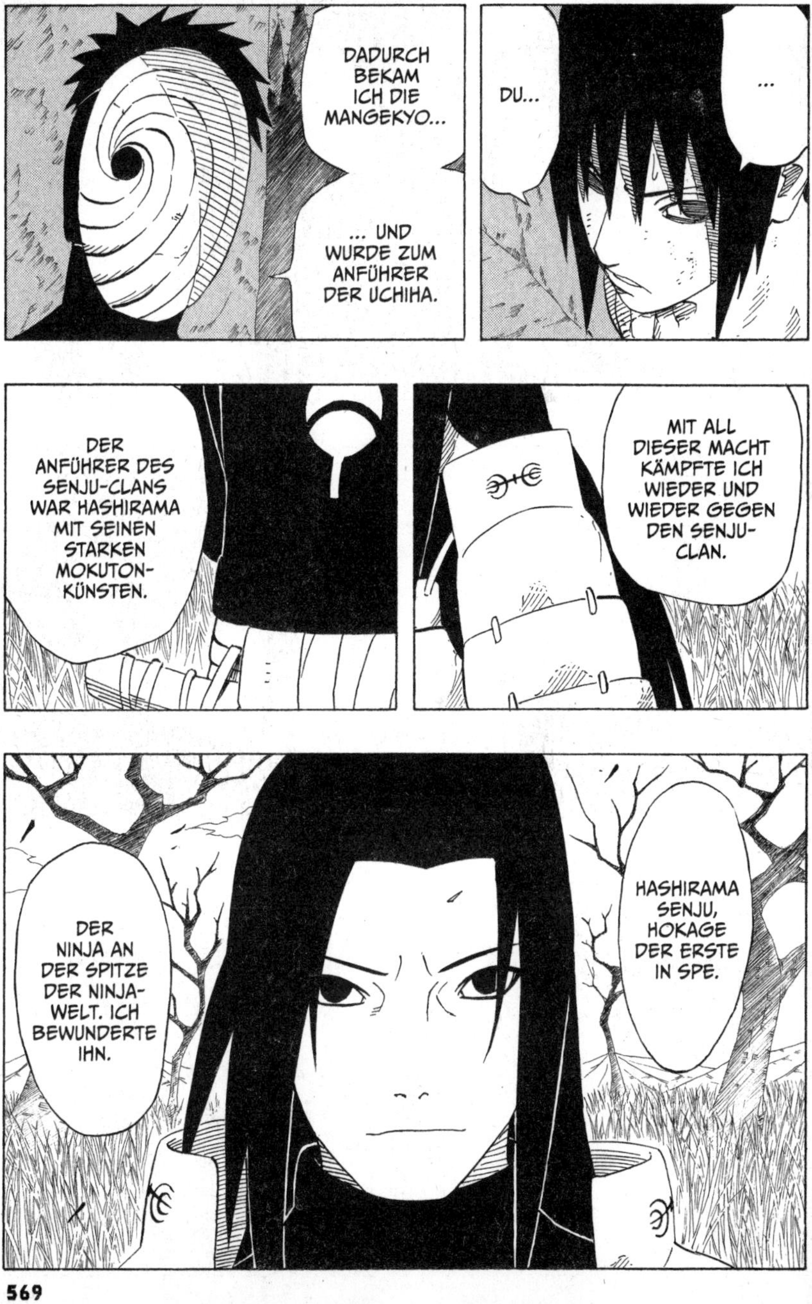
DADURCH BEKAM ICH DIE MANGEKYO...
... UND WURDE ZUM ANFÜHRER DER UCHIHA.
...
DU...
MIT ALL DIESER MACHT KÄMPFTE ICH WIEDER UND WIEDER GEGEN DEN SENJU-CLAN.
DER ANFÜHRER DES SENJU-CLANS WAR HASHIRAMA MIT SEINEN STARKEN MOKUTON-KÜNSTEN.
HASHIRAMA SENJU, HOKAGE DER ERSTE IN SPE.
DER NINJA AN DER SPITZE DER NINJA-WELT. ICH BEWUNDERTE IHN.

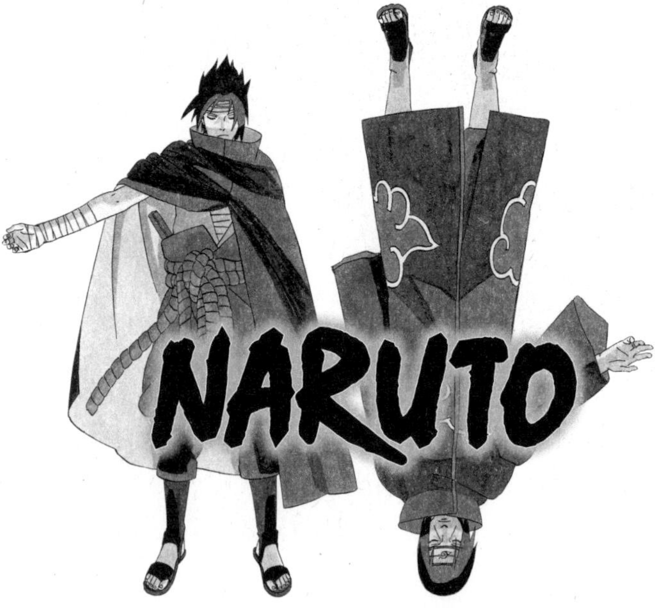
NARUTO

399. KAPITEL: DER ANFANG VON ALLEM

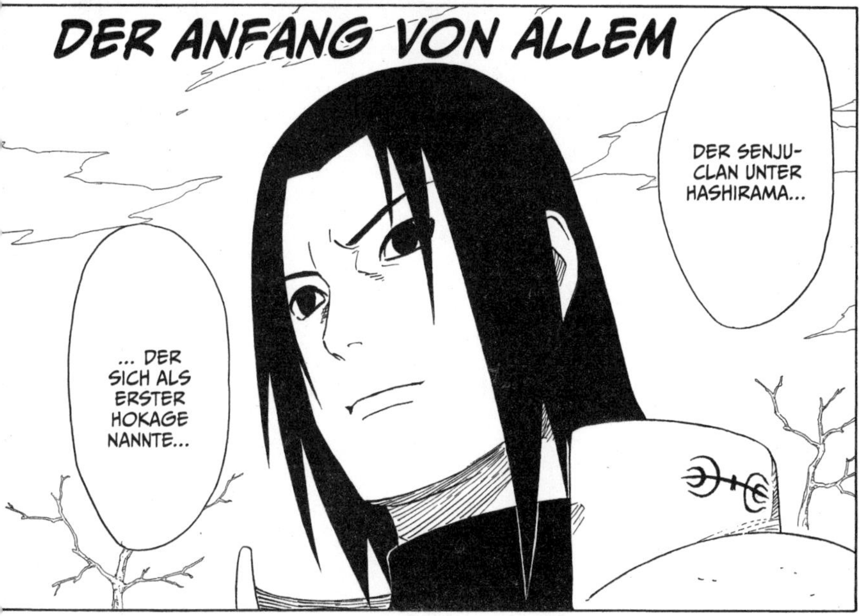

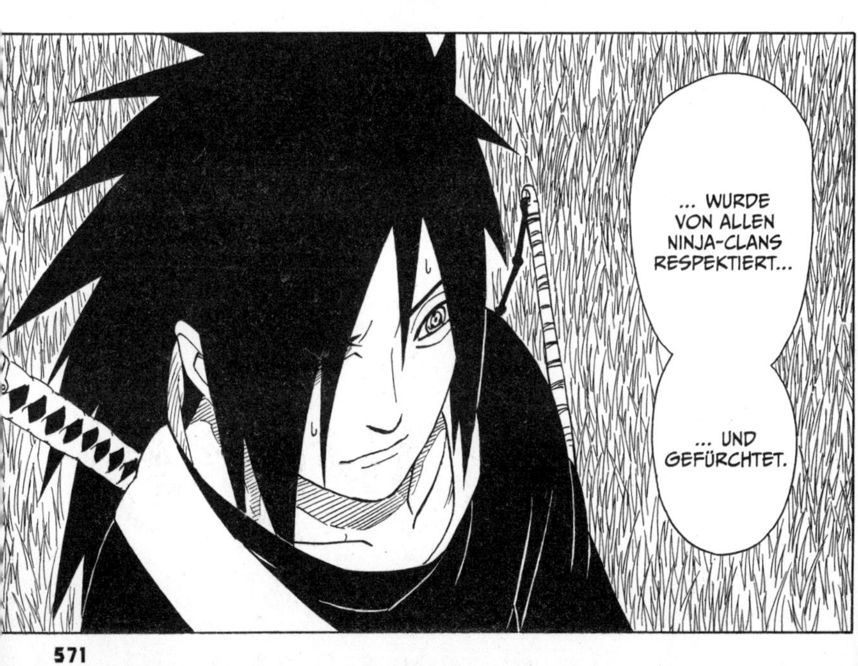

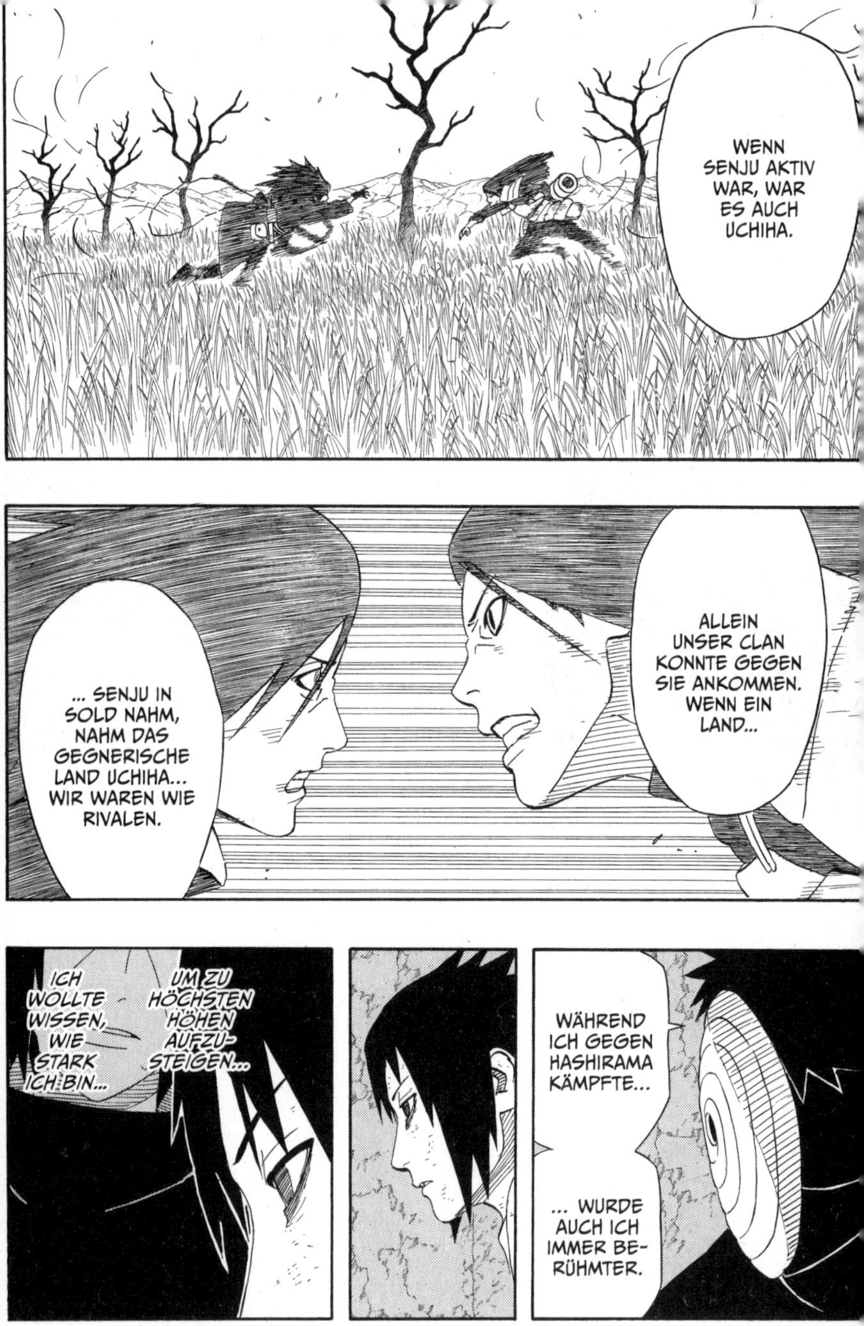

WENN SENJU AKTIV WAR, WAR ES AUCH UCHIHA.
ALLEIN UNSER CLAN KONNTE GEGEN SIE ANKOMMEN. WENN EIN LAND...
... SENJU IN SOLD NAHM, NAHM DAS GEGNERISCHE LAND UCHIHA... WIR WAREN WIE RIVALEN.
WÄHREND ICH GEGEN HASHIRAMA KÄMPFTE...
... WURDE AUCH ICH IMMER BERÜHMTER.
UM ZU HÖCHSTEN HÖHEN AUFZUSTEIGEN...
ICH WOLLTE WISSEN, WIE STARK ICH BIN...

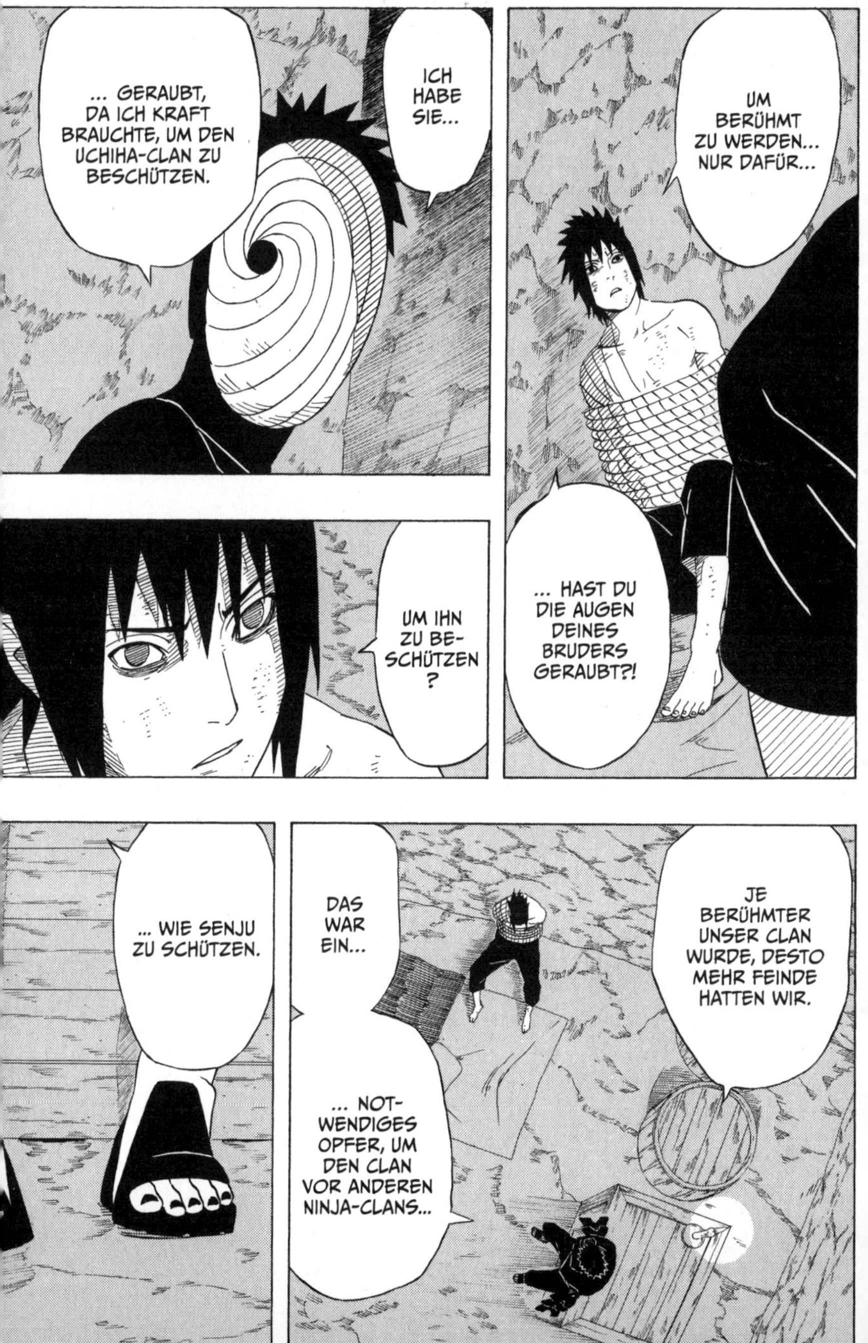
UM BERÜHMT ZU WERDEN... NUR DAFÜR...
... HAST DU DIE AUGEN DEINES BRUDERS GERAUBT?!
ICH HABE SIE...
... GERAUBT, DA ICH KRAFT BRAUCHTE, UM DEN UCHIHA-CLAN ZU BESCHÜTZEN.
UM IHN ZU BESCHÜTZEN ?
JE BERÜHMTER UNSER CLAN WURDE, DESTO MEHR FEINDE HATTEN WIR.
DAS WAR EIN...
... NOTWENDIGES OPFER, UM DEN CLAN VOR ANDEREN NINJA-CLANS...
... WIE SENJU ZU SCHÜTZEN.

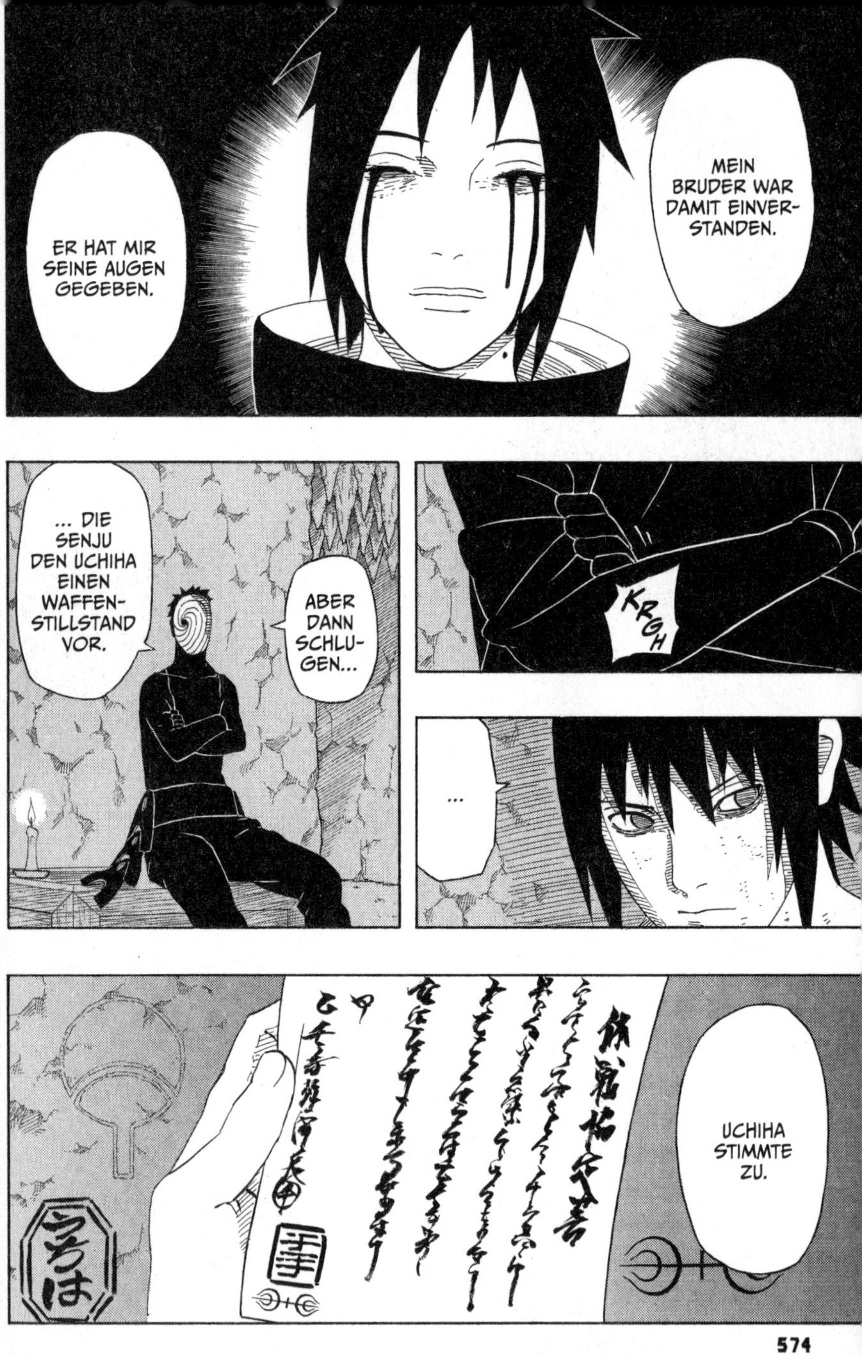
MEIN BRUDER WAR DAMIT EINVER-STANDEN.
ER HAT MIR SEINE AUGEN GEGEBEN.
KRGH
...
ABER DANN SCHLU-GEN...
... DIE SENJU DEN UCHIHA EINEN WAFFEN-STILLSTAND VOR.
UCHIHA STIMMTE ZU.
うちは

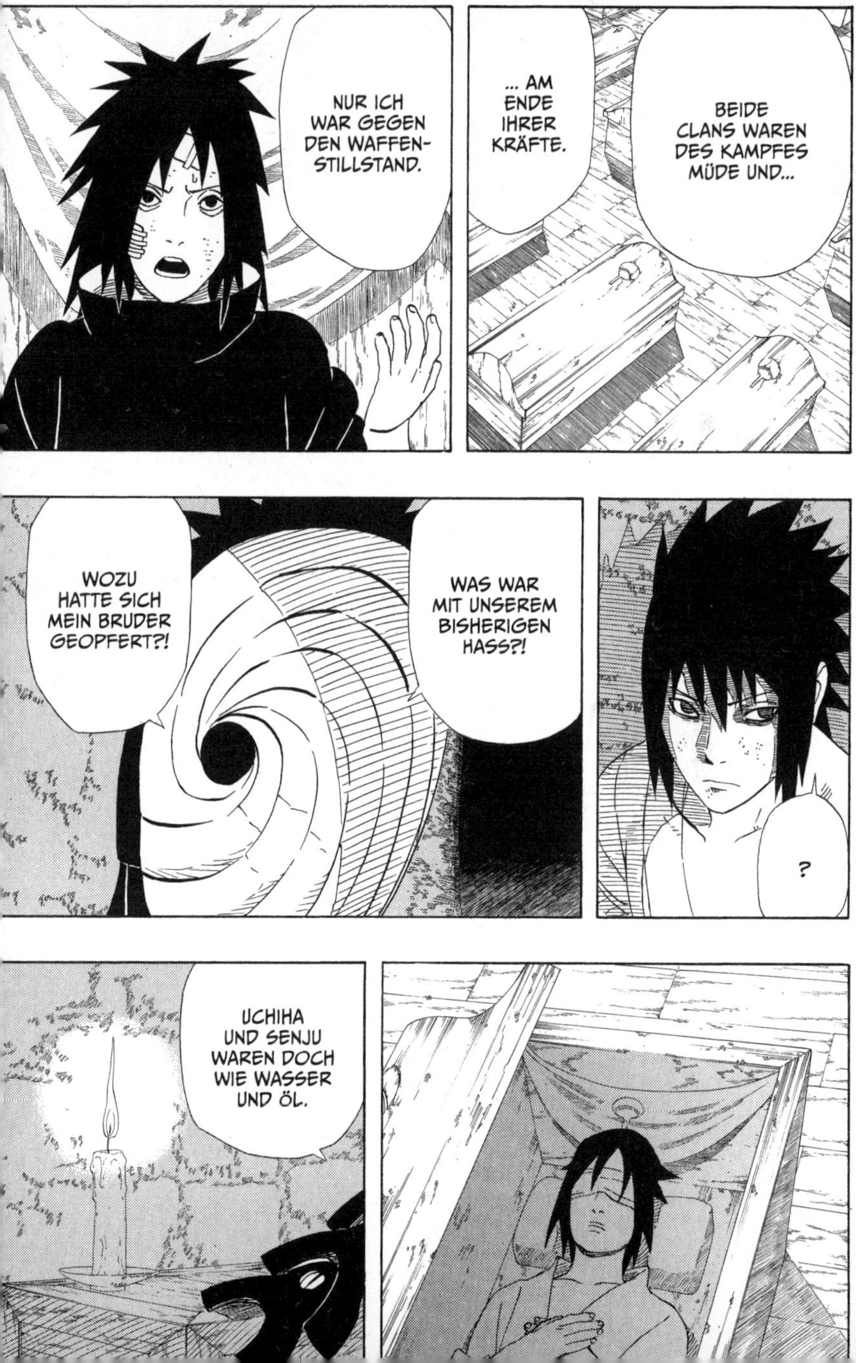
BEIDE CLANS WAREN DES KAMPFES MÜDE UND...
... AM ENDE IHRER KRÄFTE.
NUR ICH WAR GEGEN DEN WAFFEN-STILLSTAND.
?
WAS WAR MIT UNSEREM BISHERIGEN HASS?!
WOZU HATTE SICH MEIN BRUDER GEOPFERT?!
UCHIHA UND SENJU WAREN DOCH WIE WASSER UND ÖL.

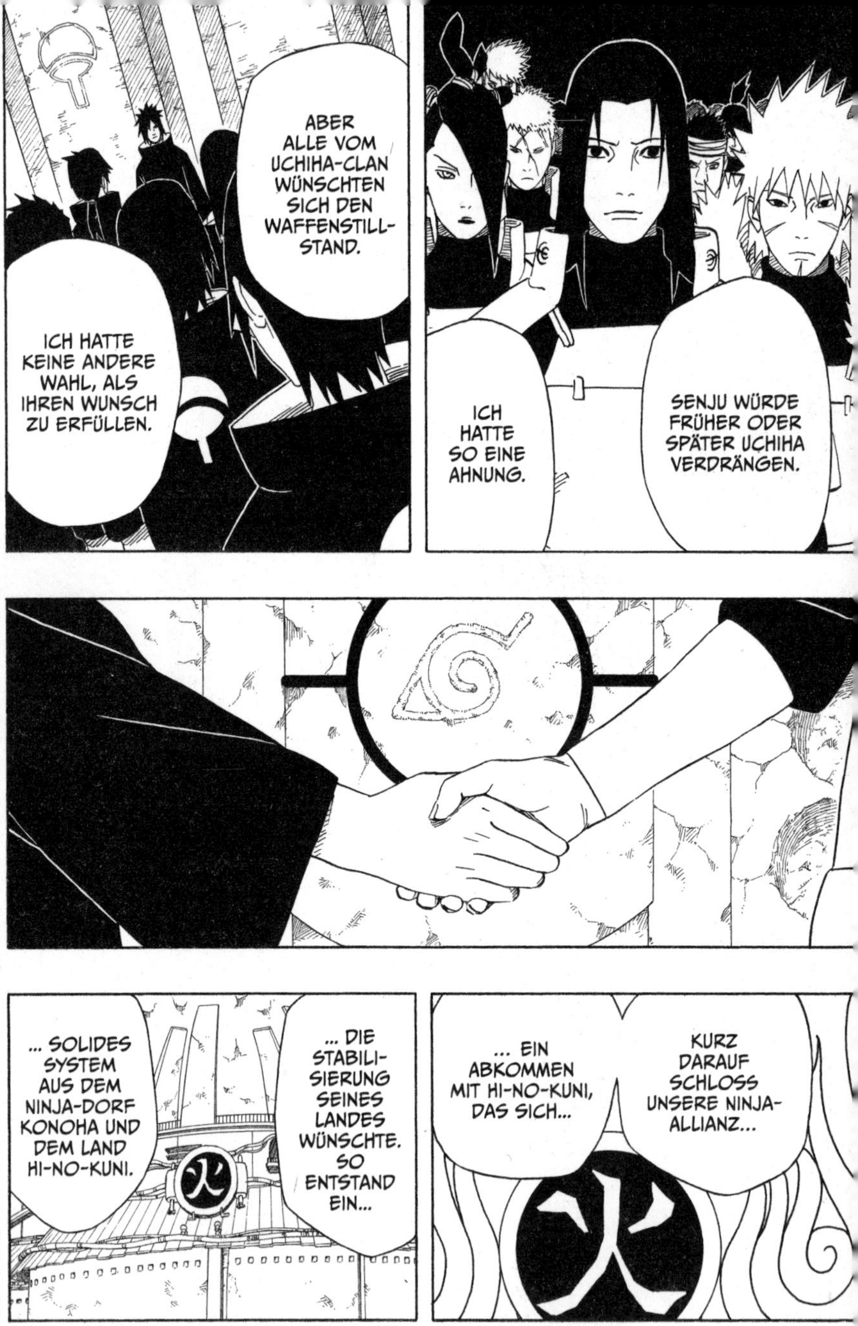
SENJU WÜRDE FRÜHER ODER SPÄTER UCHIHA VERDRÄNGEN.
ICH HATTE SO EINE AHNUNG.
ABER ALLE VOM UCHIHA-CLAN WÜNSCHTEN SICH DEN WAFFENSTILL-STAND.
ICH HATTE KEINE ANDERE WAHL, ALS IHREN WUNSCH ZU ERFÜLLEN.
KURZ DARAUF SCHLOSS UNSERE NINJA-ALLIANZ...
... EIN ABKOMMEN MIT HI-NO-KUNI, DAS SICH...
... DIE STABILI-SIERUNG SEINES LANDES WÜNSCHTE. SO ENTSTAND EIN...
... SOLIDES SYSTEM AUS DEM NINJA-DORF KONOHA UND DEM LAND HI-NO-KUNI.

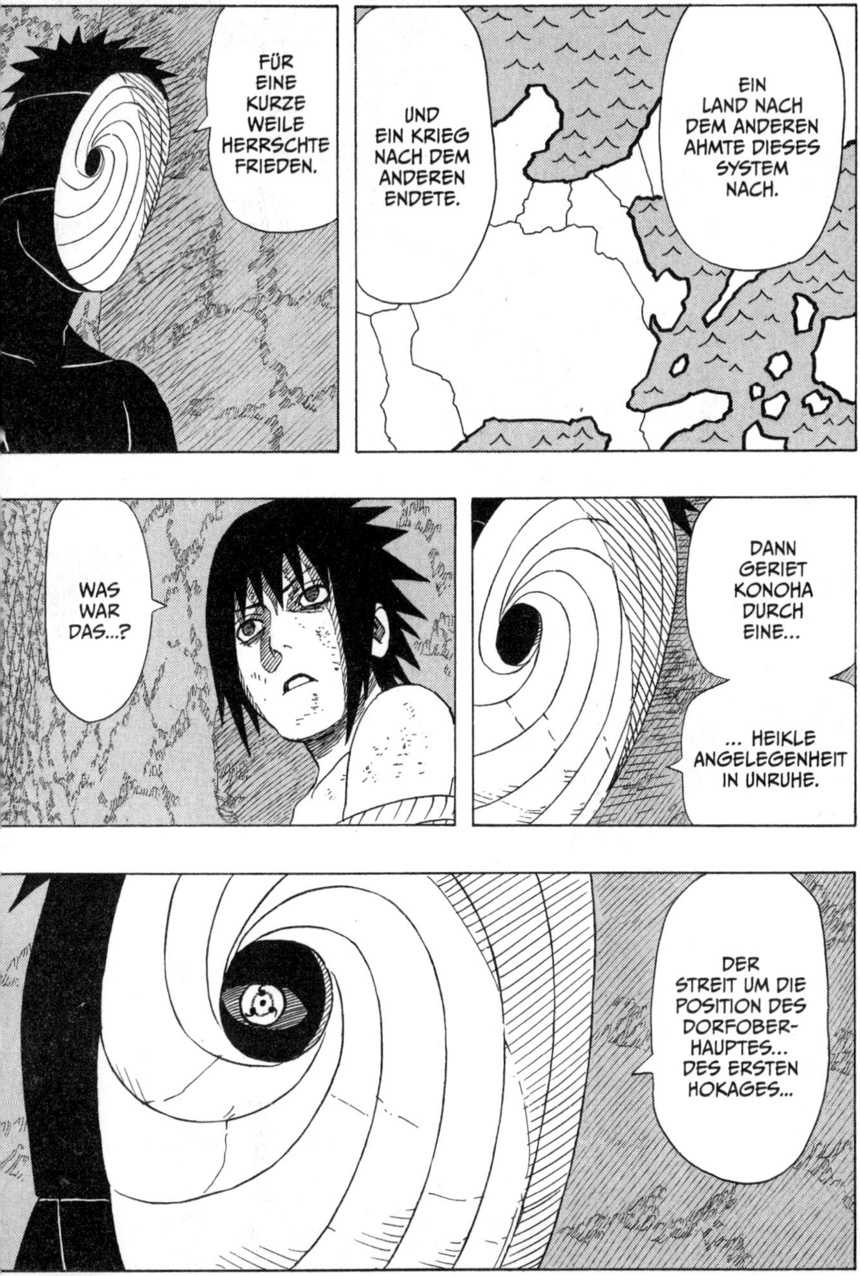
EIN LAND NACH DEM ANDEREN AHMTE DIESES SYSTEM NACH.
UND EIN KRIEG NACH DEM ANDEREN ENDETE.
FÜR EINE KURZE WEILE HERRSCHTE FRIEDEN.
DANN GERIET KONOHA DURCH EINE...
... HEIKLE ANGELEGENHEIT IN UNRUHE.
WAS WAR DAS...?
DER STREIT UM DIE POSITION DES DORFOBER-HAUPTES... DES ERSTEN HOKAGES...

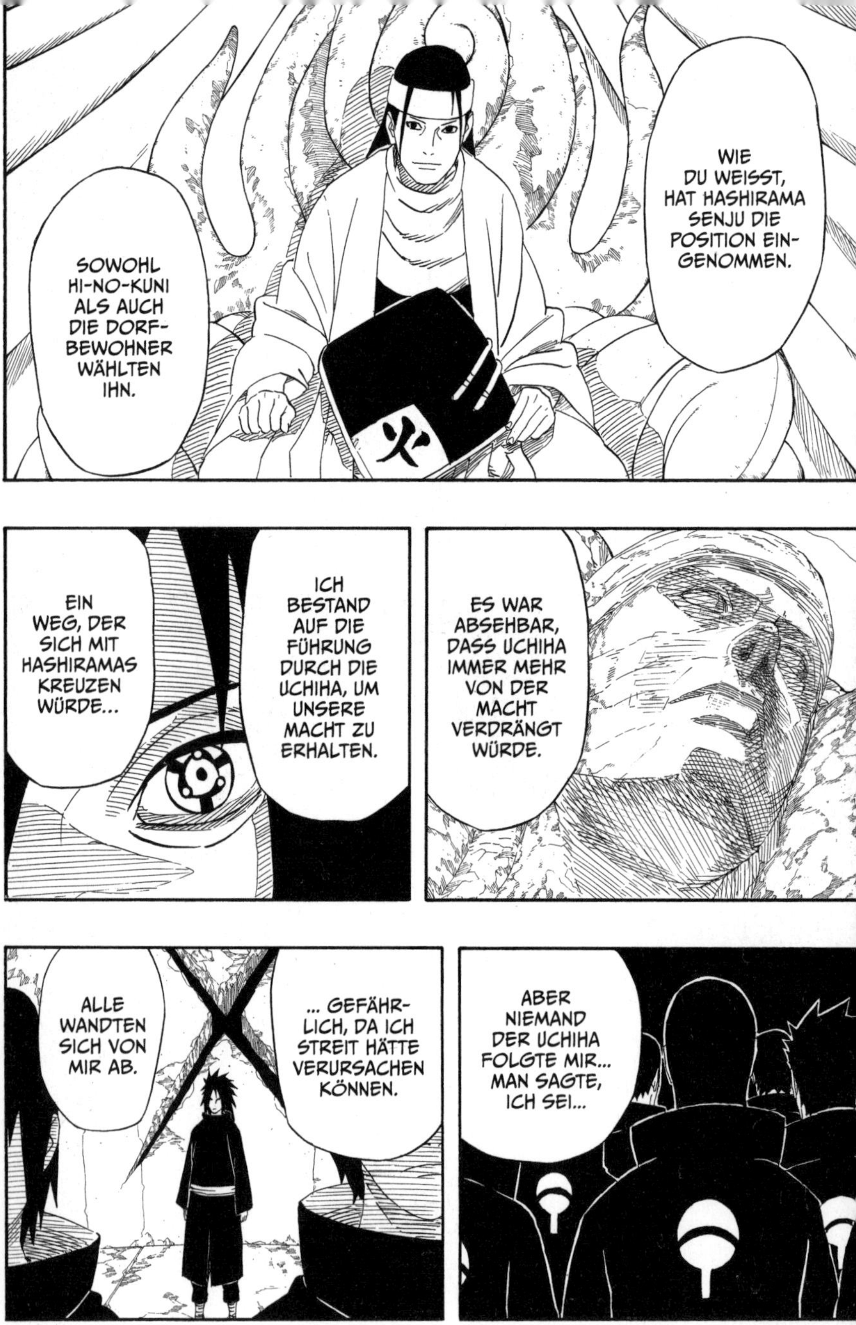
WIE DU WEISST, HAT HASHIRAMA SENJU DIE POSITION EINGENOMMEN.
SOWOHL HI-NO-KUNI ALS AUCH DIE DORFBEWOHNER WÄHLTEN IHN.
ES WAR ABSEHBAR, DASS UCHIHA IMMER MEHR VON DER MACHT VERDRÄNGT WÜRDE.
ICH BESTAND AUF DIE FÜHRUNG DURCH DIE UCHIHA, UM UNSERE MACHT ZU ERHALTEN.
EIN WEG, DER SICH MIT HASHIRAMAS KREUZEN WÜRDE...
ABER NIEMAND DER UCHIHA FOLGTE MIR... MAN SAGTE, ICH SEI...
... GEFÄHRLICH, DA ICH STREIT HÄTTE VERURSACHEN KÖNNEN.
ALLE WANDTEN SICH VON MIR AB.

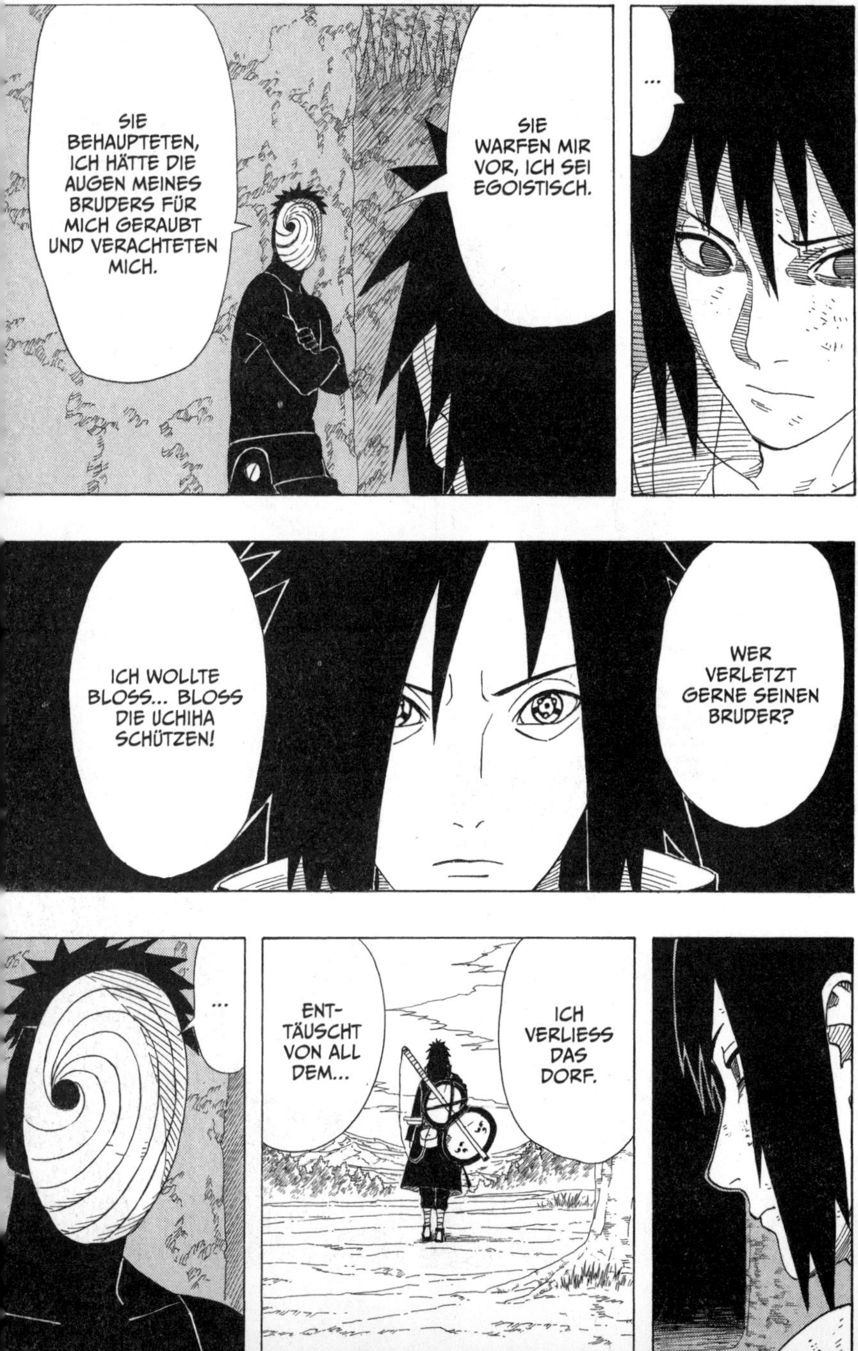
...
SIE WARFEN MIR VOR, ICH SEI EGOISTISCH.
SIE BEHAUPTETEN, ICH HÄTTE DIE AUGEN MEINES BRUDERS FÜR MICH GERAUBT UND VERACHTETEN MICH.
WER VERLETZT GERNE SEINEN BRUDER?
ICH WOLLTE BLOSS... BLOSS DIE UCHIHA SCHÜTZEN!
ICH VERLIESS DAS DORF.
ENT-TÄUSCHT VON ALL DEM...
...

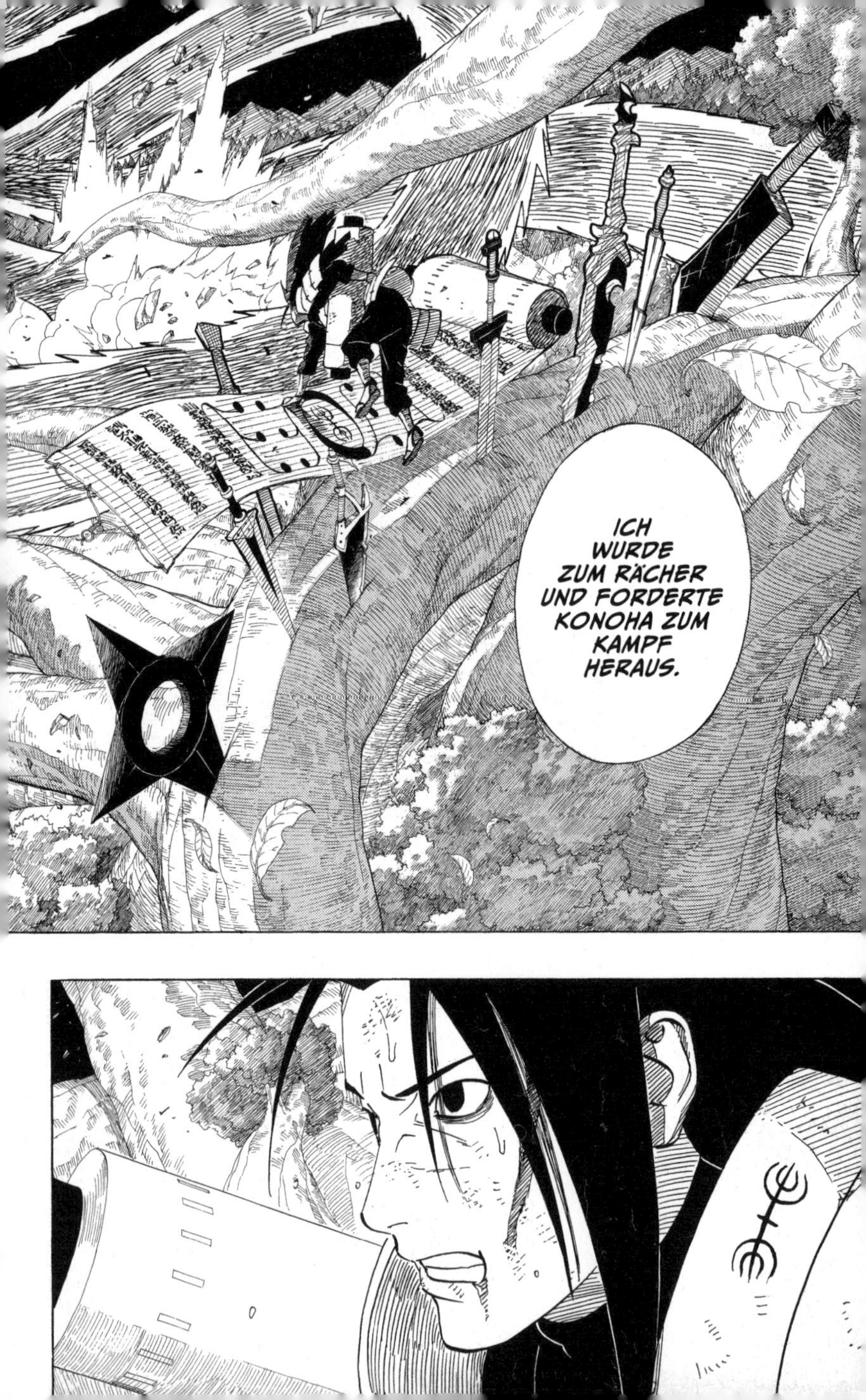
ICH WURDE ZUM RÄCHER UND FORDERTE KONOHA ZUM KAMPF HERAUS.

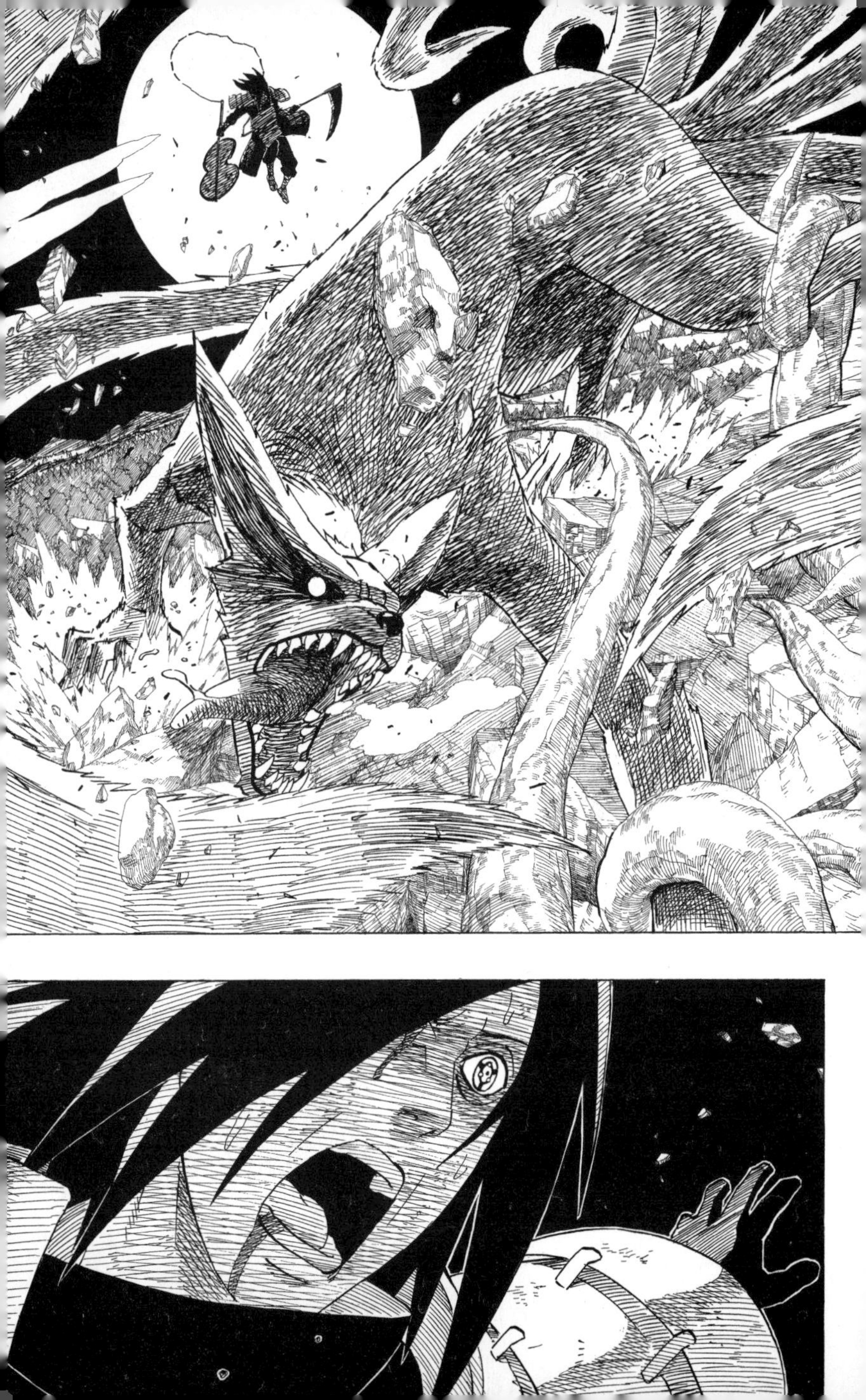

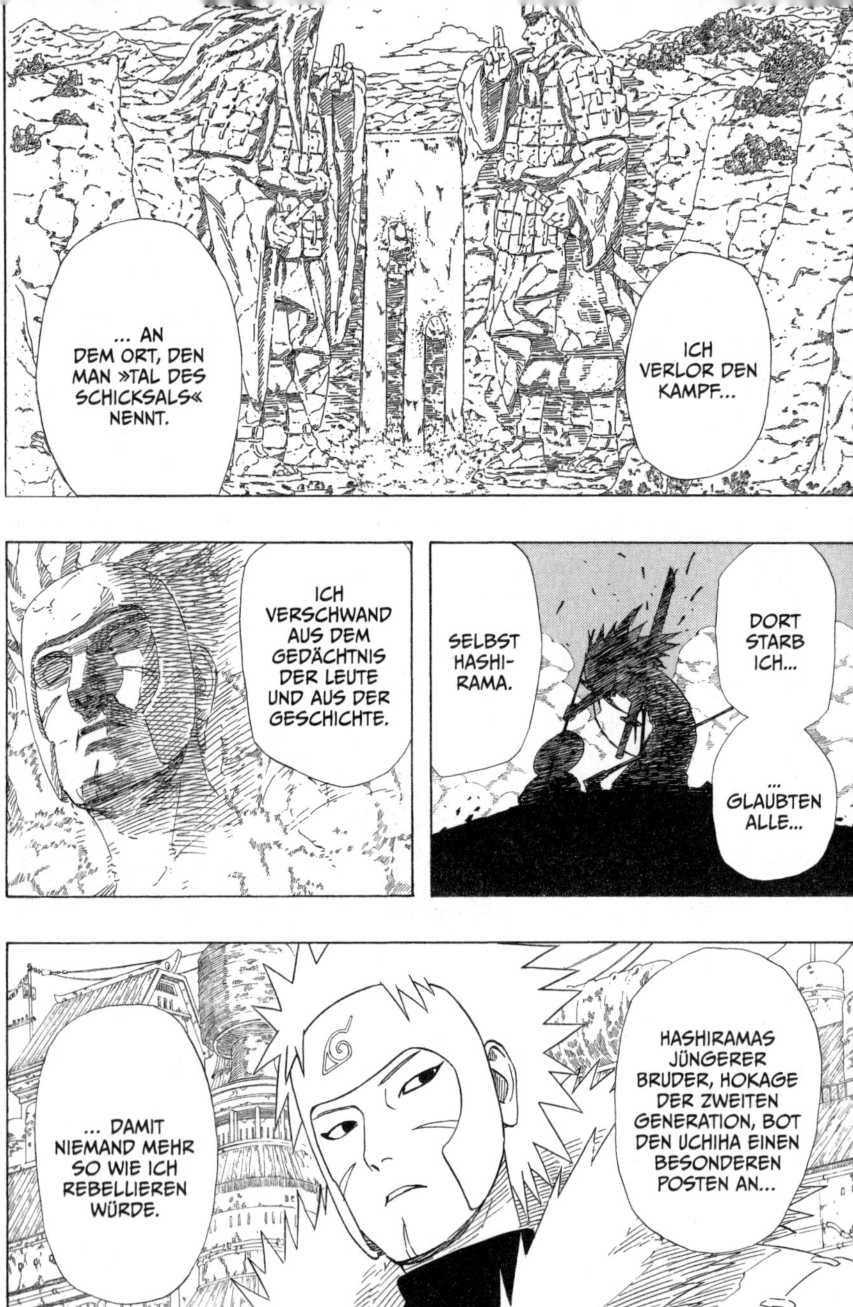
ICH VERLOR DEN KAMPF...
... AN DEM ORT, DEN MAN »TAL DES SCHICKSALS« NENNT.
DORT STARB ICH...
... GLAUBTEN ALLE...
SELBST HASHIRAMA.
ICH VERSCHWAND AUS DEM GEDÄCHTNIS DER LEUTE UND AUS DER GESCHICHTE.
HASHIRAMAS JÜNGERER BRUDER, HOKAGE DER ZWEITEN GENERATION, BOT DEN UCHIHA EINEN BESONDEREN POSTEN AN...
... DAMIT NIEMAND MEHR SO WIE ICH REBELLIEREN WÜRDE.

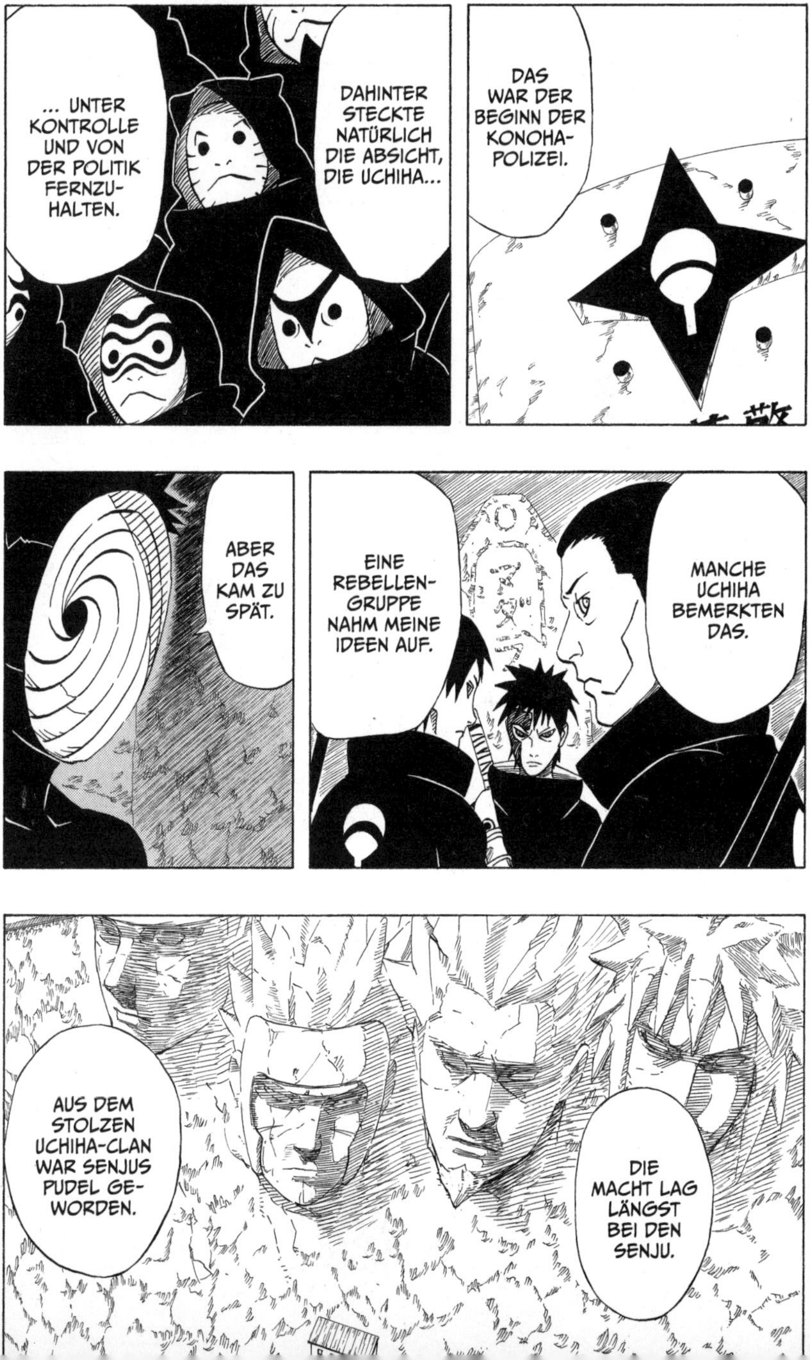
DAS WAR DER BEGINN DER KONOHA-POLIZEI.
DAHINTER STECKTE NATÜRLICH DIE ABSICHT, DIE UCHIHA...
... UNTER KONTROLLE UND VON DER POLITIK FERNZU-HALTEN.
MANCHE UCHIHA BEMERKTEN DAS.
EINE REBELLEN-GRUPPE NAHM MEINE IDEEN AUF.
ABER DAS KAM ZU SPÄT.
DIE MACHT LAG LÄNGST BEI DEN SENJU.
AUS DEM STOLZEN UCHIHA-CLAN WAR SENJUS PUDEL GE-WORDEN.

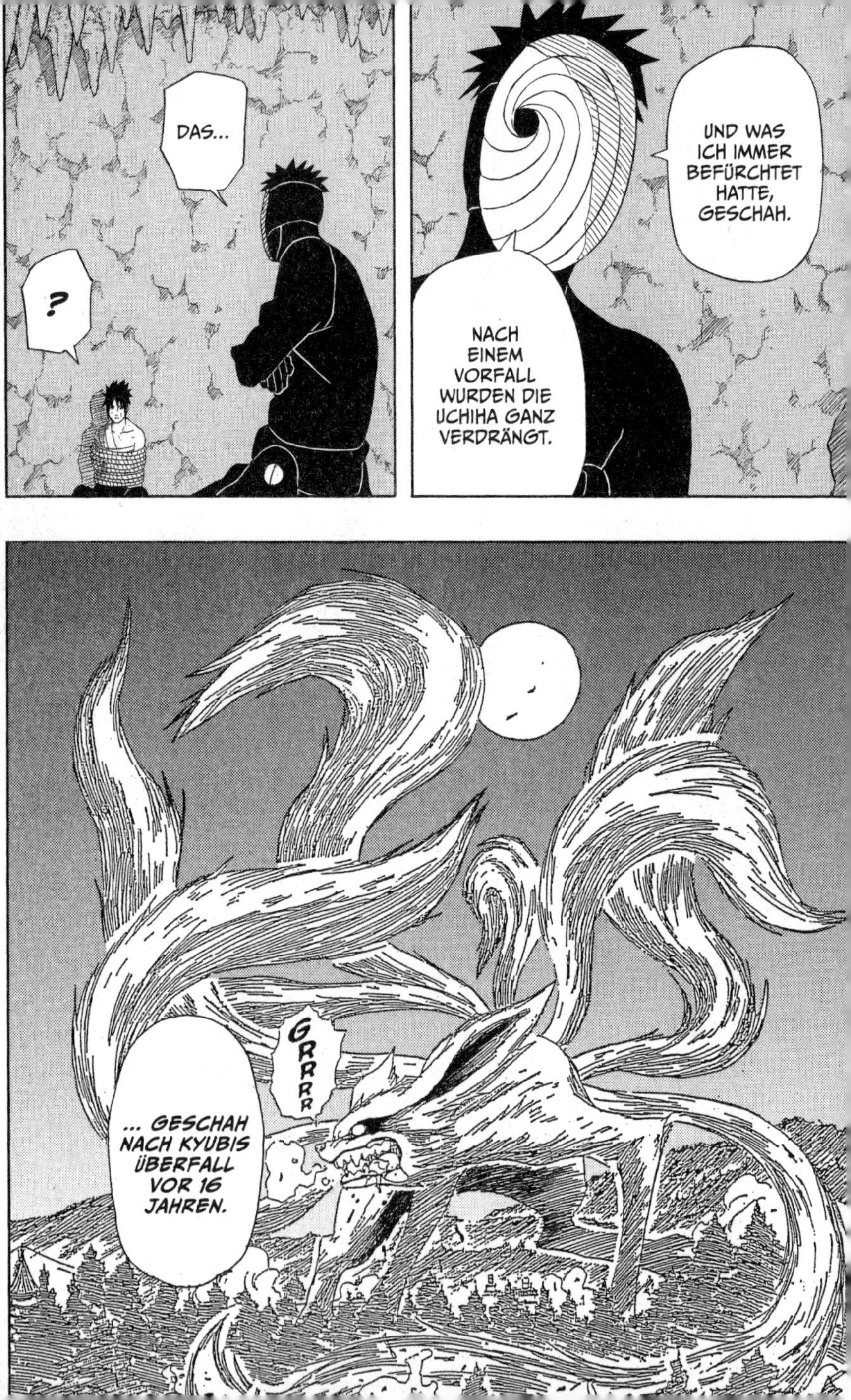
UND WAS ICH IMMER BEFÜRCHTET HATTE, GESCHAH.
NACH EINEM VORFALL WURDEN DIE UCHIHA GANZ VERDRÄNGT.
DAS...
?
GRRRR
... GESCHAH NACH KYUBIS ÜBERFALL VOR 16 JAHREN.

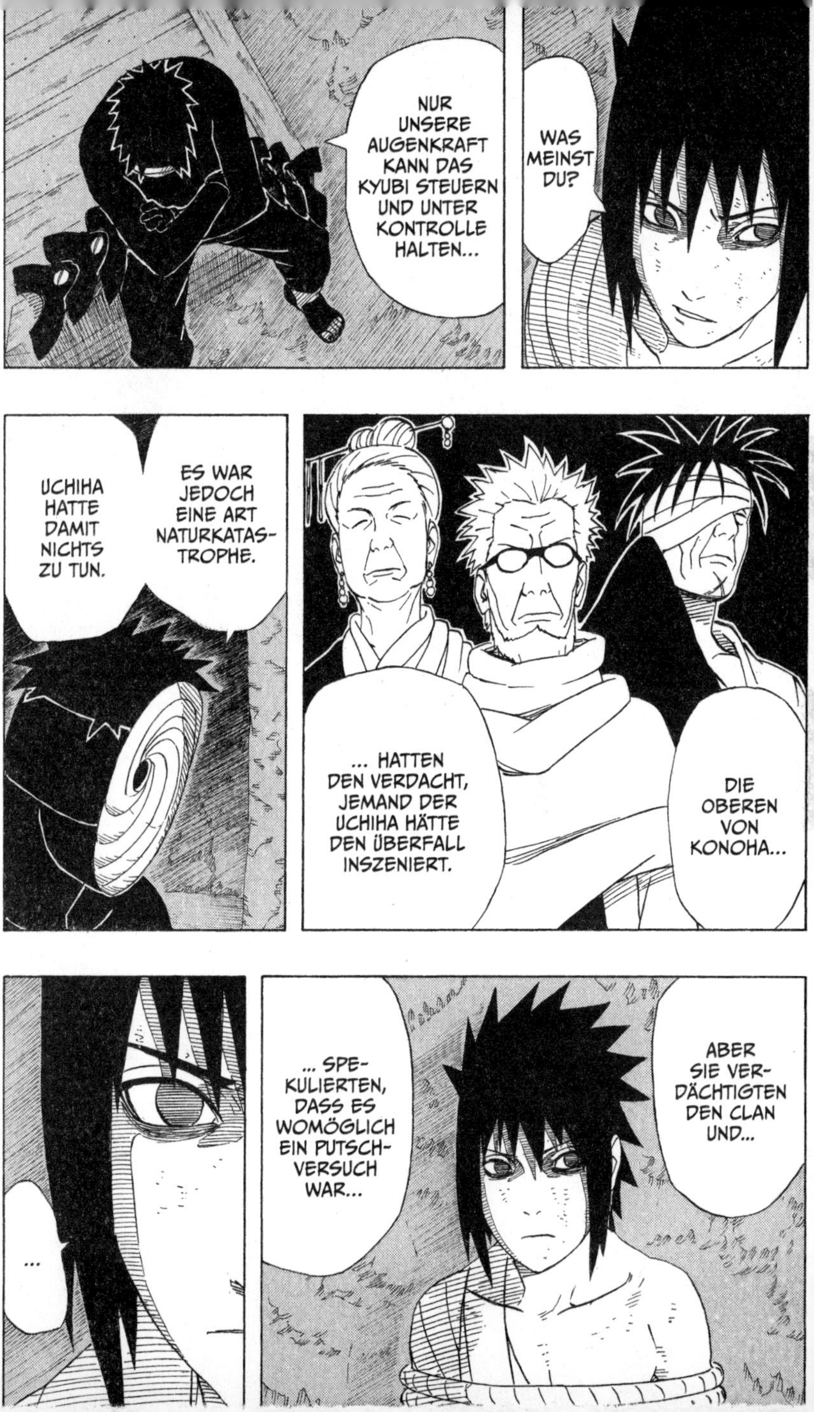
WAS MEINST DU?
NUR UNSERE AUGENKRAFT KANN DAS KYUBI STEUERN UND UNTER KONTROLLE HALTEN...
DIE OBEREN VON KONOHA...
... HATTEN DEN VERDACHT, JEMAND DER UCHIHA HÄTTE DEN ÜBERFALL INSZENIERT.
ES WAR JEDOCH EINE ART NATURKATAS-TROPHE.
UCHIHA HATTE DAMIT NICHTS ZU TUN.
ABER SIE VER-DÄCHTIGTEN DEN CLAN UND...
... SPE-KULIERTEN, DASS ES WOMÖGLICH EIN PUTSCH-VERSUCH WAR...
...

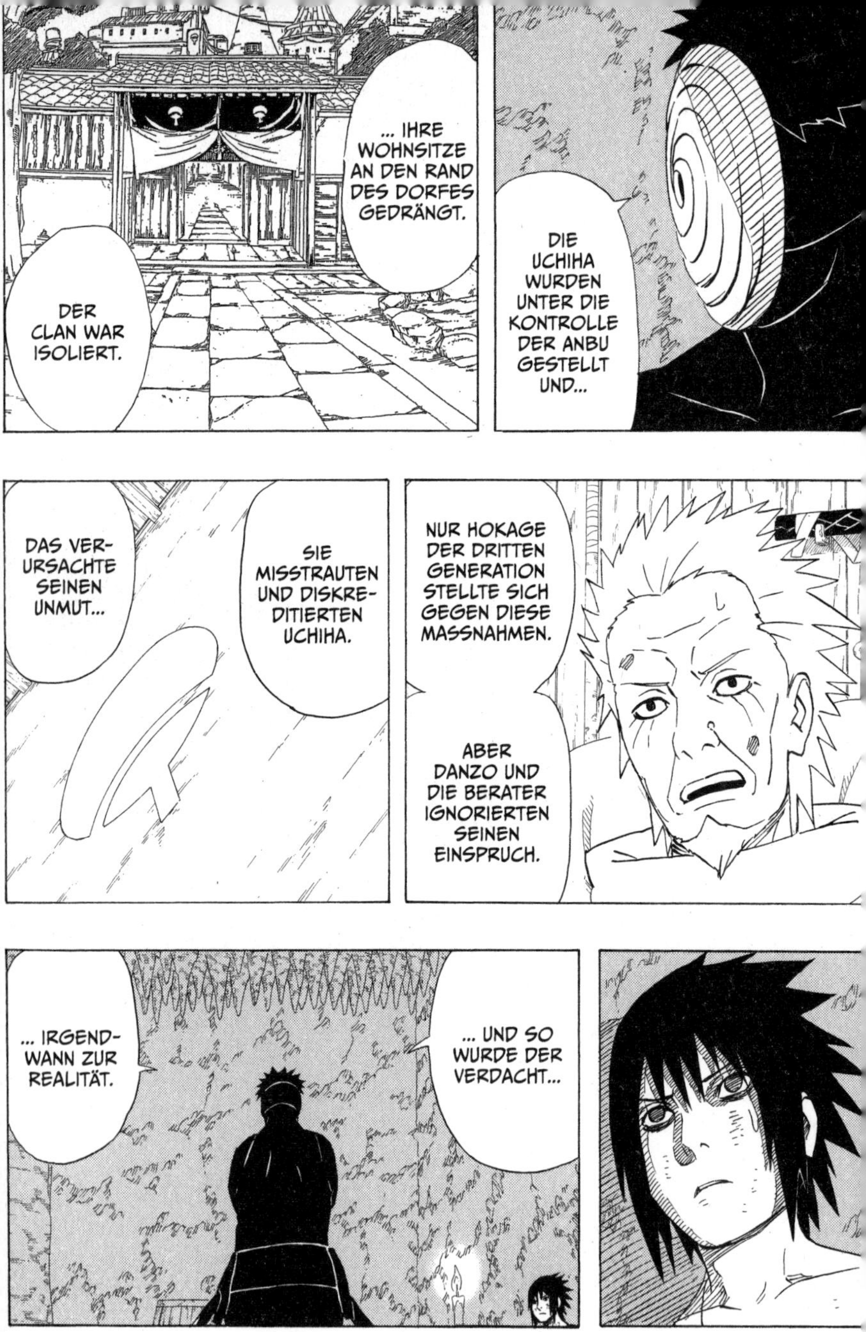
DIE UCHIHA WURDEN UNTER DIE KONTROLLE DER ANBU GESTELLT UND...
... IHRE WOHNSITZE AN DEN RAND DES DORFES GEDRÄNGT.
DER CLAN WAR ISOLIERT.
NUR HOKAGE DER DRITTEN GENERATION STELLTE SICH GEGEN DIESE MASSNAHMEN.
ABER DANZO UND DIE BERATER IGNORIERTEN SEINEN EINSPRUCH.
SIE MISSTRAUTEN UND DISKREDITIERTEN UCHIHA.
DAS VERURSACHTE SEINEN UNMUT...
... UND SO WURDE DER VERDACHT...
... IRGENDWANN ZUR REALITÄT.

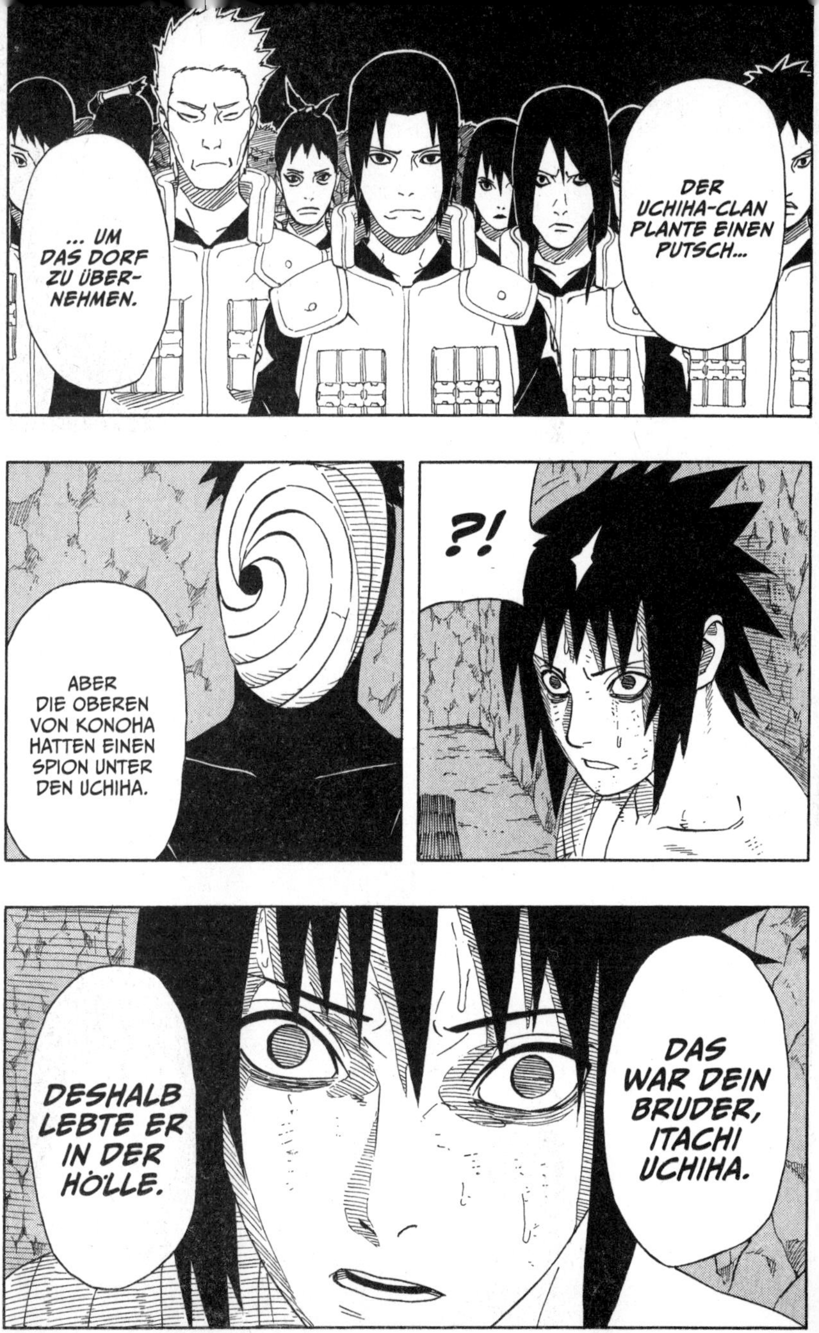
DER UCHIHA-CLAN PLANTE EINEN PUTSCH...
... UM DAS DORF ZU ÜBER-NEHMEN.
?!
ABER DIE OBEREN VON KONOHA HATTEN EINEN SPION UNTER DEN UCHIHA.
DAS WAR DEIN BRUDER, ITACHI UCHIHA.
DESHALB LEBTE ER IN DER HÖLLE.

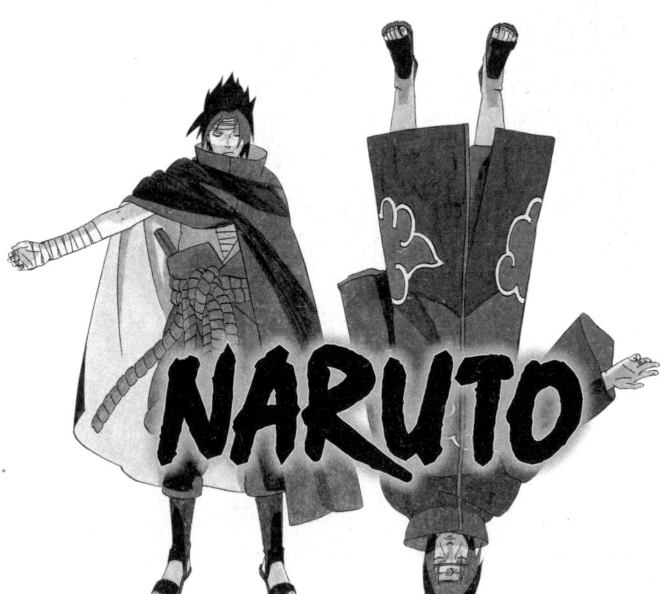
NARUTO

400. Kapitel:

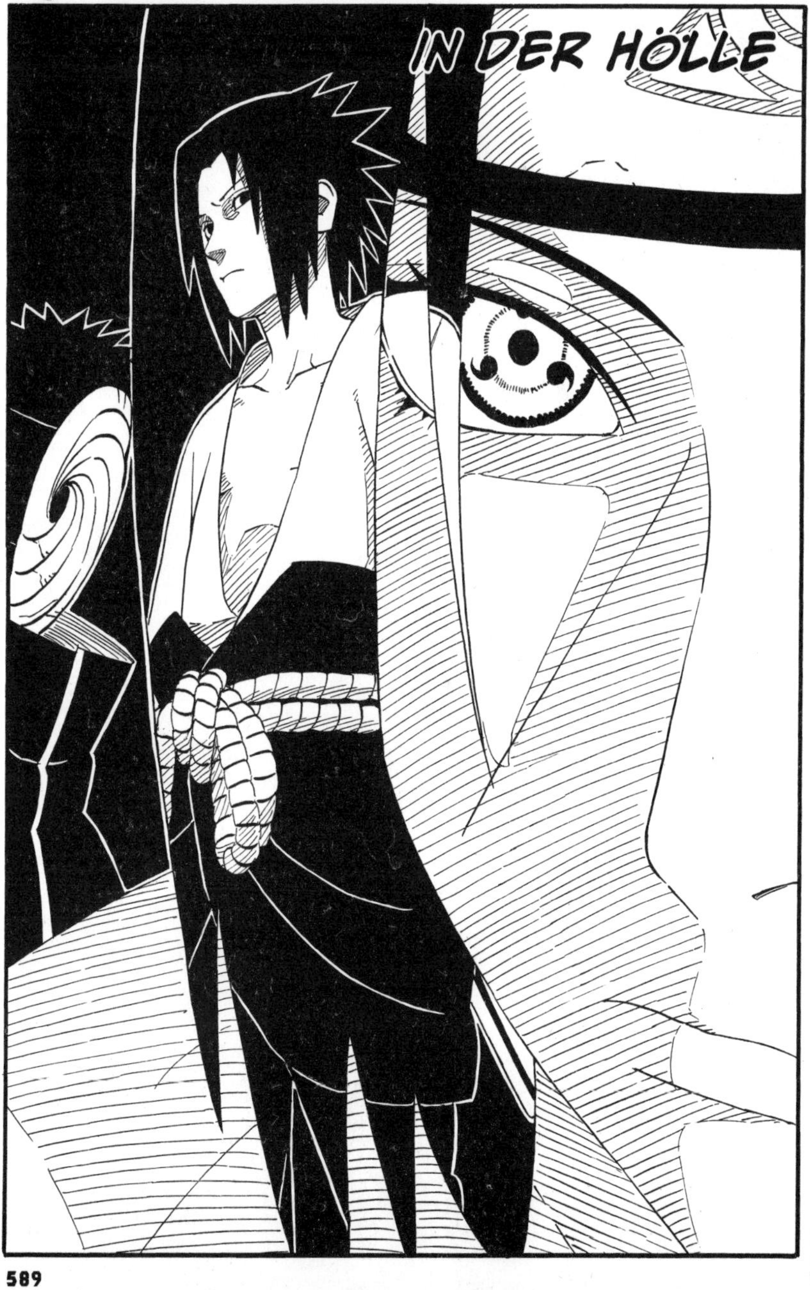

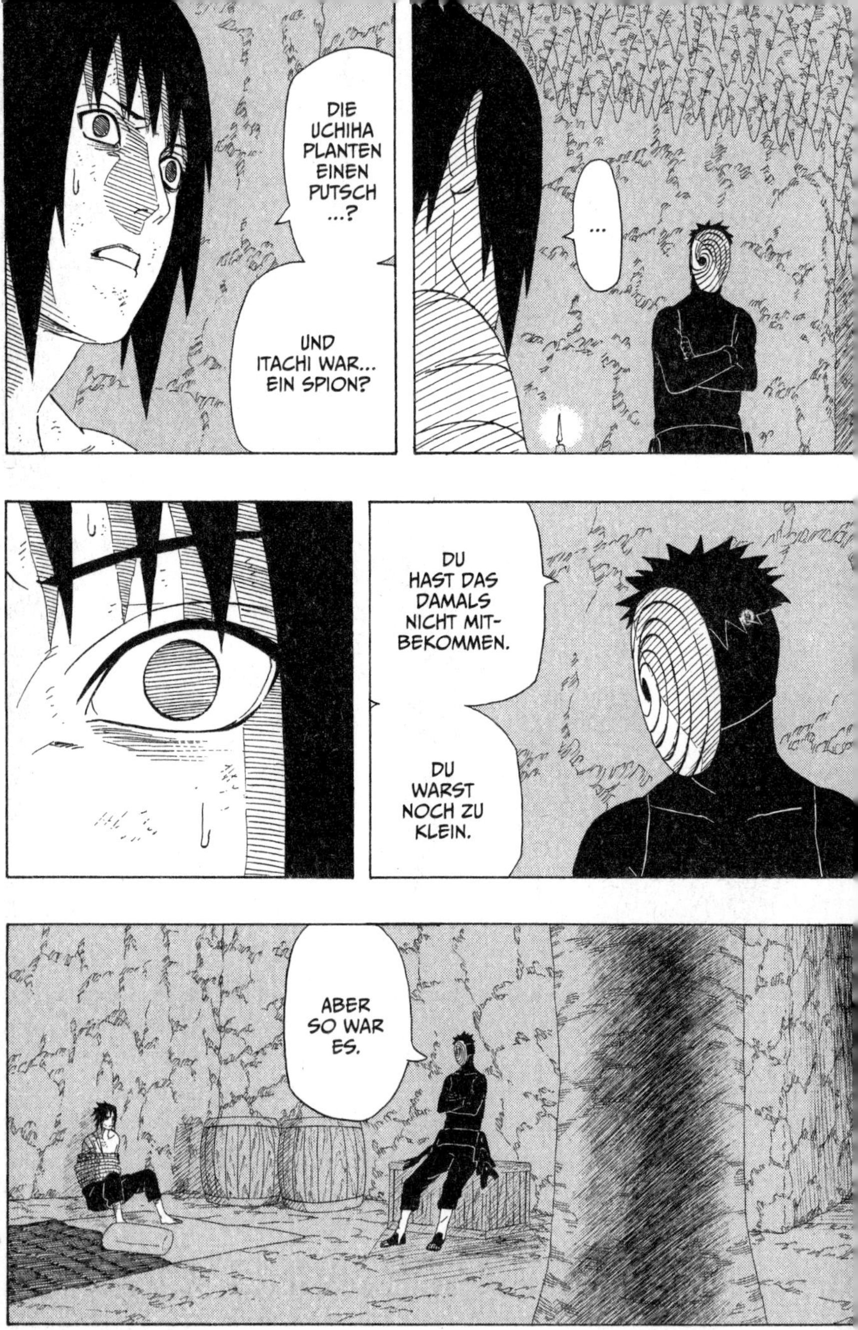
DIE UCHIHA PLANTEN EINEN PUTSCH ...?
UND ITACHI WAR... EIN SPION?
...
DU HAST DAS DAMALS NICHT MIT-BEKOMMEN.
DU WARST NOCH ZU KLEIN.
ABER SO WAR ES.

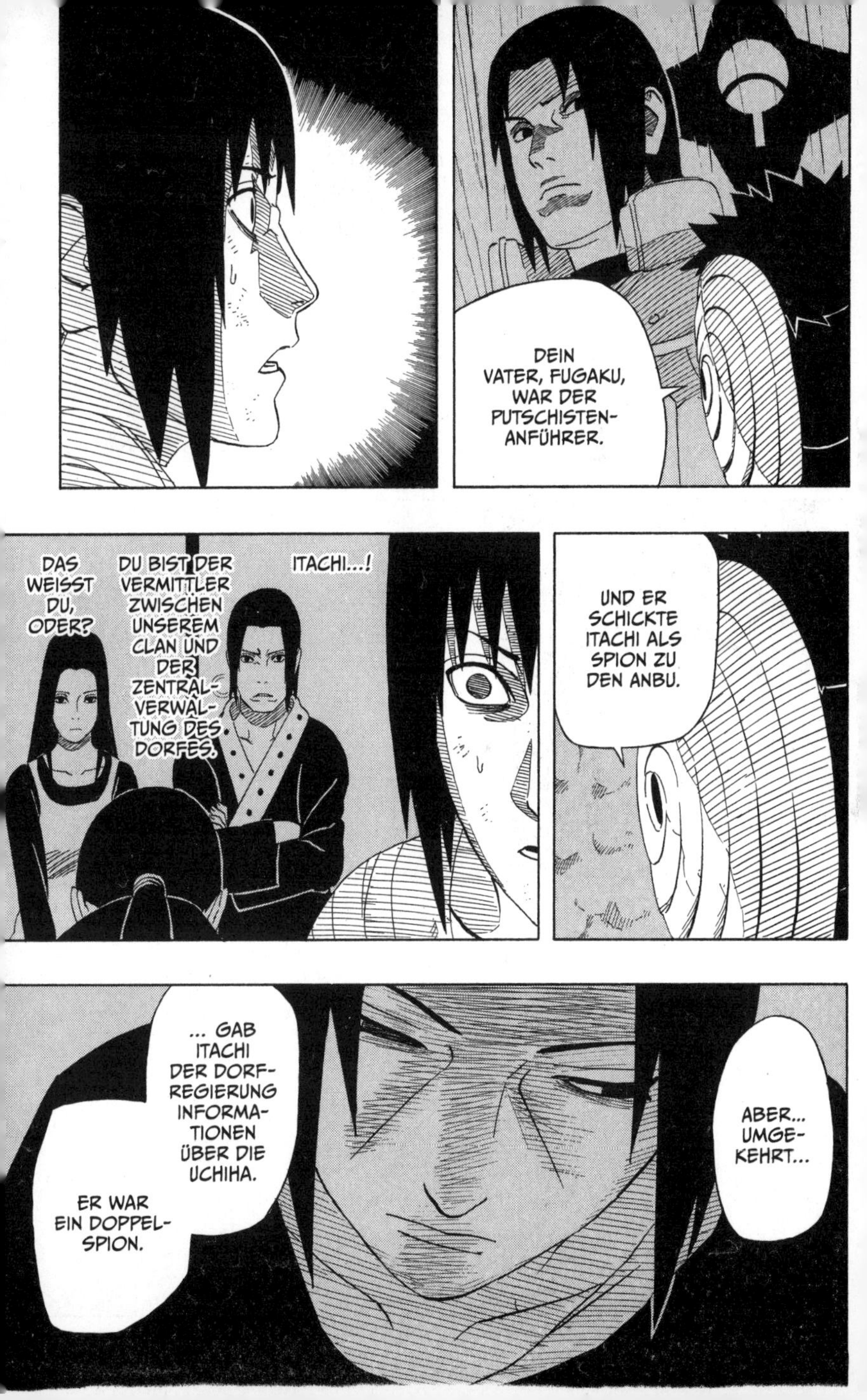
DEIN VATER, FUGAKU, WAR DER PUTSCHISTEN-ANFÜHRER.
UND ER SCHICKTE ITACHI ALS SPION ZU DEN ANBU.
ITACHI...!
DU BIST DER VERMITTLER ZWISCHEN UNSEREM CLAN UND DER ZENTRALVERWALTUNG DES DORFES.
DAS WEISST DU, ODER?
ABER... UMGEKEHRT...
... GAB ITACHI DER DORFREGIERUNG INFORMATIONEN ÜBER DIE UCHIHA.
ER WAR EIN DOPPELSPION.

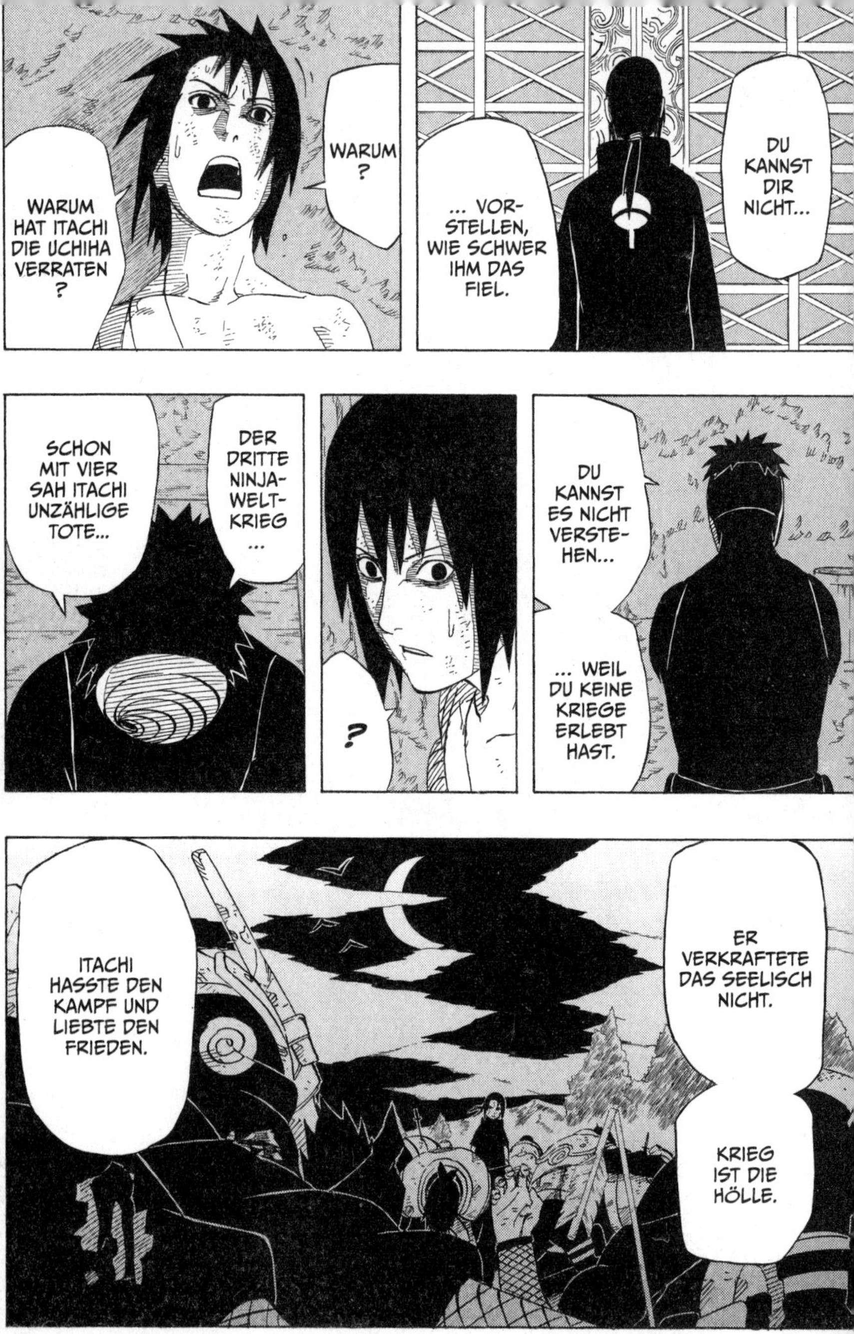
DU KANNST DIR NICHT...
... VORSTELLEN, WIE SCHWER IHM DAS FIEL.
WARUM?
WARUM HAT ITACHI DIE UCHIHA VERRATEN?
DU KANNST ES NICHT VERSTEHEN...
... WEIL DU KEINE KRIEGE ERLEBT HAST.
?
DER DRITTE NINJA-WELTKRIEG ...
SCHON MIT VIER SAH ITACHI UNZÄHLIGE TOTE...
ER VERKRAFTETE DAS SEELISCH NICHT.
KRIEG IST DIE HÖLLE.
ITACHI HASSTE DEN KAMPF UND LIEBTE DEN FRIEDEN.

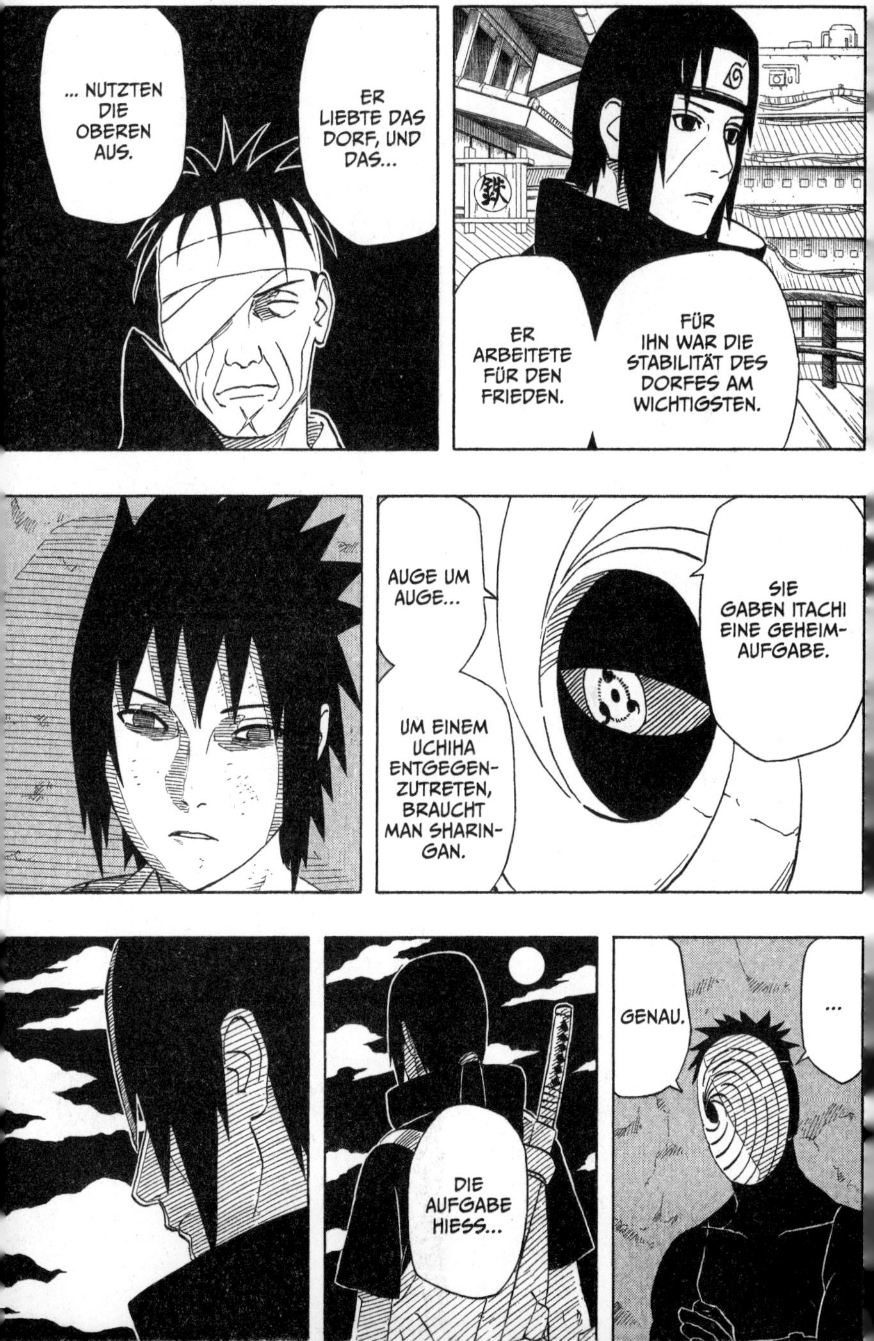
FÜR IHN WAR DIE STABILITÄT DES DORFES AM WICHTIGSTEN.
ER ARBEITETE FÜR DEN FRIEDEN.
ER LIEBTE DAS DORF, UND DAS...
... NUTZTEN DIE OBEREN AUS.
SIE GABEN ITACHI EINE GEHEIMAUFGABE.
AUGE UM AUGE...
UM EINEM UCHIHA ENTGEGENZUTRETEN, BRAUCHT MAN SHARINGAN.
...
GENAU.
DIE AUFGABE HIESS...

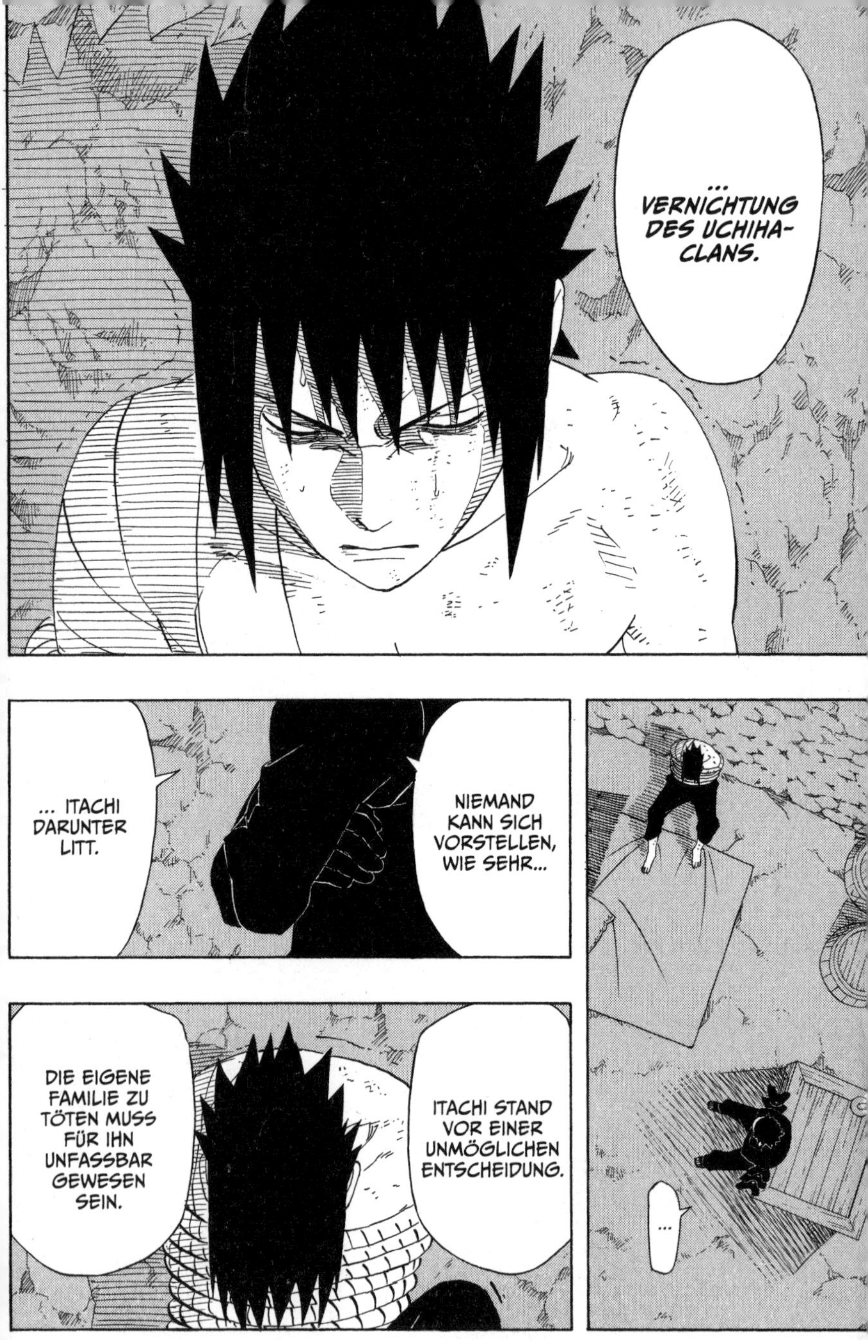
... VERNICHTUNG DES UCHIHA-CLANS.
...
NIEMAND KANN SICH VORSTELLEN, WIE SEHR...
... ITACHI DARUNTER LITT.
ITACHI STAND VOR EINER UNMÖGLICHEN ENTSCHEIDUNG.
DIE EIGENE FAMILIE ZU TÖTEN MUSS FÜR IHN UNFASSBAR GEWESEN SEIN.

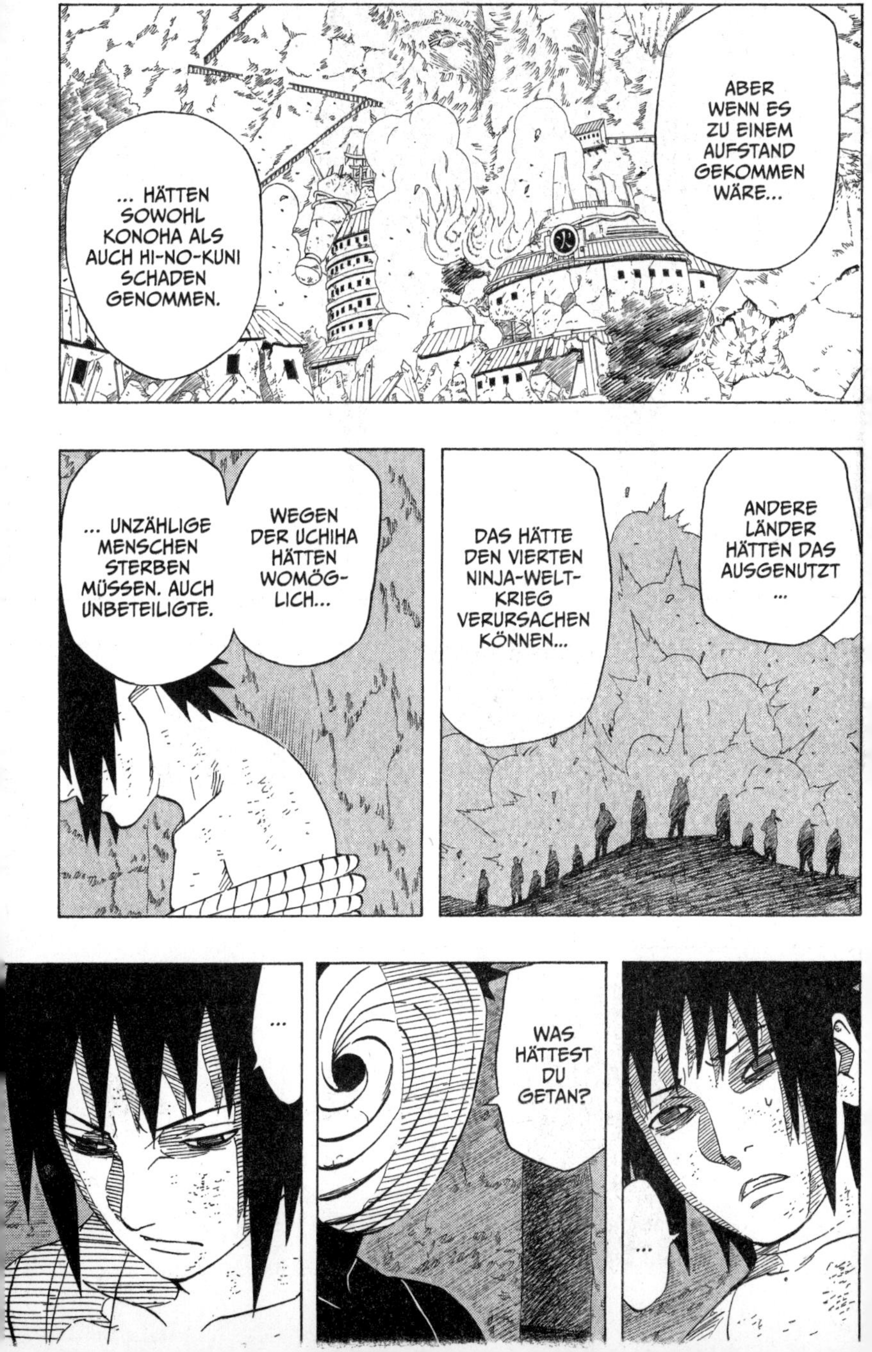
ABER WENN ES ZU EINEM AUFSTAND GEKOMMEN WÄRE...
... HÄTTEN SOWOHL KONOHA ALS AUCH HI-NO-KUNI SCHADEN GENOMMEN.
ANDERE LÄNDER HÄTTEN DAS AUSGENUTZT ...
DAS HÄTTE DEN VIERTEN NINJA-WELT-KRIEG VERURSACHEN KÖNNEN...
WEGEN DER UCHIHA HÄTTEN WOMÖG-LICH...
... UNZÄHLIGE MENSCHEN STERBEN MÜSSEN. AUCH UNBETEILIGTE.
...
WAS HÄTTEST DU GETAN?
...

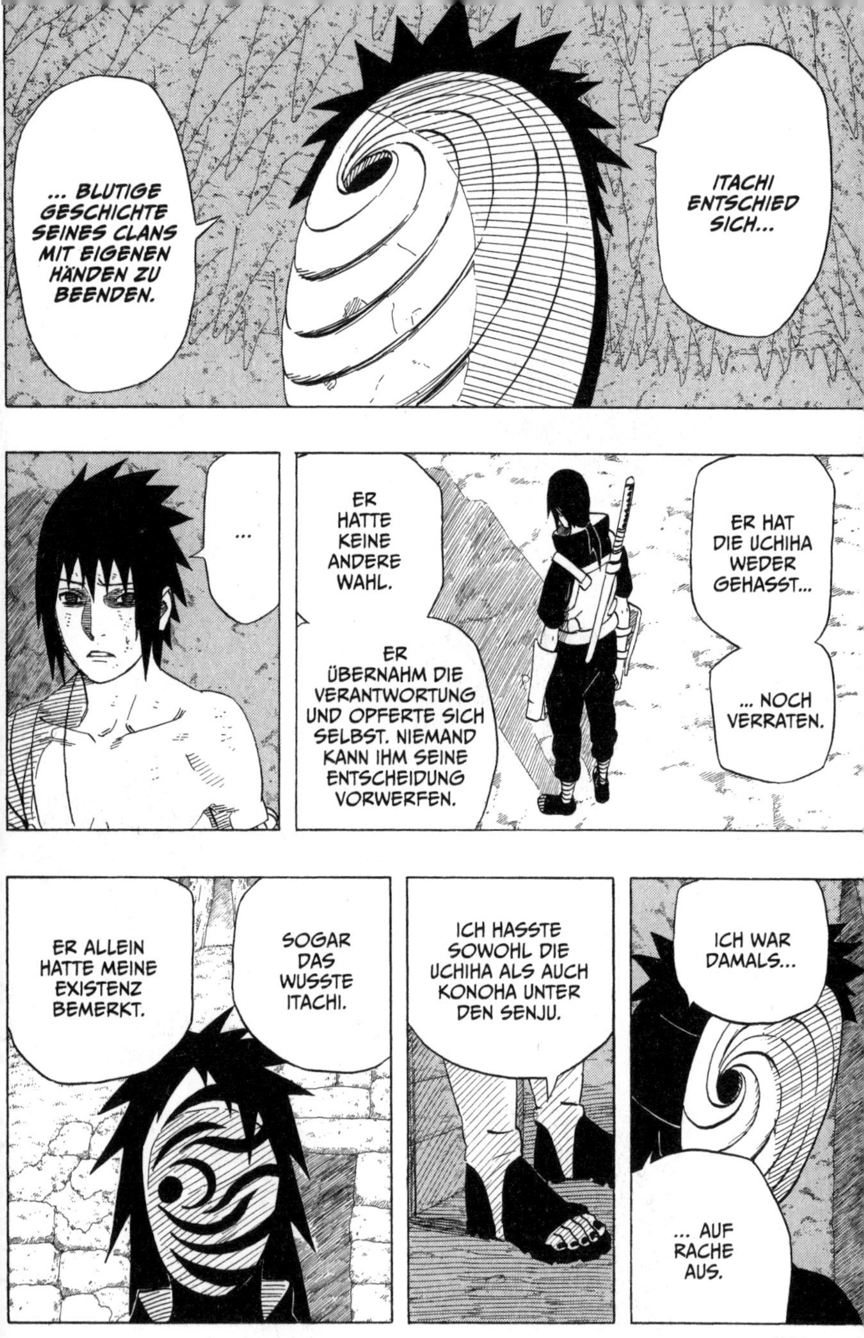
ITACHI ENTSCHIED SICH...
... BLUTIGE GESCHICHTE SEINES CLANS MIT EIGENEN HÄNDEN ZU BEENDEN.
ER HAT DIE UCHIHA WEDER GEHASST...
... NOCH VERRATEN.
ER HATTE KEINE ANDERE WAHL.
ER ÜBERNAHM DIE VERANTWORTUNG UND OPFERTE SICH SELBST. NIEMAND KANN IHM SEINE ENTSCHEIDUNG VORWERFEN.
...
ICH WAR DAMALS...
... AUF RACHE AUS.
ICH HASSTE SOWOHL DIE UCHIHA ALS AUCH KONOHA UNTER DEN SENJU.
SOGAR DAS WUSSTE ITACHI.
ER ALLEIN HATTE MEINE EXISTENZ BEMERKT.

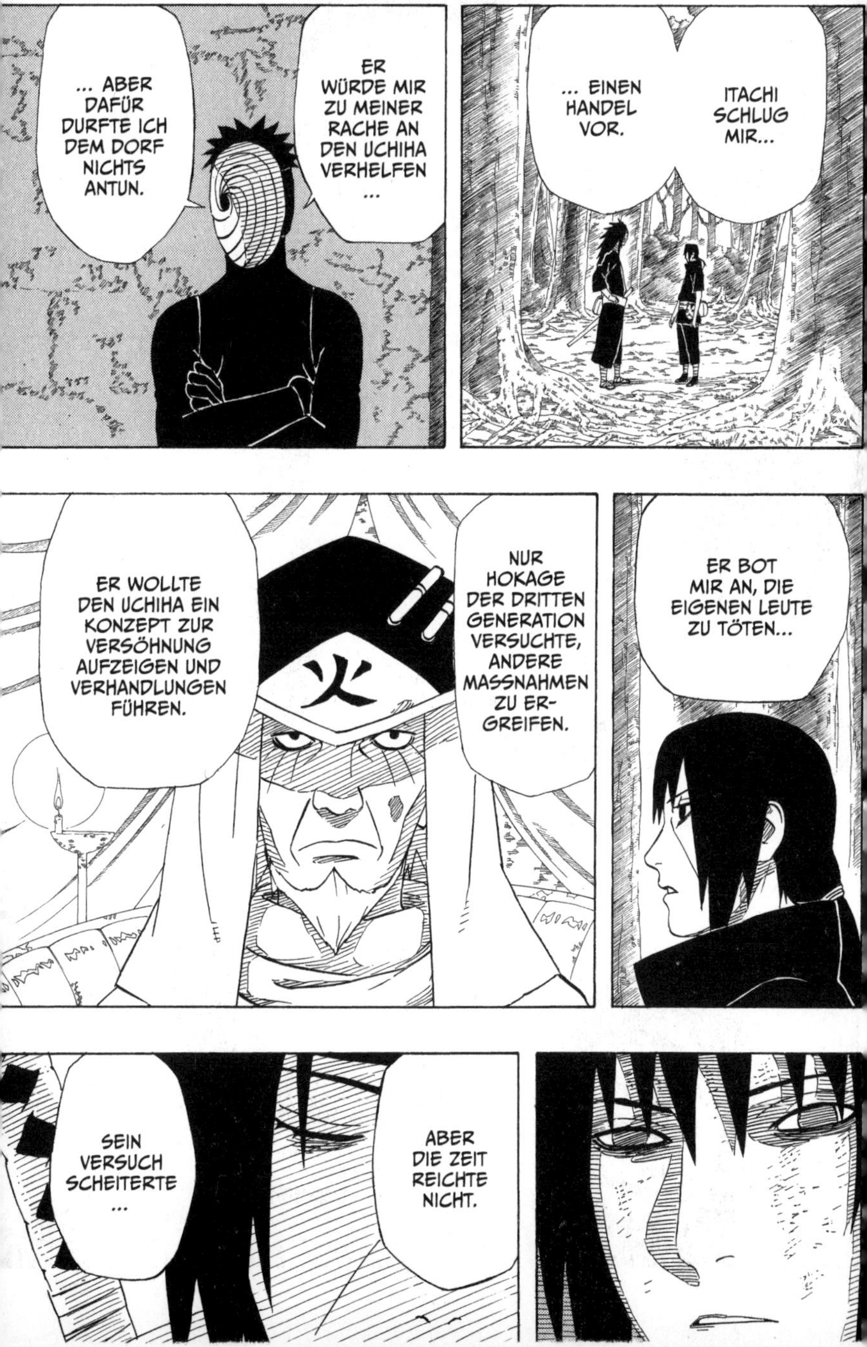
ITACHI SCHLUG MIR...
... EINEN HANDEL VOR.
ER WÜRDE MIR ZU MEINER RACHE AN DEN UCHIHA VERHELFEN ...
... ABER DAFÜR DURFTE ICH DEM DORF NICHTS ANTUN.
ER BOT MIR AN, DIE EIGENEN LEUTE ZU TÖTEN...
NUR HOKAGE DER DRITTEN GENERATION VERSUCHTE, ANDERE MASSNAHMEN ZU ER-GREIFEN.
ER WOLLTE DEN UCHIHA EIN KONZEPT ZUR VERSÖHNUNG AUFZEIGEN UND VERHANDLUNGEN FÜHREN.
ABER DIE ZEIT REICHTE NICHT.
SEIN VERSUCH SCHEITERTE ...

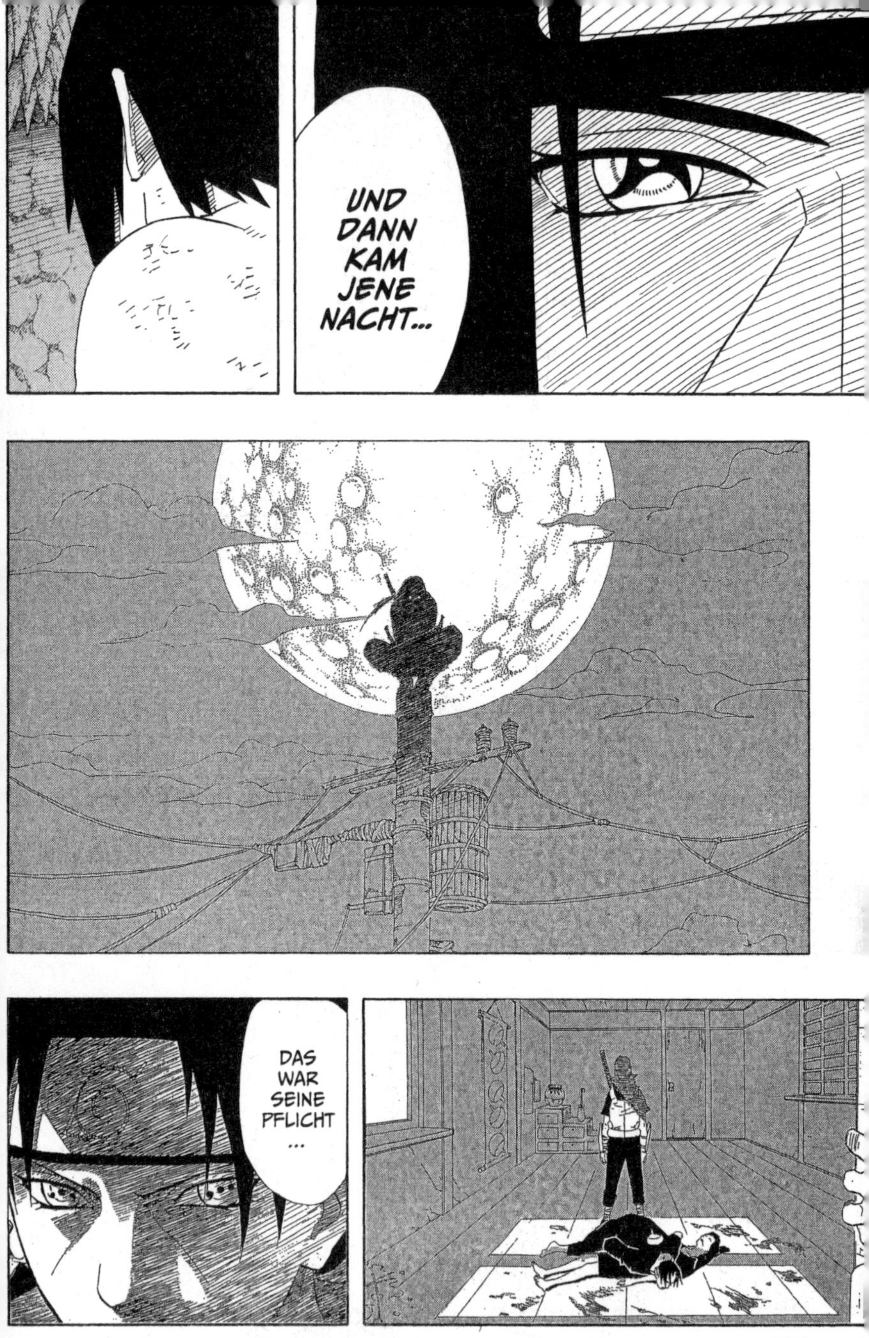
UND DANN KAM JENE NACHT...
DAS WAR SEINE PFLICHT ...

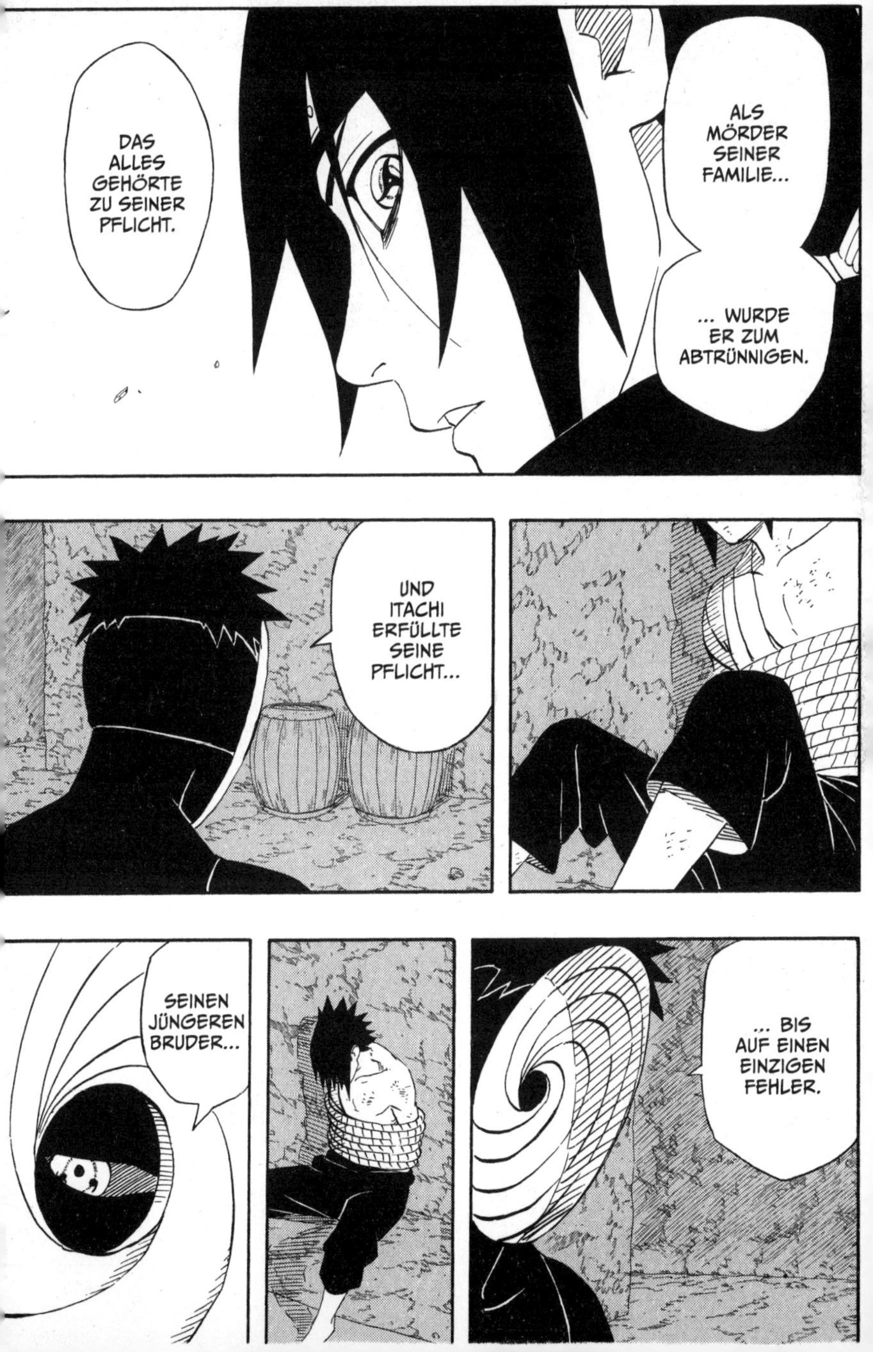
ALS MÖRDER SEINER FAMILIE...
... WURDE ER ZUM ABTRÜNNIGEN.
DAS ALLES GEHÖRTE ZU SEINER PFLICHT.
UND ITACHI ERFÜLLTE SEINE PFLICHT...
... BIS AUF EINEN EINZIGEN FEHLER.
SEINEN JÜNGEREN BRUDER...

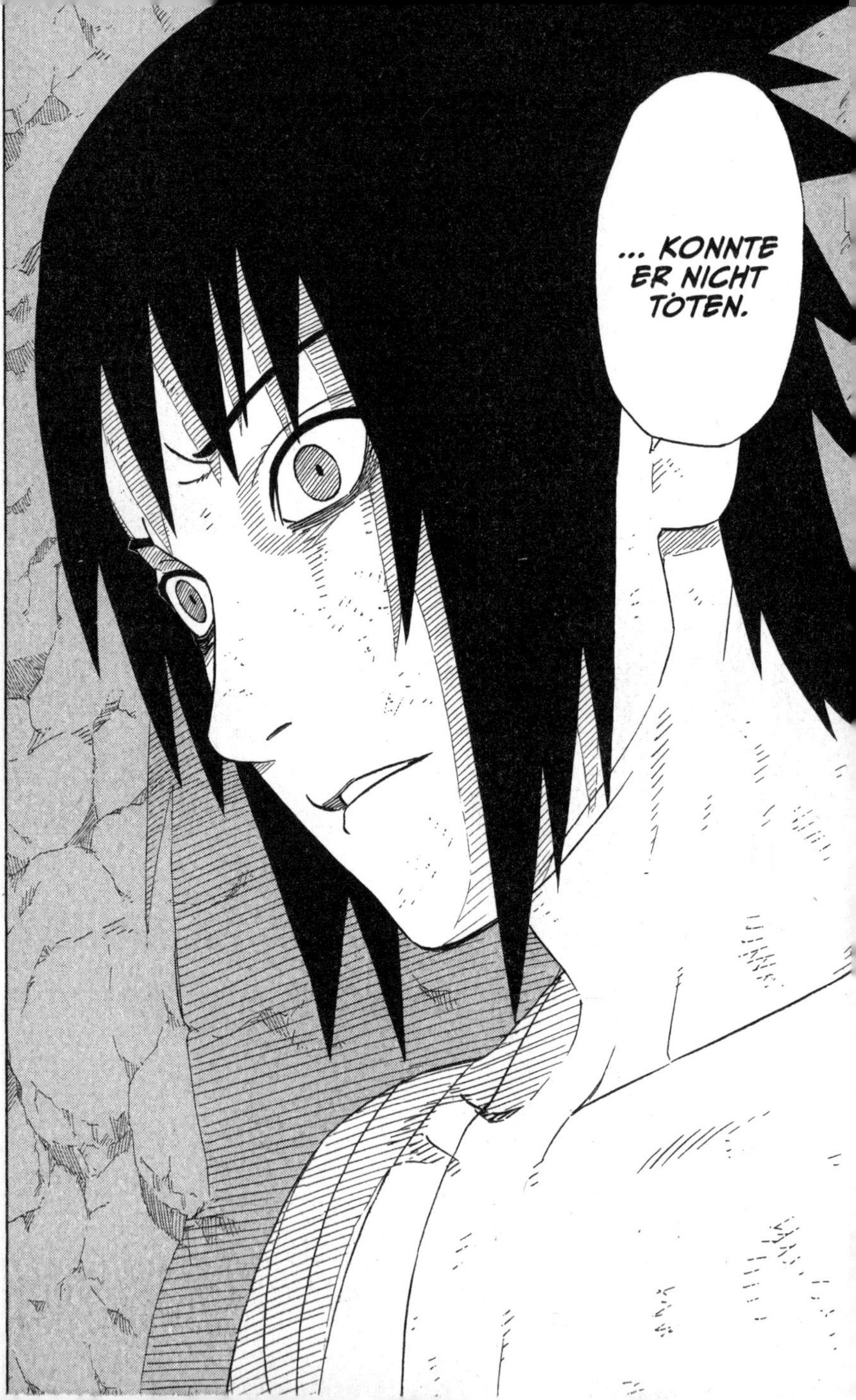
... KONNTE ER NICHT TÖTEN.

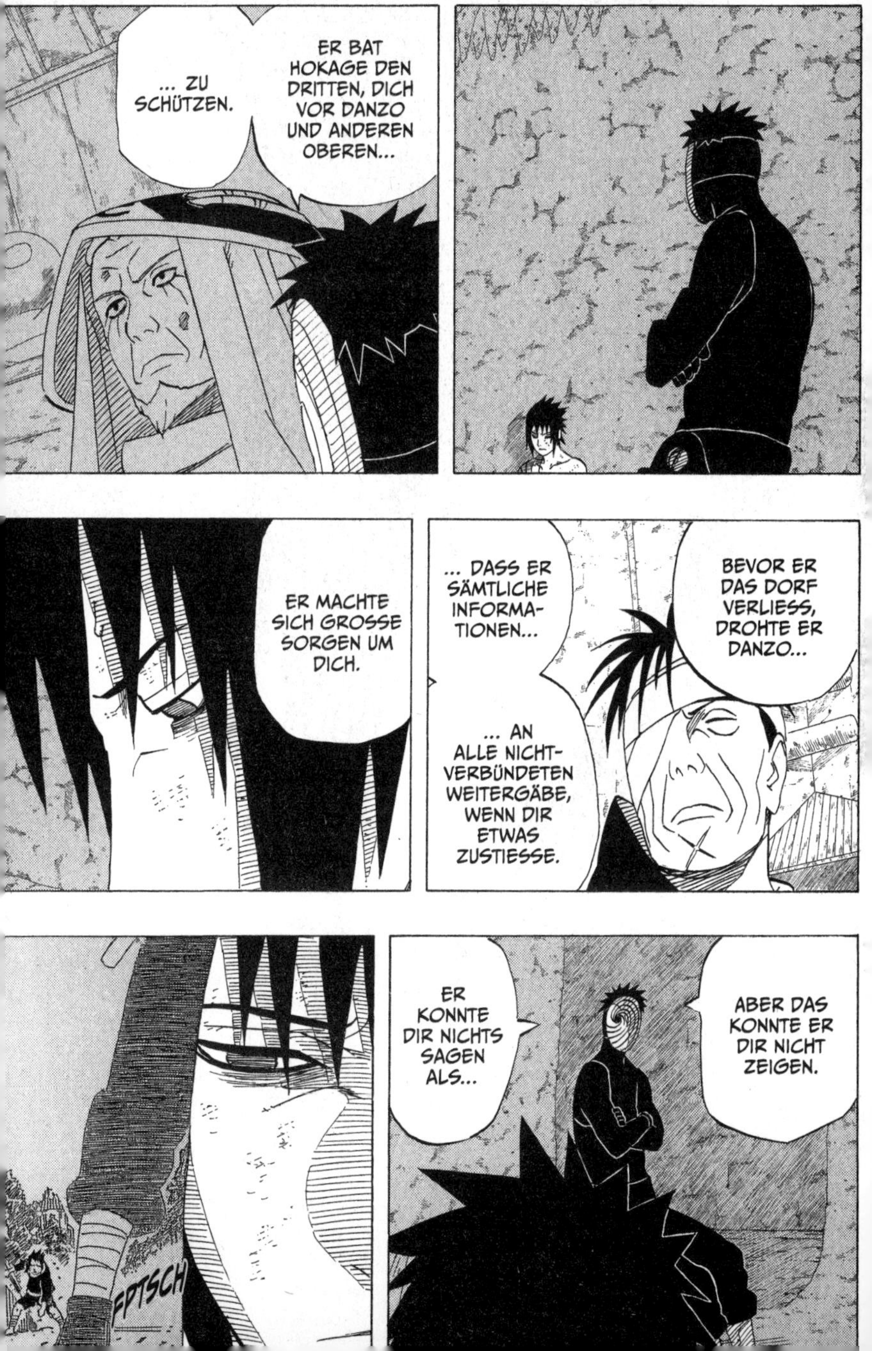
ER BAT HOKAGE DEN DRITTEN, DICH VOR DANZO UND ANDEREN OBEREN...
... ZU SCHÜTZEN.
BEVOR ER DAS DORF VERLIESS, DROHTE ER DANZO...
... DASS ER SÄMTLICHE INFORMATIONEN...
... AN ALLE NICHT-VERBÜNDETEN WEITERGÄBE, WENN DIR ETWAS ZUSTIESSE.
ER MACHTE SICH GROSSE SORGEN UM DICH.
ABER DAS KONNTE ER DIR NICHT ZEIGEN.
ER KONNTE DIR NICHTS SAGEN ALS...
FPTSCH

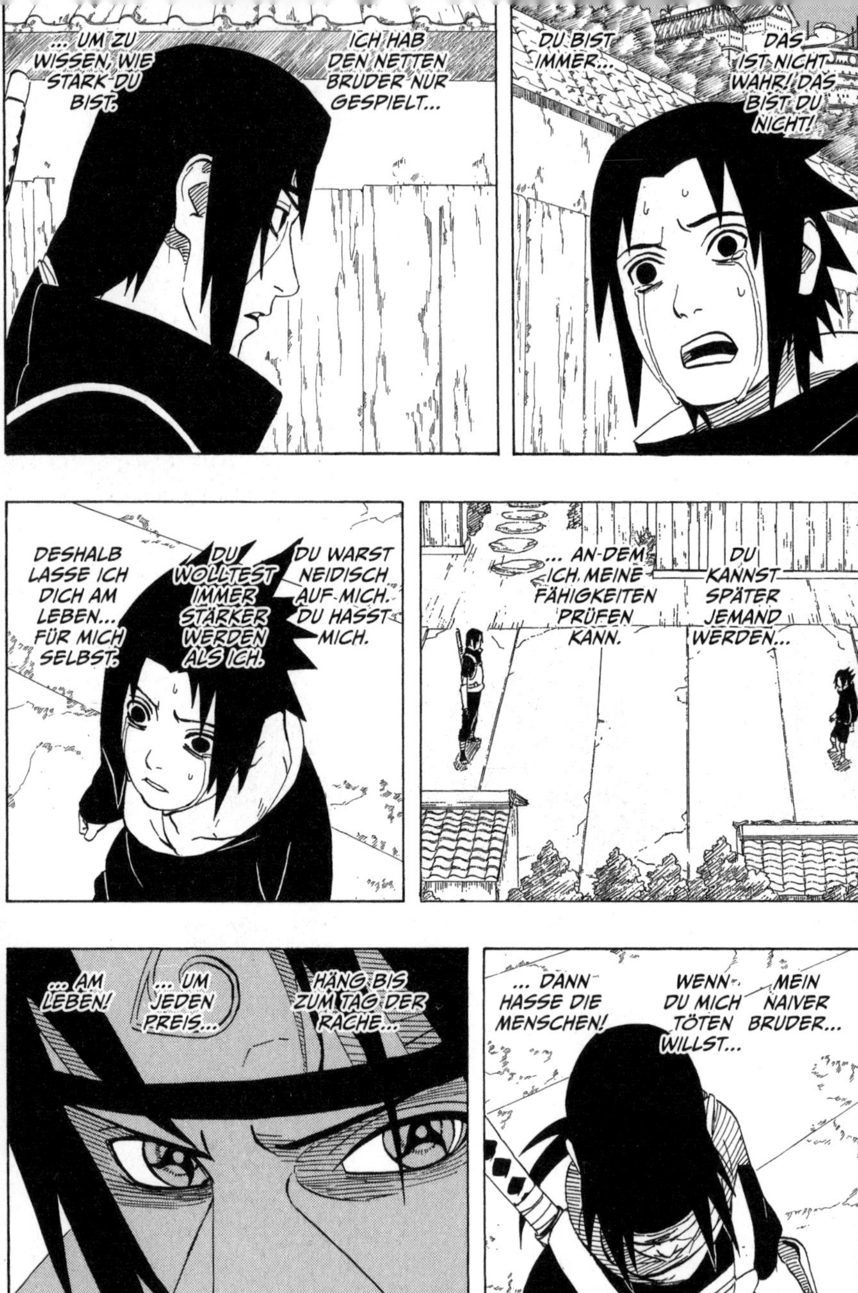
DAS IST NICHT WAHR! DAS BIST DU NICHT!
DU BIST IMMER...
ICH HAB DEN NETTEN BRUDER NUR GESPIELT...
... UM ZU WISSEN, WIE STARK DU BIST.
DU KANNST SPÄTER JEMAND WERDEN...
... AN DEM ICH MEINE FÄHIGKEITEN PRÜFEN KANN.
DU WARST NEIDISCH AUF MICH. DU HASST MICH.
DU WOLLTEST IMMER STÄRKER WERDEN ALS ICH.
DESHALB LASSE ICH DICH AM LEBEN... FÜR MICH SELBST.
MEIN NAIVER BRUDER...
WENN DU MICH TÖTEN WILLST...
... DANN HASSE DIE MENSCHEN!
HÄNG BIS ZUM TAG DER RACHE...
... UM JEDEN PREIS...
... AM LEBEN!

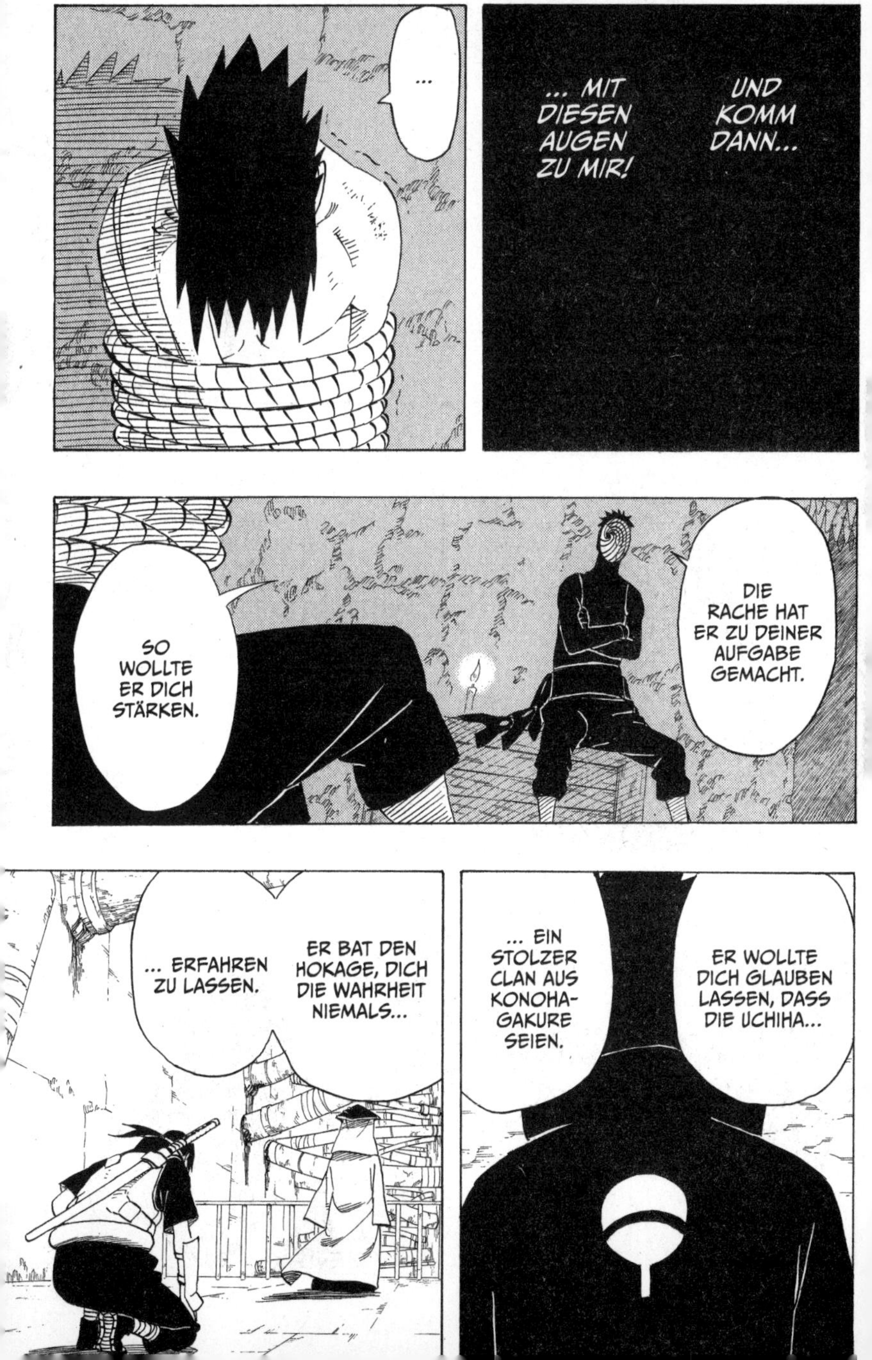
UND KOMM DANN...
... MIT DIESEN AUGEN ZU MIR!
...
DIE RACHE HAT ER ZU DEINER AUFGABE GEMACHT.
SO WOLLTE ER DICH STÄRKEN.
ER WOLLTE DICH GLAUBEN LASSEN, DASS DIE UCHIHA...
... EIN STOLZER CLAN AUS KONOHA-GAKURE SEIEN.
ER BAT DEN HOKAGE, DICH DIE WAHRHEIT NIEMALS...
... ERFAHREN ZU LASSEN.

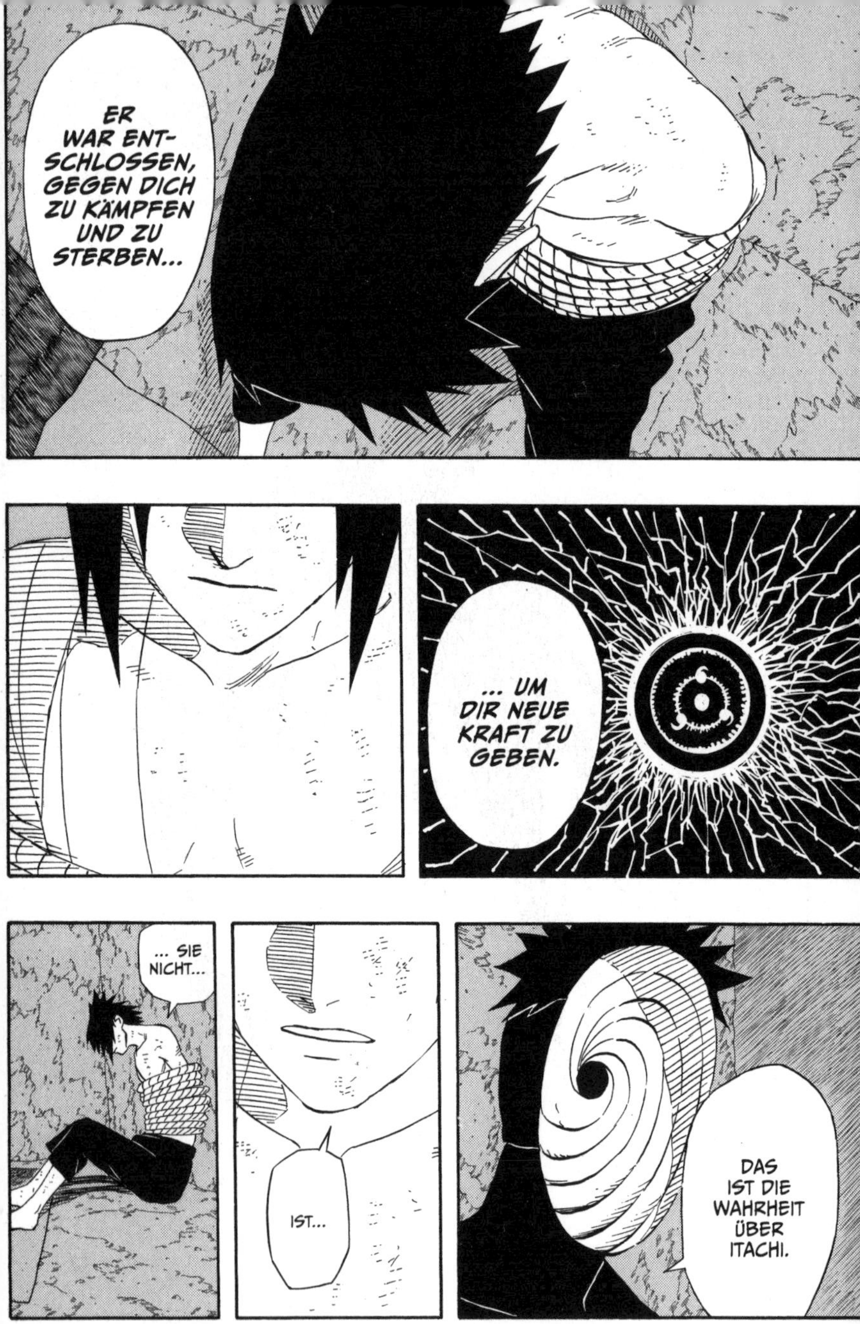
ER WAR ENTSCHLOSSEN, GEGEN DICH ZU KÄMPFEN UND ZU STERBEN...
... UM DIR NEUE KRAFT ZU GEBEN.
DAS IST DIE WAHRHEIT ÜBER ITACHI.
IST...
... SIE NICHT...

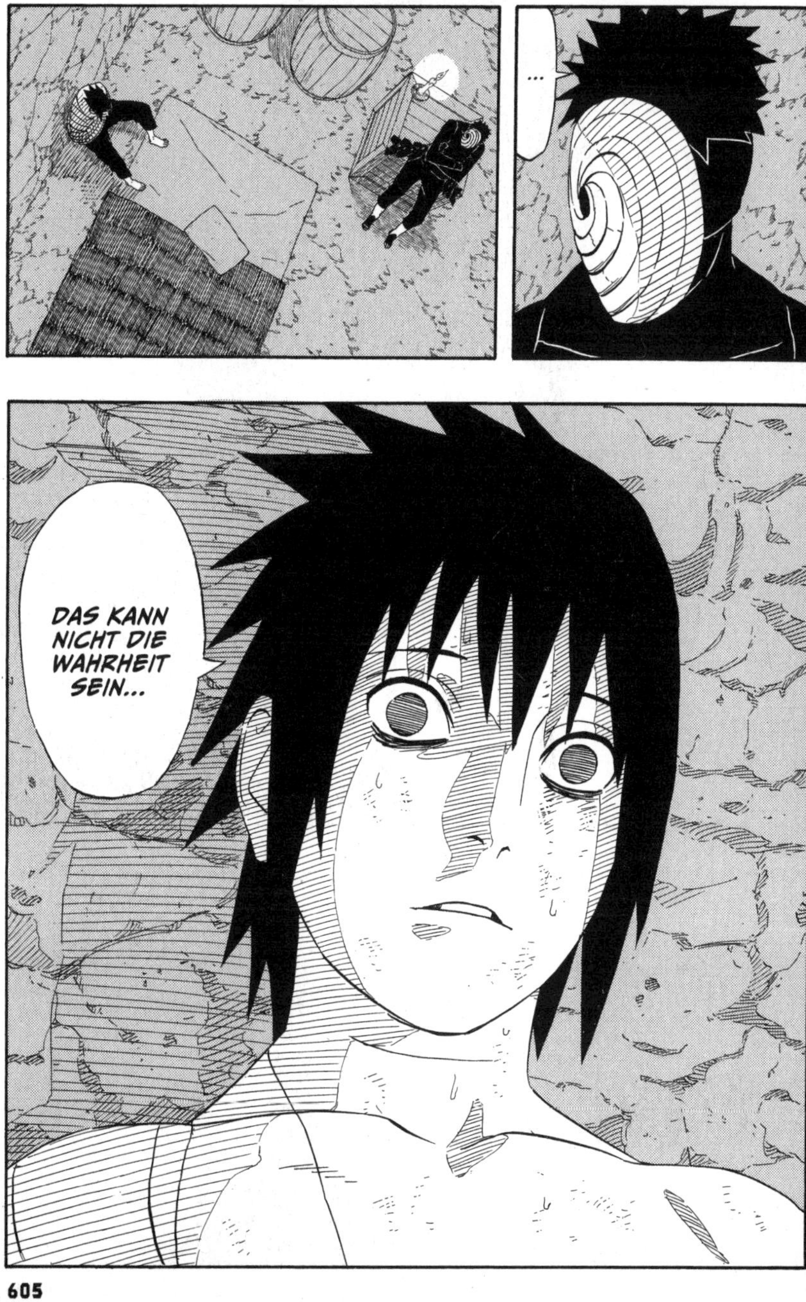
...
DAS KANN NICHT DIE WAHRHEIT SEIN...

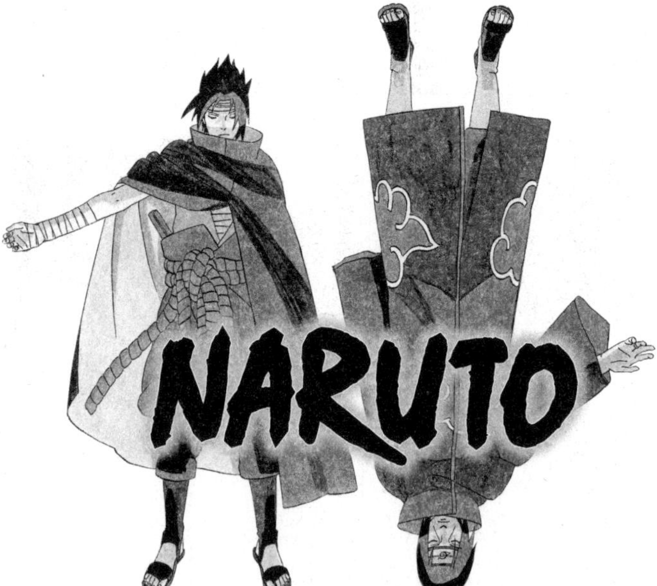
NARUTO

401. Kapitel: Illusion

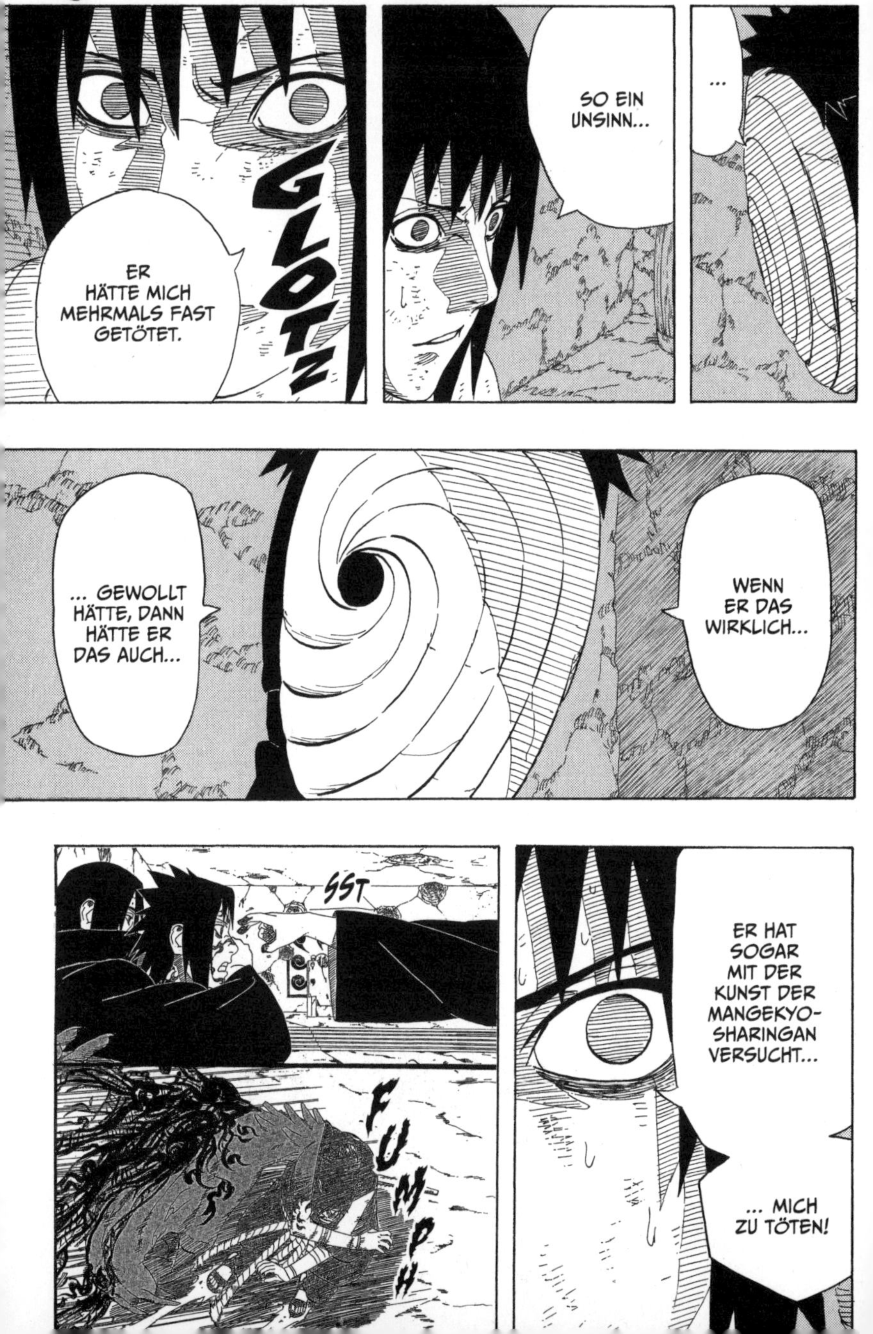

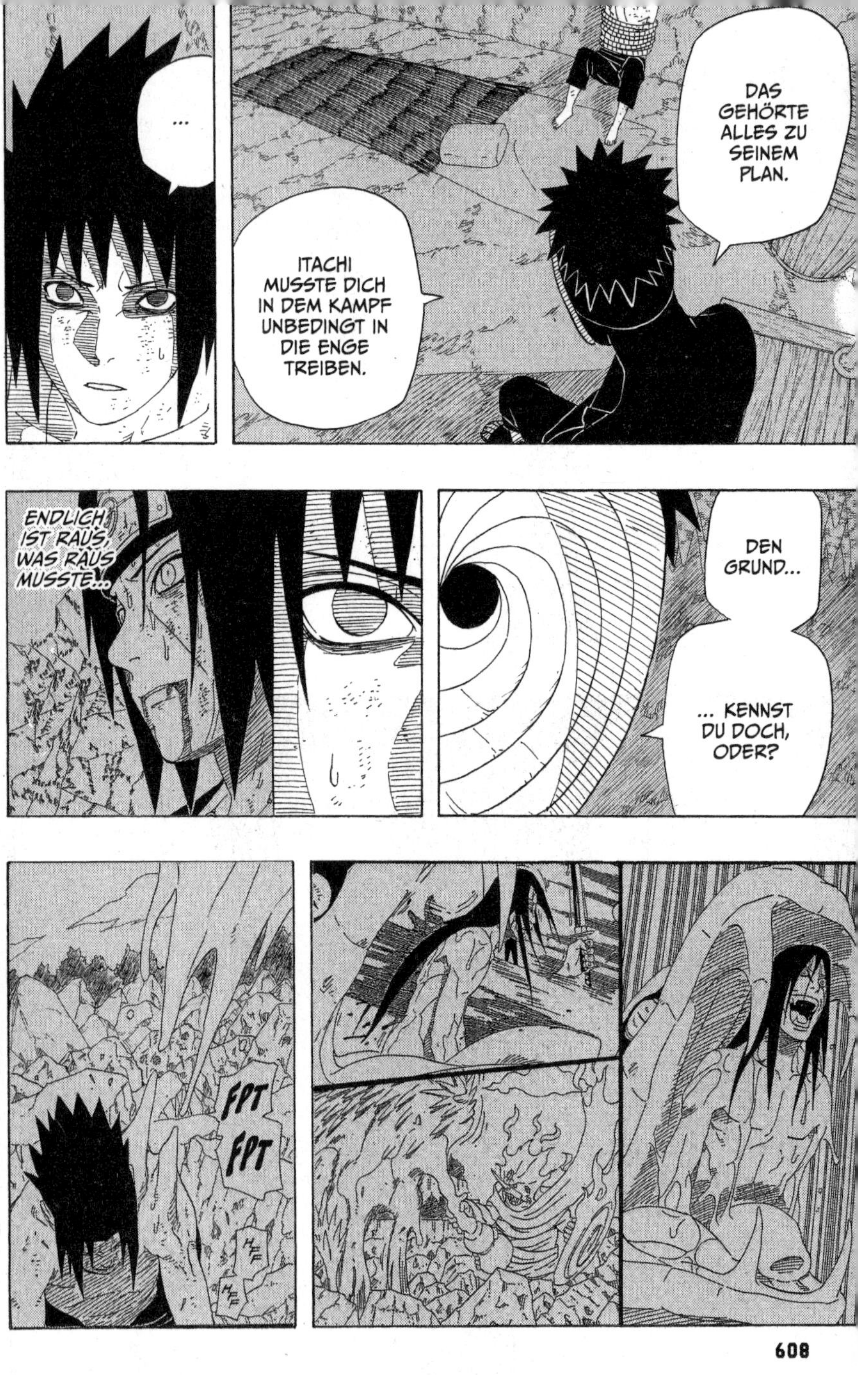
DAS GEHÖRTE ALLES ZU SEINEM PLAN.
ITACHI MUSSTE DICH IN DEM KAMPF UNBEDINGT IN DIE ENGE TREIBEN.
...
DEN GRUND...
... KENNST DU DOCH, ODER?
ENDLICH IST RAUS, WAS RAUS MUSSTE...
FPT
FPT

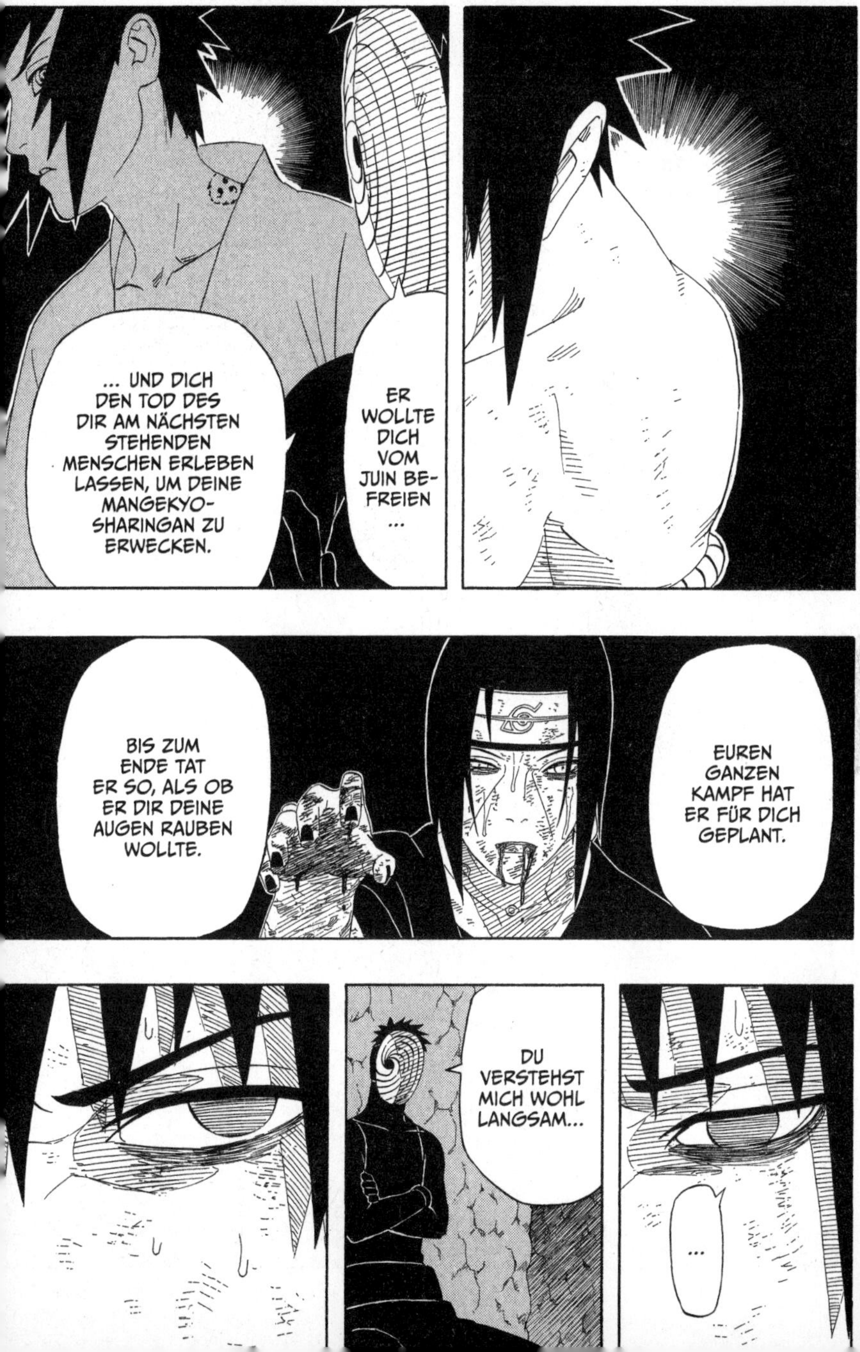

ER WOLLTE DICH VOM JUIN BEFREIEN ...
... UND DICH DEN TOD DES DIR AM NÄCHSTEN STEHENDEN MENSCHEN ERLEBEN LASSEN, UM DEINE MANGEKYO-SHARINGAN ZU ERWECKEN.
EUREN GANZEN KAMPF HAT ER FÜR DICH GEPLANT.
BIS ZUM ENDE TAT ER SO, ALS OB ER DIR DEINE AUGEN RAUBEN WOLLTE.
...
DU VERSTEHST MICH WOHL LANGSAM...

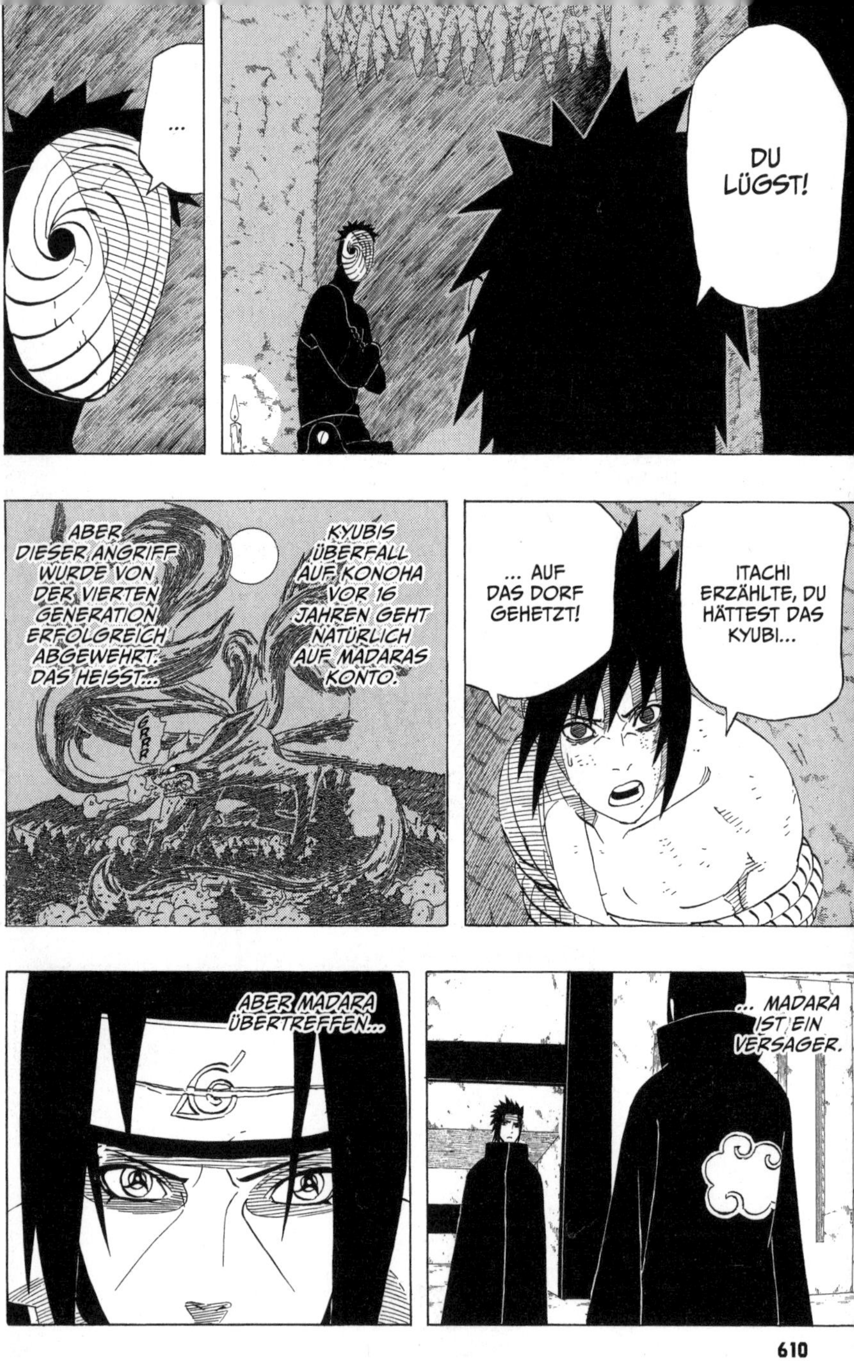
DU LÜGST!
...
ITACHI ERZÄHLTE, DU HÄTTEST DAS KYUBI...
... AUF DAS DORF GEHETZT!
KYUBIS ÜBERFALL AUF KONOHA VOR 16 JAHREN GEHT NATÜRLICH AUF MADARAS KONTO.
GRRR
ABER DIESER ANGRIFF WURDE VON DER VIERTEN GENERATION ERFOLGREICH ABGEWEHRT. DAS HEISST...
... MADARA IST EIN VERSAGER.
ABER MADARA ÜBERTREFFEN...

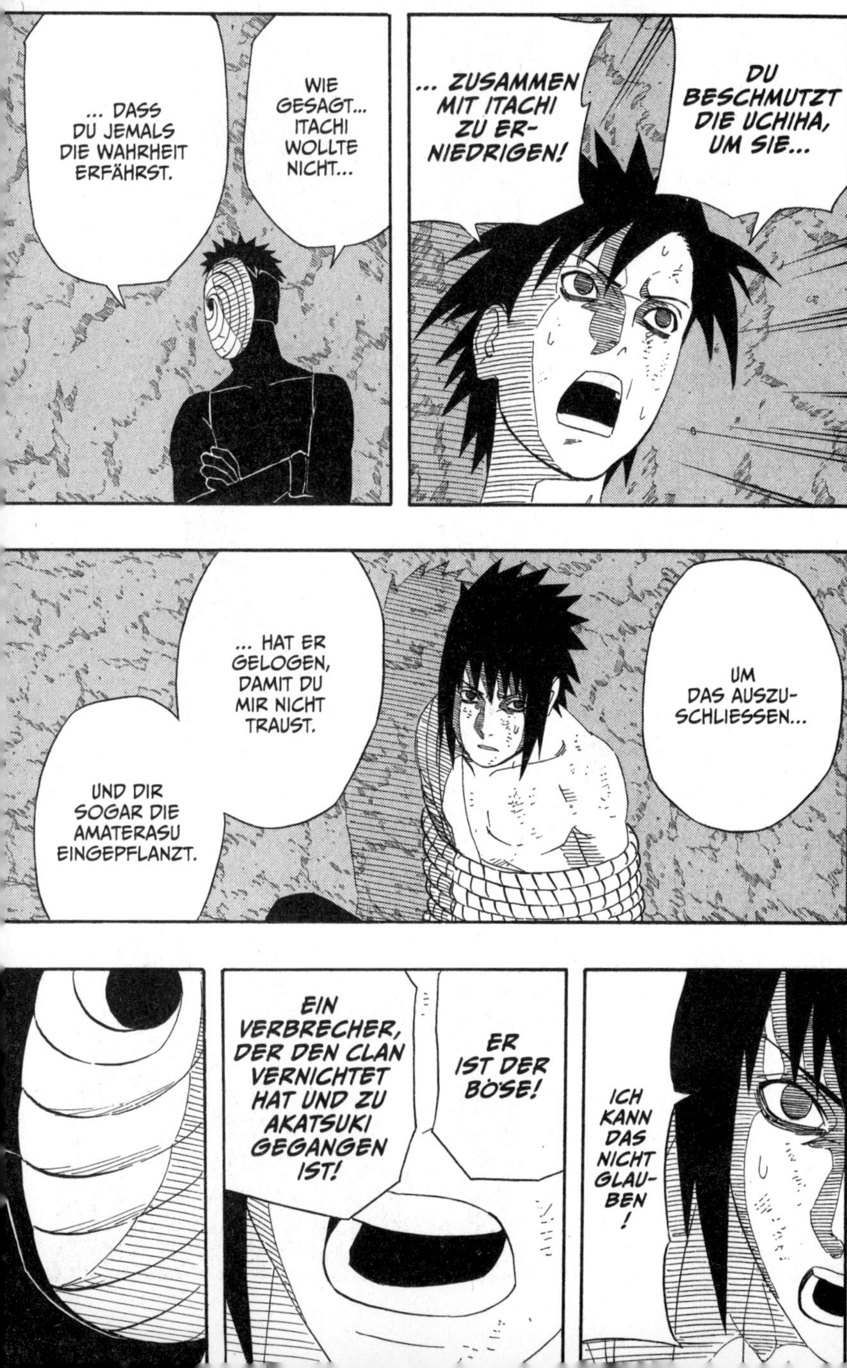
DU BESCHMUTZT DIE UCHIHA, UM SIE...
... ZUSAMMEN MIT ITACHI ZU ER-NIEDRIGEN!
WIE GESAGT... ITACHI WOLLTE NICHT...
... DASS DU JEMALS DIE WAHRHEIT ERFÄHRST.
UM DAS AUSZU-SCHLIESSEN...
... HAT ER GELOGEN, DAMIT DU MIR NICHT TRAUST.
UND DIR SOGAR DIE AMATERASU EINGEPFLANZT.
ICH KANN DAS NICHT GLAU-BEN!
ER IST DER BÖSE!
EIN VERBRECHER, DER DEN CLAN VERNICHTET HAT UND ZU AKATSUKI GEGANGEN IST!

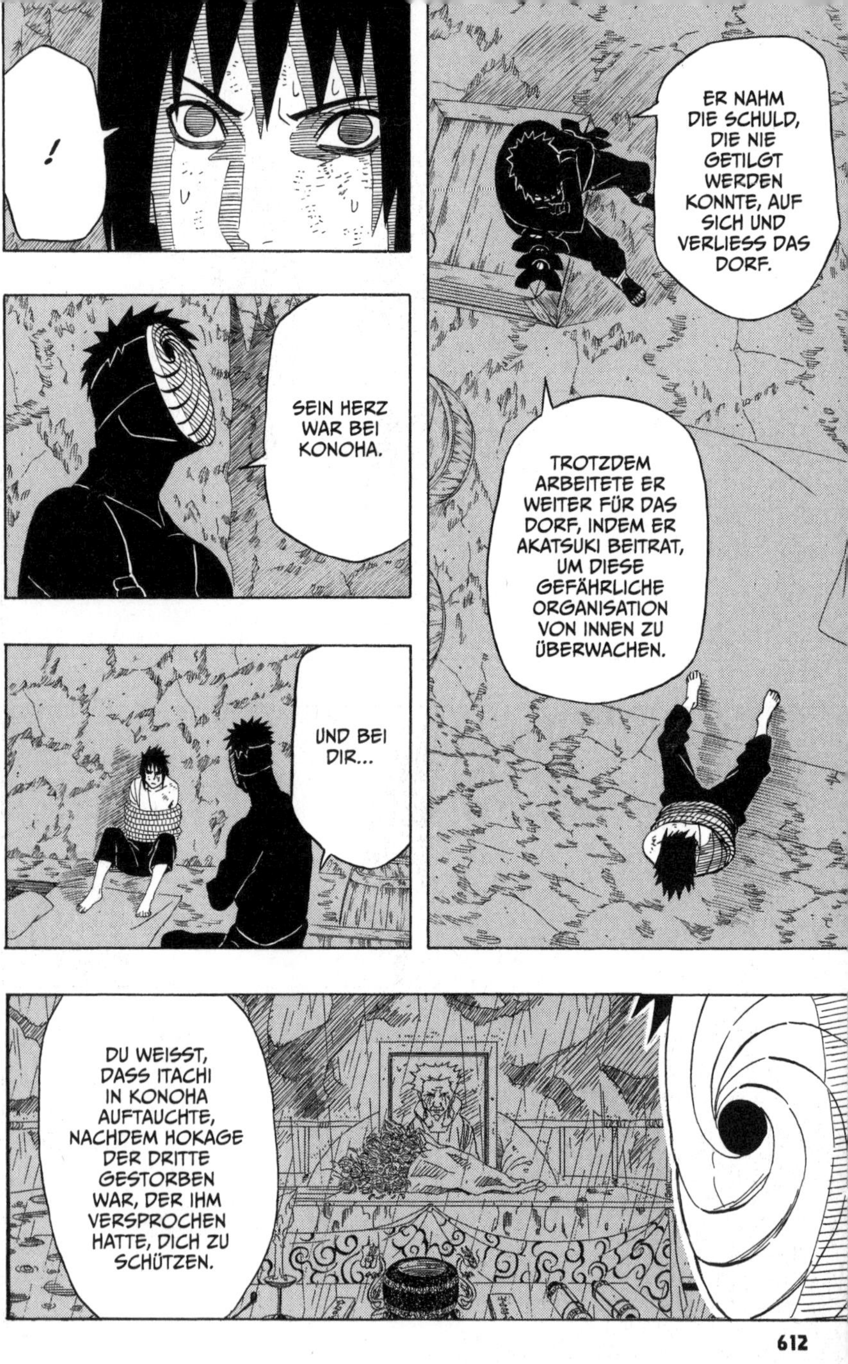
ER NAHM DIE SCHULD, DIE NIE GETILGT WERDEN KONNTE, AUF SICH UND VERLIESS DAS DORF.
TROTZDEM ARBEITETE ER WEITER FÜR DAS DORF, INDEM ER AKATSUKI BEITRAT, UM DIESE GEFÄHRLICHE ORGANISATION VON INNEN ZU ÜBERWACHEN.
!
SEIN HERZ WAR BEI KONOHA.
UND BEI DIR...
DU WEISST, DASS ITACHI IN KONOHA AUFTAUCHTE, NACHDEM HOKAGE DER DRITTE GESTORBEN WAR, DER IHM VERSPROCHEN HATTE, DICH ZU SCHÜTZEN.

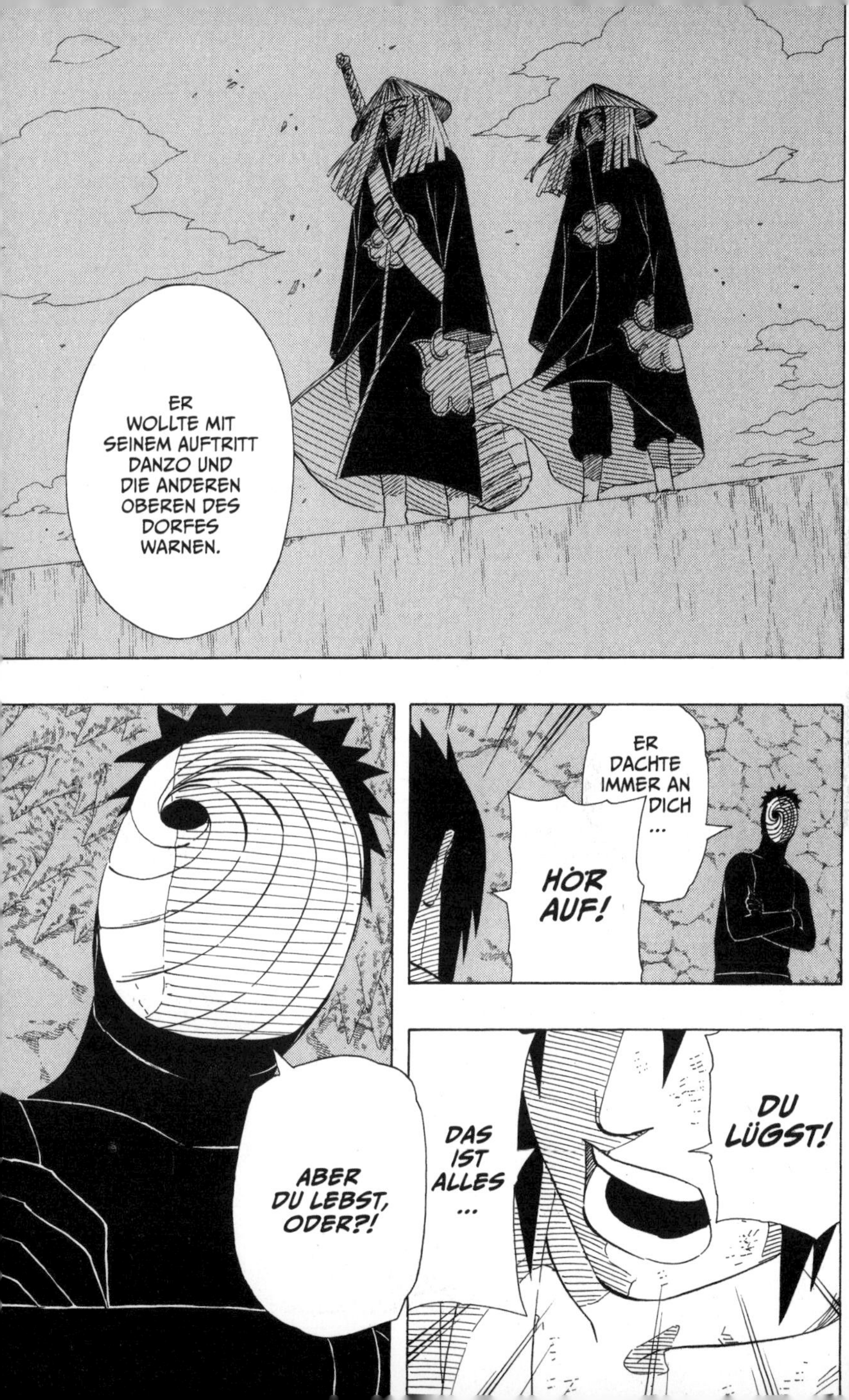
ER WOLLTE MIT SEINEM AUFTRITT DANZO UND DIE ANDEREN OBEREN DES DORFES WARNEN.
ER DACHTE IMMER AN DICH ...
HÖR AUF!
DU LÜGST!
DAS IST ALLES ...
ABER DU LEBST, ODER?!

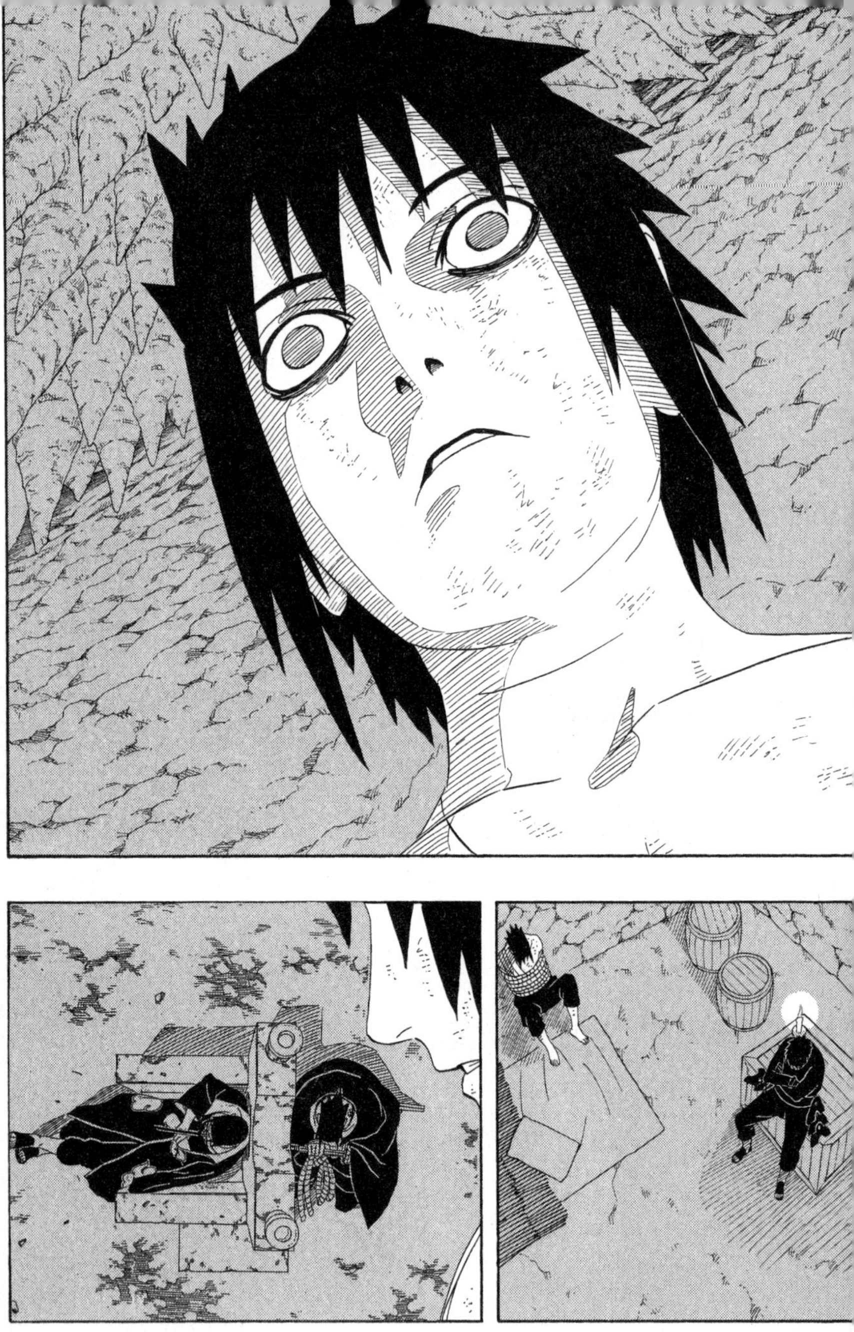

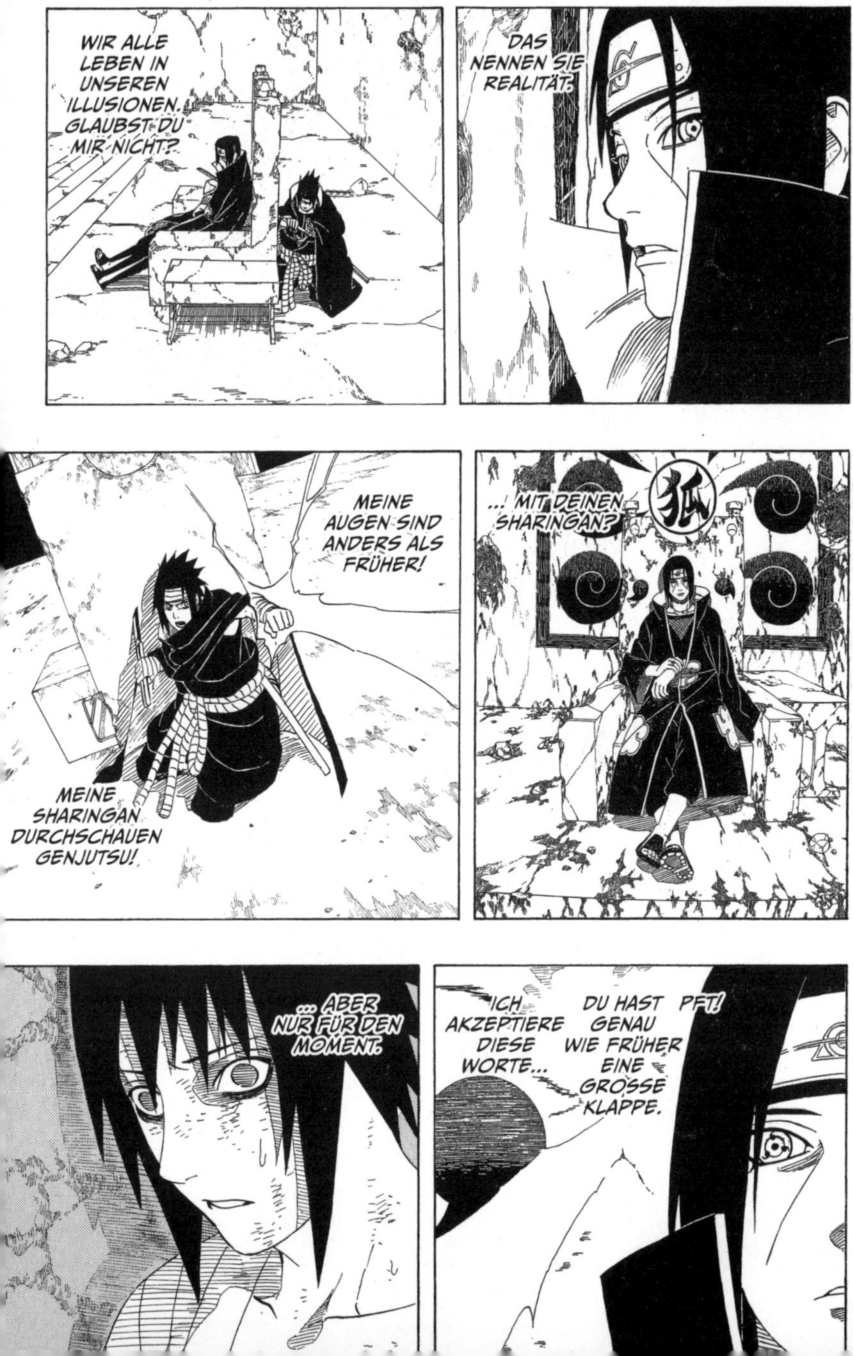

WIR ALLE LEBEN IN UNSEREN ILLUSIONEN. GLAUBST DU MIR NICHT?
DAS NENNEN SIE REALITÄT.
MEINE AUGEN SIND ANDERS ALS FRÜHER!
MEINE SHARINGAN DURCHSCHAUEN GENJUTSU!
... MIT DEINEN SHARINGAN?
狐
... ABER NUR FÜR DEN MOMENT.
ICH AKZEPTIERE DIESE WORTE...
DU HAST GENAU WIE FRÜHER EINE GROSSE KLAPPE.
PFT!

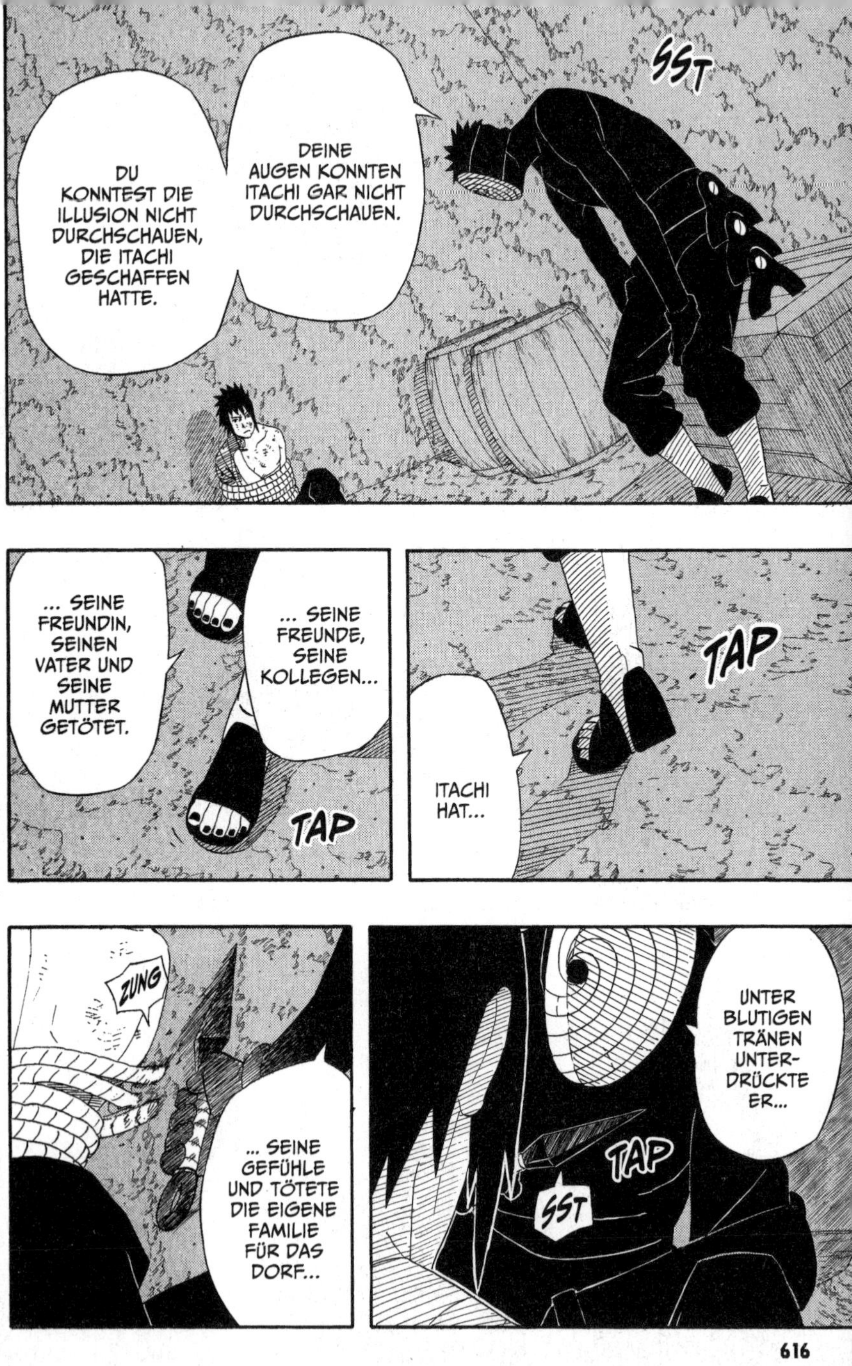
SST
DEINE AUGEN KONNTEN ITACHI GAR NICHT DURCHSCHAUEN.
DU KONNTEST DIE ILLUSION NICHT DURCHSCHAUEN, DIE ITACHI GESCHAFFEN HATTE.
TAP
ITACHI HAT...
... SEINE FREUNDE, SEINE KOLLEGEN...
... SEINE FREUNDIN, SEINEN VATER UND SEINE MUTTER GETÖTET.
TAP
UNTER BLUTIGEN TRÄNEN UNTER-DRÜCKTE ER...
TAP
SST
... SEINE GEFÜHLE UND TÖTETE DIE EIGENE FAMILIE FÜR DAS DORF...
ZUNG

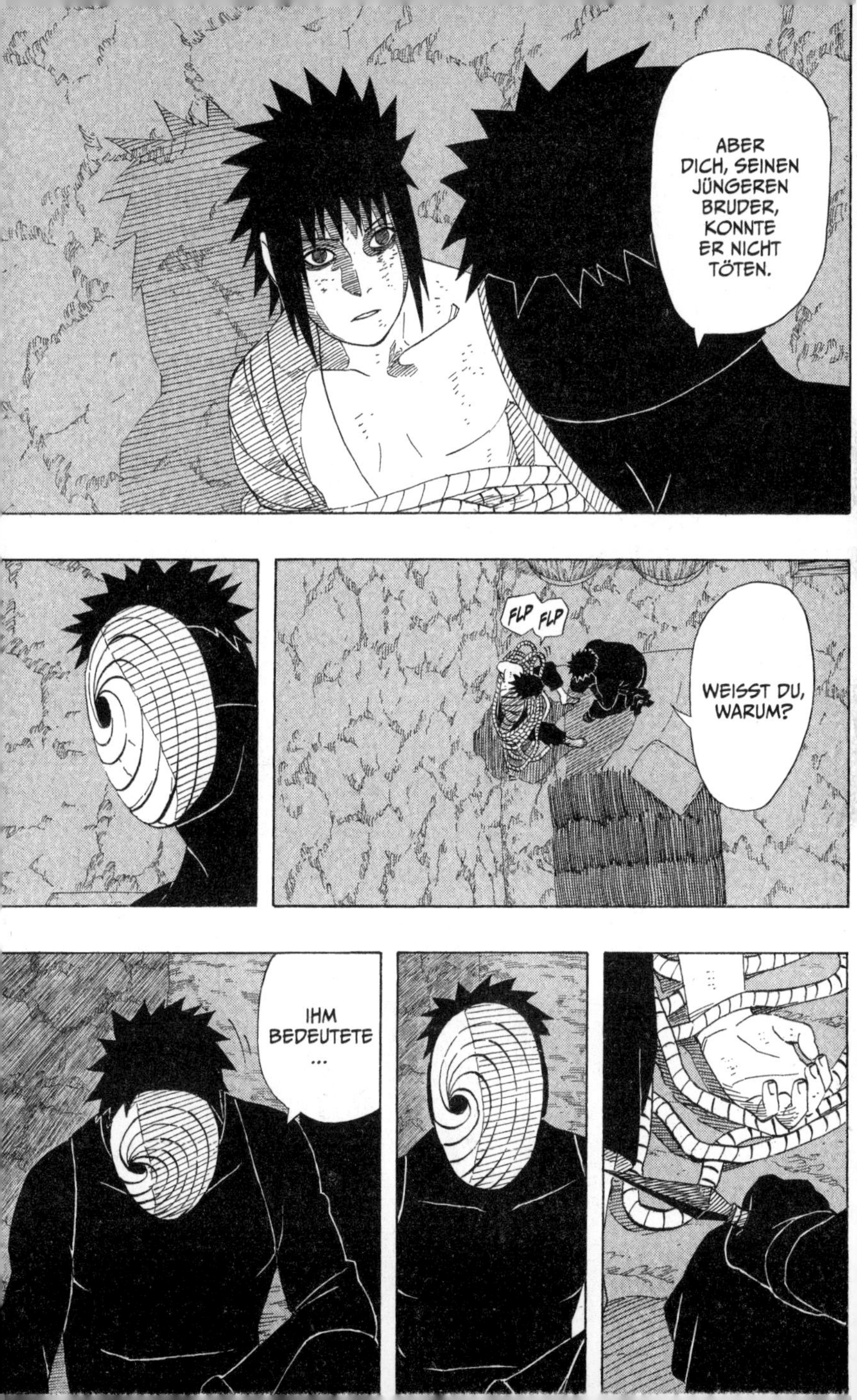
ABER DICH, SEINEN JÜNGEREN BRUDER, KONNTE ER NICHT TÖTEN.
WEISST DU, WARUM?
FLP FLP
IHM BEDEUTETE …

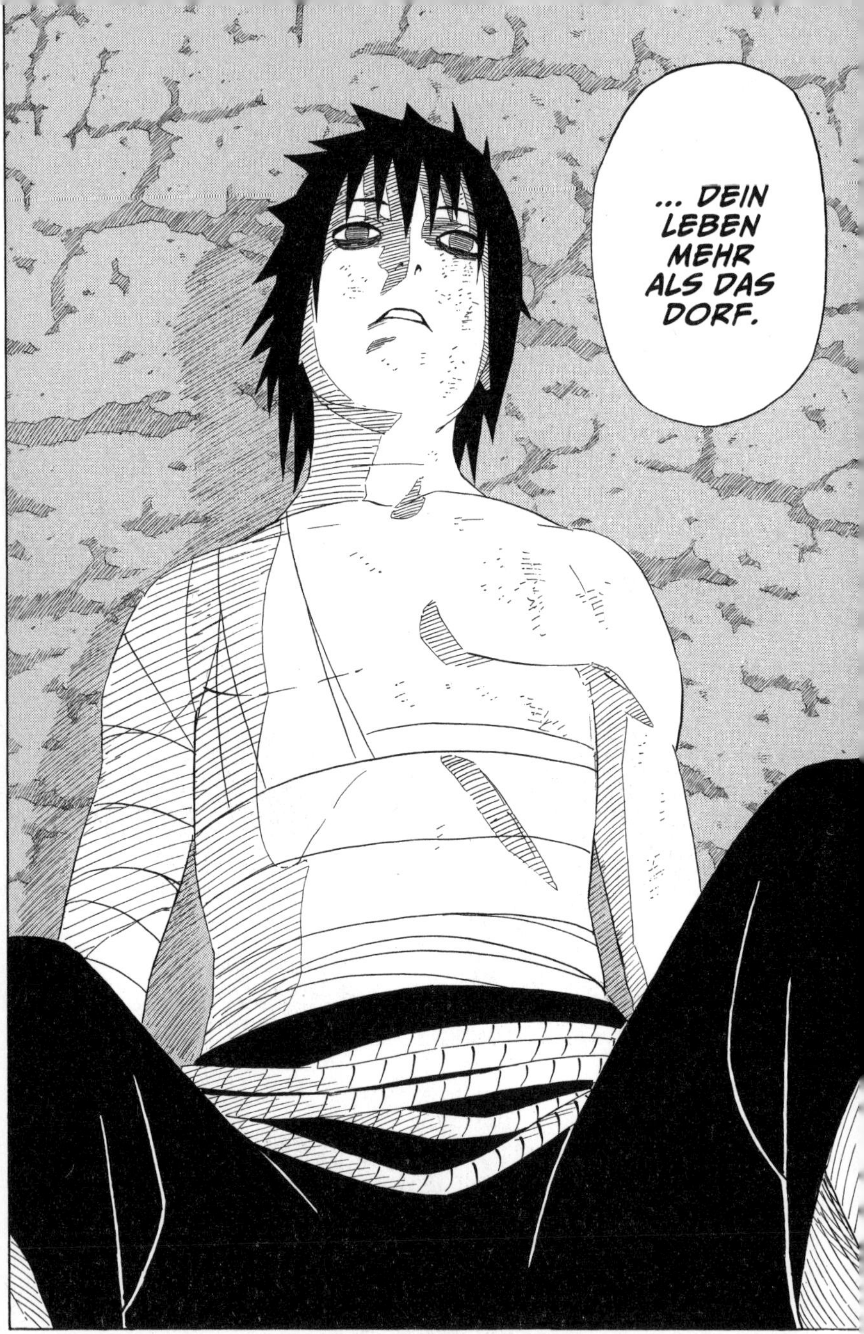
... DEIN LEBEN MEHR ALS DAS DORF.

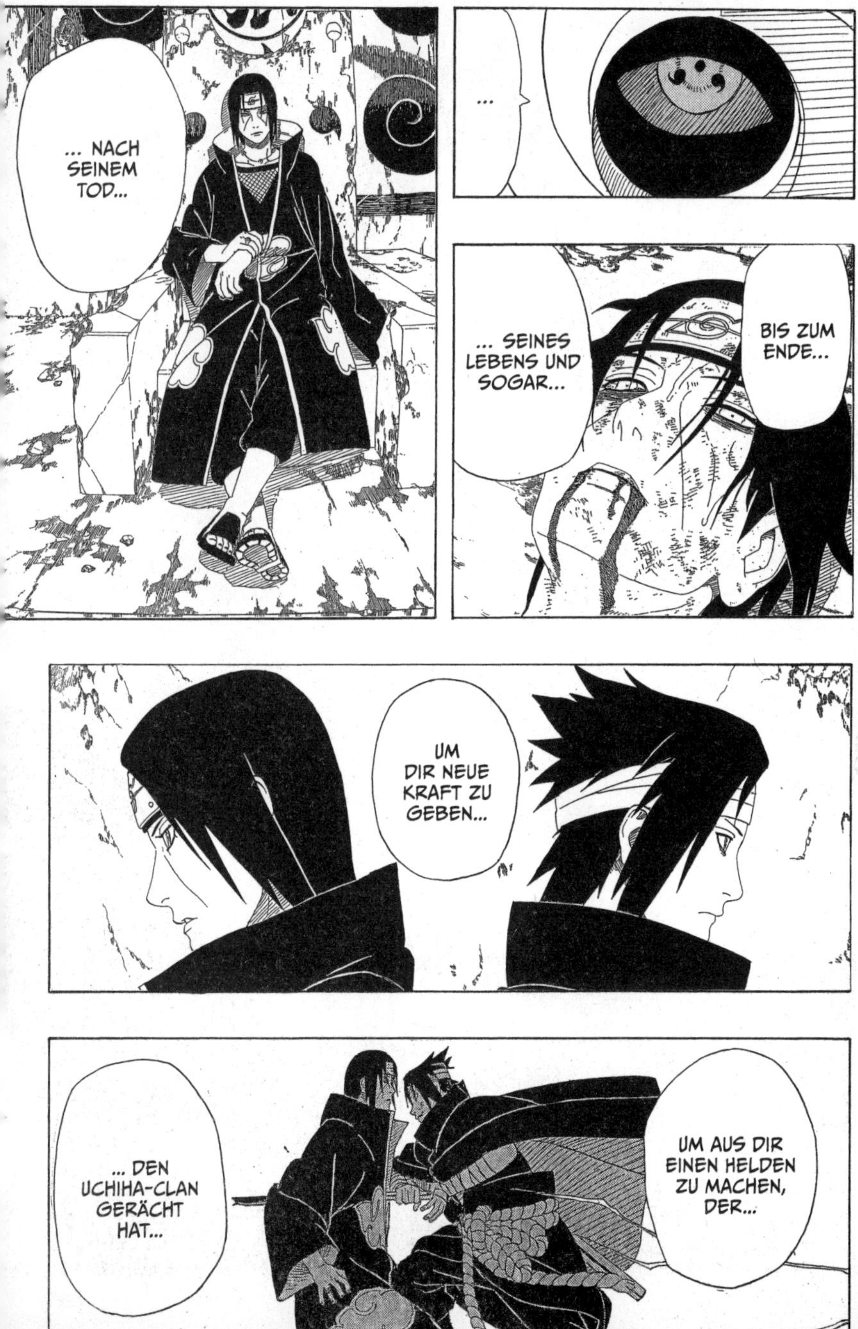
...
... NACH SEINEM TOD...
BIS ZUM ENDE...
... SEINES LEBENS UND SOGAR...
UM DIR NEUE KRAFT ZU GEBEN...
UM AUS DIR EINEN HELDEN ZU MACHEN, DER...
... DEN UCHIHA-CLAN GERÄCHT HAT...

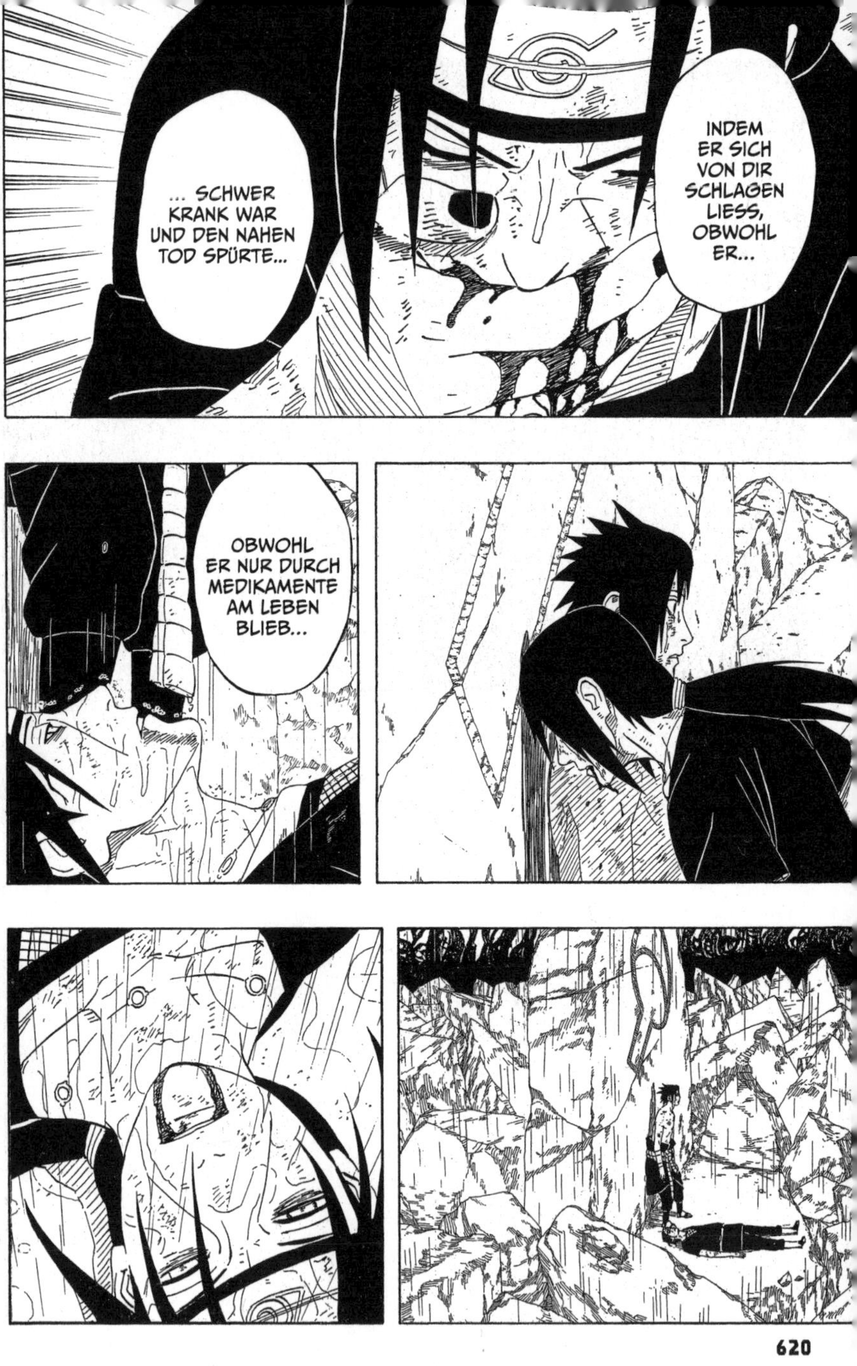
INDEM ER SICH VON DIR SCHLAGEN LIESS, OBWOHL ER...
... SCHWER KRANK WAR UND DEN NAHEN TOD SPÜRTE...
OBWOHL ER NUR DURCH MEDIKAMENTE AM LEBEN BLIEB...

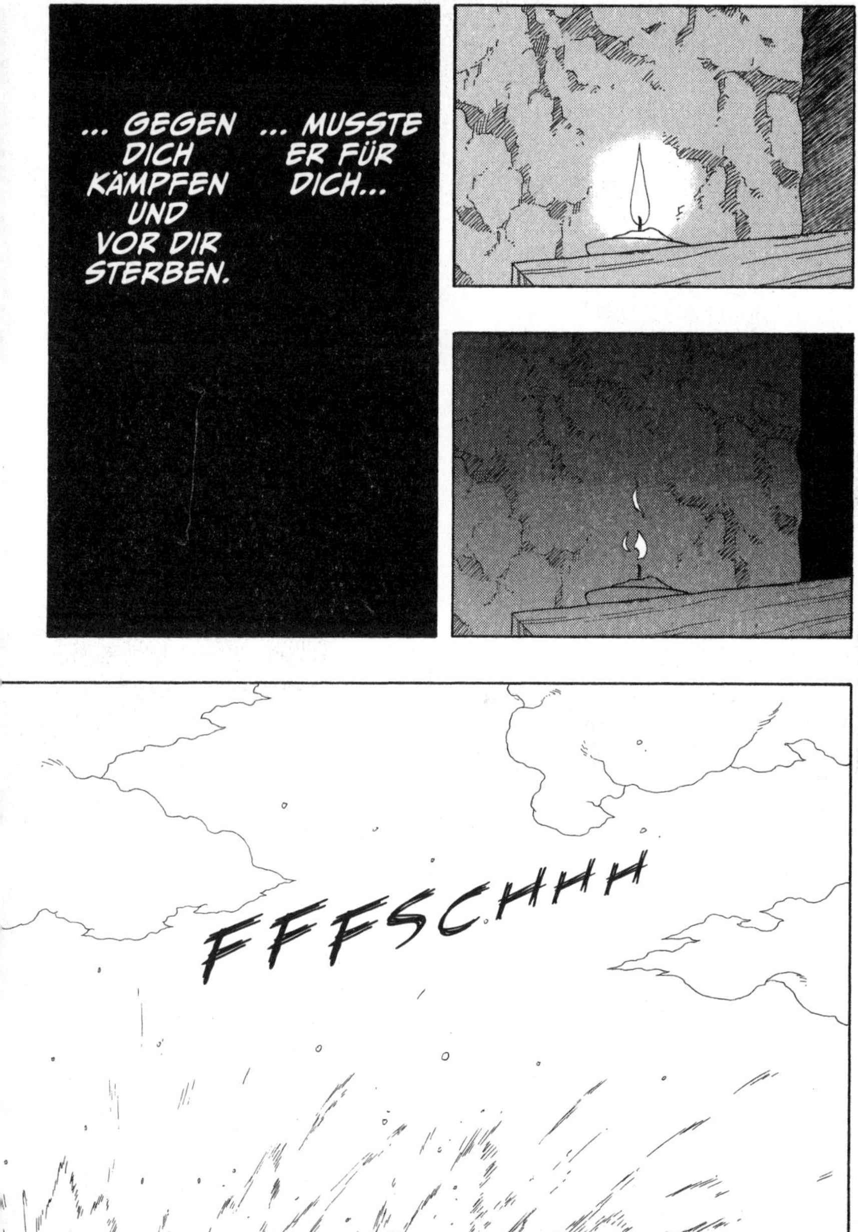
... MUSSTE ER FÜR DICH...
... GEGEN DICH KÄMPFEN UND VOR DIR STERBEN.
FFFSCHHH

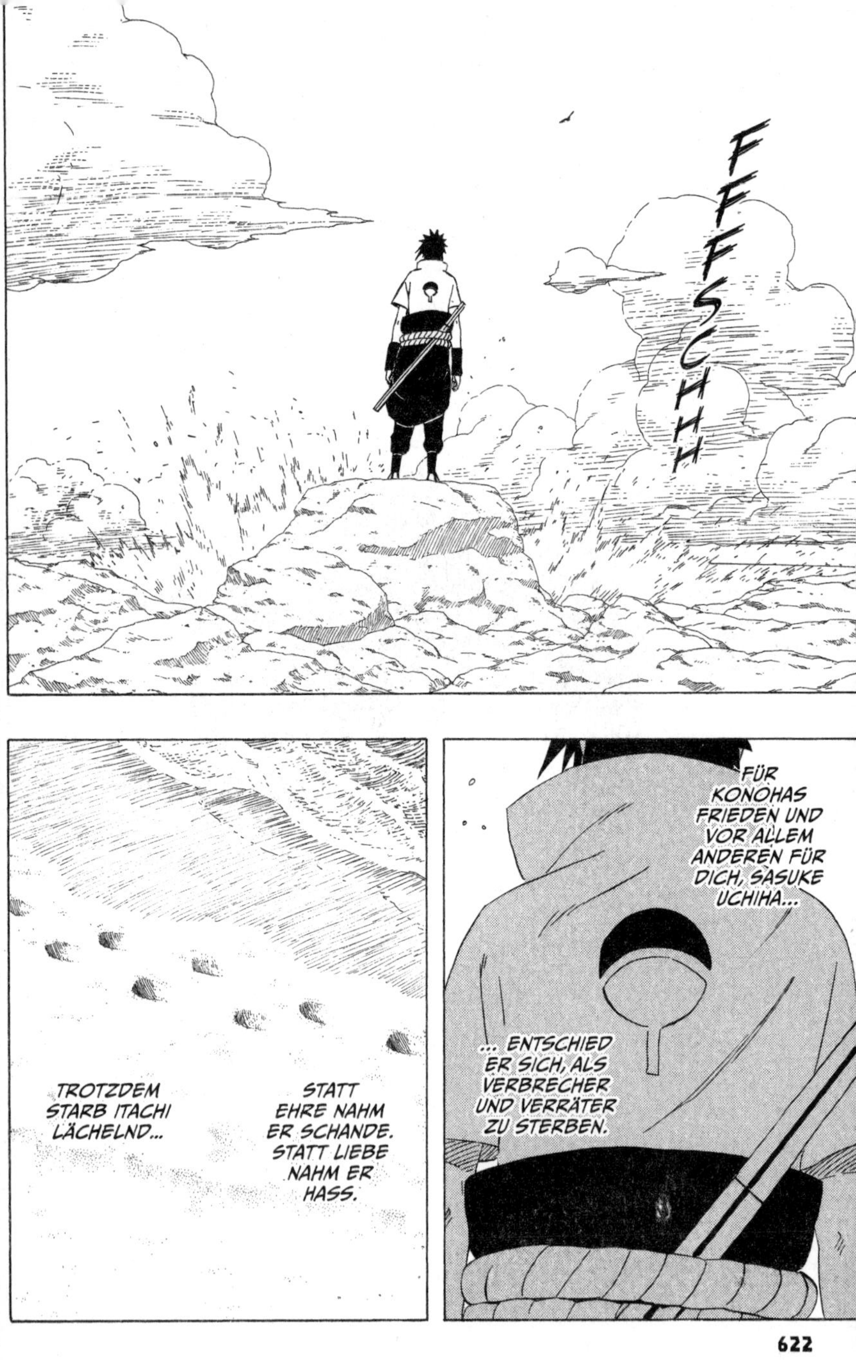
FFFSCHHH
FÜR KONOHAS FRIEDEN UND VOR ALLEM ANDEREN FÜR DICH, SASUKE UCHIHA...
... ENTSCHIED ER SICH, ALS VERBRECHER UND VERRÄTER ZU STERBEN.
STATT EHRE NAHM ER SCHANDE. STATT LIEBE NAHM ER HASS.
TROTZDEM STARB ITACHI LÄCHELND...

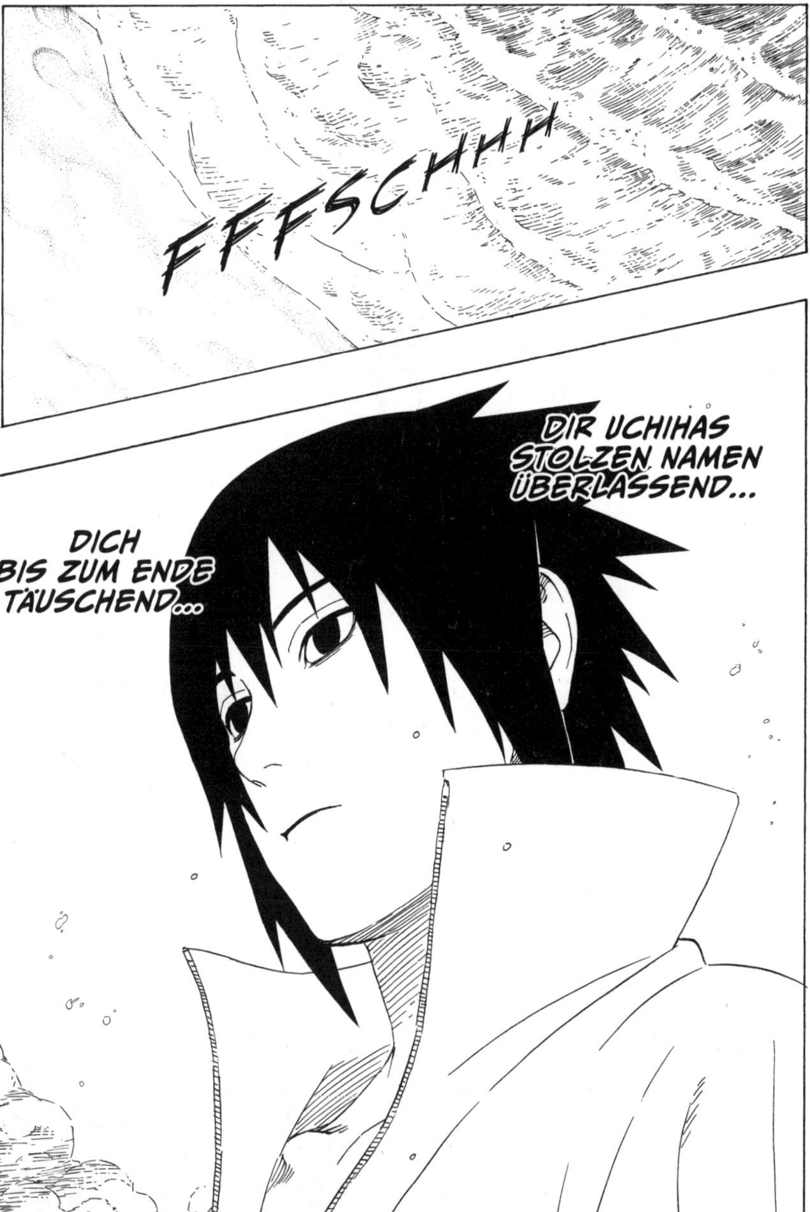
FFFSCHHH
DIR UCHIHAS STOLZEN NAMEN ÜBERLASSEND...
DICH BIS ZUM ENDE TÄUSCHEND...

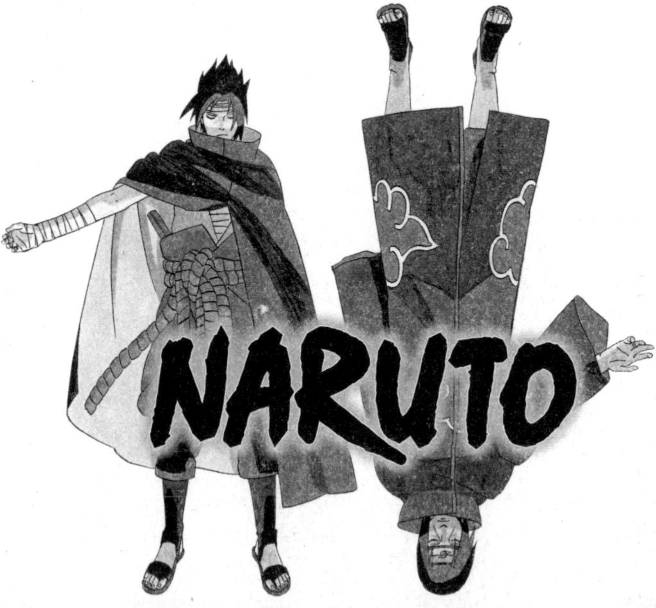
NARUTO

402. Kapitel: Das letzte Wort

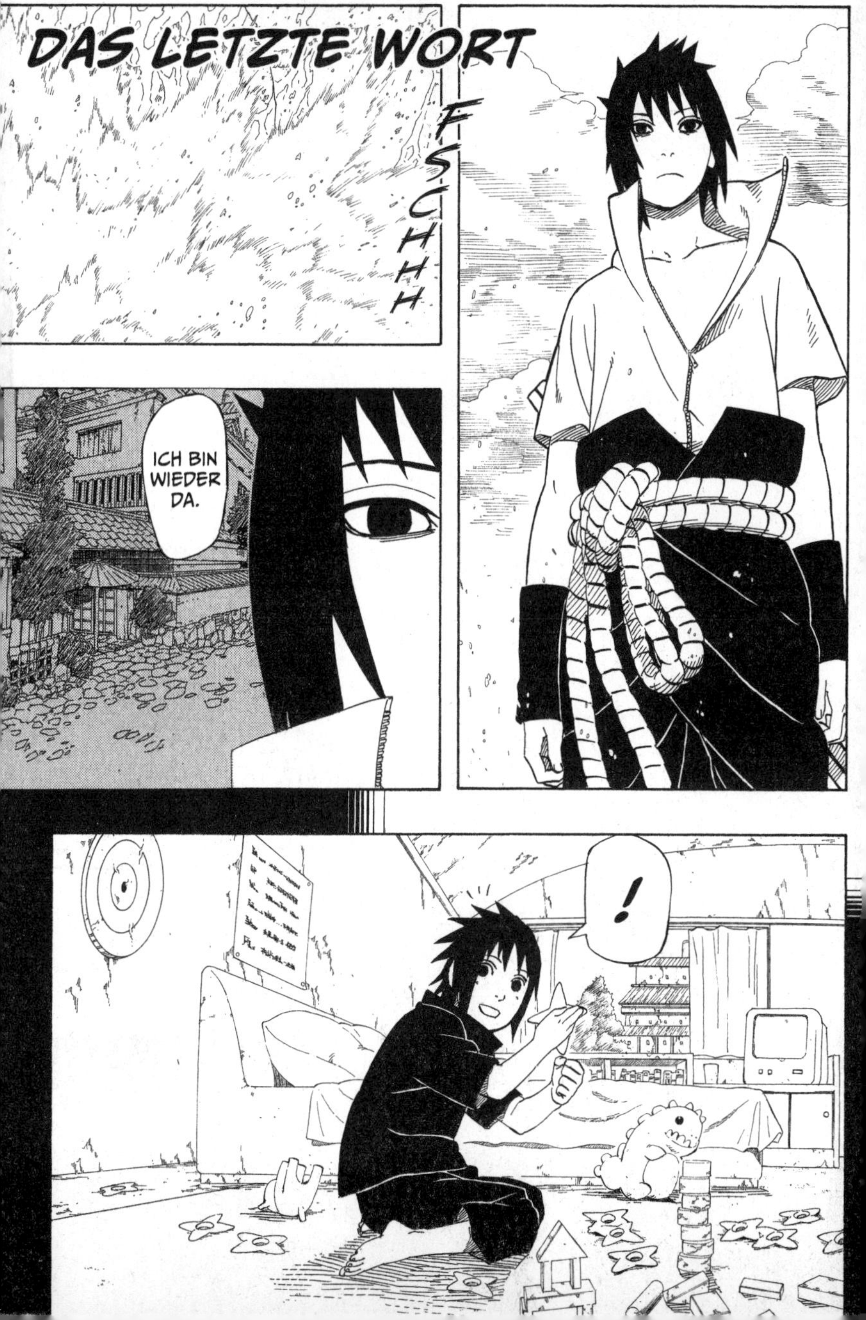

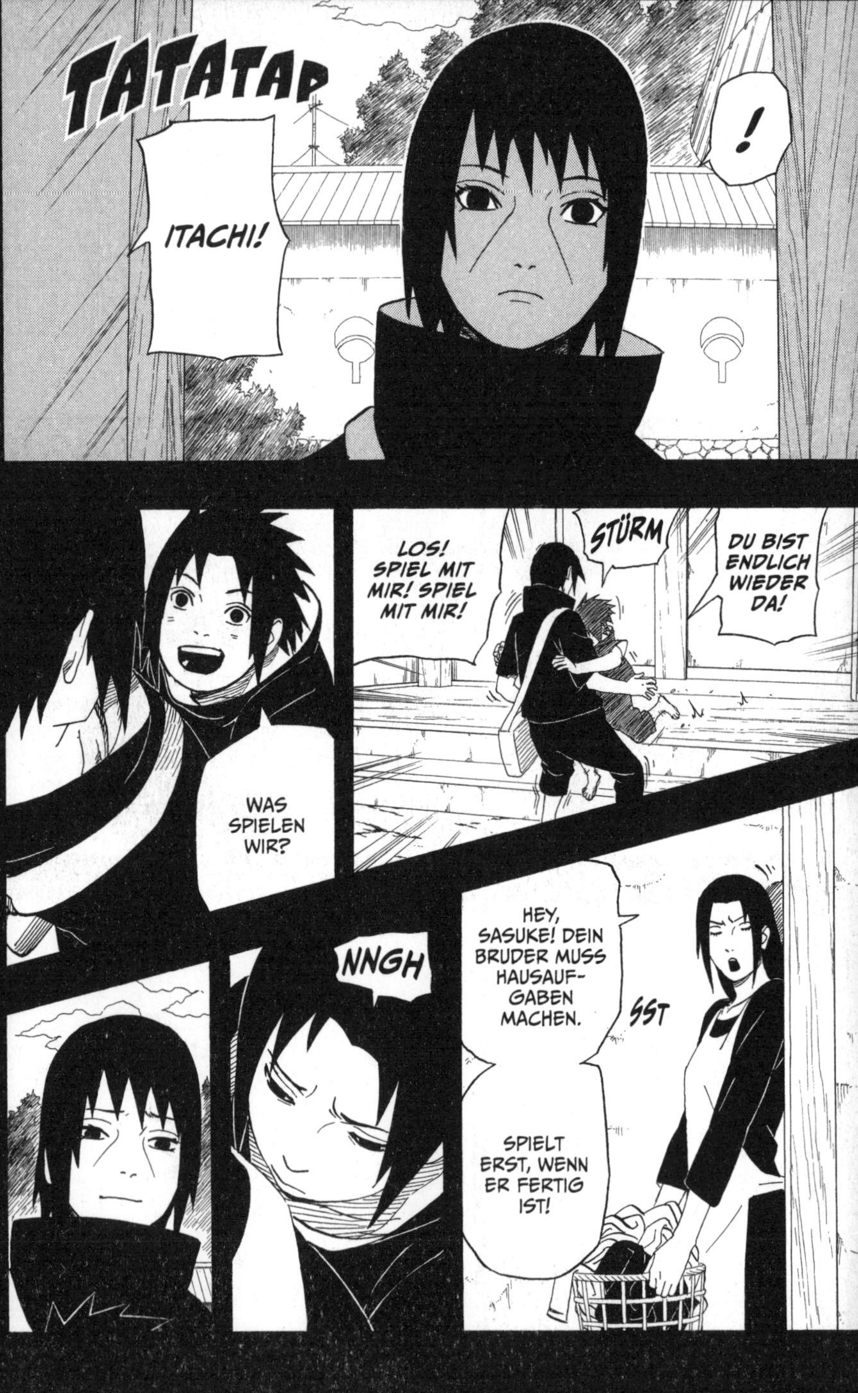
TATATAP
ITACHI!
!
DU BIST ENDLICH WIEDER DA!
STÜRM
LOS! SPIEL MIT MIR! SPIEL MIT MIR!
WAS SPIELEN WIR?
HEY, SASUKE! DEIN BRUDER MUSS HAUSAUF-GABEN MACHEN.
SST
SPIELT ERST, WENN ER FERTIG IST!
NNGH

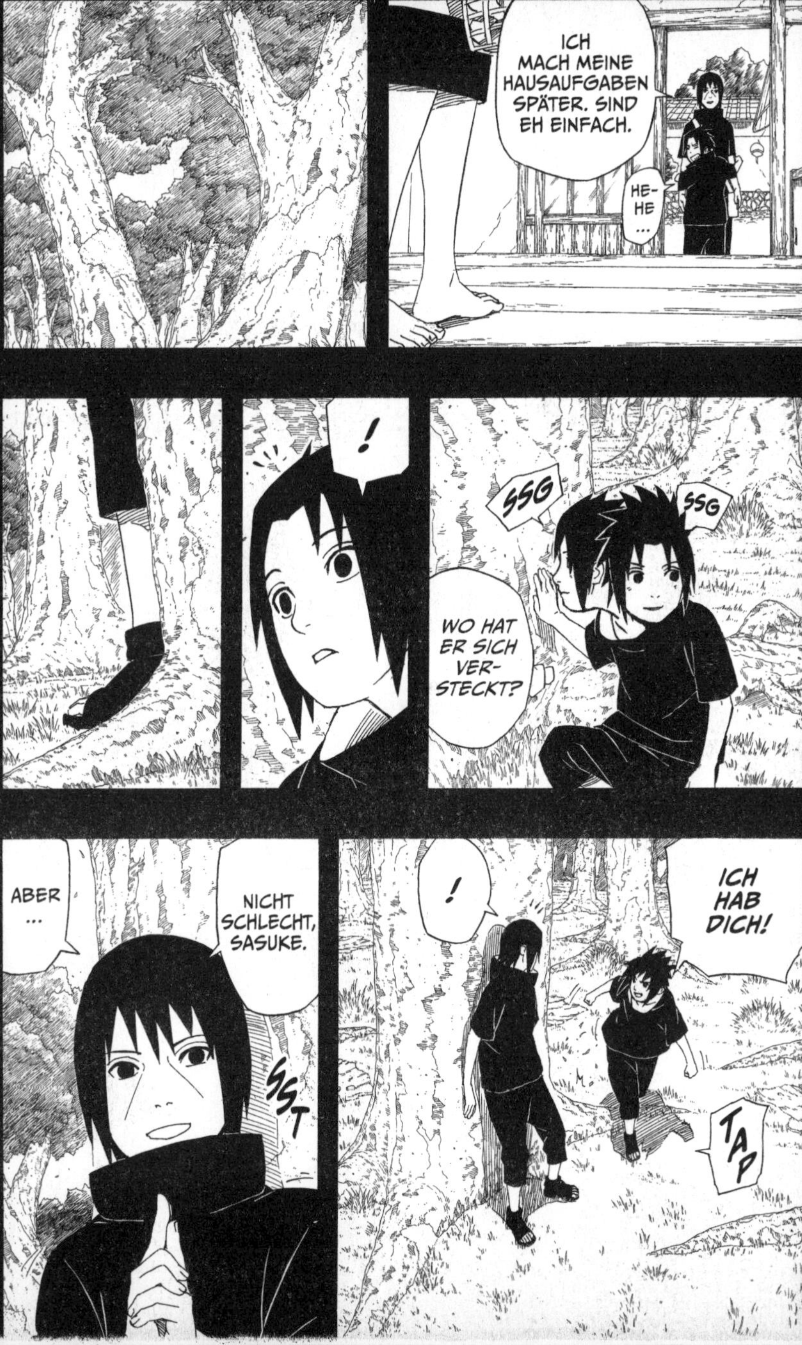

ICH MACH MEINE HAUSAUFGABEN SPÄTER. SIND EH EINFACH.
HE-HE ...
SSG
SSG
WO HAT ER SICH VER-STECKT?
!
!
ICH HAB DICH!
TAP
NICHT SCHLECHT, SASUKE.
ABER ...
SST

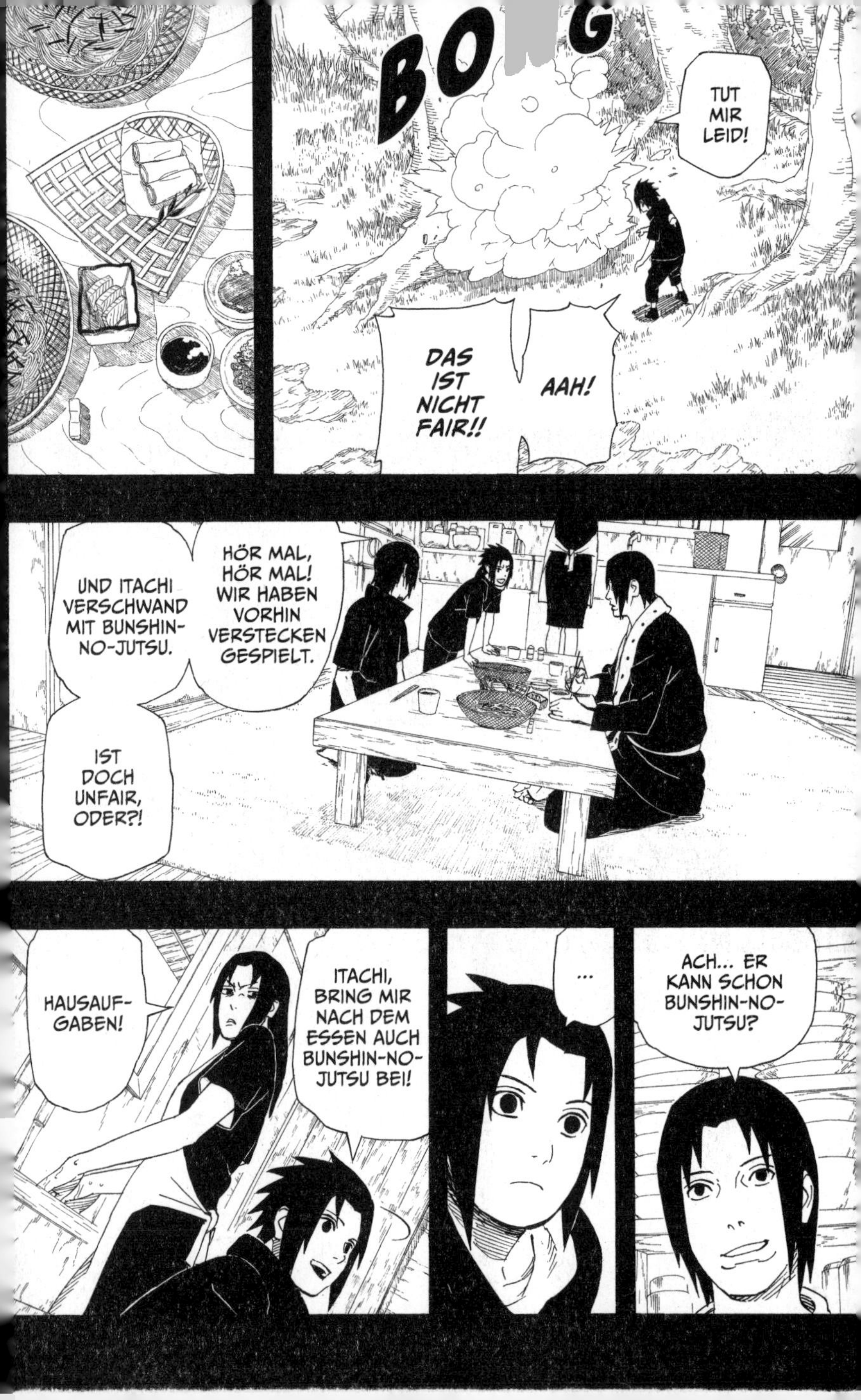
TUT MIR LEID!
AAH!
DAS IST NICHT FAIR!!
HÖR MAL, HÖR MAL! WIR HABEN VORHIN VERSTECKEN GESPIELT.
UND ITACHI VERSCHWAND MIT BUNSHIN-NO-JUTSU.
IST DOCH UNFAIR, ODER?!
ACH... ER KANN SCHON BUNSHIN-NO-JUTSU?
...
ITACHI, BRING MIR NACH DEM ESSEN AUCH BUNSHIN-NO-JUTSU BEI!
HAUSAUF-GABEN!

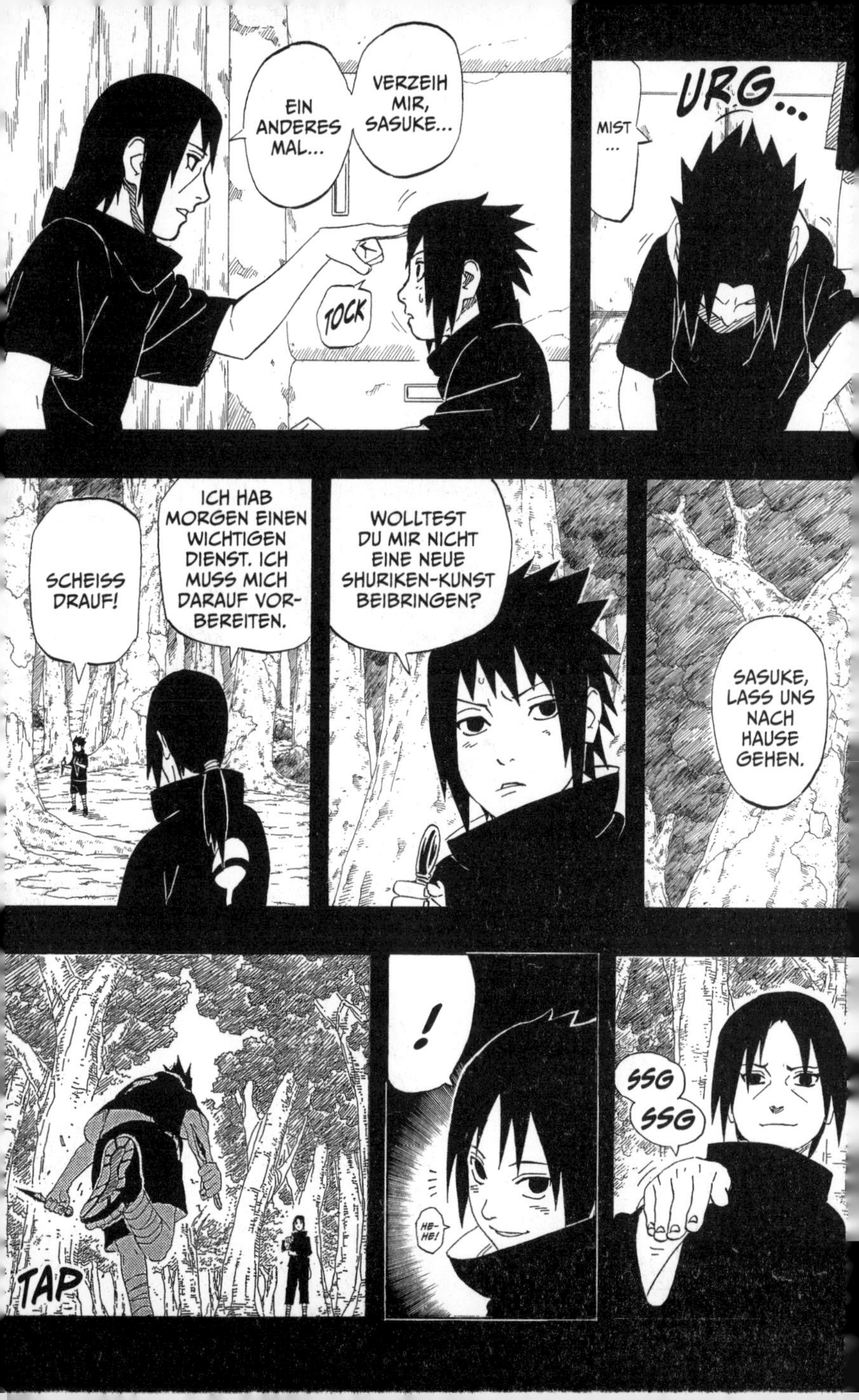
URG...
MIST ...
VERZEIH MIR, SASUKE...
EIN ANDERES MAL...
TOCK
SASUKE, LASS UNS NACH HAUSE GEHEN.
WOLLTEST DU MIR NICHT EINE NEUE SHURIKEN-KUNST BEIBRINGEN?
ICH HAB MORGEN EINEN WICHTIGEN DIENST. ICH MUSS MICH DARAUF VORBEREITEN.
SCHEISS DRAUF!
SSG SSG
!
HE-HE!
TAP

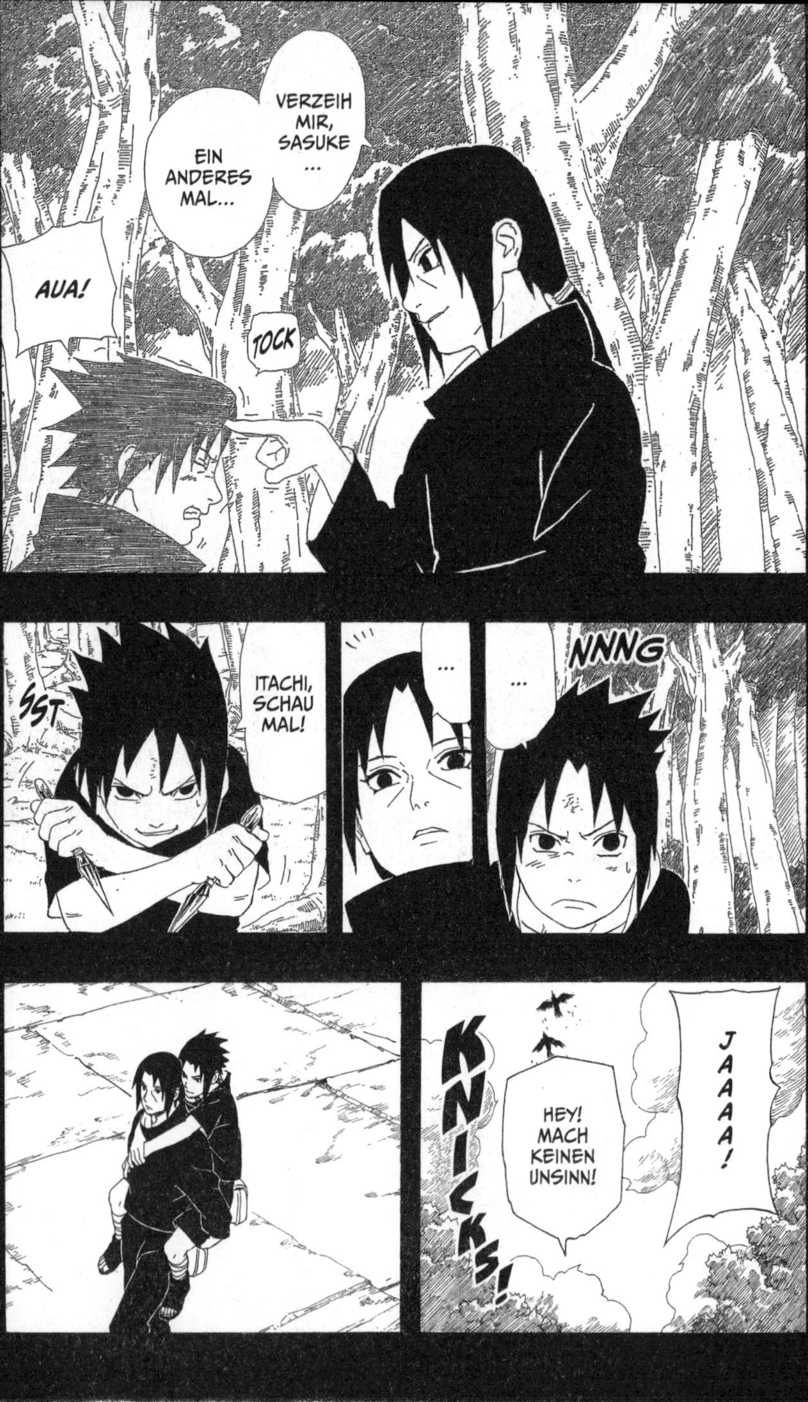
VERZEIH MIR, SASUKE ...
EIN ANDERES MAL...
TOCK
AUA!
NNNG
...
...
ITACHI, SCHAU MAL!
SST
JAAAAA!
HEY! MACH KEINEN UNSINN!
KNICKS!

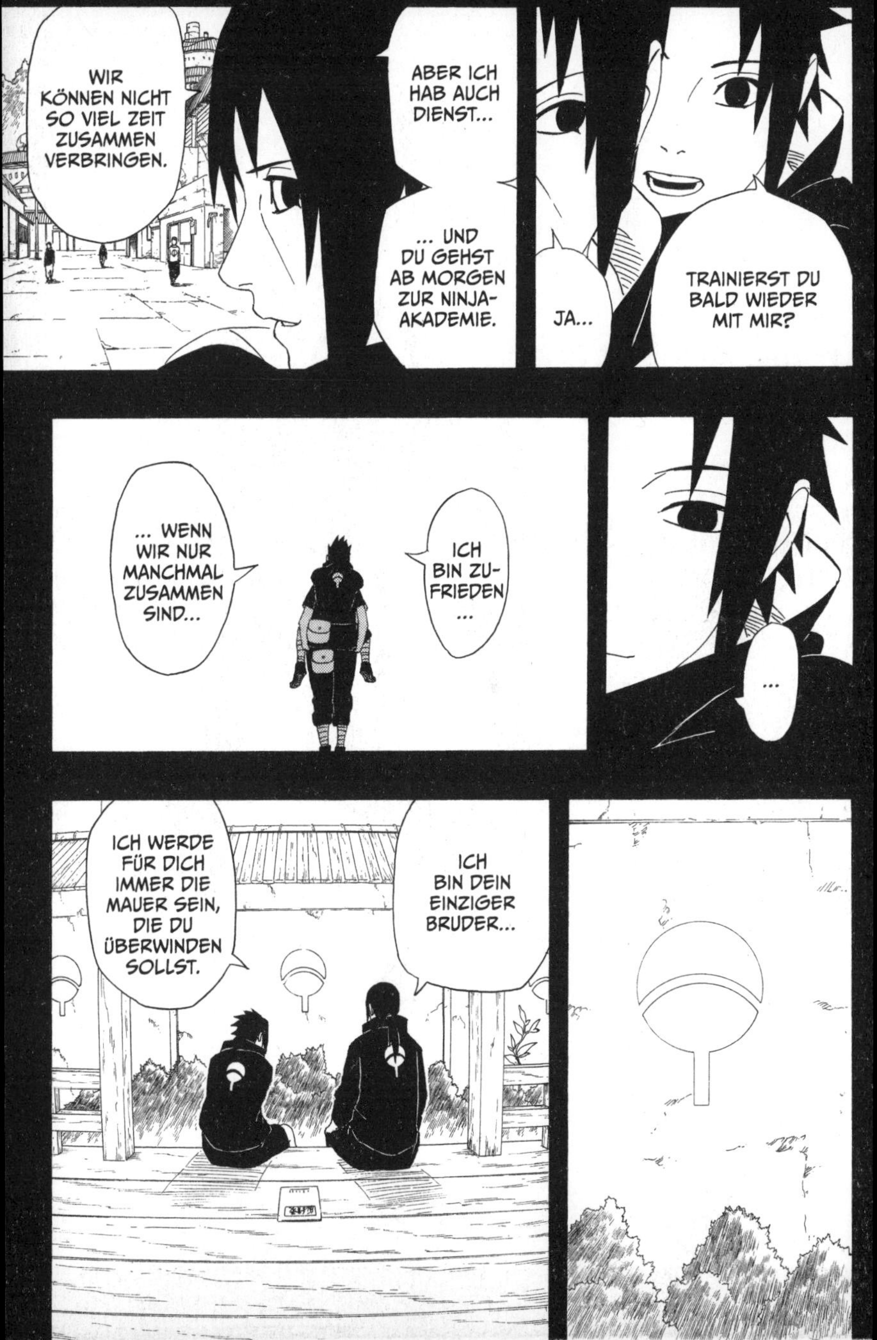
TRAINIERST DU BALD WIEDER MIT MIR?
JA...
ABER ICH HAB AUCH DIENST...
... UND DU GEHST AB MORGEN ZUR NINJA-AKADEMIE.
WIR KÖNNEN NICHT SO VIEL ZEIT ZUSAMMEN VERBRINGEN.
...
ICH BIN ZUFRIEDEN ...
... WENN WIR NUR MANCHMAL ZUSAMMEN SIND...
ICH BIN DEIN EINZIGER BRUDER...
ICH WERDE FÜR DICH IMMER DIE MAUER SEIN, DIE DU ÜBERWINDEN SOLLST.

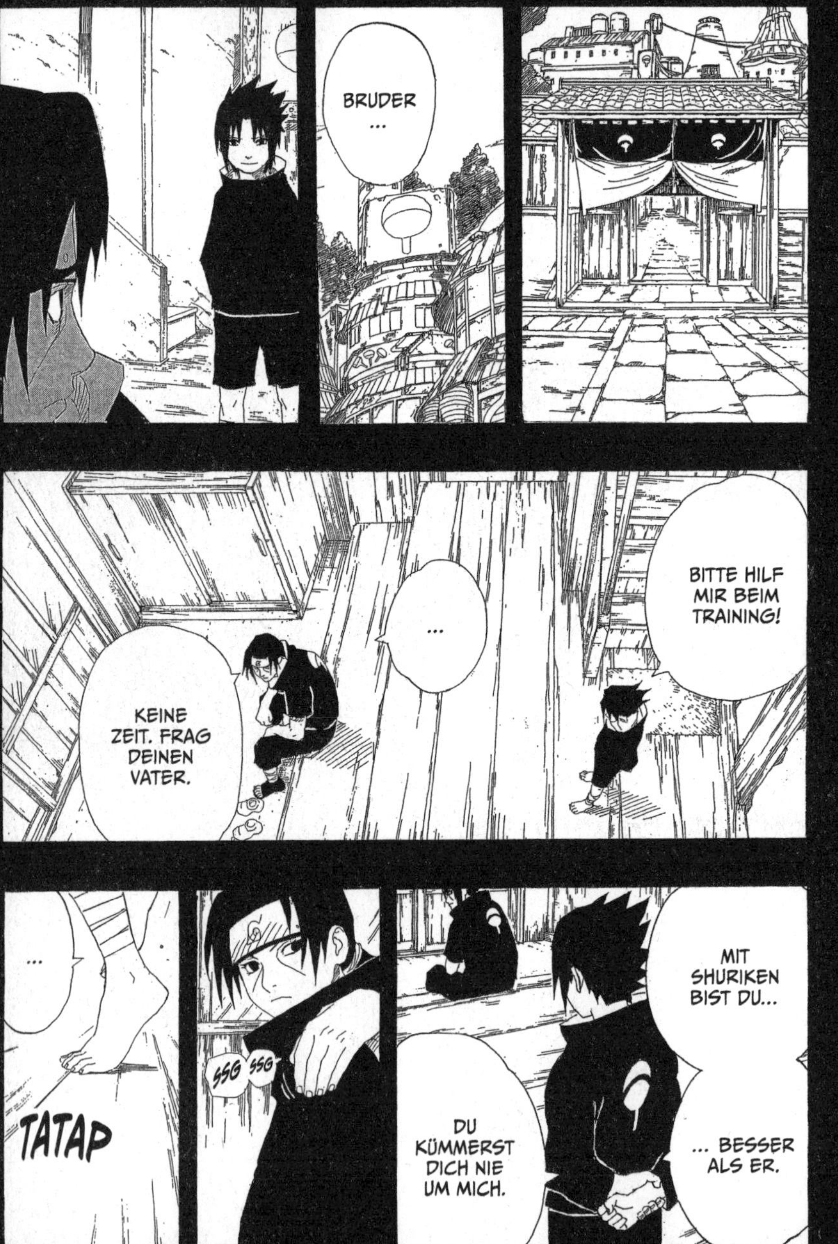
BRUDER ...
BITTE HILF MIR BEIM TRAINING!
...
KEINE ZEIT. FRAG DEINEN VATER.
MIT SHURIKEN BIST DU...
... BESSER ALS ER.
DU KÜMMERST DICH NIE UM MICH.
SSG SSG
...
TATAP

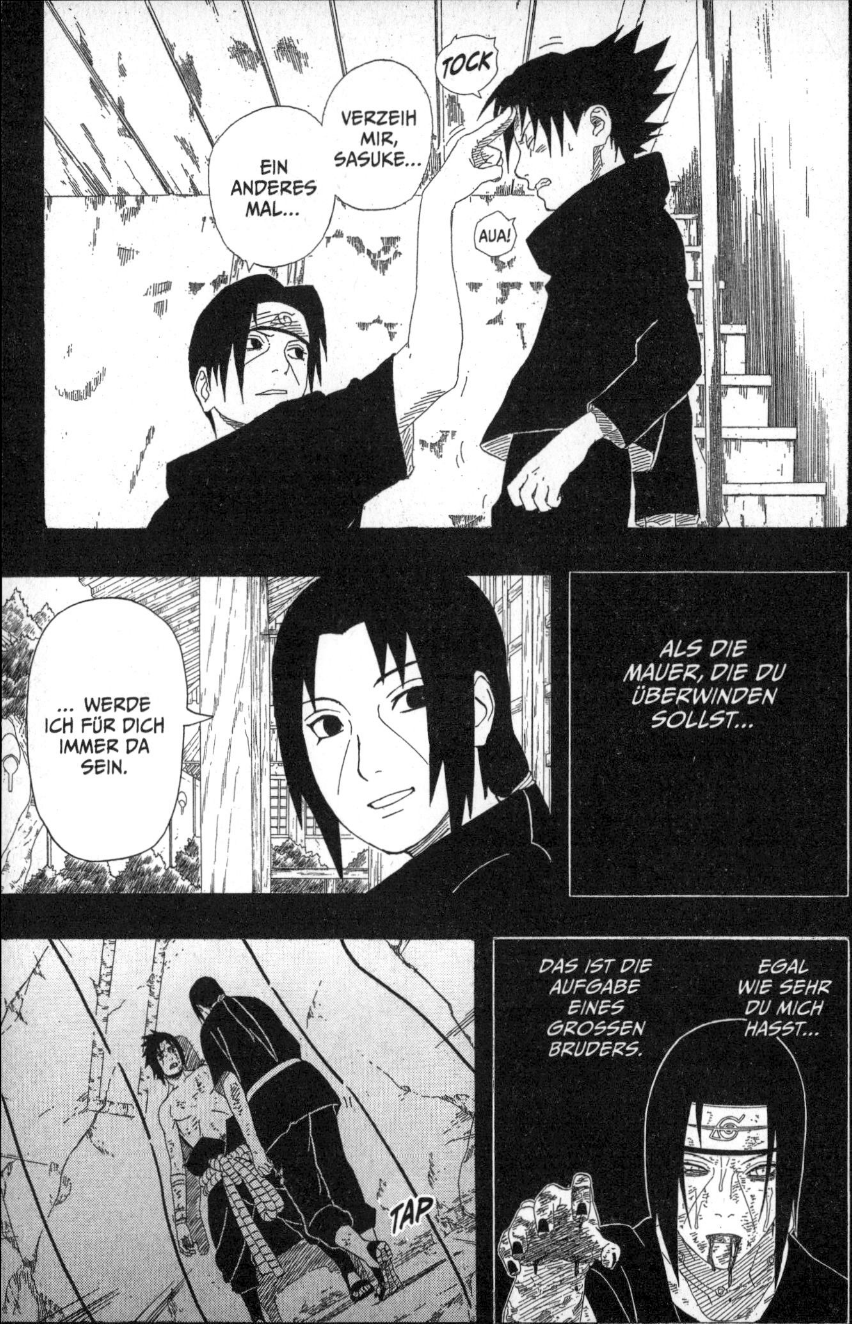
VERZEIH MIR, SASUKE...
EIN ANDERES MAL...
TOCK
AUA!
ALS DIE MAUER, DIE DU ÜBERWINDEN SOLLST...
... WERDE ICH FÜR DICH IMMER DA SEIN.
EGAL WIE SEHR DU MICH HASST...
DAS IST DIE AUFGABE EINES GROSSEN BRUDERS.
TAP

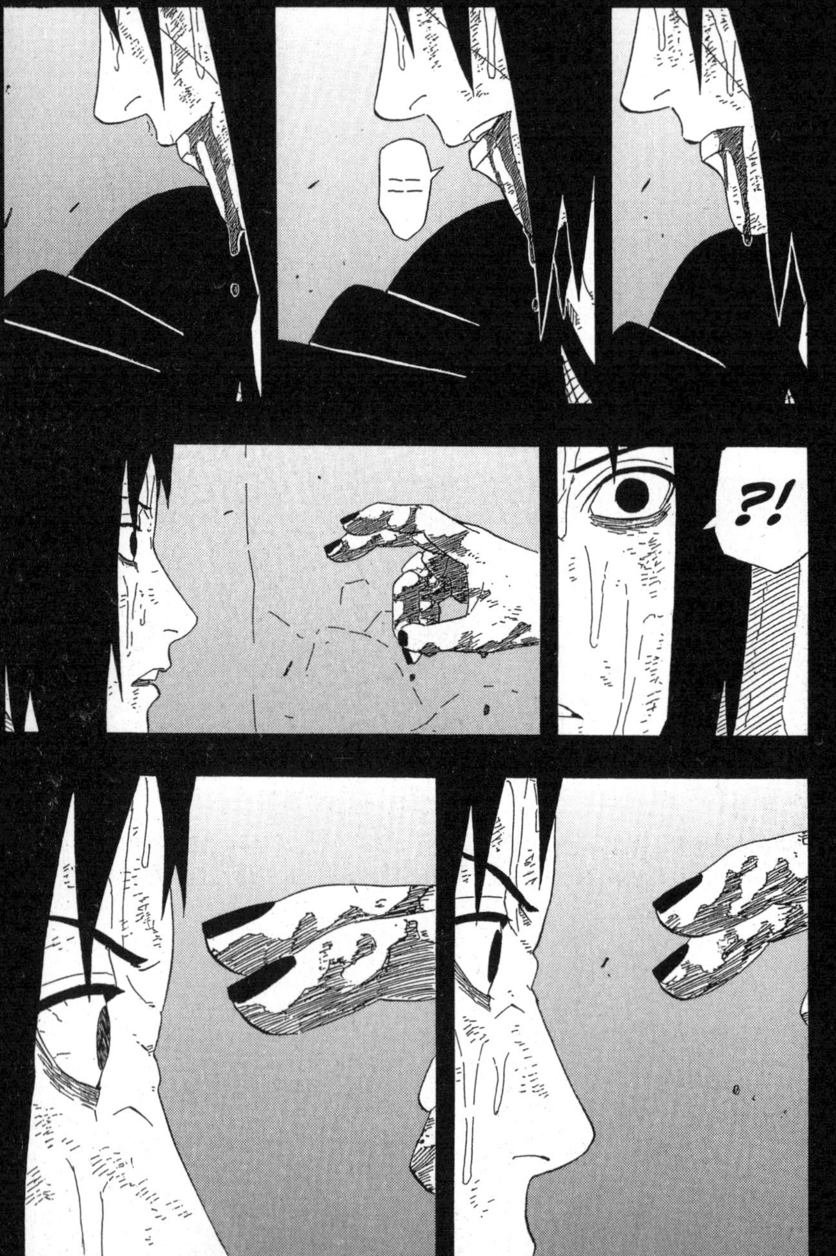

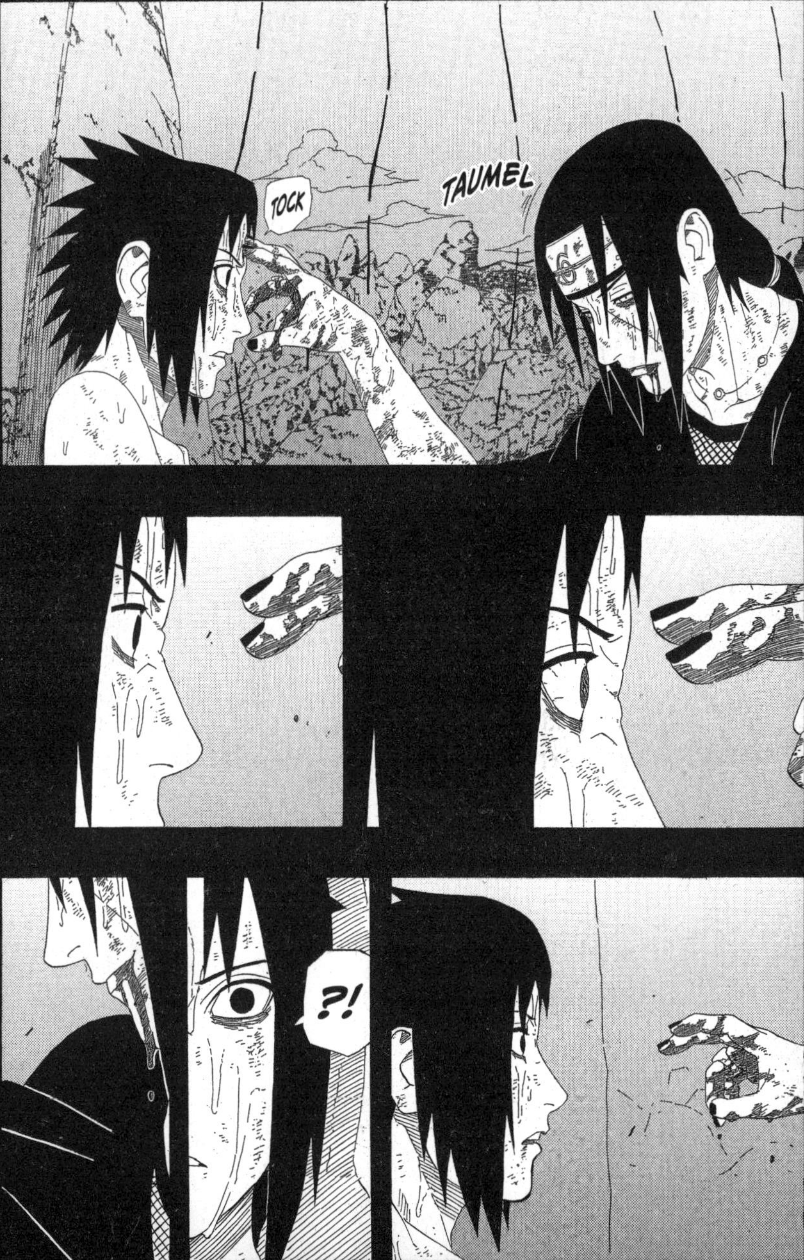
TAUMEL
TOCK
?!

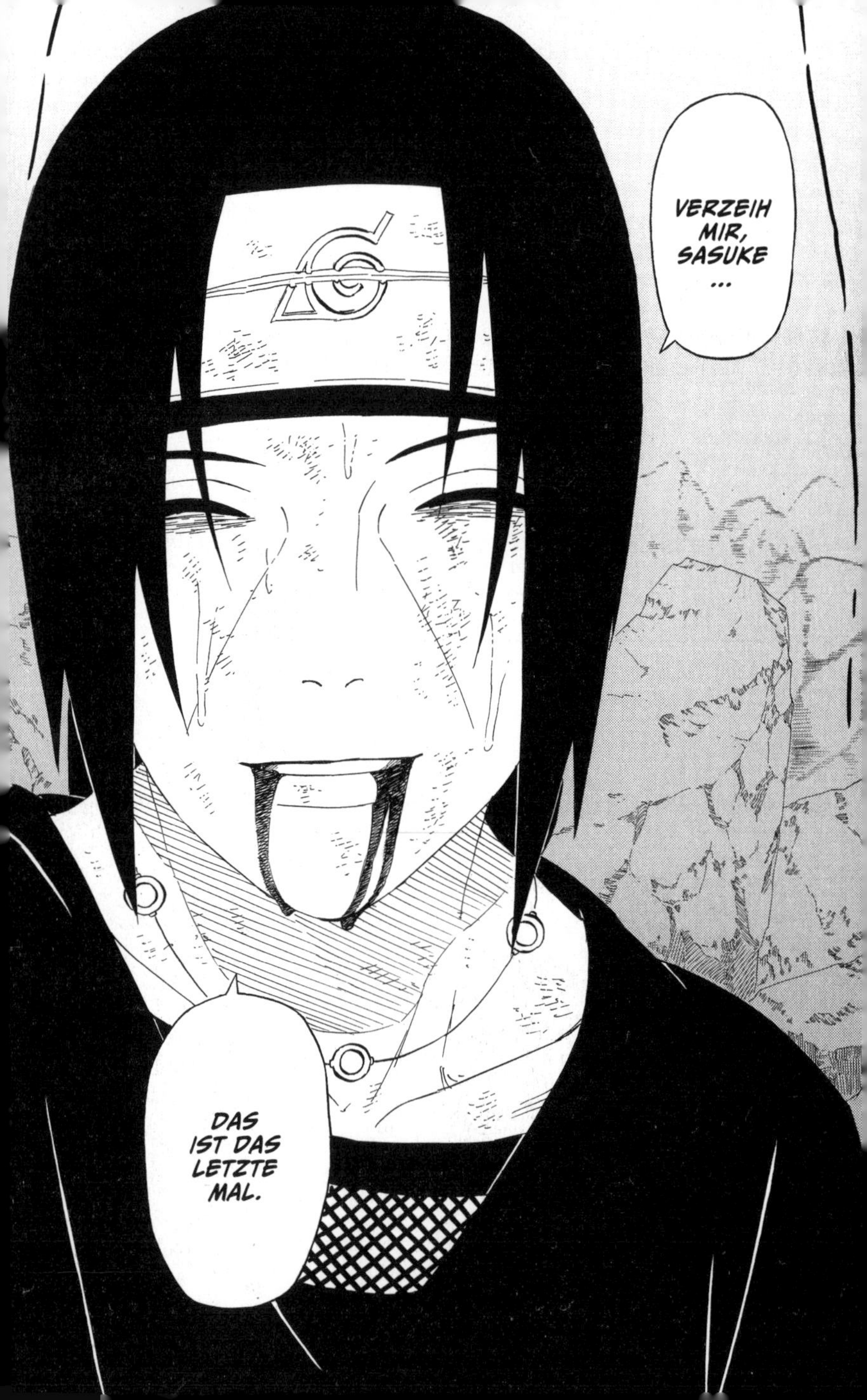
VERZEIH MIR, SASUKE ...
DAS IST DAS LETZTE MAL.

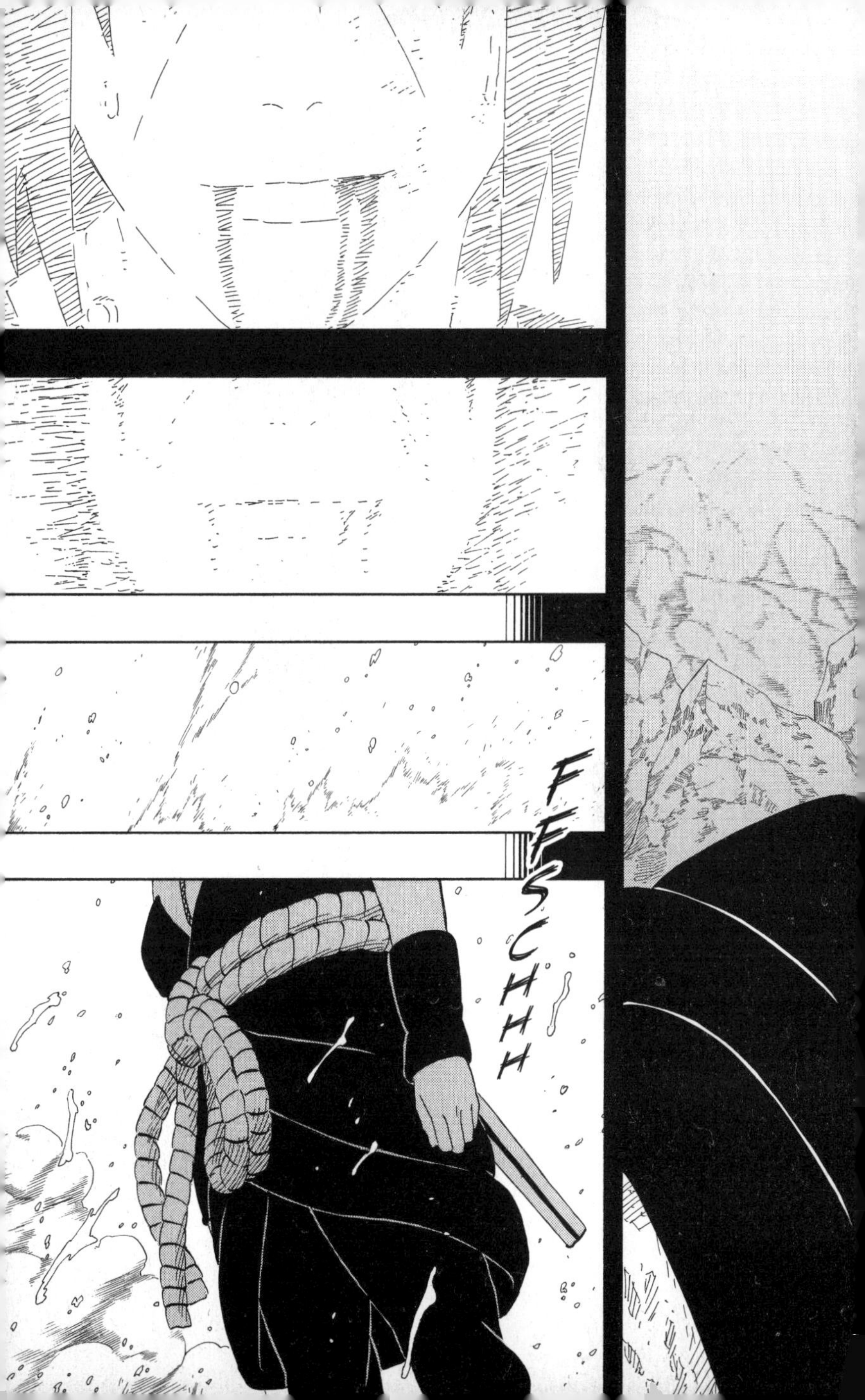
FFSCHHH

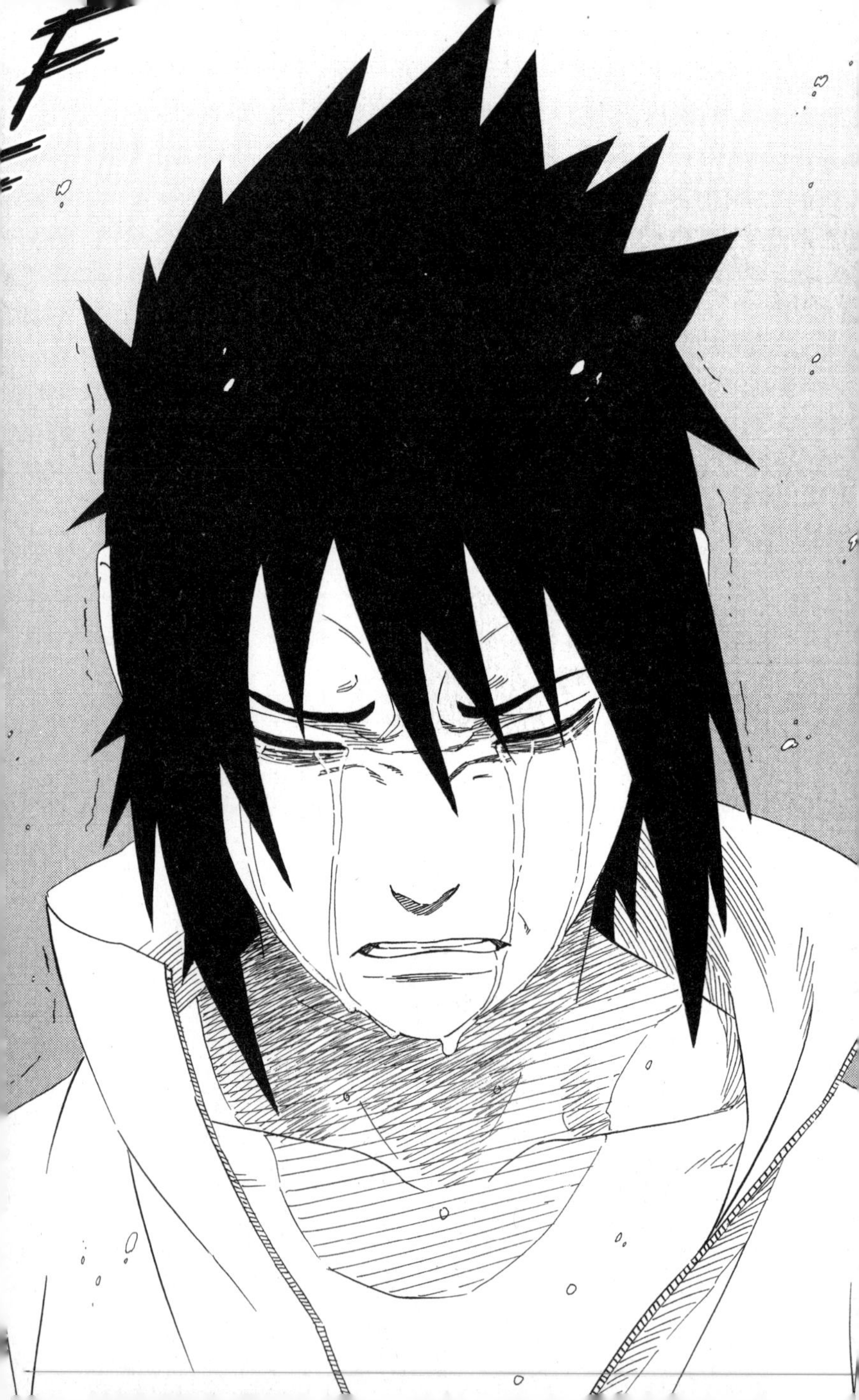

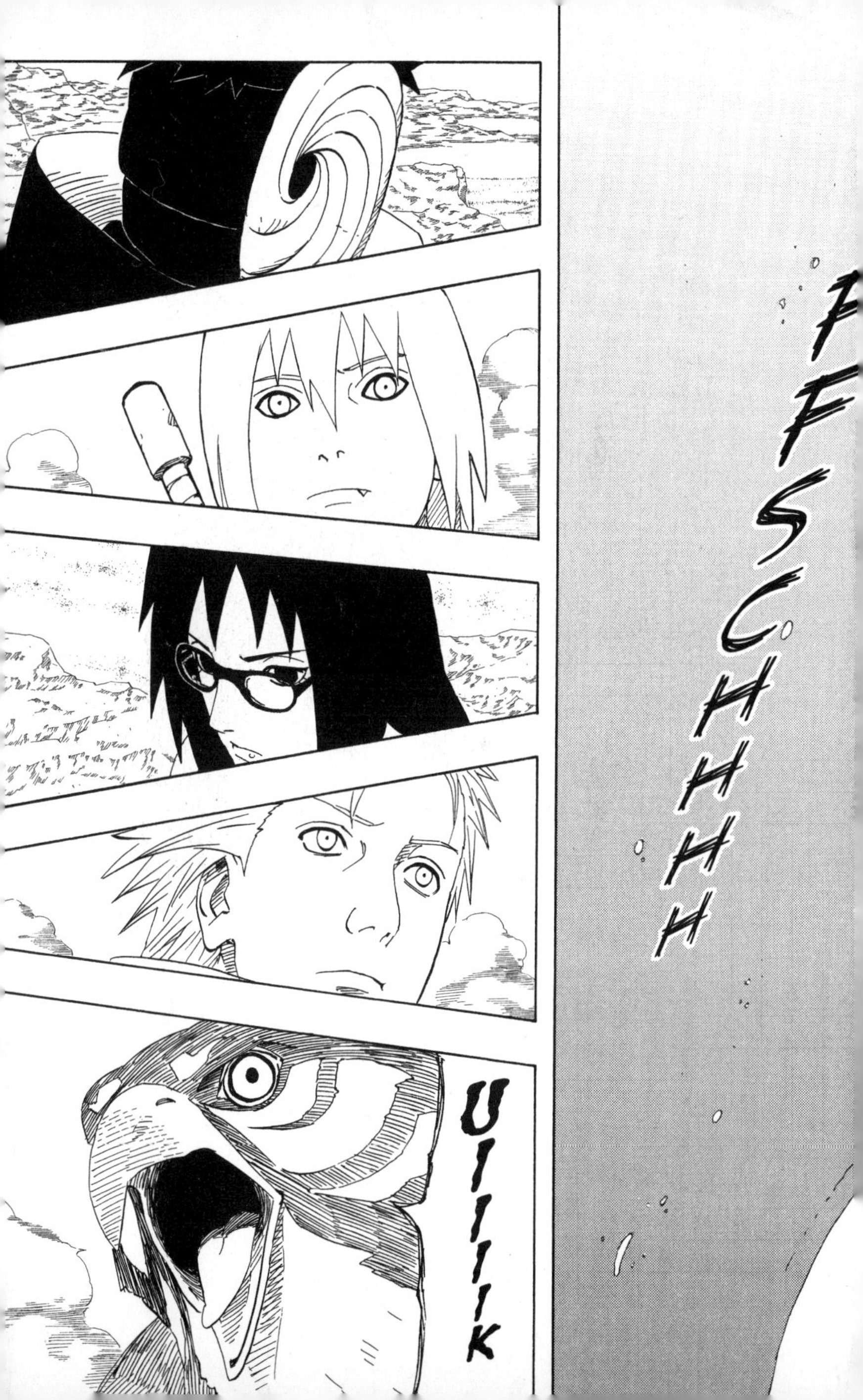
FFSCHHHH
UIIIIK

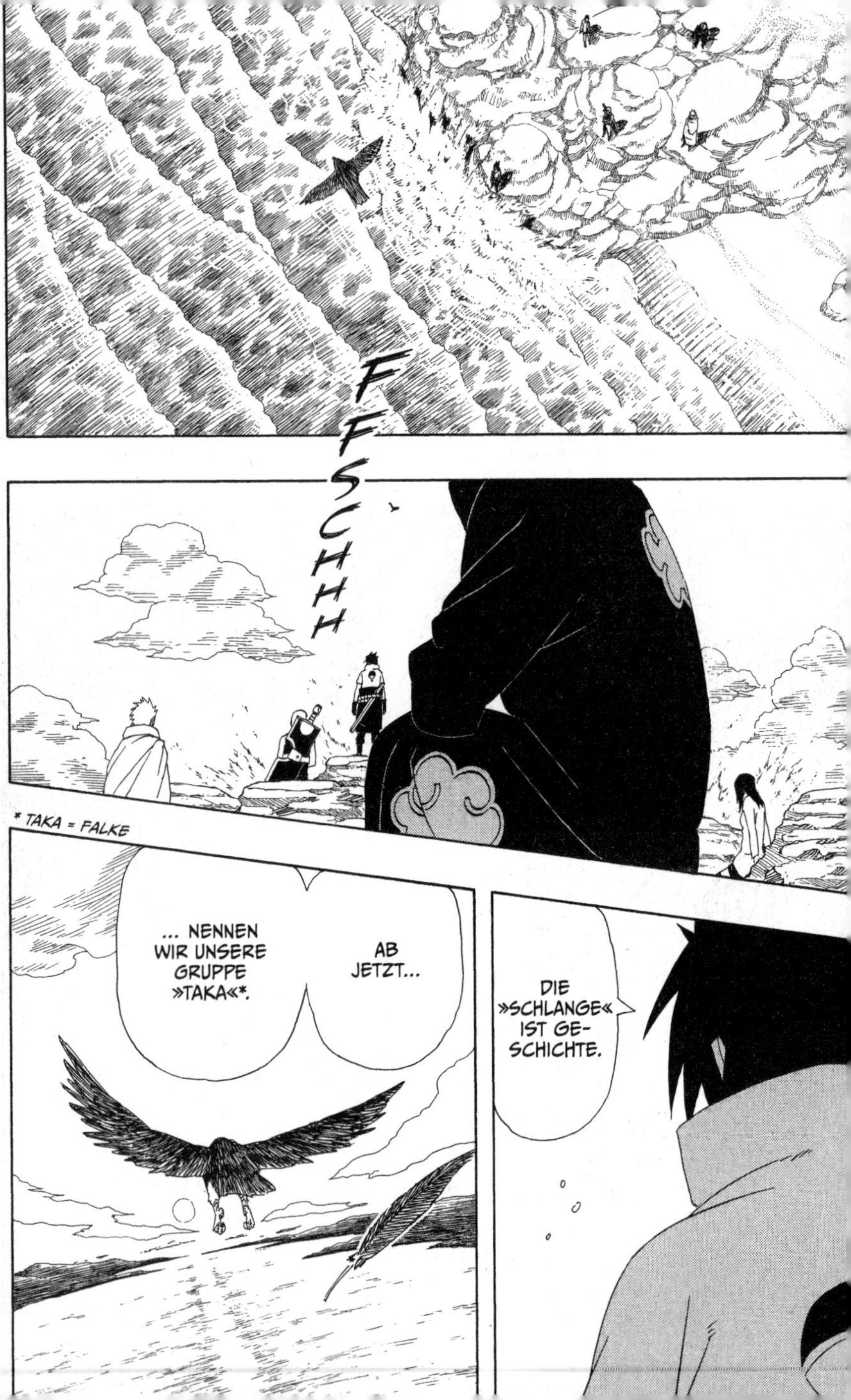
FFSCHHH
* TAKA = FALKE
DIE »SCHLANGE« IST GE-SCHICHTE.
AB JETZT...
... NENNEN WIR UNSERE GRUPPE »TAKA«*.

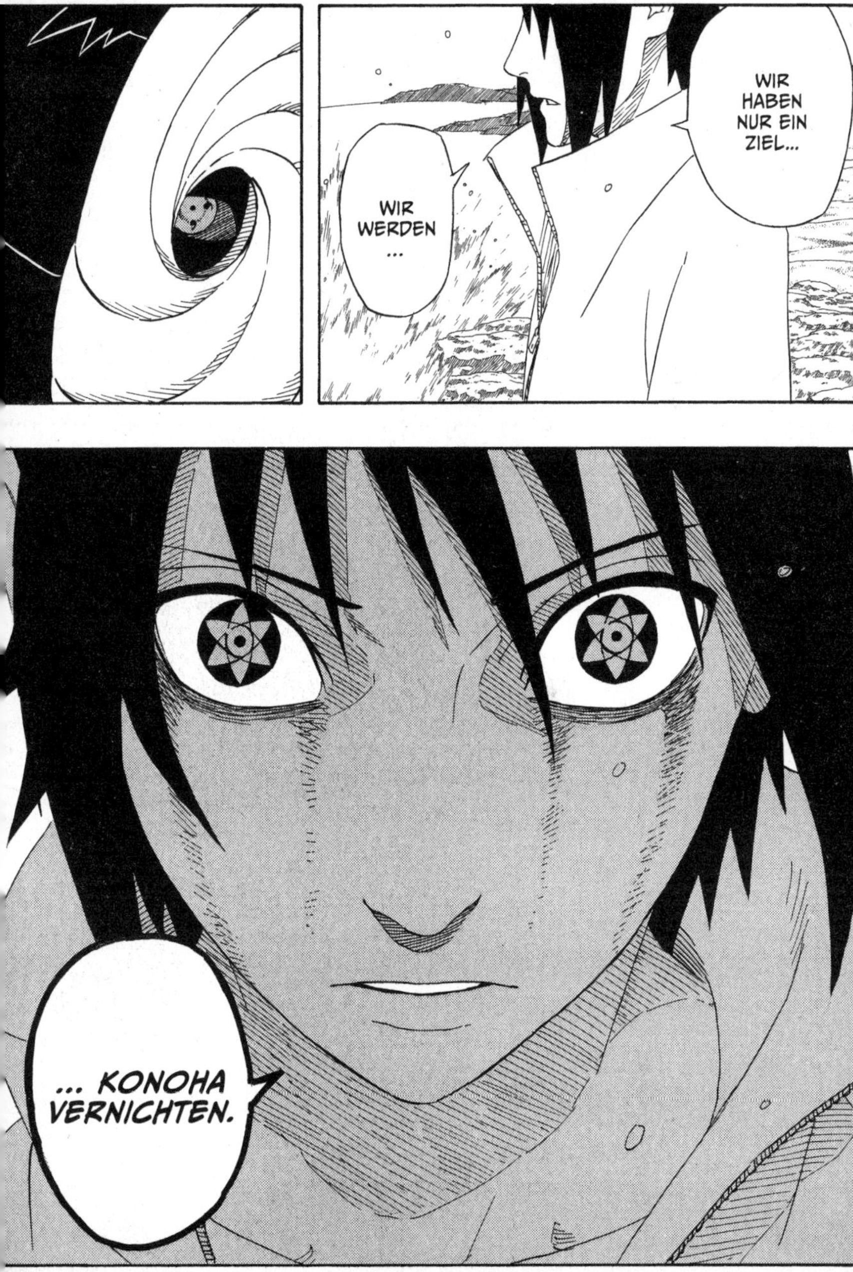
WIR HABEN NUR EIN ZIEL...
WIR WERDEN ...
... KONOHA VERNICHTEN.

NAVIGATOR

NARUTO auf Pro7MAXX und Netflix! Der Anime zum Manga!

AKATSUKI – DIE LETZTE MORGENDÄMMERUNG TEIL 1

Meister Asumas letzte Zigarette verglüht, während die Wut über die Skrupellosigkeit der **Akatsuki-Killer** stärker denn je aufglimmt. Die rasante Reise durch Band 36 ist beendet. Es wird Zeit, den Adrenalinspiegel wieder auf ein normales Level zu senken und die Verantwortlichen für Meister Asumas Tod näher zu beleuchten.

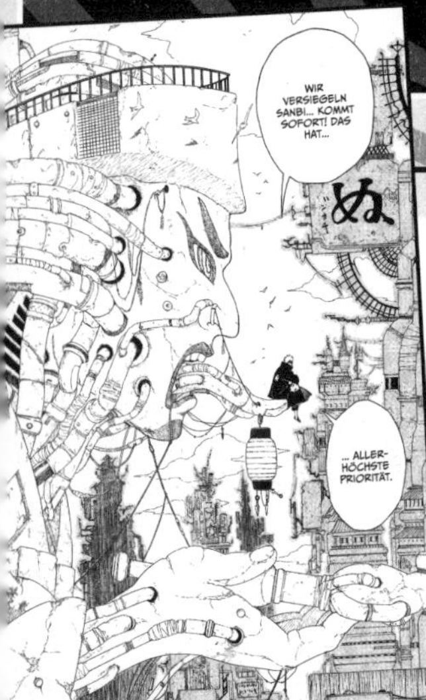

Die Organisation in den Wolken!

LEICHEN PFLASTERN IHREN WEG

Sämtliche Mitglieder der geheimnisvollen Organisation sind abtrünnige Ninja der **Fahndungsstufe S** und zählen damit zu den **gefährlichsten** und **meistgesuchten Personen** der Welt. Zu Beginn operierten die Langmäntel noch im Verborgenen. Mittlerweile betritt die Organisation immer **angriffslustiger** und **aggressiver** die Bühne des Geschehens, um dem Ende ihrem Ziel näher zu kommen: der **Weltherrschaft**!

暁

AKATSUKI

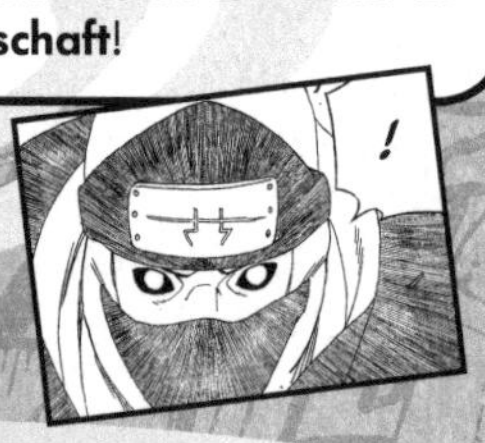

Der Fokus liegt auf der **Gefangennahme aller Biju**. Die Träger der **Schwanzbestien**, die **Jinchuriki**, werden von den Akatsuki-Mitgliedern gnadenlos gejagt, um die begehrten Kräfte aus den Körpern der Jinchuriki zu erlangen. Man mag sich nicht vorstellen, was für eine unglaubliche Macht Akatsuki besäße, sollten sie eines Tages tatsächlich **alle neun Biju** zusammen haben.

Akatsuki arbeitet stets in Zweierteams.

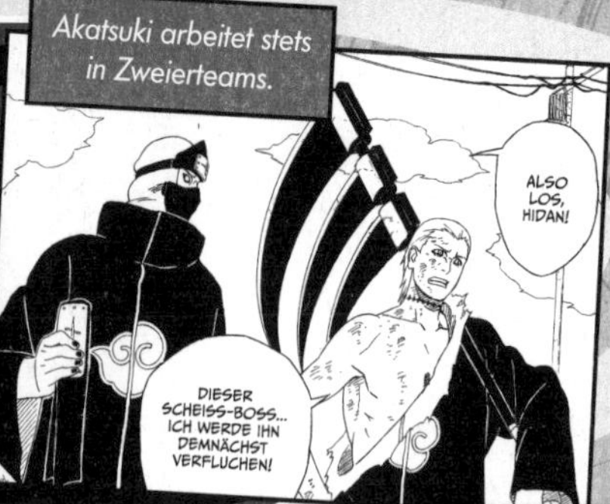

NARUTO-

KLEIDER MACHEN KILLER

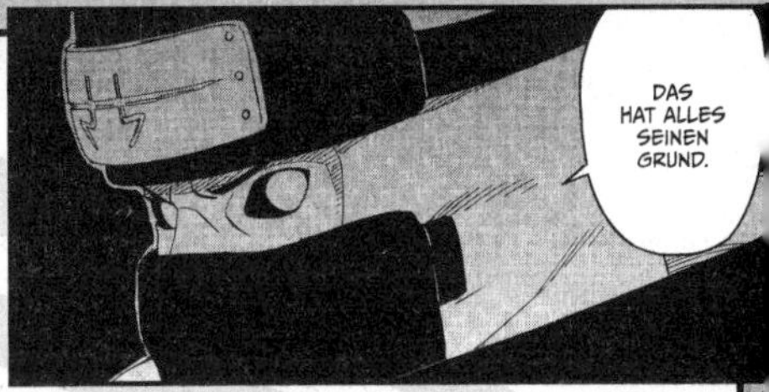

Auch innerhalb einer **mörderischen Verbrecherorganisation** wird großen Wert auf das **Styling** gelegt. Bei Akatsuki tragen alle einen **langen, schwarzen Mantel**, der mit **roten Wolken** verziert ist. Der Coolnessfaktor wird durch den besonders **hohen Kragen** des Mantels verstärkt, hinter dem sich leicht die untere Gesichtshälfte verstecken lässt. Die meisten Mitglieder tragen weiterhin die **Stirnbänder ihrer Heimatdörfer**, deren Symbole mit einem langen Kratzer durchgestrichen sind, um den Bruch mit ihrem Heimatdorf zu versinnbildlichen.

RELEVANTE BEGRIFFE

AKATSUKI 暁:
»Morgendämmerung«

JINCHURIKI 人柱力:
»Kraft der Menschenopferung«

BIJU 尾獣:
»Bestie mit Schwanz«

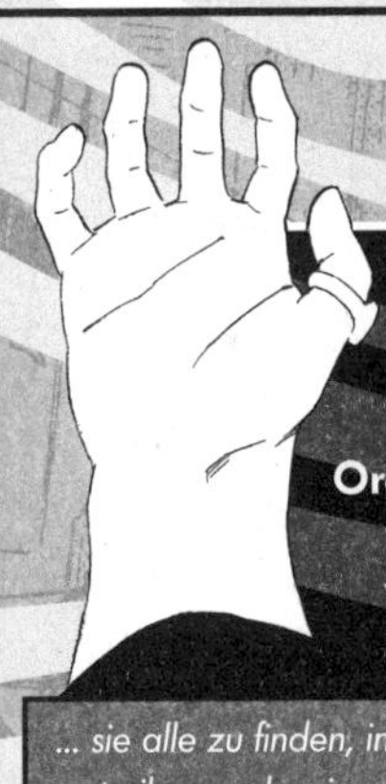

EIN RING, SIE ZU KNECHTEN…

Eine besondere Bedeutung bekommen die **Ringe der Organisation**. Insgesamt existieren **zehn**, jeder Ring wird von dem jeweiligen Mitglied an einem **anderen Finger** getragen.

… sie alle zu finden, ins Dunkel zu treiben und ewig zu binden!

NAVIGATOR

NARUTO auf Pro7MAXX und Netflix! Der Anime zum Manga!

AKATSUKI – DIE LETZTE MORGENDÄMMERUNG TEIL 2

Selten war Naruto so düster, dass einem gleich paarweise die Schweißperlen durch die Poren gepumpt wurden. Der Naruto-Navigator sorgt für die nötige Abkühlung und Ablenkung. Im letzten Band haben wir euch mit **allgemeinen Informationen** rund um **Akatsuki** versorgt. Jetzt befassen wir uns mit **Kakuzu** und **Hidan** – einem **teuflischen Duo**!

暁
AKATSUKI

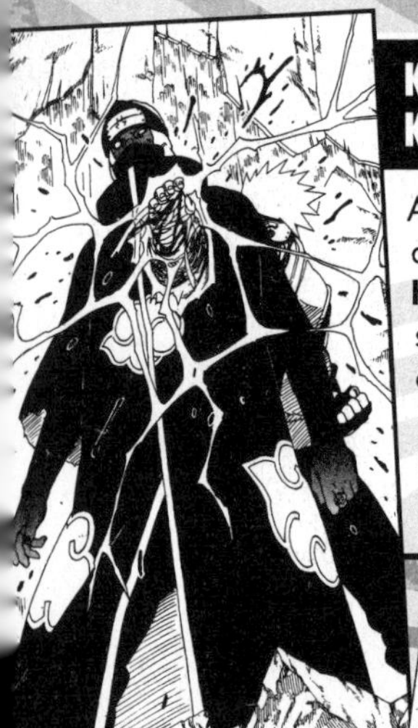

KAKUZU – DIE KAPITALISTISCHE KAMPFMASCHINE

Akatsukis **Finanzen** müssen verwaltet werden und dafür ist niemand geeigneter als **Kakuzu**! **Gierig**, **geizig** und ständig **überreizt**. Mit seinen geradezu »**dagobertischen**« Eigenschaften eine optimale Besetzung für den Job! Nebenbei ist er ein hervorragender und äußerst gefährlicher Kämpfer, dessen Spezialität die **mittlere Kampfdistanz** ist.

角都
KAKUZU

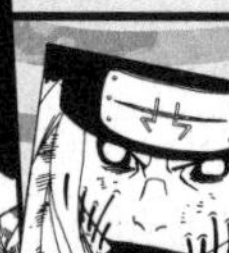

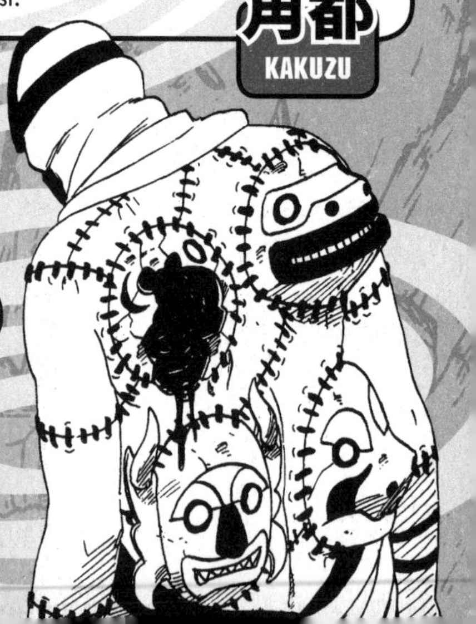

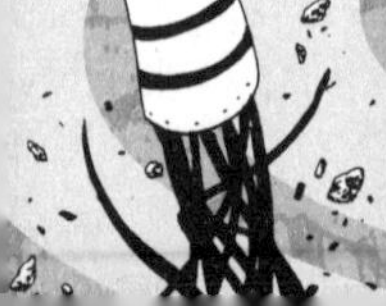

KAKUZU-FILE

Alter: 91 Jahre
Geburtstag: 15. August
Sternzeichen: Löwe
Größe: 185 cm
Gewicht: 63,2 Kg
Blutgruppe: A

NARUTO-

HIDAN – DAS SCHWARZE TODESKARUSSELL

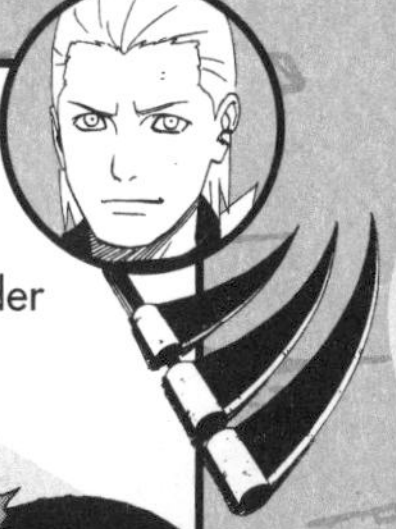

Der **Shinobi** aus **Yugakure** ist ein fanatischer Anhänger des »**Jashin-Glaubens**« und das neuste Mitglied der Akatsuki-Organisation. Mit seiner **riesigen Sense** ist er nicht unbedingt der schnellste, aber seine Fähigkeiten machen ihn zu einem brandgefährlichen Gegner, wie **Meister Asuma** am eigenen Leib erfahren musste…

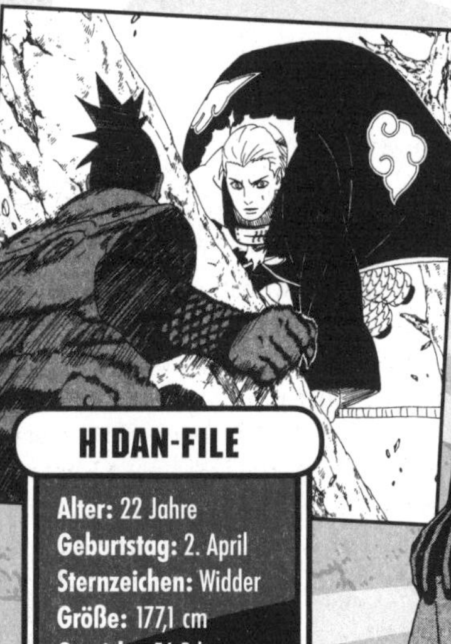

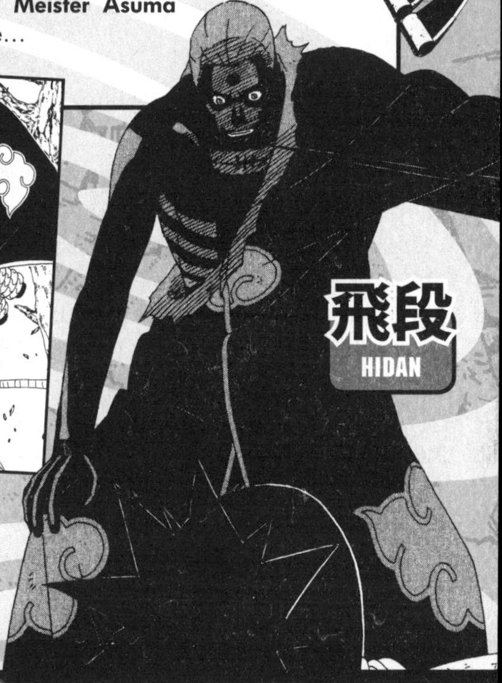

HIDAN-FILE

Alter: 22 Jahre
Geburtstag: 2. April
Sternzeichen: Widder
Größe: 177,1 cm
Gewicht: 56,8 kg
Blutgruppe: B

MIT TOLLEM AUSKLAPPFARBPOSTER!

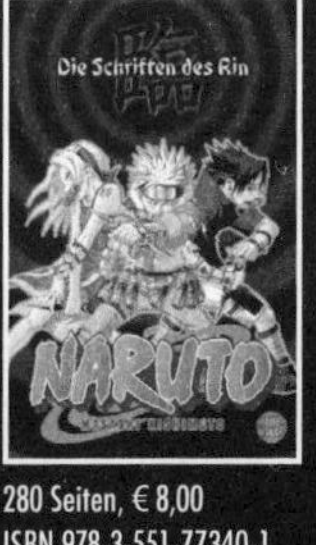

280 Seiten, € 8,00
ISBN 978-3-551-77340-1

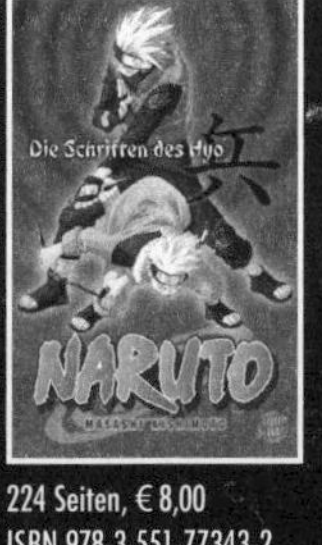

224 Seiten, € 8,00
ISBN 978-3-551-77343-2

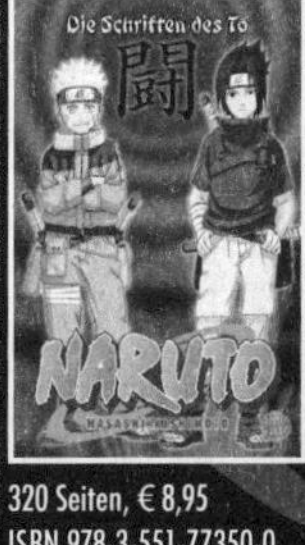

320 Seiten, € 8,95
ISBN 978-3-551-77350-0

DIE ALLUMFASSENDEN NINJA-SCHRIFTROLLEN

Ihr wollt mehr **Hintergrundinformationen**, **Fakten** und **geheime Einblicke** in die Welt von Naruto? Dann sind **»Die Schriften des Hyo«**, **»Die Schriften des Rin«** und **»Die Schriften des Tô«** genau das Richtige!

NAVIGATOR

AKATSUKI – DIE LETZTE MORGENDÄMMERUNG TEIL 3

Was für ein spannendes Ende für Band 39! Ob **Sasuke** aus dem Kampf mit Deidara heil herauskommt? Was diese Type sich alles erlaubt, **unfassbar**! Grund genug, ihn im dritten Navigator über Akatsuki zu beleuchten. Also nun aus der Schockstarre erwachen, sich zurücklehnen und Informationen über **Deidara** aufsaugen!

暁
AKATSUKI

DEIDARA – DER EXPLOSIVE KÜNSTLER

Kunst ist, was gefällt – so sagt man. Doch ein Komitee für Bildende Künste würde sich angesichts Deidaras explodierender Werke sicherlich in hitzige Diskussion verstricken. Das künstlerische Wirken der blonden Frohnatur beschränkt sich auf das Formen diverser Lehmfiguren und das anschließende Zerstören selbiger. Er besitzt **zwei Münder** auf seinen Handinnenflächen mit denen er die **lehmige Bombenkunst** erschaffen kann.

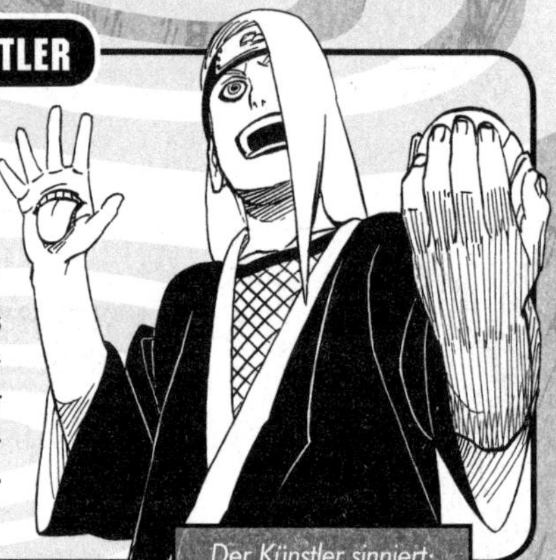

Der Künstler sinniert: Ich forme, also bin ich!

デイダラ
DEIDARA

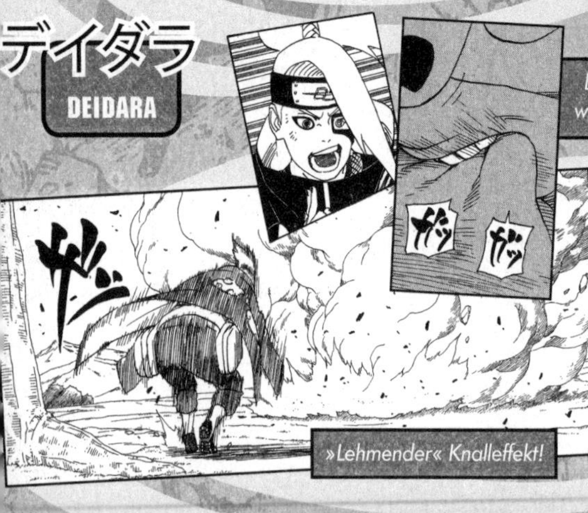

Der Künstler nimmt mal wieder den Mund zu voll.

»Lehmender« Knalleffekt!

DEIDARA-FILE

Alter: 19 Jahre
Geburtstag: 5. Mai
Sternzeichen: Stier
Größe: 166 cm
Gewicht: 50,8 Kg
Blutgruppe: AB

NARUTO-

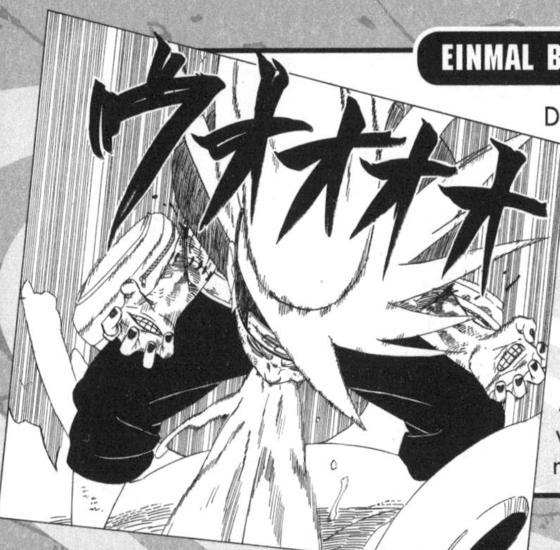

EINMAL BÖSE, IMMER BÖSE

Deidara kommt ursprünglich aus **Iwagakure** und war schon dort als **Attentäter** bekannt und gefürchtet. Erst später wurde die Akatsuki-Organisation auf ihn aufmerksam und schickt Itachi, Kisame und Sasori los, um ihn zu rekrutieren. **Sasori** war sein erster Partner, der bei dem Angriff auf Sunagakure getötet wurde. Sein zweiter Partner wurde **Tobi**.

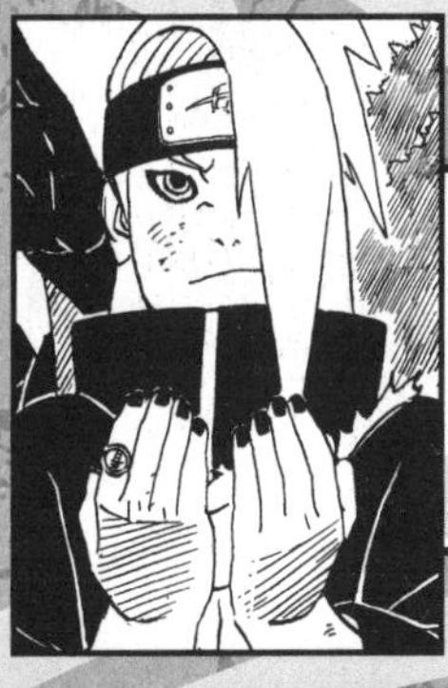

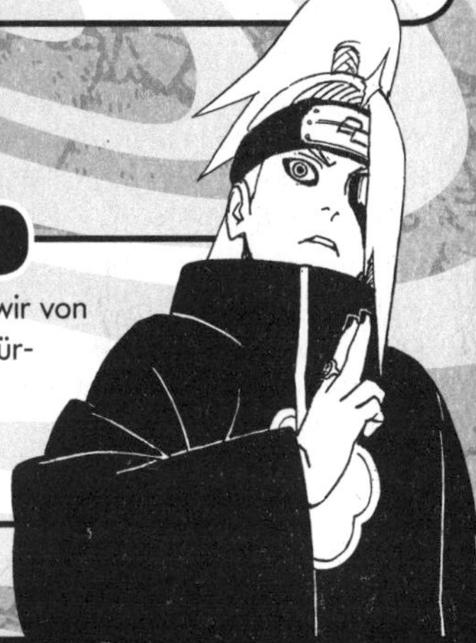

DEIDARAS RING

Schon in Band 36 haben wir von den Ringen berichtet. Natürlich trägt auch Deidara einen und zwar am **rechten Zeigefinger**.

NAVIGATOR

AKATSUKI – DIE LETZTE MORGENDÄMMERUNG TEIL 4

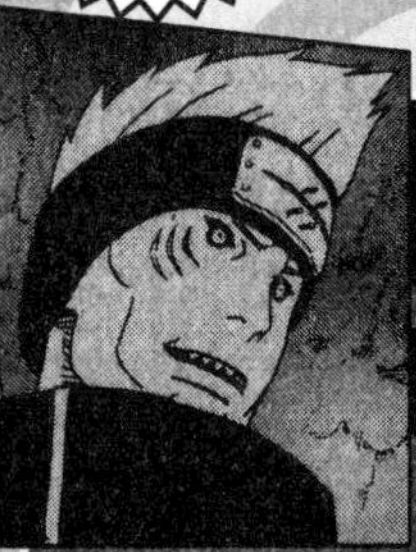

KISAME HOSHIGAKI

暁
AKATSUKI

Gemeinsam mit **Itachi Uchiha** operiert Kisame Hoshigaki als **Spion** für die Akatsuki-Organisation. Kisame kann man mit einem Wort beschreiben: **wahnsinnig!** Er ist grausam und besitzt sämtliche Eigenschaften einer **kampfgierigen Jagdmaschine**. Wenn wir ehrlich sind, wirkt der **Weiße Hai** im direkten Vergleich mit Kisame wie ein mit Kiemen besetztes, glattrasiertes **Meerschweinchen** in einem Streichelbecken. Könnte Kisame frei operieren, würde er vermutlich eine lange Blutspur hinter sich herziehen, die still vom Leid seiner Gegner berichtet. **Akatsuki** scheint noch ein gewisses Maß an Kontrolle über Kisames Wahnsinn zu haben, so dass er die Welt noch nicht als sein persönliches Vorgarten-Haifischbecken betrachtet. Auch seinem Partner Itachi bringt er eine gehörige Portion **Respekt** entgegen, vielleicht verbindet die beiden sogar eine Art Freundschaft. Seine Loyalität gegenüber Akatsuki ist allerdings fraglich, da Kisame eher als **einzelgängerischer Jäger** einzustufen ist. **Ein Nuke-Nin, der nur sich selbst Vertrauen schenkt.**

干柿鬼鮫
KISAME HOSHIGAKI

Den Ursprung seines heutigen Persönlichkeitskonstrukts findet man in Kisames Vergangenheit, im Dorf **Kirigakure**, das durch sein grausiges Abschlussprüfungsritual zu grausamer Berühmtheit kam. Kisame Hoshigaki gehört zu den berüchtigten **»sieben Messerkünstlern aus Kiri«**, zu denen auch der abtrünnige **Zabuza** mit seinem riesigen Enthauptungsmesser zählte. Allerdings ist Kisame der größere Raubfisch im Ninja-Becken und bekam zusätzlich den bedeutungsvollen Beinnamen **»Monster aus Kirigakure«**.

Sein Ruf eilt ihm weit voraus, und die von ihm begangenen Verbrechen erzählt man sich hinter vorgehaltener Hand. Die Fahndungsliste führt Kisame als **Verbrecher der Stufe S** an, was Kisame durchaus mit Stolz erfüllt.

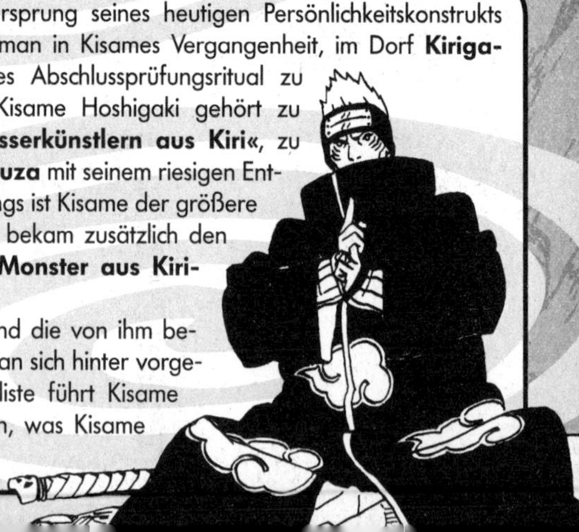

NARUTO-

KISAME-FILE

Alter: 32 Jahre
Geburtstag: 18. März
Sternzeichen: Fische
Größe: 195 cm
Gewicht: 83,1 Kg
Blutgruppe: AB
Heimatdorf: Kirigakure

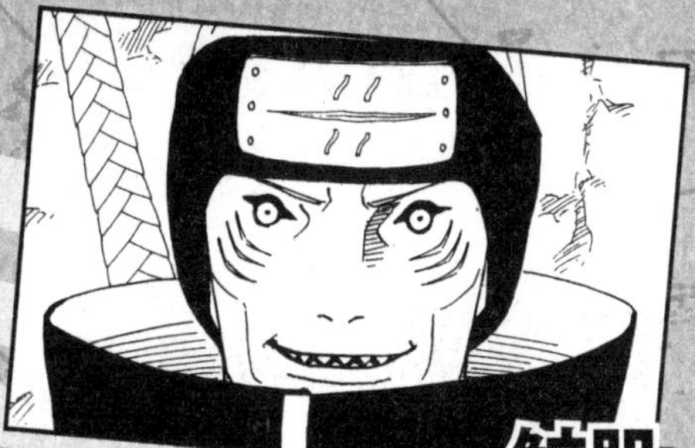

鮫肌
SAMEHADA

SAMEHADA – HAIFISCHZÄHNE

Sein Schwert **Samehada** schneidet nicht, es **zersägt** seine Opfer! Samehada absorbiert das Chakra des Gegners und katapultiert sich mit diesem kräftesaugenden Feature in die Top-Ten der effektivsten Schwertwaffen.
Zugegeben, es mag unhandlich aussehen und ist durch seine immense Größe auch nicht für jede Hand bestimmt – Kisame hingegen schwingt Samehada mit einer **erschreckenden Leichtigkeit**, die jeglichen physikalischen Gesetzen trotzt.

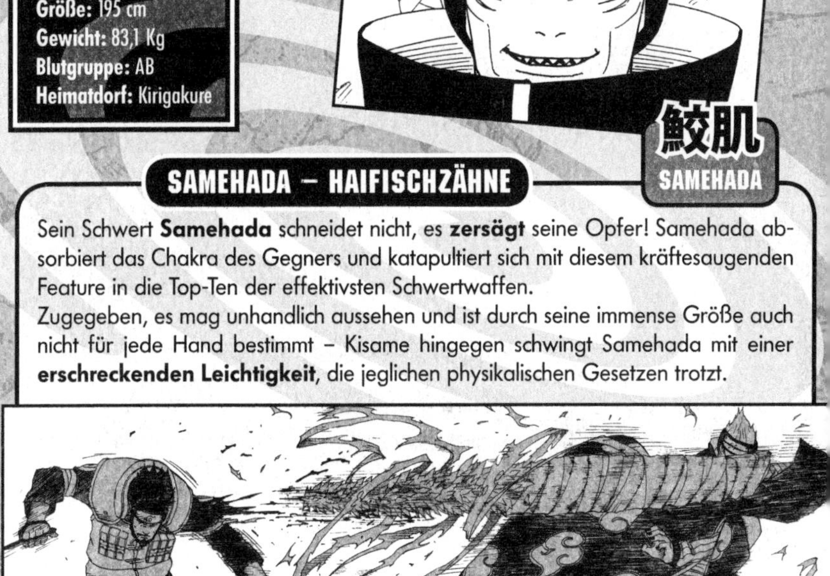

NAVIGATOR

AKATSUKI – DIE LETZTE MORGENDÄMMERUNG TEIL 5

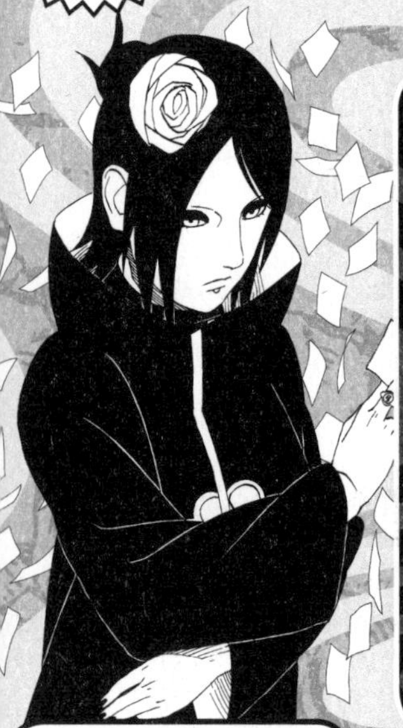

KONAN – MEISTERIN VOM BLATT

Konan fesselt uns mit ihrer undurchsichtigen Art. Auf der einen Seite tritt sie als knallhartes Mitglied **Akatsukis** und engste Vertraute **Pains** in Erscheinung, in der Vergangenheit war sie aber ein **mitfühlendes** und **talentiertes Mädchen**, das einen kleinen ausgehungerten Jungen samt Hund bei sich aufnahm und sich für ihn stark machte. Konan ist das **einzige weibliche Mitglied** bei Akatsuki, steht ihren männlichen Genossen aber in nichts nach. Sie war ein besonderes Kind und entwickelte früh die Fähigkeit, aus Papier die wunderbarsten Dinge zu falten. Ihr **Papier-Jutsu** ist genauso effektiv wie kreativ und basiert auf der traditionellen Origami-Technik.

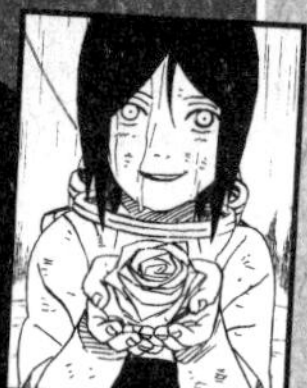

KONANS KAMPFTECHNIKEN:

小南
KONAN

KAMISHURIKEN 紙手裏剣

Bei dieser Kunst wird Papier blitzschnell durch **Chakra** gehärtet, geschärft und als **Shuriken** benutzt. Es wird so scharf wie Shuriken aus Metall. Je nachdem, welche **Form** die Shuriken haben, kann deren Stärke noch gesteigert werden.
Ein **Ninja-Virtuose** kann damit richtig **starke Waffen** schaffen!

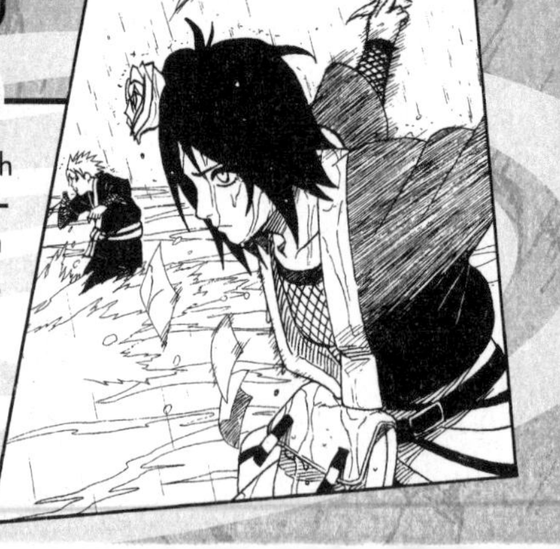

NARUTO

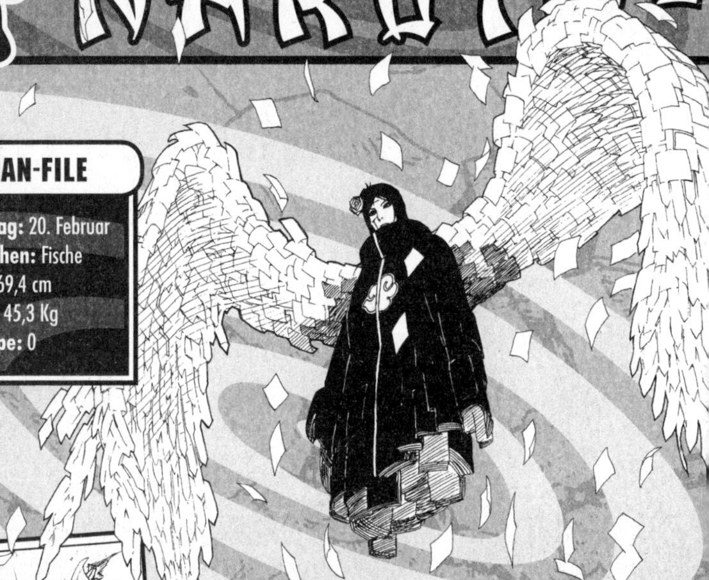

KONAN-FILE

Geburtstag: 20. Februar
Sternzeichen: Fische
Größe: 169,4 cm
Gewicht: 45,3 Kg
Blutgruppe: 0

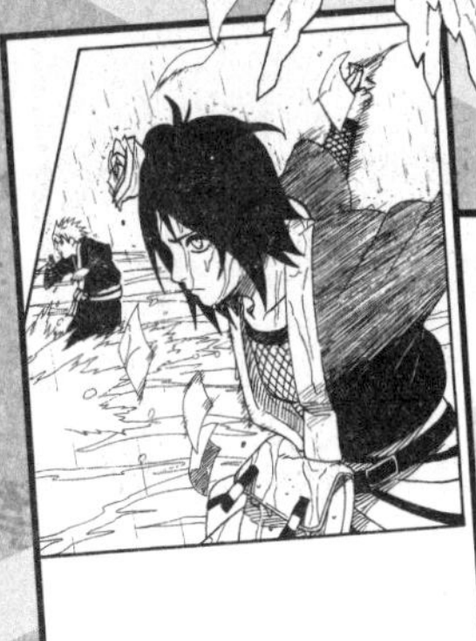

AB IN DIE LÜFTE

Über den Wolken gibt es normalerweise keinen Papierstau, außer Konan wendet ihre Techniken an, z.B. diese Jutsu, die nicht nur einen schneidenden **Papierpfeilhagel** auf die Gegner prasseln lässt, sondern auch noch verdammt gut aussieht. Spätestens wenn Konan mit dem beeindruckenden Papiergefieder engelsgleich gen Himmel schwebt…

NAVIGATOR

AKATSUKI – DIE LETZTE MORGENDÄMMERUNG TEIL 6

DER TOBI UND DAS GEHEIMNIS

暁
AKATSUKI

Nach Tobis Aufnahme in die **Akatsuki-Organisation** bekommen er und sein Partner Deidara den Auftrag, die **dreischwänzige Schildkröte** einzufangen. Dies gelingt ihnen ohne große Probleme, im Gegensatz zu der späteren Lorbeerenaufteilung. Tobi erscheint immer wieder völlig unerwartet auf der Bildfläche und erstaunt durch undurchschaubare Aktionen. Sein wahrer Name lautet **Madara Uchiha**. Es heißt eigentlich, er sei im **Tal des Schicksals** umgekommen. Wenn er die Maske des Tobi trägt, ist er ein unbedeutendes Mitglied von Akatsuki, doch dahinter verbirgt sich eine unheimliche Kraft.

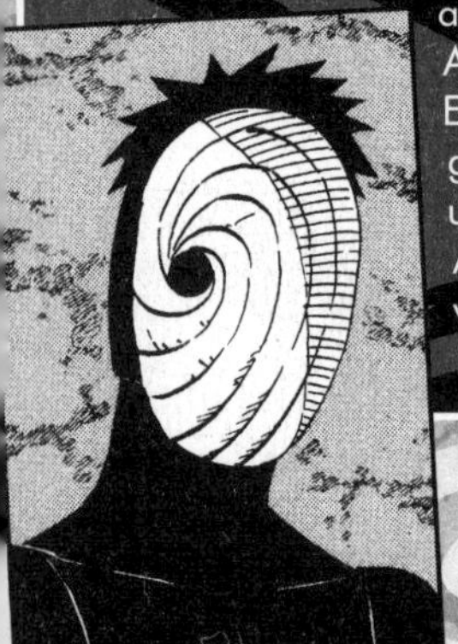

トビ
TOBI

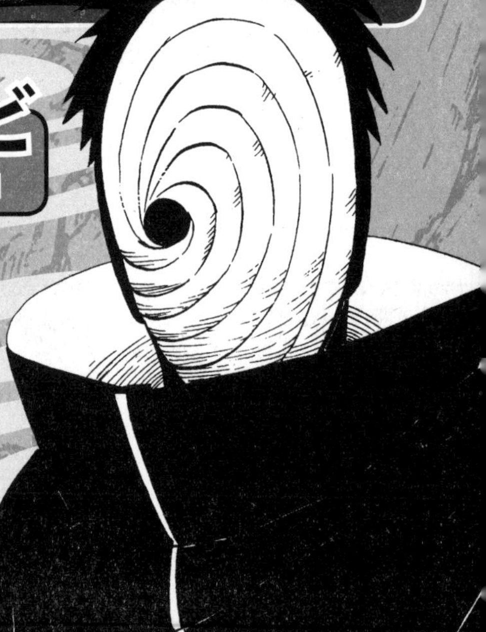

TOBI-FILE

Geburtstag: ?
Größe: 175 cm (?)
Gewicht: 55,9 kg (?)
Blutgruppe: ?
Charakter: labil (?)
Lieblingswort: Geheimnis (?)
Hobby: den ranghöheren Deidara begleiten (?)

NARUTO-

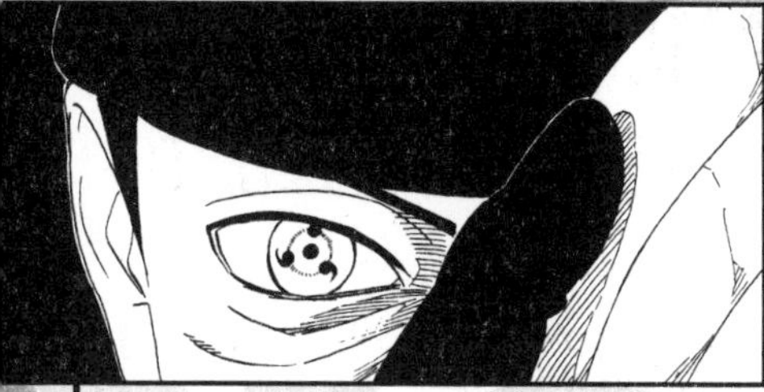

MANGEKYO-SHARINGAN

Madaras eindrucksvollste Technik sind die **Mangekyo-Sharingan.** Diese unglaubliche Kraft hat er für die Opferung seines Bruders erhalten. Die Augen können sogar **Kyubi-no-Yoko** gefügig machen. Tobi setzt sie nie in Gegenwart der anderen Akatsuki-Mitglieder ein. Sonst ist nur sehr wenig über seine Fähigkeiten bekannt.

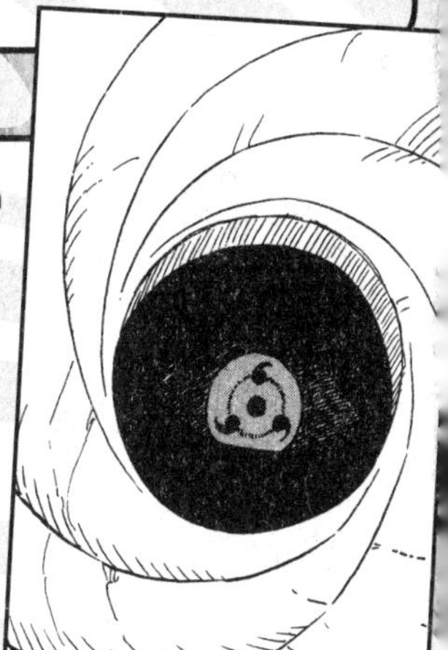

VERBORGENE ZIELE

Nur manchmal kann man in dem einen oder anderen Kampf einen Bruchteil seiner wahren Kräfte erahnen. Er scheint die Gabe der Unverwundbarkeit zu besitzen, denn nicht mal Itachis Amaterasu konnte ihn wirklich verletzen. Er verschwindet einfach, als würde er den Raum überwinden. Noch unverständlicher ist, warum er überhaupt noch lebt. In der **Gründungszeit Konohas** soll er eigentlich im Tal des Schicksals gestorben sein – doch er ist am Leben und sieht genauso aus wie damals.

Während er weiterhin als Tobi auftritt, macht er als Madara schon die **ersten Schachzüge**, um an sein Ziel zu kommen. Dieses liegt allerdings für uns noch im Schatten…

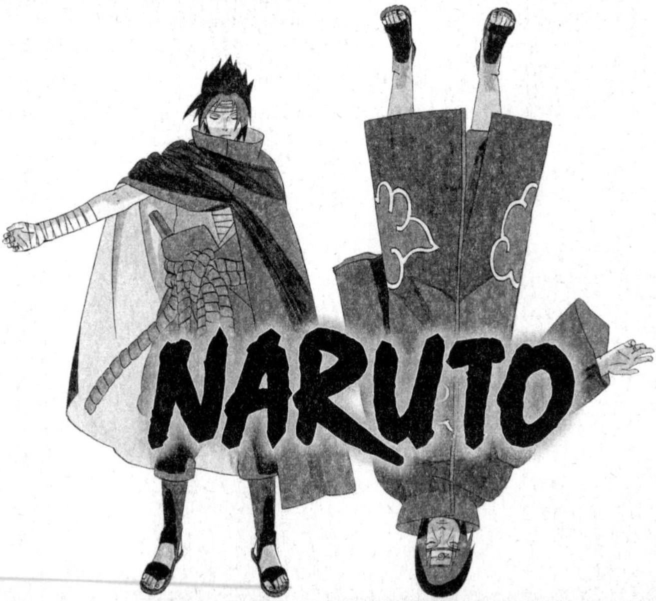
NARUTO

MIX
Papier | Fördert gute Waldnutzung
FSC® C083411

PRODUZIERT MIT VERANTWORTUNG

CARLSEN MANGA! NEWS
jeden Monat neu per E-Mail
www.carlsenmanga.de
www.carlsen.de

CARLSEN MANGA
Deutsche Ausgabe/German Edition

Völckersstraße 14-20, 22765 Hamburg
Aus dem Japanischen von Miyuki Tsuji

First published in Japan in 1999 by SHUEISHA Inc., Tokyo.
German translation rights in Germany, Austria, Luxembourg and German-speaking Switzerland arranged by SHUEISHA Inc. through VME PLB SAS, France.
Redaktion: Anne Berling, Jonas Blaumann
Textbearbeitung: Ina Schiele
Herstellung: Gunta Lauck & Ronny Willisch

Bei Fragen zum Produkt: carlsen.de/kontakt
ISBN 978-3-551-79540-3

HALT!

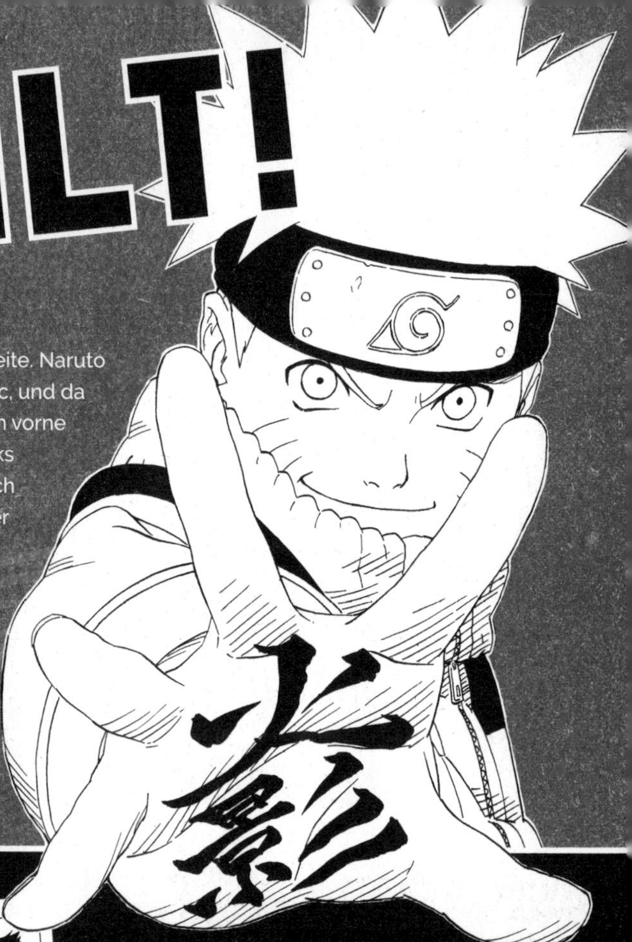

Das ist nicht die erste Seite. Naruto ist ein japanischer Comic, und da in Japan von hinten nach vorne und von rechts nach links gelesen wird, musst auch du diesen Comic von der anderen Seite aufschlagen und von hinten nach vorne lesen.

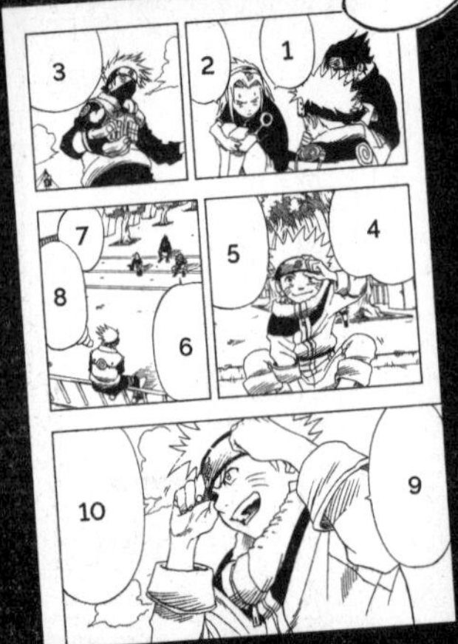

Auch die Bilder und Sprechblasen werden von rechts oben nach links unten gelesen, so wie es die Grafik hier zeigt. Schwer? Zuerst ungewohnt, doch es bringt richtig Spaß. Probiert es aus!

Viel Vergnügen mit **NARUTO** und der ganzen Ninja-Bande!